PRAKTISCHES WÖRTERBUCH DER RELIGIONSPÄDAGOGIK UND KATECHETIK

HERAUSGEGEBEN VON EDGAR JOSEF KORHERR
UND GOTTFRIED HIERZENBERGER

UNTER MITARBEIT VON P. ANZENBERGER /
ST. BLASKOVIC / M. BLIEM / H. FINK / O. FREI /
A. HADWIGER / A. HANEL / A. HÖFER /
L. KENDÖL / J. KURZREITER / A. LÄPPLE /
R. LEITNER / K. MUSALEK / L. NOUWENS /
K. O. RENTMEISTER / F. ROTH / A. SCHRETTLE /
W. SCHULZ / G. SIMML / W. WENZEL

HERDER WIEN · FREIBURG · BASEL

Mit Druckerlaubnis des eb. Ordinariates Wien v. 28. 6. 1973,
Zl. 2686/73

2. Auflage

UMSCHLAGGESTALTUNG: REINHARD KLEIN
DRUCK: F. BERGER & SÖHNE OHG, HORN, NÖ., 1978
BESTELLNUMMER: ISBN 3-210-24.433-2

VORWORT ZUR 1. AUFLAGE

Das PRAKTISCHE WÖRTERBUCH DER RELIGIONSPÄDAGOGIK und KATECHETIK verdankt seine Herausgabe einer Reihe von Anregungen aus dem Kreis von Religionslehrern und Studierenden. Diese führten unabhängig voneinander Klage, daß sie bei der Lektüre der religionspädagogischen und katechetischen Fachliteratur immer wieder auf Termini stoßen, mit denen zwar der Experte, nicht aber der Studierende oder der „schlichte Praktiker" vertraut sind. Eine nähere Überprüfung der dabei vorgebrachten Beispiele ergab, daß es sich vorwiegend um Ausdrücke aus den Grund- und Hilfswissenschaften der Katechetik und Religionspädagogik handelte. Die Tätigkeit in der Religionslehrerfortbildung zeigte ferner, daß bei nicht wenigen älteren Katecheten Schwierigkeiten und Mißverständnisse bei neueren Lehrbüchern, Handbüchern und sonstigen Fachpublikationen bestehen, die aus der Diskrepanz zwischen dem bei der seinerzeitigen Ausbildung erworbenen Kenntnisstand und dem in den letzten Jahren rasch erfolgten Zuwachs an neuen Fragestellungen, Sichtweisen und an der damit verbundenen Terminologie wurzeln. So schien es notwendig, nicht nur relativ viele Wort- und Sacherklärungen aus den Grund- und Hilfswissenschaften der Religionspädagogik und Katechetik in das Lexikon aufzunehmen, sondern auch bei manchen altvertrauten Themen und Begriffen die neuen Akzentuierungen bewußt zu machen.

Die erste Auswahl der Stichwörter wurde durch eine praktische Erhebung getroffen. Studierende sollten aus den letzten Jahrgängen der einschlägigen Fachzeitschriften jene Ausdrücke nennen, die ihnen bei der Lektüre unklar blieben. Das Ergebnis waren rund 600 (!) Stichwörter. Sie bildeten (nach einer kritischen Sichtung) den Grundstock und waren aus der Sicht der einzelnen Fachbereiche zu ergänzen, wobei jenen Gebieten ein gewisser Vorrang eingeräumt wurde, die heute noch der Integration in Religionspädagogik und Katechetik bedürfen (z. B. Unterrichtstechnologie, Sonderschulkatechese, Heilpädagogik u. v. a.).

Die Zahl der Stichwörter wuchs trotz Auswahl und knappster Darstellung so an, daß der ursprüngliche Plan eines schmalen Paperbacks zugunsten des nun vorliegenden praktischen Handbuches aufgegeben bzw. modifiziert werden mußte.

Das vorliegende Wörterbuch wendet sich primär an die „Praktiker", die die Last und Hitze des Alltags im Bereich des Religionsunterrichts und der kirchlichen Katechese tragen und über wenig Zeit und Gelegenheit zu weiterführendem Fachstudium verfügen. Für die vom Theologiestudium her Kommenden schien es nützlich, breitere Informationen aus Pädagogik, Psychologie und Soziologie anzubieten. Für die heute sehr große Zahl von Religionslehrern und Katecheten, die nicht von einem theologischen Fachstudium her kommen (z. B. nebenberuflich in der Katechese tätige Lehrer, Seelsorgehelferinnen usw.) sowie für den Gebrauch in der Ausbildung schien es sinnvoll, auch eine Reihe dogmatischer, exegetischer und ethischer Informationen einzubeziehen. Der zur Verfügung stehende knappe Rahmen zwang dabei zu Zusammenfassungen und Schwerpunktsetzungen.

So wurden etwa kinderpsychologische Erkenntnisse unter dem Stichwort „Schulalter“, „Jugendalter“ o. ä. zusammengefaßt, ohne daß damit die traditionelle Phasenlehre aufgegriffen werden soll. — Ein anderes Beispiel: Bei vielen Sachfragen (vor allem juridischer, organisatorischer, struktureller Art) differiert die Situation in den einzelnen Bereichen des deutschen Sprachgebietes (das hier als Zielbereich verstanden ist) beträchtlich; so gibt es eine ganze Reihe von Stichwörtern, die jeweils aus drei Teilen bestehen: BRD, Österreich, Schweiz; doch auch diese Differenzierung erwies sich in der Praxis vielfach als zu grob: besonders in der BRD unterscheiden sich die schulischen Formen auch noch länderweise — darauf konnte aus Platzmangel oft nur sehr kurz verwiesen werden, der Akzent liegt auf den bundeseinheitlichen Regelungen.

Zur Vertiefung der einzelnen Fragestellungen sei hier auf das ausführliche Quellenverzeichnis im Anhang hingewiesen. Es bietet einerseits die Belege hinsichtlich der „benützten Literatur“ (auf die in den einzelnen Beiträgen aus Platzgründen nicht einzeln verwiesen werden konnte), andrerseits Hinweise auf größere Nachschlagwerke bzw. einschlägige Literatur, die von den Autoren dieses Wörterbuchs den Benützern zur Vertiefung und Weiterführung der Kurzinformationen empfohlen wird. Da und dort schien es sinnvoll, auch beim einzelnen Stichwort auf spezielle Literatur zu verweisen, die im Anhang untergehen würde bzw. deren konkreten Bezug man sonst leicht übersehen könnte. Die benützten Fachzeitschriften sind unter dem Stichwort „Zeitschriften, kat. u. rel. päd.“ angeführt.

Mancher Leser wird manche Stichwörter (z. B. Termini, die heute im Vordergrund der fachwissenschaftlichen Diskussion stehen) zu kurz behandelt sehen, andere, die ihm wenig Neues zu bieten scheinen, zu ausführlich. Die Herausgeber ließen sich bei der Auswahl von folgenden Gesichtspunkten leiten: 1. Worterklärungen (damit man weiß, wovon die Rede ist); 2. Kontinuität (der Praktiker soll leicht erkennen können, worauf sich die heutige Fachdiskussion bezieht); 3. Neue Akzente (vielfach werden heute Begriffe von früher bzw. Begriffe aus anderen Fachbereichen in Katechetik und Religionspädagogik mit etwas anderer Akzentsetzung verwendet; dies galt es zu vermitteln); 4. Religionspädagogische Relevanz (bei wichtiger erscheinenden Stichwörtern wurde über die Information hinaus auf die Konsequenzen für den RU verwiesen); 5. Querbezüge (der Religionslehrer ist ein Lehrer unter anderen, ihm fehlt aber tw. eine Fachausbildung in Spezialgebieten — z. B. für Sonderschulen, in der Unterrichtstechnologie u. ä. — hier will das Wörterbuch wenigstens die wichtigsten Termini bieten). Darüber hinaus scheinen beim gegenwärtigen Stand auch viele jener Stichwörter aus Grund- u. Hilfswissenschaften der Religionspädagogik und Katechetik relevant, auf deren „Nutzanwendung“ nicht eigens verwiesen ist oder auf Grund ausständiger Forschungsergebnisse noch nicht verwiesen werden kann. Dies trifft v. a. für Termini und Anliegen aus

Pädagogik, Psychologie und Soziologie zu; 6. Entwicklungsunterschiede (die Situation ist in den einzelnen Ländern des deutschen Sprachraums sehr plural, oft von Schule zu Schule verschieden; was für den einen überholt scheint, ist für den anderen alltägliche Realität; darauf mußte im Hinblick auf die Adressaten Rücksicht genommen werden).
So hoffen wir, mit diesem PRAKTISCHEN WÖRTERBUCH eine kleine Hilfe anbieten zu können, bequemer und bewußter im Entwicklungsprozeß der Religionspädagogik und Katechetik stehen zu können.

Wien, im März 1973

Die Herausgeber

VORWORT ZUR 2. AUFLAGE

Die erste Auflage des Praktischen Wörterbuches der Religionspädagogik und Katechetik hat gute Aufnahme bei Theoretikern und Praktikern gefunden. Davon zeugen zahlreiche positive Rezensionen in deutschsprachigen, aber auch in holländischen, spanischen, italienischen und schweizerischen Fachzeitschriften. Davon zeugt aber auch die Tatsache, daß das Buch Verwendung in der Lehrer- und Erzieherbildung, in Bildungsanstalten für Kindergärtnerinnen und an Religionspädagogischen Akademien und Lehranstalten fand. Die Herausgeber sind den Rezensenten und den Benützern zu Dank verpflichtet für eine Reihe von Ergänzungs- und Verbesserungsvorschlägen v. a. im Hinblick auf den Einsatz in der Lehrer- und Erzieherbildung. Es wurde gewünscht, manche Stichworte ausführlicher zu behandeln, andere wieder könnten heute auf Grund der gewandelten religionspädagogischen Situation gerafft (z. B. einige Stichworte aus der Unterrichtstechnologie) oder weggelassen werden (z. B. das Stichwort ‚Abendgymnasium'). Herausgeber und Autoren haben eine überarbeitete Neuauflage vorbereitet. Die Einsparungsmaßnahmen im Rahmen der Schulbuchaktion zwingen jedoch dazu, zunächst noch einmal die unveränderte Erstauflage vorzulegen. Es war trotzdem möglich, den unveränderten bisherigen Text um einige Stichwörter zu vermehren. Wer ein Stichwort im Hauptteil nicht findet, wird deshalb gebeten, auch im Anhang nachzuschlagen.
Nicht möglich war es jedoch, dem in den Rezensionen mehrmals geäußerten Wunsch auf Einarbeitung des Literaturverzeichnisses in die Stichwörter nachzukommen. Dies hätte praktisch einen Neusatz erfordert, der die durch die Schulbuchaktion gezogenen Preisgrenzen gesprengt hätte. So bitten wir unsere Leser neuerlich um Nachsicht, daß nur bei einigen wenigen Stichwörtern Literaturhinweise zu finden sind und daß Litera-

turangaben, die mehr als ein Stichwort betreffen, nach wie vor nur ein einziges Mal, und zwar im alphabetisch geordneten Quellenverzeichnis zu finden sind. Es war jedoch möglich, dieses alphabetische Literaturverzeichnis beträchtlich zu vermehren und auf den gegenwärtigen Stand zu bringen.

Wien, im Juli 1978

Die Herausgeber

ABKÜRZUNGSVERZEICHNIS

1. Mitarbeiter an diesem Wörterbuch

Anz = Peter Anzenberger (Wr. Neustadt)
Bla = Stefan Blaskovic (Wien)
Bli = Martin Bliem (Wien)
Fi = Hans Fink (Dornbirn)
Fr = Othmar Frei (Cham/Schweiz)
Had = Alois Hadwiger (Wien)
Han = Anton Hanel (Wien)
Hi = Gottfried Hierzenberger (Wien)
Hö = Albert Höfer (Graz)
Ke = Leopold Kendöl (Wien)
Ko = Edgar Josef Korherr (Wien)
Ku = Josef Kurzreiter (Wien)
Lä = Alfred Läpple (Argelsried u. Salzburg)
Lei = Rupert Leitner (Graz)
Mu = Konrad Musalek (Wien)
Nou = Lambert Nouwens (Wien)
Re = Karl Otto Rentmeister (Graz)
Ro = Franz X. Roth (Krems)
Schr = Anton Schrettle (Graz)
Schu = Wolfgang Schulz (Trier)
Si = Gottfried Simml (Wien)
We = Wolfgang Wenzel (Ost-Berlin)

2. Abkürzung der bibl. Bücher (nach den „Loccumer Richtlinien")

Altes Testament

Gen = Genesis (1. Buch Mose)
Ex = Exodus (2. Buch Mose)
Lev = Levitikus (3. Buch Mose)
Num = Numeri (4. Buch Mose)
Dtn = Deuteronomium (5. Buch Mose)
Jos = Das Buch Josua
Ri = Das Buch der Richter
Rut = Das Buch Rut
1Sam = Das 1. Buch Samuel
2Sam = Das 2. Buch Samuel
1Kön = Das 1. Buch der Könige
2Kön = Das 2. Buch der Könige
1Chr = Das 1. Buch der Chronik
2Chr = Das 2. Buch der Chronik
Esr = Das Buch Esra
Neh = Das Buch Nehemia
Tob = Das Buch Tobias
Jdt = Das Buch Judit
Est = Das Buch Ester
1Makk = Das 1. Buch der Makkabäer
2Makk = Das 2. Buch der Makkabäer
Ijob = Das Buch Ijob (= Job = Hiob)
Ps = Die Psalmen
Spr = Das Buch der Sprichwörter (Die Sprüche Salomos)
Koh = Kohelet (Der Prediger Salomo)
Hld = Das Hohelied (Das Hohelied Salomos)
Weish = Das Buch der Weisheit (Die Weisheit Salomos)
Sir = Das Buch Jesus Sirach
Jes = Das Buch Jesaja
Jer = Das Buch Jeremia
Klgl = Die Klagelieder des Jeremia
Bar = Das Buch Baruch
Ez = Das Buch Ezechiel (Hesekiel)
Dan = Das Buch Daniel
Hos = Das Buch Hosea
Joel = Das Buch Joel
Am = Das Buch Amos
Obd = Das Buch Obadja
Jon = Das Buch Jona
Mich = Das Buch Micha
Nah = Das Buch Nahum
Hab = Das Buch Habakuk
Zef = Das Buch Zefanja
Hag = Das Buch Haggai
Sach = Das Buch Sacharja
Mal = Das Buch Maleachi

Neues Testament

Mt	=	Das Evangelium nach Mattäus
Mk	=	Das Evangelium nach Markus
Lk	=	Das Evangelium nach Lukas
Joh	=	Das Evangelium nach Johannes
Apg	=	Die Apostelgeschichte
Röm	=	Der Brief an die Römer
1Kor	=	Der 1. Brief an die Korinther
2Kor	=	Der 2. Brief an die Korinther
Gal	=	Der Brief an die Galater
Eph	=	Der Brief an die Epheser
Phil	=	Der Brief an die Philipper
Kol	=	Der Brief an die Kolosser
1Thess	=	Der 1. Brief an die Thessalonicher
2Thess	=	Der 2. Brief an die Thessalonicher
1Tim	=	Der 1. Brief an Timotheus
2Tim	=	Der 2. Brief an Timotheus
Tit	=	Der Brief an Titus
Phlm	=	Der Brief an Philemon
Hebr	=	Der Brief an die Hebräer
Jak	=	Der Brief des Jakobus
1Petr	=	Der 1. Brief des Petrus
2Petr	=	Der 2. Brief des Petrus
1Joh	=	Der 1. Brief des Johannes
2Joh	=	Der 2. Brief des Johannes
3Joh	=	Der 3. Brief des Johannes
Jud	=	Der Brief des Judas
Offb	=	Die Offenbarung des Johannes

3. Abkürzungen im Text

A. = Auflage
ABGB. = Allgemeines Bürgerliches Gesetzbuch
Abs. = Absatz
Art = Artikel
A. T. = Altes Testament
bes. = besonders
BGB. = Bürgerliches Gesetzbuch
bibl. = biblisch
BRD = Bundesrepublik Deutschland
bzw. = beziehungsweise
can. = Canon des CIC
Chr. p. Bl. = Christlich pädagogische Blätter
CIC = Codex Iuris Canonici (Kirchliches Gesetzbuch)
d. h. = das heißt
did. = didaktisch
evang. = evangelisch
evtl. = eventuell
f. = für
ff. = folgende (Seiten)
GG. = Grundgesetz
griech. = griechisch
gw. = gegenwärtig
hebr. = hebräisch
JGG. = Jugendgerichtsgesetz
Jh. = Jahrhundert
kat. = katechetisch
Kat. = Katechetik
Kat. Bl. = Katechetische Blätter
kath. = katholisch
krit. = kritisch
lat. = lateinisch
Lit. = Literatur
Lj. = Lebensjahr
MA. = Mittelalter
meth. = methodisch
N. T. = Neues Testament
o. = oder
o. ä. = oder ähnlich
päd. = pädagogisch
phil. = philosophisch
psych. = psychologisch
rel. = religiös
Rel.lehrer = Religionslehrer
rel. päd. = religionspädagogisch
Rel. päd. = Religionspädagogik
RK. = Reichskonkordat
RU = Religionsunterricht
s. = siehe
s. o. = siehe oben
sog. = sogenannt
soziol. = soziologisch
s. u. = siehe unten
theol. = theologisch
trad. = traditionell
tw. = teilweise
u. = und
u. a. (m.) = und anderes (mehr)
u. ä. = und ähnlich
u. U. = unter Umständen
u. zw. = und zwar
v. = von
v. a. = vor allem
versch. = verschieden
vgl. = vergleiche
wiss. = wissenschaftlich
z. B. = zum Beispiel
zw. = zwischen

Abendmahl. → Jesus hat am Abend vor seiner Gefangennahme mit den Zwölfen ein Abschiedsmahl gefeiert. Daß Jesus mit diesem Festmahl jedoch auch einen ganz bes. Zweck verbinden wollte, wird aus der Darstellung der Evangelisten deutlich: er wollte eine prophetische Zeichenhandlung setzen, in welcher seine Zukunft u. deren Bedeutung f. die Jünger gleichsam vorweggenommen werden sollte; seine unmittelbare Zukunft war das gewaltsame Sterben; dessen Bedeutung war jedoch, daß sich darin die stellvertretende, sühnende Hingabe an → Gott „f. die Vielen" (alle) vollzog. In seinem Tod würde nun ein neuer → Bund Gottes mit den Menschen aufgerichtet werden. Wenn die Jünger v. diesem Brot, das Jesus austeilte, aßen u. v. seinem Kelch tranken, so waren sie damit in das Leiden u. Sterben Jesu mithineingenommen, gleichzeitig jedoch auch in die Lebensgemeinschaft des Neuen Bundes, deren Satzungen nicht mehr auf steinerne Tafeln, sondern in die Herzen der Menschen geschrieben waren. Diejenigen Menschen, die Anteil an Jesu Schicksal hatten, bildeten das neue Gottesvolk. — Es ist nicht v. ausschlaggebender Bedeutung, ob das Letzte A. als formelles Paschamahl o. als Abschiedsmahl gehalten wurde (nach Johannes wird Jesus zum selben Zeitpunkt, während die Juden ihr — Paschamahl einnehmen, gekreuzigt).

In der → Katechese u. in der Verkündigung muß die spez. Dynamik des A.geschehens betont werden: es geht nicht allein um die Frage: „Was wird in der → Eucharistiefeier aus Brot u. Wein?", sondern ebenso darum: „Was ‚*geschieht*' mit uns, wenn wir — dem Auftrag Jesu entsprechend — uns zur Feier seines Todes zusammenfinden?": Wir werden in die Lebensordnung Jesu hineingenommen. Schr

Abendschule. Schulen für Berufstätige mit versch. Fortbildungsmöglichkeiten (Abendgymnasium usw.). Durch staatliche Aufsicht u. staatlich gültige Zeugnisse unterscheidet sich A. v. Abendkursen, wie sie zunehmend in der → theol. Erwachsenenbildung angeboten werden. Eine A. mit Öffentlichkeitsrecht zum Erwerb der Lehrbefähigungsprüfung f. den RU an Volksschulen existiert — als einzige ihrer Art im deutschen Sprachraum — als „Sonderform f. Berufstätige" an der Rel. päd. → Akademie Wien. — An allgemeinbildenden A.n ist RU jeweils nach den geltenden → Schulgesetzen vorzusehen. Eine spezielle Theorie f. diesen RU, der sich in Didaktik u. Methodik durch die spezielle Situation der berufstätigen u. erwachsenen Schüler v. RU f. Schüler im Kindes- u. Jugendalter unterscheiden sollte, liegt noch nicht vor. Ko

Aberglaube. A. besagt etymol. einen „verkehrten Glauben" u. meint allg. eine „unechte" o. defiziente → Glaubenshaltung. Er setzt ein magisches → Weltbild (o. zumindest Reste eines solchen) voraus. Ungeklärte Kräfte u. Mächte, v. denen sich der Mensch abhängig fühlt, versucht er durch magisches Tun im A.n zu beeinflussen. In den Grenzsituationen des Lebens (Geburt, Liebe, Krankheit, Tod), in Situationen gesteigerter → Angst o. schicksalsschwerer Entscheidungen ist der A. bes. häufig. Er ist ein verzweifelter Versuch des Menschen, die Ausweglosigkeit des Daseins zu erklären u. seine Lebensunsicherheit u. -angst zu bewältigen. A. ist immer Symptom einer Existenzkrise. Auch der christl. Glaube muß sich ständig gegen den A. abgrenzen. Bes. dort, wo der Glaube schwindet o. sich in gewohnheitsmäßiger Pflege relig. → Brauchtums erschöpft, ist die Gefahr des A.s groß. Wenn der A. letztlich auch Ausdruck eines Wissens um die → numinosen Tiefen des Daseins u. der Verwiesenheit des Menschen auf die → Transzendenz ist, so verhindert er doch die eigentl. Religiosität u. erspart dem Menschen die intell. Anstrengung wie das Engagement der → Freiheit u. → Verantwortung. Die Überwindung des A.s wird nur gelingen, wenn dieser nicht nur aufgedeckt u. verurteilt, sondern als Zeichen tiefliegender Nöte, die geheilt werden müssen, verstanden wird. Fi

Ablösungsprozeß, psychischer. Die mit der psychischen Reifung gegebene fortschreitende Differenzierung u. Erweiterung ist immer verbunden mit gleichzeitiger Ablösung, mit Verzicht u. Einengung. Im engeren Sinne versteht man unter p. A. aber die besonders ab der Vorpubertät sich äußernde Loslösung v. der → Familie, v. a. v. der Mutter. Symptom ist der Pubertätstrotz. Wo dieser A. nicht geschieht, kommt es zu Behinderungen in der Persönlichkeitsreifung, im selbständigen Lebensvollzug u. in der späteren Ehe. → Pubertät → Person Ko

Abmeldung vom RU. *BRD:* Grundgesetz (GG) Art. 7 Abs. 2: „Die Erziehungsberechtigten haben das Recht, über die Teilnahme des Kindes am RU zu bestimmen". Sie haben aber auch dann ihr Kind abzumelden, wenn dieses darauf beharrt, daß ihm sein Gewissen verbiete, der Konfession seiner Eltern anzuhangen (gebundene Entscheidung unter Achtung der Gewissensentscheidung des Kindes). Nach Erreichung der Religionsmündigkeit (vollendetes 14. Lebensjahr; Bayern Art. 137 Abs. 2; Rheinland-Pfalz Art. 35 Abs. 2 u. Saarland Art. 29 Abs. 2 vollendetes 18. Lebensjahr) ist der Schüler berechtigt, sich ohne Zustimmung der Erziehungsberechtigten v. RU abzumelden. — Teilnahme am RU, der „ordentliches Lehrfach" ist, ist nach deutschem Schulrecht die Regel, die Nichtteilnahme eine Ausnahme, so daß nicht eine Anmeldung, wohl aber eine Abmeldung erfolgen muß. Über Form (schriftlich o. mündlich), Zeitpunkt (Ende o. Anfang des Schuljahres o. jederzeit) u. Geltungsdauer der Willenserklärung (nur f. das laufende Schuljahr?) gibt es landesrechtliche Verordnungen. Die A. v. RU bedarf keiner Begründung. Lä

Österreich: Durch A. werden Schüler, die an sich verpflichtet wären, am RU teilzunehmen, auf die Dauer der Wirksamkeit der A. v. der Verpflichtung des Besuchs des RU befreit. Wie aus der Legaldefinition des Begriffes → Pflichtgegenstand hervorgeht, berührt die Möglichkeit der A. die Qualifikation des RU als Pflichtgegenstand ebensowenig, wie die Möglichkeit der Befreiung v. Besuch anderer Gegenstände die Qualifikation derselben als Pflichtgegenstände berührt. Es ist eindeutiger Wille des Gesetzgebers, daß alle Schüler, die einer → gesetzlich anerkannten Kirche o. Religionsgesellschaft angehören, den RU auch tatsächlich besuchen. Die Institutionen der A. u. der Befreiung sollen abnormen individuellen Gegebenheiten Rechnung tragen, mit dem Unterschied, daß bei der Befreiung einer dritten Stelle (etwa dem Schularzt) das Urteil zugemutet wird, ob die individuelle Gegebenheit abnorm ist, bei der A. aber dem Schüler selbst o. seinen Eltern. Daraus folgt, daß, rechtlich gesehen, A. u. Nicht-A. nicht gleichwertig nebeneinanderstehen, daß jede Art v. offener o. versteckter Werbung f. die A. durch die Schule u. ihre Organe ebenso gesetzwidrig ist wie die Duldung der Werbung o. gar die Duldung der Pression zur A. auf dem Boden der Schule. Die Organe der Schule u. der → Schulaufsicht haben, wie bei jedem anderen Pflichtgegenstand, die Teilnahme der Schüler am RU mit den zur Verfügung stehenden Mitteln sicherzustellen. Die A. v. RU kann nur während der ersten 10 Tage des Schuljahres schriftlich bei der Schulleitung erfolgen. Diese hat den zuständigen Religionslehrer hiervon unverzüglich in Kenntnis zu setzen. Erfolgt der Eintritt eines Schülers erst während des Schuljahres (z. B. bei Auslandsaufenthalt o. Krankheit), so beginnt die zehntägige Frist mit dem Tag des tatsächlichen Schuleintrittes.

Ein Wechsel der Schule während des Schuljahres gilt nicht als Schuleintritt im obigen Sinne. Die schriftliche A. ist v. Schüler selbst zu unterschreiben, wenn er das 14. Lebensjahr schon vollendet hat, v. beiden Eltern des Schülers o. den (dem) Erziehungsberechtigten, wenn er das 14. Lebensjahr noch nicht vollendet hat. Die A. ist auf die Dauer eines Schuljahres wirksam. Da der Gesetzgeber die Wirksamkeit der A. ausschließlich v. frist- u. formgerecht vorgebrachten Abmeldewillen abhängig macht, eine Rücknahme des Abmeldewillens aber weder ausschließt noch an Frist o. Form bindet, ist die Schulleitung verpflichtet, den eindeutig geäußerten Willen zur Rücknahme der A. jederzeit zur Kenntnis zu nehmen. Mit diesem Zeitpunkt lebt die grundsätzlich im Pflichtgegenstand gelegene Verpflichtung zum Besuch des RU wieder auf. Ke

Schweiz: Auf Begehren des Inhabers der elterlichen Gewalt o. des religionsmündigen Schülers (→ Mündigkeit) muß v. RU, wozu auch der v. Lehrer erteilte → Bibelunterricht zählt, dispensiert werden. Die konkreten Regelungen sind in den kantonalen → Schulgesetzen festgelegt u. weichen nur unwesentlich voneinander ab. Fr

Abraham → Zyklen im A. T.

Absence. Fünf bis zwanzig Sekunden dauernde Bewußtseinstrübung bei Petit-Mal-Epilepsie. → Körperbehinderung, Katechese bei Ko

Abspielung. Maschinelle Wiedergabe v. Tönen (→ Projektion). Dabei kann man unterscheiden zw. a) Empfangsgeräten o. -teilen (z. B. Plattenspieler- o. Tonbandgerätempfangsteil, Radiotuner) u. b) den eigentl. Wiedergabegeräten (Lautsprecher o. Kopfhörer). — Klangliche Qualität u. bessere Anbringung entspr. den notwendigen akustischen Gegebenheiten werden oft erreicht, wenn der Lautsprecher v. Empfangsteil getrennt ist. Erfolgt eine Tonwiedergabe zugleich mit einer

→ Projektion v. Bildern (→ Diapositive), so gilt folgende Regel: Der Ton soll immer v. dort herklingen, wo man auch das Bild sieht. (Anbringung des Lautsprechers mögl. nahe dem Bildschirm; eine seitliche o. rückwärtige Anbringung sowie eine Verwendung eines im Tonfilmprojektor befindlichen „Probelautsprechers" f. eine regelrechte Vorführung ist nicht mediengerecht!). Ein außerhalb des Geräts befindlicher Lautsprecher kann nahe dem Bildschirm angebracht werden u. ermöglicht dennoch eine Tongerätaufstellung u. -bedienung v. Standort des Diaprojektors aus. — Die Verwendung v. Kopfhörern kann eine verblüffende Klangverbesserung bewirken, sie werden aber v. a. dort angewendet, wo gegenseitige Störung vermieden werden soll, z. B. bei → gruppenweisem o. → individualisierendem Unterricht (vgl. → Handmedien). — Der Lautsprecher hingegen entspricht eher dem → Frontalunterricht (vgl. → Wandmedien). Es gibt Mono- u. Stereolautsprecher (mit zwei o. mehr Kanälen). → Stereoprinzip Anz

Abstraktionsfähigkeit. A. ist das Vermögen, ohne in der Anschauung o. Vorstellung gegebene → konkrete Grundlagen Denkprozesse zu vollziehen. Abstrakt sind Denkinhalte (Vorstellungen, Begriffe), die frei v. anschaulichen Merkmalen sind. Z. B. der Mensch als vernunftbegabtes Sinnenwesen im Gegensatz zum „konkreten" Einzelmenschen. Nach der trad. Logik wird durch Abstraktion (= Abziehen, Herauslösen) v. nicht zum Wesen gehörenden, sinnlichen Gegebenheiten (z. B. Gestalt, Farbe usw.) aus (konkreten) Wahrnehmungen u. Vorstellungen der (abstrakte) Begriff gewonnen. Schon die Scholastik erkannte die Bedeutung der Abstraktion f. das Denken, welches dadurch das Wesenhafte deutlicher erfaßt. Die moderne Entwicklungspsychologie erkannte, daß die Fähigkeit zu abstraktem Denken v. entwicklungsbedingten Reifegesetzlichkeiten abhängt. Gewisse Denkprozesse (etwa das Urteil: Fritz ist größer als Hans. Hans ist größer als Peter. Wer ist der Größte?) können Kinder im Vorschulalter nur lösen, wenn die drei Knaben „anschaulich" vor ihnen stehen (Stufe der anschaulichen Denkoperationen nach J. Piaget). Zu „konkreten Denkoperationen" ist der Grundschüler fähig, der die oben genannte Aufgabe lösen kann, indem er sich die drei Knaben vorstellt. Erst im Laufe der → Sekundarstufe I kann im Unterricht generell die Fähigkeit zu abstrakten Denkprozessen (a ist größer als b, b ist größer als c. Was ist das Größte?) vorausgesetzt werden. Das trad. Unterrichtsprinzip der → Anschaulichkeit u. die in der trad. Katechetik immer wieder erhobene Forderung nach möglichst konkreter Lehrweise wurzeln in solchen Erkenntnissen. Die Forderung nach möglichst konkreten Lehrverfahren gilt heute nach wie vor aber auch dort, wo die Fähigkeit zu abstrakten u. begrifflichen Denkoperationen generell vorausgesetzt werden darf. Selbst in → Höheren Schulen sind im Hinblick auf eine ganzheitliche, alle psychischen Kräfte aktivierende Unterrichtsgestaltung nur in einem sachlich und psych. gerechtfertigten Ausmaß rein abstrakte u. begriffliche Denkoperationen v. den Schülern abzuverlangen. → Entwicklung, geistige Ko

Abteilungsunterricht. Unterrichtsform in niederorganisierten Schulen, deren Klassen mehrere Altersstufen umfassen. Bei der Planung einer Religionsstunde empfiehlt es sich hier, einen f. alle Altersstufen gemeinsamen Teil (etwa: [biblische] Erzählung o. ä.) u. einen nach Altersstufen differenzierten Teil vorzusehen. In diesem widmet sich der Lehrer nur einer Altersstufe, während die anderen Kinder durch → Einzelarbeit (Stillarbeit) o. → Gruppenarbeit die gemeinsame Thematik entweder eigenständig fortführen o. vertiefen. Bes. notwendig ist der A. auch innerhalb des RU in einklassigen Volksschulen. Obwohl diese zugunsten v. vollausgebauten Schulen (Zentralschulen o. → Gesamtschulen) immer mehr abgebaut werden, sind sie doch noch eine Realität. Ko

Lit.: A. Strobl, Die Arbeitsweise der Landschule (4. Aufl. 1960).

Abwehrmechanismus → Psychoanalytischer Begriff: Reaktionen des „Ich" (Verdrängung, → Projektion, → Introjektion, → Regression u. a.), welche die v. „Es" angestrebte Triebbefriedigung hemmen, um Konflikte mit dem „Über-Ich" bzw. mit der Umwelt zu verhindern. Ko

Lit.: A. Freud, Das Ich und die Abwehrmechanismen (1936).

Achromasie, Achromatopsie = Farbenblindheit. → Blindenkatechese → Sehbehindertenkatechese

Adaptation — adaptive Medien. A. kommt aus dem Lat.: adaptare = anpassen, angleichen; adaptio = Anpassung.

A. M. sind v. a. → Lehrprogramme, die sich systemimmanent dem Lernprozeß anpassen durch → Rückkoppelung (feedback) zw. Schüler u. Medium, Anpassung an Lerntempo u. Wissensstand, Berücksichtigung der Fehlleistungen usw. — Man unterscheidet *nichtadaptive* (z. B. Unterrichtsfilm, Hörspiel), *teiladaptive* (z. B. verzweigte Lehrprogramme) u. *volladaptive* (z. B. Lehrprogramme in elektronisch gesteuerten Lehrmaschinen) Medien. → Programmierter Unterricht Ko

Adoleszenz. V. lat. adolescentia = Jugendzeit. Gebräuchliche Bezeichnung des zweiten Abschnitts des frühen → Jugendalters; wird nur v. jenem Teil der Jugendlichen durchgemacht, die nicht auf einer früheren → Entwicklungsstufe stagnierten. — Nach der Zeit der → Introversion in der → Pubertät erfolgt nun eine Außenweltzuwendung auf höherem Niveau, eine Auseinandersetzung mit der → Wertwelt. Eingeleitet wird dieser Entwicklungsabschnitt durch die „philosophische Krise". Sie ist gekennzeichnet durch ein Schwanken zw. einer abwertend negativen u. einer fasziniert begeisterten Haltung den Weltwerten gegenüber, durch die Ablehnung jedes Kompromisses, den Hang zu Extrempositionen u. das Verlangen nach Gemeinschaft, um sich in → Streitgesprächen mit den Problemen auseinanderzusetzen. Ist diese Krise überwunden, kommt es zur Hochphase der A. Der Jugendliche ist nun in seiner → Persönlichkeit gefestigt, er besitzt Selbstvertrauen, → Selbstbewußtsein u. einen ausgezeichneten Verstehverstand, der das Nachlassen des Materialgedächtnisses auszugleichen vermag; er ist fähig zu schöpferischen Leistungen, → Kreativität u. zu echten personalen Beziehungen (Freundschaft, Liebe); er ist bestrebt, seinen Horizont zu erweitern, vollbringt große Leistungen in der Rezeption, erfaßt geistige Zusammenhänge u. neigt zu → Idealismus. E. Spranger sagt: „Die Seele beginnt ihr Prunkkleid anzulegen.“ → Entwicklungspsychologie Si

Adoption. 1. *Rechtlich:* Die durch das Gesetz in allen Kulturstaaten geregelte Annahme an Kindes Statt. 2. *Psychologisch:* Geistige Annahme des Kindes durch den Vater, welche im Gegensatz zur Mutter-Kind-Bindung weniger instinktgestützt, f. die Entfaltung der „Väterlichkeit“ u. Vaterrolle aber v. großer Bedeutung ist. A. in diesem Sinne verlangt ein Mindestmaß an räuml. u. zeitl. Beisammensein v. Kind u. Vater sowie die Möglichkeit, daß das Kind den Vater bei der „Auseinandersetzung mit der Welt“ erleben kann. Schwierigkeiten ergeben sich dabei durch die vielfach gegebene Trennung v. Wohn- u. Arbeitsraum, durch welche das Kind nur einen „Freizeitvater“ kennt. Als Ersatz f. den damit gegebenen Erfahrungsausfall wird v. a. gemeinsames Tun (Basteln usw.) gefordert. Ko

Aenigma — Unterricht. V. lat. aenigma = Andeutung, Rätsel. Eine → Unterrichtsform, die den Schüler zum Raten (Deuten v. → Zeichen, Entschlüsseln v. → Rätseln usw.) auffordert. Ko

Lit.: Jürgen Melchert, Spiel u. Katechese, in: Ztschr f. Rel. Päd. 1972/3/73 ff.

Ärgernis. Ein Beispiel o. Rat, wodurch andere zum → Bösen verleitet werden, also eine Art doppelte Bosheit, bes. wenn es auf die Verführung Unschuldiger ausgeht. Selbst das Böse, das nicht auf die Verführung anderer ausgeht, wirkt in der Gemeinschaft als Ä., bes. bei Menschen, die in ihrem → Charakter nicht gefestigt sind, erinnert an die → Erbsünde, wie sie die heutige Theologie versteht: an die Verflochtenheit u. Macht des Bösen in versch. Formen (→ Aggression, billiger Erfolg, Genuß, Scheinklugheit des Weltmannes, Scheingut des Bösen usw.). Bla

Affekt(e). Der Begriff A. findet in der psych. Literatur keine einheitliche Verwendung. Manchmal gilt er als Synonym f. Gefühl (→ affektiver Lernbereich), meistens aber bezeichnet er ein Gefühl v. besonderer Stärke. Nach H. Rohracher ist eine Abgrenzung des A.s v. Gefühl dadurch gegeben, daß beim A. die Erregung u. die sie begleitenden körperl. Veränderungen (Schweißsekretion, Tränen, Sträuben der Haare, Erröten, Erblassen, usw.) subj. spürbar o. sogar nach außen hin sichtbar werden. Das Sichtbarwerden solcher körperlicher Begleitvorgänge kann aber nicht als obj. Kriterium f. das Vorhandensein eines A.s angesehen werden, weil die → Selbstbeherrschung je nach → Persönlichkeit u. Training verschieden das Auftreten dieser Erscheinung zu unterdrücken vermag. Im A. kommt es zu einer Verminderung der Bewußtseinsklarheit, manchmal zum Verlust der Selbstkontrolle, in extremen Fällen sogar zur Bewußtlosigkeit. Unterdrückte A.e sind oft Ursache v. → Komplexen u. → Neurosen. Si

Affektive Hemmung → Gedächtnishemmungen

Affektiver Lernbereich. Lerninhalte, -ziele u. -prozesse, welche die emotionellen Schichten der

Persönlichkeit (→ Gefühl, → Gemüt aber auch Werthaltung im Ggs. zu Intellekt, Wille u. ä.) ganz o. teilweise berühren. → Taxonomie Ko

Agape — Eros — Sexus. Die vorchristl. Kulturen wußten in ihren → Mythen u. Philosophien um den Aufstieg des Menschen aus der triebhaft-sinnl. Sehnsucht nach körperl. Vereinigung zur geistigen Einheit mit dem Sein (Indien: Krischna = Gott der Liebe, buddhistisches Mitleid u. Solidarität mit aller Kreatur; Platons Symposion), als wohne der menschl. → Natur ein unstillbarer Drang nach → Vollendung im anderen inne. Nirwana, Wu-wei (nichts tun, sondern in die Einheit mit dem Tao sich versenken), Platons E. als Liebe zur Schönheit des Sinnlichen, des Wissens u. des Guten drücken ihn philosophisch aus. Was so in vorchristlicher Zeit aus der Erfahrung mit der menschl. Natur erkannt wurde, bestätigt die → Offenbarung: → Gott ist die → Liebe, sein Wesen Liebesbeziehung der → Personen, das Um u. Auf der → Erlösung die Liebe = A., deren → Zeichen u. Bekundung in der Urkirche das Mahl ist (→ Abendmahl). S.-E.-A. ist die sinnvolle Ganzheit des personhaften Wesens Mensch u. kann daher nur in bewußt-freier Integrierung v. Leib-Seele-Geist zur Vollendung kommen. Was im leiblich-materiellen S. triebhafter Drang ist, wird im E. bewußte Pflege u. Bildung der Liebe zur Entfaltung des Menschseins (sittl. Beziehung zw. Ich u. Du) u. in der A. zur heilwirkenden Teilhabe des einzelnen u. der Menschheit an der → Schöpfung u. → Erlösung als Ziel u. → Vollendung. — Rel. päd. bedeutsam ist sowohl die Unterscheidung v. A., E. u. S., das Ernstnehmen des Eigenwertes der drei Bereiche als Gabe u. Aufgabe sowie auch deren Aufeinander-bezogen-Sein. Bla

Aggression. V. lat.: aggredior = ich greife an. A. ist nach L. Berkowitz „ein Verhalten, dessen Ziel eine Beschädigung o. Verletzung ist". Vertreter der → Psychoanalyse u. Verhaltensforschung nehmen einen angeborenen A.strieb an. Dafür spricht der bei → Heimkindern erbrachte Nachweis, daß im frühesten → Kleinkindalter die Fähigkeit zur A. vor der zur Selbstverteidigung vorhanden ist. V. den Verfechtern eines angeborenen A.striebes wird nicht selten die Möglichkeit zu legaler Abreaktion (Betrachten einschlägiger Filme, Wettspiele usw.) gefordert. Dagegen ist experimentalpsych. erwiesen, daß jede A. (auch das Anschauen derselben) mit Notwendigkeit neue aggressive Strebungen erzeugt (L. Berkowitz). Gegen die Annahme eines einheitlichen A.striebes wenden sich sowohl Naturwissenschaftler (J. Scott) wie auch Psychologen u. Sozialwissenschaftler, die A. als erworbenes, gelerntes Verhalten o. Reaktion auf → Frustrationen sehen. Unabhängig v. der Ursache ist die Tatsache aggressiver Strebungen bei jedem rel. päd. Konzept zu beachten. Aufgaben sind: das Bewußtmachen v. A.smechanismen bei den Schülern u. die Motivation f. deren humane Bewältigung im Geiste des Evangeliums. Ko

Agnostizismus. Damit bezeichnet man das grundsätzliche Bestreiten der Möglichkeit, → Metaphysisches (Übernatürliches) erkennen (definieren, beweisen) zu können.

V. der trad. Theologie u. v. kirchl. Lehramt bekämpft u. zurückgewiesen, erhält der A. heute Schützenhilfe durch die → Gott-ist-tot-Theologie, das Infragestellen des Theismus u. durch Ideologiekritik. Im RU der Oberstufe muß beachtet werden, daß A. nicht einfach mit Unglaube identifiziert werden kann, dahinter verbirgt sich oft ein krit. Glaube, der sich gegen die → Verobjektivierung Gottes wehrt (→ Atheismus, → Analogie). Hi

Agrammatismus ist ein Sprachfehler: Nicht verständliche, grammatikalisch fehlerhafte Satzbildung, Konjugation o. Deklination, Auslassen o. Fehlreihung v. Worten. → Sprachstörungen, Katechese bei Ko

Aha-Erlebnis. Ein v. Karl Bühler beschriebener Vorgang plötzlichen Erkennens u. Erfassens. → Lernkategorien Ko

Akademie. Der Ausdruck A. wird im päd. u. rel. päd. Bereich in unterschiedl. Bedeutung gebraucht: 1. als amtl. Bezeichnung f. Schulen v. akademischem (Kunsta.) u. auch nichtakademischem (Handelsa.) Niveau; 2. f. wiss. Vereinigungen (A. der Wissenschaften) v. Gelehrten; 3. f. Institutionen kirchl. → Erwachsenenbildung (Kath. u. ev. A. in der BRD; Wiener Kath. A., alle gegr. nach 1945); 4. f. Veranstaltungen wiss. o. künstl. Art; 5. in Österreich existieren in Wien (gegr. 1971) u. Graz (gegr. 1972) Rel. päd. A.n f. die Ausbildung hauptamtl. Religionslehrer. Diese Rel. päd. A.n sind durch Organisationsstatut, Bildungsgang u. Prüfungsordnungen den Päd. A.n (= österr. Form der Lehrerbildung; in der BRD: *Päd. Hochschulen*!) gleichwertig erklärt, besitzen das Öffentlichkeitsrecht u. schließen mit staatsgültigen Zeugnissen ab. → Ausbildung kat. u. rel. päd. Ko

Akkommodation. In der → Entwicklungspsychologie versteht man unter den Prozessen der A. das dauernde Sich-Anpassen des Individuums an seine Umwelt; das den Gegebenheiten der Umwelt Rechnung-Tragen sowohl im physiol. als auch im psych. Bereich. So kann → Entwicklung u. a. als ständiger Wechsel zw. A. u. → Assimilation verstanden werden. → Diagramm der Entwicklung → Autoplastik Si

Akroamatische Lehrform. V. griech. akroamatikos = zum Anhören. Vermittlung v. Lehrinhalten in einem geschlossenen Vortrag. In älteren Werken Bezeichnung f. eine darbietende Unterrichtsweise. Ko

Akromegaloide Züge. Verplumpung an den Körperspitzen, die durch vermehrte Ausschüttung des Wachstumshormons Somatotropin hervorgerufen wird. Füße, Hände, Nase, Ohren u. Backenknochen wirken relativ groß u. plump. Vorübergehende Erscheinung in der 1. puberalen Phase (→ Pubertät). Dieses entwicklungsbedingte „Spitzenwachstum“ führt zur Verunsicherung der Jugendlichen u. kann eine Verstärkung der sozialen Isolation bewirken. Si

Aktion 365. Name f. eine internat. Gemeinschaft (gegründet v. P. Leppich SJ) v. kath. u. evang. Männern u. Frauen, die sich f. mitmenschl. Anliegen über alle Grenzen hinweg einsetzen. Sie treffen einander monatlich in kl. Arbeitskreisen (Teams) v. je 6—10 Mitarbeitern aller Altersstufen u. Berufe. Die A. will das ethische, rel. u. soziale Bewußtsein ihrer Mitarbeiter u. durch sie die Bewußtseinsbildung der gesellschaftl. u. kirchl. Öffentlichkeit fördern. Ihr Engagement ist unabhängig v. den Grenzen der Pfarrgemeinden. *Ziele* dieser Elitegruppen: Gebet, Schulung, Aktion, Familie; *Forderungen:* Wissensbildung u. Erfahrungsaustausch, gemeinsame Planung u. Arbeitsteilung, Vertrauen u. Bruderliebe. *Arbeitsbereiche:* Öffentlichkeitsarbeit, Dritte Welt, Soziale Dienste, Bibelapostolat u. ökumenische Zusammenarbeit. Had

Aktivierungsniveau. Unter A. versteht die angewandte Psychologie die Reaktions- u. Aktionsbereitschaft eines Menschen. Sie kann zw. den Extremen „Erregung" (z. B. bei Lebensbedrohung) u. „Tiefschlaf" o. „Koma" schwanken. Das A. ist v. Bedeutung f. die Lernfähigkeit u. den Lernerfolg. Einschlägige Untersuchungen lassen es als geraten erscheinen, im Unterricht dann das A. (Wachheitszustand) gezielt zu heben, wenn es um Wesentliches u. Merkenswertes geht. Dies erfolgt durch „Merk-Signale" (Th. Pesta) wie: Anheben des Sprechtones, → Faustskizzen, aber auch durch Hinweise (Jetzt paßt besonders auf!) u. ä. Ko

Aktualisierung. Aufzeigen, wodurch ein in der Sprache früherer Zeit verfaßtes → Dogma o. eine Bibelperikope heute „aktuell" ist. → Neuinterpretation Ko

Akzeleration. „Beschleunigung" (lat.) der (v. a. körperlichen) → Entwicklung: zunehmendes Körperwachstum, Vorverlagerung der → Pubertät u. ä. Nachgewiesen bei allen Kulturvölkern seit dem 19. Jh., wobei das A.sphänomen nach Untersuchungen v. F. Wurst u. a. in Großstädten stärker auftritt als auf dem Lande. Als Ursachen nimmt man ein Geflecht v. mehreren Komponenten an (Reizüberflutung, veränderte Ernährung, Stress, u. a.). → Retardation Ko

Alalie → Aphasie

Algorithmus. Allgemein: Ein System v. eindeutig anwendbaren Regeln zur schematischen Lösung einer Aufgabe. Nach der → kybernetischen Pädagogik: Ein Lehrverfahren, in dem jeder → Lehrschritt seinen fest fixierten Ort im System des Ganzen hat. Oft auch gleichsinnig mit „Lehrprogrammtext" o. „programmiertes Lehrbuch" gebraucht. Ko

Allegorie. A. bedeutet eine sehr alte (v. a. rel.) literar. Gattung, die rel. Wirklichkeiten durch → Metaphern, → Gleichnisse usw. verdeutlicht. In der myth. Religiosität steht dahinter die Auffassung, daß die Götter immer ambivalent (zwei- o. mehrdeutig) sprechen (Orakel, Mythos), da sie sich sonst menschlichem Verstehen ausliefern würden. „Allegorese" (= Auslegung, die sich der A.n bedient) findet sich auch im A. T. (Ezechiel, Sacharja), besonders aber in → apokalyptischen Schriften (Gottes → Offenbarung bleibt den Menschen verborgen, muß gedeutet werden). Vielfach deuten die Evangelisten die → Gleichnisse Jesu als A. (wenn sie jedem einzelnen Zug des Gleichnisses eine eigene hintergründige Bedeutung zuweisen), gehen damit aber über das v. Jesus Gemeinte hinaus (z. B. Mt 13, 3—9 = Gleichnis u. 13, 18—23 = Deutung des Evangelisten). — Die Alexandrinische Exegetenschule (gegen Ende des 2. Jh.) pflegte die a. Auslegung (z. B. durch Origenes), die jedoch heute nicht mehr als legitime Auslegung der Bibel gilt u. tw. noch fremder wirkt als die Bibeltexte selbst, so daß sie keinen → hermeneutischen Effekt hat. Hi

Allerheiligen → Kirchenjahr

Allgemeinbildende höhere Schule (AHS). Aufgabe der AHS ist: den Schülern eine möglichst breite u. vertiefte Allgemeinbildung zu vermitteln u. sie zugleich zur Hochschulreife zu führen. Die AHS gliedert sich in eine vierjährige Unterstufe u. eine fünf- bzw. vierjährige (in Österreich bis zum Auslaufen der Aufschiebung des dreizehnten Schuljahres) Oberstufe. Folgende Formen der AHS können heute in Österreich unterschieden werden: 1. das *Gymnasium* (G) mit folgenden Formen der Oberstufe: a) humanistisches, b) neusprachliches, c) realistisches; 2. das *Realgymnasium* (RG) mit folgenden Formen der Oberstufe: a) naturwissenschaftliches, b) mathematisches; 3. das *wirtschaftliche RG für Mädchen*; 4. *Sonderformen der AHS:* a) das musischpädagogische RG., b) das Aufbaugymnasium u. das Aufbaurealgymnasium, c) das G. für Berufstätige u. das RG. f. Berufstätige. F. die selbständigen gymnasialen Oberstufen hat die → Hauptschule die Funktion der Unterstufe übernommen.

Die Lehrpläne u. Bildungsaufgaben der versch. Formen der → Höheren Schulen wurzeln geistesgesch. in versch. Epochen. So reicht die Bildungsidee des „humanistischen Gymnasiums" zurück in die Zeit des Humanismus (15./16. Jh.), die der Realschule in die Zeit des Pietismus u. der Aufklärung. Das Realgymnasium ist eine Schöpfung des Neuhumanismus, während diverse Sonderformen (z. B. die frühere Frauenoberschule u. das Gymnasium f. Berufstätige) ihre Wurzeln in Bewegungen des ausgehenden 19. u. beginnenden 20. Jahrhunderts haben. Mit dem Schwinden weltanschaulicher, phil. u. soziol. Grundlagen erfuhren die versch. Formen Umstrukturierungen, → Neuinterpretationen u. einen mannigfachen Wandel. Bes. deutlich wird diese Problematik in der Diskussion um humanistisch-altsprachl. Schulformen u. im Rückgang der Schülerzahlen in humanistischen (altsprachlichen) Gymnasien.

Ein bedeutender Wandel hat sich im gesellschaftl. Bewußtsein heute auch in der Auffassung über die Ausleseaufgabe der AHS vollzogen. Sie soll nicht Ausleseschule einer sog. Standesgesellschaft mit vermeintlich allein hochbegabten Kindern, sondern eine Bildungsinstitution f. viele junge Menschen möglichst aller Bevölkerungsschichten sein, deren → Entwicklung ja oft wesentlich v. der sozio-kulturellen u. päd. Umwelt u. Eigenaktivität bestimmt ist u. gerade deshalb gleiche Chancen u. großzügige Förderung erwarten darf. Zur Situation in der BRD u. in der Schweiz: → Höhere Schulen. → Gesamtschule, → Kollegstufe, → Strukturplan Bli/Ko

Allgemeinbildung. A. ist als Gegensatz zu Fachbildung gegenwärtig scharfer gesellschaftspolit. Kritik ausgesetzt. Wird unter A.

formale Bildung als grundsätzliches Sich-offen-Halten auf die Gesamtwirklichkeit u. ihre Teile hin verstanden, so sind ihre Inhalte kategorialer Art: es sind solche, die f. den Menschen als Mensch fundamentale Bedeutung haben; so gesehen ist A. f. jeden Menschen erforderlich. Sogar im spezifizierten Fachschulbereich kann A. durch Offenhalten des → Lehrplanes f. die Frage nach dem Sinn u. die individuellen Fähigkeiten u. Möglichkeiten des Schülers verwirklicht werden. → Allgemeinbildende höhere Schulen Ro

Alloplastik. Gleichsinnig mit → Assimilation (jemanden o. etwas sich, seinen Vorstellungen, Zielen usw. anpassen). Ko

All-round-Lehrer → Gesamtunterricht

ALSKINDI = ALgorithmische SKINner-DIdaktik. Kybernetisch orientiertes Verfahren zur Erzeugung v. → Lernprogrammen im Sinne des → Skinner-Systems. Ko

Alten-Katechese. A. ist eine Form der → Erwachsenenkatechese u. des Dienstes der Kirche an alten Menschen. Sie ist Hilfeleistung zur Meisterung des Alters aus dem → Glauben heraus. Unter Alter ist dabei nicht allein die Zeit des Ausscheidens aus dem Berufsleben (soziol. Begriff des Alters) zu verstehen, es ist auch nicht exakt mit Lebensjahren anzugeben. Im physischen Bereich ist Alter dann gegeben, wenn die (schon im 3. Lebensjahrzehnt einsetzenden) Prozesse des Abbaues u. der Rückbildung v. Funktionen gegenüber aufbauenden u. regenerierenden dominieren. Einen gewissen Wendepunkt — aber durchaus nicht schon den Beginn des eigentl. Alters — markiert das Klimakterium. Psychisch werden v. Ch. Bühler u. a. mehrere Phasen des Alterns unterschieden. Wesentliche Abschnitte bilden 1. die Phase des Innewerdens u. 2. die des nicht mehr Inne-seins v. Abbau u. Funktionsverlust. Physisches u. psychisches Altern müssen nicht parallel gehen. Es gibt körperl. pflegebedürftige Greise mit voller psychischer Selbständigkeit u. Aktionsfähigkeit wie auch körperl. rüstige Alte mit sehr eingeschränkten abgebauten u. psychischen Funktionen. Psychisches Altern hat neben immer klinisch feststellbaren physiolog. Wurzeln (Verkalkung u. a.) oft auch soziol. bedingte (Isolierung, Vereinsamung, mangelnde Annahme durch die Umwelt, Beschränkung des Aktionsradius u. ä. m.). Eintritt, Verlauf u. Dauer des Alterns variieren nach individuellen Gegebenheiten. Schablonenhafte Vorstellungen (Weisheit u. Güte des Alters, Abstandgewinnen, Schrullenhaftigkeit usw.) sind nicht zu verallgemeinern u. stellen kein Fundament für die A. dar. Grundlagen u. Gesetzlichkeiten der A. sind im Gegensatz zur Gerontologie (= griech.: Wissenschaft v. Altern; sie wird heute medizin., psych., soziol. u. → etholog. betrieben) noch wenig erforscht. Spezielle Aufgaben der A. sind: 1. Die *Sinndeutung des Alters.* Ansatz dafür ist das bereits ab der Lebensmitte immer wieder auftretende Bewußtwerden, daß auf jeden *sein* Alter zukommt, das er annehmen u. voll bejahen muß. 2. Die *Sinnerfüllung des Alters,* die besonders in der Phase des Innewerdens schon vorhandener physischer u. psychischer Alternsprozesse u. zur Zeit des Ausscheidens aus dem Beruf zu leisten ist.

Diese Phase bringt spezielle Probleme (Zusammenschrumpfen der Wirkwelt, Änderung des Lebensrhythmus, soziale Vereinsamung etc.) u. neue Einstellungen. Die Schaffung neuer Zugänge zu best. Glaubenswahrheiten (Gebet, Eucharistie) stellt sich als Chance u. Aufgabe. 3. Die Hilfeleistung zur *Meisterung spezif. Altersphänomene* (Egozentrik, Sich-an-den-Besitz-Klammern, Suche nach Anerkennung u. Halt, Schrullenhaftigkeit, Starrheit usw.) — So lange Alten die Angebote der Katechese f. Erwachsene auf der Höhe des Lebens physisch u. psychisch zugänglich sind, sollen sie sich davon nicht ausgeschlossen fühlen. Spezielle Fragen bleiben hier vorwiegend der Individualkatechese (→ Glaubensgespräch) vorbehalten. Daneben treten bei zunehmender Behinderung o. Betreuungsbedürftigkeit eigene Veranstaltungen für Alte in Pfarrgemeinde (→ Hauskatechese, Pensionistennachmittage) u. Altersheim. Kat. Belange werden dabei zunehmend in gesamtmenschl. Betreuung u. pastorale Hilfeleistung einzubetten sein. Spez. Methoden der A. sind noch zu erarbeiten. Ko

Altersmundart. Die v. B. Otto beschriebene Eigenart der kindl. → Sprache in einzelnen → Altersstufen. Sie ist bes. in der Elementarkatechese u. in der → Vorschulerziehung zu beachten. Neuere Untersuchungen zeigen v. a. die Unterschiede zw. „Schreibsprache" u. „Sprechsprache". A. ist nicht nur entwicklungspsych. bedingt, sondern auch v. sozialen Milieu abhängig. Ko

Lit.: B. Otto, Kindesmundart (1908); W. Hansen, Die Entwicklung des kindlichen Weltbildes (4. Auflage 1955). G. König, Strukturen kindlicher Sprache (1972); B. Bernstein u. a., Soziale Schicht, Sprache u. Kommunikation (deutsch 1972); B. Bernstein, Studien zur sprachlichen Sozialisation (1972); J, Piaget, Sprechen u. Denken des Kindes (1972).

Altersstufen im Recht. Nach dem ABGB werden Menschen bis zum vollendeten 7. Lebensjahr als „Kinder", bis zum 14. Lebensjahr als „Unmündige", bis zum 21. Lebensjahr als „Minderjährige" bezeichnet. „Kinder" sind rechtlich handlungsunfähig, d. h. an ihr Tun o. Lassen werden keine Rechtsfolgen geknüpft. Ab dem vollendeten 7. Lebensjahr sind Minderjährige beschränkt handlungsfähig, d. h. sie können Versprechen, die ausschließlich zu ihrem Vorteil gereichen, gültig annehmen, bedürfen aber in der Regel der Zustimmung des Vaters (Vormundes), wenn sie sich selbst gültig verpflichten wollen. In bestimmten Materien sind „mündige Minderjährige" voll handlungsfähig, z. B. in Fragen der Religionszugehörigkeit u. der → Abmeldung v. RU. Ab dem vollendeten 14. Lebensjahr unterliegt der Mensch dem Strafgesetz, durch das Jugendgerichtsgesetz werden allerdings jene, die zwar das 14., aber noch nicht das 18. Lebensjahr vollendet haben, als „Jugendliche" bezeichnet u. best. Sondernormen unterworfen. Manche Gesetze (wie z. B. das Schulpflichtgesetz) verwenden den Begriff „Kind" anders als das ABGB. Außerdem sei darauf hingewiesen, daß im Nationalrat eine Regierungsvorlage in Behandlung steht, die die Herabsetzung des Volljährigkeitsalters auf das vollendete 19. Lebensjahr vorsieht.

Nach dem Ehegesetz soll ein Mann nicht vor Vollendung des 21., eine Frau nicht vor Vollendung des 16. Lebensjahres heiraten. In beiden Fällen kann dispensiert werden, beim Mann allerdings nur dann, wenn er das 18. Lebensjahr vollendet hat u. f. großjährig erklärt worden ist. *BRD, Schweiz* vgl. → Mündigkeit — Unmündigkeit (rechtlich). Ke

Altersstufen (in der rel. Unterweisung). Den A. suchte man in der → Katechese lange Zeit dadurch gerecht zu werden, daß man den Lehrstoff im Hinblick auf die Fassungskraft des Kindes verminderte. Darüber hinaus fordern ab → 1965 immer mehr Autoren (I. Baldermann, A. Höfer u. a.) eine Auswahl des Lehrstoffes nach dem entwicklungspsych. festgestellten Reifeniveau. Es soll f. jeden Inhalt der entwicklungsmäßig günstigste Zeitpunkt seiner Erstdarbietung gefunden werden. Aus solchen Überlegungen heraus wurden Texte, die die Unterscheidung von weltbildbedingter Einkleidung u. rel. Aussage erfordern (Gen 1 ff.) aus den → Lehrplänen der Volksschule ausgeschieden u. f. spätere Altersstufen vorgesehen. Grenzen f. eine solche Beachtung der A. liegen 1. darin, daß die Entwicklungspsychologie nur sehr generelle u. keineswegs auf alle Schüler gleicherweise zutreffende Altersnormen anbieten kann u. 2., daß ein Kind erfahrungsgemäß nicht nur an dem wächst, was seiner Reife entspricht, sondern ebenso an dem, was etwas über dem Reifeniveau liegt. Die letztgenannte Problematik ist rel. päd. noch zu wenig erforscht u. aufgearbeitet. Neben der Beachtung der psychischen A. ist auch auf die je gegebene → Glaubensreife Rücksicht zu nehmen. Ko

Altes Testament. Lat. testamentum = griech. diatheke = hebr. berith (→ Bund). Jer 31, 31 wird der „neue Bund" (→Jahwes mit seinem Volk) dem „alten Bund/ Testament" (Jahwes mit den Vätern) gegenübergestellt. Auf → Paulus geht die Verwendung „A. T." betr. der heiligen Schriften Israels zurück: A. T. ist zu definieren als das schriftl. Zeugnis der Gottesoffenbarung bzw. → Gotteserfahrung Israels. Es ist im Laufe des 1. Jt. v. Chr. (→ Zeitgeschichte, biblische; → Zeittafel) aus mündl. u. schriftl. Quellen zu Einzelschriften u. schließlich zu der Sammlung gewachsen, die A. T. genannt wird. Die Zahl u. die Reihenfolge der zu dieser Sammlung gehörenden Einzelschriften ist bei Juden (bzw. evangel. Christen) u. kath. Christen (die sich an die → Septuaginta halten) verschieden (Grund: die Kanonbildung war zur Zeit der Urkirche noch nicht abgeschlossen). 1. Kanon der Juden (evang. Christen):
a) Tora (Gen, Ex, Lev, Num, Dtn);
b) frühe Proph. (Jos, Ri, Sam, Kön);
c) spät. Proph. (Jes, Jer, Ez, 12-Proph.buch);
d) Schriften (Ps, Ijob, Spr, Rut, Hld, Koh, Klgl, Est, Dan, Esr, Neh, Chr).
2. Kanon der Septuaginta (kath. Christen): a) gesch. Bücher (Tora u. frühere Propheten); b) Lehrbücher (Schriften); c) prophetische Bücher (spätere Propheten). Die evangel. Chr. erkennen nur die hebr. geschriebenen Teilschriften als kanonisch u. inspiriert an, die kath. Kirche auch die griech. geschriebenen, sog. „deuterokanonischen": Tob, Jdt, Makk, Weish, Sir, Bar, griechEst u. griechDan, so daß sie f. das A. T. auf die Zahl v. 45 Einzelschriften kommt. — Über nähere Einzelheiten, die Textgeschichte der einzelnen Schriften u. Schriftengrup-

pen (→ Elohistische Quellenschrift → Jahwistische Quellenschrift → → Priesterschrift → Deuteronomistische Schrift) usw. geben die Einleitungswerke in die Schrift des A. T. Auskunft. Hi

Altes Testament in der Katechese. Grundsätzliches: Die schulische → Katechese hat wie jeder andere schulische Gegenstand eine Verhaltensänderung zum Ziel (→ Curriculum → Lernziel). Die Inhalte dieses Verhaltens können v. versch. Standpunkten versch. beschrieben werden. In jedem Fall wird man aber die jeweiligen Verhaltensänderungen rel. päd. vermitteln müssen, d. h., es muß auf das kindgemäße Maß der → Wahrheit eingegangen werden. Verhalten muß gelernt werden; im alltäglichen Leben geschieht dies zumeist unbewußt; in der Schule müssen Lernsituationen künstlich erzeugt werden; ihr Erfolg hängt jedoch zu einem großen Teil davon ab, inwieweit natürliche Strebungen u. Bedürfnisse aufgenommen werden. Eine der stärksten Lernsituationen ist das Lernen durch „Rollenübernahme" (→ Rolle). Die Bibel stellt uns eine große Anzahl v. Menschen vor, deren Verhalten „gerecht", d. h. dem Jahwe- u. Christusglauben entsprechend war.

Das — zunächst spielerische — Hineinversetzen in eine solche bibl. „Rolle" vermag den Blick auf das „Gegenüber" — auf → Gott — zu vermitteln: wenn Kinder der ersten Schulstufe die Szene Mose vor dem brennenden Dornbusch, die Berufung Samuels u. die Vision des Jesaja v. der Herrlichkeit Gottes spielen, d. h. deren Rolle übernehmen, so wird ihnen mehr v. der Größe u. der Lichtgestalt Gottes aufgehen als durch viele Belehrung. Wenn Schüler der 5. Schulstufe den Lebensweg Davids u. Jeremias intensiv nachvollziehen u. meditieren, wird ihnen so der Blick f. menschl. Leidenssituationen u. deren Deutung aufgetan werden. Wenn Kinder Lobpsalmen des A. T. auf die → Schöpfung Gottes singen u. beten, werden sie leichter den Blick dafür bekommen, auch f. alles andere Schöne in ihrem Leben zu danken. Wenn man 14jährigen die Rolle des → Jahwisten f. seine Zeit, d. h. die literar. Gattungen seiner Geschichten erklärt, wird man ihnen menschl. → Verantwortung füreinander besser vermitteln als durch ständiges Verweisen auf ein: „Du mußt".

Die Geschichte des A. T. ist eine Bewegung auf das Heil hin, der vorausgeworfene Schatten (vgl. 1 Kor 10, 6; Hebr 11), „insofern gibt es schon Gnade, Glaube u. Rechtfertigung im A. T." (K. Rahner). → Pentateuch Schr

ALZUDI = ALgorithmische ZUordnungsDIdaktik. Sie ist → kybernetisch orientiert u. dient der Erzeugung linearer → Lehrprogramme. Ko

Amt — Charisma. Das N. T. berichtet, daß es in der → Kirche v. Anfang an A. u. Ch. nebeneinander gab. Heute wird oft die Frage aufgeworfen, ob dies zum dauernden Bestand der Kirche zu rechnen ist. Die heutige Theologie bejaht diese Frage. — A. u. Autorität stehen in einem gewissen Zusammenhang, u. mit der derzeitigen Autoritätskrise gelangte auch das A. in ernsthafte Diskussion. Der ntl. Befund zeigt uns deutlich das Vorhandensein des A.s in der apostolischen Zeit (Apostel, Älteste, Diakone, Vorsteher). Im N. T. wird das A. vorwiegend als „Dienst" bezeichnet. Mit dem Anwachsen der → Gemeinde kam es zu einer Differenzierung der Ämter. Da die Kirche eine sichtbare Gemeinschaft im Ablauf der Geschichte ist, bedarf sie, soll ihr Bestand gesichert sein, auch des A.s als ordnendem Prinzip. Unter A. kann verstanden werden ein „Organ einer Gemeinschaft, dessen Funktionen in Rechten u. Pflichten zusammengefaßt sind u. dessen Handlungen eine obj. Verbindlichkeit f. die Gemeinschaft haben" (K. Rahner/H. Vorgrimler). Neben dem A. gibt es in apostol. Zeit das → Ch. (besondere, v. → Gott geschenkte → Gnadengaben f. den Aufbau der Gemeinde). Es spielt in der paulinischen Theologie eine besondere Rolle (vgl. bes. 1 Kor 12, 4—11; Röm 12, 6—13). Als Ch. genannt werden u. a.: Weisheit, Erkenntnis, Kraftwirkungen, Unterscheidung der Geister, Gemeindeleitung, Sprachengabe. Es muß beachtet werden, daß auch das A. als Gnadengabe bezeichnet wird. Durch die zweifellos notwendige, aber bisweilen zu starke Betonung des rechtl. Elements im A. u. durch die allg. Problematik der an sich erforderl. → Institutionalisierung des Religiösen (wie etwa: Machtstreben, Karrieresucht u. ä. m.) trat sein charismat. Charakter in den Hintergrund.

Da bei jedem Ch. Gott u. Mensch zusammenwirken, besteht die Gefahr, daß durch den menschl. Faktor das Ch. nicht o. nicht sinnvoll eingesetzt wird. Da Ch.n nicht vorhersehbar u. berechenbar sind, ist es schwierig, echte Wirkungen des → Geistes Gottes v. fälschlichen zu unterscheiden. Dies darf aber nicht dazu verleiten, das Ch. zu verdächtigen. Ein Wesenszug des Ch.s scheint die Neuartigkeit seiner Erscheinungsform zu sein, da die der Kirche geschenkten Ch.n den jeweiligen neuen Bedürfnissen entsprechen. „Solche Gnadengaben, ob sie nun v. besonderer Leuchtkraft o. aber schlichter u. allgemeiner verbreitet sind, müssen mit Dankbarkeit u. Trost angenommen werden, da sie den Nöten der Kirche besonders angepaßt u. nützlich sind. Außerordentliche Gaben soll man aber nicht leichthin erstreben. Man darf auch nicht vermessentlich Früchte f. die apostol. Tätigkeit v. ihnen erwarten. Das Urteil über ihre Echtheit u. ihren geordneten Gebrauch steht bei jenen, die in der Kirche die Leitung haben u. denen es in bes. Weise zukommt, den Geist nicht auszulöschen, sondern alles zu prüfen u. das Gute zu behalten (vgl. 1 Thess 5, 12 u. 19—21)" (Vat. II, Lumen Gentium n. 12). — Rel. päd. gesehen, ergeben sich folgende Überlegungen: Das Kind, das noch stark v. → Vertrauen auf die → Autoritäten seiner Umwelt geprägt ist (Eltern, Kindergärtnerin, Lehrer, Katecheten usw.), hat noch eher einen Zugang zum Verständnis des A.s. Der Heranwachsende hingegen hat aus Sorge vor dem Autoritätsmißbrauch des A.s eher ein Verständnis f. das Ch. Jeder A.sträger sollte darauf bedacht sein, das Kind vor enttäuschenden Erfahrungen des A.smißbrauches zu bewahren, u. es ist eine besonders dringl. Aufgabe des rel. Erziehers, dem Heranwachsenden die Notwendigkeit der Ordnung f. die Bewahrung u. Entfaltung des Lebens bewußt zu machen. Dies könnte dadurch geschehen, daß man auf jene notwendigen „Ämter" verweist, denen das Kind im Leben begegnet („Amt" der Eltern u. Vorgesetzten, „Ämter" v. Mitschülern in der Klasse usw.). Im Familienverband, in der Klassengemeinschaft, in Jugendverbänden u. ä. zeigen sich schon besondere Begabungen („Ch.n") zur besseren Gestaltung des Gemeinschaftslebens (z. B.: Organisationstalent, musikalische Begabung, Geschicklichkeit, Hilfsbereitschaft, Humor ...). Auf die Erfahrungen u. Erlebnisse des Kindes u. des Jugendlichen in diesen Bereichen muß stets verwiesen werden, will man ein entspr. Verständnis f. A. u. Ch. vorbereiten. Der christl. Erzieher wird sich dabei aber immer bewußt bleiben müssen, daß heute Verständnis f. das A. nur dort erfolgreich geweckt werden kann, wo der Dienstcharakter des A.s klar ersichtlich ist. Han

Anagog. V. der → Analytischen Psychologie verwendeter Begriff f. moralisch positive Tendenzen im Unbewußten (Gegensatz zu S. Freud!). Ko

Anale Phase. Nach der → Psychoanalyse jener Abschnitt im 2. Lebensjahr, in dem Kinder Lust an Kot (Lat. anus = After) u. Urin empfinden. Zu frühe u. strenge Sauberkeitserziehung sei nicht nur Wurzel für → Sadismus, Bettnässen, → Stottern, Waschzwang im späteren Leben, sie präge auch das Verhalten bzgl. Schenken, Sparen, Behalten, Geben u. ä. Ko

Analogie. Das Wort stammt v. griech. „análogon" („nach Verhältnis"). Eine Erkenntnis ist a., wenn das zu Erkennende nicht in seinem Wesen (d. h. in ihm selbst, bzw. an ihm selbst) erkannt werden kann, sondern in einem Bezug, den es zu einem bereits Bekannten hat. Ein Begriff ist a., wenn das in ihm Ausgesagte kein eindeutiges, festumrissenes u. definierbares Wesen aussagt, sondern sich je nach seinem Bezug o. Verhältnis in seiner Bedeutung wandelt. So steht der a. Begriff in der Mitte zw. dem äquivoken (mehrdeutigen) u. dem univoken (eindeutigen) Begriff u. enthält gleichzeitig Elemente der Gemeinsamkeit u. der Verschiedenheit, der Ähnlichkeit u. der Unähnlichkeit der gemeinten Dinge, die im Begriffsinhalt eine logisch nicht mehr trennbare Einheit ausmachen.
Die A. des Seins (analogia entis) besagt, daß alles, was ist, das Sein hat u. durch das Sein ist, aber das Sein auf je verschiedene Weise hat. Daher ergeben sich Stufen u. Ordnungen des Seins, sowie die Ähnlichkeit u. Verschiedenheit der Dinge. Am bedeutsamsten ist die Anwendung der A. des Seins auf das Verhältnis v. → Gott u. → Welt: Alles Geschaffene hat teil an Gott, der das Sein nicht *hat,* sondern von seinem Wesen her *ist.* Auf diese Weise werden für die kath. Theologie positive, wenn auch a. Aussagen über Gott möglich. Fi

Analyse, analytisch. 1. *Wortsinn:* Aus dem Griechischen kommender Ausdruck f. die Auflösung einer Ganzheit durch Ausgliederung seiner Teile. 2. *Phil.:* Zergliederung eines Begriffes in seine Teilinhalte (Gegensatz: → Synthese). 3. *Tiefenpsych.:* Methode der Forschung u. Therapie aller → tiefenpsych. Schulen. Die A. besteht in der Aufdeckung u. Bewußtmachung unbewußter psychischer Sachverhalte u. Triebkräfte, die sich in Träumen, Fehlhandlungen, → Komplexen, Neurosen usw. äußern. Sie zielt nicht nur auf Diagnose, sondern auch auf Therapie hin. 4. *Kat.:* Ältere Bezeichnung f. eine → deduktive Methode, die v. Katechismussätzen ausging u. durch deren Zergliederung das Verständnis derselben anbahnen wollte. Im kat. Schrifttum v. 1890 bis 1910 wird fälschlicherweise diese analytische Methode oft auch als „synthetische" bezeichnet u. umgekehrt. Die Fixierung im obgenannten Sinn erfolgte unter dem Einfluß der Didaktik O. Willmanns. Ko

Analytische (komplexe) Psychologie. Bezeichnung f. die v. C. G. Jung (gest. 1961) begründete → tiefenpsych. Schule. Jung selbst bezeichnete sie als „Psychologie der → Komplexe". Der ebenfalls gebräuchl. Ausdruck a. P. weist auf die Methode der → Analyse in Forschung u. Therapie auch dieser Richtung hin. Nach C. G. Jung stehen Bewußtes u. Unbewußtes nicht in einem Konflikt-, sondern Ergänzungsverhältnis. Im Reifungsprozeß der *Individuation* (Selbst-Verwirklichung, Existenzergreifung) verbinden sich beide im *Selbst,* das die personale Mitte (Personkern) des Menschen ist. V. der Tatsache ausgehend, daß viele Strebungen, Bedürfnisse u. Anlagen allen Menschen gemeinsam sind, prägte Jung den Begriff des *kollektiven Unbewußten,* das, an → *Archetypen* gebunden, sich auch in rel. Bräuchen, Sagen, Mythen u. ä. kundtut. A. P. ist offen f. ein personales Verständnis des Menschen. Sie wurde v. J. Goldbrunner (Individuation 1949, Personale Seelsorge 1954) u. a. f. die Religionspädagogik aufgeschlossen. → Animus-anima → Tiefenpsychologie Ko

Anamnese = a) Vorgeschichte, wie es zu einer Krankheit kam (Krankengeschichte), die durch Befragung (auch Familien-A.!) u. Untersuchung v. Arzt zu erstellen ist. Bedeutend (bes. in Neurologie, Psychiatrie u. Heilpädagogik) f. die Diagnose u. Therapie. b) A. im weiteren Sinn als Gesamtbild einer → Person ist auch in der Testpsychologie f. die Interpretation eines Ergebnisses v. großer Bedeutung. c) Theol. bedeutet A. die feiernde Gegenwärtigsetzung eines gesch. Heilsereignisses (→ Liturgie). Si/Hi

Andragogik. V. griech. anēr = Mann, Erwachsener im Ggs. zu Pädagogik (griech. pais = Kind). A. bedeutet Theorie u. Praxis der → Erwachsenenbildung. Die Notwendigkeit v. A. ist heute unbestritten. Gegenüber schulischem Unterricht besitzt A. eigenständige Formen (Gespräch, Vortrag, Arbeitsgemeinschaft, Exkursion, Selbst- u. Fernunterricht mit u. ohne Kontrolle), Ziele u. Institutionalisierungen. Wissenschaftlichkeit wird zwar angezielt, doch bleibt weitgehend der Unterschied zw. Laie u. Fachmann bestehen. Zielbestimmung u. Gestaltung der Formen u. Institutionen sind der gesellschaftlichen Notwendigkeit u. unterrichtstechnischen Entwicklung unterworfen. Rel. päd. bzw. kat. relevante Formen der A. sind die → Erwachsenenkatechese, die theol. → Erwachsenenbildung sowie diverse Formen kirchl. Erwachsenenbildung (→ Akademien, Seminare, Kurse u. ä.). Ro

Anfangssituation → Attitude → Eröffnungssituation

Angelologie → Engellehre

Angst. Das Phänomen der A. allein *psych.* (→ Psychoanalyse,

→ Lerntheorien) f. das Pädagogische aufzuarbeiten, stellt eine Verkürzung des Problems dar, weil sich damit nur sagen läßt, welche Reize den Menschen so bedrohen, daß er A. bekommt, u. wie die konkrete Situation, in der u. durch die sich der Mensch ängstigt, so verändert werden kann, daß der Mensch v. der Bedrohung durch benennbare o. unbekannte Sachverhalte ganz o. tw. frei wird. V. fundamentaler Bedeutung f. die Pädagogik ist, daß die *phil.* Erhellung der A. als Grundbefindlichkeit des Menschen das Verhältnis des einzelnen zu seiner gesamten Daseinswirklichkeit erschließt. Weil immer der Mensch vor dem Übermächtigen A. hat u. wenn A. rational bis auf ihren Grund erhellt wird, so erscheint dort das Sein, das ihm erst die Macht zu seinen humanen Möglichkeiten gibt, d. h. sich selbst in → Freiheit u. Geschichte zu verwirklichen. So wird in der A. die → transzendentale Verfaßtheit des Menschen sichtbar; ebenso sein Ausgesetztsein in der Welt, gerade weil wiss.-techn. Versuche einer totalen Absicherung den Menschen sich selbst verunheimlichen. — A. hat auch *erzieherische* Funktionen; negativ: wenn Mittel eingesetzt werden, die A. hervorrufen (Leistungsdruck, Sanktionen, Terror), um Verhaltensformen durchzusetzen u. zu festigen; positiv: erst wenn erfaßt wird, daß der Mensch sich selbst überlassen ist, wird päd. Hilfe u. Förderung v. außen her möglich u. sinnvoll; im Reiz der A. überwindet das Kind beim Aufbau seiner Umwelt die Barriere zwischen Vertrautem u. Fremdem; f. den Jugendlichen ist die A., sich selbst zu verfehlen, Anstoß u. Anreiz zur → Internalisation der sozialen Rollen. — Erzieherisch läßt sich das Problem, wie Aufbau u. Festigung v. Verhaltensweisen u. -formen ohne → Repression zu geschehen hat, nur im Hinblick auf die Weckung u. Förderung der Vernunft des Menschen lösen. Ro

Im Gegensatz zur Furcht, welche immer auf ein → Konkretes (Hund, Altern, Krankwerden ...) bezogen ist, ist A. nach S. Kierkegaard eine in die Tiefen der Persönlichkeit reichende Erfahrung u. Gestimmtheit. F. Riemann führt diese auf vier Grundtypen zurück, die er Persönlichkeitstypen zuordnet: 1. *A. vor Selbsthingabe,* erlebt als Ichverlust u. Abhängigkeit u. sich äußernd im Streben nach Selbstbewahrung u. Absonderung; die v. a. beim schizoiden Typ zu beobachten sind. 2. *A. vor Selbstwerdung,* erfahren als Ungeborgenheit u. Isolation. Sie zeige sich etwa beim Depressiven in Akten der Absonderung. 3. *A. vor Wandlung,* erlebt als Vergänglichkeit u. Ungesichertheit. Sie wird besonders sichtbar im Streben nach Dauer beim Zwangsneurotiker. 4. *A. vor Notwendigkeit,* sich offenbarend in der Erfahrung der Endgültigkeit u. Unfreiheit. Bes. tritt diese Form in Erscheinung im bis zur Willkür reichenden Freiheitsstreben des Hysterikers.
Rel. päd. bedeutsam ist die Erkenntnis R. Ruthe's, daß A. in diesem → existentiellen Sinne Motor des Reifungsprozesses ist u. Aufforderungscharakter zur Entwicklung v. Fähigkeiten u. geistigem Einsatz habe. Dies jedoch nur bei → intrinsischer → Motivation, nie jedoch bei extrinsischer. A. als Erziehungsmittel (A.pädagogik) ist immer ein Übel. Insoferne → Glaube sich in Gottvertrauen realisiert, ist er auf → Erlösung v.

den genannten existentiell. Ängsten hin ausgerichtet. Volle Erlösung ist allerdings auch hier ein eschatol. Gut u. als solches immer nur in einem „Angeld" erreichbar. Kat. Lehrinhalte, die mit Furcht o. A. korrespondieren (Gericht, Hölle u. ä.), sind immer unter dem Aspekt des bereits davon Erlöstseins zu verkünden. Auch sie sind Inhalt der Frohbotschaft u. nicht Drohbotschaft. Ko

Lit.: A. Heiliger, Angst. Ursachen und Folgen kindlicher Ängste (1972); F. Riemann, Grundformen der Angst (3. Aufl. 1967).

Animus, anima. Lat.: Geist, Seele. 1. Gelegentlich noch im trad. Sinne verwendet: animus = die rationale, geistige Oberschicht, anima = die gemüthafte, seel. Tiefenschicht der Person. So etwa bei P. Claudel u. K. Tilmann. Meist aber heute 2. im Sinn der → Analytischen Psychologie verstanden als → Archetyp: animus ist das aus dem kollektiven Unbewußten stammende Idealbild des gegengeschlechtl. Partners der Frau, anima das im Unbewußten ruhende Idealbild des gegengeschlechtl. Partners beim Manne. Ko

Anlage, religiöse. Religionspsych. wird die Frage nach der r. A. kontrovers beantwortet. Neben Befürwortern einer r. A. (E. Spranger, M. Pfliegler, C. G. Jung, Th. Thun u. a.) sehen andere die → Religion bloß als Produkt der Umwelt (→ Psychoanalyse) o. sprechen vorsichtiger v. „Pfropfstellen des Glaubens" (M. J. Langeveld), die nur ermöglichen, daß rel. Sinngebung als Möglichkeit entdeckt u. geschenkt werde. Aber auch Psychologen, die ein aus dem Entwicklungszusammenhang hervorgehendes rel. Leben u. damit die r. A. bei ihren Forschungen nicht entdecken, stellen gelegentlich doch fest, „wenn man die Entwicklung des bewußt antirel. erzogenen Kindes beobachtet, so kann man sich des Eindruckes nicht erwehren, daß es v. innen her zu der Gottesvorstellung hingedrängt wird" (H. Hetzer). Ko

Anonymes Christentum. Der Begriff wurde v. K. Rahner publik gemacht u. bedeutet in dessen Verständnis „innere, vergöttlichende u. vergebende Gnade *vor* der Taufe". Mit anderen Worten: Es ist legitim christl., auch dort → Gottes erlösende → Liebe am Werk zu glauben, wo man keine Anzeichen entdecken kann, daß Menschen in Verbindung mit dem Christentum stehen, ja selbst dort, wo sie sich ausdrücklich zu → Atheismus bekennen. Entscheidend ist dabei nur, daß die in Frage stehenden Menschen ihrem → Gewissen entsprechend leben, d. h. nach menschl. Erfüllung streben. Heute, da → Kirche als → Institution in Frage steht, leben auch viele getaufte Christen ein a. Ch., weil sie sich nicht mehr selbstverständlich zugehörig wissen. Im Schulbereich ist dies besonders oft in → Berufsschulen u. → Höheren Schulen anzutreffen u. erfordert v. den Lehrern ein großes Einfühlungsvermögen u. die Bereitschaft (des Paulus), „allen alles zu werden" (1 Kor 9, 20). Verfehlt wäre es, mit dem Schlagwort a. Ch. auch gegen deren ausdrückliche → Entscheidung Menschen f. die → Kirche zu vereinnahmen oder a. Ch. im Sinne eines Minimalismus (Laxheit, Anpassung) zu gebrauchen. → Verfremdung → Vorfeldarbeit im RU → religionslose Erziehung → Säkularisierung Hi

Lit.: K. Rahner, Schriften zur Theologie [2]VI, 545 ff; VIII, 187 ff; 355 ff: IX, 34 ff; 498 ff. H. Vorgrimler (Hg.), Anonymes Christentum Festschrift f. K. Rahner; in Vorbereitg (1973).

Anpassung → Adaption → Assimilation → Akkommodation → Alloplastik → Autoplastik

Anschaulichkeit. A. war Kernstück der trad. Pädagogik (L. Vives, Comenius, Pestalozzi u. a.) u. → Katechetik. Letztere verstand darin die in der psychischen Eigenart des Kindes u. in der Bildhaftigkeit der christl. Botschaft gleicherweise begründete Forderung nach Einbeziehung sinnlicher Erfahrung u. nach einer mögl. konkreten Unterrichtsgestaltung. In der kat. u. rel. päd. Theorie wird zur Zeit weniger v. Anschaulichkeit geschrieben. Vieles, was früher unter dem Gesichtspunkt der A. zur Sprache kam, wird jetzt im Rahmen der → Erfahrung behandelt. In der Praxis wird A. heute in einem Maße verwirklicht wie nie zuvor. → Medien → Schulfernsehen → Schulfunk → Anthropomorphismus → Analogie Ko

Anschauungshilfe. Trad. Ausdruck f. alles, was der unterrichtlichen Vermittlung v. *äußerer* (Sinnestätigkeit) o. *innerer* (Erleben) *Anschauung* o. *Veranschaulichung* (wo die Wirklichkeit dem Kinde nicht direkt zugänglich werden kann) dient. Ko

Anspiel. V. Schülern selbst gespielte o. mittels Schallplatte bzw. Film dargebotene Kurzszene (oft ohne Lösung), die als Problemstellung u. zur Einstimmung in ein Thema dient. Ko

Anthropologie. V. griech. anthropos = Mensch. A. ist die biol., gesch., soziol., psych., päd., phil. o. theol. betriebene Wissenschaft v. Menschen. Sie ist → Grundwissenschaft f. → Religionspädagogik u. → Katechetik. Ko

Anthropomorphismus. V. griech. anthropos = Mensch, morphe = Gestalt, Form. A. ist die Vorstellung u. Darstellung → Gottes in menschl. Gestalt u. menschl. Gehaben. Ihre Notwendigkeit ergibt sich aus der Unfähigkeit des Menschen, das Göttliche unmittelbar zu erreichen. Rel. päd. hat der A. wegen der Notwendigkeit einer anschaulichen Unterrichtsgestaltung große Bedeutung. Auch die Bibel spricht v. Gott in a. Weise. Dabei zeigen sich deutlich die Möglichkeiten u. Grenzen des A. Die Begegnung des Menschen mit Gott in a. Weise überbrückt die endlose Distanz u. rückt Gott in freundliche Nähe. Grenze u. Gefahr des A. sind bes. dort gegeben, wo die Verwechslung v. Bild u. Inhalt droht. Ein mit Gott verbundener Mensch (Eltern, Lehrer, Katechet ...) kann viel zum rechten Verständnis des A. (des Sichoffenbarens Gottes in menschl. Gestalt) beitragen. Der A. findet seine höchste Bestätigung in der Menschwerdung Christi. Han

Anthroposophie. Griech.: Weisheit v. Menschen. Gemeint ist die Lehre Rudolf Steiners (gest. 1925), u. die daraus entstandene phil.-rel. Bewegung, die unter Einbeziehung gnost., christl., naturmyth.-panth. u. myst. Elemente den Menschen zu echter Geisteskultur führen will. Wichtiger als Erfahrung u. abstraktes Denken ist die unmittelbare „Schau". Christus wird als Sonnengeist angesehen, der als Jesus v. Nazaret wieder v. der Erde Besitz ergreift. Auf der A. gründen die pantheistisch-gnostische → Sekte „Christengemeinschaft", ein eigener Architekturstil (Goetheanum in Dornbach bei Basel), ein eigener Stil tänzerischer Bewegung (→ Eurythmie) u. das System der → Waldorfschulen (gegr. 1919). Ko/Mu

Lit.: H. Leisegang, Die Grundlagen der Anthroposophie (1922).

Anthropozentrik. Wenn man A. so versteht, daß der Mensch (griech.: anthropos) aus sich lebt u. sich selbst genug ist, so drohen damit die Dimension → Gottes u. das → Geheimnis des Menschen verlorenzugehen. Versteht man A. aber als Ausdruck der → Freiheit, Selbständigkeit u. personal. Verantwortung in dem Sinne, daß es immer um den Menschen geht u. der Mensch alles als Aufgabe, Anruf u. Bewährung versteht (→ Welt), so handelt es sich bei A. um die dem Menschen allein wesensgemäße Haltung, die einer ebenso christlichen → Theozentrik nicht im Wege steht. Im Rahmen des gesamten Bildungsprozesses hat der RU die Aufgabe, dazu beizutragen, daß A. richtig verstanden u. vollzogen wird (→ Curriculum). Hi

Antiautoritäre Erziehung. Standort u. Programm der a. E. richten sich gegen den Mißbrauch der → Autorität in der Erziehung; zumeist in der Form von sog. Kinder- u. Schülerläden; mit einer sozialrevolutionären Zielsetzung gegen die Welt der etablierten Erwachsenen. Basale Auffassungen sind: das → Kind sei v. Natur aus gut; die → Gesellschaft forme u. bedinge über die totale Befreiung der → Triebstruktur v. Zwängen den Charakter des Menschen; die → Familie als verlängerter Arm der Machthabenden sei abzubauen. Das Menschenbild der a. E. ist psychoanalytisch-sexuell u. soziologistisch fundiert. → Kommunen u. Erziehung → Repression Kinderläden. Ro

Lit.: J. Claßen (Hg.), Bibliographie zur antiautoritären Erziehung (1971).

Antisemitismus im RU. Eine der furchtbarsten Verwirrungen des christl. Abendlandes im Laufe seiner Geschichte waren die blutigen Ausschreitungen gegen die Juden, die ihren Höhepunkt schließlich in den Massenvernichtungen des nationalsozialistischen Gewaltregimes fanden. Es ist eine v. der Psychologie her bekannte Tatsache, daß eine Gesellschaft in ständiger Gefahr ist, die unbewältigten Probleme v. sich abzuschieben, bzw. die Schuld dafür Außenseitern der Gesellschaft anzulasten. Besonders schlimm wurde diese Tatsache aber dadurch, daß man scheinbar rationale bzw. rel. Gründe f. die Berechtigung dieser Vorgangsweise zur Verfügung hatte: „Die Juden" hatten ja den Messias getötet u. damit Fluch über sich „u. ihre Kinder" herabgerufen. Dieser A. ist zutiefst unchristlich. Die scheinbar antisemitischen Äußerungen der Bibel sind v. der konkreten geschichtlichen Situation der urkirchlichen Auseinandersetzung des jungen Christentums mit dem Judentum her zu verstehen u. dürfen nicht auf die heutige Zeit übertragen werden. — Aufgabe des RU ist es, v. Anfang an solchem A. entgegenzuarbeiten: durch Darlegung der bleibenden Verbundenheit der Kirche mit → Israel („neues Israel"), durch Analyse der Haltung des

A., durch Information über die Eigenart der Juden (rel., kulturgesch., hist., sozial usw.). Schr

Lit.: Cl. Thoma, Kirche aus Juden und Heiden (1971); Th. Filhaut, Israel in der christl. Unterweisung (1965). Memorandum: Darstellung des Judentums in der Katechese, in: Chr. p. Bl. 1968/S. 33 ff.; Judentum im kath. RU, in: Ch p. Bl 1973/Heft 4.

Antwort (response). Im → Programmierten Unterricht die Reaktion des Lernenden auf die v. → Lehrsystem ausgehenden → Denkimpulse: 1. selbstproduzierte A. (constructed r.); 2. Auswahlantwort (Quizsystem, selected r.); 3. ausdrückliche A. (overt r.); 4. nur gedankliche A. (covert r.) 5. vorgegebene A.; 6. Verzicht auf A. Die versch. Arten des Programmierten Unterrichts unterscheiden sich vorwiegend durch die Art der verlangten A.n. → Skinner-System → Crowder-System → Kybernetische Pädagogik.

Im Gegensatz zu diesem unterrichtstechn. Gebrauch des Terminus A. wird im gw. rel. päd. Schrifttum A. oft im Anschluß an die geisteswiss. Pädagogik auch im Sinne einer *Haltung* o. eines *Verhaltens* (z. B.: Gläubige Existenz als A. auf den Anruf Gottes, auf die Sinnfragen der Welt u. des Lebens) verstanden o. zur *Umschreibung der* → *Aufgaben* des RU gebraucht (A. auf rel. u. eth. Fragehaltungen ermöglichen u. ä. m.). Ko

Antwortschablone. Vorrichtungen zur Kontrolle der Schülerantworten beim Lernen nach → Programmen: Antwortblätter nach Lochkartensystem, Lochbretter (Pressey-Schablone) u. ä. Ko

Anwendung. In der trad. → Münchener Methode die dritte → Formalstufe, in der der Wille aktiviert u. das Lehrgut auf das Leben des Schülers hin konkretisiert werden sollte. Heute weiß man, daß „Vorsätze", die an die → Katechese „angehängt" werden, meist fruchtlos bleiben. Das Anliegen der → Aktualisierung u. Realisierung des Glaubens kann nicht auf eine einzelne Stufe der Katechese beschränkt werden. Es kommt dabei auch nicht so sehr auf das Fassen, Detaillieren, Kontrollieren u. Exerzieren v. Vorsätzen an, sondern mehr darauf, daß der Schüler in allen Phasen der Katechese *sein* Leben u. in seinem konkreten Leben das in der Katechese Vermittelte wiederfindet. Als → Transfer des Gelernten wird das, was früher bei A. mitgemeint war, mehr als *Phase im Lernprozeß* u. nicht als Abschnitt einer Stundeneinheit verstanden. Ko

Apathie = Unempfindlichkeit, Teilnahmslosigkeit. Gründe: Störung in der Hormonwirtschaft u. im Gemüt durch Enttäuschung, Verbitterung, → Angst usw., aber auch eine Form persönl. Einstellung zur Wirklichkeit (Stoa, Buddhismus; Spinoza; Kant). Krankhafte A. äußert sich in: Selbstvernachlässigung, Desinteresse am Mitmenschen, mangelnder Pflege des Eigentums (Wohnung ...) Bla

Aphasie (Alalie). Sammelbegriff f. jede Art einer → Sprachstörung, deren Wurzeln im Zentralnervensystem liegen. → Aphrasie Ko

Aphrasie. Unfähigkeit, Sätze zu bilden (motorische A.) o. zu verstehen (sensorische A.). → Sprachstörungen, Katechese bei Ko

APO → Gegenkultur

Apokalyptik. Die polit. Katastrophe v. 587 v. Ch. (Zerstörung Jerusalems) hatte bei vielen Juden die Frage nach der Erfüllung der prophetischen Verheißungen nicht mehr verstummen lassen: Wann wird Jahwe kommen, um seinen Sieg über die Feinde zu feiern? Während sich die Hoffnung auf diesen Sieg Jahwes lange Zeit auf die reale Geschichte bezogen hatte, brach diese Hoffnung — unter dem Eindruck immer neuer Niederlagen u. Demütigungen (Antiochus IV!) — allmählich zusammen: das erwartete Heil würde innerhalb dieser → Welt nicht mehr zu erreichen sein, es konnte erst in einem zukünftigen „Äon“ verwirklicht werden (→ Weltbild). Ausdruck dieser geistigen Haltung ist die literar. Gattung der A.; die einzelnen Schriften werden als „Apokalypsen“ (griech.: Enthüllung, Offenbarung) bezeichnet. Wesentliche Elemente sind: 1. Der Lauf der Welt ist v. Gott bis ins einzelne festgelegt; in der A. wird dieser schon vor ewigen Zeiten best. Plan nun enthüllt. 2. Die Schreiber der A.n treten — im Unterschied zu den Propheten — nicht in eigenem Namen auf, sondern verwenden den Namen eines Großen der Frühzeit (Mose, Daniel u. a.). Der Lauf der Welt zerfällt in zwei große Perioden: „*diese* Weltzeit“ (die sich in der Gewalt böser Mächte befindet u. in einem Angriff der Bösen gegen die Guten gipfelt — schließlich gegen Gott selbst: „die Wehen der Endzeit“) u. die „*kommende* Weltzeit“, die Heilszeit, deren Träger der Messiaskönig ist. 4. Die A. entwickelt eine eigene Fachsprache, die sich deutlich v. bisheriger theol. Ausdrucksweise unterscheidet. 5. J. Moltmann konnte aufzeigen, daß schon im N. T. neben der a. Theologie eine „prophetische“ festzustellen ist. → F. Jesus ist das endzeitl. Reich der A. schon da. Es ereignet sich, wenn Dämonen ausgetrieben werden, es ist den Armen zugesagt, ist „sich jetzt verwirklichende Zukunft“ (P. Schoonenberg). Die a. Theologie in der Bibel ist so immer im Kontext zu anderen, in der Bibel ebenfalls vorhandenen Sichtweisen zu sehen.

Es bestehen starke Gründe f. die Annahme, daß der ntl.-christl. → Glaube auf → palästinensischem Boden in a. Kreisen seine erste u. grundlegende Form erhielt. Trotz der Aufnahme a. Elemente in das N. T. (vgl. z. B. Mk 13 parr) wird die A. doch in gewisser Weise relativiert: Spekulationen über das Weltende werden zurückgewiesen; mit Jesus ist die Heilszeit da. Im RU muß man versuchen, die a. Termini zu übersetzen (→ Hermeneutik, → Neuinterpretation), da die Verwendung der tw. unverständlich gewordenen Begriffe (→ Worthülsen) zu Mißverständnissen u. Fehldeutungen Anlaß gibt. Schr

Apokryphen. 1. A. des A. T.: In der Synode v. Jamnia (um 100 n. Chr.) wurde ein f. das Judentum verbindl. Kanon der atl. Bücher festgelegt, der eine Reihe v. Büchern, die die → Septuaginta enthält, nicht aufnahm. Das Konzil v. Trient nannte diese „zusätzlichen“ Bücher „deuterokanonisch“ (z. B. Tob, Jdt, Bar, Weish u. a.). In evangel. Terminologie werden diese Bücher (mit anderen) als A. bezeichnet. Jene Bücher, die weder in der Septuaginta noch in der Vulgata (= lat. Übersetzung des Hieronymus) enthalten sind, die aber doch v. bibl. Personen o. in bibl. Zeit geschrieben sein sollen, werden katholischerseits A., v. evang. Seite her „Pseudepigraphen" genannt. Die wichtigsten sind: Himmelfahrt des Jes, Apokalypse des Mose, 3. u. 4. Buch Esra, Testamente der 12 Patriarchen u. a. — 2. Die A. des N. T. sind zum größten Teil erzählender Natur: sie wollen die Lücken der evangelischen Berichterstattung schließen, tw. um die fromme Neugier zu befriedigen, sehr oft auch, um gewisse häretische Lehren der frühen Zeit zu untermauern (Doketismus, Gnosis). Bedeutsam sind die A. als Zeugen f. die Anfänge christl. Legende u. Volksdichtung. Schr

Apollinischer Typus. V. Schelling u. Nietzsche gebrauchter Ausdruck f. Menschen, die durch Ordnungsstreben, Besonnenheit, Maß, geradlinige Lebensführung u. ä. charakterisiert sind. Ggs.: dionysischer Typ. Ko

Lit.: O. Klein, Das Apollinische und Dionysische bei Nietzsche und Schelling (1935).

Apologetik. A. hat in der christl. Geistesgeschichte eine gute Tradition. Insofern man darunter die Forderung versteht, daß die → Theologie ihre → Wahrheit ausweisen muß, bleibt A. eine stets aktuelle Aufgabe — v. a. auch der → Verkündigung. Solcher Wahrheitsaufweis darf freilich nicht nur spekulativ aufgefaßt werden (Übereinstimmung mit Schrift u. Tradition, logische Stringenz usw.), er muß immer praxisbezogen bleiben, d. h. christl. Theologie u. Verkündigung müssen auf die Fragen u. Nöte des heutigen Menschen eine tatsächlich überzeugende Antwort zu geben versuchen. In diesem Sinne ist A. auch ein Grundprinzip f. den RU. Abzulehnen ist die apologetistische Zerrform v. A., die nur auf Widerlegung u. Verteidigung aus ist u. ihre Fixierung zur → Ideologie nicht durchschaut. Um das positive Anliegen d. A. zu betonen, bezeichnet man die im Rahmen der Theologischen Fakultäten betriebene A. heute meist als Fundamentaltheologie. Hi

Apophthegma. Abschnitt in der → synoptischen Überlieferung, deren Kern ein in einem kurzen Rahmen gefaßtes Jesuswort bildet (gerahmte Sprüche); z. B. Mk 10, 13—16 u. parr. Ko

Apostelbriefe. A. (auch Gemeindebriefe, kath. Briefe o. Kirchenbriefe genannt) umfassen 1 Petr, 2 Petr, Jak, Jud, 1 Joh, 2 Joh, 3 Joh. Es handelt sich durchwegs um Schriften aus dem letzten Viertel des 1. Jh. n. Chr., die deshalb das Leben der christl. → Gemeinden in einer feindl. Umwelt (Verfolgungen) u. in Auseinandersetzungen mit gefährlichen Tendenzen (→ Gnosis, Resignation, Institutionalisierung usw.) erkennen lassen. — Im RU können sie f. viele Fragen herangezogen werden, da der Fragestand u. die Situation der Gemeinden damals u. heute in vielem ähnlich sind. In vielen Religionsbüchern wird der Begriff A. in einem weiteren Sinne verwendet u. umfaßt dann auch die 14 v. Paulus stammenden o. ihm zugeschriebenen Briefe. Hi

Appell. Als unbedingte u. gezielte Aufforderung an Handlungsbereitschaft u. Antriebe des Menschen (z. B. Ehrgeiz, Mitleid) verspricht ein A. sichereren Erfolg als andere Aufforderungsformen (Bitte, Ermahnung, Vorhaltung, Befehl). Er ist päd. nicht zu rechtfertigen, wenn mit ihm das Gewissen, die kritische Reflexion o. die nüchterne Nützlichkeitserwägung beim Aufgeforderten umgangen werden soll. Er ist dagegen päd. fundiert, wenn er das Gewissen u. die kritische Reflexionsfähigkeit aufruft, damit der Mensch sich in → Freiheit f. sein Tun u. Lassen entscheide. → Existentialpädagogische Methode. Ro

Arbeitsmedien. Darunter versteht man Arbeitsbücher, -blätter, -mappen, -material usw. S. unten Tabelle 1: Arbeitsmittel. Anz

TABELLE 1: **Arbeitsmittel.** (Verschiedene Bedeutungen der Bezeichnungen „Arbeits-", „Werk-", „Lehr-" u. „Lernmittel")

	man unterscheidet	folgende Begriffe		
A	nach der Sicht: unterrichten = lehren	*LEHR*mittel = jedes Unterrichtsmittel		← 1
B	nach der Zuordnung zu den historischen Schulkonzepten: „Lernschule" u. „Arbeitsschule"	*LERN*mittel = Mittel der Lernschule	*ARBEITS*mittel = Mittel der Arbeitsschule	← 2 ← 3
C	nach der Zuordnung zu den Aktionsarten des Unterrichts: „darstellen" u. „erarbeiten"	*LEHR*-mittel = Darstellungsmittel	*LERN*mittel = *ARBEITS*mittel = Erarbeitungsmittel	← 4 ← 5 ← 6
D	nach der Zuordnung zu den Aktionstechniken des Unterrichts: „(geistig) arbeiten" u. „(händisch) werken"	*ARBEITS*mittel = Mittel für (geistige) Arbeit	*WERK*mittel = Mittel für (händisches) Werken	← 7 ← 8
E	nach den Handhabern des Mediums	*LEHRER*mittel	*SCHÜLER*mittel	← 9

Folgerung: die Praxis hat sich noch vor einer wiss. Ordnung der angeführten Begriffe bemächtigt. Leider führte dies zu versch. gegensätzl. Anwendungen der gleichen Bezeichnungen. Um Begriffsverwirrungen zu vermeiden, empfiehlt sich daher die Verwendung der Begriffe/*Zeile 4* (im Sinne v. Zeile 6), sowie der Begriffe/*Zeile 7* (im Sinne v. Zeile 8) u. der Begriffe/*Zeile 9*. — Dies geschieht auch in vorliegendem Lexikon. Anz

Arbeitsprinzip. Voraus liegt die Überlegung, daß schulisches Lernen die nachschul. Lebensbewältigung exemplarisch grundlegt, indem der Schüler v. Spiel zur Arbeit geführt wird. Unter A. versteht man: Die schul. Unterweisung soll so erfolgen, daß der Schüler im selbständigen Arbeiten dessen selbsterzieherische Wirkung erlebt; denn die Zweckgebundenheit des Arbeitens führt zu Sachgerechtheit im Handeln, u. die Bewältigung der Aufgabe ist eine Leistung, die wiederum sachlich am Ergebnis gemessen wird. — Doch unterscheidet sich das → Spiel des → Kindes v. der Arbeit nur durch seine Zweckfreiheit; auch im Spiel ist das Sachinteresse entscheidend, ohne dieses gibt es beim Arbeiten keine erziehl. Wirkung u. bleiben Forderungen der Planung, Überprüfung u. Vollendung päd. bedeutungslos; beim Spiel wird dies alles sogar noch intensiver u. ursprünglicher durchlebt. — Wenn es richtig ist, daß die Selbsttätigkeit des Kindes aus seinen Lebensinteressen gespeist wird u. eine kindgemäße Arbeitshaltung am leichtesten über manuelle Tätigkeiten erreichbar ist, so darf nicht übersehen werden, daß das Kind daran zwar wichtige Momente des selbstverantwortlichen Arbeitens kennenlernt (wie z. B. Ausdauer u. Sachgemäßheit), nicht aber die Methoden f. rein geistige Arbeitsprozesse zu gewinnen imstande ist. Ro

Als Frucht der → Arbeitsschulbewegung in den ersten Jahrzehnten des 20. Jh. hat das A. auch in viele → Lehrpläne, Schul- u. Handbücher des RU Aufnahme gefunden. Es wird dabei oft nur unscharf v. → Unterrichtsprinzip der Selbsttätigkeit u. Spontaneität unterschieden. Arbeit wird dabei weniger als Ggs. zum Spiel, sondern mehr als Ggs. zu bloß passivem Lernen bzw. dozierendem Lehren verstanden. → Arbeitsunterricht Ko

Arbeitsprojektor → Overheadprojektor

Arbeitsschulbewegung. Päd. Reformbewegung in der 1. Hälfte des 20. Jh. Beeinflußt v. J. Dewey (Lernen durch Tun), gliedert sich eine mehr auf manuelle Arbeit (G. Kerschensteiner u. a.) sowie eine mehr auf geistige Selbsttätigkeit (H. Gaudig u. a) zielende Richtung heraus. Die A. beeinflußt alle → Lehrpläne bis nach dem 2. Weltkrieg (→Arbeitsprinzip, Aktivitätsprinzip, Prinzip der Schülerselbsttätigkeit). Einflüsse auf die Theorie der → Katechese erfolgen schon früh (vgl. Internationaler Katechetischer Kongreß München 1928), in der Praxis kommen sie voll erst ab dem 2. Weltkrieg zum Tragen. Ko

Arbeitsunterricht. A. ist eine Alternativform zur reinen Lehrmethode: Durch Berücksichtigung v. Selbsttätigkeit u. Aktivität als päd. u. meth. Prinzipien werden rezeptive Unterrichtsformen überwunden, u. die Lerninhalte richten sich nach den Anforderungen u. Erwartungen der nachschulischen Lebenswirklichkeit. Konstitutiv f. A. sind in der bürgerlichen u. sozialistischen Auffassung sowohl manuelle wie geistige Tätigkeiten in einem Produktionsprozeß, in dem nicht „Beispiele“ gelöst werden, sondern „Brauchbar — Nützliches“ hergestellt wird. Dies ist nötig, um Problemlösungsstrategien f. die Praxis zu erwerben.

Die päd. Anleitung geschieht durch jene → Motivationssetzung im Schüler, die seine eigene bildende Arbeit zielstrebig u. erfolgreich verlaufen läßt. — Davon ist der → Programmierte Unterricht zu unterscheiden, der reine Lehrmethode ist u. v. Standpunkt des A.s aus kritisch beleuchtet werden muß: Die Selbsttätigkeit besteht dort in selbständigem Verrichten v. Arbeit, deren Inhalt u. Methode aber genauestens vorgeschrieben sind. Die geistige Energie des Schülers wird nicht v. seinem Sachinteresse in Bewegung gesetzt, sondern durch die Forderung, das stückweise Gelernte echoartig reproduzieren zu müssen. Dabei wird der Denkweg einer Aufgabenlösung selbst dem Schüler nicht zu einem eigenen Problem; er wird daher kaum imstande sein, diesen Weg als Methode kritisch zu überprüfen o. im → Transfer erneut anzuwenden. → Arbeitsprinzip → Arbeitsschulbewegung → Unterrichtsprinzipien Ro

Archetypen. Nach der → Analytischen Psychologie bedeuten A. menschliche Grunderfahrungen, die als Form v. „Urvorstellungen" vererbt, als Inhalt des kollektiv Unbewußten in den Tiefen der Seele ruhen. A. (z. B. Vater, Mutter, Meister, König u. a.) manifestieren sich in personifizierter o. symbolischer Bildform. Man findet sie in → Märchen, Mythen, in der Kunst u. in den Religionen objektiviert. → animus, anima Ko

ARPE = Arbeitsgemeinschaft f. rel. päd. Projektforschung. Mitglieder: Autoren v. Unterrichtsmodellen u. Mitglieder v. → rel. päd. Projektgruppen der BRD. Ab 1971 regelmäßige Tagungen im Dienst der Information u. Koordination. Auskünfte: → Deutscher Katechetenverein Ko

Askese. Das zugrundeliegende griech. Wort heißt „Übung". Gemeint sind versch. Formen v. Triebreduzierung, die größere → Integration u. Harmonie v. Leib u. → Geist zum Ziel haben. Theol. gesehen faßt A. alle Aktivitäten u. Haltungen zusammen, die ein besseres Leben nach dem → Evangelium ermöglichen. Viele Formen v A. verraten → dualistische → Motivation (Leibfeindlichkeit, → Gnosis), die immer wieder mit christl. Intentionen verwechselt wird. — Im RU ist v. Anfang an darauf zu achten, daß keine dualist. Elemente einfließen (bei der Formulierung der Gebete, Opfertheologie, → Gewissensbildung, Selbstbeherrschung, Leibverhältnis, → Weltverhältnis, → Sexualität, → Fasten usw.). → Aszetische Methode Hi

Assimilation. Die anpassende Auseinandersetzung mit der Umwelt (Entwicklung) kann einerseits durch Prozesse der → Akkommodation gegeben sein, andrerseits in Form der A. stattfinden. Man versteht darunter das immer bestehende Sich-die-Welt-Anpassen oder auch in der Welt ein Betätigungsfeld sehen. Durch physiol. o. psych. Prozesse wird die → Welt entsprechend den eigenen Bedürfnissen verändert. → Alloplastik Si

Assoziative Hemmung → Gedächtnishemmungen

asthenisch → Typenlehre

Astigmatismus. Durch Hornhautkrümmung u. a. m. bedingte Sehstörung (ein Punkt wird als

„Strich“ gesehen, dadurch Verzerrung des Gesichtsfeldes). → Sehbehindertenkatechese Ko

Aszetische Methode. A. M. ist nach H. Henz „die Erziehungsmethode aktiver Selbstführung unter Betonung der Selbstzucht, um frei zu werden f. Geist u. Gott“. Im Mittelpunkt stehe nicht der Verzicht, sondern die liebende, positive Haltung. In der Katechese ist dies besonders bei der → Motivation u. bei einschlägigen Themen (Fastengebot usw.) zu beachten. → Askese Ko

Atheismus. A. (griech.) bedeutet dem Wortsinn nach Gottlosigkeit bzw. Gottesleugnung. Verschiedene Formen des A. müssen unterschieden werden: Der *absolute* A. leugnet jedes Absolute o. Göttliche, der *relative* A. → Gott als eine v. der → Welt verschiedene absolute → Person. Der *theoretische* A. verneint die Erkennbarkeit Gottes o. deren Sicherheit u. Gewißheit; er kann in seinen Vertretern „tolerant“, wenn er keine missionarischen Absichten hat, o. „militant“ sein, wenn er meint, im Namen des Glücks des Menschen jede Art v. → Religion bekämpfen zu müssen. Der *praktische* A. ist dann gegeben, wenn aus der theoret. Anerkennung Gottes keine Konsequenzen f. die Lebensführung u. das Handeln in der Wirklichkeit gezogen werden. Der *postulatorische* A. fordert im Namen der → Freiheit des Menschen die Leugnung u. Ablehnung des → Glaubens an Gott, da dieser die Freiheit zu einer Illusion machen würde. Wenn sich philos. auch zeigen läßt, daß sich der A. in einem Selbstwiderspruch befindet u. sich so aufhebt, so ist v. der subj. Einstellung des Menschen her der Tatbestand des A. als gegeben anzusehen.
Die Verborgenheit u. Nicht-Evidenz Gottes, zusammen mit der getrübten menschl. Erkenntnis u. der gebrochenen Ausrichtung auf das vollkommene Gute, sind die Bedingungen seiner Möglichkeit. Da der A. vielfach auch v. einem mißverstandenen Theismus u. v. der Kritik an einem unzeitgemäßen Gottesbild lebt, ist rel. päd. bes. auf die Vermittlung eines entspr. Gottesbildes zu achten. → Gotteslehre im RU Fi

athletisch → Typenlehre

Attitude. In der Psychologie: Einstellung, Haltung, Werthaltung u. Gesinnung. — In der → kybernetischen Pädagogik bes. die *durch Lernen erworbene,* gesamtheitliche (kognitive, affektive u. psychomotorische) Einstellung gegenüber → Information u. Lernvorgängen (Voraussetzung und Ergebnis v. → Lernprozessen). Ko

Audiometrie. In Heilkunde u. Heilpädagogik verwendete Messung des Hörvermögens mittels Audiometer (= elektroakustischer Tonerzeuger). → Schwerhörigkeit, Katechese bei Ko

Audio-visuelle Medien (AVM). Darunter versteht man apparative, technische, mit Strom betriebene Medien, die sich entweder nur an das Gehör (audielle o. auditive Medien: → Tonbandgerät, → Schallplatte, → Schulfunk u. a.; v. lat. audire = hören), an den Gesichtssinn (visuelle Medien: → Episkop, → Diapositiv, → Lichtbild, → Großdiaprojektor, → Stummfilm; v. lat. videre = sehen) o. an Gehör- u. Gesichtssinn (audiovisuelle Medien: →

Schulfernsehen, → Tonfilm, → Kassettenfernsehen u. a.) wenden. → Mediensystematik, → Abspielung, → hard-ware, → software u. a. Ko

Aufbaulehrgänge. Im Entwurf zur österr. 5. Schulorganisations-Novelle vorgesehene Einrichtung, die Absolventen der → berufsbildenden mittleren Schulen (Fachschulen) in einem speziellen zwei- bis dreijährigen Bildungsgang zur Matura einer → berufsbildenden höheren Schule zu führen. A. sind auch Lehrlingen nach Abschluß ihrer Lehrzeit u. Besuch eines Übergangslehrganges zugänglich. → Durchlässigkeit Ko

Auferstehung Jesu (des Fleisches) — Auferweckung. In den älteren Schichten des N. T. ist die Rede v. der *Auferweckung* (Aw.) des „Menschen" → Jesus durch den Vater, aber ebenso spricht das N. T. v. der *Auferstehung* Jesu (Ast.). Die Ast. Jesu als Mittelpunkt u. Fundament christl. Gläubigkeit muß auch einen entspr. Platz in der christl. Verkündigung erhalten. Die heutige theol. Literatur weist auf eine Anzahl grundsätzl. Überlegungen hin, die Beachtung finden müßten, soll die → Katechese über dieses Thema theol. richtig sein. Ast. u. Aw. Jesu weisen auf dasselbe Ereignis hin, nur der Blickpunkt ist jeweils verschieden. Spricht man v. Ast., denkt man mehr an die Gottsohnschaft Jesu, ohne natürlich sein Menschsein zu leugnen, spricht man hingegen v. Aw., so steht der „Mensch" Jesus im Vordergrund.

Der Ausdruck Ast. d. F. will besagen, daß der Christ an die → Vollendung des ganzen Menschen glaubt. Der darin oft vermutete anthropol. → Dualismus (Fleisch-Geist) muß überwunden werden. Die bibl. Berichte über die Ast. Jesu dürfen nicht so interpretiert werden, als ob die Ast. darin bestünde, daß Jesus (wenigstens vorübergehend) in sein früheres Leben zurückkehrt, um dann (nach 40 Tagen) endgültig zu seinem Vater heimzukehren. Man darf die Ast. Jesu nicht auf dieselbe Ebene stellen wie die anderen Ereignisse seines Lebens o. seines Leidens u. Sterbens. Sie gehört nicht mehr zur ird. Wirklichkeit. Bei der Darstellung der österl. u. nachösterl. Ereignisse ist darauf entspr. Rücksicht zu nehmen. Der Hinweis W. Bulsts ist äußerst beachtenswert: Es „darf nicht übersehen werden (die ältere Apologetik hat das nicht immer genügend beachtet), daß Jesus nicht welthaft-körperlich auferstanden ist". Bezüglich der Ereignisse, die im N. T. im Zusammenhang mit der Ast. Jesu berichtet werden, sagt Bulst: „Man kann ... v. ‚obj. (gottgewirkten) Visionen' sprechen, sofern mit diesem Terminus nicht die Leibhaftigkeit der Ast. Jesu ausgeschlossen werden soll. Über das An-sich der Ast.sleiblichkeit können wir nur mit großer Vorsicht etwas aussagen." Wo man mit dem Ausdruck Ast. (besser: Aw.) d. F. auf die → Vollendung des einzelnen Menschen u. der ganzen Menschheit hinweisen will, muß nach christl. Gläubigkeit auf die Aw. Jesu als deren unabdingbare Voraussetzung verwiesen werden. —

Der Katechet wird sich nicht damit begnügen, die bibl. Geschichten v. der Ast. Jesu zu erzählen, sondern er wird darum bemüht sein müssen, der → Entwicklungsstufe seiner Schüler entsprechend, das → Kerygma der Ast. zu verkünden. Maßstab dafür muß wohl das im N. T. enthaltene urchristl. Kerygma sein. In der Aw. wird Jesus als „Herr" bestätigt u. ist zugleich die höchste → Offenbarung des Vaters. Zugleich aber ist der erhöhte Jesus der „neue" Mensch. Die Ast. ist eine völlige Umgestaltung des Menschseins Jesu. Sein *ganzes* (auch sein leibl.) Menschsein ist v. nun an → Geist (auch dies darf nicht im Sinne einer dualist. Anthropologie mißverstanden werden). Jesus Christus ist als der „neue Adam" auch Urbild der Umgestaltung des Menschen, ihr Vorspiel u. ihr Anfang. Christus, der der Geist ist, gestaltet seine Gläubigen nach seinem Bilde (vgl. 2 Kor 3, 18). Die Ast. Jesu hat auch eine kosmische Dimension; sie faßt die Vergangenheit zusammen u. umgreift bereits die endgültige Vollendung. Es scheint dem Katecheten in der heutigen Situation des RU vielfach kaum möglich zu sein, diese schwierigen Inhalte in geeigneter Form seinen Schülern vermitteln zu können. Um dies einigermaßen bewerkstelligen zu zu können, muß ein gangbarer → induktiver Weg gesucht werden, der die Schüler an diese → Wahrheiten heranführt. Der Katechet hat ja v. a. seinen Schülern hilfreiche Wegweisung zu bieten, um die Glaubensentscheidung zu ermöglichen. Dabei wird man viell. auf beglückende Erlebnisse hinweisen können, die „ein neues Erwachen" im tägl. Leben erfahrbar machen. Der naturverbundene Mensch erlebt jährlich sehr tief das neue Erwachen des Lebens in der Natur. V. einem erquickenden Schlaf erwacht man wie neugeboren. Das Glück des „neuen" Lebens wird auch dort erfahren, wo man nach schwerer Krankheit die Gesundheit wieder erlangt hat. Ein sittl. Erwachen wird dort erlebt, wo der erlahmte menschl. → Wille neue Kraft gewinnt u. neuer Eifer entsteht. Auch im rel. Leben kann es immer wieder das Erlebnis einer „Ast." geben, dann etwa, wenn nach einer Phase rel. Unsicherheit u. Zweifel ein gestärktes Bewußtsein der Einheit mit Gott erwacht u. dem Menschen erneut Sicherheit u. Halt verleiht. Auf solche Erlebnisse gilt es hinzuweisen u. sie bewußt zu machen. Dadurch könnte man viell. die Schüler auf eine bereitwillige Aufnahme des eigentl. Kerygmas der Ast. Jesu vorbereiten. Dieser → Glaube darf aber nicht als ein ausschließlich geistiger Vorgang betrachtet werden, sondern er muß nach dem Wort des Kol.-Briefes in Wort u. Tat des Christen wirksam u. erkennbar sein: „Wenn ihr mit Christus auferweckt seid, so sucht, was droben ist" (Kol 3, 1).

Han

Aufgaben → Hausübung

Aufgaben des RU. Die verbindl. Erklärung der Deutschen Bischofskonferenz v. 27. 11. 1972 stellt dazu fest: Der RU „weckt u. reflektiert die Frage nach Gott, nach der Deutung der Welt, nach dem Sinn u. Wert des Lebens u. nach den Normen f. das Handeln des Menschen, er ermöglicht eine Antwort aus der Offenbarung u. aus dem Glauben der Kirche, er befähigt zu persönlicher Entscheidung in Auseinandersetzung mit Konfessionen u. Religionen, mit Weltanschauungen u. Ideologien u. fördert Verständnis u. Toleranz gegenüber der Entscheidung anderer, er motiviert zu religiösem Leben u. zu verantwortlichem Handeln in Kirche u. Gesellschaft". — Ähnliche

Sichtweisen der A. d. RU liegen auch den geltenden → Lehrplänen in Österreich u. der Schweiz sowie dem → Directorium Catechisticum Generale zugrunde. Die Abgrenzung dieser A. d. schulischen RU v. speziellen der kirchl. → außerschulischen Katechese sind Forschungsgegenstand gw. Katechetik. — Im Gegensatz zu der obengenannten Formulierung der A. stehen Auffassungen v. manchen Vertretern eines nur v. der Schule her begründeten RU: → emanzipatorischer RU → informativer RU → Ziele Ko

Aufklärung. A. bezeichnet *allgemein* eine geschichtl. Entwicklung die dadurch charakterisiert ist, daß die rel., gesellschaftl. u. kultur. → Tradition gegenüber der → autonomen Vernunft des → mündigen Menschen in den Hintergrund tritt, der die Lebensgestaltung bewußt in die eigene Hand nimmt. R. Descartes, D. Hume, I. Newton, Spinoza, Voltaire, Rousseau sind einige Namen der Persönlichkeiten, die der westeurop. Geistesrichtung „A." zw. dem Ende des 17. bis zum Anfang des 19. Jh. zum Durchbruch verhalfen. Gefahren bestanden in einseitigem Naturalismus, Immanentismus, Autonomismus, → Rationalismus, → Positivismus usw. — Sehr stark im Vordergrund stand die päd.-did. Motivation, den Menschen zum vollen Gebrauch seiner Möglichkeiten u. Anlagen zu erziehen. So gesehen, muß A. auch *theol.* relevant werden: als Aufgreifen bibl. Mahnungen (z. B. „Prüfet alles ..."), als Realisierung des → Weltdienstes, der Mitverantwortung f. → Kirche u. → Welt, der → Mündigkeit, der christl. → Freiheit, die sich v. → Geist Gottes erfüllt, geleitet u. befähigt weiß, „mit allen Heiligen zu erfassen, welches die Breite u. Länge, die Höhe u. Tiefe ist" (Eph 3, 18). — Bei aller schuldigen Pietät gegenüber der Tradition muß der Christ sich um ein → krit. Bewußtsein bemühen, gehört Erziehung in dieser Richtung zu den Hauptaufgaben christl. Bildung u. Erziehung. Rel.-theol. → Erwachsenenbildung. Hi

Die Religionspädagogik wurde v. a. im letzten Drittel des 18. Jh. stark v. Ideen der A. beeinflußt. Charakteristisch dafür waren stark rationalist. Tendenzen, ein Zurücktreten der sog. Offenbarungswahrheiten zugunsten v. Wahrheiten der „natürl. Rel.", eine → anthropozentrische Grundeinstellung sowie päd. Optimismus. Letzterer führte zu einer Aufwertung praktisch-theol. Disziplinen (→ Pastoraltheologie, → Katechetik bzw. → Religionspädagogik), die nun Universitätsrang erhalten, sowie zur Verankerung des RU als ordentl. Lehrfach im neubegründeten Pflichtschulwesen. Die Ausdrücke RU u. Religionslehrer sind ebenfalls zu dieser Zeit u. aus dieser Geisteshaltung heraus gebräuchlich geworden.

Die klassische A.skatechetik des 18. Jh. wurde durch Gegenströmungen, die z. T. in der Geisteshaltung der Romantik beheimatet waren, abgelöst. Nach einer meist negativen Bewertung der A. durch die → kerygmatische Bewegung des 20. Jh. ist heute ein Neuaufleben vieler Ideen — unter oft bewußtem Rückgriff auf das 18. Jh. — festzustellen (H. Halbfas, K. E. Nipkow u. a.). Ko

Aufklärung, geschlechtliche. G. A. war in der Vergangenheit der gängige Begriff f. einen einmaligen Akt (meist in der → Pubertät), in dem der Jugendliche auf die körperl.-funktionellen Voraussetzungen des → Geschlechtslebens verstandesmäßig vorbereitet werden sollte. Insofern ist diese A. ein Relikt jener bedeutenden Strömung des 18. Jahrhunderts, in der man glaubte, mit der Vernunft (→ „Aufklärung“) die Probleme des Daseins meistern zu können. Heute erkennt man allgemein: Bloße g. A. trennt Körperliches u. Geistiges in der menschl. → Sexualität u. vergißt, daß Geschlechtlichkeit den ganzen Menschen bestimmt. Oft wird übersehen, daß das Wesentliche nicht im Bereich des Geschlechtsverkehrs o. der Zeugung liegt, sondern in der Hingabefähigkeit der einen → Person an die andere. Heute sollte man eindeutiger v. der biolog. → Information als einem Teil der ganzheitlichen → geschlechtlichen Erziehung sprechen. Damit muß allerdings schon lange vor dem Schuleintritt durch die Eltern begonnen werden: In einem Klima gegenseitigen Vertrauens sind Fragen alters- u. wahrheitsgemäß zu beantworten, so daß zugleich auch eine → affektive Bildung geschieht. Später wird die Schule geplant u. mehr sachlich das vorhandene Wissen ergänzen: Die Kinder lernen Zusammenhänge sehen u. aussprechen u. die Sexualität in die gesamte menschliche Wirklichkeit einordnen. —

Aufklärungsschriften wurden in letzter Zeit mancher Kritik (z. B. H. Schwenger, Antisexuelle Propaganda. Sexualpolitik in der Kirche, Hamburg 1969) unterzogen: Man wirft v. a. den (kath.) Kleinschriften „repressive Sexualerziehung“, „romantische Sexualideologie“, Vermischung v. Tatsachen u. deren moralischer Bewertung, tendenziöse Deutung v. tendenziös ausgewählten Fakten, „unterschwellige Manipulation“ usw. vor. Viele A.-sheftchen sind in Sprache, Stil, Begründung u. Aufmachung schon nach wenigen Jahren überholt. V. Standpunkt der Sexualerziehung aus bieten sie zuwenig echte Information u. Auseinandersetzung mit anderen Meinungen. Sie entbinden den Erzieher nie v. seiner sexualpäd. Aufgabe, die eine affektive Bildung miteinschließt u. Haltungen anstrebt, u. auch nicht den Heranwachsenden v. der mühevollen Gestaltung der eigenen Sexualität. Auch umfangreichere Bücher werden erst nach erfolgter Sexualerziehung sinnvoll sein. Zaghaften u. sprachlich unsicheren Eltern sind Bilderbücher u. Bücher mit einfachen schematischen Zeichnungen (v. M. Leist, P. Odenwald u. a.) zu raten, die sie mit ihrem Kind lesen können, bis ihnen dann ein persönliches → Gespräch gelingt.

Lei

Aufklärungsschriften → Aufklärung, geschlechtliche

Aufmerksamkeit. O. Vollmer unterschied schon 1929 zw. *fixierender A.* (ins Detail gehend, der Aufmerksamkeitsumfang ist eng, Beachtung v. Einzelheiten, längere Dauer der A.szuwendung) u. *fluktuierender A.* (weiter Umfang, große Ablenkbarkeit, subjektive Färbung der Wahrnehmung, Ungenauigkeit durch Mißachtung v. Einzelheiten). → Zyklotyme neigen mehr zu fluktuierender, → Schizotyme mehr zu fixierender A. Zu beachten sind die Unterschiede bei Schülerbeurteilung u. Schülerbeschreibung, aber auch bei Methodenwahl u. Aufgabenstellung. → Aufmerksamkeitstypen Ko

Aufmerksamkeitstypen. In der Persönlichkeitsforschung wird mit G. Pfahler zw. einem Typ der „festen Gehalte" u. einem der „fließenden Gehalte" unterschieden. Ersterer neigt zu fixierender, letzterer zu fluktuierender → Aufmerksamkeit. V. Bedeutung ist die Unterscheidung f. die Persönlichkeitsforschung u. f. die prakt. Berufsberatung. Lehrer u. Erzieher sollten nicht einseitig einem der beiden Typen verhaftet sein. Ko

Aufsicht des RU. *BRD:* Dem Staat, der ein unbestrittenes allgemeines A.srecht (Unterrichtsmonopol) über die Schule hat, kommt über jedes Unterrichtsfach (GG Art. 7 Abs. 1), auch über den RU, ein A.srecht (GG Art. 7 Abs. 3 Satz 2 u. die entspr. Bestimmungen der Landesverfassungen) zu (äußerer Ablauf, Einhaltung der Stunden, Ordnung, Schulaufgaben usw.). Landesrechtlich kann eine Mindestschülerzahl f. den RU (z. B. Hessen läßt RU erst bei mindestens 12 Schülern zu) festgestellt werden. Den Kirchen hat der Staat A. des RU eingeräumt u. verfassungsrechtlich gewährleistet. Im Auftrag des Bischofs (can. 345; 447 § 1 u. 2) üben die Schulreferenten bzw. Schuldekane u. (an Gymnasien) die Fachberater die A. über den RU aus (allgem. Einrichtung, materielle Ausstattung, did. Konzeption, → Lehrpläne, Lehrbücher, Lern- u. Funktionsziele usw.). Gemäß Art. 21 Abs. 2 (Reichskonkordat) ist den kirchl. Behörden Gelegenheit zu geben, „zu prüfen, ob die Schüler RU in Übereinstimmung mit den Lehren u. Anforderungen der Kirche erhalten". → Aufsichtspflicht Lä

Österreich: „Dem Staate steht rücksichtlich des gesamten Unterrichts- u. Erziehungswesens das Recht der obersten Leitung u. A. zu" (Staatsgrundgesetz v. 1867). „Unbeschadet dieses A.srechtes bleibt die Besorgung, → Leitung u. unmittelbare Beaufsichtigung des RU der betroffenen Kirche o. Religionsgesellschaft überlassen" (Schule-Kirche-Gesetz v. 1868; gleichbedeutende Formulierungen im Religionsunterrichtsgesetz v. 1949 u. im Konkordat v. 1962). Zur Ausübung des unmittelbaren A.srechtes steht es der → Kirche frei, beliebig viele Schulaufsichtsorgane f. den RU (Religionsunterrichtsinspektoren, Fachinspektoren f. den RU) zu bestellen. Der Staat trägt den Personalaufwand f. eine best. Anzahl dieser Inspektoren. Kirchenrechtliche Vorschriften zur Visitation des RU, insbesondere durch den Diözesanordinarius, bleiben dadurch unberührt. Die unmittelbare kirchl. A. wird in der innerstaatl. Gesetzgebung als mittelbare staatl. A. über den RU gesehen. Gesetzgebung u. Konkordat gestehen dem Bund (Staat) außerdem das Recht zu, durch die eigenen Schulaufsichtsorgane den RU in organisatorischer u. schuldisziplinärer Hinsicht unmittelbar zu beaufsichtigen. Ke

Schweiz: Das A.srecht (Kontrolle mehr administrativer u. disziplinärer als päd. Art, diese: → Inspektion) der → Kirchen über ihren RU wird nur in wenigen Kantonen (Kt.) etwas beschränkt (z. B. im Kt. Solothurn durch die Genehmigungspflicht f. Schulbücher). Der → Bibelunterricht der Lehrerschaft (→ Organisation des RU) ist in den mehrheitl. kath. Kt. weitgehend der kirchlichen A.

unterstellt (Lehrprogramm usw.); in den übrigen werden die kirchl. Gemeinschaften wenigstens irgendwie konsultiert; nur der Kt. Aargau erklärt sich ausdrücklich f. allein zuständig. Aufs ganze gesehen werden die einzelnen Katecheten u. Bibellehrer kaum mehr beaufsichtigt (u. betreut). Auf kirchl. Seite sind an Stelle der früher damit betrauten *Dekane* nur ausnahmsweise neue Instanzen getreten. Fr

Aufsichtspflicht. *BRD:* A. ist zweifach zu verstehen, einerseits als institutionelle A. des Staates bzw. der Kirchen (→ Aufsicht des RU), anderseits als persönliche A. des einzelnen Lehrers. In der BRD obliegt dem Religionslehrer (wie jedem anderen Lehrer) die A. über die Schüler während des Unterrichts wie auch (wenn er eingeteilt ist) während der Schulpausen o. bei schulischen Veranstaltungen (z. B. Schulgottesdienst) u. Exkursionen (Wandertag, Führungen, Skilager usw.). Lä

Für *Österreich* ist darüber hinaus festzustellen, daß f. jeden Lehrer A. in der Pause *vor* seiner(n) Unterrichtsstunde(n) besteht; außer dies ist anders geregelt. Diese Aufsicht bezieht sich auf den Klassenraum, den Gang bzw. den Schulhof. Außerdem besteht A., wenn der Lehrer die letzte Stunde eines Tages unterrichtete; seine Verantwortung endet, sobald sein letzter Schüler die Schule verlassen hat. Ke

Schweiz: Mit A. werden nach schweiz. Sprachgebrauch eher behördl. Maßnahmen gegenüber dem Lehrer bezeichnet. Die knapp gefaßten Bestimmungen kantonaler Gesetze sprechen z. B. v. Überwachungspflichten der Lehrer. Viele Einzelheiten (z. B. betreffend Sportanlässe) werden v. den Gemeinden geregelt. Fr

Ausbildung, kat. u. rel. päd. Neben der trad. A. zum Katecheten im Rahmen priesterl. Bildung ist im 20. Jh. eine Vielfalt v. A.smöglichkeiten f. haupt- u. nebenamtl. Laienreligionslehrer u. -katecheten auf akademischem (Laientheologen) u. nicht-akademischem Boden bis zur Möglichkeit v. → Fernkursen errichtet worden. Neben einer theol., päd.-psych. u. unterrichtstechnischen A. wird auch die Notwendigkeit einer soliden *praktischen* Schulung immer deutlicher erkannt. Die Forderung gilt f. Priester- u. Laienreligionslehrer gleicherweise. A. kann nur das Fundament für kat. o. religionsunterrichtliche Tätigkeit legen. V. ebensolcher Bedeutung ist die *permanente Weiterbildung.* Eine den gegenwärtigen Erkenntnisstand entspr. zusammenfassende Theorie der A., welche auch die Frage der berufsethisch-rel. Vorbereitung in ein Gesamtkonzept integriert, ist noch ausständig.
Auskünfte über A.svoraussetzungen u. -möglichkeiten: *BRD:* → Deutscher Katechetenverein; D-8 München 80, Preysingstr. 83 c; *Österreich:* Katechetisches Institut Wien, A-1010 Wien, Stephansplatz 3/3; *Schweiz:* Katechetisches Institut Luzern, CH-6000 Luzern, Hirschmattstraße 25. → Akademie → Kat. Zentren u. Institute → Lehrübung → Microteaching u. a Ko

Ausdrucksforschung. Ausdruck ist nach H. Rohracher dasjenige an Wahrnehmungsinhalten, was durch unmittelbare Wirkung gefühlsmäßige Stellungnahmen u. Beurteilungen auslöst: Physiognomik, Mimik, Gestik, Motorik, Stimme, Sprechweise, Schrift, aber auch Werke der Kunst. Die beiden Letztgenannten werden v. anderen Autoren (R. Kirchhoff) nicht mehr als Gegenstand der A. angesehen. Die A. untersucht Wirkung u. Zusammenspiel v. Ausdrucksträger, Ausdrucksmedium u. Eindrucksempfänger. Zur Integration in → Religionspädagogik u. → Katechetik liegen heute zahlreiche Einzelarbeiten u. -ergebnisse, aber noch keine genügend abgesicherte Gesamtausdruckskunde vor. Ko

Auslöser. Angeborene Instinkthandlungen sind tw. durch Hirnzentren blockiert, damit es nicht zu Fehlverhaltensformen kommt. Erst durch das Auftreten einer bestimmten Reizkonstellation wird diese Blockierung aufgehoben u. damit die angeborene Verhaltensweise ausgelöst. Die dazu benötigten Umweltinformationen werden v. N. Tinbergen als A., v. K. Lorenz als „Schlüsselreize" bezeichnet. Bes. im Sozialbereich gibt es eine Vielzahl starker Blokkierungen u. ihnen entsprechende A.; dadurch wird ein geregeltes Zusammenleben garantiert. (Beispiele: A. f. Mutterinstinkt, Sexualverhalten, Flucht- u. Abwehrreaktionen, usw.) Alle Sinneseindrücke können Schlüsselreizqualität bekommen, wie z. B.: prägnante Bewegungen (Pfauenrad), Geräusche (Säuglingsweinen), Gerüche (Sekret des Stinktieres), usw. → Ethologie Si

Außerschulische Katechese. A. K. ist → Katechese im kirchl. Raum. An ihr nimmt das → Kind o. der junge Mensch — ähnlich wie in der → Erwachsenenkatechese — in der Regel nur in seiner Freizeit teil. Praktisch ist daher der Verzicht auf Erholung, Ausspannung u. Geselligkeit eine Voraussetzung f. AK. (Pöggeler). Deshalb muß sie durch ein best. Maß an Geselligkeit aufgelockert sein u. f. den jungen Menschen attraktiv gemacht werden, indem sie lebensnah, situationsbezogen u. herausfordernd gestaltet wird. Auf eine Kurzformel gebracht: Katechese in → Freiheit zur Freiheit des → Glaubens.

Im Schrifttum der letzten Jahre wird der Terminus „Katechese" oft ausschließlich f. die A. K. verwendet u. v. schulischem RU, der dann nicht mehr als Katechese bezeichnet wird, unterschieden. Diese Einengung des Begriffes hängt mit der Begründung des schulischen RU (v. der Schule u. nicht v. der kirchl. Aufgabe her) zusammen. Sie ist nur dort begründet, wo der schulische RU in keiner Weise eine Funktion der Kirche ist. Überall dort, wo schulischer RU v. der Kirche besorgt o. zumindest beeinflußt wird, ist die Unterscheidung zw. schulischer u. A. K. nach wie vor sachgemäß u. sinnvoll. Bli

Lit.: G. Baudler u. a., Schulischer RU u. kirchl. Katechese (1973).

Auswahlmethode → Crowder-System

Autismus. Eine sich schon im Kindesalter äußernde, nicht aber auf dasselbe beschränkt bleibende Psychopathie. Hauptmerkmal ist eine krankhafte Verschlossenheit u. Unzugänglichkeit des Kindes v. a. der menschl. Mitwelt gegenüber. Gefühlskälte, „zwanghaftes Beharren auf Eintönigkeit" (L. Kanner), extreme Unruhereaktionen auf jede Veränderung, extrem ausgeprägte Eigenarten u. Eigenheiten, oft aber auch gute Körperbeherrschung u. Gedächtnis- u. Rechenleistungen sind weitere Kennzeichen. Ob echter A. bei einem verhaltensgestörten Kind vorliegt, kann nur der geschulte → Heilpädagoge diagnostizieren. Neben medizin. Therapie bedürfen autistische Kinder unbedingt der Sondererziehung durch geschulte Heilpädagogen. Die mit dem A. verbundenen rel. päd. u. pastor. Probleme (→ Gewissensbildung, Führung zu → Buße u. a. m.) sind leider noch zu wenig gründlich studiert. → Sonderschule Ko

Autodidakt. A. ist jemand, der sich selbst unterrichtet u. dabei oft auch den Rahmen der Grund- u. Berufsbildung überschreitet. Offensein, Hingabe u. Selbsttätigkeit disponieren zum selbstgewählten u. schulfreien Bildungserwerb. Dieser ist wegen des oft raschen Wandels der versch. Wirklichkeitsbereiche personal u. gesellschaftlich wertvoll. Eine gewisse Beeinträchtigung bedeuten das Fehlen v. Fremdkontrolle u. ein evtl. Mangel an Selbstkritik. — Ein verbreitetes Angebot v. Mitteln zur Selbstbildung ist in nächster Zukunft durch die → Unterrichtstechnologie zu erwarten. Neben Buch u. Zeitschrift treten zunehmend die Schallplatte, das → Kassettenfernsehen u. ä. Ro/Ko

Lit.: F. Schneider, Selbsterziehung in Vergangenheit u. Gegenwart (1972).

Autogenes Training. Eine v. J. H. Schultz entwickelte Methode der konzentrierten Selbstentspannung (Selbsthypnose). Die erste Stufe besteht aus 6 Einzelübungen (Muskelentspannung, Gefäßentspannung, Herzübung, Atemübung, Regulierung der Bauchorgane, Einstellung des Kopfgebietes) mit anschließender Zurücknahme des Entspannungszustandes. Eine zweite Stufe führt als autogene Imagogik durch Farb- u. Bilderlebnisse zur → Meditation u. Selbstklärung. Das Einüben soll nur unter sachgemäßer Anleitung erfolgen. — Eine auf der Grundlage des A. T.s aufbauende, aber zum Unterschied v. diesem auf Fremdsuggestion durch Schallplatte beruhende Methode ist die „Tiefenentspannung" von H. G. Schmidt. Ko

Lit.: J. H. Schultz, Das autogene Training (13. Auflage, 1970) Schallplatte: H. G. Schmidt, Tiefenentspannung, Willinger Verlagsanstalt, D 3542.

Automation. A. in der Industrie wird die „zweite Revolution" genannt (Ersatz der menschl. Arbeit durch Automaten), in der Biologie bedeutet A. spontane Reaktionen auf Reize o. Signale (Automatismen, Tropismen). Für den Menschen v. Bedeutung: Bewußtwerden der Hilfeleistung durch Maschinen (leichtere Arbeit, Freizeit, Hobby usw.), aber auch der Gefahren (Versklavung durch Technifizierung, Verflachung des Denkens, Gleichstellung des Menschen mit Maschine-Objekt-Nummer). Bla

Autonomie-Heteronomie. → Ethik als bewußt-freies Handeln ist an sich stets *autonom*, ungeachtet dessen, daß sich der Mensch an der Wirklichkeit orientieren muß (→ Welt, Du, → Gesellschaft, → Offenbarung). Selbst ein → Gewissen, das sich an der Tradition o. an einer fremden Meinung ausrichtet, bleibt autonom, solange es diese bewußt u. frei aufnimmt, denn das Gewissen bestimmt, ob man die fremde Ethik zu seiner macht. *Heteronom* (fremdgesetzlich) handelt man, sobald man unkritisch o. unfrei Gesetze u. Handlungsprinzipien annimmt. Dies führt im Leben u. in der Geschichte zur Erstarrung jeglicher Ethik, zur Automatisierung des Menschen (Gehorsams- u. Paragraphenethik, zur Vermassung durch Parteien u. → Ideologien, zur Manipulierung der öffentl. Meinung usw. Dagegen richtet sich die harte Kritik Christi, aber auch die Kritik der „praktischen" Vernunft Kants. Bla

Autoplastik. Gleichsinnig mit → Akkommodation (sich selbst jemandem o. etwas anpassen). Ko

Autorität. A. bedeutet *allgemein* einen durch echte o. vermeintliche Vorzüge erworbenen Vorrang eines Menschen o. einer Menschengruppe, der v. anderen anerkannt wird. Im *päd.* Bereich besitzt A. jener, der Urheber, Förderer u. Bürge f. → Bildung u. → Erziehung ist u. der dieses Voraussein u. -haben in den Dienst der ihm anvertrauten bzw. sich ihm anvertrauenden Menschen stellt. Die A. des → Lehrers ist legitimiert durch sein Vermögen, andere das Lernen u. Erfahren zu lehren, weil er gelehrter u. erfahrener ist; sie ist vertrauenswürdig, wenn u. insofern dem Schüler das Selbständigwerden ermöglicht wird; sie ist bestimmt durch ihre eigene Aufhebung infolge ihrer Tendenz, zu → Mündigkeit, → Freiheit u. → Emanzipation zu führen. — *Amts*-A. ist in einer rechtl. verfaßten Gesellschaftsordnung fundiert u. kann durch die → Gruppe nicht aufgekündigt werden. — *Wissens-A.* (Sachkompetenz) besitzt der Fachmann gegenüber dem Nichtfachmann entspr. dem Maß seines Wissens u. Könnens bei Sachfragen. — *Persönlichkeits*-A. liegt vor, wenn die Entscheidung o. Aufgabenlösung eines Menschen wegen seiner menschl. → Autonomie v. der Gruppe anerkannt wird; sie ist der Gruppe aufkündbar u. bildet kein autoritäres Verhältnis aus, dieses Voraus wird vielmehr als Ermöglichung u. Vertiefung der Verselbständigung v. der Gruppe aufgefaßt. Ro

Barlow—Kette. Nicht-verzweigtes Lehrprogramm, bei dem die → Antwort auf den vorangehenden → Lernschritt Teil der nachfolgenden Aufgabe ist. Sie wird im Druck hervorgehoben. Erzielt werden soll dadurch eine stärkere Verbindung v. Aufgabenstellung u. → Antwort. Ko

Beatmusik. Teil d. → Popmusik v. engl. beat = taktmäßiger Schlag, rhythm. Schwerpunkt, auch rhythm. Intensität, harter, stampfender Rhythmus. — F. einen sehr großen Teil der Jugendlichen nicht nur Musik, sondern Lebensstil, Lebensinhalt, „Religionsersatz". B. vermittelt f. sie Träume u. Idole; sie ist deshalb nicht nur Musik unserer Dezennien, sondern v. a. ein kultur- u. sittengeschichtliches Phänomen, denn B. hat in außermusikal. Bezirken ihre Kriterien. Entstanden aus Rock'n' Roll (= primitiv. Rhythm and Blues; u. dieser aus aufgewärmtem New Orleansstil: → Jazz): 1963 geschickt gemanagte „Beatles" aus Liverpool, dann „Rolling Stones": rhythm. betonter, monotoner, oft einstimm. Schreigesang, Vokale u. Konsonanten werden (wie auch im Jazz) mit großen Geräuschanteilen verfremdet u. verzerrt, auch übertrieben artikuliert, auf Schallplatten Klirrfaktoren u. Kratzgeräusche dazugemischt; ständig wiederholende Phrasen, harter Grundschlag des Schlagzeugs, Gitarren mit elektroakust. Verstärkung über die Schmerzgrenze hinaus (soll auf der Haut spürbar sein). Text wird unwichtige Zutat, Dirty-Intonation (unausgereifte, hohe, angestrengte Jünglingsstimme, großer Erregungsanteil), Reizanhäufung bis zum Unerträglichen, daher Krawalle bei diesen Shows (lustvolle Dranglösung führt zu Selbstvergessenheit; Steigerung durch → Drogenrausch). Eine Gefahr liegt v. a. darin, daß man sich mit den Ausführenden identifiziert (Drogen!). Bei vielen nur Abreaktions-Lärm (überlaut); Entstehung vieler Bands, kopieren nur Platten, kaufen sehr kostspielige Verstärkeranlagen; Ausbildung einer Art → Subkultur; Jugendliche wollen nicht nur konsumieren, auch produzieren (!). Gewaltige Vergnügungsindustrie (→ Musik), Massenhysterie; andererseits wurde nie so viel musiziert wie heute. Hauptursache der Faszination der B. ist viell. ein zumindest indirekter Protest u. die Reaktion auf „entkörperlichte Musik des Abendlandes" (Stillsitzen u. ruhiges, beinahe abgeklärtes Anhören v. „hoher Kunst"). Der Jugendl. will sich bewegen, will Musik ganz, auch körperl. (auf der Haut) spüren (daher Lautstärke). Jedenfalls ein Beispiel, daß Musik imstande ist, Verhaltensweisen zu prägen u. auszulösen (Kleidung, Haartracht, Betragen = „Entstaltungsphänomene" nach Muchow, Sezession = Absonderung v. d. Gemeinschaft), Heftigkeit d. Sezessionsvorganges im direkten Verhältnis zur Größe des Reizangebotes (→ Schlager). — Daraus ergibt sich f. den RU, daß man selbstverständlich nicht untätig o. resigniert zusehen soll, sondern mit päd. Geschick, mit Geduld, Ausdauer u. einem gesunden Maß an → Toleranz, später dann auch mit → Autorität, die Jugendlichen auf diese Gefahren, Täuschungen, Andersartigkeiten hinweisen soll, dann könnte dies sogar eine Bereicherung werden. Mu

Lit.: Horst Menzel: Jugend u. Reizmusik, Verlag Moritz Diesterweg, 1969.

Beatniks → Gegenkultur → Popmusik → Beatmusik → Jugendliche Subkultur

Bedingter Reflex → Reflex

Befreiende Erziehung. Deutsche Bezeichnung f. das sozialkrit.-päd. System des Brasilianers Paolo Freire. B. E. nimmt ihren Ausgang v. einem → dialog. Menschenbild. Der Lehrer sei Lehrling u. der Lehrling sei Lehrer zugleich. Beide miteinander konstituieren in ihrem gemeinsamen, lehrend-lernenden Umgang mit der → Welt jenen Vorgang, den man B. E. nennt. Im Gegensatz zum trad. Erziehungs- u. Unterrichtswesen gründet sie auf einer sorgfältigen Analyse der gesellschaftlich relevanten Thematik u. des kulturell bedingten Bewußtseins (= soziale → Psychoanalyse). Konkretisiert u. praktisch erprobt wurde diese Forderung der Bewußtseinserweckung (Conscientization) in Freire's Alphabetisierungsmethode, einer in Brasilien erprobten neuen Form der Volksbildung. B. E. erfordert, daß Lehrer u. Schüler ihre gesellschaftl. Umwelt u. ihre eigene Innenwelt als gemeinsames Schicksal erkennen u. ihre Veränderung bzw. Vermenschlichung als gemeinsame Aufgabe betrachten. B. E. setzt voraus, daß Lehrer u. Schüler das Leben miteinander erfahrend teilen. Begründet wird dies mit dem Begriff der „Biophilie", d. h. mit einer Liebe zum Leben des Anderen. Ziel der B. E. u. der Kritik an der trad. Pädagogik ist die Ingangsetzung eines wirklichkeitsverändernden Lernprozesses u. die Indienstnahme der Pädagogik f. eine fortschreitende Vermenschlichung der Welt u. des Menschen. → Entschulung Ko

Lit.: Werner Simpfendörfer, Befreiende Erziehung, in: H. Lüning, Schadet die Schule unseren Kindern? (1972).

Begegnung. Die → Person-Struktur des Menschen bringt best. Formen seines Umgangs mit anderen Menschen mit sich. Die Grundform mitmenschl. Lebens ist deshalb die B., die in Form v. → Gesprächen (→ dialogisches Prinzip) u. jedweder Form v. → Gemeinschaft u. Miteinander, in Aufgeschlossenheit u. Zuneigung geschieht. Analog zu mitmenschl. B. spricht man auch v. Gottes-B. u. meint damit den pers. Umgang mit → Gott (→ Gotteserfahrung → Inkarnation).
Der Begriff B. findet sich häufig in der bildungstheoretischen Literatur zw. 1955 u. 1960. Beeinflußt v. existentialphil. u. theol. Sichtweisen versteht man darunter meist das f. den Bildungsprozeß wesentl. Betroffensein u. → existentielle Angesprochenwerden durch die Bildungsgüter o. Mitmenschen. → Erfahrung → Erlebnis Hi/Ko

Begierde. Verlangen u. Streben nach Besitzergreifung, unbewußt in jedem Lebewesen, bewußt im Menschen, der die Brauchbarkeit der Dinge erkennt. Seine Erkenntnis ist zugleich Begreifen, Verwalten, Verfügen. Damit setzt er → Freiheit u. → Verantwortung in den Gebrauch der Dinge — zum Fluch o. Segen der eigenen Existenz. Wir sprechen daher v. geordneten u. ungeordneten B.n. Erringt der Mensch nicht die volle Kontrolle über sein Begehren, weitet sich dieses zur uferlosen Begehrlichkeit als Grundeinstellung des → Charakters u. zeitigt unheilvolle Konflikte. Bla

Begriffswelt, religiöse. R. Pohl u. a. wiesen nach, daß bei Schülern rel. Begriffe meist mehr profan als religiös verstanden werden. Obwohl Religiosität u. → Glaube ganz sicher unabhängig v. Intelligenz sind, dürften die B. u. die Entwicklung rel. Gedanken doch v. der Höhe der Intelligenz abhängig sein. Im → Schulkindalter zeigt sich eine Tendenz zu konkret-inhaltlicher Darstellung der Gedankeninhalte, zu einer Anthropomorphisierung, zu einer stückhaften, unvollständigen Auffassungsweise, zur Vermengung v. Wesentlichem mit Unwesentlichem u. a. m. Die einschlägigen Untersuchungen lassen die Vermittlung u. Festigung klarer Vorstellungen u. Begriffe als Aufgabe jedes Religions*unterrichtes* erkennen. Als Weg schlug A. Burgardsmeier das stufenweise Fortschreiten v. der *Klärung* der aus dem Elternhaus mitgebrachten Begriffe über deren *Angleichung* an die bibl. Bildwelt (z. B. Gott der König, Richter, Hirte), *Steigerung* (z. B. Gott der *höchste* König), *Entsinnlichung* (Gott — gar nicht so wie ein irdischer König) zur *Vergeistigung* vor. Die Zuordnung dieser Stufen jeweils zu einer der ersten fünf Schulstufen kann aber nur im Sinne einer Schwerpunktsetzung, nicht mit Ausschließlichkeit erfolgen. V. a. scheinen die 1. u. 2. Stufe nur zwei Seiten eines einzigen Vorganges zu sein. Ko

Lit.: R. Pohl, Die rel. Gedankenwelt bei Volks- u. Hilfsschülern (1968); A. Burgardsmeier, Religiöse Erziehung in psychologischer Sicht (1955).

Behaltenskurve → Vergessenskurve

Behaviorismus. V. engl. behavior = (äußeres) Verhalten. Von J. B. Watson 1912 in den USA begründete, heute verschiedene Theorien umfassende Richtung der Psychologie, die nur das äußere Verhalten als erforschbar anerkennt. Alle subjektiven Kategorien (Fühlen, Denken, Empfinden, Werten) gelten als unwissenschaftlich. Als „wissenschaftlich" sei nur anzusehen, was mathematisch-quantitativ meßbar u. experimentell nachweisbar ist. Der B. hat nicht nur die Tierpsychologie, sondern auch die Lernpsychologie nachhaltig beeinflußt. Tierisches u. menschliches Verhalten wird dabei als nur graduell, nicht aber prinzipiell verschieden angesehen. → Reflexe → Lerntheorie Ko

Beichtunterricht → Bußerziehung

Beispielgeschichte. *1. Bibl.:* Literar. Gattung bei Lukas (10, 29—37; 18, 10—14 usw.). Ein rel. sittl. → Appell wird an einem Einzelfall zum Ausdruck gebracht. *2. Kat.:* In der trad. → Katechese eine veranschaulichende Erzählung, meist mit moralischer Nutzanwendung. Heute oft ersetzt durch echte → Kinder- und Jugendliteratur, die nicht bloß der Veranschaulichung, sondern auch der Problemstellung (keine Nutzanwendung; offener Schluß; mehrere Deutemöglichkeiten usw.) dient u. nicht nur Lehrsätze u. ä. konkretisiert, sondern → Erfahrungen deutet u. bewußt macht. Ko

Beispielsammlung. Gattung der kat.-prakt. Behelfsliteratur v. a. f. die Pflichtschulkatechese. Mit dem Funktionswandel der kat. → Beispielgeschichte, welche heute nicht mehr allein der → Anschaulichkeit o. der moralischen Vorbildgebung dient, wurde auch der

Terminus B. aufgegeben u. durch „Vorlesestoff“ o. ä. ersetzt. → Literarische Texte im RU Ko

Bekehrung. *1. Theol.:* → Metanoia, Umkehr. — *2. Psychol.:* nach M. T. L. Penido die Auflösung einer geistigen Synthese u. die Neubildung einer anderen. Sie wird in ihrem subj. Erleben immer v. damit verbundenen → Wertordnungen u. Inhalten (B. v. Heidentum zum Christentum; B. zu einer → Sekte; B. eines Sünders) spezifiziert u. variiert. A. Vergote unterscheidet als Typen der B.: a) die mit Erweckungserlebnissen verbundene B. (schon 1899 beschrieben v. J. Starbuck; gegenwärtig häufig beobachtbar bei der → Jesusbewegung); b) B. als Lösung bei menschl. Problemen u. Nöten. (V. der → Psychoanalyse gedeutet als Erwachen eines infantilen rel. Komplexes o. als Vertauschungskomplex. Z. B.: Verwandlung sex. Tendenzen bei Jugendlichen in rel.); c) die „progressive“ B. (langsames Heranwachsen neuer Sichtweisen); d) B. aufgrund dramatischer Erfahrung (Erschütterung in Not u. Grenzsituationen); e) B. aufgrund rel. → Erfahrung (die Wirklichkeit → Gottes tritt unvermittelt als neuer → Wert in Erscheinung; z. B.: Liebeserlebnis; Lektüre der Schrift usw.). Ko

Lit.: A. Vergote, Religionspsychologie (1970).

Bekenntnisformeln. B. des N. T. stehen meist in engem Zusammenhang mit der → Taufe. Sie fassen den → Glauben an → Jesus Christus im Sinne einer Kurzformel zusammen u. ermöglichen es, den Inhalt des Glaubens zu verbalisieren (vgl. z. B. Röm 10, 9; 1 Kor 15, 3—5; 1 Kor 8, 6; 1 Petr 1, 3 u. ö.). Diese bibl. B. bilden die Grundlage des späteren „Glaubensbekenntnisses“. Im RU haben → Merksätze die Funktion solcher B., während oft offizielle Formeln (z. B. das apostol. o. das nicäno-konstant. Credo) wegen der altertümlichen Sprache wenig geeignet sind, als B. zu dienen, da sie erst einer eingehenden Interpretation bedürfen. Ziel des RU muß es sein, die Kinder instandzusetzen, aus eigener Kraft ihren Glauben zu → verbalisieren. Hi

Bekenntnisschulen. *BRD:* B.n sind Schulen (GG § 7), in denen „nur solche Lehrer verwendet (werden), die geeignet u. bereit sind, die Schüler nach den Grundsätzen des betr. Bekenntnisses zu unterrichten u. zu erziehen“ (Bayr. Verf. § 135 Abs. 2). Geist u. Zielsetzung der B. sind durch „die übereinstimmende rel., sittl. u. päd. Grundeinstellung bei Kindern, Eltern, Lehrern u. Schulaufsicht gewährleistet“ (Gutachten des Deutschen Ausschusses f. das Erziehungs- u. Bildungswesen: „Zur rel. Erziehung u. Bildung in den Schulen“ 1963). Nach der Auflösung der B. während des Dritten Reiches kam es nach 1945 in einzelnen Ländern der BRD zur Wiedereinführung der B. (vornehmlich im Volksschulbereich). Es hat in den meisten Bundesländern eine freie Wahl zw. B. u. → Gemeinschaftsschule gegeben (besondere Situation in Bremen GG Art. 141 u. Berlin). In jüngster Zeit haben die Kirchen in fast allen Ländern der Umwandlung staatl. B. in Gemeinschaftsschulen zugestimmt, wobei der RU wie bisher gesetzlich gewährleistet blieb. B., gw. meist Schulen in freier Trägerschaft, haben gerade in der pluralen → Bildungsgesellschaft ein legitimes Existenzrecht u. eine anregende wie kritische Funktion. Lä

Österreich: → Konfessionelle Privatschulen

Schweiz: Gemäß B.V. Art. 27, Abs. 3 sollen die öffentlichen Schulen „v. den Angehörigen aller Bekenntnisse ohne Beeinträchtigung ihrer Glaubens- u. Gewissensfreiheit besucht werden können". Gleichwohl bestehen in den Kantonen Freiburg u. Wallis bisher ausschließlich B., wobei die evang. B., wo sie aufgrund der Schülerzahlen möglich sind, den kath. gleichgestellt sind. Einige im Kanton St. Gallen noch bestehende B. sollen in absehbarer Zeit verschmolzen werden. Auch die übrigen öffentlichen Schulen in mehrheitlich evang. u. v. a. kath. Gebieten haben noch manche Züge v. B. Fr

Bergpredigt. 1. Die B. ist eine Sammlung v. Jesussprüchen, die v. Matthäus entspr. seinem → theol. Konzept zu einer großen Rede Jesu zusammengefaßt wurden. Dementsprechend gibt es eine doppelte Betrachtungsweise der B.: a) die B. als ganze (Konzept des Matthäus), b) die Einzelsprüche (Intention Jesu).

2. Der Aufbau der Rede u. ihre Schwerpunkte: a) die Verheißung Gottes an die Menschen; das, was → Gott f. die Menschen tut (Seligpreisungen); b) die Bedeutung der Jünger Jesu f. die → Welt u. f. die → Gesellschaft (Licht, Salz der Erde ...); c) der Daseinsentwurf f. die Jünger, gekennzeichnet durch die Radikalität der neuen → Sittlichkeit (mit einer Grundsatzerklärung zum → Gesetz am Anfang), die ihren Ursprung in der → Gesinnung u. nicht erst in der äußeren Tat hat; durch die Lauterkeit des Menschen, der → Gott zugewandt ist, dem deshalb die äußeren Formen der → Religiosität u. des Kultes nicht das letzte sind (→ Religionskritik); durch die → Freiheit v. falschen Sorgen u. Nöten u. schließlich durch das Bewußtsein der ungeheuren → Verantwortung (→ eschatologisches Moment).

3. Die Interpretation des Gesamtkonzeptes der B. kommt f. Schüler vor der → Pubertät wohl kaum in Frage; wohl aber sind die Einzelsprüche einsetzbar als spruchartiges Memoriergut bei wichtigen rel. u. eth. Themen (Auswendiglernen, Spruchkarten, Gebet u. a.). An der Oberstufe der Höheren Schulen bzw. Berufsschulen wird die B. als Zusammenfassung u. Kriterium christl. Lebensführung (→ Orthodoxie—Orthopraxie) im Sinne v. einprägsamen Kurzformeln des Glaubens u. als radikales Programm Jesu u. der (Ur)kirche verwendet werden können. Dabei wird gerade die B. oft auch Anlaß zu krit. Auseinandersetzung mit der → Kirche als Institution bieten bzw. wird dafür eingesetzt werden können. Schr

Berliner Schule → Didaktik

Berufsbegleitende Schule.
BRD: B. S. ist Pflichtschule f. jene, die noch nicht 18 Jahre alt sind u. keine andere Schule besuchen, selbst wenn sie nicht als Lehrlinge o. Anlernlinge ausgebildet werden. Die Auszubildenden (Lehrlinge) besuchen während der Arbeitszeit die → Berufsschule (= Teilzeitschule). V. den gesetzlich geforderten 12 Wochenstunden werden wegen des Lehrermangels

tatsächlich nur 6—8 Wochenstunden erreicht. Je nach Zahl der im Einzugsgebiet arbeitenden Lehrlinge gliedert sich die B. S. in kaufm. gewerbl. u. hauswirtschaftl. Abteilungen o. auch je getrennt als eigene Schule. Im Fächerkanon der B. S. sind berufskundliche (z. B. im Kaufm.: Buchführung, Betriebswirtschaftslehre, kaufm. Rechnen; im Gewerbl.: Fachrechnen, -kunde, -zeichnen; im Hauswirtschaftl.: Hauswirtschaftslehre u. a.) u. allgemeinbildende Fächer (Sozialkunde, Deutsch mit Schriftverkehr u. Religionslehre — mit Ausnahme v. Bremen) vertreten. Neuerdings werden versuchsweise die einzelnen Schultage zum Vollzeitunterricht mit 2×4 o. 3×3 Wochen pro Schuljahr zusammengefaßt (Blockunterricht). In dieser Organisationsform sind zwei Wochenstunden RU vorgesehen. Die Intentionen des RU bewegen sich im Umkreis der Hilfe zur Bewältigung der jetzigen u. zukünftigen Situationen. Ausgangspunkt sind konkrete Lebenssituationen des Schülers (→ problemorientierter RU). Das gering entwickelte → Abstraktionsvermögen der Schüler erfordert ein anschauliches Sprechen u. lebensnahe Anschauungsmittel. Die derzeitige Praxis der Klassenbildung führt zu großem Niveauunterschied in den einzelnen Klassen. Rahmenplan: zu beziehen als Sonderdruck beim → Deutschen Katechetenverein; Fachzeitschrift „Religionspädagogik an berufsbildenden Schulen", Beiheft zu den Kat. Blättern, vierteljährl., Kösel-Verlag München. → Berufsbildendes Schulwesen Schu

Österreich: Die B. S. in Österreich trägt den amtlichen Titel „Berufsbildende Pflichtschule". Sie umfaßt gewerbliche u. kaufmännische Berufsschulen f. Personen, die in einem Lehrverhältnis o. in einem diesem gleichzuhaltenden Ausbildungsverhältnis stehen. Der Unterricht erfolgt entweder ganzjährig mit einem vollen Unterrichtstag in der Woche o. lehrgangsmäßig mit einem pro Schulstufe acht zusammenhängende Wochen dauernden Unterricht o. auch saisonmäßig mit einem auf eine bestimmte Jahreszeit zusammengezogenen Unterricht. Der RU ist an allen diesen Schulen in den Bundesländern Tirol u. Vorarlberg Pflichtgegenstand, in den anderen Bundesländern Freigegenstand. Im letztgenannten Fall schwankt die Besucherzahl nach Bundesländern, aber auch nach Berufssparten u. äußeren Faktoren (Randstunden usw.). Der Besuch ist bei den kaufmännischen Berufsschulen höher als bei den gewerblichen. Der RU ist an allen diesen Schulen sehr stark praxisbezogen u. problemorientiert. Die Bearbeitung einschlägiger rel. päd. Grundsatzfragen u. die Erstellung spezif. Behelfe stellt ein dringendes Anliegen der nächsten Zukunft dar. Ko

Schweiz: → Berufsbildendes Schulwesen

Berufsbildende höhere Schulen. *BRD.:* → Berufsbildendes Schulwesen → Fachhochschule

Österreich: Aufgabe der BHS. ist es, den jungen Menschen eine höhere u. fachliche Bildung zu vermitteln, die zur Ausübung eines gehobenen Berufes auf technischem, gewerblichem, kaufmännischem o. wirtschaftlich-frauenberuflichem Gebiet befähigt. Weiters sollen sie ihnen das Studium der gleichen o. einer verwandten Fachrichtung an einer Hochschule ermöglichen. Da die BHS. nach der Reifeprüfung ihre Absolventen im allgem. in das Berufsleben entlassen, muß v. ihnen auch eine berufseth. (→ Berufsethos) Erziehung erwartet werden. Die BHS. schließen an die achte Schulstufe an u. umfassen selbst weitere fünf Schulstufen. Folgende Arten der BHS. können unterschieden werden: a) höhere technische u. gewerbliche Lehranstalten (vielfach mit Werkstättenunterricht f. praktische Fertigkeiten), b) Handelsakademien, c) höhere Lehranstalten f. wirtschaftliche Frauenberufe, d) Sonderformen der in a) bis c) genannten Arten: f. Berufstätige vier- bis fünfjährig u. ein- bis zweijährige Abiturientenlehrgänge. Aufnahmevoraussetzungen f. die BHS. sind die erfolgreiche Erfüllung der allgem. Schulpflicht sowie die erfolgreiche Ablegung einer Aufnahmeprüfung, durch welche die geistige u. körperliche Eignung des Schülers f. die betreffende Fachrichtung festzustellen ist. Seit 1962 ist RU an allen BHS. Österreichs Pflichtgegenstand mit je 2 Wochenstunden. V. Recht der → Abmeldung v. RU macht nur ein relativ kleiner Prozentsatz der Schüler Gebrauch. Die rel. päd. Grundlagenforschung (vgl. Chr. päd. Bl. 1972/2) u. die Erarbeitung spezif. Behelfe stehen erst am Anfang. Bli

Schweiz: → Berufsbildendes Schulwesen; → Höhere Schulen

Berufsbildende mittlere Schulen. *BRD:* → Berufsbegleitende Schule, → Fachschule, → Fachhochschule, → Berufsbildendes Schulwesen.

Österreich: BMS. haben nach dem Schulorganisationsgesetz 1962 die Aufgabe, den Schülern jenes fachliche grundlegende Wissen u. Können zu vermitteln, das unmittelbar zur Ausübung eines Berufes auf gewerblichem, technischem, kaufmännischem, wirtschaftlich-frauenberuflichem o. sozialem Gebiet befähigt. Zugleich haben sie die erworbene → Allgemeinbildung in einer der künftigen Berufstätigkeit des Schülers angemessenen Weise zu erweitern u. zu vertiefen. Sie schließen an die achte Schulstufe an u. sind ein-, zwei-, drei- o. vierjährig.

Arten: a) *Gewerbliche, technische u. kunstgewerbliche Fachschulen* umfassen einen zwei- bis vierjährigen Bildungsgang u. dienen zur Erlernung eines (o. mehrerer) Gewerbe(s) o. der Ausbildung auf technischem o. kunstgewerblichem Gebiet. Hierbei ist in einem praktischen Unterricht eine sichere praktische Fertigkeit zu vermitteln. Als Sonderform können Lehrgänge u. Kurse zur fachlichen Weiterbildung (Meisterklassen) eingerichtet werden, die bis zu vier Jahre umfassen. b) *Handelsschulen* (HS.) umfassen einen dreijährigen Bildungsgang f. kaufmännische Berufe aller Zweige der Wirtschaft. Als Sonderformen können HS. für Berufstätige (dreijährig) u. HS. zur Weiterbildung (mindestens einjährig) eingerichtet werden. c) *Fachschulen für wirtschaftliche Frauenberufe:* einjährige Haushaltungsschule, zweijährige Hauswirtschaftsschule, dreijährige Fachschule f. wirtschaftliche Frauenberufe u. die Sonderform f. körperbehinderte Personen. d) *Fachschule für Sozialarbeit:* ein- o. zweijähriger Bildungsgang mit praktischer Einführung in die Berufstätigkeit (bes. Familienhelferinnen). Aufnahme: allgem. Schulpflicht, Vollendung des 18. Lebensjahres u. ein Jahr Fachschule o. mind. ein Jahr Praxis. BMS. können aus dem Grunde der fachlichen Zusammengehörigkeit → Berufsbildenden höheren Schulen angeschlossen sein, führen aber nicht zur Matura. Seit 1962 ist an allen diesen Schultypen der RU Pflichtgegenstand. V. Recht der → Abmeldung v. RU macht nur ein kleiner Prozentsatz der Schüler Gebrauch. Es existieren eigene Lehrpläne, die der Berufsbezogenheit der Schule u. der Situation der Schüler gerecht zu werden versuchen. Viele rel. päd. Grundfragen dieser Schultype sind jedoch noch wenig studiert u. harren der Bearbeitung. Bli/Ko

Schweiz: → Berufsbildendes Schulwesen

Berufsbildendes Schulwesen. *BRD:* Das B. S. unterliegt der länderrechtl. Kompetenz. Das (bay.) „Gesetz über das berufl. Schulwesen" (15. 6. 1972) zählt zu den berufl. Schulen: „Berufsschulen, Berufsaufbauschulen, Berufsfachschulen einschl. der Wirtschaftsschulen, Fachschulen, Fachoberschulen, Berufsoberschulen u. Fachakademien" (Art. 1 Abs. 1), die auch in die Schulgeld- u. → Lernmittelfreiheit einbezogen sind (Art. 12 Abs. 1). Berufsschulen sind (dreijährige) berufsbegleitende Schulen f. berufsschulpflichtige Jugendliche (Art. 1 Abs. 2). Berufsaufbauschulen sind Schulen, die in der Regel (drei Jahre) v. Jugendlichen besucht werden, die den qualifizierenden Abschluß der → Hauptschule besitzen (neben der Berufsausbildung, jedoch ein Schuljahr Vollzeitunterricht Art. 1 Abs. 3). Berufsfachschulen sind Schulen mit (meist einjährigem) Vollzeitunterricht (Art. 1 Abs. 4). → Fachschulen sind Schulen, die (meist im Anschluß an eine Berufsausbildung) der vertieften berufl. Fortbildung o. Umschulung dienen. Vollzeitunterricht mindestens ein halbes Schuljahr, bei Teilzeitunterricht einen entsprechend längeren Zeitraum (Art. 1 Abs. 5). → Fachoberschulen sind Schulen, aufbauend auf einem mittleren Schulabschluß mit mindestens zweijährigem Vollzeitunterricht; sie verleihen neben der Berechtigung zum Eintritt in eine Fachhochschule keine weitere Berechtigung (Art, 1 Abs. 6). Berufsoberschulen sind Schulen mit mindestens zweijährigem Vollzeitunterricht, die auf einem mittleren Schulabschluß u. einer abgeschlossenen Berufsausbildung aufbauen (Art. 1 Abs. 7). Fachakademien sind berufl. Bildungseinrichtungen mit Vollzeitunterricht v. mindestens vier Halbjahren, die einen mittleren Schulabschluß voraussetzen u. in der Regel auf den Eintritt in eine gehobene Berufslaufbahn vorbereiten (Art. 1 Abs. 8). Berufl. Schulen sind öffentliche (staatl. bzw. kommunale) o. private Schulen. Gemäß Art. 7 Abs. 2 GG ist RU an öffentl. Schulen ordentliches Lehrfach (Ausnahme Art. 141). Die Kultusministerien der Länder haben in die Lehrpläne, Schul- u. Prüfungsordnungen f. das berufl. Schulwesen RU aufgenommen (RK v. 20. 7. 1933 Art. 21 Abs. 1 nennt ausdrücklich „Berufsschulen"). → Berufsbegleitende Schule. Vgl. Abbildung 1, Sp. 91/2. Lä

Österreich: → Berufsbegleitende Schule → Berufsbildende mittlere Schulen → Berufsbildende höhere Schulen

Schweiz: Das B. S. ist im Gegensatz zum übrigen Schulwesen voll der Bundesgesetzgebung unterstellt

(Gesetz über die Berufsbildung v. 20. 9. 1963). Träger der Berufsschulen sind Kantone u. noch mehr Private (z. B. Verbände der Arbeitgeber u. Arbeitnehmer). Nach 7 bis (immer allgemeiner) 9 Jahren obligator. Volksschule (→ Pflichtschulwesen) besuchen die meisten, die in eine Berufslehre treten, die → *berufsbegleitenden Schulen* (gegen ²/₃ der Pflichtschulabsolventen), welche je nach Berufsgattung 1¹/₂ bis 4¹/₂ Jahre dauern. Der Unterricht findet tagsüber o. in Abendkursen statt. In versch. Berufszweigen werden die Schüler kantonal o. interkantonal zu Klassen zusammengezogen. Gewisse Berufsbildungen (Berufslehre u. Schulunterricht) können in *Lehrwerkstätten* erworben werden. Ferner gibt es *Fachschulen* f. Berufe, die nur in solchen erlernt werden können (zu den Handelsschulen vgl. → Höhere Schule). An den genannten Schulen wird nur an sehr wenigen Orten RU erteilt; es bestehen auch keine Bestrebungen, diesen einzuführen. Kirchlicherseits verlegt man alle Kraft auf die →außerschulische Jugendkatechese, die der Situation der Jugendlichen eindeutig besser zu entsprechen vermag (Freiwilligkeitsprinzip, Zusammengehen mit der Jugendarbeit, Mitwirkung engagierter Gemeindeglieder usw.; → **Organisation des RU in der Schweiz).** Fr

ABBILDUNG 1: **Berufsbildendes Schulwesen** in der BRD

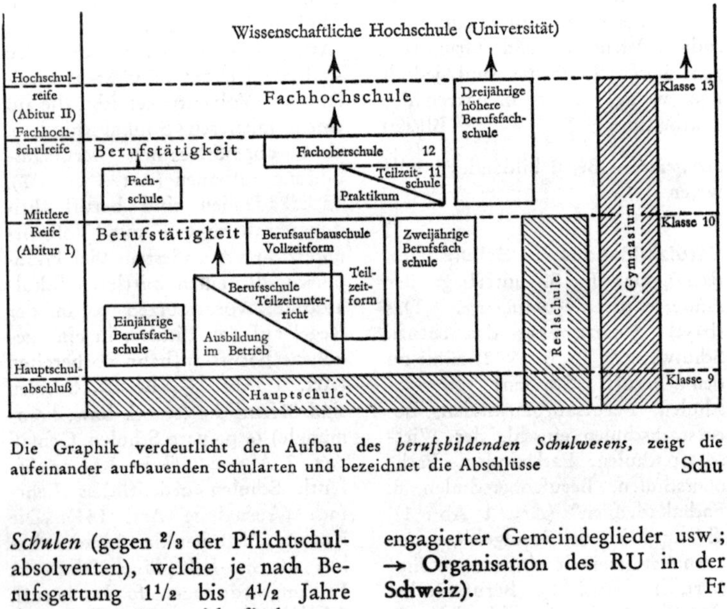

Die Graphik verdeutlicht den Aufbau des *berufsbildenden Schulwesens,* zeigt die aufeinander aufbauenden Schularten und bezeichnet die Abschlüsse Schu

Berufserziehung. B. muß den ganzen Menschen f. eine konkrete Berufssituation bzw. f. eine berufl. Lebenssituation auf einen gegebenen Lebens- u. Kulturraum einüben. Die zunehmende Automatisierung der Arbeitsprozesse u. immer stärker werdende Mobilität der Wirtschaft u. damit bedingte Mobilität der Arbeits- u. Berufswelt erfordern auch in der berufl. Erziehung Mobilität u.

Flexibilität, Umstellungsvermögen u. Offensein f. neue Situationen. In Spannung steht diese Rollenerziehung zur auch heute gültigen Forderung nach einer möglichst ganzheitlichen Bildung (→ Allgemeinbildung). B. in christlicher Verantwortung ist darauf bedacht, neben Berufswissen u. -können auch → Berufsethos u. -eros zu vermitteln. Sie sieht im Sinne des II. Vatikanums B. als Hilfeleistung zur Erfüllung des Weltauftrages jedes Menschen, zum Dienst an den Brüdern, zur Teilhabe am Erlösungswerk Christi u. am allgemeinen Priestertum (Lumen Gentium 34; Gaudium et spes 34, 57, 67; u. a. → Weltdienst).

Ein wichtiger Faktor der B. ist die Rollenerziehung, die dem Menschen ein verantwortliches u. sicheres Verhalten in seiner → Rolle als Produktionskraft, Käufer, Verkäufer, Sparer, Konsument, usw. ermöglicht u. ihn zur Meisterung v. Rollenkonflikten befähigt. Diese Anliegen einer B. im Glauben sind nicht auf die Zeit der Berufsausbildung begrenzt. Sie sind Ziel u. Inhalt auch der → Erwachsenenkatechese u. der kirchl. → Erwachsenenbildung.

Bli/Ko

Berufsethos. V. griech.: „ethos" = Gewohnheit, Sitte. B. ist Berufsgesinnung, Berufsauffassung. In der modernen Berufswelt gibt es keine Arbeit, die isoliert ausgeübt werden könnte. Aus der Arbeitssolidarität sollte eine Haltung der Mitmenschlichkeit u. Brüderlichkeit, der Einsatzbereitschaft u. Hilfeleistung entstehen. Wir sind ständig auf andere angewiesen u. darum aufgerufen, auch das Angewiesensein der anderen auf uns zu sehen. Weil man sich in der modernen Berufswelt aufeinander verlassen können muß, wird das gegenseitige berufliche Engagement mehr denn je zur sittl. Forderung u. Verpflichtung, die das B. bilden. Letztlich ist es persönliche Gesinnung u. → Entscheidung. Dies gilt aber nicht nur f. den zwischenmenschl. Bereich, sondern ebenso f. den Dienst an der → Welt u. ihrer → Vollendung, zu der wir durch den Schöpfungsauftrag „Machet euch die Erde untertan" aufgerufen sind. Letzteres ist aber nicht nur sittl. Verpflichtung, sondern auch „Teilnahme" an der → Schöpfung. Vom Arbeitsethos (= eth. Verhalten bei der Arbeit) unterscheidet sich das B. v. a. durch seine mehr ganzheitliche Erfassung des Menschen, durch die eingeschlossene Bejahung eines best. Berufes als Lebensform u. durch die Integration v. sachlichen u. mitmenschl. Aspekten. Gelegentlich werden beide Begriffe aber auch gleichsinnig verwendet

Bli/Ko

Berufsgemeinschaft der Laienkatecheten. 1962 als „pia unio" errichtete diözesane Vereinigung. Sitz: A-1010 Wien, Stephansplatz 3/IV.

Berufswahl. Es gibt ungefähr 20.000 verschiedenart. Berufe. F. die Wahl eines Berufes gibt es versch. Grundsätze: Begabung, Leistungsfähigkeit, Neigung, Angebot u. Bedarf, Familieninteressen u. landschaftlich bedingte Möglichkeiten. Der Beruf ist v. mitentscheidender Bedeutung f. die Persönlichkeitsbildung u. f. das Wohl u. Wehe des einzelnen u. seiner Familie. V. daher ergibt sich die Notwendigkeit einer richtigen u. verantwortungsvollen B., bei der nach dem II. Vatikan. Konzil nicht nur sittl., sondern auch gesellschaftl. u. wirtschaftl. Voraussetzungen zu beachten sind (Gaudium et spes 52). Eltern haben eine natürliche beratende Funktion bei der Berufswahl ihrer Kinder, häufig wird es aber auch geboten sein, den Berufsberater in Anspruch zu nehmen. RU u. Kat. üben durch Erschließung der rel. u. sittl. Perspektiven der B. ebenfalls beratende Funktion aus. Deren Wirksamwerden ist jedoch abhängig v. der konkreten Situation, die der junge Mensch an seiner Lehrstelle bzw. an seinem ersten Arbeitsplatz vorfindet. Auswirkungen eines „negativen Betriebsklimas“ können durch gegenteilige außerbetriebl. Einflüsse (Familie, Jugendgruppe) selbst in günstigen Fällen nur tw. kompensiert werden. Zu den päd. u. auch rel. päd. relevanten Anliegen hinsichtlich des Problemfeldes B. zählt daher nicht nur die Entscheidungshilfe f. den jungen Menschen, sondern ebenso das Bemühen um Schaffung u. Vermittlung optimaler Ausbildungsbedingungen u. -stätten (→ Berufserziehung). Eltern sollen sich hüten, das Kind in einen Beruf hineinzuzwängen, auch wenn es um die Übernahme des elterl. Betriebes o. Geschäftes geht. → Berufsethos Bli

Lit.: M. Oraison, Berufsfindung u. Berufung (1972).

Beschneidung. Die B. (gemeint ist die vollständige Entfernung der Vorhaut des männl. Gliedes) war in → Israel ein v. altersher eingeführter Brauch, der bei allen semitischen Stämmen nachweisbar ist (Ausnahme: Philister). Über den eigentl. Ursprung dieser Sitte besteht unter den Forschern keine Übereinstimmung: manche leiten die B. nur v. medizin. o. hygienischen Erwägungen ab, manche sehen in ihr einen wichtigen rituellen Bestandteil der Mannbarkeitsweihe (außerhalb Israels wurde sie meist im Pubertätsalter vorgenommen). Wann u. bei welcher Gelegenheit die B. in Israel eingeführt wurde, ist dem A. T. nicht eindeutig zu entnehmen. Gen 17, 9 ff. ist die B. jedenfalls das dem Abraham v. → Gott vorgeschriebene → Zeichen der Zugehörigkeit zum → Bund zw. → Jahwe u. Israel. Während des Babylonischen Exils u. auch später galt die B. als Zeichen des Bekenntnisses u. der Zugehörigkeit der einzelnen Angehörigen des Gottesvolkes (der Juden) zu Israel. (→ Jesus wurde an dem v. Gesetz vorgeschriebenen Tag beschnitten; damit war damals auch die Namensgebung verbunden.) — Als die B. f. die Urkirche zum Problem wurde, erklärte — auf Betreiben des → Paulus — das sog. Apostelkonzil die B. als ein (zumindest f. Heidenchristen) nicht mehr verbindl. Heilszeichen des „Alten Bundes“, der im „Neuen Bund“ v. der → Taufe abgelöst wurde. — Im RU wird man je nach Alter u. Fragestand der Klasse mehr o. weniger kurz auf die B. eingehen, wird ihre Eigenart als Bundeszeichen erläutern, ihre hygienische Bedeutung erklären (Wüsten- u. Steppenbewohner), auf die weite Verbreitung hinweisen u. dann v. a. die Parallele B. — Taufe herausarbeiten. Keinesfalls sollte der Rel.lehrer einfach darüber hinweggehn, er muß unbefangen u. sachlich informieren. Schr/Hi

Besessenheit. Die Abhängigkeit des Menschen v. Einflüssen, die außerhalb seines Machtbereiches liegen, wurde in frühen Zeiten u. Religionen mit der Existenz übermenschlicher Wesen erklärt, die ihre Herrschaftsbereiche über die Menschen ausdehnen. Besonders sinnenfällig wurde dieses totale u. ohnmächtige Ausgeliefertsein des Menschen in jenen Erscheinungen, in denen ein Mensch „außer sich" geriet, seiner selbst in keiner Weise mehr Herr war. Man hielt einen solchen Menschen f. einen v. einem (bösen) Dämon Besessenen. Dieser Dämonenglaube war v. a. im hellenistischen Zeitalter stärkstens ausgeprägt; starke Einflüsse davon zeigen sich in der spätjüd. Literatur bes. in der → Apokalyptik. Es ist einer der grundlegenden Glaubenssätze des N. T., daß → Jesus v. der Besessenheit heilt, daß mit seinem Kommen die Herrschaft der Dämonen gebrochen ist. — In der heutigen Verkündigung wird man den menschl. Akzent der B. herausarbeiten: unheilvolle Erziehung, Milieuschäden, beherrschende Macht des Kollektivs: Faktoren, die den Menschen seinem Wesen vollkommen entfremden können — ihn „besessen" machen, so daß er nicht mehr Herr seiner selbst ist. Christsein heißt, andere aus solcher Versklavung herausholen. → Erlösung Schr

Bestätigung. In der → kybernetischen Pädagogik gleichsinnig mit → Rückkoppelung. Ko

Bewahren—Bewähren. Je nachdem, wie man die Funktion der → Erziehung versteht, wird man mehr darauf bedacht sein, die → Kinder möglichst lange bzw. umfassend vor üblen Einflüssen zu *bewahren* o. sie anzuleiten, sich in Problemlagen, Konfliktsituationen u. Gefahren zu *bewähren.* In der gw. Situation einer pluralen Gesellschaft, des rapiden Wandels der Fundamente, Schwerpunkte, Prinzipien, gesicherten Erfahrungen u. Erkenntnisse usw. wird sich eine Erziehung des Bewahrens nicht v. autoritären Maßnahmen freihalten können, die als → Repression empfunden u. als Infragestellen der → Freiheit bekämpft werden. Versteht man Erziehung dagegen als In-Freiheit-Setzen (→ Autonomie, → antiautoritäre Erziehung), so wird es möglich sein, die jungen Menschen in den Umgang mit allen Elementen u. Bereichen der Weltwirklichkeit einzuführen u. einzuüben, so daß sie sich in Entscheidungssituationen bewähren können. Es bedarf keiner langen Begründung, daß der Christ sich — vor die Alternative B.-B. gestellt — f. letzteres entscheiden muß, will er nicht an wesentlichen Strukturlinien des → Evangeliums vorbeileben. — Der RU befindet sich insofern in einem gewissen Dilemma, als im Laufe der kirchl. Entwicklung die Freiheitsstruktur allzuoft gegenüber einem Gelenkt-, Belehrt-, Angewiesen- u. Beseelsorgtwerden in den Hintergrund trat. Hier besteht ein großer Nachholbedarf, der freilich ein Umdenken vieler Rel.lehrer voraussetzt, denen → Mündigkeit u. Autonomie oft kein erstrebenswertes Erziehungsziel, sondern eher ein Spiel mit dem Feuer zu sein scheinen. → Bewahrungspädagogik Hi

Bewahrungspädagogik. 1. Der Begriff wird ursprünglich gleichsinnig mit „vorbeugender Erziehung" (L. Bopp) u. „Präventiv-Erziehung" (Don Bosco) gebraucht. In diesem Sinn versteht man unter B. eine Erziehung, welche gefährdende Einflüsse soweit wie möglich v. Zögling fernzuhalten versucht.

2. Heute wird der Terminus B. meist im engeren Sinn u. etwas abschätzig als Gegensatz zur „Bewährungspädagogik“ gebraucht. → Bewahren—Bewähren Ko

Beweis. Ausgang aller Erkenntnis ist die Evidenz (unmittelbare Einsicht) der Denkprinzipien (Urgewißheit des Seins, der Identität, des zureichenden Grundes, des ausgeschlossenen Dritten). Das richtige Denkverfahren nach diesen Prinzipien nennen wir B. Man unterscheidet den *induktiven* B. in den Naturwissenschaften, den *mathematischen* B. (Folgerung aus Axiomen), den *historischen* B. (nach Berichten und Zeugnissen), den *psychologischen* B. (aus inneren Zusammenhängen), den *metaphysischen* B. (auf der Seinsebene) u. a. Jede Art der Beweisführung ist (nur) auf ihrem Gebiet schlüssig u. kann nicht durch eine andere ersetzt werden. Bla

Bewußtseinserweiterung → Psychedelische Effekte

Bibelkatechismus, österreichischer. Der ö. B. vereint den bibl. Stoff u. den Katechismusstoff in einem Buch, durch einen Lehrer (anders als in der BRD) u. in einem Unterrichtsjahr. Auswahlprinzip dieses B. ist — v. bibl. Stoff her gesehen — die Fassungskraft der Schüler f. die versch. literar. Gattungen der Bibel (→ Schulbibel), u. — v. Katechismusstoff her gesehen — das Maß an Reflexionskraft. Grundsätzlich schlägt der B. einen → induktiven Weg ein: v. bibl. Stoff o. v. Lebenskundlichen her soll die → Reflexion in Gang kommen, um diese schließlich in Richtung auf dogmat. Formulierungen voranzutreiben. Theol. läßt sich die Konzeption des B. v. der Einheit des → Kerygmas sowohl in den bekenntnishaften → Formeln wie in den erzählenden Entfaltungen dieses Bekenntnisses in den → Evangelien u. in den Briefen begründen. (→ N. T. in der Katechese.) — Mögliche Schwierigkeiten: in seinem Aufeinandergeordnetsein v. Bibel u. Katechismusstoff verlangt der B. eine gezielte Auswahl; außerdem eine straffe → Planung, die vielleicht nicht immer durchführbar ist. U. U. läßt er auch die → Kreativität des Lehrers etwas zu wenig zu Wort kommen. Schr

Lit.: A. Höfer, Biblische Katechese, (1. Aufl. 1965 f.); *ders.*, Glaubensbuch 5, 6, 7, 8 (1968 ff.).

Bibelunterricht. I. *Im kath. Bereich:* Anders als der → problemorientierte RU stellt der B. die bibl. Botschaft in den Mittelpunkt u. stellt v. ihr aus den Bezug zur heutigen Wirklichkeit her. Die Bibel erhält hier eine doppelte Funktion: sie ist das zu hinterfragende Offenbarungsgut u. ein geschichtliches Dokument, das die Existenz der damaligen Menschen zu deuten versucht. Bei der Deutung der Texte muß man v. der Lebenssituation des heutigen Menschen ausgehen u. versuchen, mit Hilfe wiss. Kriterien ihr Kerygma herauszuarbeiten. Die Forderung nach dem → Kontext des RU (Kontextorientiertheit) mit der Wirklichkeit steht nicht im Gegensatz zur Auslegung des bibl. Textes, bringt es aber mit sich, daß man den bibl. Texten andere (literarische, soziologische, kulturorientierte) Texte zur Seite stellt, um die säkularen Lebensthemen zur Sprache zu bringen u. mit der Bibel zu konfrontieren.

B. wird heute v. a. in folgenden drei Nuancierungen praktiziert: 1. *Bibelkatechese nach B. Dreher:* Sie soll in einem Dreischritt (Induktion-Begegnung mit dem bibl. Text-Gespräch) erfolgen, der sich etwa so vollziehen kann: a) Frage des Schülers (Induktion), b) Begegnung mit dem Wort (Text), c) Bibelgespräch (dient der Auslegung, d. h. der Interpretation der Texte aus ihrer Verstehenssituation heraus), d) Herausarbeitung des Kerygmas, e) Aktualisierung (Aufweis der Bedeutung f. hier u. jetzt), f) Realisierung f. das Leben, g) Memorieren (Einüben des Kerygmas). — 2. *Bibelkatechese nach H. Halbfas:* Beachtung d. unterschiedl. intensiven Affinitäten zw. den einzelnen sprachl. Formen der Bibel u. den kindl. Entwicklungsphasen, d. h. Lehrplangestaltung nach literar. Gattungen u. deren phasenbedingter Zugänglichkeit. Unterricht = Auslegung, menschl. Weltverhältnis = ständige Auslegung. Gegenstand des RU: Wirklichkeit in ihrer Tiefendimension: Der junge Mensch soll sich selbst innerhalb der geschichtl. Wirklichkeit, in der er steht, in größtmöglicher „Tiefe" verstehen, annehmen, u. so Gott begegnen. — 3. *Bibelkatechese nach A. Höfer:* Das Kirchenjahr ist das formale Prinzip d. Katechese. Bibel u. Katechismus werden in ein → dialog. Verhältnis gebracht. Die B. hat aber Vorrang (v. a. bei 10—14-jähr.). Die Texte sollen nach exempl. Lehrweise ausgewählt u. zu Perikopenreihen formal u. inhalt. zusammengehöriger Texte kombiniert werden. Der sachlich richtigen u. existential fruchtbaren Erschließung folgt eine „assoziative u. additive" Zusammenfassung des gemeinsamen wesentl. Inhalts der versch. Texte. Die Ergebnisse werden in einem „Stammkatechismus" (Heft) festgehalten. Das Modell Höfers erfordert den am Leben der → Gemeinde interessierten Schüler u. soll die persönliche Begegnung mit dem lebendigen Herrn ermöglichen. → Bibelkatechismus, österreichischer.

II. *Im evang. Bereich:* 1. *Evangel. Unterweisung:* G. Bohne, O. Hammelsbeck u. M. Range entwickelten um 1935 dieses Konzept eines B.s, der die → Offenbarung (Wort Gottes) zum Inhalt des RU macht. Nach 1945 führten H. Kittel, K. Frör u. a. dieses Konzept weiter: der Rel.lehrer übt das Amt des „Zeugen" aus, er steht zusammen mit den Schülern „unter dem Wort" u. ruft sie zum Glaubensgehorsam auf (Wurzel in der → Dialekt. Theologie). 2. *Hermeneutischer B.:* M. Stallmann, G. Otto, H. Stock, K. Wegenast u. a. erarbeiteten eine neue Konzeption: der „did. Ort Schule" wird in seiner Eigenständigkeit erkannt; der RU hat die Aufgabe, mit der christl. Tradition vertraut zu machen, dies erreicht er durch Interpretation (Aktualisierung, Auslegung usw.) der Bibel, deren Aussagen auf die Existenz des Menschen (Schülers) hin verständlich gemacht werden. 3. *Neuansätze:* Seit 1968 veränderten folgende Schwerpunkte den ev. RU (B.): stärkere Berücksichtigung der Schülerbedürfnisse; Hinwendung zu aktuellen, individuellen u. gesellschaftl. Gegenwartsproblemen (K. E. Nipkow u. a.); lernzielorientierte Katechese (→ PTI → RPF); schultheoret. Begründung des RU vom anthropol., theol., soziol. relevanten Sachverhalt „Religion" her (S. Vierzig u. a.); große Bedeutung rel. päd. Institute (z. B.

Loccum, Kassel) u. Projektgruppen (Baden-Württemberg). Had

Lit.: I. Baldermann, Der bibl. Unterricht (1969); B. Dreher, Die bibl. Unterweisung im kath. u. ev. RU (1963); E. Kreis, Rel. päd. Entwürfe der Nachkriegszeit, in: Informationen zum RU, PTI Kassel 3/4 (1970); G. Otto, Schule — RU — Kirche (³1968); M. Stallmann, Ev. RU (1968); KI Graz (Hsg.), RU zw. Information u. Verkündigung (1971).

Bibliotheken, katechetische.
I. Handbibliotheken für den Religionslehrer. Zur Grundausstattung gehören: 1. Nachschlagwerke; 2. eine Einführung in die Grundanliegen v. Katechetik, Pädagogik, Psychologie, Soziologie u. die theol. Disziplinen; 3. Handbücher u. Ergänzungsliteratur zu den Religionsbüchern; 4. wenigstens eine kat.-rel. päd. Zeitschrift.
II. Fachbibliotheken zur Aus- u. Weiterbildung der Katecheten sollten das gesamte gegenwärtige Angebot v. Katechetik u. Religionspädagogik einschließlich ihrer Grund- u. Hilfswissenschaften enthalten. Solche Bibliotheken existieren in allen → katechetischen Zentren u. Instituten.
III. Katechetische Großbibliotheken (ab 20.000 Bänden) dienen der wiss., v. a. histor. Forschung. Solche existieren etwa im Katechetischen Institut Wien u. beim → Deutschen Katechetenverein. Die Möglichkeit, Bücher auf Microfilm zu speichern, wird in Zukunft solche Großbibliotheken entlasten u. deren Arbeit rationalisieren. Ko

Bibl. Namen → Israel als Volk des Orients teilte manche Besonderheiten in der Namensgebung bzw. im Namenglauben dieses Kulturbereichs. Ein Name war zunächst nicht eine neutrale Bezeichnung (wie bei uns), sondern eher Eigenschaftswort; im Namen drückte sich das Wesen einer → Person aus; wer den Namen kennt, hat Macht über den Namensträger; Änderung des Namens heißt demnach f. bibl. Verständnis Änderung der Person: Abram wird zu Abraham, Jakob zu Israel, Saulus zu Paulus. Dabei spielt es keine Rolle, daß die Namenserklärungen, die im A. T. gegeben werden, v. philolog. Standpunkt aus zu einem großen Teil unzutreffend sind — entscheidend ist, daß dem Namen solche Wichtigkeit beigemessen wird.
Bei Personennamen kann man v. a. drei Arten unterscheiden: *Satz*namen (z. B. Jesaja = Jahwe ist Hilfe), *Beziehungs*namen (z. B. Haggai = der am Fest Geborene) u. *Verwandtschafts*namen (z. B. Achab = Onkel).
Bezeichnend f. die Wichtigkeit des Namens im bibl. Denken sind auch einige prophetische Überlieferungen, bes. bei Hosea u. Jesaja: sie sollen ihren Kindern Namen geben, deren Sinn das Verhältnis Gottes zu seinem Volk ausdrücken soll.
Die bibl. Orte erhielten ihren Namen entweder nach der Art ihrer Lage, nach dem dort angesiedelten Geschlecht, stehen oft auch im Zusammenhang mit dort ursprünglich verehrten Gottheiten. → Loccumer Richtlinien Schr

Bibl. Wandbilder → Wandbilder → Bildkatechese

Bibl. Zahlen. Die Israeliten der bibl. Zeit hatten kein bes. Interesse an Mathematik. Ihre diesbezüglichen Kenntnisse dürften sich auf die wesentlichen Erfordernisse des tägl. Lebens beschränkt haben. Die gebräuchliche Methode, Z. anzugeben, geschah durch Zuordnung der einzelnen Buchstaben des Alphabets. Die Z. der Bibel wollen jedoch nicht immer eine genaue numerische Angabe machen; oft sind sie rhetorisch oder symbolisch gemeint. Die Bibel selbst gibt jedoch kaum Aufschluß über den Sinn solcher Symbolik. Es ist eher unwahrscheinlich, daß außerbibl. (z. B. die pythagoräischen) Zahlenspekulationen Einfluß auf die Bibel gewonnen haben. Im RU wird man Verständnis dafür wecken müssen, daß Zahlen auch anders aufgefaßt werden können, als wir dies gewöhnlich tun (Beispiel: 40 im Zusammenhang mit Zeiten der Vorbereitung). Schr

Bibl. Hörspiel. Immer wieder muß darauf verwiesen werden, wie notwendig der Einbau v. → Medien im RU nach modernen did. Gesichtspunkten heute ist. Gerade das gesprochene Wort steht in diesem Fach im Mittelpunkt u. wird gleichsam zum zentralen Medium, das die in der → Katechese verkündete Heilswahrheit bewußt macht, u. f. den Menschen (hier Schüler) verifiziert; dies geschieht allerdings zunehmend im Unterbewußten, bis es eines Tages in das Licht des Bewußtseins tritt. Beim heutigen, meist fragwürdigen akust. Überangebot bei Rundfunk u. Fernsehen u. nicht zuletzt in der gesamten Plattenproduktion wäre es bestimmt fehl am Platz, sich nicht der gleichen techn. Hilfsmittel zu bedienen, um die Botschaft → Jesu der → Welt nahezubringen. So bemühte sich z. B. der Hörfunkautor H. Flügel redlich um die Abfassung v. Hörspielen f. den Rundfunk. Nur einige seien hier angeführt: „Der Hahnenschrei“, „Der Verräter“, „Im Exil“ u. a. m. Flügel weist aber in seinem Vorwort auch sofort auf die Problematik hin, daß man nämlich im Rundfunk v. Glaubensdingen immer nur unter den Voraussetzungen der Ungläubigen sprechen könne u. dies selbstverständlich nicht aus Taktik, sondern aus Respekt vor den Menschen, bzw. aus Redlichkeit gegenüber den → Geheimnissen → Gottes. Im RU dagegen darf man wohl noch aufgrund der „Noch-Gegebenheiten“ (Sonderfälle ausgenommen) eine Glaubensbasis voraussetzen u. kann unvoreingenommen glaubensoffen seinen Schülern begegnen. Selbstverständlich kann nur der Katechet die obengenannten Hörspiele f. seine Religionsstunden v. Rundfunk übernehmen, jedoch nur, wenn er diese schulstufengerecht einsetzt u. wenn diese sich thematisch eignen, was ja grundsätzlich f. alle Hörspiele gilt. Die Schwierigkeit allerdings liegt dann meist darin, daß Rundfunksendungen stets zeitgebunden sind. Deshalb wird der Katechet zunächst auf Angebote v. seiten der Schallplattenproduktion zurückgreifen, wo zahlreiche bibl. u. andere f. den RU einsetzbare problemorientierte Hörspiele aufliegen: z. B. über „Die Erschaffung der Welt“ „Die Patriarchen Abraham, Isaak, Jakob“; über Propheten, Johannes d. Täufer, die Weihnachtsgeschichte usw. bis hin zum Wirken der Apostel. Darüber hinaus gibt es Hörspiele zu den Themen „Tod“, „Gebetsleben“, „Liebe u. Freundschaft“, „Die zehn Gebote“, „Der Film u. seine Gefahren“ u. a. m. F. den rel. Sektor gibt es also ein schon beträchtl. Angebot v. Hörspielen, u. sie tragen sicher dazu bei, den RU zu verlebendigen.

Dabei darf man nicht vergessen, daß beim Einsatz solcher Medien eine größere Vertiefung des Lernstoffes erreicht werden soll u. darüber hinaus der Glaubenswahrheit. Das wirksamste u. f. die Katechese am besten geeignetste ist aber immer das Hörspiel, das man mit den Kindern selbst erarbeitet. Erstens bedarf man hier überhaupt keines notwendigen techn. Mittels außer der Lernstoffunterlage des RU o. zur Freude der Kinder eines Tonbandes. Zweitens kommt man dem Aktions- o. Spieltrieb des Kindes bzw. des Jugendlichen entgegen, da bei der Hörspielgestaltung in der Klasse nicht alles „statisch" abzulaufen hat. Hier sollte der Katechet auf die Gestik, Mimik, auf das gesprochene Wort usw. der Darstellenden achten, um die Spannung zu erhöhen; denn je intensiver man das Hörspiel gestaltet u. erlebt, um so tiefer prägt es sich dem Kind ein. Ein weiterer Punkt wäre, daß keiner der Schüler v. Spiel ausgeschlossen bleibt, da sonst die Gefahr besteht, daß sich einige ausgeschlossen fühlen; solche sehen sich als Außenseiter u. nehmen zwangsläufig dann am Gehörten u. Gespielten nicht teil; sie identifizieren sich dann einfach nicht. Das „Hörspiel" hat v. päd. Standpunkt aus sehr wesentl. Vorteile: Die Schüler lernen dabei aufeinander hören u. zwar „gespanntes Hören", müssen sie doch zu best. Zeitpunkten u. an bestimmten Stellen „ihre Rolle" spielen, da ansonsten bei Unruhe u. Unaufmerksamkeit die ganze „Hör- u. Spielfolge" gestört wird. Zudem werden bei den Schülern durch ihr Auftreten u. Mitwirken Hemmungen abgebaut, das Selbstbewußtsein u. der Gemeinschaftsgeist gestärkt, die Erzählkunst gefördert, u. in ihrer gesamten Ausdrucksweise werden die Schüler gelöster u. gepflegter. So eignet sich der Schüler gerade durch das Hörspiel mit Freude u. größerer Aufmerksamkeit, was durch versch. Tests u. Versuche festgestellt wurde, seinen Lernstoff viel intensiver an als z. B. beim Lehrervortrag, beim Lesen o. Zeichnen. Dabei ist die meditative Möglichkeit bei solch erreichter u. erweiterter Stoffübersicht bedeutend größer, wodurch wiederum der Schüler den inneren Wahrheitsgehalt z. B. einer Perikope bzw. des Dargebotenen eher u. klarer erfaßt. Re

B. I. C. E. = Bureau International Catholique de l'Enfant (auch: Internationales katholisches Büro für das Kind: IKBK.) 1947 durch Abbé Courtois gegr. intern. Organisation, der 23 nationale u. internationale Organisationen angehören. Zweck: Studium, Forschung, Auskunft, Dokumentation über alle das → Kind betreffenden Fragen, sowie entsprechende Aktionen. Arbeitsbereiche: Kinder- u. Jugendpresse u. -literatur, Heilpädagogik, Kinder v. Gefangenen Bevölkerungsfrage, jurid., päd., theol. Anliegen, die das Kind betreffen u. ä. Sitz: H-1202, Genf 65, rue de Lausanne. Ko

Bikonfessioneller RU → Interkonfessioneller RU → Ökumenischer RU → URP

Bildbetrachtung, kindliche. Kinder betrachten Bilder je nach Altersstufe, Veranlagung u. Begabung sehr verschieden. Es gibt Kinder, die sich mehr auf die Form, u. andere, die sich mehr auf Fläche u. Farbe konzentrieren,

Kinder neigen heute oft auch durch Reizüberflutung u. Verbildung (→ Comics) zu oberflächl. Betrachtung v. Bildwerken (→ Bildkatechese). Eingehende Untersuchungen v. M. Rieß haben gezeigt, daß Kinder durchaus Zugang zu künstl. hochwertigen Bildern haben. Die weitverbreitete Meinung, daß nur möglichst bunte u. oft auch kitschige Bilder kindgemäß sind, ist unrichtig. Aber selbst wenn diese Meinung richtig wäre, würde aus dem päd. Auftrag eine Führung zu wertvollen Bildern resultieren. Mit H. Muck kann man als Auswahlkriterien f. den Einsatz v. Bildern angeben: 1. Sie müssen klar u. deutlich gegliedert sein. 2. Die Aussage muß überschaubar sein. 3. Wichtige Dinge müssen nebeneinander u. im Zentrum sein. 4. Überschneidungen werden nicht gut entziffert. 5. Blasse u. farblose, ineinander verschwimmende Darstellungen werden v. Kind als unwesentlich empfunden. 6. Bildinhalte müssen mit dem kindlichen Fragehorizont korrespondieren. → Wandbilder → Bildkatechese Ko

ABBILDUNG 2: **Bild** (Übersicht über den Begriffsinhalt)

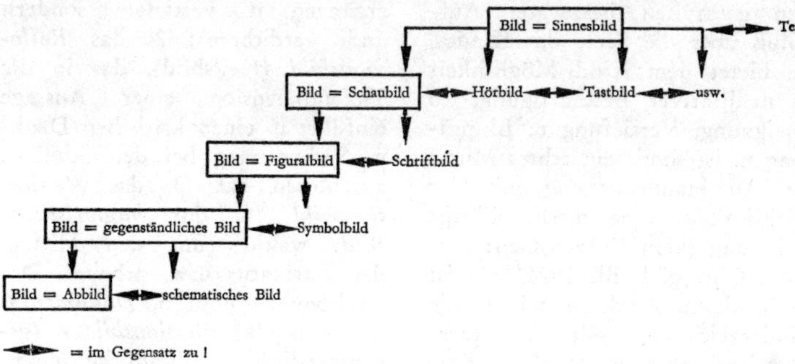

Anz

Bildgestaltung, kindliche. Die Entwicklung der Darstellungs- u. Gestaltungsfähigkeit scheint relativ starren Gesetzmäßigkeiten zu folgen. So steht bei Kinderzeichnungen am Anfang ein *Kritzelstadium,* in dem kindl. Funktionslust sich im Umgang mit Zeichenmaterial ausdrückt. Aus „Urknäuel" u. „Urspirale" entwickeln sich Gebilde, die ob zufälliger Ähnlichkeit als Gegenstände benannt werden u. solche, die auf f. das → Kind wesentl. Merkmale (Kopffüßler) beschränkt bleiben *(Symbolstadium).* Im 6. Lj. kommt das Kind meist zum *werkschaffenden Zeichnen* mit Darstellungsabsicht u. Betonung möglichst vieler charakterist. Merkmale. Im Laufe der Volksschulzeit werden Kinderzeichnungen immer mehr realistische u. wirklichkeitsgetreue Darstellungen der kognitiven Welterfassung, wenngleich Farbgebung u. a. lange Zeit relativ willkürlich bleiben. Dislokationen (Auge neben dem Kopf) sind bei Kleinkindern möglich, im Schulkindalter zeigen sie immer eine psychische Störung an. Hauptmotiv der Kinderzeichnung ist das

Haus (Geborgenheit, Lebensraum). Die Fähigkeit zum Zeichnen aus der Vogelperspektive wird spät erreicht. In der Vorpubertät versiegt bei vielen Kindern die Bereitschaft zum Zeichnen ganz. Raumauffassung (umgelegte Bäume), Größenverhältnisse, Weglassen wichtiger Teile, Überbetonen wichtiger Personen u. a. zeigen, daß die Kinderzeichnung echter Ausdruck des Erlebens u. Mittel zur Verarbeitung v. Erfahrungen ist. Darin liegt auch ihre kat.-rel. päd. Bedeutung. Die k. B. gibt dem geschulten Betrachter Aufschluß über die Seele des Kindes. Sie bietet dem Kind Möglichkeit zu meditativer Beschäftigung, zu Aneignung, Vertiefung u. Einprägung u. ist somit ein echtes Mittel der Auseinandersetzung mit der Wirklichkeit. Eine meth. richtige Anleitung (kein Vorzeichnen; Beispiel: Chr. päd. Bl. 1971/381) ist zu beachten. Analoges wie f. die Kinderzeichnung gilt f. andere Gestaltungsformen (Malen, Formen, etc.). → ABB. 3, Sp. 113 f.
Ko

Bildkatechese. „Die Kräfte der Imagination erwachen im Kind vor den Kräften des rationalen Denkens. Daher beeindrucken Bilder das Kind oft stärker (u. auch in anderer Weise) als den Erwachsenen" (G. Rombold). Die aus dieser Erkenntnis resultierende Problematik des kat. → Bildes ist trotz langer Traditionen in Theorie u. Praxis weder künstlerisch noch rel. päd. befriedigend gelöst. Neben Bildern aus der Kunst der Vergangenheit, die objektivierte Glaubenserfahrung ihrer Entstehungszeit sind, werden dringend Bilder gefordert, welche heutige Wirklichkeit erschließen u. den Glauben mit Darstellungsmitteln der Gegenwart ausdrücken. O. Betz fordert, daß neben Kunstbildern in Zukunft auch Bildwerke (Collagen) treten, die in gemeinsamem Bemühen v. Katechet u. Klasse entstehen. Eigens zu kat. Zwecken geschaffene Bilder (Lehrbilder) werden zunehmend als problematisch empfunden. Nach kat. Zwecken unterscheidet man mit F. Huemer 1. das mit verschiedenen Gestaltungsmitteln (Strich, Kontur, Farbe, plastische Formkomposition, Photographie) geschaffene *Illustrationsbild* (es soll das Wort nicht nur auflockern, ergänzen u. vertiefen, sondern auch verdichten); 2. das *Reflexionsbild* (Heilsbild), das in die Tiefendimension einer Aussage einführt u. einen kritischen Denk- u. Suchvorgang bei den Schülern auszulösen hat; 3. das *Meditationsbild;* 4. das *humoristische Bild,* welches mit den Mitteln der Karikatur usw. arbeitet. Dazu kommen noch 5. *Dokumentations- u. Informationsbilder* (gegenständliche-sachkundliche Zeichnungen u. ä.). Darbietungformen sind: Wandbild, Dia- u. Epiprojektion, Buchillustration, Handbilder f. Schüler. — Die Erschließung eines rel. Bildes stellt keinen Sonderstatus dar, sie muß auf der Höhe allgem. Kunstdidaktik stehen. Kinder müssen zum Umgang mit Bildern jedoch durch planmäßige Einübung geführt werden. Bilder erfordern eine Interpretation analog der Texte (→ Sitz im Leben, Aussageabsicht usw.; Vergleich v. Bibelbild u. Bibeltext u. a.). Nicht jedes Bild ist jedem Kind u. jeder Klasse gleicherweise zugänglich. Allgemein aber kann gesagt werden, daß ein Bild nur dann rel. päd. Relevanz hat, wenn es künstlerisch wertvoll ist u. eine f. das Kind resubjektivierbare rel. Aussage o. Erfahrung enthält. Neben die v. Lehrer angebotenen Bilder tritt in einem zeitgemäßen RU immer auch die rel. → Bildgestaltung durch Kinder selbst. Ko

Lit.: F. Doedens, Bildende Kunst u. RU (1972); Bildwettbewerb „Religionsbuch", in: Chr. p. Bl. 1973/2 (mit Literatur); G. Stachel, Das Bild im RU (1971).

Bildsamkeit 1. *Psych.:* Die *Fähigkeit* des Menschen, gebildet zu werden. Sie gründet in der Tatsache, daß der Mensch ein „Mängelwesen" (A. Gehlen), instinktarm, erziehungsbedürftig (→ Hospitalismus), weltoffen (A. Portmann) u. nicht eindeutig durch

ABBILDUNG 3: **Entwicklung der Kinderzeichnung**

Aus: L. Schenk—Danzinger, Entwicklungspsychologie. Österr. Bundesverlag, Wien, 6. Aufl. 1972.

Erbfaktoren u. Milieu determiniert (lat. = festgelegt) ist.
2. *Päd.:* B. ist die Bedingung f. Belehrung u. Erziehung (J. F. Herbart). Sie wird heute verstanden als Fähigkeit, Bereitschaft u. Notwendigkeit, sich bilden zu lassen u. sich selbst zu bilden (M. Heitger). Sich-bilden-Lassen u. Selbstbildung stehen dabei in einer nicht aufhebbaren Wechselwirkung (= Korrelation). B. ist ein komplexer Begriff u. eine der grundlegenden päd. Kategorien: Sie bedeutet die Ansprechbarkeit des verständigen Menschen, der offen ist auf die ihm offene Welt u. Wirklichkeit u. der aus der Kraft seiner Intelligenz Welt gestaltet u. Wirklichkeiten verändert; sie ist die Bildungsfähigkeit als Aufnahmebereitschaft f. tradierte Bildungsinhalte u. als Produktivität v. neuen Bildungsgehalten. — Die Schule hat zunächst die → Bildung längere Zeit allgemein zu gestalten (da sich die B. des Schülers erst in der vielfachen Erprobung an vielen Wirklichkeiten zeigt) u. erst später den Bildungsprozeß fachlich u. thematisch zu spezialisieren. Ko/Ro

Bildung — formale, materiale. Wird die Entfaltung der Kräfte u. Fähigkeiten des Subjektes an Objekten als das Prinzipiell-Bestimmende im B.sgeschehen bezeichnet, so ist das B.sverständnis ein *formales;* ein *materiales* B.sverständnis mißt den Objekten (Gegenstände, Stoffe des Unterrichts), die im B.sprozeß dem Subjekt vermittelt werden, das entscheidende Gewicht zu. — Diese Differenz kann überwunden werden durch eine Synthese, eine dialektische Aufhebung o. durch ein neues Verständnis des B.sprozesses, dessen bestimmendes Prinzip die eine u. unzerteilbare Einheit des Seins des Menschen in seiner Welt ist. → Kategoriale Bildung Ro

Bildungsbegriff. Sprachl. wird das Wort → Bildung (B.) v. der Wurzel bil = glätten, behauen (vgl. Beil) hergeleitet. Die Übertragung auf den päd. Bereich legt die nicht unproblematische Analogie zw. Bildner u. Bildhauer nahe. Die erste bildungstheoretisch relevante Verwendung des Bb.s erfolgte jedoch auf dem Hintergrund der Bild-Gottes-Lehre der deutschen Mystik. H. Schilling unterscheidet dabei eine *elementarmystische* Linie (ab dem 14. Jh. Tauler, Seuse), die biblisch die Einbildung in das Bild Christi betont, u. eine *hochmystische* Linie, welche mehr neuplatonisch orientiert ist u. ein „Überbilden" im Sinne eines „Über-alle-Bilder-hinauskommens" (Eckehart) anstrebt. Humanismus u. Neuhumanismus setzten B. der griech. Idee der Paideia gleich. Eine spezielle Ausprägung fand der Bb. durch die deutsche Klassik, wo er aus einer literar.-ästhet. wie auch aus einer rel.-phil. Wurzel heraus als „Formung des zu sich selbst erwachten Individuums zu einer eigengestalteten Persönlichkeit" zugleich das klassische Verständnis v. Humanität umfaßt. Seit dieser Zeit ist kaum ein Begriff so vieldeutig u. zugleich verschwommen wie der der B. (Vgl. dazu etwa den heutigen Sprachgebrauch: → Bildungswesen, → Bildungspolitik, → Erwachsenenbildung, polytechnische Bildung, Gebildeter, Ausbildung, Bildungszulage u. a. → Bildungstheorien). Auch die Bestimmung seines Verhältnisses zu → Erziehung ist in der Fachliteratur sehr unterschiedlich. Manche Autoren (A. Petzelt u. a.) verzichten daher zunehmend auf seine Verwendung. Auch wenn aus dem heutigen Daseinsverständnis heraus B. nicht mehr allein im Sinne der Klassik o. a. verstanden werden kann, dürfte das in den versch. Ausprägungen des Bb.s zum Ausdruck kommende Anliegen nicht aufgegeben werden. Als abendländisch-geistesgesch. Erbe ist es (auch rel. päd.!) bedeutsam im Hinblick auf Problemkreise wie: Verhältnis v. Erziehung u. Religion, Pädagogik u. Theologie, Humanismus u. Christentum u. a. m. Ko

Bildungsdefizit. Soziol. feststellbarer Rückstand der allgem. u. auch rel. Bildung in versch. sozialen Bevölkerungsschichten. Aus dem B. resultiert eine mangelnde Beteiligung dieser Bevölkerungsschichten am kult., polit. u. auch rel. Leben, sowie ein geringerer Zugang zu Führungspositionen. Der Abbau des B.s ist Aufgabe der → Bildungsplanung. Er wird heute u. a. durch die Organisation v. → Gesamtschulen, aber auch durch Angebote des → Zweiten u. → Dritten Bildungsweges angestrebt. Ko

Lit.: K. Erlinghagen, Katholisches Bildungsdefizit in Deutschland (1965).

Bildungsfernsehen. Das B. steht im Dienst der Aus- u. Fortbildung, um die gesellschafts- u. bildungspolit. Initiative zu fördern, zu neuen Formen der Anschauung u. Partizipation zu führen u. in einem einheitlich konzipierten Programm Erlebniskraft, Denken, Lernen u. (Mit-)Spielen der Teilnehmer zu verbinden. Durch das Angebot anderer technischer → Medien (gedrucktes Lernmaterial, Tonbänder, Schallplatten, Lerngeräte) u. durch Kollegtage kommt es zu sog. → Multi-Media-Systemen. Dem B. geht es nicht um die Vertechnisierung des Unterrichtes, nicht um die Perfektionierung v. Unterrichtsmodellen, auch nicht um die Ersetzung des Lehrers o. eine Freiheitsbeschränkung des Lernenden; es geht um eine neue Form des Unterrichtes selbst, um eine neue soziale Stellung des Lehrers u. um die Erweiterung des Freiheitsraumes des Lernenden, bes. aber um einen gegliederten u. alle Bildungszweige umfassenden Unterricht, der das ganze Leben hindurch jedem Menschen zur Verfügung steht. — Die begleitenden Studienbriefe dienen der Faktenvermittlung u. der Übung, Begleitkurse ermöglichen Wiederholung, Vertiefung u. Vorbereitung auf Prüfungen. → Schulfernsehen → Kassettenfernsehen → Schulfunk, katholischer Ro

Bildungsideal. B. ist nach E. Spranger der Begriff f. die anschaul. Phantasievorstellungen v. einem Menschen, in dem die allgemein menschlichen Merkmale so verwirklicht sind, daß nicht nur das normale, sondern auch das teleologisch Wertvolle desselben in der denkbar höchsten Form darin ausgeprägt ist. A. Stifter versteht unter B. das „Bild v. möglichen Menschen“, W. Flitner spricht v. „Urbild gemeisterten Daseins“, O. Woodtli v. „Totalentwurf einer ideellen Person“. Nach R. Schwarz sind B.e „Richtbilder, die sich aus der unbewußten o. bewußten, der gelebten o. zugleich reflektierten Fixierung v. Lebenszielen herleiten, die ganz best. Leitlinien u. Grundverhaltensweisen f. die Formung des Menschen vorzeichnen, aus dem geistig-seel. Kulturzusammenhang als ‚gestiftet' o. ‚geworden' herausgewachsen, denen auch der Bildner u. die Bildungsinstitutionen angehören u. denen sie ebenso strukturell verhaftet sind, u. sich zu soziol. wert- u. sinnbestimmten Lebensformen ausgliedern." Die Bildungsgeschichte des Abendlandes ist zugleich die Geschichte der in ihm lebenden B.e. → Erziehungsideal → Leitbild → Zielbilder Ko

Bildungsökonomie. Unter B. werden versch. theoret. u. empir. Untersuchungen verstanden, die wirtschaftl.-finanzielle Aspekte der Bildung erforschen: Verhältnis v. Bildung u. Wirtschaft; finanzieller Aufwand f. Bildung u. Wirtschaftswachstum; Wirtschaftlichkeit der Bildungsinstitutionen; Planung des Nachwuchses usw. Die Notwendigkeit f. B. ergibt sich aus der großen Ausweitung der Bildungseinrichtungen in finanzieller, materieller u. personaler Hinsicht, so daß ein wirtschaftl. Verhalten unumgänglich notwendig ist. → Bildungsplanung Ro

Bildungsplanung. B. ist der vorausschauende Versuch, Umfang, Art u. Verteilung der Bildungseinrichtungen u. deren Nutzung mit der Entwicklung der sozialen u. wirtschaftlichen Strukturen in der Bevölkerung eines Landes u. der Erde zur Übereinstimmung zu bringen. Die Planung des Organisatorischen u. Administrativen wird erst mit dem gleichzeitigen Neuentwurf der Bildungsinhalte u. -programme u. der realist. Beurteilung der Verwirklichungschancen nach gesellschaftl. u. polit. Aspekten sinnvoll (→ Bildungspolitik, → Politik u. Bildung). In den letzten Jahren wird B. in den Kulturstaaten v. Amts wegen als Teamarbeit v. Experten der Wissenschaft, Wirtschaft u. Politik betrieben. B. ist auch ein wichtiges Aufgabengebiet der → UNESCO. → Strukturplan Ko/Ro

Lit.: Friedrich Edding, Auf dem Weg zur Bildungsplanung (1970); Kirchenkanzlei der Evangelischen Kirche in Deutschland, Die evangelische Kirche und die Bildungsplanung (1972); OECD, Bildungsplanung in Österreich (1965—1975); H. v. Recum, Perspektiven der Bildungsplanung (1967).

Bildungspolitik. Überlegungen u. Bestrebungen, Bildung in ein polit. Gesamtkonzept einzuordnen. Erfolgreiche B. findet ihren Niederschlag in Gesetzen (→ Schulrecht) u. in der Zuwendung entspr. großer finanzieller Mittel. Die österr. B. der letzten Jahrzehnte ist — infolge der Tatsache, daß die zwei großen Parteien einander fast gleichstark gegenüberstehen — durch das Bemühen charakterisiert, Bildung u. Schule aus dem polit. Tagesstreit herauszuhalten. Das Bundesverfassungsgesetz in der geltenden Fassung bestimmt daher in Art. 14 (10): „In den Angelegenheiten der Schulbehörden des Bundes in den Ländern u. polit. Bezirken, der Schulpflicht, der Schulorganisation, der Privatschulen u. des Verhältnisses v. Schule u. Kirchen (Religionsgesellschaften) einschließlich des Religionsunterrichtes in der Schule, . . ., können Bundesgesetze v. Nationalrat nur in Anwesenheit v. mindestens der Hälfte der Mitglieder u. mit einer Mehrheit v. zwei Drittel der abgegebenen Stimmen beschlossen werden". Somit bedürfen diese Materien im Nationalrat desselben Quorums wie Verfassungsbestimmungen. Ke

Bildungsstufen. Gliederung des Bildungsganges in Anlehnung an

ABBILDUNG 4: **Bildungswesen in der Bundesrepublik** *) (Schulz)

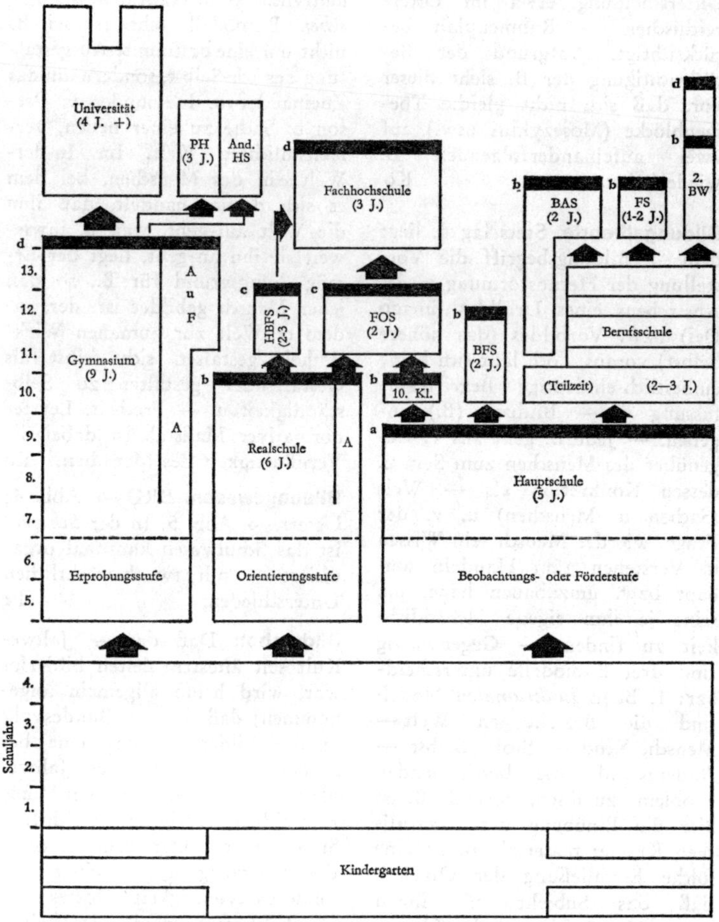

*) Die Darstellung berücksichtigt nicht: Sonderschulen; besondere Formen und Regelungen in einzelnen Ländern. — Die Bezeichnungen für die Klassen 5 und 6 (Erprobungs-, Orientierungs-, Beobachtungs- oder Förderstufe) sind nicht auf die einzelnen Schulformen bezogen, sondern gelten, nach Ländern verschieden, für diese Klassen in mehreren oder allen Formen.

Abschlüsse: a = Hauptschulabschluß, b = mittlerer Abschluß, c = Fachhochschulreife, d = Hochschulreife. Schulformen (Abkürzungen): A = Aufbauformen, F = Gymnasium, FOS = Fachoberschule, (H)BFS = (Höhere) Berufsfachschule, FS = Fachschule, BAS = Berufsaufbauschule, 2. BW = 2. Bildungsweg, PH = Pädagogische Hochschulen, And. HS = Andere Hochschulen die Phasen kindl. u. jugendl. Entwicklung. F. das Schulalter wurden ab 1955 vier B. unterschieden. Im kat. Bereich wurde diese Unterscheidung etwa im Österreichischen → Rahmenplan berücksichtigt. Aufgrund der Berücksichtigung der B. sieht dieser vor, daß sich nicht gleiche Themenblöcke (Mosezyklus usw.) auf zwei aufeinanderfolgenden B. wiederholen. Ko

Bildungstheorie. Stets lag u. liegt dem → Bildungsbegriff die Vorstellung der Herausformung o. des Anstrebens eines Urbildes (imago Dei) bzw. Vorbildes (das höhere Selbst) voraus, doch läßt sich keine einheitlich-eindeutige Begriffsauffassung v. → Bildung (B.) angeben. — Jede B. geht aus v. Gegenüber des Menschen zum Sein u. dessen Konkretion als → Welt (Sachen u. Menschen) u. v. der Frage, wie der Mensch sein Wissen u. Verstehen zum Handeln umbaut bzw. umzubauen habe, um seine je ihm eigene Menschlichkeit zu finden. — Gegenwärtig sind drei B.smodelle unterscheidbar: 1. Beim *funktionalen* Modell sind die Beziehungen Welt — Mensch, Kind — Stoff, Selbst — Anderes als die bestimmenden Probleme zu lösen. Formale B. ist hier die Einübung der menschlichen Kräfte; materiale B. ist eine solche Erschließung der Objekte, daß das Subjekt mit ihnen „etwas Vernünftiges machen" kann. Ziel der B. ist: insoweit der Mensch Sein u. Sollen der Welt begreift, wird sein Dasein sinnvoll. — 2. Nach dem *dialektisch-reflexiven* B.smodell gestaltet sich das Selbst des Menschen im anderen (dem Nicht-Ich) zum verantwortlich handelnden Ich-Selbst: Im anderen kommt der Mensch zu sich selbst; er öffnet sich im anderen dem Sein, das ihn u. das andere sein läßt, u. verpflichtet sich so dem Sein u. dessen Normativität. — 3. Nach dem *dialogischen* B.smodell geht es bei B. nicht um eine bestimmte Ausgestaltung des Ich-Selbst, sondern um das Zueinander u. Ineinander v. Person u. Sache zu einer neuen, vermenschlichten Welt. Im In-der-Welt-sein des Menschen, bei dem es sich darum handelt, daß ihm die Welt auf-geht, weil u. inwieweit sie ihn an-geht, liegt der Ermöglichungsgrund für B., so daß jener Mensch gebildet ist, der, indem er Welt zur humanen Wirklichkeit gestaltet, sich selbst als Gestaltender gestaltet zu Selbständigkeit u. → Freiheit. Letzter normativer Maßstab ist dabei die Vernünftigkeit des Menschen. Ro

Bildungswesen. BRD → Abb. 4; Österr. → Abb. 5. In der *Schweiz* ist das Schulwesen kantonal organisiert — mit tw. beträchtlichen Unterschieden. Fr

Bildverbot. Daß der → Jahwe-Kult seit ältesten Zeiten bilderlos war, wird heute allgemein angenommen; daß das atl. Bundesvolk in der Bilderverehrung eine besondere Gefährdung des Jahweglaubens gesehen hat, wird aus zahlreichen Verboten ersichtlich. Sicher steht hinter dem B. nicht die Überzeugung v. einer besonderen „Geistigkeit" Gottes (wie oft behauptet wird): in keiner Religion der Nachbarvölker wurde das Gottesbild schlechthin mit der Gottheit identifiziert; wohl aber war mit dem Bild eine gewisse Macht gegeben. Damit würde das B. die Unterbindung des Versuchs sein, sich in magischer Weise Jahwes zu vergewissern u. zu bemächtigen. Schr

Binärentscheidung. Unter B. versteht man die Anzahl v. Informationseinheiten, welche notwendig sind, um eine Entscheidung zw. zwei gleich wahrscheinlichen (Ja/Nein) Alternativen zu treffen. Von C. E. Shannon wurde B. als kleinste Menge einer → Information zur Informationsmessung herangezogen. Bit (= *bi*nary digi*t*, Binarziffer), dessen Wert logarithmisch errechnet wird u. zw. 1 u. 0 liegt, dient bei der maschinellen Informationsverarbeitung (Computer, → Lehrmaschinen), aber auch bei der Erstellung v. → Lehrprogrammen u. der Forschung im Rahmen der → kybernet. Pädagogik als Maß des Informationsgehaltes. Ko

Biogenetisches Grundgesetz. Nach E. Haeckel ist die → Ontogenese im Embryo die Wiederholung der → Phylogenese (Entwicklung der Arten). Einst als direkter Beweis f. die Abstammung des Menschen v. Tier, gilt es heute mehr als Hinweis auf den gemeinsamen Bauplan aller

ABBILDUNG 5: Der **Aufbau des österreichischen Schulwesens** nach Schulorganisationsgesetz 1962 *)

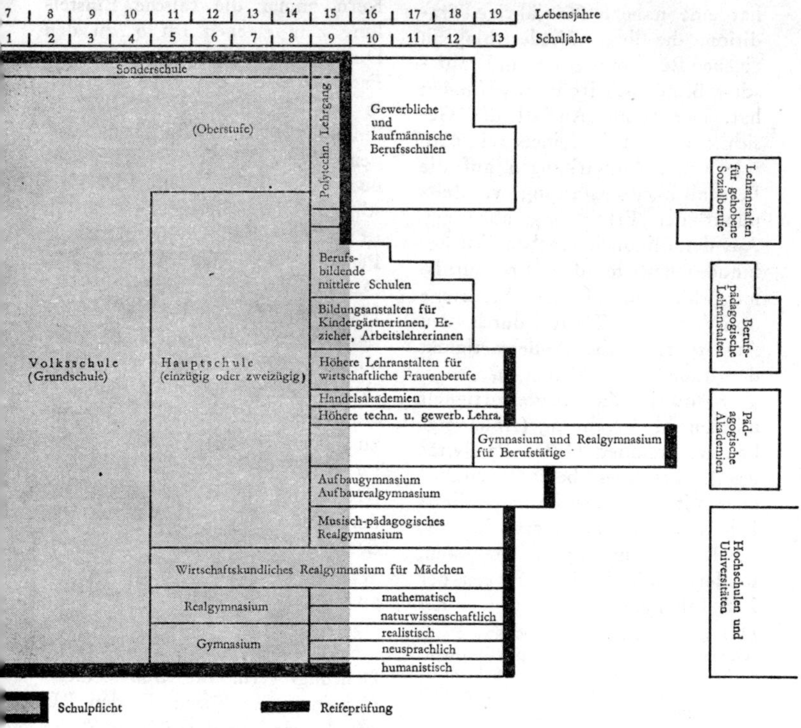

*) Aus: M. Neugebauer, Die neuen Schulgesetze (1962), Verlag Jungbrunnen Wien.

Arten. Kiemenansätze, Lanugo (Embryofell) u. a. Rudimente sind eher Ansätze des Bauplanes, aus dem jedes Tier nach seiner Art die entsprechenden Organe entfaltet, als verkümmerte Organe. (Aus demselben Ansatz entfaltet z. B. das Säugetier die Ohrenpartie, der Fisch die Kiemen.) → Psychogenetisches Grundgesetz Bla

Biophilie → Befreiende Erziehung

Bit (Binärziffer) → Binärentscheidung

Blindenkatechese. Die eigenständige kat. Unterweisung Blinder hat eine nahezu 200-jährige Tradition, die ihren Niederschlag in eigenen Religionsbüchern in Braillescher Blindenschrift u. a. gefunden hat. Der totale Ausfall des Gesichtssinnes ist in seinen rel. päd. relevanten Auswirkungen auf die Persönlichkeitsentfaltung v. Zeitpunkt der Erblindung abhängig. Aus der Blindheit ergeben sich Behinderungen in den Erkenntnismöglichkeiten, in der Erfassung optisch-ästhet. Werte, durch den Ausfall bzw. die Andersartigkeit der räuml. Vorstellungen, v. a. aber durch die Andersartigkeit mitmenschl. Erfahrung (Abhängigkeit v. fremder Hilfe, Passivität usw.). Letzteres bedingt zusammen mit der Aufgabe, die Blindheit psychisch zu verarbeiten, f. die B. nicht nur Spezialmethoden, sondern auch spezielle Fragen der kat. Inhalte. Ko

Lit.: W. Boldt, Blinde u. hochgradig sehbehinderte Kinder in der physisch-technischen Welt (1966); H. Suhrweier/H. Heindel, Beiträge zur Blindenpädagogik (1963).

Böse — Bosheit. Das B. gehört zur Urerfahrung der Menschheit (vgl. Gen 3). Hier geht es nicht um das B. in dieser o. jener Handlung, noch weniger um das B. als Übel, Mangel o. Leiden, sondern um die große Pervertierung der Wirklichkeit durch den Menschen, um die Lüge schlechthin, wie sie in der Verabsolutierung des eigenen Ichs („Sein wie Gott") u. in der Aufstellung einer Scheinordnung statt der in den Gesetzen der Dinge begründeten Ordnung geschieht. Die modernen Erklärungsversuche (Perversität, Manie, → Neurose, Trotz, Auflehnung, → Frustration usw.) gehen dem → Geheimnis des B.n im Menschen nicht auf den Grund; obwohl sie den Prozeß beleuchten, bleibt der Kern immer die falsche Einstellung zum eigenen Ich o. zu den Dingen: Aus meiner persönl. → Freiheit mache ich eine absolute, in der ich wähne, über alles bedingungslos entscheiden zu können; aus der Verfügungsmacht über die Dinge leite ich die schrankenlose Herrschaft ab. B. ist daher nur der Wille zu dieser Pervertierung der Wirklichkeit. Das bibl. Wort v. Reich u. v. der Macht des B.n meint keine organisierte o. gar personifizierte Bh., obzwar die Geschichte Organisationen des Terrors u. Verbrechens aufweist, sondern das Gegenstück zu jener Ordnung, die der Schöpfer in der Natur des Menschen (freies, mitschaffendes Wesen) u. der Dinge (Naturgesetze) begründet hat. V. B.n des verkehrten Willens unterscheiden wir die Bh. an sich, den bewußten Willen zum B.n als B.m , also nicht unter dem Schein des Guten. Keine psych. Deutung vermochte bisher dieses Geheimnis zu lüften. F. den RU entscheidend wird es sein, v. Wahn des verabsolutierten Ichs zu befreien. → Satan Bla

Brainstorming. Engl. „brain“ = das Gehirn. Unter B. versteht man ein Erregungsgeschehen im Gehirn. Chem. u. physiolog. Vorgänge in den Gehirnzellen werden dabei durch äußere Einflüsse eingeleitet. Die heutige Gehirnforschung ermöglicht bereits eine Messung dieser Geschehensverläufe. B.s können oft sehr zielorientiert bewirkt bzw. ausgelöst werden. Man will dabei immer eine möglichst große Zahl v. Gehirnzellen in intensive Erregung versetzen, da dadurch bes. nachhaltige Eindrücke im Gehirn aufgespeichert werden. — Als B. bezeichnet man auch eine bes. Form der Gruppendiskussion. Analog der Absicht, f. die Gehirnvorgänge eine möglichst große Zahl v. Zellen in Erregung zu setzen, strebt man hier die höchste Aktivierung aller Gruppenmitglieder an. Die Diskussion verläuft in zwei Phasen u. orientiert sich stark an der → Gruppendynamik, nach deren Erkenntnissen eine → Gruppe ein besseres Urteil als ein Einzelmensch abgeben kann. In einer ersten Phase (green light stage) nehmen alle Gesprächsteilnehmer zu einem best. Problem Stellung u. entwickeln Lösungsvorschläge. In einer zweiten Gesprächsrunde (red light stage), die auch v. einem anderen Personenkreis gebildet werden kann, bemüht man sich um eine Überprüfung u. krit. Sichtung der vorliegenden Lösungsvorschläge u. um die Ausarbeitung eines konkreten Lösungsplanes. Ku

Branching. Eine Technik bei der Erstellung v. → Lehrprogrammen: Das Programm führt nicht linear v. einem Lernschritt zum anderen, sondern bietet durch Verzweigung (engl. „branch“ = Zweig) jeweils mehrere, dem unterschiedlichen Wissensstand der Schüler entsprechende (Fehlantworten!) Lernwege. → Crowder-System Ko

Brauchtum. 1. B. ist gestalthafte, sich wiederholende, bejahende Konfrontation der → Gemeinschaft mit den profanen u. rel. Werten, wobei rel. B. sich auf die außerliturg. Demonstration rel. Gemeinschaftslebens bezieht. Rel. B. ist einerseits → Zeichen u. Ausdruck, andererseits auch Hilfe f. den Glauben. B. stellt die Religion in den Bereich des Menschen u. seiner Umgebung, hebt im Naturhaften das → Mysterium heraus u. verleiht dem Alltag einen tiefen Sinn. B. führt v. Individualismus zur Gemeinschaft (→ Kirche) u. erleichtert die lebendige Teilnahme an der → Liturgie. — 2. Jede Belehrung bleibt erfolglos, wenn sie nicht die Grundbefindlichkeiten des Menschen berührt bzw. auf sie aufbaut. Die Einbeziehung des B.s in die → Katechese (K.) macht einen existentiellen Ansatzpunkt des RU in der Umwelt des Schülers bewußt. Überdies soll die K. den Kindern nicht nur zeigen, wie sie den Glauben in der Kirche (Liturgie) vollziehen, sondern auch, was sie in der Familie u. Gemeinschaft tun u. feiern können (u. a. Sitte u. Brauch). Die K. soll stufenweise, v. a. anläßlich der Feste des → Kirchenjahres a) mit dem B. konfrontieren, b) die dem B. zugrunde liegenden Glaubenswahrheiten erhellen u. c) zur B.spflege als Glaubensvollzug anregen, wobei dem Heimatprinzip bes. Beachtung gebührt. Mißdeutungen (→ Aberglaube, magische Haltungen) ist dabei entgegenzuwirken. — 3. Rel. Bräuche, die das kirchl. Jahr begleiten u. manchmal als Sakramentalien eine bes. Nähe zur Liturgie aufweisen, sind a) im

Osterfestkreis: Palmbuschenrichten, Ratschenumzug, Kreuzweg, Osterfeuer, Speisenweihe, Eiersuchen, Emmausgang, Pfingstfeuer, Fronleichnamsumzug, Erntedankfeier u. Gräberbesuch; b) im *Weihnachtsfestkreis:* Adventkranzbinden, Adventkalender, Adventsingen, Barbarazweige, Nikolofeier, Herbergsuchen, Krippenbau (→ Krippenbasteln), Christbaum, Feier des Hl. Abends, → Sternsingen, Lichtmeßkerzen. — *Sonstige* wichtige Bräuche: Maiandacht, Maibaum, Muttertagsfeier, Kirchtag, Fasching, Weihwasser, Autosegnung usw. (→ Kinderfeste). Nou

4. Das oben Gesagte gilt f. *lebendiges B.*, das v. einer Lebenshaltung u. v. einer gültigen Weltsicht getragen wird, bzw. getragen werden kann. Die in einem B. objektivierten Erfahrungen, Lebenshaltungen u. Weltsichten müssen mit denen des Vollziehers korrespondieren. Wo dies nicht mehr der Fall ist, o. wo aufgrund geänderter Lebenshaltung u. Weltsicht ein B. nicht mehr verstanden wird, kommt es entweder zu einer Umdeutung (→ Neuinterpretation, z. B. bei der Beibehaltung heidn. Bräuche durch christianisierte Stämme) o. zu einem Erstarren. *Erstarrtes B.* ist solches, das nur mehr in seinen äußeren Formen praktiziert wird, dessen zugrundeliegender Sinn aber nicht mehr verstanden o. akzeptiert wird. Als Folge der Industrialisierung der Landwirtschaft u. des allgem. Prozesses der → Aufklärung ist dies heute auch bei manchen Gebräuchen des bäuerl. Lebenskreises der Fall. Kat. relevant ist nur lebendiges B., das auch heute echt nachvollziehbar (resubjektivierbar) ist. Dessen rel. päd. Bedeutung liegt nicht zuletzt in der jedem B. zugrundeliegenden emotionalen u. soziologischen Komponente, welche im Jugendalter jedoch auch kritisch zu hinterfragen ist. Neben der Erschließung des B.s ist auch die Befähigung zur → Freiheit gegenüber dem überkommenen Brauch wie auch gegenüber neuwachsenden Formen säkularisierten B.s eine rel. päd. Aufgabe. Ko

Lit.: N. Henrichs, Kult u. Brauchtum im Kirchenjahr (1967).

Brummer. = „Dauerfalschsinger", singen immer nur auf einem Ton (meist auf einem sehr tiefen; anders die → Lispler). Rhythmisch singen sie jedoch richtig, hören auch richtig, sind deswegen nicht „unmusikalisch" (→ Musikalität). Am besten läßt man sie leise mitsingen o. anders musikalisch mittun: z. B. dirigieren, auf Instrumenten (→ Orff-Instrumentarium) begleiten u. ä. Auf gar keinen Fall sind sie v. musikal. Tun auszuschließen u. als „Ausgestoßene" zu behandeln! (Spezialübungen z. „Heilung" v. Brummern siehe in meinem Buch „Das Lied in der Katechese", Wien 1969). Mu

Bund. 1. *Bibl.* Das Volk → Israel des Alten Bundes hat auf mancherlei Weise seine eigene Geschichte (Vergangenheit, Gegenwart u. Zukunft) interpretiert. Immer geschah dies jedoch auf dem Boden jenes „Urvertrauens" auf → Gott, dessen wichtigste Entfaltung der „B.sglaube" wurde: „Jahwe" („Ich bin der, auf den man sich verlassen kann" — Westermann) ist ein Gott, dessen Wesen nicht Willkür u. Strafe, sondern Zuwendung an die Menschen ist. Diese Zuwendung erstreckt sich auf alle Völker: „In dir (Abraham) sollen alle Geschlechter der Erde gesegnet sein" (Gen. 12, 3). Dieses gewaltige Vertrauen konzentrierte sich im Glauben an den B.: Jahwe geht eine eidliche „Selbstverpflichtung" ein, deren Zustandekommen v. keinen Vorleistungen der Menschen abhängt. Diese Struktur findet sich auch bei jenem B., dem sich Israel immer wieder neu verpflichtete: dem Sinai-Bund. „Ihr habt selbst gesehen ..., wie ich euch auf Adlersflügeln getragen habe ... Wenn ihr nun getreu auf meine Stimme hört u. meinen B. haltet, so werdet ihr unter allen Völkern mein Krongut sein; denn mein ist die ganze Erde ..." (Ex 19, 4 f). Auf dem Boden dieser → Motivation ist das Festhalten am B. f. Israel nicht Versklavung, sondern Garantie f. → Freiheit (→ Tora).

Sosehr die Treue gegenüber Gott die Mitte dieses B.s ist, so zeigt sich diese Treue auch in der Respektierung der mitmenschl. Rechte. Daß der Zusammenhang v. Gottes- u. Nächstenliebe zum Urbestand atl. Glaubens gehört, wird durch das frühe → Prophetentum eindeutig bezeugt (vgl. 2 Sam 12: Nathan-David): Beugung des mitmenschl. Rechts ist ebenso B.sbruch wie der Abfall zu anderen Göttern.

Es ist nicht entscheidend, ob der Ausdruck B. erst in später Zeit f. das Verhältnis Israel-Jahwe verwendet wurde o. nicht, auch nicht, ob die frühesten B.sformulierungen in literar. Abhängigkeit v. hethitischen Vasallenverträgen stehen: entscheidend ist die Grundstruktur des B.sgedankens, die sich in voller Stärke auch noch im N. T. findet: der Mensch kann voll auf die → Liebe Gottes vertrauen; diese Liebe verpflichtet ihn jedoch zum → Glauben u. zur Mitmenschlichkeit. Schr

2. *Päd.:* Zusammenschluß v. Einzelgruppen o. Mitgliedern in einer institutionalisierten → Gemeinschaft (B. Deutscher Kath. Jugend, Österr. Pfadfinderb. usw.). Die Zeit der „bündischen" → Jugendbewegung hatte vor dem 2. Weltkrieg ihre Blüte. Heute scheint die Jugend mehr zu zeitlich u. institutionell losen u. vorübergehenden Zusammenschlüssen (Club-System) zu neigen. Ko

Bundesjugendring. In der BRD u. in Österreich: Zusammenschluß v. polit., konfess., kult. u. sportl. orientierten Jugendorganisationen mit dem Ziel der Wahrnehmung gemeinsamer Interessen: Erfahrungsaustausch, Koordination u. allgemeine Pflege der Jugendarbeit. Zentralstelle in Österreich: Österr. Bundesjugendring, A-1080 Wien, Friedrich Schmidt-Platz 5; Zentralstelle in Deutschland: Deutscher Bundesjugendring, D-53 Bonn-Venusberg, Haagerweg 44. Ko

Bund katholischer Religionslehrer-Vereinigungen. Zusammenschluß des Verbandes der Religionslehrer an den höh. Schulen Nordwestdeutschlands (11 Diözesen), des Verbandes der Kath. Religionslehrer an den Gymnasien Bayerns (7 Diözesen) u. der Diözesanverbände v. Freiburg, Rottenburg u. Speyer zu einem Dachverband der Kath. Religionslehrer an Gymnasien in der BRD. Lä

Bußerziehung. Buße ist die fundamentale Haltung eines Christen: „Kehrt um u. glaubt an die Heilsbotschaft" (Mk 1, 15). Bevor sich diese Haltung bei versch. Bußübungen u. -feiern u. bes. beim Empfang des Bußsakramentes vollziehen kann, muß sie durch eine rel. päd. verantwortete B. geweckt werden. Die B. zieht sich wie ein roter Faden durch die gesamte rel. Erziehung in der → Familie u. Glaubensunterweisung in der Schule. Den Eltern kommt entscheidende Bedeutung zu: In der Familie erfährt das Kind Geborgenheit u. wird liebesfähig, lernt Triebverzicht u. bekommt Gespür f. Normen. Hier bittet es um Verzeihung u. erfährt Vergebung. Im Schulalter wird die B. in die gesamte → Katechese integriert. Eine Glaubenserziehung, die Kinder zu Gott führt u. veranlaßt, gerne zum Volke Gottes zu gehören, ist bereits B. Allmählich werden im Leben des Kindes Grundhaltungen der Buße (Hören, Lieben, Verzeihen) geweckt u. bald wird es als wesentliches Element der Bußhaltung die persönl. Umkehr vollziehen können u. die Pflicht zur Wiedergutmachung akzeptieren. Eine bes. Hilfe f. die B. sind gutgestaltete *Bußfeiern.* Sie unterscheiden sich v. Bußgottesdienst der Erwachsenen nur durch eine bes. päd. u. kat. Akzentuierung: sie will durch persönl. u. gemeinsames Tun den Kindern helfen, Buße zu vollziehen. Sie hat daher sowohl im Dienste der Vorbereitung auf das Bußsakrament als auch unabhängig davon als Vertiefung der Bußgesinnung eine spezifische Aufgabe. Sie bietet den Kindern die Möglichkeit, die sozial-ekklesiol. Dimension v. → Schuld, Sühne u. Vergebung zu erleben. Weil Buße nicht zuerst Erkennnen, Bereuen u. Bekennen v. Sünden, sondern Sehnsucht nach Gott u. Brüderlichkeit bedeutet, wird die Bußfeier nicht zur Reflexion über die Fehler, sondern zum vertrauensvollen Ja zur Geborgenheit in → Jesus Christus u. zur Güte den Mitmenschen gegenüber führen. Die Struktur der Bußfeier, die mit möglichst kleinen Gruppen (Klassengemeinschaften) auch v. Laienkatecheten, Diakonen, Seelsorgehelferinnen usw. gehalten werden kann, wird grundsätzlich zwei Schwerpunkte aufweisen: a) Gottes Botschaft (Information u. → Meditation) u. Antwort des Menschen (Bekenntnis u. Bitte um Vergebung) u. b) eine Gebetsformel, in der zum Ausdruck kommt, daß Gott verzeiht. Hinzu kommen Gebete u. Lieder, die Bereitschaft, Vertrauen, Reue u. Dank bezeugen. — *Erstbeichtalter.* Mit der Vorverlegung der Erstkommunion (→ Eucharistische Erziehung) ging auch die Antizipation der Kinderbeichte parallel, obwohl sie entwicklungspsych. gesehen nicht zu rechtfertigen ist. Wenn das Bekenntnis in der sakramentalen Beichte nicht bloß ein Nachsagen katalogisierter Sünden, sondern Ausdruck der Buße als Bekehrung des Herzens u. als Zuwendung zu Gott sein soll, wird man im allgemeinen bis zum 9.—10. Lebensjahr warten müssen. Erst in diesem Alter entwickelt sich das vorkrit. Verantwortungsbewußtsein, das das Kind anregt u. befähigt, sein Handeln zu beurteilen. Vorher wird es seiner seel. geist. Entwicklung nach seine → Freiheit schwerlich mißbrauchen u. die Bedeutungsschwere v. Umkehr, Buße u. Vergebung kaum erfassen können. Der österr. u. dt. Rahmenplan f. den kath. RU befürworten die 4. Schulstufe als den richtigen Zeitpunkt der Erstbeichte. Damit ist die Durchführung der Erstbeichte auf der 2. Schulstufe, v. a. wenn sie *nach* dem Empfang der Erstkommunion stattfindet (damit nicht durch eine zu starke Verklammerung der Eindruck entsteht, daß das Bußsakrament eine Bedingung der Kommunion ist), nicht ausgeschlossen. Eine stufenweise Einführung in das Bußsakrament ist zu empfehlen: Nichtsakramentale Bußübungen u. -feiern (spätestens ab der 1. Schulstufe); Empfang des Bußsakramentes in gemeinschaftl. Feiern (wegen des sozialen u. ekklesiologischen Charakters), wobei Sündenbekenntnis u. Absolution bereits individuell gestaltet werden (4. Schulstufe), bis hin zur Privatbeichte im vollen Sinn. — *Beichtunterricht:* Die Erkenntnis, daß die familiäre u. schulische Bußerziehung die wesentliche Hinführung zur sakramentalen Beichte bedeutet, macht den Beichtunterricht nur als unmittelbare Vorbereitung des Sakramentes sinnvoll. Es genügt eine kurze prakt. Hinführung, die im Laufe v. höchstens drei Wochen in der Schule, am besten aber außerhalb der Schule im Rahmen der Pfarre, geschehen soll, mit der Zielsetzung: Zusammenfassende Vertiefung der Grundgedanken über die Buße, Führung zum persönl. Bekenntnis u. Erklärung der Form u. des Verlaufs der Beichte. Der österr. Rahmenplan sieht f. den Beichtunterricht auf der 4. Schulstufe etwa sechs Stunden vor (Jesus hat dem Zachäus verziehen — Ich bekenne meine Sünden — Christus verzeiht auch mir im Bußsakrament). — *Kinderbeichte:* Sind die Kinder durch eine umfassende Bußerziehung in Familie, Schule u. Pfarre innerlich disponiert u. haben sie auch eine prakt. Anleitung zum Empfang des Sakramentes erhalten, dann werden sie auch die sakramentale Vollform der Buße würdig u. echt vollziehen können. So gesehen, wäre es nicht gut, die Kinder klassenweise zur Beichte zu führen (sie stören sich gegenseitig, überfordern den Beichtvater u. werden nicht zum „Selbergehen" erzogen). Zu befürworten ist eine Aufteilung auf kleinere Gruppen u. das Angebot mehrerer Beichtzeiten. Am günstigsten aber wäre die Erstbeichte zu jenem f. jedes Kind individuellen Zeitpunkt, wo es seiner Glaubensreife entsprechend optimal disponiert ist. Überdies sollen die Kinder nach Möglichkeit nicht in einem Beichtstuhl das Sakrament empfangen, da er ihnen sehr leicht entweder komisch-lustig o. unheimlich-beängstigend vorkommt. Nou

Bußfeiern → Bußerziehung

C. A. I. = Computer *A*ssisted *I*nstruction (computergestützter Unterricht), ein Lehrverfahren, bei dem die Übermittlung v. → Informationen, Auswertung u. Korrektur v. Schülerantworten usw. v. Elektronenrechnern geleistet wird. Sonderbereich der → kybernetischen Pädagogik. Ko

Carpenter Effekt. Nach dem engl. Physiologen W. B. Carpenter (1813—1885) benannt — auch ideomotorisches Gesetz o. Ideo-Real-Gesetz (v. griech. eidos = Urbild u. lat. res = Sache, Wirklichkeit). Man versteht darunter die psych. erwiesene Tatsache, daß Wahrnehmungen o. Vorstellungen v. Bewegungen zur Nachahmung dieser Bewegung motivieren. In der → Entwicklung des Kleinkindes, aber auch im Bereich der sozialen → Kommunikation spielt der C. E. eine große Rolle. Mit ihm können sowohl Rollenspiele des Kleinkindes, gewiße Imitationen v. Leitbildern bei Pubertierenden, aber auch Erscheinungen der Massenhysterie bei Volksaufläufen u. ä. erklärt werden. Ko

Case study. V. engl. case = Fall, study = Studium. C. S. ist eine biograph. o. kasuist. Methode, die durch Interpretation o. quantitative Auswertung v. Fallgeschichten (Erziehungsberichte, Tagebücher usw.) Erkenntnisse f. den päd. Bereich mit entwicklungspsych., soziol. u. allg. mit anthropol. Akzentuierung gewinnt. Ro

Centre International d'Etudes de la Formation Religieuse → Lumen Vitae

Chancengleichheit. Empir. Untersuchungen erweisen, daß Kinder aus verschiedenem sozialem Milieu (Akademiker-Arbeiter) o. aufgrund ihres Wohnortes (Stadt-Dorf) ungleiche → Bildungschancen haben. Als Leitmotiv moderner → Bildungsplanung fordert Ch., daß jedem die seiner Leistungsfähigkeit, seiner Eignung u. seinem Leistungswillen adäquate Bildungsmöglichkeit angeboten wird. Im Zusammenhang damit ergeben sich Fragen der Schulorganisation (→ Gesamtschule), der Standortplanung f. best. Schultypen, des Stipendienwesens u. a. m. → Strukturplan Ko

Lit.: H. Thomas (Hg.) Weltproblem Chancengleichheit (1970).

Charakterologie → Persönlichkeitsforschung

Charisma. Griech. = Geistesgabe, Gnadengabe. Im paulinischen Sinn jene Befähigung u. Aufgabe, die → Gott dem einzelnen durch seine Veranlagung, seinen Werdegang, seine konkrete Situation usw. verleiht, nicht aber bloß Außergewöhnliches u. Besonderes. Die → Bibel bezeugt die Vielfalt der Ch.n u. zugleich die Einheit des → Geistes, der sie wirkt. Als Merkmal f. die Echtheit v. Gnadengaben ist ihre Ausrichtung auf die → Gemeinschaft, welche ein positives Verhältnis zu → Amt u. → Institution einschließt, anzusehen (1 Kor 14, 12). Ko

Charta des Kindes. Erklärung der Vereinten Nationen v. 20. 11. 1959, die im Anschluß an die Deklaration der → Menschenrechte in 10 Grundsätzen die Rechte des Kindes (auf Schutz, auf Namen, Staatsangehörigkeit, soziale Sicherung, Unterricht, Erholung usw.) festlegt, sich gegen alle Formen der Grausamkeit, Vernachlässigung u. Ausnützung (einschließl. des Kinderhandels u. der Kinderarbeit) wendet u. den gesetzl. Schutz auch f. die Zeit vor der Geburt anerkennt. Deutscher Wortlaut bei: H. Henz, Lehrbuch d. systematischen Pädagogik (1964) S. 104 f. Ko

Child Guidance Clinic. Schulische u. außerschulische, öffentliche o. private Einrichtungen zur Erziehungsberatung, v. a. f. Kinder mit → Lernstörungen o. → Erziehungsschwierigkeiten. Die C. G. C., in denen Psychologen, Therapeuten u. Sozialarbeiter in Teamarbeit zusammenwirken, bilden einen integrierenden Bestandteil des nordamerikanischen Erziehungssystems. Ko

Lit.: W. D. Wall, Die Psychologie im Dienst der Schule (1956).

Christenlehre. 1. Allgem. Bezeichnung f. die Glaubensunterweisung, die v. Konzil v. Trient u. durch den → Codex Iuris Canonici eingehend als Pflicht der Seelsorge deklariert wird. — 2. Im engeren Sinn wurde Ch. als Bezeichnung f. die pfarrliche, außerschulische Katechese verwendet. Ch.n fanden früher an Sonntagen auch f. schulmündige Jugendliche statt. — 3. Heute ist das Anliegen der Ch. wahrgenommen v. mannigfachen Formen der Kinder- u. Jugendseelsorge: → Seelsorgestunde, → Erwachsenenkatechese, → Jugendarbeit. — 4. Träger der Ch. waren auch in der Vergangenheit immer wieder Laien, die sich in der „Confraternitas Doctrinae Christianae" (Bruderschaft v. der christl. Lehre) zusammenschlossen. Diese Vereinigung nimmt heute noch in manchen Ländern (USA) Aufgaben des Apostolats u. der → Katholischen Aktion wahr. In anderen Ländern werden heute die Anliegen der Ch. wahrgenommen v. → Laienkatecheten, → Laientheologen u. freiwilligen Mitarbeitern (→ Mama-Katechetin, → Katechetische Nachmittage). Ko

Christkind im RU. Im Gegensatz zu der f. die Glaubenserziehung gefährlichen Darstellung des Christkindes als einer lieblichen Märchengestalt, die die „vielen schönnen Sachen" bringt, wie sie nicht nur v. der Geschäftswelt, sondern auch v. vielen gutmeinenden Eltern in Unvernunft gepflegt wird, darf das Ch. im RU nur gedeutet werden als das Kind, v. dem es heißt: „Ein Kind ist uns geboren, ein Sohn ist uns geschenkt; die Herrschaft ruht auf seinen Schultern" (Jes 9, 5). In seinem Sohn ist → Gott einer v. uns geworden. Zu Weihnachten feiern wir den Geburtstag des Herrn → Jesus u. weil Gott seine → Liebe so deutlich u. reichlich dokumentiert hat, ist dies f. alle freudiger Anlaß, in gleicher Güte zu handeln. Die genannte Problematik muß auch Gegenstand der → Elternkatechese sein. Nou

Christliche Arbeiterjugend (CAJ) ist die Vereinigung kath. Jungarbeiter(innen). Ihrem Ziel, ihrer Organisation u. ihrer Methode nach ist sie auf die Masse der Jungarbeiter ausgerichtet. Sie will in dieser Masse wirken, deren Umwelt verchristlichen helfen u. die jungen Arbeiter durch junge Arbeiter (heute: Arbeitnehmer) ansprechen. Gegründet v. Josef Cardijn 1924 in Brüssel/Belgien. — 1946 u. 1947 entstanden Gruppen der CAJ in Wien u. Oberösterreich. 1948 wurde sie als Teilgliederung der kath. Jugend Österreichs anerkannt. Die CAJ ist eine eigenständige Apostolatsbewegung, darüber hinaus aber auch Vorstufe der KAB (Kath. Arbeiterbewegung). Den Elitekern der CAJ bildet jeweils die Aktivistenrunde (Arbeitsgemeinschaft), in der die Mitglieder (Aktivisten) f. ihren apostol. Einsatz im jeweiligen Milieu geschult u. ausgebildet werden. Dabei hält man sich an den Grundsatz „Sehen—Urteilen—Handeln". Die Konfrontation mit dem „lebendigen Evangelium" steht im Mittelpunkt. Had

Christliche Ethik. Jede → Ethik (E.) ist heute stark v. den anthrop. Wissenschaften (→ Psychologie, → Soziologie usw.) beeinflußt, die erkennen lassen, wie sehr menschl. Verhalten durch Faktoren bestimmt ist, die sich der freien (ethisch reflektierten) Selbstbestimmung des Menschen entziehen u. doch das Handeln leiten u. orientieren. Die E. hat es deshalb nicht nur mit Sätzen des Sollens, sondern auch mit der Beschreibung der → Wirklichkeit zu tun, in der sich der Mensch vorfindet u. die er bewältigen muß, um sein Gesamtziel zu erkennen u. erreichen zu können. Ch. E. unterscheidet sich v. einer allg. phil. E. dadurch, daß sie immer mitbedenkt, daß zahlreiche Bedingungen des Lebens u. Handelns f. den Handelnden unverfügbar bleiben, so daß sich der Mensch auf → Glauben u. → Vertrauen verwiesen u. in den großen Prozeß des Handelns → Gottes an u. in der → Welt eingebaut erfährt. Dazu gehört v. a. auch die Erfahrung v. → Schuld u. das dankbare Ergreifen angebotener → Erlösung. Der Christ hat die Aufgabe, einem einseitigen → Optimismus (der sich aus dem Bewußtsein sittl. → Autonomie ergeben kann) das auf → Jesus Christus gründende Bewußtsein der → Gnade an die Seite zu stellen, damit die tatsächl. Situation u. nicht eine Illusion ethisch bewältigt werden kann. Ch. E. ist als bibl. fundierte E. eine Konsequenz gläubiger Existenz u. weist v. hier aus gesehen eine gewisse Einheitlichkeit auf. Aus dem Heils*indikativ* (Erlösung, Rechtfertigung, neue Existenz, → Reich Gottes) ergeben sich die christl. (eth.) *Imperative,* die je nach Zeit u. Personen, Situationen u. Umständen durchaus verschiedenartige konkrete Ausfaltungen erfahren können. Aus dem zentralen Heilsindikativ „erlösende Liebe Gottes" ergibt sich als Imperativ das Zentralgebot der christl. → Liebe als Mitte der ch.n E. Was dieser Imperativ im einzelnen bedeutet, ergibt sich aus dem jeweiligen → Ethos des einzelnen bzw. der → Gruppen. — Hier muß auch der RU ansetzen u. die Konfrontation der eth. Tradition mit den jeweiligen gesch. Umständen anregen, begleiten u. vorantreiben, damit die jungen Menschen ch. E. nicht nur als „Stoff" hören, sondern in ihrem Leben tatsächl. realisieren. Hi

Christl. Menschenbild. Genetisch u. inhaltlich hängt das Ch. M. eng mit der → Offenbarung zusammen, die den Menschen als Ebenbild des lebendigen → Gottes versteht, frei erschaffen u. in der → Heilsgeschichte (v. der Befreiung → Israels aus Ägypten bis zu → Christus) zur → Erlösung geführt.

Das bibl. Bild v. Menschen enthält folgende Elemente: Leiblichkeit (adamah = Ackererde), Gottebenbildlichkeit, Gleichheit v. Mann u. Frau (isch-ischah = Mann-Männin) sowie Einheit beider als Ganzheit des Menschen, Mitschöpfertum (Herrschaft über die Dinge). Die Begriffstrennung v. Leib—Seele—Geist kennt die Bibel nicht, auch nicht den Menschen als fertiges Wesen, sondern im Werden: Wie die Offenbarung ein Prozeß v. Bewußtwerden—Entfaltung—Höhepunkt—Vollendung ist, so entfaltet sich der Mensch in seinem Leben u. seiner Geschichte. Im A. T. wählt sich Gott ein Volk zum Träger dieser Ideen, es sollte im → Bund mit ihm eine Gesellschaft der Gleichheit, Gerechtigkeit u. Heiligkeit gründen. Aus diesen Ansätzen lenken die → Propheten die Hoffnung auf den Christus, den „endgültigen" Menschen in → Freiheit (Wert des Individuums!) u. → Liebe (Gott—Ich—Du), mit dem das ch. M. universal u. f. die Entfaltung der menschl. Gesellschaft entscheidend wird.

Die Personalität des Menschen bedingt ein zentrales Ich, das in relativer Bewußtheit u. Freiheit über die Wirklichkeit bestimmt: Es übersteigt die eigene Leiblichkeit u. die Dinghaftigkeit der Umwelt. Der Mensch kann daher weder f. → Gott noch f. den Mitmenschen ein Objekt sein u. darf nicht als solches mißbraucht werden.

Der Mensch in der Weltwirklichkeit: Der Mensch ist weder das einzige noch das absolute Wesen, daher abhängig v. den Gesetzen des eigenen Denkens (Prinzipien der Richtigkeit u. Wahrheit) u. der materiellen Umwelt sowie der Gesellschaft. Die Dinge sind ihm zwar anheimgestellt, fordern jedoch zur → Verantwortung auf. Das Ergebnis: Kultur (Wissenschaft, Religion, Kunst usw.), Gesellschaft, Geschichte.

Die Vollendung in Christus: Die Welt u. mit u. in ihr der Mensch sind in dauerndem Werden u. Entfalten begriffen. Seit der Mensch jedoch in diese Entwicklung eingreift, wandelt er sie in geistigen Fortschritt um u. ist f. diesen verantwortlich. Während nun die meisten u. größten Religionen des Altertums zu Hochkulturen wurden, kennt das Volk des A. T. weder Wissenschaft noch Philosophie o. Kunst, sondern macht das Ringen um den Menschen zum Inhalt seiner Geschichte: Unter der Führung des lebendigen Gottes wird seine Geschichte → Heilsgeschichte, in der →Jesus Christus als die → Vollendung des Menschen erscheint: durch sein eigenes Menschsein u. durch das Gericht, unter das er die Menschheit stellt. Die Entwicklungstendenz unserer Geschichte seit Christus bestätigt es: Sie bewegt sich auf die Verwirklichung der Freiheit im Sinne der Erlösung (v. allen Dingen u. Bindungen = „arm im Geist") u. der Liebe (steigende Streuung der Anteilnahme an den Menschenrechten u. Gütern). Persönl. → Erlösung vollzieht sich daher nur im inneren Freiwerden f. die → Liebe zum Menschsein. Bla

Christozentrik. Ch. bedeutet, daß → Jesus Christus die lebendige Mitte sowohl des christl. Lebens wie der christl. Theologie ist, daß also Christusförmigkeit zur Basis des Christentums gehört. Dies schiebt jeder Spekulation, die das Christentum zu einem abstrakten System machen u. jedem bloßen → Humanismus, der Jesus v. seinem göttlichen → Geheimnis ablösen möchte, einen Riegel vor. Auch der → Katechese ist damit ein eindeutiger Auftrag gegeben, den sie immer im Auge behalten muß. → Christl. Humanismus → Theologie → Theozentrik → Anthropozentrik → Unterrichtsprinzipien → Zielgebot Hi

Chronistisches Geschichtswerk. Neben dem → deuteronomistischen (→ Pentateuch) ein zweites großes Geschichtswerk des A. T. (1, 2 Chronik, Esra, Nehemia; Entstehungszeit: um 300 v. Ch.). Es meditiert den Plan des Gottesreiches v. der → Schöpfung bis zur Reform unter Esra u. Nehemia. Im Zentrum steht die idealisierte Gestalt König Davids u. seiner Dynastie. Teile des Chr. G.s sind kat. v. a. dort relevant, wo eine heilsgesch. orientierte Zusammenschau der Geschichte → Israels angestrebt wird. Ko

Clinical Pastoral Training. V. W. Zijlstra in Holland an einer psychiatr. Klinik erarbeitete Methode eines „Seelsorgetrainings". Es strebt einen Lern- u. Gruppenprozeß (Lernen im Vollzug) an, in dem die Selbsterfahrung u. Menschenkenntnis, die Dienstbereitschaft u. Glaubensgesinnung, die Beobachtungsfähigkeit u. die Kenntnis der Abwehrmechanismen wachsen. Ko

Lit.: W. Zijlstra, Seelsorge-Training (1972).

Codex Iuris Canonici (CIC). Enthält den Großteil des allgemeinen (in der ganzen Welt geltenden) Kirchenrechts. Er gilt allerdings grundsätzlich nur f. die Lateinische, nicht f. die Orientalische (unierte) Kirche. Er enthält im allgemeinen auch keine liturgischen Vorschriften. Schon das I. Vat. Konzil (1870) forderte die Kodifizierung des kirchlichen Rechtes. Aber erst Pius X. nahm 1904 mit dem Motu proprio „Arduum sane" das Werk in Angriff. Der CIC wurde am Pfingstfest 1917 durch die Bulle „Providentissima mater ecclesia" v. Benedikt XV. promulgiert u. trat mit dem Pfingstfest 1918 in Kraft. Für RU u. christl. Erziehung sind u. a. Can. 467, 469 (Sorge des Pfarrers), 854 (Erstkommunion), 1330, 1331 (pfarrliche Sakramentenkatechese), 1330 (Katecheten), 1334, 1336 (Aufgaben des Ordinarius), 1113, 1372 (rel. u. moral. Erziehung; Aufgabe der Eltern); 1373 (RU in Schulen); 1375, 1379 (kirchliche Schulen); 1382 (kirchliche Schulaufsicht) von Bedeutung.

Gleichzeitig mit dem II. Vatik. Konzil hat Johannes XXIII. die Reform des CIC angekündigt. Eine v. Paul VI. eingesetzte Kommission arbeitet daran. Ke

COGENDI. Abkürzung f.: *C*omputer *O*rganisiert *G*emäß *E*ingegebenen *N*ormbausteinen *D*idaktischen *I*nformationsumsatz. → Kybernetisch orientiertes Verfahren zur Herstellung v. linearen u. verzweigten Lernprogrammen. → Programmierter Unterricht Ko

Comics (Comic-strips). C. zählten lange Zeit zur Schmutz- u. Schundliteratur. In Form v. Zeitungsbildstreifen u. eigenen Heften haben sie nichts v. ihrer Verkaufswirkung eingebüßt. Kunstsoziologie u. Kommunikationswissenschaft bewerten sie heute nicht mehr so negativ u. weisen auf zahlreiche Querverbindungen zw. C. u. moderner Kunst (Malerei, Film, Literatur) hin. Ko

Lit.: W. Kempkes, Bibliographie der internationalen Literatur über „Comics" (1972); A. C. Baumgärtner, Die Welt der Comics, Kamp-Tb. 26.

Comprehensive School. Engl. Art der Oberstufenform einer → Gesamtschule.

Lit.: R. Pedley, Die englische Gesamtoberschule (1966).

Conscientization → Befreiende Erziehung

Crowder-System. Lernprogramm, bei dem der Schüler die → Antwort nicht selbst formulieren, sondern aus einer Anzahl v. Angeboten (Quiz-System) heraussuchen muß. Die angebotenen unrichtigen Antworten sind nicht willkürlich falsche, sondern *typische* Fehlantworten. Bei richtiger Antwort führt das Lernprogramm zum nächsten → Lernschritt weiter, bei falscher Antwort erfolgt eine Rückverweisung auf die Frage o. eine Weiterführung durch zwischengeschaltete Lernschritte (Umwege). → Programmierter Unterricht Ko

Curriculum. Lat.: Lehrplan. Aus dem Amerikanischen u. v. dort in die deutsche Literatur übernommene Bezeichnung f. einen auf empirisch-wiss. Basis erarbeiteten, die künftigen Lebenssituationen des Schülers (→ Qualifikation) berücksichtigenden, v. → Lernzielen her bestimmten → Lehrplan. Dieser v. S. B. Robinsohn entwickelten Sicht des C. steht eine v. E. Weniger, W. Klafki u. a. vertretene, geisteswissenschaftliche Sicht gegenüber. Die Fächer u. Lehrinhalte sind nach dieser zu gewinnen durch eine → hermeneutische Auslegung der Wirklichkeit, wobei die Sinnfrage vorgegeben bleibt. C.forschung steht heute im Zentrum der päd.-wiss. u. der rel. päd. Forschung des deutschen Sprachraumes. Sie zielt nicht nur auf eine Revision der Lehrpläne, sondern des gesamten → Bildungswesens, wobei zugleich mit den durch → Lernziele bestimmten Lerninhalten auch die Frage adäquater Lern -u. Lehrmethoden beachtet wird. → Curriculumrevision → Lernziele → Projektforschung → Strukturplan → Lehrplan → Rahmenplan → Demokratisierung der Lehrpläne → Taxonomie Ko

Lit.: G. Stachel, Curriculum u. RU (1971); G. Horstkemper u. a., Organisation der Arbeit am Curriculum f. den kath. RU, in: D.I.P. Information/dkv-inform, Nr. 2/1972.

Curriculumrevision. Erarbeitung o. Überarbeitung v. → Curricula. C. steht heute im Zentrum deutschsprachiger Forschungsarbeit v. → Katechetik u. → Religionspädagogik. Ko

Lit.: S. B. Robinsohn, Curriculumentwicklung in der Diskussion (1972); *ders.*, Bildungsreform als Revision des Curriculums (1967).

Daniel. Das Buch D. (= „Gott ist mein Retter") zerfällt deutlich in zwei Teile: Die Kap. 1—6 erzählen vom jungen, gebildeten Juden D., der am Hof Nebukadnezars als Page lebt; er ist allen anderen an Weisheit überlegen, weiß Träume zu deuten u. wird dafür v. König zu hohen Ämtern erhoben. Mit seinen Freunden wird er jedoch in einen brennenden Ofen geworfen, da er die Huldigung eines vom König aufgestellten Bildes verweigert; das Feuer läßt sie unversehrt. Später werden sie durch die Intrige v. Neidern in eine Löwengrube geworfen — wieder werden sie errettet.
Im zweiten Teil des Buches (in „Ich-Form") berichtet D. Visionen. V. a. die Tiervision macht eine wahrscheinl. Datierung des Buches möglich: Es soll den unter Antiochus IV. (letztes Tier!) Verfolgten u. Leidenden Trost zusprechen. Durch diese späte Datierung ist jedoch nicht ausgeschlossen, daß älteres Material verarbeitet ist: Kap. 1—6 ist eine weisheitlich geprägte Hofgeschichte mit deutlich didakt. Akzent; Kap. 7—12 gehört zur Gattung der → Apokalyptik. Der Tag → Jahwes wird — begleitet v. kosmischen Katastrophen — mit absoluter Sicherheit u. nach einem feststehenden Geschichtsplan Gottes kommen. Schr

Daseinsanalyse. Auf L. Binswanger (gest. 1966) zurückgehende Richtung der → Tiefenpsychologie, die, v. C. G. Jung, S. Freud u. der Philosophie Heideggers beeinflußt, eine empir.-phänomenol. Analyse faktischer Daseinsweisen u. -gestalten anstrebt. Ko

Lit.: L. Binswanger, Grundformen u. Erkenntnis menschlichen Daseins (4. Aufl. 1964).

Dating → siehe Peer-culture

David(zyklus) → Chronistisches Geschichtswerk → Zyklen im A. T.

Debilität. V. lat. debilis = schwach. D. ist der leichteste Grad der Geistesbehinderung (Geistesschwäche). Sie ist gekennzeichnet durch einen → IQ v. ± 60 bis 85 u. äußert sich in einem Rückstand der intellektuellen Reife u. in Behinderungen der → Abstraktionsfähigkeit, der Lernleistung usw. Auffassungsvermögen u. → Interesse beschränken sich auf einen kleineren u. meist ich-zentrierten Raum. Durch heilpäd. richtige Förderung (→ Sonderschule) können eine optimale Entfaltung der meist auf dem Gebiet des Lebenspraktischen liegenden Fähigkeiten erzielt u. die in Normalschulen durch häufige Mißerfolgserlebnisse drohende charakterl. Fehlentwicklung verhindert werden. Debile sind zur Erlernung u. Ausübung einfacher (handwerklicher) Berufe geeignet. Sie kompensieren oft durch Fleiß u. Verläßlichkeit, was ihnen an intellekt. Wendigkeit mangelt u. sind zu einem zwar schlichten, aber doch selbständigen u. sinnerfüllten Lebensvollzug fähig. → Geistesbehinderung Ko

Deduktion. V. lat. deducere = herführen, herleiten. Methode in Wissenschaft u. Lehre, die v. allg. Erkenntnissen o. Gesetzlichkeiten ausgeht u. das Einzelne, Besondere aus diesen ableitet (→ Ruleg). Gegensatz: → Induktion, → Egrul. Ko

Deduktive Katechese. K. wird dann d. genannt, wenn sie mit *allgem.* Wahrheiten, feststehenden → Dogmen o. Lehrsätzen usw. beginnt. Bei diesem Vorgehen wird

übersehen, daß das, was in Intention u. Zielsetzung berechtigter — weise das erste ist, in Durchführung u. Unterweisung durchaus nicht an erster Stelle stehen muß. → Deduktion → Induktive Katechese
Ko

Dekalog. Griech.: „zehn Worte" = die zehn Gebote Gottes (Sinai). bender Inhalt des Textes ist, daß es sich um die gottgewollte u. damit auch gottgegebene Ordnung des menschlichen Zusammenlebens (4.—10. Gebot) u. der Gottesbegegnung (1.—3. Gebot) im Sinne v. „Weisungen" (M. Buber) handelt. Nach dieser Sicht ist der D. der Grundtext des → Bundes mit → Gott in Form einer kat. Zusammenfassung der äußersten Grenzen der Bundesordnung. — Im RU muß diesen Erkenntnissen der Bibelwissenschaft Rechnung getragen werden, indem man die Allgemeingültigkeit der „Weisungen" Gottes betont u. entspr. der Einkleidung in ihre spezif. literar. Art interpretiert. Viel wichtiger ist die → Aktualisierung u. das Herausarbeiten eines „heutigen" D.s im Sinne v. Lebensregeln (→ Grenzgebot, → Tora, → Sinaitradition). 2. *Kat.:* In der trad. → Katechese

ABBILDUNG 6: **Deduktion — Induktion** (v. P. Anzenberger)

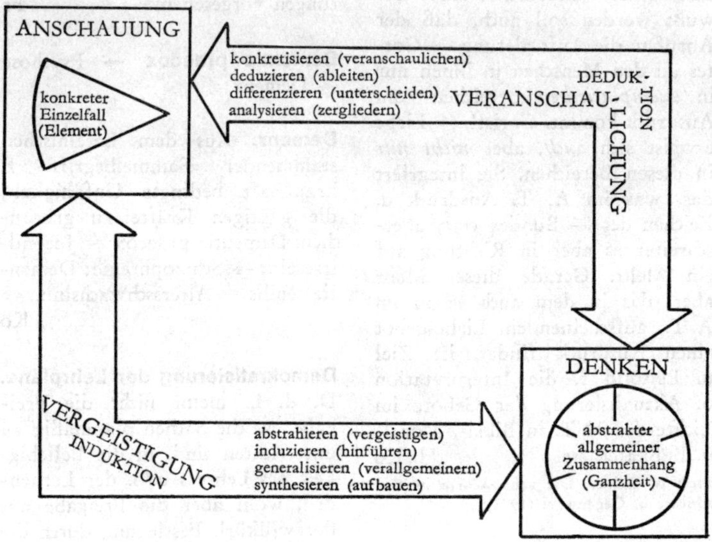

1. *Bibl.:* Im AT gibt es zwei Überlieferungen: Ex 20,1—17 u. Dtn 5, 6—21. In anderer Form u. Reihenfolge („Dodekalog") auch Lev 19 u. Ex 34,14—26. Nach der → Trad. wurden die zehn Gebote dem Mose am Sinai, auf zwei Tafeln eingraviert, übergeben. Nach den Erkenntnissen der Bibelforschung handelt es sich dabei um eine „Kultlegende"; der D. ist während der Richterzeit in Palästina entstanden u. wurde später in die Sinaitradition „eingebaut". Blei-

hatten die „10 Gebote" ein Übergewicht, das ihnen im Hinblick auf die gesamte ntl. → Ethik nicht zukommt. Sie treten in der modernen Katechese zugunsten v. ntl. Weisungen u. → Zielgeboten mit Recht etwas zurück. Schon ihre Erstdarbietung muß ihren Charakter als Bundesregel bewußt machen. Im Laufe der Pflichtschulzeit soll der Schüler auch erkennen, daß sie nicht der Inbegriff ntl. Moral, sondern nur eines ihrer Fundamente sind. Bewußt werden soll auch, daß der Anruf u. die Anforderung → Gottes an den Menschen in ihnen nur in *exemplarischen* Bereichen zum Ausdruck kommt. Christl. → Liebe erweist sich *auch,* aber *nicht nur* in diesen Bereichen. Sie integriert das, was im A. T. Ausdruck u. Zeichen des → Bundes war, überschreitet es aber in Richtung auf ein Mehr. Gerade dieses Mehr aber, das in dem auch schon im A. T. aufscheinenden Liebesgebot einen Ausdruck findet, ist Ziel u. Leitbild f. die Interpretation u. Aktualisierung der Gebote im Lichte des N. T. in Bibel-, Moral- u. Bußkatechese. Hi/Ko

Lit.: B. Reicke, Die zehn Worte in Geschichte u. Gegenwart (1973).

Deliktfähigkeit.
BRD: Nicht deliktfähig sind Jugendliche, die das 7. Lebensjahr nicht vollendet haben (BGB § 828 Abs. 1). Deliktfähig ist, „wer das 7., aber nicht das 18. Lebensjahr vollendet hat" (BGB § 828 Abs. 2) u. „wenn er zur Zeit der Tat nach seiner sittl. u. geistigen Entwicklung reif genug ist, das Unrecht der Tat einzusehen u. nach dieser Einsicht zu handeln" (JGG § 3; nach BGB § 829 eventuell Ersatzpflicht aus Billigkeitsgründen). Lä

Österreich: → Altersstufen im Recht → Jugendstrafrecht

Schweiz: Zivilrechtl. bedingt D. die Handlungsfähigkeit (Art. 12—19 Schweiz. Zivilgesetzbuch). Die strafrechtl. Behandlung Minderjähriger ist in Art. 82—109 des Schweiz. Strafgesetzbuches geregelt: bis 6 Jahren straffrei, v. 6—14 gilt ausschließlich Maßnahmenrecht, v. 14—18 erste Sanktionen im strafrechtlichen Sinn, v. 18—20 sind noch Strafminderungen vorgesehen. Fr

Dementia praecox → Psychose → Demenz

Demenz. Aus dem Lateinischen stammender Sammelbegriff f. krankhaft bedingte Unfähigkeit, die geistigen Kräfte zu gebrauchen. Dementia praecox = Jugendirresein; → Schizophrenie; Dementia senilis = Altersschwachsinn. Ko

Demokratisierung der Lehrpläne.
D. d. L. meint nicht die Freigabe, welche Sachen planmäßig zu unterrichten sind, in die Beliebigkeit des Lehrers u./o. der Lernenden, wohl aber die Freigabe aus der willkürl. Festlegung durch die gesellschaftl. Träger der Schule. Abgesehen v. fachdid. u. lernpsych. Aspekt sind die *Lerninhalte* nicht in ihrer bloßen Vorgegebenheit als Kulturgüter dem Schüler tradierend zu vermitteln, sondern erst bei gleichzeitiger Mitteilung der sozioökonom. Verhältnisse, der Interessen u. Ideen, die sie bestimmen; denn nur so werde ihre Vorläufigkeit erfaßt u. der Heranwachsende in die Zukunftsvariante der gegenwärtigen Wirklichkeiten eingeführt. → Curriculumforschung Ro

Demonstrationsmedien → Mediensystematik

Demoskopie. Umfrage, Meinungsforschung, beruhend auf repräsentativen Befragungen u. → statist. Auswertungen v. Stichproben. Hilfswissenschaft f. → Katechetik, → Religionspädagogik, Pastoraltheologie u. Seelsorgeplanung. Ko

Demut. Wortbedeutung: Dien-Mut, Mut zum Dienen. Christl. Grundhaltung, welche durch mißverständliche Interpretation im Dienste autoritären Erziehungsdenkens heute vielfach in Mißkredit geraten ist. Echte D. ist das Gegenteil v. Hochmut u. widerspricht nicht der → Freiheit u. dem Selbstand des Menschen. F. J. J. Buytendijk (Holland) sieht in ihr das psych. Korrelat einer „Erziehung zur Kindschaft Gottes" u. ein Grundanliegen „innerer Schulreform". Christl. D. realisiert sich im Erkennen u. Anerkennen der eigenen Grenze, die durch die Geschöpflichkeit u. Erlösungsbedürftigkeit einerseits, durch den Anspruch des → Mitmenschen u. der → Welt andrerseits gegeben ist. Ko

Lit.: F. J. J. Buytendijk, Erziehung zur Demut (1972).

Denkanstoß. 1. Im weitesten Sinne alles, was einen Denkprozeß des Schülers auslöst: Aufgabenstellung, Fragen, Gesten, Reizworte, Textlücken u. a. m. — 2. Beim freien Schüler- u. → Unterrichtsgespräch als meth. Technik oft im Gegensatz zur Lehrerfrage verstanden u. auch Impuls genannt: z. B. *Frage:* „Was hat Kain getan?" — *Impuls:* „Da hat Kain etwas Böses getan ..."
3. Im → Programmierten Unterricht die Aufgabenstellung eines → Lernschrittes, auf die der Lernende in der v. Programm verlangten Weise antworten soll (= stimulus, oft ungenau auch „Reiz" genannt). Ko

Deskriptives Verfahren. Wiss. Methode (möglichst unvoreingenommene Beschreibung der Sachverhalte), welche zunehmend auch im rel.päd. Schrifttum Verwendung findet (päd. Tatsachenforschung). Die deskriptive Pädagogik bedient sich im Gegensatz zur normativen Pädagogik ausschließlich des d. V.s. Wissenschaftstheoret. Grenzen des d. V.s ergeben sich aus der Frage, wieweit im päd. Bereich „reine" Beschreibung u. Tatsachenfeststellung möglich u. sinnvoll sind (Frage der Voraussetzungslosigkeit in den Geisteswissenschaften). Ko

Determinismus — Indeterminismus. D.: Alle Vorgänge gehen ausnahmslos physikalisch-kausal, exakt berechenbar vor sich. I.: Der Wille ist weder durch Überlegen noch durch Gründe zu einer Entscheidung genötigt. Er ist total frei. — Vorgeschichte: Es gibt keinen Zufall (Demokrit); die Mechanik bestimmt jedes Geschehen (→ mechanist. Materialismus). Atomphysik u. moderne Psychologie (bes. seit Brentano: Intentionalität) korrigieren: mikrophysikalisches Geschehen nicht absolut kausal, sondern statistisch; seelisches Erleben nicht physikalisch-kausal erfaßbar. I. ist das extreme Gegenteil des D. Denkfehler beider Extreme: Entweder Leugnung o. Mißdeutung der seelisch-geistigen Eigenart des Menschen. Im rel.-theol. Bereich begegnet D. einerseits in anderen Religionen (als Fatalismus, Kismet, Schicksalsglaube usw.) bzw. als Einseitigkeit eines radikalisierten Verständnisses v. → Erbsünde. → Gnade → Freiheit → Wille Bla

Deutero-, Tritojesaja. Kap. 40—55 des Jesajabuches sind nach Sprache u. Inhalt so v. den ersten 39 Kapiteln verschieden, daß man einen anderen Verfasser annehmen muß. Man nennnt ihn wegen der Überlieferung im Jes.buch D. (= zweiter Jesaja). Als Zeit des Wirkens kommen die letzten Jahre des babyl. Exils in Frage. Auf diesem Hintergrund wird die Botschaft des Propheten verständlich: er will den Exilierten Trost zusprechen; Jahwes Kommen steht unmittelbar bevor, das Volk wird einen neuen Auszug in die → Freiheit erleben, → Jahwe ist der → Gott, neben dem alle anderen Götzen nur lächerliche Holzgebilde sind (vgl. 44, 9—20), der seine Allmacht dadurch beweist, daß er frühere Prophetenworte in Erfüllung gehen läßt. Den Höhepunkt erreichten die Gedanken des D. in den Liedern v. → Gottesknecht.
Der dritte Abschnitt des Jes.-buches (Kap. 56—66) wird v. Großteil der Forscher als eine Sammlung tw. weit auseinanderliegender Prophetenworte angesehen: alte, vorexilische Klagelieder stehen neben Trostsprüchen, die an D. erinnern. T. = dritter Jesaja. Schr

Deuteronomistische Schrift (D). Griech. „deuteronomion" = 2. Gesetz. Sammlung v. Predigten über das Gesetz, welche Mose in den Mittelpunkt stellen u. betonen, daß durch die Verlesung des → Pentateuch Mose selbst zu jeder Generation spricht. Neben dem 5. Buch Mose (= Deuteronomium) stehen Jos, Ri, Sam u. Kön unter dem Einfluß v. D. Charakterist. sind eine einheitl. Geschichtstheologie (Offenbarung der gerechten Vergeltung Gottes) sowie die Gottesverehrung im → Tempel. Ko

Deutscher Bildungsrat. 1964 gegründete bildungspol. Institution, die sich aus Ausschüssen einer Bildungskommission zusammensetzt. Vertreten sind der Bund u. die Länder. Aufgaben: Erstellung v. Bedarfs- u. Entwicklungsplänen f. das Bildungswesen, Beratung beim Finanzbedarf, Planung der Umstrukturierung des Bildungswesens. → Strukturplan → Bildungspolitik Ko

Deutscher Katechetenverein e. V. (DKV). 1921 aus dem 1887 gegr. Münchener Katechetenverein hervorgegangen, ist der DKV eine gemeinnützige Vereinigung (keine Interessensvertretung!) kath. Katecheten, Religionslehrer, Katechetiker u. Religionspädagogen deutscher Sprache. *Tätigkeiten:* Erarbeitung v. Lehrplänen, Behelfen, Lehrbüchern; Herausgabe v. Publikationen (→ Katechismus, → Katechetische Zeitschriften) u. Arbeitshilfen; Studienkommissionen f. div. rel. päd. u. pastorale Probleme; Tagungen u. Kongresse; Zusammenarbeit mit diözesanen, interdiözesanen u. internationalen Institutionen; Buchdienst, Beratung u.a.m. Sitz: D-8 München 80, Preysingstr. 83 c. Ko

Deutsches Institut f. wissenschaftliche Pädagogik. 1922 v. kath. Lehrerverbänden gegründete Einrichtung zur Pflege der christl. Pädagogik (Forschung u. Lehre). Arbeitsweise: Kongresse, Lehrgänge, Publikationen, Fachbibliothek. Sitz: Münster i. Wf. Ko

Lit.: Vierteljahresschrift für wissenschaftliche Pädagogik, Bochum.

Deutung. Viele verbale u. nonverbale Äußerungen des Menschen bedürfen einer D., da sie *mehr*deutig o. mehr*schichtig* sind. Soweit der RU seine Verkündigungsfunktion wahrnimmt, ist er dem → Evangelium (Lehramt, → Tradition) verpflichtet u. hat v. hier aus Kriterien zur Verfügung, ambivalente Äußerungen „eindeutig" zu machen (→ Hermeneutik), Un- bzw. Schwerverständliches zu erläutern, Fehl-D.n aufzuklären (→ Worthülsen) u. → Zeichen zu deuten (Gesten, Handlungen, → Sakramente), um ihre eigentl. Bedeutung zu klären u. sie damit f. die Praxis fruchtbar zu machen. Eine krit. Einstellung ist bei jeder D. erforderlich, da sehr leicht Fehl-D.n durch ein unreflektiertes Vorverständnis entstehen können. → Verbalisierung → Neuinterpretation Hi

Diagramm der Entwicklung = eine graph. Darstellung des Entwicklungsverlaufes; Ein D. d. E. zeigt, daß → Entwicklung nicht linear verläuft, sondern durch einen eigentüml. Rhythmus gekennzeichnet ist. Es werden in ununterbrochener Aufeinanderfolge versch. Entwicklungsstufen erreicht, wobei innerhalb jeder dieser Stufen drei Phasen unterschieden werden können:

1. Eine kurz dauernde Phase gesteigerten Entwicklungstempos, in der die Prozesse der → Assimilation vorherrschen. (→ Krisenzeiten).
2. Eine etwas längere Phase verringerten Entwicklungstempos, in der die Bereitschaft zur → Akkommodation zunimmt.
3. Eine relativ lange Phase der Beruhigung. Assimilation u. Akkommodation haben das Gleichgewicht erlangt, ein bestimmter Entwicklungstypus ist ausgeprägt, ein Entwicklungsniveau erreicht. Beispiel: → Schulalter. Si

Diakonatsjahr. Einsatz v. Priesteramtskandidaten in Gemeindeseelsorge u. RU nach Abschluß ihrer Studien, jedoch vor ihrer Weihe. Als Teil der prakt. Berufsausbildung künftiger Seelsorger ist das D. rel. päd. relevant. In Wien etwa erfolgt die Einführung in die kat. Praxis unter Anleitung u. Beratung eigens dafür bestellter Fachleute. Ko

Diakonisches Jahr. Einjähriger freiwilliger Einsatz evang. Jugendlicher in Krankenhäusern u. Heimen. Nicht zu verwechseln mit dem → Diakonatsjahr. Ko

Dialektische Theologie. D. Th. ist die Bezeichnung f. die v. a. v. K. Barth, E. Thurneysen, F. Gogarten, E. Brunner u. R. Bultmann nach dem 1. Weltkrieg erneuerte evang. → Theologie, die sich gegen die liberale Theologie des 19. Jh. wendete u. Anliegen der Pastoral, Vorarbeiten v. Philosophen (z. B. Blumhardt, Kierkegaard) u. Probleme, die im Kriege bewußt geworden waren, aufgriff u. die totale Andersartigkeit (→ Transzendenz) → Gottes betonte, der in absoluter → Freiheit den Menschen anspricht, der weder in seinem Erkennen noch in seinem Tun etwas dazu beitragen kann („mit leeren Händen vor Gott"). Die Radikalität der D.n Th. ist im geschichtl. → Kontext verständlich, wirkt heute aber vielfach einseitig u. wurde im Laufe der Zeit beträchtlich modifiziert. → Theozentrik → Gnade → Glaube Hi

Dialog. Im weiteren Sinne: jedes → Gespräch zw. zwei Partnern (Personen, Gruppen). Im engeren Sinne ist D. nur dort gegeben, wo die beiden Gesprächspartner einander als gleichwertig (nicht unbedingt jedoch gleichrangig) achten, Verständigungsbereitschaft u. ein Minimum an gemeinsamer Grundhaltung besitzen u. „existentiell" am Gesprächsinhalt interessiert sind. Konversation, → Streitgespräch, → Diskussion u. ä. sind in diesem Sinne nicht D., auch wenn sie nur zw. zwei Partnern erfolgen. Seine letzte Tiefe findet der D. dort, wo er zur Du-Begegnung im Medium des Wortes wird. → Dialogisches Prinzip → Diskussion Ko

Dialogisches Prinzip. M. Buber (1878—1965) unterscheidet das *Ich-Du-Verhältnis* vom *Ich-Es-Verhältnis.* Letzteres „vergegenständlicht" den anderen Menschen, bestimmte aber weithin die trad. → Erziehung u. → Katechese. Im Ich-Du-Verhältnis, das in der Schöpfungsordnung gründet, nach der jeder auf den Mitmenschen u. auf → Gott hin geschaffen ist, bildet das d. P. die *Tiefendimension* der Erziehung. Sie besteht darin, daß man dem anderen in seiner Einmaligkeit, Einzigartigkeit u. Unverfügbarkeit „begegnet". D. P. bestimmt entweder *alles* Tun eines Erziehers (einschließlich der sachkundl. u. technol. Bereiche) o. es ist überhaupt nicht vorhanden. In diesem Fall gerät Erziehung in Gefahr, zur. päd. Manipulation zu werden. Religionspädagogik u. Katechetik, welche dieser Gefahr erliegen, verfehlen ihr eigenes Wesen. Bes. Beachtung findet das d. P. in den Werken v. Franz Rosenzweig (1886—1929), Romano Guardini (1885—1968) u. Karl Löwith (geb. 1897). Es bildet ferner die Grundlage der → „Befreienden Erziehung" u. der daraus resultierenden päd. Reformversuche. → Begegnung Ko

Lit.: M. Buber, Werke I (1962); F. Ebner, Schriften (1963 ff.); B. Casper, Das dialogische Denken (1967); A. O. Schorb, Erzogenes Ich-erziehendes Du, (2. Aufl. 1969); W. Faber, Das dialogische Prinzip Martin Bubers und das erzieherische Verhältnis (2. Aufl., 1972).

Diamat = Dialektischer Materialismus. Umkehrung des Hegelschen Idealismus: die Methode der Dialektik (Sokrates; Scholastik: pro — contra; Hegel: These — Antithese — Synthese) wird beibehalten, die Vorzeichen werden umgetauscht, d. h. die These, der Ausgang aller Realität, ist nicht die Idee, sondern die Materie. Begründer: Karl Marx, fortgeführt u. vertreten v. a. durch F. Engels, Lenin, Stalin. → Histomat Bla

Diapositiv. 1. Bezeichnung f. das zu projizierende, transparente („diapositive") Material → „Film". In diesem Fall muß man zw. „*Steh*dia(positiv)" u. „*Lauf*dia(positiv)" unterscheiden. 2. Bezeichnung *nur* f. das „Stehdia(positiv)"; in diesem Fall gibt es wieder 2 Möglichkeiten: a) „Dia(positiv)" ist Überbegriff über „*Klein*dia(positiv)" u. „*Groß*dia(positiv)" (= → Overheadtransparent), b) „Dia(positiv)" ist *nur* das „Kleindia(positiv)". — Die Bedeutung 2. b) wird am häufigsten verwendet. Über die Projektionstechnik s. → Projektion. — *Stumme* D.e nennt man „Lichtbilder", *vertonte* D.e „Tonbilder" (Lautsprechereinstellung s. → Abspielung). Tonbilder entstehen durch Kombination v. Lichtbildern mit einer → Schallplatte o. einem → Tonband. Im Fall des Tonbandes ist eine automatische Bildschaltung durch den Tonträger (Tonbandschaltung s. → Tonband) möglich. — Unter den *Diaprojektoren* unterscheidet man I. Projektoren mit Rollvorrichtung f. D.e in Form v. sog. *„Filmstrips“*. (Diese Geräte sind heute bereits ziemlich selten, bei Tonbildreihen sind sie jedoch praktischer als händische Projektoren f. → Slides (s. u.); die Rollvorrichtung ist meist gegen Horizontalschieber (s. u.) auswechselbar. II. Projektoren f. D.e in Form v. *„Slides“* (mit Rahmung 5 × 5 cm, seltener 6 × 6 cm; A. *händische* Projektoren (jedes Bild wird einzeln eingelegt): 1. Projektoren mit *Fallschacht,* 2. Projektoren mit *Horizontalschieber;* B. *halbautomatische* Projektoren (die Bilder werden magaziniert, das Magazin wird jedoch händisch weiterbewegt); C. *vollautomatische* Projektoren (das Magazin wird durch elektrische Impulse weiterbefördert): 1. mittels Handschalter (Nah- o. Fernschaltung), 2. durch Tonbandschaltung (s. → Tonband). — F. Tonbildreihen am praktischesten ist die Tonbandschaltung, am unpraktischesten sind die händischen Projektoren. Ansonsten aber entsprechen bis jetzt die händischen Projektoren den schulischen Anforderungen meist besser; es gilt daher noch, daß halb- u. vollautomatische Projektoren nur bei Erfüllung folgender Forderungen f. eine Zulassung im schulischen Bereich (laut Expertenkonferenz der österreichischen Landesbildstellen, Innsbruck 1968) in Frage kommen: 1. Die Automatik soll *zuverlässig* arbeiten u. f. *alle* Rahmungsarten geeignet sein. 2. Der automatische Diaprojektor darf *nicht* zur Einhaltung einer bestimmten Reihenfolge *zwingen.* 3. Die Vorführung v. *einzelnen* D.n soll *leicht* durchführbar sein. — Eine Selbstherstellung v. D.n durch Lehrer u./o. Schüler (Ausdruckstätigkeit, Visualisierung) wäre leicht möglich, müßte aber noch mehr forciert werden. Ebenso eine Anwendung v. D.n im Sinne der → Fotosprache. — Die frühere Meinung, nach der in der Volksschulunterstufe nur (stehende) D.e, nicht aber der (bewegliche Film adäquat seien, ist heute zumindest durch die Fernsehgewohnheiten der Kinder längst überholt. Der v. den Kindern zu Hause erlebte audio-visuelle Standard zwingt die Schule auch praktisch, im Bereich der D.e nur mehr Farbbilder zu verwenden — v. wenigen Ausnahmen abgesehen.

Anz

Diaprojektor → Diapositiv

Diaspora. Unter D. versteht man Minderheiten rel. Bekenntnisses, welche in einem Wohngebiet weniger als etwa ein Drittel der Gesamtbevölkerung ausmachen. F. die rel. Unterweisung ergeben sich eine Reihe v. Besonderheiten (Randstunden o. Nachmittagsunterricht in Schulen, ungenügende Unterrichtsräume u. deren Einrichtung in Pfarren, weite Wege zum Gottesdienst u. ä.). Positiv wirkt sich oft aus, daß die rel. Unterweisung in kleineren Gruppen stattfinden u. die D.situation das Gefühl des Zusammengehörens stärken kann. Negativ zu sehen ist die Gefahr der Abkapselung gegenüber dem Bekenntnis der Mehrheit, aber auch Indifferentismus u. Lauheit. Die nachgehende Seelsorge u. → Hauskatechese erhält in D.gebieten bes. Bedeutung. Hilfeleistung f. die D.seelsorge machten sich zur Aufgabe: in Deutschland der Bonifatiusverein, in der Schweiz die Inländische Mission.

Ko

Didacta. Europäische Lehrmittelmesse, die in zweijährigem Zyklus alternierend in Hannover u. einer anderen europäischen Stadt stattfindet. Auskünfte: Deutscher Lehrmittel-Verband e. V., D-649, Schlüchtern, Bad-Sodener-Weg 3. Ko

Didaktik. V. griech. didaskein = unterrichten, lehren. D. wird in der gegenwärtigen Literatur in sehr unterschiedl. Sinne gebraucht: 1. D. = *Theorie der Bildungsinhalte* (Klafki — Frankfurter Schule; Weniger). Hier untersucht D. das Was u. Wozu des Unterrichtes u. ist der Methodik (Wie? Womit?) vorgeordnet. 2. D. = *Theorie der Unterrichtsmethode* (Aebli, Schiefele, Engelmayer, Roth u. a.). Sie wird entweder lerntheoretisch (Berliner Schule: Heimann, Schulz) o. entwicklungspsych. (Aebli) o. nach → kybernetischen Denkmodellen (Frank, v. Cube) verstanden u. oft mit allgemeiner *Unterrichtslehre* gleichgesetzt (Meister). → Kybernetische Pädagogik. 3. D. = die alle auf Bildung bezogenen Probleme (Wesen, Ziel, Formen) reflektierende *Bildungslehre* (O. Willmann). 4. D. = die *Theorie der Bildungskategorie.* Bildung meint nach Derbolav ein „in-Anderen-zu-sich-selber-Kommen". Zentraler Ort v. Weltbemächtigung u. Selbstverwirklichung ist das → Gewissen. Die did. Intention ist zentral auf das Gewissen des zu Erziehenden gerichtet. Die Bewältigung der „did. Differenz" zw. Wissen u. Gewissen führt zur Aufgabe der D., Erziehung u. Unterricht wieder zu versöhnen, indem man v. Sachverstand zum Sinnbegreifen u. damit zum Bildungssinn der Lehrfächer gelangt. Ko

Lit.: R. Merkert/Th. Klaßen, Didaktik für praktische Theologen (1970).

Didaktische Analyse. Nach W. Klafki muß jeder Lehrer vor der method. Vorbereitung das Thema durch folgende fünf Fragen did. analysieren:
1. Welche Bedeutung hat der betreffende Inhalt im geistigen Leben der Kinder meiner Klasse, welche Bedeutung sollte er — v. päd. Gesichtspunkt aus — darin haben? 2. Worin liegt die Bedeutung des Themas f. die Zukunft der Kinder? 3. Welche Struktur hat der Inhalt? 4. Welchen allg. Sachverhalt, welches allg. Problem erschließt der betreffende Inhalt? 5. Welches sind die besonderen Fälle, Phänomene, Situationen, Versuche, in o. an denen die Struktur des jeweiligen Inhalts den Kindern dieser Bildungsstufe interessant, fragwürdig, zugänglich, begreiflich, anschaulich werden kann? Der Ansatz Klafki's wurde v. vielen anderen Autoren (H. Schiefele, W. Kramp, u. a.) aufgegriffen bzw. weitergeführt. Er wurde auch in das rel.päd. Schrifttum (H. K. Beckmann, K. Wegenast, G. Otto u. a.) übernommen. Ko

Didaktische Differenz → Didaktik

Didaktische Kette → Religionspädagogische Projektforschung

Didaktischer Formalismus — Materialismus. Der d. M. vertritt die Auffassung, daß der eingelernte Stoff allein schon genügend geistige Kraft besitzt u. daher das bloße Quantum an gelerntem Material Maßstab f. die intell. u. sittl. → Bildung ist. Der d. F. dagegen ist der Ansicht, daß es gleichgültig ist, durch welchen Stoff die formalen geistigen Kräfte entfaltet u. gesteigert werden. → Bildung — formale, materiale → Kategoriale Bildung Ro

Didaktischer Trichter → Religionspädagogische Projektforschung

Differenzierung. Schulorganisator. u. method. Bemühungen, den einzelnen Schüler optimal zu fördern durch: 1. *Innere D.* (= Gruppierung innerhalb einer Klasse nach Leistung, Interesse, Lernvoraussetzung, durch differenzierte Aufgabenstellung u. ä.) 2. *Äußere D.* (= Zuordnung der Schüler in versch., nebeneinander laufende Klassen, z. B. I. u. II. Klassenzug, → AHS (→ Streaming) o. innerhalb eines Faches in klassenübergreifende Leistungsgruppen (→ Setting → Gesamtschule). Ko

Dionysischer Typ → Apollinischer Typ

Directorium Catechisticum Generale (Allg. Katechetisches Direktorium). V. der röm. Kongregation f. den Klerus am 11. 4. 1971 veröffentlichte Sammlung kat. Richtlinien. Adressaten: Bischofskonferenzen, Bischöfe u. die f. die kat. Unterweisung Verantwortlichen. Inhalt: 1. Situationsanalyse (Katechese in der Welt u. Kirche v. heute); 2. Wesen u. Aufgaben der Katechese im Zusammenhang mit der Sendung der Kirche u. ihrem Dienst am Wort; 3. der Inhalt der Katechese; 4. Methoden u. Methodologie der Katechese; 5. die altersgemäße Differenzierung der Katechese; 6. Aufgaben der Bischofskonferenzen, der kat. Kommissionen u. Zentren (Aktionsprogramme, Ausbildung, Schaffung v. Behelfen u. a.); ein Anhang bringt ein v. einer eigenen Kommission erarbeitetes, in der kat. Fachpresse u. auf dem Intern. Kat. Kongreß 1971 viel diskutiertes u. auch umstrittenes Kapitel über die Hinführung zur Erstbeichte u. Erstkommunion. — Hinsichtlich des Verpflichtungscharakters des D. erklärte Kardinal Wright, Präfekt der Kleruskongregation, in der Abschlußsitzung des Int. Kat. Kongresses 1971: *„Das hauptsächliche Ziel des D.s ist es, eine allg. Ausrichtung f. die rel. Erziehung zu schaffen. Es soll nicht als Gesetzbuch gelten. Es handelt sich um Richtlinien, nicht um Vorschriften. Der Inhalt des D.s kann weiterentwickelt werden, im Rahmen der Wünsche, die v. den Bischofskonferenzen kommen. Das D. soll als Fundament gelten, das über die nationalen Bischofskonferenzen, in Absprache mit dem Hl. Stuhl, an die in den einzelnen Ländern gegebenen Verhältnisse angepaßt werden kann."* (Kurzkommentar dazu: Chr. päd. Bl. 1972 Heft 4). Ko

Lit.: Atti del IIo Congresso Catechistici Internationale (1972).

Direct-Teaching. Engl.: Direktes Lehren durch Medien, welche so gestaltet sind, daß sie den Lehrer ersetzen. → Schulfernsehen → Schulfunk → Programmierter Unterricht → Enrichment-Programm → Bildungsfernsehen Ko

Dirty-Intonation → Beat-Musik

Diskussion. → Gespräch mit dem Ziel, → Wahrheit zu finden o. näher zu präzisieren. An Rede u. Gegenrede (mündlich, aber auch in Presse u. Schrifttum) sind v. a. die rationalen Kräfte der Diskutierenden beteiligt. Sachlichkeit — sowohl als Bindung an Sachgesetzlichkeiten wie auch als Absehen v. rein emot. Reaktionen — ist Wesensmerkmal der D. Wo sie nicht o. noch nicht (Kleinkind- u. frühes Schulkindalter) gegeben ist, sind nur geführte Gespräche, Plauderei u. Debatten, nicht aber echte D.n möglich.

Seit Sokrates zählt D. zu den Wegen des Wissenserwerbes u. der Menschenbildung. Sie ist heute auch als legitimes u. notwendiges Kommunikationsmedium zwischen Führenden (Träger v. → Autorität, Vollmacht, Amtsgewalt) u. Geführten („Untergebenen") erkannt. Autoritäres Unterbinden v. D. in Sozietäten (Jugendgruppen, Pfarren u. a.) führt zu Spannungen u. → Aggressionen, verletzt die Menschenwürde u. ist meist Ausdruck der eigenen Unsicherheit, mangelnder innerer Autorität u. ä. → Gespräch → Glaubensgespräch → Dialog Ko

Lit.: R. Mucchielli, Das Leiten von Zusammenkünften (1972); G. Fabian, Diskutieren — debattieren, Pfeiffer-Werkbuch Nr. 38.

Distanz. D. als Abstandgewinnen u. -halten des Menschen zu Personen, Sachen u. Situationen ist erst durch Überwindung der Egozentrizität des →Kleinkindes möglich u. deshalb päd. relevant, weil D. die Sachgerechtheit im Denken u. Verhalten einbringt. Entscheidender Weg dazu ist die Erfassung allen Nicht-Ichs durch das → Ich mittels der verallgemeinernden Begriffe der Sprache. — Soziale D. meint das relative Kontaktausmaß zu einer Person o. Gruppe u. hängt ab v. räuml. Entfernung, Ähnlichkeit der sozialen Einstellungen, Interessen, Beschäftigungen, Ziele usw. Ro

Disziplin. Unter dem päd. Begriff D. versteht man heute jene komplexe Voraussetzung, die eine v. Innen- u. Außenwelt des Lernenden ungestörte u. meth. zielführende Erarbeitung der Gegenstände (Disziplinen) ermöglicht u. gewährleistet. Damit ist D. v. zweifacher Art: als Erziehung zu Selbstzucht, → Selbstbeherrschung u. zu Verhaltensweisen, die ermöglichen, sich in Selbständigkeit u. → Verantwortung in verschiedenartigen Sozialgruppen zu bewähren; als Gesamt der rechtlich-organisatorischen Maßnahmen f. diszipliniertes Verhalten ist D. Voraussetzung f. sinnvolles Unterrichten. Diszipliniertes Verhalten ist v. den Heranwachsenden nicht v. vornherein zu erwarten, muß jedoch v. Schulbehörden u. Lehrern gleichfalls geleistet werden: nur so ist das Freiwerden v. Zerstreutheit u. das Verlorengehen der Zufälligkeiten u. Zwänge des Augenblicks erreichbar. — D.-mittel sind: päd. u. psych. fundierte Kenntnisse über die persönl. Erfahrung hinaus; der Konsens der Lehrer; klare, einfache, wenige u. einsichtige Anordnungen; Konsequenz bei der Durchführung; Berücksichtigung der Individuallage des Schülers; Aufbau der Schülermitverantwortung. — D.-strafen sind päd. legitim, wenn sie den Mitschüler schützen u. das störungsfreie Leben der Schulgemeinde aufbauen bzw. bewahren. Ro

Disziplinarrecht für Religionslehrer.

BRD u. Österreich: Der RU kann als „ordentl. Lehrfach" das gleiche, landesrechtlich verordnete D. beanspruchen wie die übrigen Fächer. Weder Laxheit noch Rigorismus sind dem Ansehen des RU förderlich. Immerwährende Strafandrohungen (Verweise, Arreste usw.), die nicht ausgeführt werden, lassen die Disziplin des RU verfallen. Autoritäre Maßnahmen machen den RU suspekt u. widersprechen seinem Geist u. Ziel. Die Ver-

wirklichung des D.s im RU muß bestimmt sein v. der → epochal-psych. Situation u. der rel. päd. Wirkung der → Strafe.
Der Rel.lehrer im Angestelltenbzw. Beamtenverhältnis ist dem gleichen D. unterworfen wie jeder andere Lehrer. Hinsichtlich der → missio canonica u. den daraus sich ergebenden Konsequenzen untersteht er dem D. des zuständigen Diözesanbischofs (RK., Art. 22; Österr. RU-Gesetz 1962). Lä

Schweiz: Infolge der Eigenständigkeit der Kirchen betr. den RU unterstehen die Rel.lehrer an den Volksschulen nicht ausdrücklich dem staatl. D.; bei Beeinträchtigung der Glaubens- u. Gewissensfreiheit, unerlaubten Züchtigungsmaßnahmen usw. würden sie aber zweifellos belangt. Rel.lehrer an versch. kantonalen Schulen unterstehen hingegen voll dem kantonalen Recht. Fr

Divini illius Magistri. Lat. = „Jenes göttlichen Lehrmeisters". Anfangsworte u. Bezeichnung des Rundschreibens Pius XI. v. 31. 12. 1929 (= „Erziehungsenzyklika"). Sie wurde veranlaßt durch staatl. Monopoltendenzen v. a. auf dem Gebiet des Schulwesens u. durch päd. Naturalismus. Erziehungsberechtigte seien Kirche, Familie u. Staat, deren Rechte u. Grenzen definiert werden. Auswirkungen hatte die Enzyklika v. a. auf Theorie u. Praxis der kath. → Familienerziehung. → Directorium Catechisticum Generale Ko

Lit.: Pius XI., Die christliche Erziehung der Jugend. Lat. u. Deutsch, hg. von R. Peil (1959).

DKV → Deutscher Katechetenverein

Dogma. *1. Begriff:* Im heutigen kirchl. u. theol. Sprachgebrauch ist das D. ein Satz, den die → Kirche ausdrücklich durch das ordentl. u. allg. Lehramt o. durch eine päpstl. o. konziliare Definition als v. Gott geoffenbart so verkündet, daß seine Leugnung v. der Kirche als Häresie verworfen wird. Zwei Momente kennzeichnen demnach das D.: der Satz wird durch die Kirche ausdrücklich u. definitiv als geoffenbarte → Wahrheit vorgelegt (formales Element); er gehört zur göttl., öffentl. u. amtl. christl. → Offenbarung (im Gegensatz zur Privatoffenbarung), so daß er im Wort Gottes, wie es in Schrift o./u. → Tradition vorliegt, enthalten ist (materiales Element). Der absolut verpflichtende Charakter des D.s hebt die → Freiheit des Menschen nicht auf, sondern appelliert an sie, in freier Glaubensentscheidung den Satz zu bejahen. — *2. Dogmatik* ist die Wissenschaft v. kirchl. D. Sie reflektiert dieses u. damit alles, was zum Verständnis des D.s inhaltlich notwendig o. förderlich ist. — *3. Dogmeninterpretation:* Wegen der Geschichtlichkeit allen menschlichen Denkens u. Sprechens sind dogmat. Sätze, die vor Jahrhunderten formuliert wurden, heute nicht v. vorneherein u. ohne weiteres verständlich. Sie müssen interpretiert werden: es muß nach dem Kern des D.s gefragt werden, indem man durch die zeitgeschichtl. Voraussetzungen u. antihäretischen Bedingtheiten zur eigentlichen Substanz, der bleibenden Wahrheit, vorstößt (Kommentation des D., Suche des Sinnes *in sich*).
Dann muß versucht werden, diesen Sinn mit Hilfe des zeitgenössischen → Kontexts in das Heute zu übersetzen (Interpretation des D.s, Darlegung des Sinnes *f. mich*). In vielen Fällen wird es auch not-

wendig sein, den mühsam gefundenen Kern des D.s neu in der Sprache u. Begrifflichkeit unseres Denkens zu formulieren. Es geht bei jedem D. letztlich nicht um Worte, sondern um Werte. → Hierarchie der Wahrheiten → Aktualisierung → Neuinterpretation → Deutung Fi

Dogmatik → Dogma

Dogmeninterpretation → Dogma

Dokumentation. 1. Die f. wiss. Arbeiten auch in → Katechetik u. → Religionspädagogik notwendige Sammlung u. Darlegung v. Quellenmaterial. Sie ist heute nur durch Anwendung techn. Mittel (Lochkartensystem, Mikrofilm u. a.) möglich. — 2. F. → Katechese u. → RU eine method. Arbeitsweise, welche literar. Texte, Photos, u. ä. heranzieht. → Mediensystematik Ko

Dokumentationsmedien → Mediensystematik

Dominative Methode. Nach H. H. Andersen jene erzieherischen Maßnahmen u. die ihnen zugrunde liegende Haltung, welche die → Autorität, die Ungleichheit v. Erziehern u. Zöglingen u. die daraus resultierenden Maßnahmen (Befehl, Gebot, Verbot, Belohnung, Strafe) betonen. Es herrschen das Autoritätsverhältnis u. der Oben-unten-Bezug, Befehl u. → Gehorsam vor. Ro

Dramatisieren. Übersetzung o. Ausdruck eines Sinngehaltes, Themas, einer Idee usw. in Form eines Rollenspieles (→ kat. Spiel). Die Bildungswirksamkeit des Dramas wurde schon in der griech. Antike erkannt. Rel.päd. Bedeutung erlangten u. a. die Mysterienspiele des Mittelalters, das Jesuitendrama, aber auch Formen des Spieles in →Liturgie (Palmprozession) u. → Brauchtum (Herbergsuche). Heute erkennt man nicht nur den Wert kindl. → Spiele in Katechese u. RU, sondern auch die rel.päd. Relevanz vieler dramat. Werke der Weltliteratur. Darüber hinaus wird seit einem Jahrzehnt aufgrund mancher Ähnlichkeit des Geschehens in Bildung u. Drama die Erhellung päd. Tatbestände durch Anwendung v. Denkformen der Dramaturgie (griech. = Dramengestaltung; Wissenschaft v. Wesen u. den Gesetzmäßigkeiten des D.s als Kunstwerk) angestrebt. → Literatur im RU. Ko

Lit.: G. Hausmann, Didaktik als Dramaturgie des Unterrichts (1959); H. Heinrichs, Brennpunkte neuzeitlicher Didaktik (9. Aufl. 1967). „Dramatik 72", Interpretationen neuzeitl. Dramen f. d. RU in der Sekundarstufe II, als Manuskript hg. v. Kat. Inst. Wien (1972 f.).

Dressur. Wo → Erziehung autoritäre Strukturen aufweist u. die → Freiheit zur Selbstbestimmung auch schon des → Kindes zuwenig berücksichtigt, kommt es leicht zu versch. Formen v. D., die nicht mehr als → Gewöhnung, → Einübung o. → Nachahmung zu rechtfertigen u. in die → Persönlichkeitsbildung zu integrieren sind, sondern sich charakterschädigend auswirken. Solche D. findet sich nicht nur in der → Vorschulerziehung, sie ist leider ein noch sehr weit verbreitetes Resultat autoritären Verhaltens der Erwachsenen. Im RU wirkt sich D. in Richtung Ideologisierung bzw. Formalismus negativ aus u. legt oft den Grund für späteren Unglauben. → Indoktrination → Dialogisches Prinzip Hi

Dritter Bildungsweg. Einrichtungen zur Weiterbildung f. Erwachsene (Volkshochschulen usw.).

Drogenmißbrauch → Rauschgift

Drop-outs. Amerik. Ausdruck 1. f. Kinder, die frühzeitig ohne entspr. Abschluß die Schule verlassen; — 2. f. Menschen, die außerhalb einer → Gruppe stehen bzw. sich selbst aus Sozialgebilden ausschließen. → Subkultur → Gegenkultur Ko

Dualismus. V. lat. duo = zwei her bedeutet D. die Lehre v. der Widersprüchlichkeit der Wirklichkeiten: zwei voneinander unabhängige u. nicht aufeinander zurückführbare bzw. zusammenführbare Grundprinzipien bestimmen die Wirklichkeit (z. B. gut—böse). Solcher D. spielt eine große Rolle in oriental. Vorstellungen (→ Kosmogonie → Gnosis) u. wirkte sich über die → Apokalyptik auch auf die Urkirche u. damit auf christl. Denken aus. Wenngleich die bibl. Botschaft v. *einem* Schöpfer D. auszuschließen scheint u. die Christusbotschaft v. → Reich Gottes, das *jetzt* schon im Werden ist, den eschat. D. der Apokalyptik überwindet, wirken sich dualist. Elemente auch heute noch in gewissen asket., moral., kosmol. u. eschat. Vorstellungen aus. — Aufgabe des RU ist es, solche dualist. „Reste“ v. den Kindern fernzuhalten bzw. sie älteren Schülern gegenüber aufzudecken u. als dem christl. → Glauben widersprechend zu distanzieren. Hi

Dublette. D. o. „Parallelbericht“ (P.) bezeichnet bibl. Texte, die jeweils denselben Inhalt (Ereignis) wiedergeben, jedoch nach Form o. Verfasser verschieden sind (bei gleichem Verfasser spricht man eher v. D. als v. P.). D.n kamen dadurch zustande, daß versch. Quellenschriften v. den Redaktoren der bibl. Bücher ineinandergearbeitet wurden, daß ein späterer Verfasser ein Geschehen uminterpretierte o. ä. — Beispiele: Gen 1 (Schöpfungshymnus der → Priesterschrift) — Gen 2 (Schöpfungsbericht des → Jahwisten); Mk 6,30 ff. — Mk 8,1 ff. (Brotvermehrung); bes. häufig natürlich auch bei den Synoptikern (→ Synoptische Frage). Hi

Duoplay-Gerät. Magnetophon, das die gleichzeitige Benützung v. zwei Spuren des Tonbandes erlaubt. Einsatz im → Programmierten Unterricht, bei → Lernmaschinen v. a. im Sprachlabor. Ko

Durchlässigkeit. Zentraler Begriff gw. Reformbestrebungen bzgl. der → Schulorganisation. Unter D. versteht man die durch ein → Schulsystem gegebene Möglichkeit des Wechsels u. Übertritts v. einer Schultype in eine andere (→ Hauptschule — → Höhere Schule) o. v. → Gruppen mit niederem Anspruchsniveau in solche mit höherem (→ Gesamtschule, → Förderkurse, → Liftkurse, → Aufbaulehrgänge, → Kollegs, → Übergangslehrgänge). Ko

Dysplastisch → Typenlehre

Echtheit. E. als sittl. Wertbegriff (Gegensatz Unechtheit) ist f. das Erleben der Personalität (→ Begegnung) bestimmend u. ambivalent: die Möglichkeit, unecht zu sein, ist zugleich die Möglichkeit, aus der Kraft des → Gewissens sich selbst treu zu bleiben u. zu vervollkommnen. Ziel des Strebens nach E. ist Klarheit u. Durchsichtigkeit der → Person in ihrer Innerlichkeit u. in ihrem Verhalten im Sozialgefüge; doch wird letzteres begrenzt durch die Notwendigkeit des Einhaltens der → Intimsphäre. Die päd. Führung zur E. hat dies zu berücksichtigen. Ro

Educandus. Lat.: Der zu Erziehende. Im päd. Schrifttum oft f. Zögling verwendet. Ko

Éducation pérmanent — Life-long-Learning. E. p. = franz.: dauernde Erziehung; L. l. L. = engl.: Lebenslanges Lernen. Mit diesen Begriffen wird ausgedrückt, daß Fortbildung wegen der ständigen wechselseitigen Veränderung der Lebensbedingungen u. Wirklichkeitsverhältnisse nicht eine sporadische Horizonterweiterung des Verstehens v. →Welt u. ihren Teilgebieten u. nicht die Befriedigung kultureller Bedürfnisse sein darf, sondern eine stets neu fundierende u. angestrebte Befähigung f. die Erfüllung der individuellen, gesellschaftl. u. berufl. Aufgaben. Voraussetzung dafür ist, daß die seel.-geist. → Entwicklung bis ins hohe Alter anhält u. die konkreten Weisen der Lebensvollzüge verändert.

Gelegentlich werden die beiden Ausdrücke gleichsinnig mit → Erwachsenenbildung verwendet. Ro

Lit.: P. Lengrand, Permanente Erziehung (1970).

Effektgesetz. Eine v. E. L. Thorndike 1913 aufgestellte, aber später v. ihm revidierte These, daß negative Wirkungen (Strafe) den Lernprozeß im entgegengesetzten Sinn wie Erfolg u. Belohnung beeinflussen. Ko

Effektivität. Das Maß an Erfolg, das bei Lehr-, Lern- u. Forschungsprozessen tatsächlich erzielt wird. Ko

Egrul-Methode. Technik f. die Erstellung v. Lernprogrammen, welche zuerst Beispiele (= e. G., engl. Abkürzung f. „z. B.") bringt u. daraus eine allgem. Regel (engl. rule) ableitet. → Induktion → Ruleg-System → Programmierter Unterricht Ko

Ehe. E. wird heute als wachsende personale Liebes- u. Lebensgemeinschaft verstanden, die auf einem unwiderrufl. personalen Einverständnis beruht u. dadurch entsteht, daß sich die Eheleute einander schenken u. annehmen. Durch die Abwendung v. der jurid. u. der biologist. Sicht der E. (E. als Vertrag bzw. als Zeugungsinstitution) u. die Hinwendung zu einem personalen Verständnis wird E. deutlicher als tiefste → affektive Bindung zw. Menschen u. als →Prozeß gesehen. Wenn auch nicht jeder einzelne eheliche Hingabeakt auf Zeugung gerichtet ist, so drängt eheliche Liebe doch wesentlich zum → Kind. F. den Christen wird E. zum → Sakrament, zum Realsymbol der → Erlösung: Indem sich zwei Glaubende lieben, verwirklichen sie in ihrer Ehegemeinschaft zeichenhaft u. erlebbar jene → Liebe, die die → Gemeinschaft mit → Gott kennzeichnet. E. wird zur Glaubensgemeinschaft u. zum Ort der

Christusbegegnung (vgl. Mt 18,20). — Die beste Vorbereitung auf die E. wird eine → geschlechtliche Erziehung sein, die v. Kindheit an die Liebes- u. Ehefähigkeit zum Ziel hat u. alle menschl. Liebeskräfte pflegt. Dabei sind nicht nur die körperl., sondern auch die psychischen, sozialen u. moralischen Voraussetzungen der E. zu beachten. Die Betroffenheit der Heranwachsenden v. einer Lebenswirklichkeit kann (in der → Katechese) f. sie zum Motiv werden, die eigene → Sexualität verantwortlich zu gestalten: Gescheiterte E.n u. zerrüttete Familien haben ihre Wurzeln schon im Kindes- u. Jugendalter der Partner, gute E.n sind das Ergebnis einer bewußten → Vorbereitung. Verantwortungslosigkeit richtet andere zugrunde. Die Liebe gläubiger Eltern wird f. die Kinder zum Zeichen (→ Sakrament) der Liebe Gottes zum Menschen. Anhand der bibl. → Urgeschichte u. der Liebesforderung → Jesu ist zu zeigen: Geschlechtlichkeit u. Liebe sind auf dem Weg zu Gott überaus bedeutsam, denn als Liebende sind die Menschen Ebenbilder Gottes. Lei

Ehrfurcht. E. kann am besten als Haltung des Menschen begriffen werden, der Erfahrungen v. Größe, Würde, Schönheit, → Geheimnis, → Freiheit, Überlegenheit, Leistung usw. macht u. sich vor dem darin offenbar werdenden → Absoluten beugt (→ Gott). V. a. gilt dies gegenüber → Personen u. deren Taten bzw. Verhalten, aber auch z. B. gegenüber Naturphänomenen. — Rel.päd. bedeutsam wird E. in der Begegnung zw. Lehrer u. Schüler (Gegenseitigkeit!), wobei zu bedenken ist, daß E. nicht erzwungen werden kann (→ Autorität), sondern eine durch Erfahrung gewonnene Einstellung (Einsicht) voraussetzt. Hi

Eidetische Phänomene. Erinnerungsvorstellungen, die beinahe als Wahrnehmung erlebt werden u. manchmal lange anhalten (z. B. weckt die Erinnerung an ein nur einmal gesehenes, inhaltsreiches → Bild beim Eidetiker eine Vorstellung, die in allen Einzelheiten einer Wahrnehmung entspricht u. „zum Greifen nahe" erlebt wird); v. V. Urbanschitsch entdeckt u. v. E. R. Jaensch als e. Ph. bezeichnet. E. P. treten bes. bei Kindern, Jugendlichen u. Künstlern auf, sind in den letzten Jahrzehnten aber immer seltener beobachtet worden. Die eidetische Veranlagung ist f. E. R. Jaensch ein Unterscheidungsmerkmal in seiner → Typenlehre. Si

Eignungspsychologie. E. befaßt sich mit der wiss. Erforschung u. Feststellung v. Eigenschaften im Hinblick auf best. Berufe u. Tätigkeiten. Ihre Ergebnisse müßten stärker, als dies gegenwärtig noch der Fall ist, f. die Zulassung v. Rel.lehrern, Katecheten u. Seelsorgern herangezogen werden. Ko

Einfühlung. Die psych.-ästhet. Bedeutung der E., d. h. die Verlebendigung v. Gegenständen o. Erscheinungen, findet sich als physiognom. Erleben o. als Persönlichkeitsapperzeption in der Neigung des Kindes, Gegenstände als lebendige Wesen zu behandeln; der wohl wichtigste Anlaß dazu liegt in der Erfahrung des eigenen Lebendigseins, des anfanghaften Bewußtseins um die eigene Personalität u. in der oft überaus starken Egozentrizität des Kindes. — Als psych.-erkenntnistheoret. Kategorie meint E. das Innewerden eines

Fremdseelischen, das „Hineinversetzen“ des Ich in ein Du. Dieser Vorgang liegt dem → Verstehen zugrunde u. ist päd. relevant. → Sensitivity training Ro

Eingangsstufe → Primarstufe

Eingangsverhalten. Alles, was der Schüler an Voraussetzungen (Vorkenntnisse, Disposition, Einstellung, Motive) f. einen Lernprozeß mitbringt. → Unterrichtsplanung → Psychostruktur → Interesse → Vorverständnis → Abb. 7, Sp. 185 f. Ko

Einheitskatechismus, Deutscher. Kurzbezeichnung f. den 1955 herausgegebenen „Deutschen Katechismus für die Bistümer Deutschlands“ (→ „Grüner Katechismus“). Der erste seit Petrus Canisius v. *allen* bundesdeutschen Diözesen übernommene → Katechismus. Ko

Einheitsschule. Die Idee der E. fußt auf dem organisator. Anliegen der Vereinheitlichung des Schulwesens in einem Land u. der gesellschaftspolit. u. auch päd. Forderung, das Bildungsangebot f. alle gleich zu gestalten. Doch besteht die Gefahr eines Totalitätsanspruches des Staates auf alle Bildungs- u. Erziehungsinstitutionen. Es gibt noch keine gültige Lösung der Frage nach Dauer u. Stoff des gemeinsamen Unterrichts u. auch nicht bei den Fragen, ob, wann u. wie nach Begabung, Geschlecht u. Konfession zu differenzieren ist. Ro

Einheitsübersetzung der Bibel. Um f. den Gebrauch in der → Katechese u. in der → Liturgie eine einheitl. Fassung des deutschen Bibeltexts zur Verfügung zu haben, beauftragte 1962 die Deutsche Bischofskonferenz das Katholische Bibelwerk in Stuttgart mit der Erarbeitung einer E. d. B. — Die Bischöfe v. Ostdeutschland, Österreich, der Schweiz, Südtirol, Luxemburg, Lüttich u. Straßburg schlossen sich diesem Unternehmen an. 1967 gelang es, auch eine Teilmitarbeit der Evangelischen Kirche zu erreichen. Seit 1972 liegt der Text des Neuen Testamentes im Druck vor. Die Arbeit am Text des Alten Testamentes wird 1973 abgeschlossen werden. Nach zweijähriger Überprüfungszeit in Gottesdienst u. Schule wird eine weitere endgültige Überprüfung des Textes vorgenommen. Kritik u. Verbesserungsvorschläge mögen an das Deutsche o. Österreichische Bibelwerk (auf Karteikarten in Postkartenformat) gerichtet werden. Eine sog. Volks- u. Leseausgabe mit umfangreichen Einleitungen u. Anmerkungen praktischer Art auf wiss. Grundlage wird vorbereitet. — Ein wichtiges ökumen. Ereignis ist die Einigung auf eine gemeinsame u. einheitliche Wiedergabe der sog. bibl. Eigennamen (→ Loccumer Richtlinien). Hi

Lit.: Otto Knoch, Die neue katholische Einheitsübersetzung der Bibel, in: Bibel und Liturgie, Heft 3/1972, S. 139—148.

Einkehrtage für Kinder. E. werden v. a. in Form v. Schulentlaßtagen auch f. Kinder angeboten. Sie müssen sich in der formalen Gestaltung sehr v. E.n f. Erwachsene unterscheiden. Durch Einbeziehung v. Gemeinschaftserlebnissen u. altersgemäßem Tun ist das Ziel die → Vermittlung altersspezifischer rel. → Erfahrung. Ko

Lit.: H. Janssen/F. Thauren u. a., Tage rel. Orientierung f. junge Menschen zwischen 14 u. 16 Jahren (1973).

Einprägen → Merksätze

Einübung. Im Anschluß an Kierkegaard in die → Katechetik übernommener Begriff, der die Aufgabe der kirchl. Katechese im Hinblick auf → Gemeinde, → Liturgie, Gebet usw. umschreibt. Kindgemäße E. erfolgt in allen Bereichen am besten durch kindgemäßen Vollzug u. kindgemäßes Tun. Ko

Einzelarbeit — Stillarbeit. Arbeitsweise f. → Abteilungsunterricht, aber auch im Rahmen des → programmierten Unterrichtes, in der die Schüler vorübergehend ohne unmittelbare Führung durch den Lehrer an Hand v. Arbeitsblättern, Arbeitsbüchern usw. selbständig ein Teillernziel anstreben. Ko

Einzelkind. Empir. Untersuchungen über die Auswirkungen der Geschwisterlosigkeit brachten bisher einander widersprechende Befunde hinsichtlich Intelligenz, Schulleistung u. charakterl. Merkmalen. Auch die rel. päd. Konsequenzen, die sich v. a. aus dem

ABBILDUNG 7: **Eröffnungssituation** (Strukturversuch v. H. Rück mit vorgegebenem Unterrichtsmodell)

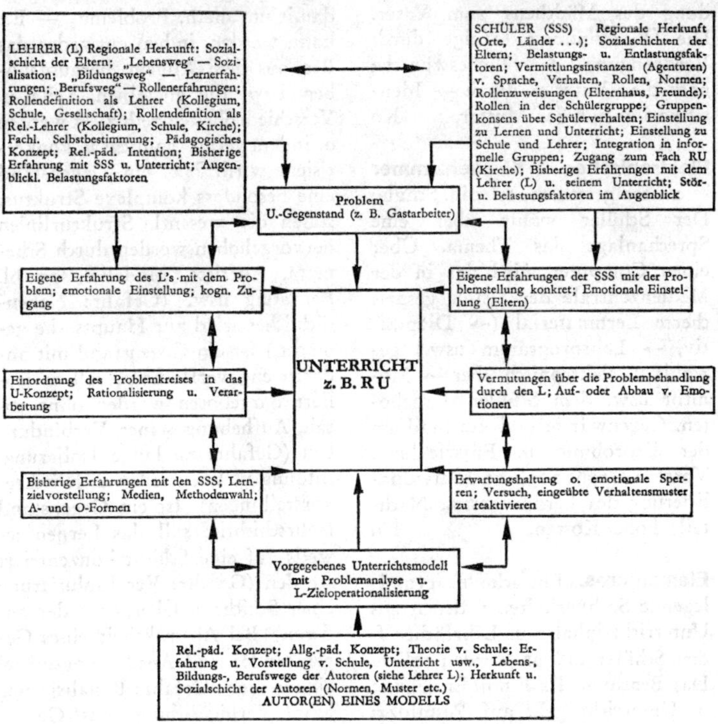

(Aus: „informationen zum religions-unterricht", Verlag Schroedel—Benziger, Heft 3/1972, S. 13)

Ausfall v. „Brüderlichkeit", Überbefürsorgung u. ä. ergeben dürften, sind noch zu wenig erforscht. Sicher scheint jedoch, daß ergänzende Sozialkontakte mit Alterskameraden (→ Kindergarten, Jugendgruppe) den Ausfall v. Geschwistererfahrung nur zum Teil kompensieren können. Auch der Ausfall der Geschwisterrivalität dürfte eher negativ als positiv zu bewerten sein. Ko

Ekphorische Hemmung → Gedächtnishemmungen

Elektrakomplex. Weibl. Variante des → Ödipuskomplexes: Die → Psychoanalyse Freuds versteht darunter die frühkindliche Zuwendung des Mädchens zum Vater. Die Überwindung erfolge durch Verdrängung der Liebeswünsche nach dem Vater u. durch → Identifikation mit der Mutter. Ko

Elektronisches Klassenzimmer = zentralgesteuerte teledid. Schule: Der Schüler wählt über eine Sprechanlage das Thema. Über einen Computer wird das in der Medienzentrale der Schule gespeicherte Lernmaterial (→ Diapositiv, → Lehrprogramm usw.) gewählt u. elektronisch über → Monitor usw. dem Schüler dargeboten. Gegenwärtig noch im Stadium der Erprobung u. Entwicklung. Vorteil: Größtmögliche Individualisierung des Lernprozesses. Nachteil: hohe Kosten. Ko

Elementares. Einfache u. grundlegende Sachverhalte, v. denen aus Unterrichtsinhalte u. Lehrfächer f. den Schüler faßbar werden sollen. Das Beachten des E.n in Erziehung u. Unterricht geht auf Pestalozzi zurück u. wurde v. W. Klafki in dessen Theorie der → kategorialen Bildung integriert. H. Möller unterscheidet zw. Sinn- u. Sach-E.m. Ko

Lit.: W. Klafki, Das päd. Problem des Elementaren und die Theorie der kategorialen Bildung (4. Aufl. 1964); H. Möller, Was ist Didaktik? (1964).

Elementarisieren. Durch E. bzw. Vereinfachen werden schwierige Sachverhalte mittels einer did. Reduktion v. Lehrenden so durchsichtig gemacht, daß sie v. Lernenden verstanden werden können. Die Vereinfachung muß dem sachstrukturellen Entwicklungsstand des Lernenden entsprechen, so daß dieser den Lernstoff → differenziert u. sachgerecht aufnehmen kann. Beim E. geht es um die Erarbeitung der → Lernschritte u. damit um meth. Probleme. — E.t kann werden, indem entweder das Bes. aus dem Allgem. herausgehoben bzw. die einzelnen Teile u. Verschiedenheiten reduziert werden o. indem veranschaulicht u. konkretisiert wird. Hat ein Gegenstand eine besonders komplexe Struktur, sollen die wesentl. Strukturlinien hervorgehoben werden durch Schemata, Aufrisse, Modelle, sprachl. Betonung usw. (Gefahr: Nebensächliches wird zur Hauptsache gemacht.) Ist ein Gegenstand mit anderen eng verflochten, soll er isoliert dargeboten werden ohne totale Aufhebung seiner Verbindungen (Gefahr: zu lange Isolierung, Bildung v. Vorurteilen u. Klischeevorstellungen). Ist ein Gegenstand mehrschichtig, soll das Lernen jeweils auf eine Schicht konzentriert werden (Gefahr: Verabsolutierung einer Schicht u. Übergehen der anderen). Bei Abstraktheit eines Gegenstandes sind Anschauungsmittel einzusetzen (Gefahr: Banalisierung bzw. Verniedlichung des Gegenstandes). Erscheint ein Lernstoff in sich abgeschlossen, ist sein geschichtl. Werdeprozeß aufzuzeigen (Gefahr: Versuch, eine obj. Lükkenlosigkeit herzustellen). Ko

Elementarstufe, -bereich. Nach dem → Strukturplan Erziehungseinrichtungen f. die 3- u. 4jährigen. → Vorschulerziehung → Kindergarten. Ko

Elohistische Quellenschrift (E). Nach dem vorherrschenden Gottesnamen Elohim benannte u. früh mit der → Jahwistischen Schrift zusammengewachsene literar. Quelle des A. T. Der Gottesberg wird konsequent Horeb genannt, → → Gott spricht häufig durch → Engel, → Propheten, Träume o. eine Stimme v. Himmel. Bilderverbot, → Bund u. → Gesetz werden betont. Kult. Fragen treten zurück. → Deuteronomist. Schrift → Priesterschrift → Pentateuch Ko

Elternabend. E.(-versammlung, -runde) ist eine pfarrliche o. schulische Veranstaltung zum Zweck der → Kooperation zw. Elternhaus u. Schule bzw. Pfarre. Er steht aber auch im Dienste der Elternschulung u. -beratung. Die deutschen u. österreichischen Rahmenpläne sehen den E. als integrierenden Bestandteil der kat. Aufgabe an. Günstig ist eine langfristige Planung, welche neben Themenplan, Referentenwahl, Werbung (Elternbriefe, Plakate) auch auf die Nachbereitung u. Koordination des E.s mit der schulischen u. außerschulischen → Kinderarbeit Bedacht nimmt (→ Elternkatechese). Als Methode sollten neben Vorträgen u. Diskussionen auch die neueren Arbeitsweisen der → Erwachsenenbildung (Gruppenarbeit, Einsatz audio-visueller Medien usw.) herangezogen werden. Ko

Lit.: W. Sauer, Wege kirchlicher Elternbildung, Freiburg 1969; L. Rössner, Handbuch f. Elternabende (²1972 — allg. pädagogisch!).

Elternbrief. Neben persönl. Schreiben an einzelne Eltern (Mitteilungen, Glückwünsche, Kondolenz usw.) u. amtl. Mitteilungen (Einladungen zu Elternversammlungen u. ä.) werden seit einigen Jahren hektographierte oder gedruckte E. als Mittel der Elternschulung u. Elternseelsorge eingesetzt. Inhalt ist meist eine Einzelfrage der rel. Erziehung. Der Einsatz solcher E.e sollte nach einem alle Schulstufen umfassenden Plan erfolgen. Der Stil soll die gleichrangige Partnerschaft zw. Eltern u. Religionslehrer bzw. Seelsorger widerspiegeln u. alles Dozierende vermeiden. → Elternabend → Elternkatechese → Elternsprechtag Ko

Lit.: Elternbriefe hg. vom DKV München; „du und wir"; Elternbriefe hg. vom Kath. Zentralinstitut f. Ehe- u. Familienfragen, Köln (Einhard Verlag, Aachen). R. Leitner/L. Wuchse, Neue Wege des RU (1. u. 2. Schst.) Elternhilfen (1973).

Elternkatechese. 1. *Hauskatechese,* welche Eltern im Rahmen der rel. Familienerziehung kraft ihrer Aufgabe (→ Gravissimum educationis) u. der bei der → Taufe des Kindes übernommenen Verpflichtung ausüben. → Familienkatechese. 2. Einsatz v. Eltern in der *pfarrl.* → Katechese (→ Mamakatechetin → Katechetische Nachmittage). 3. Pastorale *Betreuung der Eltern* durch die Pfarre u./o. Rel.lehrer mit dem Ziel, die Eltern zur Wahrnehmung ihrer kat. Aufgaben zu motivieren u. zu befähigen. Formen sind: Elternversammlungen, fortlaufende Bildungsabende, Familientage, Eltern- u. Eheseminare, Kurse. → Elternabend → Elternsprechtag → Elternbrief → Hausbesuche — Taufgespräch. Ko

Elternrecht. E. ist das der Gesellschaft, dem Staat u. der. Kirche gegenüber primäre, weil naturgegebene Recht beider Eltern, über die Erziehung ihrer Kinder zu bestimmen. Es ist in der kirchl. (CIC can 1113, 1372, → Divini illius magistri, → Gravissimum educationis) u. staatl. Gesetzgebung (BRD: GG Art. 6; Österreich: § 139; Schweiz: ZGB Art. 273) fixiert u. beeinflußt u. a. auch die Mitbestimmung der Eltern hinsichtlich der rel. Erziehung im Schulwesen (→ RU, → Bekenntnisschule).

Juristisch gesehen, ist E. die Summe aller rechtlichen Bestimmungen, die die Stellung der Eltern gegenüber ihren Kindern, aber auch die Stellung der Eltern als solche innerhalb der Gesellschaft umschreiben. In *Österreich* ist das E. nicht kodifiziert, sondern in vielen gesetzlichen Bestimmungen verstreut: Das ABGB stellt fest, daß die Eltern f. das Leben u. die Gesundheit der Kinder zu sorgen, ihnen den anständigen Unterhalt zu verschaffen, deren körperliche u. geistigen Kräfte zu entwickeln haben u. durch Unterricht in der Religion u. in nützlichen Kenntnissen den Grund zu deren künftigen Wohlfahrt zu legen haben. Es normiert ferner eine gewisse Rollenverschiedenheit zw. Vater u. Mutter: Dem Vater wird die Verpflichtung übertragen, so lange f. den Unterhalt der Kinder zu sorgen, bis sie sich selbst erhalten können, der Mutter hingegen ist hauptsächlich die Pflege des Körpers u. der Gesundheit übertragen. Dem Vater steht die väterliche Gewalt zu, die insbes. das Recht u. die Pflicht einschließt, die ehelichen, minderjährigen Kinder in allen Angelegenheiten zu vertreten. Das unmündige Kind kann der Vater nach seinem Ermessen erziehen lassen, der mündige Minderjährige (→ Mündigkeit) kann sich allerdings bezüglich der Berufswahl mit Hilfe des Gerichtes auch gegen den Vater durchsetzen. Unbestreitbar bleibt aber das Recht der Eltern, sich über ihre minderjährigen Kinder zu informieren (Informationspflicht der Schule gegenüber den Eltern!). Ko/Ke

Elternsprechtag. Der E. dient der *Kontaktnahme* zum Elternhaus u. der Schaffung einer möglichst breiten Basis des *Zusammenwirkens* zw. Schule o. Kinderseelsorge u. Eltern. E. sollte sich nicht bloß auf *Auskünfte* über Lernerfolge u. schulische Leistungen beschränken. Neben konkreten Möglichkeiten der *Elternschulung* u. *-beratung* verhelfen E.e auch zu einem vertieften *Kennenlernen des Kindes* u. seiner Situation. Um alle diese Möglichkeiten päd. verantwortet zu nützen, bedarf der E. einer gewissenhaften Vorbereitung. Ko

Lit.: E. J. Korherr, Der Elternsprechtag, Chr. p. Bl. 1956, Heft 10 S. 313 f.

Emanzipation. V. lat. emancipare = den Sohn f. selbständig erklären. Gegenüber jeder Art v. Unfreiheit u. → Repression bringt E. zum Ausdruck, daß das Prinzip der → Gleichheit der Rechte, Chancen u. Bedingungen im Humanum wurzelt. Die fakt. Ungleichheit setzt — wenn sie durchschaut wird — revolutionäre o. doch zumindest evolutionäre Kräfte frei, die in der Richtung größerer Gleichheit wirksam werden. E.s-Bestrebungen gibt es in vielen Bereichen: E. der Frau, E.

der → Dritten Welt, E. benachteiligter Gruppen (polit., finanz., bildungsmäßig usw.), E. der Laien, E. der Schüler (Studenten). Der RU sollte das Streben nach → „Gleichberechtigung" v. der bibl. Gleichbegnadung (Gal 3, 28) her hinterfragen. → Emanzipatorischer RU → Freiheit Hi

Emanzipatorischer RU. Im Dienste des Sozialisierungsprozesses stehend, wird das Ziel des e. RU darin gesehen, Emanzipationsmöglichkeiten freizusetzen. Sein Anliegen ist nicht primär Wissenserwerb o. Einübung irgendeines Anpassungsverhaltens, sondern Urteilsentwicklung u. Wahrnehmung des geistigen Freiheitsraumes durch einen „Brückenschlag zw. unseren existentiellen Erfahrungen u. den christlichen Fundamentalbegriffen" (F. Uplegger). Emanzipatorische Tendenzen finden sich v. a. auch im → gesellschaftskritischen RU. Ko

Lit.: H. Halbfas, Aufklärung u. Widerstand (1972); F. Uplegger, RU-Mißerfolg u. Wiederherstellung (1971); W. Offele, Emanzipation u. Religionspädagogik (1972).

Empirische Pädagogik. V. griech. Empirie = sinnliche Erfahrung. E. P. besteht nicht mehr aus Beiträgen zu einer experiment. o. phänom. Pädag. o. zur päd. Tatsachenforschung, sondern die Basis der E. P. ist der sog. Konstruktivismus, d. h. die Auffassung, daß die Erkenntnis der Wirklichkeit grundsätzlich durch konstruktive Hypothesen konstituiert wird, die empirisch überprüfbar u. begründbar sind. E. P. versteht daher Erziehung als Versuch, das Erreichen v. best. → Lernzielen zu fördern. Um eine „Technologie" bzw. Theorie der Erziehung aufzubauen, hat man v. erwünschten o. unerwünschten Endverhalten des Lernenden auszugehen, die dabei vorauszusetzenden Bedingungen zu untersuchen, die erzieher. Beeinflussungsversuche zu objektivieren u. die Meßverfahren zur Überprüfung der Effektivität des Erziehens zu verfeinern. Ro

Encephalitis. V. griech.: encephalon = Gehirn. Infektiöse Entzündung des Hirngewebes. Oft Ursache f. organische u. psychische Dauerschäden (Charakteranomalien, Schwachsinn, postencephalitische Persönlichkeitsstörungen), die eine Sondererziehung notwendig machen. → Sonderschule → Geistesbehinderung Ko

Endogen. Griech.: v. innen stammend, im Inneren entstehend, im Menschen selbst liegend (Anlage, Begabung, Reifungsprozesse u. ä.), oft gleichsinnig mit anlagebedingt. Ggs.: → Exogen Ko

Endothymer Grund. E. G. ist eine der Schichten der menschl. Persönlichkeit nach der Theorie über den Aufbau der Person v. Ph. Lersch. Der E. G. umfaßt Lebensgefühl, Selbstgefühl, Triebe, Affekte, Strebungen u. alle psychischen Erlebnisse, die den Menschen beeinflussen u. überkommen. Diese werden v. „Personalen Überbau", der die Vorgänge des Wollens u. die intell. Fähigkeiten umfaßt, geleitet. Si

Endverhalten. In der → Curriculum-Forschung verwendeter Ausdruck f. das Resultat, welches beim Schüler (Adressaten) nach dem Lernprozeß gegeben sein soll. Lernziele sind Beschreibungen des E.s. Vorausgesetzt wird dabei, daß der Unterricht solche Ziele anzustreben hat, die sich in einem geänderten

Verhalten (→ Lernen) empirisch feststellen lassen. → Lernziel → Taxonomie Ko

Engellehre = Angelologie. Engel ist keine Wesens-, sondern eine Funktionsbezeichnung u. bedeutet *Bote.* Die Bibel sieht sie als „dienende Geister, ausgesandt zum Dienste derer, die das Heil erben sollen" (Hebr 1, 14). Ihre Existenz bildet in der Bibel noch kein Problem. Doch die sie betreffende E. läßt eine deutl. Entwicklung erkennen. Je größer die Distanz zw. → Gott u. → Welt wird, umso notwendiger werden Mittlerwesen, die diese Kluft überbrücken. So spielt in den älteren Schriften des A. T. die E. nur eine sehr geringe Rolle; erst in den späteren Schriften rückt sie mehr in den Vordergrund (→ Ijob, Sach; bes. → Dan). Im N. T. werden im allgem. die atl. Engelvorstellungen übernommen. Die Gestalt eines Schutzengels begegnet in Mt 18, 10 als Ausdruck der Liebe Gottes zu den Kleinen u. in Apg 12, 15. Die kirchenamtl. Lehre hält als → Dogma fest, daß Gott außer der sichtbaren Welt ein Reich unsichtbarer Geister, die Engel, geschaffen habe (Lat. IV, Vatik. I). Die E. kann nur im umfassenden Zusammenhang der Christologie u. der theol. Anthropologie richtig verstanden werden. Sie weist auch immer wieder darauf hin, daß Gott uns auf tausenderlei Weise nahe ist, u. v. welcher Tiefe u. Größe Gottes → Schöpfung ist: Die sichtbare u. uns verfügbare → Welt ist nicht alles, was Gott geschaffen hat (→ Satan).
Die Übersetzung der trad. E. in Sprachformen u. Denkstrukturen des heutigen Menschen unter Wahrung der Intentionen u. Aussageabsichten kirchl. Lehrentscheidungen ist gegenwärtig Gegenstand → dogmat. Fragestellung u. Diskussion. Davon zu unterscheiden ist die Frage, wie weit in bibl. Einzelberichten (Verkündigungs- u. Auferstehungsperikopen u. a.) jeweils eine Engelerscheinung als „Faktum" bezeugt wird o. als ein Stilmittel des Schreibers (Deuteengel — angelus interpres) anzusehen ist. Diese kat. relevante Frage ist v. der → Exegese zu klären u. zunächst unabhängig v. der E. an sich. In der Katechese ist die E. immer gemäß der → Hierarchie der Wahrheiten u. in ihrer Hinordnung bzw. Unterordnung unter die Gottes- u. Christuslehre zu sehen. Schwierigkeiten ergeben sich dabei aus der Diskrepanz zw. dem bibl. u. dogmat. Engelverständnis u. dem, was dem Kind heute in seinem Erfahrungsbereich unter dem Begriff „Engel" begegnet (Schaufensterengel, Weihnachtsengel, Engel in Filmtiteln u. ä.). Fi/Ko

Enrichment-Programm. Engl.: Bereicherungsprogramm. Ein Medium, das zur Ergänzung o. Vertiefung des Unterrichts dient. Gegensatz: → Direct- Teaching. Ko

Enthaltsamkeit. E. wird v. der → Kirche ihren Gläubigen zeitweilig als Mittel der körperl.-geist. Selbstzucht (→ Fasten) gegenüber dem Nahrungstrieb geraten. Hinsichtlich der → Sexualität bedeutet E. den Verzicht auf sexuellen Kontakt, nicht aber ein Negieren der eigenen geschlechtl. Bestimmtheit, u. ist folglich v. → Keuschheit zu unterscheiden. Sexuelle E. ist f. sich betrachtet kein absoluter → Wert, sondern muß zu einer werthaften Haltung in Beziehung stehen: Vorbereitung auf die Ehe, Ehelosigkeit um des Himmelreiches willen, Rücksicht auf den

Partner usw. E. ohne sachl., ethisch verantwortl. Argumentation nur zu fordern, ist unpäd. — Die → geschlechtliche Erziehung strebt vornehmlich die Integration der Sexualität in die Gesamtpersönlichkeit an, wobei aufzuzeigen ist: Der Mensch kann seine geschlechtl. Kräfte (im Unterschied zum instinktgesteuerten tierischen Arterhaltungstrieb) formen u. über sie frei entscheiden. Der bestehende große Antriebsüberschuß soll nicht andere Fähigkeiten überwuchern, sondern kann f. weitere Lebensaufgaben genützt werden (→ Sublimierung). Schon im schulischen Bereich ist die starke Energie des → Aggressions- u. Zärtlichkeitsbedürfnisses (zwei Komponenten der Sexualität im Sport- u. Werkunterricht o. im Übertragen v. Führungsaufgaben bzw. in Musik, Tanz u. Dichtung) sozialisierbar. Lei

Entkirchlichung. Unter E. versteht man die Absenz vieler Christen v. Gemeindeleben, ihr Mißtrauen gegenüber der kirchl. Organisation, versteckte o. offene Kritik an den kirchlichen Führungskräften, Ignorieren lehramtl. u. disziplinärer Vorschriften usw. Will man der Gefahr begegnen, daß aus E. Entchristlichung u. → Atheismus wird, so ist eine allg. Überprüfung der kirchl. → Strukturen, der → Spiritualität, Gemeindepraxis usw. in Richtung Personalgemeinde, Pluriformität, Berechtigung → anonymen Christentums usw. nötig. — Mit dem Einsetzen der → Pubertät ist bei einem Großteil der Schüler E. akut, so daß die eben geforderte Überprüfung zu einer wichtigen Aufgabe des RU wird. Hi

Lit.: F. Klostermann, Zukunft der Kirche. Überlegungen zur Strukturreform (1973; in Vorbereitung).

Entmythologisierung. Die Bibel ist kein → Mythos, im Gegenteil, sie versteht sich selbst als E. gegenüber der rel. Umwelt (vgl. z. B. 2 Petr 1, 16). Dennoch finden sich mythol. Texte, weil mythol. Begriffe u. Vorstellungen zur → Sprache der Verfasser (u. der Leser) gehören. V. a. dort, wo die Heilsbedeutung histor. Ereignisse herausgearbeitet wird, bietet sich die mythol. Darstellungsweise an, da sie den Lesern geläufig ist (etwa Darstellung der → Erlösung mit Hilfe des sog. Urmensch-Erlöser-Mythos z. B. Eph 4, 8—16). F. den heutigen Menschen bedeutet eine solche Sprache ein großes Problem, da er v. seinem sonstigen Denken u. Sprechen her dazu neigt, die mythol. Sprechweise zu → verobjektivieren u. er dadurch in Gefahr ist, das v. Mythos Gemeinte mißzuverstehen u. zu verzerren. — E. (mit dem Namen R. Bultmann, geb. 1884, verknüpft) will dieser Gefahr dadurch begegnen, daß die → Exegese die mythol. Elemente der Bibel in unmythol. Begriffe u. Aussagereihen überträgt (→ Hermeneutik, → Interpretation, → Interpretament → Aktualisierung), um so dem modernen Menschen, der tw. beträchtlich anders denkt (→ Weltbild → Weltanschauung), das Verständnis zu erleichtern u. die Effektivität des → Evangeliums zu erhöhen. — Der Rel.-lehrer wird sich bei der Interpretation v. Bibelstellen gut informieren müssen, um eine mythol. Fixierung zu vermeiden, die den Kindern die Bibel unglaubwürdig machen würde. Besonders die Themen → Gott, → Wunder, → Erlösung, → Welt, → Gebet, → Liturgie usw. werden einer vorsichtigen u. richtig verstandenen E. bedürfen, da die Geschichte zeigt, daß gerade hier leicht mythische Formulierungen u. → Formeln u. damit Mißverständnisse einfließen. Hi

Entscheidung. E. ist ein ganzheitlicher, personaler Akt (actus humanus), der sich nicht allein im kognitiven Bereich vollzieht. V. der Perspektive der Religionspädagogik her muß die menschl. E.sfähigkeit als Voraussetzung u. als Ziel zugleich verstanden werden. Wenn → Freiheit das Kennzeichen mündigen → Glaubens ist, so muß im RU alles getan werden, um zur Ausübung v. E.n zu erziehen u. in ihren rechten Vollzug einzuüben. Konflikte entstehen dort, wo rel. Übungen als verpflichtend vorgeschrieben werden, wo man meint, auf → Dressur nicht verzichten zu können, wo man das → Dogma ideologisiert. Da ein e.sloser Glaube im Grunde wertlos ist (Gewohnheitschristentum), kommt einer grundlegenden Orientierung der menschl. Praxis an der E.sfreiheit zentrale Bedeutung zu. → Willensfreiheit → Gehorsam → Führen Hi

Entscheidungsfrage. Eine Frage, zu deren Beantwortung zw. zwei o. mehreren Möglichkeiten zu entscheiden ist. Im Gegensatz zur → Suggestivfrage ein legitimes Mittel des Unterrichts u. v. Bedeutung f. die Erstellung v. → Lernprogrammen. → Antwort Ko

Entschulung. V. Vertretern des mexikan. Kulturinstituts CIDOC u. a., deren Thesen durch Rundfunk u. Publikationen auch im deutschen Sprachraum Verbreitung fanden, wird in der jüngsten Gegenwart das trad. Pflichtschulwesen radikal in Frage gestellt. Die Schule sei der Götze der heutigen „Weltreligion". Es gelte, ihn zu stürzen, um eine humanere, neue Welt aufzubauen. Das im CIDOC arbeitende internat. Team kritisiert an der gegenwärtigen Schule den fremdbestimmten Leistungsdruck, das Zeugnis- u. Prüfungswesen u. die Manipulierung des Menschen im Hinblick auf eine Produktions- u. Konsummaschinerie. Als Alternativen werden mannigfache, tw. utopisch klingende Vorschläge (Bildungskreditkarte, Lernverteilernetze, Kassettenarchive, neue Lernstile usw.) angeboten. Hauptvertreter sind der in Mexiko lebende Österreicher Ivan Illich, der Brasilianer Paolo Freire u. Hartmut v. Hentig. Die fachwiss. Diskussion über die revolutionäre Kritik ist gegenwärtig noch im Gange. → Befreiende Erziehung Ko

Lit.: H. v. Hentig, Cuernavaca oder: Alternativen zur Pflichtschule (1972); H. Lüning, Schadet die Schule unseren Kindern? (1972).

Enttäuschung. E. ist ein emotionales Begleitphänomen der → Frustration, das erlebt wird, wenn eine Erwartung unerfüllt o. ein Bedürfnis unbefriedigt bleibt. — Päd. belangvoll ist die E., wenn bewußt wird, daß das angestrebte Ziel ein Scheinziel o. ein nur vermeintliches Gut ist u. der Mensch durch die Ent-täuschung v. der Täuschung frei wird, mit Erreichung des Scheinzieles o. durch Einverleibung des Scheingutes eine Vermehrung seines Anteiles an der Seinsfülle zu gewinnen, um glücklich zu sein. Ro

Entwicklung. *1. Päd.-did.:* Eine Methode, die im Gegensatz zur „Darbietung" die Lehrinhalte fragend, impulsgebend, entfaltend in sachlich begründeten Teilschritten vermittelt. — *2. Psych.:* der durch → endogene u. → exogene Einflüsse gesteuerte Prozeß des Fortschreitens v. unreifen zu reifen Formen des Menschseins. Zu den Modellvorstellungen über diesen Prozeß: → Entwicklungspsychologie. Ko

Entwicklung, geistige. G. E. ist nicht nur Ausreifung einer anlagemäßig gegebenen Intelligenz. Sie vollzieht sich in aktueller Auseinandersetzung des Kindes mit der Umwelt. Grundlegende u. z. T. bis heute nicht überholte Untersuchungen stammen v. Schweizer J. Piaget. Piaget konzentrierte sich auf die Entwicklung der logischen Operationen u. erarbeitete fünf Stadien dieser Entwicklung: 1. *Die sensomotor. Intelligenz* (1.—2. Lebensjahr). Das Kind reagiert auf Sinneseindrücke (Sensorisches) mit Bewegung (Motorisches) u. kommt durch aktives Experimentieren u. Gewohnheitsbildung zu ersten Mittel-Zweckerfahrungen u. „Erfindungen“ (z. B. Stock als Werkzeug zum Herbeiangeln). 2. *Im symbolisch-vorbegriffl. Denken* (2;00 bis 4;00) werden Nachahmungen der Außenwelt (Mutter) zu Vorstellungen verinnerlicht. Die dadurch mögliche Unterscheidung zw. „Symbol“ u. Realität ist eine Voraussetzung f. den Erwerb der Sprache. Die Symbolfähigkeit äußert sich im kindl. → Spiel (so tun als ob; Baustein = Auto). Diese Symbole nennt Piaget Vorbegriffe. — 3. Zwischen dem 4. u. 7. Lebensjahr wird das Kind zu *anschaul. Operationen* (Denken auf anschaul. Grundlage) fähig. Darauf folgen 4. die *konkreten Operationen* (7;00 bis 11;00), die nicht mehr egozentrisch, eingleisig u. irreversibel sind, sowie 5. die *formalen Operationen* (ab 11;00), mit deren Hilfe sich der Jugendliche etwa der formalen Logik u. der mathematisch-abstrakten Denkweise bedienen kann.
Auch wenn heute eine Weiterentwicklung dieses Ansatzes (H. Aebli, R. Oerter) erfolgt, durch welche g. E. als komplexes Geschehen in Abhängigkeit v. vielen Einzeldingen (Anschaulichkeit des Gegenstandes, Zahl der beteiligten Elemente, → Motivationen, Einstellung) gesehen wird u. nicht mehr allein auf die Entwicklung logischer Operationen beschränkt bleibt, u. wenn man ferner dazu neigt, die Stadien nicht so ausschließlich einzelnen Altersstufen zuzuordnen (→ Vorschulerziehung), ist das Studium der Untersuchungen Piagets Voraussetzung f. ein Verstehen der kindlichen E. u. sollte integrierender Bestandteil jeder rel. päd. Ausbildung sein. Ko

Entwicklung, moralische. Die m. Haltung (H.) ist immer das Ergebnis v. Akten des Erkennens, Wertens, Entscheidens, die ihrerseits v. Anlage- u. Umweltfaktoren beeinflußt werden. Unter m. E. versteht man den Wandel der altersspezif., psychischen Bedingungen u. Voraussetzungen der m. H. Bisher erarbeitete entwicklungsbedingte Stufenfolgen dieser Bedingungen u. Voraussetzungen (J. Piaget, L. Kohlberg u. a.) werden in ihrer generellen Gültigkeit eingeschränkt durch die innerhalb einer Altersstufe festzustellenden Unterschiede, welche v. der sozialen Herkunft (Mittelschicht, Arbeiter usw.), v. der Familienkonstellation (einziges Kind, Geschwister), v. Erziehungspraktiken (autoritär — antiautoritär usw.) abhängig sind. Gesichert ist, daß das Kind in seiner m. E. v. seiner Umgebung (→ Verwahrlosung), v. a. aber v. frühkindlichen Mutter-Kind-Verhältnis abhängig ist u. seine m. Wertungen zunächst v. der pers. Mitwelt übernimmt (*personelle Heteronomie*). Über eine Phase der *sachlichen Heteronomie* (Moral als Erfüllung eines akzeptierten Gesetzes) kommt der psychisch gesunde Mensch in der Regel noch vor der →Pubertät zu einer Moral individueller → Gewissensgrundsätze (*Gewissensautonomie*). *Moralische* → *Autonomie* (autonome Moral) ist psych. dann gegeben, wenn die m. H. aus Werteinsicht erfolgt. Eine Zuordnung dieser in der Fachwissenschaft noch weiter differenzierten Stufen zu Lebensaltern ist nur bedingt u. mit Einschränkungen gültig. Ko

Entwicklung, religiöse. Beeinflußt v. der → Entwicklungspsychologie versuchten Religionspsychologen immer wieder, allgemeingültige Phasen r.r E. zu erforschen: E. *Würth:* Angleichung an gegebene Formen rel. Lebens (1. u. 2. Lj.), spielerisches Erarbeiten rel. Inhalte (ab 3;00), sinnvolles Verwerten rel. Bezüge (ab 4;00), Fähigkeit zu rel. Motivation sittl. Verhaltens (ab 5;00); R. *Wintergerst:* Vorrel., primitive, naive u. kritisierende Stufe; u. a. m. — Alle bisher vorliegenden Versuche zeigen, daß die allgem. Charakteristik eines best. Lebensalters auch die Religiosität färbt u. bestimmt. Man spricht daher besser statt v. einer r.n E. v. entwicklungspsych. Voraussetzungen der Religiosität. → Religiosität des Kindes → Religiosität des Jugendlichen → Religionspsychologie → Kleinkindkatechese Ko

Entwicklungsalter. Alter, in dem das Kind seiner Entwicklung nach steht; wird aufgrund der Ergebnisse aus dem → Entwicklungstest berechnet u. dient als Grundlage zur Erstellung des → Entwicklungsquotienten. Ausgangspunkt f. die Berechnung des E.s ist das Grundalter (GA = das Alter, welches das Kind an seinem letzten Geburtstag erreicht hat). Jeder Aufgabe kommt der Wert v. 36 Tagen zu, da in jeder Altersreihe zehn Aufgaben zu lösen sind; d. h., daß innerhalb eines Lebensjahres zehn Aufgaben „erlernt" werden sollen. Daher werden alle nicht gelösten Aufgaben aus den Altersreihen vor dem GA mit 36 multipliziert u. v. diesem abgezogen: alle gelösten Aufgaben aus der dem GA entsprechenden Testreihe u. den darüber liegenden Altersreihen werden ebenfalls mit 36 multipliziert u. zum GA dazugezählt. → Entwicklungsprofil Si

Entwicklungshilfe. Materielle u. geistige Hilfe der hochindustrialisierten Staaten f. wirtschaftlich unterentwickelte Länder der Dritten Welt. Als eine v. den Vereinten Nationen geförderte u. v. allen Kulturstaaten wahrgenommene kollektive Form der Hilfeleistung ist E. ein päd. u. rel. päd. relevantes Thema, das v. a. ab der → Sekundarstufe I im Zusammenhang mit „Gerechtigkeit", „Verantwortung" u. ä. zur Sprache kommen soll. Ko

Lit.: H. K. Berg u. a., Entwicklungshilfe, rp-Modell Nr. 1/2 (2. Aufl 1972); E. Meueler (Hg.), Lernbereich Dritte Welt (1972); L. B. Pearson (Friedensnobelpreisträger), Der Pearson-Bericht. Bestandaufnahme und Vorschläge zur Entwicklungspolitik (1969); H. Falkenstörfer u. a., Aktion Entwicklungshilfe, mehrere Bde. (1972 f.).

Entwicklungsprofil = graph. Darstellung des Ergebnisses aus dem → Entwicklungstest; ist gegenüber dem → Entwicklungsquotienten u.

dem → Entwicklungsalter aufschlußreicher, da sie die Entwicklung in den einzelnen Leistungsbereichen erfaßt. Dem E. kommt bes. Bedeutung bei disharmon. Entwicklung zu, wo ein Gesamtmaß f. die Entwicklung den tatsächl. Entwicklungsstand in den einzelnen Leistungsbereichen nicht aufzuweisen vermag. Am einfachen E. (siehe Beispiel) kann man die erbrachten Leistungen bezüglich der Dimensionen „Soziale Reife" (SR), „Lernen" (L), „Materialbeherrschung" (MB) u. „Geistige Produktion" (GP = Intelligenz) ablesen. In unserem Beispiel (Abb. 8) einer disharmon. Entwicklung hat das Kind v. acht Jahren die Aufgaben in SR f. das 8. Lj., in L. f. das 8,5 Lj., in MB f. das 7. Lj., in GP f. das 9. Lj gelöst. (Die eingetragenen Punkte stehen f. die in jedem Altersabschnitt zu lösenden Aufgaben.) Si

ABBILDUNG 8: **Entwicklungsprofil.** Beispiel einer disharmonischen Entwicklung

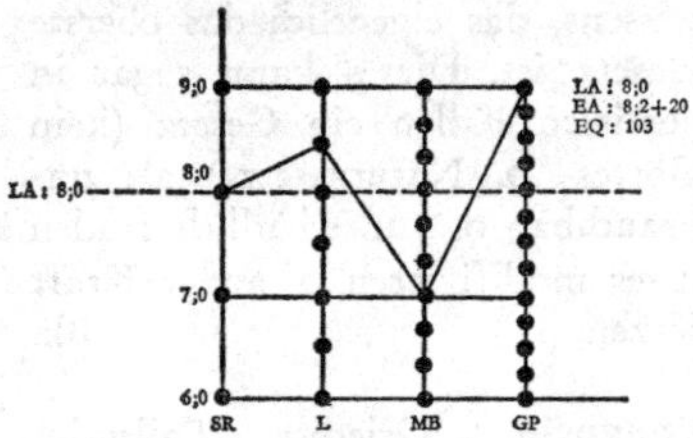

Je nach Bedarf kann auch noch ein detaillierteres E. Verwendung finden. Hier werden dann auch die innerhalb einer Dimension gemessenen Faktoren graphisch dargestellt (z. B. bei der MB: Nachahmungsfähigkeit, Konstruktive Fähigkeit u. Erfassen v. Raumbeziehungen). Si

Entwicklungspsychologie. Seit 1883 (W. Preyer, Die Seele des Kindes) hat die geistes- u. naturw. orientierte E.P. eine Fülle rel. päd. relevanter Ergebnisse gebracht (→ Kleinkindalter, → Schulkindalter, → Jugendalter u. a. m.). Die den Forschungen zugrundeliegenden Modellvorstellungen v. → „Entwicklung" (E.) lassen sich nach F. Weinert auf vier Grundtypen zurückführen: 1. E. als stetiges Wachstum (Aufbau u. Abbau) v. Kräften u. Funktionen. 2. E. als Aufeinanderfolge versch. Phasen u. Stufen. 3. E. als → Differenzierung. 4. E. als soziales Lernen. — Diesen Modellen liegt jeweils auch eine versch. Sicht des Verhältnisses u. der Rolle v. Anlage u. Umwelt zugrunde. Mit Ausnahme v. E. im 1. Lj. neigt man heute mehr dazu, E. nicht so sehr als Reifungsprozeß, sondern mehr als Sozialisierungs-, Differenzierungs- u. sozialen Lernprozeß zu verstehen, der → endogene Grundlagen u. → exogene Faktoren einschließt. Ko

Entwicklungsquotient (EQ) = Maß f. den Entwicklungsstand eines Kindes; wird analog dem → Intelligenzquotienten berechnet, stellt aber eine umfassendere Information über die Leistungsfähigkeit des Kindes gegenüber den komplexen Anforderungen v. Schule u. täglichem Leben dar, da es alle Lebensbereiche erfaßt.

$$EQ = \frac{\text{Entwicklungsalter (EA)}}{\text{Lebensalter (LA)}} \times 100$$

Ein EQ v. 100 zeigt eine genau dem Lebensalter entspr. Entwicklung. Ist der EQ größer als 100, spricht man v. einem Entwicklungsvorsprung (→ Frühentwickler), ist er geringer als 100, ist ein Entwicklungsrückstand gegeben (→ Spätentwickler). Ein EQ v. ± 80 bedeutet meist Sonderschulbedürftigkeit. → Entwicklungstest(s) → Entwicklungsprofil → Entwicklungspsychologie. Si

Entwicklungstest(s) = Verfahren zur Prüfung des jeweiligen Entwicklungsstandes v. Testpersonen. Er soll die Entwicklung der Gesamtpersönlichkeit möglichst vollständig erfassen. Zu diesem Zweck wurden f. versch. Altersstufen Testreihen erstellt, die eine festgesetzte Zahl v. Aufgaben enthalten. Jede dieser Aufgaben prüft einen best. Entwicklungsfaktor u. kann v. normal entwickelten Kind der entspr. Altersstufe gelöst werden. Die Ergebnisse aus dem E. finden ihren Ausdruck im → Entwicklungsalter, im → Entwicklungsquotienten u. im → Entwicklungsprofil. Unter der Leitung v. Charlotte Bühler wurde ein solches Testsystem f. Kinder v. der Geburt bis zum 6. Lj. entwickelt, welches folgende Verhaltensdimensionen erfaßt: Sinnesrezeption (bis zum 1. Lj.), Körperbeherrschung, soziales Verhalten, Lernen, Materialbeherrschung u. geistige Produktion. Diese Kleinkindertests sind f. Heilpädagogen, Sprachtherapeuten u. Kinderärzte eine große Hilfe bei Diagnose u. Therapie. — F. den Pädagogen sind die v. L. Schenk-Danzinger u. S. Bayr-Klimpfinger ausgearbeiteten Tests f. das Schulalter sowie der → Schulreifetest v. H. Hetzer v. großer Bedeutung. Diese Tests f. das Schulalter umfassen 6 Testreihen f. die Kinder v. 6. bis zum 11. Lj. Jede dieser Altersreihen setzt sich aus zehn Aufgaben zusammen, wobei folgende vier Dimensionen geprüft werden: soziale Reife (SR): eine Aufgabe; Lernen (L): zwei Aufgaben; Materialbeherrschung (MB): drei Aufgaben; geistige Produktion (GP = Intelligenz): vier Aufgaben. Die innerhalb der Dimensionen geprüften Einzelfaktoren sind *bei MB:* Nachahmungsfähigkeit (N), konstruktive Fähigkeit (K), Erfassen v. Raumbeziehungen (R); *bei L:* Sprachgedächtnis (SG), anschauliches Gedächtnis (AG); *bei GP:* logisch-begrifflich-kausales Denken (LBKD) u. praktische Intelligenz (PI). Auch diese Faktoren können im Entwicklungsprofil aufscheinen. Neben diesen „klassischen" E.s stehen heute eine Reihe anderer zur Verfügung. → Entwicklung → Entwicklungspsychologie Si

Epikie. Griech.: Billigkeit. → Gesetz ist nur eine Direktive, nicht die ganze → Sittlichkeit, die nur aus dem → Gewissen kommen kann. Dies zu erkennen u. das Gesetz so zu handhaben, daß trotz seiner Mangelhaftigkeit das gewünschte Wohl erreicht wird, ist Sache der E., des richtigen Handelns im Einzelfall, der richtigen Anwendung des Gesetzes durch das Urteil der Vernunft, des Gewissens, das eigentlich das oberste Gesetz ist. Dieses kann sogar in gewissen Fällen ein Gesetz (kein Gottes- o. Naturgesetz!) als unbrauchbar o. gar schädlich finden u. es modifizieren o. außer Kraft setzen. Bla

Epilepsie. Griech.: Fallsucht. Krampfartige Anfälle mit Bewußtlosigkeit („Hinfallende Krankheit"), die in versch. Formen auftreten: Grand-mal (Großer Anfall); Petit-mal (im Vorschul- u. Schulalter auftretende Anfälle, die meist nur wenige Sekunden dauern). → Absencen → Körperbehindertenkatechese Ko

Lit.: D. Janz, Die Epilepsien (1969).

Epiprojektion → Episkop

Episkop. Ein → visuelles Gerät zur → Projektion *un*durchsichtiger Bilder (z. B. Buchseite, Foto, Landkarte, Skizze, Heftseite usw.) im Gegensatz zum → Overheadprojektor u. → Diapositivprojektor. Die Projektion undurchsichtiger Bilder ist ein großer Vorteil f. den unterr. Einsatz; dieser wird jedoch bis zur Gegenwart durch den großen Lichtverlust u. die daraus resultierende Notwendigkeit totaler Verdunklung stark eingeschränkt. Nicht zuletzt weil diese auch ein gleichzeit. Mitschreiben der Schüler u. einen Vergleich mit Büchern u. ä. verhindert. Das Gerät wird 3,5 bis 5 m vor dem Bildschirm aufgestellt (dieser Standplatz ist meist mitten unter den Schülern u. wirkt störend). — Die zu projizierende Bildfläche ist je nach Type 14 × 14 bis 14 × 61 cm, bessere Typen gestatten jedoch ein Auflegen v. größeren Objekten (z. B. Atlanten) ohne Beschädigung, projiziert wird aber dennoch nur der angegebene Ausschnitt. Ein freies Hantieren auf dem Objektfeld (wie beim → Overheadprojektor) ist bis jetzt nicht möglich. — Projektionstechnik s. unter → Projektion. — Das *Epidiaskop* ist eine Kombination v. Episkop u. → Diaprojektor. Anz

Epochalpsychologie. E. untersucht die Auswirkungen u. Einflüsse einer gesellschaftl. u. kulturellen „Epoche" auf psychische Phänomene, v. a. auf die → Entwicklung. Sie konnte etwa nachweisen, wie selbst entwicklungsmäßig stark Fixiertes (→ Pubertät!) durch zeitbedingte Einflüsse variiert wird. Rel. Bildungsarbeit muß sich jeweils an den neuesten epochalpsych. Erkenntnissen orientieren. Dabei ist zu bedenken, daß manches Phänomen durch die Zeitspanne zw. der wiss. Reflexion u. Publikation sich bereits wieder gewandelt haben kann. Ko

Epochalunterricht. E. ist eine Form des Unterrichts, in der f. längere Zeit (2—3 Wochen) ein Fach ausführlicher unterrichtet wird; in einer sinnvollen Wechselfolge wird jedes Epochenfach zum Leitfach. Dadurch kann ein größeres Arbeitsprogramm intensiver behandelt werden. E. begünstigt die Selbsttätigkeit der Schüler, das → exemplarische Lehren, fächerübergreifende Fragestellungen u. Projekte, gründliche u. rationelle Unterrichtsplanung u. -vorbereitung. Ko

Equipe Catéchètique Européenne. Auf dem Internat. Kat. Kongreß 1950 gegründete *Europäische Arbeitsgemeinschaft f. → Katechese.* Mitglieder sind Experten aus internat. u. nat. → Kat.Zentren u. Instituten aus 15 Nationen. Ziel: Förderung der kat. Bewegung in Europa. Arbeitsweise: Regelmäßige Konferenzen (Erfahrungsaustausch, gemeinsames Bearbeiten eines kat. relevanten Themas). Kontaktstellen: BRD.: → Deutscher Katechetenverein; Öst.: Katechetisches Institut Wien, A-1010, Stephanspl. 3; Schweiz: O. Frei, Hünenbergerstraße 13, CH-6330 Cham. Ko

Erbsünde. Nach der *kirchl. Lehre,* wie sie v. a. im Konzil v. Trient eingehend u. als → Dogma festgelegt wurde, hat die E. ihren Ursprung in einer persönl. Schuldtat des ersten Menschen, durch die dieser seine urspr. Heiligkeit u. Gerechtigkeit verlor u. unter die Herrschaft des Teufels u. des Todes kam, was ihn auch in einen leiblich u. seelisch schlechteren Zustand versetzte. Diese Sünde Adams geht durch Vererbung (nicht Nachahmung) auf alle Menschen über u. wird nur durch die → Erlösung Christi aufgehoben, so daß daher auch die → Kindertaufe heilsbedeutsam ist. Nach heute allgem. anerkannter *theol. Lehre* besteht das Wesen der E. im Fehlen d. → Gnade bzw. jener übernatürl. Erhebung, die dem Menschen urspr. zugedacht war; dieser Mangelzustand trennt den Menschen wirklich v. Gott, ist aber nicht pers. Sünde d. einzelnen, weshalb die E. auch nur in einem → analogen Sinne → Sünde genannt werden kann. Die *hl. Schrift* selbst kennt den Begriff E. nicht; das A. T. kennt auch der Sache nach keine E. im strengen Sinn als Folge der Ursünde. Die entsch. bibl. Aussage zur E. findet sich erst im N. T. bei Paulus in 1 Kor 15, 21 f. u. v. a. in Röm 5, 12—21. — Die christl. Grundlehre v. der E. ist heute nicht nur vielfachen Mißverständnissen ausgesetzt, sie ist auch weithin zu einer bloßen Katechismuswahrheit geworden, die an ihrem systemat. Platz erwähnt wird, im Leben aber u. in der durchschnittl. → Verkündigung wenig Beachtung findet. Um die sowohl theol. wie existentiell bedeutsame Substanz der E.nlehre, die trad. auf dem Hintergrund eines stat. → Weltbildes v. a. den Anfang der E. u. ihre Weitergabe durch Vererbung betonte, dem Menschen v. heute wieder mehr zugänglich zu machen, sind daher neuerdings Versuche unternommen worden, diese v. bibl. Begriff der „Sünde der Welt“ u. auf dem Hintergrund eines dynam. Weltbildes begrifflich neu zu fassen. Fi

Erethismus. V. griech.: eresso = erregen. Krankhaft gesteigerte Bewegungsunruhe, oft in Verbindung mit Schwachsinn u. Ausdruck postencephalitischer Persönlichkeitsstörungen. Erfahrungen der Vergangenheit wirken nicht steuernd u. hemmend auf gegenwärtiges u. zukünftiges Verhalten. Daher sind Strafen meist wirkungslos. Erethische Kinder erfordern in → Sonderschulen viel Geduld. Rel. päd. wirkt sich E. negativ aus v. a. in der → Bußerziehung u. in der moral. Erziehung. → Encephalitis **Ko**

Erfahrung (religiöse). Der Begriff E. ist umgangssprachlich, phil., psych. u. auch rel. päd. mit unterschiedl. Akzentuierungen vorgeprägt, vielschichtig u. kompliziert. Die Verwendung des gleichen Begriffes f. sinnl. u. geist., innere u. äußere Gegebenheiten ist gelegentlich nur als → Analogie zu verstehen. Meist aber schwingen mit: eine → affektive, emotionelle Komponente in einem ganzheitl., nicht bloß intellek. Akt des Erkennens, ein Betroffen-werden in den Tiefenschichten der → Person, ein Moment der Unmittelbarkeit u. Ursprünglichkeit, der Bezug zu etwas o. jemandem außerhalb seiner selbst (Charakter der → Begegnung, Wirklichkeitsbezogenheit), oft auch ein Moment des Intuitiven, Geschenkhaften, Spontanen u. eine Verbindung zum Lebenspraktischen.

Rel. Erfahrung wird durch R. Guardini u. a. unterschieden v. der *Glaubenserfahrung*. Sie ist unmittelbares Erleben der Abhängigkeit, Kreatürlichkeit, Erfassen des → Geheimnisses, der Wirksamkeit des Numinosen, Wahrnehmung der Einbruchsstelle des „Ganz-Andern“, die Existenz Tragenden im

Menschlichen u. Irdischen (A. Vergote), subjektive Bewußtwerdung des Heiligen (M. Eliade), Erstaunen vor der Macht des „Anderen“ u. Gefühl, mit diesem unmittelbar verbunden zu sein (G. van der Leeuw). R. E. (u. Glaubenserfahrung) werden oft gleichsinnig gebraucht mit rel. → Erlebnis. Sie dürfen jedoch nicht auf einmalige Erlebnisse (vgl. Bekehrungserlebnis v. Augustinus o. Claudel) beschränkt bleiben. R. E. vermag den Glauben nicht zu begründen, sie ist aber Disposition, mittels welcher der (schon) Gläubige Wahrheiten u. Mysterien seines Glaubens in existentieller Betroffenheit er- u. umfaßt. Glaubens-E. hat immer Geschenkcharakter u. ist E. im Glauben u. mittels des Glaubens. → Gotteserfahrung Ko

Lit.: M. Leist, Kein Glaube ohne Erfahrung (1972); K. Riesenhuber, Existenzerfahrung u. Religion (1968); A. Vergote, Religionspsychologie (1970).

Erfolg — Mißerfolg. E. u. M. sind die beiden möglichen Alternativergebnisse eines leistungsorientierten Handlungsverlaufes. F. diesen haben sie unterschiedl. Gewicht: im zeitl. Vorausbezug als Erwartung eines positiven o. negativen Ergebnisses, als Anreiz in der gedankl. Vorwegnahme des tatsächl. E.s o. M.s, als Motiv, E. zu erzielen u. M. zu vermeiden; ebenso kommt das Gewicht von E. u. M. im durch den Handlungsverlauf erfolgenden Eintritt des erwünschten o. unerwünschten Ergebnisses zum Tragen. — Päd. muß berücksichtigt werden: das Anspruchsniveau wird durch erlebte Dauer-E.e gehoben (Einzel-E.e aber verunsichern); M.e können es senken, zu Ausweichtendenzen führen, Zielsetzungen unerreichbar überhöhen. Ro

Erfolgsethik. → Erfolg ist zweifellos Bestätigung unseres Selbst u. Ansporn. Norm u. Ziel unserer Handlung kann er nur in der Gesamtheit unseres Menschseins u. des Gemeinwohles sein. Über die → Sittlichkeit unserer Handlung kann er nie entscheiden, denn diese kommt nur aus dem → Gewissen (auch beim Mißerfolg!). Managertum, Pragmatismus, Geltung in der Öffentlichkeit erwecken den Schein, als entscheide nur der schnelle u. momentane Erfolg über Sinn u. Wert unserer Handlungen („Erfolgsnaturen“). Eine derartige E. kann weder Grundlage f. die Gesellschaft noch Norm f. zwischenmenschl. Beziehungen sein, da sie in Ausbeutung endet u. keine dauernde Erfüllung geben kann. Bla

Erfolgsgesetz. 1898 v. E. L. Thorndike erforscht, gilt das E. als Grundlage der → Lerntheorien u. des → Programmierten Unterrichts. Es besagt, daß ein Erfolgserlebnis beim Lernen (→ Reinforcement) die Wahrscheinlichkeit des Behaltens erhöht. Ko

Erfolgstest. Ein Test, mit dem nachgeprüft bzw. nachgewiesen werden soll, ob die angestrebten Lernziele durch ein Lernprogramm o. ein Unterrichtsmodell bzw. -projekt erreicht werden. Bei negativem Ergebnis wird das Programm o. Modell so lange überarbeitet o. variiert, bis ein optimales Testergebnis erzielt wird. E.s sind ein Mittel in der Kontrolle u. Sicherung f. Lehrverfahren u. Medien u. als solche auch integrierender Bestandteil der Erarbeitung u. Entwicklung v. → Lehrbüchern, → Curricula u. dgl. Die Erstellung v. E.s setzt voraus, daß bei der Unterrichtsplanung genau bestimmt wurde, welche Antworten, Aufgabenlösungen, Verhaltensänderungen usw. der Schüler nach Absolvierung des Lehrganges bzw. nach Einsatz des Mediums beherrschen soll. → Lernziele → Projektforschung → Programmierter Unterricht → Endverhalten Ko

Erfüllungsgebot. Im Gegensatz zum → Zielgebot ein Gebot, dessen Erfüllung in allen Einzelheiten möglich ist u. kontrolliert werden kann. → Grenzgebot Ko

Erhöhung. Die Urkirche hat den durch die Ostererfahrung gewonnenen u. durch die apost. Zeugen vermittelten → Glauben an → Jesus Christus in vielfältiger Weise ausgedrückt: er ist der Messias, das neue Paschalamm, der Erstgeborene v. den Toten, der Sohn Gottes usw. Eines der ältesten Bekenntnisse war jedoch das einfache: „Jesus ist Herr". In diesem Bekenntnis ist ausgedrückt, was u. wer Jesus nun f. die Menschen ist: er ist nicht „verschwunden", sonderen er ist jetzt bei allen, die sich zum gemeinsamen Mahl versammeln, seinen Namen anrufen, in seinem Geist leben. Dieses „Herr-Sein" Jesu hatte jedoch seinen Gehorsam zum Leiden zur Voraussetzung: „Er erniedrigte sich, ... wurde gehorsam bis in den Tod, den Tod am Kreuz. Darum hat Gott ihn so hoch erhoben ..." (Phil 2,8 f). Diese E. Jesu zum Herrn ist aber eigentlich nicht etwas, was zu seinem Leben noch nachträglich hinzukommt; sie ist vielmehr nur die „andere Seite": die Kreuzigung *ist* die E. (vgl. Joh 8,28; 12,32). Diese E. Jesu zu → Gott ist nun f. die Glaubenden die Grundlage der Gewißheit, daß „weder der Tod noch das bedrohte Leben, weder Zufall noch Schicksal ... uns zu scheiden vermag v. der Liebe Gottes, die uns in Christus erschien, unserem Herrn" (Röm 8,38 f; Zink). → Auferstehung → Himmelfahrt Schr

Erkenntnis. Im Alltag wird der Mensch die E.fähigkeit kaum in Frage stellen, in der Geistesgeschichte unterzog man sie immer wieder krit. Untersuchungen. Ihr Ergebnis: Ausgang u. Basis aller E. ist die Urgewißheit o. die Einsicht (Evidenz) in das eigene Sein (= Ich bin) u. Bewußtsein (= Ich weiß, daß ich weiß). Diese Evidenz kann ich nicht in die E. der Außenwelt übertragen, dafür stehen mir zwei andere Wege zur Verfügung: die Sinneserfahrung (Wahrnehmung, Vorstellung, Gedächtnis, Erinnerung) u. die Denkprinzipien. Die erste vermittelt mir die Erfahrung der Wirklichkeit außerhalb meiner, doch bleibt der Mensch bei der Sinneserfahrung nicht stehen, sondern bildet daraus Begriffe, Schlüsse, Folgerungen. Allen Denkprozessen liegt dasselbe Verfahren zugrunde: Die Vernunft wandelt die konkreten Dinge außerhalb meiner in immaterielle Gebilde (Begriffe usw.) um, diese hebt er in sein Bewußtsein, ergreift Besitz (Be-greifen) v. ihnen u. verfügt über sie (letzte Auswirkung: Wissenschaft u. Technik). Die Richtigkeit dieses Denkverfahrens garantieren ihm die Denkprinzipien (der Identität, des Widerspruchs, des hinreichenden Grundes u. a.), die sowohl f. sein Denkbewußtsein wie f. die Wirklichkeit außerhalb gelten. Bla

Erlebnis, religiöses. Beeinflußt durch Lebensphilosophie, Kunsterziehungsbewegung u. Erlebnispädagogik, nimmt das r. E. im

1. Drittel des 20. Jh. in → Religionspsychologie u. → Religionspädagogik eine zentrale Stellung ein. Man verstand darunter ein meist einmaliges, aber dauernd wirksam bleibendes Ergriffensein des ganzen Menschen v. der rel. Wirklichkeit, das nicht mit den begleitenden Gefühlen verwechselt werden darf. In der gegenwärtigen rel. päd. Literatur findet man den Terminus selten. Die berechtigten Anliegen gingen in die Begriffe → Begegnung u. → Erfahrung ein. Ko

Lit.: M. Pfliegler, Der Religionsunterricht (3 Bände, 1935); I. Berthold, Das Kind. u. seine Erlebniswelt (1970).

Erlebnispädagogik → Erlebnis, religiöses

Erlösung. V. E. zu sprechen, setzt voraus, daß man v. der E.sbedürftigkeit des Menschen ausgeht. Dabei spielt es keine Rolle, in welchen Kategorien sich diese E.sbedürftigkeit ausdrückt: ob als ausdrückl. rel. Frage nach dem letzten Ziel u. dem tragenden Grund des Menschseins, o. als allg. menschl. Suchen nach Hilfe in alltägl. Ereignissen u. Bedürfnissen o. a. — Das Gottesbild des A. T. ist v. Anfang an dadurch gekennzeichnet, daß → Gott hilft u. rettet: Ich werde bei euch sein. → Israel begreift u. interpretiert seine Geschichte — ohne Trennung in eine profane Geschichte u. in eine Heilsgeschichte — als → Zeichen der helfenden u. erlösenden Nähe → Jahwes. In den → Psalmen wird die ganze Breite der menschl. Nöte (individuell u. kollektiv) vor das Antlitz Gottes getragen, „v. dem Hilfe kommt". Eine folgenschwere Einengung des E.sbegriffs geschah in weiten Kreisen des Spätjudentums; hier kam es zu einer „rel. Engführung": E. wurde immer mehr zur Bewahrung vor der Strafe des Endgerichts, wodurch einerseits die eigentl. menschl. u. gesellschaftl. E.ssituationen u. -möglichkeiten aus dem Blickfeld verschwanden, andrerseits die eschatolog. Dimension der E. einseitig „jenseitig" interpretiert (→ Immanenz — Transzendenz → Eschata im RU) wurden. — → Jesus hat diese Schranken durchbrochen: indem er zu Sündern u. Ausgestoßenen geht u. sich ihrer annimmt, geschieht f. sie E., weil ihnen eine menschl. Zukunft eröffnet wird, die sie sich selbst nicht mehr bauen konnten. Insofern sind aber die Jünger Jesu — u. alle Glaubenden — zur Teilnahme an diesem E.swirken Jesu aufgerufen, da sich in diesem Tun das → Reich Gottes manifestiert.

Die → Verkündigung Jesu v. der unbedingten → Liebe Gottes ist schließlich der letzte, tragende Grund dieser Ausweitung der E.svorstellung u. zugleich selbst erlösend: das Gottesbild wird entdämonisiert; die primäre Haltung des Menschen Gott gegenüber ist → Vertrauen u. Liebe u. nicht Angst u. Furcht. So vereinen sich hier menschl. u. rel. E.

Dadurch u. bes. durch seinen Tod „f. die Vielen" ist Jesus nach christl. Glauben der Erlöser der ganzen → Welt. Bei manchen Theologen der Kirchengeschichte — u. v. a. im Bewußtsein des Volkes — floß in die E.svorstellung einseitig der Gedanke der Wiedergutmachung ein: Jesus — der Gottessohn —, der allein imstande war, die unendl. → Schuld der Menschen vor dem strafenden Gott zu sühnen. Heute wird man anstelle solcher eher dinghaften Vorstellungen personalere Kategorien an-

wenden müssen; Jesus war in einem letztmöglichen Sinn Gott u. den Menschen treu — bis zum Tod am Kreuz. Gott nimmt in seiner Liebe diese → Treue als endgültig an.
Im RU muß noch vor aller Rede v. E. der Blick auf menschl. Notsituationen geöffnet, u. die Aktivitäten der Schüler müssen auf deren Beseitigung gerichtet werden. Gleichzeitig soll das helfende u. erlösende Tun Jesu als Vorbild f. die Schüler dargestellt werden; die → Reflexion wird sich v. a. auf dieses konkrete Tun Jesu richten; eine abstrakte Betrachtung ist nicht kindgemäß u. birgt außerdem die Gefahr einer neuerl. Versachlichung v. Schuld u. E. in sich. Schr

Ermahnung. E., die dringliche Erinnerung an eine Pflicht, soll dem Menschen ein sittl. Verhalten wieder bewußt machen, das dieser grundsätzlich als f. sich gültig bejaht hat; sie ist Anruf an die Gewissenhaftigkeit u. Aufruf der Gewissensdynamik. Die Bedingungen der Wirksamkeit der E. sind u. a.: die Intensität der Entfaltung der Vernünftigkeit, der Grad der Nachhaltigkeit früherer Weisungen, die → Autorität des Mahnenden, die Hörwilligkeit des Ermahnten. Länge u. Häufigkeit der E. vermindern deren Wirkung. Päd. wichtig ist die Verknüpfung v. E. u. → Ermutigung u. der in der Formulierung der E. mitgegebene Raum f. → Entscheidung.
Ro

Ermutigung. E., eine päd. Form des Zuspruches zur Stärkung des Selbstvertrauens u. der Entschlußkraft, um Aufgaben bis zur Vollendung zu meistern, ist grundgelegt im „Mut des Lebens" des Lebendigseins, der aber durch Vernunft u. → Gewissen in den Dienst der Persönlichkeitsentfaltung gestellt werden muß. — Während mit E. der Entschluß zum Handeln hervorgerufen wird, wird mit Ermunterung, einem päd. Zuspruch in gelöster u. heiterer Sprechweise, die Lebendigkeit o. Munterkeit im Handeln zu wecken versucht. Ro

Eros — Erotik. Der Begriff Erotik ist heute nicht klar umrissen: Urspr. war sie der Bereich des griech. Liebesgottes „Eros". Heute umschreiben Erotik bzw. Eros oft die geist.-seel. Seite der → Geschlechtlichkeit gegenüber der körperl., dem „Sexus". Erotik wird aber gerade auch f. den sexuellen Aspekt des Liebeserlebnisses verwendet o. steht f. die Gesamtheit menschlicher Liebesbeziehungen im zwischenmenschl. u. kulturellen Bereich. — Hier sei Eros ganzheitlich als Hingezogensein zum Du u. der → Person des anderen, das aus der spannungsreichen Polarität zw. fraul. u. männl. Wesen erwächst, verstanden. Er ist Ansporn u. Grundbedingung f. das Reifen personaler Liebesfähigkeit, in der der andere um seiner selbst willen geliebt wird (F. Leist: „Es drängt mich. Du bist Ich. Ich liebe Dich, weil Du schön bist. Ich liebe Dich, weil Du Du bist."). Aufkeimende Äußerungen des Angezogenseins zw. jungen Menschen sollen nicht durch den Pädagogen beargwöhnt o. abgelehnt, sondern müssen ernstgenommen werden, denn sie sind f. sie eine Chance, ihr sexuelles Gedrängtsein zu humanisieren u. einander personal zu begegnen. → Liebe braucht Einfühlungsvermögen, Rücksicht, → Verantwortung, → Freiheit v. Furcht, Erwiderung der Neigung usw. Dies alles benötigt Zeit u. ist schwerer einzuüben als sexueller Kontakt. → Agape — Eros — Sexus. Lei

Lit.: A. u. W. Leibbrand, Formen des Eros, Kultur- u. Geistesgeschichte der Liebe, 2 Bde. (1972).

Eros, pädagogischer. Die weder mit Elternliebe noch mit christlicher → Liebe eo ipso identische Grundhaltung des Erziehers, welche gekennzeichnet ist als emporhebende, verstehende, taktvolle, geistige u. auch fordernde Wertschätzung, die der reife Mensch dem werdenden gegenüber zum Ausdruck bringt. Nach E. Spranger umfaßt p. E. zwei Komponenten: Die Liebe zum Kind u. die Liebe zum Gegenstand. — Beim Rel.-lehrer sollte p. E. integriert sein in die aus der Nachfolge Christi erwachsende → Agape. Ko

Ersatzbefriedigung. Ein in der → Psychoanalyse häufig gebrauchter Ausdruck f. eine Befriedigung, die nicht durch das direkte Objekt eines → Triebes erlangt wird (→ Sublimierung). Viele Kinderfehler u. → Kindersünden werden als E. f. mangelnde Liebe u. ä. verstanden. Ko

Erstbeichtalter → Bußerziehung

Erster Gestaltwandel. Wandlung des körperl. Erscheinungsbildes um das 6. Lj. v. der Kleinkindform (KKF) zur Schulkindform (SKF); Auftreten disharmonischer Übergangsformen; Ausbildung der Seitendominanz. (Bei Linkshändern Facharzt befragen!) KKF: großer Kopf, Stirn beherrscht Mittel- u. Untergesicht, Backen stark entwickelt, Kinn tritt zurück, Oberlippe springt vor, Augen groß, weit aufgerissen, Oberlider noch kurz, offener Gesichtsausdruck, zarter Hals, walzenförmiger Rumpf, keine Taille, flacher Rükken, schmale Schultern, Bauch u. Brust stark vorgewölbt, Rippenbögen u. Gelenke nicht klar abgezeichnet, zarte, gut gepolsterte Extremitäten, Körperoberfläche durch Fettpolsterung geprägt, tänzerische Grazie in Bewegung u. Gestik. SKF: Kind wirkt mager u. schwach, Kopf scheint klein, Stirn nicht dominant, Mittel- u. Untergesicht gewachsen, Lippen fester geschlossen, Augen nicht mehr so groß, Hals kräftiger, Muskulatur deutlich entwickelt, Rumpf abgeflacht, Bauch nicht mehr so vorstehend, Schulterbreite gegenüber Beckenbreite vergrößert, Fettpolsterung nimmt ab, Extremitäten wachsen stärker, Gelenke deutlich sichtbar, Rückgratkrümmung bildet sich aus, Bewegungen geradlinig u. zielstrebig. → Zweiter Gestaltwandel Si

Erstkommunion → Eucharistische Erziehung

Erwachsenenbildung (theol.) → Erwachsenenkatechese

Erwachsenenkatechese. EK. ist ein Teil der kirchlichen Glaubensverkündigung im eigentl. Sinn, unterscheidet sich aber nach Institution, Bildner, Empfänger, Gehalt u. Methode entsprechend v. der Kinder- u. Jugendkatechese. Das Ziel der EK. ist der theol. informierte Christ in der Welt, der fähig ist, sich mit der ihm gegebenen Wirklichkeit u. seinem Aufgabenbereich im Lichte des → Glaubens auseinanderzusetzen. So muß sich EK. nicht nur mit kirchl.-christl. Themen befassen, sondern mit dem Religiösen überhaupt, das zutiefst im Menschen gründet. Sie muß offen sein f. den → Dialog mit der → Welt, ihren Ideologien, → Weltanschauungen u. → Religionen. Die neuen Fragestellungen in der Theologie müssen das Ganze des Glaubens erfassen, das Verständnis f. das Fortschreiten theol. Denkens erschließen u. in der personalen Antwort auf das → Wort Gottes zu selbständigem Denken u. Handeln führen. Träger der EK. wird vielfach der → Laientheologe in enger Zusammenarbeit mit der Amtskirche sein. Institutionell wird die EK. nicht nur v. der →Gemeinde, sondern auch v. Region u. Diözese getragen werden müssen. V. der EK. wird zumindest theoretisch heute die → theol. Erwachsenenbildung (t. E.) unterschieden, wenn auch die Übergänge fließend sind. EK. im engeren Sinne ist Funktion der → Kirche u. → Verkündigung des →Kerygmas an Erwachsene. Demgegenüber ist t. E. mehr an der wiss. Reflexion *über* das Kerygma orientiert. Sie beschränkt sich nicht allein auf die → Vermittlung eines Glaubensverständnisses o. auf theol. Information, sondern will durch Konfrontation v. anthropol. u. theol. (d. i. nicht bloß rel. o. „gläubigen") Fragestellungen „zur Freiheit befreien" (E. Feifel). Nach Feifel hat t. E. die Aufgabe, die Kirche in eine Lerngemeinschaft zu verwandeln, in der Meinungs- u. Willensbildung im Glauben geschieht. Beispielhaft einige ihrer Teilziele: — über die eigene Glaubenserfahrung sprechen — den Glauben als Wachstumsprozeß begreifen — konstruktive u. wirksame Kritik üben — Alltagserfahrungen als rel. aufarbeiten — Erfahrungen mit der Kirche bewältigen — in der Gemeinschaft nach zeitgerechten christl. Lebensformen suchen — Verantwortung in der Kirche wahrnehmen u. übernehmen — den eigenen Glauben als Teilhabe am Glauben der Gemeinschaft begreifen — neue Erkenntnisse in die bisherige Glaubenserfahrung integrieren — die Nowendigkeit des → Dialogs zw. Kirche u. Welt verstehen u. an ihm teilnehmen können. EK. muß den Menschen befähigen, in allen Bereichen des Lebens eine humane Existenz zu suchen u. zu verwirklichen. Bli/Ko

Lit.: E. Feifel, Erwachsenenbildung, Glaubenssinn u. theologischer Lernprozeß (1972).

Erwachsenenpubertät. Periode der Krisenhaftigkeit (→ Krisenzeiten) etwa zwischen 20;00 u. 25;00 vor Erreichen der Lebensreife; v. K. Schmeing als E. bezeichnet. Eine Zeit der Krankheitsanfälligkeit (besonders: → Neurosen, → Psychosen u. Tbc), der Konfliktbereitschaft mit der Umwelt u. der inneren Spannungen: größeren Freiheiten stehen neue Verantwortlichkeiten gegenüber. Es kommt zu einem Ansteigen der Kriminalität, zum Ausbrechen aus der → Gesellschaft (Parasiten o. Abenteurer) u. zu Protesthaltungen in versch. Nuancen (Halbstarke, Gammler, Hippies, Provos, usw.), oft auch zu Berufs- u. Studienwechsel. Die E. bringt u. a. die Reharmonisierung der Gestalt durch einen kleinen Wachstumsschub, eine klare Ausprägung des Körperbautypus, die Weisheitszähne; Entscheidungen hinsichtl. Arbeitsplatz, Partnerwahl, Elternbeziehung u. einen eigenen Lebensstil. Si

Erwartung. E. ist nach Ph. Lersch „die vorstellungsmäßige Vorwegnahme u. Vergegenwärtigung kommender Ereignisse in ihrem Bezug auf die Thematik unserer Strebungen". E., E.sspannung u. E.shaltung sind v. Bedeutung f. die → Motivation im Lernprozeß. Das E.sniveau (Differenz zw. dem, was ist, u. dem, was angestrebt bzw. erwartet wird) darf nicht zu hoch sein. Das Lernziel, f. das ein Schüler motiviert wird, muß ihm erreichbar scheinen. Die E. ist dabei durch überschaubare Gliederung der → Lernschritte u. → Lernsequenzen zu stabilisieren. Ko

Erzählen im Religionsunterricht. Im Gegensatz zur Aufzählung (Aneinanderreihung v. Geschehnissen) ist eine Erzählung strukturiert etwa durch Wechsel v. Spannung (Notsituation usw.) u. Entspannung (Rettung usw.), die sich zu einem Höhepunkt aufgipfeln, auf den bald die Lösung folgt (vgl. „Hänsel u. Gretel"). Der Erzähler muß solche innere Strukturen vor Augen haben u. bei bibl. Themen auch auf die Sachgesetzlichkeit der jeweiligen Gattung achten. Als meth. Arbeitsweise hat das Erzählen v. a. vor jüngeren Kindern psych. begründete Regeln zu befolgen: Kurze Sätze, viel Handlung, direkte Rede, keine Abstrakta, keine Schachtelsätze usw. Kinder nehmen jede Erzählung meditativ auf, deshalb sind angehängte Nutzanwendungen o. ein „Zerreden" zu vermeiden. Neben meth. Überlegungen stellt sich aber auch zunehmend die Frage nach den der jeweiligen Reife des Schülers adäquaten Inhalten bibl. u. profaner Erzählstücke. So sind etwa Texte, deren Verständnis v. Kind die Verarbeitung der Spannung v. histor. Grundlage u. kerygmat. Tendenz erfordern, nicht jeder Altersstufe zugänglich, will man ein Fixiertwerden bloß auf den Wortlaut des Litteralsinnes vermeiden. Beim Erzählen bibl. Perikopen muß eine Schärfung des Ohres f. die sprachlich gebundene Intention des Textes angestrebt werden. Die v. B. Dreher geforderte Beachtung des → kerygmatischen Maßes stellt einen Versuch zur Meisterung dieses Anliegens dar. Darüber hinaus wird heute zunehmend die „urspr. nacherzählende Struktur des christl. Glaubensbewußtseins" (A. Exeler) erkannt u. gefordert, daß diese — u. nicht bloß aus bibl. Geschichten extrahierte starre Denksysteme — über den Weg des RU wieder deutlich ins allgem. Bewußtsein treten. Eine darüber hinausgehende „nacherzählende Theologie" (H. Weinrich) könnte neue Zugänge zu einer an der bibl. Methode orientierten Verkündigung eröffnen. → Märchen → Kinder- u. Jugendliteratur → Kinder- u. Jugendpresse. Ko

Lit.: H. Fink/E. J. Korherr, Neue Schwerpunkte der Katechese (1970); H. H. Wintgens, Das Erzählen im Religionsunterricht (1972); G. Kegel, Vom Sinn u. Unsinn bibl. Geschichten zu erzählen (1971); E. Bochinger, Distanz u. Nähe (1968); G. Roth, Anschaulichkeit u. Erzählung im RU, in: Ev. Erzieher 1969 S. 195 ff.

Erziehung. Weil bei den Pädagogen keine Übereinstimmung hinsichtl. einer inhaltlich-systemat. Definition vorhanden ist, läßt sich E. nur als Handlungsstruktur bestimmen, in der die entscheidenden Begriffe zur Einheit verbunden werden, deren Inhalte über ein Vorverständnis hinaus wiss. geklärt werden müssen: E. ist inter- u. intrapersonales Handeln in der Absicht einer Änderung der selbstbestimmenden u. in die → Freiheit entlassenden Lebensführung; dieses Handeln wird mitbestimmt v. Lebensvorstellungen u. konkreten Umständen, v. Aufgaben u. Maßnahmen u. den ihnen zugehörigen Normen.

Das Verhältnis v. E. u. → Bildung wird unterschiedlich gesehen. K. F.

Sturm versteht im Anschluß an E. Spranger u. Th. Litt Bildung (B.) als Ziel der E., W. Flitner sieht in B. das Werk der E., nach F. Stippel ist E. B.shilfe, nach F. X. Eggersdorfer B. eine Funktion der E. Die Geschichte der wiss. Pädagogik weist Verhältnisbestimmungen im Sinne der Gleichsetzung, aber auch der Unter- bzw. Überordnung beider Begriffe auf. Das gleiche gilt f. das rel. päd. u. kat. Schrifttum. Häufig, wenn auch nicht ausschließlich, wird dort unter E. das Umfassendere, Ursprünglichere, Grundlegende verstanden, während (v. a. rel.) B. nicht selten auf den geistigen Bereich eingeschränkt bleibt. → Bildungsbegriff → Bildungstheorie Ro/Ko

Erziehung, befreiende → Befreiende Erziehung

Erziehung, funktionale u. funktionelle → Funktionale Erziehung → Funktionelle Erziehung

Erziehung, intentionale → Intentionale Erziehung

Erziehungsberatung = öffentliche, halböffentliche u. private Institutionen, die unter ärztl., psych., sozialpäd. o. psychotherapeut. Aspekt Eltern bei Erziehungsschwierigkeiten zur Verfügung stehen. Die Arbeit der E. umfaßt Diagnose u. Therapie. → Child Guidance Clinic Ko

Lit.: H. R. Lückert (Hg.) Handbuch der Erziehungsberatung, 2 Bände (1964).

Erziehungsberechtigte. In der Regel sind damit die Eltern (→ Elternrecht) gemeint. Minderjährigen, denen die Sorge eines Vater nicht zustatten kommt, gewähren die Gesetze durch einen Vormund besonderen Schutz. Dieser hat vorzüglich f. die Person des Minderjährigen zu sorgen, zugleich aber dessen Vermögen zu verwalten. Der Vormund wird durch Testament, Gesetz o. Gericht bestimmt. Ihm stehen die Rechte u. Pflichten des Vaters zu, doch muß er in „wichtigen u. bedenklichen Angelegenheiten" erst die Genehmigung des vormundschaftl. Gerichtes einholen. Ke

Erziehungseinrichtungen. Unter E. versteht man naturgegebene o. gestiftete Institutionen im Dienste der → Erziehung. R. Meister unterscheidet zw. *normalen* E. (Familie, Schule u. ä.), *ersetzenden* (→Fürsorgeerziehung, → Heimerziehung u. a.) u. *ergänzenden* E. (→ Kindergarten, -hort, Jugendverbände, Volksbildung). Ko

Erziehungsfeld = ein Denkmodell zur Klärung v. Erziehungsprozessen; es umfaßt alle gesellschaftl. u. historisch-kulturellen Faktoren v. Erziehungssituationen u. zwar nicht nur die Umweltfaktoren, sondern auch die Art u. Weise, wie die Umwelt v. den im E. handelnden Personen u. Gruppen erfahren u. gestaltet wird. Ro

Erziehungsgemeinschaft. E. be- Öffentlichkeit getroffenen Maßnahmen (Vormundschaftswesen, Beratungsstellen, Stipendienwesen usw.), welche eine optimale → Erziehung f. jedes Kind gewährleisten sollen. Nicht zu verwechseln mit → Fürsorgeerziehung. Ko

Erziehungsgemeinschaft. E. bezeichnet eine Gruppe v. Menschen, die als Erziehungspartner wechselseitig verbunden u. verpflichtet sind; sie ist ein intensiviertes → Erziehungsfeld u. bildet sich dann, wenn der Verpflichtungscharakter der Erziehungssituation v. den Erziehungspartnern als unausweichlich u. ihr Dasein u. dessen Sinn fördernd erfahren wird. Ro

Erziehungsideal. Unter E.I. versteht man ein wegweisendes u. gültiges Hoch- u. Endziel, das die E.spartner sich vorstellen u. durch Ausgestaltung des seel. Bereiches anstreben (z. B. die „Kalokagathie" der Griechen, die „Virtus" der Römer, der „Soldat Christi" u. der „Mönch" im Mittelalter, der „Gentleman", der „Gebildete", der „edle Mensch", die „harmonische Persönlichkeit", die „Nachfolge Christi", die „Gottebenbildlichkeit"). — Das E.I. hat Bedeutung u. Notwendigkeit verloren. Einerseits deckte die Ideologiekritik seine Abhängigkeit v. zeitgebundenen u. gesellschaftsbedingten unreflektierten Vorverständnissen des Menschseins auf; andererseits wird der Inhalt eines E.I.s umso nichtssagender, je allgemeiner es formuliert wird, so daß es keine konkret wirksame Hilfe f. den E.sprozeß leisten kann. Entscheidender im E.sgeschehen sind die ständig wirksamen Wertsysteme u. Bildungsinhalte, denn das E.I. wird aus diesen abgeleitet. — Teilziele des Erziehens behalten jedoch ihr Gewicht: was als solches gilt, ergibt sich aus der Übereinstimmung, die die E.seinsichtigen bei ihren Überlegungen über konkrete E.saufgaben gewinnen. — Während die Diskussion über das E.I. in der Pädagogik nicht weitergeführt wird, ist die krit. Reflexion über das Menschsein noch lange nicht zu Ende. → Erziehungsziele → Leitbild → Bildungsideal Ro

Erziehungsmaßnahmen → Erziehungsmittel

Erziehungsmethoden → Erziehungswege → Aszetische Methode → Dominative Methode → → Existentialpäd. Methode → Integrative Methode → Präventive Methode → Transformationsmethode → Wertpädagogische Methode

Erziehungsmittel. E. dienen der Entfaltung der Einzelkräfte u. -anlagen des Heranwachsenden; ihre Wirksamkeit hängt v. den anziehenden o. abstoßenden Beziehungen zw. den Erziehungspartnern ab. Bei ihrer Anwendung müssen bedacht werden: ihre Wirkweise u. Nebenwirkungen, die Individuallage des Heranwachsenden, die Situation, die rechte Mitte der rechten Maßnahmen im Zusammenhang mit anderen, die methodische Handhabung. — Die E. lassen sich nur grob katalogisieren: Schaffung u. Erhaltung einer päd. wirksamen Umwelt (Familie, Wohnung, Heim, → Kindergarten, -hort, Schule usw.); → Bewahrung u. Bewährung (körperl. u. seel. Abhärtung, Überwachung als Vorbeugung gegen körperl. u. geist.-seel. Schäden); Spiel, Sport, Wandern u. Aufgabenstellungen mit verpflichtendem Charakter; Pflege u. Förderung der vorhandenen Anlagen, Führung zur → Sittlichkeit v. der Gewöhnung bis zur Option normativer Idealwerte, Weisungen (Bitte, Auftrag, Befehl, Rat, Gebot u. Verbot, Ermahnung, Drohung, Strafe, Belohnung); Belehrung, Unterweisung, Unterricht, Ausbildung; Nachahmung u. Wetteifer; f. körperl. u. geist. Behinderte u. f. Schwererziehbare (Sonderanstalten, Beratungsstellen, → Fürsorgeerziehung). — Ziel der E. ist, daß der Heranwachsende jenen Weg findet u. geht, auf den er in zunehmendem Maße selber Erziehungsmaßnahmen auslöst u. verantwortet. → Erziehungswege → Erziehungsmethoden Ro

Erziehungsschwierigkeiten. Mit E. werden jene Verhaltensweisen v. Heranwachsenden bezeichnet, die die Möglichkeiten zu Konflikten zw. den Erziehungspartnern in sich tragen. Was der Erzieher als E. erlebt, hängt zumeist v. seinen zeit- u. sozialschichtspezif. → Erwartungen ab. Als Symptome gelten z. B. Trotz, → Aggressivität, Schulschwänzen, → Angst, Schüchternheit, mangelnde Leistungsmotivation. Ursachen sind physiol. Anomalien, neurotische Störungen, Verwahrlosung. Die Therapie hat den sozialen u. den individuellen Aspekt der E. zu berücksichtigen. → Lernstörungen Ro

Erziehungsstil(e). E. sagt das Kennzeichnende der Gesamtheit v. beobachtbaren Erziehungshandlungen u. -vorstellungen aus, das je nach Art der Zuwendung des Erziehers zum Heranwachsenden (z. B. Verständnis — Verständnislosigkeit) ein relativ festes Verhaltensmuster des Erziehens bewirkt, o. das entspr. der Wirksamkeit des Erziehens voraussagen läßt, wie sich der Heranwachsende im allgemeinen bei einzelnen Erziehungshandlungen verhalten wird. — Die Typologisierung in den autokratischen (→ dominanten, autoritären), den demokratischen (→ sozialintegrativen) u. den → Laissez-faire-Stil (v. franz.: „Laßt sie gewähren") wird gegenwärtig zugunsten mehrdimensionaler Modelle aufgegeben; 1. Modell: Das Erzieherverhalten ist a) distanziert — freundlich; b) es weicht der Verantwortung aus — wird verantwortet, ist planlos — systematisch, nachlässig — gewissenhaft; c) ist langweilig — anregend, routinemäßig — phantasievoll. 2. Modell: Der Erzieher ist a) dem Heranwachsenden positiv, emotional zugewandt — distanziert abweisend; b) das Erzieherverhalten ist engagierte Aktivität — desinteressierte Passivität. → Erziehungsmethoden Ro

Erziehungswege. Unter E.n versteht man erprobte, bewährte, empfehlenswerte u. die Individuallage des Heranwachsenden berücksichtigende Weisen erzieherischen Vorgehens. Sie unterscheiden sich in der Betonung best. Mittel, Faktoren, Elemente u. v. den → Erziehungsmitteln, da letztere nur Einzelelemente des Weges bezeichnen. — Man unterscheidet mit H. Henz: 1. die → aszetische Methode, 2. die → dominative, 3. die →existentialpäd., 4. die → integrative, 5. die → präventive, 6. die → Transformationsmethode (therapeutische M.) u. 7. die → wertpädagogische Methode. Die genannten, v. H. Henz aufgrund des fachwiss. Schrifttums aufgezeigten Typen v. E.n sind auch rel. päd. relevant, haben aber nicht gleicherweise f. alle Altersstufen Bedeutung. Die v. H. Henz vorgenommene Zuordnung zu Lebensaltern (→ Abbildung 9) macht die Problematik deutlich. Ro/Ko

Erziehungswissenschaft. Über den einzelnen erziehungswiss. Theoriebildungen (hermeneutisch-spekulative, deskriptiv-phänomenologische, empirisch-positivistische Theorietypen) entfalten sich gegenwärtig wissenschaftskrit. Ansätze zu einer systematischen E., die v. einem Vorverständnis der Erziehungswirklichkeit unter Berücksichtigung der Bedingungen u. → Normen, der Inhalte, Maßnahmen u. Wirkungen des Erziehens u. der → Rollen der Erziehungspartner ausgehen, ohne eine einzelne bisherige Systematik u. einen einzigen wissenschaftstheoret. Ansatz zugrunde zu legen. Damit ist die Aufgabe der E. die Erforschung des päd. Problems nach Gesetzmäßigkeiten u. Geltungsgründen, indem sie methodisch gewonnene wiss. gültige Aussagen zu einem System verbindet u. in einer übergreifenden Theorie ordnet. Die Zusammenarbeit der E. mit anderen (Natur-, Sozial-, Geistes-) Wissenschaften folgt notwendig aus der Erforschung des päd. Problems selbst (z. B. Zuordnung v. Lehrer — Lernender, Sache — Methode). Stets ist dabei der Zusammenhang v. Praxis, Theorie u. Grundlagenforschung anzustreben. → E., Vergleichende, → Deskriptives Verfahren. Ro

Erziehungswissenschaft, Vergleichende. V. E. ist jener Teil der → Erziehungswissenschaft, der seine Erkenntnisse durch Vergleich (d. h. durch Deskription, Interpretation, Gegenüberstellung, erklärende Vergleichung) päd. Phänomene mit Rücksicht auf versch. Länder u. Regionen erhält. An Bedeutung gewinnen gw. z. B. vergleichende Verlaufsanalysen v. Prozessen der → Schulreformen, vorausschauende Trendanalysen wegen ihres unmittelbaren bildungspolit. Gewichts, Untersuchungen über die Effizienz v. Schulfächern in mehreren Ländern, die internat. Jugendforschung u. Fragen der weltweiten → Erwachsenenbildung. Ro

ABBILDUNG 9: Zuordnung v. **Erziehungswegen** zu Lebensaltern

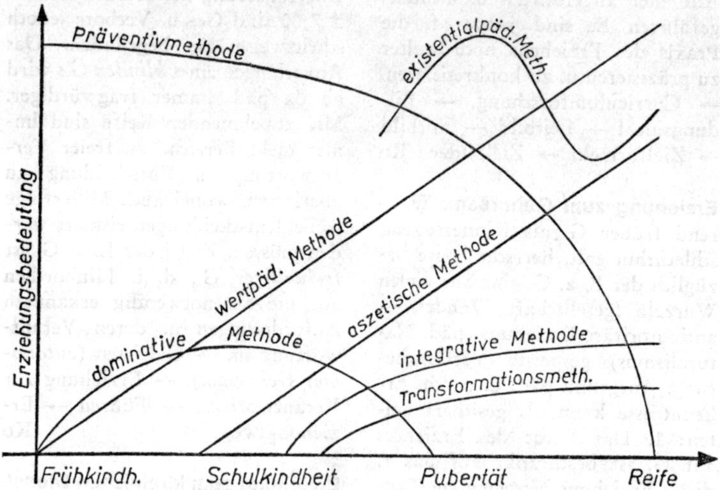

(Aus: H. Henz, Lehrbuch der systematischen Pädagogik (1964) S. 251.)

Erziehungsziel(e). Gw. läßt sich nur ein summ. Katalog v. Teilzielen (→ Erziehungsideal) sinnvoll angeben, da ein allgemein formuliertes E. eine „Leerformel" darstellt. Teilziele der → Erziehung lassen sich etwa gruppieren in 1. *Haltungen:* z. B. Umgangsformen, Fleiß, Kontaktbereitschaft, vielseitiges o. intensives Interesse, Aufrichtigkeit, Mut u. Entschiedenheit, Überlegung, Treue, Ehrfurcht; 2. *Kenntnisse:* z. B. des Lebens, der Natur, des u. der Menschen, der Geschichte, der Sprache, des Berufes; 3. *Fertigkeiten:* z. B. Körperbeweglichkeit, Lesen, Schreiben, Rechnen, logisches Denken, sprachliche Ausdrucksfähigkeit. — Alle hier angeführten u. nichtangeführten E. sind jedoch f. die Praxis des Erziehens noch weiter zu präzisieren u. zu konkretisieren. → Curriculumforschung. → Bildungsideal → Leitbild — Vorbild → Zielformeln → Zielbilder Ro

Erziehung zum Gehorsam. Während früher G. als Kindertugend schlechthin galt, herrscht heute bezüglich der E. z. G. eine aus vielen Wurzeln (gesellschaft. Wandel, → antiautoritäre Erziehung, päd. Naturalismus) gespeiste Verunsicherung. Aufgrund päd. u. psych. Erkenntnisse kann als gesichert gelten: 1. Das Recht des Erziehers auf G. ist beschränkt auf das f. die → Erziehung Notwendige (Leclerq). Es wird begrenzt durch das Recht des Kindes auf Selbstentfaltung u. durch die Pflicht der Führung zur Selbstverantwortung. 2. Eine Erziehung ohne jeden G. enthält dem Kind wesentliche Wachstums- u. Entwicklungshilfen vor. — Kinder im 2. Lj. erleiden Schaden in ihrer Gewissensentfaltung, wenn sie nicht einfache, v. Erzieher gesetzte Grenzen (Du sollst nicht! — *Verbotsg.*) erfahren. Zu einem innerlich übernommenen *Gebotsg.* (= sich erkannten Anforderungen unterwerfen) kommt das Kind in der Regel ab dem 4. Lj. u. hier zunächst über Konstruktionsspiele (z. B. Matador). Ein Ausfall dieser altersgemäßen Aneignung eines Gebotsg.s führt u. U. zu Schädigungen v. a. im Bereich der „Arbeitstugenden" (Sorgfalt, Ausdauer usw.). Ab ± 6;00 sind Kinder fähig, „Gesetz u. Regel als obj. gültig u. subj. verpflichtend" (S. Bayr-Klimpfinger) zu akzeptieren. Ein Begründen v. Ge- u. Verboten vor etwa dem 7. Lj. (= räsonierende, vernünftelnde Erziehung) stellt eine Überforderung des Kindes dar. Ab ± 7;00 sind Ge- u. Verbote jedoch schrittweise zu begründen. Das Abverlangen eines *blinden G.s* wird ab da päd. immer fragwürdiger. Mit zunehmender Reife sind immer mehr Bereiche zu freier Verantwortung u. Entscheidung zu überlassen, wobei auch Mißerfolge u. Fehlentscheidungen riskiert werden müssen. Ziel jeder E. z. G. ist *freiwilliger* G., d. i. Hinhorchen auf die als notwendig erkannten Anforderungen u. deren Verantwortung im → Gewissen (*autonomer Gehorsam*). → Erziehung zur Verantwortung → Führen → Erziehungswege Ko

Erziehung zum kirchlichen Dienst. Im k. D. stehen Personen, die sich ganz, d. h. vollberuflich in den Dienst der Kirche stellen, u. solche — u. das wird in Zukunft noch mehr v. Bedeutung sein —, die nur einen Teil ihrer Kraft u. ihrer Zeit der Kirche zur Verfügung stellen, weil sie berufstätig sind (nebenamtlicher, ehrenamtlicher k. D.). Je breiter u. intensiver nun die E. z. k. D. angesetzt wird, desto effektiver wird sie sein. Jeder „Diener" der Kirche (damit auch sein Dienst) wird v. dem geprägt, was → Kirche f. ihn ist, u. v. der Persönlichkeit, die sich v. Gott gerufen weiß. E. z. k. D. wird daher v. dieser Gegebenheit auszugehen haben. Zunächst muß die → Kirche (u. ihre Gemeinschaft) auch f. den heutigen Menschen als etwas erscheinen, das ihn zur vollmenschl. Erfüllung führt u. seinem Leben Sinn zu geben vermag. Der Weg dazu führt über sachgerechte Information u. persönliches Engagement. Als nächster Schritt muß der Entfaltung der → Persönlichkeit u. der Mitverantwortung ein breiter Raum gegeben werden. Die Sache → Gottes u. der Kirche muß zur Sache aller werden. So gesehen, darf E. z. k. D. auch nicht nur auf Geistliche u. Ordensleute beschränkt bleiben, sondern sollte im Hinblick auf das Apostolat möglichst intensiv auf alle Glieder der Kirche ausgedehnt werden. Sonderformen der E. z. k. D. sind die Erziehungseinrichtungen f. Priesteramtskandidaten, bei denen heute neue Modelle in Erprobung stehen, die Seminare f. Seelsorgehelferinnen → Akademien f. künftige Laienkatecheten, Vorbereitungskurse f. den haupt- u. nebenamtlichen Diakonat u. ä. Neben Einrichtungen der Ausbildung gewinnen solche der Weiterbildung zunehmend an Bedeutung. → Firmunterricht → Fernkurse → Amt → Ausbildung Bli

Erziehung zur Verantwortung soll ein Hauptanliegen der → Erziehung sein. Junge Menschen müssen lernen, V. zu tragen durch Übernahme v. zunächst kleinen Aufgaben, Selbstbetätigung in versch. Lebensbereichen, durch Mitsprache- u. Gestaltungsrecht, freie Entfaltung der Begabungen u. Fähigkeiten (→ Kreativität). In der → Pubertät muß die → Familie Gelegenheit zur Entwicklung des Verantwortungsbewußtseins geben, ebenso die Schule. Der RU ist gesellschaftsbezogen u. versteht sich als Hilfe zur Selbstfindung u. Menschwerdung. Er hat daher die aktive Auseinandersetzung des jungen Menschen mit der → Tradition zu ermöglichen, ihn zur Kritik zu befähigen u. in seine V. f. die Zukunft der → Welt einzuführen. → Erziehung zum Gehorsam.

Die E. z. V. *in der Kirche* hat das Prinzip der → Emanzipation zu verwirklichen. Der junge Mensch muß lernen, auf eine maßvolle, aber redliche Art sich im kirchl.-rel. Raum kritisch zu äußern; auch gegenüber der Kirche obj. zu urteilen; solche Gegenstände auszugliedern, die eine tendenziöse antikirchl. Propaganda aufbauen, ohne daß ihre Gegenstände v. sachl. Relevanz wären; Probleme im Bereich der Kirche zu erkennen; Eigeninteressen der Kirche gegen deren mögl. Relation zu anderen → Gruppen abzuwägen bzw. an der „Sache der Kirche" zu messen; sich einzuüben, seine eigene Existenz u. seinen Standort zu hinterfragen u. bereit zu sein, auch den anderen Standpunkt kennenzulernen u. zu respektieren. Ist die Standortbestimmung in der Kirche vorgenommen, die V. erkannt, kann sich ein → Kirchenbewußtsein entwickeln, das mit der Kirche Sorge f. die Menschen trägt. Entscheidend ist die Erkenntnis, daß auch der Laie zur Mitarbeit in der Kirche aufgerufen ist (→ KA). → Erziehung zum kirchl. Dienst. Had

Lit.: W. Offele, Theol. Anmerkungen zu Begriff u. Entwicklung der Emanzipation, in: Kat. Blätter 5/1971, S. 257 ff.

Eschata. Unter dem Begriff E. versteht man die sogen. „Letzten Dinge". Zu ihnen zählen personalindividuelle u. universal-kosmische Ereignisse: wie etwa Tod, Gericht, Himmel, Hölle, Fegefeuer u. die Wiederkunft des Herrn (Parusie), Weltgericht, Erneuerung der ganzen Schöpfung. Die Lehre v. den „Letzten Dingen" heißt Eschatologie (v. griech. eschaton — Endzeit). Hatte die Eschatologie in frühchristl. Zeit eine zentrale Stellung in der Glaubensverkündigung der → Kirche, so verlor sie diese im Laufe der Geschichte mehr u. mehr. In der Neuzeit betrachtete man diese Themen der Glaubenslehre fast ausschließlich individualistisch, anthropozentrisch u. moralpäd. In jüngerer Zeit entdeckt man auch im Bereich der kath. Theologie die umfassende Bedeutung der E. Die intensive Beschäftigung mit der Bibel u. starke Impulse v. seiten der evangelischen Theologie (K. Barth, R. Bultmann ...) haben zu einer Neubesinnung geführt. Eschatologie ist nicht abschließendes Kapitel am Ende eines Lehrbuches, sondern integrierender Bestandteil des ganzen christl. → Glaubens. Es ist verständlich, daß f. den Einzelmenschen die Fragen um sein persönl. Schicksal im Bereich der E. bes. bedrängend sind. Die Antworten auf diese Fragen müssen aber stets in Beziehung gebracht werden zu den Aspekten einer universal-kosmischen Eschatologie. Einige Ergebnisse heutiger theol. Forschung können vielleicht f. die → Verkündigung hilfreich sein:

Der *Tod des Menschen* muß immer in der Ganzheit des erlösten Menschen gesehen werden. Wenn auch im Bereich des ird. Daseins dem Tode der Schrecken nicht genommen werden kann, so müßte doch gerade der christl. Glaube dem Menschen Trost u. Hilfe schenken. Schon das Kind kann dem Tod in vielfält. Weise begegnen, etwa beim Tod eines nahestehenden, geliebten o. wenigstens bekannten Menschen, beim Erblicken eines Verkehrstoten auf der Straße, im Totenkult v. a. zu Allerseelen (dies nicht nur im RU). Der heranwachsende u. älterwerdende Mensch erfährt immer deutlicher, daß der Tod auch f. ihn unentrinnbares Schicksal ist. Christl. → Erziehung hat hier Hilfe zu leisten, diese Bedrohtheit des ird. Lebens im Glauben an eine reichere, beglückende u. unvergängliche → Zukunft ertragen zu können. Der rel. Erzieher wird aus den zu gewinnenden Erfahrungen des Lebens Zugänge zu einem leichteren Verständnis dieser Wahrheit suchen. Er wird etwa darauf hinweisen können, daß in der Natur viel Schönes preisgegeben werden muß, um Herrliches zu gewinnen. Die Pracht der Blüten erstirbt, damit der Baum reife Früchte tragen kann. „Wenn das Weizenkorn nicht in die Erde hineinfällt u. stirbt, so bleibt es f. sich allein; wenn es aber erstirbt, bringt es reiche Frucht" (Joh 12,24). Der Rel.lehrer muß auch darauf hinweisen, daß dem Menschen über das „Wie" des Todes genaue Kenntnisse fehlen. Die derzeitige kirchl. Gläubigkeit ist noch stark v. anthropolog. Dualismus (Leib — Seele) des griech. Denkmodells geprägt. Das ganzheitl. Denkmodell, wie es auch die Bibel kennt, gewinnt in der heutigen Theologie immer mehr an Bedeutung. Dem Schüler ist in altersgemäßer Weise klarzumachen, daß es sich hier um (phil.) Denkmodelle u. nicht um → dogmat. Fakten handelt. — Wenn vom *Gericht* die Rede ist, so kann man darunter das Weltgericht, die Weltvollendung, die Wiederkunft Christi o. das persönliche (besondere) Gericht beim Übergang des einzelnen Menschen v. irdischen zum ewigen Leben verstehen. Der Rel.lehrer muß darauf hinweisen, daß es sich bei der Bezeichnung all dieser Tatsachen mit dem Begriff Gericht um einen bildhaften Vergleich handelt. Er wird weiter erklären müssen, daß wir durch die göttl. → Offenbarung u. die kirchl. Lehrverkündigung über das Faktum des Gerichtes unterrichtet sind, aber wenig über die Art u. Weise. Auch die Bibel spricht darüber nur in Bildern. Das AT kennt ein besonderes (individuelles) Gericht nur im ird. Leben. Auch das NT spricht mehr einschlußweise v. einem solchen Gericht (→ Gleichnisse). Vielfach muß man auch diese Stellen auf das Weltgericht beziehen (vgl. H. Haag, Bibellexikon). Sowohl das AT als auch das NT kennen das (universelle) Weltgericht. Die Darstellung erfolgt in versch. Bildern u. Denkmodellen.

Der Katechet möge sich bes. davor hüten, Gott, den Richter, als einen Rachegott darzustellen. Das Kind reagiert auf eine solche Darstellungsweise mit → Angst. Der Pubertierende kann dadurch in große Glaubensschwierigkeiten gebracht werden, die bis zum Glaubensabfall führen können. Der christl. Erzieher könnte sich hier viell. v. der „vorweggenommenen Eschatologie" des Joh-Ev. inspirieren lassen. Dort wird betont, daß der, der glaubt, nicht ins Gericht kommt (Joh 3,18), weil er schon v. Tod zum Leben hinübergegangen ist (Joh 5,24). Natürlich verschweigt auch das Joh-Ev. nicht den Ernst der Lebensentscheidung, aber v. a. weist es darauf hin, daß „Gott seinen Sohn nicht dazu in die Welt gesandt hat, daß er die Welt richte, sondern daß die Welt durch ihn gerettet werde" (Joh 3,17). — Wer im Tode seine irdisch- mögliche → Vollendung noch nicht erreicht hat, muß nach kath. Glauben ein Stadium der Läuterung (*Fegefeuer*) durchmachen. Wegen der Sparsamkeit der Aussagen der Bibel u. des kirchl. Lehramtes zu Einzelheiten dieser Läuterung wird sich der besonnene Rel.lehrer Schranken auferlegen u. nicht den vielen legendären Darstellungen frommer Schriftsteller folgen. Er mag dankbar darauf hinweisen, daß Gott dem Menschen über den Tod hinaus die Möglichkeit erschließt, zur → Vollendung zu gelangen. Will der Katechet bei der Bildersprache bleiben, kann er zum „Wie" dieser Läuterung sagen, daß das Leid der „Armen Seelen" mit einem glühenden Verlangen u. einer brennenden Sehnsucht nach Gott verglichen werden könnte. Im RU wird man jenes Armenseelen-→ Brauchtum pflegen, das zu einer echt menschl. Verbundenheit über das Grab hinaus erzieht. Abergläub. Vorstellungen wird man behutsam, aber nachhaltig bekämpfen müssen. Als Zugang zum Verständnis des Läuterungszustandes wird der Katechet aus der Erfahrungswelt seiner Schüler Erlebnisse auswählen (wenn das Kind z. B. unter starkem Heimweh gelitten hat). —

Mehrdeutig ist der Ausdruck *Himmel:* Darunter kann die „Wohnung" Gottes verstanden werden, wie dies im alten → Weltbild geschah. Wenn die Bibel v. Himmel spricht, so ist mit diesem Begriff oft → Gott selbst gemeint. Es ist dort eine der vielen Umschreibungen des Namens Gottes, den man nicht auszusprechen wagte. In der Eschatologie bezeichnet Himmel den Zustand des unendlichen Glücks, der dem mit Gott endgültig u. unwiderruflich verbundenen Menschen geschenkt wird. In der Darstellung ist man auf → Bilder angewiesen. Geeignete Bilder zu suchen, ist hier besonders vordringl. Aufgabe der → Katechese. Damit nicht Vorstellungen eines traumhaften Märchenlandes geweckt werden, wird man an →Erfahrungen beglückender Geborgenheit des Kindes anknüpfen müssen. Immer soll man darauf bedacht sein, keine allzu detaillierten Angaben zu machen, sondern vielmehr bereit sein, stets die Grenzen unseres Wissens zu bekennen. Wohl wird man betonen, daß Gott uns zum unvergänglichen Glück bestimmt hat u. schon hier auf Erden bisweilen in glückhaften Erlebnissen der → Liebe u. der → Geborgenheit unsere ewige Bestimmung erahnen läßt. —

Der Gegensatz zum Himmel wird mit dem Begriff *Hölle* bezeichnet. Ohne Zweifel zeigt uns dieser Begriff sehr deutlich den tiefen Ernst persönl. Lebensentscheidung. Er bezeichnet den Zustand eines endgültig u. unwiderruflich fehlgeschlagenen menschl. Lebens. Christus hat auf den Ernst der Lebensentscheidung wiederholt (in Gleichnissen) hingewiesen. Auch die kirchl. Lehrverkündigung hat es immer als ihre Aufgabe betrachtet, diesen Lebensernst dem Menschen vor Augen zu halten. Diese → Verkündigung erfolgt in einer mehr o. weniger glückl. Bildersprache. Der Rel.lehrer wird hier manches klarstellen müssen. Es muß immer wieder mit Nachdruck darauf verwiesen werden, daß nicht Gott es ist, der verdammt, sondern immer nur der Mensch selbst. Wenn man in früherer Zeit aus „päd.“ Gründen allzu leicht u. häufig v. Verdammung sprach, so wird man heute eher Zurückhaltung üben müssen. Ein großer rel. päd. Fehler wäre es, kleine Kinder mit der Hölle zu bedrohen, da die Hölle f. Kinder noch keine reale Möglichkeit darstellt. Wenn man bei Kindern (Grundschulalter) über die Hölle spricht, muß man diese als eine letzte Möglichkeit f. Erwachsene darstellen. Dem Heranwachsenden (Hauptschulalter u. darüber hinaus) bereitet die Lehre v. der Hölle beträchtl. Schwierigkeiten, die nicht alle leicht zu lösen sind (etwa: wie verträgt sich die Hölle mit der Liebe u. Barmherzigkeit Gottes? u. ä. m.). Man wird hier betonen müssen, daß Gott das Heil aller Menschen will (vgl. 1 Tim 2,4), daß er jedem seine Freundschaft anbietet, sie aber niemandem aufzwingt. Man wird sich als Katechet davor hüten müssen, diese Lehre der Kirche zu verschweigen o. zu überspielen u. so in ein gegenteiliges Extrem als in der Vergangenheit zu verfallen. Als verantwortungsbewußter Katechet wird man es aber nicht verschweigen, wie umfassend u. endgültig eine Entscheidung sein muß, daß auf sie der Zustand der Hölle folgt. —

Der „Jüngste Tag“ o. die Umgestaltung u. Vollendung der Welt wird als kosmisch-universales *Eschaton* bezeichnet. Der gläubige Christ sieht dieser Vollendung mit Hoffnung auf eine glückl. Zukunft entgegen. Die heutige rel. Erziehung müßte darauf bedacht sein, trotz aufrichtigen Hinweises auf den Ernst der Lebensentscheidung das Beglückende der Wiederkunft Christi erneut bewußt zu machen.

Han

Essener. Die Partei der E. war eine rel.-ordensähnl. Sekte im palästinens. Judentum, die der histor. Entstehung nach viel mit den →

Pharisäern gemeinsam hatte: höchster Eifer f. die persönl. Frömmigkeit, Absonderung v. den Nicht-Frommen. Jedoch ging dieses letzte Moment bei den E.n noch weiter: sie hielten sich f. das einzig wahre → Israel, weshalb ihre Einstellung gegenüber dem rel. Betrieb in den Städten u. v. a. im → Tempel äußerst ablehnend war. Deshalb gingen sie auch in wüstenähnl. Gegenden. Frauen waren — mit wenigen Ausnahmen — davon ausgeschlossen. Rituelle Waschungen, Verehrung des Mose u. der → Engel u. strengste Beobachtung des Sabbats gehörten zu ihren Wesensmerkmalen. → Qumran. Schr

Establishment. E. bezeichnet die herrschende Sozialschicht, deren Angehörige durch gesellschaftl. Kontakte u. gemeinsame Interessen verbunden sind. E. unterliegt bei seiner prakt. Machtausübung nur tw. einer demokrat. Kontrolle. Der heute oft als Schlagwort gebrauchte Begriff E. gilt als abwertendes Kennzeichen f. das etablierte Herrschaftssystem u. jede Institution, die in polit. Auseinandersetzung angegriffen werden soll o. wird. Kritik am E. ist berechtigt u. notwendig, wo sich das Prinzip des Demokratischen u. die gesellschaftspolit. Wirklichkeit nicht mehr entsprechen u. wo der einzelne Bürger einem Gesellschaftssystem eingepaßt werden soll, so daß er nicht mehr seiner Selbstbestimmung in → Freiheit u. → Verantwortung nachkommen kann. Ro

Ester. Das Buch E. ist eine mit versch. Stilmitteln arbeitende Erzählung, welche die Frage nach dem Sinn u. der Entstehung des jüd. Purim-Festes beantwortet. Die Erzählung spielt unter Xerxes (485—465), der sich E. zur Königin erwählt hat. Mordechai, ihr Pflegevater, entdeckt eine Verschwörung gegen den König; er weigert sich, dem Großwesir zu huldigen, worauf dieser die Vernichtung der Juden anordnet; E. gibt sich dem König als Jüdin zu erkennen u. erwirkt seine Gunst; die Juden rächen sich darauf an ihren Feinden im ganzen Land. Ob die Geschichte frei erfunden ist o. ob sie eine hist. Grundlage hat, ist umstritten. Schr

Ethik-Unterricht. Ersatzunterricht in bundesdeutschen Ländern (Schleswig-Holstein ab 1970; Rheinland-Pfalz ab 1972) f. Schüler, die nicht am konfessionellen RU teilnehmen. Vom Bildungsauftrag der Schule her, der den Menschen als personale Ganzheit versteht, kommt in diesem E. auch die rel. Thematik zur Sprache. Unter dem Aspekt der Sinngebungs- u. Wertsetzungsproblematik wird der Erwerb ethisch relevanter Qualifikationen (z. B.: Verantwortung gegenüber versch. Ansprüchen aus staatl. Recht u. gesellschaftl. Moral; rel. u. sittl. Bindungen einüben u. wahrnehmen) sowie die Erarbeitung einschlägiger → Lernziele (z. B. den Bereich der → Sittlichkeit in seiner Besonderheit erkennen u. abgrenzen können) angestrebt. In Österreich wurde ein konfessionsloser E. zur Zeit der Kulturkämpfe in der ersten Republik v. Gegnern des RU gefordert, v. den Kirchen aber abgelehnt u. nie in Schulen eingeführt. Eine Reihe v. Ländern mit nicht-kirchl. Schulwesen (z. B.: Indien) kennt einen E. (moral-science), der auch v. entsprechend qualifizierten Repräsentanten v. Konfessionen (Ordensleuten, Missionaren) erteilt werden darf. → Moralunterricht. Ko

Ethologie = Vergleichende Verhaltensforschung. E. untersucht Gesetzmäßigkeiten u. Zusammenhänge v. erlernten u. erbmäßig angelegten Verhaltensmustern bei Tier u. Mensch. Durch Beiträge zur Instinkt- u. Trieblehre ist E. Hilfswissenschaft f. die päd. Anthropologie. Bei Vergleichen zw. dem Verhalten v. Tier u. Mensch (→ Homologie) ist jedoch zu beachten, daß gleiches Verhalten beim Menschen durch seine Weltoffenheit, Verantwortlichkeit usw. in einem komplexen Zusammenhang steht, der in der gw. Literatur nicht immer genügend beachtet wird. Ko

Lit.: K. Lorenz, Über tierisches und menschliches Verhalten (2 Bände, 1965). P. Overhage, Der Affe in dir (1972). F. Rauh, Das sittliche Leben des Menschen im Licht der vergleichenden Verhaltensforschung (1972).

Ethos — Ethik — Moral. Unter *Ethos* (E.s) versteht man die Summe des konkreten sittl. Wissens (→ Normen u. Gewohnheiten) bzw. der sittl. Gesinnungen u. Verhaltensweisen eines einzelnen, einer Berufsgruppe, eines Volkes, einer Kulturepoche, einer Religionsgemeinschaft usw. Zu beachten ist, daß es E.s immer nur in konkreter, gesch. Ausfaltung (als gelebtes E.s) gibt u. nie in einem absoluten Sinn. Trotzdem liegt das betr. E.s den Freiheitsentscheidungen voraus, d. h. es muß immer v. neuem ergriffen, gelebt, kontrolliert, kritisiert, neuorientiert werden (→ krit. Bewußtsein) u. kann nicht als inhaltl. bestimmtes, unwandelbares Axiom einer *Ethik* (E.k) angesehen u. behandelt werden. — E.k als bloße Anwendung vorgeformter, absoluter Regeln u. Normen kann es heute nicht mehr geben, weil eben diese Normen immer zu hinterfragen u. dem krit. Bewußtsein, der Reflexion u. der freien → Verantwortung des Menschen aufgegeben sind. Weil sich Leben u. Handeln vieler Christen v. vorwiegend kirchl. Formen u. vorgeformten Lebensweisen abgelöst haben, bedarf es der Frage nach dem Sinn u. Ziel christl. Existenz, wenn es um die konkrete → Motivation geht. Der Christ steht dabei in der Spannung zw. subj. Motivation (→ Gewissen, → Glaube, Gesinnung) u. obj. Faktoren (→ Gesetz, → Gesellschaft, Ordnung). Durch bewußtes Austragen dieser Spannung erlangt der Mensch seine → Mündigkeit (→ Autonomie); zugleich vollzieht sich eine → Säkularisierung der trad. theol. Vorstellungen u. d. h. → Aktualisierung u. Aktivierung der kreativen Kraft des Christentums. — Der Begriff *Moral* (M.) wird gewöhnlich synonym mit → Sittlichkeit verwendet, im kath. Sprachgebrauch aber gerne als Abkürzung f. M.theologie angesehen. Als solche gibt M. Antwort auf die Frage: Wie sollen wir uns als Christen verhalten? Insofern M. dabei die entspr. bibl. Aussagen u. Offenbarungswahrheiten (wie sie im Laufe der kirchl. Reflexion u. → Verkündigung ausformuliert wurden) als Objekt ihrer wiss. Reflexion ansieht, unterscheidet sie sich v. → christl. E.k, die den Akzent auf das christl. E.s legt, stark praktisch orientiert ist, die ausgespr. theol. Reflexion der M.theologie überläßt u. sich als phil. orientierte Disziplin versteht. — In RU u. Katechese wird man — schon v. der Bevorzugung des induktiven Weges u. der anthropolog., erfahrungsbezogenen Zielsetzung her — eher im Sinne einer christl. E.k arbeiten, muß sich aber dabei immer im klaren darüber sein, daß zur Erhellung der allg. menschl. Situation im Lichte des → Evangeliums die → Verkündigung v. Glaubenswahrheiten u. ihrer sittl. Relevanz unabdingbar ist. → Induktion → Moralunterricht. Hi

Eucharistie. E. (griech.: Danksagung, Dankesgabe) bedeutet zunächst im bibl. Sprachgebrauch den erinnernden Lobpreis Gottes f. seine Großtaten. Aber bereits im 1. Jh. wird das Wort zur Bezeichnung des Mahl-Sakramentes verwendet, das die →Kirche nach dem Vorbild Jesu u. in seinem Auftrag feiert. Andere Namen der Stiftung Jesu sind Herren- bzw. → Abendmahl, Brotbrechen, Meßopfer o. Altarssakrament. Sie bezeichnen jeweils einen anderen Aspekt des einen → Mysteriums. 1. *Bibl. Grundlegung:* Die e. Praxis der Kirche ist grundgelegt in der Einsetzung des Abendmahles durch den geschichtl. → Jesus. Das wird uns v. a. durch die Einsetzungsberichte, wie sie in Mt 26,26—29; Mk 14,22—25; Lk 22, 19—20 u. 1 Kor 11,23—25 vorliegen, überliefert. Jesus hat die E. im Rahmen eines festl. Abschiedsmahles eingesetzt. Ob es das rituelle → Paschamahl war, läßt sich nicht mehr eindeutig ausmachen. *Sinndeutung:* Die E. ist das Mahl, das Jesus den Seinen bereitet. Es ist Abschiedsmahl, neues Paschamahl u. Vorwegnahme des endzeitl. Mahles zugleich. E. bedeutet auch Gegenwart Jesu: Er deutet die Gaben, die er gibt. Das, was er darreicht, ist identisch mit seinem Leib u. Blut. Leib u. Blut meinen dabei nach dem semit. Sprachgebrauch jeweils die gesamte lebendige Person in ihrer konkreten leibl. Existenz. Die Zusätze beim Brot- u. Kelchwort „f. euch hingegeben", „f. viele vergossen", „zur Vergebung der Sünden" machen die E. auch zum Todesgedächtnis: hier wird der Tod Jesu nach Jes 53,12 mit dem Sühnetod des → Gottesknechtes in Zusammenhang gebracht: Jesus gibt sich als Sühneopfer zur Versöhnung der Welt hin. Das Becherwort, das v. → Bund, bzw. v. Neuem Bund spricht, macht die E. zum Bundesmahl, bzw. zur Bundeserneuerung: das e. Mahl ist die Erfüllung des Bundesmahles (Ex 24, 11). In der joh. Theologie wird bes. die Realität der Gegenwart Chr. betont (Joh 6,54. 56. 58). Die E. wird in engster Beziehung mit der → Inkarnation, dem Tod, der Wiederkunft u. der Geistsendung gesehen. Sie ist Speise u. Trank f. das „Leben", u. gibt Lebensgemeinschaft mit Christus. Die Blickrichtung ist dabei mehr auf den einzelnen als auf die Gemeinschaft bezogen. — 2. *Die liturg. Ausgestaltung der E.:* Der wesentl. Kern der E. war der → Kirche durch Jesus vorgegeben. Dieser wurde in einen Rahmen gefaßt, der einer ständigen Wandlung unterlag. Wie Jesus feiert die älteste Gemeinde die E. im Zusammenhang mit einem Bruder- u. Sättigungsmahle in der Reihenfolge: Brot — Sättigungsmahlzeit — Kelch. Bald aber wurden die sakramental wichtigen Akte Brot u. Wein zusammengezogen u. an das Ende der Mahlzeit gerückt. In einem weiteren Schritt wurde die sakramentale Handlung v. Sättigungsmahl völlig losgelöst u. mit dem morgendl. Wortgottesdienst verbunden. So war die heutige Grundgestalt der Messe bereits um das Jahr 160 gegeben. In ihr wird deutlich, daß das Sakrament nur aus vollem,

v. → Worte Gottes genährten → Glauben gefeiert werden darf. Gefeiert wurde die E. zuerst v. a. am Herrentag (Sonntag), im 4. Jh. auch am Mittwoch u. Freitag. Bei Augustinus ist zum erstenmal die tägliche Feier bezeugt. — 3. *Kirchl. Lehre.* Am umfassendsten spricht die Kirche ihr E.verständnis in der Liturgie selbst aus. Verzeichnungen u. häretische Äußerungen veranlaßten aber auch das ordentl. Lehramt zur Stellungnahme. Da Zwingli u. Calvin die Realpräsenz leugneten, Luther sie nur konsubstantianisch anerkannte, hat sich das Tridentinum bes. eingehend mit der E. befaßt u. festgehalten: In der E. ist der Leib u. das Blut Jesu nicht nur dem Zeichen u. der Kraft nach, sondern wahrhaft, wirklich u. wesenhaft enthalten; nur die Gestalten v. Brot u. Wein bleiben. Unter jeder Gestalt, ja in jedem Teil derselben ist der ganze Christus, u. dies nicht nur f. den Augenblick des Genusses, sondern auch vorher u. nachher zugegen u. anbetungswürdig. Die Messe ist nicht nur Lob- u. Dankopfer u. nicht bloßes Gedächtnis des Kreuzesopfers, sondern ein wahres u. eigentl. Opfer. Sie ist Sühneopfer f. die Lebenden u. Verstorbenen, aber keine Beeinträchtigung des Kreuzesopfers, sondern dessen Repräsentation, Gedächtnis u. Zuwendung. — 4. *Transsubstantiation, Transsignifikation u. Transfinalisation.* Schon immer war der suchende Verstand bestrebt, das → Geheimnis der E., vorerst das Wandlungsgeschehen, zu erklären u. auszudrücken. So hat bereits das 4. Laterankonzil, dann v. a. das Tridentinum mit Hilfe der scholast. Philosophie das Wandlungsgeschehen als Transsubstantiation beschrieben: Die Substanz des Brotes (das Eigentliche, Wesentliche, das, was Brot zutiefst ausmacht) wird übergeführt in die Substanz des Leibes Christi; die Akzidentien (das, was am Brot mehr o. weniger zufällig ist wie Aussehen, Farbe, Geschmack) bleiben, wie sie sind. Dasselbe gilt f. den Wein. Brot u. Wein werden also zuinnerst, seinsmäßig verändert. Da diese Ausdrucksweise die E. selbst in einen naturphilos. Zusammenhang stellt, da der scholast. Substanzbegriff problematisch geworden ist u. außerdem die E. sehr statisch gesehen wird (mehr in sich als in bezug zum Menschen), wird sie heute vielfach als ungenügend empfunden; es ist deshalb versucht worden, sie durch zwei neue Begriffe zu ersetzen bzw. zu ergänzen, die sie in einen mehr personalen (u. dynam.) Kontext stellen. *Transsignifikation:* Durch die Wandlungsworte seines Priesters hat der Gottmensch den Gestalten v. Brot u. Wein eine neue Bedeutung gegeben: sie sind jetzt Gaben seiner Liebe, Zeichen seiner liebenden Anwesenheit bei den Menschen. *Transfinalisation:* die verwandelten Gaben haben einen neuen Zweck: sie sind nicht weiter gewöhnl. Brot u. gewöhnl. Trank, mithin Nahrung des ird. Leibes, sondern Nahrung des ewigen Lebens. So verstanden, bilden die beiden neuen Begriffe eine echte Ergänzung des Begriffes Transsubstantiation u. ermöglichen ein tieferes Erfassen des letztlich unauslotbaren Glaubensgeheimnisses.

Fi

Eucharistische Erziehung. Die e. E. hat u. a. die rechtzeitige Kommunion zum Ziel u. ist zuerst Aufgabe der Eltern u. nicht der Priester o. der Schule. — Sie endet aber nicht mit dem ersten Kommunionempfang, sondern ist auf zielstrebige Weiterführung bedacht. — *Aufgabe der Eltern.* Bevor das Kind erahnt: „Jesus ist das Brot f. das Leben“, ist eine lange Hinführung in der → Familie notwendig, die nicht so sehr durch Erklärungen als durch → Erfahrungen geschieht. Die e.E. beginnt mit der Führung zu einem kindgemäßen Glaubensleben durch Einübung menschl. Grundfähigkeiten (Schauen u. Hören, Ordnen u. Liebenkönnen usw.) u. rel. Grundhaltungen (Dankbarkeit, Dienstbereitschaft, Brüderlichkeit usw.). Einen weiteren Schritt bedeuten die Einübung liturg. Vollzüge (Feier des Kirchenjahres [→ Kirchenjahr] u. des Sonntags, Verhalten im Gotteshaus → rel. Gesten usw.) sowie das Mahlerlebnis. Das gemeinsame Familienmahl soll in seinen versch. Elementen (Tisch, Speisen, Tischgebet usw.) transparent werden auf das → Abendmahl hin. Das Erlebnis echter Tischgemeinschaft kann zu einer grundlegenden ekklesiol. Erfahrung werden. Dazu kommt die gelegentl. Mitfeier der → Eucharistie, die dem Kind v. den Eltern altersgemäß gedeutet wird. — *Frühkommunion.* Ein so geführtes Kind zeigt bald das Verlangen, das eucharist. Mahl in dem Sinne mitzufeiern, daß es auch die hl. Kommunion empfängt. Die Erfahrungen u. Belehrungen in der Familie haben dem Kind das verlangte altersentspr. Verständnis vermittelt u. dadurch, daß es Christus liebt u. bei ihm sein will, ist es grundsätzlich empfangsbereit. Christl. Eltern haben nunmehr die Pflicht, ihr Kind zur Frühkommunion (4.—7. Lebensjahr) — besser: rechtzeitigen Erstkommunion — zu führen. — *Aufgabe der Pfarre u. Schule.* Die Führung zur Frühkommunion in der Familie setzt voraus, daß die öffentliche Meinung der Pfarrgemeinde zugunsten der familiären Frühkommunion umgestimmt wird: „Die Seelsorger sollen sich dafür einsetzen, die Eltern f. die Frühkommunion ihrer Kinder zu gewinnen u. zu befähigen, sobald diese zu einem altersentspr. Verständnis der Eucharistie gelangt sind u. das Verlangen danach haben“ (Wiener Diözesansynode 1970). Die Befähigung geschieht durch versch. Formen der Erwachsenenbildung (→ Elternkatechese). Trotz allen Bemühens werden niemals alle Eltern dafür zu gewinnen sein. F. die anderen Kinder werden Pfarre u. Schule subsidiär die e.E. u. prakt. Hinführung zur Kommunion übernehmen müssen. In diesem Falle werden Seelsorger u. Katecheten sich untereinander absprechen u. auch mit den Eltern in Kontakt treten (→ Hausbesuch, → E.sprechtage, → E.abende, → E.briefe), sie um ihre Anteilnahme an der e.E., um ihre Mithilfe bei den möglichst kleinen u. homogenen pfarrl. Erstkommuniongruppen u. um ihre persönl. Teilnahme am hl. Mahl bitten. Die Eucharistiekatechese im 2. Schuljahr ist eingebettet in die gesamte e.E. u. die gesamte Glaubensunterweisung der beiden ersten Schulstufen. Der direkte Eucharistieunterricht kann sich auf wenige Stunden beschränken (ÖRP 8—10: Essen, Tischfeier, Hochzeit zu Kana, Brotvermehrung, Abendmahl, Messe, Eucharist. Gaben, Tabernakel). Die Eucharistiekatechese soll nicht nur die Lehre, sondern v. a. den Vollzug (→ rel. Übungen, → Kat. Feiern, → Wortgottesdienst) u. nicht isoliert die Kommunion, sondern das Leben der Kirche betonen. F. die Kinder, die v. ihren Eltern zur Frühkommunion geführt wurden, bedeutet die Eucharistiekatechese eine Vertiefung. — *Gemeinsame Erstkommunion.* Das Nahziel der e.E. in der Pfarre u. Schule ist die gemeinsame Erstkommunion, an der auch die Frühkommunionkinder teilnehmen. Es ist zu befürworten, nicht viele Kinder am gleichen Tag zum ersten Empfang der Eucharistie zu führen, sondern in kleinen Gruppen an versch. Tagen. — Die e.E. nach der Erstkommunion wird planmäßig in den kat. → Lehrplänen vorgesehen. Sie darf aber nicht allein dem RU u. der pfarrl. Katechese überlassen bleiben, sondern ist auch Anliegen der → Familienkatechese, der kirchl. → Jugendarbeit u. der → Erwachsenenkatechese. Nou

Eurythmie. Griech.: guter Rhythmus. Auf dem Boden der → Anthroposophie entwickelte u. v. a. in → Waldorfschulen gepflegte tänzerische Übungen, die in Einklang v. Bewegung u. Wort das Wesen des Menschen darstellen u. entfalten wollen. Ko

Evaluation. Überprüfung u. Beurteilung am Ende (summative E.) o. während (formative E.) eines Lern- o. Forschungsprozesses. Ko

Evangelienharmonie. Der seit Tatian dem Syrer (um 170 n. Chr.) immer wieder unternommene Versuch, die 4 Evangelien zu *einem* zusammenzufassen. Harmonisierungen (= Herausheben des Gemeinsamen; Glätten der Unterschiede; Aufeinander-abstimmen) finden sich in vielen „Bibl. Geschichten" der Vergangenheit. Heute vermeidet man im Bereich der → Verkündigung E.n zugunsten v. → Synopsen, da durch sie wesentl. Anliegen f. das Verständnis der Intentionen der einzelnen Evangelien (theol. Konzept, Aussagen, die durch das Redaktionsschema des Evangelisten, Abweichungen, Reihenfolge, Sondergut usw. gegeben sind) verloren gehen. Ko

Evangelium. Griech.: „euangelion" = frohe Botschaft, gute Nachricht. 1. Bezeichnung f. vier Schriften des → Neuen Testaments (E. nach Mattäus, E. nach Markus, E. nach Lukas, E. nach Johannes); 2. Bezeichnung f. den Kerngehalt der → Verkündigung Jesu, der vielfältig formuliert wurde u. formulierbar ist: „E. bedeutet die gute Nachricht, daß eine verändernde Bewegung unaustilgbar in diese unsere Welt eingedrungen ist ..., bedeutet eine Einladung, an dieser Bewegung, die Gott ausgelöst hat, aktiv teilzunehmen, die Liebe Gottes weiterzugeben wie eine ansteckende Macht, die die Welt verändert" (A. Exeler). Hi

EVR-System → Kassettenfernsehen, vgl. Abb. 13, Sp. 619 ff.

Exegese. Griech. = „Auslegung" bezieht sich meist auf die E. der Bibel. E. wird insofern v. → Hermeneutik (H.) unterschieden, als sich E. unmittelbar mit dem Text selbst beschäftigt, H. dagegen die Bedingungen des Verstehens erforscht u. die Erkenntnisse als Auslegungsprinzipien der E. anbietet. Eine klare Scheidung der E. v. H. ist immer weniger möglich, da man erkannt hat, daß E. im Dienst der → Verkündigung (→ Kerygma) steht u. deshalb den heutigen Menschen als Adressaten seiner Auslegungsbemühungen ständig vor Augen haben muß. In diesem Sinne ist eine moderne E. auch „konkrete Hermeneutik" zu nennen. —

E. fußt auf der bisherigen Auslegungsüberlieferung, die sie durch ständiges Weiterforschen ergänzt, überarbeitet, aktualisiert, korrigiert usw. Die E. wird erst dann ihrer Aufgabe gerecht, wenn es ihr gelingt, das hist. eingebundene → Wort Gottes heute zur Sprache zu bringen u. so den Hörer in die → Entscheidung zu stellen (existentiale Interpretation). → Entmythologisierung → Aktualisierung → Kommentare zum A. T u. N. T. Hi

Exemplarisches Lehren. E. L. ist aus der Notwendigkeit entstanden, die Stoffmenge u. die Schulzeit in ein sinnvolles u. zielführendes Ganzes zu bringen, damit bildender Unterricht gelingt. — Die Begriffe → „Elementares" (= das Einfache, Gesetzhafte, die Grundform u. -situation einer komplexen Struktur), → „Fundamentales" (=Kategorien u. Grunderfahrungen eines geistigen Bereiches) u. „Exemplarisches" (= die beispielhafte, stellvertretende, prägnante Auswahl) sind nur unterschiedl. Aspekte desselben Sachverhaltes. Ihre bildende Funktion hängt v. der Anschaulichkeit, der anspornenden Kraft zur Selbsttätigkeit u. der aufschließenden Kraft zum Einsichtgewinn des Lernenden in die ihn umgebende geistige Wirklichkeit ab. — Grundformen sind: 1. Das Exemplarische im engeren Sinn als Fall eines allgem. Gesetzes, als Besonderes eines Prinzips, als Anwendung einer Methode; Bereich: naturwiss., math. Bildung. 2. Das Typische als das anschauliche Allgemeine eines Schemas o. einer Struktur; Bereich: wirtschaftl. erdkundl., biol. Bildung. 3. Das Klassische wird im Individuellen als allgemein Gültiges, Vorbildliches, Verbindliches einer erlebten menschl. Haltung o. Leistung sichtbar; Bereich: geschichtl.-pol., literar., phil. Bildung. 4. Das Repräsentative macht Vergangenes u. Zukünftiges gegenwärtig, so daß der Mensch seine individuelle Gegenwart besser u. verbindlicher verstehen kann. — Andere Aufgliederung: Paradigma, Exemplar u. Exempel, Typus, reiner Fall, Muster, Modell, Gleichnis. — Der Sinn des e. L.s wird erst dann erreicht, wenn der Unterricht am Besonderen das Allgemeine ersichtlich u. verständlich macht, indem das wechselseitige Verhältnis des Besonderen u. Allgemeinen erarbeitet wird. — In der gw. päd. Diskussion geht es um die Fragen, ob nicht das „Modell" die zentrale did. Kategorie f. die → Curriculumforschung ist u. ob nicht „Elementares" u. „Fundamentales" bildungstheoret. Begriffe sind. → Kategoriale Bildung Ro

Lit.: H. Scheuerl, Die exemplarische Lehre (2. Aufl. 1964); M. Wagenschein, Das exemplarische Lehren 3. Aufl. 1964).

Existentialpädagogik. E. stellt(e) den Versuch dar, die Grunderkenntnisse der Existenzphilosophie in das päd. Handeln einzubringen: der Mensch kann nur selbstlos, gelassen u. freigebend er selbst sein; wegen der unsteten → Entwicklung u. des krisenhaften Daseins müssen die Grenzen des Erziehens in den Erziehungsmaßnahmen Erweckung, → Ermahnung, Beratung, → Begegnung gegenwärtig bleiben; erst die erkannten u. anerkannten Grenzen des Erziehens geben den notwendigen Raum, daß sich das Unbedingte dem Menschen schenkt, der trotz des (u. bei allem) veranstaltenden u. geplanten erzieherischen Tuns frei gehalten werden muß. — Obwohl gw. zw. Existenzphilosophie u. Pädagogik eine Trennung eingetreten ist, kann das durch die E. erfaßte Problem v. der Pädagogik nicht unbeachtet bleiben: Erziehung ist nicht restlos verplanbar. Ro

Lit.: L. Prohaska (Hsg.), Existentialismus u. Pädagogik (1955).

Existentialpädagogische Methode. Eine Erziehungsweise, welche auf dem Boden der → Existentialpädagogik gewachsen ist. Im Gegensatz zu trad. Erziehungslehren versteht sie den Erziehungsprozeß nicht als einen Gang steten Fortschreitens (Unstetigkeitspädagogik) u. betont Appell, → Begegnung, Wagnis, Engagement, → Dialog u. ä., die v. a. in Entscheidungs- u. Krisensituationen dem Zögling Hilfen zu verantwortl. Selbstentscheidung anbieten. Sie zielt auf die → Entscheidung in → Freiheit u. → Verantwortung hin. Ro

Existentiell — existential. Im tägl. Sprachgebrauch meint *existentiell* meistens das, was „wesentlich" eine Person berührt. Nach K. Jaspers ist existentiell alles, was die Einzel- → Existenz erhellt. *Existential* ist im Sinne v. M. Heidegger das, was eine Existenzweise (Existentialien) des Menschen betrifft u. auf das Dasein bzw. Sein überhaupt hingerichtet ist. Der Ausdruck „existentiell" zielt somit auf das f. den je einzelnen Wesentliche, der Ausdruck „existential" auf das dem tatsächlich Da-seienden zugrunde liegende Sein. Ko

Existenz. V. lat. existo, exsisto = ich trete hervor. In der Philosophie ist E. zunächst das DA-SEIN im Gegensatz zum SO-SEIN (Essentia). Die ab dem 19. Jh. (Kierkegaard u. a.) sich entwickelnde Existentialphilosophie wird im 20. Jh. zu einer vorherrschenden Strömung, die sowohl atheistisch (Sartre) wie auch v. den christlichen Ansätzen her (Haecker, Guardini, Marcel, Bollnow) betrieben wird. Bekannte Vertreter sind auch K. Jaspers u. M. Heidegger. Christl. Existentialphilosophie versteht mit O. F. Bollnow unter E. „jenen letzten, inneren Kern im Menschen, der als solcher jenseits der inhaltl. Bestimmungen liegt, der darum nicht selber definierbar, sondern nur im Vollzug eines best. Erlebens erfaßbar ist. Er läßt sich formal dadurch bestimmen, daß der Mensch v. allem, v. dem er in irgendeinem Sinn sagen kann, daß er es ‚hat', auch wieder erkennen kann, daß es nicht wesensmäßig zu ihm gehört, daß er sich v. ihm lösen kann, ohne in einem allerletzten Kern davon betroffen zu werden. Dahin gehört der äußere Besitz, dahin gehört auch der Leib mit dem Besitz der Glieder u. der Sinne, dahin gehören aber entspr. auch die geistigen Gaben u. charakterl. Fähigkeiten usw.: Indem der Mensch v. allem schrittweise erkennt, daß es ihm (bei aller selbstverständlichen Wichtigkeit) in einer letzten Hinsicht doch äußerlich bleibt, entdeckt er in sich diesen gewissermaßen ausgesparten inneren Kern, den die Existentialphilosophie mit dem Namen E. bezeichnet." Ko

Existenzanalyse. Eine v. V. E. Frankl entwickelte → tiefenpsych. Behandlungs- u. Forschungsmethode, welche dem „Willen zur Lust" (→ Psychoanalyse, S. Freud — Erste Wiener Psychotherapeutische Schule) u. dem „Willen zur Macht" (→ Individualpsychologie, A. Adler — Zweite Wiener Schule) als „Dritte Wiener Schule" den „Willen zum Sinn" gegenüberstellt. Eine Verfehlung des Lebenssinnes (existentielle Frustration), welche sich bes. in der Stellung zu Leid u. Tod zeigt, führt zu neurot. Störungen, welche Frankl durch Hinführung zur Sinnfrage (→ Logotherapie) zu heilen sucht. Wie alle tiefenpsych. Schulen stellt auch die E., deren Forschungsergebnisse zunächst am psych. kranken Menschen gewonnen wurden, einen Beitrag zum Verständnis des *gesunden* Menschen dar. Die aus ihr sich ergebenden päd. Folgerungen hat u. a. K. Dienelt aufgezeigt. Ko

Lit.: V. E. Frankl, Der Mensch auf der Suche nach dem Sinn (1972); K. Dienelt, Von Freud zu Frankl (1967).

Exogen. V. außen kommend, umweltbedingt. Ggs.: → Endogen

Explanatory loop. Erläuterungsschleife bei Lernprogrammen (= Umweg bei Fehlantworten). → Programmierter Unterricht (verzweigte Lernprogramme) → Crowder-Systeme Ko

Extinktion. Lat.: Löschung einer eingelernten Reaktion durch → Konditionierung. Was volkstümlich als Umgewöhnung o. Umlernen bezeichnet wird, ist eine Form der E. Ko

Extra-curricular activities. Engl.: außerlehrplanmäßige Veranstaltungen f. Schüler im Rahmen der Schule: Volkstanz, Schultheater, Diskussionsklubs usw. Ko

Extravertierter-introvertierter Typus. V. lat. extra = außen, vertere = wenden, intra = innerhalb. Zwei Hauptformen menschl. Persönlichkeit nach der → Typenlehre v. C. G. Jung. Der extr. T. ist nach außen gerichtet, offen, leicht anpassungsfähig, wagemutig u. lebt entspr. den Verhältnissen seiner Umwelt. Der intr. T. hingegen ist in sich zurückgezogen, verschlossen, scheu, zögernd u. lebt entsprechend seinen inneren Motiven. Si

Extrinsisch → Motivation

Ezechiel. Ezechiel („Gott macht mich stark"), Sohn einer → Jerusalemer Priesterfamilie, wurde 597 nach Babylon deportiert. 593 wurde er in einer Vision zum Propheten berufen. Die Botschaft der ersten Phase bedeutet f. → Israel nur „Klage, Seufzen u. Wehen" (3, 10): es sind die Droh- u. Gerichtsworte gegen das Rest-Israel in Juda; seine Schuldbelastung v. seinen Anfängen her ist schon zu groß; Juda ist reif f. das Feuer (15). Nach der Zerstörung → Jerusalems 587 wendet sich E. bes. an die inzw. angewachsene Zahl der Deportierten: Gott wird sich wiederum in der Geschichte als dem großen Gottesurteil in seinem Persongeheimnis zu erkennen geben (Zimmerli), er wird die dahinmodernden dürren Gebeine wieder mit Fleisch umgeben u. mit seinem → Geist beleben (Kap. 37), die Volksgemeinschaft wird wiederhergestellt werden. E. hatte in seiner → Verkündigung viele Vorurteile zu überwinden: Resignation bis hin zum → Nihilismus, Zynismus u. Fatalismus (vgl. 33, 10; 18, 2); er hat aber durch seine Botschaft wesentlich dazu beigetragen, daß die Deportierten nicht in ihrer heidn. Umwelt untergegangen sind (wie die Bewohner des Nordreiches), sondern die Hoffnung auf ihre Zukunft gewagt haben. Neben apokalypt. Zügen (Kap. 38 f.) trifft man in der → Verkündigung E.s auf viele „gesetzl." Anschauungen: die → Sünde des Volkes ist kultische Verfehlung, Sabbat u. Opfer werden entweiht u. verachtet. — Es wäre aber vollkommen verfehlt, den Propheten deshalb einen „Legisten" zu nennen; seine prophet. → Aktualisierung der → Jahwe-Botschaft läßt ihn Akzente setzen, die gerade in seiner geschichtl. Situation f. das auserwählte Volk lebensnotwendig sind.

Schr

Fachdidaktik. Aufgabe der F. ist 1. die Konkretisierung der allg. → Didaktik auf einen bes. Unterrichtsgegenstand, 2. die Aufschließung der Sachstrukturen desselben f. did. Fragestellung u. 3. seine Integration in fächerübergreifende Zusammenhänge. Dies ist jeweils v. Voraussetzungen u. Vorentscheidungen (Bildungsziele, Schulkonzepte, Wertordnungen, Gesellschaftssituation u. a.) bedingt. → Didaktik → Religionspädagogik → Katechetik → Religionsunterricht → Katechese Ko

Lit.: J. Heinrich/G. Schmitz/E. H. Schallenberger, Religionspädagogik. Beiträge zur Fachdidaktik (1968).

Fachhochschule. Seit 1969 in der BRD im Aufbau begriffen, gliedert sich in die Fachrichtungen Wirtschaft, Maschinenbau, Elektrotechnik, Sozialarbeit, Sozialpädagogik u. Praktische Theologie. Die Fachrichtung Prakt. Theologie vermittelt in einem sechssemestrigen Studium auf wiss. Grundlage eine praxisbezogene Ausbildung, die zur verantwortl. Mitarbeit in versch. Bereichen der kath. Kirche befähigt: zur Gemeindearbeit (Gemeindebildung, Glaubensverkündigung, Jugend- u. Erwachsenenbildung, pastorale Dienste im caritativen u. sozialen Bereich) u. zum schulischen RU (→ Elementar- u. Primarstufe, → Sekundarstufe I u. → Sonderschule). Das Studium gliedert sich in ein Grundstudium (3 Sem.) u. Hauptstudium (3 Sem.). Mit dem Eintritt in das Hauptstudium erfolgt die Auswahl v. Studiumschwerpunkten. Mit der Abschlußprüfung ist die Graduierung verbunden. Danach folgt ein Berufspraktikum v. einem Jahr (vergleichbar dem Referendariat). Nach dem Abschluß dieses Praktikums erhalten die Absolventen die kirchl. Unterrichtserlaubnis (→ Missio canonica). Die Ausbildung führt ein in die Theologie, ihre versch. Bereiche u. ihre gw. Fragestellungen, vermittelt Grunderkenntnisse in den humanwiss. Fächern, macht bekannt mit → Didaktik → Methodik, sowie pastoraler u. rel.päd. Praxis. Schu

Fachlehrersystem → Klassenlehrersystem → Gesamtunterricht

Fachleistungskurse. F. werden nach Lerntempo u. Leistungshöhe in → Gesamtschulen f. Fremdsprachen, Mathematik usw. eingerichtet. Ko

Fachschulen. *BRD:* Berufl. Ausbildung kann auch in Berufs-F. erworben werden (→ Berufsschule). F. sind Vollzeitschulen mit mind. zweijähriger Schulzeit, die entweder eine betriebl. Berufsausbildung ganz o. teilweise ersetzen u. zugleich einen mittleren Schulabschluß vermitteln (z. B. Handelsschule) o. auf solche Berufstätigkeiten vorbereiten, f. die es keine anerkannten Ausbildungsberufe gibt. Die Zahl der Berufs-F. u. ihrer Schüler steigt ständig. Der größere Teil der Berufs-F. zählt zur kaufm. Fachrichtung, der kleinere zur gewerbl., sozialpflegerischen Fachrichtung. Der RU in dieser Vollzeitschule ist mit 2 Wochenstunden vertreten. Die vorhandenen → Lehrpläne sind dem → Rahmenplan der Berufsschulen entnommen, sehen aber ein vertieftes Wissen u. eine breitere Behandlung der Fragen vor. In der sozialpflegerischen Fachrichtung z. B. stehen v. a. die Probleme der rel. Erziehung im Vordergrund. Eine Vielzahl dieser Schulen befinden sich in der Hand freier Träger (Kirche, Orden). →

Berufsbildendes Schulwesen in der BRD. Schu
Österreich: → Berufsbildende mittlere Schulen → Berufsbildende höhere Schulen.
Schweiz: → Berufsbildendes Schulwesen.

Faktorenanalyse. Bezeichnung f. eine Gruppe statist. Verfahren. Diese wurden v. Ch. Spearman u. L. Thurstone entwickelt u. dienen der besseren Auswertung der Korrelationsergebnisse (→ Korrelation). Durch das Aufstellen v. Merkmalsgruppen o. sog. „Syndromen“ — die Merkmale innerhalb einer solchen Gruppe korrelieren untereinander höher als mit anderen — werden die mannigfachen Untersuchungsergebnisse auf Wirksamwerden weniger grundlegender Faktoren zurückgeführt. Die F. ist v. großer Bedeutung f. die Persönlichkeitsforschung, Intelligenzforschung u. Sozialpsychologie; f. alle Wissenschaften, in denen ein Experiment im streng naturwissenschaftlichen Sinn nicht möglich ist u. wo es darauf ankommt, alle in einer Untersuchung wirksam werdenden Faktoren zu erfassen. Si

Familie. 1. *Päd.:* Die F. ist der primäre, wenn auch ergänzungsbedürftige Ort u. Faktor der → Erziehung. V. Bedeutung ist v. a. die Schutzfunktion (Lebenssicherung) der F., die Schaffung ursprüngl. u. unersetzbarer Sozialkontakte u. die mit der F. gegebene natürl. Dichte der Betätigungsanregungen, sowie ihr Beitrag zur Lebenserfüllung. Unter letzterem versteht man alle Umstände, die das emotionale u. das Werterleben betreffen. Die päd. Aufgaben u. Rechte der F. sind völkerrechtl., kirchenrechtl. u. in den Rechtsordnungen der Einzelstaaten anerkannt (→ Menschenrechte; → Charta des Kindes; → Divini illius magistri; → Gravissimum educationis). Die gw. soziol. Struktur der F. bedingt eine → F.nerziehung, die sich nicht mehr in allem an überkommenen Verhaltensmustern orientieren kann, sondern auch neue Wege beschreiten muß. Dies bedingt eine verstärkte Bedeutung u. neue Formen der Ehevorbereitung u. Elternbildung.

2. *Psych.:* Die F. ist der f. die Menschwerdung nahezu unersätzl. Lebensraum (→ Hospitalismus), in dem der einzelne zeitlich u. rangmäßig erste elementare Erfahrungen u. Erfüllungen (Geborgenheit, → Urvertrauen, Mitmenschlichkeit usw.), v. a. das bedingungslose Angenommensein um seiner selbst willen erlebt. Die durch die F. gegebenen, bis in die personalen Tiefenschichten reichenden psychischen Erlebnisweisen bestimmen nachhaltig die Psychostruktur des Individuums. Das bis in die biolog. Grundlagen (Zeugung, Geschlechtsverschiedenheit, Generationsabstand, Blutsverwandtschaft) reichende Fundament der F. wird bestärkt u. gesichert durch ökonom., polit.-rechtl. u. kulturelle Gegebenheiten. Erfahrungen mit gegenfamiliären Gruppen (→ Kommunen, außerfamiliäre Kleinkindererziehung in den UdSSR) zeigen, daß ein unüberschreitbares, naturgegebenes Fundament bei allen Wandlungen der F.nstruktur im einzelnen (Patriarchat, Matriarchat, partnerschaftl. F.) vorhanden ist. Als → phylogenet. bedingtes Erbe zählen zu diesem Fundament auch psychische Fakten, welche die → analyt. Psychologie (→ Archetypen) u. die → Ethologie (→ Instinkte,

soziale Sicherheitsmechanismen) erforscht. In der v. jedem in rechter → Freiheit zu leistenden „Versöhnung" mit acht familiären Grundgestalten (Vater, Mutter, Schwester, Bruder, Mann, Frau, Tochter, Sohn) sieht W. Heinen die Voraussetzung f. seel. Gesundheit. Ko

3. Soziol.: Die F. ist die wichtigste primäre soziale → Gruppe f. den Menschen, in der nicht nur die lebensnotwendige biolog. Betreuung des → Kleinkindes erfolgt, sondern in der auch die ersten Prozesse der → Sozialisation stattfinden. Zur Humanisierung des Einzelmenschen u. zu seiner Eingliederung in die kulturelle Umwelt übernimmt die F. eine Reihe v. Aufgaben, die f. den Bestand der F. u. auch f. die Gesamtgesellschaft v. entsch. Bedeutung sind: 1. Reproduktion, 2. biolog. Aufzucht des Individuums, 3. Sozialisation u. soziale Kontrolle, 4. Statuszuweisung, 5. emotionale u. wirtschaftl. Entfaltung des einzelnen. — Als Primärgruppe entwickelt die F. in höchstem Maße Solidaritätsgefühle, die früher auch eine Grundvoraussetzung der Fürsorge durch die Gesamt-F. waren; durch den → sozialen Wandel ist diese Funktion der F. in der Industriegesellschaft weitgehend auf soziale → Institutionen übertragen worden. Die heutigen F.n werden vielfach als Klein- o. Kern-F.n bezeichnet. Der Ausdruck Klein-F. bezieht sich auf die F.ngröße, unter Kern-F. versteht man das Zusammenleben v. Eltern u. Kindern zum Unterschied v. den Mehrgenerationen-F.n. Die F. ist ein bevorzugtes Gebiet der Sozialforschung. Ku

4. Rel. päd.: Die kirchl. Tradition sieht in der F. eine „Gesellschaft eigenen u. ursprüngl. Rechts" (Erklärung des Zweiten Vatikanischen Konzils über die Religionsfreiheit), der Recht u. Pflicht zur → Erziehung der Kinder übertragen ist. „Den Eltern obliegt es, die F. derart zu einer Heimstätte der Frömmigkeit u. Liebe zu Gott u. den Menschen zu gestalten, daß die gesamte Erziehung der Kinder nach der persönl. wie der gesellschaftl. Seite hin davon getragen wird" (Erklärung des II. Vatikanischen Konzils über die Erziehung). Was oben über die soziol., psych. u. päd. Situation der F. gesagt wurde, ist Voraussetzung auch f. die rel.päd. Fragestellung u. Wirksamkeit. Das Aufleben der „Kraft des → Evangeliums im alltäglichen F.nleben" wird v. II. Vatikanum als Apostolat u. Aufgabe bezeichnet. Zu den Werken dieses F.napostolats zählen nach dem Dekret über das Laienapostolat u. a. folgende Werke: Verlassene Kinder an Kindesstatt annehmen, bei der Gestaltung des Schullebens helfend mitwirken, Heranwachsenden mit Rat u. Tat zur Seite stehen, Brautleuten zu einer besseren Ehevorbereitung helfen, in der → Katechese mitarbeiten, F.n in materieller u. sittl. Not stützen, alten Menschen einen angemesenen Anteil am wirtschaftl. Fortschritt zukommen lassen usw. Fundament rel. päd. Betrachtung der F. ist nach kath. Verständnis das Sakrament der → Ehe als unauflöslicher personaler Bund u. Organ der Christusbegegnung; → Elternkatechese → Familienkatechese → Gebetserziehung → Eucharistische Erziehung u. a. m. Ko

Familienerziehung. Es gehört zu den gesicherten Erkenntnissen der → Entwicklungspsychologie, daß die ersten Lebensjahre den Menschen f. sein ganzes Leben entscheidend prägen. In diesen Jahren lebt das → Kind gewöhnlich in der → Familie (F.). Deshalb kommt ihr bei der Gesamterziehung eine eminent wichtige Funktion zu: 1. *Intimsphäre:* Das ständige Zusammensein, die → Erfahrungen v. → Liebe u. → Geborgenheit bzw. all der unmittelbaren Lebensäußerungen, wie sie nur in privater Sphäre möglich sind, u. das Vorbild der Eltern u. Geschwister in einer Zeit großer Neigung zur → Nachahmung können praktisch nicht ersetzt werden. Vergleiche mit Kindern, die in diesen ersten Lebensjahren in Heimen aufwuchsen, fallen überwiegend zuungunsten der → Heimerziehung (→ Hospitalismus) aus. 2. Die Intensivierung der Intimsphäre ist eine schöpferische Antwort auf *Wandlungen* der F.: a) *Funktionsverlust:* Die F. ist nicht mehr Erzeuger-, sondern weitgehend nur Verbrauchergemeinschaft. Sie hat Funktionen des Kultes, der Kunst, der Caritas u. a. an außerfamiliäre Organisationen abgetreten. b) *Desintegration:* Jedes F.nmitglied gehört heute oft schon ab dem Vorschulalter auch anderen Gemeinschaften an. Dadurch kommt es zu diskontinuierlichen, unterbrochenen Sozialkontakten innerhalb der F. mit der Gefahr v. Entfremdungsprozessen. Manche Formen der Verwöhung o. auch des „Abschiebens der Kinder" haben darin ihre Wurzel. c) *Kontraktion:* In der Klein-F. hat das Einzelmitglied ein größeres Gewicht. Fehler eines einzelnen wirken sich stärker aus, desgleichen ein Ausfallen als Miterzieher. d) V. Bedeutung sind als päd. Konsequenz aus dieser Wandlung nach S. Bayr-Klimpfinger ferner: der Ausbau v. „Restfunktionen" (Vorratswirtschaft, Instandhaltung des gemeinsamen Eigentums, gemeinsames Feiern, Basteln u. ä.). All dies sind nicht nur Stabilisierungsfaktoren, die den Ausfall konventioneller Sicherungen kompensieren. Es liegen darin auch erzieherische Werte, da durch gemeinsame Funktionen Sympathiegefühle ausgedrückt, personale Beziehungen intensiviert u. kultiviert, Spannungen neutralisiert u. Aggressionen vermieden werden. Die Einbeziehung des Kindes in gemeinsames familiäres Tun entlastet die Eltern v. einem Übermaß an bloß verbaler Führung u. stellt f. das Kind zugleich ein Stück Welterschließung dar. — 3. *Familiendefekte:* Vom hohen Stellenwert der F. her führen Versagen, Zerrüttung u. Fehlverhalten der Eltern (Familie) zu bleibenden Schäden im Grundverhalten der Kinder. Die heute gelegentlich bloß als Kümmerform angesehene „Kleinfamilie" zeigt dagegen kaum negative Auswirkungen, im Gegenteil, sie ermöglicht gegenüber einem → Großfamilien-Milieu eine verstärkte Erfahrung der Intimsphäre (vgl. 1). Die tw. eingeschränkten Sozialerfahrungen können leicht ergänzt werden (→ Kindergarten, Nachbarschaftskontakte, Familiengruppen usw.). — Kontakte mit den Eltern ermöglichen es dem Rel.-lehrer, evtl. Fehlverhalten der Kinder an der Wurzel zu durchschauen u. durch entspr. Akzentsetzung bzw. Beratung u. U. zu korrigieren, jedenfalls sein eigenes Verhalten zu dosieren. → Erziehung zum Gehorsam' → Entwicklung, ethische → Erziehungswege → Erziehungsstile Hi/Ko

Familienkatechese. Es entspricht einer ganzheitl. christl. Sicht der → Familienerziehung, wenn sie F. als einen integrierenden Bestandteil ihrer Bemühungen versteht. Der Verwirklichung stellen sich aber große Schwierigkeiten entgegen: 1. Viele Eltern sind in ihrem → Glauben verunsichert, d. h. sie wissen nicht, was sie wie ihren Kindern sagen sollen. 2. → Kreativität ist leider ein sehr junges Prinzip der → Katechese, so daß die meisten Eltern gar nicht in der Lage sind, selbständig u. dem kindl. Fassungsvermögen angepaßt, die Funktion eines „Katecheten" zu übernehmen. 3. Der organisatorische Ausbau des RU u. der kirchl. Katechese rufen bei vielen Eltern das Bewußtsein hervor, für F. nicht zuständig zu sein. — Folgende Gesichtspunkte müßten bei einem Ausbau der F. beachtet werden: → Kleinkindkatechese ist zuallererst Sache der Eltern, da sie ja bereits vor dem → Kindergarten-Alter einsetzen muß u. in Formen u. Situationen geschieht, die praktisch nur den Eltern bzw. Personen zugänglich sind, die Tag u. Nacht mit den Kindern beisammen sind. — Eine die Schulkatechese (RU) begleitende F. hat große Bedeutung f. die emotionalgemüthafte Fundierung des Glaubens (→ religionslose Erziehung). — F. hat viel mehr Möglichkeiten, milieuadäquat zu sein als der RU, der sehr oft die tatsächlichen Möglichkeiten u. Bedürfnisse der Kinder nur unzulänglich berücksichtigt (→ induktive Methode, → Katechese der Erfahrung). — Eine geeignete Ausbildung der Eltern u. das Bereitstellen entspr. Hilfsmittel gehören zu den wichtigsten Aufgaben einer modernen Familienpastoral. → Elternkatechese → Elternabend → Eucharistische Erziehung → Familienmesse → Familienpädagogik u. a. Hi

Familienmesse. Für viele Christen sind Gottesdienst u. Weltdienst (Arbeit) immer noch zwei völlig versch. Bereiche. Vielfach wird diese Kluft durch den sonntägl. Gemeindegottesdienst, bei dem bes. in der Stadt keiner den andern kennt, noch vergrößert, u. der Gläubige begreift mit bestem Willen nicht, was diese Messe f. eine Beziehung zum tägl. Leben haben soll. Daß aber gerade durch diese Messe das Leben, der Alltag geheiligt werden soll, daß durch → Jesus Chr. die Trennung v. heiligem u. profanem Bereich aufgehoben wurde, wird in der anonymen Großgemeindemesse nicht erkennbar. V. da her wird das Bestreben vieler Christen verständlich, den Gottesdienst näher an das Leben heranzurücken. Als geeignete Form dafür bietet sich die Messe im kleinen Kreis u. speziell in der → Familie an (Familie darf hier nicht eng nach der Abstammung verstanden werden). Die Familie ist aufgrund sakr. Ordnung seelsorgl. Gemeinschaft, deshalb sind sich Mann u. Frau durch ihr ganzes Leben in der Liebes- u. Lebensgemeinschaft die ersten u. entsch. Seelsorger. Ähnliches gilt auch f. alle, die ihnen anvertraut sind. Auch dafür könnte die F. v. kaum abschätzbarer Bedeutung sein. Viell. muß hier die Rubrizistik flexibler werden, da F.n ein pastoral u. liturgisch bedeutsames Anliegen darstellen, das durch Großgemeindegottesdienste zwar ergänzt, nicht aber ersetzt werden kann. Bli

Familienpädagogik. Vom Stellenwert der → Familienerziehung her kommt einer F. große Bedeutung zu. Sie muß sich freilich stark um Praxisnähe bemühen, da die Eltern ja keine ausgebildeten Pädagogen sind u. deshalb meist auf *vor*wiss. Impulse, Anregungen, Erfahrungsberichte, Kasuistik usw. angewiesen sind. Im Rahmen der Erwachsenenbildung könnte in geeigneter Form auf relativ breiter Ebene F. vermittelt werden. Im Rahmen des → Curriculums einer F. hat auch die → Religionspädagogik ihren Platz, den sie aber → kreativer, als dies bisher meist geschieht, wahrnehmen müßte. Hi

Farbmedien sollen aus psychol. Gründen immer *nach* Schwarzweiß-Medien gezeigt werden, wenn nicht andere Gründe f. das Gegenteil sprechen. S. Tab. 4, Sp. 629 f. Anz

Fascinosum → Numinosum

Fastenzeit → Kirchenjahr

Faustskizze. Eine rasch hingeworfene Zeichnung, welche sich auf wesentl. Elemente beschränkt u. v. allen Details absieht. Sie wird in der → Zeichenkatechese besonders beim „Sprechzeichnen" verwendet. Adäquate Inhalte der F. sind: Geograph. Fixierungen, Zeitlinien, graph. Darstellung v. Begriffsinhalten u. Begriffsbeziehungen u. ä., nicht aber bibl. Inhalte u. nur beschränkt szen. Darstellungen. Die F. dient nicht nur der Veranschaulichung, sondern auch der Merkhilfe u. → Impulssetzung. Vgl. Abb. 10, Sp. 277/8. Ko

Feature. Rundfunksendung mit häufig wechselnden Schauplätzen, Situationen u. Darstellungsformen. → Schulfunk Ko

Feedback → Rückkoppelung

FEGA-System. Modell der Gliederung einer Altersstufe (in → Gesamtschulen) nach Begabung, Interesse u. Wissensstand in *F*ortgeschrittenenkurse, *E*rweiterungskurse, *G*rundkurse u. *A*nschlußkurse. Ko

Fegefeuer → Eschata

Feinziel. Aus einem → Globalziel über Zwischenziele (Teilziele, Globalziele) abgeleitete letzte Konkretisierung, welche durch eine → Lernsequenz erreicht werden soll. Ko

Feldforschung. F. ist ein etwas unpräziser Ausdruck f. die erste Stufe der empir. Sozialforschung. Im engeren Sinne bedeutet F. die Beobachtung der sozialen Umwelt. Sie ist die Hauptmethode der Ethnologie u. wurde in den 30er Jahren v. den Sozialwiss.n übernommen. Als Erhebungsmethode wird vorwiegend die Beobachtung verwendet. In erster Linie handelt es sich hier um Formen der teilnehmenden Beobachtung, bei denen der Beobachter 1. selbst Mitglied der → Gruppe, die zu erforschen ist, sein kann, 2. sich als Mitglied der Gruppe ausgeben kann o. 3. offen als Beobachter in die Gruppe eintreten kann. Im Rahmen der F. werden die versch. Elemente u. Formen des sozialen Verhaltens beobachtet, registriert u. beschrieben. Die gewonnenen Daten eignen sich weniger f. statist. Auswertungen als f. monograph. Beschreibungen. In unkrit. Weise wird heute oft die F. mit der gesamten empir. Sozialforschung gleichgesetzt. Ku

Ferien. Mit F. wird heute eine zeitlich längere Unterbrechung des Unterrichtsbetriebes bezeichnet. Für Schulkinder haben F. die Funktion, ihnen eine ausreichende körperl. u. geist. Erholung zu bieten;

älteren Schülern, Studierenden u. Lehrern ist mit F. die Möglichkeit f. intensives Eigen- bzw. Nachholstudium gegeben. — Durch Aufenthalt in anderer Umgebung wächst der Verstehenshorizont f. die Verschiedenartigkeit v. Menschen u. Welt; doch ist es päd. nicht zu rechtfertigen, Kinder die Vorstellung gewinnen zu lassen, sie würden dieses o. jenes Land kennenlernen, wenn sie es bereisen, ohne jene Erlebnisse zu haben, die f. das Neue in Zusammenhängen aufgeschlossen machen. Rel. päd. ist das Anliegen der F. als Teil der Freizeitpädagogik noch zu wenig durchdacht. F. bieten einerseits die Möglichkeit zu intensiverer u. gegenüber RU u. Kat. ganzheitlicher rel. päd. Arbeit (Jugendlager, Gemeinschaftsveranstaltungen, aber auch Fortbildungskurse o. ä.). Anderseits fallen zumindest die Sommerferien in die Zeit, da auch die kirchl. Kinder- u. Jugendarbeit mit Ausnahme der genannten Einzelveranstaltungen weitgehend ruht. F. manches Kind, v. a. in größeren Städten u. bei berufstätigen Eltern, bedeutet dies ein Sich-selbst-überlassen-Bleiben bei stark vermehrter Freizeit, dessen Problematik schon Don Bosco erkannt hat. Rel. päd. Aspekte des Ferienhortes u. Ferienheimes sind mit der Wahrung einer Gottesdienstmöglichkeit nicht erschöpft. Die sog. „Urlauberseelsorge“ u. pastorale Bemühungen hinsichtlich des Fremdenverkehrs

ABBILDUNG 10: Beispiele f. **Faustskizzen** geographischer u. sachkundlicher Art

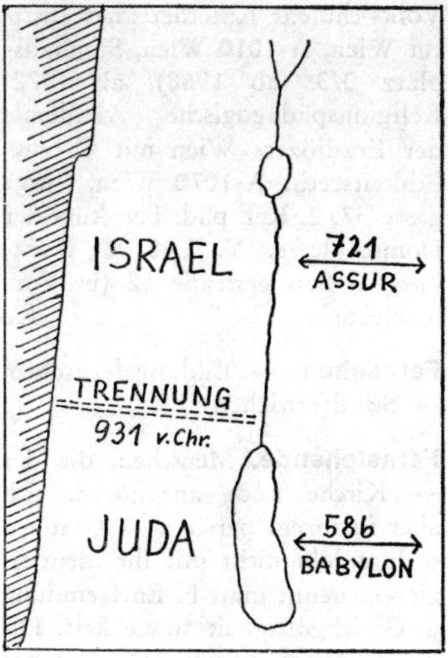

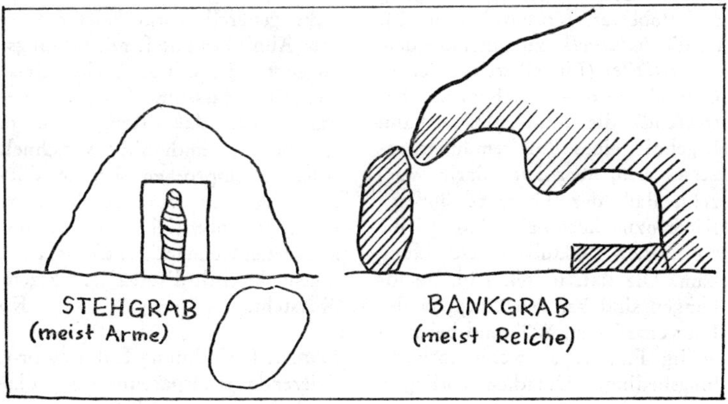

haben einschlägige Fragen bisher ausschließlich im Hinblick auf die Erwachsenenpastoral u. nur in ersten Ansätzen aufgegriffen. Ro/Ko

Fernkurse, katechetische. Aufbauend auf eine theol. Vorbildung, bringen k. F. f. → Laienkatecheten durch Lehrbriefe, Werkwochen, schriftl. Beratung eine Ausbildung im rel. päd., meth. u. praxisbezogenen Bereich: 1. Privatistenlehrgang zur Erlangung der Lehrbefähigung f. den RU an Volksschulen: Katechetisches Institut Wien, A-1010 Wien, Stephansplatz 3/3 (ab 1968), ab 1972: Religionspädagogische Akademie der Erzdiözese Wien mit Öffentlichkeitsrecht A-1070 Wien, Burggasse 37. 2. Rel. päd. Fernkurs der Domschule e. V. D-8700 Würzburg 1, Sanderstraße 12 (in Vorbereitung). Ko

Fernsehen → Bildungsfernsehen, → Schulfernsehen

Fernstehende. Menschen, die der → Kirche noch angehören, sich aber in ihrem persönl. → Glauben o. Handeln nicht mit ihr identifizieren, nennt man F. Entfremdung u. Gleichgültigkeit sowie krit. Distanz können versch. Ursachen haben. V. *zeitweiliger* Entfremdung (→ Pubertät, Krisenzeiten u. ä.). ist die *habituelle* zu unterscheiden, v. *partieller* (Einzelbereiche der → Orthodoxie o. → Orthopraxie betreffend) die *totale.* Diese kann Ergebnis eines Entfremdungsprozesses sein, aber auch darin wurzeln, daß der F. trotz äußerer Kirchenzugehörigkeit (noch) nie zu einer Glaubensentscheidung kam. Die kat. u. rel. päd. Bemühungen sind bei den Gruppen der F.n verschieden. Während bei zeitweilig F.n, v. a. wenn entwicklungsbedingte Ursachen vorliegen, unter Umständen eine gewisse „Schonzeit" geraten sein kann, ist bei habituell F.n eine missionar. Kat. angebracht, deren Grundstrukturen anderen Gesetzlichkeiten folgen als die Unterweisung Gläubiger. Sie hat taktvoll über mannigfache Formen v. Begegnungsmöglichkeiten (Telefonseelsorge, Katholische Glaubensinformation usw.) u. durch Informationsangebot im außerkirchl. Raum (Funkpredigt, Bibliotheken, kirchl. Themen in nichtkirchl. Veranstaltungen der Volksbildung u. ä.) anzusetzen. V. Bedeutung ist eine breit angelegte → Vorfeldkatechese (Abbau v. Vorurteilen usw.), die sich auf Schaffung emotioneller u. rationaler Brücken zu Kirche u. Glaube bemüht. Solche Teilziele sind sinnvoll auch dort, wo die volle Eingliederung in eine Gemeinde o. eine totale Glaubensentscheidung nicht möglich sind. Träger sind neben hauptberufl. Seelsorgern v. a. auch gläubige Menschen u. die durch sie gegebenen Möglichkeiten des → Glaubensgespräches u. der mitmenschl. Beziehung. Wegen der heute relativ großen Zahl v. F.n darf im RU u. bei vielen innerkirchl. Funktionen (z. B.: Begräbnis- u. Trauungsansprachen) der Glaube nicht generell vorausgesetzt werden. Ähnliches gilt f. rel. Bildungsangebote, die sich an breite Kreise wenden (Massenmedien). Zu beachten ist, daß Religiosität o. Glaube aber auch nicht vorschnell jedem abgesprochen werden dürfen, der sich vorübergehend v. prakt. Glaubensleben o. v. der konkreten Gemeinde entfernt, bzw. ihnen kritisch-distanziert gegenübersteht. Ko

Film. 1. Bezeichnung f. das zu projizierende transparente (→ „diapositive") Material „F". Man muß zw. „Stehf." (→ Lichtbilder) u. „Lauff." unterscheiden. 2. Bezeichnung f. die „bewegl. → Projektion". In diesem Fall ist auch der „Fernsehf." ein F., obwohl das Trägermaterial ein → Videoband ist. 3. Bezeichnung f. die Überschneidung der 1. u. 2. Bedeutung: F. ist demnach das beweglich zu projizierende, transparente (→ „diapositive") Material F. Am häufigsten wird F. in der 3. Bedeutung verwendet. — Das technische Prinzip: es werden pro Sekunde 24 Einzelbilder (= *Kader*) projiziert. Dadurch wird ein bewegtes Bild vorgetäuscht. Eine Summe v. Kadern (solange ohne Unterbrechnung mit der Kamera aufgenommen wurde) nennt man *Einstellung*. (In diesem Rahmen unterscheidet man: Total-, Halbtotal-, Nah-, Halbnah- u. Großaufnahme.) Durch den Schnitt werden mehrere Einstellungen zu *Sequenzen* (Folgen) zusammengefügt. — Man unterscheidet zw. *Stummf.* u. *Tonf.* (vgl. → Projektion u. Abspielung, Abb. 11 Sp. 285 f.). Früher war man der Meinung, in der Volksschule wäre nur der Stummf. adäquat, erst in höheren Schulstufen der Tonf. Diese Meinung ist (nicht zuletzt wegen des Einflusses des vertonten Fernsehens) überholt. Ein weiteres Vorurteil besagte, daß der Stummf. mehr einen aktiveren Unterricht fördere, weil der Lehrer die Möglichkeit habe, „dazu zu reden", u. die Schüler gezwungen seien, sich „phantasievoll den Ton vorzustellen", anstatt wie beim Tonf. „passiv dazusitzen". Diese Meinung hat sich als ganz falsch herausgestellt; die Erfahrung zeigt, daß der zusätzl. Ton nicht passiviert, sondern in höchstem Maß aktiviert u. empfindlicher (auch f. die Bildaussage) macht u. daß ferner der Lehrer viel besser nicht „zum F. spricht" (d. h. ihn „zerredet", dadurch, daß er das sagt, was man ohnehin sieht), sondern daß das Lehrerwort viel wirksamer vor o. nach dem F., sowie zw. den einzelnen F.sequenzen (Sequenzanalyse s. → Medien/Analysen gebundene) o. Etappen (s. → Medien/ Etappen gebundene) erfolgt u. daß es im Zusammenhang mit der Schülerdiskussion eine bes. große Wirkung hat. Heute kann man sagen: die Stärke des unterrichtl. Stummf.s liegt in der sachlich-nüchternen optischen Information, wo kein Ton nötig ist, die Stärke des Tonf.s gerade dort, wo es das Schülerengagement zu wecken gilt. Es gibt auch → F.projektoren, welche diesem Anliegen durch Anhalten des F.s (*„Stehkader"*) eine zusätzl. Ausdrucksmöglichkeit entgegenbringen. Auf alle Fälle aber sollte ein F.projektor — im Hinblick auf Diskussion verbunden mit Seqenzenanalyse — eine Vorrichtung zum *Rücklauf des eingespannten* F.s besitzen. — Beim F. gibt es 3 *techn. Formate:* 35 mm, 16 mm u. 8 mm („Normal 8" oder „Standard 8" und „Super 8"). Je breiter der F., umso besser die Projektionsqualität. Das 35 mm-Format schied f. den Unterrichtsf. schon immer aus finanziellen Gründen aus, daher ist zur Zeit das gebräuchl. Unterrichtsformat 16 mm. Sämtliche Archive u. Verleihstellen f. den Unterricht haben sich darauf eingestellt. Dies dürfte die Hauptschwierigkeit einer Umstellung auf Super 8 sein. Zur Zeit sind (im Interesse des Hereinnehmens der Amateurfilmer unter den Lehrern sowie eines F.ens durch Schüler im Unterricht) Versuche im Gange, die Super 8-Geräte — besonders im Zusammenhang mit

Kassettenf.n (s. → Kassettenmedien) technisch den schulischen Gegebenheiten anzupassen. In der Gegenwart kann aus obigen Gründen allen Schulen dennoch der 16 mm-Tonf.projektor empfohlen werden. Zum Selbstf.en durch Schüler vgl. auch → Videorekorder. Betreffend wirkungsvollen F.einsatz im Unterricht vgl. auch insb. → Integrationsmedien, → Kurzmedien, → Single-Concept-Medien, → Impulsmedien, → Diskussionsmedien. Betreffend F.projektor u. Projektionstechnik vgl. → Projektion u. → Abspielung. Anz

Filmprojektor → Film

Firmunterricht. F. soll den jungen Menschen klarmachen, daß Firmung als → Antwort auf eine existentielle Frage des Menschen (fragendes Dasein u. Sicherung des Lebens) zu sehen ist. Firmung fordert Entscheidung f. das Christentum, Bereitschaft zur Übernahme v. Verantwortung (in Beruf, Familie, Gemeinde) sowie Hineinwachsen in die Versöhnung, Fülle der Erlösung u. christl. → Mündigkeit. Firm*vorbereitung:* Befähigung zum Guten, zum sozialen Engagement, Überwindung des Bösen in der Welt, Einsatz f. Freiheit, Gerechtigkeit u. Frieden. Neben dem wortlosen Zeugnis steht das Bezeugen → Christi in Wort u. Tat. Firmkatechumenat ist Glaubensschule u. hat v. der Lebenssituation des jungen Menschen auszugehen.

Lernziele f. den F. sind u. a.: 1. Erkennen, daß Christsein Leben im Geiste Jesu ist: a) Beispiele nennen, wie Menschen im Geist eines andern handeln; b) Wort → Geist vernünftig begründen; c) Geist-Stellen in der Bibel entdecken; d) Gebete u. Geist- (Firm-)lieder untersuchen; e) Symbole u. Bilder erklären (Wirken des Geistes); f) Magische Vorstellungen v. Geistwirken erkennen; g) Analyse einer Tageszeitung nach guten Handlungen; h) Beispiele des Geistwirkens in der Kirche suchen; i) Bitten der Kirche um den Geist erklären können. — 2. Erkennen, daß Firmung → Zeichen der Berufung ist, an der Sendung der Kirche mitzuarbeiten: Sakramente sind Zeichen der Begegnung zw. Mensch u. Gott. Daher muß die Firmung in diesem Sinn dem jungen Menschen gedeutet werden. — 3. Sich klar werden, warum u. wozu man sich firmen läßt. — *Firmalter:* ab 12. (14.) Lj.; besser, sobald der junge Mensch sich f. das Christentum entscheiden kann u. dies auch selbst verantwortet. — *Dauer d. F.s:* versch. nach Entwicklungsstufen, erstreckt sich über 9—10 Monate (ein Schuljahr). F. kann im Rahmen des RU geschehen, aber auch in der Pfarre als eig. kat. Form (→ kat. Nachmittage). Eine pers. schriftl. Anmeldung des Firmlings wäre zu empfehlen. Die Einbeziehung der gesamten Gemeinde bei der Firmspendung als Ortskirche, gediegene Vorbereitung auf die eigentliche Spendung sowie eine Vertiefung des Sakramentes sind unerläßlich. Had

Lit.: Korherr E., Katechese u. Firmung, in: Christ. Päd. Bl. 3/72; „unterwegs-nicht allein“, Werkmappe f. d. Firmunt., Past.amt Graz; Arbeitsmappe Firmung (Hg. Relpäd. Arbeitsst. Rottenburg 1971); Weber G., Gottes Geist in dieser Welt, Freiburg/Br. 1969; Arbeitsblätter f. d. Firmunterricht, Einsiedeln 1970. E. Pfanzelt/M. Schmeißer, Gib uns den Geist (Firmgottesdient, 1973); G. Biemer, Firmung. Theologie u. Praxis (1973).

F. I. U. C. = *F*édération *I*nternationale des *U*niversités *C*atholiques. Internat. Vereinigung kath. Universitäten. Sitz: 77-bis, rue de Grenelle, Paris 7 e. Ko

Flanelltafel. Ein mit Aufhängevorrichtung nach Art einer Wandkarte versehenes Stück Flanell (70 × 100 cm oder 100 × 150 cm), auf dem Bild- o./u. Schriftschablonen, welche mit ihrer aufgerauhten o. mit Flanell besamteten Rückseite an der „Tuchtafel" haften u. das Wandbild zum der Übung, Wiederholung, Erarbeitung u. Illustration. Es ist Handwerkszeug des Unterrichts u. nicht Kunstbild. Darin liegen auch seine Grenzen. Künstlerischer Aussage ist nicht das Flanellbild, sondern das mittels → Wandbild, → Foto, → Diapositiv gebotene → Kunstbild adäquat. Deshalb eignen

ABBILDUNG 11: **Film** (Unterschied zw. Stumm- u. Tonfilm; Graphik v. P. Anzenberger)

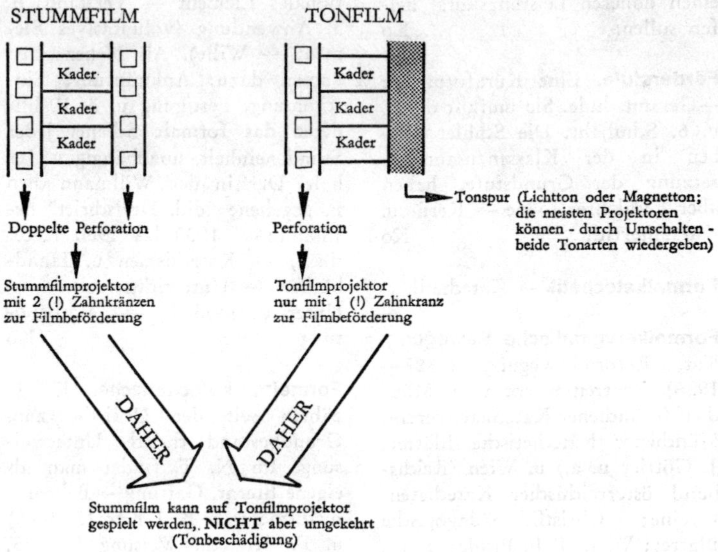

Träger des Flanellbildes (Tuchtafelbildes) wird. Gegenüber dem → Wandbild bietet dieses Veranschaulichungsmittel größere Dynamik. Die Schüler erleben den Aufbau des Bildes mit, sie können selbst hantieren, es lassen sich bewegl. Szenen u. Szenenfolgen darstellen, der Lehrer kann mühelos v. a. die s e i n e m Unterricht entspr. Textschablonen selbst herstellen u. a. m. Das Flanellbild dient sich bibl. Szenen nicht in erster Linie zur Demonstration mit Flanellbildern, obwohl vorwiegend solche im Handel angeboten werden. *Schablonen* f. d. Flanelltafel produzieren: *Österreich:* Bundesverlag-Lehrmittelstelle, Wien, (Leben Jesu); *BRD:* E. Becker Verlag Hamburg (A. T. u. N. T); Christophorusverlag Freiburg (Bibel, Katechismus); Calig-Verlag München (Messe); E. Kaufmann Verlag Limburg (Bibel); *Schweiz:* Benziger Verlag Einsiedeln (Beichte, Kommunion). *Tuchtafelhaftpapier:* Österr. Lehrmittelstelle, 1010 Wien, Hohenstaufengasse 1—3. Ko

Lit.: J. Hasel, Das Flanellbild, Chr. p. Bl. 1968/S. 247 ff.

Förderkurse. Einrichtung in → Gesamtschulen, welche Kindern beim Auffüllen vorhandener Lükken (Krankheit, vorübergehende Lernschwierigkeiten, Aufsteigen in einen höheren Leistungskurs) helfen sollen. Ko

Förderstufe. Eine Kurzform der →Gesamtschule. Sie umfaßt das 5. u. 6. Schuljahr. Die Schüler bleiben in der Klassenzusammensetzung der Grundstufe, haben aber Fachlehrer sowie → Kern- u. Kursunterricht. Ko

Formalkatechetik → Katechetik

Formalkerygmatische Bewegung. Kat. Reformbewegung (1887—1936). Zentren waren v. a. München (Münchener Katechetenverein; Münchener Katechetische Blätter; J. Göttler u. a.) u. Wien (Reichsbund österreichischer Katechetenvereine; Christlich-pädagogische Blätter; W. u. J. E. Pichler u. a.), aber auch Salzburg, Innsbruck u. a. Orte des deutschen Sprachraumes. In minutiöser Kleinarbeit wurde z. T. auch auf kat. Kongressen (z. B. 1. Internat. kat. Kongreß Wien 1912) eine Reform des RU angestrebt. Weil im Zentrum meth. Anliegen (Form der → Katechese) standen, andrerseits das Grundmotiv aber doch ein → kerygmatisches war, spricht man mit Recht v. F. B. Ergebnis dieser B. ist u. a. das „Katholische Religionsbüchlein" v. Wilhelm Pichler, das 1912 auf dem ersten Internat. kat. Kongreß in Wien vorgelegt wurde u. bis 1971 in Österreich in Verwendung stand. Es wurde in mehr als sechzig Sprachen übersetzt. Ko

Formalstufen. Durch J. F. Herbart im 19. Jh. konzipierte u. v. T. Ziller u. O. Willmann modifizierte, in letzterer Form in die kath. → Katechese übernommene, starre Gliederung des Stundenaufbaues in: 1. Darbietung (emp. Element — Sinne), 2. Erklärung (rationales Element — Verstand) u. 3. Anwendung (voluntatives Element — Wille). Als Nebenstufen kamen dazu: Anknüpfung, Einstimmung, Festigung u. ä. F. bildeten das formale Schema jeder Stundeneinheit, unabhängig v. Inhalt. Der in den Willmann'schen F. gegebene „did. Dreischritt" bestimmte v. 1900 bis 1960 Katechese, → Katechismen u. Handbücher. → Unterrichtsstruktur → Unterrichtsmodell → Vorbereitung Ko

Formeln, katechetische. K. F. zählen seit der Urkirche zum Grundbestand christl. Unterweisung. Im N. T. findet man als eigene literar. Gattung → Bekenntnisformeln (z. B. 1 Kor 15, 3—5) u. F. der eth. Weisung (Eph 5, 21 ff. — Ständetafel; Gal 5, 19 ff. — Lasterkatalog u. a. m.). Bedingt durch das Analphabetentum prägte das Mittelalter F.n wie die „7 Hauptsünden", die „7 Werke der Barmherzigkeit", die „9 fremden Sünden" u. ä. In den → Katechismen gewinnen die mit minutiöser Sorgfalt erstellten k. F. als Lehrnorm u. z. T. auch als Lehrform v. a. ab dem 18. Jh. ein Übergewicht gegenüber anderen Bereichen der → Katechese, das zu einem einseitig auf Auswendiglernen bedachten, intellektualist. RU führte. Heute wird aufgrund des → dialog. Prinzips gefordert, „daß → Glaube u. vorab Glaubenswissen je neu, situationsgerecht, v. Fragepunkt anderer Menschen her u. den spezif. Umständen gemäß dargeboten werden können" (W. Nastainczyk). Man akzeptiert deshalb in stärkerem Maße subj. F. u. gibt der sinngemäßen Wiedergabe, auch wenn sie unvollkommen bleibt, den Vorzug vor F., die zwar theol. exakter sind, oft aber nur angelernt bleiben. Als Stütze f. den Lernenden u. als Bindestück zwischen Tradition u. Gegenwart behalten F. aber auch weiterhin eine nicht immer genügend erkannte Funktion. Ihre Bedeutung f. die → Orthodoxie darf jedoch nicht überschätzt werden, da F. je nach dem Vorverständnis u. Verstehenshorizont sehr unterschiedl. interpretiert u. verstanden werden können. Ko

Formgeschichte. Unter F. versteht man nicht eine Geschichte der bibl. literar. Formen, sondern die f.liche Methode, der zum größten Teil das heutige wiss. Bild des A.T. u. N.T. als literar. Dokumente zu verdanken ist. — Die F. befaßt sich v. a. mit der vorliterar. Überlieferung der bibl. Literatur. Besondere Bedeutung erlangte die F. bei der Anwendung auf die → Synoptiker (K. L. Schmidt, M. Dibelius, R. Bultmann sind die Pioniere). Da volkstüml. Überlieferung meist relativ festen Stilgesetzen folgt, sind Rückschlüsse auf den ersten → Sitz im Leben möglich. Die Ergebnisse der F. sind z. B. bes. beim Verständnis der Wunderberichte v. Bedeutung, da sie klar zw. literar. Darstellung u. histor. Faktizität zu unterscheiden hilft. Eine Zusammenschau der Einzelergebnisse f.licher Forschung führt zur Rekonstruktion der Überlieferungs- u. damit auch der Entstehungsgeschichte der bibl. Texte. Als ein wichtiges Ergebnis der F. ist z. B. festzuhalten, daß sie die ntl. Schriften insgesamt als Verkündigungsschriften bzw. Glaubenszeugnisse erwiesen hat, was im einzelnen helfen kann, Fehlinterpretationen zu vermeiden. → Gattungsgeschichte, → Redaktionsgeschichte → Traditionsgeschichte → Literarkritik → Zeichen u. Wunder Hi

Fortschrittsglaube. Der Aufschwung der Naturwiss., die phil. → Aufklärung (→ Rationalismus) u. die Perfektion der Technologie (um nur einige Faktoren zu nennen) führten im 19. Jh. zur Entwicklung eines F.s, dessen naiver Optimismus heute nur mehr selten zum Tragen kommt, da die Erfahrung versch. Unzulänglichkeiten u. Katastrophen, des Versagens u. der Ohnmacht gegenüber Auswüchsen der Macht (Krieg, Massenmord, Brutalität) u. grundsätzlicher Grenzen des Machbaren (Erkennbaren, Quantifizierbaren, Erforsch- u. Beherrschbaren) die Naivität zerstört u. ein → krit. Bewußtsein aufgebaut hat. Hi

Fotosprache. (= photolanguage; photos symboliques). In Frankreich u. der Schweiz entwickelte kat. Methode. Künstlerisch wertvolle Fotos werden zur Einleitung o. Vertiefung eines → Gruppenprozesses herangezogen. Sie sprechen die Tiefenschichten der Jugendlichen an, aktivieren spontane Auseinandersetzung, die → Verbalisierung eines Problems o. Gedankenganges bzw. die → Aktualisierung eines bibl. Themas durch → Symboldeutung, Bild-Textmontage, Bild-Tonmontage, Auswahl- u. Zuordnungsaufgaben u. ä. Zum Einsatz kommen auch Fotos mit nichtrel. Thematik. Sammlungen solcher Fotos sind erhältlich: 1. Editions du Chalet 36, rue de Trion, 69 Lyon; 2. Bureau protestant de researches catéchétiques, 3, rue Général Dufour, CH-1204 Genf; 3. Burckhardthaus-Verlag Gelnhausen; 4. Verlag Butzon & Bercker, Kevelaer; 5. Kiefel Verlag, Wuppertal („foto-text"-Bücher); 6. Als Diapositive u. Overheadfolien bei allen einschl. Verlagen. Ko

Lit.: G. Jost, Fotosprache (1971); P. Babin, Photolanguage (1968); ders., Audiovisuelle Glaubenserziehung (1972); G. Graeb, Vorschulkinder fotographieren. Didaktische Anleitung für Erzieher (1971); Deutscher Katechetenverein, Impulse f. d. RU in der Grundschule. Fotograph. gestaltete Collagen mit kurzen Texten f. d. 2. Schuljahr (1972); A. Becker/E. Niggemeyer, Reihe: Ich und die Welt. Ravensburger Fotobilderbücher (1972 f.); Ch. Bausch u. a., „Situationen", Fotos u. Texte zu Situationen in Arbeitswelt u. Alltag (1972); Fotobibel (1972) u. a. m.

Fragekette. Aneinanderreihung mehrerer Fragen in einem Satz o. in einer Fragestellung. F.n sind v. a. in der Grundschule zu vermeiden, da das Denken des Kindes auf einen gefragten Gegenstand konzentriert bleiben soll. Ko

Frageunterricht. Eine heute überholte Form der Unterrichtsgestaltung, bei welcher der Lehrer die Schüler durch päd. richtig gestellte Fragen zur Mitarbeit u. Aktivität heranzuziehen versuchte. F. führte oft zu geistiger Scheintätigkeit. → Denkimpuls → Antwort Ko

Lit.: K. H. Bloch, Streit um die Lehrerfrage in Unterricht u. Pädagogik der Neuzeit (1971).

Frame. Engl.: 1. Kleinste Einheit in Lernprogrammen (Lernschritt), auch item o. step genannt (→ Lernelement). 2. Einzelbild in einem Film. Ko

Frankfurter Schule → Didaktik

Freie Schule. 1. Im französ. Schrifttum gleichsinnig mit → konfessioneller Schule (= École libre). 2. Im deutschen Sprachraum früher oft ausschließlich: → Simultanschule ohne RU, heute aber auch im Sinne v. 1. verwendet (z. B.: Schulen freier Trägerschaft). Ko

Freigegenstand Religion.
BRD: RU ist ordentliches Lehrfach „in den Volksschulen, Berufsschulen, Mittelschulen u. höheren Lehranstalten" (Reichskonkordat Art. 21 Abs. 1; GG Art. 7 Abs. 3), also kein F. (→ Abmeldung vom RU). Kath. Schülern der Jahrgangsstufen 12 u. 13 der gymnasialen Oberstufe (→ Sekundarstufe II) ist es jedoch (Entschließung der Deutschen Bischofskonferenz v. 11.—13. April 1972) möglich, neben mindestens zwei(drei)stündigen → Grundkursen des eigenen Bekenntnisses (= 3/4 der Pflichtstunden) auch am anderskonfessionellen RU teilzunehmen (Erklärung der Deutschen Bischofskonferenz v. 17. Dez. 1970). In einzelnen Ländern (z. B. Bayern) werden z. Zt. → Kollegstufenmodelle (12. u. 13. Jahrgangsstufe) erprobt, in denen RU als F. erscheint. Es muß jedoch das Stundensoll durch frei wählbare Grundkurse erreicht werden (da der Nachweis v. 70 angerechneten Wochenstunden in Grundkursen Voraussetzung f. die Zulassung zur Reifeprüfung ist). F. ist R. f. Schüler, die sich aus dem RU abgemeldet haben, in Bayern (Art.

137 Abs. 2), Rheinland-Pfalz (Art. 35 Abs. 2), Saarland (Art. 29 Abs. 2) u. Niedersachsen (Gesetz über das öffentl. Schulwesen v. 14. Sept. 1954, § 5 Abs. 6) ein (obligatorischer?) ethischer bzw. religionskundl. Unterricht. Lä

Österreich: F. ist die Ausnahme, grundsätzlich ist der RU → Pflichtgegenstand. An den kaufmännischen u. gewerblichen → Berufsschulen (berufsbildende Pflichtschulen für Lehrlinge) in den Bundesländern Burgenland, Kärnten, NÖ., OÖ., Salzburg, Steiermark u. Wien ist der RU grundsätzlich F. ohne Zeugnisvermerk. An jenen Berufsschulen aber, wo der RU am 1. Sept. 1962 in irgendeiner Form obligat war, ist er dies auch in Zukunft, wo die Note f. den F. R. im Zeugnis vermerkt wurde, ist dies auch in Zukunft zu tun. Die Zeit des Besuches des F.s R. ist im Sinne des § 11 (4) u. (5) des Bundesgesetzes über die Beschäftigung v. Kindern u. Jugendlichen BGBl. 146/48 auf die Arbeitszeit v. Lehrlingen anzurechnen. Ke

Schweiz: Nach der obligatorischen Volksschulzeit (mit obligatorischem o. freiwilligem RU) ist R. v. a. in den Gymnasien u. Lehrerseminarien (→ Organisation des RU in der Schweiz) mancher Kantone F. (in der Schweiz: Freifach). In letzter Zeit ist das vermehrt auch in oberen Gymnasialklassen v. Schulen der Fall, in welchen R. bisher Pflichtfach war. Fr

Freiheit. Bewußte Entscheidungsfähigkeit innerhalb der gebotenen Möglichkeiten (Ich, Gemeinschaft, Umwelt). Zeugnis: Kampf um die Menschenrechte in der Geschichte, → Erlösung als völliges Freisein v. allen Bindungen, um das Leben bewußt-frei nach der → Liebe auszurichten: Bewußtwerden der → Offenbarung im A. T. durch die Befreiung aus Ägypten, Gottesbegriff der → Propheten, Christus als freies Menschsein f. Gott u. den Mitmenschen. Die phil. Reflexion über die F. beginnt erst bei den Griechen nach der Überwindung der Tyrannis (5. u. 4. Jh. v. Chr.), setzt sich bei den Kirchenvätern fort, wird mit Kant in der Neuzeit etwas problematisch (bloßes Postulat der prakt. Vernunft statt rationaler Begründung!) u. erfährt sowohl ihre Verabsolutierung (Nietzsches Wille zur Macht, Fichtes absolutes Ich, Sartres absolute F.) als auch ihre totale Leugnung (→ Determinismus, Materialismus, → Positivismus). Die harten Auseinandersetzungen um die Verwirklichung der F. verdrängten etwas das Interesse an der phil. Reflexion, verhinderten aber auch, daß sie unter dem Seziermesser der → Psychoanalyse ihren Geist aufgab. F. des bewußtfreien Menschen ist heute das Um u. Auf unseres Menschseins: in der Selbstgestaltung des Individuums u. seiner Behauptung gegenüber der Vermassung u. Technifizierung, in der Verwirklichung der Menschenrechte (→ Gewissens-, Meinungs-, Lehr-, Forschungs-, Presse-, Erziehungs-, Reise-F. u. a., F. v. Versklavung, Terror, Zwang u. ä. m.). — Wie unsere Geistigkeit ist auch unsere F. eine F. in Sinnlichkeit, d. h. bedingt durch die Bindung des Menschen an die → Welt-Wirklichkeit: Ich muß einerseits mein Ich freimachen können (im Sinne der Bergpredigt: „arm im Geist“, nicht im Sinne der buddhist. Unterdrückung der → Triebe o. im Sinne des zügellosen Trieblebens), andererseits aber muß ich die Wirklichkeit um mich zur Kenntnis nehmen (die → Natur mit ihren Gesetzen u. Ordnungen; die Gemeinschaft, das Du), v. a. den mir wesensgleichen u. gleichberechtigten Mitmenschen — im Alltag (Diskussion, Elternhaus, Schule, Generationsproblem, Kollegen usw.) wie im öffentl. Leben (Politik, Gesellschaft, Beruf usw.). F. wird daher in erster Linie durch entspr. → Erziehung gewährleistet. Da nun gerade → Erlösung in der Heilsgeschichte F. in Christus = → Liebe geworden ist, muß der RU eine → Erziehung zur richtig verstandenen F. werden. Dazu verpflichten: das Ringen Gottes um den Menschen, Christi Persönlichkeit, das christl. Abendland in seiner Geistigkeit, Weltaufgeschlossenheit u. Vorbereitung f. die großen Auseinandersetzungen (rel. F. in der Reformation, soziolog. F. in der Franz. Revolution, soziale Bewegungen der Gegenwart u. v. a.). Schwierigkeit: die → Kirche ist als → Institution demselben Reifeprozeß unterworfen wie jede andere histor. Gemeinschaft. → Aufklärung → Emanzipation → Entwicklung, ethische → Führen → Erziehung zum Gehorsam u. a. Bla

Freizeiterziehung. Versch. Ursachen bedingen nach Henz, daß Freizeit (F.) immer mehr zum päd. u. auch rel. päd. Problem wird: 1. Rationalisierung u. Automation führen dazu, daß der Mensch bei größerer Lebenserwartung über immer mehr F. verfügt. Seit 1900 hat sich die wöchentliche Arbeitszeit im Durchschnitt um 5 Stunden pro Jahrzehnt verringert. — 2. Die Wachstumsraten des Sozialprodukts führen zu einer stetigen Steigerung des Einkommens, das sich v. a. auf das Angebot an F.konsum auswirkt. — 3. F. ist zu einem wesentl. Faktor des Wirtschaftsprozesses (→ Massenmedien, Tourismus) geworden. — 4. Der Druck der Leistungsgesellschaft führte dazu, daß der vorindustrielle harmonische Rhythmus v. Arbeit u. F. (Feierabend, Sonntagsruhe, Arbeitspause usw.) gestört wurde. Arbeit u. F. werden als gegensätzliche Polaritäten verstanden. — 5. Obwohl es kaum noch eine Klasse der Müßiggänger wie in früheren Gesellschaftsformen gibt, wird die soziale Rangstellung des einzelnen immer noch mitbestimmt durch das Maß an F.menge u. die Art u. Weise des in der F. geleisteten Konsums. — 6. Durch die „geheimen Verführer" in Werbung u. → Massenmedien, durch das Hineingeflochtensein des einzelnen in überpersonale „sekundäre Systeme" (H. Freyer) steht der Mensch in seiner F. unter dem Druck einer Konsumindustrie, der nicht mehr allein durch Kriterien f. den „rechten Gebrauch" der F.möglichkeiten ausgeglichen werden kann. Der Mensch muß vorher fähig u. willens werden, sich dieses Drucks bewußt zu werden, davon Abstand zu nehmen u. eine gewisse → Freiheit zu erlangen, um überhaupt kritisch wählen zu können. — 7. Mit dem Verlust der rel. Mitte u. dem Wegfall entlastender Stützen durch → Brauchtum u. Sitte ergeben sich Probleme der psychischen u. oft auch eth. Überforderung. Daraus resultiert als päd. Aufgabe die Hilfeleistung zum sinnvollen Gebrauch der F. — F.E. kann dabei auf zahlreiche, früher nicht vorhandene Möglichkeiten positiver Lebenserfüllung (Entlastungsfunktion der F., Bildungsreisen, → Zweiter Bildungsweg, → Dritter Bildungsweg, Horizonterweiterung durch → Mas-

senmedien u. a.) zurückgreifen, sie sieht sich aber auch vor bes. F.probleme (F.verwahrlosung: Alkoholismus, → Rauschgift, Jugendkriminalität, passive Konsumhaltung als vorherrschende Reaktionsform) gestellt. Obwohl jede Erziehung sich auch dort auf das F.verhalten auswirkt, wo dies nicht ausdrücklich angestrebt wird, ist heute eine spezielle F.E. unabdingbar. Neben Bemühungen um ein → Berufsethos müssen zunehmend solche um ein F.ethos treten. Dabei stellen sich Aufgaben wie: Erschließung positiver Sinngebung der F., Befähigung zu krit. Umgang mit Konsumgütern, Integration der in der F. angestrebten Vitalwerte (Erholung, Freude, Lust usw.) u. Genußwerte in eine rechte Wertordnung u. a. m. Neben der Belehrung ist v. a. die Schaffung optimaler F.möglichkeiten (→ Jugendarbeit, → Jugendherbergswesen, Sportplätze, Jugendheime, → Kinder- u. Jugendpresse, → Kinder- u. Jugendliteratur, → Schulfernsehen, → Schallplatte, Jugendhäuser, → Jugendklubs, Sport- u. Spielplätze, Bibliotheken, Volkshochschulen, Kurse, Hobby, aber auch die soziale Tat u. die rel. Sammlung) zu beachten. F. u. F.E. werden durch viele Faktoren (Lebensalter, Neigung, Interesse, Bildung, Beruf, körperl. u. seel. Verfassung, mitmenschl. Umwelt, Dauer der Freizeit, Lage des Wohnorts, finanzielle Möglichkeiten usw.) beeinflußt. → F.typen
Ko

Freizeittypen. F. sind Extremformen im Freizeitverhalten. H. Henz unterscheidet den *Freizeitgestaltenden* (bewußtes, aktiv-gebrauchendes, kritisch-auswählendes, distanziertes Freizeitverhalten) v. *Freizeitgenießenden* (passiv-konsumierendes Freizeitverhalten). Der Freizeitgestaltende korrespondiert mit dem „innengeleiteten Typ“ nach David Riesman, der Freizeitgenießende mit dem „außengeleiteten Typ“. Ersterer neigt zu aktiven Hobbies (Bücherlesen, aktiver Sport, Basteln, Sammeln, Schachspielen u. ä.), letzterer zum Mitschwimmen mit der Masse (Kino, Fernsehen, Glückspiele, Sensation, Herumlungern, Alkoholgenuß).
Ko

Freude. F. ist eine Grundstimmung, ohne die der Mensch nicht in vollem Sinn als Mensch zu leben vermag. Sie wird als Gefühl erlebt, wenn eine Daseinsbereicherung erfahren wird, zu der als konstitutives Moment gehört, daß damit die bisherige Begrenztheit überschritten wird. F. hat daher eine Ursprungskomponente im Erleben, daß Dasein u. dessen Bereicherung Geschenkcharakter besitzen; eine zweite Ursprungskomponente ist das Erleben, daß die plurale Einheit der Person mit der Harmonie der Seinsfülle übereinstimmt, deren Gegenwärtigkeit intensiv an- u. aufgenommen wird.
Ro

Friedenserziehung im RU ist als durchlaufende Perspektive in der Gesamterziehung u. der gesellschaftskrit. Orientierung des RU zu sehen. Der Beitrag des RU: a) Aufbau des Friedens (F.) ist ein techn., ökonom., soziolog., ethnolog. Problem, v. a. ein *moral.* (Motivsuche nach Bereitstellung durch den christl. → Glauben). b) Christl. Glaube verkündet als Indikativ den einen → Gott u. die eine Menschheit, aus denen sich der Imperativ der Vereinigung der Menschen zu → Gemeinschaften ergibt. c) F. erfordert gerechte

Verhältnisse, Wohlwollen, Verstehen u. Liebe. d) Aufbau des F.s ist eine Sache der Hoffnung auf den F. Gottes mit den Menschen. Das Grundverständnis präsentischer Eschatologie muß angestrebt werden (→ Eschata). Folgende Grundeinsichten sind zu vermitteln: a) Das Neue des F.s Gottes begann im Leben → Jesu u. in der → Geistgabe an die → Welt u. wirkt sich verändernd in Richtung menschlicherer u. gerechterer Verhältnisse aus. b) → Hoffnung begründet eine Dynamik der Suche nach dem Menschlicheren. Eine vollendete Gemeinschaft ist in den ird. Dimensionen nicht erreichbar. c) Botschaft vom → Reich Gottes verlangt Umkehr zu Gerechtigkeit u. F. Engagement f. den vorläufigen F. u. Vertrauen auf die → Vollendung kennzeichnen den Weg des Glaubens. Had

Lit.: D. Emeis, Zum Thema des Friedens im RU d. gymnasialen Oberstufe, in: RU an höheren Schulen, 14. Jg., Heft 2/71; D. Emeis, Zum Frieden erziehen (1966). M. Stallmann, Friedenserziehung und RU (1972); A. Friemelt/F. Oser, Den Frieden lernen (1973).

Friedensforschung → Friedenspädagogik

Friedenspädagogik. Zu den Gegenständen einer F.P. gehört v. a. die Klärung der faktischen Praktiken der → F.serziehung, insbesondere die Frage, unter welchen Bedingungen das Wissen um den F. zur F.sgesinnung u. -aktivität umschlägt. — Die F.sforschung bearbeitet Fragen wie die der histor. Entstehung der Vorstellungsinhalte über F. u. Krieg, der Abrüstungstechniken u. -taktiken, der Gewaltandrohung u. -anwendung, der Einwirkung der internat. Politik auf das Verhalten des einzelnen. — Die Konfliktforschung untersucht gruppendynam. Prozesse in Klein- u. Großgruppen, die das Gegen-, Neben- u. Füreinander der einzelnen in den → Gruppen u. der Gruppen hemmend o. fördernd bewirken o. mitbestimmen, sowie ihre Ursachen u. Motive. Die Erziehung zum F. intendiert die Überwindung v. Aggressionen u. Vorurteilen. Konflikte dürfen nicht verharmlost o. unterdrückt werden, sondern müssen unter festen → Spielregeln ausgetragen werden. Voraussetzung sind kontinuierliche u. konsequente → Informationen über die Andersartigkeit der anderen Menschen u. deren Berechtigung, die Entwicklung u. Ausbildung positiver Toleranz u. der Einsicht in die Vorläufigkeit jeder konkreten Ausgestaltung des Menschseins. Ro

Fronleichnam → Kirchenjahr

Frühehen. In den letzten Jahrzehnten zeichnete sich ein allgemeiner Trend zu frühzeitiger Heirat ab. Die Gründe sind u. a.: vorverlagerte → Pubertät; mehr Möglichkeiten, schon in jungen Jahren zu heiraten; eheliche Legitimierung bereits aufgenommener sexueller Kontakte; gesellschaftl. Druck, eine Schwangerschaft zu legitimieren („Muß-Ehe"); Flucht in die Ehe bei persönl. o. sozialen Konflikten; Gegengewicht zur Vereinsamungshärte der industrialisierten Welt. F. sind nicht mit einer Altersgrenze zu bestimmen, sondern hängen mit der soziokulturellen Reife der beiden Partner zusammen. Die Scheidungsanfälligkeit solcher Ehen verweist auf mögliche Gefahren: Kindern, um derentwillen F. eingegangen wurden, fehlt oft die personale Gemeinschaft ihrer Eltern; der Partner wurde nicht um seiner selbst willen geheiratet; die wirtschaftl. Ungesichertheit belastet das Zusammenleben; die mangelnde geist.-seel. Vorbereitung kann zu einem Sich-auseinander-Entwickeln führen. Umgekehrt können aber auch Eltern gerade durch ein Kind in größere Verantwortung f. das Kind u. den Partner hineinwachsen. Lei/Ro

Frühentwickler. Kind, bei dem der → Entwicklungstest ergibt, daß es in seiner geist.-seel. o. körperl. → Entwicklung eine Stufe erreicht hat, die ihm seiner Altersnorm nach noch nicht zukommt. Si

Frühgenitale Phase *(Ödipusphase).* V. lat. genus = Geschlecht. Nach der → Psychoanalyse sei diese Zeit zwischen 2;00 u. 5;00 gekennzeichnet durch frühe Sexualstrebungen gegenüber dem gegengeschlechtlichen Elternteil. → Ödipuskonflikt Ko

Frühkommunion → Eucharistische Erziehung

Frühpädagogik → Kleinkindkatechese → Vorschulklassen

Frustration. Erwartungsenttäuschung o. Wunschversagung. Oft Ursache f. → Neurosen. Die F. besteht im Erleben des Verzichtenmüssens, wobei u. U. eigenes Versagen als Ursache zugrundeliegt. Mögl. Reaktionen auf eine F.: → → Aggression; → Regression; → Ersatzbefriedigung; Ablenkung; Fluchtreaktion; Rationalisierung: man sucht Gründe f. den eigenen Mißerfolg, die es in Wirklichkeit nicht gibt; selbstkrit. Abfinden mit der Situation ist die beste, aber schwierigste Lösung. Unter der *F.stoleranz* versteht man das Ausmaß an F., das eine Person ohne neurot. Reaktion ertragen kann. Si

Führen. *Bibl.:* Die gesamte Schrift bezeugt, daß der Mensch auf seinem Weg zum Heil der Führung → Gottes bedarf. Diese kommt zum Ausdruck in → Bildern (Joh 10), Weisungen (Dtn 17,19), Führungsgeschichten (Gen 39 ff.). Sie wird gelegentlich einem → Engel, der ewigen Weisheit o. dem → Geist Gottes zugeschrieben. → Jesus Chr. ist der Führer schlechthin (Mt 22,16), dessen Forderung in der → Nachfolge gipfelt.

Päd.: F. wird zur Bestimmung des angemessenen Verhältnisses zw. Erzieher u. Zögling verwendet. Als planmäßiges F. vermeidet → Erziehung nach R. Meister u. a. ein bloßes Wachsenlassen (Erzieher = Gärtner), das dem päd. Auftrag nicht gerecht würde u. ein autoritäres Formen (Erzieher = Bildhauer), das die notwendige → Freiheit des Zöglings mißachtet. Ziel der Führung ist nach M. Heitger immer eine höherwertige Individuallage.

Rel. päd.: F. umfaßt die Gesamtheit individueller (→ Glaubensgespräch), sozialer (→ Jugendarbeit u. a.) u. organisator. (→ RU u. a.) Maßnahmen, die als Wegweisung u. Hilfe v. a. Unmündigen angeboten werden. Stil u. Formen des F.s müssen der Reife der Geführten (→ Erziehungsstil, Erziehungsmittel) entsprechen u. auf deren Entlassung in die Selbstverantwortung(= formaler Führungsbegriff) bzw. auf Wertvermittlung (= materialer Führungsbegriff) hinzielen. → Führungsstil Ko

Führungsstil. V. einem F. des Lehrers spricht man, wenn eine Anzahl bestimmter u. typischer Verhaltensformen überwiegt o. wenn diese Verhaltensformen in einer gewissen Zeiteinheit verwirklicht werden. Der F. des Lehrers ist v. a. durch die → Interaktionen zwischen Lehrer u. Schülern gekennzeichnet. Unter rein päd. Aspekten kann der F. als die Summe der typischen Verhaltensweisen des Erziehers beim führenden Umgang mit Kindern angesehen werden. Als Unterrichtsstil kann man die Summe der typischen Verhaltensweisen beim unterrichtl. Umgang mit Kindern bezeichnen. Nach den Untersuchungen v. Reinhard u. Annemarie Tausch lassen sich folgende F.e unterscheiden: 1. Der → Laissez-faire-F. ist durch bes. → Freiheit der Kinder gekennzeichnet. Dieser F. entspricht am ehesten den Tendenzen der → antiautoritären Erziehung. 2. Der autokrat. F. ist durch ein Überwiegen v. autoritären Maßnahmen gekennzeichnet; die Schüler werden straff geführt, Befehle, alleinige Entscheidungen u. Urteile des Lehrers überwiegen. 3. Der sozial-integrative F. zeigt ein Überwiegen v. demokrat. Verhaltensformen; Ausdrücke der Macht sind selten, die selbständige Entscheidungsfähigkeit des Schülers wird gefördert. → Erziehungsstil Ku

Fürbitten. Die F. (o. „Allgemeines Kirchengebet" o. „Gebet der Gläubigen") bildeten schon früh, als Abschluß des → Wortgottesdienstes u. als Bindeglied zur → Eucharistiefeier, ein wichtiges Element des römischen Ritus, das später verkümmerte, doch, v. a. seit dem II. Vat., als Teil des Gottesdienstes, der frei gestaltet werden kann, neu entdeckt u. praktiziert wurde: „Nach dem Evangelium u. der Homilie soll — besonders an den Sonntagen u. gebotenen Feiertagen — das ‚Allgemeine Gebet' o. ‚Gebet der Gläubigen' wiedereingeführt werden" (Vat. II, LK 53). Das im Hl. Geist versammelte Volk Gottes richtet sich gemeinsam mit Christus an den Vater mit den allgemeinen Anliegen der Kirche, des Staates u. der ganzen Menschheit u. mit den persönlichen Anliegen des anwesenden Volkes. Die F. werden f. gewöhnlich v. Priester mit einer Anrede an Christus eingeleitet u. mit einer Oration an den Vater abgeschlossen. Der Diakon, Gottesdiensthelfer o. andere Teilnehmer am Gottesdienst tragen die einzelnen Bitten vor, u. die Gläubigen antworten vertrauensvoll mit einem gesprochenen o. gesungenen Ruf, wie z. B.: „Wir bitten Dich, erhöre uns." Im Sinne kreativen Glaubensvollzuges ist auch schon bei Kindergottesdiensten ein spontanes Formulieren der F. anzustreben u. zu fördern. Eine inhaltl. Erarbeitung v. F. in Gruppen- o. Religionsstunden, die dem Gottesdienst vorangehen, wird in den Richtlinien f. den „Gottesdienst mit Kindern" (1971) empfohlen. Nach diesen Richtlinien können die einzelnen F. auch durch Bilder o. Szenen verdeutlicht werden. Nou

Fürsorgeerziehung. Gesetzlich geregelte Einrichtungen zur Vermeidung der Gefährdung u. Verwahrlosung v. Kindern u. Jugendlichen. Sie kann die → Familienerziehung ergänzen (Beratungsstellen, Nachbetreuung) o. ersetzen (vgl. Kinderübernahmsstellen, Erziehungsheime). → Erziehungsfürsorge Ko

Full Gospel Business Men's Fellowship International = Vereinigung v. Angehörigen des amerik. Wirtschaftslebens, die ihr Hab u. Gut in den Dienst des Zieles stellen, das Evangelium in der jetzigen Endzeit so schnell wie möglich in alle Welt zu verbreiten. In

Österr. u. BRD: Internationale Vereinigung christlicher Geschäftsleute. — Die Vereinigung vertritt ein v. der kath. Auffassung verschiedenes Kirchen- u. Sakramentenverständnis. Ko

Lit.: K. Hutten, Seher, Grübler, Enthusiasten (1968).

Fundamentales. V. lat. fundamentum = das am Grund Liegende, zugrunde Liegende. Ein v. W. Klafki verwendeter Begriff f. jene Stoffe o. Bereiche eines Unterrichtsgegenstandes, die die geistige Grundstruktur eines Wirklichkeitsbereiches (etwa das Wesen des Glaubens) faßbar machen. → Didaktische Analyse, → Elementares. Fund. Bildung strebt einen auf die Wirklichkeitsbereiche bezogenen Bildungsvorgang an u. gewinnt v. diesen Bereichen her die Maßstäbe f. Auswahl u. Anordnung der Bildungsgüter. Ko

Lit.: W. Klafki, Studien zur Bildungstheorie u. Didaktik (4. Aufl. 1964).

Fundamentalkatechetik. F. ist ein v. H. Halbfas (als Titel des v. ihm 1968 hsg. Buches, das grundsätzliche kat. u. rel. päd. Überlegungen wissenschaftstheoret. Natur anbietet) gebrauchter Begriff analog zur Fundamentaltheologie. Halbfas will F. dahingehend verstanden wissen, daß das Fundament der → Katechetik derart gestaltet sein muß, daß es alle christl. Religionsgemeinschaften teilen u. aus ihm selbst außerchristl. Religionen Aspekte f. ihren RU entnehmen können, sobald eine kritische Aufklärung auch deren Unterricht herausfordert. Insofern auch fundamentaltheol. Überlegungen den Gegenstand des RU im Ineinander materialer u. formaler Aspekte begründen, muß der Katechetiker u. Religionspädagoge auch Fundamentaltheologe sein. Halbfas behandelt in seiner F. sechs Hauptpunkte, deren Aufzählung den Begriffsinhalt F. verdeutlichen möge: Religion, Sprache, Unterricht, Religionsbücher heute, die religiöse Mitteilung u. die Infrastruktur des RU. Bli

Fundamentaltheologie → Apologetik

Funkmedien → Schulfunk, kath. → Schulfernsehen → schulischer Hörfunk s. Tab. 4, Sp. 629 f.

Funktionale Erziehung. V. lat.: functio = Verrichtung. Mit f. E. werden Wirkungen bezeichnet, die v. Milieu, → Gruppen, → Gesellschaft, Leitbildern, Situationen ohne E.s-Absicht ausgehen u. den Menschen in seiner Selbstfindung u. Selbstwerdung beeinflussen. Bildungstheoret. ist jedoch zu fragen, ob hier E. geschieht, die dem Menschsein entspricht, zumal bei dem zugrundeliegenden weiten Erziehungsbegriff Merkmale wie Planmäßigkeit, Verantwortlichkeit, Zielgerichtetheit, Personalität u. ä. ausgeklammert bleiben. Nicht zu verwechseln ist f. E. mit → funktioneller Erziehung. → Intentionale Erziehung Ro

Funktionelle Erziehung. V. franz.: fonction = Tätigkeit. V. E. Claparède geschaffener Begriff f. eine Erziehung, die v. den gw. (aber auch zukünft.) Bedürfnissen des Kindes ausgeht u. sich primär an ihnen orientiert. Der Sache nach ist gw. v. a. die → Curriculumforschung „funktionell" orientiert, ohne sich direkt als f. E. zu bezeichnen. Ko

Lit.: E. Claparède, L'éducation fonctionnelle (1931).

Gammler → Gegenkultur

Ganzheitspädagogik. Der gw. G. geht es um das Prinzip des Ganzen in der → Erziehung, näherhin um die Basis o. den Verstehenshorizont, wobei Erkenntnis durch Interesse in Handeln umgesetzt wird. Unterricht ist, so gesehen, eine kommunikative Aktion zw. Lehrer, Schüler u. Sache im Verstehenshorizont der Frage-was-ist zur Frage-wozu-es-das-ist. Damit werden die Antworten auf diese Fragen wieder zur Ausgangsbasis f. das künftige Denken, Sprechen u. Tun v. Lehrer u. Schüler, die sie zwar unbeachtet lassen können, aber nicht mehr rückgängig zu machen vermögen. Ro

Ganztagsschule. G. ist die Schulform mit Unterricht am Vor- u. Nachmittag. Die Begründung geschieht vom Gesellschaftspolitischen u. Didaktischen aus: zunehmende Müttererwerbstätigkeit, Fünftagewoche, Ausgleich der sozialen Benachteiligungen; Betreuung der Hausaufgaben, deren Einbau in die Unterrichtszeit, Pflege der Interessen der Schüler, Förderung informeller Gruppenbildung. Ob diese vor der Jahrhundertwende in Europa u. Nordamerika allgemein übliche Schulform sich in jenen Ländern wieder durchsetzen wird, die davon abgegangen sind, ist v. der Verbindung der G. mit der → Gesamtschule abhängig. Ro

Gate-frame-Programme. → Lernprogramme, in welchen am Beginn durch einen Eingangstest (gate = engl.: Tor) die Voraussetzungen des Schülers überprüft werden. Nach dem Ergebnis dieses Tests wird der Schüler — eventuell unter Überspringen v. → Lernschritten — zu dem seinen Vorkenntnissen entsprechenden Teil des Lernprogramms verwiesen. Ko

Gattungsgeschichte. G. bedeutet a) Geschichte der literar. Formen u. Gattungen (z. B. Prosa, Sprüche, Lieder usw.); b) Geschichte der literar. Großformen (z. B. synopt. Evangelien, Apokalypse usw.). G. ist in jedem Fall ein Zweig der → Formgeschichte. G. erlaubt bei sorgfält. Anwendung die Datierung v. Texten u. verhütet eine unsachl. u. ungeschichtl. Auslegung. Bes. Bedeutung erlangt die G. in der bibelwiss. Erforschung des A. T. (z. B. → Dekalog). Hi

Gebetserziehung. Gebet (G.) ist elementarer u. unmittelbarster Ausdruck der Gottesbeziehung. Christliches G. ist Antwort auf den Anspruch Gottes im → Wort Gottes (der hl. Schrift u. der kirchlichen → Verkündigung), durch Dinge, Aufgaben o. Situationen des Alltags. G.E. strebt Hilfeleistung zu einem reifen G.sleben an u. bezieht sich auf so verschiedenartige Äußerungen wie → Meditation, Horchen auf Gott, Stillwerden, Singen, Gebärden, → Kinderliturgie u. a. m. Neben Belehrung u. Einübung wird heute v. a. die Bedeutung der → Motivation erkannt: G. soll als Lebensvollzug u. Werterlebnis erfahren werden. G.sverpflichtung kann erst bei fortgeschrittener G.E. als Motiv dienen.

Unterschiede zwischen dem G. zu → Gott u. → Christus u. dem G., das sich an einen anderen *„Partner“* (Heilige, Schutzengel ...) richtet, müßten schon dem → Kind deutlich bewußt werden, um die theol. Richtigkeit der G.sinhalte u. -motive zu wahren. Kinder u. Jugendliche müssen die G.*sinhalte* als etwas Positives empfinden können: Neben Anbetung, Lob, Dank, Freude, Schmerz, Jubel, Liebe, Reue, Sühne, Glaube, Vertrauen, Hoffnung, Hingabe u. Bitte tritt v. a. der Alltag mit seinen vielfältigen Lebensproblemen (vgl. F. Betz, Wir in unserer Stadt, München 1969). Bei G.n v. Kindern u. Jugendlichen wird der Inhalt immer der jeweiligen Glaubensreife u. Ausdrucksfähigkeit entsprechen u. theol. schlicht, bisweilen sicherlich auch einseitig sein. Um der Echtheit des Betens willen ist dies zu tolerieren, da sich jede Überforderung u. Verfrühung nachteilig auswirken würde. Das *freie G.* ist der Nährboden f. jedes G., auch f. die Formeln u. das liturgische G. Die Einübung in das freie G. ist eine wichtige Aufgabe des RU u. der → Elternkatechese. G.*sformeln* sind nicht nur f. das gemeinsame G. notwendig, als *Modelle* bereichern sie die G.sinhalte u. sind Hilfen auf dem Weg zu einem reifen G.sleben. Die Gefahr der mechanischen Verwendung kann durch kat. Erschließung vermieden werden (Kontrolle des Sinnverständnisses!). *Reim-G.e* früher als Kinder-G.e schlechthin gewertet, müssen unbedingt durch Formeln aus der Prosasprache des Kindes ergänzt werden. (Achten auf theol. Richtigkeit u. psych. Nachvollziehbarkeit!). Eine systemat. G.E. muß auch das *rel. Lied* miteinbeziehen (→ Liedkatechese). F. die Einführung in *meditatives Beten* bieten sich die naturale → Meditation, die Verwendung v. → Bildern u. → Filmen, Wechsel-g.e sowie das → kat. Spiel an. Die Einführung in *liturgisches Beten* erfolgt am besten durch den Mitvollzug kindgemäßer Liturgie (→ Kinderliturgie, → Kat. Feiern). Der *Gebärde* kommt gerade beim Kind große Bedeutung zu, Sinnerschließung trad. G.sgesten (Kniebeuge, Händefalten, Kreuzzeichen u. ä.) ist eine Aufgabe der G.E.

Kindergebetbücher werden bereits f. das Vorschulalter angeboten, sind hier aber oft nicht mehr als Beschäftigungsmaterial f. Kinder während des Gottesdienstes u. Behelf f. die → Familienkatechese. Im Volksschulalter dienen sie dem gemeinsamen Singen u. Beten, müssen aber auch Modelle u. Motive f. individuell-privates Beten im Dienste der Verinnerlichung des G.slebens bieten.

Jugendgebetbücher sollten eine psychologisch richtige Auswahl aus dem G.sschatz der Tradition mit „heutigen", situationsbezogenen G.n verbinden. Illustrationen sollen die Meditationen des Alltags ermöglichen (→ Kairos).

Die beste Form der G.E. des Kleinkindes wäre das Hineinwachsen in das G.sleben durch das Erfahren *gemeinsamen* Betens in der *Familie* (erste G.skenntnisse, → Erfahrung einer gewissen G.sordnung). Das rel. Gespräch u. die Verwendung v. Büchern u. Bildern können dies nur tw. ersetzen. Mit zunehmender Lösung des Kindes v. den Familienbindungen sollte das G.sleben organisch in die Selbstverantwortung des Kindes bzw. Jugendlichen übergehen. Jeder Zwang wirkt sich gerade in der G.E. negativ aus.

Wie ein roter Faden sollte die G.E. die → *Katechese* durchziehen. Der Lehrstoff ist immer auch „Nährboden f. das G.sleben" (K. Tilmann), *Aufgaben* der G.E. sind: Vermittlung eines alters- u. zeitgemäßen G.s- u. Liederschatzes, Motivationen f. privates u. gemeinsames Beten, Einübung u. Pflege der Sammlung u. Stille,

Deutung u. Verinnerlichung der Riten u. Gebärden, Befähigung zum Einbeziehen des Alltags in das G., Übersetzen biblischer u. dogmatischer Gedanken in G., meditatives Betrachten v. Bildern, Deutung u. Erschließung des Gemeindegottesdienstes, Immunisierung gegen g.sfeindliche Schlagworte u. Haltungen, Korrektur u. Vermeidung v. Fehlformen (Formalismus, Mechanismus, Infantilismus, Gebetsmagie usw.), Gebrauch des Diözesangebetsbuches ... (→ Schulgebet).

In der → *außerschulischen* Jugendseelsorge ist durch den Charakter der Freiwilligkeit der Teilnahme v. a. eine Vertiefung der G.E. möglich. Dies kann erreicht werden im → Glaubensgespräch, in innigerrer Verbindung v. G.svollzug u. Leben (z. B. bei Sommerlagern), bei → Einkehrtagen u. Exerzitien, durch kontinuierliche Mitfeier der Liturgie u. viele Möglichkeiten v. Feiern außerhalb des liturgischen Bereichs.

Der *Gottesdienst* der Gemeinde ist als zentraler Ort u. Vollzug des G.s immer auch ein wichtiger Träger v. G.E. (→ Kinderliturgie, → Kinderpredigt). V. gleichem Gewicht ist aber auch die Erziehung zum „weltlichen Gottesdienst“ (Röm 12), d. h. zur Antwort auf Gottes Anspruch auf die Welt u. die Mitmenschen. Ko

Lit.: O. u. F. Betz, Tastende Gebete (1971); G. Hansemann, Gebetserziehung als religiöse Grundaufgabe; E. J. Korherr, Gebetserziehung in der Sonderschule, beides in: J. Goldbrunner/G. Hansemann, Gotteserfahrung u. Gottesverlust (1966); J. Klink, Kind und Glaube (1971); H. Schmidt, Wie betet der heutige Mensch (1973); K. Rahner, Thesen zum Thema: Glauben und Gebet, in: Chancen des Glaubens, Herder TB 389 (S. 72); Sonderheft „Beten heute“ der Zeitschrift „Wissenschaft u. Praxis in Kirche u. Gesellschaft“ (Dez. 1972); O. Betz, Wie überwinden wir die Gebetskrise? in: Chr. p. Blätter 1973/3; I. Jorissen/H. B. Meyer, Kindergebet (1973); E. Gerstenberger u. a., Psalmen in der Sprache unserer Zeit (1973); F. Oser, Kreatives Sprach- u. Gebetsverhalten in Schule u. RU (1972).

Kindergebetbücher: F. Betz, Schau her, lieber Gott (1968); dies., Wir in unserer Stadt (1969); M. Leist, Gebetbuch für Kinder u. ihre Eltern (1972); L. Zarncke, Kindergebete zum Singen (1972); W. Fährmann, Mit Kindern Psalmen beten (1971).

Gebetsformeln → Gebetserziehung

Gebetsinhalte → Gebetserziehung

Gedächtnis. Die trad. Psychologie nahm an, daß Lernprozesse physiol. u./o. psych. Spuren (Engramme) hinterlassen, die bei Wiederholung erneuert werden. Neueste Untersuchungen lassen jedoch vermuten, daß es keine einheitl. G.kraft gibt, sondern mehrere G.dimensionen. Es wird das *Kurzzeitg.* (bis 30 Sekunden) v. *Langzeitg.* unterschieden. Bevorzugungen eines best. Sinnesgebietes (visueller, optischer, motorischer Typ) beeinflussen auch die G.inhalte. Was als sinnvoll verstanden u. mit Bekanntem in Zusammenhang gebracht werden kann, wird leichter u. länger behalten. Umfang u. Dauer des Behaltens hängen auch v. der → Motivation, v. der emotionalen Einstellung zum G.inhalt, v. Müdigkeit u. a. ab.

Leichtigkeit u. Dauer des Merkens sprachlicher Texte hängen weniger v. deren Länge als v. deren Informationsgehalt ab. Je weniger „Neues“ sie enthalten, umso leichter werden sie behalten. Unter *Materialg.* versteht man das Merken v. Einzelinhalten. Es wurde durch die experimentelle Psychologie z. T. mittels Tests über das Merken sinnloser Silben erforscht. Die Vergessenskurve ist bei Nichtverstandenem, bloß auswendig Gelerntem sehr hoch. Das *Gestaltg.* bezieht sich auf gut strukturierte Ganzheiten (Bedeutung des Tafelbildes!). Beim *Sinng.*, das ab der → Pubertät zunimmt u. Ausfälle des Materialg.s kompensieren kann, kommt es auf das Merken des Sinnes, weniger seiner sprachl. Formulierung an. Das Materialg. ist bes. in der realist. Phase des → Schulkindalters gut ausgeprägt. Mädchen neigen bis zur Frühpubertät zu einer Bevorzugung des Materiallernens. Bei Nichtbeachten des Sinng.s wird das Gelernte aber rasch wieder vergessen. → Gedächtnishemmungen → Merksätze → Formeln → Lernen → Lernhemmungen Ko

Gedächtnishemmungen. Störungen der Einprägung o. der Wiedergabe v. Gedächtnisinhalten. Nach H. Rohracher sind sechs Arten v. G. experimentell erwiesen: 1. *Assoziative* o. *reproduktive* Hemmung: Das Umbilden v. einmal gelernten Begriffsverbindungen zu neuen bereitet wesentl. größere Schwierigkeiten als das Erlernen vollkommen neuer Begriffsverbindungen. 2. *Affektive* Hemmung: Ein affektives Erlebnis stört die Einprägung der unmittelbar vorangegangenen Erlebnisinhalte o. Lernprozesse (Erinnerungsverlust bei Unfall). 3. *Ekphorische* Hemmung: Das Wiedergeben eines gut gekonnten Lernstoffes wird durch das unmittelbar vor der Wiedergabe erfolgte Lernen eines anderen Lernstoffes gestört. 4. *Proaktive* Hemmung: Das Einprägen eines Lernstoffes wird durch das unmittelbar davor erfolgte Lernen eines anderen Lernstoffes erschwert. 5. *Retroaktive* o. *rückwirkende* Hemmung: Das Behalten eines Lernstoffes wird durch das unmittelbar darauffolgende Lernen eines anderen Lernstoffes beeinträchtigt. 6. *Ranschburgsche* Hemmung o. *Ähnlichkeits*hemmung: Sonderfall der retroaktiven Hemmung; sind die aufeinanderfolgenden Lernstoffe einander ähnlich, wirkt sich die Hemmung wesentlich stärker aus als bei unähnlichen Materialien (Wichtig f. Erstellung der Stundenpläne!). — Gehirntheoretische Erklärung f. das Zustandekommen der G.: Die den beiden aufeinanderfolgenden Gedächtnisleistungen zugrundeliegenden bzw. nachdauernden Erregungsprozesse des Gehirns behindern sich gegenseitig. Si

Gefühl. Die Vielfalt der Theorien über G. deutet auf die Komplexität der Begleiterscheinungen in den spontanen u. unbewußten Erlebnissen. Ihr Wesensinhalt: → Freude (o. deren Gegenteil) am Erlebnis. Bewußt gemacht, kann sie zu echter → Kultur werden; unbewußt bleibend, kann sie den Menschen zum Spielball seiner eigenen → Triebe machen. Bla

Gegenkultur. Jugendl. → Subkultur mit deutl. ausgeprägter Protesthaltung: *1. Halbstarke* (um ± 1955; vandalistische Tendenzen; Statussymbol: Motorrad u. Lederjacke; in England u. USA heute „Rockers"); *2. Provos* (1965—67; wollen „provozieren" u. Unruhe stiften; in den Niederlanden polit. Tätigkeit, eigene Zeitschrift); *3. Beatniks* (± 1958; von beatitude = persönl. Glück u. Lust, die im Rückzug in den underground (Kellerwohnungen!) gesucht wird; pazifistisch); *4. Gammler* (± 1964; weltweite Bewegung;

totaler Auszug aus der Gesellschaft; Lebensstil ohne Ordnung, Arbeit u. Hygiene); *5. Hippies* (± 1965; USA, N.- u. W.-Europa; Aufbau einer neuen Gesellschaft; pazifistisch; → Meditation, Bewußtseinserweiterung durch Rauschdrogen; Symbol: Blume, ‚Blumenkinder'); *6. Jesusbewegung* → Jesuswelle; *7. Jugendgruppen der APO* (= außerparlamentarische Opposition; BRD; revolutionäre linksorientierte Tendenzen v. a. in student. Kreisen). — Rel. päd. Konsequenzen: Jede G. offenbart Nöte, Wünsche, Sehnsüchte, die sich latent oft auch bei Jugendlichen finden, die nicht v. der Bewegung erfaßt sind. Insoferne zeigen G.n Tendenzen an, deren Analyse u. Berücksichtigung eine Voraussetzung f. die → kirchl. Jugendarbeit darstellen. Ko

Lit.: H. Chr. Kirsch, Was ist dran am Protest, in: Kat. Bl. 1968/385 ff., W. Hollstsein, Der Untergrund, in: Kat. Bl. 1968/325 ff.

Gehemmtheit. Im Gegensatz zur Hemmung (= „vollerlebter innerer Widerstand" W. Schmidbauer) ist G. eine nichtgewollte o. bewußte Unterdrückung einer Bedürfnisbefriedigung, die → psychoanalytisch als „Zustand nach einer Verdrängung" (H. Schultz-Hencke) gedeutet wird. Habituell gewordene G. bedarf der Psychotherapie, da sie der vollen Entfaltung des Menschseins entgegensteht. → Gedächtnishemmungen Ko

Gehorsam → Erziehung zum Gehorsam

Geist — Pneuma. Die Lehre v. Hl. G. hat sich nur langsam entfaltet. Die Pneumatologie blieb weit hinter der Christologie zurück. *Bibl.:* Charakteristisch f. das gesamte Schriftzeugnis ist, daß mehr v. den Heilsfunktionen als v. Wesen des Hl. G.s gesprochen wird. Das A. T. spricht nicht v. Hl. G., sondern v. „G. Gottes" (ruach = Wind, Lebensatem, G.). Trotz poetischer Personifikationen (z. B. Hag 2, 5) gibt es im A. T. keine Verselbständigung des G.s. Im N. T. ist bei Mk u. Mt das P. die Kraft → Gottes, die zu außergewöhnl. Machttaten befähigt. F. Lk ist entscheidend, daß → Jesus nicht nur ein P.tiker ist, den der G. hat, sondern der Herr, der den G. hat u. ihn dauernd besitzt. Der erhöhte Herr (→ Erhöhung) spendet die G.skraft, die sich in Glossolalie (Apg 2, 4), Zukunftsschau (Apg 11, 28), Gedankenschau (Apg 5, 1—11), Einsicht in den göttl. Willen (Apg 8, 29 u. a) u. v. a. in der freimütigen → Verkündigung der Heilsbotschaft (Lk 12, 12; Apg 1,8) zeigt. Erst → Paulus sieht die Wirkung des G.s nicht mehr so sehr im Außerordentlichen als vielmehr im Modus des Normalen: der G. wird zur Basis des christl. Lebens (Gal 5, 22 f.), jeder Christ ist ein „P.tiker". Sowohl Christus wie die → Kirche, sowohl der Sinn der Geschichte wie das Einzelleben müssen v. P. her verstanden werden. Dieses ruft im Innern des Glaubenden: „Abba, Vater" (Röm 8, 15; Gal 4, 6); es drückt das neue Gottesverhältnis des Menschen aus, der „in Christus" ist, u. wird erfahrbar als „Frucht des G.s" in → Liebe, → Freude, → Friede, Langmut, Freundlichkeit, Güte, → Glaube, Sanftmut, → Enthaltsamkeit (Gal 5, 22 f.). Joh nennt den Hl. G. den „anderen Fürsprecher". Deutlicher tritt bei ihm die Personalität des G.s in Erscheinung als bei Paulus. Doch enthält dessen Theologie bereits die Keime, an denen sich die kirchl. Lehre vom Hl. G. als der dritten göttlichen Person entwickelte. — 2. *Lehramt:* Der Schrift gemäß wird die Personalität des Hl. G.s in den Glaubensbekenntnissen bekannt u. in allen kirchlichen Lehrentscheidungen über die → Dreifaltigkeit Gottes definiert. Er ist der G. des Vaters u. des Sohnes, der v. Vater u. Sohn zugleich ausgeht („filioque"). Er wirkt in der Kirche u. wird in Firmung u. Ordo in bes. Weise mitgeteilt. — 3. *Verkündigung u. Katechese* haben sich nach dem Vorbild der bibl. Aussagen nicht mit Spekulationen über das Wesen des Hl. G.s zu befassen, sondern vielmehr mit seinen Funktionen innerhalb der Heilsökonomie. Nicht die immanenttrinitar. Wirklichkeit wird im Vordergrund stehen, sondern die heilsökonom. Funktion des G.s u. seine konkrete Erfahrbarkeit im Leben. → Geistsendung Fi

Lit.: K. Tilmann, Der hl. Geist im Glaubensbewußtsein der Kinder, in: Staunen u. Erfahren als Wege zu Gott (1968).

Geistesbehinderung. Ist nach A. D. B. Clarke eine angeborene o. erworbene „unvollständige o. ungenügende allg. Entwicklung der geist. Fähigkeiten", unter der etwa 2% der Bevölkerung leiden. Nach dem Schweregrad unterscheidet man → Debilität, → Imbezillität, → Idiotie. Ursachen können → exogen (→ Encephalitis, Verletzungen) u. → endogen (Chromosomenabartigkeit, Erbschädigungen) sein. Folgen sind: → Retardation der geistigen Funktionen, → Apathie, → Erethismus, → Ablenkbarkeit, eingeschränkte → Selbständigkeit, retardierte Sprachentwicklung, behinderte → Abstraktionsfähigkeit u. a. m. Der Geistesbehinderte auch schwersten Grades besitzt volle Menschenwürde u. genießt den Schutz der Menschenrechte, v. a. das Recht einer ihm angemessenen → Erziehung: → Sonderschule. — Die medizin. Therapie muß immer begleitet u. oft ersetzt werden durch → heilpäd. Maßnahmen, wobei die → affektiv. Betreuung große Bedeutung hat. → Glaube u. rel. Leben des Geistesbehinderten sind abhängig v. seiner Umgebung (Glaube in Teilhabe). Daher kommt dem Zusammenwirken zw. RU u. Elternhaus sowie der Schaffung optimaler Umweltbedingungen v. a. bei → Heimerziehung große Bedeutung zu. Ko

Geistlicher Beruf. „Geistlich" bedeutet nach bibl. Sprachgebrauch v. (göttl.) → Geist gewirkt o. erfüllt, dem göttl. Geist entsprechend u. daher einen Gegensatz zu fleischlich, irdisch u. weltlich. V. daher muß sich zunächst auch jeder g. B. verstehen. Seit dem 15. Jh. ist „geistlich" Standesbezeichnung des Klerus (Welt- u. Ordensgeistliche). Zu den g. B.n zählen auch die weiblichen Ordensangehörigen. Der → Beruf — u. erst recht der g. B. — ist nach der Meinung heutiger Menschen hineingerückt in den Bereich der Neigungen, Interessen u. Gesinnungen. Diese Bezüge spielen eine umso größere Rolle, je geistbezogener die zu leistende Berufsarbeit ist. So ist also das Wesentliche der Berufung in einer Idee zu sehen, die als Lebensaufgabe Opfer fordert, Verpflichtungen auferlegt, dafür aber geistlichen Gewinn garantiert. F. die g. B.e kommt dann noch wesentlich die Berufung durch den Bischof o. durch den Ordensoberen hinzu. Ein tiefgreifender Wandel in der Auffassung g. B.e hat sich sicher dahingehend vollzogen, daß der Berufene nicht mehr der → Welt gegenübersteht, sondern in möglichst hoher → Freiheit die Welt u. den Menschen in das Heilshandeln → Gottes hineinnimmt u. deshalb f. ihre Probleme offen u. zugänglich sein muß. Dies drückt sich auch in mannigfachen Wandlungen in den Institutionen zur Vorbereitung auf g. B.e (Priesterausbildung, Knabenseminare) aus. Die frühere Isolierung wird dort weitgehend aufgegeben zugunsten einer Offenheit auf das künftige Wirkungsfeld des Geistlichen hin. Die Frage zeitgemäßer Formen der Vorbildung f. g. B.e — einschl. der f. hauptberufl. u. nebenberufl. Diakone — steht gegenwärtig in Diskussion. → Erziehung zum kirchl. Dienst Bli

Geistsendung. Das → Israel des A. T. hatte auf vielfältige Art u. Weise die Hilfe → Gottes erfahren; Gott hatte sich als der erwiesen, der voll Macht u. Kraft in die Geschichte seines Volkes eingegriffen hatte; man erfuhr dieses Wirken nicht nur in außergewöhnl. Erscheinungen der → Natur, sondern v. a. in der Geschichte, in seinem Handeln an einzelnen Menschen, über die der → „Geist Gottes" gekommen war: Mose, David, Elija, Elischa — sie waren mit dem Gottesgeist ausgerüstet gewesen. V. a. aber die → Propheten galten als bevorzugte Träger des Gottesgeistes; sie waren es auch, die das Wesen der Endzeit in einer allgem. Ausgießung des Gottesgeistes „über alles Fleisch" sahen (Jes 32, 15; Jer 31; Ez 37, 14; Joel 3, 1—5). Dieser Geist wird sich darin auswirken, daß die Menschen nicht mehr ein Herz aus Stein haben, daß sie in der neuen Lebensordnung Gottes zu leben vermögen. — → Jesus selbst hat wahrscheinlich nicht sehr viel v. Geist Gottes gesprochen; trotzdem weiß sich die Urgemeinde im Geist Gottes stehend: sie ist die Versammlung jener, die an jenen Christus glauben, auf den Gott seinen Geist gelegt hat (Mk 1, 10 f.; Mt 12, 18) u. der nicht mit Wasser, sondern mit heiligem Geist tauft (Mk 1, 8). V. a. → Paulus sieht in diesem Geist Gottes, der der Geist Christi ist, die Basis der christl. Existenz: wenn wir zu Gott als zu unserem Vater beten, so tun wir es im Geist Gottes (Röm 8, 15; Gal 4, 6), „denn die sich v. Geist Gottes führen lassen, sind Söhne Gottes" (Röm 8, 14); sich v. diesem Geist führen lassen, heißt jedoch nicht in erster Linie, „Außerordentliches" vollbringen; die Früchte des Geistes sind vielmehr: „Liebe, Freude, Friede, Langmut, Freundlichkeit, Güte, Glaube, Sanftmut, Enthaltsamkeit" (Gal 5, 22): im Geist Gottes stehen, heißt demnach: Mitmenschlichkeit verwirklichen. → Charisma Schr

Gelegenheitsunterricht. Ein Unterricht, der v. Schülern o. v. Ereignissen stammende Impulse aufgreift ohne Rücksicht auf Lehrplan u. ä. In einem lebensbezogenen Unterrichtsgeschehen ist G. immer wieder einzubauen. Den gesamten RU kann man aber nicht auf die weithin v. Zufall abhängigen Gelegenheiten aufbauen, ohne Gefahr zu laufen, im Vordergründigen u. Oberflächlichen zu verbleiben. Befürworter des G.s (H. Scharrelman) betonen, daß in ihm v. a. die Aktualität, die Beachtung des „rechten Augenblicks" u. optimaler Aufnahmebereitschaft gewahrt werden. Ko

Gemeinde u. Katechese. Träger der → K. ist zunächst die → Gemeinschaft der → Kirche, die sich in der Pfarr-G. konkretisiert. Die ganze G. ist Künderin der göttl. → Wahrheit, Trägerin des Gottesdienstes, der Bruderliebe u. des Apostolates. In der G. sollen die Erwachsenen u. die Kinder das als geglaubte u. gelebte Wirklichkeit erfahren können, worin die → K. unterweist u. einübt. Die Schul-K. selbst ist nur ein Teil im Organismus der gesamten K., deren Ziel es ist, einzuführen u. einzuweisen in die der Kirche anvertraute Selbstoffenbarung Gottes in → Jesus Christus. Als Orte der K. sind neben G. u. Schule der → Kindergarten u. insbes. die → Familie zu nennen. Dort wird die kat. Unterweisung grundgelegt, die auch während der Schulzeit nur dann voll wirksam werden kann, wenn Familie u. Pfarr-G. ihre Aufgabe christl. Lebenszeugnisses erfüllen. V. a. sind hier der lebendig gefeierte Gottesdienst u. das Gemeinschaftsleben der Pfarrei zu nennen. Erfahrungsgemäß wird die Schul-K. das Versagen der Eltern nur in Ausnahmefällen ersetzen, normalerweise kann sie es höchstens lindern. Aus all dem folgt, daß der G. immer wieder bewußt gemacht werden muß, daß sie der eigentl. Ort u. Träger der K. ist u. sich daher f. die Glaubensunterweisung verantwortlich fühlt. Als bes. Problem stellt sich der G. darum notgedrungen das der rel. Erziehung der → Kleinkinder. Da nur ein Teil der Familien diese optimal wahrnehmen kann, ergibt sich die Notwendigkeit einer systemat. Elternerziehung. Die Eltern müssen überdies wissen, daß die Kirche auch in der Hinführung zum → Glauben sie als erste u. wichtigste Erzieher ihrer Kinder anerkennt u. daß sie diesen Erziehungsauftrag nicht an andere Erziehungsträger (Kindergarten, Schule, → Kinderhort) abgeben können. Fi

Gemeinschaft. Unter G. versteht man grundsätzlich jedes Zusammenleben v. Einzelmenschen u. menschlichen → Gruppen. Im engeren Sinne bedeutet G. die Verwirklichung des sozialen Lebens, das nur die positiven Beziehungen der Menschen u. Menschengruppen zum Inhalt hat (gegenseitiges Kennenlernen, Bekanntschaft, Freundschaft). Das Werk v. Ferdinand Tönnies „Gemeinschaft u. Gesellschaft" (1887) hat dazu geführt, daß die Begriffe G. u. → Gesellschaft vielfach als Gegensätze verstanden werden. G. stellt nach Tönnies die natürliche Verbundenheit des Menschen dar, Gesellschaft ist dagegen ein künstliches Gebilde. Ku

Gemeinschaftsschule. G. ist der Gegensatz zur → Bekenntnisschule. Die Formen reichen v. der totalen Trennung v. Schule u. → Kirche (Ausschaltung des Faches Religion u. jeder Bezugnahme auf Religiöses) bis zum bewußten Beibehalten der christl. Trad. im Bildungsgut u. des konfessionell getrennten RU. Päd. wertvoll an der G. ist der mögliche größere Rahmen f. → Toleranzerziehung durch Begegnung verschiedener individuell vertretener → Weltanschauungen. Doch ist nicht rational beweisbar, daß diese Toleranzerziehung zielführender ist als jene schulische → Erziehung, die die rel. Einstellung der Eltern berücksichtigt. Zudem ist fraglich, ob die Schule das alleinige o. bes. zuständige Erziehungsfeld f. die Toleranzerziehung darstellt. → Freie Schule → Simultanschule Ro

Gemüt. G. ist ein komplexer Begriff, der Grund u. Umfang der → Gefühlswelt, Lebensbejahung u. → Freude (Gemütlichkeit), aber auch → Irrationalität umfaßt. In der Wertung des G.s f. die Lebenserwartung spricht man v. Tiefe u. Innigkeit des Erlebens, bzw. v. G.sarmut, die v. der Technifizierung her den Menschen bedroht. Bla

Generationsproblem. Im weiteren Sinn alle päd. relevanten Fragestellungen, die sich aus dem Generationsabstand zw. Erziehern u. Zöglingen ergeben. Im Gefolge des naturgegebenen Ablösungsprozesses der Kinder u. Jugendlichen v. der → Familie streben die ersteren nach Eroberung eines eigenständ. Lebensraumes u. eines eigenständ. Wert- u. Weltverhaltens, das sich v. dem der vorangehenden Generation immer mehr o. weniger unterscheidet. Dieses Streben äußert sich v. a. während der → Pubertät u. im → Jugendalter in Trotzhaltungen (2. Trotzphase) u. Auflehnung bis zu diversen Formen → jugendlicher Subkulturen. Die daraus resultierenden Spannungen u. Konflikte werden als G. im engeren Sinne bezeichnet. Gegensätze zw. den Generationen verschärfen sich durch einen autoritären → Erziehungsstil. Die Meisterung des G.s sollte primär durch ein päd. richtiges Verhalten der Eltern u. durch eine entwicklungsgemäße Freigabe der jungen Menschen in ihre eigene Verantwortung erfolgen. Entwicklungsbedingter Trotz u. a. Äußerungen des genannten G.s sind in der Kinder- u. Jugendpastoral nicht vorschnell mit moral. Kategorien v. → Schuld u. → Tugend, sondern im Hinblick auf das Recht der Jugendlichen zu eigener Lebensgestaltung u. -verantwortung zu sehen. Ko

Genotypus. Gesamtheit aller Erbanlagen eines Individuums. Ggs.: → Phänotypus. Ko

Gericht → Eschata

Gesamtschule. G. faßt Schüler, Lehrer, Bildungsstoff, Organisation u. schulische Anlagen unter ein einigendes Konzept (u. U. v. der → Grundschule bis zur Erlangung der Hochschulreife). — Formen: *Additive* G. (nur gegenseitiger geistiger Austausch bei bleibender bisheriger Trennung); *integrierte* G. (sehr enges Verflochtensein, Schularten nur aus Abgangszeugnis erkennbar, Schüler in Leistungsstufen); *differenzierte* G. (Lehrangebot ist nach Begabung u. Leistung stark unterschiedlich); *Stufenschule* (Unterschied nur mehr in der Großeinteilung v. Unter-, Mittel-, Oberstufe). — Spätestens nach der Grundschule werden die Schüler nach einer Beobachtungs- o. Förderstufe o. ohne diese je nach Begabung u. Leistung in → Kerngruppen (gemeinsamer Unterricht f. den gleichen Jahrgang) u. → Kurs- o. → Leistungsgruppen aufgegliedert. Die Lehrer sollen Fachlehrer (u. U. nur f. einen Gegenstand) u. bei gleichen Leistungsanforderungen zw. Kern- u. Kursgruppen austauschbar sein. — Die G. läßt sich mit den Schulformen des bisherigen Schulsystems nicht vergleichen, weil die trad. Schulformen nicht die gleichen Startbedingungen hatten. Positive Erfahrungen: vermehrter u. leichterer Austausch v. Erfahrungen did., meth., psych. u. päd. Art innerhalb des Lehrerkollegiums; reichere Möglichkeiten einer intensiveren Begabtenförderung; dichteres u. vielfältigeres Angebot f. Begegnungen unterschiedl. Sozialschichten. Negative Erfahrungen: Wegen der Notwendigkeit besserer materieller Ausstattung u. gründlicher bzw. spezieller ausgebildeten Personals sind finanz. Einsparungen nicht zu erwarten; statt der sozialen Unterschiede entstehen solche nach Leistung; wegen der sehr großen Schülerzahl wird die Überschaubarkeit des Schul- u. Unterrichtsgeschehens geringer u. die Möglichkeit zur Anonymität v. Lehrern u. Schülern größer. Ro

Gesamtunterricht. Im Gegensatz zum „gefächerten Unterricht" wird im G. das Lehrgut nicht streng in einzelne Unterrichtsgegenstände aufgefächert. Die Unterrichtsarbeit erfolgt nach Sachgebieten (Der Herbst kommt; Auf dem Markt; u. ä.), in die Einzelaufgaben (Schreiben, Lesen, Rechnen, Heimatkunde) integriert werden. G. wird v. a. in den beiden ersten Schuljahren betrieben. Die Ausgliederung einzelner Fächer erfolgt schrittweise ab der dritten Schulstufe. In Hauptschulen u. höheren Schulen werden diese Fächer v. speziell vorgebildeten Lehrern (Fachlehrersystem) unterrichtet. Der G. setzt voraus, daß der Unterricht in der Hand *eines* Lehrers liegt. Dieser muß über ein breitgestreutes Wissen verfügen (Allround-Lehrer). Gegenwärtig sind Bestrebungen zu verzeichnen, auch f. die Unterstufe, zumindest f. einzelne Bereiche (Musik, Leibesübungen) speziell vorgebildete Lehrer einzusetzen, was ein stärkeres Abgehen vom G. mit sich bringen dürfte. Ko

Geschlechtliche Erziehung. G. E. (Sexualerziehung) wird heute entspr. dem ganzheitlichen Verständnis v. → Sexualität als Hilfe zur Bejahung des Leibes u. Einordnung der Geschlechtlichkeit in die Gesamtpersönlichkeit u. als Hilfe zur Entfaltung der menschl. Liebesfähigkeit verstanden. Als Teil der Persönlichkeitsbildung ist sie mehr als eine punktuelle Maßnahme (etwa eine → „Aufklärung" zur Zeit der → Pubertät). Diese Aufgabe stellt sich allen Erziehungsträgern (Elternhaus, → Schule, → Kirche), die die Entwicklung des jungen Menschen bis zum Erwachsenwerden begleiten. Das breite Spektrum v. Aussagen zur Sexualität u. v. propagierten sexuellen Praktiken, die Konfrontation schon v. Kindern u. Jugendlichen mit der „Konsumware Sex", das weitgehende Fehlen v. bisherigen moral. Stützen (→ Familie, Öffentlichkeit) usw., aber auch die geänderte psychische Situation des Jugendlichen selbst (→ Akzeleration, → Retardation, überlanges Jugendstadium) erfordern heute eine sowohl entwicklungsgemäße als auch überlegte Sexualerziehung, die nicht → bewahren, sondern → bewähren sollte. — Für den *schulischen* Bereich stellen die „Empfehlungen zur Sexualerziehung in den Schulen" der Kultusministerkonferenz der BRD (3. 10. 1968) bzw. die Richtlinien zur „Sexualerziehung in den Schulen" des Österreichischen Bundesministeriums f. Unterricht u. Kunst (1. 1. 1971) einen ersten positiven Schritt dar. G. E. vollzieht sich in versch. Unterrichtsfächern (z. B. Biologie bzw. Naturgeschichte, Sozialkunde, Leibesübungen, Religion), die aufeinander abgestimmt werden müssen. In der Aufgabe der g.n E.

kann man drei Ebenen unterscheiden: 1. Die *biolog. Information:* Sie muß im Elternhaus einsetzen (kindgemäße Antworten auf Fragen wie „Woher kommen die Kinder?“). Schon vor dem Schuleintritt sollte jedes Kind über den Unterschied der Geschlechter u. die Mutterschaft Bescheid wissen. Zeugung, Schwangerschaft, Geburt, aber auch die bevorstehenden physiol. Veränderungen während der → Pubertätszeit sind vor Ende der Grundschulzeit bzw. vor der Geschlechtsreife zu behandeln; bis zum Ende der Pflichtschulzeit sind Themen wie Empfängnisregelung, Abtreibung, Geschlechtskrankheiten unter biologischem Aspekt in den offiz. Richtlinien vorgesehen. Da sich die menschl. Sexualität wesentl. v. tier. Arterhaltungstrieb unterscheidet, sollte die biolog. Information nicht an die Darstellung tier. o. pflanzl. Vorgänge „angehängt“ werden. 2. Die *psych. Klärung* als Schwerpunkt in der Zeit der Reifung bildet die Grundlage u. Voraussetzung f. die sittl. Unterweisung u. Entscheidungshilfe. Der Jugendliche soll die psychischen Spannungen dieses Alters mit ihren Ursachen, Auslösungsfaktoren u. Zielen als normale Erscheinungen kennenlernen. Im Gegensatz zur biol. → Entwicklung kommt die seel. Geschlechtsreifung mit ihren Phasen (auto-, homo- u. heteroerotisch) nur durch Fremd- u. Selbsterziehung an ihr Ziel, die Liebesfähigkeit. Erste Einblicke in die Entwicklungs- u. Tiefenpsychologie lassen die Schüler erkennen, daß u. wie Sexualität — bewußt eingeordnet — zur Selbstverwirklichung entscheidend beiträgt u. in Kameradschaft u. Freundschaft f. eine spätere Partnerschaft bedeutsame soziale Haltungen (Solidarität, Achtung, Diskretion usw.) eingeübt werden. Der Pädagoge wird beruhigen: Jede Entwicklung braucht Zeit, u. eine Aufgabe gelingt selten auf Anhieb. Eng damit verwoben wird 3. die *moralische Orientierungshilfe* sein, die nicht bei satzhaften Moralvorschriften, sondern in der spezif. Reifungssituation (Ich- u. Du-Findung) ansetzen u. Aufgabe der → g. E. im RU sein wird. — F. eine effektvolle g. E. darf die Schule auf eine Zusammenarbeit mit dem Elternhaus (Beratung u. Information über die schul. Anstrengungen auf Elternversammlungen) nicht verzichten.

Lei

Geschlechtliche Erziehung im RU. G. E. im RU ist mit der → g. E. in der Schule abzustimmen. Ihr Ziel ist, die menschl. Geschlechtlichkeit als Teil der guten Schöpfungsordnung → Gottes, auf → Liebe angelegt u. f. den Weg des Menschen zu Gott bedeutsam, vorzustellen u. die Schüler zu motivieren, ihre Geschlechtlichkeit v. einer personalen Verantwortung her zu gestalten u. zu leben. Eine verdrängte o. unentwickelte → Sexualität wird auch v. der heutigen Moraltheologie als ein Übel, ihre bewußte Gestaltung u. Sinngebung jedoch als sittl. Aufgabe gesehen. Der Unterricht wird auf einer psych. Klärung der → Pubertätssituation aufbauen u. die → anthropologischen u. → biblischen Voraussetzungen des christl. Verständnisses v. Sexualität zur Grundlage nehmen. Da die Schüler zur Entscheidungsfähigkeit zu erziehen sind, sind dem auch die nicht-christl. Anschauungen zur Sexualität ebenso wie die Fehldeutungen der Geschlechtlichkeit in der Vergangenheit des Christentums gegenüberzustellen. Alle als verbindlich erklärten Normen bedürfen einer sachl. u. inneren Begründung, damit der Schüler sie auch als notwendig u. etwas Gutes f. sich selbst erkennen kann. — Die Sehnsucht des Heranwachsenden nach Anerkennung u. Geborgenheit bietet die Chance, → Liebe als bedeutsam u. notwendig f. das Glücken des ganzen Menschseins hervorzuheben. Die Liebeshaltung wird zum Maßstab des „richtigen" Verhaltens auch f. alle sexuellen Beziehungen des Jugendlichen: Wie er selbst geachtet werden möchte, so ist auch die Intimität des anderen zu respektieren u. nicht f. egoist. Ziele zu mißbrauchen. Alltägliche Situationen, Illustrierten- u. Schlagertexte usw. könnten unter diesem Blickwinkel untersucht u. Imperative f. ein „faires" Verhalten gemeinsam erarbeitet werden. Wenn der RU auch nicht Entscheidungen abnehmen kann, so wird er doch Weichen stellen. Lei

Gesellschaft. Unter G. versteht man die größte organisierte Anzahl v. Menschen, die zur Befriedigung sozialer Grundbedürfnisse zusammenwirken, die in einem gemeinsamen Gebiet leben u. eine gemeinsame Kultur haben. Jede G. ist in → Gruppen differenziert, die unterschiedlich viele Personen erfassen. Innerhalb der gemeinsamen → Kultur verkehren die Personen o. Gruppen in unterschiedl. Intensität. G. kann daher auch als „Netz" o. als → System miteinander verbundener Gruppen betrachtet werden. Zu den wichtigsten Merkmalen der G. gehören die gemeinsame Kultur u. die Einigkeit über grundlegende u. letzte → Werte. → Gemeinschaft Ku

Gesellschaft f. christliche Erziehung in Deutschland e. V. = Ökumenische Vereinigung mit dem Ziel: Besinnung auf gemeins. christl. Grundwerte u. Grundsätze, Mitarbeit an der Fortentwicklung des → Bildungswesens durch Stellungnahmen, Empfehlungen, Forderungen, Tagungen, rel. päd. Diskussion zw. den christl. Kirchen u. a. Die interkonfessionelle G. steht in inniger Verbindung mit dem Bund ev. Lehrer u. dem Verlag „Die Spur". Sitz: D-1, Berlin 45, Moltkestr. 1. Ko

Gesellschaftsorientierte Katechese → Gesellschaftsorientierter RU

Gesellschaftsorientierter RU. Es liegt im Wesen v. → Katechese u. RU, daß sie zu allen Zeiten Bezugspunkte zur jeweiligen → Gesellschaft — entweder im Sinne einer Anpassung u. Stützung o. im Sinne einer Kritik u. eines Widerstandes — aufweisen. Im engeren Sinne spricht man aber v. g. RU dann, wenn derselbe zur Gänze o. zumindest stark v. gesellschaftl. Gegebenheiten (z. B.: Schule) begründet (H. Halbfas, K. E. Nipkow u. a.) o. auf gesellschaftl. Ziele hin ausgerichtet wird. Letzteres kann im Sinne einer Anpassung (RU im Zeitalter des Josephinismus), aber auch im Dienste der Gesellschaftskritik u. Gesellschaftsveränderung (→ Isolotto-Katechismus, Katechese in Südamerika) erfolgen. Gesellschaftsorientiertheit u. Gesellschaftskritik können sowohl beim schulischen RU wie auch bei der kirchl. Katechese zu bestimmenden Merkmalen werden. → Befreiende Erziehung → Politische Katechese Ko

Lit.: D. Zilleßen (Hsg.), Religionsunterricht u. Gesellschaft (1971); H. Halbfas,

Aufklärung u. Widerstand (1971); K. E. Nipkow, Schule u. RU im Wandel (1971) u. a.

Gesetz → Tora

Gesetz des Erfolgs → Effektgesetz

Gesetzesethik. G. ist sittl. Handeln aus Gesetzestreue, nach dem Buchstaben des Gesetzes; ist anzutreffen bei den → Pharisäern, in Kants rationalistisch verstandener Allgemeingültigkeit des Gesetzes, in der Betonung des absol. → Gehorsams statt des → Dialogs, in der Verrechtlichung der → Ethik, im Moralunterricht nach Geboten, in der Erziehung nach Geboten u. Verboten usw. — Mängel: Gesetze erfassen nicht die ganze Wirklichkeit, ihre Starre kann zur unerträgl. Last werden, → Sittlichkeit kommt nur aus der bewußtfreien Gestaltung des Menschen. → Erfüllungsgebot → Grenzgebot

Bla

Gesetzlich anerkannte Religionsgemeinschaft(en).
BRD: Art. 137 WV, der durch Art. 140 GG Bestandteil des GG wurde, besagt: „Es besteht keine Staatskirche ... Jede R. ordnet u. verwaltet ihre Angelegenheiten selbständig ... Die R. bleiben Körperschaften des öffentl. Rechtes, soweit sie solche bisher waren. Anderen R. sind auf ihren Antrag gleiche Rechte zu gewähren" (vgl. Art. 4 u. 9 GG). Öffentl.-rechtl. R. steht das Steuererhebungsrecht zu. Die rel. Neutralität des Staates verlangt Chancengleichheit u. Gewährleistung eines optimalen Wirkungs- u. Entfaltungsraumes f. alle rel. Richtungen. Die Länder der BRD sind verpflichtet, R. u. Weltanschauungsvereinen, die bisher nicht den Status öffentl.-rechtl. Körperschaften hatten, auf ihren Antrag diesen Status zu geben, wenn ihre Verfassung u. Mitgliederzahl die Gewähr der Dauer bieten. Rechtlich ungeklärt ist, ob die durch staatl. Verleihung zu öffentl.-rechtl. Körperschaften gewordenen R. (z. B. freireligiöse Vereinigungen u. Sekten) die gleiche Rechtsstellung haben wie die großen christl. Kirchen u. die jüdischen Synagogengemeinschaften. Es kann daher die Rechtslage selbst bei der gleichen R. v. Land zu Land verschieden sein.

Lä

Österreich: Jede g. a. → Kirche o. R. hat das Recht der gemeinsamen öffentl. Religionsübung, ordnet u. verwaltet ihre inneren Angelegenheiten (autonomer Bereich) selbständig, bleibt im Besitze u. Genusse ihrer f. Kultus-, Unterrichts- u. Wohltätigkeitszwecke bestimmten Anstalten, Stiftungen u. Fonds, ist aber, wie jede Gesellschaft, den allgem. Staatsgesetzen unterworfen (Art. 15 des Staatsgrundgesetzes v. 21. 12. 1867 über die allg. Rechte der Staatsbürger). Sie sind Körperschaften des öffentl. Rechtes. An die Mitgliedschaft in ihnen sind best. Rechtsfolgen wie z. B. der → Pflichtgegenstand Religion geknüpft. Wenn gewisse Voraussetzungen gegeben sind, kann jede rel. Gruppe die gesetzliche Anerkennung durch das BMfUuK erlangen. Gegenwärtig sind anerkannt: Die kath. Kirche, die evang. Kirche A.B. u. H.B, die altkath. Kirche, die griech.-oriental. Kirche, die Methodistenkirche, die Kirche Jesu Christi der Heiligen der letzten Tage (Mormonen), die israelit. R. u. die armen.- apostol. Kirche in Österreich.

Ke

Schweiz: Die öffentl.-rechtl. Anerkennung v. R. (mit dem Recht zur Erhebung v. Kirchensteuern resp. zum Bezug v. Leistungen aus öffentlichen Steuergeldern) ist Sache der Kantone. In den meisten sind heute die evang. (gewöhnlich die evang.-reformierte), (römisch-) kath. u. gegebenenfalls christ-kath. (früher: alt-kath.) Kirche anerkannt, wenn auch nicht überall in allen Teilen gleichgestellt. Bes. auf evang. Seite spricht man v. „Landeskirche" in Abgrenzung zu best. Denominationen u. den Sekten. In wenigen Kantonen sind noch nicht alle genannten R. anerkannt; im Kanton Genf keine (Trennung v. Kirche u. Staat). Fr

Gesetzliche Bestimmungen über Schmutz u. Schund.

BRD: Das Bundesgesetz über die Verbreitung jugendgefährdender Schriften (Fassung v. 29. 4. 1961) stellt (§ 1) Kriterien f. jugendgefährdende Schriften auf, regelt in §§ 8—19 Errichtung, Zuständigkeit u. Verfahrensweise der Bundesprüfstelle (Bonn) u. nennt die Strafvorschriften (§ 21; vgl. die Verordnung zur Durchführung des Gesetzes über die Verbreitung jugendgefährdender Schriften. Fassung v. 23. 8. 1961). Art. 110 Abs. 2 (Bay. Verfassung): „Die Bekämpfung v. Schmutz u. Schund ist Aufgabe des Staates u. der Gemeinden". Vgl. das Gesetz zum Schutze der Jugend in der Öffentlichkeit (Fassung v. 27. 7. 1957), in dem auf Aufenthalt in Gaststätten, öffentl. Tanz- u. Filmveranstaltungen, Glücksspiele u. Veranstaltungen mit verrohendem Einfluß u. auf die Strafbestimmungen hingewiesen wird, wenn „leichtfertig ein Kind (noch nicht vierzehn) o. ein Jugendlicher (vierzehn, aber noch nicht achtzehn) in seiner körperl., geist. o. sittl. Entwicklung schwer gefährdet" (§ 13) wird (vgl. Strafgesetzbuch in der Fassung v. 1. 9. 1909 §§ 184 u. 184 a). → Jugendstrafrecht Lä

Österreich: → Pornographie (rechtlich)

Schweiz: Hauptgruppen v. Normen zur Bekämpfung v. Schund- u. Schmutzliteratur (auch Fotos usw.): a) Internationale Übereinkommen hinsichtlich des Postverkehrs; b) Verwaltungsrechtliche Vorschriften zur Bekämpfung erotischer Literatur; c) Schweiz. Strafgesetzbuch Art. 212, der die Gefährdung Jugendlicher durch unsittl. Schriften u. Bilder (Ausstellen, Anbieten, Verkaufen u. Ausleihen), u. Art. 204, Ziff. 2, der auch jede Übergabe u. das Vorzeigen unzüchtiger Veröffentlichungen an Personen unter 18 Jahren mit Strafe bedroht; in etwa der Hälfte der Kantone gibt es über die Art. des StGB. hinausgehende Strafbestimmungen. **Fr**

Gesinnungsethik. Der Ausdruck stammt v. Kant, der unter Gesinnung den Beweggrund einer Handlung verstand u. nur das als sittlich anerkannte, was der Mensch aus seinem bewußt-freien → Willen tut. Versteht man unter G. die ganze innere Haltung → Gott, dem Mitmenschen u. der → Welt gegenüber, so entspricht die GE. eher den Forderungen, die → Jesus Christus in der → Bergpredigt gegenüber der → Gesetzesethik der → Pharisäer gestellt hat, daß nämlich der Mensch in seinem Innern (bibl.: „Herz"), in seinem Bewußtsein u. → Willen das Gute schaffen u. ins Leben umsetzen soll. **Bla**

Gespräch. Wichtigstes Mittel der → Kommunikation u. als solches rel. päd. sehr bedeutsam. V. der themat. unverbindl. Konversation unterscheiden sich die *themat. gebundenen G.sformen:* → Dialog, → Diskussion, Disput, Gruppengespräch, Interview, Führungsgespräch, Beratungsgespräch, → Glaubensgespräch, Lehrgespräch, Schülergespräch, → Unterrichtsgespräch, das therapeutische G. (→ Logotherapie) u. ä. Nach der Zahl der G.spartner unterscheidet man *monolog.* (Selbstgespräche), *dialog.* (2 Partner) u. *polylog.* (mehrere Gesprächspartner) G.sformen. Der Kommunikationsfluß ist bei ungleichrangigen Partnern eher einseitig, bei gleichrangigen eher allseitig. — *G.sbereitschaft* ist Voraussetzung f. jede Art der Menschenführung (→ Führen) u. der mitmenschl. → Begegnung. *G.sfähigkeit* als Teil der Kontaktfähigkeit setzt ein Ernstnehmen auch der nicht gleichrangigen G.spersonen u. ein Eingehen auf sie (zuhören können, sprechen lassen, schweigen können) voraus. *G.sführung* bedarf bestimmter Kenntnisse der → Kommunikationsprozesse u. ist Inhalt u. Ziel zeitgemäßer Priester-, Lehrer- und Erzieherbildung. V. bloßem Gerede unterscheidet sich das G. durch die Sachkenntnis der G.spartner („Sie haben etwas zu sagen“), durch die Werthaftigkeit des Inhalts („Es lohnt sich, darüber zu reden“) u. durch die Zielstrebigkeit des G.sverlaufes („Zur rechten Zeit schweigen“). — G.sregeln sind in jeder → Gruppe (Schulklasse!) bewußt zu pflegen. Ko

Lit.: F. Kaspar, Gruppenpädagogische Unterrichtsverfahren (1971); M. Kelber, Fibel der Gesprächsführung (1954); E. Müller, Die Kunst der Gesprächsführung (1956); G. Priesemann, Zur Theorie der Unterrichtssprache (1971); P. F. Schmid, Das beratende Gespräch (1973; in Vorbereitung); G. Lotzmann (Hsg.), Das Gespräch in Erziehung u. Behandlung (1973); H. Zirker, Sprachprobleme im Religionsunterricht (1972); E. Meier (Hsg.), Sprachnot u. Wirklichkeitszerfall (1972); M. H. Dallas (Hsg.), Sprachanalyse u. religiöses Sprechen (1972).

Gestaltpsychologie. Im Gegensatz zur Assoziationspsychologie sieht die G. das Psychische nicht zusammengesetzt aus einfachen Elementen, sondern als Ganzheit, die mehr ist als die Summe ihrer Teile. Sie wendet sich daher auch gegen den heute weit verbreiteten → behaviorist. Lernbegriff (→ Reflex) u. betont die Möglichkeit des Menschen zum einsichtigen Erfassen v. Wesensinhalten (Einsichtslernen: → Lernkategorien). Ko

Gewissen. G. ist die Eigenheit des Menschen, sein Leben bewußt u. frei aus seinem Innern (Bibel: „Herz“) zu gestalten u. in den Handlungen → autonom zu entscheiden. Da der Mensch kein → absolutes Wesen ist, gestaltet er sein Leben u. seine Persönlichkeit im Zusammenhang (Kontingenz) der Wirklichkeit — der eigenen (Temperament, Körperkonstitution, → Gemüt, → Charakter usw.) wie der fremden (Umgebung → Erziehung, Schule usw.). Darum ist sein G. nie endgültig fertig, sondern stets in Bildung begriffen: a) *Die erste Erziehung* durch → Eltern, Umgebung, Schule weckt die Urteilskraft, vermittelt die → Normen f. jene Verhaltensweisen, die den Platz u. die Erfüllung in der → Gesellschaft sichern; G. ist daher kein Produkt der Zivilisation, der Artentfaltung o. Gewohnheit, sondern angeborene Fähigkeit, der Erziehung u. dem Einfluß der Umgebung zu begegnen, sie anzunehmen o. abzulehnen (Trotzalter!). — b) *Die Jugendzeit* (Reife, Selbständigkeit u. ä.) lehrt, die Wirklichkeit kritisch zu beurteilen (Sinn u. Wert, Begründung u. Einsicht ins Leben, in die → Gesellschaft, → Ethik u. ä.). — c) *Im reifen Alter* dominiert die Auseinandersetzung der Persönlichkeit mit der Wirklichkeit (Du, → Welt, Gesellschaft, → Gott): Konfrontation mit Lebensproblemen (→ Ehe, Beruf, Politik, Religion usw.), Herausforderung der Fähigkeiten, des Einsatzes in Lebenssituationen, Handlungen, Forderungen der Gegenwart (Technifizierung, → Freiheit, Eugenik, Gleichheit, Menschenrechte usw.), Verantwortung in Liebe u. ä. — *Das G. in der einzelnen Handlung* setzt keinen Einzelakt, sondern einen Prozeß: Überlegung der Vernunft (Beweggründe aus versch. Quellen wie Gemüt, Temperament usw.), Entscheidung des → Willens, Umsetzung in die Tat, wobei das G. stets Regie führt u. die Kontrolle behält u. daher Urheber, Vollzieher u. Richter der Tat ist. — *Wert u. Bedeutung des G.s:* Da G. Selbstverwirklichung des Menschen u. die Erfüllung seiner Bestimmung (durch Gott, daher „Stimme Gottes") ist, macht es ihn zu jenem Vollender u. Richter des Menschseins, wie es → Jesus Christus als „endgültiger" Mensch in seiner Persönlichkeit, in den Werken der Barmherzigkeit (→ Bergpredigt) u. im Gericht offenbart hat. Kein Lob u. kein Mißverständnis der Menschen kann die Erfüllung u. Befriedigung des eigenen G.s ersetzen o. schmälern. — *G.skonflikt:* In der Kontingenz des Menschen kann es bald an → Erkenntnis u. → Erfahrung mangeln, bald an der Entscheidungskraft fehlen u. so zu Konflikten kommen, nicht allein durch Zweifel (über richtiges Handeln), sondern durch Zwiespalt im eigenen Innern, wenn man nicht die Kraft besitzt, nach dem G. zu handeln. Solche Konflikte entstehen zumeist aus der Uneinigkeit mit sich selbst, aus der mißlungenen Oberherrschaft des zentralen Ichs über den ganzen Menschen (→ Triebe, → Gefühle usw.). Sie können daher auch nur auf dieser Ebene gelöst werden: in der Harmonie aller Kräfte. Wer diese Oberherrschaft des Ichs nicht erringt, setzt sich immer wieder der Gefahr v. Konflikten aus u. findet in seinen Handlungen schwer die richtige Lösung (z. B. Liebe u. Pflicht in der Ehe, Recht u. Gehorsam im Krieg u. ä.). → Entwicklung, ethische → Gewissensethik Bla

Lit.: J. Gründel, Gewissen u. Gewissensbildung (1967); G. Griesl, Gewissen. Ursprung, Entfaltung, Bildung (1970).

Gewissensethik. An u. f. sich ist jede → Ethik G., soweit der Mensch sein Leben nach seinem → Gewissen gestaltet. Man kann jedoch unter G. speziell die Gestaltung u. Bildung des Gewissens verstehen — nach versch. Gesichtspunkten: Gesetz, Brauch, soziale Situation, Tradition, Weltanschauung, Religion u. ä. m. Normalerweise richtet sich das Gewissen nach der Wirklichkeit im Menschen u. in der → Welt aus, es kann aber auch den → autonomen Weg der Kritik u. Selbständigkeit gehen. Diese Konfrontierung (mitsamt den Konflikten) gehört wesentlich zum Reifeprozeß der menschlichen → Gesellschaft. → Gesinnungsethik → Gesetzesethik Bla

Gewöhnung—Gewohnheit. Gwö. ist die Aneignung einer Gwo. (= Verhaltensbestimmtheit) durch Wiederholung des Verhaltens.

Der Mensch, nicht instinktgesichert, muß alles erlernen: den aufrechten Gang, die Sprache, Art u. Weise der Reaktion usw. Die frühesten Reaktions- u. Handlungsweisen (am Mutterarm) werden zumeist die stärksten → Automatismen (unbewußt, durch Signale o. Reize ausgelöst): Ernährung, → Spiel, soziales Verhalten u. ä. Ihr Prozeß ist: Signal — Auslösung — Reiz — Reaktion. Frühzeitig regt sich aber auch die → Persönlichkeit im → Kind (nach Stirnimann im 6. Monat nach der Geburt) u. übernimmt allmählich die bewußte Herrschaft: sie kann Automatismen bewußt machen u. sich umgekehrt — durch Übung u. Selbstzucht — neue Automatismen angewöhnen, die als Gwo.n demselben Prozeß unterliegen (Signal usw.). Durch die bewußte Kultivierung v. Gwo.n kann sich der Mensch die Bewältigung der Lebensaufgaben erleichtern (z. B. das Lernen, Sport, Arbeit usw.). Versäumt er dies, können in ihm Gwo.n überhandnehmen, die einerseits seine Aufgaben äußerst erschweren u. andrerseits, bes. im Zusammenhang mit der Unbeherrschtheit im → Triebleben, größte Unordnung in sein Leben bringen. Gegenüber positiven Aspekten der Gwö. (Entlastung, Sicherheit, Freiwerden f. anderes) sind also auch negative zu sehen (Fixiertbleiben in Denk- u. Handlungsschemata, Verlust der Spontaneität u. Eigenverantwortung usw.). Gwö. ist nach M. Heitger nie → Erziehungsziel, → Erziehungsmittel aber nur in einem kleinen Bereich. Bla

GIAPEC. *G*roupement *I*nternational des *A*ssociations de *P*arents = Internationaler Verband der katholischen Elternschaften. Sitz: B-1040 Bruxelles, rue Guimard 5, Belgien. Ko

Glaube. 1. *Allgemeinmenschl.:* Da der G. oft allein deshalb verdächtigt wird, weil er als eine ausschließlich relig. Erscheinung angesehen wird, soll er zuerst als allgemeinmenschl. Phänomen dargestellt werden. Der G. ist eine seel. Urfunktion, auf der alle anderen psychischen Funktionen als ihrer Voraussetzung gründen. Er ist dem Menschen als Vernunftwesen als Anlage mitgegeben, die durch die vertrauensvolle Annahme des Kindes in den Schoß u. die Arme der Mutter u. durch die frühkindl. personalen Begegnungen geweckt u. entfaltet wird. Der G. ist in seiner einfachsten Form ein Sich-Trauen in die Person der Mutter. Diese personale Grundgestalt des G.s zeigt sich am deutlichsten in der Formel „Ich glaube an dich" o. „Ich glaube dir". „Ich glaube, daß" o. „Ich glaube etwas" ist nicht die ursprüngl., sondern die sekundäre Gestalt des G.s. G. ist darum zuerst u. zumeist nicht ein „Für-wahr-Halten", also nicht ein Verhältnis des Menschen zu Sachen, Sätzen o. Wahrheiten, sondern ein Verhältnis zu Personen u. die Art u. Weise, wie allein zur → Person in ihrem eigentl. Wesen Zugang gefunden werden kann. Voraussetzung ist allerdings, daß sich die andere Person offenbarend erschließt u. glaubwürdig ist. Das umfassendere „Ich glaube dir" schließt notwendigerweise das „Ich glaube, daß" ein. Solches G.n ist zwar kein zwingendes, wohl aber ein begründetes Wissen

u. Erkennen. Wegen der → Transzendentalität des menschl. Geistes ist dieser zwischenmenschl. G. offen auf das → Absolute u. stellt eine wichtige Voraussetzung f. den G.n zw. → Gott u. Mensch dar, ohne aber dessen absol. Ungeschuldetheit aufzuheben. — 2. *Bibl.:* Im AT werden vorzüglich zwei Worte verwendet, um G.n auszudrücken: „aman" (v. dem sich Amen ableitet) legt die Betonung auf die Gewißheit (G. ist Feststehen in Gott, vgl. Gen 15,6); „batach" meint den Elan des G.s u. Vertrauen u. zeigt, daß im G. Passivität keinen Platz hat, vielmehr aber → Hoffnung u. Erwartung. Im NT heißt das Grundverhältnis des Menschen zu Gott ebenfalls G., wird nun aber bewußter u. einheitlicher G. („pistis"; „pisteuein") genannt. → Jesus Chr., der menschgewordene Sohn Gottes, ist die Mitte des G.s. Das Ereignis seines Todes u. seiner → Auferstehung hat eine Betonung des Erkenntnisaspektes im christl. G.n mit sich gebracht. Der G. der Urkirche gipfelt in der Aussage: Jesus ist auferstanden; Gott hat ihn zum Herrn u. Erlöser gemacht, wie es v. den → Propheten vorausverkündet war. Nach → Paulus heißt G., die Auferstehung Jesu u. ihre Heilsbedeutung als Wirklichkeit annehmen. „G." u. „Erkennen" haben in den joh. Schriften denselben Gegenstand: die göttl. Sohnschaft Jesu. V. ihren Anfängen an spricht die → Kirche ihren G.n, der heilsentscheidend ist, mit Hilfe best. Aussagen aus (z. B. 1 Thess 4, 14; Phil 2, 5—11). Bereits in den ntl. Schriften kann G. sowohl den Akt wie den Inhalt o. seine Normativität bedeuten. — 3. *Systemat.:* Mit der unter 1. gegebenen Analyse ist auch die Grundstruktur des Gottes-G.s u. des christl. G.s gegeben. Auch dieser ist primär u. ursprünglich nicht ein Verhältnis zu Sachen u. Sätzen, sondern personaler G., eine → Begegnung v. menschl. Ich u. göttl. Du. Dieser G. hat als G. des einzelnen Menschen seine *Geschichte* (nach Art des Lebendigen fängt er an, entwickelt u. entfaltet sich, erleidet u. U. Rückschläge, bis er seiner Vollgestalt entgegenreift), ist → *Gnade* (Tat Gottes am Menschen, die nicht v. ihm erzwungen werden kann), ein *Wagnis* (sehr deutlich etwa bei Abraham, dem „Vater des G.s") u. immer auch *kirchl. G.:* der G. lebt v. der Gemeinschaft der G.nden u. führt zu dieser. Die → Kirche als Gemeinschaft der G.nden liegt *vor* dem G.n des einzelnen; in ihr hat der G. Bestand u. Objektivität angenommen, so daß sich an ihrem Zeugnis in Wort u. Sakrament der G. des einzelnen Menschen „entzündet". Das zeigt, daß letztlich personaler Du-G. u. fürwahrhaltender Aussage-G. nicht trennbar sind. Akt u. Sein, Personales u. Inhaltliches treten im G.n gemeinsam auf. — 4. *Kurzformeln des G.s:* Mit ihrer Hilfe wird versucht, die Grundwahrheiten des G.s als solche u. im Hinblick auf den heutigen Menschen (bes. des Jugendlichen) in seiner epochaltypischen, psych.-phil. Situation auszusagen. Rel. päd. haben sie eine dreifache Bedeutung: als *„Konzentrationsprinzip"* haben sie gegenüber der Vielzahl der G.sinhalte u. ihrer unterschiedlichen Bedeutung (→ Hierarchie der Wahrheiten) die Aufgabe der Beschränkung, der Reduktion o. Restrukturation. Als *Kontaktformel* greifen sie mehr die missionarische Situation d. Kirche auf u. stellen als erste Anregung einen kurzen Inbegriff des G.s f. Ungläubige dar. Sie sollte jene „Reizworte" enthalten (wie → Freiheit, Glück, Solidarität, Revolution u. a.), die f. den Menschen v. heute eine bes. Bedeutung haben. Als *Initiationsformel* wollen sie einer altersspezif. → Verkündigung gerecht werden, indem sie entsprechend den phasenspezif. Problemen des Heranwachsenden die zentralen G.swahrheiten allmählich entfalten. — 5. *G.serziehung im RU:* Ihre Möglichkeiten sind einerseits durch die Vorentscheidungen, die bereits in der frühen Kindheit gefallen sind (Art der zwischenmenschl. Beziehungen, die Form der rel. Erziehung usw.) eingeschränkt, andererseits dennoch v. erstaunl. Breite. Da dem G.n ein inneres Reifwerden zugrundeliegt, „eine Entfaltung der Seele in all ihren Organen, auch dem der → Phantasie, des → Gemüts, des → Gewissens" (J. Herzog-Dürck), dienen alle Impulse, die zur menschl. Entfaltung führen, auch der G.serziehung. Da dem Du als Gegenüber im pers. G.n besondere Bedeutung zukommt, ist der Vermittlung eines posit. Gottesbildes stets besondere Aufmerksamkeit zu schenken. Fi

Glaubensbuch → Religionsbuch → Bibelkatechismus → Katechismus → Schulbibel

Glaubenserziehung → Glaube

Glaubensgespräch. Als → Gespräch *im* → Glauben eine Form der Beratung, Vertiefung, Besinnung u. Betrachtung (geistl. Gespräch). A. Godin definiert das G. als „Begegnung zw. zwei Personen . . ., v. denen die eine der anderen hilft, die göttl. Gegenwart besser wahrzunehmen, aufzunehmen u. auszudrücken." Wesentliches Mittel der Individualpastoral (Führung u. Beratung auf allen Lebensstufen: → Familienkatechese, Jugendkatechese, Hausbesuch, → Dialog, → Diskussion u. a.). Sonderformen im Dienst der Führung *zum* Glauben sind das missionar. u. das apologet. G. Dabei ist zu beachten, daß sich G.e nie nur auf der verbalen Ebene (des gesprochenen Wortes), auch nicht allein auf der rationalen Ebene (der geäußerten Inhalte), sondern immer auch unter starker Beteiligung der emotionellen Persönlichkeitsschichten abspielen. *Direktive Haltungen* (= alles, was den Partner vorschnell in eine best. Richtung drängt: Beurteilungen seiner Lage ohne Berücksichtigung seiner → Gefühle; vorschnelle moral. Bewertungen; Belehrung u. Behauptungen, denen er augenblicklich nicht zustimmen kann; aber auch Bagatellisierungen seiner Schwierigkeiten u. ä.) rufen innere Widerstände hervor u. untergraben Gesprächsbasis u. -bereitschaft. G.e müssen den Partner, seine Einstellung, seine Probleme, Schwierigkeiten wie auch seine Entscheidungsfreiheit ernst nehmen, indem sie seinen Gesprächsbeitrag zunächst nur so „widerspiegeln", daß er sich selbst erkannt u. anerkannt fühlt. Erst v. daher wird es ihm möglich, zu eigenen Einsichten u. Lösungen zu finden (= *nicht-direktive Gesprächsführung*). Ko

Lit.: K. Tilman, Das Glaubensgespräch mit anderen (1966); G. Hierzenberger, Das Glaubensgespräch mit jungen Erwachsenen (1969); H. J. Clinebell, Modelle beratender Seelsorge (1972); A. Godin, Das Menschliche im seelsorglichen Gespräch (1972); H. Faber/E. v. d. Schoot, Praktikum des seelsorglichen Gesprächs (3. Aufl. 1971); P. E. Johnson, Psychologie der pastoralen Beratung (1969); D. Stollberg, Therapeutische Seelsorge (2. Aufl. 1969); W. de Bout, Faustregeln für das Seelsorgegespräch (1968); C. Pohlmann, Das Gespräch als Verkündigung (1964); P. F. Schmid, Das beratende Gespräch (1973 in Vorb.).

Glaubenskrisen. Auf dem Weg v. kindl. zum mündigen Christsein (H. Stenger) wird heute nahezu jeder durch eine Phase des Suchens, In-Frage-Stellens u. der krisenhaften Ungesichertheit hindurchgehen. Solche G., die erstmals ab der → Pubertät auftreten, sich aber in versch. Varianten auf jeder Lebensstufe ereignen können, sind gekennzeichnet durch Glaubensschwierigkeiten (GS) o. durch Glaubenszweifel (GZ). V. einer GS spricht man dann, wenn der Gläubige sich innerlich gleichsam v. seinen Zweifeln distanziert u. sie zu lösen trachtet. Sie können nach J. Gründel ebenso wie sogenannte irreale GZ durchaus zus. mit einem unbezweifelbaren → Glauben bestehen. Ein echter (realer) GZ liegt dann vor, wenn der Gläubige sich mit der damit verbundenen Unsicherheit identifiziert u. bewußt-gewollt Bereiche des Glaubens in Frage stellt. Die sittl. Verantwortbarkeit hängt v. Maß der Glaubenseinsicht u. der vorangegangenen Glaubenserfahrung ab. Nicht selten wird sie durch mangelnde rel. Vorbildung, fehlende Glaubenseinsicht u. mangelnde personale Reife gemindert. Der Unterschied v. GS u. GZ wird nicht immer beachtet. Beide Ausdrücke werden gelegentl. gleichsinnig verwendet. Während GS u. GZ auch nur Teilbereiche der → Orthodoxie (z. B. einzelne Glaubenswahrheiten) o. → Orthopraxie (Bereiche gläubigen Lebensvollzugs) betreffen können, ist durch die G. immer der Glaube als ganzer in Frage gestellt. GS, G. u. GZ können sowohl Impuls zu vertiefter Beschäftigung mit den Glaubensinhalten sein wie auch erste Stufe eines „Abfalles" zu bloß eklektischer (griech. = auswählender), subjektivist. Weltanschauung. Die auslösenden Ursachen sind mannigfach: Der Glaube kann sowohl v. außen her (negative Erfahrungen mit kirchl. Autorität o. Repräsentanten des Glaubens, mit der Art der → Verkündigung u. a.) wie auch aus dem Inneren des Gläubigen selbst (Mißverständnisse, ungenügende Kenntnis u. → Erfahrung der positiven Gehalte u. Lebensbedeutung v. Glaubenswahrheiten usw.) her Anfechtungen erfahren. GS u. GZ können sich vorwiegend auf der Ebene der Erkenntnis u. des Geistes äußern (z. B. emotionell u. affektiv), ja sogar durch → Komplexe u. → Neurosen bedingt sein. Im letzteren Fall wäre zur Lösung auch ein Psychotherapeut heranzuziehen. Reale GZ können auch als intellektuelles Alibi dienen, um sich moral. Ansprüchen zu entziehen. Die primäre Frage bei allen Schwierigkeiten soll nicht die im Einzelfall schwer zu beantwortende nach etwaiger → Schuld sein, sondern die pastorale nach adäquater Hilfeleistung. Eine solche darf sich v. a. beim Jugendlichen nicht allein auf rationale Argumentation beschränken. Meist bedarf der Zweifelnde des Mediums einer personalen, mitmenschl. Begegnung, um in der Tiefe seiner eigenen Person zur Lösung seiner Schwierigkeiten zu kommen (→ Glaubensgespräch). Immer wird der Seelsorger sich auch fragen müssen, woran eigentlich gezweifelt wird — oft bezieht sich der GZ nicht auf die Glaubenswahrheit selbst, sondern auf ein Mißverständnis derselben —, was der

Zweifelnde im Tiefsten eigentlich sucht u. vermißt, worin die Lebensbedeutung der in Frage gestellten Wahrheit gerade f. den Zweifler liegt u. ä. Ko

Glaubensreife. → Glaube ist nicht nur ein Für-wahr-Halten v. kirchl. Gesetzen u. Glaubenslehren, sondern vielmehr ständiges Wagnis, Sich-Einlassen u. Überantworten an die Frohbotschaft → Jesu Christi u. die Mittlerfunktion seiner → Kirche. G. ist demnach → Nachfolge Jesu, sich sein → Gottes-, → Welt- u. → Glaubensverständnis zu eigen machen. Unkrit. Jasagen, das nicht den ganzen Menschen erfaßt, ist demnach unchristl. u. areligiös. Durch den personalen Glauben müssen im Denken, Reden u. Tun Gottes Wirklichkeit, die Tiefe der Welt, das Woher u. Wohin des Menschen offenbar u. zugänglich werden. Echte G. ist aber nur dann gegeben, wenn dem richtigen Glaubensverständnis auch das Engagement im Namen Jesu f. das Heil der Welt u. der Menschen folgt. Wo dies gegeben ist, spricht man v. → mündigem Glauben, unbeschadet der Tatsache, daß auch dieser immer noch „auf dem Weg ist" u. offen auf ein „Noch-mehr" o. sich als angefochtener Glaube erfährt. G. setzt personale Reife voraus, ist aber nicht mit dieser identisch. Sie realisiert sich in verschiedenen Lebensaltersstufen in je versch., z. T. „typischer" Weise u. konkretisiert sich je anders beim Kind, beim Jugendlichen u. beim Erwachsenen. Einschlägige Fragestellungen sind wiss. erst in Ansätzen bearbeitet (vgl. J. Thomas, Lebensstufen-Glaubensstufen [1963]) u. bestimmen noch wenig die pastorale Praxis. Der Glaube des Kindes ist zunächst kein mündiger, sondern ein „Glaube in Teilhabe" am Glauben des Erwachsenen: → Entwicklung, religiöse. Bli

Glaubensschwierigkeit → Glaubenskrisen

Glaubenszweifel → Glaubenskrisen

Glaubwürdigkeit. G. ist eine Grundforderung, die an jeden zu richten ist, der sich zum Anwalt eines best. Anliegens macht — also z. B. auch an den Rel.lehrer. — Die G. des christl. Verkünders hängt immer v. seinem gesamten Lebensvollzug ab, da der christl. → Glaube ja immer den ganzen Menschen betrifft u. formt. Nur wenn → Verkündigung „einladend" wirkt, kann sie „zünden", nur wenn es gelingt, das Interesse, die Fragen u. die echten Bedürfnisse der Schüler aufzugreifen (→ Katechese der Erfahrung), wird der RU im Sinne Jesu „effektiv" werden können u. glaubwürdig sein. **Hi**

Gleichnis. Unter G. versteht man eine best. literar. Gattung, bei der ein Gedanke (rel. Wirklichkeit) mit Hilfe eines Sachverhalts aus dem Erfahrungsbereich des Menschen ausgesprochen u. erläutert wird. Dies geschieht aber nicht diskursiv, sondern ganzheitlich: dem im G. dargestellten Bild entspricht nur eine einzige rel. Wirklichkeit (anders: → Allegorie). — Bei den G.reden Jesu unterscheidet man 3 Arten: das *eigentl.* G. nimmt einen alltägl. Vorgang o. Sachverhalt (z. B. v. verlorenen Schaf, v. Senfkorn, v. Unkraut usw.) auf, die → *Parabel* ist eine erdachte Geschichte, die einen meist ungewöhnl. Einzelfall erzählt (z. B. zehn Jungfrauen, barmherziger

Vater, böse Winzer); die → *Beispielgeschichte* besteht darin, einen rel.-sittl. Gedanken durch einen Einzelfall so zu beleuchten, daß daraus → Orthopraxie entstehen kann (z. B. barmherziger Samariter, Pharisäer u. Zöllner). — G.e sind keine Erfindung Jesu, neu ist nur der Inhalt. Bei der Auslegung u. d. h. bei der *richtigen* Verwendung im RU muß der → Sitz im Leben (→ Kontext) beachtet werden: es gibt ntl. G.e, die Jesu → Verkündigung direkt wiedergeben; G.e, die die → Urkirche aufgriff u. v. ihrer veränderten Situation her → aktualisierte (z. B. Wachsamkeitsg.e), u. G.e, die v. → theol. Konzept des betr. Evangeliums geprägt sind: z. B. die G.reden Mk 4 u. Mt 25. G.e sind trotz ihrer Anschaulichkeit oft recht schwer zu interpretieren, so daß der Rel.-lehrer einer guten Vorbereitung bedarf (→ Kommentare) u. das → Abstraktionsvermögen der Kinder nicht überfordern darf. Die Beachtung der versch. G.sarten ist zur Auffindung des fruchtbarsten Zeitpunktes ihrer Erstdarbietung kat. bedeutsam. Bildworte sind dem Kind dann schon im frühen Schulalter verständlich, wenn die „Bildseite“ aus ihrer Erfahrungswelt stammt. V. den bibl. G.n ist im Schulalter am frühesten die Beispielgeschichte erschließbar, dann die Parabel. Rechtes Verständnis der eigentl. G.e erfordert, daß die aus einem anderen Kultur- u. Lebenskreis stammende „Bildhäfte“ den Kindern so evident gemacht werden kann, daß sie durch diese hindurch die Aussage als das Wesentliche erkennen. Eine zu betont intellektualistische Scheidung v. Bild- u. Sachhälfte entspricht aber nicht dem Sinn des G.s. Allegorien wird man ohne Überforderung der Kinder in der Regel nicht vor dem 12. Lj. zum Inhalt der Katechese machen. Hi/Ko

Lit.: E. Bochinger, Distanz u. Nähe (1968); K. Frör, Wege zur Schriftauslegung (3. Aufl. 1961); F. Zehrer, Die Botschaft der Parabeln, 3. Bde. (1966); K. Sorger, Gleichnisse im Unterricht (1972).

Globalziel. Allgemeinstes Lernziel einer Schule, eines Faches o. einer Klasse. → Lernzielforschung → Curriculum Ko

Gnade. Ahd. „ganada“ = Wohlwollen, Gunst; lat. „gratia“; griech. „charis“ = Lieblichkeit, Anmut, Gunst, Wohlwollen, Wohltat. Das Wort G. stellt in Schrift u. → Tradition einen Schlüsselbegriff dar, um das Grundverhältnis → Gottes zum Menschen auszudrükken. *1. Bibl.:* Das A. T. hat kein eig. Wort f. das, was die christl. Theologie — v. a. seit → Paulus — unter G. versteht. Es hat aber dieses Verständnis vorbereitet u. kennt sie schon der Sache nach. Alle atl. Begriffe, die in den Sinngehalt unseres Wortes G. einzubeziehen sind, drücken die personale Zuwendung → Gottes zu seinem Volk aus. Gottes G. ist zunächst eine Grundhaltung des Wohlwollens, eine Gesinnung (Ex 34, 6), die sich in entspr. Handeln manifestiert (Bundesschluß, Bundestreue, Befreiung aus der Knechtschaft, Vergebung der → Schuld u. a. m.). Dieses Heilshandeln Gottes hat ein eschatolog. Ziel: endgültige Lösung u. Befreiung v. jeglicher Not (Jes 54, 8; 55, 3; Jer 31). Im N. T. wird das Wort G. zu einem Zentralbegriff. → Jesus selbst hat zwar nicht begriffl., wohl aber sachl. v. der G. Gottes gesprochen (bes. in den → Gleichnissen v. der souveränen Gottesherrschaft, in der → Parabel v. gütigen Arbeitsherrn in

Mt 20, 1—16; in den Gleichnissen v. Erbarmen Gottes über das Verlorene in Lk 15, 4—32). Paulus wird der große Verkündiger der G. Gottes. Diese erhält ihre Eigenart u. Existenznähe durch die persönl. Erfahrung des Apostels: Gott, der ihn v. Mutterschoß an erwählt hat (Gal 1, 15), hat ihn durch seine G. zum → Glauben u. zum Apostelamt berufen u. ihm seinen Sohn geoffenbart. G. erweist sich so v. a. als personale Zuwendung des heilschaffenden Gottes „durch Christus", durch den der Mensch gerechtfertigt wird u. Zutritt zu Gott erhält. Im Leben des Getauften wird Christus durch die Gotteskraft des Pneuma (Hl. → Geist) wirksam. — 2. *Theol.* bezeichnet G. die personale, absolut ungeschuldete Huld Gottes gegenüber dem Menschen u. die Wirkung dieser Huld: die Selbstmitteilung Gottes an den Menschen in Jesus Christus. Diese G. ist „übernatürlich", insofern sie nicht nur dem Menschen als Sünder ungeschuldet ist, sondern vorgängig dazu mit seinem unverlierbaren Wesen (→ „Natur") noch nicht mitgegeben u. immer G. Jesu Christi ist. Sie verleiblicht sich im geschichtl. Prozeß des menschl. Lebens als „Rechtfertigungs-G.", die uns als heilende G., über das Irdische erhebende G., als heiligmachende G. u. als zu allen guten Werken helfende G. geschenkt ist. Fi

Gnadenlehre im RU. Die system. aufgebauten → Katechismen behandeln die G. gewöhnlich im Zusammenhang mit den → Sakramenten, die meist als Gnadenmittel verstanden wurden. Dies führte fast notgedrungen zu einer verdinglichten u. versachlichten Auffassung der → Gnade. Sie wurde eine unpersönl. „Quantität" v. „etwas", v. dem man mehr o. weniger durch die Sakramente bekam. Rel. päd. u. kerygmatisch ist außerdem zu beachten, daß der Begriff der Gnade durch den Profangebrauch verflacht wurde („Gnädigste", „Gnädiges Fräulein"; allerdings wäre hier noch ein Ansatz f. ein personales Verständnis der Gnade vorhanden). V. bibl. Ansatz her muß die Gnade als personale Beziehung zw. → Gott u. dem Menschen gesehen werden. Da der Begriff Gnade vielfach ohne → Interpretation nicht mehr eindeutig verständlich o. zu einer leeren → Worthülse geworden ist, wird es oft gut sein, das Wort gar nicht zu verwenden u. es durch entspr. Begriffe, die die Zuwendung Gottes zum Menschen ausdrücken, zu ersetzen (Liebe Gottes, Barmherzigkeit u. Wohlwollen Gottes, Huld u. a.). Eine so verstandene G. wird man nicht einem best. Orte (etwa der Sakramentenlehre) o. einem best. Schuljahr zuordnen, sondern sie wird sachlich überall dort zur Sprache kommen, wo v. der huldvollen Zuwendung Gottes zum Menschen die Rede ist. → Geist → Liturgiekatechese Fi

Gnosis. Sammelbezeichnung f. eine rel. Erlösungsbewegung der Spätantike. Griech. „gnosis" = Erkenntnis (des Heilsweges). Charakteristisch ist ein extremer → Dualismus: eigentlicher Ort des Menschen ist eine andere → Welt (Lichtwelt Gottes), in die der Mensch nach Befreiung aus „dieser" Welt (der Dunkelheit, Unwissenheit usw.) eingehen soll. Der durch die G. aufgeklärte Mensch entgeht dem Zerfall dieser Welt u. wird gerettet. Die G. erlebte ihre Blütezeit im 2., 3. nachchristl.

Jh., entstand etwa gleichzeitig mit dem Christentum u. bildete eine tw. beträchtliche Gefahr f. die christl. Gemeinden. Dies äußert sich in polem. Stellungnahmen vieler ntl. Schriften (bes. Apg, 1, 2 Tim, Tit, Jud, Offb; viell. auch 1, 2 Kor, Kol, 1 Joh) u. in der Verwendung gnost. Termini u. Vorstellungsketten (bes. in Joh, Eph u. Kol). Durch zu wenig krit. Umgang mit dem N. T. kommt es da u. dort auch noch in der gw. Theologie zur Verwendung gnost. Elemente, die nicht genügend in ihrer Eigenart u. in ihrem Gegensatz zur ausgespr. un- bzw. antignost. ntl. Theologie durchschaut werden. Hi

Gott. Lat. „deus", griech. „theos", hebr. El, Elohim, → Jahwe. 1. *Begriff:* G. ist die Bezeichnung f. jene pers. Wirklichkeit, die notwendig aus ihrem eigenen Wesen heraus existiert, nicht Sein „hat", sondern das Sein selbst „ist", darum keine unverwirklichten Möglichkeiten kennt, sondern sich selbst in vollkommener Wirklichkeit (reiner Aktualität) besitzt u. so auch → Person ist. Als Erstursache alles Seienden ist G. auch letztes Ziel alles Seins u. Geschehens. Durch die → Analogie des Seins kann der menschl. Verstand zu diesen Aussagen kommen. 2. *Bibl.:* Im A. T. ist die → Offenbarung G.s wesentl. eine Offenbarung im Werden, die ihr Zentrum nicht im Lehrwort über G., sondern in der Selbsterschließung G.s in seinem Handeln hat. Der G. → Israels ist der eine u. einzige G., der keine räuml. u. zeitl. Begrenzung kennt. Er ist der Erste u. Letzte, der Allmächtige u. Lebendige, der Schöpfer Himmels u. der Erde; der Herr, der die Geschicke der Völker lenkt, → Israel aber zu seinem bes. Eigentum erwählt hat. Er führt u. leitet es, gibt ihm seine Verheißungen u. verhängt seine Gerichte, wenn es seine eigenen Wege geht.
Die Personifizierung der Weisheit, des → Wortes u. des → Geistes sind mehr poetische Ausschmükkungen, aber noch keine Hypostasierungen des innergöttl. Lebens; sie sind tastende Vorgriffe auf die Offenbarung des dreipersönlichen G.s im Neuen → Bunde. Das N. T. nimmt die atl. G.soffenbarung in ihrer gesamten Breite u. Tiefe auf, entfaltet sie weiter u. führt sie ihrem Höhepunkt zu. Die fundamentale Bezogenheit der beiden Testamente kommt am tiefsten in der Identität des gleichen G.s zum Ausdruck. Die Behauptung, das A. T. verkünde den G. der Gerechtigkeit, das N. T. den G. der → Liebe, stellt eine Verzerrung u. Vereinfachung der bibl. G.sbotschaft dar. → Jesus selbst setzt das G.sbild des A. T. u. des Judentums voraus. Es ist auch einseitig u. falsch, sein G.sbild nur auf die Milde u. Güte G.s zu reduzieren; wer ihm die strengen Züge abspricht (z. B. G. als der Herr, dessen unbegrenzte Macht sich zum Heil o. zum Gericht f. den Menschen auswirken kann; der radikale Forderungen stellt u. totale → Liebe erwartet), nimmt der Botschaft Jesu v. Erbarmen G.s den Hintergrund, v. dem sie sich abhebt. Denn die eigene u. eigentliche Botschaft Jesu ist die Offenbarung des gütigen, verzeihenden u. überreich schenkenden G.s, wie sie bis dahin nicht gekannt wurde. Am deutlichsten zeigt sich das, wenn Jesus seine Jünger beten lehrt: „Abba" = mein Papa, u. sie so G. mit der alltägl. Anrede des Kindes das G.sverhältnis aussprechen läßt. In vielen → Gleich-

nissen zeigt er außerdem G.s menschlich-übermenschliche Güte (vgl. Lk 11, 5—13; Lk 15, 11—32; Mt 20, 1—15). Die Urkirche hat dann das G.sbild Jesu übernommen u. es durch ihren Christusglauben vertieft. Der Glaube an G. den Vater, an Jesus Christus, den Messias u. G.ssohn, u. an den v. ihm verheißenen Parakleten hat schließlich den Zugang zum trinitar. → Geheimnis eröffnet. Wenn auch dem N. T. diesbezüglich die klaren Begriffe noch fehlen, so stellt es doch das dynam. Handeln des dreifaltigen G.s zu unserem Heile klar heraus. — 3. *G.slehre:* Die sehr rasch einsetzende Reflexion der bibl. Aussagen über G. führt zur Ausbildung einer G.slehre, die sich mit dem Wesen G.s, seinen Eigenschaften u. v. a. mit seinem dreipersönl. Leben beschäftigt. Mit Hilfe phil. Begriffe (→ Person, → Natur) wird bes. die Trinitätslehre immer mehr entfaltet u. artikuliert, in den Glaubensbekenntnissen bekannt u. in Aussagen des Lehramtes gegen häret. Abweichungen verteidigt. Die Lehre v. der einen Natur G.s u. den drei Personen (Vater, Sohn u. Hl. → Geist) stellt das Grundgeheimnis des Christentums dar. → Gotteserfahrung → Gottesbeweis(e) Fi

Gottesbeweis(e). Im allgem. versteht man darunter den Vollzug u. das Ergebnis eines Gedankenganges, in dem ohne übernatürl. Erleuchtung allein mit Hilfe der natürl. Vernunft Gewißheit über das Dasein → Gottes erlangt werden soll. Bekannt geworden sind v. a. der *Ontolog. G.* des A. v. Canterbury (im unmittelbar einleuchtenden Begriff Gottes als des vollkommensten Wesens muß mit dieser Vollkommenheit notwendig sein Dasein mitgedacht werden) u. die „5 Wege" des Thomas v. Aquin: aus dem Bewegtsein wird ein erster Beweger (*Kosmolog.* G.), aus dem Bewirktsein eine erste Ursache (*Kausal*beweis), aus dem zufälligen So- u. Dasein ein absolut Notw. (*Kontigenz*beweis), aus dem mehr o. weniger Vollkommensein ein absolut vollkommenes Wesen (*Stufen*beweis) u. aus der Ordnung der Weltdinge ein oberster Ordner erschlossen (*teleolog.* G.). Die Bedeutung der G. darf nicht überschätzt werden. F. sich genommen besitzen sie zwar höchste Gewißheit, doch f. den konkreten Menschen sind sie nicht zwingend, da ihnen weder die Exaktheit der Mathematik noch die Verifizierbarkeit der Physik zukommt. Man sieht in ihnen heute eher Hinweise in Form eines Beweises, daß der Mensch v. seiner geistigen Struktur her offen ist hin auf das → Absolute. — Päd. u. rel. päd. wichtiger als das Wissen um die G. ist die Entfaltung des → Gefühlslebens, die v. a. die Demut vor dem → Geheimnis weckt, u. die Annahme der über sich hinausweisenden Aspekte des Lebens, wie sie bes. in Grenzsituationen erfahren werden (→ Liebe, Krankheit, → Schuld, Tod u. a.). Fi

Gottesdienst → Liturgie

Gotteserfahrung. Durch den Ausfall der G. droht das Wort G. zu einer bloßen Vokabel, zu einer Leerformel u. blassen Abstraktion zu werden. Der Grund f. die Erfahrung der „Abwesenheit Gottes heute" liegt darin, daß heute die → Welt qualitativ anders erfahren wird als früher: nicht mehr als eine numinose, die voll des Göttlichen ist; nicht mehr als wohlgeordneter Kosmos, in dem auch

Gott seinen festen Platz hat, sondern als eine → Welt, die uns aufgegeben ist: Die Welt als Bauplatz u. Material f. unser geschichtl. Werk. In dieser so erfahrenen Welt wird sich der Horizont dessen, was wir G. nennen, dort zeigen, wo der Mensch nach seinen Grenzen, nach dem Grund u. nach dem Sinn seiner selbst fragt. Er tut es, wenn er die entscheidenden Vollzüge u. Verhaltensweisen seines Daseins bedenkt u. den letzten Grund ihrer Ermöglichung reflektiert: also wenn er nachdenkt über den tiefsten Grund des → Vertrauens, der → Liebe, der letzten Selbstlosigkeit, der unbedingten → Entscheidung f. Gerechtigkeit u. f. das → Gute. In all diesen Verhaltensweisen u. Entscheidungen, die den Menschen als Person betreffen, überschreitet der Mensch sich selbst in einen Grund u. auf ein Ganzes seiner selbst, das nicht mehr mit ihm u. der Welt identisch ist. Hier rührt er an das → Geheimnis Gottes. Fi

G. in Grundsituationen der menschl. Existenz, in Ereignissen, Schicksalsschlägen, Grenzsituationen, in mitmenschl. Begegnung (Freundschaft, Nächstenliebe usw.), im Umgang mit der → Welt (Arbeit, Weltgestaltung usw.) ist möglich aufgrund der Immanenz Gottes (vgl. Röm 1, 19 ff.). Christl. → Glaube selbst ist G. in eminentem Sinne, der selbst wieder neue Formen der G. durch die Begegnung mit der → Offenbarung, aber auch im Raum v. Welt u. Mitmensch ermöglicht. Aufgrund der → Transzendenz Gottes, seiner Unweltlichkeit, Ungegenständlichkeit, seiner raum-zeitl. Unfixierbarkeit u. Andersartigkeit gegenüber den Geschöpfen bleibt die G. im Raum v. Welt u. Mitmensch immer *indirekte* Erfahrung im Sinne v. 1 Kor 13,12. Welterfahrung u. mitmenschl. → Begegnung vermögen die Wirklichkeit Gott transparent u. erfahrbar zu machen etwa in dem Sinne, wie Milchglasfenster die Sonne (indirekt, nicht aber direkt) erfahrbar machen. Die durch sie vermittelten Sinneswahrnehmungen u. Phänomene können jedoch nicht eo ipso mit Gott identifiziert werden. Dies wäre → Anthropomorphismus o. Pantheismus. Es kann jedoch auch das Erleben der „Nichterfahrbarkeit Gottes“ (→ Gott-ist-tot-Theologie, vgl. Ps 22,3; Jer 15,18) Erfahren des unverfügbaren, sich dem Menschen entziehenden Gottes (vgl. Hos 1,9) sein, wie auch unbewußt u. unerkannt Begegnung mit jener Wirklichkeit möglich ist, die der Gläubige „Gott“ benennt. → Erfahrung, religiöse Ko

Lit.: K. Tilman, Staunen u. Erfahren als Wege zu Gott (1968); W. G. Esser, Die religionspädagogigsche Grundfrage nach Gott (1969); ders., Erschließung der Frage nach Gott (1970); T. C. de Kruijf u. a., Zerbrochene Gottesbilder (1969).

Gotteskindschaft. Der Begriff wird verwendet, um das Verhältnis → Gott-Mensch zu beschreiben. Im A. T. wird zunächst Gesamt-Israel als Sohn Gottes bezeichnet (Ex 4, 22); später werden dann auch Einzelpersonen Kinder des Vatergottes genannt (Sir 4,10; 23,1). Erst im N. T. gewinnt der Gedanke der G. eine zentrale Bedeutung. → Paulus entwickelt geradezu eine Theologie der G.: durch die gläubig empfangene → Taufe (Gal 3,27) erhalten wir Anteil an der Stellung des Sohnes, der als einziger v. → Natur aus Gottes Sohn ist, u. an seinem Wesen. Die G. wirkt sich dann dahin aus, daß wir auf Gottes → Geist hören u. durch ihn u. in ihm im Gebet mit dem Ruf „Abba“ =

Vater antworten (Gal 4,6). Die G., die wir auf Erden nur als Angeld haben (Eph 1,13 f), werden wir bei der Wiederkunft Chr., dem wir immer ähnlicher werden müssen (Eph 5,1), als Vollbesitz erhalten. Nach Johannes muß sich die G. in Haltungen wie → Freude (1 Joh 3,1), → Glaube (1 Joh 5,1), Gerechtigkeit (1 Joh 2,29) u. v. a. → Liebe (1 Joh 4,7) zeigen. Letzte Konsequenz der G. ist die Sündelosigkeit (1 Joh 3,9). Die dogmat. Theologie verwendet den Begriff der G., um die Wirkung der heiligmachenden → Gnade auszudrücken: durch die Rechtfertigungsgnade wird der Mensch in den Stand der Gotteskinder erhoben u. erhält Anrecht auf das väterliche Erbe im Himmel. Fi

Gottesknecht. Die Bezeichnung G. wird im A.T. sowohl als demütige Selbstbezeichnung als auch als Ehrenname, den → Gott verleiht, verwendet. Abraham, Mose, David, sogar Kyros v. Persien, heißen „G". Auch das ganze Volk wird als G. angesprochen (vgl. Jer 30,10). In einzigartiger Weise trägt jedoch der anonyme G. des → Deutero-Jesaja diesen Namen. Vier Lieder (Jes 42,1—7; 49,1—9 a; 50,4—9; 52,13—53,12) besingen ihn als einen, der „nicht schreit u. seine Stimme nicht erhebt ..., der geknicktes Rohr nicht bricht, glimmenden Docht nicht auslöscht" (1. Lied); er ist der v. allen Verschmähte, den der Herr aber zur Zeit seines Erbarmens erhört (2. Lied), er ist der Unschuldige, der den Schlagenden seinen Rücken bietet (3. Lied), er ist „verachtet, v. den Menschen gemieden, ein Mann der Schmerzen, mit Krankheit vertraut ... Jedoch unsere Krankheiten trug er ... Wir aber hielten ihn f. einen ... v. Gott Geschlagenen ... Aber durch seine Wunden ward uns Heilung zuteil" (4. Lied).

Es ist nicht eindeutig geklärt, welche die letzten histor. Wurzeln dieses G.sgedankens sind: ob → Israel als ganzes, ein „heiliger Rest", ob ein Idealprophet o. ein Idealkönig gemeint ist — f. das eigentliche Verständnis ist dies jedoch nicht ausschlaggebend.

„Das Bild vom G., v. seinem Auftrag an Israel u. an die → Welt u. v. seinem sühnenden Leiden ist Weissagung u. gehört ... in den Bereich der äußersten → Wunder, die sich → Jahwe vorbehalten hat" (v. Rad). Erwählung durch Gott, um f. andere da zu sein, ist mit Leiden u. Erniedrigung verbunden. Den anderen aber wird dadurch das Licht gebracht, daß sich einer in ihre Dunkelheit u. Finsternis begibt — als Unschuldiger. Heilung geschieht f. die anderen nicht magisch, sondern dadurch, daß sie sich nach anfängl. Spott seinem Heil öffnen.

→ Jesus hatte sich in die Solidarität mit den Sündern begeben, er hatte damit symbolhaft vollzogen, „was fortan der Inhalt seiner ganzen Existenz sein wird; die Schicksalsgemeinschaft mit den Sündern, das Stehen an ihrer Statt" (Ratzinger). — *Kat.* ist es wichtig, zu zeigen, wie Auserwählung u. Leiden oft zusammenfallen, wie der Retter die Not der zu Rettenden teilen muß — in den vielfältigsten u. alltäglichsten Formen — u. wie schließlich der eine — Jesus — sein Leben hergibt, damit andere versöhnt leben können. Schr

Gotteslehre im RU. Die fundamentalste Aufgabe des RU ist es, das Wort u. die Wirklichkeit → „Gott" verständlich zu machen, denn mit diesem Wort ist alles zusammengefaßt, was den → Glauben ausmacht. Daher ist die G. im RU nicht auf eine best. Schulstufe beschränkt, sondern wird auf ihre Weise auf jeder Stufe zur Sprache kommen müssen. Grundsätzlich ist zu beachten: 1. Es geht nicht um einen Gottesbegriff, sondern um ein personales Gottesbild. Im Anschluß an die Schrift ist Gott nicht so sehr in seinem „An-sich-Sein" als vielmehr in seinem „Für-uns" bzw. „Für-mich" zu zeigen. 2. Da das Handeln Gottes mit dem Menschen in → Jesus Christus seinen unüberbietbaren Höhepunkt erreicht hat, wird auch im RU das Gottesbild v. a. im Christusbild zu erschließen sein. Die Botschaft Jesu, sein Verhalten u. sein Geschick zeigen uns konkret u. aufgrund histor. Erfahrung, wie Gott ist u. was er f. uns getan hat, so daß Jesus das uns zugewandte Antlitz Gottes ist. 3. Nicht so sehr die „immanente" (in Gott selbst wesende), sondern die „ökonom." (die dem Menschen gegenüber heilswirksame) Dreifaltigkeit wird im RU zur Sprache kommen. So wird die Dreifaltigkeit nicht der Ausgangspunkt der Glaubensunterweisung sein, sondern das Ziel. 4. Die Erfahrung der Wirklichkeit Gottes wird mehr u. mehr zur Sinn- u. Existenzfrage des ganzen RU werden. Denn ohne seine Wirklichkeitserfahrung erscheint Gott als unwirklich. → Gottesbeweise → Gotteserfahrung Fi

Gott-ist-tot-Theologie. Die „G." ist eine Strömung innerhalb der Theologie, die v. a. v. amerikanischen nicht-kath. Theologen ausgegangen ist. V. den Schwierigkeiten des neuzeitl. Menschen ausgehend, versuchen W. Hamilton, Th. J. J. Altizer, P. M. van Buren, H. Cox, D. Sölle, G. Vahanian, J. A. T. Robinson u. a. Ansätze eines Lebens als Christ „ohne → Gott". Der „Tod Gottes" wird dabei sowohl als Tod bisheriger Gottesbilder (Robinson), als Abwesenheit Gottes (D. Sölle) wie auch als tatsächl. Sterben Gottes im Tod Jesu interpretiert. Im Gegensatz dazu deutet M. Buber das gleiche Phänomen in Analogie zur Sonnenfinsternis als „Gottesfinsternis". Die meisten Vertreter der G. rekurrieren auf → Jesus Christus, auf mitmenschl. Begegnung, auf volle Bejahung des Diesseits u. Sinngebung des Lebens durch → Freiheit zum Dienst an den anderen u. Gestaltung der auf uns zukommenden → Zukunft. Sie übernehmen das immanentist. Welt- u. das supranaturalistische → Transzendenzverständnis gleichermaßen unkritisch, so daß der „Tod", der „Totalverlust" Gottes, zwangsweise passieren muß. Die Behauptung „Gott ist tot" kann letztlich nur den Sinn haben, daß dem Menschen v. heute gewisse Gottesvorstellungen (ein unbibl. überweltl., übergeschichtl., jenseit. Gott) zerbrochen u. gewisse → Gotteserfahrungen früherer Zeiten abhanden gekommen sind. Insoferne der G. eine Grunderfahrung vieler Menschen zugrunde liegt, ist sie rel. päd. ernst zu nehmen, v. a. a) im Hinblick auf das Sprechen über Gott, das sich nicht mehr in trad. → Worthülsen u. Kategorien erschöpfen darf u. b) im Hinblick auf die Frage, wodurch das menschl. Leben sinnerfüllt wird. Die der G. zugrunde liegende menschl. u. theol. Problematik ist im Raum der kath. Religionspädagogik noch zu wenig aufgearbeitet. Fi/Ko

Lit.: J. Bishop, Die Gott-ist-tot-Theologie (1968).

Graphologie. V. griech. grapho = ich schreibe. Jener Teil der → Ausdrucksforschung, welcher sich mit der menschl. Schrift befaßt. Als Wissenschaft ist G. streng v. pseudowiss. Schriftdeutungen zu unterscheiden. So gesichert es ist, daß sich Persönlichkeitsstrukturen in der Handschrift „ausdrücken", so ungesichert ist andrerseits die Deutung einzelner Schriftmerkmale u. ihre Zuordnung zu Charaktereigenschaften. Die Indizien f. eine solche Zuordnung, welche v. einzelnen grapholog. Schulen angeführt werden, sind z. T. noch widersprüchlich. Ko

Gravissimum educationis = am 28. Oktober 1965 veröffentlichte Erklärung des 2. Vatikanischen Konzils über die christl. → Erziehung. Ein sehr knappes Dokument, das nur einige Anliegen (Recht auf Erziehung, christl. Erziehung, Erziehungsaufgabe v. → Familie, Staat, Schule, Elternrecht, Katholische Schule, Hochschulen u. Universitäten, Koordinierung u. Kooperation) in 12 Artikeln benennt u. allg. gehaltene Richtlinie f. die nachkonziliare Weiterarbeit sein will. Ko

Lit.: Deutscher Text u. Kommentar: K. Rahner/H. Vorgrimler, Kleines Konzilskompendium (2. Aufl. 1966); J. Höffner (Hsg.), Erklärung über die christl. Erziehung — lat. u. dt. (1967).

Grenzgebote. G. markieren die Scheidung zw. → Gut u. → Böse (z. B.: Nicht töten!). Ihre Erfüllung ist kontrollierbar u. z. T. durch Erziehung o. Gesetzgebung auch urgierbar. Der → Moralunterricht muß sie deutlich akzentuieren u. motivieren, er darf sich jedoch nicht allein an ihnen orientieren. → Zielgebote → Gesetzesethik → Erfüllungsgebote Ko

Großdiaprojektor → Overheadprojektor → Diapositiv

Großgruppenunterricht. In → Gesamtschulen faßt ein bes. ausgebildeter Lehrer Schülergruppen anderer Lehrer zu vorlesungsähnl. Veranstaltungen zusammen. Im Anschluß ist jedoch eine Vertiefung u. Erfolgssicherung in kleineren Gruppen notwendig. → Teamteaching Ko

Grüner Katechismus → Einheitskatechismus

Grundaxiom des Bildungsprozesses. V. griech. axióo = ich halte für wert. Axiom = ein Satz, der eines Beweises nicht bedarf. Unter G. d. B. versteht man den 1917 v. G. Kerschensteiner aufgestellten Satz: „Die Bildung des Individuums wird nur durch jene Kulturgüter ermöglicht, deren geistige Struktur ganz o. teilweise der Struktur der jeweiligen Entwicklungsstufe der individuellen Lebensform adäquat ist". In Theorie u. Praxis der → Erziehung führte dieses G. zur Forderung u. zu mannigfachen Formen des → Unterrichtsprinzips der „Kindgemäßheit" bzw. „Entwicklungsgemäßheit". Bildungstheoret. liegt die Problematik (u. Grenze) des G.s in der Frage, wie weit ein Mensch nur durch das gebildet wird, was seinem „Lebenskreis u. Lebenskern" (E. Spranger) entspricht u. wie weit der Mensch gerade durch das geistig wächst, was „über ihm" ist. Ko

Lit.: G. Kerschensteiner, Das Grundaxiom des Bildungsprozesses (3. Auflage 1931).

Grundschule. Mit G. (Dauer 4 Jahre) wird der allg. staatl. Unterbau des → Bildungswesens bezeichnet. Sie gibt allen Kindern ohne Rücksicht auf Begabung u. soziale Herkunft die gemeinsame erste Schulbildung u. verschafft ihnen den Zugang zu weiterführenden Schulen. G. entspricht der → Primarstufe bzw. deren Unterstufe, der → Elementarschule, der Unter- u. Mittelstufe der Volksschule. Päd. ist anzustreben: keine Nivellierung der hohen Begabungsstreuung der Kinder; Förderung aller Begabungen durch → Fachunterricht (Fachlehrer) u. fachspezifische → Didaktik. → Gesamtschule Ro

Grundstufe → Primarstufe

Grundwissenschaft. Nach H. E. Hengstenberg im Gegensatz zur → Hilfswissenschaft eine Disziplin, in deren Licht eine andere wiss. Disziplin ihre Probleme u. Aufgaben zu sehen hat. Anwendungswissenschaften werden durch die G. „per conclusionem" (= → Deduktion der G. auf einen bestimmten Bereich"), selbständige Wissenschaften „per determinationem" (wodurch ihre Eigenständigkeit u. Eigengesetzlichkeit nicht aufgehoben wird) bestimmt. Die Unterscheidung v. G. u. Hilfswissenschaften ist bedeutsam f. die bildungsrelevante Frage nach dem Verhältnis v. Theologie u. Pädagogik, wie auch f. die Konstituierung einzelner Wissenschaften: → Katechetik, → Religionspädagogik. Ko

Lit.: H. E. Hengstenberg, Philosophie und Erziehungswissenschaften im Studium des Volksschullehrers, in: Vierteljahrschrift für wissenschaftliche Pädagogik 1958/2/77 ff.

Gruppe, soziale. Der Ausdruck G. wird sehr unterschiedlich verwendet. Im wiss. Sinn bezeichnet man als s. G.n diejenigen Formen des menschl. Zusammenlebens, in denen die gesellige → Natur des Menschen am reinsten verwirklicht wird. Das wesentlichste Kennzeichen jeder s. G. sind die → Interaktionen ihrer Mitglieder. S. G.n sind durch folgende Merkmale gekennzeichnet: Die Mitglieder der G. identifizieren sich mit der G., sie zeigt eine soziale → Struktur, läßt einen Spielraum f. individuelle Rollen, entwickelt soziale → Normen, die Mitglieder haben gemeinsame Interessen, die Aktionen sind auf ein gemeinsames Ziel gerichtet, die G. hat eine gewisse Beständigkeit. G.n, in denen diese Merkmale bes. stark ausgeprägt sind, bezeichnet man als *primäre* G.n.; in ihnen entwickelt sich v. a. ein Gefühl der → Solidarität. In *sekundären* G.n sind dagegen die Merkmale schwächer ausgeprägt. In diesem Sinn ist die → Familie eine Primärg., die → Schulklasse kann als Sekundärg. angesehen werden. Nach der G.nbildung unterscheidet man *formelle* u. *informelle* G.n. Formelle G.n werden aus äußerlichen Anlässen eingerichtet, informelle G.n entwickeln sich spontan u. aus persönlichen Bedürfnissen. Ku

Gruppenarbeit. Eine Methode, bei der nach A. Witak je 4 bis 6 Schüler einer Klasse gemeinsam eine Aufgabe lösen. Die → Gruppen arbeiten dabei entweder an einer je versch. Teilfrage einer Gesamtaufgabe (*arbeitsteiliges,* auch konferierendes Verfahren) o. aber alle Gruppen bearbeiten die gleiche Aufgabe (*konkurrierendes* Verfahren). Diese beiden traditionellen Typen der G. werden heute noch weiter differenziert, wobei die Fachtermini oft auch modifiziert o. in einem v. der ursprünglichen Bedeutung abweichenden Sinn gebraucht werden (vgl. Abb. 12: Gruppenweiser Unterricht). Am Schluß der G. folgen Gruppenberichte u. ein Zusammenfassen bzw. Diskutieren der Lösungen. Gegenüber dem trad. Frontalunterricht bringt G. eine größere Aktivierung des einzelnen u. eine Förderung der Sozialbeziehungen unter den Schülern. Gegenüber der → Einzelarbeit liegt ihr Vorteil im Ausgleich der Kräfte durch Kooperation, v. a. bei Beachtung → gruppendynamischer Gesetzlichkeiten. → Abteilungsunterricht Ko

Gruppendynamik. In allen gesellschaftl. Gebilden lassen sich stat. u. dynam. Kräfte beobachten. Die stat. Kräfte streben die Festigung der bestehenden Verhältnisse an, die dynam. Kräfte zielen auf Veränderungen hin. Die Summe der Kräfte, die in einer sozialen → Gruppe wirksam werden, bezeichnet man als G. Die Grundvoraussetzung jeder G. liegt im Streben des Menschen, → Gruppen zu bilden bzw. sich Gruppen anzuschließen. Gegenüber dem einzelnen Menschen zeigt die soziale Gruppe drei wesentl. Leistungsvorteile: 1. In der Gruppe kommt es zu einer Addition aller Kräfte ihrer Mitglieder, 2. durch die unter-unterschiedl. Veranlagungen u. Fähigkeiten der Mitglieder vollzieht sich ein Fehlerausgleich, 3. die Urteilsbildung gelingt einer Gruppe meist besser. — Die G. hängt unmittelbar mit der Art der sozialen Gruppe zusammen; sie ist in primären u. informellen Gruppen größer als in sekundären u. formellen Gruppen. Äußerlich zeigt sich die G. besonders in den → Interaktionen der Gruppenmitglieder. Nehmen die Interaktionen zu, steigt auch das Gefühl der Gruppenzusammengehörigkeit, die Gruppenkohärenz (Kräfte, die zum Zusammenhalt der Gruppe führen) wird besonders wirksam. Die Abnahme der Interaktionen kann dagegen den Zerfall der Gruppe einleiten. Ku

Lit.: Zeitschrift „Grupendynamik", Verlag Ernst Klett, Stuttgart; F. Kaspar, Gruppenpädagogische Unterrichtsverfahren f. den RU (1971); P. Hofstätter, Gruppendynamik (1967); K. Spangenberg, Chancen der Gruppenpädagogik (1969); H. Schoeck (Hg.), Kleines soziologisches Wörterbuch (1969); J. W. Knowles, Gruppenberatung als Seelsorge u. Lebenshilfe (1972).

Gruppenmoral. Die Gesamtzahl der v. einer → Gruppe entwickelten u. v. ihren Mitgliedern anerkannten sozialen → Normen kann als Grundlage der G. aufgefaßt werden. Jede soziale Gruppe kann Normen festlegen; daraus entwickelt sich das Empfinden f. ein gruppenrichtiges Verhalten. Abweichendes Verhalten wird mit Sanktionen belegt, ständiges Abweichen kann zum Ausschluß aus der Gruppe führen. Gruppen mit hohem Solidaritätsgefühl haben in der Regel auch eine hohe G. In informellen Gruppen kann die G. auch v. den Regeln der Gesamtgruppe abweichen. Man spricht daher auch v. der „doppelten Moral" einer → Schulklasse. Ku

Güte — Strenge. G. u. St. sind dynamische Komponenten im Bewußtsein des Erziehers, daß er im Dienste der Heranwachsenden steht u. zugleich dem Sollenscharakter der unbedingt geltenden Normen u. Werte, die im Menschsein wurzeln, verpflichtet ist. — G. ist Gutes wollen u. Gutes tun f. den anderen, in → Verantwortlichkeit des päd. → Führens, d. h. im Bedenken gegebener u. zukünftiger Situationen, um alles das

ABBILDUNG 12: **Gruppenweiser Unterricht**

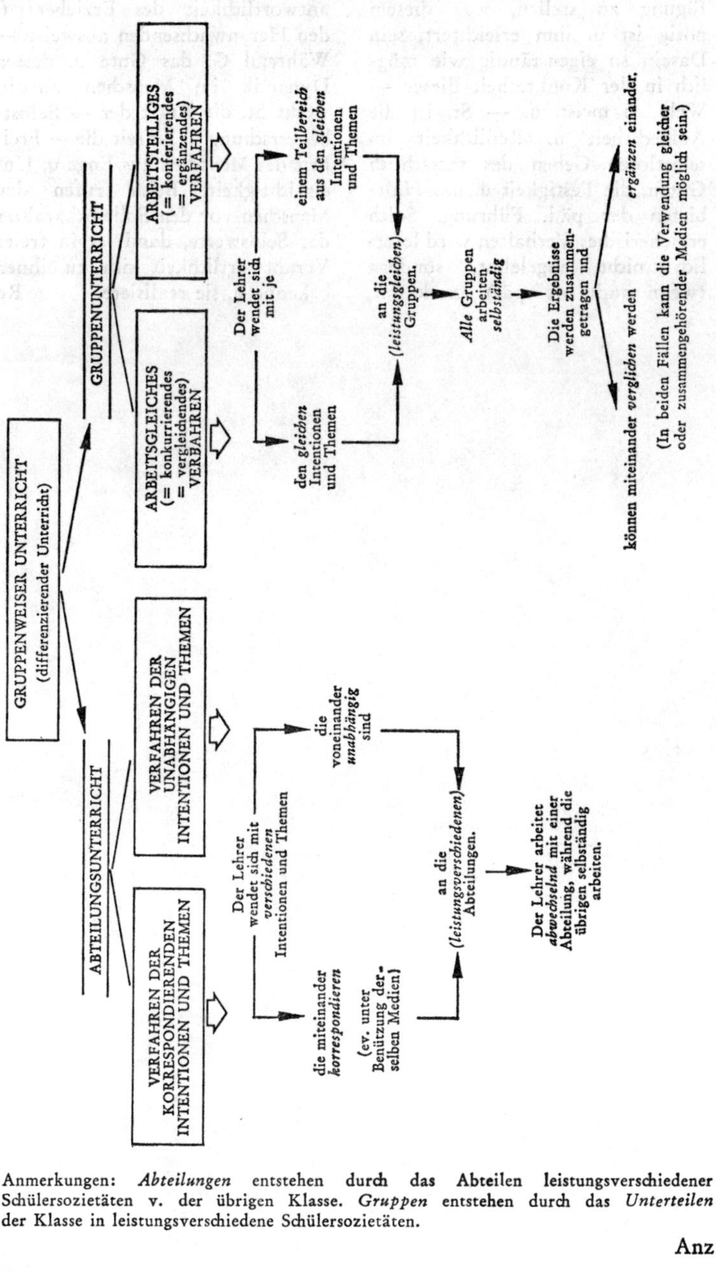

Anmerkungen: *Abteilungen* entstehen durch das Abteilen leistungsverschiedener Schülersozietäten v. der übrigen Klasse. *Gruppen* entstehen durch das *Unterteilen* der Klasse in leistungsverschiedene Schülersozietäten.

Anz

dem anderen selbstlos zur Verfügung zu stellen, was diesem nötig ist u. ihm erleichtert, sein Dasein so eigenständig wie möglich in der Konkretheit dieser → Welt zu meistern. — St. ist die Aufrechtheit u. Redlichkeit im selbstlosen Geben des tatsächlich Guten, die Festigkeit u. das Haltbieten der päd. Führung. Solch erzieherisches Verhalten wird letztlich nicht abgelehnt, sondern (wenn auch oft spät) anerkannt, weil sich in ihm die bewußte Verantwortlichkeit des Erziehers f. den Heranwachsenden ausweist. — Während G. das Gute u. dessen Dynamik im Menschen anruft, weckt St. die Kraft der → Selbstbeherrschung u. befreit die → Freiheit des Menschen aus Enge u. Uneinsichtigkeit. Beide rufen den Menschen vor den Sollenscharakter der Seinswerte, damit er in freier Verantwortlichkeit sich zu ihnen bekenne u. sie realisiere. Ro

Haftpflicht des Lehrers.
BRD: Die H. d. L. erstreckt sich auf Ersatz v. Schäden, die sich bei Veranstaltungen der Schule während seiner pflichtigen Aufsichtszeit ereignen. Manche Kultusministerien haben mit Versicherungsverbänden Vereinbarungen getroffen, durch die (gegen einen geringen Jahresbeitrag) die gesetzl. H. einbezogen ist. Die H. d. L. ist gemäß Art. 34 GG eingegliedert in die Staatshaftung: „Verletzt jemand in Ausübung eines ihm anvertrauten öffentl. Amtes die ihm einem Dritten gegenüber obliegende Amtspflicht, so trifft die Verantwortlichkeit grundsätzlich den Staat o. die Körperschaft, in deren Dienst er steht. Bei Vorsatz o. grober Fahrlässigkeit bleibt der Rückgriff vorbehalten. F. den Anspruch auf Schadenersatz u. f. den Rückgriff darf der ordentl. Rechtsweg nicht ausgeschlossen werden."
Lä

Österreich: Ob u. wie weit ein Lehrer dem Geschädigten f. einen Schaden, der durch sein Verhalten verursacht worden ist, haftet, ist den einschlägigen Gesetzen, insbesondere dem Allgemeinen Bürgerlichen Gesetzbuch zu entnehmen. Grundsätzlich haftet er danach f. den Schaden, den er durch schuldhaftes u. rechtswidriges Verhalten verursacht hat. Dagegen haften Lehrer, die als Organe eines Rechtsträgers (Bund, Länder, Bezirke, Gemeinden o. sonstige Körperschaften des öffentlichen Rechtes), in Vollziehung der Gesetze durch rechtswidriges Verhalten einen Schaden am Vermögen o. an der Person wem immer schuldhaft zugefügt haben, dem Geschädigten aufgrund des Amtshaftungsgesetzes nicht. Die Haftung dem Geschädigten gegenüber trifft in diesen Fällen ausschließlich den Rechtsträger. Dieser aber hat grundsätzlich einen Regreßanspruch gegenüber dem Organ, das die Rechtsverletzung vorsätzlich o. grobfahrlässig verursacht hat. In konkreten Fällen ist in Fragen der H. die Konsultation rechtskundiger Personen zu empfehlen, ebenso f. Lehrer der Abschluß v. H.versicherungen.
Ke

Schweiz: Ob der Lehrer f. jede, also auch leichte o. nur f. grobe Fahrlässigkeit haftet, ob er direkt u. ausschließlich o. erst nach der öffentl. Hand belangt werden kann, beantwortet sich v. Kanton zu Kanton anders (ermöglicht durch Art. 61 des Schweiz. Obligationenrechts). Durchschnittlich sind heute die Lehrer (auch der Volksschulen, die eigentlich Gemeindeangestellte sind) den kantonalen Beamten gleichgestellt (Haftung des Staates, mit Regreßmöglichkeit auf den einzelnen bei grober Fahrlässigkeit). Die Haftung des Lehrers wird stark erleichtert durch die Schülerunfallversicherungen.
Fr

Haggada. H. (hebr. „Aussage, Darstellung", plur.: Haggadot) ist eine Erklärung eines nicht-gesetzl. Bibeltextes im → Judentum. Die meisten zeitgenössischen literar. Mittel (Sage, → Legende, → Gleichnis u. a.) wurden benützt, um eine Glaubenswahrheit, die in anderer Form in der Bibel stand, zu kommentieren u. zu bestärken. Ihren Ursprung hat die H. in der Predigt der Synagoge. Sie wendet sich deshalb oft mehr an das → Gemüt.
Schr

Hagiographie. V. griech. hagios = heilig; graphein = schreiben. Beschreibung des Lebens eines Heiligen. H. f. Kinder muß die f. → Kinderliteratur geltenden Sachgesetzlichkeiten beachten u. ein wahres Bild des Heiligen vermitteln. Sachlich nicht gedeckte Idealisierung, Moralisierung, Klischees u. ä. sind zu vermeiden. Ko

Lit.: G. Kranz, Heiligenleben als Bildungsgut (1965).

Halacha. H. (hebr. „Wandel", plur.: Halachot) ist ein Teil der mündl. Überlieferung des → Judentums. Ihre Funktion bestand darin, die → Gesetze auszulegen, Weisung f. bestimmte Einzelsituationen im Geist des → Gesetzes zu geben. Die H.ot stammen zu einem großen Teil aus alter Zeit. In der rabbinischen Epoche wurde das Studium der H. zur absoluten rel. Pflicht. Schr

Halluzination. Wahrnehmung *ohne* entspr. äußeren Reiz. → Rauschgift → Illusion Ko

Hamburger Abkommen. Übereinkunft der bundesdeutschen Ministerpräsidenten zur Vereinheitlichung des deutschen Schulwesens (1964). Die wichtigsten Inhalte des H. A.s sind: Einführung der → Hauptschule an Stelle der bisherigen Volksschul-Oberstufe; 9. Schuljahr; Einführung einer Förder- u. Auslesestufe; einheitl. Schuljahresbeginn ab Herbst 1967. Ko

Lit.: Ständige Konferenz der Kultusminister, Kulturpolitik der Länder 1963 und 1964 (1965).

Handauflegung. *Bibl.:* Symbol f. Macht (Ps 18/19,2) u. → Geist (Jes 8,11) → Gottes, sowie f. Identifizierung zw. Opferndem u. Opfertier (Lev 1,2). → Zeichen f. Segen (Mk 10,16), Weihe (Dtn 39,9), Heilung (Lk 13,13), Geistmitteilung (Apg 8,17), Sendung (Apg 13,3), Bevollmächtigung (Apg 6,6).

Liturg.: Sakramentales Zeichen (→ Firmung, Weihe) u. Segensgeste. Trotz anthropol. Fundierung (Hand als Ausdruck u. Spiegel der Seele — R. Guardini) ist der Symbolgehalt heute nicht mehr aus täglichem Erleben vertraut. H. muß daher v. a. in der → Liturgiekatechese durch Interpretation der bibl. Symbolik, Bewußtmachen des Ausdruckscharakters relevanter *Hand*lungen (Händedruck, Streicheln, Winken usw.) u. Redewendungen (die öffentl. Hand usw.) in breiter Weise erschlossen werden. Ko

Handmedien. Z. B. Kleinfotos, Nonfotographische Handbilder, Handkarten (→ Landkarten), kleine Kreidetafeln, → Tuchmappe. Medien mit Kopfhörer. — Gegensatz: → Wandmedien. s. Tab. 5, Sp. 631 ff. Anz

Hans Christian Andersen-Preis. Er wird auch „Kleiner Nobelpreis f. Jugendbücher" genannt. Der bedeutendste Preis, der einem Autor u. Illustrator v. Jugendbüchern f. sein Gesamtwerk zuerkannt werden kann. Die Zuerkennung erfolgt durch eine Jury, die sich aus acht Mitgliedern aus acht verschiedenen Ländern des → Internationalen Kuratoriums f. das Jugendbuch zusammensetzt. Ko

Hardware → Software

Hauptschule.
BRD: Aufgrund des → Hamburger Abkommens (1964) eingeführter Schultyp, welcher das 5.—9. bzw. 10. Schuljahr umfaßt. Sie

ist ausgerichtet auf → Allgemeinbildung, sieht eine Fremdsprache vor u. wird auch als Hinführung zum → berufsbildenden Schulwesen verstanden. — Reformbestrebungen nach dem deutschen → Strukturplan streben die Überführung der H.n in Sekundarschulen (→ Sekundarstufe I; → Gesamtschule) an, die mit dem Abitur I nach dem 10. Schuljahr abschließen. Ko

Österreich: Aufgrund des H.gesetzes 1927 eingeführte u. bei Neuordnung des Schulwesens 1962 beibehaltene Organisationsform f. das 5. — 8. Schuljahr. Sie strebt eine über das Lehrziel der Volksschule hinausreichende Allgemeinbildung an, sieht ebenfalls eine Fremdsprache als Pflichtgegenstand vor u. soll zum berufsbildenden Schulwesen hinführen, aber auch den Übertritt in eine → allgemeinbildende höhere Schule ermöglichen. Die H.n werden ein- o. zweizügig geführt. Der erste Klassenzug ist gegenüber dem zweiten Klassenzug durch erhöhte Anforderungen gekennzeichnet. Ko

Lit.: A. Roth, Idee u. Gestalt der Hauptschule (1966); Kövesi—Morawek—Plattner, Handbuch — Vorschriftensammlung für das allgemeinbildende Schulwesen (1962).

Hausbesuch. Rel. päd. relevantes Mittel der Individualpastoral u. Gemeindebildung. Empfehlenswert bes. im Rahmen des Erstkommunion- u. → Firmunterrichts, als → Vorfeldarbeit der → Erwachsenenkatechese, bei Gefährdung v. Jugendlichen (→ „nachgehende Seelsorge") u. a. m. Zur → Hauskatechese werden H.e durch jede Form des → Glaubensgesprächs v. a. bei Behinderten, Kranken, Alten, Einsamen. Ko

Hauskatechese. → Katechese, die nicht in schulischen o. kirchl. Räumen, sondern in Wohnungen usw. stattfindet. Oft die einzige Form der Katechese in Ländern ohne schulischen u. kirchl. RU. Darüber hinaus bedeutsam nicht nur in der Diaspora, sondern als Funktion der Gemeindekirche u. der → kategorialen Seelsorge überall dort, wo eine Dezentralisation der → Verkündigung (etwa: Sprengelseelsorge) angestrebt wird. Entspr. Modelle sind v. a. dort zu entwickeln, wo schulischer RU u. kirchl. Katechese streng getrennt werden. Neue Möglichkeiten der H. werden sich in Zukunft durch → Kassettenfernsehen, → Schallplatte, → Funkkolleg u. ä. ergeben. Spezielle Formen sind die H. bei Kranken, Behinderten u. Alten. → Nachgehende Seelsorge Ko

Hausübungen stehen im Dienste der Einprägung u. Vertiefung, sind aber auch ein Weg der Vorbereitung eines neuen Lehrstoffes u. zur Verlebendigung des Gelernten: Arbeiten mit → Religionsbuch u. → Religionsheft, Arbeit an Texten, Zeichnungen, Suchaufgaben, Beobachtungen u. Besichtigungen, Sammeln, Überlegungen u. a. m. Neben Auftrag u. Befehl gibt es die reiche Vielfalt bloßer Anregungen, → Appell, Rat usw. Pflichtaufgaben u. Übungen müssen kontrolliert u. im folgenden Unterricht immer wieder herangezogen werden. Nicht immer ist dies auch dem Gesamtziel förderlich. Weises Maßhalten u. längeres, zielstrebiges Bemühen sind auf seiten des Religionslehrers notwendig. Immer aber müssen H. die kindl. Interessen- u. Erfahrungswelt sowie die Leistungsfähigkeit berücksichtigen. Die Aufgabenstellung muß so sein, daß der Schüler sie allein bewältigen kann. In der → Grundstufe ist im Ggs. zu anderen Fächern ein Mitwirken der Eltern u. dadurch deren Einbeziehung in die rel. Erziehung anzustreben (Beispiele: mit den Eltern über das Thema sprechen; sie über etwas befragen; mit ihnen über einen Abschnitt im Buch o. Heft sprechen ...). Ko

Head-Start-Programm. Entwicklungs- u. Förderungsprogramm f. vorschulpflichtige → Kleinkinder aus benachteiligten Bevölkerungsschichten (Slums) in den USA. Ein weiteres Ziel: die Integration der farbigen Bevölkerung in die Gesellschaft. Ko

Heftführung im RU. Die Verwendung v. Heften hat sich im schulischen RU nicht nur im Dienste des Lernens (Merkheft), sondern v. a. im Dienste des Erarbeitens (Werkheft, Arbeitsheft) bewährt. Ein gut geführtes Religionsheft gibt in Text, Zeichnung, Skizzen (in der Unterstufe u. Sonderschule auch durch Einkleben v. Riß-, Falt- u. Klebearbeiten, Ansichtskarten, Kunstbildern usw.) die Jahresarbeit wieder. Jede Seite soll eine f. den Schüler überschaubare Einheit darstellen. Es ist nicht sinnvoll, in jeder Unterrichtsstunde Eintragungen zu machen, doch sollen größere Abschnitte (Themenblöcke) ihren Niederschlag finden. Die Eintragungen müssen auch bei Wiederholungen u. zur Vertiefung herangezogen werden. Auf die Schreibgeläufigkeit (wieviel kann der Schüler in der zur Verfügung stehenden, meist kurzen Zeit schön u. richtig eintragen?) ist zu achten. Jenseits des → Schulkindalters (→ Pubertät, → Berufsschule, → Höhere Schule) wird das Heft oft durch andere Medien (vorgedruckte Arbeitshefte, Lückentexte, Skripten usw.) ersetzt werden müssen. Ko

Heiliges → Numinosum

Heilpädagogik. Die entweder im Rahmen der Medizin o. der → Erziehungswissenschaft etablierte Erforschung der physischen u. psychischen Behinderungen, ihrer Ursachen u. Therapie einschließlich der Sondererziehung. → Sonderschule Ko

Lit.: S. A. Kirk, Lehrbuch der Sondererziehung (1971); H. Asperger, Heilpädagogik (4. Auflage 1965); H. Hanselmann, Einführung in die Heilpädagogik (5. Auflage 1958); L. Bopp, Heilserziehung aus dem Glauben (1958).

Heilsgeschichte. H. meint das heilbringende, Neues schaffende göttl. Handeln, das quer zur menschl. Geschichte steht, sie überhöht u. ihr einen eschat. Sinn gibt (→ Offenbarung, → Eschata). Weil das Christentum grundlegend geschichtsbezogen ist, ist es grundsätzlich unmythisch (→ Mythos). Insofern der Mensch durch → Gottes Handeln betroffen bzw. motiviert wird, ist H. Geschichte im konkreten Sinn des Wortes, keine Sonder-Geschichte neben der Profangeschichte, sondern die Heilsperspektive *in* der allg. Geschichte u. mit ihr verflochten (→ Zeitgeschichte, bibl.). Insofern H. aber → Glauben voraussetzt, ist sie nicht verobjektivierbar (→ Verobjektivierung), d. h. man kann sich nicht auf sie als auf ein beweisbares Faktum stützen, das innerweltl. Sicherheit bietet o. dgl. mehr. Wo dieser Charakter der Unverfügbarkeit übersehen wird, entstehen fundamentale Fehleinschätzungen v. Offenbarung u. → Erlösung. — Im RU sollen —

z. B. anhand der heilsgesch.lichen Konzeption des Lukas (Zeit vor Jesus / Zeit Jesu / Zeit der Kirche) — H. vermittelt bzw. die heilsgesch.liche Denkweise nahegebracht werden. Zugleich muß aber durch eine entspr. Einübung in gläubige Existenz dem leider noch weit verbreiteten theol. u. kirchl. „Triumphalismus" entgegengearbeitet werden, der u. a. aus geschichtlich mißverstandener H. entstehen kann, wenn etwa H. mit → Kirchengeschichte verwechselt wird. Hi

Heilstättensonderschulen, Katechese an. Zu unterscheiden ist zwischen Gruppen mit kurzfrist. Heilstättenaufenthalt, Gruppen in Beobachtungsstationen (Durchgangsstationen) u. Gruppen mit lang andauerndem Aufenthalt. In den beiden ersten Gruppen kommt es im kognitiven Bereich auf die Erhaltung des erreichten Bildungsstandes an. Im emotionalen Bereich sind Hilfen zur Bewältigung des Krankenhausschocks u. der Milieuveränderung zu bieten. Bei länger dauerndem Heilstättenaufenthalt erfolgt der RU nach dem → Lehrplan, der f. das Kind außerhalb der Heilstätte gelten würde. Da der Heilstättenbetrieb aber mannigfache Unterbrechungen des Unterrichts mit sich bringt, ist eine exemplar. Auswahl des Lehrgutes, v. a. im Hinblick auf die spätere Reintegration in die Normalschule vorzunehmen. Bedeutsam ist die Kooperation der an Heilstättensonderschulen wirkenden → Katecheten mit dem Pflegepersonal, mit Ärzten u. mit Spitalseelsorgern, v. a. im Hinblick auf die Vermeidung v. Kontaktverlusten des Schülers, die Verhinderung der Spitalsverwahrlosung u. ä. Ko

Heimat. H. ist ein idealtyp. Begriff u. bezeichnet den überschaubaren u. v. der Ursprungsgruppe (z. B. → Familie) durchgestalteten Lebensraum als Ausschnitt v. → Welt u. Wirklichkeit, der als bergend u. tragend empfunden wird u. der mit dem Verstehenshorizont in räuml. u. geschichtl. Dimension wächst. — Im A. T. ist H. als Geschenk → Gottes an → Israel Gabe u. Aufgabe u. ausschließlich theonome Wirklichkeit: der Israelit ist nur dort beheimatet, wo er Gott in seinem Heiligtum nahe ist. Sie ist eine theopolit. Größe: ihr kommt relativer Wert zu, u. das H.-haben hängt v. der Treue zum → Bund Gottes ab. H.-losigkeit bedeutet bittere Not u. totale Existenzverunsicherung; doch liegt Gottes Schutz auch auf dem H.-losen zum Zeichen der umfassenden Heilsökonomie. Das N. T. versteht H. nicht mehr als theopolit. Realität, die ird. H. ist dem Christen vorgegebene Wirklichkeit v. Welt, die auf Gott hin offen ist. Die eschatol. → Vollendung wird unter dem Bild v. H. dargestellt (H. im Himmel, Wohnung beim Vater, Hausgenosse Gottes). Die ird. H. steht unter dem Aspekt des Nicht-Endgültigen u. der Heimholung; sie hat relevanten Wert, denn der Mensch realisiert sein Christsein in der ird. H., u. so kommt ihr eine aktive heilsökonom. Bedeutung zu. — Päd. wird das Fach H.-kunde kritisiert wegen seiner Einengung des kindl. Verstehenshorizontes auf das Geographisch-Propädeutische, des simplifizierenden Festhaltens, daß räumliche u. psychische Nähe einander bedingen, der Aufgeladenheit mit schillernden Emotionen. An Stelle der H.-kunde tritt ein Sachunterricht, der nach Fachaspekten mit entspr. → Lehr- u. → Lernzielen u. → Methoden gegliedert ist. — Kat. ist H. relevant f. die konkret-anschaul. Führung zur Redlichkeit im → Glauben, insofern der Heranwachsende die verschiedenartigen Glaubensrealisationen u. -vollzüge aus der → Familie u. der die → Liturgie feiernden Glaubensgemeinde entgegennimmt u. die geschichtl. deutbare Durchsetzung des Lebensraumes mit Glaubenszeichen (Bildstöcke, Feste, Bräuche usw.) erfährt. Ro

Heimerziehung. 1. Heim bezeichnet Ersatzbeheimatung, Einbergung u. Nestwärme, H. ist damit Ersatz- u. auch Sondererziehung, die das Elternhaus ersetzt u. spezifische Sonderaufgaben erfüllt, bes. die der päd. Hilfe f. verhaltensgestörte o. sozialgeschädigte Heranwachsende, u. ist damit der Jugendstrafe entgegengesetzt. Weil die Dissozialität der Heranwachsenden in einem Komplex v. Ursachen gründet, ergibt sich die Notwendigkeit eines individualisierten u. differenzierten Erziehens, einer → heilpäd. Orientierung u. der Zusammenarbeit aller zuständigen Stellen. Ro

2. V. der genannten H. als „ersetzender Erziehungseinrichtung" ist die H. als „ergänzende Erziehungseinrichtung" (Ferienheim u. ä). zu unterscheiden. Hinsichtlich der rel. u. sittl. Erziehung in Heimen sind v. a. die gegenüber der Familie andersgeartete Sozialstruktur der Heimgruppe u. die gegenüber der Eltern-Kind-Bindung u. der Geschwisterbeziehung andersgearteten psychischen Beziehungen zw. Erziehern u. Zöglingen zu beachten. F. → Heimkinder v. a. im Vorschulalter sollte die Möglichkeit geboten werden, zu *einer* Pflegeperson dauerhafte Sozialkontakte („Ersatzmutter") aufzubauen (→ Hospitalismus). In kirchl. Heimen sind unter Berücksichtigung der rel. Voraussetzungen, die die Kinder mitbringen, Überforderungen v. a. bezüglich rel. Übungen zu vermeiden. Die freie Entscheidung der Teilnahme ist unbedingt zu wahren. → Internatserziehung Ko

Lit.: P. Schmidle/H. Junge, Gesellschaftliche Aspekte der Heimerziehung (1972).

Heimkinder. In Heimen erzogene jüngere Kinder weisen deutl. Unterschiede hinsichtlich ihrer intell. u. sozialen Entwicklung sowie in der Leistungsbereitschaft gegenüber Familienkindern auf (→ Hospitalismus). F. Kinder bis zur → Pubertät muß das Erziehungsheim als (freilich niemals vollwertiger) *Ersatz,* f. Jugendliche als *Ergänzung* der Familienerziehung bezeichnet werden. → Heimerziehung Ko

Heimstunde. Unter H.- o. Gruppenstunde versteht man die regelmäßige, meist wöchentl. Zusammenkunft einer → Gruppe v. Schülern o. Jugendlichen. Sie kommt dem entwicklungsbedingten Willen zur eigenen → Gemeinschaft entgegen, ist Ausdruck ihrer Lebendigkeit u. ist somit auch rel. päd. bedeutsam f. das Gemeinschaftsbedürfnis u. -erleben mit Gleichaltrigen. Die Freude des jungen Menschen an menschl. Begegnungen u. Bindungen o. Tätigkeiten ist die Basis f. die H. Sie ist beständige Mitte f. das Leben der Gruppe. In ihr begegnen sich Meinungen u. Stellungnahmen zum Leben u. unter einer guten Leitung erwächst bei allen Mitgliedern der Wille zu einer Lebensgestaltung aus dem Geist der Gemeinschaft. Aufbaumodell einer H.:

Lied, Schriftlesung, Wochenbericht, Leitwort, Tataufgabe, Aussprache (Diskussion), Vorlesen, Spiel, Erzählen, Schlußlied, Gebet. — Wesentlich f. den Leiter der H. sind Vorbereitung u. Nacharbeit. → Gruppendynamik → Sozialdynamische Grundformel Had

Hermeneutik. H. galt früher als „Kunstlehre des Verstehens", befaßt sich aber heute zunehmend mit der Untersuchung der Möglichkeit u. der Bedingungen des Verstehens überhaupt. Diese phil. Bemühungen haben großen Einfluß auf die Bibelwiss., da eine bibl. H. verständlich machen soll, in welchem Sinn die Schriften des A. T. u. N. T. als → Offenbarung bzw. als → Wort Gottes angesprochen werden dürfen. Als „konkrete H." steht sie im Dienst eines heutigen, aktuellen, unmittelbaren Verständnisses der tw. dem heutigen Menschen schwer verständlichen bibl. Sprache. — H. hat zu zeigen, daß Gottes Wort immer lebendiges, d. h. in lebendiger → Tradition überliefertes Wort (Glaubenszeugnis) ist. So gesehen sind die bibl. Schriften als Zeugnisse des Glaubens der Urkirche Offenbarungs-Zeugnisse (→ Kerygma). Das II. Vatikanum nennt drei allgemeinhermeneut. Grundsätze: 1. Die Beachtung der literar. Gattungen (→ Gattungsgeschichte). 2. Die Beachtung u. Erforschung der Entstehungssituationen der Schriften, die Aufschluß geben über deren Sinn (→ Traditionsgeschichte, → Redaktionsgeschichte), 3. Die genaue Beachtung der allgemein vorgegebenen umweltbedingten Denk-, Sprach- u. Erzählformen, die zur Zeit des Verfassers herrschten (→ Formgeschichte, → Literarkritik). Im Hinblick auf die Wahrnehmung des h.schen Anliegens bei der Auslegung einzelner Perikopen sind etwa die folgenden h.schen Prinzipien zu beachten: 1. Exeget. Forschungsergebnisse sind nur „Rohmaterial" der Verkündigung, eine Information, um den damaligen Aussageinhalt zu verstehen u. nicht heutiges Verständnis hineinzutragen. 2. Nicht jeder bibl. Satz ist v. gleichem Gewicht (Unterscheidung v. zentralen u. peripheren Aussagen). 3. Durch Vergleich der damaligen Umstände mit den heutigen muß der stattgefundene Wandel festgestellt u. bewußt gemacht werden. 4. Welche Konsequenzen ergeben sich aus geändertem Denken, Wissen, Sprechen, Problembewußtsein, usw. f. die Interpretation? 5. Neukonkretisierung des Kerygmas durch Übertragung des damals Gemeinten in heute Verständliches, Ermöglichung einer direkten Betroffenheit. Hi

Hermeneutische Differenz. Die Verschiedenheit der geistigen Situation bzw. des → „Sitzes im Leben" zur Zeit der Entstehung einer Schrift u. der Zeit des gw. Lesers u. die daraus folgenden Konsequenzen f. das rechte Verständnis eines Textes bezeichnet man als h. D. Ihre Beachtung ist im Raum der → Religionspädagogik nicht nur bei bibl. Texten, sondern auch bei der Erklärung dogmatischer Formeln o. ä. zu beachten. Ko

Hermeneutischer Zirkel. Jeder Leser geht an einen Text mit einem gewissen Verständnis heran. Rechtes Verstehen erfordert das krit. Hinterfragen bzw. die Korrektur dieses → Vorverständnisses durch die Aussage des Textes. H. Z. meint diesen kreativen Prozeß der Wechselwirkung zw. dem aus einer best. geistesgeschichtl. Situation heraus interpretierenden Leser einerseits

u. dem in einer anderen geistesgeschichtl. Situation geschaffenen Text andrerseits. Ko

Herodianer. Im N. T. ist zweimal v. den H.n als den mit den → Pharisäern zusammengehenden Feinden → Jesu die Rede; über die Frage, wer mit diesen H.n genau gemeint sei, herrscht keine Einigkeit: einige sehen in ihnen Parteigänger des Herodes, die seinen Machtanspruch beim Volk durchsetzen sollten; f. andere bedeutet H. einfach Hofbeamte (des Herodes Antipas). Schr

Heterogene Gruppen. Heterogen = griech.: ungleichartig. H. G. entstehen, wenn in → Gesamtschulen Schüler mit versch. Leistungsniveau o. untersch. Begabungsrichtung gemeinsam unterrichtet werden. Dies ist im → Kernunterricht der Fall. Ko

Hierarchie der Wahrheiten. H. = Rangordnung. Das kirchl. Lehramt spricht erstmals im Ökumenismusdekret des 2. Vatik. Konzils v. der H. d. W.: „Beim Vergleich der Lehren miteinander soll man nicht vergessen, daß es eine Rangordnung o. ‚Hierarchie der Wahrheiten' innerhalb der kath. Lehre gibt, je nach der versch. Art ihres Zusammenhangs mit dem Fundament des christl. Glaubens" (2. Kap. Art. 11). Was hier zunächst im Hinblick auf den ökumen. Dialog gesagt wird, setzt eine Rangordnung innerhalb der obj. Heilswahrheiten selbst voraus. Obwohl ohne Zweifel alle geoffenenbarten Wahrheiten mit demselben göttl. → Glauben festzuhalten sind, unterscheiden sich ihre Bedeutung u. ihr Gewicht je nach ihrem Zusammenhang mit der → Heilsgeschichte u. dem → Mysterium Christi, das das Mysterium des dreifaltigen Gottes einschließt. Vorgestellt mit Hilfe eines Stufenmodells, besagt die H. d. W., daß es → Wahrheiten gibt, die auf der Stufenleiter weiter oben o. weiter unten rangieren, nach dem Kreismodell, daß es W. gibt, die im Zentrum o. deren Nähe, u. andere, die mehr an der Peripherie liegen. — Eine solche Unterscheidung entspricht durchaus der alten Praxis der → Kirche, wenn diese etwa nur die bedeutsamsten Glaubensartikel in das Glaubensbekenntnis aufgenommen hat, o. der theolog. → Tradition, wenn diese unterschied zw. Wahrheiten, die zur „Ordnung des Zieles" (Dreifaltigkeit, Menschwerdung des Wortes u. → Erlösung, Gottes Liebe zum Menschen, ewiges Leben in der → Vollendung des → Reiches Gottes) u. solchen, die zur „Ordnung der Heilsmittel" gehören (Siebenzahl der Sakramente, hierarch. Struktur der Kirche, apostol. Sukzession u. a.). Die Tatsache der H. d. W. ist nicht nur f. den ökum. → Dialog bedeutsam, ebenso etwa in der Frage nach dem Wesen des Christentums, nach der Mitte gläubiger Existenz, nach der rechten Akzentsetzung in → Verkündigung u. → Katechese, damit in aller Vielfalt u. Fülle der Ausfaltung der Wahrheit das „Eine-Notwendige" zum Tragen kommt u. nicht Sekundäres den Platz des Erstrangigen einnimmt. Fi

Hilfsschule → Sonderschule

Hilfswissenschaft. Eine H. liefert derjenigen Wissenschaft, welcher sie dient, keine Prinzipien u. Normen, sondern nur „deutungsbedürftige, bestätigende u. widerlegende Sachverhaltsbestände" (H. E.

Hengstenberg), deren Übernahme mit innerfachl. Kriterien zu prüfen ist. → Grundwissenschaft → Katechetik → Religionspädagogik → Fachdidaktik Ko

Himmel → Eschata

Himmelfahrt. Der sichtbare Tod → Jesu am Kreuz war nicht das absolute Ende seiner Geschichte; wohl war die erste Reaktion der Jünger auf diesen Tod Resignation, → Angst u. Flucht gewesen, doch im Licht der → Begegnungen mit dem Auferstandenen hatte sich der letzte Sinn seines gewaltsamen Todes erschlossen: → Gott hatte Jesus nicht fallen gelassen, er hatte ihm vielmehr in diesem Tod u. wegen dieses Todes Anteil an seiner eigenen Existenzweise gegeben: „Deshalb hob Gott ihn über alles empor u. setzte ihn über alles was lebt ..." (Phil 2, 9; Zink). Gott hatte das, was Jesus in seinem ird. Leben getan hatte, nicht verworfen, sondern hatte diesem Leben Endgültigkeit u. Vollendung geschenkt: „Er nahm ihn in den Himmel auf". Die Botschaft v. der H. Jesu ist ursprünglich u. ihrem Wesen nach keine Aussage über ein einzelnes, an einem best. Ort u. zu einer best. Zeit nach der → Auferstehung angebbares Ereignis, sondern eine Glaubensaussage darüber, daß der Gekreuzigte nun der eigentl. Herr über die → Welt ist, weil er an der Seinsweise Gottes teilnimmt. „H." ist nur eine genauere Entfaltung v. „Auferstehung". Dies wird allein schon daraus sichtbar, daß in den ältesten Osterüberlieferungen die Entrückung Jesu in die Herrlichkeit Gottes mit dem Ostergeschehen als Einheit gesehen wird (Apg 2, 13—39; 3, 12—26; 4, 8—12 u. a.), ohne daß eine sichtbare H. erwähnt wird. Auferstehung u. → Erhöhung bilden ein einziges Ereignis: den Sieg Christi über den Tod. V. daher ist es möglich, daß die „40 Tage" bei Lukas zw. Auferstehung u. H. eine symbol. Aussage darüber sind, daß die → Kirche jetzt in dieser „Zwischenzeit" bis zur eigentl. Vollendung lebt, in der Christus verborgen anwesend ist. —

Die Katechese über die H. schließt traditionsgemäß an das Fest Christi H. an. Dabei ist zu tolerieren, daß Kinder im Vorschul- u. → Schulkindalter Apg 1, 9 u. parr. zunächst nur historiographisch-vordergründig verstehen. Ihre Aufmerksamkeit ist jedoch nicht auf äußere „Vorgänge" (Schweben, Wolke u. a.) zu fixieren, sondern auf die Glaubensaussage (Jesus ist beim Vater, Jesus herrscht mit dem Vater). Die „unsichtbare H.", der Aspekt der Aufnahme Jesu muß auch auf dieser Stufe den Vorrang haben. „Jede bildl. Darstellung, selbst das Wegtragen der Osterkerze in der Liturgie, läuft Gefahr, den Kern der H.-verkündigung zu übersehen u. anderes an dessen Stelle zu setzen" (A. Stöger). Ab dem Hauptschulalter sind die symbol. Tiefenschichten (die Wolken; das „Sitzen" zur „Rechten Gottes", die Zahl 40) meditativ zu erschließen u. die weltbedingten Voraussetzungen des Textes bewußt zu machen. Durch Heranziehen einschlägiger Stellen des A. T. (Ps 109 [110]; Ps 68, 19, Elija, Henoch u. ä.) kann gezeigt werden, wie die Urkirche in antiken Vorstellungen u. Kategorien, in steter Rückerinnerung an das A. T. das Unvorstellbare der Verherrlichung Christi auszudrücken versuchte. Verbindungen sind nicht nur zur Auferstehung, sondern auch zur →

Parusie herzustellen. Kernpunkt ist die Bedeutung der H. nicht nur f. den histor. Jesus, sondern ebenso f. uns hier u. heute: Jesus Christus ist der Herr! (Phil 2, 11).

Lit.: A. Stöger, Die Himmelfahrt Jesu, in: Chr. päd. Bl. 1969, S. 211 ff.

Schr/Ko

Hippies → Gegenkultur

Histomat = *Histo*rischer *Mate*rialismus. Anwendung des → Diamat auf die Geschichte (= Entwicklung in Gegensätzen: Besitzloser Zustand — Eigentumsbildung durch gewaltsame Aneignung — Feudalismus — Kapitalismus — Imperialismus — Kommunismus) u. → Gesellschaft (Mehrwerttheorie — Akkumulation der Güter — Verelendung u. Krisenstimmung des Proletariats — Revolution — Diktatur des Proletariats — Paradies auf Erden). Bla

Historisch-kritische Forschung. In der Zeit der → Aufklärung ausgebildet, bedeutet die h.-k. F. in der gw. verfeinerten Form ein wichtiges Instrument f. die → Neuinterpretation u. → Aktualisierung der Bibel (→ Kerygma, → Verkündigung). Unter h.-k. F. versteht man „die umfassende Untersuchung der bibl. Texte, die unter method. konsequenter Anwendung der histor. Wissenschaft nach dem gw. Stand ihrer Kunst nachverstehend zu erkennen u. darzustellen sucht, welchen Sinn die bibl. Texte im Zusammenhang ihrer atl. bzw. urchristl. Entstehungs- u. Überlieferungsgeschichte gehabt haben" (R. Pesch). → Literarkritik → Redaktionsgeschichte → Gattungsgeschichte → Formgeschichte → Traditionsgeschichte → Hermeneutik Hi

Historizität der Bibel. In den Schriften der Bibel (des A. T. u. des N. T.) hat die → Offenbarung → Gottes nach christl. Verständnis ihren bleibenden u. einzigartigen literar. Ausdruck erhalten: „Inspiration", „Irrtumslosigkeit", „inhaltl. Suffizienz" — weisen auf diesen Tatbestand hin. Im Lauf der Geschichte kam es jedoch zu schweren Konflikten der → Kirche v. a. mit den Natur- u. Geschichtswissenschaften, weil man die Wahrheit der Bibel durch die Erkenntnisse dieser Wissenschaften in Frage gestellt sah. Es bedurfte vieler f. die Kirche sehr leidvoller Erfahrungen, bis man die „Wahrheit" der Bibel neu entdeckte: sie war in der Bibel auf vielfältigste Weise ausgedrückt: in Liedern, Sprüchen, → Legenden, Ätiologien, → Gleichnissen, Erzählungen usw. Mit dieser grundlegenden Erkenntnis war die Bibel zunächst einmal der scheinbar tödl. Umklammerung durch die Geschichtswissenschaften entkommen: So ist z. B. die Glaubenshaltung Abrahams auch dann gültig, wenn sich herausstellt, daß er in dieser Form keine „historische" Person war; der Mensch konnte auch dann noch als Ebenbild Gottes geglaubt werden, als sich herausstellte, daß seine Entstehung „historisch" anders war, als sie scheinbar in der Bibel beschrieben wurde. Trotzdem ist aber der → Glaube nicht geschichtslos. Diese Tatsache erhält ihren vollen Ausdruck in der Person → Jesu. Seine Historizität zu leugnen, würde bedeuten, aus dem → Glauben einen → Mythos zu machen. Man kann in der heutigen Forschung eine deutliche Gegenbewegung gegen eine extreme „Kerygmatisierung" feststellen: die Frage nach dem „historischen

Jesus" muß gestellt werden; gerade deshalb, um den Glauben an den „nachösterlichen Christus" richtig zu verstehen u. anzunehmen. → Zeitgeschichte, biblische

Schr

Höferplan → Rahmenplan

Höhere Schule.

BRD: Neben den Volksschulen (meist 4 Jahre → Grundschule u. 5 Jahre → Hauptschule), an die sich 3 Jahre → Berufsschule anschließen, gibt es weiterführende (höhere) Schulen u. zw. entweder 6 Jahre Realschule mit dem Abschluß der mittleren Reife (Abitur I) o. 7 bis 9 Jahre Gymnasium, das mit der Hochschulreife (Abitur II) abschließt. Die gegenseitige Anerkennung der an Gymnasien erworbenen Zeugnisse der allgem. Hochschulreife erfolgte durch Beschluß der Kultusministerkonferenz v. 20. 3. 1969 bzw. 28. 5. 1971. Eine Vereinheitlichung des in den Bundesländern stark differenzierten, gymnasialen Schulwesens führte das „Düsseldorfer Abkommen" in der Neufassung v. 28. Oktober 1964 herbei. Gymnasien sind „Schulen, die am Ende der 13. Klasse zur allgem. Hochschulreife o. zu einer fachgebundenen Hochschulreife führen". Man unterscheidet folgende gymnasiale Schultypen: humanistisches, neusprachliches (mit grundständigem Latein o. Englisch), mathematisch-naturwiss., musisches (sieben- bzw. neunklassige Form), wirtschaftswiss. (sieben- bzw. neunklassige Form) u. sozialwiss. (f. Mädchen) Gymnasium. Schulen, die Berufstätige in Abendkursen zur allgem. Hochschulreife o. zu einer fachgebundenen Hochschulreife führen, tragen die Bezeichnung „Abendgymnasium" (→ Abendschule). Institute zur Erlangung der Hochschulreife tragen die Bezeichnung → „Kolleg". Das Abschlußzeugnis einer Fachoberschule verleiht neben der Berechtigung zum Eintritt in eine → Fachhochschule keine weitere Berechtigung (→ Berufsbildendes Schulwesen). In den Stundentafeln aller H.n S.n (Realschulen u. Gymnasien) erscheint f. alle Klassen RU mit 2 Wochenstunden.

Lä

Österreich: → Allgemeinbildende höhere Schule.

Schweiz: Der Ausdruck H. S. ist als generelle Bezeichnung ungebräuchlich, eher → „Mittelschule" (in der französischsprachigen Schweiz: Ecole secondaire), wozu aber auch die unteren Klassen des Gymnasiums gezählt werden, die in die letzten Jahren der obligatorischen → Volksschulzeit (je nach Kt. 7—9 J.) fallen. *Gymnasien* führen nach mindestens 12 u. höchstens 13 Jahren zur Hochschulreife. Nebst den 4 eidgenössisch anerkannten Typen (A: Latein/Griechisch, B: Latein/Fremdsprachen, C: Naturwissenschaften/Mathematik, D: Wirtschaftsfächer) gibt es mehrere kantonal anerkannte. Die gegen 60 staatlichen u. privaten *Lehrerseminarien* mit einer Ausbildungszeit v. 4—5 J. verteilen sich auf die meisten Kantone (außer einige kleinere u. die Stadtkantone Genf u. Basel, wo die Lehrerausbildung an den Hochschulen vermittelt wird). Die *Handelsschulen* führen zum Handelsdiplom (3 J.) o. zur Handelsmaturität (4 J.) (→ *Berufsbildendes Schulwesen).* Sofern keine andere Schule besucht wird, ist f. Knaben in 17, f. Mädchen in 18 Kantonen die *allgemeine Fortbildungsschule* obligatorisch. (Höhere Technische

Lehranstalten, den Ingenieur-Fachschulen des Auslandes vergleichbar, setzen im allgemeinen eine abgeschlossene Berufslehre voraus.) In den genannten Schulen wird nahezu ausschließlich — überall, wo dies möglich ist, an Gymnasien u. Lehrerseminaren — RU erteilt. Fr

Hölle → Eschata

Hörspiel. Nach dramaturg. Gesetzen gestaltete, nur aus akust. Elementen bestehende Szene o. Szenenfolge. Kat. relevante H.e existieren zu bibl., glaubenskundl., lebenskundl. u. kirchengeschichtl. Themen. → Schulfunk → Schallplatte Ko

Hoffnung. Wenn die Heilsbotschaft → Jesu u. seine → Auferstehung Mittelpunkt christl. → Verkündigung sind (vgl. 1. Kor 15, 17 ff.), dann ist es nicht möglich, über die H. u. Zukunft in einem (untergeordneten) Kapitel der speziellen Moral (o. Dogmatik) zu handeln. Es ist noch weniger möglich, die H. nur v. anthropol. u. psych. Aspekten her zu sehen u. zu begründen; wenn auch hier ein brauchbarer Zugang zum Verständnis der christl. H. eröffnet werden kann. — H. auf eine glückl. Zukunft ist ein Thema, das den heutigen Menschen bes. fasziniert. Der Wandel des → Weltbildes führte v. stat. zum dynam. Denken. Der Fortschritt in der Naturwiss. u. die großen Leistungen der Technik verschaffen dem Menschen v. heute mehr denn je das Bewußtsein, daß die Zukunft bis zu einem gewissen Maße v. Menschen geplant u. gestaltet werden kann. Das evolutiv-dynam. Denken hat den Menschen gelehrt, den Blick mehr „nach vorne" in die Zukunft zu richten. Hier liegen aber auch Gefahren, die nicht übersehen werden dürfen. Die Faszination f. das Kommende läßt leicht Werte u. Leistungen der Vergangenheit vergessen. Diese gilt es aber zu wahren, zu integrieren u. einer weiteren Vervollkommnung zuzuführen. Der faszinierte Blick in die Zukunft kann auch leicht dazu führen, daß man den Blick f. die Gegenwart u. f. die in ihr zu leistenden Aufgaben verliert. Die gesamte christl. → Erziehung, im besonderen auch der RU, muß dem Heranwachsenden die umfassende Bedeutung u. Aufgabe der H. f. die christl. Existenz bewußt machen. Entwicklungspsych. muß beachtet werden, daß ein entspr. Verständnis f. die Zukunft erst mit der → Pubertät gegeben erscheint. Das Kind lebt noch ganz in der Gegenwart. Daher wird man erst ab der 7. Schulstufe (13 Jahre) ausdrücklich u. mit Aussicht auf Verständnis thematisch über H. u. Zukunft sprechen können. In der → Adoleszenz konkretisiert sich die H. des Heranwachsenden u. wird zugleich enttäuschenden Erfahrungen ausgesetzt u. v. diesen bedroht. Hier entsteht f. den rel. Erzieher die Aufgabe, dem Jugendlichen hilfreich beizustehen, seine H. zu läutern u. behutsam dorthin zu lenken, wo keine H. enttäuscht wird. Der Jugendliche v. heute hofft auf die durch Wissenschaft u. Technik bewirkte Vervollkommnung der → Welt. Diese Möglichkeit gilt es zu bejahen u. als gottgegebenen Auftrag zu erhellen, dabei aber dem Heranwachsenden Hilfe zu bieten, die christl. H., die die Vollendung auch der ird. Wirklichkeit erwartet, v. innerweltl. Zukunftsutopien unterscheiden zu können. Die christl. Botschaft hat auch einen gesellschaftskritischen Aspekt, der die Jugend v. heute bes. anspricht. Die → Glaubwürdigkeit des rel. Erziehers in krit. Entwicklungsphasen seiner Schüler kann dadurch gewinnen, daß er immer wieder darauf verweist, daß auch die → Kirche das Heil u. die → Wahrheit in Fülle erst „am Ende" (in der → Vollendung) erwartet. Auch dies ist ein wesentl. Aspekt christl. H. Man wird aber christl. H. nur dann glaubwürdig verständlich machen können, wenn der gläubige Erzieher u. die kirchl. Gemeinschaft in → Glauen u. Zuversicht ans Werk gehen, um eine menschlichere Welt zu schaffen u. sie so der v. Gott bestimmten Vollendung näherzubringen. Han

Holländischer Erwachsenenkatechismus. 1964 erhielt das „Höhere Kat. Institut" in Nijmegen v. der Niederländischen Bischofskonferenz den Auftrag, einen „Erwachsenenkatechismus" zu erarbeiten — nachdem sich bei der Arbeit an einem neuen Kinderkatechismus herausgestellt hatte, daß der viel größere Bedarf bei den „ersten Lehrern u. Erziehern ihrer Kinder", also bei den Eltern selbst besteht. 1967 wurde das umfangreiche Ergebnis publiziert, u. es erlebte einen ungeahnten Erfolg — in Holland selbst, aber auch in vielen anderen Ländern, in denen es bald durch Übersetzung verbreitet wurde. Der Erfolg ist wohl v. a. dem konsequenten Loslösen v. der bislang auch in der → theol. Erwachsenenbildung überall üblichen „scholastischen" Terminologie u. dem Bemühen um eine echte Verkündigungssprache zu danken. Eine sehr breite Sekundärliteratur (prakt. Arbeitshilfen) macht heute den H. E. zu einer guten Grundlage f. rel.-theol. Erwachsenenbildung. Der H. E. ist in drei konzentrischen Kreisen aufgebaut: 1. Der Mensch als Fragender u. die christl. Antwort. 2. Die Entfaltung der christl. Botschaft. 3. Jesus Christus lebt in seiner Kirche. Dieser Aufbau ermöglicht ein praktisch voraussetzungsloses u. schrittweises Eindringen in den Sinngehalt des christl. → Glaubens. Die verwendete → induktive Methode zeichnet den H. E. gegenüber allen trad. Katechismen aus. 1969 mußten die Autoren auf Weisung Roms eine Liste v. Ergänzungen u. Umformulierungen — v. einer Kardinalskommission erstellt — einarbeiten, da man die Vollständigkeit u. Authentizität des Katechismus bezweifelte. **Hi**

Homoerotik. Die v. der → Homosexualität zu unterscheidende, vom Geistigen (Eros) her bestimmte, v. a. entwicklungsbedingt im Reifealter auftretende Zuwendung zu Partnern gleichen Geschlechts, ohne Sexualkontakte. → Homotropie → Homophilie → Agape — Eros — Sexus **Ko**

Homogene Gruppen. Zusammenfassung v. Schülern mit gleichem Leistungsniveau entweder fachspezifisch (sets) o. fächerübergreifend (streams). → Setting-System → Streaming-System. Ko

Homologie. Ableitung physischer (Flügel — Arm) u. psychischer (z. B. Imponiergehaben beim Tier u. beim → Pubertierenden) Gegebenheiten v. gemeinsamen → phylogenetisch bedingten Stammformen. Ko

Homophilie. Gleichgeschlechtl. Liebe. Der Terminus wird meist gleichsinnig mit → Homosexualität gebraucht, gelegentlich aber auch nur im Sinne v. → Homoerotik. Ko

Homosexualität. H. gilt heute meist als eine lebensgeschichtl. begründete sexuelle Erlebnis- u. Verhaltensabnormität u. daher als grundsätzlich rückbildungsfähige seelische Entwicklungsstörung; andere wollten sie dagegen als erb- u. anlagebedingt nachweisen. Schon in früherer Kindheit kann ein Ungleichgewicht der zweigeschlechtl. Anlage eintreten, wenn z. B. eine zu intensive Mutterbindung (→ Elektrakomplex, → Ödipuskomplex) die Entwicklung einer normalen heterosexuellen Beziehungsfähigkeit einengt o. blockiert. F. solche *neurotische H.* sind vorwiegend sog. Zwischenstufenangehörige (sexuelle Zuneigungsfähigkeit zu beiden Geschlechtern) anfällig. Eine begleitende → geschlechtliche Erziehung in geordneten Ehe- u. Familienverhältnissen v. Kindheit auf kann also dieser seel. Fehlentwicklung wehren. Wenn es in der homoerot. Phase der seel. Geschlechtsreifung zu gegenseitiger → Masturbation kommt, liegt keine echte H. vor. Eine → Verführung durch ältere Homosexuelle kann aber in dieser Phase *„sekundäre" H.* bewirken u. steht daher unter Strafandrohung. Als Verfehlungen gegen den Sinn menschl. Geschlechtlichkeit sind Verführung zur H. u. genuß- u. gewinnstrebige homosexuelle Praktiken zu betrachten. Homosexuell fixierte Menschen sind zunächst als Kranke anzusehen u. bedürfen psychotherapeutischer Hilfe. Lei

Homotropie. Zuwendung u. Zuneigung zu Partnern gleichen Geschlechts. Oft als Überbegriff zu → Homosexualität u. → Homoerotik gebraucht. Ko

Lit.: H. van de Spijker, Die gleichgeschlechtliche Zuneigung (1970).

Hospitalismus, psychischer. Die durch umfangreiche Forschungen erwiesenen psychischen Schädigungen bei längeren Anstalts- o. Heimaufenthalten vorwiegend im → Kleinkindalter. Durch Fehlen der Mutter-Kind-Beziehung, die gegenüber hygien. Verhältnissen entscheidender ist, u. den dadurch bedingten Ausfall an emotionaler Zuwendung (Nestwärme) sowie durch anstaltsbedingten Ausfall v. Begegnungsmöglichkeiten mit der dingl. Umwelt (Spielzeug) kommt es zu Verzögerungen u. Störungen der → Entwicklung in geistigen (→ Sprache, Denken, Debilitätssymptome) u. emotionellen (Kontaktarmut, wahlloses Kontaktstreben, soziale Anpassungsschwierigkeiten, → Aggressionen usw.) Bereichen, die bei einer länger als 5 Monate dauernden Trennung v. Kind u. Mutter nicht mehr behoben werden können. In modern geführten Anstalten versucht man dem p. H. entgegenzuwirken durch eine v. anderen Arbeiten entlastete, aber dauernd anwesende „Ersatzmutter", durch entsprechendes Spielzeug o. durch Pflegebedingungen wie in Kinderdörfern. P. H. bedingt oft auch eine Schädigung in der → Gewissensentfaltung. Hospitalisierte Kinder sind später oft auch leichter verführbar. Auch innerhalb der → Familie kann es (durch emotionelle Überforderung durch Tageshortaufenthalt bei Berufstätigkeit beider Elternteile u. ä.) durch Vernachlässigung des Kindes zu Erscheinungen eines „familiären H." kommen: Verwahrlosung, Bewegungsunruhe, Nägelbeißen, Ernährungsstörungen, → Apathie, → Hemmungen u. a. Ko

Hospitieren. V. lat.: hospes = Gastfreund: als Gast einem Unterricht beiwohnen. H. ist ein wesentl. Teil der Lehreraus- u. -fortbildung sowie der Katechetenbildung. H. bedarf der Ergänzung durch Lehrübungen u. → Microteaching. Den Hospitanden wird f. das H. heute immer eine detaillierte Beobachtungsanleitung angeboten. Desgleichen wird eine krit. Reflexion u. Nachbesprechung gefordert. Ko

Human Relations. Wortsinn: engl.: (mit)menschliche Beziehungen. Unter H. R. versteht man allgemein das soziale Klima am Arbeitsplatz. Dazu zählen bes. die sozialen Beziehungen zw. den Arbeitnehmern u. den Arbeitgebern, das Verhältnis v. Untergebenen zu Vorgesetzten. Zur H. R.-Forschung gehört auch die Erfassung der Sozialbeziehungen zw. den Arbeitskollegen. Ursprünglich hat sich diese Disziplin im Rahmen der betriebssoziolog. Forschung entwickelt. In den 50er Jahren fand diese Methode in den europäischen Ländern eine rasche Verbreitung. Häufig wird die H. R.-Forschung mit sozialpäd. Absichten o. mit Sozialreformgedanken verbunden. Ku

Hymnus. Unter H. versteht man ein Preislied zu Ehren Gottes. Im A. T. ist der älteste Hymnus das „Siegeslied am Schilfmeer" (Ex 15,21), das seinen → Sitz im Leben im Kult (Prozession) hat. Später wurden H.n auch zu privater Andacht gedichtet (z. B. Ps 103; 104). Besonders häufig in der atl. Weisheitsdichtung u. bei → Deuterojesaja. Im N. T. sind z. B. das „Benedictus", „Magnificat" u. „Nunc dimittis" (Lk 1 u. 2) u. Kol 1,15—18 sowie Phil 2,6—11 als H.n anzusprechen. In der christl. Liturgie spielten die H.n immer eine große Rolle. Da es sich dabei um sehr stark emotional gefärbte Lieder handelt, sind sie relativ zeitanfällig, d. h. es müßte gelingen, immer wieder neue H.n zu schaffen, die dem Empfinden der Gegenwart gerecht werden u. erst dann tatsächlich „zur Ehre Gottes" verwendet werden können. Im RU bedeutet es eine wichtige Aufgabe, Lieder zu finden, die die Schüler als H.n akzeptieren u. gerne singen (→ rhythmische Lieder → rhythmische Messen → Liedkatechese → neue Lieder). Hi

Hyperopie, Hypermetropie = Weitsichtigkeit. → Sehbehindertenkatechese

Hypnopädie. Griech.: Erziehung im Schlaf. In hypnotisiertem Zustand werden dem Zögling Lernstoffe vermittelt. Seit 1936 (A. M. Swajdostsch) im Experimentier- u. Erforschungsstadium. Begründet wird H. durch die „Wächterpunkt-Theorie": Die Aufnahmebereitschaft eines Teiles der Gehirnzellen könne durch Übung gegenüber spezifischen akustischen Reizen gefördert u. verstärkt werden. B. u. Chr. Möller sehen in der H. eine bedeutungsvolle Methode der Zukunft. Ko

Hypnose. H. (griech.: hypnos = Schlaf) ist Versetzung in künstl. Schlafzustand (Trance) durch Aufzwingen des fremden Willens (→ Suggestion), Narkotika, Drogen u. ä. Ihre Stadien sind Lethargie (griech. = Interesselosigkeit, Benommenheit), Katalepsie (griech. = Starrsucht) u. Somnambulismus (lat. = Schlafwandeln), v. Tiefschlaf bis zu vollem Gehorsam der Sinne gegenüber dem Hypnotiseur.

Bla

IBBY → Intern. Kuratorium f. das Jugendbuch

ICEM. Internationale Arbeitsgemeinschaft f. Unterrichtsmedien. Auskünfte: → SHB.

ICERF = *I*nformation *C*entre *E*nseignement *R*eligieux *F*rancais. Franz. Informationsdienst (erscheint 4 × jährl.) f. rel. Unterweisung. Sitz: 19, rue del Chavril, F-69, Sainte-Foy-lès-Lyon.

Ich-Findung. 1. In der → Individualpsychologie: das im 2. Lebensjahr erfolgende Bewußtwerden des eigenen Ich-Seins. 2. In weiterem Sinn: Der f. die → Pubertät charakterist. Prozeß, in dem die eig. Innenwelt in ihrer Eigenständigkeit u. Eigenartigkeit entdeckt wird. — 3. Zur Selbst-Findung (Individuation) wird I. im Sinne der → analytischen Psychologie durch Integration des kollektiv Unbewußten mit der Bewußtseinsschicht im „Selbst". In diesem Sinne ist I. identisch mit personaler Reifung u. Reife. Sie ist nicht auf eine bestimmte Phase zu beschränken. Der gesamte Lebenslauf ist als zielgerichtet auf ein immer mehr Zu-sich-selbst- (= zur eigenen → Identität) Kommen u. Beisich-selbst-Bleiben anzusehen. Ko

Idealismus. Der Ursprung des I. ist in der Ansicht Platos zu sehen, daß jedem Begriff eines Dings unserer → Welt eine Idee, d. h. ein Urbild (im vor- u. überweltl. Reich) entspricht. Bei Hegel ist die Idee der Ausgang f. alle Wirklichkeit (dialekt. I.: These — Antithese — Synthese = Idee — Welt als Veräußerung der Idee — Synthese v. Idee u. Welt im Bewußtsein des Menschen). Der philos. I. wirkte sich im prakt. Leben aus: Will der Mensch sein Leben bewußt gestalten, so braucht er eine vorgefaßte Idee, ein Ideal, ein Ziel, das ihm das Leben erfüllt u. sinnvoll macht. Bla

Identifikation. Übernahme (→ Introjektion) v. Überzeugungen, Motiven u. Verhaltensweisen anderer Personen. Rel. päd. relevante I.n sind die zw. Mädchen u. Mutter, Knaben u. Vater, Schüler u. Lehrer, aber auch zw. Jugendlichen u. Idealen bzw. Idolen (Filmhelden, Sportlern usw.). I. mit → Christus u. der → Kirche ist kat. Ziel, das im Kindesalter meist nur über konkret-gw., im Jugendalter auch über zeitlich o. räumlich ferne I.sobjekte (Ideal, → Vorbild) erreicht wird. Die → psychoanalytische Deutung der I. als → Abwehrmechanismus gegen → Frustrationen trifft nicht gleicherweise f. jede Form der I. zu. Ko

Identität. Nach der → Psychoanalyse das Ergebnis des beim → frühkindl. Mutter-Kind-Verhältnis (→ Urvertrauen) beginnenden Prozesses der → Ichfindung. Nach E. Erikson durchlaufe das Kind acht verschiedene Entwicklungsstufen, bis es zur I. als Übereinstimmung des Denkens, Fühlens, Wertens u. Handeln mit sich selbst komme. Ko

Lit.: H. E. Erikson, Identität u. Lebenszyklus (1966); A. Heimler, Identitätsfindung u. Glaubensvollzug, in: Kat. Bl. 1970, S. 257 ff.

Identitätskrise. Bruch im Ich-Bewußtsein, Zerfallensein mit sich selbst bis zum Selbsthaß. I. wird oft auch als Folge der Vermassung u. Ursache f. die Anfälligkeit gegenüber Schlagworten, Phrasen, Massensuggestionen usw. angesehen. Seinen Niederschlag findet das Phänomen sowohl in der schöngeistigen wie auch in der wiss. Literatur. Rel. päd. bedeutsam ist die mit der I. verbundene Gefahr des Verlustes der Selbstbesinnung, Selbstverantwortung u. der autonomen sittl. u. rel. Lebensführung. Ko

Idiotie. Angeborener o. erworbener Schwachsinn schwersten Grades, verbunden mit Bildungsunfähigkeit. Der → Intelligenzquotient liegt unter ± 35, oft sogar unter 20. Ko

I.D.Q. = *I*ntegrations-*D*ominations-Quotient = eine Zahl, mit der man das Lehrer-Schüler-Verhältnis quantitativ zu erfassen sucht. Kontaktnahmen zw. Lehrer u. Schüler werden innerhalb einer Zeiteinheit nach detaillierten Verhaltenskategorien registriert. Die Anzahl „integrativer" Verhaltensweisen (partnerschaftl. Akte, Lächeln, Beachtung der Schülermeinung, Lob usw.) wird durch die der „dominativen" (autoritäre Akte, Strafe, Tadel usw.) dividiert:

$$\text{IDQ} = \frac{\text{Summe von i}}{\text{Summe von d}}$$

Nach W. Correll stellt ein IDQ v. 1,9 einen Idealwert dar, dh. die integrativen Akte sind ungefähr doppelt so häufig wie die dominativen. Der IDQ eines Lehrers ist bedingt (u. dadurch variabel!) je durch Größe der Klasse, Stoff, Alter der Kinder, Ermüdung u. a. m. Ko

Ijob. Das Buch I. nimmt in der Literatur der Bibel, ja der ganzen Welt eine einzigartige Stellung ein. Es erzählt v. einem reichen u. frommen Mann im Lande Uz, der mit → Gottes Erlaubnis v. → Satan mit schwerem Unglück geschlagen, an seinem Gottvertrauen unerschütterlich festhält, auch dann, als sogar seine Frau ihm rät, sich v. Gott loszusagen. „Das Gute nehmen wir an v. Gott, das Böse sollten wir nicht annehmen?" (Kapitel 1—2: Prolog). Am Schluß des Buches (Kap. 42,7—17) wird die Wiederherstellung der Güter I.s durch Gott angedeutet. Während in dieser Rahmenhandlung (in Prosa) I. als passiver Dulder beschrieben wird, tritt er im Hauptteil des Buches (in dichterischer Form abgefaßt) als ein sich gegen Gott u. sein Leben Aufbäumender entgegen: „Vernichtet sei der Tag, da ich geboren ward, und die Nacht, die sprach: Empfangen ist ein Knabe" (3,2). Das Thema der Diskussion I.s mit seinen Freunden ist sein Leid: die Freunde sind v. seiner → Schuld überzeugt, während I. mit steigender Leidenschaftlichkeit seine Unschuld vor Gott behauptet. Schließlich fordert I. Gott selbst zu einem Verfahren heraus. Am Ende dieses Stückes steht I. tatsächlich als Gerechter da; sein einziger Fehler war seine Unwissenheit über die Souveränität Gottes. Schr

Illusion. V. der → Halluzination zu unterscheidende Fehldeutung o. Veränderung v. Sachverhalten in der subjekt. Wahrnehmung. Ko

Illustration von Religionsbüchern → Bildkatechese

Image. I. ist ein relativ junger Begriff, der sich seit der Mitte der 50er Jahre in der → Soziologie durchgesetzt hat. Man versteht darunter das in der → Öffentlichkeit verbreitete Ansehen v. → Personen, → Gruppen, → Institutionen o. auch v. Waren. Das I. geht immer v. Subjekt aus, jedes Subjekt ist daher an einem best. I. interessiert. Als Gegensatz zum I. kann das → Stereotyp aufgefaßt werden, da hier die Meinungsbildung direkt in der Öffentlichkeit erfolgt, u. zw. unabhängig v. den I.trägern. Vom I. eines → Berufes spricht man, wenn man das Berufsbild o. den Beruf als → Leitbild umschreiben will. Ku

Imago. Das oft idealisierte, nachwirkende „Bild" einer Person, zu der emotionelle Beziehungen bestehen (z. B. Vater-Imago). Ko

Imagogik → Autogenes Training

Imbezillität. V. lat. imbecillus = schwach. I. ist eine Form des Schwachsinnes (→ IQ ± 40 bis ± 60), die dauernde Unselbständigkeit in der Lebensgestaltung u. Lebensführung, jedoch Bildbarkeit in prakt. Bereichen (stark mechanische, manuelle Tätigkeiten) bedingt. → Sonderschule → Geistesbehinderung → Mongolismus → Encephalitis u. a. Ko

Immanenz — Transzendenz. I. (lat. immanere = darinbleiben) ist der Gegenbegriff zu T. (lat. transcendere = übersteigen). Was sich innerhalb einer Grenze befindet, wird als immanent, u. was diese Grenze übersteigt, als transzendent bezeichnet. Der inhaltl. Sinn beider Begriffe ergibt sich erst aus der jeweils bestimmten Grenze, auf die sie bezogen werden. Im Erkenntnisbereich etwa heißt I. die Beschränkung der Erkenntnis auf das Bewußtsein: der Gegenstand ist nicht etwas Selbständiges, das den Erkenntnisakt übersteigt u. ein eigenes Sein besitzt; er wird vielmehr v. Erkenntnisakt gesetzt u. bleibt in ihm. Im Verhältnis zu unserer → Erfahrung bezeichnet I. das Beschränktsein auf den Umkreis möglicher Erfahrung. Durch das Nichtübersteigen-Können dieses Umkreises ist der Mensch v. Über-sinnlichem o. wenigstens v. Un-erfahrbarem ausgeschlossen. Metaphys. gesehen, bedeutet I. das Darin-sein des → Absoluten (d. h. → Gottes) in der → Welt o. im Endlichen. So wird Gott verendlicht, u. die endlichen Dinge werden in die Notwendigkeit des unendlichen Seins hineingenommen, so daß sowohl die → Freiheit Gottes wie die Möglichkeit der → Schöpfung aufgehoben wird. Diese bleiben nur gewahrt, wenn Gott welt-transzendent ist, d. h. seinsmäßig verschieden v. dem endl Seienden. Die T. Gottes schließt aber seine Welt-I. in dem Sinne nicht aus, daß er in allen Dingen u. in allem Geschehen gegenwärtig wirksam ist. → Transzendent — transzendental Fi

Impuls → Denkanstoß

Impulsfilm → Mediensystematik

Individualisierung. Im Rahmen der Schulreformen aufgestellte Forderung, sowohl den interindividuellen (Unterschiede nach Geschlecht, Begabung, Interessen, Arbeitstempo usw.) wie auch den intraindividuellen (Schwanken der Leistungen einzelner nach Tageszeit, Stimmung, Neigung usw.) Lernvoraussetzungen bestmöglich zu entsprechen. → Einzelarbeit → Differenzierung Ko

Individualpsychologie. Begr. durch A. Adler (gest. 1937), urspr. Neurosenlehre, dann ausgebaut zur Theorie des → Charakters u. seiner Entstehung. Gegenüber dem Mechanismus der → Psychoanalyse seines Lehrers S. Freud stellt Adler die Zielgerichtetheit der Handlungen des unteilbaren → Individuums heraus. Diese seien „Ausdruck" der beiden Grundtendenzen 1. *„Wille zur Macht"* u. 2. *„Gemeinschaftsgefühl"*. → Frustration v. 1. durch Abhängigkeit in der Kindheit o. durch Organminderwertigkeiten (Verkrüppelung u. ä.) führen zum *Minderwertigkeitsgefühl*, das (durch Streben nach Sicherheit in der Gemeinschaft) *kompensiert* bzw. (bei abnormem Ausmaß etwa durch bes. Leistungen usw.) *überkompensiert* werde. → Neurosen seien verfehlte Überkompensationen. Adlers Überlegungen beeinflussen auch heute noch stark das einschlägige päd. Schrifttum. Kritisch ist auf Einseitigkeiten (Unterschätzung v. Konstitution u. Vererbung, Überbetonung der zwei Grundtendenzen usw.) hinzuweisen. → Tiefenpsychologie Ko

Individuation → Ich-Findung

Individuum. Lat.: das Ungeteilte, Unteilbare. Der Mensch ist I., weil er in sich selbst ungeschieden, aber v. jedem anderen geschieden, als eine seiner selbst bewußte personale Einheit v. keinem Allgem. ableitbar u. daher unaustauschbar u. unersetzbar ist. — F. den päd. Bereich ist entscheidend, daß → Gemeinschaft kein Ding f. sich u. kein → Mythos, sondern die wegen einer bestimmten Aufgabe realisierte Form der Du-Beziehung ist u. daß die Besonderheit des I.s erst dann begriffen wird, wenn es im Horizont v. Gemeinschaft gesehen wird. Durch die → Erziehung ausgeprägter Individualitäten wird der Sozialität am besten gedient, weil erst in der Durchgestaltung des Individuellen der Mensch gemeinschaftsfähig wird u. alles gegenteilige Handeln in Kollektivismus umschlägt. Die Erziehung zur Individualität fördert → Spontaneität u. → Kreativität. Die Schule kommt dieser Aufgabe durch Neigungs- u. Leistungsgruppen, Kern- u. Kurssystem nach. Der einzelne in der Gemeinschaft benötigt Widerstandskraft gegen das nivellierende u. uniformierende „Man", gegen das Mitläufertum u. die Selbstentfremdung. Ko

Indoktrination. Eine Form der → Suggestion, welche vorwiegend auf Beeinflussung v. Werthaltung u. → Weltanschauung abzielt. Gegensatz: Überzeugung durch Einsichtsvermittlung u. Wahrung der Entscheidungsfreiheit. Ko

Induktion. Methode in Wissenschaft u. Lehre, die v. konkreten einzelnen → Erfahrungen bzw. Beispielen zu allgem. → Erkenntnissen o. Gesetzlichkeiten hinführt (lat.: in-ducere = hinführen). Gegensatz: → Deduktion, → Ruleg. — I. wird v. B. Dreher u. a. auch als Bezeichnung jener einleitenden Stufe der Katechese gebraucht, die an den bibl. Stoff heranführt. → Induktive Katechese → Egrul Ko

Induktive Katechese. I. K. beginnt im Gegensatz zur → deduktiven K. mit einem Beispiel o. Problem aus dem Erfahrungsbereich des Schülers u. leitet v. da zur verkündigten Glaubenswahrheit über. Im Gegensatz zur → Katechese der Erfahrung ist hier die konkrete Einzelerfahrung nur Hinführung o. → Analogie, noch nicht aber Inhalt der K. Die Übergänge sind in Hand- u. Lehrbüchern jedoch fließend. → Katechese Ko

Infantilität. V. lat. infans = Kind. Geistiges Verharren auf einer unreifen Stufe der Kindheit, aber auch in Diskrepanz zum wirklichen Lebensalter stehendes kindl. Verhalten. I. ist Ausdruck einer Störung der Persönlichkeitsreifung, v. a. bei geist. Schädigungen. → Imbezillität → Debilität Ko

Information. 1. In der *Umgangssprache* wird I. *qualitativ* als Inhalt einer Mitteilung (z. B.: Bedeutung eines Satzes) verstanden. — 2. Im Gegensatz dazu verwendet die Nachrichtentechnik I. als „mathematischen Ausdruck, der sich auf ein Häufigkeits- bzw. Wahrscheinlichkeitsschema" (F. v. Cube) v. *quantitativ* erfaßbaren Eigenschaften, die dem I.sträger aufgrund seiner Formung durch die Bedeutung (z. B. Buchstabenhäufigkeit einer Sprache) zukommt, bezieht. Dadurch ist eine Rückführung jeder Nachrichtenmenge (z. B. Lehrinhalte) auf ein Zahlensystem (→ bit) möglich. Die auf diesem I.sbegriff basierende *I.stheorie* (N. Wiener, C. E. Shannon, D. Gabor) ist eine Grundlage v. → Kybernetik u. eine Grundwissenschaft der → Kybernetischen Pädagogik. Sie wird etwa zur Untersuchung v. Prozessen → automatisierten Lehrens u. Lernens (→ Lernmaschinen, → Computer aided instruction) herangezogen. — 3. In der *Kybernetischen Pädagogik* wird I. meist jedoch nicht so ausschließlich quantitativ-formal gebraucht, sondern mehr im Sinne eines Konkretums aus Bedeutungsträger *und* Bedeutung (Couffignal). — 4. Im *rel. päd.-kat.* Schrifttum wird I. oft als sachkundlich-,obj.' schulischer Unterricht verstanden u. steht im Gegensatz zu → Verkündigung, Seelsorge o. auch → Indoktrination. Heute hat man erkannt, daß es wiss. Exaktheit widerspricht, die beiden Begriffe I. u. Verkündigung als Gegensätze zu sehen. Denn der gleiche Sachverhalt, der unter theol. Gesichtspunkt als Verkündigung bezeichnet wird, ist kybernetisch-päd. (3) als I. zu verstehen. Auch das umgangssprachl. Verständnis v. I. (1) steht nicht im ausschl. Gegensatz zur Verkündigung. Jede Verkündigung beinhaltet I., jede sachgerechte I. über christl. Wahrheiten zeigt auch deren Anspruchscharakter (→ Katechese). 5. Im Bereich der Theologie versucht W. Bartholomäus (Evangelium als I., 1972) am Beispiel der Osterbotschaft eine *theologische* Kommunikationstheorie als notwendig nachzuweisen. Ko

Informationsmedien → Mediensystmatik

Informativer RU → Information

Infrastruktur. Unter I. des RU versteht man nach H. Halbfas die allg. Voraussetzugen f. den RU, das sind neben dem guten Willen u. der Tüchtigkeit des → Religionslehrers, die bildungspol., organisator. u. personellen Gegebenheiten. Es wird hier nicht nur nach den → hermeneut. u. → did. Anforderungen des RU gefragt, sondern auch nach den übergreifenden gesellschaftl. bzw. organisator. Halbfas befaßt sich unter der Teilüberschrift I. in seiner → Fundamentalkatechetik mit folgenden Themenkreisen, die den Terminus verdeutlichen können: a) allgemeine Voraussetzungen: der Lehrer, die Schule, die Unterrichtsorganisation; b) der RU in der → Grundschule: die Unterrichtsorganisation, der → Lehrplan, die → Lehrbücher; c) der RU in den weiterführenden Schulen: der Lehrplan, die Lehrbücher. Bli

In-group. Eigengruppe, die v. „Wir-Gefühlen" zusammengehalten wird. Gegenteil: Out-group = Fremdgruppe. → Gruppe, soziale → Gruppendynamik → Gruppenarbeit. Ko

Inhalt der Katechese. Zentrales Thema der kat. → Unterweisung war in der judenchristl. Gemeinde zunächst das *Christus*mysterium. Neben der Betonung des charakterist. Gottesverhältnisses (abba = Vater), das auch die christl. → Verkündigung im jüd. Raum kennzeichnete, gewinnt in der Auseinandersetzung mit dem Polytheismus (= Vielgottglauben) beim Eintritt des Christentums in die römisch-hellenistische Welt die Einzigkeit Gottes besonderes Gewicht. In der Neuzeit v. a. verlagert sich dieses auf Fragen der Existenz Gottes. — Das Thema → *Kirche* bekommt in → Katechismen u. → Lehrplänen v. a. ab der Reformation immer breiteren Raum. In der zweiten Hälfte des 20. Jh. wird in ganz neuer Weise das Thema *Mensch* zum I. d. K. (→ Induktive Kat., → emanzipatorische Kat., → politische Kat., → gesellschaftsorientierte Kat., → problemorientierter RU, → Anthropozentrik). Die vier großen Themen Gott, Christus, Kirche, Mensch sind Brennpunkte, um die in unterschiedl. Intensität u. Ausfaltung einzelner Lehrinhalte u. Aufgaben der K. kreisen. Dabei sind die v. II. Vatikanum aufgezeigte → „Hierachie der Wahrheiten" (Ök. 11) zu wahren, u. periphere Inhalte v. zentralen zu scheiden. Ko

Inkarnation. Wörtl. (lat.) „Einfleischung", allg. mit „Menschwerdung" (Gottes) übersetzt. Gemeint ist damit die in → Jesus Christus eröffnete u. ermöglichte „Nähe Gottes", die sowohl f. das christl. Verständnis Gottes wie des Menschen v. entscheid. Bedeutung ist. → Anthropozentrik → Immanenz-Transzendenz → Freiheit → Gott → Gotteserfahrung → Welt → Schöpfung. Hi

Innovation. Lat.: Erneuerung. Ein aus dem Amerikanischen in die deutsche Pädagogik übernommener Fachausdruck f. die auf empir.-experimenteller Forschung aufgebaute u. rational geplante Schulerneuerung. Ko

Input. Engl.: hineingeben. 1. *Psych.:* Reiz, der aufgenommen wird. 2. *Informationstheoret.:* Alles, was in psychischen (Schüler) o. auch physischen (→ Lehrmaschinen) Systemen aufgenommen wird. Gegensatz: → Output. Ko

Inspektion des Religionsunterrichtes soll sicherstellen, daß der RU im Rahmen der gesetzl. Bestimmungen u. den Intentionen der Kirche gemäß gehalten wird. Heute sollte I. nicht nur kontrollieren u. bewahren, sondern auch wirksame Impulse zur Weiterentwicklung des RU setzen. → Aufsicht des RU Ke

Inspiration. V. lat. inspirare = einhauchen. I. wird jener charismat. Einfluß → Gottes auf die Verfasser der Schriften des → A. T. u. → N. T. genannt, durch den Gott in einem bes. Sinne „Urheber" dieser Schriften wird, so daß sie das irrtumslose → Wort Gottes darstellen. Nach kath. Lehre ist jedes bibl. Buch nach Inhalt u. Form v. Willen Gottes bestimmt, der sich des Hagiographen so bedient, daß dieser das u. nur das schreibt, was Gott will, u. so, wie es Gott will. Diese Anregung u. Steuerung durch Gott macht aber den Hagiographen nicht zu einem mech. Werkzeug, das „nach Diktat" schreibt, sondern Gott wirkt so auf ihn ein, daß er mit voller Einsicht, freiem Willen u. völligem Gebrauch seiner indiv. Anlagen u. Kräfte schreibt. Das so entstandene Buch widerspiegelt in vielfacher Weise das Wissen, den Charakter u. die Eigenart des menschl. Verfassers, bzw. die konkreten kulturellen, sozialen u. rel. Umstände, in denen dieser lebt. Die I. ist aber nicht davon abhängig, daß die bibl. Autoren wissen, daß sie in ihrem Tun v. Gott angeregt u. gesteuert werden. Als inspiriertes Wort kann die Schrift in allem, was das Heil des Menschen betrifft, niemals Falsches behaupten. Diese Eigenschaft wird Irrtumslosigkeit genannt. Diese gilt zunächst v. Urtext, wie er vom bibl. Schriftsteller niedergeschrieben wurde, nicht v. der uns überlieferten Form des Textes o. v. den Übersetzungen, die nur insoweit an der Irrtumslosigkeit teilhaben, als sie den Sinn des Originals wiedergeben. Als inspiriertes Wort Gottes besitzt die Hl. Schrift eine eigene Heilsmächtigkeit, die bei ihrem Gebrauch in → Liturgie, in der bibl. → Verkündigung u. in der im → Glauben sich vollziehenden Schriftlesung wirksam wird (vgl. 2 Tim 3, 15). Neuerdings sucht die theol. Reflexion die I. im größeren Zusammenhang des Heilshandelns Gottes an seinem Volk zu sehen: die I., der leitende Einfluß Gottes, wäre demnach wirksam gewesen v. den Anfängen → Israels bis zum endgültig vorliegenden Kanon der Hl. Schriften. Fi

Instinkt. V. lat. instigare, instinquere = antreiben, anspornen. I. meint nicht so sehr die Triebhaftigkeit, vielmehr den Lebensstil eines Lebewesens nach seiner Art (Lebensart, sinnvoller Einsatz der → Triebe). Mit der Entfaltung des Embryos nach dem Artbauplan, mit der sog. Spezialisiertheit des tier. Organismus f. eine artkonkrete Lebensform u. mit der Einheit v. Merk- u. Wirkwelt (J. v. Uexküll: das Tier merkt u. reagiert nur nach seiner Art) bildet der I. die Voraussetzungen f. eine sinnvolle Lebenserfüllung des Tieres, obwohl es sein Dasein geistig-rational weder begreifen noch gestalten kann. — In übertragenem Sinn auch v. Menschen auszusagen: Überall dort, wo ein Mensch „Sofortentscheidungen" trifft, sich v. → Irrationalem leiten läßt, auf seine → Intuition vertraut usw., spricht man v. „instinktivem Verhalten" (z. B. vom päd. I. des Lehrers). Bla/Hi

Institution. I. ist eine Einrichtung (lat.: institutio), die wegen der leiblich verfaßten geistigen Existenz des Menschen gefordert ist, um der persönl. u. gesellschaftl. Form des menschl. Lebens äußeren Halt u. innere Ordnung zu geben. Eine (soziale) I. hat folgende Merkmale: Sie ist zweckgerichtet, verhältnismäßig beständig strukturiert (die einzelnen Teile sind untereinander stark verbunden), stellt eine geschlossene Einheit dar u. ist werthaltig, da sie in der → Gruppe o. in der → Gesellschaft anerkannte → Werte vermittelt. Typische I.n sind → Ehe, Schule, → Kirche. Wie alles v. Menschen Gebrauchte u. Geschaffene unterliegen auch die I.n dem Mißbrauch. Die Tendenz, so viel wie möglich zu institutionalisieren, erdrückt die freie Initiative des einzelnen u. bringt totalitäre Herrschaftsformen hervor. Nicht die I., sondern ihre hist. bedingte Form ist stets reformbedürftig. Ro/Ku

Integration, soziale. V. lat. integer = unberührt, integrare = wiederherstellen. Unter s. I. versteht man die Verbindung einer Mehrzahl v. → Personen o. → Gruppen zu einer gesellschaftl. Einheit o. Einigkeit. I. ist primär ein Prozeß, der in Phasen verläuft. Die I.sphasen können als Stufen zur Wiederherstellung bzw. Vervollständigung einer sozialen Einheit angesehen werden. I. bedeutet stets die Einfügung in ein bereits bestehendes soziales Gebilde. Als I.sphase kann daher die Zeit aufgefaßt werden, die eine Person braucht, um in einer Gruppe einen best. Platz zu erreichen. Die Gesamtgesellschaft kann durch Religion, Kultur, Politik o. Wirtschaft integriert werden. Ku

Integrationsmedien. Medien, welche geeignet sind, in den Unterricht an der did. geeigneten Stelle (im Stoffzusammenhang) eingeblendet (integriert) zu werden. Dazu gehören Eigenschaften wie Kürze (z. B. Film o. Tonband bis max. 15 Min.), Speicherbarkeit (z. B. Hörfunk auf Tonband) u. a. Gegenteil: → Medien/ergänzende. Anz

Integrativmethode. Nach H. H. Anderson besteht die I. in jener erzieher. Haltung, die v. einem partnerschaftl. Verhältnis zw. Erzieher u. Zögling bestimmt ist u. koaktive Mittel betont. Gegensatz: → dominative Methode. Auf der I. beruht z. B. das Erziehungssystem in der „Boystown“ (engl. = Jungenstadt), welche 1935 in der Nähe der amerik. Stadt Omaha v. kath. Priester E. J. Flanagan (1886 bis 1948) gegründet wurde. Ro

Lit.: G. Wagner, Father Flanagan und seine Jungenstadt (1957).

Integrierter — desintegrierter Typus. In der → Typenlehre v. E. R. Jaensch aufgestellte „Grundformen menschl. Seins“. Beim i. T. ist das Zusammenwirken der versch. psychischen Vorgänge u. Zustände in hohem Maße gegeben. (Z. B.: Wahrnehmung u. Vorstellung gehen ineinander über; → eidetische Phänome o. Einfälle werden bewußt mit Gefühlen gekoppelt, usw.) Er besitzt gute Anpassungsfähigkeit, er „integriert“ sich der Umwelt. Hingegen sind beim d. T. die einzelnen psychischen Funktionen voneinander scharf getrennt, der Mensch selbst lebt v. der Umwelt abgekapselt. Si

Intelligenz. In der psych. Literatur findet sich keine einheitl. Definition f. diesen Begriff. Am ehesten dürfte folgende Umschreibung nach H. Rohracher dem Sachverhalt gerecht werden. Danach ist I. der individuelle Leistungsgrad der psychischen Funktionen in ihrem Zusammenwirken bei der Bewältigung einer Situation, in der angeborene u. erlernte Verhaltensformen nicht ausreichen. Mit Hilfe der → Faktorenanalyse konnte eine Reihe v. I.faktoren errechnet werden. Diesen kommt bei der Erstellung v. Testreihen in der I.testung große Bedeutung zu. Die Zahl der errechneten Faktoren variiert sehr stark, manche Autoren erwähnen nur vier, andere nehmen bis zu 200 an; H. J. Eysenck findet sieben „primary mental abilities“: Sprachbeherrschung, Wortflüssigkeit, Gewandtheit im Umgang mit Zahlenmaterial, Raumvorstellung, Auffassungsgeschwindigkeit, Gedächtnis u. schlußfolgerndes Denken. Si

Intelligenzalter. Alter, in dem die Testperson ihrer → Intelligenz nach steht; ermittelt mit Hilfe der f. jede Altersstufe aufgestellten Testreihen. Ausgangspunkt f. die Berechnung des I.s ist dasjenige Alter, f. das alle Aufgaben gelöst werden konnten, dazu kommt die Anzahl der gelösten Aufgaben aus darüber liegenden Altersstufen, dividiert durch die Zahl der in einer Testreihe enthaltenen Aufgaben. In Bezug gesetzt zum Lebensalter ergibt sich je nachdem ein Intelligenzvorsprung o. ein Intelligenzrückstand. → Intelligenzquotient → Entwicklungsalter Si

Intelligenzquotient (IQ). Von W. Stern eingeführtes Maß f. die Intelligenzleistung.

$$IQ = \frac{\text{Intelligenzalter}}{\text{Lebensalter}} \times 100$$

Ein IQ. v. 100 stellt Durchschnittsintelligenz dar; der Durchschnitt bei Schülern an → (Allgemeinbildenden) Höheren Schulen liegt um 120; über 130 bedeutet hervorragende Begabung; bei unter 80 spricht man v. Schwachsinn (→ Debilität, → Imbezillität). Si

Intentionale Erziehung. V. lat.: intendere = beabsichtigen. Unter i. E. versteht man die beabsichtigte u. daher zu verantwortende, zielgerichtete, interpersonale u. daher → dialogische Einwirkung des Lehrenden auf den Lernenden, damit dieser die Bedingungen der Möglichkeiten seiner Persönlichkeitsentfaltung erfährt u. verwirklicht. Gegensatz: → Funktionale Erziehung. Ro

Interaktion. V. lat. inter = zwischen, agere = tun, handeln. Wortsinn: Wechselwirkung. I. ist ein zentraler Begriff der → Soziologie. I.n sind die Elemente sozialen Handelns. Man versteht darunter Handlungen, die wieder Handlungen bei den → Personen auslösen, an die sie gerichtet sind. Man spricht auch v. I.n, wenn mehrere Personen gemeinsam an einem Vorhaben teilnehmen. Den I.n liegen emotionale Einstellungen zugrunde. I.n, die häufig mit gegenseitigen sozialen Beziehungen gleichgesetzt werden, zeichnen daher besonders soziale → Gruppen bzw. die Mitglieder der Gruppen aus. Die Gruppenforschungen v. Homans zeigen, daß vermehrte I.n das Gruppenbewußtsein fördern. Ku

Interdiözesane Lehrbuchkonferenz (ILK). Organ der Konferenz der bischöfl. Schulreferenten Österreichs. Die ILK ist gegliedert in eine Sektion f. → Allgemeinbildende Höhere Schulen (gegründet 1959), f. Allgemeinbildende → Pflichtschulen (gegründet 1968) u.

f. → Berufsbildende Schulen (gegründet 1972). Aufgabe ist die Erstellung bzw. Begutachtung v. Lehrplänen u. Lehrbüchern f. den schulischen RU. Sitz: A-1010 Wien, Stephansplatz 3/IV. Ko

Interdiözesane Medienkommission. 1968 gegründete interdiözesane, österreichische Arbeitsgemeinschaft. Aufgabe ist die Pflege, Förderung u. Begutachtung v. → Medien f. den RU. Die I. M. ist Organ der Konferenz der bischöflichen Schulreferenten. Sitz: A-1010 Wien, Stephansplatz 3/III. Ko

Interesse. V. lat. inter-esse = dazwischen sein, dabei sein. I. ist eine Grundkategorie der menschl. Selbstverwirklichung in der → Welt u. bedeutet, daß der Mensch aus seinem Für-sich-sein hinaustritt u. das andere (Sachverhalte u. → Personen) um dessen Andersartigkeit willen so erfassen will, wie es ist, damit er durch das Verstehen des anderen zugleich sich selber besser erkennt. Damit sind → Wort u. selbstlose → Liebe konstitutiv für das I., das der → Freiheit aufgegeben ist. — Die → Erziehung zielt auf den Aufbau sachgemäßen I.s u. zugleich auf Zurückhaltung im I. gegenüber selbstsüchtigem Beherrschen des anderen. Der → Unterricht ist so zu planen u. durchzuführen, daß die Stoffe nicht bloß subj. Interessantes anbieten. Ro
Im Lernprozeß ist *spontanes I.* v. a. f. das → Eingangsverhalten u. die → Motivation v. Bedeutung. Die Erzielung eines *Dauer-I.s* f. rel. Fragestellungen ist Ziel v. RU u. Kat. In der Unterrichtsgestaltung ist auf die Verschiedenheit der in der Persönlichkeitsstruktur wurzelnden I.srichtungen Bedacht zu nehmen. → Faktorenanalyt. Untersuchungen unterscheiden heute zw. nahezu 20 versch. I.srichtungen: Musik, Wirtschaft, Kunst, Politik usw. Ro

Interfilm. International Inter-Church Film Centre. Evangelisches internationales Film-Zentrum. Sitz: Hilversum, Steynlaan 8, Post Box 515. Ko

Interfilm-Consultation. V. → Interfilm u. → O. C. I. C. veranstaltete internat. ökumen., zweijährig seit 1971 stattfindende Studientagung über rel. päd. Medien, verbunden mit der Vorstellung neuester Produktionen. Ko

Interkonfessioneller RU. Der schulische RU findet in der BRD, in Österreich u. in der Schweiz, abgesehen v. Bremen u. einigen Schweizer Kantonen (staatl. → Bibelunterr.), nach Konfessionen getrennt statt. Heute wird immer mehr eine gewisse Entkonfessionalisierung des RU als ordentliches Fach in der Schule f. alle als notwendig erachtet. Auch jene, die dem RU eine kat. Dimension nicht absprechen, fordern größere Offenheit f. andere Bekenntnisse u. Religionen, u. informierenden (nicht „missionarischen") Dienst auch am Nichtglaubenden. „Unbeschadet des staatl. Aufsichtsrechts wird der RU in Übereinstimmung mit den Grundsätzen der Religionsgemeinschaften erteilt." Im Grundgesetz (Art. 7, Abs. 3) der BRD wird heute schon grundsätzlich u. primär auf den Lehrer bezogen interpretiert (Baudler). —
Der *traditionell-konfessionelle RU* geht aus v. der Einheit des Bekenntnisses zw. Rel.lehrer u. Schülern. —
Im *bikonfessionellen RU* (G. Otto, Halbfas: multikonfessioneller RU)

sei das Faktum der konfessionellen Prägungen zu reflektieren (über- o. unkonfessioneller RU würde diese umgehen o. überspielen), was interkonfessionelle Einigung nötig mache; abschnittsweise leitet der kath. o. der evang. Rel.lehrer den Unterricht. — *Kooperativ-konfessioneller RU* bezeichnet das Zusammenwirken kath. u. evang. Religionslehrer, z. B. in der Darlegung der Auffassung des anderen Bekenntnisses bei best. Themen durch den anderen Religionslehrer, in gemeinsamer Unterrichtung bei Kontroversthemen, in außerschulischen Arbeitsgemeinschaften u. anderen Formen unterrichtl. Zusammenarbeit (bes. in der → Kollegstufe der Gymnasien). — *I. RU* (wofür sich kein eindeutiger Sprachgebrauch nachweisen läßt — wie auch f. → ökumenischer RU) ist wohl nicht schon dadurch verwirklicht, daß Schüler versch. Konfessionen eine Klasse bilden u. sich einzelne Religionslehrer um ein christliches Grundverständnis bemühen; dazu würde auch eine gemeinsame Erarbeitung der Zielsetzungen, Aus- u. Fortbildung der Lehrkräfte gehören. Umstritten ist, ob I. RU den gesetzlichen Gegebenheiten Art. 7 Abs 3 GG („Übereinstimmung mit den Grundsätzen der Religionsgemeinschaften") u. Art. 140 GG (mit dem gültig gebliebenen Art. 137 Satz 4 der Weimarer Verfassung) entspricht. Fr/Lä

Internationales Institut f. Jugendliteratur u. Leseforschung. Dieses einzige internat. Institut auf dem Gebiet des Jugendschriftwesens wurde 1971 v. Richard Bamberger gegründet. Es arbeitet mit der → UNESCO zusammen. Sitz: A-1080 Wien, Fuhrmannsgasse 18 a. → Kinder- u. Jugendliteratur → Kinder- u. Jugendpresse → BICE Ko

Internationales Kuratorium f. das Jugendbuch (IBBY). Gegr. 1953. Es umfaßt 35 Ländersektionen aus allen Teilen der Welt, veranstaltet regelmäßige Kongresse u. ist v. a. durch die Verleihung des → Hans Christian Andersen-Preises bekannt. Sitz: Helsinki 14, Puistokatu C 47. Ko

Internatserziehung. Die I. ist eine der spezif. Lebensweise v. Heranwachsenden, die im Internat Kost u. Wohnung haben, entspr. Erziehungsform. Die Vorteile der I. liegen in der → Gemeinschaftserziehung: erhöhte Einstellungsbereitschaft zu anderen, → Verantwortlichkeit innerhalb der Klein- u. Großgruppen, Arbeitsfreudigkeit u. Aufnahmebereitschaft f. Bildungsangebote; günstigere u. verschiedenartigere Freizeitgestaltung; u. U. vertieftes Glaubensleben. Als Einwände gegen die I. werden vorgebracht: tw. Wegfall der Vorbildwirkung der Eltern, Nivellierung des Individuellen, Nichtbewältigung des Geschlechtlichen, Machtkämpfe innerhalb der → Gruppe, Fehlen v. Erfahrungen der tägl. Sorge um Lebensunterhalt u. selbständige Auffüllung der Existenz. Die Gültigkeit der I. hängt v. der Personalität der Erzieher, aber auch v. baulichen Einrichtungen ab. → Heimerziehung Ro

INTERNAVEX. Regelmäßige internat. Fachausstellung f. audiovisuelle Medien. Auskünfte: → SHB. Ko

Interpersonell. Lat.: = zwischenpersönlich. Sozialbeziehungen zw. zwei o. mehreren Personen. Ko

Interpretament. Dieser Begriff wurde in der Auseinandersetzung um das Verständnis der → Auferstehung v. W. Marxsen verwendete, um zum Ausdruck zu bringen, daß geistige Wirklichkeiten nur annähernd begrifflich faßbar sind u. daß in jeder → Verbalisierung bereits Interpretation v. → Erfahrung geschieht, deren Faktizität nicht bewiesen, sondern nur bezeugt werden kann. In diesem Sinne ist z. B. Auferstehung ein I. des → Glaubens der Urgemeinde, daß → Jesus nicht im Tode geblieben ist. Hi

Intimbereich. I. ist der dem Zugriff durch andere entzogene u. in der Personwürde des einzelnen gründende geistig-seel. Eigenraum eines Menschen. Er beschränkt sich nicht allein auf den Bereich der → Geschlechtlichkeit u. stellt eine Grenze erzieherischer Beeinflussung dar (Briefgeheimnis, Taktgefühl, → Schamhaftigkeit, → Manipulation). → Familie Ko

Intrapersonell — Intrapsychisch. Lat.: = innerpersönlich, bzw. innerseelisch. Wechselwirkung v. psychischen Kräften u. Funktionen, welche einen Lernprozeß bestimmen. Ko

Intrinsisch → Motivation

Introjektion. V. lat. intro = hinein u. iacio = ich werfe, schleudere, lasse fallen. Nach der → Psychoanalyse die Übernahme v. Motiven u. Wertungen in das eigene Ich. Oft gleichsinnig mit → Identifikation gebraucht. Gegensatz: → Projektion. Ko

Introvertierter Typus → Extravertierter Typus

Intuition. Das Wort bedeutet „Eingebung, ahnendes Erfassen, unmittelbare Anschauung". Überall dort, wo es um Wirklichkeiten geht, die rational nicht voll erfaßbar sind (also z. B. um Menschen, um metaphys. Wirklichkeiten, um Sinn- o. Entscheidungsfragen usw.), bedarf der Mensch mehr o. minder stark der I. In einer Zeit starker Rationalisierung muß die Fähigkeit zur I. geübt werden, bedarf bes. auch der Lehrer eines gewissen Mutes, sich auf seine I. zu verlassen. Dies bringt freilich die Forderung mit sich, sein I.svermögen ständig zu prüfen, zu läutern u. weiterzubilden. → Verbalisierung → Kreativität → Irrationalität → Instinkt Hi

Inzest. V. lat. incesto = beflecken, schänden. I. (auch echte Blutschande) wird der Geschlechtsverkehr innerhalb der engsten Blutsverwandtschaft genannt. Die entspr. Strafbestimmungen dienen v. a. dem sittl. Schutz des Familienlebens. Als unechte Blutschande wird Geschlechtsverkehr zw. best. Verschwägerten auf- u. absteigender Linie bezeichnet. Die meisten I.handlungen werden v. 40—50-jährigen Vätern an ihren heranwachsenden Töchtern begangen. Der Pädagoge kann in solchen Fällen nur indirekt eingreifen, indem er dem Mädchen hilft, Abstand v. einem derartigen Erlebnis zu gewinnen (z. B. auswärtige Lehre mit Heimplatz o. ä.). Lei

Ipsation. V. lat. ipse = selbst, geschlechtliche Selbstbefriedigung. → Masturbation

Ipsissima vox. V. lat. vox = Stimme, Rede, Satz u. ipse = er selbst, in eigener Person. Worte o. Wendungen des N. T., deren überkommene Form auf → Jesus direkt zurückgeht (Abba — Vater; Amen, amen — Wahrlich, wahrlich ...). Gegensatz: Jesuworte, die v. Evangelisten formuliert u. Jesus in den Mund gelegt werden (z. B. Mk 4, 13 ff.). Ko

Irrationalität. Wortsinn: Das dem Geist, v a. dem begrifflichen Denken (ratio), Entgegengesetzte, ihm gegenüber Andersartige. Einer v. → Rationalismus u. → Aufklärung geprägten Denk- u. Lebensweise erscheint jede Form v. I. suspekt. V. Einblick in die über-rationale Struktur der → Wirklichkeit her ist I. aber eine notwendige Ergänzung der rationalen Bemühungen, die Wirklichkeit in den Griff zu bekommen. „Instrumente" der I. sind neben → Gefühl u. → Gemüt auch → Intuition u. → Glaube, wobei freilich zu bedenken ist, daß I. auch zum Gegenstand v. → Reflexion gemacht, d. h. wenigstens tw. rationalisiert werden kann. Der RU hat großes Interesse daran, Bemühungen um größere Wertschätzung der I. zu unterstützen. → Liturgie → Fest → musische Bildung → Kreativität Hi

Isolotto-Katechismus. Bezeichnung f. den v. Don Enzo Mazzi u. seinen Mitarbeitern ausgearbeiteten Erstkommunionkatechismus f. die Pfarre im Isolotto (Industrievorort v. Florenz). Da dort die erste Kommunion erst f. die 10jährigen vorgesehen ist, müßte man ihn im deutschen Sprachgebiet eher mit dem → Firmunterricht vergleichen. Die Kinder werden in kleine Gruppen (2—3) aufgeteilt, u. Mitglieder der → Gemeinde übernehmen die Betreuung der Gruppen. Als Leitfaden dient der I. K. In best. Abständen treffen sich diese kleinen Gruppen zu gemeinsamem Gebet während einer Versammlung. Der I. K. versteht → Katechese nicht primär als Wissensvermittlung, sondern als Gemeindebildung. Die kleinen Gruppen gehen einen gemeinsamen Weg (Dauer: 1—3 Jahre) zum Ziel eines gemeinsamen Lebens im Geist des → Evangeliums. — Hauptanliegen ist eine Einführung in das Evangelium u. in eine lebendige → Liturgie. Der I. K. besteht aus drei Teilen (erste Bekanntschaft mit Jesus u. seiner Botschaft; Grundthemen der → Heilsgeschichte; der auferstandene Christus u. seine Anwesenheit in der Kirche). — Die kat. Methode orientiert sich an einem Dreischritt: Die Erfahrung der Kinder — die Botschaft des Evangeliums — die Verwirklichung der Botschaft im konkreten Leben. — Warum wurde die Verwendung dieses Katechismus in Florenz verboten; warum wurde Don Mazzi v. seinem Amt suspendiert? Durch die Konkretion des Evangeliums auf das Leben in den Slums v. Florenz hin trete der revolutionäre Aspekt des Evangeliums in einer nach Meinung der Kirchenführung einseitigen Weise in den Vordergrund; das Evangelium werde als gesellschaftskrit. Handbuch mißverstanden; die trad. Kirchenstrukturen werden in unzulässiger Weise kritisiert, die Aktivitäten der etablierten Gemeinden herabgesetzt u. dgl. mehr. — Der I. K. ist die Frucht eines Experimentes, das aus einer Hochburg des Unglaubens eine blühende, dynamische christl. Gemeinde machte, die nicht mit abstrakten → Formeln belastet ist, sondern es gelernt hat, das Evangelium unmittelbar in Leben umzusetzen; die vertrauensvolle Atmosphäre zw. Kindern u. Katecheten hat jedes autoritäre Verhalten überholt.

Hi

Lit.: Die Botschaft Jesu in Isolotto. Der Katechismus des Don Mazzi (2. A. 1970); H.-O. Bastian (Hsg.), Experiment Isolotto. Dokumentation einer neuen Gemeinde (1970).

Israel. Die Bedeutung des Wortes I. ist nicht eindeutig geklärt; in der Bibel selbst wird Jakob nach seinem Kampf mit einem geheimnisvollen Wesen „I." genannt: „Denn du hast mit Gott u. mit Menschen gekämpft u. den Sieg davongetragen" (Gen 32,29). Nach manchen Forschern bedeutet I. ursprünglich: „Gott möge sich als Herr erweisen", o.: „Gott strahlt". „I." ist fortan der Name sowohl des → Zwölfstämmevolkes als ganzem als auch die Bezeichnung f. die nördliche Reichshälfte (im Gegensatz zu „Juda"). Die Vorgeschichte der Stämme I.s ist nur schwer erhellbar; sicher ist, daß sie Halbnomaden der Randgebiete → Palästinas mit überwiegender Rinder- u. Kleintierzucht waren. Entscheid. Ereignis f. das weitere Bewußtsein ist die Landnahme, die sich f. die einzelnen Stämme allerdings sehr versch. abspielte. Erst nach der Vollendung dieser Landnahme begann die gemeinsame Geschichte des Volkes; unter schwerem polit. Druck v. außen (Philister u. Ammoniter) kommt es zur Ausbildung des Königtums mit durchorganisiertem Heerbann. David konnte die Grenzen I.s erweitern; nach Salomos Tod zerfiel dieses Großreich jedoch sofort. Damit verlief die weitere Geschichte des Volkes zweigleisig: Nordreich-Südreich. 721 fiel das Nordreich durch die Assyrer, 597 bzw. 586 das Südreich durch die Babylonier. Die weitere Geschichte siehe unter → Judentum. → Jerusalem → Zyklen im A. T.

Schr

Istwert — Sollwert → Regelkreis → Kybernetische Pädagogik → Programmierter Unterricht

Item. Engl.: Einzelheit, im → Programmierten Unterricht gleichsinnig mit → frame o. → Lernelement verwendet. Bei Tests: eine einzelne Testaufgabe. Formen v. I.: Ergänzungs-, Quiz-, Such-, Umordnungs-, Zuordnungs-, Auswahlaufgaben usw.

Ko

Jahrgangsklassensystem. Unter J. versteht man die Zuordnung v. Schülern einer Altersstufe in eine Schulstufe mit gleichen Bildungszielen u. Lehraufgaben. Das J. wird heute in der päd. Theorie kritisch reflektiert u. in → Schulversuchen zumindest tw. aufgegeben. → Gesamtschule → Setting-Streaming. Ko

Lit.: P. Xochellis, Jahresklassen oder nicht? (1971).

Jahwe. Gottesname des → A. T. (Tetragramm = 4 Buchstaben), in dem Bedeutung u. Wirken → Gottes f. → Israel zusammengefaßt sind. Die in der griech. Fassung des A. T. mehr als 6000mal verwendete Übersetzung mit Kyrios (= Herr) ist ebenso bereits eine Interpretation wie die Deutung

„Ich bin, der Ich-bin", „Ich bin der Seiende". Ex. 3,14 ist nach hebr. Sprachgebrauch nach W. v. Soden am besten wiederzugeben mit „Ich erweise mich, insoweit ich mich erweisen will". In dieser Formulierung kommt auch die Unverfügbarkeit Gottes („J.-Vorbehalt") zum Ausdruck. F. Kinder im Pflichtschulalter empfiehlt sich die deutende Übersetzung mit „Ich bin (f. euch) da". Diese Übersetzung kann zugleich als kindgemäßer Schlüssel f. Deutung u. → Aktualisierung vieler Moseperikopen (Exodus, Wunder des Wüstenzuges usw.) dienen. Ko

Jahwistische Quellenschrift (J). So benannt nach dem vorherrschenden Gebrauch des Gottesnamens → Jahwe. Charakteristisch ist, daß der Berg der Gesetzgebung Sinai, der dritte Patriarch → Israel heißt u. a. m. Konkret anschaulich werden fundamentale Menschheitsfragen (→ Schöpfung, Sünde, Leid, Gen 2,4 b ff.) behandelt. Entstehungszeit: ± 950 v. Chr. Ko

Jazz. Ein kaum zu übersetzendes Wort aus dem Neger-Slang der USA: z. B. „jazz around" = wandern, streunen, dem Vergnügen nachgehen, ein geselliges Leben führen; „jazz up" = Unordnung bringen, kraftlos machen, überwältigen, betrunken machen, beleben, aktivieren, ein Hindernis überwinden, Begeisterung erwekken, lustig machen, ausgelassen sein; J. (als Hauptwort): Kopulation, (als Tätigkeitswort): schwängern. — J. ist eine aus USA stammende Musizierweise, entstanden aus der Begegnung des Negers mit der europ. Musik, daher Elemente der abendl. Musiktradition (Instrumentarium, Melodik, Harmonik) u. Elemente aus dem Musikgefühl des amerikan. Negers (Rhythmik, Phrasierungsweise, Tonbildung). Drei Hauptunterschiede zw. J. u. europ. Musik: 1. *„swing":* schwingendes Schwebegefühl, eine Art Spannungszustand, spürbar wie ein Wachsen im Tempo u. dennoch relaxed (entspannt) bleiben; 2. *Vitalität u. Spontaneität bei Improvisationen* („Jam-Session": über eine Melodie, Thema, wird „hot" = heiß improvisiert); 3. *„sound":* Tonbildung, Klang f. uns Europäer unreines Anspielen u. Ansingen mancher Töne („bluenotes") u. eigene, individuelle Effekte durch charakteristische Schleiftöne, „Shakes" (übersteigertes Vibrato), Glissando (Verschleifen zweier Töne) ähnlich wie „Whip"

o. „Rip", „Smear" („schmieren"). — Wurzeln des J.: Spiritual (ein nach Eph 5,19 geistl., geistgewirktes Lied, das Kirchenlied der amerikan. Neger), Gospel-Song (moderne Form des Spiritual, vitaler, swingender, jazzmäßiger als der alte Spiritual), Folksong (Lied der „Fahrenden Sänger") u. Blues (weltl. Gegenstück zum Spiritual). — Seit Entstehung des J. (gegen Ende des vorigen Jh.) große Stilwandlungen: vor dem 1. Weltkrieg New-Orleans-Stil (unbeschwert, fröhlich, marschierend, Kollektivimprovisation), in den 20er Jahren: Chikago-Stil (Einzelimprovisationen), in den 30er Jahren: Swing (New York; Big-Bands, Sicherheit u. Standardisierung des Lebens widerspiegelnd), 40er Jahre: Bebop (Kansas City; rasende, nervöse Phrasen, nur Melodiefetzen), um 1950: Cool (Hollywood; kühl, langsam u. hart mit schwerem „feeling", abstrakte Intellektualisierung, Verwendung freitonaler Mittel (→ Moderne Musik), West Coast J. (Ausschaltung der Rhythmusgruppe), gw.: Free J. (Individualist. Improvisation). — Daraus ergibt sich: Unsere sog. „J.messen" (→ Rhythm. Messen) haben nur sehr wenig mit dieser eben beschriebenen Musizierweise gemeinsam; sie stellen bloß einen Versuch dar, neue relig. Gesänge auf der Grundlage des Spirituals u. Gospel-Songs zu schaffen; dies wird mit Hilfe einer → Kontrafaktur versucht. Mu

Lit.: Joachim Ernst Berendt: Das neue Jazzbuch (1959); Lothar Zenetti: Heiße (W) Eisen (1966).

Jeremia. J. ist jener atl. Prophet, über dessen Leben u. Leiden am meisten bekannt ist; er wurde um 627 zum Propheten berufen („Ach, Herr, ich verstehe ja nicht zu reden, ich bin ja noch zu jung"); seine Botschaft wendet sich zunächst in scharfer Polemik gegen den Götzendienst auf den Höhen. Möglicherweise hat er sich aktiv an der großen Reform des Josia beteiligt. Nach dessen Tod tritt J. wieder in den Vordergrund: er prangert die rel. Selbstsicherheit des Volkes an, es kommt zu harten Auseinandersetzungen mit den Priestern u. den Tempelpropheten u. nur knapp entgeht er dem Tod. Seine Kritik macht auch vor dem König nicht halt; dafür wird J. schwer gedemütigt, er wird gegeißelt, in den Block gelegt u. v. Tempelbesuch ausgeschlossen. Über die Tätigkeit J.s v. 597 bis zur Zerstörung berichtet sein Schreiber Baruch; schließlich wird J. — gemeinsam mit Baruch — v. der Volksmasse gezwungen, nach Ägypten zu gehen. — Wie kein anderer Prophet des A. T. leidet J. an der Erfolglosigkeit seines Tuns u. unter dem Spott u. Hohn seiner Gegner; selbst die Gewißheit, daß er sich dafür Gott umsomehr anvertrauen könnte, schwindet: „Du bist mir zum Trugbach geworden, Wasser, auf das kein Verlaß ist!" Trotzdem ist ihm Gott in seinem Herzen „wie ein brennendes Feuer", das er nicht auslöschen kann, selbst wenn er wollte. Die Prophetie J.s gipfelt aber nicht in der Drohung, sondern in der Heilsverkündigung: „Ich werde mein Gesetz in ihr Inneres legen ... ich werde ihr Gott sein, u. sie werden mein Volk sein". Schr

Lit.: C. Westermann, Jeremia (1967).

Jerusalem. J. liegt in der Mitte des westjordan. Hochlandes auf dem zentralen Gebirgskamm. Die früheste Besiedlung J.s erfolgte wahrscheinlich schon zw. 4000—3000 v. Chr.; den letzten Ausgrabungen zufolge war J. schon seit dem 18. Jh. v. Chr. mit einer Mauer umgeben. Schwierigstes Problem f. die Stadt war die Wasserversorgung, welche aber durch ein ausgedehntes Schacht- u. Kanalsystem sichergestellt werden konnte. Der bedeutsamste Einschnitt in die Geschichte J.s war die Eroberung durch David, bzw. sein Entschluß, J. zur Hauptstadt des vereinigten Reiches zu machen. Erleichtert wurde dieses Vorhaben durch seine Entscheidung, die Lade → Jahwes nach J. zu bringen. Die eigentl. Ausgestaltung J.s geschah aber erst unter Salomo: Palast- u. Tempelbau. Durch den → Tempel wurde die einzigartige Bedeutung J.s noch gesteigert; es wird zum Inhalt eschatol. Verheißungen (vgl. Jes 2,2—4). Die Katastrophe v. 587 ließ nichts mehr v. der alten Pracht bestehen. Einen echten Aufschwung erlebte J. erst wieder unter Herodes d. Gr. (40—4 v. Chr.): J. bekam hellenist. Aussehen. 70 n. Chr. — nach einem jüd. Aufstand — wurde J. v. Kaiser Titus eingenommen, der Tempel wurde zerstört. — Mit dem Kommen Jesu war der „Augenblick der gnadenhaften Heimsuchung" J.s gekommen (Lk 19,44), die jedoch auch Gericht über J. bedeutete. In Offb 21,2—22 schließlich steht J. als Symbol f. die endgültige Herrlichkeit des Gottesreiches unter den Menschen heute. Schr

Jesaja. Wahrscheinlich aus der → Jerusalemer Aristokratie stammend, wurde J. zwischen 740 u. 730 zum Propheten berufen. Sein prophet. Auftrag ließ ihn in den Jahrzehnten seiner Wirksamkeit zu einer beherrschenden Gestalt auch des polit. Lebens werden. Seine Berufung (Kap. 6) durchzieht sein ganzes Leben: → Gott offenbarte sich ihm als der Heilige, angesichts dessen der Prophet v. seiner Unwürdigkeit u. Sündhaftigkeit überwältigt wird. So kommt es zum scharfen Angriff J.s gegen die dekadente Oberschicht Jerusalems, die die Rechte der Hilflosen mit den Füßen tritt; J. entlarvt außerdem die falschen Hoffnungen, die man mit dem Kult verbindet. So wird der Tag → Jahwes kommen, an dem Gott menschl. Hochmut vernichten wird. J. griff auch ganz konkret in das polit. Tagesgeschehen seiner Zeit ein: er stellte sich seinem König entgegen, als dieser einen Bund mit Assyrien schließen wollte: dies sei ein Mangel an Gottvertrauen.

Das Buch J. zeigt den Propheten als überragenden Denker, Dichter u. Propheten, der v. der Größe Gottes erfüllt war. Einzig mögliche Haltung des Menschen angesichts Gottes ist das Vertrauen auf Jahwe. Aber nur wenige entsprechen dieser Forderung; sie — u. im besonderen der david. Messiaskönig — sind die Träger der Heilsverheißungen f. die Zukunft. → Deuterojesaja — Tritojesaja Schr

Jesus Christus. Wortsinn: J. ist die griech. Form des häufig gebrauchten (vgl. Sir 50,27; Kol 4,11) hebr. Personennamens Je-hoschua = Jahwe ist Hilfe, Heil. Chr. ist die griech. Übersetzung des aram. meschiha = der Gesalbte. Mit diesem Würdetitel drückte die Urkirche ihren Glauben an Jesus *den Christus* aus.

Christl. → Glaube hat sein histor. u. theol. Fundament in der Person J. v. Nazaret. J. Heimat ist das v. den frommen Juden seiner Zeit verachtete Nazaret in Galiläa.

V. seiner Jugend- u. Entwicklungszeit wissen wir beinahe nichts; möglicherweise sind auch die wenigen Texte, die v. der frühen Kindheit Jesu berichten, spätere Überlieferungen der christl. Missionspredigt im Stil jüd. → Midraschim, so daß sie als Quellen f. histor. Aussagen ausscheiden würden. J. ließ sich — etwa um sein 30. Lebensjahr — v. Johannes dem Täufer taufen, zog dann aber nach Galiläa u. predigte v. der anbrechenden Gottesherrschaft. J. griff damit Erwartungen u. Hoffnungen auf, die das Leben u. Denken des jüd. Volkes seiner Zeit in einzigartiger Weise bestimmten. Er brachte dabei aber die Gottesherrschaft in so engen Zusammenhang mit seiner Person u. mit seinem Wirken, daß dies f. viele Fromme Anstoß erregte; er forderte radikale sittl. Umkehr v. den Menschen, motivierte dies aber nicht v. der Furcht u. → Angst, sondern v. der → Liebe Gottes her. J. lehnte es ab, sich u. seine Sendung vor den Autoritäten u. Institutionen seines Volkes zu legitimieren; er berief sich nicht einmal — so wie es die → Propheten des → A. T. getan hatten — auf einen „Spruch → Jahwes"; er beanspruchte dabei aber eine Vollmacht, die sich selbst über Mose erhob: „Ich aber sage euch ...". Gottes Wille war f. J. das Heil u. die Gemeinschaft der Menschen. J. sprach aber nicht nur davon, sondern er stiftete selbst diese Gemeinschaft unter den Menschen, bes. unter jenen, die nach dem Verständnis seiner Zeit v. der Gemeinschaft der Frommen — u. damit auch v. der Gottesherrschaft — ausgeschlossen waren. Den Vorwürfen, die man ihm wegen dieses Verhaltens machte, begegnete J. mit dem Hinweis auf das Erbarmen Gottes, der v. den Menschen keine Vorleistungen f. seine Zuwendung verlangt: er ist der gütige Vater, der dem Verlorenen seine Gemeinschaft wieder anbietet u. ihn in die Rechte des Sohnes einsetzt. J. hat Kranke geheilt u. → Besessene aus ihrer Entfremdung befreit. Er forderte dabei, diese Heilungen als → Zeichen der nun mit ihm angebrochenen Gottesherrschaft anzunehmen. Es ist ungewiß, ob sich J. f. den → Messias in dem Sinn gehalten hat, wie ihn das Spätjudentum erwartet hatte. Es kann aber als sicher gelten, daß v. seiten des Volkes messian. Erwartungen an J. herangetragen wurden: „Wir aber hofften, er sei der, der → Israel erlösen werde" (Lk 24,21). J. zeigte aber auf jeden Fall ein Verhalten, das die „Kompetenzen" eines erhofften Messias bei weitem überschritt. J. wollte seine Aufgabe u. Sendung im Mittelpunkt des damaligen → Judentums, in → Jerusalem, vollenden. Er ahnte dabei wohl, daß er einen gewaltsamen Tod erleiden werde. Dabei brachte er aber diesen Tod in Zusammenhang mit der Aufrichtung eines Neuen → Bundes, den → Gott in seinem Blut stiften würde. In der Feier des Letzten → Abendmahles mit den Zwölfen brachte er dies in der Form einer prophet. Zeichenhandlung zum Ausdruck. Schließlich wurde J. — nach Verhandlungen vor dem Hohen Rat — v. römischen Statthalter Pontius Pilatus zum Tod verurteilt u. v. röm. Soldaten gekreuzigt. — An J. Chr. glauben, heißt nach christl. Verständnis, bekennen, daß dieser J. der „Herr" ist, daß Gott „den gekreuzigten J. nun zum Herrn u. Messias eingesetzt hat".

Gott hat ihn „auferweckt“ u. so sein Leben u. Wirken beglaubigt. Damit ist aber nicht nur ein Verhältnis Gott-J. ausgedrückt, sondern auch u. v. a. etwas über das neue Verhältnis J. zu den Menschen: Er ist unser „Erlöser“, er ist der Knecht Gottes, der unsere Sünden getragen hat u. durch dessen geisterfüllten Mund Gott zu uns gesprochen hat (Apg 4,25), er ist der „Heilige“, der, mit Gottes Vollmacht u. Kraft ausgerüstet, die Macht des → Bösen unter den Menschen bricht (Mk 1,24); er ist der „Messias“, in dem Gott seine → Heilsgeschichte mit den Menschen gipfeln läßt, u. als solcher der „Führer zum Leben“ (Apg 3,15), der „Sohn Gottes“. Der → Glaube der Urchristenheit u. der ersten christl. Jahrhunderte ist durch das Bestreben gekennzeichnet, in immer neuen Begriffen u. „Modellen“ die einzigartige Bedeutung J. f. die Menschen auszudrücken u. sicherzustellen. Immer wieder traten Irrlehrer auf, die an dieser Einzigartigkeit rüttelten. Die → Kirche antwortete ihnen in den → Dogmen der großen Synoden u. Konzilien: J. war nicht ein „verkleideter“ Gott, der nur scheinbar gelitten hat; er ist nicht ein „geschaffenes Mittelwesen“, sondern gleichwesentlich mit dem Vater; in der Person J. kann man Gottheit u. Menschheit nicht trennen.

Alle Aussagen des Glaubens haben ihre Grundlage u. ihren Zielpunkt nicht in Formeln u. Begriffen, sondern in J. selbst. Kein Titel ist „an sich“ genügend — das zeigt der lange Weg der Geschichte der „Christologie“. So wie in dieser Geschichte immer wieder Vorstellungen u. Erwartungen der jeweiligen Zeit aufgenommen wurden, um die Bedeutung J. f. die Menschen auszudrücken, so wird auch die heutige → Katechese um diesen → „induktiven“ Weg nicht herumkommen; dies ergibt sich gerade dann, wenn man den Glauben an J. ernst nimmt: → „Erlösung“ ist konkret u. muß deshalb auch in den Kategorien unserer Zeit ausgedrückt werden. → Christozentrik → Erlösung → Auferstehung → Himmelfahrt u. a.

Schr

Lit.: A. Exeler, J. Christus in der Katechese, in: Chr. p. Bl. (1973/1).

Jesus-Bewegung. 1967 in den U.S.A. z. T. aus der Hippie-Bewegung hervorgegangene → Gegenkultur. Hauptgruppen: *1. Jesus-People* (= Jesusvolk; Jesus-Freaks = Jesus-Gammler; Straßenchristen). Hippiestil wird teils beibehalten (→ Kommunen), teils abgelegt. → Protestkultur innerhalb trad. Religion. *2. Straight-People* (Rechtschaffenes Volk. V. Kirchen unabhängig gewordene, z. T. hauptamtl. Evangelisten an interkonfess. Universitäten). *3. Catholic Pentecostals* (Kath. Pfingstbewegung. Überschwengl. Hingabe an den Heiligen Geist. Loyalität gegenüber der → Kirche). *4. Children of God* (Kinder Gottes. Gegr. v. Faith Ditrich u. deren Bruder Jonathan. Eschatol. geprägt, strenges Kommunenleben, Ablehnung der Kirchen). — *Gemeinsame Kennzeichen:* Ablehnung des → Rauschgifts, Flucht in die Innerlichkeit, strenge Lebensweise, Ablehnung der „freien Liebe“, Gruppenkonformismus, naiv-sentimentale Jesusbeziehung, unkrit. Gebrauch der Bibel, z. T. Wiedertaufe u. Erweckungserlebnisse. Ko

Lit.: Jesus People Report: Die Religion der Kinder (1972); K. Kirk, Worte des Vorsitzenden Jesus (1971); W. Kroll,

Jesus kommt (1971); Müller, Aktion Jesu (1972); R. Bleistein, Die Kirche v. gestern u. die Jugend v. heute (1972); H. Wöller, Die getaufte Revolution (1972).
Zur Diskussion: K. Koch u. a., Medienpaket „Jesus-People“, Calig, München 1972.

Jesus-People → Jesusbewegung

Jona. Das Buch J., nach seiner Hauptgestalt benannt, ist eine weisheitl. Lehrerzählung in der Form der Parabel, deren Grundidee der allgem. Heilswille → Gottes ist. Damit ist eine deutl. Kritik am jüd. Partikularismus ausgesprochen. J. entzieht sich dem Auftrag, in Ninive Buße zu predigen, wird v. einem Fisch verschluckt u. nach drei Tagen wieder ausgespien. Ninive bekehrt sich. Das ist J. aber nicht recht, bis er schließlich lernt, daß Gott f. alle Menschen da ist. Schr

Judentum. Die polit. Katastrophe v. 587 v. Chr. (→ Israel) u. die damit verbundene Deportation der Oberschicht in das Babylonische Exil bedeutete f. sehr viele Israeliten zwar eine tiefgreifende Änderung der Lebensweise, nicht jedoch schlechthin einen Bruch in der rel. → Tradition. Trotzdem kommt es nun — bes. in der Diaspora — zur stärkeren Ausbildung bzw. Betonung v. „Konfessionsmerkmalen“: v. a. des → Sabbats u. der → Beschneidung. Diese Politik wird dann auch v. den Heimkehrenden verfolgt; bes. Esra u. Nehemia haben das Bild des J.s wesentlich auch in diese Richtung geprägt.
332 v. Chr. wird → Jerusalem v. Alexander d. Gr. erobert; das J. gerät in den Einflußbereich einer Kultur, die durch weitreichenden → Synkretismus gekennzeichnet war. Die Reaktion des J.s auf diese Einflüsse war nicht einheitlich: einer Gruppe v. „Hellenisten“ (in der oberen Laien- u. Priesterschicht vertreten) stehen die „Frommen“ („Chassidim“) gegenüber, die die Verpflichtung aller Juden auf die Lebensweise der Väter fordern. Unter Antiochus IV. (175—164 v. Chr.) kommt es in → Palästina zum gewaltsamen Konflikt. Auslösendes Moment dürfte der Raub des Tempelschatzes durch Antiochus gewesen sein. Die darauf einsetzenden Anordnungen u. Verbote des Königs sollten das J. im Kern treffen: keine Opfer u. Feste, kein Sabbat, keine Beschneidung, keine Torarollen. Es kommt zu den „Makkabäerkriegen“. Nach einer kurzen Zeit der Unabhängigkeit wird im Jahr 63 v. Chr. Jerusalem v. den Truppen des Pompejus eingenommen.
Herodes u. seine Nachfolger regierten im Auftrag der röm. Besatzungsmacht. In diese Zeit fällt das Auftreten → Jesu v. Nazaret. Als Folge des jüd. Aufstands v. 66 u. der Zerstörung v. → Jerusalem 70 n. Chr. verschob sich der geistige Mittelpunkt nach Jamnia bzw. in die Diaspora (Synagogen). 90 n. Chr. endgültiger „Jüdischer Kanon“ der hl. Schriften (→ Altes Testament) u. Sammlung der mündl. Überlieferung (Mischna); allmählich entstand daraus der sog. „Talmud“ („babylon.“ u. „Jerusalemer T.“ im 5. Jh.), ein Zeugnis f. das nachbibl. rabbinist.-normative J., das die Jahrhunderte v. letzten Aufstand 132/35 (Simon ben Kosba u. Rabbi Akiba) bis heute überdauerte. — Nach 750 gab es gegen diese Entwicklung den Protest der „Karäer“, die gegen die Tradition f. die „Schrift“ eintraten. Endgültige Sicherung des

Textes der Hl. Schrift u. seiner Aussprache besorgten die sog. „Masoreten", die eine Vokalisation des vorher bloß in Konsonanten notierten bibl. Textes schufen. Polit. hatte das J. in den arab. Staaten die größten Möglichkeiten, da es sich dort ungehindert (geistig) entfalten konnte u. als bedeutender Vermittler zw. Aristoteles u. dem bibl. Glauben auftrat (Maimonides u. v. a.). Gegen die Philosophie wandte sich gegen Ende des 13. Jh. die sog. „Kabbala" (jüd. Form der neuplat. Mystik). — Während der Kreuzzüge blutige Verfolgungen in ganz Europa u. im Hl. Land. Die aus Mitteleuropa vertriebenen Juden fanden Zuflucht in Polen u. Rußland (dort entstand das „Jiddisch"). Durch die Verfolgungen wurde das J. immer mehr in ein Getto getrieben, das auch eine geistige Verengung mit sich brachte, charakterisiert durch Konzentration auf Kult, Ritus Gesetz, Recht; Hauptzeugnis dafür: die Gesetzessammlung „Šulchân 'Arûkh". Gegen den damit verbundenen Rationalismus entwickelte sich im 17./18. Jh. der „Chassidismus". — Mit der neuzeitlichen → Aufklärung u. → Emanzipation kam es zu einer gewissen Befreiung u. gesellschaftl. Besserstellung (Menschenrechtserklärungen) auf dem Wege der sog. Assimilation (Moses Mendelssohn) u. des Liberalen J.s (Neologen). Als Reaktion darauf erfolgte Ende des 19. Jh. ein neuerliches Aufflammen des → Antisemitismus, genährt durch den sog. „Zionismus" (Hertz), der die Rückführung der Juden nach → Palästina zum Ziel hatte. 1948 führten die Einwanderungsbewegungen zur Gründung des modernen Staates Israel. — Jüd. Theologie ist Schrift u. Tradition zugeneigt, entwickelte aber eigentlich keine nennenswerte Dogmatik, das „Du sollst" dominiert vor der Glaubenslehre. Der Einfluß jüd. Philosophen u. Theologen (H. Cohen, L. Baeck, M. Buber, F. Rosenzweig) ist aber überaus groß.

Das J. ist auch heute, sowohl politisch (vgl. Staat Israel) wie religiös eine bedeutsame Realität. Es sollte daher im RU nicht bloß in seiner hist.-atl. Form zur Sprache kommen. Im Verhältnis des Christentums zu ihm markiert die „Judendeklaration" des 2. Vatikanums einen Wendepunkt, der v. spannungs- u. leidvollen Irrwegen der Vergangenheit wegführt zu einer rel. fundierten Beziehung gegenseitiger Achtung u. Wertschätzung. V. Bedeutung ist in diesem Zusammenhang die Beachtung u. rechte Interpretation v. Röm 9—11. Schr/Hi

Lit.: F. J. Marquardt, Die Entdeckung des J.s für die deutsche Theologie (1967); W. P. Eckert u. a., Jüdisches Volk — Gelobtes Land (1970); C. Thoma, Kirche aus Juden u. Heiden (1970); Th. Filthaut, Israel in der christl. Unterweisung (1967); M. Stöhr u. a., J. im christl. RU (ev. 1972).

Jugendalter. Im J. findet der körperl. u. psychische Strukturwandel v. Kind zum Erwachsenen statt. Es ist durch eine gefährdete Krisenhaftigkeit gekennzeichnet. Man rechnet alle jene Menschen zum J., die jenseits der Kindheit stehen, die aber v. der → Gesellschaft noch nicht als Erwachsene anerkannt werden. Eine Altersangabe ist nicht möglich; heute wird eine Verlängerung dieses Entwicklungsabschnittes beobachtet. S. Bayr-Klimpfinger teilt das J. in zwei große Abschnitte: 1. *Das frühe J.:* Hier findet auf körperl. Gebiet der → Zweite Gestaltwandel statt, auf psychischem Gebiet kommt es zur → Pubertät u. daran anschließend zur → Adoleszenz. 2. *Das späte J.:* Es bringt die → Erwachsenenpubertät u. führt zur Lebensreife. — Nicht alle Jugendlichen durchlaufen die genannten Entwicklungsphasen, es gibt ein Stagnieren auf den versch. Entwicklungsstufen. Si

Jugendarbeit, kirchliche. Eine spezif. → Jugendseelsorge im heutigen Sinne hat es bis zum Ausgang des Mittelalters nicht gegeben. Wohl aber prägte christliche Religiosität die besonderen Formen der Bildung Jugendlicher (z. B.: Rittertum: Knappe; Zunftwesen: Lehrling, Geselle u. ä.). Erst die Reformation, das Bildungswesen des Humanismus u. die zunehmende Differenzierung der → Gesellschaft machten im 16. Jh. eine bes. seelsorgl. Betreuung einzelner Stände notwendig, die in Kongregationen zusammengefaßt u. durch einen Priester geleitet wurden. Die ersten Kongregationen wurden zw. 1612 u. 1628 in Deutschland gegründet. Die → Marianische Kongregation hat sich bis heute erhalten. Mit der Gründung der Gesellenvereine im 19. Jh. beginnt eine Phase, in der zahlreiche Vereine u. Zweckverbände (z. B. auch f. Studenten) ins Leben gerufen wurden. Sie sind auf der Grundlage einer berufsständ. Ordnung aufgebaut u. weithin berufsbezogen. Das Leitbild dieser Vereine gaben oft die → Familie (→ Kolpingfamilie) u. die Generationenordnung ab. Die Jugendbünde (→ Jugendbewegung), die ab der Wende zum 20. Jh. den Verein abgelöst haben, sollen streng formende Kraft haben. Parallel dazu wachsen eigenständige Formen (→ Pfadfinder), die in die k. J. integriert werden. Im Kampf um ein neues Gemeinschaftsleben der Jugend wird der Verein häufig als überholte Organisationsform betrachtet u. zugunsten der Jugendgruppe zurückgedrängt. Vereine (u. z. T. auch noch die Bünde) waren ihrem Wesen nach auf Massenerfassung ausgerichtet; sie wollen einen Lebens- o. Berufsstand möglichst weitgreifend in sich aufnehmen. Nach dem 2. Weltkrieg wurden vielfach Formen der bündischen Jugend in der k. J. neu aktiviert u. auch institutionalisiert („Kath. Jugend"). Eine gewisse ständische Gliederung (Arbeiterjugend, → CAJ., Landjugend, Studierende Jugend, Hochschuljugend, → Kartellverband) prägt z. T. bis heute das Bild. Im Zuge der Tendenz der heutigen Jugend zur Bindungslosigkeit u. Ungebundenheit sowie des Autoritätsverlustes des Erwachsenen (die Vereine wurden autoritativ geleitet) gingen diese Formen des Jugendlebens rapide zurück. Der heutige junge Mensch sucht den informellen Gesprächskreis u. Gedankenaustausch. Durch die Gründung v. → Jugendklubs (v. a. in student. Kreisen) soll den Bedürfnissen der Jugendlichen entgegengekommen werden. Die Grundpflichten eines Vereines (Teilnahme am Vereinsleben, Teilnahme am Pfarrleben u. der Seelsorgeveranstaltungen f. die Jugend, Anerkennung der Vereinsziele, Leistung des Mitgliedsbeitrages, Bezug der Verbandszeitschrift) waren wohl wenige, da er Breitenarbeit leisten wollte, stellten aber doch Forderungen, die der Jugendliche nicht mehr erfüllen will. Das Abgehen v. Vereinsformen u. Bünden darf aber nicht nur negativ gesehen werden. Die aufgelockerten Formen gw. J. kommen einem

→ epochalpsych. bedingten Bedürfnis der Jugendlichen entgegen. Sie geben die Möglichkeit, auf konkrete Erfordernisse einzelner Gruppen besser einzugehen. Die in ihnen zum Ausdruck kommende größere Flexibilität in Form u. Gestaltung dürfte ein bleibendes Merkmal künftiger k. J. sein. Das Suchen nach je neuen, zeitgemäßen u. jugendadäquaten Formen u. Methoden dürfte so f. längere Zeit ein permanentes Anliegen der k. J. u. bei der Ausbildung v. Jugendseelsorgern u. haupt- wie nebenamtlichen Jugend-„führern" darstellen. Had/Ko

Lit.: Halbfas H., Handbuch d. Jugendseelsorge u. Jugendführung (1960); ders., Jugend u. Kirche (1965); P. Hastenteufel, Selbstand u. Widerstand (1967); P. Ascher, Jugendarbeit in der Krise (1971).

Jugendbewegung ist die Bezeichnung f. eine ganz best. Form des Zusammenschlusses v. Jugendlichen, die im letzten Jahrzehnt des vorigen Jh. entstanden ist u. die Vereins-Phase ablöste. Sie entwickelte sich im Protest gegen die Stadtkultur, bedeutete die Loslösung v. bürgerl. Lebensstil u. ein Erwachen jugendl. → Selbstbewußtseins. Man kann sie als späten geistigen Nachfahren gewisser Rousseau'scher Gedankengänge (Wandertrieb, Zurück zur Natur), der Romantik u. der „Sturm- u.-Drang-Periode" der Wende des 18./19. Jh. u. mancher Ideen, wie sie etwa auch bei Turnvater Jahn zu finden sind, bezeichnen.

Freie Lebensgestaltung, Bedürfnislosigkeit gegenüber der Übersättigung der damaligen Zeit, Kameradschaft u. Bildung einer eigenen Jugendkultur („Jugendreich") waren ihre Ziele. Die äußeren Formen dieser Bestrebungen waren die „Fahrt" (das Wandern), Volkstanz, Volkslieder u. Gruppenleben („Wandervogel"). Innerhalb der J. bilden sich je nach polit. o. weltanschaul. Einflüssen versch. Richtungen. Die *eine* J. wurde v. einer großen Anzahl Bünde getragen; die kleinen Gruppen wurden bald in große, satzungsmäßig gebundene Verbände u. Organisationen hineingenommen (in der BRD z. B. „Quickborn", in Österreich „Neuland"). Die Wandlung v. der J. zur bündischen Jugend war damit vollzogen. Die Auflösung der J. erfolgte durch den Nationalsozialismus durch deren Eingliederung in die Hitlerjugend. Nach 1945 wurden wichtige Impulse u. Inhalte der J. in neuen Organisationsformen f. den Gesamtraum kath. Jugendarbeit eingebracht. Gruppe, Jungführerprinzip, Fahrt u. Lager, neue Lebensgestaltung in Christus, nicht „Verein", sondern „Bund" sind dabei maßgeblich geworden. Gw. befindet sich die J. in einer entscheidenden Krise bzw. in einem Umwandlungsprozeß. Had

Jugendherbergswesen. Versch. nationale Verbände (Österreich: Jugendherbergsverband u. Jugendherbergswerk) sind im Internat. Jugendherbergsverband zusammengeschlossen, der das Wandern v. Volk zu Volk fördern u. so die Jugend aller Länder einander näherbringen will. Das Recht zur Benützung einer Jugendherberge (einer einfachen, bewirtschafteten u. überwachten Unterkunftsstätte f. junge Leute bis zu 25 Jahren) steht nur den Mitgliedern eines anerkannten Herbergsverbandes offen, sowie Inhabern der Wanderkarte f. Schüler. Jeder Jugendwanderer muß sich in der Jugendherberge mit einer Wanderkarte bzw. mit dem Jugendherbergsausweis mit gültiger Jahresmarke ausweisen u. die jeweilige Hausordnung beachten. Jede Jugendherberge steht unter der Leitung v. Herbergseltern, die in manchen Fällen ihre Gäste auch verpflegen. Voranmeldung, v. a. v. Gruppen (mit Gruppenführer), ist besonders in den Sommer- u. Wintermonaten notwendig. Einzelwanderer können im Normalfall nur drei Nächte in einer (österr.) Jugendherberge übernachten, Gruppen bei Voranmeldung bzw. vorheriger schriftl. Zusage der Herbergseltern auch länger. Had

Lit.: Internationales Jugendherbergsverzeichnis, IYHF.

Jugendkatechese hat den Schüler als freies Subjekt, als künftigen Erwachsenen unter Berücksichtigung seiner phasenbedingten Individuallage zu sehen. Die religionssoz., altersstufengemäßen u. individuell lebensgeschichtl. Voraussetzungen sowie der soziokulturelle Habitus, Begabungsniveau u. -profil, Motivations- u. Fragehorizont sind zu untersuchen. Daraus ergeben sich folgende päd. *Konsequenzen:* a) Feststellung der Interessenszentren der jungen Menschen; b) gelernt werden kann, was dem jeweiligen Entwicklungsstand gemäß ist; c) Interpretation des Menschen u. Veränderung des individuellen u. epochalen Selbstverständnisses des Menschen; d) der Pubertierende muß das Maß allen Wertens kennenlernen u. das menschl. Ich zu begreifen suchen; e) Erziehungsaufgabe ist die Vorbereitung f. die Zukunft, indem die Vergangenheit aufgearbeitet u. die Gegenwart bewältigt wird; f) → Dialog als Prinzip der päd. Führung in jeder Phase beibehalten u. adäquat modifizieren; g) Pluriformität der Glaubenserfahrung ist anzuerkennen u. zu gewährleisten.

Diese Konsequenzen münden in Prinzipien der Katechese u. des RU: 1. *Jugendgemäßheit:* a) Berücksichtigung der Individuallage; b) Berücksichtigung der dem Lehrgut des RU eigentümlichen → Struktur (Gegenstandsgemäßheit) u. dessen Bedeutung f. den Jugendlichen. Im Rahmen der → „Didaktischen Analyse" (Klafki) sind sowohl die Stufengemäßheit als auch die innere Differenzierung (Individualität des einzelnen Schülers) zu sehen, um die Spannung zw. Sozialisierung u. Individualisierung zu bewältigen. 2. *Lebensnähe:* Berücksichtigung der Individuallage hat eine lebens- u. wirklichkeitsnahe J. zur Folge. Die gesamte Wirklichkeit (Leben des Jugendl. im Kontext seiner Umwelt u. der Welt) ist in ihrem letzten Sinngrund zu erschließen. 3. *Wirklichkeitsnahe existentielle Aktualität — situationsorientierte Existenzerhellung: Weg der Aktualisierung* (Ausgang v. Text): Bibl. Botschaft — Aktualisierung — konkrete aktuelle Situation. *Weg der situationsorientierten Existenzerhellung* (Ausgang v. einem belangvollen Ereignis): konkrete aktuelle Situation — Erhellung — bibl. Botschaft. 4. → *Anschaulichkeit:* Anschauung — Erkennen — Verstehen — Erhellung des letzten Sinngrundes. Anschauung meint Akt des Wahrnehmens u. seiner Ergebnisse (äußere Anschauung — Auffassen der „äußeren" Wirklichkeit); Auffassen der „inneren" Wirklichkeit (innere Anschauung) meint bei nicht wahrnehmbaren Sachverhalten das Vorstellen, bei geschichtl. Begebenheiten das Erleben. Dreifache Aufgabe: a) Erkenntnis des Unterschiedes einer

Sache v. einer anderen; b) Erkenntnis des Zusammenhanges der einen Sache mit einer anderen; c) Erkenntnis der Teile einer Sache in ihrer Gesamtheit (Erkenntnis des inneren Gefüges einer Sache). Der hermeneutische Vorgang kann sich in folgenden Schritten vollziehen: a) Anschauen u. Vorstellen der Sache — Erleben — Verstehen; b) Anschauen der Sache — Denken — Verstehen; c) Erkennen der Sache — Anwenden. 5. *Zeitgemäße Sprache:* a) Berücksichtigung der erfahrenen Wirklichkeit; b) Berücksichtigung der Sprache u. der Ursprungssituation der Offenbarung. Had

Lit.: Stöcker Karl, Neuzeitl. Unterrichtsgestaltung ([12]1960); Grom, B., Botschaft u. Erfahrung (1969); Bachinger, E., Anschaulicher RU (1964).

Jugendklub. Die gw. Jugend neigt in hohem Maß zu informellen, unverbindlichen u. lockeren Gesellschaftsformen. Die Zahl der in Vereinen organisierten Jugendlichen geht daher immer mehr zurück. Die Jugend hat das Bedürfnis, die Freizeit mit Gleichaltrigen zu verbringen, ohne sich in weltanschaul. Hinsicht zu verpflichten. Dem tragen die J.s Rechnung: a) zweckorientierte J.s (Hobbyklubs); b) J.s f. Freizeitgestaltung durch versch. Formen der Geselligkeit (Tanz, Diskothek u. ä.). Die J.s stehen meist unter der Leitung eines Erwachsenen, der die Jugendlichen einlädt, durch Mitarbeit in einem Planungsteam das Programm mitzugestalten u. so die Selbstverwaltung zu übernehmen. Bes. Bedeutung kommt den J.s bei der Betreuung gefährdeter Jugendlicher zu. Die Zusammenarbeit u. Kontakt beider Geschlechter in zwangloser Begegnungsmöglichkeit muß als sehr positiv bewertet werden. Die Kirche (KSJ — Studentenzentrum) hat diesen Trend erkannt u. ist dabei, interessierten Jugendlichen in Klubs o. Zentren Raum zur Begegnung u. Freizeitgestaltung zu geben. Had

Lit.: Ernsperger Bruno, Der Club — eine ansprechende Gesellschaftsform f. junge Erwachsene, in: Kat. Blätter 4/68; Wurzbacher G., Gesellungsformen d. Jugend (1966); Pöggeler F., Der Jugendclub — Geist u. Methode, in: deutsche jugend 1/67; Mayr J. (KJKÖ), Jugendclubs u. -zentren, in: Jugend u Kirche 3/72.

Jugendliche Protestkultur → Gegenkultur

Jugendliche Subkultur. Analysen der → Sozialisiation v. Jugendlichen zeigen, daß sich Jugendliche in versch. Gesellschaften zu unterschiedl. organisierten sozialen Einheiten zusammenschließen. In Gruppen v. Gleichgesinnten u. Gleichaltrigen (→ peer-groups) realisieren Jugendliche eigene → Verhaltensmuster u. → Normen u. bilden so eine → Subkultur, die sich v. der Erwachsenenkultur abhebt. Häufig wird die j. S., die meist nur eine geringe Beständigkeit hat, auch als Ausdruck des Generationskonflikts angesehen. → Gegenkultur Ku

Jugendmesse. Eine Messe f. die Jugend u. v. der Jugend gestaltet, oft im kleinen Kreis, wo der einzelne viel tiefer in das Handeln u. Erleben der Messe mithineingenommen werden kann, als es in einer Pfarrgemeindesituation möglich ist. Letztlich ist eine eigene Messe f. Jugendliche aus der spezif. Situation ihres → Glaubens zu sehen. Der Jugendliche löst sich aus seiner Abhängigkeit v. den Erwachsenen u. schüttelt die kritiklose Anteilnahme am Glauben der Erwachsenen ab. Er hat keinen

Platz mehr in der Kindermesse, aber auch noch nicht in der Erwachsenengemeinde. Sie bietet ihm nichts Neues, provoziert nicht sein Engagement u. fühlt sich schon gar nicht in ihr zu Hause. Daraus folgt f. ihn die Möglichkeit, das Recht, aber auch die Pflicht f. eine eigene Gemeinde u. einen eig. Weg u. eig. Ausdrucksformen des Glaubens. Weil aber der Glaube der Jugendlichen noch im Werden u. auf dem Weg ist, muß die → Kirche den Mut haben, in der Meßgestaltung f. den Jugendlichen dieses Werden zum Ausdruck kommen zu lassen; reich an Formen, frei v. Eintönigkeit, die jeweils neue Situation des Lebens u. des Glaubens mit aufgenommen, immer gut vorbereitet u. nie improvisiert. Die gewählten Symbole müssen möglichst dem lebendigen Bereich der heutigen Jugend entsprechen. Die Häufigkeit der J. wird davon abhängen, wie oft sie echtes Zeichen des Glaubens ist u. eine Verleiblichung einer echten Gesinnung darstellt. Gw. werden die Problematik der J. u. Fragen ihrer Gestaltung v. einer eig. liturg. Kommission des deutschen Sprachraumes studiert. Sitz: Liturg. Inst. Trier. Bli

Lit.: L. Zinke (Hg.), Gottesdienst — Gemeindefeier. Fragen, Anstöße, Modelle (1970).

Jugendorganisationen, kirchl. *BRD:* Die kirchl. Jugendverbände sind (nach dem Verbot während des Dritten Reiches) in dem 1947 gegründeten „Bund der katholischen Jugend" (BDKJ), Sitz Haus Altenberg/Düsseldorf, zusammengefaßt; ihre Anliegen vertritt in der Deutschen Bischofskonferenz der „bischöfl. Referent f. Jugendfragen". Der BDKJ ist nach Diözesen u. Dekanaten gegliedert (bischöfl. Jugendämter, Diözesanjugendpfarrer, Dekanatsjugendseelsorger). Mitgliederverbände des BDKJ: Katholische Junge Mannschaft (KJM), Deutsche Pfadfinder (-innen) St. Georg (DPSG), Bund Neudeutschland (ND), Marianische Kongregation studierender Jugend (MC bzw. KSJ), Heliand, Quickborn, Christliche Arbeiterjugend (→ CAJ), Bund der kath. deutschen Kaufmannsjugend im Verband des KKV, Kolpingsjugend (KJ), Katholische Landjugendbewegung (KLJB), Katholische Junge Gemeinde (KJG), Sportbund Deutsche Jugendkraft (DJK). Lä

Österreich: 1564 tauchte zum erstenmal in d. Kirchengeschichte eine rel. Jugendvereinigung auf, die → Marianische Kongregation. Erst im 19. Jh. entstand eine andere Form kath. Jugendgemeinschaft: die kath. Gesellenvereine. 1846 gründete A. Kolping den 1. kath. Gesellenverein in Köln (→ Kolpingwerk). Manche Ähnlichkeiten mit den Gesellenvereinen hatten andere, um die gleiche Zeit entstandene kath. Jugendvereinigungen. Seit 1838 bestand in Graz ein „Kath. Jünglingsverein", 1857 wurde der erste dieser Vereine in der Erzdiözese Wien gegründet. Ihre Organisationen hatten die äußere Form der Vereine mit Statuten, gewähltem Ausschuß, einem Priester als Präses, regelmäß. Versammlung der Mitglieder. Ihre Tätigkeit bestand in der Betreuung der Jugend u. der Hilfe in den vielfachen sozialen Schwierigkeiten u. in der rel. Betreuung. Diese Vereinigungen in den Städten fanden zusammen mit den später entstandenen „Burschenvereinen" auf dem Lande 1912 ihre Zusammenfassung im „Reichsbund der christl. Jugend". Die → Jugendbewegung entstand nach 1890. Die kath. Gruppen der Jugendbewegung (z. B. „Neuland") pflegten bes. die Liturgie u. die Bibel. Eine spezielle Form der Jugendbewegung in Österr. war der „Bund der Arbeiterjugend", der 1904 v. Anton Orel in Wien gegründet wurde. Daneben entstand auch die österr. → Pfadfinderbewegung. F. die weibliche Jugend sind schon 1719 sog. „Mädchenbündnisse" in Tirol bezeugt, denen 1755 die 1. Mädchenkongregation in Innsbruck folgte; in Wien erst 1857. Gegen Ende des 19. Jh. entstanden zahlreiche Mädchenvereinigungen: 1889 die „Apostolate der christl. Töchter", die Mädchenpatronagen des St. Philipp-Neri-Werkes u. die Jugendgruppen der kath. Arbeiterinnenvereine. 1916 bildeten sich Diözesanverbände, die sich wiederum 1921 zum „Reichsverband kath. Mädchenvereine Österreichs" zusammenschlossen. Als 1934 im Zuge der polit. Umwälzungen die Katholische Aktion (KA) in Österr. gegründet wurde, wurden Reichsbund (männl. Jugend) u. Reichsverband (weibl. J.) in diese eingegliedert. 1936 gründete K. R. Dorr eine neue Organisation, die sich „Kath. Jungvolk" nannte u. als Vorläufer der späteren kirchl. Jugendorganisationen bezeichnet werden kann. Mit der nationalsoz. Machtergreifung wurden die kath. J.n ausgelöscht. Die → Jugendseelsorge war auf die Pfarren beschränkt. An die Stelle v. Vereinszentralen traten die bischöfl. Jugendämter. Zentrum waren der Altar, → die Glaubensstunde u. die rel. Feier. — 1946 legten die österr. Bischöfe in den „bischöfl. Richtlinien zur einheitl. Gestaltung der kirchl. Jugendarbeit in Österr." Wesen, Aufgabe u. den Namen „Katholische Jugend" (KJ) fest. Das Prinzip „Jugend der Kirche", „Jugendarbeit v. der rel. Mitte her" stammte aus den Jahren zw. 1938—1945. Die KJ ist in den organisator. Aufbau der Kirche eingebaut u. untersteht den kirchl. Autoritäten. Ihre Arbeit bezieht sich auf alle Lebensbereiche, sie soll ganzheitlich sein. Die KJ trägt Verantwortung f. die gesamte Jugend u. f. die christl. Gestaltung aller ihrer Lebensbereiche. In der Leitung arbeiten Priester u. Laien zusammen. Die KJ ist einig u. umfassend: d. h. f. beide Geschlechter, Kinder u. Jugendliche, junge Menschen aller Berufe. 1948 erfolgte eine Ergänzung der Richtlinien durch die Grundsätze der Spezialisierung nach dem Milieu. Diese Form der kath. Jugendarbeit entwickelte sich zw. den beiden Weltkriegen zuerst in Belgien u. Frankreich. Die kath. Jungschar bildet die Vorstufe der KJ, die sich als Teil der → Kathol. Aktion (KA) versteht u. in drei Gliederungen unterteilt ist: Kath. Arbeiterjugend (→ CAJ), Kath. Landjugend (KLJ) u. Kath. Mittelschuljugend (KMJ). Heute nennt sich die KJ: *Arbeitsgemeinschaft kath. Jugend,* die KLJ: *AKJ/Land* u. die KMJ: *Kath. Studierende Jugend* (in Abgrenzung zur Kath. Hochschuljugend; → Studentenseelsorge). Die wichtigsten Ideen der spezialisierten KA: Erkenntnis des Einflusses der Umwelt, Notwendigkeit der Spezialisierung des Apostolates nach den verschied. Milieus, Verantwortung der Laien f. ihr Milieu u. Milieuapostolat, Methode der Aktivistenrunde (Bedeutung des kleinen aktiven Kreises), Erziehung zur Aktion, Untersuchung des Milieus durch „Sehen — Urteilen — Handeln". Die KJ hat keine Monopolstellung als kath. Jugendorganisation, sondern soll in Pfarre u. Milieu mit den anderen kath. Jugendorganisationen zusammenarbeiten. Had

Schweiz: Deutschsprachige Schweiz: Jungwachtbund (Knaben, Bundesleitung in Luzern), Blauring (Mädchen, Bundesleitung der Kongregations-Zentrale in Zürich angeschlossen), Kath. Pfadfinder u. Pfadfinderinnen (Verbände, eng mit den schweiz. Bünden zusammenarbeitend); Jugendgruppen kath. Sportorganisationen; Schweiz. Kirchl. Jugend-Bewegung (bis 1971: Schweiz. Kath. Jungmannschafts-Verband, jetzt mehr Sammlung v. Animationsteams der örtlich sehr verschieden organisierten Gruppen als Mitgliederorganisation, auch weiblichen Jugendlichen offenstehend, Sekretariat in Luzern), KAJ/Kath. Arbeiter-Jugend (erst seit zehn Jahren v. der Kath. Arbeiter-Bewegung getrennt), Kath. Gesellenverein (Sitz f. beide in Zürich). Fr

Jugendrecht.

BRD: Das J. basiert auf dem Grundrechtskatalog des GG (Art. 1—18) u. ist in versch. Gesetzen niedergelegt: Gesetz zum Schutz der Jugend in der Öffentlichkeit (27. 7. 1965), Gesetz über die Verbreitung jugendgefährdender Schriften (GjS v. 23. 8. 1962 mit späteren Änderungen), Jugendgerichtsgesetz (JGG v. 4. 8. 1953 mit späteren Änderungen), Gesetz f. Jugendwohlfahrt (JGG v. 6. 8. 1970 mit späteren Änderungen), Gesetz f. Jugendwohlfahrt (JWG Fassung v. 6. 8. 1970), Jugendarbeitsschutzgesetz (JAS v. 25. 6. 1969). Das J. faßt alle außerschul. Bestrebungen zusammen, die auf die körperl., geistig-seel. u. sozialpolit. Tüchtigkeit der Jugendlichen ausgerichtet sind u. sie befähigen sollen, in freier Verantwortung Aufgaben in → Familie u. → Gesellschaft, in Staat u. → Kirche zu übernehmen. Den bes. Aufgaben des J.s widmet sich in der BRD das Bundesministerium f. Jugend, Familie u. Gesundheit (Bundesjugendplan, Ausbildungsförderung, Jugendfürsorge, Jugendschutz, Jugendausbildungsstätten, Studentenwohnheime usw.). Lä

Österreich: In der Rechtsordnung sind eine Reihe v. Sonderbestimmungen f. Minderjährige u. Unmündige (→ Altersstufen im Recht), sowie Bestimmungen zum Schutz v. Minderjährigen u. Unmündigen enthalten, die man unter dem Begriff J. zusammenfassen kann. Hierher gehören u. a.: Das Bundesgesetz über die Beschäftigung v. Kindern u. Jugendlichen, eine Verordnung mit dem Verzeichnis der f. Jugendliche verbotenen Betriebe u. Arbeiten, das Jugendgerichtsgesetz (→ Jugendstrafrecht), das Bundesgesetz betreffend die Einschränkung der Verabreichung geistiger Getränke an Jugendliche, das Bundesgesetz betreffend die Zulässigkeit des Verbotes des Betretens v. Gast- u. Schankgewerbebetrieben u. v. a. das Jugendwohlfahrtsgesetz, womit Grundsätze (zur Durchführung durch Landesgesetze) über die Mutterschafts-, Säuglings- u. Jugendfürsorge aufgestellt u. unmittelbar anzuwendende Vorschriften über die Jugendwohlfahrt erlassen werden. Neben den bundesgesetzlichen gibt es noch landesgesetzliche Bestimmungen, die unter dem Begriff „J." subsumiert werden können. Ke

Schweiz: Unter J. sind Rechtsnormen zu verstehen, die sich auf die bes. Stellung der Minderjährigen beziehen. Seine Hauptgebiete sind das Eltern- u. Kindesrecht u. das Vormundschaftsrecht, welches die privatrechtl. Stellung der Unmündigen regelt; die Jugendschutzgesetzgebung (Film, Fernsehen, andere Bild- u. Schrifterzeugnisse, Aufenthalt in Gaststätten u. Abgabe alkoholischer Getränke, öffentl. Tanzveranstaltungen, Spielautomaten, Darbietungen, Veranstaltungen u. Vereinszugehörigkeit); das Arbeitsrecht der Jugend (Bundesgesetz v. 1914 u. 1964) sowie das → Jugendstrafrecht. Fr

Jugendseelsorge vollzieht sich im Rahmen der gesamten Pfarrseelsorge als Territorialseelsorge o. im Kategorialbereich, d. h. in Form der Personalseelsorge (Studentenzentrum, → Studentenseelsorge usw.). Ihre Bereiche sind die versch. → Jugendorganisationen u. Gruppen des Laienapostolates in der Pfarre (Gliederungen u. Werke) sowie die allg. J., die sich auf Interessenskreise, Klubs, Einzelkontakte sowie auf die Kontakte mit Jugendlichen in öffentl. Institutionen (Schule) u. Organisationen (Gewerkschaften) erstreckt. Als Prinzipien könnten gelten: die Erfassung des gesamten jugendlichen Lebens, Priester u. Laien gleichberechtigt in ihren eigenständigen Funktionen, die Berücksichtigung u. Ermöglichung des Eigenlebens der Jugend (was die Jugend selber tun kann, lasse man sie selber tun!), die Jugend- u. Altersgemäßheit der → Jugendkatechese sowie die Ermöglichung der Begegnung u. Zusammenarbeit der Geschlechter. — Der Primat des Religiösen soll nicht geleugnet werden, doch gilt es, den jungen Menschen dort abzuholen, wo er steht, d. h. genau auf seine jeweilige Situation einzugehen. Aufgaben der J.: das Leben des Jugendlichen aus dem Blickpunkt der → Offenbarung zu beleuchten, die Fähigkeiten des jungen Menschen zu entfalten u. den Sinngrund menschl. Lebens aufzudecken, weltliche u. rel. Bildungsarbeit zu betreiben u. dem Jugendlichen die Einübung u. Betätigung zu ermöglichen. Had

Lit.: W. Jentsch, Handbuch der Jugendseelsorge I, II, III (1973).

Jugendstrafrecht.
BRD: Im Jugendgerichtsgesetz (JGG) v. 4. 8. 1953 (mit späteren Änderungen) sind die strafrechtl. Verantwortung Jugendlicher (zur Tatzeit 14, aber noch nicht 18 Jahre alt) u. Heranwachsender (zur Tatzeit 18, aber noch nicht 21 Jahre alt), Strafarten u. Verfahren in Jugendstrafsachen geregelt. Ein zur Tatzeit noch nicht 14jähriges Kind ist strafrechtl. nicht verantwortlich (§ 1 Abs. 3). Das JGG nennt die Kriterien der Verantwortlichkeit, d. h. Unterscheidungs- u. Hemmungsvermögen (§ 3), v. den Erziehungsmaßregeln (§§ 9—12): Weisungen, Erziehungsbeistand, Fürsorgeerziehung; v. Zuchtmitteln (§§ 13—16): Verwarnung, Auferlegung bes. Pflichten, Jugendarrest; Jugendstrafe = Freiheitsentzug in einer Jugendstrafanstalt (§§ 17—30 bzw. 105 u. 106). Mit einigen Sonderbestimmungen gilt das JGG auch f. Soldaten der Bundeswehr (z. B. Erziehungshilfe durch den Disziplinarvorgesetzten u. ehrenamtl. Bewährungshelfer). Über Verfehlungen Jugendlicher entscheiden die Jugendgerichte (§§ 33 ff.). Lä

Österreich: F. Jugendliche (→ Altersstufen im Recht), die gegen das

Strafgesetz verstoßen, gelten z. T. Sondernormen. Diese sind v. a. im Jugendgerichtsgesetz 1949 enthalten. Durch diese Sondernormen wird z. B. den Gerichten die Möglichkeit zu Erziehungsmaßnahmen eröffnet. Ferner: Jugendliche sind nicht strafbar, wenn sie aus bes. Gründen noch nicht reif genug sind, das Unrechtmäßige der Tat einzusehen o. nach dieser Einsicht zu handeln. In den anderen Fällen ist die Strafe der Art u. dem Ausmaß nach gemildert, die Tilgungsfrist ist verkürzt, die mit der Verurteilung sonst verbundenen Folgen treten nicht ein. Innerhalb eines zu bestimmenden Mindest- u. Höchstmaßes kann die Strafe bis zur Erreichung des Strafzweckes verhängt werden. An Stelle einer geringen Geld- o. Freiheitsstrafe kann das Gericht den Jugendlichen der Zucht erziehungsberechtigter Personen o. der Schule übergeben. In besonders leichten Fällen kann sich das Gericht auch mit einer Ermahnung zufrieden geben. Wenn es zur Überzeugung kommt, daß der Ausspruch u. die Vollstreckung der Strafe unterbleiben o. durch andere (Erziehungs)Maßnahmen ersetzt werden können, kann der Ausspruch der Strafe auf eine Probezeit v. einem Jahr (bis zu fünf) aufgeschoben werden. Ke

Schweiz: In der Schweiz wird das materielle J. durch das Schweiz. Strafgesetzbuch geregelt, während man das recht versch. ausgestaltete Verfahren den Kantonen überließ. In den meisten Kantonen liegt der Schwerpunkt des Verfahrens bei den Jugendanwälten, welche die Untersuchung führen, bestimmte Fälle selbständig erledigen u. die Urteile der ordentl. Gerichte vollziehen, die allein schwerwiegende Entscheide, wie v. a. die *Fremdversorgung*, anordnen können. Fr

Jungfräulichkeit. 1. *Anthropol.* gesehen, ist J. eine der mögl. Stellungnahmen des Menschen zur Geschlechtlichkeit (→ Sexualität), durch die er bestimmt ist. Sie besteht darin, daß jemand sich freiwillig zum dauernden Verzicht auf geschlechtl. Betätigung entschließt. 2. *Jungfräulichkeit Marias:* In Mt 1, 18 ff. u. Lk 1, 34 f. ist ausdrücklich bezeugt, daß → Maria den Sohn Gottes ohne Zutun eines Mannes empfing (J. *vor* der Geburt). Durch diese vaterlose Zeugung Jesu tritt der radikale Neuanfang des Heiles in ihm bes. deutlich in Erscheinung. Außerdem ist die J. Marias *in* der Geburt (insofern das Verletzende u. Leidvolle der Geburt nach Gen 3, 14 Erscheinung der Sünde ist, ist das Gebären Marias davon ausgenommen) u. *nach* der Geburt (wegen ihrer restlosen Hingabe an den ausschließlichen Dienst Gottes u. → Christi) Lehre der → Kirche. Die Erwähnung v. „Brüdern Jesu" (z. B. Mk 3, 31; Joh 2, 12 u. a.) ist kein Gegenbeweis gegen die immerwährende J. Marias, wie sie die Kirche seit dem 4. Jh. lehrt, denn in der semitischen Welt u. im bibl. Griechisch können mit dem Wort „Bruder" auch nächste Verwandte u. Verschwägerte bezeichnet werden (vgl. Gen 13, 8 u. 14, 14; Lev 10, 4; 2 Kön 10, 13). 3. *Evangel. Rat:* Jesus empfiehlt die J. f. die, die es fassen können, „ um des Himmelreiches willen" (Mt 19, 10 ff). Der ev. Rat der J. erwächst demnach aus der Ergriffenheit v. Reiche Gottes u. ist nicht an alle gerichtet, sondern nur an die, die eine gnadenhafte Berufung dazu erfahren. Fi

Kabbala. K. im weiteren Sinn meint alle seit Beginn der christl. Zeitrechnung aufgetretenen jüd.-mystischen Tendenzen; unter K. im engeren Sinn versteht man die jüd. Mystik des 12. u. 13. Jh., die als Gegenschlag gegen rational. Zeitströmungen v. a. im SW-europ. Raum ihre Hochblüte erlebte. In der K. spielte der Gedanke v. göttl. Emanationen eine gewisse Rolle, weshalb öfters der Vorwurf des Pantheismus gegen sie erhoben wurde. → Judentum Schr

Kairos. Das griech. Wort bedeutet „geeignete Zeit" u. im *bibl.* → Kontext die alles entscheidende Heilszeit, die mit der → Erlösungstat → Jesu Christi in eine entscheid. Phase eingetreten ist. K. ist die v. Menschen nicht manipulierbare, v. Gott geschenkte, v. den → Propheten verheißene, v. Jesus angesagte Zeit endgültiger → Entscheidung. — Rel. päd. spricht man im übertragenen Sinn v. K., wenn z. B. M. Pfliegler in seinem Buch „Der rechte Augenblick" den Begriff des psych. Optimums einsetzt, um die bes. Chancen u. Gefahren best. Zeiten menschl. → Entwicklung darzulegen. Sowohl f. den RU wie f. die → Verkündigung ist ein solches Wissen wichtig, da ein Wahrnehmen des K. eine optimale → Effektivität des → Kerygmas ermöglicht. *Theol.* gesehen, bedeutet „Kairologie" eine bes. Form v. → Theologie, die sich um → Aktualisierung, Zeitgemäßheit, Verständlichkeit, effektiven Dienst am → Glauben bemüht. → Hermeneutik → Politische Theologie Hi

Kardinal Innitzer—Studienfonds. Gegr. 1962 mit der Aufgabe, den wiss. Nachwuchs u. überragende Leistungen v. a. aus dem Bereich der Sozialwissenschaften zu fördern (Vergabe v. Preisen auch f. rel. päd. Arbeiten, Förderung v. Forschungsvorhaben, Drucksubventionen). — Sitz: A-1010 Wien, Wollzeile 2. Ko

Kassettenfernsehen. Fernsehen mittels gespeicherter Bild-Tonaufzeichnungen: *1. Magnetbandaufzeichnung* (MAZ, VCR = Video-Cassetten-Recording). Vorteile: Magnetbänder sind sehr strapazierfähig. Aufnahme über Kamera u. Fernsehapparat auch v. Laien möglich. Die Bänder sind kopierbar, löschbar u. über Fernsehapparate wieder spielbar. — *2. Elektrotechnische Video-Aufzeichnung* (EVR = Electronic-Video-Recording). Es arbeitet auf der Basis eines Spezialfilmes mit zwei Bild- u. zwei Tonspuren. Vorteile: gute Bildqualität, unbegrenzt haltbar, farbtüchtig. Nachteile: eigene Aufnahmen nicht möglich, Kassetten müssen wie Schallplatten eingekauft werden. Abspielen über einen Fernsehapparat mit Zusatzgerät. — *3. Selecta-Vision:* noch in Entwicklung begriffenes amerikan. Verfahren, das den Laserstrahl zur Bildaufzeichnung u. Wiedergabe einsetzt. — *4. Bildplatten:* auf papierdünnem Polyestermaterial werden Bild-Ton-Sendungen gespeichert. Ein eigenes Abspielgerät ist notwendig. K. birgt zahlreiche Möglichkeiten v. a. f. die außerschul. Katechese u. die theol. Erwachsenenbildung. Einschlägige Planungen laufen seit 1971. Ko

Kassettenmedien. Um den unterrichtl. Einsatz versch. Medien technisch zu erleichtern u. dadurch zu forcieren, kam in den 60er Jahren der Trend zur Kassette auf. Folgende Kassettensysteme wurden u. werden entwickelt: → Tonbankassetten, → Filmkassetten (v. a. Format Super 8) → Videokassetten (VCR-System) u. das → EVR-System (→ Kassettenfernsehen). — Die Kassette erspart bei Aufnahme u. Wiedergabe das zeitraubende u. Können voraussetzende „Einfädeln" v. Bändern o. Filmen. — Ein reines Aufnahmesystem mit Kassette besteht in der Fotokassette. — In übertragenem Sinn kann auch das „Magazin" bei → Diapositiven als „Kassette" bezeichnet werden. Siehe Tab. 5, 631 ff. Anz

Katechese. V. griech.: katechein = entgegentönen (vgl.: Echo), → unterweisen.

I. *Begriffsgeschichte:* Im N. T. wird katechein neben didaskein (griech. = unterrichten) allg. f. die rel. → Unterweisung gebraucht. F. die Vermittlung der christl. Heilsbotschaft finden sich daneben noch mehr als 20 andere Verben, wie: euangelizesthai = griech. eine gute Nachricht (→ Evangelium; vgl. Angelus = lat. Bote) verkünden; keryssein = griech. ein großes Ereignis ausrufen (→ Kerygma); martyrein = bezeugen, bekunden, bestätigen. Zur Zeit der Kirchenväter wird K. u. → Katechisieren eingeengt auf die Unterweisung der Taufbewerber (Katechumenen). Auch das Mittelalter unterschied mit Thomas v. Aquin die catechizatio der noch nicht Getauften v. der institutio (v. lat. instituere, instruere = unterrichten) der Getauften. Diese Unterscheidung ist heute aufgegeben (siehe unten). K. als Funktion der Kirche wird ab 1968 aber vielfach v. (schulischen) → RU unterschieden, wobei die Unterscheidungskriterien in der *Begründung* v. den Aufgaben der Kirche bzw. Schule her, in der *Intention* (Verkündigung — → Information) u. in den *Voraussetzungen* (glaubensbereite bzw. nicht-glaubensbereite Hörer) gesehen werden. Ko

II. *Gegenwärtiges Verständnis:*

1. Die beiden Bereiche Humanum u. → Kerygma müssen stärker als bisher miteinander in Korrespondenz stehen:

traditionelle Sicht:	heutige Sicht:
Darbietung eines objekt. gültigen → Kerygmas	Aufhellung menschlicher Wirklichkeiten im Glauben (im Namen Christi)
futuristisch-transzendental (vertikal)	horizontal u. vertikal (dialektisch!)
verobjektivierte Heilsbotschaft (→ Formeln)	Frohbotschaft f. die Zukunft der Menschen
Was Gott geoffenbart hat, lehrt die kath. Kirche (der Papst u. die Bischöfe)	anthropologisch ausgerichtete, dienende u. Hoffnung schaffende Verkündigung im Namen Christi durch die Kirche als Gemeinde.

2. Auffassungen über das Wesen der K.: a) *K. als Verkündigung:* Anfangsunterricht f. Unmündige im → Glauben (seit 1774); Vermittlung der Frohbotschaft an Unmündige (L. Bopp); grundlegende Unterweisung, die die Kirche den Gläubigen über die Wirklichkeit des Heiles erteilt (A. Exeler, 1966); Unterweisung über die fundamentalen Glaubenswahrheiten; Einübung u. Unterweisung der Neubekehrten u. Nachwachsenden im Glauben (W. Nastainczyk). b) *K. als → Information:* RU wird als reine Sachkunde gesehen (G. Otto, 1969); theol. Information als → Verfremdung des Bewußtseins u. legitime Ermöglichung eines → Gesprächs als Vorbereitung der den Menschen einladenden christl. Verkündigung der Heilsbotschaft (A. Grabner—Haider, 1970). c) *K. der Erfahrung:* Ankündigung einer Botschaft durch Interpretation v. Erfahrungen (A. Exeler, 1970); christl. Daseinserhellung als Prozeß (Koenen/Thuring); Glaubenshilfe zu Selbstfindung, Menschwerdung u. Menschsein (A. Exeler); ein personales u. dialog. Sprachgeschehen (K. E. Nipkow); Handlung, durch die eine Gruppe v. Menschen ihre Situation im Lichte des → Evangeliums deutet, lebt u. ausdrückt (Audinet, franz. Katechese). d) *K. der → Induktion:* Aufhellung menschl. Daseins im Lichte d. Glaubens (B. Dreher); Heilsbotschaft als Antwort auf die Fragen der Menschen (W. Langer); Aufhellen menschl. Wirklichkeit durch die Wortverkündigung v. Christus; Erhellung menschl. Daseins als Heilshandeln Gottes (J. Dreißen); theolog. Gespräch mit der erstgestellten Frage des Schülers (G. Otto); Rede v. der Zukunftshoffnung des Menschen; päd. Dienst am Menschen, um das Leben des Menschen f. die eine Heilswirklichkeit transparent zu machen; päd. Führung zum Glauben (→ Holländischer Erwachsenenkatechismus). e) *K. der gesellschafts- u. sozialkrit. Orientierung:* → Isolotto-Katechismus (Don Mazzi), → gesellschaftsorientierter RU. Sie beruht auf dem Prinzip der → Emanzipation: Selbstbestimmung ist das Gesamtziel der Schule der Zukunft, Emanzipation meint die gesellschaftspolit. Befreiung v. Herrschaftssystemen, die Befreiung des menschl. Bewußtseins v. vorgegebenen Autoritäten u. die damit gewonnene Fähigkeit zu krit. Rationalität sowie zu Engagement, d. h. zu ständiger Veränderung der gesellschaftl. Zustände. Emanzipation hat die Einordnung des RU-Zieles in das fächerübergreifende Gesamtziel der demokrat. Schule zur Folge.

Die schul. Katechese (RU) erreicht ihre befreiende (emanzipator.) Wirkung, indem sie den Menschen in seiner sozialen Situation u. seiner „gegenseit. Angewiesenheit" aufsucht, Unrecht anprangert, wo es geschieht, dem Recht zum Durchbruch zu verhelfen sucht u. mit „Provokation" auf Veränderung der → Strukturen unserer → Gesellschaft hinarbeitet (Exeler). → Emanzipatorischer RU → Politik u. K.

3. *Empfänger der K.:* die gesamte Gemeinde (bis 18. Jh.); die Unmündigen (18. Jh.); der fragende Mensch (heute).

4. → *Ziel der K.:* Mündigkeit, geistige Bildung u. Fähigkeit zu christl. Lebensgestaltung; Mündigkeit = volle Selbständigkeit u. Kirchenmitgliedschaft.

5. → *Träger der K.:* Eltern (erste Katecheten des Kindes); Berufskatecheten (Priester u. Laien);

Schule (als Bildungs- u. Übungsfeld); christl. Gemeinde (als Ortskirche).

6. *Entwicklung der K.:* a) *Dogmat. K.* (Beginn des 20. Jh.), dogmat.-apologet. Orientiertheit, kein Unterschied zw. Theologie u. Verkündigung, Schultheologie gilt quasi als Offenbarung, Scholastik als Evangelium, Katechese u. Predigt sind Auszug u. Verkleinerung aus theol. Kompendien o. theol. Traktaten; Anlegung systemat. Katechismen, Deharbe 1847, Mönnich 1924, Widerspruch des RU als rein kirchl. K. u. dem Profanfächerkanon der Schule. b) *Kerygmat. K.* (vor u. nach dem 2. Weltkrieg): gegliedert in zwei Phasen: → *formalkerygmatische* Bewegung; → *materialkerygmatische* Bewegung. c) *Exeget. K.* (1950—1965): starke Orientierung an der Bibel; das → Kerygma der Texte darf nicht sachfremd, sondern muß durch die Prinzipien der → historisch-krit. Exegese erhoben werden. (Beeinflußt durch die neuere Exegese. Vgl.: 1964 Instruktion über die geschichtl. Wahrheit der Hl. Schrift; Offenbarungskonstitution des II. Vatikanums „Dei Verbum" 1965); Schrifttext u. Übersetzung, → literar. Gattungen, → Traditionsgeschichte, → Redaktionsgeschichte, → Kontext, österliches Kerygma sind zu berücksichtigen. d) *Hermeneut. K.* (ca. 1965 bis heute): → Hermeneutik = Auslegung, Interpretation u. Erschließung humaner Wirklichkeit. *Hermeneut. K.* = Aufhellung des menschl. Daseins im Lichte der Offenbarung.

Im Mittelpunkt steht nicht die Heilsbotschaft, sondern der fragende Schüler, der sich v. einer Verkündigung als Information u. Auslegung seiner Welt eine Antwort auf seine existentiellen Fragen erwartet. → Religionsunterricht Had

Lit.: G. Baudler, Schulischer RU u. kirchl. Katechese (1973).

Katechese der Erfahrung. Eine K., bei der im Gegensatz zur → induktiven K. die grundlegenden menschl. Erfahrungen nicht nur zur Einstimmung, Veranschaulichung, Verdeutlichung o. als → Analogie herangezogen werden, sondern als „Ort" der → Gotteserfahrung u. Gottesbegegnung zum Inhalt u. Thema werden. Charakterist. f. eine K. d. E. ist der → Holländ. Erwachsenenkatechismus. K. d. E. nimmt die Tatsache ernst, daß es keinerlei Wirklichkeit gibt, in der man nicht → Gott begegnen könnte. V. der → Welt u. v. Leben sprechen, heißt immer auch: v. Gott sprechen. Ko

Katechisieren. Veralteter Ausdruck f. kat. Unterweisung erteilen. → Katechese

Katechetik. Ab 1744 zunächst Teilgebiet der allgem. → Pastoraltheologie. Heute selbständige Wissenschaft, welche innerhalb u. außerhalb der theol. Fakultäten (kirchl. Institute, freie Publikationen) betrieben wird u. zumindest theoretisch v. → Religionspädagogik unterscheidbar ist. Gegenstand der K. ist die → Katechese mit all ihren Faktoren u. in all ihren Dimensionen. In der Praxis werden jedoch oft auch Anliegen (z. B. Sakramentenpastoral f. Kinder) mitbehandelt, welche zwar mit Katechese in Zusammenhang stehen, selbst aber nicht mehr ausschließlich Katechese sind. Im Gegensatz zu → Religionspädagogik ist K. ihrem Wesen nach nur als theol. Disziplin u. in strenger Bindung an eine konkrete →

Kirche denkbar. Der Gegenstand bedingt auch, daß K. als Wissenschaft auf Erkenntnis (Theorie *von* der Katechese) u. auf Handeln (Theorie *für* die Katechese) bezogen ist. Als Theorie v. der Katechese untersucht sie die Bedingungen, Voraussetzungen u. Kriterien der Katechese (→ Fundamentalkatechetik) sowie deren Wesen, Grundfunktion, Ziele u. Aufgaben, einschließlich ihrer Geschichte. Als Theorie f. die Katechese reflektiert sie v. a. die Inhalte (Materialkatechetik) u. Verfahrensweisen (Formalkatechetik) u. bezieht prakt. Übungen mit dem Ziel der Befähigung zur Ausübung der Katechese mit ein. Da Katechese als Funktion der Kirche eine Vielfalt unterschiedl. Bereiche (→ Kleinkindkatechese, → Erwachsenenkatechese, → Behindertenkatechese u. a. m.) umfaßt, wird in Zukunft eine Differenzierung u. Spezialisierung der K. unabdingbar sein. — K. bedient sich in Forschung u. Lehre ausschließlich wiss. Methoden. Sie unterscheidet sich dadurch v. vor- u. außerwiss. Publikationen, Handreichungen u. ä., die zwar zu ihrem Gegenstand, nicht aber zu ihrem Bereich zählen. — → Grundwissenschaften der K. sind neben den tragenden theol. Disziplinen auch → Anthropologie, → Pädagogik, → Psychologie, → Soziologie, → Pastoralmedizin, Logik u. a. m. → Hilfswissenschaften sind u. a. Unterrichtstechnologie, Volkskunde, → Schulrecht usw. Nicht genügend abgeklärt ist noch, inwieweit Liturgik, Kirchenrecht u. ä. Grundwissenschaften nicht nur der Theorie f. die Katechese, sondern auch der Theorie v. der Katechese sind. → Directorium Catechisticum Generale, → Reihenpublikationen, → Zeitschriften, Katechetische, → Katechetische Zentren u. Institute, u. a. m. Ko

Lit.: G. Baudler, Schulischer RU u. kirchl. Katechese (1973).

Katechetische Feier. Die k. F. ist kein Schauspiel. Obwohl sie visuelle Elemente enthält u. manche Kinder bes. aktiviert werden, gibt es keine Unterscheidung zw. Akteuren u. Zuschauern. Alle Anwesenden sind Mitfeiernde. Die k. F. will alle Kinder persönlich ansprechen, damit sie sich frei u. gerne f. das gemeinsame Gotteslob engagieren. Die k. F. ist keine Feierstunde. Sie wird nicht zuerst der Unterhaltung u. der Mitmenschlichkeit wegen gestaltet u. will dem Kind nicht sosehr ermöglichen, sich mit ganzem Herzen der → Welt anheimzugeben, sondern → Gott zu begegnen (→ Begegnung). Die k. F. ist auch keine Unterrichtsstunde, obwohl sie der → Katechese Themen u. Sprache entlehnt. In ihr geht es um weitaus mehr als um das Lernen u. Verstehen v. Glaubenswahrheiten. Sie ist bereits echter → Kindergottesdienst. Die Kinder stehen gemeinsam hörend u. feierlich betend u. singend vor → Gott. Die k. F. ragt gleichsam als Brücke v. der Katechese hinüber in die → Liturgie u. bahnt dem Kind den Weg zur aktiven Teilnahme am Leben der Gemeindeliturgie, der sie bereits Vorgänge u. Ausdrucksformen entlehnt. Grundelemente der k. F.: Lesung u. Auslegung, Gebet u. Lied, Horchen u. Sprechen, Stille, Gebärde (→ rel. Gesten) u. Prozession. F. den Aufbau gelten folgende Grundelemente: Einstimmung — Lesung — Stille — Gebet als Antwort — Dank- o. Loblied als Abschluß. Nou

Katechetische Handbücher. Trad. Form v. Arbeitsbüchern f. die Hand des Rel.lehrers (Katecheten), die den Stoff einer (o. mehrerer) Schulstufe (→ Lehrplan, → Lektionsplan), wie er im betr. Schülerbuch vermittelt wird (→ Glaubensbuch, → Religionsbuch), kommentieren, aufschlüsseln u. f. den Unterrichtsprozeß aufbereiten. Daneben besteht heute eine zunehmende Tendenz, sich auf einzelne Themen zu konzentrieren u. diese je nach Schülersituation verantwortlich zu kombinieren (→ Rahmenplan). Eine Zusammenstellung solcher „Unterrichtsmodelle, Unterrichtsprojekte, Materialien u. Arbeitshefte f. den RU" bietet z. B. der → Deutsche Katecheten-verein in einer v. B. Merten herausgegebenen Broschüre. In der Folge seien einige K. H. der Grundstufe u. Sekundarstufe I angeführt:

Grundstufe 1. SCHULSTUFE: *Baur,* A./*Kögel* H., Erstunterweisung im Glauben (Auer 1970) / *Biemer* G./*Kern* I./*Assel* A./*Rummel* G. A., RU im 1. Schj. Did. Hilfen zur Religionsfibel „Unterwegs zu Dir" (Herder-Frbg. 1972) / *Gruber* E., Arbeitshilfe f. die Glaubensunterweisung im 1. u. 2. Schj. (Don Bosco 1971) / *Höfer* A., Der neue RU. Einführung in die 1.—8. Schst. (Styria 1972) / *Quadflieg* J., Glaubensunterweisung im 1. Schj. 2 Bde (Auer). — 2. SCHULSTUFE: *Gruber* E., (siehe 1. Schj.) / *Quadflieg* J., Glaubensunterweisung im 2. Schj. (Auer) / *Wagner/Fink,* Handbuch zum Glaubensbuch 2 (Herder-Wien 1973) / *Weber* G., RU im 2. Schj. Did. Hilfen zum Religionsbuch „Wie wir Menschen leben 2" (Herder-Frbg 1973) / *Weber* G., Auers Werkhefte f. den RU 2. Schj. — 3. SCHULSTUFE: *Finger* K., Handbuch zum Glaubensbuch 3 (Herder-Wien 1972) / *Gruber* E., Arbeitshilfen für die Glaubensunterweisung im 3. u. 4. Schj. (Don Bosco 1971) / *Quadflieg* J., Glaubensunterweisung im 3. Schj. (Auer 1972) / *Weber* G., RU im 3. Schj. Did. Hilfen zum Religionsbuch „Wie wir Menschen leben 3" (Herder-Frbg. 1973) / *Weber* G., Auers Werkhefte f. den RU 3. Schj. (1972). — 4. SCHULSTUFE: *Finger* K., Handbuch zum Glaubensbuch 4 (Herder-Wien 1971) / *Gruber* E., (vgl. 3. Schst.) / *Haefner* J./*Schnegg* M., Glaubensunterweisung im 4. Schj. (Auer 1972 / *Weber* G., Auers Werkhefte f. den RU 4. Schj. (1972). —

Sekundarstufe I. 5. SCHULSTUFE: *Assel* A./*Knecht* L./*Müller* I./*Rück* W., RU im 5. Schj. (Auer 1972) / *Gruber* E., Arbeitshilfen f. den RU im 5. u. 6. Schj. (Don Bosco 1971) / *Höfer* A., Biblische Katechese. Handbuch f. die 5. u. 6. Schst. (O. Müller 1970[2]) / *Quadflieg* J., Glaubensunterweisung im 5. Schj. (Kösel 1971) / Folge mir nach. Arbeitsbuch (Rex 1969) / „Anpassung oder Wagnis". Materialien f. den RU in der Sekundarstufe I (Diesterweg 1973[3]). — 6. SCHULSTUFE: *Gruber,* E. (vgl. 5. Schst.) / *Höfer* A. (vgl. 5. Schst.) / „Ich bin das Leben". Arbeitsbuch (Rex 1970). — 7. SCHULSTUFE: *Gruber* E., Arbeitshilfe f. die Glaubensunterweisung der 13—17jährigen (Don Bosco 1970) / *Höfer* A., Handeln aus dem Glauben (O. Müller 1971) / *Höfer* A./*Zisler* K., Kat. Vorlesebuch f. die 7.—9. Schst. (O. Müller 1972) 2 Bde / *Weber* G., Auers Werkhefte f. den RU im 7.—10. Schj. / „Salz der Erde" (*Oser* F./*Germann* W./*Kirchhofer* K.) f. die 7.—9. Schst. (Walter 1970). — 8. SCHULSTUFE: *Gruber* E. vgl. 7. Schst.) / *Höfer* A., Lebensfragen — Glaubensfragen (O. Müller 1971) 2 Bde. / *Weber* G., Auers Arbeitshefte f. den RU (vgl. 7. Schst.) / „Salz der Erde" (vgl. 7. Schst.). — 9. SCHULSTUFE: *Brunnhuber* J. U., Anregungen zum RU im 9. Schj. (DKV 1971) / *Gruber* E. (vgl. 7. Schst.) / *Hendricks* J./*Plöger* W., Materialsammlung f. den kath. RU im 9. u. 10. Schj. (Ludgerus 1971) / *Parizek* J., Arbeitshilfen zu „Glaube gefragt" (Herder-Wien 1972) / *Weber* G. (vgl. 7. Schst.) / „Salz der Erde" (vgl. 7. Schst.). — 10. SCHULSTUFE: *Gruber* E. (vgl. 7. Schst.). / *Hendricks* J./*Plöger* W. (vgl. 9. Schst.) / *Hofer* N., Arbeitshilfen zu „Christus gefragt" (Herder-Wien 1972) / *Weber* G., Auers Werkhefte (vgl. 7. Schst.). —

Hi

Katechetische Nachmittage. V. der Wiener Teampfarre Machstraße entwickelte Form einer pfarrl. → Katechese, die in Teamarbeit v. Seelsorgern u. Müttern durchgeführt wird. Ko

Lit.: P. Zitta, Katechetische Nachmittage, in: Chr. päd. Bl. 1969/273 ff., 325 ff.,

1970/48 f., 103 f., 159 ff.; Teampfarre Machstraße, Wie die Erstkommunion in der Pfarre vorbereiten? (2. Aufl. 1972); dies.: Wie die Kinder in das Leben der Gemeinde einbeziehen? (1972).

Katechetische Publikationsreihen → Reihenpublikationen

Katechetische Theologie. Von Ch. Bizer verwendeter Terminus f. eine → Religionspädagogik, welche *theol.* Disziplin ist. Die Begründung erfolgt v. evang. Verständnis der „Predigt" (= „Wort Gottes", durch das die → Kirche kritisch bestimmt ist) her, welche gleichzeitig als Handeln der Kirche auch zum Lernziel des evang. RU wird. Bizers Ansatz ist so ein Versuch, durch ein neues Verständnis dessen, was früher als → Verkündigung bezeichnet wurde, eine Religionspädagogik zu begründen, die als → Theologie legitimen Ort in einer → emanzipierten Schule hat. Zugleich wird ihr innerhalb der theol. Disziplinen eine ihr eigentümliche, kritische Reflexionsebene zugewiesen. Ko

Lit.: Christoph Bizer, Unterricht u. Predigt. Analysen u. Skizzen zum Ansatz katechetischer Theologie (1972).

Katechetische Zeitschriften → Zeitschriften, Katechetische

Katechetische Zentren und Institute.

K. Zentren (Z.) sind primär Träger der kat.-wiss. Forschung (Katechetik, Entwicklung v. Richtlinien, Dokumentation, Publikationen u. ä.) nationaler o. internat. Prägung, z. T. auch verbunden mit wiss. Lehrbetrieb.

K. Institute dienen primär der kat. Lehre (Ausbildung v. Katecheten u. Katechetikdozenten).

K. Zentralstellen sind im Gegensatz zu K. Z. Einrichtungen im Dienste der Hierarchie (diözesane u. überdiözesane Schulämter u. ä.), die mit Weisungsgewalt hinsichtlich Organisation der Katechese, Approbation v. → Lehrbüchern, Ermächtigung zum RU o. ä. ausgestattet sind. Die Scheidung v. I. u. Z. wird terminologisch im franz.-rom. Bereich strenger durchgeführt als im deutschen Sprachraum, wo die Grenzen fließend sind u. I.e. (z. B. Wien) meist zugleich auch die Funktion eines Zentrums ausüben. — I. u. Z., die nationale, bzw. internat. Funktion ausüben:

1. Im deutschen Sprachraum: BRD: I. f. Katechetik u. Homiletik, D-8 München 13, Hiltenspergerstr. 77; → Deutscher Katechetenverein. — *DDR:* → RU in der DDR. — *Österreich:* K. I. der Universität Graz, A-8010 Graz, Bürgergasse 2; Rel. päd. I. Graz, A-8010 Graz, Georgigasse 85. K. I. Wien, A-1010 Wien, Stephansplatz 3/3. — *Schweiz:* K. I. Luzern, Ch-6000 Luzern, Hirschmattstraße 25. — *Südtirol:* K. Amt, I-39100 Bozen, Südtirolerstr. 20/II.

2. Im außerdeutschen Sprachraum: Australien: Catholic Education Office, Melbourne. —

Europa: Belgien: Institut International de Chatéchèse et de Pastorale → Lumen Vitae, Brüssel; Institut supérieur des sciences religieuses, Louvain. — *Frankreich:* Institut Supérieur des Pastorales Catéchétique Paris; Institut de Pedagogie religieuse, Strasbourg, Palais de l'Université. *Griechenland:* Centre Documentaire Catéchétique, Athen. — *Großbritannien:* Corpus Christi College, London; Southwark Diocesan Catechetical Centre, London. — *Italien:* Instituto di Catechetica della Facoltâ di Science dell 'Educazione dell' Università Salesiana, Rom;

Pontificio Instituto Pastorale dell' Università Lateranense, Rom; Pontificia Faculta di Science dell' Educazione delle Figlie di Maria Ausiliatrice, Turin; Centro nazionale di Attività catéchistiche dell' Azione Cattolica italiana, Rom; Centro catéchistiquo lasalliano, Mailand; Centro catéchistiquo Paolino, Rom; Centro catéchistiquo Salesiano, Turin. — *Irland:* Mater Dei Institute, Dublin; Catéchétical and Pastorale Institute, Mount Oliver, Dundalk. — *Jugoslawien:* K. I. der Theol. Fakultät, Zagreb. — *Niederlande:* Katechetisch Centrum Canisianum, Nijmegen; Hooger Katechetisch Institut, Nijmegen. — *Polen:* Akademia Theologii Katolickiej, Warschau; Katolicki Uniwersytet, Lublin Wyzsze Instytuty in Krakau, Koscielme, u. Wroclaw (Breslau). — *Portugal:* Centro Catequético, Paco S. Vicente de Fora, Lissabon. — *Skandinavien:* Katechetisches Amt, Djursholm. — *Spanien:* Segretariado Catèquistico Nazional, Madrid; Instituto Superior de Pastoral, Salamanca/Madrid. Instituto Superior de Ciencias Catequeticas „San Pio X", Salamanca. — *Afrika: Rwanda:* Institute Catéchètique Africain, Butare; Centre Internationale de Pastorale Liturgique et Catéchétique, Butare. — *Kongo:* Institut Superieur des Sciences Religieuses, Leopoldville. — *Madagaskar:* Centre National de Formation Catéchétique. — *Mozambique:* Centro Catéquético, Manga. — *Rhodesien:* National Catéchétical Centre. — *Sudan:* Catéchétical Centre, Khartoum. — *Tanzania:* Catéchétical Institut, Mwanza. — *Uganda:* Institut National Pastoral et Catéchétique f. ganz Ostafrika (Kenia, Malawi, Tanzania, Uganda, Zambia), Kampala. — *Südafrikanische Union:* National Catechetical Commission, Pretoria.

Nordamerika: Canada: Office de Catéchèse, Quebec. — *USA:* Confraternity of Christian Doctrine, Washington; weitere 30 Institute.

Lateinamerika: Chile: Instituto Catéquistico Latinoamericano, Santiago de Chile. — *Brasilien:* Instituto Superior de Pastoral catéquistica, Rio de Janeiro. — *Argentinien:* Instituto Superior de Catéquesis Argentino, Buenos Aires. — *Columbien:* Instituto Catéquistico Latinoamericano. — *Mexiko:* Instituto de Pastoral Catéquetica „Sedes Sapientiae". — *Jamaica:* Centre for Religious Education, Kingstown, u. a.

Asien: Indien: Catechetical Centre De Nobili College, Poona; National Catechetical Centre, Pangalore. — *Japan:* Commité of the Apostolat, Tokio; u. a. — *Indonesien:* Akademia Pendidikan Katekis, Ruteng. *Libanon:* Institut Catéchétique, Beirut. — *Thailand:* Catechetical Centre, Bangkok. — *Philippinen:* East-Asian Pastoral Institut. Ko

Katechetisches Direktorium → Directorium Catechisticum Generale

Katechismus. K.en haben eine fast über ein halbes Jt. reichende Geschichte. 400 Jahre lang war die Form des Frage-Antwort-K. so unangefochten, daß K. schlechthin mit dieser Form gleichgesetzt wurde. Erst im 20. Jh. setzen sich K.en, welche das Lehrgut in zusammenhängender Darstellung bringen (→ Lehrstück-K.en, Glaubensbücher) o. mit bibl. Inhalten verbinden (→ Bibelkatechismen) durch. Heute scheint der Ausdruck

„K." in Buchtiteln immer seltener auf. Darin äußert sich ein Wandel in der Auffassung seiner Funktion (→ Religionsbuch). Auch dort, wo bei der Erstellung eines K. scheinbar formale Fragen des Aufbaues u. der Gestaltung im Vordergrund standen, war jede Neubearbeitung des K. primär v. kerygmat.-theol. Motiven bestimmt. Man sieht im K. eine theologisch zu verantwortende → Lehrnorm f. die → Katechese. Aus diesem Grund muß bis in die Gegenwart kein Schulbuch ein so intensives Begutachtungs- u. Approbationsverfahren durchlaufen wie ein K. Nicht selten dauerte dasselbe mehr als ein Jahrzehnt. So sehr dies v. der Funktion als Lehrnorm her verständlich erscheint, bringt es zahllose Probleme. Es ist einwandfrei nachgewiesen, daß der Wandel in soziol., pastoraler, did., schulischer u. auch theol. Hinsicht nie so rasch war wie in der Gegenwart. Man wird daher Wege eines abgekürzten Approbationsverfahrens f. K.en u. f. die als Lehrnorm anzusehenden Teile v. Religionsbüchern finden müssen, sonst sind sie bei ihrem Erscheinen nicht nur theol. u. praktisch veraltet, sondern schlechthin unbrauchbar. Angesichts dieses Wandels ist auch kein K. mehr denkbar, der f. mehrere Generationen verwendbar ist. Permanente K.revision ist notwendig, falls nicht überhaupt die Stimmen recht behalten, welche v. einem gänzlichen Ende des K. sprechen.

→ Einheitskatechismen f. *größere* Gebiete werden — wenn überhaupt — ob des theol. Pluralismus (→ Lehrmittelfreiheit) u. der unterschiedl. pastoralen Situation (→ K.werk, Französisches) in Zukunft bestenfalls aus prakt. Gründen der Rationalität u. aus kommerziellen Erwägungen heraus geschaffen werden u. weniger ob der Einheit eines Lernsystems. Die Inhalte künftiger K.en werden zwar immer theol. fundiert sein müssen, sie werden aber nicht v. wiss.-theol. Systematik, sondern mehr aufgrund → fachdid. Analysen u. kat.-rel. päd. Kriterien strukturiert werden. An die Stelle v. Einzelk.en, ohne Bezug zu Religionsbüchern früherer Altersstufen u. zur Schulbibel, treten ab 1965 zunehmend → K.werke (= Serien v. Religionsbüchern, die in einer Gesamtplanung einheitlich konzipiert u. aufeinander abgestimmt sind).

Ko

Lit.: J. Hofinger, Geschichte des Katechismus in Österreich. Von Canisius bis zur Gegenwart. Mit besonderer Berücksichtigung der gleichzeitigen gesamtdeutschen Katechismusgeschichte (1937); H. Fischer, Zur Geschichte des neuen Katechismus (1955); L. Lentner, Geschichte des österreichischen Lehrstückkatechismus, in: Chr. päd. Bl. 1955/1 ff. u. 1960/61 ff.; G. Miller, Notwendigkeit einer Neubesinnung u. F. Oser, Zum Erscheinen des revidierten Deutschen Einheitskatechismus „glauben — leben — handeln" in: Chr. päd. Bl. 1970/69 ff.; E. Meueler, Katechismus u. Curriculum (1972); A. Seeberg, Der Katechismus der Urchristenheit (1966).

Katechismus, Deutscher. Als Übergangslösung zw. dem → Einheitsk. u. einem in einer großen K.revision zu erstellenden neuen D. K. wurde 1969 das Arbeitsbuch „glauben — leben — handeln" veröffentlicht. Es folgt im formalen Aufbau dem → Einheitsk. (1955), bringt aber inhaltlich völlig neue, kat.-did. stark durch das 2. Vatikanum beeinflußte Aspekte. Starke Bedenken wurden bezüglich seiner meth. Gestaltung u. der Altersgemäßheit mancher Texte geäußert. Das Buch erschien in einer bearbeiteten Fassung unter gleichem Titel auch f. die DDR (1972). Ko

Lit.: G. Miller, Notwendigkeit einer Neubesinnung u. F. Oser, Zum Erscheinen des revidierten Deutschen Einheitskatechismus „glauben — leben — handeln“ in: Chr. päd. Bl. 1970/69 ff.

Katechismuswerk, Französisches. Das 1967 erschienene F. K. besteht aus einem Grundbuch (Fonds obligatoire), das einem siebenfachen Milieu (christl. Stadtmilieu, christl. Landmilieu, nichtchristl. Stadtmilieu, nichtchr. Landmilieu, geistesschwach-lernbehinderte Kinder usw.) jeweils in Ausgaben f. den Katecheten (Kommentar), f. Schüler u. f. Eltern (Dokumentensammlung) angepaßt wird. Die Differenzierung erfolgt hier nicht nach Altersklassen, sondern nach dem rel.-soz.-pastoralen Milieu. Das Grundbuch stützt sich auf das 2. Vatikanum u. das 1964 veröffentlichte „Directoire de Pastorale Catéchètique des Diocèses de France“. Es beinhaltet: 1. die Leitlinien f. die Katechese bei 9—12jährigen (Grundsätze: Pädagogik der → Zeichen, liturg., bibl., kirchl. Orientierung, Verbindung v. Glaube u. Leben); 2. eine Sammlung v. Quellentexten (Bibel, Liturgie, Dokumente der Kirche); 3. die Angabe v. 6 großen kat., heilsgesch.-christolog. Leitlinien als Fundament f. die Anpassungsbücher. Ko

Lit.: J. Dreissen, Das neue französische Katechismuswerk, in: Chr. päd. Bl. 1970/ S. 312 ff.; B. Grom, Botschaft oder Erfahrung? (1969).

Katechismuswerk, Kanadisches. Ab 1964 in franz. u. engl. Sprache publizierte Folge v. acht in sich geschlossenen Religionsbüchern f. die kirchl. → Katechese bei 6—14jährigen. Charakteristisch ist der Aufbau auf altersbedingten kindl. Erfahrungen, das trinitarisch orientierte Gesamtkonzept, die Einbeziehung v. Eltern, pfarrlichen Katecheten u. Lehrern (Handbücher!) u. das Abzielen auf ein pers. Gottesverhältnis. In Ergänzung zum Katechismuswerk erschienen ein Band f. die vorschulische Erziehung in Familie u. Kindergarten, Schallplatten, Posters, Diareihen u. ein Kindergebetbuch. Ko

Lit.: B. Grom, Botschaft oder Erfahrung? (1969); Canadian Catechism Programme, Verlag Griffin, House 455, King Street West Toronto 135.

Katechismuswerk, Österreichisches. Aufgrund des Österr. → Rahmenplanes u. des nach einem Entwurf v. A. Höfer konzipierten Lehrplanes f. → Höhere Schulen v. E. Wagner, K. Finger, A. Höfer, N. Hofer u. J. Parizek erstellte Serie offizieller, bundeseinheitl. Religionsbücher, hg. v. → Interdiözesanen Kat. Fonds Wien. Charakteristika: Abgesehen v. theol. Systematik, Auswahl des Lehrgutes aufgrund psych. Kriterien, kerygmat. Orientierung, starke Betonung des Arbeitsprinzips, Vereinigung v. → Katechismus u. Schulbibel. Die Bände f. die Schulstufen 1—8 erscheinen 1965 bis 1974 unter dem Titel Glaubensbuch 1—8. F. Höhere Schulen liegen ab 1972 vor: „Glaube gefragt“ (9. Schulstufe), „Christus gefragt“ (10. Schulstufe). Ein Band f. die 11. Schulstufe ist in Vorbereitung. Ko

Lit.: A. Höfer, Der neue Religionsunterricht (1971); ders., Biblische Katechese (2. Aufl. 1970); ders., Handeln aus dem Glauben (1971); ders., Glaubensfragen — Lebensfragen, 2 Bände (1971); E. Wagner/ H. Fink, Handbuch zum Glaubensbuch 2 (1973); K. Finger, Handbuch zum Glaubensbuch 3 (1972); ders., Handbuch zum Glaubensbuch 4 (1971); J. Parizek, Arbeitshilfen zu „Glaube gefragt“ (1972); N. Hofer, Arbeitshilfen zu „Christus gefragt“ (1972).

Katechismuswerk, Schweizer. V. „Grenchner Arbeitskreis“ in Zusammenarbeit mit dem Kat. Institut Luzern ab 1969 publizierte Serie v. Religionsbüchern f. das Pflichtschulalter (4. Klasse: Freue dich; 5. Klasse: Folge mir nach; 6. Klasse: Ich bin das Leben). Charakteristika: Kerygmat. Orientierung, sehr sorgfältige meth. Bearbeitung, Einbeziehung der → Symbolerziehung. Bezugsquelle: Rex-Verlag, Luzern. Die theoret. Grundlegung wurde veröffentlicht durch K. Stieger (Hg.), Religionsmethodik im Dienste der modernen rel. Bildung (1968). Ko

Katechismuswerk, Südafrikanisches. Im Auftrag der Südafrikanischen Bischofskonferenz v. Sr. Theodula C. P. S. u. Paul Nadal unter dem Titel „People of God“ herausgegebene Serie v. Religionsbüchern f. pfarrliche u. schulische Katechese im Pflichtschulalter. Charakteristika: Kerygmat. Orientierung, Aufbau in geschlossenen Lehrstücken, Berücksichtigung kindl. Eigenart durch eine → induktive Katechese, die v. a. in den Lehrer-Eltern-Handbüchern zum Ausdruck kommt. Zu beziehen: Southern African Catholic Bishops' Conference P. O. Box 941, Pretoria. Ko

Katechumene. Im engeren Sinn: Taufbewerber. Im weiteren Sinne wird unter K. oft auch der Schüler in der Katechese verstanden. → Taufe Ko

Kategoriale Bildung. In diesem v. W. Klafki entworfenen Bildungsmodell ist der statisch festgelegte, trad. Kanon v. Erkenntnissen, Fähigkeiten u. Fertigkeiten, durch deren Erringung der Mensch zu einem Gebildeten wird, aufgehoben. → Bildung ereignet sich nach der K.n B. durch u. in dynamischer Konfrontation des Menschen mit den Realitäten der → Gesellschaft u. seines Lebensraumes. Mensch u. → Welt sind einander entsprechende → Strukturen; kategorial ist die gegenseitige Entsprechung der obj. Sachstrukturen u. der subj. Erlebnis- u. Handlungsmodelle. Diese Entsprechung kommt im Bildungsgeschehen als wechselseitiger Erschließungsprozeß der Welt durch den Menschen u. des Menschen durch die Wirklichkeiten zum Tragen. Weil Verstehen u. Begreifen v. Wirklichkeit zur Sinnfrage des eigenen Daseins des Menschen u. des Seins überhaupt ausholt, wird aus dem Sein der Gegenstände auch deren Sollensgehalt erhoben, so daß der Mensch sich selbst im Horizont des Seins u. Sollens als einer findet, der persönlich Verantwortung f. seine Erkenntnis v. Objekten u. f. sein Handeln an Objekten u. f. Objekte trägt. → Bildung → Didaktischer Formalismus — Materialismus Ro

Lit.: W. Klafki, Das päd. Problem des Elementaren u. die Theorie der kategorialen Bildung (4. Aufl. 1964); R. Preul, Kategoriale Bildung im RU (1973).

Katholische Aktion (KA) wurde als organisiertes Laienapostolat v. Papst Pius XI. (1922—1939) ins Leben gerufen. Pius XII. verstand sie als den „Ort der Sammlung der Katholiken der Tat“. Sie ist die Mitarbeit des Laien am hierarch. Apostolat der Kirche (Pius XI.). Über die zu allen Zeiten notwendige Glaubensbezeugung hinaus ruft u. bevollmächtigt die Hierarchie der Bischöfe Laien zur Mitarbeit an ihren Seelsorgeaufgaben. → Kath. Jungschar, → Kath.

Jugend u. Kath. Männer- u. Frauenbewegung bilden die KA. Im weiteren Sinne versteht man unter KA die Tätigkeit zu bewußter Verwirklichung kath. Grundsätze im öffentl. Leben. Had

Katholische Jungschar Österreichs hat als Erziehungsgemeinschaft die rel. u. charakt. Erziehung des → Kindes zum mündigen Katholiken zum Ziel. 1947 gegründet, versteht sie sich, so wie die Katholische Jugend (→ Jugendorganisationen, kirchliche) als Teil der → Kath. Aktion Österreichs. Als Lebensgemeinschaft umfaßt sie das ganze Leben u. alle Lebensbereiche des Kindes (Spiel, Sport, Wandern, Fahrten u. Lager), als Erziehungsgemeinschaft ist sie die notwendige Erziehungsstufe zum münd. Erwachsenen u. als Aktionsgemeinschaft will sie die Kinder schrittweise zur selbständigen u. verantwortungsbewußten Mitarbeit am Reiche Gottes führen. Sie wendet sich an alle kath. Buben u. Mädchen zw. dem 8. u. 14. Lj. Die rel. Erziehung geschieht in den → Seelsorgestunden. Zentrale: A-1010 Wien, Johannesgasse 16. Had

Kausalität. V. lat. causa = Ursache. Die exper. Naturwiss. engten den Begriff K. zur bloßen Wirkursache (Ursache — Wirkung) ein, die Atomphysik erschütterte ihn in ihrer Allgemeingültigkeit (Statistik im Mikrokosmos!). Die phil. K. ist davon nicht tangiert, denn sie geht den umgekehrten Weg: Wirkung — Ursache (Satz v. Grund), d. h. jede Wirkung muß eine Ursache haben. Gegen ihre Anwendung auf die Schlußfolgerung v. der Welt auf den Schöpfer hat Kant die Behauptung der Unüberbrückbarkeit der → Transzendenz aufgestellt. Da die K. f. alles Sein gilt, erweist sich Kants Problem als Scheinproblem. Bla

Kernunterricht. In → Gesamtschulen: Gemeinsame Unterweisung v. Schülern mit versch. Leistungsstand, unterschiedl. Bildungszielen u. Neigungen, in verpflichtenden Lehrgängen. → Kursunterricht Ko

Kerygma. K. wird meist mit → Verkündigung übersetzt. Das griech. Wort „kerysso" hat folgende Grundbedeutungen: (als Herold) ausrufen, proklamieren. K. bezeichnet sowohl den Vorgang der Proklamation als auch den Inhalt (d. h. das Verkündete). K. ist heute zu einem sehr gängigen Ausdruck (Modewort) geworden. Er vertritt vielfach den (belasteten) Begriff Predigt. Beim K. im Bereich der Theologie geht es um die heilbringende Proklamation der Botschaft Gottes, die den Menschen trifft u. zur → Entscheidung aufruft. Träger des ntl. K.s ist neben Johannes dem Täufer → Jesus selbst u. die v. ihm gestiftete → Gemeinde, die den Auftrag erhält, sein K. zu verbreiten u. durch die Zeit zu tragen. Viel wurde in jüngster Zeit auch im kath. Raum darüber geforscht u. gesprochen, wieweit man an das eigentliche K. des „histor. Jesus" herankommen kann. Sogar das kirchl. Lehramt hat sich in diese Auseinandersetzung eingeschaltet (Instruktion der Päpstlichen Bibelkommission v. 21. 4. 1964 „Über die geschichtliche Wahrheit der Evangelien" deutsch: Klosterneuburg 1965). Hier wird auf die drei Phasen der Entwicklung der Tradition hingewiesen, die genau zu beachten sind: Christus der Herr, die Apostel u. schließlich die Verfasser der heiligen Schriften. Als Ergebnis der theol. Forschung kann somit festgehalten werden: Das K., das uns in den ntl. Schriften entgegentritt, setzt Person, Leben u. Sprechen Jesu voraus. Es überliefert uns aber das K. Jesu aus der Sicht der Gemeinde, die bereits an den → Auferstandenen glaubt. — F. die → Religionspädagogik ist die Frage nach dem (wesentl.) Inhalt des K.s Jesu v. bes. Bedeutung, da es gilt, diese altersspezif. richtig an die Schüler heranzubringen. Auf diese Frage wurden schon versch. Antworten gegeben: Als das Wesentliche seiner Botschaft bezeichnete man die spezif. Art der Verkündigung des „Vatergottes" u. seinen Aufruf zur allgem. Brüderlichkeit u. Menschlichkeit (E. Stauffer). Andere sehen dies in einer apokalypt. Botschaft mit der Erwartung des unmittelbar bevorstehenden „Endes" (A. Schweitzer). Wieder andere meinen, es handle sich v. a. um einen prophet.-eschatol. Anruf an alle Menschen zur existentiellen Entscheidung (R. Bultmann). — Aufgrund der Quellen, die uns zur Verfügung stehen, muß zugegeben werden, daß es f. alle diese Auffassungen Hinweise gibt. Sucht man aber einen Punkt, in dem die heutige Forschung bzgl. des wesentl. Inhaltes des K.s Jesu übereinstimmt, so ist es die Verkündigung der Botschaft v. angebrochenen → Reiche Gottes. Der programmat. Satz steht am Beginn des Markusevangeliums: „Jesus ... verkündete die Heilsbotschaft mit den Worten: ‚Die Zeit ist erfüllt u. das Reich Gottes nahe herbeigekommen; tut Buße (kehret um) u. glaubt an die Heilsbotschaft'" (Mk 1, 14 f.). Somit ist das K. Jesu zugleich Anruf an den Menschen, mit → Glaube u. Umkehr (→ Metanoia) zu antworten. Die Umkehr ist stets wiederkehrender Bestandteil des K.s Jesu. Daraus ergibt sich auch, daß zum wesentl. Inhalt des K.s Jesu seine → eth. Forderungen gehören, die einerseits eine Verschärfung der atl. → Ethik darstellen (vgl. dazu die → Bergpredigt), andererseits aber die Abschaffung v. Traditionen u. Gesetzesinterpretationen, die den eigentl. Willen Gottes verdunkeln. In Wort (→ Gleichnisse) u. Tat (Wunderzeichen) verkündet Jesus, daß der „erhabene" Gott nicht gefürchtet, sondern geliebt werden kann. Leben u. Wirken Jesu sind integrierende Bestandteile seines K.s u. so ist es auch verständlich, daß der äußere Mißerfolg (Kreuzigung u. Tod) f. die gläubige Annahme des K.s beträchtliches Hindernis sein konnte. — Paulus betont, daß die Heilsverkündigung durch Jesu Tod u. → Auferstehung erfolgt. Wenn auch im Johannesevangelium derartige Gedanken fehlen, so weist es besonders darauf hin, daß die Person Jesu Christi sein entscheidendes K. darstellt. — F. den Rel.lehrer ergibt sich die Aufgabe, seine Schüler f. das Verständnis u. die entspr. Aufnahme des K.s Jesu vorzubereiten. Dabei muß beachtet werden, daß ein tieferes Verständnis u. eine entspr. Reaktion darauf (persönl. Entscheidung) frühestens ab der Vorpubertät gegeben ist, da das Denken u. Verhalten des Kindes in seinen früheren Phasen noch stark v. Instinkthaftem u. Magischem geprägt ist. Wegen dieser entwicklungsbedingten Schwierigkeiten muß der Rel.lehrer bemüht sein, stets geeignete Wege zu suchen, um seine Schüler erlebnishaft die Frohbotschaft v. anbrechenden Reich Gottes erahnen zu lassen. Dies wird glaubwürdig nur gelingen, wenn in seinen Darlegungen das Beglückende u. Befreiende vorherrscht. Der Schüler soll erfassen können, daß f. den Glaubenden das Schwergewicht nicht auf „Sünde, Tod u. Verdammung“ liegt, sondern auf Liebe u. Barmherzigkeit Gottes, Vergebung u. → Hoffnung auf ewiges Leben. Darüber hinaus gilt es, keine Gelegenheit zu versäumen, den Schüler trotz seiner vielfach gegenteiligen → Erfahrungen im Bewußtsein zu bestärken, daß das Gute letztlich siegt. Die Glaubwürdigkeit u. damit die Wirksamkeit des rel. Erziehers werden dort gegeben sein, wo der Schüler zu erkennen (o. wenigstens erlebnishaft zu erahnen) vermag, daß stets der erneute Versuch unternommen wird, zw. der zu vermittelnden Botschaft u. der persönl. Überzeugung eine Übereinstimmung herbeizuführen.

Han

Kerygmatisches Maß meint die Behandlung eines Textes (profan, *bibl.*) u. Erarbeitung seines Wesenskernes bis hin zur Auslegung der Vollaussage *unter Berücksichtigung der versch. Altersstufen.* Das k. M. ist durch den wachsenden Verstehens- u. Erfahrungshorizont v. Kindern u. Jugendlichen gegeben. Die Aufgabe besteht darin, aus einer Perikope den Aussageinhalt in einfacher, elementarer Formulierung u. stufenweise fortschreitend (Verkündigungsstufen) immer differenzierter u. voller zu erheben. Mit dem v. Altersstufe zu Altersstufe „wachsenden“ → Kerygma muß auch die Sprachform immer deutlicher u. zentrierter werden.

Had

Lit.: Dreher B., Einführung in die Auswahlbibel — „Gott unser Heil“ — (1967).

Keuschheit. K. ist zu sehen als grundsätzl. Bereitschaft des Menschen zur vollen Annahme u. Bejahung seiner → Geschlechtlichkeit, zur Anerkennung der sexuellen Triebkräfte in ihrer personalen u. sozialen Zielrichtung, zu deren Formung u. Integration in das Ganze seiner Persönlichkeit u. seiner mitmenschl. Beziehungen. K. ist daher mehr als nur → Enthaltsamkeit; sie ist in jedem Lebensstand anzustreben. Ihr Ziel muß positiv im Wachsen u. Reifen der menschl. Liebes- u. grundsätzlichen Ehefähigkeit gesehen werden. Unk. bestünde dann im bewußten Nichtanerkennen o. Nichteinhalten einer der Menschenwürde entsprechenden Ordnung der → Sexualität. — Im Unterricht ist zunächst auf den gewandelten Inhalt dieses Begriffs zu achten: K. ist nicht bloß v. einer kleinen Menschengruppe (vgl. z. B. Ordensgelübde) gefordert, sondern ist Aufgabe eines jeden u. wird bei jedem entspr. seiner Situation anders zu leben sein. Dabei ist nicht v. Begriff auszugehen, sondern konkret zu untersuchen, wie einzelne in ihrer Situation der rechten Ordnung der Geschlechtlichkeit entsprechen; eine Begriffsdefinition kann am Ende der Unterrichtseinheit gemeinsam mit den Schülern versucht werden.

Lei

Kind. 1. *Psych.:* → Kleinkindalter, → Schulkindalter, → Pubertät, → Jugendalter, → Entwicklung u. a. 2. *Anthropol. u. theol.:* → Kind-sein.

Kindchenschema. Ausdrucksgehaben, das dem → Kind ab dem 1. Lj. zukommt u. im Erwachsenen eine Gefühlsreaktion auslöst. K. Lorenz spricht v. sog. K. o. v. der „Kindchenphysiognomie“. Merkmale: großer, dicker Kopf, stark vorgewölbte Stirn, große Augen, runde, stark vorspringende Pausbacken, kurze, dicke Extremitäten, dünner, zarter Hals, rundliche Körperformen, weiche, elastische Oberflächenbeschaffenheit u. tapsige Bewegungen. Alles, was diese Merkmale trägt, wird v. uns als „herzig“ empfunden. Es wird der Affekt erlebt, dieses Wesen ans Herz zu drücken, ihm die Schutzfunktion zu gewähren, die es braucht. Das K. findet z. B. in der Puppenindustrie u. in der Plakatkunst Anwendung. Si

Kinderbeichte → Bußerziehung

Kinder-Bilderbibel. Weit reicht die Tradition der sog. B. zurück. Gab es im Mittelalter f. das *„Wort Gottes“* sehr kostbare, handgeschriebene Bücher, die reich bebildert waren („Biblia pauperum“ = Armenbibeln), um den oft des Lesens unkundigen Menschen eine Einführung in den Glauben zu ermöglichen, so liegen auch heute sog. K.B.n auf, deren Anliegen einer Grundgegebenheit kindl. Wahrnehmung u. → Meditation entgegenkommt, die sich nicht über das Hören, sondern über das Tun u. Schauen vollzieht. Das Bild soll hier das gesprochene Wort unterstützen, vertiefen u. veranschaulichen. Weiters soll es dem Kind als Gedächtnisstütze dienen u. es zum Nachdenken anregen. Eine empfehlenswerte B. will mehr sein als ein bibl. Bilderbuch. Sie bietet — wie etwa die Patmos-Kinderbibel — einen gediegenen Gesamtüberblick u. Einblick in die → Heilsgeschichte v. der → Schöpfung bis zur → Vollendung der → Welt. Sie ist gedacht f. Kinder im vorschul- u. schulpflichtigen Alter. Bei der Reihe „Was uns die Bibel erzählt“ sind die verschiedenen Heilsereignisse gut illustriert, wobei über jeder Bilderseite ein erklärender Satz steht, der f. die Kinder leicht zu merken ist. Zu erwähnen ist auch die große „Patmos“-Bibel N. T. (f. die Jugend erzählt), die eindrucksvoll gestaltet ist. Eine andere Art v. B. ist die neue *Fotobibel.* Dieses N. T. ist ein Versuch, Menschen unserer Zeit in Formen, die ihnen geläufig sind, mit dem Evangelium vertraut zu machen. Die Bilderseiten sind Interpretationshilfen f. den gegenüberliegenden Text. Obwohl es gegenwärtig eine Anzahl v. recht guten K.B.n gibt, muß doch die Problematik gesehen werden: Da das Bild stets einen stärkeren Eindruck bei Kindern hinterläßt als das nur gesprochene Wort, lehnen die heranwachsenden Jugendlichen diese kindergemäßen Vorstellungen ab; d. h. K.B.n, die v. Erwachsenenstandpunkt aus gesehen gut sind u. bei Kindern tatsächlich Gefallen finden, werden v. diesen mit zunehmendem Alter abgelehnt. V. daher muß deshalb überlegt werden, ob man altersgerecht u. schulstufengerecht Bildmaterial einsetzen kann. Herrschen noch in der Grundschule freundliche Farben, übersichtliche Kompositionen, klar konturierte Darstellungen u. das Gute-Heile bzw. Klare-Freundliche vor, da nur so das Kind der Unterstufe sich mit dem Gezeichneten identifizieren kann, so sind die Hauptmerkmale bei den 10—

12jährigen Realbezogenheit, gesteigerte Eroberung der Außenwelt, flaches Gefühlsleben u. a. Dies zeigt sich dann auch bei dem f. dieses Alter passenden Bild. Neben der Wirklichkeitsnähe des Bildmaterials ist die Einbeziehung v. hist. Material gerade bei bibl. Bildern angezeigt (Möglichkeiten der Gestaltung v. Collagen, Selbst-mitgestalten u. Verfertigen v. Bildern). Im gesamten Reifealter dienen Bilder zur Klärung seelischer Prozesse. Darum steht hier die problemorientierte u. künstlerisch intensivierte Darstellungsform im Mittelpunkt der Betrachtung. Stets aber soll durch das Bild die Glaubenswirklichkeit sichtbar gemacht werden, u. dies gilt auch f. die K.B.n, die, wenn sie altersgerecht eingesetzt werden, eine große Hilfe f. Eltern u. Lehrer u. nicht zuletzt f. die Kinder selbst bedeuten. Ein weiteres Problem ist die Frage der dem Kind zugänglichen Text*auswahl.* Diese ist wohl nicht nur v. der Frage der Kindgemäßheit einzelner Perikopen her zu lösen. Da jede Auswahl bereits Deutung u. Interpretation der Schrift ist, muß als Kriterium das Ganze eines bibl. Buches bzw. des A. T. o. N. T. herangezogen werden. Die Text*gestalt* (→ Paraphrasierung o. Originaltext?) erfordert eine Berücksichtigung der Ergebnisse v. → Exegese u. did. Vorentscheidungen (→ kerygmat. Maß). → Bibelkatechismus.

Re/Ko

Lit.: A. M. Cocagnac/H. Hoffmann, Patmos-Bibel A. T u. N. T., 4.—10. Lj.; Württemb. Bibelanst. (Hg.), Was uns die Bibel erzählt, 3.—7. Lj.; W. Hillmann/J. Quadflieg, Bilderbibel, Patmos, 5.—10. Lj.; H. Riethmüller (Hg.), Fotobibel, Butzon & Bercker, Jugendliche; A. M. Cocagnac/A. Vorwerck/J. M. Georgeot, Bibelbilderbücher, Patmos, 4.—10. Lj.; A. Baumeister/D. Ramsay, Herder Kinderbibelbücher, 8.—10. Lj.; E. Beck/G. Miller, Gottes Sohn auf Erden, Butzon & Bercker, 7.—11. Lj.; A. M. Cocagnac/W. u. V. Wiese, Bibel-Bilder-Bücher, E. Kaufmann, 4.—10. Lj.; R. Hermann u. a., Bibelbilderbücher, Gütersloher Verlagshaus, 4.—10. Lj.; F. Hoffmann, Bilderbibel, E. Kaufmann, 5.—7. Lj.; H. Hoffmann, Bilder f. Kinder aus dem Leben Jesu, Patmos, 4.—10. Lj.; J. L. Klink, Das große Versprechen, Württemb. Bibelanstalt, ab 10. Lj.; F. Krajenski, Das Leben Jesu, Butzon & Bercker, 8.—12. Lj.; ders., Die Straße der Wunder, Butzon & Bercker, 8.—12. Lj.; G. Otto, Die Bibel der Kinder, Butzon & Bercker, 5.—8. Lj.; A. O. Schwede, Ist er nicht der Zimmermann, Gütersloher Verlagshaus, 8.—13. Lj.; W. J. Stark, Geschichten der Bibel für die Kleinsten im Kindergottesdienst, Gütersloher Verlagshaus, 4.—7. Lj.; K. de Koort, Was uns die Bibel erzählt, Württembergsche Bibelanstalt, 3.—7. Lj.; A. de Vries, Die Bibel unserer Kinder, Kath. Bibelwerk Stuttgart, 7.—12. Lj.; ders., Die Kinderbibel, Bahnverlag, 5.—10. Lj.; ders., Kinder in der Bibel, Bahnverlag, 6.—10. Lj.; D. Steinwede, Von der Schöpfung, Sachbilderbuch f. Kinder, 7.—10. Lj.; ders., Jesus aus Nazareth, Sachbilderbuch f. Kinder, 7.—10. Lj.

Kinderbücher → Kinder- u. Jugendliteratur

Kinderdiebstahl. K. ist moralisch je nach den psych. Ursachen zu bewerten. Solche sind: 1. Unreife in der Unterscheidungsfähigkeit zw. Mein u. Dein (Kleinkind, Geistesschwache); 2. triebhafte Hemmungslosigkeit als Folge → endokrin bedingter Störungen o. Hirnschädigungen (→ Postenzephalitiker); 3. Kurzschlußhandlung (Wunschbefriedigung mit mangelnder Selbstkontrolle o. Einsicht); 4. Protesthaltung bei zu strenger, autoritärer Erziehung; 5. → Triebübersprung (Gestohlenes ist Ersatzobjekt f. mangelnde Liebe, Ausgleich bei Vereinsamung u. Kontaktarmut v. a. bei Milieuverwahrlosung: asoziales Milieu, Wohlstandsverwahrlosung u. a.).

— Soweit K. nur Symptom ist, wird Strenge die Symptomatik nur verhärten. Hilfeleistung muß die Ursachen ergründen u. beseitigen. → Kindersünde Ko

Kinderfeste. K. (Feste des liturg. → Kirchenjahres) beziehen sich inhaltl. auf deutliche Einschnitte im Leben des einzelnen Kindes (z. B. Geburt u. Namensgebung), auf ein wichtiges Allgemeingeschehen (z. B. Ernte) o. auf eine markante Persönlichkeit (z. B. Hl. Nikolaus). Die dem Fest folgende Feier ermöglicht es dem Kind, den objektiven Festgehalt zu subjektivieren, d. h. sich v. ihm so ergreifen zu lassen, daß es das Kind zur Antwort drängt. Diesem bedeutsamen Lebenswert entsprechen fundamentale Erziehungswerte: K. helfen dem jungen Menschen, sich immer wieder v. der alltäglichen Pragmatik des Lebens abzusetzen u. → Gemeinschaft zu erleben, sie machen wertvolle Kräfte des → Gemütes u. der → Kreativität frei u. fördern das Streben nach Selbstbehauptung u. Leistung. Gerade in einer Zeit, in der echte Festfreude v. Rauscherlebnissen bedroht wird, soll die richtige Gestaltung echter K. f. → Familie, Schule u. → Kirche wieder ein päd. Grundanliegen werden. Die wichtigsten Regeln f. die prakt. Durchführung sind: 1. K. sollen sich auf ein kindgemäßes Feiergut beziehen u. in der Form kurz u. einfach sein. 2. Sie verlangen sorgfältige Vorbereitung gemeinsam mit den Kindern. 3. Sie ertragen keine bloßen Zuschauer. 4. Der Anlaß soll wahr u. die Durchführung echt sein. Daher wird eine Beschränkung auf wirklich angemessene Gelegenheiten gefordert. Einige Anlässe: *Geburtstag:* Er ist ein Fest der ganzen Familie, bes. aber des Kindes u. der Mutter. Händeschütteln, Geburtstagstisch mit Torte, Kerzen u. Geschenken genügen noch nicht. Das Kind soll dankbar innewerden: Heute jährt es sich, daß der Herr des Lebens u. die Eltern mir ein Leben ermöglichten, das nie mehr enden wird. Eine Abwertung des Geburtstages zugunsten des Namenstages ist abzulehnen. — *Namenstag:* Mit der Verbreitung der → Kindertaufe kam auch der Brauch auf, die Namensgebung mit der Taufe zu verbinden. Die Verwendung v. Heiligennamen setzte sich ab dem Hochmittelalter unter franziskanischem u. orientalischem Einfluß allmählich durch. Seit dem Konzil v. Trient empfiehlt die Kirche, Kinder nach Heiligen zu benennen u. den Gedenktag des betreffenden Heiligen jährlich als Namenstag zu feiern. Eine anschauliche Darstellung des Lebens des Namensheiligen bildet f. den jungen Menschen eine Motivierung, seinen Namenspatron auch als Helfer u. Vorbild anzuerkennen u. zu verehren. — *Erntedank:* Da Stadtkinder im heimatkundl. Unterricht u. die Kinder am Land überdies durch eigene Anschauung immer wieder den Lebensrhythmus des Jahres erleben, ist eine Erntedankfeier im Rahmen der → Katechese o. als pfarrl. Dankgottesdienst äußerst relevant (Ehrfurcht vor der Nahrung — Arbeit — Hunger — Eucharistie). — *Nikolaus:* Dieses Fest, richtig u. würdig gestaltet, gilt als wertvolle Einstimmung auf das → Weihnachtsfest. Nach der Vorlage der Legenden wird die Güte des hl. Nikolaus mit den Kindern ohne „Geheimnistuerei“ nachgespielt. *Muttertag:* Dieses Fest scheint gerade deshalb, weil es nicht *für* Kinder, sondern *von* Kindern gestaltet werden kann, an dieser Stelle erwähnenswert. Aufgrund der starken emotionellen Beteiligung u. als Ausdruck der das Leben des Kindes grundlegend bestimmenden Mutter-Kind-Beziehung sollte es seinen Niederschlag nicht nur in häuslichen Feiern, sondern auch im Rahmen der → Kinderliturgie finden. Nou

Lit.: A. Emrich, Lexikon der Festlichkeiten (1969); S. Hornauer, Alles was froh macht; S. Hornauer, Lüge, Kitsch oder Fest (1966).

Kindergarten. Die Institution K. geht auf Fröbel (1840 Tübingen) zurück u. wurde in der Absicht geschaffen, Kindern entspr. Sozialkontakte, die durch die Entwicklung der → Familie in Richtung Kleinfamilie verkürzt wurden, zu ermöglichen. Sehr oft erhält der K. freilich notgedrungen die Funktion der „Kinderbewahranstalt" — wenn die Eltern durch doppelte Berufstätigkeit außer Haus ihre Aufsichtspflicht delegieren. Zu große Gruppen u. zu wenig Personal machen es den K.erziehern vielfach schwer, die urspr. Funktion befriedigend u. effektiv zu erfüllen. Dies gilt bes. f. die sog. Krabbelstuben u. Kinderkrippen (f. Kinder ab 1;0 bzw. ab 6 Wochen), die nur sehr unzulänglich → Familienerziehung vertreten können. Die gw. Bemühungen um die → Vorschulerziehung geben dem K. neue Impulse, die auch f. den RU v. Interesse sind (→ Kleinkindkatechese). → Kinderläden → Kinderhorte Hi

Lit.: H. Kochan-Döderlein, Bibliographie zur Frühpädagogik (1972).

Kindergebete → Gebetserziehung

Kinderglaube → Entwicklung, religiöse

Lit.: J. Klink, Kind u. Glaube (1970); ders., Kind auf Erden (1971); ders., Kind u. Leben (1972); J. Rausch, Macht u. Ohnmacht des Kindes. Anthrop. u. psych. Aspekte der rel. Entwicklung (1970).

Kinderhorte. K. (auch „Kindertagesstätte" o. „Kindertagesheim" genannt) sind f. Pflichtschulkinder (1. bis 9. Schulstufe) eingerichtet, die aus familiären Gründen (z. B. beide Eltern im Beruf) tagsüber nicht ausreichend versorgt werden können. Charakteristisch f. K. ist die enge Zusammenarbeit mit den Schulen, da es zu den Hauptaufgaben der K. gehört, die Hausaufgaben zu überwachen. Bedingt durch die beschränkte Zahl der K., ist die Zahl der Kinder aus gestörten → Familien relativ hoch, dies bedeutet f. die Erzieher(innen) bes. Probleme. K. stehen entweder unter kommunaler o. freier Trägerschaft (z. B. kirchl. K.). Bei der Aufgabenstellung, der milieumäßigen Beurteilung u. bei der Einschätzung der Freizeitgewohnheiten muß auch der Rel.lehrer beachten, ob die Kinder K. besuchen o. nicht. **Hi**

Kinderkanon. Unter K. versteht man eucharist. Hochgebete, die eigens f. Kinder in der Sprache u. unter Berücksichtigung ihrer Denkkategorien u. Erlebnisweisen verfaßt sind. V. den Hauptelementen des eucharist. Hochgebetes der Gemeindemesse sind die Präfation u. die Schlußdoxologie, der Einsetzungsbericht, das Gedächtnisgebet u. das Darbringungsgebet auch f. den K. wichtig. F. den K. werden drei Gestaltungsmöglichkeiten vorgesehen: 1. Die gebräuchl. Hochgebete des Röm. Meßbuches (wegen der Hinführung zur Gemeindemesse). 2. Hochgebete des Röm. Meßbuches (v. a. eins u. vier) in Kurzfassungen (zur Erleichterung des Mitvollzugs). 3. Eigene Hochgebete f. Meßfeiern mit Kindern (weil die menschl. u. geist. Bedürfnisse der Kinder sehr verschieden sind). Viele Bischofskonferenzen haben bereits den Auftrag erteilt, solche Kanongebete f. Kinder (die der Approbation bedürfen), zu verfassen. Im deutschen Sprachraum wurden erstmals 1971 in der Schweiz mit röm. Approbation zwei K.es erprobt. Nou

Lit.: R. Sauer, Von der Kinderliturgie zur Jugendliturgie, in: Chr. päd. Bl. 1972, S. 162 ff.

Kinderkollektiv. Unter Kollektiv versteht man eine Gemeinsamkeit v. Personen, die durch Uniformität in vielen Bereichen gekennzeichnet ist. Im Gegensatz zur sozialen → Gruppe, die strukturelle Merkmale aufweist u. individuelle → Rollen ihrer Mitglieder anerkennt, strebt das Kollektiv die völlige Gleichheit u. Gleichförmigkeit ihrer Mitglieder an. Das K. ist eine v. Erwachsenen geschaffene Einrichtung, in der vielfach polit. Vorstellungen im Rahmen der Erziehungsprozesse verwirklicht werden sollen. Als besondere Form des K.s können die → „Kinderläden" angesehen werden, die nach Grundsätzen → antiautoritärer Erziehung geführt werden. Ku

Kinderläden. V. linksorientierten Intellektuellen erstmals in Berlin (nach 1965) eingerichtete Selbsthilfeorganisation zur repressionslosen Kollektiverziehung v. Kindern bis zu 6 Jahren. Man mietete leerstehende Ladenlokale (v. daher der Name!) u. setzte sich bewußt v. → Kindergärten ab, indem man konfessionsfrei, → antiautoritär u. sozialistisch erziehen wollte. Andere Namen f. K.: Kinderschule, Kinderkotten, → Kinderkollektiv, Spielstube... Die Eltern erarbeiten in einem Elternkollektiv durch Auseinandersetzung mit Ideen u. Versuchen v. A. S. Neill, S. u. A. Freud, W. Reich u. a. u. mit „linker Literatur" Prinzipien ihrer Erziehung (größtmögliche Freiheit, Verzicht auf „bürgerl. Wertvorstellungen" wie Gehorsam, Ordnung, Sauberkeit, sexuelle Unberührtheit usw.). Jede Fixierung auf Einzelpersonen wird abgelehnt, die Eltern übernehmen Reihendienst, so daß eine Art „Großfamilie" entsteht (5—15 Kinder). Eine Beurteilung der Effektivität ist durch die kurze Dauer des Experiments noch nicht möglich. Hi

Lit.: Informationsmaterial über K. bei der Informationszentrale der Humanistischen Union, M. Junker, D-6331 Lützellinden, Blitzenstr. 33 bzw. beim Zentralrat f. sozialist. K. West-Berlin, G. Hengstenberg, D-1 Berlin, Leibnizstr. 64.

Kinder- u. Jugendliteratur ist eine Literatur, die der Weltsicht, dem Verständnis, den → Interessen u. Lebensbedingungen junger Menschen entspricht. Neben der f. Kinder u. Jugendliche *geeigneten* gibt es seit dem 18. Jh. *speziell f. sie verfaßte Literatur.* Kriterien f. Themenwahl, Altersgemäßheit, Gehalt u. ästhet. Forderungen sind zusammengefaßt in der „Jugendbuch-Charta" des → B. I. C. E. — Rel. päd. relevant sind neben der „religiösen" Literatur auch die „profanen" Typen des Jugendschrifttums (Bilderbuch, Umweltgeschichte, Märchen, Sage, Abenteuererzählung, Sachbuch, phantastische Erzählung u. a. m.), welche zunehmend Aufnahme in Arbeitsbücher f. den RU finden. — Gegen Primitivierung der Lesekultur durch „Schmutz u. Schund" wenden sich durch Förderungsmaßnahmen (verbilligte Verbreitung, Preisvergabe, Werbung usw.) in Österreich der „Buchklub der Jugend“, in der BRD das „Deutsche Jugendschriftenwerk“ u. a. — Kirchl. Forschungs- u. Beratungsstellen: 1. Commission Presse et Litterature Enfantines, 31, rue de Fleurus, Paris 6 e; 2. Studien- u. Beratungsstelle f. Kinder- u. Jugendschrifttum A-1010 Wien, Mahlerstr. 7; 3. Arbeitskreis f. Jugendschrifttum e. V., D-8 München 22, Kaulbachstr. 40. Ko

Lit.: W. Lussnigg — H. Laible: Das religiöse Kinderbuch, in: Die Barke, Lehrerjahrbuch des Österr. Buchklubs der Jugend (1962); R. Bamberger, Jugendliteratur u. Buchpädagogik (1970); K. Doderer, Klassische Kinder- u. Jugendbücher (1969); W. Scherf, Die Besten der Besten, Bilder-, Kinder- und Jugendbücher aus 57 Ländern oder Sprachen (1972); K. Doderer, Lexikon der Jugendliteratur, 3 Bände, 1972 f.; W. Hartmann-Winkler, Lebensbewältigung im Kinderbuch (1970); H. L. Köster, Geschichte der deutschen Jugendliteratur (1972); Inst. f. Jugendforschung, Preisgekrönte Kinderbücher (1972); H. Wegehaupt, Theoretische Literatur zum Kinder- u. Jugendbuch (1972).

Kinderliturgie. Das → Kind hat aufgrund seiner Eingliederung in die → Kirche durch die → Taufe grundsätzlich das Recht, am öffentl. Gotteslob der Kirche teilzunehmen u. die → Liturgie mitzuvollziehen. Es ist auch in jeder Altersstufe (→ Kleinkindkatechese) fähig, auf seine Weise christl. Gläubigkeit zu vollziehen. — Die höchste Form, gläubiges Dasein zu verwirklichen, stellt die Liturgie dar. Dies setzt voraus, daß ein Kind, das selbständig o. durch seine Eltern u. Erzieher danach verlangt, auch eine ihm verständl. u. zur aktiven Teilnahme einladende Gestalt der Liturgie vorfindet. So verlangt das II. Vatikanum: „Die Seelsorger sollen eifrig u. geduldig bemüht sein um die liturg. Bildung u. die tätige Teilnahme der Gläubigen, die innere u. die äußere, je nach *Alter*, Verhältnissen, Art des Lebens u. *Grad der rel. Entwicklung* (LK 19). Die außersakramentale Liturgie des → Wortgottesdienstes, der Zelebration u. die → Kat. Feier wie auch die außereucharist. Liturgie der Sakramente u. Sakramentalien bieten bereits viele Möglichkeiten der Verkündigung, Aufnahme, Auslegung u. Verwirklichung, die dem Niveau des Kindes entsprechen (Lied, → Spiel, Tanz, Gebärde, → Meditation usw.). Bes. Aufmerksamkeit gebührt der Eucharistiefeier mit u. f. Kinder, bei der Abwechslung u. Anpassung der Lieder, Gebete u. Lesungen, verantwortete Spontaneität der Denkanstöße, Fürbitten u. versch. Aktionen (wie Opferbereitung u. Friedensgruß) sowie die mögl. Gliederung in Gruppen nach Alter, Interesse u. geist. Reife u. die Mitarbeit v. Erwachsenen, die f. die Aufgabe vorbereitet u. geschult werden, wesentliche Faktoren bilden. Nou

Lit.: H. Grosse-Jäger, Eucharistiefeier für Kinder (1969); R. Sauer (Hg.), Kinder loben Gott (1967); Richtlinien f. d. Wortgottesdienst mit Kindern (1970); Richtlinien f. d. Eucharistiefeier mit Kindern (1972); G. Weber, Zwanzig Eucharistiefeiern mit Kindern (1969); A. Müller-Felsenburg, Mündige Kirche (1971); H. Knackstedt u. Mitarbeiter (Hrsg.), Meßfeiern mit Kindern (1971); N. Keller — H. J. Wagner, Motivmessen für Kinder (1972); U. Seidel u. D. Zils, Werkbuch Kindergottesdienst (ökumenisch orientiert - 1972); U. Seidel — W. Willms, Werkbuch Weihnachten (Modelle, ev. u. kath., 1972); A. Lissner, A. Kalteyer u. J. Seuffert, Kinder feiern Gottesdienst (1972); D. Rost u. J. Machalke, Gottesdienste mit Kindern (1972); K. Rommel/ M. Schmeißer, Kinder- u. Familiengottesdienst (1972); A. Lusner u. a., Kinder feiern Gottesdienst (1972).

Kinderlüge ist meist Symptom tiefer liegender Wurzeln u. moralisch wie päd. v. da her zu werten. Keine Lüge im moraltheolog. Sinn ist die sog. *„Phantasielüge"* des → Kleinkindes (Wurzel: mangelnde Unterscheidungsfähigkeit zw. realer u. Vorstellungswelt; Zusammenfließen v. Wunschdenken u. Erinnerung u. ä.). *Phantast. Lügen* (= Aufschneidereien; Wurzeln: Geltungsdrang, zu große Strenge, soziale Lage, Minderwertigkeitskomplex), *Kameradschaftslügen* (Wurzeln: Sympathie, Solidarität), *Notlügen* (Wurzeln: Furcht vor Strafe, Lächerlichkeit, Überforderung usw.) u. *Rivalitätslügen* (= Schadenlüge, „Bosheits"-lüge; Wurzeln: Rivalität um Liebe, Geltung, Leistung) sind typ. Formen der Lüge im Kindesalter. Zu unterscheiden ist die einzelne Fehlhandlung v. einer dispositionellen Lügenhaftigkeit. Diese kann durch innere u. äußere (Erziehungsfehler) Faktoren bedingt sein u. zeigt eine bedenkl. Entwicklung des → Charakters an. Bei krassen Fällen ist die Beiziehung eines → Heilpädagogen zu empfehlen. Grundlage jeder Prophylaxe u. Therapie ist eine Erziehung *zur* → Wahrhaftigkeit u. *in* Wahrhaftigkeit u. Vertrauen. Schon dem Kind soll dabei bewußt werden, daß Wahrhaftigkeit mehr ist als Vermeidung v. Lügen. Jeder Erzieher müßte es ferner vermeiden, Situationen zu schaffen, aus denen scheinbar nur eine Lüge herausführt. → Kindersünde Ko

Lit.: J. Spieler, Wenn Kinder lügen (1953).

Kinderpredigt. Der werdende Erwachsene wird nur dann wirklich erreicht, wenn bereits das → Kind richtig angesprochen wird. So ergibt sich mit der psych. Forderung nach → Kinderliturgie auch die Bedeutung u. Notwendigkeit der eigenen K. Wenn die K. geschichtlich gesehen vielfach nur als zusätzliche Möglichkeit kat. Unterweisung gewertet wird, so soll doch betont werden, daß sie im Rahmen der Glaubensverkündigung einen eigenen Akzent hat: Während die → Katechese primär die → Vermittlung des Glaubens*wissens* übernimmt, ergänzt die K. sie durch neue Assoziationen, Illustrationen u. Motivierungen u. führt sie somit weiter zur Anwendung u. zum Vollzug des Glaubens*lebens.* Daher hat die K. ihren eigentl. Ort nicht in der Religionsstunde, sondern im → Kindergottesdienst. Wenn auch die K. die gleiche Aufgabe hat wie die Predigt überhaupt (sie ist „die Botschaft v. den Wundertaten Gottes in der Geschichte des Heils, d. h. im Mysterium Christi, das allzeit in uns zugegen u. am Werke ist, v. a. bei der lit. Feier"; LK 35, 2) so bildet die K. doch ein themat. u. method. Spezifikum. — *Thematisch* betrachtet, soll die K. in enger innerer Verbindung mit der lit. Feier stehen. Der Idealfall ist die Kinderhomilie, die bibl. K. in äußerem u. innerem Zusammenhang mit der Lesung, die gerade bei Kindern einer Auslegung bedarf (im allgemeinen werden mehrere Schriftlesungen die Aufmerksamkeit des Kindes überfordern). Da aber nicht alle Schriftlesungen f. Kinder auslegbar sind, ist eine eigene Perikopenordnung f. Kindergottesdienste wichtige Voraussetzung. Doch auch thematische K.n, vor allem bei Kindermessen an Werktagen, können eine echte Verbindung mit der lit. Feier aufweisen u. nicht nur berechtigt, sondern auch sehr wertvoll sein (z. B. Tagesheilige — liturg. Zeichen — Gotteshaus — Themen aus dem Erlebniskreis der Kinder usw.). — *Methodisch* gesehen, ergehen an die K. weitere Forderungen: Kindgem. Sprache; Kürze u. Reduktion auf das Wesentliche u. dennoch Konkretheit u. Anschaulichkeit durch einfache u. plastische Bilder; mehr Schildern u. weniger Argumentieren. Kinder wollen reagieren u. ihre Stimmung (Unlust — Interesse — Spannung usw.) auch bekunden, daher darf die K. nicht zu stillem Zuhören verurteilen. Der Prediger wird die spontanen Äußerungen auffangen u. miteinbeziehen, er wird auf Ansätze zum Dialog eingehen. So wird der Rahmen der Predigt in engem Sinne gesprengt. Die K. wird zum → Gespräch, bei dem gefragt (nicht befragt) u. geantwortet wird. Nou

Kinder- und Jugendpresse. 1. Presseartige Publikationen (P) *von* Jugendlichen: a) Schülerzeitungen (BRD: 1400, davon 87% an Gymnasien); b) P. v. Jugendgruppen u. -verbänden. Sie sind ein *Mittel* → demokrat. Erziehung, das weithin in der Verantwortung der Jugendlichen belassen werden muß. Eine Zensur ist problematisch.

2. P. *für* Jugendliche: a) Unter kommerziell. Aspekt (→ Comics, Jugendillustrierte, Kinderbeilagen usw.). Sie sind *Gegenstand* der Erziehung zum sinnvollen Gebrauch der Massenmedien. Der Übergang zur Erwachsenenpresse, die ab etwa 13. Lj. konsumiert wird, ist fließend. b) Unter vorwiegend päd. Tendenzen (Mission, Buchklub, Tierschutz, Sparerziehung u. ä.). Sie sind *Mittel* derErziehung, deren Güte nicht allein durch die Intention, sondern auch durch die literar. u. graph. Qualität bestimmt wird. „Werbe"tendenzen müssen sich päd. Verantwortung unterordnen.

Kriterien f. die Beurteilung v. 1. u. 2. sind bzgl. des *Inhalts:* der vermittelte Weltausschnitt, die meinungsbildende Funktion, die Grundtendenz (unterhaltend? belehrend? erziehend? usw.); bzgl. der *Sprache:* Stil (Einfachheit, Sachlichkeit, Klarheit, grammatikal. Richtigkeit usw.); bzgl. der *graph. Gestaltung:* Satzspiegel, Illustration, Lesbarkeit der Grundschrift u. a. (→ Medienpädagogik, → BICE). Auskünfte u. Beratung: Studien- u. Beratungsstelle f. Kinder- u. Jugendschrifttum, A-1010 Wien, Mahlerstr. 7. → Kinder- u. Jugendliteratur. **Ko**

Lit.: Ch. Niederle, Die Kinderzeitschrift im Urteil ihrer Leser (1971); H. J. Ipfling, Jugend und Illustrierte (1965); U. Lepper, Die Tageszeitung im Unterricht (1972).

Kindersprache → Altersmundart

Kindersünde. Obwohl außer Zweifel steht, daß auch das → Kind in Teilhabe an der Sündhaftigkeit der Menschheit steht, ist im konkreten Einzelfall schwer auszumachen, wo u. wann bei ihm Sünde im theol. Sinne beginnt. Vieles, was früher als K. angesehen wurde (Trotz, Geschwisterrivalität), kann sich bei genauer Analyse als Reifungsfaktor u. damit als nicht sündhaft erweisen. Grausamkeiten (Tierquälerei u. ä.) können Folge u. Ausdruck frühkindl. Schädigungen sein, die auch bei scheinbarer Erkenntnis der Boshaftigkeit nicht o. nur begrenzt im Bereich der → Verantwortung u. damit der → Schuld liegen. Verfehlungen unter Triebdruck (→ Kinderdiebstahl, sexuelle Verfehlungen), welche sehr heftig „gewollt" werden, müssen deshalb nicht immer auch *frei* gewollt sein. Neben der oft sehr unreifen Erkenntnis- u. Verantwortungsfähigkeit ist die Verflochtenheit kindl. Fehlhaltungen in soziale (→ Gruppenmoral u. a.) u. psychische (Abhängigkeit v. der Erziehungsumwelt u. a.) Gegebenheiten ein zu berücksichtigender Faktor f. die moral. Qualität. Auch das durch Erziehung u. Unterricht mitgeteilte u. angelernte Wissen um Sündhaftigkeit muß noch nicht identisch mit jener „Erkenntnis" sein, die schuldig werden läßt. Fähig zu sündigen, ist ein Kind in dem Maß u. ab jenem Zeitpunkt, da es „personale", in *seiner* Verantwortung gründende Akte setzen kann. Aufgrund des gw. moralpsych. Erkenntnisstandes ist ein diesbezügliches, f. alle Kinder gleicherweise geltendes Lebensalter nicht anzugeben. Übereinstimmung herrscht jedoch, daß Kinder vor der → Pubertät auch bei Vorliegen einer „materia gravis" aufgrund ihrer personalen Unreife nicht so schuldig werden können, daß sie sich dadurch auf immer v. → Gott trennen (= Todsünde). Um der → Wahrhaftigkeit willen darf dem Kind gegenüber nur das als Sünde bezeichnet werden, was es wirklich schuldig werden läßt. Um der päd. Verantwortung willen darf andrerseits nicht alles gutgeheißen werden, was nicht Sünde ist. F. Theorie u. Praxis der moralischen Erziehung empfiehlt sich daher die exakte Unterscheidung v. Kinderfehlern u. K. → Entwicklung, ethische → Kinderdiebstahl → Kinderlüge → Moralunterricht

Ko

Lit.: M. Leist, Neue Wege der religiösen Erziehung (1968).

Kindertaufe. Die Diskussion um die K., die neben der Erwachsenentaufe andeutungsweise im N. T. (1 Kor 1, 16; Apg 16, 15) u. in der frühchristl. Geschichte seit dem Ende des 2. Jh. eindeutig bezeugt wird, bewegt sich um die Frage: Wie kann ein Kind die → Taufe empfangen als Zeichen v. personaler Umkehr u. Glauben, wenn es sich dessen nicht bewußt ist? Da die Spannung zw. göttl. Gnade u. menschl. Tun im christl. Leben eine bleibende, fundamentale Bedeutung hat, soll bedacht werden: Nicht dem Menschen, sondern → Gott fällt bei der K. als Mitteilung des → Geistes Gottes die primäre Rolle zu; Christus wollte das Heil niemals isoliert, sondern immer sozial vermitteln. Daher empfängt das Kind dieses Zeichen in Abhängigkeit v. den Erwachsenen; die Taufe ist Anfang des → Glaubens u. führt erst später in einem christl. Leben zum Vollzug. Wenn Christus die Babies (Lk 18, 15) u. die Kinder (Mk 10, 15 f.) in das → Reich Gottes beruft, darf doch im Gegensatz zur Erwachsenentaufe, wo der Glaube eine notwendige Disposition bedeutet, die K. als Exposition des Glaubens angesehen werden, d. h.: Am Tauftag beginnt f. das Kind die Geschichte seines Glaubens, f. die der Glaube seiner Eltern die päd. Kondition, gewissermaßen die conditio sine qua non bedeutet. Nur wenn die Entfaltung des beginnenden Glaubens eindeutig u. ernstlich verhindert wird o. die K. nur als konventionelle Dekoration eines Familienfestes gewertet wird, kann ein klares „Nein" gesagt werden, ansonsten darf dem Heilswillen Gottes kein Hindernis entgegengesetzt werden (→ Taufkatechese). Das Vat. II. forderte eine Revision des K.ritus im Sinne einer Anpassung an die wirkl. Situation der Kinder u. einer klaren Herausstellung der Aufgaben der Eltern u. Paten. 1969/70 wurde eine „neue“ Ordnung der K. f. Österreich, Deutschland u. die Schweiz veröffentlicht, die der zeitgemäßen Taufpastoral der Kirche weitgehend entspricht. Nou

Lit.: W. Kasper (Hrsg.), Christsein ohne Entscheidung oder soll die Kirche Kinder taufen? (1970); W. Molinski (Hrg.), Diskussion um die Taufe (1971); I. Jorissen, H. Meyer, Die Taufe der Kinder (1972).

Kindheitsgeschichte. Unter K. versteht man gewöhnlich die aus dem Mattäus- bzw. Lukas-Evangelium stammenden Informationen über die Kindheit → Jesu. Zutreffender ist aber die Bezeichnung K.n, da es sich weniger um →Informationen als um eine literar. Gattung (→ Gattungsgeschichte) handelt, die z. B. auch im A. T. vorkommt (Ex 1, 15—2, 10 : K. des Mose) u. sowohl in der antiken Literatur wie in den → Apokryphen der ntl. Zeit relativ häufig sind. An Stelle v. K. wird heute auch der Ausdruck „Vorgeschichte“ verwendet. Er betont die einleitende Funktion der K. bei Mt u. Lk. Allen K.n ist gemeinsam, daß sie in Erzählungen aus der Kindheit bedeutender Männer (Menschen), deren spätere Bedeutung auf vielfältige Weisen ankündigen. — Die K.n des Mt u. Lk sind v. bes. theol. Rang, weil die beiden Evangelisten wesentl. Themen ihrer → Verkündigung in Form eines Prologs in den K.n anklingen lassen. Bei Lk findet man neben K.n Jesu auch K.n Johannes des Täufers, die kunstvoll ineinandergearbeitet sind (nach dem Schema Verheißung — Erfüllung bzw. Überbietung des Johannes durch Jesus). Die K.n stehen durchwegs im Dienste des Christusbekenntnisses, sind also nicht linear historisch zu verstehen, sondern stellen den Niederschlag prophet. Verkündigung der Urkirche dar. Auch die großen Unterschiede zw. Lk u. Mt (der in seiner K. einen Mose-Midrasch anklingen läßt u. Jesus als Sohn Abrahams, Davids u. → Gottes darstellt, stark die atl. Verwiesenheit Jesu u. das im Schicksal des Jesus-Kindes bereits abgebildete Schicksal des Erlösers herausstellt) weisen darauf hin, daß man bei der Verwendung des Inhalts der K.n als histor. Daten sehr vorsichtig sein muß. Literar. gesehen, handelt es sich um Gattungen, die sich an die spätjüd. → Midrasch-Literatur anlehnen (→ Halacha, → Haggada, → Legenden). — Für den Rel.-lehrer ist es wichtig, sich eingehend über den Stand der Forschung zu informieren, um nicht in Unkenntnis der gegenwärtigen Einsicht eine Biographie Jesu zusammenzustellen, wo es um Verkündigung seiner Heils- u. Glaubensbedeutung geht. Da eine Unterscheidung literar. Arten u. die v. theol. Charakter der K.n ständig geforderte → Interpretation das → Abstraktionsvermögen v. Kindern (Volks- u. Hauptschule) übersteigen, sollte man bes. in diesem Alter mit dezidierten Detailangaben vorsichtig sein u. den hymnischen Charakter in den Vordergrund stellen (Lieder, Gebete, meditatives u. nicht historisierendes Erzählen des Bibeltextes). Vorbereitet wird das Erkennen gattungsgeschichtlicher Eigenart durch Vermeiden v. → Harmonisierungen v. Lk- u. Mt-Perikopen. Sobald die Schüler mit dem Mosezyklus vertraut sind, sollten bei der Besprechung der K. nach Mt Parallelen zw. Mose u. Jesus gesucht werden. Analog sollte man bei der K. nach Lk die Kinder zu Vergleichen zw. dem, was über Verkündigung u. Geburt des Täufers u. Jesu ausgesagt wird, anleiten. In der Oberstufe der → (Allgemeinbildenden) Höheren Schulen bzw. → Berufsbildenden Mittleren u. Höheren Schulen sind dann Kriterien der Unterscheidung der literar. Arten u. des damit Gemeinten herauszuarbeiten. Hi/Ko

Kindsein. K. ist eine ganzheitl., seinsentspr. Struktur des Menschseins, insofern das → Kind auf die Eltern als seine ursprungshaften Daseinsgestalten bezogen ist, in denen es dem Ganzen der → Wirksamkeit begegnet u. durch deren Selbstmitteilung das Offensein des Kindes auf das Du u. die → Welt geprägt wird; zudem ist das Kind personales → Zeichen u. Zeugnis der → Liebe zweier Menschen, die in der Bejahung des anderen frei verbunden sind. Akzentuierende Begriffe f. dieses Verständnis v. K. sind: Mangel — Nesthocker, Fülle — Nestflüchter. Kindschaft ist somit ein bleibendes Existential in der menschl. Freiheitsgeschichte als der je bleibende u. je neue „Anfang" auf → „Vollendung" hin u. damit ein ungemein dichtes Symbol der Struktur u. Grundthematik allen geschaffenen Seins. — Das N. T. kennzeichnet das Kind als Typus des empfangenden, vertrauensvollen, vorbehaltslos offenen (weil nicht in der v. Gott abkehrenden Sünde verschlossenen) Menschen (Mt 18, 3; vgl. auch 1 Petr 2,1 ff.). K. wird im N. T. allerdings auch gesehen als Durchgangsstufe u. Bild f. das Dasein in dieser Zeit (1 Kor 13, 10 f.; 1 Joh 3, 2 ff.), gelegentlich ferner als Bild der Ichverkrampfung (Mt 11, 16) u. der Unstetigkeit (Eph 4, 4). Während das A. T. die Idee der Gotteskindschaft unmittelbar f. das Gottesvolk u. nur mittelbar f. den einzelnen kennt, stellt das N. T. aber die Kindschaft in individuellem u. universellem, in irdischem u. eschatologischem Sinn in den Mittelpunkt. K. selbst ist theol. immer auch vom K. → Jesu Christi (→ Kindheitsgeschichte) u. v. dessen Identifikation mit den Kindern (Mk 9, 37; Mt 18, 14) her zu sehen. Ro/Ko

Lit.: G. Siewerth, Metaphysik der Kindheit (1957); J. E. Meyer, Theologische Deutung u. Besinnung: Das Kind als Gleichnis, in: Referate der Seelsorgertagung (1952); R. Guardini, Die Lebensalter (3. Aufl. o. J.).

Kinsey-Report. Alfred Charles Kinsey (amerikanischer Zoologe u. Sexualwissenschaftler, geb. 1894) untersuchte in jahrelanger Arbeit zus. mit einem Forscherteam auf statist. Wege das Sexualverhalten männl. u. weibl. Amerikaner, indem er 20.000 erwachsene Personen befragte. Seine Hauptwerke „Das sexuelle Verhalten des Mannes" (1948) u. „Das sexuelle Verhalten der Frau" (1953) wurden als K.-R. bekannt u. bieten bis heute das umfangreichste Tatsachenmaterial auf diesem Gebiet. Ein Fehlschluß aus solchen Statistiken ist jedoch zu vermeiden: Was die Mehrheit tut, muß nicht „richtig", „normal" u. empfehlenswert sein. Lei

Kirche. Das Wort K. leitet sich v. griech. kyriaké = dem Herrn gehörig ab. Zu ergänzen ist ekklesia, so daß Kirche der Wortbedeutung nach das hl. Volk u. vor allem dessen Festversammlung meint. Das Wesen der K. spricht sich am kürzesten aus in der Selbstbezeichnung der jungen Christenheit als ekklesia. Sie setzt sich damit in → Analogie zur Versammlung der israelit.

Volksgemeinde (hl. Volk) ebenso wie zur Versammlung der (griech.) Polis (Öffentlichkeitscharakter der christl. Gemeinde). Das Besondere des ntl. Gottesvolkes kommt aber durch den paulin. Begriff „Leib Christi" zum Ausdruck, der es v. Volksein der Weltvölker u. → Israels grundsätzlich unterscheidet: Kirche ist „das Volk, das v. Leibe Christi lebt u. in der Eucharistiefeier selbst Leib Christi wird" (J. Ratzinger). Das aber bedingt die Sichtbarkeit der K., ihre Ordnung (Tischgemeinschaft); es zeigt, daß ihr Einheitsprinzip nicht das Blut, sondern der → Glaube (→ Taufe) ist, u. daß ihre Existenz nicht auf Selbstbehauptung, sondern auf der Hingabe im Mitvollzug der Hingabetat Jesu (→ Eucharistie) beruht. Die K. geht auf den Willen Jesu Christi u. seine „kirchenstiftenden Akte" zurück (Sammlung v. Jüngern, Bildung des Kreises der Zwölf, Stiftung der Eucharistie, Verheißung u. Übertragung des Primates an Petrus, Geistsendung). Die K., die v. Christus u. seiner Sendung her verstanden werden muß, die sie allen Orten u. Zeiten bis zu seiner Wiederkunft gegenwärtig machen soll, ist letztlich in der Teilhabe am → Geheimnis Christi selbst Geheimnis u. darum begrifflich nie adäquat faßbar. Das kommt schon in den versch. → Bildern, die die Schrift selbst zur Bezeichnung der K. verwendet, zum Ausdruck. Da in den ntl. Schriften ekklesia sowohl die Gesamtkirche wie die Ortsgemeinde u. die kult. Versammlung bezeichnet (vgl. 1 Kor 15, 9; 1, 2; 11, 18 u. a.), ist ihnen zu entnehmen, daß in der Ortsgemeinde die Gesamtgröße K. konkret in Erscheinung tritt u. daß wiederum die Kultversammlung (Feier der Eucharistie) als die konkrete Realisierung des Gemeinde-seins aufgefaßt wird. Die auf → Christus zurückgehende „Formation" der K. ist — weil sie auch K. der Sünder ist — ständig der „De-Formation" unterworfen, weshalb sie auch stets der „Re-Formation" bedarf. Fi

Kirchenbewußtsein. Mit dem „Erwachen der → Kirche in den Seelen" (R. Guardini) entwickelte sich wiederum ein stärkeres K. (auch als Merkmal christl. Spiritualität). Es besagt, daß die Zugehörigkeit zur Kirche bewußt bejaht u. die daraus folgende Mitverantwortung aktiv wahrgenommen wird. → Eucharistie → Kirchenlehre in der Katechese Fi

Kirchengeschichte. 1. *Geschichte* ist f. den in christl. Existenz Stehenden nicht Kreisspiel ewigen Fließens o. Wiederkehrens (Antike, Nietzsche), nicht Blühen u. Vergehen v. Kulturen (O. Spengler) o. Produkt aus These u. Antithese (Hegel, Marx), sondern die unter der Perspektive v. → Schöpfung, → Inkarnation u. → Vollendung stehende Einheit v. göttl. Wirken u. menschl. Handeln. In dieser Sicht gibt es keine Spaltung v. → Heilsgeschichte u. profaner Geschichte: es gibt nur *einen* Herrn u. *eine* Geschichte (W. Bodenstein). Eine völlig voraussetzungslose Geschichtswissenschaft bzw. einen ebensolchen Geschichtsunterricht gibt es nicht, da Quellendeutung, Quellenauswahl, Feststellung des Exemplarischen usw. immer schon ein vorausliegendes Vorverständnis, das freilich kritisch zu reflektieren u. zu begründen ist, implizieren. — 2. *K.* hat zum Gegenstand die Kirche als sichtbare Institution *u.* als über das Institutionelle hinausreichende pneumat.

Größe, einschließlich der sich aus dem Kirchenverständnis jeweils ergebenden Querverbindungen zu anderen Religionen. Der Inhalt umfaßt nicht nur „äußere" Fakten, sondern auch die diesen zugrundeliegenden Motivationen sowie die in den Quellen aufbewahrte „innere" → rel. Erfahrung. Eine ihrer Hauptaufgaben ist das Verständlichmachen des Gegenwärtigen aus seinem Gewordensein. Zur theol. Disziplin wird sie dort, wo zu → phänomenolog. Beschreibung u. Vergleich die Sinndeutung aus dem → Glauben heraus (etwa: K. als das sich in Raum u. Zeit fortsetzende Mysterium der Inkarnation u. a.) tritt. — 3. *K.skatechese* ist kerygm. u. theol. orientierte Unterweisung, die Glaubenszustimmung voraussetzt o. anstrebt. K.sfakten werden mit dem Wertmaßstab christl. Überzeugung interpretiert. Nicht selten hat K.skatechese der Vergangenheit die ihrem Gegenstand adäquate Sachlichkeit verfehlt durch Glorifizierung kirchl. Phänomene, Verschweigen v. Schattenseiten, einseitiger → Apologetik o. Unterordnung histor. Themen unter sachfremde Intentionen (moral. Belehrung, rel. Erbauung, usw.), welche zwar Wirkung, aber nicht Ziel der K.skatechese sein können. Vertreter eines v. der Schule her zu begründenden → RU fordern heute 4. einen sachkundlich orientierten *K.sunterricht,* der Wachsen u. Werden christl. u. nichtchristl. Religionen im Kontext der erfahrenen u. erfahrbaren rel. Umwelt des Schülers (A. Philipps) erschließt. Ein solcher K.sunterricht dürfe → Glauben nicht voraussetzen. Er schließe kerygmat. Wirkung nicht aus, strebe sie aber auch nicht an. In → Lehrplänen u. → Religionsbüchern der Gegenwart treten k. Themen zunehmend zurück. Die Ursachen dürften vielfältig sein: generelles Desinteresse der Gegenwart an Geschichte überhaupt; ungenügendes Angebot did. u. meth. Hilfeleistung; Desinteresse der Schüler, die sich oft nicht mehr mit der → Kirche identifizieren; Doppelgleisigkeit v. profanem u. rel. K.sunterricht (Fadheit) u. a. m. — 5. *Method. Probleme* sind die nicht gelöste Frage v. Nebeneinander o. Nacheinander k. Inhalte im Profan- o. RU; die Frage des „rechten Augenblicks" (→ Kairos) f. k. Themen; die Frage sachgemäßer Lernziele; die Frage, ob K.skatechese besser v. der Gegenwart rückschreitend o. beim Ursprung beginnend ansetzt; die Frage, was → exemplarisch u. → fundamental aufgrund histor. u. rel. päd. Erkenntnis ist u. a. m. Als Grundregel zumindest f. das Pflichtschulalter gilt aber immer: K.inhalte sollten am Exemplum konkreter, handelnder Personen, ihrer Situation, ihrem Wirken, Entscheiden u. Versagen dargestellt werden. Ko

Lit.: J. Fuchs, Lehrbuch „Katholische Kirchengeschichte" (1961; kerygmatisch orientiert); ders., Handbuch zur Kirchengeschichte (1962, Lehrbuchkommentar); H. Jedin (Hg.), Handbuch der Kirchengeschichte, 4 Bde, (1966, wissenschaftliche Darstellung); G. Kranz, Heiligenleben als Bildungsgut (1965); A. Läpple, Kirchengeschichte (1965); ders., Report der Kirchengeschichte (1968); E. Paul / F. P. Sonntag, Kirchengeschichts-Unterricht (1972; Curriculumorientiert); A. Philipps, Die Kirchengeschichte im katholischen und evangelischen Religionsunterricht (1971); ders., Fach: Kirchengeschichte (1972; sachkundlich orientiert); J. Wodka, Kirche in Österreich (1959; wissenschaftl. Darstellung).

Kirchenjahr. *Begründung:* Wenn es Aufgabe der → Kirche ist, „das Heilswerk ihres göttl. Bräutigams an best. Tagen das Jahr hindurch in hl. Gedenken zu feiern" (Vat. II, LK 102), so darf dies nicht verstanden werden als chronol. Darstellung des hist. Lebens Christi, als Erinnerung allein u. auch nicht nur als eine Methode der Belehrung des Volkes mittels anschaul. Darbietung des Glaubensgutes, sondern zuerst als Vergegenwärtigung des Heilswirkens Christi. In den liturg. Feiern des K.s werden Person u. Wirken Christi in dem Maße präsent, daß „die Gläubigen mit ihnen in Berührung kommen u. mit der → Gnade des Heiles erfüllt werden" (LK 102). Daher: Jahr des Heiles. Da Tod u. Auferstehung Konzentrationspunkt des ganzen Heilswirkens Christi sind, bilden die tägl. Eucharistiefeier, das wöchentl. Gedenken der → Auferstehung des Herrn am Sonntag u. die jährl. Feier des → Pascha-Mysteriums zu Ostern den Kern des K.s., das aber darüber hinaus die ganze Fülle des → Geheimnisses Christi in den einzelnen Festen u. Festzeiten, jeweils unter einem best. Gesichtspunkt, entfaltend vergegenwärtigt: „v. der Menschwerdung u. Geburt bis zur → Himmelfahrt, zum Pfingsttag u. zur Erwartung der seligen Hoffnung u. der Ankunft des Herrn" (LK 102). Daher: Jahr des Herrn. — *Gestalt:* Das K. umgreift 2 Festkreise, den Osterfestkreis mit den Mysterien der *sich vollendenden* → Erlösung u. den Weihnachtsfestkreis mit den Mysterien der *beginnenden* → Erlösung. Der Aufbau beider Festkreise weist eine Parallelität auf: einer Zeit der Bereitung folgt die Festzeit mit je einem Fest am Anfang u. Ende u. abschließend folgen jeweils ruhige Wochen des Ausklingens. Das K. ist zuerst Christusjahr, doch haben auch → Maria u. die Heiligen ihren Platz. Sie sind mit dem Heilswerk Christi bes. verbunden, weil sie mit ihm gelitten haben u. mit ihm verherrlicht sind. Obwohl die Fülle des Heils in Christus das K. einst gültig f. alle Zeiten konstituiert hat, bestimmen die immer neuen u. anderen → Erfahrungen u. → Erkenntnisse des Menschen jeweils seine Eigenart u. Einmaligkeit. Das K. ist daher gestaltmäßig sinnvoll durch eine Spirale auszudrücken: Das K. kennt als Feier des Mysteriums Christi weder Anfang noch Ende, kein K. stimmt mit dem anderen völlig überein, strebt aber Kreis um Kreis der Parusie Christi entgegen, da jedes Fest des Heils immer eine Feier auf die Wiederkunft des Herrn hin ist. — *Vermittlung:* Im Rahmen der rel. Erziehung ist eine lebendige Gestaltung des K.s in realer, nüchterner u. moderner Weise sehr wichtig. Die großen Feste sollen f. das Kind den Charakter des → Mythos verlieren. Es soll nur auf das Ursprüngliche u. Wesentliche Wert gelegt werden. Die Katechese sollte, etwa im Sinne des österr. → Rahmenplanes, dem K. angepaßt sein. — *Did. Hinweise:* FASTENZEIT: Aufgabe der Fastenzeit ist es, durch die Tauferneuerung, Buße u. Gebet die Christen in → Liturgie u. → Katechese auf die Feier des Ostermysteriums vorzubereiten. V. a. der soziale Charakter der Sünde, Buße u. Entsagung soll mittels versch. rel. Übungen, Kat. Feiern u. Wortgottesdienste neu betont werden. Bei der Erschließung der Leidensgeschichte soll das Kind die Güte Christi erfahren u. das Kreuz nicht als Zeichen des Entsetzens, sondern der → Liebe sehen.

OSTERN: Der tiefste Kern, aus dem sich das → Pascha-Mysterium (Tod — Auferstehung — Erhöhung u. Geistsendung Christi) entfaltet hat, ist das Geschehen der Osternacht. Ziel der Glaubensführung ist daher die altersmäßige Hinführung zur dreifachen Feier dieser Nacht. Licht (Osterkerze), Wasser (Taufe) u. Brot (Eucharistie) sind Zeichen dafür, daß Christus auch heute unter seinen Freunden in der Kirche lebt.

PFINGSTEN: Christus hat mit seiner Auferstehung den Anfang einer neuen Welt gesetzt u. der → Geist, der die Welt u. die Menschen ständig neu belebt, ist zu Pfingsten in den menschl. Bereich eingedrungen. Das Kind soll den Hl. Geist zunächst erfahren als das Leben Christi in den Gläubigen.

FRONLEICHNAM: Da dieses Fest in gewissem Sinne eine Wiederholung des Gründonnerstags ist, stehen Eucharistiefeier u. Verehrung des Altarsakramentes im Vordergrund. Die Prozession weist auf die Zugehörigkeit der ganzen Welt zu Christus u. auf die Pilgerschaft der Kirche hin. Auf dem Lebensweg des Christen ist der Herr Führer u. Nahrung.

ADVENT: Aufgabe der Glaubensführung ist die altersgemäße Hinführung zum Verständnis f. das unaufhörl. Kommen Christi. Der Advent will den Menschen nicht nur in die Zeit der Heilserwartung des A. T. zurückversetzen. Der Herr ist bereits erschienen (1. Ankunft) u. will den Glaubenden bei der Feier seiner Geburt neu mit seinem Heil konfrontieren (2. Ankunft). Dadurch wird auch die Erwartung seines Kommens in Macht u. Herrlichkeit bestärkt (3. Ankunft).

WEIHNACHTEN: Das Mysterium der Menschwerdung war Anfang der Erlösung, die sich im Paschamysterium vollendet hat. Es geht darum nicht so sehr um den Neugeborenen als um den Retter aller (der Armen u. Reichen, der Nahen u. Entfernten). Über die Krippe ragen bereits das Kreuz u. darüber die Siegeskrone (→ Christkind im RU). Weihnachten ist daher nicht sosehr auf die Vergangenheit als auf die Zukunft (→ Eschata) hin zu orientieren.

ALLERHEILIGEN: Es ist das Fest aller, die am Ziel sind (Arme, Trauernde, Weinende, Verfolgte, Hungrige u. nach Gerechtigkeit Strebende). Sie werden Heilige genannt, weil sie durch ihr Leiden u. ihren Sieg am Paschamysterium, am Mysterium des Heils, teilnehmen. Weil auch wir danach streben, können sie uns in vielem Vorbild sein.

MARIENFESTE: Marienverehrung muß immer christologisch u. ekklesiologisch orientiert sein, denn wegen ihrer Beziehung zu Christus u. ihrer bes. Stellung in der Heilsgeschichte als erhabenster Frucht der Erlösung u. als Mutter der Kirche kommt Maria bes. Aufmerksamkeit in der gläubigen Verehrung zu (→ Maria im RU). Der Stellung Marias im Heilswerk Christi entsprechen die vielen Feste. Nou

Lit.: R. Henrichs, Kult u. Brauchtum im Kirchenjahr (1967).

Kirchenlehre in der Katechese. Da die → Kirche zu den zentralen Mysterien des Christentums gehört, wird sie in der Kat. aller Altersstufen u. diesen gemäß zur Sprache kommen müssen. Grundsätzlich wird zu beachten sein: 1. Die Kirche ist immer v. Christus her u. damit in ihrer *Dienst*funktion zu sehen. Sie ist nie Selbstzweck, so daß eine „Erziehung f. die Kirche" an ihrem Wesen vorbeigeht u. ihre Pro-Existenz, ihr „Dasein-für", übersieht. 2. V. ihren äußeren, sichtbaren Aspekten ist zu ihrem inneren, göttl. Wesen hinzuführen. 3. Auch die Kirchengeschichtskatechese (→ Kirchengeschichte) bietet nicht zu übersehende Möglichkeiten, an exemplarischen Gestalten o. Situationen aus der Geschichte der K. ihr Wesen u. ihre Aufgabe zu erschließen. 4. Erst wenn der Schüler seine K. nicht nur kennt, sondern sie als lebendige → Gemeinschaft erfährt (als brüderl. Gemeinschaft, in Gottesdienst, Jugendgruppe, Pfarre), wird er ein existentielleres Verhältnis zu ihr finden. 5. Um zu einem entspr. → Kirchenbewußtsein zu führen, muß der Sinn f. die dem Menschen aufgegebene Mitmenschlichkeit, f. Solidarität, Nachbarlichkeit u. Wahrhaftigkeit geweckt, aktiviert u. dauernd gepflegt werden. Ebenso muß die Bereitschaft zur Übernahme v. Verantwortung gefördert werden. 6. Ziel der K. in der Kat. wäre jenes reife Verhältnis zur Kirche, das weder in infantiler Identifikation mit ihr besteht noch in einer kritizist. Haltung, die zur Distanz zur Kirche u. zur Ablehnung der Mitverantwortung führt. Fi

Kirchenmusik umfaßt alle Arten v. Musik, die Beziehung zum Glauben der Kirche haben (inner- u. außerhalb des Gotteshauses); daher Arten der K.: a) *liturg.* K.: wenn sie der Würde, dem Ernst u. der Heiligkeit d. Liturgie entspricht u. wenn die Kirche sie als ihr Gebet anerkennt (Greg. Choral, klass. Polyphonie, Gesänge mit approbierten deutschen Texten u. ä.); b) die Liturgie *begleitende* K.: z. B. die herkömmlichen deutschen Kirchenlieder (→ Paraphrasen der liturg. Texte); c) K. bei anderen Formen des Gottesdienstes, z. B. bei Andachten; d) K., die das rel. Empfinden ausdrückt (z. B. rel. Kunst- u. Konzertmusik), rel. Volksmusik (geistl. Theater, Oratorien, rel. inspirierte Instrumentalkompositionen u. ä.). — Geschichtl.: Ständiger Kampf der Kirche gegen Verweltlichung der K., daher seit der Väterzeit aus echter Sorge Warnungen der Kirchenoberen gegen „Auswüchse" (bis zur Gegenwart) gemäß dem Grundsatz: Christsein bedeutet zunächst Anderssein, Sich-Distanzieren v. d. → „Welt"; zuerst gegen Elemente d. spätantiken Heidentums (z. B. Orgel als Instrument der antiken Komödie bis ins 9. Jh. abgelehnt), trotzdem Kirchengesang mit Schellen, Becken u. Glockenspiele bei Maroniten, Armeniern, Ostsyrern; Trommeln, Tamburin, Sistrum, Klappen bei Kopten u. Äthiopiern (→ Orff-Instrumentarium); ebenso in Ambrosian. Hymnen (wie in Syrien) mit rhythm. Händeklatschen u. Tanzschritten gesungen. Dagegen in den ersten christl. Jh.n Ausprägung des Gregorian. Chorals als Ideal u. Vorbild der K. aus drei Einflußquellen: Jüdischer Tempelgesang, Musik des antiken Griechenland u. Volksmusik jener Gegenden, in denen sich christl. → Gemeinden bilden; immer wieder Einfluß weltl. Texte u. Melodien, bes. bei Aufkommen der Mehrstimmigkeit zu Beginn des 2. Jt.; eigenständige Meßkompositionen ohne Gregor. Cantus firmus im 14. Jh. (bis 54 Stimmen); auf der Basis des Greg. Chorals weltl. Texte u. Melodien gleichzeitig in versch. Sprachen (!); dann

Kampf der Polyphonie gegen Homophonie; auch großes Mißtrauen der Kirchenoberen gegen den deutschen Volksgesang zur Zeit der Reformation; Gefahr der Veräußerlichung durch den Einfluß der Oper; in der unmittelbaren Gegenwart: Jazzmessen (→ Jazz → Rhythmische Messen). — Daraus ergibt sich: eine sakrosankte K. f. alle Zeiten u. f. alle Gegenden gibt es nicht; f. die K. gilt dasselbe, was man heute mit Nachdruck v. jedem Seelsorger verlangt: die Menschen so anzusprechen, wie man sie vor sich hat. Mu

Kirchliche Hauptstelle f. Bild- u. Filmarbeit e.V. Institution zur Pflege u. Förderung kirchl. Arbeit mit audio-visuellen Medien, sowie Beratung über solche. Sitz: D-5 Köln 1, Ursulaplatz 1. Ko

Kitsch, rel. K. ist Gegensatz zu Kunst. Charakteristisch sind: unsachgemäße Gefühlsbetonung, Oberflächlichkeit, Klischeehaftes, verfehlter oder nicht gekonnter Gebrauch der Stilmittel. W. Gössmann unterscheidet den *süßen* K. (der Innerlichkeit aufwärmt), den *pathetischen* K. (der die Affekte bis ins Monumentale häuft) u. den *sauren* K. (der unterkühlt, ohne zu schockieren u. zu provozieren). K. verfehlt durch die Diskrepanz zw. Aussageinhalt u. Gestaltung die → Wahrhaftigkeit u. Echtheit. K. in der rel. Kunst kann zur Oberflächlichkeit in der Religiosität führen. Kritische Unterscheidungsfähigkeit ist im Unterricht daher bewußt zu pflegen (→ Kritisches Bewußtsein). Ko

Klassenlehrersystem. Das trad. System, nach dem jeder Lehrer eine Klasse führt, wird in Zukunft auch in der Volksschule durchbrochen werden. Forderungen nach Neuordnung der Lehrerbildung tendieren zur Ausbildung v. Spezialisten (Fachlehrer) auch f. Volkschulen, zumindest f. jene Fächer, die in Zukunft kursmäßig geführt werden sollen. Die Forderung nach einem Abgehen v. „Allround-Lehrer" gründet in der Erkenntnis, daß ein Lehrer nicht gleicherweise did. u. wissensmäßig auf allen Gebieten gleich gut geschult sein kann u. damit dem Kinde etwas vorenthalten wird. Noch zu wenig untersucht ist, wie weit durch ein Abgehen v. K. die lernmäßigen Verbesserungen mit Ausfällen im sozialen Bereich v. a. bei jüngeren Kindern bezahlt werden müssen Ko

Klassenstrafe → Kollektivstrafe

Kleindiapositiv, Kleindiaprojektor → Diapositiv → Diaprojektor

Kleine Propheten. Wir besitzen relativ wenig aus der Hand der Propheten selbst; das meiste wurde durch Freunde u. Schüler der Propheten in der Erinnerung bewahrt, gesammelt u. aufgezeichnet. Die Sammlung der zwölf „K.n P." (Hosea, Joel, Amos, Obadja, Jona, Micha, Nahum, Habakuk, Zefanja, Haggai, Sacharja, Maleachi) ist eine relativ späte Erscheinung in der Geschichte der prophet. Literatur; wahrscheinlich stand das praktische Anliegen dahinter, die kleineren Schriften bes. f. den gottesdienstl. Gebrauch zur Verfügung zu haben. Wir wissen aber heute nicht mehr, nach welchen Kriterien diese Zusammenstellung erfolgt ist; wahrscheinlich gab es überhaupt mehrere Redaktionen. Den ersten Anstoß zur Sammlung alter Prophetenworte dürfte wohl das babylonische Exil gegeben haben: hier hatten sich die furchtbaren Gerichtsankündigungen der Propheten bewahrheitet, hier hatten gleichzeitig die alten Heilsweissagungen eine neue unerhörte Aktualität erfahren. In der nachexil. Zeit waren es v. a. die gesammelten Prophetenworte, die Impulse f. den Wiederaufbau des → Tempels gaben. Besonders zu nennen sind so *Amos*, der erste der sogenannten „Schriftpropheten", bei dem sich schon alle typ. Züge des atl. Prophetentums finden: Gott stülpt sein Leben um; aus dem Kleinbauern wird der Prophet, der mit unerbittl. Schärfe die falsche rel. Selbstsicherheit → Israels anprangert u. zugleich die sittl. u. rechtl. Forderungen des Gottesbundes f. seine Zeit klar präzisiert: Unsoziales Luxusleben, Rechtsbeugung, Korruption usw. lassen sich nicht mit der Erwählung Israels durch → Jahwe u. mit seinem Willen vereinbaren. — *Hosea* ist der Künder der Liebe Gottes; er spricht davon in Bildern, deren Wirkmächtigkeit bis in das N. T. reicht. Schr

Kleinkindalter. Wird in der klass. → Entwicklungspsychologie v. 2;6 — 5;6 angesetzt; eingeleitet durch eine Krisensituation um 2;5, die durch Trotzverhalten (→ Trotzalter), große Ängstlichkeit, Verlust der bereits erworbenen Alltagsroutine, stürmisches Verlangen nach Zärtlichkeit u. Konkurrenzangst (Gefahr f. neues Baby!) gekennzeichnet ist. Aus dieser Krise herausgeführt, wird das Kind zum typ. Vertreter des K.s; die K.form (→Erster Gestaltwandel) ist erreicht, es sind gewisse Ausmaße körperl. Selbständigkeit, Beherrschung der Großmuskulatur u. Sicherheit beim Essen u. in der Körperpflege gegeben. Gutes emotionales Gleichgewicht, Selbstständigkeitsstreben u. allmähl. Lösung aus dem mütterl. Lebensraum sind zu beobachten. Die Altersklassensympathie erwacht; zunächst aber noch Alleinspieler (Phänomen der Stimmungsübertragung tritt ein: eine Tätigkeit, die ein Kind beginnt, wird v. den anderen Kindern ebenfalls durchgeführt). Der Vierjährige ist durch gesteigerte Aktivität auf körperl. u. geist. Gebiet gekennzeichnet: er besitzt erstaunl. Körperbeherrschung u. überschäumende Phantasie. Er ist sehr hilfsbereit u. fragt überaus viel (2. Fragealter). Der Wunsch, mit Gleichaltrigen zusammenzusein, sollte u. U. durch einen halbtägigen Kindergartenbesuch Erfüllung finden. Einen Höhepunkt erreicht das K. im 5. Lj. (A. Gesell spricht v. „goldenen Zeitalter f. Kinder u. Erzieher"); es ist eine Zeit der Sammlung, gesundheitlicher Stabilität u. hoher Anpassungsbereitschaft. Beim Fünfjährigen kündigt sich schon die → Schulreife im trad. Sinne an; er ist nicht mehr so überschäumend in der Phantasie u. im Sprechen, freut sich am sprachlichen Witz u. läßt Züge einer sich entwickelnden Individualität erkennen. Si

Kleinkindkatechese. Die Leitbilder f. die K. dürfen nicht v. der Schulkatechese her übernommen werden, sondern müssen der bes. Situation der → Familie u. der Entwicklungsstufe der → Kinder (Kleinkind = Alter bis zum Schuleintritt) entsprechen. Es geht darum nicht zuerst um die Vermittlung v. Glaubensinhalten, sondern um die Lebenserfahrungen des Kindes, um das konkrete Glaubensleben der Eltern (u. älteren

Geschwister), um die Lebensformen u. -vollzüge im Familienalltag, um die erwachende Fähigkeit der Kinder, Sinnfragen zu stellen, Zusammenhänge zu begreifen u. die unmittelbare Wirklichkeit zu hinterfragen. — K. geschieht in zwei völlig verschiedenartigen Entwicklungsphasen: 1. V. der Geburt bis zum 3./4. Lj.; 2. v. Fragealter (Warum-Fragen) bis zum Schuleintritt: In der ersten Phase geschieht *alles* auf der Ebene der → Erfahrung, des unmittelbaren Lebens, des non-verbalen, jedenfalls non-reflexiven Beispiels. Das bedeutet, daß es keine best. Zeiten f. K. gibt, sondern daß das gesamte Leben unter dieser Perspektive zu sehen ist. Der glaubende Lebensvollzug der Eltern wirkt in allem u. jedem beispielgebend auf das Kind ein. Dies bringt es mit sich, daß K. praktisch schon zu dem Zeitpunkt beginnt, da zwei Menschen den Entschluß fassen, gemeinsam zu leben u. sich auf Ehe u. Familie vorbereiten (1. Stufe der 1. Phase), anders wird die Lage, wenn ein Kind unterwegs ist u. die Eltern sich auf ihr Mutter- u. Vatersein einstellen (2. Stufe der 1. Phase), ein weiterer Schritt der K. vollzieht sich im Leben mit dem Kind in seinen ersten drei Lebensjahren (3. Stufe der 1. Phase). In dieser Zeit müssen sich die Eltern bemühen, einen gemeinsamen Stil f. ihr Glaubensleben zu finden (v. a. in den rel. Ausdrucksformen) u. sich auf ein gemeinsames u. einheitl. Vorgehen in der 2. Phase zu einigen. — In dieser 2. Phase laufen 3 Bereiche v. K. parallel: 1. Glaubenserziehung; 2. rel. Erziehung; 3. sittl. Erziehung.

1. *Glaubenserziehung:* Hier geht es darum, mögliche Glaubenserfahrungen des Kindes zu orten, zu provozieren, zu verstärken, zu erhellen, zu deuten u. zu vermitteln. Ziel: Leben im Bewußtsein der Nähe → Gottes. Gefahr: ein zu schnell fixiertes, abstraktes, mythisch-magisches, projiziertes Gottesbild. Der Name „Gott" muß am Ende stehen u. tatsächl. Erfahrungen des Kindes benennen helfen (in der Gemeinschaft, in der Natur, über den elterlichen Glauben).

2. *Rel. Erziehung:* Sie muß ganz eng mit der Glaubenspraxis der Eltern zusammenhängen, da dem Kind nichts „vorgespielt" werden darf (z. B. gemeinsames Beten, Meßbesuch, Sakramentenempfang usw.), hinter dem die Eltern nicht stehen. Hier herrscht eine große Bandbreite v. trad. Frömmigkeit bis zu → religionsloser (Glaubens-) Erziehung. Ziel: Umgang mit der Wirklichkeit Gottes im Familienalltag. Gefahr: rel. → Dressur, Formalismus, formelhafte, konventionelle Verhaltensweisen, die nur scheinbar christl. Praxis, in Wirklichkeit bloße Mechanik sind, die fast notwendig zum Unglauben führen (→ Entwicklung, religiöse).

3. *Sittl. Erziehung:* Hier geht es darum, ein Verhalten grundzulegen, das später v. erwachsen werdenden Kind (→ Pubertät) bewußt als Konsequenz des Glaubens übernommen werden kann. Ziel: Der freie Mensch, der sich als Partner Gottes f. die anderen u. f. die → Welt verantwortlich weiß. Gefahr: Eine heteronome Ethik, die den Menschen unter ein → Gesetz stellt u. unfrei macht u. ihn damit seinem Wesen u. Ziel entfremdet (→ Autonomie — Heteronomie). —

Typisch f. K. ist es, daß die Eltern ständig bereit sein müssen, entspr. Anlässe aufzugreifen u. in den Dienst der K. zu stellen. Es gibt kaum festliegende „Zeiten“ u. „Formen“, auf die man sich — wie etwa in der Schulkatechese — vorbereiten könnte. Mit Hilfe v. → Spielen, → Büchern, → Gesprächen usw. läßt sich trotzdem eine gewisse Systematik erreichen. → Entwicklung, ethische → Vorschulerziehung → Kindergarten Hi

Klettentafel. Sie ist ähnlich der → Flanelltafel, es können aber auch dreidimensionale Gegenstände mit beträchtlichem Gewicht (z. B. Modelle) befestigt werden, s. Abb. 13, Sp. 619 ff. Anz

Koedukation — Koinstruktion. V. lat. cum = gleichzeitig mit u. educare = erziehen; instruere = unterrichten. Koed. ist die gemeinsame Erziehung v. Jungen u. Mädchen, bes. in Heimen u. Internaten, Koin. der gemeinsame Unterricht („gemischte Klassen“); doch werden beide Begriffe synonym verwendet. Dem gegenseitigen Verständnis u. Verhalten der Geschlechter in der gegenwärtigen → Gesellschaft entsprechen K.-K. als zeitgemäße Form. Das Für u. Wider (z. B. „verfrühte Isolierung“, „Schonzeit“, „vorverlegte Erotisierung“) ist mit weltanschaul. Betonung im anthropolog. Unterschied v. Mann u. Frau fundiert. Eine unbefangene, verantwortliche u. den Intimbereich achtende Begegnung der Geschlechter läßt sich nur auf dem Verstehensgrund der Gleichwertigkeit u. Andersartigkeit aufbauen. Ro

Körperbehinderte, Katechese bei. Zahlreich sind die Formen der Körperbehinderungen, deren rel. päd. Problematik nicht nur v. der Schwere der Behinderung, sondern auch v. Zeitpunkt deren Eintritts abhängt: Verbildung v. Kopf, Rumpf, Gliedmaßen, Wirbelsäule usw., → spastische u. → schlaffe Lähmungen, progressiver Muskelschwund, → Epilepsie, Knochen- u. Gelenkserkrankungen, Schäden des Blutkreislaufes u. der Atmungsorgane. Man spricht v. Phokomelie bei Stummelbildung; v. Amelie bei Fehlen v. Gliedmaßen; v. Skoliose bei seitlicher Verbiegung der Wirbelsäule; v. Kyphose bei Rundrücken u. v. Lordose bei Hohlkreuz. Beim Schwerbehinderten ist durch dauernde Abhängigkeit das Erfahren der Mitmenschlichkeit ein anderes, der Raum wird nicht durch eigenes Gehen erobert u. strukturiert usw. Durch unverschuldetes Leiden fühlen sie sich fast immer in ihrem „Rechtsgefühl“ verletzt, wodurch die Sinnfrage des Lebens eine andere Akzentuierung erhält. Die christl. Botschaft v. der Gleichwertigkeit aller Menschen ohne Rücksicht auf den Körperzustand, v. der Bestimmung ohne Rücksicht auf körperl. o. wirtschaftl. Leistungsfähigkeit, v. Vorrang des Geistig-Seelischen vor dem Körperlichen, v. der Möglichkeit sittl. Hochleistungen trotz u. durch die Behinderung, v. der Predigt Jesu, die sich v. a. an Gebrechliche wandte, v. der vollwertigen Gliedschaft des Behinderten in der Kirche usw. ist bes. zu akzentuieren. Spezielle Anfechtungen des Körperbehinderten (Reizbarkeit, Verbitterung, Verzweiflung) bedingen eine spezifisch akzentuierte → Ethik. Analoge Schwerpunkte sind auch bei der → Katechese u. Pastoral des erwachsenen Körperbehinderten zu beachten. Ko

Lit.: S. Kunert — M. Schmidt, Die psychische Situation körperbehinderter Kinder (1971); L. Heina, das körperbehinderte Kind (1962).

Körperliche Reifung → Erster Gestaltwandel → Zweiter Gestaltwandel → Erwachsenenpubertät

Körperliche Züchtigung.
BRD: Bewertung u. Praxis des Züchtigungsrechts (körperl. Züchtigung — „Prügelstrafe") sind in jüngster Zeit unterschiedlich. In Schulordnungen (unmittelbar nach dem Zweiten Weltkrieg) wurde unter den Schulstrafen an Volksschulen neben mündl. Verwarnung, Verweis, Schularrest auch körperl. Strafe erwähnt, die jedoch nur dann gerechtfertigt sei, wenn alle anderen Erziehungsmaßnahmen u. Schulstrafen versagt haben; hinzugefügt wurde, daß jede gesundheitsschädigende, das Anstands- o. Sittlichkeitsgefühl verletzende Behandlung verboten sei. Während einerseits f. den Volksschullehrer das Züchtigungsrecht gewohnheitsrechtl. anerkannt wird, nimmt anderseits die Auffassung zu, körperl. Züchtigung durch den Lehrer erfülle den Tatbestand der Körperverletzung in Form des körperl. Mißhandelns (Tatbestand der Körperverletzung im Amt) u. sei als Verletzung der in Art. 1 GG gewährleisteten Menschenwürde zu erachten. Bis weit in das 20. Jh. ist die auf den Erziehungzsweck gerichtete, maßvolle Züchtigung als ein selbstverständliches, aus der Erziehungsaufgabe des Lehrers fließendes Recht angesehen worden, sei aber nur dann gerechtfertigt, wenn sie sich in angemessenen Grenzen hält, obj. zur Erreichung des Erziehungszweckes erforderlich ist u. subj. dazu dienen soll. Z. ist in allgemeinbildenden u. berufsbildenden Schulen (erst recht in Realschulen u. Gymnasien) untersagt (Runderl. des KM v. Rheinland-Pfalz v. 2. 3. 1970). Lä

Österreich: K. Z. ist in der Schule ausnahmslos verboten. Zuwiderhandelnde werden strafrechtlich u. disziplinär verfolgt. Die Auslegung des Begriffes k. Z. durch die Gerichte ist in der Regel extensiv: k. Z. = jede Berührung in Strafabsicht. Ke

Schweiz: Nach Art. 278 des Zivilgesetzbuches sind „die Eltern befugt, die zur Erziehung der Kinder nötigen Z.smittel anzuwenden". Kantonale Gesetze zählen die zulässigen Z.smittel der Lehrer u. Erzieher auf; in der neueren Gesetzgebung ist k. Z. verpönt. Tritt zufolge k.r Z. eine Komplikation ein (Nervenschock usw.), so ist in der Regel, selbst wenn die k. Z. an u. f. sich nicht verboten wäre, eine unerlaubte Übertretung des Z.srechts anzunehmen. Ohne dieses Recht macht sich der k. züchtigende Lehrer einer Tätlichkeit schuldig, wenn aber Körper u. Gesundheit des Gezüchtigten geschädigt werden, der Mißhandlung (Strafgesetzbuch Art. 122—125). Fr

Kohelet → Weisheitsliteratur

Kollegs. 1. Lehrveranstaltungen an Hochschulen. 2. Nach dem Entwurf der österr. 5. Schulorganisationsgesetz-Novelle (1973) auch als → Schulversuch geführte Einrichtungen, die Absolventen v. → Allgemeinbildenden höheren Schulen in einem zwei- bis fünfsemestrigen Bildungsgang zur Matura einer → berufsbildenden höheren Schule führen. Vorläufer dieser K. sind die in Österreich seit langem an berufsbildenden höheren Schulen geführten Abiturientenlehrgänge. Ko

Kollegstufe. Organistorische u. lehrplanmäßige Zusammenfassung der Klassen u./o. der Schulformen bzw. Ausbildungslehrgänge im Bereich der → Sekundarstufe II, welche zur Hochschulreife führen. Der Gebrauch des Terminus bei Schulversuchen u. -reformen in den einzelnen Ländern der BRD ist noch uneinheitlich. Ko

Lit.: G. Baudler / K. Kramer / G. Ott, Fach Religion in der Kollegstufe (1972).

Kollektivstrafe. Wird das Ganze des Strafphänomens, das auf das persönl. → Gewissen, auf Sühnebewußtsein u. Schuldverarbeitung angewiesen ist, gesehen, dann ist K. päd. zumindest problematisch; nur dann wäre sie päd. einigermaßen zu rechtfertigen, wenn die → Gruppe (z. B. Schulklasse) im selben gemeinsamen Ausmaß am Unrecht beteiligt war, wie sie v. der Strafe betroffen werden soll. Wird es der Gruppe überlassen, die Strafe nur auf die Schuldigen aufzuteilen u. die Unschuldigen davon auszunehmen, so wird gerade die entscheidende päd. Klarstellung, wer schuldig ist u. wie er schuldig geworden ist, versäumt; denn die Gruppe u. der einzelne Angehörige sind dafür nicht die zuständige Instanz, weil sie nicht das Maß des Rechtes u. Unrechtes präsentieren. → Strafe Ro

Kolpingwerk. Eine kath. Gemeinschaft f. die berufstätige Jugend, gegründet 1846 v. Adolf Kolping (K.) als Gesellenverein. In Österr. wurde der 1. Kath. Gesellenverein (heute K.familie) 1852 in Wien gegründet. Nach 1945 wurden die K.heime in der Österr. K.familie zusammengefaßt. Zusammenfassung der Lehrlinge, Gesellen u. Meister in einer Organisation u. bes. Hilfe f. den Lehrling u. den Gesellen durch die Gesellenhäuser, die auch dem wandernden Gesellen Unterkunft boten, war das Programm K.s. Rel., soziale u. sportl. Betreuung, sinnvolle u. geregelte Freizeitgestaltung, Gemeinschaftsbildung (in den K.häusern) u. Fortbildungsarbeit sowie Errichtung v. K.häusern, Heimstätten (z. B. Jungmädchenfamilienheime) u. Heimräumen sind die Ziele der K.familie. Sie ist heute mit 400.000 Mitgliedern u. etwa 600 K.häusern über die ganze Welt verbreitet u. besitzt neuerdings auch einige Häuser f. berufstätige Mädchen. Had

Kommentare zum A. T. u. N. T. Um einen sachrichtigen → Bibelunterricht leisten zu können bzw. um den → Kontext im Unterricht verwendeter Bibelstellen richtig zu sehen, braucht der Rel.lehrer eine zuverlässige Information. Hier seien einige Bücher u. Reihen empfohlen, die eine verhältnismäßig schnelle u. doch gründliche Information erlauben:

1. → *Altes Testament:* 1.1. *Kommentare:* Das Alte Testament Deutsch (hsg. v. V. Hentrich u. A. Weiser, Göttingen 1949 ff.) / Die Heilige Schrift in Deutscher Übersetzung. Echter-Bibel, Das Alte Testament (hsg. v. F. Nötscher, I—V, Würzburg 1955—60) / Kommentar zum Alten Testament (hsg. v. E. Sellin u. W. Rudolph, Gütersloh 1962 ff.). — 1.2. *Einleitungswerke:* A. Robert — A. Feuillet (Hsg.), Einleitung in die Heilige Schrift 1. Teil, Wien 1963 / O. Eißfeldt, Einleitung in das Alte Testament Tübingen ³1964 / H. Groß, Kleine Bibelkunde zum A. T., München 1967 / 1.3. *Theologie des Alten Testaments:* G. v. Rad, Theologie des A. T. I ⁵1966, II ⁴1965, München.

2. → *Neues Testament:* 2.1. *Kommentare:* Das Neue Testament

Deutsch. Neues Göttinger Bibelwerk, Göttingen 1932 ff. / Die Heilige Schrift in deutscher Übersetzung (Echter-Bibel), hsg. v. K. Staab, 1951—1956 Würzburg / Herders Theologischer Kommentar zum N. T., Freiburg 1953 ff. (noch unvollständig) / Geistliche Schriftlesung, hsg. v. W. Trilling, Düsseldorf 1961 ff. / Die Bibel (dt. Ausgabe der Jerusalemer Bibel), Freiburg 1968. — 2.2. *Einleitungswerke:* A. Wikenhauser, J. Schmid, Einleitung in das Neue Testament, Freiburg [6]1973 / K. H. Schelkle, Das Neue Testament. Seine literar. u. theol. Geschichte, Kevelaer 1966 / A. Robert — A. Feuillet (Hsg.), Einleitung in die Heilige Schrift, 2. Teil, Wien 1964. — 2.3. *Theologie des Neuen Testaments:* R. Bultmann, Theologie des Neuen Testaments, Tübingen [4]1962 / R. Schnackenburg, Neutestamentliche Theologie. Der Stand der Forschung, München 1963 / K. H. Schelkle, Theologie des Neuen Testaments, Düsseldorf 1968 ff. — 3. *Allgemeine Hilfsmittel:* Praktisches Bibellexikon (hsg. v. A. Grabner-Haider), Freibung 1969 / Lèon-Dufour, Wörterbuch zur Bibl. Botschaft, Freiburg 1964. Hi

Kommentargottesdienst → Politische Predigt

Kommunen u. Erziehung. K. sind Wohn- u. Lebensgemeinschaften, in denen durch freie Formen solidar. Zusammenlebens der Anspruch des einen auf Besitz u. Verfügung gegenüber den anderen überwunden werden soll. Das Problem der E. stellt sich den K. dort, wo sie den Anspruch der Eltern, die ersten Erzieher ihrer Kinder zu sein, mit der Begründung ablehnen, daß die Zweizahl der Eltern zu eng sei, einerseits um eine ungehemmte Entfaltung der kindl. Individualität zu gewähren u. zu verbürgen, u. andererseits (auch außerhalb der eigenen Lebensgemeinschaft) f. die restlose u. uneingeschränkte Befriedigung aller unmittelbaren u. spontanen Bedürfnisse u. Wünsche der Kinder eintreten zu können. Eine solche Lebens- u. E.spraxis hängt ab v. über das Mittelmaß gesteigerter Sensibilität u. Spontaneität, u. diese sind erst möglich, wenn die Ich-Identität in hohem Maße erreicht ist. Zumeist sind K. in einem → marxistischen Gesellschaftsverständnis u. ihre E.spraxis in einem → psychoanalytischen Menschenbild fundiert. → Kinderkollektiv → Kinderläden Ro

Kommunikation ist ein Prozeß der Übermittlung zw. einzelnen Personen o. → Gruppen. Im engeren Sinne versteht man unter K. den Vorgang, durch den eine Nachricht v. einer Person zur anderen bzw. v. einer Gruppe zur anderen gelangt u. dadurch das Verhalten des Empfängers verändert wird. Diese Nachricht kann durch → Sprache, → Zeichen o. Symbole vermittelt werden; aber auch das Verhalten selbst kann zur Nachricht werden, da es v. anderen beobachtet, ausgelegt, beantwortet o. häufig auch nachgeahmt wird. Jede K. setzt voraus, daß der Sender einer Nachricht auch die → Aufmerksamkeit u. die → Interessen der Empfänger erreicht. Ku

Kommunikator. In der → kybern. Pädagogik der Sender einer → Information (Lehrer, aber auch → Lehrprogramm u. → Lehrmaschine). Ko

Kommunionalter → Eucharistische Erziehung

Kompensation → Individualpsychologie

Kompensatorische Erziehung. Lat.: Ergänzende, ausgleichende → Erziehung. Man versteht darunter die Entwicklung langfristiger spezieller Bildungsprogramme, welche die Selbstbehauptung u. Gleichstellung sozial benachteiligter Kinder begünstigen. K. E. versteht sich als Eingriff in soziale Systeme u. als Kritik an herkömml. Erziehungspraktiken. Sie will Mängel, die aus der gesellschaftl. Situation f. das Kind entstehen, kompensieren u. zielt auf den Abbau gesellschaftl. Ungleichheiten hin. Mittel sind die Hebung des Bildungsstandes u. die Förderung der sozialen Durchsetzungsfähigkeit v. Benachteiligten. Ko

Lit.: G. Iben u. a., Kompensatorische Erziehung (1971).

Komplex. 1. *Allgem.* v. lat complexio = Umfassung (ein großer Bereich zusammengehöriger Fragen, Probleme o. Themen). — 2. In der → *Tiefenpsychologie* Vorstellungen o. Affekte, die im Unterbewußten wurzeln u. v. dort störend das Seelenleben beeinflussen (Minderwertigkeitsk., Angstk. u. a.). Die → analytische Psychologie C. G. Jungs kennt vererbte u. erworbene K.e. 3. *Allgem. psych.:* Nach H. Rohracher sind K. Vorstellungsinhalte, die im Erlebnisablauf eine überwertige Stellung einnehmen u. Affektreaktionen auslösen. Die Überwertigkeit besteht darin, daß mit ihnen kaum in Verbindung stehende Erlebnisinhalte auf sie bezogen werden. Ko/Si

Konditionieren. V. lat. condere = stiften, schaffen. Das v. J. P. Pawlow entwickelte Verfahren, Reflexe künstlich auszulösen. K. wird als Aspekt des Lernens angesehen. Der Begriff nimmt in den versch. → Lerntheorien u. in der → kybernetischen Pädagogik eine zentrale Stellung ein. Ko

Konferierendes Unterrichtsverfahren → Gruppenweiser Unterricht

Konfessionelle Privatschule.
BRD.: → Bekenntnisschulen

Österreich: Jeder → Kirche o. Religionsgemeinschaft steht es frei, aus ihren Mitteln jedwede Art v. Schule f. Schüler ihres Glaubensbekenntnisses zu errichten u. zu erhalten. Diese Schulen sind Privatschulen u. unterliegen im übrigen allen gesetzl. Bestimmungen über Privatschulen. Die gesetzlich anerkannten Kirchen u. Religionsgemeinschaften haben f. die v. ihnen o. v. ihren Einrichtungen erhaltenen, mit dem Öffentlichkeitsrecht ausgestatteten Schulen gegenüber dem Bund den Anspruch auf Subvention, grundsätzlich in der Höhe des vollen Lehrerpersonalbedarfes. → Freie Schule → Gemeinschaftsschule Ke

Schweiz: → Bekenntnisschulen

Konfessioneller RU → Interkonfessioneller RU

Konfliktforschung → Friedenspädagogik

Kongenitales Myxödem → Kretinismus

Konkordanz. V. lat. concordia = Eintracht, Übereinstimmung. Unter K. versteht man die alphabet. Sammlung aller in einem best. Quellenwerk vorkommenden Begriffe unter Anführung aller Belegstellen, so daß ein Auffinden best. Stellen auch bei Kenntnis nur eines einzigen Wortes möglich wird. F. den RU haben „Bibelk.n" zur Auffindung v. Fundstellen große Bedeutung. Hi

Konkordat. V. lat. concordare = übereinstimmen. Vertrag zw. dem Hl. Stuhl u. einem Staat. Fragen der christl. Erziehung u. des RU in öffentl. Schulen sind häufig Gegenstand v. K.en. Ko

Konkordatsbestimmungen f. den RU.

BRD: Der Fortbestand der Konkordate (mit Bayern 29. 3. 1924; Preußen 14. 6. 1929; Baden 12. 10. 1932; Reichskonkordat 20. 7. 1933) ist weithin anerkanntes Recht (Art. 123 Abs. 2 GG), auch bei den Konkordaten der nicht mehr bestehenden Länder Baden u. Preußen. Das Bundesverfassungsgericht (26. 3. 1957) hat erklärt: Das Reichskonkordat (RK) gilt als Bundesrecht weiter, die Länder können jedoch nicht gezwungen werden, die im RK enthaltenen Schulbestimmungen einzuhalten, da v. GG die Schulgesetzgebung in die Kompetenz der Länder fällt. Nach dem zweiten Weltkrieg kam es zum Konkordat mit Niedersachsen (26. 2. 1965) wie auch zu Ergänzungen, Auslegungen o. Modifikationen der bestehenden Konkordate im gegenseitigen Einvernehmen der Partner. Im RK wie in den Länderkonkordaten sind festgelegt: RU als ordentliches Lehrfach, v. den Bischöfen herausgegebener Lehrplan, Lehrbücher, Lehrkräfte (→ missio canonica) wie die Schulaufsicht des Staates u. Einsichtnahme u. Überwachung des RU durch die Kirche. Diese Bestimmungen sind fast gleichlautend in den Länderverfassungen (Artikel über Schule u. Bildung) festgehalten. Der kath. RU in den Volksschulen, Berufsschulen, Mittelschulen u. höheren Lehranstalten ist ordentl. Lehrfach u. wird in Übereinstimmung mit den Grundsätzen der kath. Kirche erteilt" (Art. 21 Abs. 1 RK). „Lehrstoff u. Auswahl der Lehrbücher f. den RU werden im Einvernehmen mit der kirchl. Oberbehörde festgesetzt. Den kirchl. Oberbehörden wird Gelegenheit gegeben, im Einvernehmen mit der Schulbehörde zu prüfen, ob die Schüler RU in Übereinstimmung mit den Lehrern u. Anforderungen der Kirche erhalten" (Art. 21 Bs. 2 RK)." Bei der Anstellung v. kath. Rel.lehrern findet Verständigung zw. dem Bischof u. der Landesregierung statt. Lehrer, die wegen ihrer Lehre o. sittl. Führung v. Bischof zur weiteren Erteilung des RU f. ungeeignet erklärt worden sind, dürfen, solange dieses Hindernis besteht, nicht als Rel.-lehrer verwendet werden" (Art. 22 RK). Lä

Österreich: Die → Kirche hat das Recht, den kath. Schülern an allen öffentlichen u. mit dem Öffentlichkeitsrecht ausgestatteten Schulen RU bzw. Unterricht in → Religionspädagogik zu erteilen. Das f. den RU bestehende Stundenausmaß soll nicht herabgesetzt werden. Eine Neufestsetzung des Stundenausmaßes f. den RU hat nur im Einvernehmen mit der Kirche zu erfolgen. Kath. Schulen können f. den RU ein höheres Stundenausmaß festsetzen. Der RU ist grundsätzlich → Pflichtgegenstand, ausnahmsweise → Frei-

gegenstand. Die Rel.lehrer an den öffentl. Schulen sind entweder Angestellte des Staates (Bund o. Land) o. Angestellte der Kirche. Die v. Staat angestellten Rel.lehrer sind nach den f. Profanlehrer gleichartiger Vorbildung u. Verwendung geltenden Vorschriften zu behandeln. Der Staat darf nur solche Personen als Rel.lehrer anstellen, die v. der Kirche als hiezu befähigt erklärt u. vorgeschlagen sind. Außerdem ist die Erteilung des RU an den Besitz der → „missio canonica" (kirchl. Ermächtigung) gebunden. Die Anerkennung u. Aberkennung der missio canonica steht als innere kirchl. Angelegenheit der Kirche zu. Staatl. angestellte Rel.lehrer, denen die missio canonica entzogen wird, dürfen ab diesem Zeitpunkt im RU nicht mehr verwendet werden. Aufgrund der geltenden Bestimmungen können sie anderweitig verwendet, in den Ruhestand versetzt o. aus dem staatl. Dienstverhältnis ausgeschieden werden. Die Kirche stellt als Rel.lehrer nur österr. Staatsbürger an, die zumindest die f. staatlich angestellte Rel.-lehrer vorgeschriebene allgemeine Vorbildung nachweisen. V. Fehlen der österr. Staatsbürgerschaft kann der zuständige Bundesminister dispensieren. Hinsichtlich der Vermittlung des kath. Lehrgutes unterstehen alle Rel.lehrer ausschließlich den kirchl. Vorschriften, im übrigen auch den allgem. staatl. Schulvorschriften. Der Staat trägt den gesamten Personalaufwand f. alle Rel.lehrer an allen öffentlichen Schulen. → Besorgung, → Leitung, → Aufsicht des RU. F. kath. Lehrer u. Schüler der öffentl. u. der mit dem Öffentlichkeitsrechte ausgestatteten Schulen kann die Kirche → Schulgottesdienste, rel. Übungen o. Veranstaltungen zu bes. Anlässen des schul., kirchl. o. staatl. Lebens, insbes. zu Beginn und am Ende des Schuljahres, abhalten. Die Teilnahme daran ist den Lehrern u. Schülern mindestens im bisherigen Umfang während der Schulzeit zu ermöglichen.
Ke

Schweiz: Zw. schweiz. Kantonen (bis 1848 möglich) u. der Eidgenossenschaft (nach 1848) einerseits u. dem Heiligen Stuhl andrerseits bestehen keine K. den RU betreffend; ebensowenig in zwischenkantonalen Verträgen, die in der Schweiz auch Konkordate genannt werden. Fr

Konkurrierendes Verfahren → Gruppenarbeit → Gruppenweiser Unterricht

Kontaktstudium. K. ist eine spez. Form der Fortbildung: Das an Universitäten u. Hochschulen abgeschlossene Grundstudium wird nach einigen Jahren der Berufserfahrung durch Lehrgänge weitergeführt, die an diesen Bildungsanstalten oft in Verbindung mit Berufsorganisationen veranstaltet werden. Ro

Kontext. Darunter versteht man meist den größeren Zusammenhang, aus dem z. B. ein Zitat gerissen wurde u. in den es eigentlich gehört. Durch die Verwendung v. Zitaten u. einzelnen Textelementen in neuen Lehrbüchern u. -behelfen, aber auch durch die naturgemäße Vereinfachung, die viele Gedankengänge theol. Art bei der Verwendung im Unterricht erfahren, kommt es sehr leicht zu Verzerrungen u. Verzeichnungen des ursprüngl. Sinns, den die Worte im K. haben. Der Rel.lehrer muß daher immer bestrebt sein, den K. zu beachten, wenn er zitiert o. Textstellen interpretiert. Bes. häufig entstanden auch Fehlinterpretationen bibl. Texte durch die (trad.) Dogmatik, die einzelne Verse aus dem Zusammenhang herausriß, wenn sie dem buchstäbl. Sinn nach als „Beleg" f. eine These zu passen schienen. Hi

Kontextmodell → Medienverbundsystem (= Medienpaket, s. Tab. 4, Sp. 629 f .).

Kontiguitätstheorie. Lat.: contiguus = benachbart. Die K. versteht Lernen als → Assoziation gleichzeitig auftretender psychischer Reize o. Verhaltensweisen im Lernenden. → Lerntheorien Ko

Kontingenz. K. (= lat. Abhängigkeit) gewann ihre Aktualität im Zusammenhang mit der Frage nach dem Verhältnis v. → Welt u. → Gott: in der Scholastik wurde K. als Weg zu Gott angesehen, bei Kant, Leibniz u. Hegel wurde sie noch eifrig diskutiert, während sie heute — unter dem Einfluß des → Materialismus — als Problem der → Absolutheit der Materie formuliert wird. Die Naturwissenschaften können die Frage weder bejahen noch verneinen, obwohl sie v. einer zeitl. u. räuml. Begrenztheit der materiellen Welt sprechen. Phil. kann die K. der Welt mit der Ursachenbedürftigkeit u. dem Sosein begründet werden. Bla

Kontrafaktur. Zu einer gegebenen Sache ein „Gegenstück" machen. In früheren Jh.n (→ Kirchenmusik) nahm man sogar Melodien v. Tanz- u. Liebesliedern, unterlegte rel. Texte u. sang sie beim Gottesdienst; berühmtes Beispiel: „O Haupt voll Blut u. Wunden" ist eine K. zur Canzone „Mein G'müt ist mir verwirret, das macht ein Jungfrau fein" aus Leo Haßlers „Lustgarten" 1601. — Sicherlich wäre es f. den Rel.lehrer, der in der Schulpraxis steht, eine dankbare Aufgabe, mit Geschick u. Taktgefühl kindgemäße rel. Lieder auf diese Weise zu schaffen. (Siehe Anregungen in K. Musalek: Lied i. d. Katechese, S. 21 ff.) → Jazz → Rhythm. Lieder Mu

Konvergenz → Konzentration

Konvertitenunterricht. V. lat. convertere = sich bekehren. K. hat die Aufgabe, die Konversion (Bekehrung), d. h. den Übertritt v. einer Religionsgemeinschaft zu einer anderen vorzubereiten u. zu ermöglichen. Dabei ist mit pastoraler u. menschl. Rücksicht vorzugehen. Im K. sind die mögl. Wege zur heutigen → Gotteserfahrung (kosmisch, existentiell — Bejahung des Lebenssinnes, der Mensch als Frage, zwischenmenschl. → Liebe, → Gewissen, Grenzsituationen des Lebens — Geschichtlichkeit) sowie eine Kurzformel des christl. Glaubens aufzuzeigen [z. B.: → Glauben heißt, den Menschen im Namen Christi Hoffnung machen (Dreher); In → Jesus Christus geht uns auf, daß wir Menschen alle hoffen dürfen, weil uns in ihm endgültig u. unüberbietbar erschlossen ist, daß Gottes Liebe u. Treue der letzte u. endgültige Grund aller Wirklichkeit ist (Kasper).] Der K. hat in offenen → Gesprächen die Beziehung des Menschen zum Mitmenschen, zur → Welt u. zu → Gott aufzuzeigen u. zur → mündigen → Entscheidung u. zur Bejahung übernommener → Verantwortung zu führen. Vor der endgült. Konversion sind v. a. Gemeinsamkeiten u. Unterschiede der betroffenen Rel.gemeinsch. aufzuzeigen; in → ökumen. Geist soll die Entscheidung ermöglicht werden. → Taufkatechese → Revertitenunterricht Had

Konzentration. Lat. Kunstwort: Beziehung auf einen Mittelpunkt. 1. *Allgem.:* Verdichtung u. Ausrichtung (etwa der Aufmerksamkeit) auf *einen* Inhalt. 2. *Did.:* Fachausdruck f. Querverbindung unter versch. Unterrichtsfächern: 1. Gleichzeitige Behandlung des gleichen Stoffes in versch. Fächern (Konzentration im engeren Sinn). 2. Gleichzeitige Behandlung v. Teilgebieten eines Stoffes in versch. Fächern („Kooperation"). 3. Anstreben gleicher Erziehungsziele durch spezifischen Beitrag versch. Fächer (Konvergenz). 4. Neuerdings auch fächerübergreifende Behandlung in → Teamteaching. → Literarische Texte im RU Ko

Kooperation. V. lat. cooperari = zusammenarbeiten. K. wird als ein sozialer Prozeß zw. mehreren Personen zur Erreichung gemeinsamer Ziele definiert. Jede K. verlangt ein starkes → Gruppenbewußtsein u. setzt meist die Solidarität der Beteiligten voraus. Die K. zeigt sich in solidarischen, gemeinsamen Aktionen. Eine bes. Form der K. ist das teamwork, weil sich diese Zusammenarbeit auf einen relativ kleinen Kreis v. unmittelbar betroffenen Personen beschränkt. Auch das → Team-teaching kann als besondere Form der K. aufgefaßt werden, da die Zusammenarbeit zweier o. mehrerer Lehrer zur Erreichung eines best. Lehrzieles unmittelbar erfolgt. Ku

Kooperativer Unterricht. K. U. wird heute in dreifacher Bedeutung verstanden: 1. als U., in dem Lehrer versch. Gegenstände (Religion, Geschichte, Literaturgeschichte usw.) zusammenwirken. Dieses Verständnis im Sinne eines → Team-teaching ist relativ selten.

2 als Spielart eines → interkonfession. o. → ökumen. RU, in dem Rel.lehrer versch. Konfessionen zusammenarbeiten.

3. als U., in dem die Zusammenarbeit v. Lehrern u. Schülern (Beteiligung, Planung, Methodenwahl) zum bestimmenden Merkmal wird. Erste Erfahrungen über diesen k. U. haben veröffentlicht: R. Ulshöfer, Grundzüge der Didaktik des k. U. (1971); G. Martin (Hg.), Kooperativer Unterricht/Religionslehre (1972). Im Hinblick auf eine eindeutige Terminologie wäre die Einschränkung des Begriffs k. U. auf die unter 3. genannte Bedeutung empfehlenswert. Ko

Kooperativ-konfessioneller RU → Interkonfessioneller RU → Ökumenischer RU → URP

Korrelation. V. lat. relatio = Beziehung. Unter K. versteht man die wechselseitige Abhängigkeit v. zwei o. mehreren Beobachtungseinheiten o. Meßreihen. Diese Beobachtungs- o. Meßreihen können Leistungsergebnisse o. andere Tatsachen quantitativer o. in der neueren Forschung gelegentlich auch qualitativer Natur sein. Mit Hilfe der K.s-Rechnung kann der Grad der Verbundenheit bzw. der Abhängigkeit festgestellt u. zahlenmäßig ausgedrückt werden. Der K.s-Koeffizient, der immer zwischen den Extremwerten + 1,00 u. — 1,00 liegen muß, drückt die Intensität dieser Beziehung aus. Je näher der Wert an + 1,00 heranrückt, umso enger ist die Beziehung der Merkmale. Ku

Korrespondierendes Verfahren → Gruppenweiser Unterricht

Kosmogonie. K. (griech.) = die Lehre v. der Entstehung der → Welt. Dem steht die „Kosmologie" als Weltbeschreibung (→ Weltbild → Weltbild, antikes) gegenüber. Charakteristisch f. alle K.n ist die Personifizierung v. kosm. Kräften, Bereichen, Elementen u. dgl. u. die mythenhaften Vorstellungen ihres Zusammenwirkens bzw. ihrer Kämpfe (→ Mythos). Das A. T. nimmt zwar die Vorstellungen der altorientalischen K.n auf (vgl. z. B. Ps 44,2), stellt aber die K. selbst als → Schöpfung durch → Jahwe dar. Da der Schöpfungsgedanke (wie überhaupt kosmolog. Denken) im A. T. u. N. T. nur eine untergeordnete Rolle spielt, gibt es auch verhältnismäßig wenige Aussagen, die als K. der Bibel gelten können (→ Schöpfung); dagegen dominiert das Heilshandeln Gottes in der Geschichte (→ Heilsgeschichte). Die Entdeckung verwandter Elemente zw. außerbibl. Schöpfungsmythen u. dem bibl. Schöpfungsbericht führte zu einem intensiven Studium der jeweiligen Eigenarten. Die Behauptung, in den außerbibl. K.n trete nur ein primitives, pantheistisches oder dualist. Gottes- u. Menschenbild zutage, läßt sich in dieser allgem. Form heute nicht mehr aufrechterhalten. Die K.n der außerbibl. Religionen stehen meist in engem Zusammenhang mit dem Kult bzw. der → Liturgie: dadurch bekommt der → Mythos eine lebendige Funktion f. die → Gemeinschaft: die Bedrohung der Schöpfung durch den Chaosdrachen z. B. wird so nicht zu einer Aussage über ein vergangenes Datum, sondern zu einer eindeutigen Aufforderung an die feiernde Versammlung: sie muß am Kampf gegen den „Drachen" mitwirken. In den K.n treten verschiedenartigste Vorstellungen auf: v. Schöpfungsakt durch ein souveränes Höchstes Wesen bis hin zur Emanation aus einem dunklen Urwesen. Schr/Hi

Krankensalbung. Die im Jakobusbrief angedeutete K. (Jak 5,14—16) ist ein → Sakrament f. Kranke, nicht nur f. Sterbende, noch weniger f. Gestorbene. Bezeichnungen wie „Letzte Ölung" o. „Sterbesakrament" u. Zwangsvorstellungen wie: „Versehenwerden heißt Sterbenmüssen" sind in der → Glaubenserziehung zu vermeiden bzw. zu überwinden. Der Priester salbt Stirn u. Hände (im Notfall eine beliebige Körperstelle) u. sagt dazu (nur einmal!): „Durch diese hl. Salbung u. sein gnädiges Erbarmen möge dir der Herr mit der Gnade des Hl. Geistes beistehen, auf daß er dich, v. den Sünden befreit, errette u. in Güte aufrichte." Die K. gibt neuen Lebensmut bzw. soll Ruhe u. Trost vermitteln. Alle Christen tragen Verantwortung dafür, daß dem durch Unfall (SOS-Plakette o. sonstiger Ausweis) o. Krankheit in Lebensgefahr geratenen Mitchristen priesterl. Beistand gewährt wird. Am 30. 11. 1972 veröffentlichte Paul VI. die Apost. Konstitution „Sacram unctionem" u. den Teil des neuen röm. Rituale, der sich auf die K. bezieht. Beachte auch den Kommentar im „Osservatore Romano" v. 26. 1. 1973. Diese Neuordnung der K. bedeutet eine beträchtlich geänderte Akzentsetzung, die in Katechese u. RU entspr. herausgestellt werden muß. → Sakramentenlehre im RU Nou/Hi

Kreativität. V. lat. creare = schaffen, erschaffen. K. ist schöpferisches, produktives Denken u. bezeichnet ein Erkennen v. Problemen, das außerhalb gewohnter Wege liegt, u. ein Auffinden v. neuen u. originellen Lösungen; im Gegensatz zum schlußfolgernden Denken u. Problemlösen erstellt das k. Denken mehrere u. verschiedenartige Lösungsmöglichkeiten (Problemlösungsstrategien). — Das k. Denken verläuft in einem Prozeß mit vier Schritten: 1. ein Problem löst Denkakte aus; 2. nicht-bewußte Gedankenabläufe o. Umstrukturierung o. neue Kombinationen (Inkubationsphase); 3. Finden der Lösung (Erleuchtung); 4. Überprüfung der Lösung nach Richtigkeit, Brauchbarkeit, Neuigkeit (Verifikation). — F. die Entwicklung v. K. erweist sich der sozialintegrative → Erziehungsstil, bzw. ein freundliches, systematisches, anregendes u. phantasievolles Erzieherverhalten als am besten geeignet. K. wird aber auch durch gewisse → Methoden des → Programmierten Unterrichts mit speziellen Fragestellungen (z. B. anders verwenden, modifizieren, umkehren) gefördert. Ro

Lit.: M. Heitger, Kreativität, in Chr. p. Bl. 1972/5; N. Scholl, Erziehung zur Kreativität in der Katechese, in: Kat. Bl. 1971/156 ff.; F. Oser, Kreatives Sprach- u. Gebetsverhalten in Schule u. RU (1972).

Kretinismus. Angeborene → Idiotie, verbunden mit Zwergwuchs u. charakteristischen Körpermerkmalen (aufgeschwemmtes Gesicht, borstiges Haar, kurze Finger usw.). Ursache: mangelnde o. mangelhafte Funktion der Schilddrüse (→ Geistesbehinderung → Sonderschule). Anderer Name: → Kongenitales Myxödem Ko

Kreuzzeichen. Das K. in den versch. Formen (Segensgeste; kleines K. auf Stirn, Lippen u. Brust; großes K. über den ganzen Menschen) ist f. den Christen eine der tiefsinnigsten Gesten (→ rel. Gesten). Es ist Bekenntniszeichen seines → Glaubens an die Heiligste → Dreifaltigkeit u. die allumfassende → Erlösung. Es ist Erinnerungszeichen seiner → Taufe, in der er kraft des → Kreuzes J. Christi wiedergeboren wurde (Vgl. Röm 6,3—11). Der Christ legt die Hand an die Stirn: Er glaubt an den Vater, den unerforschl. Ursprung der ganzen → Schöpfung. Er führt die Hand zur Brust hinab: Er glaubt an die → Menschwerdung Gottes in Christus. Er zieht die Hand v. der einen zur anderen Schulter: Er glaubt an den Hl. → Geist, das „Band der Liebe" zw. Vater u. Sohn. Nou

Krippe. Es entspricht der Natur des Menschen, bedeutsame Ereignisse nicht nur im Geiste, sondern auch in Bildern u. Figuren vor sich sehen zu wollen. Die Worte: „Ihr werdet ein Kind finden, in Windeln eingewickelt u. in einer Krippe liegend" (Lk 2,12) waren bereits zu Weihnachten 1223 dem hl. Franz v. Assisi Anlaß, das Geschehen der Hl. Nacht im Walde v. Greccio, in der Nähe seiner Vaterstadt, den einfachen Bauern u. Hirten zum Teil mit lebendigen Figuren anschaulich darzustellen. Dem Vorbild dieses ersten K.nbauers folgten im Laufe der Jh. viele Bildhauer u. Holzschnitzer, v. a. in Frankreich, Italien, Süddeutschland u. Tirol, deren kunstvolle K.n heute noch in

Kirchen, in Museen u. bei Ausstellungen Andacht u. Bewunderung wecken. Es entspricht bes. auch heute noch den Gestaltungs- u. Meditationskräften (→ Meditation) des christl. Kindes, in der Adventzeit aus Papier, Metallfolien, Holz o. Ton K.n zu basteln, die in ihrer Simplizität oft eine erstaunl. tiefe Innigkeit zeigen. Das Betrachten u. v. a. das Gestalten v. K.n ermöglichen es den Kindern, lebendige Teilnehmer des Weihnachtsgeschehens zu werden u. trägt dazu bei, das gemeinsame Leben in der → Familie in den vorweihnachtlichen Tagen neu zu vertiefen. Eine Aufgabe der → Katechese ist es, durch richtige Vermittlung der → Kindheitsgeschichte, Einbeziehung der K. in → kat. Feiern u. ä. darauf hinzuarbeiten, daß die K. u. das um die Weihnachtsk. sich rankende → Brauchtum in seiner *meditativen* Funktion zur Wirkung kommt u. nicht einem vordergründig bloß historisierenden Verständnis einschlägiger Perikopen Vorschub leistet. Nou/Ko

Krisenzeit. Im Entwicklungsrhythmus immer wiederkehrende Phasen psychischer u. körperl. Labilität; gekennzeichnet durch Krankheitsanfälligkeit, gestörtes seel. Gleichgewicht u. große geistige u. körperl. Verletzbarkeit. All das ist Ausdruck f. Reifungsprozesse, die in diesen relativ kurz dauernden Phasen vermehrt stattfinden. Das Entwicklungstempo ist enorm gesteigert, es kommt zur Ausbildung einer neuen Körpergestalt, zum Auftreten neuer Neigungen, Interessen u. Bedürfnisse, u. es wird auch ein neues Leistungsniveau erreicht. Durch die → Entwicklungspsychologie beschriebene K.n sind etwa: die 2½-Jahreskrise (Trotz, Angst, vermehrtes Zärtlichkeitsstreben); eine K. im Verlauf des → Ersten Gestaltwandels, der → Pubertät u. → Erwachsenenpubertät sowie die „phil. Krise“ in der Adoleszenz (→ Jugendalter). Si

Lit.: A. Busemann, Krisenjahre im Ablauf der menschl. Jugend (3. A. 1971).

Kritisches Bewußtsein. Damit meint man die Haltung des → mündigen, gebildeten Menschen, der v. seiner → Erfahrung, seinem Wissen u. seiner → Freiheit her über genügend Distanz verfügt, alle Gefahren einer Verzerrung der → Wirklichkeit (→Ideologie, → Manipulation) zu durchschauen u. zu überwinden. K. B. ist als Entwicklungsstufe des Menschen zu verstehen, d. h. es kann, wenn erreicht, nicht wieder eliminiert, höchstens unterdrückt, frustriert o. lahmgelegt werden. Der RU muß eine wichtige Aufgabe darin sehen, in Erfüllung bibl. Forderungen (z. B. 1 Thess 5,21: „Prüfet alles ...“) am k. B. der Schüler zu arbeiten (→ christl. Anthropologie). Hi

Kultur u. Erziehung. E. ist nur im Rahmen einer bestimmten K. möglich. Grundsätzlich kommt der E. erst durch die K. Sinn u. Inhalt zu, die K. erhält durch E. Dauer u. Einheit (jedoch erbringt gerade E. f. K. keine auflösende Stagnation). E. ist so die krit. Einarbeitung in K. durch das Gewinnen des Selbstverständnisses u. des Begreifens des sozialen Antriebs v. K. u. in das K.-niveau durch Erlernen begründeter Einsichten u. Verhaltensweisen sowie prakt. Fertigkeiten bzw. Techniken. — Wenn dem Menschen seine Lebensform nicht angeboren ist, sondern überliefert wird, wenn er deshalb seine eigene Lebensform je neu produzieren muß u. produktiv verändern kann, dann ist der Mensch ein Wesen, das sein Verhalten bewußt steuert u. seine Lebensform im Handeln verwirklicht. Das Produkt dieses Handelns, das zugleich die Form des Handelns ist, heißt K. Die erste Komponente v. E. ist also K. Weil K. tradiert wird, muß der Mensch lernfähig sein. Lernen als zweite Komponente v. E. ist die Bedingung der Möglichkeit der kulturellen Überlieferung wie der Lebenserhaltung u. Entwicklung des menschl. Individuums. Wenn der Mensch nur leben kann, indem er K. lernt, braucht er andere als Vermittler v. K. Die dritte Komponente v. E. ist die spezif. soziale → Interaktion zw. Lernendem u. Lehrendem. Die vierte Komponente ist das strukturell notwendige Ziel des E.s-prozesses, die → Emanzipation, d. h. die Freigabe u. das Freiwerden zu selbständigem, verantwortl. Handeln im Rahmen einer bestimmten K. Ro

Kultur u. Katechese. K. meint sowohl das formende, gestaltende Handeln des Menschen wie das diesem Handeln entstammende obj. Werk. Sie gründet im Wesen des Menschen, der die Fähigkeit hat, die → Natur erkennend zu durchdringen u. bearbeitend zu gestalten. Sie läßt sich in so viele Teilgebiete einteilen, als es wahrhaft humane Werte gibt. In einem bes. Verhältnis stehen K. u. → Religion zueinander. K. im weitesten Sinne umschließt die Religion; diese war immer fruchtbarer Boden der K.n, da sie zu jenem → transzendierenden Ausgriff, der allem kulturellen Schaffen innewohnt, anregt. Die Religion braucht die K., denn sie liefert ihr nicht nur ein Feld der Erprobung, sondern v. a. die Ausdrucksformen, ohne die sie sich nicht mitteilen kann. Bei extremer K.ablehnung (Weltflucht) verliert die Religion an Dichtheit, bei mangelnder Distanz wird sie ein Element der K. selbst. Die K. bietet auch dem Christentum Formen des Ausdrucks, Konkretheit u. Wirklichkeitsdichte, wobei dieses wiederum die K. relativiert (als innerweltl. Wert) o. ihr sogar neue Dimensionen eröffnet wie dem Symbol im → Sakrament. Bes. im Hinblick auf die → Verkündigung ist zu beachten, daß jede Botschaft, damit auch die Botschaft → Jesu, entspr. der gesellsch.-kulturellen Prägung ihres Übermittlers geäußert u. der gesellsch.-kulturellen Prägung des Empfängers entspr. verarbeitet wird. Der → Vermittler drückt seine Gedanken mit dem Vokabular, den Symbolbezügen u. Bildern seiner K. aus, u. der Empfänger deutet sie seiner K. entspr. Gerade daraus erwächst der → Katechese, insofern sie → Verkündigung ist, die unbedingte Pflicht, die kulturelle Umwelt des Hörers, die ihn bestimmt u. bedingt, zu → reflektieren, um so, soweit es in ihren Möglichkeiten liegt, die bestmöglichen Voraussetzungen f. die Annahme der Botschaft zu schaffen. → Hermeneutik Fi

Kulturethik. Wenn → Kultur im Wesentlichen Vermenschlichung der Umwelt ist, ergibt sich v. selbst, daß sie sittl. Normen unterworfen sein muß, zumal sie den Gesamtbereich der menschl. Existenz umfaßt. Alle Kulturen haben daher ihren Ursprung in der → Religion, in der Verantwortung des Menschen vor einem höheren Wesen. In der Religion der → Offenbarung ist die Kultur → Gottes Auftrag, die vorgegebene → Welt zu einer menschl. Welt zu machen (Erforschung, Wissenschaften, Technik usw.). Die höchste sittl. Norm der Kultur ist daher die Vollendung der menschlichen → Persönlichkeit. Bla

Kulturkritik. Unter K. versteht man die Analyse der Kultur einer → Gesellschaft. Die K. benützt heute auch empir. Methoden bzw. verarbeitet die Ergebnisse v. empir. Untersuchungen. Die Kultur verleiht einer Gesellschaft ein erkennbares „Gesicht", sie standardisiert auch das Verhalten des Einzelmenschen. Daher gehören auch die Normen u. Verhaltensregeln, die Sitten u. Gebräuche, die Einstellungen u. Auffassungen der Einzelpersonen zur Kultur. Die K. kann daher auch diese bes. Inhalte der Kultur zum Gegenstand haben. Der Mensch ist Schöpfer der Kultur; es gehört aber auch zur Natur des Menschen, daß er Kultur hat. Ku

Kulturpolitik. K. ist die Weckung u. Förderung kulturschaffender, -pflegender, -bewahrender u. -kritischer Kräfte v. a. seitens öffentl. Institutionen. Rel. päd. bedeutsam sind jene Bereiche, in denen es um ethische, rel. u. erzieherische Fragen geht (Schulpolitik, Gesellschaftspolitik, Friedenspolitik usw.). Im Hinblick auf das Befähigen zu späteren kulturpolit. Aufgaben u. durch die soziokulturelle Verflochtenheit der → Kirche sind kulturpolit. Themen legitime Inhalte v. RU u. → Katechese, v. a. in der → Sekundarstufe II. Der RU übt dabei konzentrative (Zusammenschau) u. krit. Funktionen durch Bewußtmachen der jeweiligen weltanschaul. Voraussetzungen u. Anforderungen aus. Ko

Kulturpubertät. Ist nach H. Roth dann gegeben, wenn der → Pubertierende zu → abstraktem Denken, zum Erleben abstrakter → Werte u. zu selbständiger Lebensführung vordringt. Gegensatz: → Primitivpubertät Ko

Kurs- u. Kernunterricht. Die bes. in integrierten → Gesamtschulen verwirklichte ältere Forderung, neben Pflichtfächern auch Wahlfächer anzubieten. Der Ke.U. umfaßt dabei jene Gegenstände u. Unterrichtsveranstaltungen, welche v. allen Schülern einer Schulstufe zu besuchen sind. Er wird ergänzt durch einen Ku.U., der nach Interessen u. Leistungen z. T. v. Schülern frei gewählt werden kann. In den Kursfächern wird entweder das im Kernfach Angebotene vertieft u. fortgeführt, o. aber es werden zusätzl. Unterrichtsgegenstände angeboten. Ko

Kurzfilm → Single Concept Medien → Mediensystematik

Kurzformeln des Glaubens → Glaube

Lit.: R. Bleistein, Kurzformeln des Glaubens 2 Bde. (1971).

Kybernetik. V. griech. kybernetes = Steuermann, Lotse. Nach H. Frank die „mit dem begriffl. Werkzeug der mathem. → Informationstheorie erfolgende Erforschung o. techn. Beherrschung des Problemkreises der Aufnahme, Verarbeitung u. raumzeitl. Übertragung v. Nachrichten innerhalb o. zwischen Systemen, wobei davon abstrahiert wird, ob diese Systeme physikalisch o. psych. zu kennzeichnen sind." Unter „Nachrichtenübertragung" können dabei ebenso Vorgänge bei der Wärmesteuerung mittels Thermostat in einem Kühlschrank, bei der Blutdruckregelung des Körperhaushaltes, bei einer automatisierten radargesteuerten Flugzeugabwehr, im Lernprozeß o. beim Zustandekommen eines Gewissensurteils verstanden werden. Als „Wissenschaft v. der Steuerung dynamischer Prozesse" arbeitet K. mit dem Modell des → Regelkreises. Bei den dabei erzielten Ergebnissen ist v. a. hinsichtlich des sozialen, psychischen u. geistigen Bereiches zu beachten, daß es sich oft um → Analogien, Analogieschlüsse u. Modelle u. nicht um Beschreibung der → Wirklichkeit handelt. → Kybernetische Pädagogik → Information → Programmierter Unterricht Ko

Kybernetische Pädagogik. K. P. erforscht u. interpretiert päd.-did. Probleme mittels kybernetischer, → informationstheoretischer Methoden, v. a. in → Analogie zum → Regelkreis. Sie spricht nicht mehr v. Lehrern u. Schülern, sondern v. „Lehrsystemen" u. „Lernsystemen" (H. Frank). Der Lehrer übt die Funktion eines Lotsen o. „Reglers" aus, der einen *Ist-Wert* (= Ausgangssituation des Schülers) einem *Soll-Wert* (Lern- o. Erziehungsziel) durch optimale Strategie (Methode, Erziehungsmaßnahmen) angleicht. Lernen wird im Sinne der → Kybernetik als Aufnahme, Verarbeitung, Lehren als Vermittlung v. → Informationen (Nachrichten) verstanden.

Nach F. v. Cube wäre K. P. präziser als K. → Didaktik zu bezeichnen. Sie umfaßt 1. die Informationsdidaktik, welche v. a. in der Anwendung kybernet. Methoden in der Lernforschung beruht u. 2. die → Automatisierung did. Prozesse, wie es etwa im → Programmierten Unterricht der Fall ist. Zu beachten ist, daß nicht alle Bereiche der trad. Erziehungswissenschaften gleicherweise nach dem kybernet. Modell zu fassen sind. Zielbestimmung, Normenkritik wie auch die *Tiefendimensionen* v. → Gewissen, → Ehrfurcht, päd. Takt, → Meditation u. ä. m. scheinen mittels kybernet. Modelle nur unvollkommen, wenn überhaupt, interpretiert werden zu können. → Programmierter Unterricht Ko

Laienkatechese. In der Erkenntnis, daß der Laie (L.) in die Apostolatstätigkeit der → Kirche eingeschlossen ist u. den Auftrag hat (Firmsakrament), die Botschaft des liebenden → Gottes zu verkünden, werden nun auch Laienkatecheten (bes. mit theol. Ausbildung) vermehrt zu kirchl. Diensten herangezogen. Der umfassende gemeindliche Verkündigungsdienst, RU, außerschulische Katechese, theol. Erwachsenenbildung u. Sakramentenspendung (Kommunionspendung) sind Aufgaben des qualifizierten Laientheologen. Die missio homiletica könnte die kirchl. organisierte kerygmat. Ausbildung abschließen; die → missio canonica ist die offiz. kirchenamtl. Beauftragung zur Erteilung v. RU. Die Beauftragung zur → Verkündigung soll die apostol. Tätigkeit des Laienkatecheten rechtlich fundieren, um ihn als „Fachmann" auszuweisen. Darüber hinaus ist jeder Laie (Nichtgeweihte) aufgerufen, in jedem Lebensbereich als Mensch u. Christ zu wirken (bes. bei spez. Ausbildung f. einen o. mehrere Bildungsbereiche). Had

Laissez-faire-Verhalten. Franz.: „Laß sie gewähren". Ein Erziehungsstil, bei dem nach L. T. Hopkins der Lehrer nicht in das Handeln der Schüler eingreift. Untersuchungen zeigen, daß dadurch nicht nur die Arbeit des Lehrers erschwert, sondern auch das Lernen negativ beeinflußt wird. → Antiautoritäre Erziehung → Erziehungswege → Erziehungsstile Ko

Landkarte. F. den Unterricht gibt es 1. Symbol-L.n (= gewöhnl." L.) (etwa ab 4. Sch.st.), 2. Bild-L.n (etwa ab 3. Sch.st.), 3. L.nreliefs (etwa ab 2. Sch.st.). Der Größe u. Betrachtungsweise nach unterscheidet man zw. Hand- u. Wandkarten. Waagrecht aufgelegte L.n erleichtern die Vorstellung bei Kindern der 2. u. 3. Sch.st. gegenüber den senkrecht angebrachten Karten. Ebenso erleichternd wirkt die Kombination mit Ansichtsbildern (Photos, Dias usw.). — Sonderformen v. L.n zur Aktivierung der Schüler sind 1. die „stumme" L. zum Ausfüllen u. Ergänzen durch die Schüler (ein mögliches Hilfsmittel hiezu ist der → Umrißstempel), 2. die Mosaik-L. zum Zusammensetzen durch Schüler, 3. die Tuchtafel-L., 4. die → Overhead-L., 5. Oleate (L. o. Elemente davon z. B. Namen, Ergänzungen auf durchsicht. Papier zum Auflegen auf andere L.n). — Die letzten drei Typen basieren auf dem Prinzip der veränderlichen (entwickelbaren) Bilder u. ermöglichen bes. stark das Bezugnehmen auf Geschehnisse (z. B. bibl. Berichte). Vgl. Abb. 13, Sp. 619 ff. Anz

Landschule. L. ist eine wenig- o. ungegliederte Schule im Dorf. Der Bildungsstoff ist auf die ländl. Lebenswirklichkeit abgestimmt. Gw. ist die L. kaum mehr aus päd. u. gesellschaftl. Gründen berechtigt, weil die ländl. Gesellschaftsform durch den allgem. Strukturwandel v. der Industriegesellschaft weitgehend abgelöst wurde. Ro

Land- u. forstwirtschaftliche Schulen. Im Unterschied zur → Landschule versteht man unter landwirtschaftl. (u. forstwirtschaftl.) Schulen berufsbildende Institutionen, die berufsbegleitend u. berufsausbildend wirken. Die Dauer reicht v. mehrwöchigen Kursen über ein-, zwei-, drei- u.

vierjährige Bildungsgänge (l.- u. f.w. mittlere Schulen) bis zu 5jährigen l.- u. f.w. höheren Schulen, die mit einer Matura u. Hochschulreife abschließen. In Österreich unterstehen die l. u. f. Sch. nicht dem Unterrichtsministerium, sondern dem Bundesministerium f. Land- u. Forstwirtschaft. RU wird an allen Typen erteilt. Die theoret. rel. päd. Grundlagen sind nur in ersten Ansätzen studiert. Ko

Laster. Ein sich selbst o. andere Menschen schädigendes Verhalten, das zur → Gewohnheit geworden ist, so daß der Mensch nicht mehr frei entscheiden kann, ob er es tun o. lassen will, nennt man gewöhnlich L. (→ Sucht). Der Ausdruck „dem L. verfallen“ zeigt an, daß es sich um eine Zwangssituation handelt, so daß man mit moral. Bewertungen (→ Sünde) vorsichtig sein muß, da es sich um ein (psych.) Krankheitsphänomen handelt. Da sich das Verständnis dessen, was schädlich ist, wandelt, zeigt sich auch eine gewisse Differenz (zeitlich u. lokal) hinsichtlich dessen, was als L. angesehen wird u. was nicht (mehr). Hi

Latenzphase. Nach der → Psychoanalyse die Zeit zw. der → frühgenitalen Phase u. der → Pubertät. Die sex. Strebungen treten zugunsten sachl. Interessen zurück. Ko

Learning Sets. Lernvoraussetzungen: Vorkenntnisse u. Fähigkeiten, die als Ausgang f. einen Lernprozeß vorhanden sein müssen. → Eröffnungssituation Ko

Lebensalter. Bis vor wenigen Jahren versuchte man den Lebensablauf in Stufen aufzugliedern (z. B. Phase der Entfaltung, Expansionsphase, Kulminationsperiode, Phase der Rückschau u. Bilanz, Greisenalter) u. unterschied sie nach Grundtendenzen der Lebensrealisierung bzw. des Lebensvollzuges. Gw. gliedert man nach Zeitabschnitten (z. B. Kind bis 11 J., Jugendlicher bis 17 J., junger Erwachsener bis 25 J., Erwachsener bis 45 J., Älterer bis 65 J., Alter über 65 J.), arbeitet f. die einzelnen Abschnitte die wichtigsten Lebensthemen u. Entwicklungsaufgaben heraus, ohne dabei zw. zwei Abschnitten eine eindeutige Grenze zu ziehen, weil durch zeitl. u. kulturelle Momente ständig Grenzverschiebungen ausgelöst werden. → Altersstufen in der Unterweisung Ro

Lebensformen. Nach E. Spranger Idealtypen, die nach dem in der Lebensführung vorherrschenden Wert bestimmt werden: Theoret., ökonom., polit. (= Machttyp), ästhet., sozialer u. rel. Typ. Letzteren sieht Spranger verwirklicht im 1. *immanenten Mystiker,* der in allen Dingen → Gott sieht, sich allen Aufträgen des Lebens zuwendet u. allen gottgeschaffenen Gütern Sinn u. Seele anweist; 2. im *transzendenten Mystiker,* der die → Welt flieht u. sich ganz der Übernatur widmet u. 3. im *Dualisten,* der aufs schärfste Himmel u. Erde scheidet u. beide als in sich geschlossene Kreise betrachtet, welche völlig versch. Ebenen angehören. Nach Spranger haben alle L. ihre speziellen Formen u. Möglichkeiten der Gottesbegegnung. Rel. Substrukturen (Ordensgemeinschaften, Kongregationen usw.) o. Frömmigkeitsformen können dem einen o. anderen Typ mehr o. weniger adäquat sein. Der christliche → Glaube ist aber jedem Typ gleicherweise möglich u. vollziehbar. Ko

Lit.: E. Spranger, Lebensformen (9. A. 1966).

Lebenskunde. In österr. Polytechn. Lehrgängen eig. Unterrichtsgegenstand mit allgemein ethischer u. lebensprakt. Orientierung. Innerhalb kat. Lehrpläne sollte der Terminus L. nicht auf Themen wie Film, Tanz, Verkehrserziehung usw. beschränkt bleiben. Anzustreben ist eine → Katechese, die dem Schüler das Bewußtsein vermittelt, daß auch bibl. u. dogmat. Inhalte „lebenskundlich" im eminenten Sinne sind. Ko

Legasthenie. Lese- u. Rechtschreibschwäche (LRS), die sich als Unsicherheit in der Gestaltauffassung v. Buchstaben (Verwechslung v. b u. d), im Zergliedern (Verwechslung v. ie u. ei), bei der Orientierung im Lese-Schreibfeld (verkehrte E) u. ä. äußert. Neben → endogenen Ursachen (Anlage, → Postenzephalitiker) werden heute auch Umweltursachen (falscher Erstschreibunterricht u. a. m.) erkannt. Eine starke Zunahme der LRS führte ab 1960 zu mannigfachen Einrichtungen der Diagnose (Beratungsstellen) u. Therapie (→ Förderkurse u. -klassen, spezielles Übungsmaterial). Ko

Lit.: L. Schenk-Danzinger, Handbuch der Legasthenie im Kindesalter (1968).

Legende. Neben der „Sage" gehört auch die L. zu den in der → Bibel verwendeten literar. Gattungen. L. steht in enger Beziehung zu → Glaube u. Kult, indem sie das Geschehen aus dem Glaubensverständnis heraus interpretiert. u. so das Handeln → Gottes transparent macht. Im → A. T. unterscheidet man *Personal*l.n (z. B. Kindheitsgeschichte des Mose), *Propheten*l.n (Elija), *Martyrer*l.n (Makkabäer), *Kult*l.n (Pascha). — Im N. T. sind v. a. die Wunderberichte (literarisch gesehen) L.n. Dies darf durch den etwas anderen (abfälligen) Sprachgebrauch in der Umgangssprache nicht mißverstanden werden: Die l.nhaften Aussagen machen offenbar, daß die Taten Jesu → Zeichen der gekommenen Herrschaft Gottes sind. Ähnliches gilt f. die → Leidensgeschichte, die das histor. Geschehen des Leidens u. Sterbens Jesu theol. interpretiert. — Anders zu werten sind die L.n, die im N. T. verwendet werden u. rel. Vorstellungen der Umwelt wiedergeben (z. B. Joh 5, 4!). — In der Oberstufe der → AHS bzw. in den weiterbildenden Schulen muß unbedingt auf die literar. Arten eingegangen werden, um Mißverständnisse zu vermeiden u. der Besonderheit der bibl. Sprache gerecht zu werden. — L. ist auch terminus technicus f. Bildunterschriften o. Erklärungen zu Graphiken, Tabellen usw. Hi

Lehramt u. Katechese. Da es Aufgabe des → Lehramtes (L.) ist, die der → Kirche anvertraute Selbstoffenbarung Gottes in → Jesus Christus unverfälscht zu bewahren u. weiter zu bezeugen, die → Katechese (K.) ihrer inneren Struktur nach aber in diese einführen u. einweisen soll, ist der Zusammenhang zw. L. u. K. offensichtlich. So finden sich auch schon sehr früh systematisierende Versuche, das Wichtigste der rel. Unterweisung in → Formeln zusammenzufassen. Die wichtigste Formel dürfte das Apostol. Glaubensbekenntnis sein. Denn die Symbola waren nicht nur Taufbekenntnisse, sondern dienten auch als Grundlage der K. Da diese im Namen u. Auftrag der → Kirche geschieht, muß der Katechet selbst die Einheit mit der Lehre der Gesamtkirche wahren, wiewohl diese in jeder neuen geschichtl. Situation kritisch zu überdenken ist. Das erfordert v. ihm die Bereitschaft zu einer verbindl., wenn auch nicht unreflektierten Identifikation mit der Kirche, insofern diese ihr Selbstverständnis allgem. zum Ausdruck bringt. Der Bischof nimmt im Namen der Kirche den angebotenen Dienst des Katecheten an u. erteilt ihm die kirchl. Sendung (→ missio canonica); er seinerseits unterstützt ihn bei der Verwirklichung seines Dienstes. Dieser eigene Sendungsakt hat sich erst allmählich auf die K. ausgedehnt u. ist erst spät kanonisch fixiert worden. Er muß in erster Linie als pastoraler u. nicht als kirchenrechtl. Akt aufgefaßt werden. Da die K. (zumindest tw.) in unterrichtl. Planmäßigkeit geschieht, zeigt sich der Zusammenhang zw. L. u. K. auch in den heute durchwegs kirchenamtl. gegebenen o. gebilligten Stoffverteilungsplänen, Lehr- u. Unterrichtshilfen. → Codex Iuris Canonici → Lehrnorm → Katechismus **Fi**

Lehrausgang. Unter did. Intention erfolgende Heranführung der Schüler an Realitäten außerhalb der Schule. Rel. päd. relevant sind nicht bloß L.e an rel. Orte (Kirche, Pfarrhof, Kirchenbeitragsstelle, Bahnhofsmission, Friedhof, Kloster usw.), sondern auch solche, die mitmenschl. → Wirklichkeit erschließen helfen. L.e sind fruchtbar nur bei entsprechender Vor- und Nachbereitung. → Aufsichts- u. → Haftpflicht des Lehrers erfordern es, daß Schulleitung u n d Eltern rechtzeitig v. L.n verständigt u. über Ort u. Zeitpunkt des Beginns u. Endes informiert werden. Ko

Lehrer. L. ist heute jener, der zum hauptberufl., unterrichtenden Schulpersonal gehört. — Zur gesellschaftl. Stellung des L.s: Sie ist bestimmt durch seine Aufgaben des Unterrichtens u. Erziehens, der Begutachtung des individuellen Leistungspotentials u. der Erteilung v. Sozialchancen. V. daher ergibt sich das häufig anzutreffende Gefühl der Unterprivilegiertheit u. die relative soziale Isolierung des L.s; er besitzt eine strukturelle Distanz zur → Gesellschaft, weil er immer nur als Vermittler, nicht aber als Schöpfer, Begründer usw. gewertet wird; er unterliegt einer bes. aufmerksamen u. restriktiven sozialen Kontrolle, die auch sein Verhalten außerhalb der → Schule einschließt; er ist faktisch auf die soziale Mittelschicht orientiert. — Gegenwärtig wird das „selbstverständliche“ Engagement des L.s als Erzieher in Frage gestellt; seine Aufgabe wird auf Information, Wissensvermittlung u. Sachdarbietung beschränkt; dies ist päd. vertretbar u. zu fördern, wenn auf diese Weise dem Schüler eine freie Urteilsbildung ermöglicht wird u. Entscheidungsmodelle angeboten werden, um ihm nicht fertige Lösungen des richtigen Verhaltens aufzudrängen; päd. fragwürdig wird diese Einschränkung, wenn der L. nicht den Überzeugungscharakter der → Wahrheit, der zur Umsetzung der → Erkenntnis in seinsgerechtes Verhalten auffordert, f. seine → Person u. f. seine Schüler anschaulich vollzieht. Die frühere „charismatische“ Berufsauffassung (der „geborene“ L., das

„Berufsethos“) wird durch das Modell der sozialen → Rolle des L.s abgelöst; damit kommt es zu einer Versachlichung des L.-berufes, in dem es wie in allen anderen Berufen Befähigungsgrade u. nicht nur eine optimale Berufstauglichkeit gibt. Ro

Lehrertyp(en). Überträgt man pol. Verhaltensformen als Maßstäbe in die Schul- u. Unterrichtssituation, gibt es 1. den sozialintegrativen, demokrat. L. im Gegensatz zum 2. dominativen, autokrat. L.; diese L. liegen zw. den extremen Fehlformen des 3. → Laissez-faire-Typs u. des 4. despot. L.s. Ch. Caselmann unterscheidet den 1. logotropen (sachlich orientierten) v. 2. paidotropen (jugendorientierten) L.; bei dieser Einteilung schließt der gute Lehrer die gegenteilige Einstellung mit ungefähr 40% ein. Ro

Lehrerzeichnung → Zeichenkatechese

Lehre (Unterweisung — Unterricht).

1. Päd.: L. (= Belehrung) informiert nicht nur über Sachverhalte, sondern interpretiert den Sachverhalt in seinem Anspruch auf den Menschen u. dessen Verantwortung gegenüber der Sache, verweist nicht auf das Mögliche u. Wünschenswerte, sondern zeigt mit nachdrückl. Bestimmtheit, doch nicht mit moralischer Indoktrination die Notwendigkeit des Für-wahr-halten-müssens einer Einsicht auf; dabei besteht zu Gebot u. Verbot der Unterschied, daß der Belehrte nicht auf den Belehrenden, sondern auf die eigene aufgehende Einsicht verpflichtet wird. Daraus erhellt die Notwendigkeit v. L.: denn dem Heranwachsenden erschließt sich nicht immer das v. selbst, was f. ihn verbindlich ist, wie auch der Heranwachsende sich dem ihm Verbindlichen verschließen kann; zudem steht ihm das Recht zu, in angemessener Vorwegnahme die Ansprüche seiner Zukunft zu erfahren. L. wird durch päd. → Takt in Zucht gehalten. — Durch den Begriff Unterweisung wird v. Sprachgefühl her versucht, Härte u. Strenge, System u. Kontinuum des Unterrichts zu mildern. — → Unterricht bezeichnet gw. mehr u. mehr die schulisch organisierte → Bildung u. → Erziehung. Ro

2. *Rel. päd.:* Im rel. päd. Schrifttum wird heute v. manchen Autoren zw. (be-)lehren, unterweisen u. unterrichten aus geschichtl. u. sachl. Gründen unterschieden. Es läßt sich unschwer feststellen, daß Unterweisen v. Autoren bevorzugt wird, die RU u. Katechese im Sinne der „Wegweisung“ u. Einweisung in den Glauben verstehen, während Unterrichten u. Lehren dort häufiger gebraucht wird, wo das rationale Moment (→ Aufklärung, → Katechese) in den Vordergrund tritt. Eine Differenzierung wird auch im Hinblick auf Übersetzungen aus dem Griechischen (N. T.: katechein = unterweisen; didaskein = unterrichten) u. Lateinischen (catechizatio u. institutio = Unterweisung bzw. instructio = Unterricht) nahegelegt u. gefordert. J. Dreißen schlug im Hinblick auf eine sachgerechte Terminologie folgende Abgrenzung vor: Unterweisen (v. der Wurzel „uid“ = sehen, erkennen, vgl. lat. videre) ist die reflexe Vermittlung des → Kerygmas in allen Dimensionen an alle Lebensalter u. Bildungsschichten. Es schließt eine bibl., liturg., dogmat.

u. vitale (= auf die Verwirklichung im Leben bezogen) Dimension ein. Unterrichten sei dem gegenüber nur ein Teilaspekt u. Teilgebiet der Unterweisung, das eine bes. Methodik fordert. Insofern Unterricht vorwiegend u. ausschließlich auf Denken u. Verstehen bezogen wird, kann er auch als Gegensatz u. nicht bloß in Unterordnung zur Unterweisung verstanden werden. Ko

Lit.: J. Dreißen, Theologie u. Unterweisung, in: Chr. p. Bl. 1969/14 ff.

Lehrgang. L. ist die planmäßige Anordnung v. → Lernelementen, wobei jeder einzelne → Lernschritt auf den vorausgehenden aufbaut u. den nachfolgenden vorbereitet. Geordnet kann nach dem sachlog., psych., wissenschafts-log., exemplar. (→ Exemplarisches Lehren), gesellschaftskrit. u. wissenschaftskrit. Prinzip werden. F. den Unterricht wird die Berücksichtigung mehrerer Prinzipien erforderlich sein, da z. B. das logisch Erste nicht zugleich das psychisch Nächste sein muß o. das Exemplarische oft erst nach einem längeren Lernprozeß als solches erkannt wird. Ro

Lehrgriff. V. J. Dolch eingeführter Fachausdruck f. unterrichtl. Einzelakte u. Lehrtätigkeiten wie: Hinweisen, Vorzeigen, Vorführen, Abbilden, Beschreiben, Schildern, Kundgeben, Vormachen, Erläutern, Erklären, Fehler feststellen, Anreizen, Auffordern, Fragen usw. Ko

Lit.: J. Dolch, Grundbegriffe der pädagogischen Fachsprache (3. Auflage 1960).

Lehrgut. Synonym mit Lehrinhalt, Thema, Bildungsinhalt, Bildungsgut, „das sich in Wissenschaften u. Künsten anbietende Lernpotential" (Heimann/Schulz), Das L. ist nicht bloß ein mehr oder weniger umgrenzter Ausschnitt aus Wissenschaft o Leben. Dieses wird zum L. erst durch Strukturierung unter päd. Intentionen u. Zielen, did. Sachgesetzlichkeiten sowie unter Berücksichtigung meth. Aspekte. Ko

Lehrmaschine. Im Rahmen der → Unterrichtstechnologie entwickelte apparative Lehrhilfen (→ hardware). *Funktionen:* Speicherung u. Darbietung des Lehrstoffes, der als → soft-ware in programmierter Form (→ Programmierter Unterricht) aufbereitet ist; Steuerung, Kontrolle, Korrektur, Auswahl, Protokollierung des Lernprozesses. *Formen:* 1. Handbetriebene Maschinen (z. B.: durch Drehen an einem Knopf erscheint in einem Fenster die erste Aufgabe. Der Lernende schreibt die Antwort nieder. Durch ein weiteres Drehen wird die richtige Antwort zur Kontrolle sichtbar. Darauf folgt die nächste Aufgabe). 2. Elektrisch angetriebene Maschinen (sie können z. T. die Fehlwahl registrieren, haben die Aufgabe u. U. auf Mikrofilm gespeichert, können mit einem Tonbandgerät verbunden sein, bieten zahlreiche Kombinationsmöglichkeiten u. sind bes. für das Mehrwahlverfahren geeignet). 3. Elektron. gesteuerte Geräte. Sie passen sich dem Lerntempo u. Wissensstand des Lernenden an, sind → volladaptiv, registrieren Reaktionszeit u. Fehlerhäufigkeit, wählen einen angepaßten Programmweg, befördern f. Begabte das Programm schneller u. a. m. Durch Verbindung v. Lernprogramm, Dia, Film, Tonband stellen sie einen hochentwickelten → audiovisuellen Behelf dar, der sich besonders auch zur Forschung eignet. F. den RU existiert derzeit noch keine deutschsprachige soft-ware f. L.n. → Lernmaschine Ko

Lit.: H. Frank (Hg.), Lehrmaschinen in kybernetischer und pädagogischer Sicht, 4 Bde. (1963—1966); H. Heinrichs, Roboter vor der Schultür? (1969); R. Olechowski, Das Sprachlabor (2. A. 1973).

Lehrmedien. Z. B. Lehrbücher, -blätter, -mappen, -material usw. S. Tab. 4, Sp. 629 f. u. Tab. 5, 631 ff.

Lehrmittel → Arbeitsmittel → Unterrichtstechnologie → Katechismus → Religionsbuch → Medien → Schulfunk → Schulfernsehen → Flanelltafel u. a. m.

Lehrmittelfreiheit → Lernmittelfreiheit

Lehrnorm. F. die *kirchl. Katechese* nach trad. Auffassung der → Glaube (fides quae), den das → Lehramt verbindlich vorlegt u. der in approbierten → Katechismen u. → Lehrplänen zum Ausdruck kommt (→ Directorium Catechisticum Generale). Da Glaube kein starres, bloß zu tradierendes System, sondern eine „lebendige" Größe ist, die sich durch das Wirken des → Geistes auf dem Gang der → Kirche durch die Jahrhunderte entfaltet, ist zu beachten, daß er als Lehrnorm mehr ist als das in → Formeln Festgelegte. F. den *schulischen RU* ist die normative Instanz der Kirche oft konkordatsrechtlich abgesichert. Sie blieb in der Theorie bis in die jüngste Gegenwart unbestritten. Heute stehen im Gegensatz zu ihr Autoren, die f. einen „Abbau kirchl. Zuständigkeit" (H. Halbfas) plädieren u. die in einer nicht unproblemat. Bestimmung die L. des schulischen RU *allein* „v. den Aufgaben u. der Verantwortung der Schule her" fordern. Ko

Lehrpaket → Medienverbundsystem

Lehrplan. Die aus dem → Gesamtziel einer Schule abgeleitete, verbindl. Festlegung der Lehrfächer, ihrer Ziele, Inhalte u. Aufgaben. Die trad. L.e f. den RU waren vorwiegend Angaben des Lehrstoffes, der f. die einzelnen Schulstufen (1.) im Sinne *progressiven Fortschreitens* o. (2.) in *konzentrischen Kreisen* o. aber (3.) in der Verbindung dieser beiden *L.-prinzipien* umschrieben wurde. Nach einem ersten Abgehen v. reinen Stoffplänen (→ Rahmenplan) zeichnet sich heute unter dem Einfluß → lerntheoretischer Forschung das Entstehen *lernzielbestimmter* → Curricula ab, die nicht allein v. Idealzielen der → Bildung (Bildungspläne) her, sondern durch krit. Reflexion über erstrebte Lern -u. Verstehensprozesse sowie durch did., psych., soz. Analyse gewonnen werden. — L.e f. den RU dürfen auch dort, wo sie ausschließlich v. der Kirchenleitung verordnet werden, nicht allein aus theol. Erwägungen bestimmt werden. Zu fordern ist eine Bezugnahme auf die Eigenart des jeweiligen Schultyps, auf Querverbindungen zu benachbarten Fächern u. die Möglichkeit einer psych. u. sachlich richtigen Zielsetzung u. Auswahl der Themen. → Lehrnorm → Lektionsplan → Lernziel → Projektforschung → Qualifikation → Rahmenplan u. a. Verzeichnis u. Kommentar neuer Lehrplanentwürfe: RU in der Grundschule, in: Kat. Bl. 1972/56 ff. u. G. Hilger, Reformansätze f. den RU in der Grundschule, in: Kat. Bl. 1972/305 ff. Ko

Lit.: J. Dolch, Lehrplan des Abendlandes. Zweieinhalb Jahrtausende seiner Geschichte (1961); W. Langer, Vom Lehrplan zum Curriculum des RUs, in: Schilling/Kopp, RU zwischen gestern u. morgen (1972).

Lehrplanprinzipien → Lehrplan

Lehrprogramm. Gleichsinnig mit Lernprogramm → Programmierter Unterricht

Lehrstückkatechismus. Im Gegensatz zu der über drei Jahrhunderte vorherrschenden Form eines Frage-Antwort-Katechismus bietet der L. die Glaubenswahrheiten in geschlossenen Lehrstücken an. Beispiele f. L.en: Religionsbüchlein v. W. Pichler (1. Auflage 1912); → Grüner Katechismus (1955). → Glaubensbuch → Religionsbuch → Katechismus → Bibelkatechismus
Ko

Lehrübung. Integrierender Teil der kat. Ausbildung, der durch → Micro-teaching sinnvoll ergänzt, aber nicht ersetzt werden kann. Charakteristisch f. L.n ist, daß Vorbereitung u. Reflexion unter Anleitung eines erfahrenen Lehrers erfolgen. Die rasche Entwicklung in → Didaktik u. → Methodik legt die Forderung nahe, L.n auch in der Weiterbildung der Religionslehrer einzubeziehen. → Hospitieren Ko

Lehrverfahren → Methode

Leiblichkeit. L. ist die materielle Art der menschl. Existenz. Die Bibel drückt sie mit dem ird. Ursprung des Menschen aus (adamah — aus Erde), die Wissenschaften mit der → Entwicklung des Menschen aus dem Tierreich, die Philosophie mit dem Begriff der → Sinnlichkeit, um den Charakter der Vermittlungsrolle des Körpers zu unterstreichen. L. erfüllt in dreifacher Hinsicht ihren Sinn in der Ganzheit des Menschen: sie vermittelt (Sinne, sensor. Nervensystem) die Weltwirklichkeit u. damit das Material f. Erkenntnis u. Forschung; sie verleiht die Mittel (Sinne, motor. Nervensystem) f. Ausdruck u. Mitteilung an die Umwelt, deren Beherrschung u. Gestaltung; sie bildet die Grundlage f. das beglückende Erleben der Existenzfreude. Die Einheit, die der Mensch als Geist in L. bildet, ist durch die phil. Begriffstrennung Leib — Seele lange Zeit unbeachtet geblieben (Folgen: → Dualismus, Manichäismus, Katharertum, Hexenwesen, Puritanismus u. ä.). Die Bibel kennt diese Trennung nicht, sie sieht den Menschen immer als Einheit, auch wenn sie ihn „Fleisch" nennt. In den modernen Wissenschaften kommt diese Ansicht besonders zur Geltung. Bla

Leib—Seele—Problem. Während die Bibel den Menschen in seiner Ganzheit betrachtet („soma"), leitete die griech. Philosophie, bes. der Platonismus, einen unheilvollen → Dualismus in unserer Geschichte ein: a) Manichäismus, Gnostizismus, Katharertum, Hexenwesen, Puritanismus usw. b) Descartes' Trennung alles Seienden in res extensa u. res. cogitans. c) Extremer Idealismus — Materialismus). Ein gewisser Umschwung bahnt sich an, seit die experimentelle Psychologie die Grenzen des Gehirns absteckt, ohne das geistige Bewußtsein zu erreichen, u. andererseits die → Tiefenpsychologie die Störungen durch die Zerrüttung der inneren Einheit v. Leib—Seele—Geist aufdeckt. Seither rückt die ganzheitl. Betrachtung des Menschen immer mehr in den Vordergrund (Chr. v. Ehrenfels, Meining, Marty, Kreibig u. v. a.; Berliner u. Leipziger Schule; → Psychosomatik, Psychophysik, Physiognomie, Mimik, Temperamentenlehre, → Persönlichkeitsforschung, ja sogar die Einheit des Menschen mit der → Welt: Stern, Hellpach u. a.). Es ist daher weit wichtiger, das ganzheitl. Zusammenwirken aller Bereiche des Leibes, der Seele u. des Geistes im Menschen zu erkennen u. zu bilden, als ihre Grenzen genau abzustecken. Dies gilt nicht allein f. die Forschung, sondern erst recht f. die → Erziehung des Menschen, also auch f. den RU. — Aus diesem Selbstverständnis des Menschen kann weder die Überbetonung noch die Unterbewertung des Körpers („Gefängnis der Seele", Teufelswerk; Fis-Kultur des russ. Arztes Sematschko, Rekordsucht, Sexualisierung aller Lebensbereiche u. a.) o. der Seele (dialekt. Idealismus, Geistkirche, manche Sekten usw.) gefolgert werden, sondern einzig u. allein die harmon. Entfaltung aller Kräfte: der körperl. (→ Triebe, Gesundheit, Sport, Spiel usw.), der seel. (Sinneseindrücke, Sinneserkenntnis, Sinnesbewußtsein, Vorstellungsvermögen, → Phantasie, → Gedächtnis, Schätzungsvermögen, Kunst, → Gemüt, → Gefühl usw.) u. der geistigen (Frage, Universalbegriff, Urteil, Denkprinzipien, Ich- u. Dingbewußtsein, → Freiheit). Ihr Zusammenspiel ist durch kein Naturgesetz gesichert (wie beim Tier durch den → Instinkt), sondern muß erst durch bewußt-freies Gestalten des Menschen geschaffen werden. Die Gestalt- u. Ganzheitspsychologie weisen immer mehr darauf, daß in allen Funktionen des Menschen die ganze Seele dabei ist u. selbst die sinnl. → Wahrnehmung (auch das → Unbewußte) erst möglich macht. Da die Seele des Menschen aber → Geist—Seele ist, wirkt das bewußt-freie → Ich als zentrales Leitungsprinzip das ganze Leben des Menschen in Ganzheit u. Einheit. → Existenz, existentiell Bla

Leistungstest. 1. V. Experten mittels Vorversuchen u. Erprobung entwickelte Verfahren zu möglichst obj. Erfassen v. Schülerleistungen. Gütekriterien f. diese *standardisierten L.s* sind: Objektivität, Zuverlässigkeit, Schwierigkeitsgrad u. Trennschärfe. Norm ist die Durchschnittsleistung einer Altersgruppe. 2. V. Lehrern in den Durchführungs- u. Bewertungsbedingungen genau festgelegtes Prüfverfahren, ob die operationalisierbaren Lernziele einer Klasse erreicht wurden. Diese *„informellen" L.s* gelten jeweils nur f. die einzelne Klasse o. Schule. Norm sind die vorher festgelegten Lernziele. L.s f. den RU existieren noch nicht. Sie wären nur bei sachkundl. Inhalten u. bei rationalen Lernzielen, also bei Teilbereichen sinnvoll. Ko

Leitbild — Vorbild. Der klassische Ausdruck → *Bildungsideal* (etwas Vollkommenes, Mustergültiges, Anzustrebendes, nur in der Vorstellung Vorhandenes, Anschaulich-Bildhaftes) wird gegenwärtig fast immer durch *„L."* ersetzt. Im Gegensatz zum Bildungsideal ist ein päd. L. immer konkret, enthält eine Verflechtung in soziol. u. histor. Situationen, ist als Zusammenfassung einer Lebensform oft auch unbewußt wirkend u. nie gestiftet, sondern immer gewachsen. Das *V.* haftet im Gegensatz zum L. u. Bildungsideal immer an einer konkreten → Person. H.

Wenke unterscheidet drei versch. Einstellungsmöglichkeiten der Jugendlichen zu L.n: die *Primitiven* bleiben, ohne sie zu reflektieren, in infantiler Weise an primitiven L.n (Boxer, Popsänger usw.) kleben. Die *Pragmatiker* übernehmen Verhaltensweisen der → Erwachsenen, denen sie möglichst bald gleich sein möchten, als L. Die *„geistig Aufgeschlossenen"* vollziehen einen Selbstgestaltungsprozeß durch L.r o. V.r, die aus der Literatur o. Umgebung entnommen werden. Anfangs kopieren sie die bewunderte Person. Dies ist aber nur der Beginn einer Auseinandersetzung mit dem V. bzw. L., deren eigentl. Werthaltungen bald entdeckt, bejaht u. übernommen werden. → Erziehungsideal → Zielbilder → Bildungsideal Ko

Lit.: W. Flitner, Die abendländischen Vorbilder u. das Ziel der Erziehung (1947); K. Erlingshagen, Vom Bildungsideal zur Lebensordnung (1960); W. Jaide, Leitbilder heutiger Jugend (1968); G. Lutte, Leitbilder u. Ideale der europäischen Jugend (1971).

Leitung des Religionsunterrichtes.

BRD: Der RU ist wie jedes ordentliche Lehrfach Gegenstand der staatl. Schulaufsicht u. -leitung. Die Schulreferenten der Diözesen benennen den Schulaufsichtsbehörden (Schulträgern) die Lehrer, die aufgrund ihrer Studienvoraussetzungen wie ihrer bes. Bevollmächtigung (→ missio canonica bzw. vocatio) den RU erteilen können. An diese Bevollmächtigung ist die Schulbehörde gebunden. Die staatl. Schulaufsicht beschränkt sich auf die Überwachung der Schulordnung, der Schuldisziplin, Einhaltung u. Durchführung (nicht jedoch Inhalt) des Unterrichts. Dem Rel.lehrer stehen keine Sonderrechte in der L. des RU o. im Lehrerkollegium zu. Der Besuch eines kirchl. Beauftragten im RU ist dem Schulleiter vorher anzuzeigen. Kirchen u. Religionsgemeinschaften sind an einer L. des RU nicht beteiligt. Ihnen kommt lediglich eine indirekte Einwirkungsmöglichkeit zu, die sich auf die Übereinstimmung des RU mit ihren Grundsätzen (Lehrinhalt) bezieht (Art. 7 Abs. 3 GG); es steht ihnen aber keine dienstaufsichtl. Befugnis gegenüber den Lehrern zu, die RU erteilen. Lä

Österreich: Durch ein noch heute als Bundesverfassungsgesetz geltendes Staatsgrundgesetz aus dem Jahre 1867 hat sich der Staat rücksichtlich des gesamten Unterrichts- u. Erziehungswesens das Recht der obersten L. u. → Aufsicht vorbehalten (staatl. Unterrichtshoheit), die L. des RU u. der Religionsübungen (→ rel. Übungen → Konkordat) blieb allerdings der betreffenden Kirche o. Religionsgemeinschaft überlassen. Diese übt die L. durch → Lehrpläne u. Lehrbücher, Vorschriften (generell — abstrakt) u. Anordnungen (individuell — konkret) aus. Ke

Schweiz: Eine Unterscheidung zw. → Aufsicht des RU u. L. des RU (was jedenfalls mitgestaltende Kompetenz einschließt) ist nicht gebräuchlich. Der RU der → Volksschulen wird bisher fast ausschließlich v. den Pfarrämtern geleitet; insbes. gibt es in keiner Diözese ein kat. Amt (o. ä.). Bestehende Kommissionen u. Arbeitsgemeinschaften aller Ebenen befassen sich nur mit Fragen des kat. Programms, der Aus- u. Fortbildung der Katecheten usw. Die L. des RU an → Gymnasien usw. liegt bei den betreffenden (häufig: einzelnen) Religionslehrern. Fr

Lektionsplan. = „Lehrstoffverteilung", durch die die Forderungen des → Lehrplanes im Hinblick auf die konkrete Situation einer Klasse u. auf die zur Verfügung stehende Zeit (Anzahl der Lektionen) konkretisiert werden. L.e, die v. a. in Österreich v. offiziellen kirchl. Stellen herausgegeben werden, sind als Modelle zu betrachten u. im Ggs. zu → Lehrplänen nicht verbindlich. Ko

Leptosom → Typenlehre

Lernelement. Kleinste Einheit des Lernprozesses, bestehend aus Information, Aufgabenstellung u. Antwortkontrolle. = Lernschritt im Sinne des → Programmierten Unterrichts. → frame Ko

Lernen. Im Gegensatz zur trad. Auffassung, nach der L. die bewußte Aneignung v. Kenntnissen u. Fähigkeiten ist, wird heute unter L. meist jede bewußte u. unbewußte Verhaltensänderung im kognitiven, emotionalen, psychomotorischen u. sozialen Bereich verstanden. Die → behavioristischen → Lerntheorien unterscheiden dabei nicht zwischen menschlichem u. tierischem Lernen. Geisteswiss. → Pädagogik, → Gestaltpsychologie u. a. betonen demgegenüber das L. des Menschen als spezif. Weise selbständigen Erkennens, wobei der Einsicht bes. Bedeutung zukommt. → Lernkategorien → Lernhemmung Ko

Lit.: W. Corell / H. Schwarze, Lernpsychologie programmiert (1968).

Lernkategorie(n). Typische Ausprägungsformen des Lernverhaltens. Im allgemeinen werden sechs Kategorien unterschieden. — 1. *Lernen durch Gewöhnung;* die entwicklungsgeschichtlich älteste Form des Lernens. Sie kann darin bestehen, daß eine angeborene Reaktion abflaut o. verschwindet, weil der → Auslöser mehrmals ohne entspr. Wirkung aufgetreten ist. (Z. B.: Fluchtreaktion eines Tieres erfolgt nicht mehr, weil der sie auslösende Schlüsselreiz oft ohne tatsächliche Gefährdung aufgetreten ist.) Gewöhnung ist aber auch dann vorhanden, wenn eine Zunahme an Reizbedingungen notwendig wird, um eine angeborene Reaktion hervorzurufen. (Z. B.: Das acht Monate alte Kind lächelt nur mehr bekannte Menschen an.) Durch die Gewöhnung kommt es zu einer Entlastung des Individuums. — 2. *Lernen am Erfolg;* dieser Lerntypus ist beim Bedingtwerden v. Reaktionen gegeben, wie es im klassischen Experiment der Pawlow'schen Schule aufgezeigt wurde (→ Reflex). — Außerdem treffen wir diese Kategorie beim Versuch-Irrtum-Lernen an. Durch Versuch u. Irrtum erfolgt allmählich eine Auswahl der Reize, auf die hin eine angeborene Reaktion erfolgt. (Z. B.: Junge Erdkröten schnappen zunächst nach allem, was sich bewegt u. ungefähr die Größe eines Beutetieres hat; nach einiger Zeit des Lernens tun sie das nur mehr bei wirklichen Beuteobjekten.) — 3. *Das latente Lernen;* sicherlich eine entwicklungsgeschichtlich junge L. Es tritt nur bei Lebewesen mit höherer Raumeinsicht u. Neugierdeverhalten auf u. kann als ein Lernen auf Vorrat bezeichnet werden. Es wird ohne Belohnung o. Bestrafung gelernt. Beim Menschen ist diese Kategorie in hohem Maße gegeben. Das Kind lernt z. B. im Spiel, was es später verwenden kann (→ Spiel). — 4. *Lernen durch Einsicht* (Einsichtslernen); v. W. Köhler an Schimpansen entdeckter Lerntypus. Beim Menschen v. K. Bühler als „Aha-Erlebnis“ bezeichnet. Es handelt sich hier um ein Miterfassen v. räuml. u. zeitl. Gegebenheiten, das zu einer plötzl. Umgestaltung der Reaktion führt. Die neue Reaktion erfolgt sofort, ohne daß durch → Strafe, Lohn, → Erfolg o. Mißerfolg gelernt wurde. Diese Kategorie wird nur bei anthropoiden Lebewesen vorgefunden u. deutet an, wo Intelligenzleistung einsetzt. — 5. *Lernen durch Prägung;* L., die auch als Spezialfall der Gewöhnung gesehen wird, wurde v. Heimrod an Graugänsen untersucht. (Eine frisch geschlüpfte Graugans sieht zuerst einen Menschen u. nimmt ihn als Elternersatz an; später war es f. sie sehr schwer, ihresgleichen als Elternteil anzuerkennen.) Bei der Prägung werden best. Merkmale erlernt (z. B.: Wärme, Herztöne, usw.). Prägungsbereitschaft besteht nur kurze Zeit u. ist nur bei Lebewesen gegeben, die relativ unfertig ins Leben treten. Beim Menschen werden die prägsamen Zeiten auch als sensible Perioden bezeichnet. Ihnen kann große Bedeutung zukommen (Prägungseinfluß der Kinderstube). — 6. *Lernen durch Nachahmung;* eine bei Tieren nur selten auftretende L., f. den Menschen ist sie aber überaus bedeutsam. → Nachahmung besteht im aktiven Suchen nach Situationen, in denen man lernen, neue Erfahrungen sammeln kann. Über die Nachahmung wird der Traditionszusammenhang gesichert u. das mühsame Verfahren des Versuch-Irrtum-Lernens abgekürzt. Si

Lernmaschine. Oft gleichsinnig mit → Lehrmaschine gebraucht. Im Gegensatz dazu Bezeichnung f. elektronisch gesteuerte Geräte, die selbst „lernen“, indem sie sich durch die eingegebenen → Informationen der gestellten Aufgabe anpassen u. ä. Auf den nicht nur quantitativen, sondern qualitativen (Wesens-)Unterschied zwischen solchem Lernen u. menschlichem Lernen ist zu achten. Ko

Lernmedien Z. B. Lernbücher, -blätter, -mappen, -material usw. S. Tab. 4, Sp. 629 f. u. 5, Sp. 631 ff.

Lernmittel. → Unterrichtstechnologie → Medien → Arbeitsmittel u a. m.

Lernmittelfreiheit.
BRD: Die L. steht in der Kompetenz der Länder (z. B. Bay. Gesetz über L. v. 5. 3. 1949); sie ist in den einzelnen Bundesländern unterschiedlich geregelt. Die nach einer Prüfung zugelassenen Schulbücher werden v. den zuständigen Kultusministerien in Verzeichnissen veröffentlicht. „Ein Schulbuch wird genehmigt, wenn sein Inhalt a) nicht gegen Verfassungsrecht o. sonstige Rechtsvorschriften verstößt, b) den Anforderungen u. Entwicklungen der Lehrpläne u. Richtlinien inhaltl., did. u. meth. entspricht“ (Runderl. des KM. Rheinland-Pfalz v. 20. 10. 1970 § 2). Die Versorgung der Schüler mit zugelassenen Schulbüchern erfolgt entweder im Ausleihverfahren (die Schulbücher verbleiben Eigentum des → Schulträgers) o. durch Ausgabe v. Bescheinigungen zum kostenlosen Erwerb im Buchhandel. Das Bay. Gesetz hält fest: „Müssen Bücher drei Jahre u. länger v. einem Schüler benützt werden, so gehen die Bücher nach dieser Zeit in das Eigentum des Schülers über“. Lä

Österreich: → Unentgeltliche Schulbücher

Schweiz: In der obligator. Volksschule aller Kantone besteht L. f. den RU entspr. der offiziellen Stellung dieses Faches (→ Organisation des RU). F. den RU im engeren Sinn werden somit die Schülerbücher (gewöhnlich nicht andere Lehrmittel wie Wandkarten, Lehrerkommentare) entweder a) v. Schulträger, b) v. Pfarreien o. Kirchgemeinden abgegeben o. müssen c) v. den Schülern angeschafft werden. Da es gewöhnlich nicht möglich ist, f. Bücher kurzfristig L. zu beantragen, wird diese nicht immer in Anspruch genommen. (Der → Bibelunterricht ist, wo er besteht, überall den anderen Fächern gleichgestellt.) Fr

Lernpotential. Heute oft gleichsinnig mit → Lehrgut gebraucht.

Lernprogramme f. den Religionsunterricht. 1. K. Pfannkuch, Thema „Dogma" in: „Deutsche Lehrprogramme f. Schule u. Praxis" 1964/2/28 ff. — f. evang. RU in der gymnasialen Oberstufe; 2. Poko-Studiengruppe, So entstanden die Evangelien (1968) — f. Sekundarstufe II; 3. O. Zieher, Die heiligen Schriften (Manuskript 1970) — f. Sekundarstufe I; 4. H. Heinemann, Wie lesen wir das Testament? (1970) — f. Sekundarstufe I; 5. O. Zieher, Die Sakramente, 1. Teil (Manuskript 1971) — f. Sonderschulen ab 7. Schulstufe; 6. O. Zieher, Wortgottesdienst — Eucharistiefeier (1972) — f. das 3. u. 4. Schuljahr; 7. W. Hirschmann, So kam es zum Glauben an die Auferstehung Jesu (1972). — f. 9. u. 10. Schuljahr; 8. H. Tommek, Lernprogramm „Gottesreich" (1972). — f. Sekundarstufe I; A. Friemelt / F. Oser, Den Frieden lernen (1973) — Sekundarstufe II. Ko

Lernprozeß. Der L. müßte nach den versch. → Lernkategorien differenziert dargestellt werden. Er wird auch unterschiedlich je nach der zugrundegelegten → Lerntheorie gedeutet u. variiert nach Bereichen des zu Erlernenden (→ Gedächtnisinhalt, Verhalten, Fertigkeiten, Wertungen, → Lernziel). Seine Beschreibung müßte anders sein, wenn kleinste Elemente als Ziel des L.s beschrieben werden (→ Lernschritt) u. anders, wenn L. im Hinblick auf größere Teilabschnitte (→ Lernsequenz) des schulischen Bereiches verstanden wird. Im Gegensatz zur psych. Forschung hat f. den gegenwärtigen Schultag die letztgenannte Sichtweise immer noch ihre Bedeutung u. Funktion. Dabei können folgende Abschnitte des L.s unterschieden werden: 1. Stufe der → Motivation (Ermöglichung, Weckung u. Festigung des Lernwunsches, Zielsetzung); 2. Stufe der → Information u. Konfrontation mit dem Lerninhalt; 3. Bewußtwerden der Aufgabestellung; 4. Innewerden v. Schwierigkeiten; 5. Finden der Lösung bei Überwindung der Schwierigkeiten; 6. Ausführung u. Übertragung der Lösung auf andere, ähnliche Aufgaben; 7. Stufe des Einübens u. Behaltens. — Diese Stufen sind „Grobstruktur" eines komplexen L.s u. Orientierungshilfe f. den Lehrer. Sie dürfen u. können aber nicht Aufbauprinzip jeder einzelnen Unterrichtsstunde im Sinne einer → Formalstufenlehre sein. → Lernen → Konditionieren → Lernzielforschung → Lernzielstufen → Gedächtnis → Transfer → Wiederholung → Sicherung des Unterrichtsertrags → Lernstörung → Gedächtnishemmung Ko

Lernpsychologie → Lerntheorien → Lernkategorien → Motivation → Lernstörungen → Gedächtnishemmung

Lernschritt → Lernelement → frame

Lernsequenz. Zusammenfassung v. mehreren → Lernelementen zu *einer* Einheit mit *einem* Sachverhalt als Lerninhalt. Ko

Lernsituation. Jede L. ist durch das Zusammenwirken einer Vielzahl v. Faktoren bestimmt (z. B.: familiäre Verhältnisse, schulische Gegebenheiten, Persönlichkeitsstruktur des Lernenden, usw. — → Lernstörungen). V. der Wirkungsweise dieser Faktoren wird es abhängen, welcher Lerneffekt erzielt wird. Der Schulpraktiker wird versuchen, die L. jeweils so zu gestalten, daß alle potentiellen Ursachen f. → Lernstörungen vermieden werden. Freilich kann er auf die f. die Lernleistung grundlegend bedeutende, emotionale u. soziale Stabilität des Kindes nur in sehr beschränktem Maße Einfluß nehmen. Manche Ursachen f. Lernstörungen werden überhaupt nicht zu beseitigen sein (z. B.: Begabungsmängel, nervöse Störunggen, usw.); hier gilt es, das Kind zu einer Bewältigung der Gegebenheiten zu führen. — Eine optimale L. unter Ausschaltung aller Lernstörungen kann daher nie erreicht werden. Sie wäre dann gegeben, wenn das Individuum die seiner → Entwicklung u. Begabung entsprechende Lernleistung in vollem Ausmaß verwirklichen könnte. Si

Lernspiele. In *jedem* → Spiel übt das → Kind auf ihm gemäße Weise Weltverhalten. L. im engeren Sinne sind eigens zum Zweck meist kognitiver o. pragmat. Zielsetzung geschaffene Spiele. Nach Ch. Niederle müssen sie im Schwierigkeitsgrad so aufgebaut sein, daß die Lösung der Aufgabe v. Kind erfordert, sich „geistig auf die Zehenspitzen zu stellen". Zu leichte u. zu schwere L. verhindern das → Interesse. Das Material der L. muß einer intensiven Beanspruchung standhalten u. sollte möglichst wandelbar sein. Die wichtigsten Typen sind: Puzzle, Zuordnungsspiele, Memory (= Gedächtnisspiele), Ausschneidespiele, Zusammensetzspiele usw. L. haben bes. in der → Sonderschule Bedeutung. Aus Rentabilitätsgründen können sie mit wenig Mühe auch selbst hergestellt werden. Eine Liste empfehlenswerter käuflicher L. ist erhältlich beim Österr. Arbeitsausschuß f. gutes Spielzeug, A-1010 Wien, Liebiggasse 5/1. → Katechetisches Spiel Ko

Lit.: M. Arndt (Hg.), Didaktische Spiele (4. A. 1972).

Lernstörung. Eine L. ist dann gegeben, wenn ein Individuum die seinem Entwicklungsstand u. seiner individuellen Veranlagung nach zu erwartenden Lernleistungen nicht erbringt. Fast an jedem Kind kann man im Lauf seiner Schulzeit mehr o. weniger ausgeprägte L.n beobachten. Die Schulpraxis zeigt, daß meistens Maßnahmen der Disziplinierung o. did. Geschick nicht ausreichen, L.n zu beseitigen. Um L.n zu vermeiden, bzw. zu überwinden, ist es v. großer Bedeutung, ihre Verursachung aufzufinden. W. Correll unterscheidet daher in seiner Einteilung der L.n: 1. L.n, die durch die Schulsituation bedingt sind. Ursachen können z. B. der Unterrichtsstil des Lehrers, die Lehrer-Kind-Beziehung, die Stellung des Kindes im Klassenverband, das did. Verhalten des Lehrers, das Lernmilieu u. a. sein. — 2. L.n, die auf familiäre Gegebenheiten u. außerschul. Erziehungseinflüsse zurückzuführen sind. Beispiele: Halbwaise, Vollwaise, zerrüttete Ehe, geschiedene Ehe, Geschwistersituation, Verwöhnung, Vernachlässigung, Verwahrlosung, Verführung, u. v. a. — 3. L.n, die aufgrund der individuellen Persönlichkeitsstruktur des Lernenden zustandekommen. So können z. B. partielle Begabungsschwächen, Entwicklungserscheinungen (Leistungsabfall in der → Pubertät), das persönl. Lerntempo, die Schwerpunktsetzung aufgrund v. Interessen, nervöse Störungen, organische Defekte u. a. L.n hervorrufen. — 4. L.n, die durch Erziehungsschwierigkeiten verursacht werden. Trotzhaltungen, aggressive Tendenzen, „Faulheit", Geltungssucht, Hemmungen, usw. können zu L.n führen, können aber auch als Reaktion auf L.n auftreten. — In der Literatur unterscheidet man außerdem L.n, die das gesamte Lernverhalten betreffen (generelle L.) u. solche, die nur gegenüber bestimmten Gegenstandsbereichen bestehen (partielle L.). Hinsichtlich der Dauer v. L.n u. der Art des Einsetzens ist eine große Mannigfaltigkeit gegeben. Das Auffinden v. L.n ist f. die psychische Entwicklung des Kindes v. größter Bedeutung. Wenn ein Schulpraktiker L.n nicht erkennt, Kinder mit schwachen Lernleistungen sofort als „dumm", solche mit Anpassungsschwierigkeiten als „charakterl. Versager" einstuft, wird er durch unangepaßte Maßnahmen den gestörten Kindern irreparable Schäden zufügen. — Zur näheren Information über „Ursachen, Formen u. Überwindungsmöglichkeiten v. L.n" sei das Buch v. W. Correll „Lernstörungen beim Schulkind" empfohlen. Si

Lit.: E. Höhn, Der schlechte Schüler. Sozialpsych. Untersuchung über das Bild des Schulversagers (1967).

Lerntheorie(n). Heute werden als L. fast ausschließlich solche zitiert, die auf dem Boden der empir. Psychologie gewachsen sind (Reiz-Reaktions - Verstärkungs - Theorie, Reiz-Reaktions-Kontiguitäts-Theorie, Theorie der operativen Konditionierung, Theorie der klassischen Konditionierung). Gemeinsam ist all diesen Theorien, daß sie Lernen auf dem Hintergrund eines Reiz-Reaktionsschemas u. der → Reflexlehre Pawlow's zu verstehen suchen, sich auf meßbare Umweltereignisse (Reize u. ebenso meßbares Antwortverhalten) beziehen, das Lernen als vorwiegend → exogen gesteuerten Prozeß betrachten u. keinen qualitativen Unterschied zw. tierischem u. menschl. Lernen machen. Kritisiert werden diese L. v. den „kognitiven Theorien", welche auf → Gestaltpsychologie u. a. aufbauen u. auch die inneren Erlebnisse in die Lernforschung miteinbeziehen. Bei der Erklärung des Lernens spielen hier → endogene Umstrukturierungsprozesse eine große Rolle. — Eine umfassende anthropol.-geisteswiss. orientierte L., welche das gw. vorliegende empir. Material integriert u. menschl. Lernen im Unterschied zu tierischem v. der Geistbestimmtheit des Menschen her zu verstehen sucht, ist gegenwärtig noch ausständig. Ko

Lit.: O. W. Haseloff — E. Jorswieck, Psychologie des Lernens (2. A. 1971).

Lerntypen-Hierarchisierung. Ein v. R. N. Gagné ab 1964 entwickeltes Modell der → Curriculumerstellung mit dem Ziel, zur → Mikrostruktur v. → Lernsequenzen zu kommen. Gagné stellt eine Liste v. 8 Lerntypen (1. Signallernen, 2. Reiz-Reaktionslernen, 3. Kettenbildung, 4. sprachl. Assoziationen, 5. multiple Diskriminationen, 6. Lernen v. Begriffen, 7. Lernen v. Regeln, 8. Lernen des Problemlösens) auf. Das Erlernen des niedrigeren Typs sei Voraussetzung für das des höheren. → Taxonomie Ko

Lernverhalten → Lernkategorien

Lernvoraussetzungen → Motivation → Lerntheorie → Lernsituation → Lernstörung → Lernkategorien → Gedächtnishemmung → Eröffnungssituation u. a.

Lernzielforschung hat die Aufgabe, f. den RU → Globalziel, Nah- u Fernziele (→ Teilziele) sowohl affektiver als auch kognitiver u. pragmat. Art zu erarbeiten. Vor der L.bestimmung sind die spez. Voraussetzungen des RU zu untersuchen: a) Feststellung der entwicklungs-, lern-, sozial- u. erziehungspsych. Situation der Jugendlichen. b) Soziokultureller Hintergrund u. außerschul. Einwirkungen. c) Bedingungen der Schulwirklichkeit u. Querverbinden zur außerschul. Wirklichkeit. d) Möglichkeiten des schul. Fächer- u. Methodenkanons. e) Berücksichtigung der durch Individualität u. Vorbildung abgesteckten Fähigkeiten des Lehrers. *Aufgabe der Didaktik:* Reflexion über den Gesamtauftrag der Schule, über den Einzelgegenstand des RU, die schul. Arbeit des RU unter den Bedingungen des Schülers u. des Ortes, der mögl. Verfahren u. Mittel u. des erreichbaren Gewinns (Ziele): 1. Erhebung der Lebenssituation des Schülers. 2. Bestimmung der Qualifikationen dieser Lebenssituationen. 3. Erstellung der Global- u. Teilziele des RU. Lernziele müssen „operationalisiert" werden, d. h. als Operationen des Lernenden, als Verhaltensweisen o. Handlungsweisen beschrieben werden.

Als *Globalziel des RU* wird etwa genannt: Humanisierung der heutigen Wirklichkeit unter dem Blickpunkt der → Offenbarung o. Fähigkeit, die rel. Frage in die jeweiligen Entscheidungs- u. Konfliktsituationen zu stellen, u. in der Auseinandersetzung mit vorgegebenen Antworten rel. u. weltanschaul. Traditionen, vornehmlich der bibl. Botschaft, zu einer eigenen Antwort zu kommen (Päd.-theol. Institut Kassel).

Beispiele f. Teilziele: 1. Frage nach der eigenen Existenz: a) Fähigkeit zur rel. Fragestellung; b) Befähigung zur rel. Erlebnispotenz; c) therapeut. Unterstützung der Befähigung. 2. Befähigung zu einem sachgemäßen Umgang mit rel. Traditionen: a) sachspezif. Verständnis der Sprachformen rel. Erfahrung erwerben; b) histor. Bedingtheit u. Traditionsgebundenheit rel. Vorstellungen erkennen; c) die wechselseitige Abhängigkeit zw. rel. Vorstellungen u. gesellschaftspolit. Einstellungen erkennen. 3. Mit Fragen u. Antworten rel. Welt- u. Lebensdeutung sachgemäß umgehen können: a) Frage nach eigenem Ich stellen; b) Beziehung zum Andern als rel. Frage reflektieren; c) Fähigkeit zur Erfassung der rel. Dimension der gesellschaftspol. Wirklichkeit. →

Taxonomie → Lernzielstufen → Lerntypen-Hierarchisierung u. a.
Had

Lernzielstufen. L. sind nach G. Miller u. a. 1. die Reproduktion (gespeichertes Wissen wiedergeben), 2. die Reorganisation (Gelerntes selbständig anordnen); 3. → Transfer (Gelerntes auf ähnliche andere Aufgaben übertragen); 4. problemlösendes Denken (selbständige, schöpferische Leistung). Sie können als Stufen in einem bereits komplexen → Lernprozeß verstanden werden, aber auch als verschiedenartige Lernziele. Im letzteren Sinne werden sie meist in der → Curriculumforschung verstanden. → Lerntypen-Hierarchisierung → Taxonomie Ko

Lichtbild → Diapositiv → Projektion

Liebe. Aus liebender Einigung zweier Wesen entsteht der Mensch u. bleibt sein Leben lang auf L. ausgerichtet: die elementarsten Lebensäußerungen sind mit L.sempfindungen verbunden, die Geborgenheit in der Mutterliebe durchflutet das Seelenleben des Kindes, Kinder ohne L. gehen seelisch u. oft auch leiblich zugrunde; um das 8. Lj. erfährt der Mensch die L. im gegenseitigen Geben u. Beglücken, nicht nur Beglücktwerden, er lernt die Uneigennützigkeit u. Hilfsbereitschaft (f. Eltern u. Erzieher wichtiger als die Aufklärung in der → Pubertät), das Leben aus liebender Einheit mit dem Mitmenschen; in der Pubertät erfährt er zum erstenmal, daß ein Wohlgefühl, das an u. f. sich auf den anderen zielt, v. der L. losgelöst u. rein ichbezogen sein kann. Schiebt sich obendrein die Heiratsmöglichkeit weit hinaus, droht die Pervertierung des Geschlechtstriebes zum Egozentrismus, der selbst in einer späteren Ehe schwer in Anpassung u. Verständnis f. den Ehepartner umzuwandeln ist. Hier findet der Scheidepunkt statt: entweder integriert der Mensch das Triebhaft-Geschlechtliche in sein Menschsein o. er identifiziert die L. mit dem Geschlechtlichen (Sex). *Der allumfassende Charakter der L.:* Geschlechtlichkeit hat in erster Linie die eigene Beglückung zum Ziel, L. tendiert auf das Glück u. Wohl des anderen, u. erst v. diesem Glück her kommt die eigene Beglückung. Hingabe u. Aufnahme, Beglückung u. Beglücktwerden bilden die Einheit v. Ich u. Du in der L. Geschlechtlichkeit ohne L. ist eine biolog. Episode, L. ist das Drama, das den Menschen in seiner → Leiblichkeit, Psyche u. Geistigkeit umfaßt. Ihr Ursprung liegt bald im Leiblichen, bald im Psychischen, bald im Geistigen. Will sie jedoch echt u. reif sein, muß sie den ganzen Menschen, sein Leben wie sein Schicksal durchdringen, sie muß zur vollen Einheit zweier Menschen (das bibl. Bild: Mann — Männin, Frau aus der Seite des Mannes) werden: a) *in der Leiblichkeit,* zu der nicht bloß die Geschlechtlichkeit gehört, sondern jede Sinnesfreude, Gesundheit, Beisammensein, Liebkosung usw.; b) *in der Gefühlswelt:* nicht allein die affektive L., das Verliebtsein, sondern die Kultivierung des seel. Lebens (Gestaltung, Ansichten, Kunsterleben, Wohnungskultur, Charakterbildung u. a. m.), die Anpassung an den Charakter, aber auch Fehler des andern, die Aufrichtigkeit u. Vertrauen sowie Glauben aneinander; c) *in der Geistigkeit:* Gestaltung des gemeinsamen Lebens durch das bewußt freie Ich u. Du (Aufklärung über

Lebensprobleme der Ehe u. Erziehung, Einsatz u. Verwirklichung der reifen → Mündigkeit des Mannes u. der Frau, bewußtes Zielsetzen in Beruf, Heim, Kindererziehung); L. kann daher nicht der Hormonwirtschaft o. dem Nervenkitzel überlassen werden, sondern muß bewußt gepflegt werden, sie ist ein Anliegen des reifen Menschwerdens.

L. als Grundgesetz des Menschen u. der Gesellschaft: Die L. macht den Menschen zum Mitmenschen, nicht allein in der Einheit v. Mann u. Frau. Die Entwicklung der → Gesellschaft u. des internat. Lebens macht uns das Mitmenschsein v. Tag zu Tag bewußter, als wäre sie eine Dokumentation der → christl. Anthropologie: Der Mensch ist auf das Du angelegt, nicht weil er auf die Hilfe des andern angewiesen ist, sondern weil er sein Menschsein ohne das Du nicht vollenden kann. Ohne den → Dialog mit dem Du erreicht er nicht die Bestimmung u. den Sinn seines Lebens.

Die Norm der L.: Der Mensch steht — mit all seinen Rechten u. Pflichten, mit seiner Freiheit u. Verantwortung — in der Einheit v. Ich u. Du („Liebe deinen Nächsten wie dich selbst"). Diese Norm setzt Christus mit der Gottesl. gleich, weil das „endgültige" Menschsein nur aus → Gott kommt, in seiner → Menschwerdung u. seinem Erlösungswerk der totalen Hingabe u. Einheit mit Gott u. dem Menschen geoffenbart wird.

L. u. Geschichte. Die Menschwerdung — Einheit v. Gott u. Mensch — spielt sich in der Geschichte, im Alltag, in der Auseinandersetzung ab. Dasselbe gilt f. die Verwirklichung der L., der Einheit v. Ich u. Du in der Menschheit. Bei aller Grundtendenz in der Entwicklung unserer abendländ. Geschichte in Richtung Menschenrechte u. Verständigung wirkt der Sauerteig Christi u. wird immer mehr — bewußt u. unbewußt — zur Grundlage der → Gesellschaft u. der internat. Beziehungen.

Einheit v. L. u. → Freiheit: L. erlangt ihre volle Entfaltung im bewußten Dialog mit dem Du u. dessen Gleichstellung mit dem Ich, also dort, wo sie identisch wird mit der Freiheit v. Ich u. Du. L. ist daher Freiheit u. kann nur in der Freiheit gedeihen, sowohl im Individuum als auch in der Gesellschaft: L. ohne Freiheit in der → Erziehung (Heim u. Schule) ist entweder eine Affenliebe o. Tyrannisierung, L. ohne Freiheit in der → Ehe entweder Versklavung o. Eifersucht, L. ohne Freiheit in der Gesellschaft könnte zwar eine Art → Gerechtigkeit sein, aber kein volles Menschsein. → Agape — Eros — Sexus Bla

Lit.: B. Welte, Dialektik der Liebe (1972).

Liederbücher. Siehe die Hinweise im Anhang, Sp. 1071 ff.

Liedkatechese. Eines o. mehrere rel. Lieder geben der Katechese das „Gerüst", sie verbinden die einzelnen Abschnitte der → Katechese o. sie sind integrierende Bestandteile. Die LK. ist sicherlich die Krönung jedes Bemühens um das Lied in der Katechese; die Gefahr, daß aus der Religionsstunde eine Gesangsstunde wird, muß freilich vermieden werden. Anregungen u. einige Beispiele v. LK.n: K. Musalek, Das Lied in der Katechese (1969). Mu

Liftkurse. Sonderform einer → Förderstufe in → Gesamtschulen. Sie sollen Schülern, die in eine Gruppe mit höherer Leistungsanforderung aufsteigen, das dafür notwendige Wissen u. Können ergänzend vermitteln. In Österreich erfolgt lt. Erlaß des Bundesministeriums f. Unterricht u. Kunst ab der 7. Schulstufe ein Wechsel in eine höhere Leistungsgruppe immer in Verbindung mit L.n. → Durchlässigkeit Ko

Lispeln. Sprachfehler, bei dem Zischlaute falsch ausgesprochen o. durch andere Laute ersetzt werden. → Sigmatismus Ko

Literarische Texte im RU. Die → induktive Methode legt dem RU nahe, u. a. auch l. T. zu verwenden, um menschliche → Erfahrungen, zeitbedingtes Selbstgefühl u. krit. Auseinandersetzungen zu fördern, zu illustrieren u. zu demonstrieren. Verständlicherweise sind literar. gute Texte dazu oft besser in der Lage als das Wort des Rel.-lehrers, der noch dazu v. seiner Ausbildung her eher gewöhnt ist, eine → deduktive Methode zu verwenden, d. h. den „Stoff" aus der Schultheologie (Dogmatik, Moral) abzuleiten u. den Schülern zu präsentieren. Durch die Verwendung l. T. im RU gelingt es leicht, die Eigenwelt der Theologie zu durchbrechen u. die theol. Fragestellung in die allgemeinmenschl. einzubetten. Die theol. Antwort (→ Evangelium) kann im → Gespräch über den Text relativ leicht v. Rel.lehrer beigebracht werden, so daß deutlich wird, daß das Christentum eine erhellende u. befreiende Stimme in das „Weltgespräch" einbringt. Dies gilt auch hinsichtlich der Kooperation zw. RU u. Deutschunterricht, der ja u. U. durch die im RU gestellte Sinnfrage die eher formale o. literaturwiss. Interpretation leichter auf die zugrundeliegenden anthropol. o. sogar theol. Aussagen hin ausweitet. Noch ein anderes Ergebnis muß hervorgehoben werden: durch die Befassung mit l.n T.n wird sich auch die → Sprache des RU (u. damit die Sprache der → Verkündigung) in Richtung größerer Verständlichkeit, Unmittelbarkeit u. Eindringlichkeit (→ Verfremdung) wandeln. Einige literar. Textsammlungen schließen bereits l. T. f. den Unterricht auf. Hi

Lit.: P. K. Kurz, Über moderne Literatur. Standorte u. Deutungen 3 Bde. (1969 ff.); G. Hierzenberger, Unterwegs zum Menschen (ab 17. Lj.; 1969); Reihe „Alternativen" (Oberstufe Höhere Schule); S. Berg, Kurze liter. Texte im RU & B.de (1971 f.); J. Parizek, Glaube gefragt (1972); (9. Schulst.); N. Hofer, Christus gefragt (1972) (10. Schulst.); D. Steinwede — S. Ruprecht, Vorlesebuch Religion (1971), 5.—12. Lebensjahr; A. Höfer u. K. Zisler, Katechetisches Vorlesebuch, 2 Bde. (1972), 12.—14. Lebensjahr; E. Rucker, Moderne Literatur, Text u. Arbeitsbuch (1971); H. u. M. Halbfas, Das Menschenhaus, ab 8. Lj., (1972); O. Polemann — L. Rössner, Suchen nach Gott (1972, 4. Aufl.); V. Hertle u. a., Material- u. Lesebuch zu „glauben — leben — handeln" (1971); O. Betz, Mahl ohne Ende. Die Eucharistie im Spiegel der Dichtung (1960); J. Blank, Der Mensch am Ende der Moral, dargestellt an Beispielen neuerer Literatur (1971); A. Grabner-Haider — P. Kruntorad, Fällt Gott aus allen Wolken? (1971); M. Hartenstein u. a., Lesebuch f. den RU, 2 Bde., 15.—18. Lebensjahr (ev. 1969); R. Sauer, Die Herausforderung des Atheismus (1970); H. Schröer, Moderne deutsche Literatur in Predigt u. RU (1972); U. Klatte, Existenz u. Religion 3 Bde. (1971 ff.); G. Röckel, Die Arbeit mit Texten im RU (1973); A. Hardt/E. Schmitz (Hsg.), Dichter u. Propheten. Moderne Literatur in der Glaubensverkündigung (1973).

Literarkritik. L. hat die Aufgabe, Verfasserschaft u. Entstehungszeit der einzelnen (bibl.) Schriften zu eruieren u. bedient sich dabei der Methode literar. Analyse (grammatikalisch u. stilistisch). → Formgeschichte → Gattungsgeschichte → Redaktionsgeschichte Hi

Liturgie. V. griech. „leiturgia" = Dienst (sowohl im Gemeinwesen wie im Kult). Allmählich wird dieses Wort synonym mit „Gottesdienst" verwendet, wobei der Akzent auf der Gestaltung der Zeremonien bzw. auf der dafür geltenden Ordnung liegt. Bereits die Urgemeinden feierten eigene Gottesdienste (vgl. z. B. Apg 2, 46), unter denen das „Herrenmahl" (→ Abendmahl) eine bes. Rolle spielte (vgl. 1 Kor 11, 20). Viele Texte des N. T. zeigen deutlich den gottesdienstl. Gebrauch (→ Hymnen, → Formeln, Lobgesänge, Predigten, Dankgebete usw.). Im Laufe der Kirchengeschichte entstanden zahlreiche eigenständige L.n., Hand in Hand damit ging ein zunehmendes Gegenüber v. Priestern u. Gemeinde, wobei die Gemeinde zunehmend passiv wurde. Die liturg. Bewegung im 20. Jh., die in der L.-Konstitution des II. Vat. Konzils einen vorläufigen Höhepunkt fand, trat dem entgegen u. erreichte eine gewisse Verlebendigung u. Erneuerung der L. — nicht immer auch der grundlegenden L.fähigkeit. — Im RU gibt es viele Möglichkeiten, die Kinder l.fähig u. l.bedürftig zu machen, d. h., sie in lebendiges, aktives Feiern einzuüben (→ Katech. Feiern, → Wortgottesdienste, → Motivmesse, → Jugendmesse, → Kinderliturgie, → Schulgottesdienst, → Polit. Nachtgebet, → Jazzmesse). Hi

Liturgiekatechese. 1. *Katechese im Dienst der → Liturgie* (= L.). L. in diesem Sinne ist Einübung u. Hinführung zur L. der Kirche. Sie wurde früher zur Gänze v. schul. RU getragen. In den letzten Jahren zeichnet sich zunehmend die Tendenz einer Verlagerung in den kirchl.-pfarrl. Bereich ab. Teilbereiche der L. sind hier: Taufunterricht, → Firmunterricht, Erstkommunionunterricht, → Brautunterricht u. a.

2. *L. als Inhalt der Katechese:* Über die genannten Bereiche hinaus wird L. zum Thema der Katechese: a) im Rahmen des → Katechismusunterrichts (z. B.: Sakramentenkatechese), b) im Zusammenhang mit Einstimmung u. Deutung kirchl. Feste u. Festzeiten; c) im Rahmen vieler anderer Themen bei Anliegen wie → Aktualisierung, Realisierung, → Gebetserziehung u. a.

3. *Katechese in der L. u. durch die L.* erfolgt heute häufiger als in früheren Jahren sowohl in Form → katechetischer Feiern (Zelebrationen), aber auch als Teil v. Wortgottesdiensten, Kindergottesdiensten, kat. gestaltete Kinderpredigten u. ä. — L. darf nie auf Kenntnis u. Beherrschung liturg. Zeremonien eingeengt werden. In allen Bereichen ist ein dreifacher Bezug zu sehen u. zu wahren: 1. der personale u. → pneumatische Bezug zum erhöhten u. gegenwärtigen Christus, durch den u. mit dem der Kult dem Vater dargebracht wird; 2. die Verbindung zu einer konkreten → Gemeinde als Teil des gesellschaftlich verfaßten Gottesvolkes; 3. die Verbindung v. L. u. menschl. Leben u. menschl. Erfahrung (→ Vorfeldkatechese, → Katechese der Erfahrung). Ko

Lob — Tadel. Psych. gesehen wird mit L. u. T. verbal zu Leistung u. Verhalten in positiver bzw. negativer Art Stellung bezogen; sie sind als soziale Verstärker wichtige → Motivations-Formen. Ihre Wirksamkeit ist generell noch nicht genau beantwortbar, doch tendieren L. u. Anerkennung zumeist leistungsfördernd. Die Wirksamkeit wird mitbestimmt v. Alter, Geschlecht, Intelligenz, v. Emotionalbezug zw. Lehrendem u. Lernendem, durch die Art der Leistungssituation, v. vorausliegenden individuellen Erfahrungen des Lernenden mit L. u. T. Allg. Formulierungen v. L. u. T. ohne individuelle Abstimmung verdecken eher die emotional-aktivierende u. die informierende Komponente dieser sozialen Verstärker. — Päd. bedeutsam ist, daß L. u. T. nicht nur Verhaltensänderungen hervorrufen, sondern zu einsichtigem Handeln in einer Entscheidungssituation anspornen möchten, wobei zu bedenken ist, daß das konkrete Handeln nicht total aus dem bisherigen Verhalten vorausberechnet o. abgeleitet werden kann. L. u. T. sind daher *mehr* als Mittel der → Erziehung; sie stellen Erziehungsmaßnahmen dar, d. h. sie nehmen Maß am Menschen f. die Einweisung in human-gültige Lebensführung, in der einsichtsvolles Tun die Kausalkette seines gewohnten Handelns durchbricht u. Handeln in freier Selbstbestimmung geschieht, so daß der Mensch sich v. den Regeln des Bisherigen u. Gewohnten befreit (→ Emanzipation). Nur durch diesen Befreiungsakt ist dem Menschen aufgrund v. Einsicht u. vernünftigem Ermessen der sich in der gegebenen Situation anbietenden positiven Möglichkeiten der sinnvolle u. sinngebende Auf- u. Ausbau seiner Humanität möglich. L. u. T. appellieren an den Mut des Menschen, den Sprung v. bisher Gekonnten u. Geleisteten zum Neuen u. Ungewohnten zu wagen (→ Ermutigung). Ro

Loccumer Richtlinien. Durch eine ökumen. Übersetzerkommission erarbeitete Weisungen f. die sachgemäße Wiedergabe bibl. Eigennamen. Sie finden Verwendung in der deutschen → Einheitsübersetzung der Bibel. Aufgrund dieser L. R. veröffentlichten die deutschen Bischöfe zusammen mit dem Rat der Evangelischen Kirche in Deutschland u. dem Evangelischen Bibelwerk 1971 das „Ökumen. Verzeichnis der bibl. Eigennamen nach den L. R.“, welches Grundlage f. Form, Schreibweise u. Aussprache dieser Eigennamen im RU, in → Religionsbüchern u. Behelfen ist. Die Diskrepanz zw. der neuen, verbindl. Schreibweise u. der tradit., die sich noch einige Zeit in den in Gebrauch befindlichen Religionsbüchern finden wird, bedingt gewisse Schwierigkeiten. V. a. in der Pflichtschule wird man die herkömml. Form bibl. Eigennamen solange tolerieren müssen, als sie in den Büchern, welche die Kinder in den Händen haben, aufscheinen. Es ist aber in diesen Fällen zumindest alternierend jeweils auch die neue Form zu gebrauchen (z. B. Isaias = Jesaja) u. zu achten, daß nicht eine überholte Schreibweise allein fixiert wird. Schon in der Grundstufe ist — etwa bei Tafelanschrift u. Heftführung — darauf hinzuweisen, daß es — abweichend v. einer im Religionsbuch evt. noch vorhandenen Schreibweise (etwa: Genezareth) — auch eine andere gibt (Gennesaret). → Bibl. Namen Ko

Lösungssituation. Jene Phase des Lernprozesses, in dem eine gestellte Aufgabe durch Experimentieren, Einsicht, Einfall (→ Aha-Erlebnis), Anwendung einer allgemeinen Regel u. ä. zur Lösung kommt. Ko

Logienquelle (= Q). Reden u. Sprüche Jesu (z. B. Mt 5—7; 10; 23; Lk 6,20—8,3; Lk 9,51 ff.), welche nur Mt u. Lk gemeinsam haben. Es wird angenommen, daß sie Mt u. Lk in einer heute nur unvollständig rekonstruierbaren Sammlung v. Herrenworten (gr. „logion") vorlagen. → Zweiquellentheorie Ko

Logopädie. Zur Sprach- bzw. Sprechheilkunde zählende planmäßige Übungsbehandlung v. Sprachfehlern. Ko

Logos. 1. *Theol.:* → Wort. 2. *Päd.:* L. wird f. die in Bewußtheit u. → Freiheit sich äußernde Vernunft bzw. Vernünftigkeit des Menschen gebraucht. Sie steht nach M. Heitger in einem Spannungsverhältnis v. Sein u. Sollen. Die → Bildsamkeit des Menschen erhält durch Logosbindung jene Richtung, welche sich als Sollen zeigt. Ko

Logotherapie. Von E. Frankl entwickelte → psychotherapeut. Methode, welche darauf abzielt, daß der psychisch Kranke den Sinn seines Lebens findet. → Tiefenpsychologie → Existenzanalyse Ko

Lückentext. Zusammenhängender Text, in dem Wortlücken sinnvoll auszufüllen sind. Verwendung in → Lehrprogrammen u. Arbeitsblättern (Wiederholung, Festigung, Vertiefung), ab 1897 (Ebbinghaus) auch zur Diagnose der Intelligenz verwendet (Lückentest). Ko

Lügentest. Fragebogen mit eingebauten Lügen, welche Verfälschungstendenzen der Versuchsperson aufdecken sollen. L.s werden oft auch mit einem Lügendetektor (Mehrfachschreiber zur Registrierung v. Reaktionen) durchgeführt. Die Objektivität ist schwer prüfbar u. beim Detektor beschränkt. Als Methode sind L.s bedenklich, als gerichtl. Vernehmungsmittel in allen Staaten, welche die → Freiheit der → Person garantieren, unzulässig. Ko

LÜK-Gerät. LÜK ist die Abkürzung f. *L*erne, *Ü*be, *K*ontrolliere. Das L. ist ein f. verschiedene Fächer ab der 3. Schulstufe (Einzelarbeit) geeignetes Gerät, bestehend aus einer Schachtel, in deren Boden quadratische Felder eingezeichnet sind. Quadratische Plättchen mit Nummern müssen aufgrund eines Fragebogens auf dem Boden der Schachtel richtig eingeordnet werden. Bei richtiger Lösung ergibt sich auf der Rückseite ein geometrisches Muster (= Kontrolle). Genaue Beschreibung des LÜK-Gerätes: K. Finger, Handbuch zum Glaubensbuch 4, Herder 1971. Aufgabenbogen f. RU u. Katechesen zum LÜK-Gerät wurden v. J. Hasel erarbeitet u. sind erhältlich im Katechetischen Instiut Wien, A-1010 Wien, Stephansplatz 3/3. Das Gerät selbst ist zu beziehen beim Heinz-Vogel-Verlag, Wilhelmshaven u. in der Österr. Lehrmittelanstalt Wien. Ko

Lumen Vitae. 1. Centre International d'Etudes de la Formation Religieuse. 1935 v. einer Arbeitsgemeinschaft an der Theol. Fakultät Löwen/Belgien gegr., 1937 nach Brüssel verlegt. Aufgaben: Studium u. Förderung der → Katechese, Kongresse, Publikationen, Gründung u. Ausstattung v. assoziierten → Zentren v. a. in Afrika. Sitz: Brüssel, 184, rue Washington, Belgien.

2. Name der 1946 begründeten, v. 1. in engl. u. franz. Auflage herausgegeb. internat. → Zeitschrift f. rel. Unterweisung. Ko

Lust. L. ist nach S. Freud der Hauptmotor des seel. Strebens. Die Moraltheologie sieht heute in ihr eine positive Fähigkeit, ein Geschenk → Gottes (allerdings wie jede Gabe selbstsüchtig mißbrauchbar). Die lustfeindl. Einstellung vieler Kirchenväter (z. B. Augustinus) u. des Mittelalters ist in der Bibel nicht begründet, sondern wurde im christl. Altertum v. der griech. Philosophie (vgl. Drei-Schichten-Lehre) u. dem dualistischen Manichäismus übernommen. Die Aufteilung des Seins in ein gutes geistiges u. ein böses leibliches Prinzip führte zu einer jahrhundertelangen Leibfeindlichkeit. Lei

Lit.: A. Grabner-Haider (Hsg.), Recht auf Lust? (1970).

Märchen. Als Produkt des kollektiv Unbewußten (→ Archetypen) kommen im M. in symbol. Form tiefste Wünsche, Sehnsüchte u. auch Ängste des Menschen zum Ausdruck u. finden Erfüllung bzw. Überwindung. M. sind nicht nur ob ihrer moral. Qualität (das Gute siegt!), sondern mehr noch wegen ihrer → Rolle im Prozeß der Individuation (→ Ichfindung) rel. päd. relevant. Sie finden zunehmend Verwendung im RU. Die Zuordnung bestimmter M.typen f. best. Altersstufen, ihre rel. päd. Funktion u. Wirkung, sowie adäquate Methoden ihres Einsatzes sind allerdings erst ansatzweise erforscht. Die Befürchtung früherer Katechetiker, daß durch das Erzählen v. M. im RU das → Kind auch hist. Stoffe u. Glaubenswahrheiten als irreal ablehnt, trifft nicht zu. Kinder unterscheiden im Volksschulalter schon sehr genau zw. M. u. Realität. In einem modernen RU muß darüber hinaus die → Erkenntnis versch. literar. Gattungen (→ Gattungsgeschichte) im Hinblick auf das richtige Bibelverständnis zielstrebig gepflegt werden. Ko

Lit.: W. Scherf, Kindermärchen in dieser Zeit. Die psychol. Seiten der Volksmärchen u. ihr erzieherischer Wert (1961); H. Giehrl, Volksmärchen u. Tiefenpsychologie (1972).

Magie — Mythos. Unter Ma. versteht man Vorstellungen u. Praktiken, die auf der Überzeugung beruhen, daß best. Gesten, Worte, Personen usw. über eine geheimnisvolle Macht verfügen, deren man sich f. seine Zwecke bedienen kann. Viele Religionen weisen in ihrer Geschichte eine ma.sche Phase auf, die oft auch in Form v. „Überhangs-Ma." nachwirkt u. sonstigen Haltungen u. Praktiken widerspricht. Ma. als Ausdruck f. den schöpferischen u. gemütsmäßigen Urgrund des Menschen verstanden (z. B. „ma.sche Kraft des Künstlers"), ist natürlich nie überholbar, Ma. als → Manipulation des Heiligen u. Verlegung der Gottesbeziehung v. der personalen auf die gegenständl. Ebene bedarf der „Entmagisierung". — Unter My. versteht man eine Weise der *Daseinsinterpretation,* die dadurch charakterisiert ist, daß man sich des Rückgriffs in die Vergangenheit u. des Vorgriffs in die Zukunft sowie der → Allegorie u. starker Bildhaftigkeit (Personifizierungen u. Dramatisierungen) bedient, um das kosmische Geschick des Menschen im Sinne eines immer gleichbleibenden Zyklus v. geheimnisvollen Geschehnissen u. Zusammenhängen zu begreifen. My. steht nicht im Gegensatz zur → Wahrheit, sondern zur Geschichte u. hat bleibende Bedeutung f. die → Verbalisierung über-empir. Wirklichkeiten. — Wo aber zugleich mit der → Sprache auch die seinerzeit damit verbundenen Vorstellungen als bleibend gültig angesehen werden (z. B. bei my.schen Passagen der Bibel), ist My. als eine überholte Vorstellung anzusehen (Entmythisierung, → Entmythologisierung). — Da jedes Kind im Laufe seiner Entwicklung eine Phase durchläuft, die viele ma.sche u. my.sche Züge aufweist, muß sich der Rel.lehrer einerseits hüten, durch allzugroßes Eingehen auf diesen → Kairos späterem Unglauben („es ist doch alles ein Märchen") die Wege zu bereiten, andrerseits darauf achten, nicht durch nüchternen → Rationalismus den Sinn f. das Überempirische (→ Geheimnis) zu blockieren. Hi

Lit.: H.-P. Müller, Mythos — Tradition — Revolution. Phänomenol. Untersuchungen zum A. T. (1973); Das Heilige in Licht u. Zwielicht (1966); G. Hierzenberger, Der magische Rest (1969).

Magnetophon. Gesetzl. geschützte, umgangssprachl. Bezeichnung f. → Tonbandgerät.

Magnettafel. Hafttafel aus einer Metallfolie, an der Schrift- u. Bildschablonen, die auf der Rückseite mit magnetischen Haftstreifen versehen sind, befestigt werden. Einsatz- u. Verwendungsmöglichkeit wie bei der → Flanelltafel. Ko

Makkabäer. 1. Beiname des Judas u. seiner Brüder, die um die Mitte des 2. Jh. v. Chr. gegen hellenistische u. syrische Unterdrücker einen jüd. Aufstand um Religionsfreiheit organisierten u. die Dynastie der Hasmonäer begründeten. 2. Das 1. u. 2. M.buch (1 u. 2 Makk.) zählen im kath. Kanon zur Hl. Schrift. 1 Makk. (um 100 v. Chr.) schildert Anlaß u. Verlauf der Kämpfe u. gilt als verläßliche Geschichtsquelle. Die Zeitangaben folgen der Zeitrechnung des Seleukidenreiches (Jahr 1 = 311/312 v. Chr.). 2 Makk. (um 70 v. Chr.) behandelt die gleiche Epoche, stammt aber v. einem anderen Verfasser u. ist v. theol.-erbaul. Intentionen (Wunderglaube, Auferstehungsglaube, Tempelkult usw.) bestimmt. → Altes Testament
3. Ein 3. u. 4. M.buch zählen zu den → apokryphen Schriften. Ko

Makrostruktur. Im Gegensatz zu → Mikrostruktur bedeutet M. Planung u. Gestaltung des Unterrichts in jeweils größeren Einheiten. Der trad. Unterricht war „makrostrukturell". Heute werden oft auch → Lernsequenzen als M. bezeichnet. → Unterrichtsstruktur Ko

Mama-Katechetin. In Frankreich entwickeltes Modell der Einbeziehung v. Müttern in die kirchl. → Katechese. Mütter laden 4—5 Kinder in ihre Familie, bereiten ihnen eine familiäre Atmosphäre mitmenschl. → Begegnung u. ergänzen dabei die pfarrl. rel. Unterweisung. → Katechetische Nachmittage → Elternkatechese Ko

Lit.: J. Dreißen, Das Modell der Mama-Katechetin, in: Chr. päd. Bl. 1971/372 ff.

Manipulation. Als M. bezeichnet man jedes absichtl. Einwirken v. → Personen, → Gruppen o. Institutionen auf einzelne Menschen, Kategorien o. Gruppen v. Personen mit dem Ziel, Änderungen der Einstellungen u. der Verhaltensweisen herbeizuführen. M. vollzieht sich ohne physische o. psychische Zwangsmittel, sie ist äußerlich oft schwer erkennbar, sieht man v. bes. Formen der Kontrolle o. der Propaganda ab. Veränderungen der Einstellungen u. Verhaltensweisen der unmittelbar betroffenen (= manipulierten) Personen erfolgen daher meist unbewußt. In Krisenzeiten sind Menschen f. M. besonders anfällig. Ku

Manische Depression → Psychose

Maria im RU. Die Lehre v. M. im RU wird, was ihren Inhalt, Umfang u. Ort betrifft, ihre Norm am besten in den mariolog. Aussagen der Hl. Schrift selbst wie des II. Vatik. Konzils finden, die weder einen marian. Maximalismus, der die Stellung M.s zu Ungunsten der zentralen Bedeutung → Christi überbetont, noch einen marian. Minimalismus, der die einzigartige Stellung, die M. im Heilsplan → Gottes nach Christus vor allen anderen Geschöpfen zukommt, übersieht, o. einen marian. Isolationismus kennen, der die Gestalt M.s v. Christus u. seinem Erlösungswerk trennt u. zu einer selbständigen Größe macht. Da in M. das → Gnadenverhältnis des erlösten Menschen zu den drei göttl. Personen in exemplar. Weise verwirklicht ist u. da sie als bereits Vollerlöste auch das Ziel unserer eigenen Bestimmung darstellt, kommt ihr in der relig. Unterweisung sicher eine bes. Bedeutung zu. Die Lehre v. M. im RU wird also immer christologisch ausgerichtet sein u. vorzüglich dort ihren Platz haben, wo das Leben u. Werk Christi (→ Erlösung, → Kirche, der erlöste Mensch) zur Sprache kommen. Fi

Marianische Kongregationen o. Sodalitäten sind weibl. u. männl. rel. Vereinigungen mit bes. Verehrung → Marias. 1578 wurde in Innsbruck die erste Männer- u. Studentenkongregation gegründet. Bis heute haben sich die MK. als die „in der Welt am meisten verbreitete Form der kath. Jugendorganisationen“ (W. Bokler) erhalten u. bewährt. Selbstheiligung u. Apostolat sind ihre Aufgabe, d. h. Bildung junger Menschen nach dem Vorbild u. unter dem bes. Schutz Marias u. Apostolat in den Lebensbereichen, in denen der junge Mensch steht. In Wien entstand 1857 die erste Mädchenkongregation. 1952 wurde in Österreich der „Verband marian. Mittelschulkongregationen“ (heute Studentenkongregationen) gegründet. MK. u. Kath. Studierende Jugend (KSJ) arbeiten in gemeinsamen Anliegen zusammen. Had

Marienfeste → Kirchenjahr

Marxistische Pädagogik. M. P. ist auf dem Grundsatz der „revolutionären Praxis“ aufgebaut: die Menschen werden im Verlauf der materiell-gesellschaftl. Veränderung der → Welt, die sie durch ihre Arbeit im Kollektiv zuwegebringen, erzogen. — Das Programm der M.n P. betont 1. den ideolog. Charakter der → Bildung, welche die allein gültige wiss. → Weltanschauung verbreiten soll; 2. den politischen Charakter der → Erziehung, die den Menschen zum Dienst an den marxist. Idealen führen soll; 3. die unersetzl. Verbindung der Bildung mit der Praxis; 4. das Postulat der allseitigen → Entwicklung des Menschen durch umfassende Bildung u. vielfältige Tätigkeiten; 5. eine → Bildungspolitik, die zu einem demokrat. Schulsystem u. zur Demokratisierung des Kulturbesitzes führt; 6. den Grundsatz der intell. u. den der gesellschaftl. Aktivität des Heranwachsenden; 7. den Grundsatz des Kollektivs, das immer u. überall f. seine Angehörigen voll verantwortlich ist. → Kinderkollektiv → Kinderläden Ro

Masochismus. Gemeint ist die *gegen sich selbst* gewendete → Aggression, die in Selbstbestrafung u. Ertragen der damit verbundenen Leiden zur Entladung kommt. Der Name lehnt sich an L. Sacher-Masoch an, dessen Schriften bes. häufig um dieses →

neurotische Phänomen kreisen. Rel. päd. relevant wird M. dann, wenn er als Faktor ins Pathologische reichenden Lehrer- bzw. Schülerverhaltens disziplinäre Probleme aufgibt (→ Skrupel). → Sadismus Hi

Masse. Der Ausdruck M. wird nur selten als wertungsfreier Begriff verwendet. Als soziol. Begriff ist das Wort daher umstritten. Analog dem Begriff der krit. M. in der Physik ist der Ausdruck M. f. eine Menschenmenge erst berechtigt, wenn diese Menge eine solche Größe erreicht u. eine solche Intensität des sozialen Handelns bewirkt, daß Vorgänge u. Verhaltensweisen auftreten, die v. einzelnen in der Regel nicht beabsichtigt sind, denen er sich aber als Teil der M. nicht entziehen kann. Ungeklärt ist, ob M. unbedingt die körperl. Nähe der einzelnen verlangt o. ob die M. auch durch Medien allein hergestellt wird. Ku

Maße des Mittelwertes. Die rascheste, freilich auch gröbste Schätzung des M.s stellt der Gipfelwert (Modalwert) dar. Er ist derjenige Wert, auf den die meisten Fälle in der Verteilung entfallen u. kann daher sofort bestimmt werden. Beim Zentralwert (Median) interessiert derjenige Fall, der genau in der Mitte der Verteilung liegt. Bei einer ungeraden Anzahl an Werten kann er, nachdem diese der Größe nach geordnet wurden, sofort bestimmt werden, bei einer geraden Anzahl ist er das arithmet. Mittel aus den beiden mittelsten Werten. Der Median ist nicht beeinflußt durch extremste Werte, er ist aber in einer Häufigkeitsverteilung schwer bestimmbar u. stellt außerdem keine mathemat. Aussage dar. Da dies aber f. weiterführende statist. Verfahren notwendig ist, wird in der Statistik das arithmet. Mittel (Mittelwert, Durchschnitt) am häufigsten verwendet. → Statistik Si

Maße für die Streuung. Das am einfachsten zu bestimmende M. f. d. S. ist die Variationsbreite (engl.: range); sie wird dadurch bestimmt, daß man v. höchsten Wert der Verteilung den niedrigsten Wert abzieht. Dieses Maß wird allerdings v. extremen Fällen sehr stark beeinflußt u. findet selten Verwendung. Die durchschnittl. Abweichung DA (engl.: average deviation), auch mittlere Variation (mV) genannt, ist durch das arithmet. Mittel aller Abstände der einzelnen Werte v. ihrem Mittelwert gegeben, wobei die negativen Abweichungen absolut gesetzt werden. Da man absolute Zahlen in weiterführenden statistischen Verfahren nicht verwenden kann, ist auch dieses Maß relativ unbedeutend. Als das bedeutendste M. f. d. S. gilt die Varianz s^2, bzw. die Quadratwurzel aus der Varianz: die Standardabweichung s. Um die Varianz zu berechnen, quadriert man die Abweichungen der einzelnen Werte v. ihrem Mittelwert u. errechnet f. die erhaltenen quadrat. Abweichnungen das arithmet. Mittel. → Statistik Si

Massenmedien (Massenkommunikationsmittel). M. u. Kommunikationsmittel mit einseitigem Kommunikationsfluß, die sich an eine große Zahl (→ Masse) v. Adressaten wenden, welche dem Produzenten u. Autor gegenüber weitgehend anonym bleiben. Hauptsächl. Funktionen der M.

sind → Information, Unterhaltung, Meinungsbildung, aber auch → Bildung u. Werbung. M. sind aus dem Leben v. Politik, → Gesellschaft u. Wirtschaft nicht mehr hinwegzudenken. Sowohl demokrat. wie auch diktator. Staatsformen sind heute ohne sie nicht möglich. Aus der Spannung zw. ihrer Bedeutung, ihren Aufgaben u. positiven Möglichkeiten einerseits u. der permanenten Gefahr des Mißbrauchs der mit ihnen verbundenen Macht (→ Manipulation, → Indoktrination) andrerseits ergeben sich zahlreiche Aufgaben der → Medienpädagogik, an der RU u. Kat. legitimen Anteil haben. Zu den wichtigsten Formen der M. zählen: 1. *Zeitungen* (Weltproduktion 1966: 8500 Tageszeitungen mit einer Gesamtauflage v. 350 Millionen); 2. *Zeitschriften* (Weltproduktion 1966: 25.000; Gesamtauflage: 250 Millionen); 3. *Filme* (Weltproduktion durchschnittlich 2.500 pro Jahr; 40 Milliarden Vorführstunden pro Jahr in rund 200.000 Kinos); 4. *Hörfunk* (13.000 Sendestationen); 5. *Fernsehen* (rund 4.000 Sendestationen). Die Kirchen sind im Bereich der M. sowohl durch Produktionen (Kirchenpresse, kirchl. Sendungen in Hörfunk u. Fernsehen, „rel." Filme u. ä. wie auch durch Institutionen (*epd* = Evangelischer Pressedienst der BRD; *KNA* = Kath. Nachrichtenagentur in der BRD; *Kathpress* = Kath. Presseagentur Österreichs; Zentren f. Massenkommunikationsmittel, Begutachtungs- u. Beratungsdienste u. a. m.) präsent. Das II. Vatikanum betont in einem eigenen Dekret über die M. (*Inter mirifica*) den Wert desselben auch f. die Erfüllung der kirchl. Aufgabe, die Verantwortung v. Herstellern u. Gebrauchern, die krit. Funktion der Seelsorge u. a. m. Sowohl Grundsätzliches wie auch Fragen prakt. Handhabung werden als Aufgabe u. Inhalt des RU deklariert. Das Konzil setzte auch fest, daß jährlich ein Tag bestimmt werde, an dem die Gläubigen mit den Anliegen der M. u. den daraus erwachsenden Aufgaben im bes. konfrontiert werden („Sonntag der Massenkommunikationsmittel"). Ko

Masturbation (Onanie). M. (O.) o. Selbstbefriedigung (Ipsation) nennt man jene Praxis, durch die jemand am eigenen Geschlechtsorgan ein körperliches Lustgefühl hervorruft. Fast alle männl. u. ein Großteil der weibl. → Pubertierenden kennen solche Praktiken. An Gründen f. deren Aufnahme sind neben sexuellen zu erwähnen: Abwehrreaktionen gegen verstärkt auftretendes Pubertäts-Schweißjucken, Ausweichversuche vor alltägl. Schwierigkeiten u. Ersatz fehlender andersartiger emotionaler Erlebnisse im persönl., schul. o. familiären Bereich. V. a. aber sind es die erhöhten sexuellen Spannungen u. Nöte, die Heranwachsende noch nicht auszuhalten vermögen o. vermeinen u. aus denen sie oft einen kurzfristigen Ausweg suchen. — Die Moraltheologie sieht (unter Berücksichtigung verschied. physiolog.-psych. Aspekte) in der M. eine unreife Verhaltensweise, die nicht den Vollsinn menschl. Geschlechtlichkeit erfüllt. Das Vorliegen v. schwerer Schuld bei M. in der Reifezeit wird bezweifelt, da die voll bejahte freie Entscheidung zumindest eingeschränkt bzw. oft gar nicht gegeben ist. — Innerhalb der → geschlechtl. Erziehung ist M. sachlich u. nicht moralisierend zunächst als Reifungsschwierigkeit, Mangel-Erscheinung u. Zeichen einer ausstehenden Integration darzustellen. Strafen o. Androhen v. Schäden bedeuten keine päd. Hilfe. Lei

Materialkatechetik → Katechetik

Materialkerygmatische Bewegung. Jener Bereich der v. J. A. Jungmann 1936 initiierten, → Theologie u. Pastoral weltweit beeinflussenden „kerygmat. Bewegung", die eine Reform der → Katechese vorwiegend durch Beachtung inhaltl. Perspektiven anstrebte. Frucht dieser Bewegung ist u. a. der Deutsche → Einheitskatechismus 1955. Die m. B. sieht → Katechese als → „Verkündigung" des → Kerygmas, dessen Unterscheidung v. Theologie betont wird. Charakteristisch f. die m. B. ist auch die angestrebte Verbindung v. Katechese u. Liturgie, sowie eine starke bibl. Orientierung. Ko

Materie. Urstoff, aus dem alles Meßbare entstand. An die M. knüpfen sich frühzeitig die Fragen nach Ursprung, Einheit—Vielfalt, Wesen u. ä. an. Ostasiat. Philosophie hält sie f. Schein o. Nebensache. Griech. Naturphilosophen eröffnen die wiss. Erörterung nach dem Wesen der M.: unteilbare (Atom!) *Masse* in der klass., *Struktur* in der modernen Physik. Ihre räuml. u. zeitl. Begrenztheit, v. der die Naturwissenschaftler (Einstein: Weltmasse = $1{,}3 \cdot 10^{55}$ g, Radius des Weltalls = 25 Milliarden Lichtjahre u. a.) sprechen, sagt nichts über o. gegen ihre → Absolutheit aus. Bla

Mechanistischer Materialismus. Erster weltanschaulicher M. in der Geschichte, entstanden durch die Verabsolutierung der Mechanik in allen Bereichen der physikal. → Welt u. durch die irrigen Folgerungen daraus: Welt = Maschine, Zeit u. Raum sind absolut, Substanz der Welt ist die Materie, die als Äther alles ausfüllt. Ihre Vertreter: D'Alembert, La Mettrie („L'Homme Machine", 18. Jh.), Moleschott, L. Büchner („Kraft u. Stoff", 19. Jh.). Die moderne Physik schränkte die Mechanik auf ihr eigentl. Gebiet ein u. entzog dadurch dem MM. die Grundlage. Seine letzten Anhänger liquidierte Stalin um 1930. Bla

Mediathek. Analog der Bibliothek werden in der M. → Diapositive (Diathek), → Overheadtransparente (Foliothek), → Filme (Filmothek), → Videobänder u. Videoplatten (Videothek), → Tonbänder u. Schallplatten (Diskothek) samt dazugehörigem Begleitmaterial archiviert. M.n sind Voraussetzungen f. Unterricht, → Katechese u. → Erwachsenenbildung in Schulen, Pfarren u. → Katechetischen Zentren. Anz

Medien → Mediensystematik

Medien, ergänzende = Medien, welche geeignet sind, den Unterricht außerhalb des Stoffzusammenhanges zu ergänzen. Typische Beispiele sind: a) die Medienstunde (z. B. Filmstunde, Lichtbildstunde, Lichtbildvortrag, Tonbildstunde), b) die Funkmedien (Hörfunk u. Fernsehen), solange die Sendungen dem Lehrer nicht gespeichert zur Verfügung stehen. — Gegenteil: → Integrationsmedien. Anz

ABBILDUNG 13: **Medien und Kommunikation**

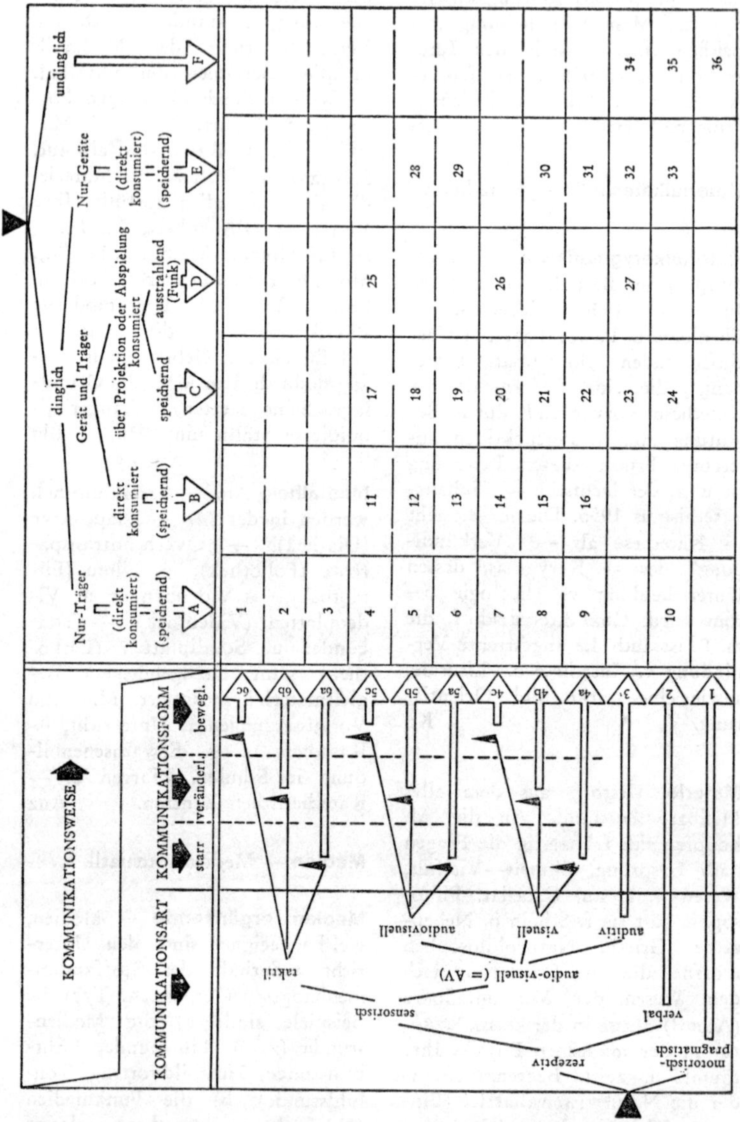

Legende zu ABBILDUNG 14 (Bedeutung der Zahlen)

1 = bewegl. Modelle; bewegl. Baukastenbilder; Figurenbühne (händische u. automatische)

2 = veränderl. Modelle; veränderl. Baukastenbilder; Vorlagen (zum Werken); Sandkasten; Wechselbühne

3 = starre Modelle; starre Baukastenbilder; Tastkasten; Material (f. Arbeit, Übung, Spiel); Relief (Bild- u. Landkartenrelief); Mappenbühne (Tausch-, Schiebe-, Drehbühne); Guckkasten; Steckbühne
4 = analog zu 7, falls vertont
5 = analog zu 8, falls vertont
6 = analog zu 9, falls vertont
7 = Bilder mit bewegl. Ausschnitt
8 = Klappbilder (z. B. Flügelbilder);
Bilder mit beliebig veränderl. Ausschnitt (Schiebe-, Dreh-, Blätter-, Fächer-, Rollbilder)
Bilder mit begrenzt veränderl. Ausschnitt (Bilder mit Fenster, Bilder mit wendbarem Ausschnitt)
9 = Bildteile bei Büchern, Blättern, Schülerzeitschriften u. Wandzeitungen, Flugblättern u. Plakaten; Hand- u. Wandkarten; Nonfotograph. Hand- u. Wandbilder; Klein- u. Großfotos
10 = Textteile bei Büchern, Blättern, Schülerzeitschriften u. Wandzeitungen, Flugblättern u. Plakaten, vorgedruckte u. handgeschriebene Overheadfolien
11 = analog zu 14, falls vertont
12 = analog zu 15, falls vertont
13 = analog zu 16, falls vertont
14 = Flächenbühne
15 = Tuchtafelbilder; Klettentafelbilder; Magnettafelbilder; Lochtafelbilder; Weichtafelbilder; Tafelklebebilder; Tuchmappenbilder; Mehrfachschau v. Nonfotographischen Bildern o. Fotos
16 = Reihentafelbilder
17 = Tonfilm
Videobänder (incl. VCR-Bänder)
EVR-Bänder
Bildplatten
Stereofilme (Schein — 3D)
Selectavision — System (3D)
(im Normalfall vertont)
18 = analog zu 21, falls vertont
19 = Tonbilder (= vertonte Diapositive)
weiters: analog zu 22, falls vertont
20 = Stummfilme
Videobänder (incl. VCR-Bänder)
EVR-Bänder
Bildplatten
Stereofilme (Schein — 3D)
Selectavision — System (3D)
(falls stumm)
bewegliche Overheadtransparente; scheinbewegliche Overheadtransparente (mit Polarisator); bewegl. Schattenbilder
21 = Mehrfachschau v. Lichtbildern (parallel o. ineinandergehend); veränderl. Overheadtransparente (Abdeck- u. Overlay-System); veränderliche Schattenbilder
22 = Lichtbilder (= stumme Diapositive); starre Overheadfolien (Rollfolien u. Transparente); starre Schattenbilder; Episkopbilder; Stereo-Lichtbilder (Schein-3D)
23 = Tonbänder
Schallplatten
24 = Tonbänder
Schallplatten
(wenn nur Wortvortrag)
25 = Fernsehen
26 = Fernsehen (falls im Ausnahmsfall stumm)
27 = Hörfunk
28 = analog zu 30, falls vertont
29 = analog zu 31, falls vertont
30 = Kreidetafel (wenn Bild); Overhead-Rollfolien
31 = Vervielfältigungsgeräte (incl. Matrizen, wenn Bild)
32 = Musikinstrumente

33 = Kreidetafel (wenn nur Text); Overhead-Rollfolien, wenn nur als Schreibprojektor); Vervielfältigungsgeräte (incl. Matrizen, wenn Text)
34 = gesprochenes Wort (prosaisch, rhythmisch, gereimt); gesungenes Wort
35 = wie 34
36 = Lehrausgang; Werken; Sitzordnung; Musizieren (incl. selbstgesungenes Wort); selbstgesprochenes u. selbstgeschriebenes Wort; geistige Arbeit; Ausdruckstätigkeiten; Übungen; Spiele (incl. Wettbewerbe); Feier usw.

Anz

ABBILDUNG 14: **Medien und Begabungsgrad**

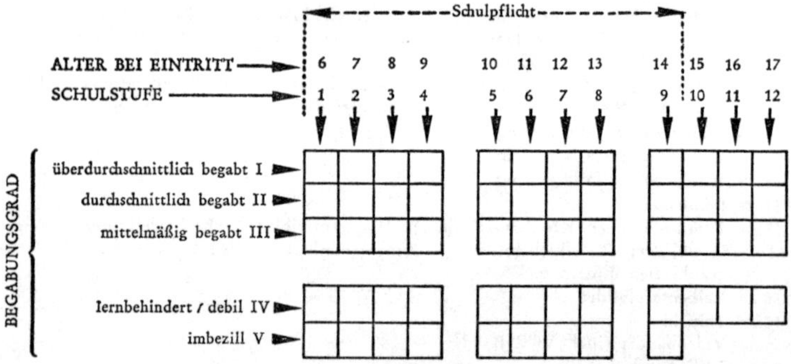

Anz

ABBILDUNG 15: **Medien** (nach ihrer Dokumenthaftigkeit; Skizze v. P. Anzenberger nach F. Hubalek)

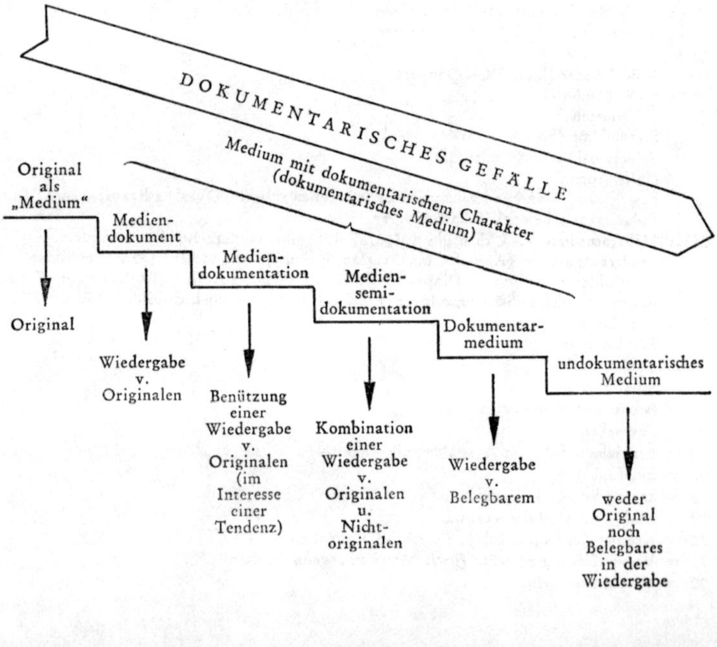

ABBILDUNG 16: **Medien** (innere Struktur; Skizze v. P. Anzenberger)

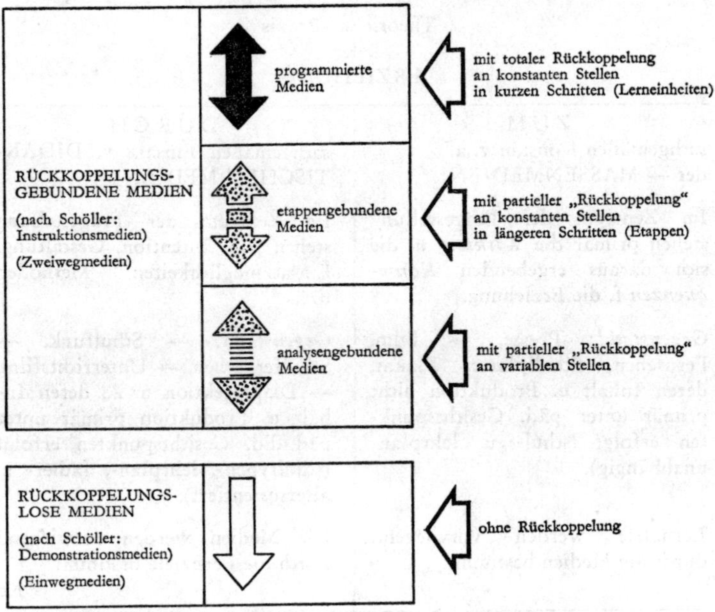

TABELLE 2: Anwendung der Systematik unterrichtlicher Intentionen von Wolfgang Schulz auf *Medien*, welche der Wahrnehmung dieser Intentionen dienen:

NACH DER ANZUSPRECHENDEN PERSONALEN DIMENSION → / NACH DER ZU ERREICHENDEN QUALITÄTSSTUFE ↓	kognitiv orientierte Medien	pragmatisch orientierte Medien	emotional orientierte Medien
anbahnende Medien	Kenntnis weckende Medien	Fähigkeit weckende Medien	Anmutung weckende Medien
entfaltende Medien	Erkennntnis fördernde Medien	Fertigkeit fördernde Medien	Erlebnis fördernde Medien
gestaltende Medien	Überzeugung pflegende Medien	Gewohnheit pflegende Medien	Gesinnung pflegende Medien

Anz

TABELLE 3: **Medienpädagogik**

Theorie u. Praxis
der
ERZIEHUNG

ZUM	DURCH
sachgemäßen Konsum v. a. der → MASSENMEDIEN	sachgemäßen Einsatz v. DIDAKTISCHEN MEDIEN
Im Zentrum der Fragestellung stehen primär die *Wirkung* u. die sich daraus ergebenden *Konsequenzen* f. die Erziehung.	Im Zentrum der Fragestellung stehen päd. Intention, Gestaltung, Einsatzmöglichkeiten, Methoden u. ä.
Gegenstand: Presse, → Film, Fernsehen, Schallplatte, Plakat, deren Inhalt u. Produktion nicht primär unter päd. Gesichtspunkten erfolgt (schul- u. lehrplanunabhängig).	*Gegenstand:* → Schulfunk, → Schulfernsehen, → Unterrichtsfilm, → Diaprojektion u. ä., deren Inhalt u. Produktion primär unter päd.-did. Gesichtspunkten erfolgt (schultypen-, lehrplan-, fächer- u. altersorientiert).
Lernziele werden vorwiegend durch die Medien bestimmt.	Die Medien werden vorwiegend durch die Lernziele bestimmt.
	Ko

Lit.: E. Wasem, Der audiovisuelle Wohlstand (1968); ders., Medien der Öffentlichkeit (1969); ders., Medien der Schule (1972); H. Heinrichs, Lexikon der audiovisuellen Bildungsmittel (1971); ders., Audiovisuelle Praxis in Wort und Bild (1972); G. Debbrecht, Audiovisuelle Medien im RU (1973).

Medienpaket → Medienverbundsystem, s. Tab. 5, Sp. 631 ff.

Medienserie. Summe v. mehreren *gleichartigen* Medien (im Gegensatz zum → Medienpaket); man unterscheidet 1. Medien*reihen* o. *-folgen* (mit festgelegter Reihenfolge): z. B. Diareihe, Fotoreihe usw. 2. Medien*gruppen* (ohne festgelegte Reihenfolge) z. B. Diagruppe, Fotogruppe usw. Anz

Medienspiele. Dramatisierte Medien, z. B. Hörspiel, Spielfilm. → Spielmedien

Medienverbundsystem. Sinnvolles Zusammenspiel u. Ineinandergreifen v. versch. → audio-visuellen Medien, auch Multimediensystem genannt. Eine Form des M. ist das „teaching-package" (= Lehrpaket), eine im Handel erhältl. Sammlung versch. einander ergänzender Medien zu *einem* Thema. Beispiel: Lehrpaket „Hl. Messe", Calig Verlag GmbH München. → Telekolleg → Verbundsystem

Ko

TABELLE 4: **Medien-Repräsentation**

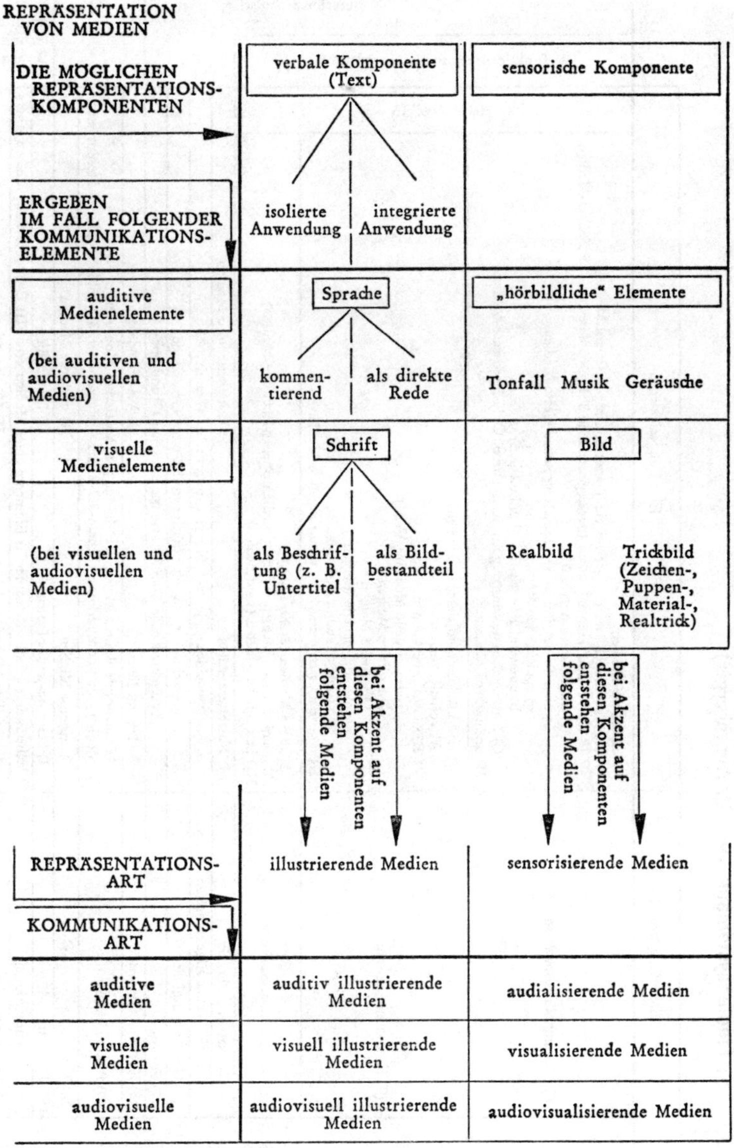

TABELLE 5: **Mediensystematik** (von P. Anzenberger)

Einteilungsgrund	Einteilungselemente	
(1) Kommunikationsweise	I) dingliche Medien A) Nur-Träger-Medien (gerätefreie Träger o. Only-Software-Medien) B) Gerät- und Träger-Medien (gerätegebundene Träger o. Hard-and Software-Medien 1) direkt konsumierte Medien 2) über Projektion u./o. Abspielung konsumierte Medien a) speichernde Medien b) ausstrahlende Medien (Funkmedien) C) Nur-Geräte-Medien (trägerfreie Geräte o. Only-Hardware-Medien) II) undingliche Medien	funktionstechnische Grundtypen (siehe Tab. 13) – funktionstechnische Typen – FUNKTIONELLE TYPEN
(2) Kommunikationsart	I) rezeptiv kommunizierende Medien A) verbale Medien B) sensorische Medien 1) audio-visuelle Medien (AVM) a) auditive Medien b) visuelle Medien c) audiovisuelle Medien 2) taktile u. audiotaktile Medien II) motorisch-pragmatisch kommunizierende Medien	funktionstechnische Grundtypen (siehe Tab. 13) – funktionstechnische Typen – FUNKTIONELLE TYPEN
(3) Kommunikationsform	I) starre Medien (Stehmedien) II) veränderliche Medien (Wechselmedien o. entwickelbare Medien) III) bewegliche Medien (Laufmedien)	funktionstechnische Grundtypen (siehe Tab. 13) – funktionstechnische Typen – FUNKTIONELLE TYPEN
(4) Kassettenhaftigkeit	I) Kassettenmedien — II) kassettenlose Medien	funktionstechnische Typen – FUNKTIONELLE TYPEN
(5) zusätzl. techn. Eigenschaften	(verschieden, je nach funktionstechnischer Grundtype)	funktionstechnische Typen – FUNKTIONELLE TYPEN
(6) Geschwindigkeit	(verschieden, je nach funktionstechnischer Grundtype)	funktionstechnische Typen – FUNKTIONELLE TYPEN
(7) Format	(verschieden, je nach funktionstechnischer Grundtype)	funktionstechnische Typen – FUNKTIONELLE TYPEN
(8) Konsumationsarten	I) Handmedien — II) Wandmedien	FUNKTIONELLE TYPEN
(9) Raumwirkung	I) Medien ohne Raumwirkung (2D-Bilder u. akkustisches Monostem) II) Medien mit Raumwirkung (Schein-3D-Bilder = Stereobilder, 3D-Bilder, akkust. Stereosystem)	FUNKTIONELLE TYPEN
(10) Vertonung	I) stumme Medien — II) vertonte Medien	FUNKTIONELLE TYPEN
(11) Färbung	I) Schwarz-weiß-Medien — II) Farbmedien	ausdruckstechnische Typen
(12) Elementhaftigkeit	I) selbständige Medienelemente II) Elemente einer Medienserie III) Elemente eines Medienpakets	ausdruckstechnische Typen
(13) äußere Struktur	I) einteilige Medien — II) Medienserien	ausdruckstechnische Typen
(14) Umfang	I) Kurzmedien — II) Langmedien	ausdruckstechnische Typen

(I) Die Medien *SELBST*

EINSATZTYPEN

	(15) Anwendungsbereich (nach E. Korherr u. P. Anzenberger)	I) unterrichtsgestaltende (im Unterricht eingesetzte) Medien II) unterrichtsbereitende (vor- und nachbereitende) Medien	
	(16) Multiplikationseffekt	I) Großbereichsmedien (didaktische Massenmedien) II) Kleinbereichsmedien	
	(17) Repräsentationsart	I) illustrierende Medien II) sensorisierende Medien (zB. visualisierende)	s. Tab. 5
	(18) Handhaber des Mediums	I) Lehrermedien II) Schülermedien	s. Tab. 1
(II) Die Medien in der Hand bestimmter Typen von *LEHRERN*	(19) Grundverhältnis des Lehrers zu den Schülern	I) Medien f. den Lehrertyp „anerkannter Fachmann“ II) Medien f. den Lehrertyp „bejahter Führer“ („Kamerad“) III) Medien f. den Lehrertyp „elternhafter Fürsorger“ IV) Medien f. den Lehrertyp „respektierter Chef“	
	(20) Verhältnis des Lehrers zur Arbeitsplanung	I) Medien f. den Lehrertyp „Improvisator“ II) Medien f. den Lehrertyp „Planarbeiter“	
	(21) Verhältnis des Lehrers zu Team- u. Soloarbeit	I) Medien f. „teambereite Lehrer“ II) Medien f. „Sololehrer“	
(III) Die Medien zum Gebrauch bestimmter Typen von *SCHÜLERN*	(22) Schulstufen	I) Medien f. direktes Ansprechen der Schulstufen A) Vorschulmedien B) Grundstufenmedien (1.— 4. Sch. St.) C) Mittelstufenmedien (5.— 8. Sch. St.) D) Oberstufenmedien (9.—12. Sch. St.) E) Hochschulmedien II) Elternmedien (f. Eltern v. Kindern der Vorschule bis Mittelstufe)	siehe Abb. 14
	(23) Begabungsgrad der Schüler	I) Medien f. überdurchschnittlich Begabte II) Medien f. durchschnittlich Begabte III) Medien f. mittelmäßig Begabte IV) Medien f. Lernbehinderte bzw. Debile V) Medien f. Imbezille	
	(24) Geschlecht der Schüler	I) Medien f. männliche Schüler II) Medien f. weibliche Schüler III) Medien f. beide Geschlechter	
	(25) Vorbildungsstand der Schüler	I) Medien f. Schüler mit Vorbildung II) Medien f. Schüler ohne Vorbildung III) vom Vorbildungsstand unabhängige Medien	
	(26) Milieu der Schüler	I) Medien f. Schüler aus dem Industriemilieu II) Medien f. Schüler aus dem Agrarmilieu III) milieuunabhängige Medien	

(IV) Die Medien im Dienst bestimmter Typen von *METHODEN*

Einteilungsgrund	Einteilungselemente	
(27) **unterrichtlicher** Anwendungsrahmen	I) Medien f. ein Unterrichtselement II) Medien f. eine Unterrichtseinheit (Stundenmedien) III) Medien f. eine Folge von Unterrichtseinheiten (Übersichtsmedien) IV) Medien f. einen Unterrichtsabschnitt o. Kurs V) Medien f. ein Schuljahr (Jahresmedien)	
(28) Sozialformen des Unterrichts	I) Frontalisierungsmedien (klassenorientierte Medien) II) Differenzierungsmedien (gruppenorientierte Medien) III) Individualisierungsmedien (einzelorientierte Medien)	s. Abb. 12; siehe Abb. 21
(29) Aktionsformen des Unterrichts	I) Darstellungsmedien (Lehrmedien, Eindrucksmedien) II) Erarbeitungsmedien (Lernmedien, Ausdrucksmedien, „Arbeitsmedien“)	s. Tab. 1; siehe Abb. 21
(30) Aktionsarten des Unterrichts	I) unterstützende Medien (Medien f. direkten Unterricht) II) „unterrichtende“ Medien (Medien f. indirekten Unterricht)	siehe Abb. 21
(31) Aktionsweisen (-techniken, -praktiken) des Unterrichts	I) Arbeitsmedien II) Werkmedien III) Übungsmedien IV) Spielmedien V) Feiermedien VI) Kontemplationsmedien VII) gemeinschaftsfördernde Medien VIII) funktionsfördernde Medien IX) Kontrollmedien	s. Tab. 1
(32) Einsatzart	I) Integrationsmedien II) ergänzende Medien (bereichernde Medien. Enrichment-Medien)	
(33) Einsatzstelle (im Rahmen der Spannungskurve einer Unterrichtseinheit)	I) Einstimmungsmedien II) Steigerungsmedien III) Ausklangsmedien	s. Abb. 22
(34) Einsatzphase (im Rahmen eines Lernprozesses)	I) Medien f. die Motivationsphase II) Medien f. die Probierphase (Medien f. die Phase der ersten Schwierigkeit) III) Medien f. die Lösungsphase IV) Medien f. die Tätigkeits- u. Ausführungsphase V) Medien f. die Behalt- und Einübungsphase VI) Medien f. die Einordnungs- u. Bereitstellungsphase VII) Medien f. die Kontrollphase	
(35) Dokumenthaftigkeit (nach F. Hubalek)	I) Originale als Medien II) Mediendokumente III) Mediendokumentationen IV) Mediensemidokumentationen V) Dokumentarmedien VI) Undokumentarische Medien	Abb. 15

	(36) Offenheit	I) Sachverhalt schildernde Medien (Situationsmedien) A) Reportagemedien B) demonstrierende Medien II) problemstellende Medien (Fragemedien, „Fragezeichenmedien“) III) Lösungsgebende Medien (Antwortmedien)	
	(37) Darstellungsform	I) dramatisierte Medien (Medienspiele) II) undramatisierte Medien	
	(38) Darstellungsart	I) gegenständlich darstellende Medien A) abbildlich darstellende Medien B) schematisch darstellende Medien II) symbolisch darstellende Medien (analogisierende, gleichnishafte Medien)	
	(39) Innere Struktur	I) rückkoppelungsgebundene Medien (n. Schöller: Instruktionsmedien) (Zweiwegmedien) A) programmierte Medien B) etappengebundene Medien C) analysengebundene Medien II) rückkoppelungslose Medien (n. Schöller: Demonstrationsmedien) (Einwegmedien)	Abb. 16
(V) Die Medien als Wahrnehmer bestimmter Typen von *THEMEN*	(40) thematische Konzeptionsart	I) Single-Concept-Medien (eigentliche u. erweiterte) II) Multi-Concept-Medien	
	(41) (allgemeine) Anwendungsvalenz (nach W. Zifreund)	I) monovalente Medien II) polyvalente Medien	
	(42) (gegenwärtige) Lehrplanbezogenheit	I) lehrplandefinierte Medien II) nicht lehrplandefinierte Medien	
(VI) Die Medien als Wahrnehmer bestimmter Typen von *INTENTIONEN*	(43) angesprochene personale Dimensionen (n. W. Schulz)	I) kognitiv orientierte Medien II) pragmatisch orientierte Medien III) emotional orientierte Medien	Tab. 2
	(44) zu erreichende Qualitätsstufe (n. W. Schulz)	I) anbahnende Medien II) entfaltende Medien III) gestaltende Medien	Tab. 2
	(45) Bildungshauptrichtungen	I) allgemein bildende Medien II) spezialbildende (berufsbildende) Medien	
	(46) gegenwärtiger Status des betroffenen Fachgebietes	I) Medien f. Unterrichtsgegenstände II) Medien f. Fachgebiete, welche nicht eigener Unterrichtsgegenstand sind	
	(47) überwiegende Vermittlungsabsicht	I) Informationsmedien (instruierende Medien) II) Impulsmedien (Anstoß-, Aktivierungsmedien; z. B. Anspiele) A) Erlebnismedien B) Motivationsmedien („Werbe“-medien) C) Meditationsmedien D) Diskussionsmedien	
	(48) Aussageart	I) Anschauungsmedien II) Induktionsmedien (Abstraktionsmedien) III) Denkmedien IV) Deduktionsmedien (Konkretisierungs-, Veranschaulichungsmedien)	Abb. 6
	(49) Verknüpfungshaftigkeit	I) Medien, die Querverbindungen herstellen II) Medien, die keine Querverbindungen herstellen	

Meditation. M. ist eine uralte *Kunst* der Menschheit. Man kann über sie Gedanken u. Theorien bilden, doch eigentl. geht es darum, daß man durch andauernde *Übung* Verhaltensweisen erwirbt, die den Menschen *verändern.* M. ist ein dreifaches Können: eine Kunst auf dem Weg zum Heilwerden; das Wesen der Dinge u. Menschen zu schauen u. ihnen zu begegnen; rel. Erfahrung zu gewinnen u. zu bewahren. — 1. Ein *Weg zum Heil* besteht darin, daß der Mensch seiner eigenen Seele ins Antlitz schaut u. sich mit ihr auseinandersetzt. Der eigenen Seelentiefe standzuhalten, heißt zunächst, in sie hineinhorchen, die Kräfte v. äußeren Werken zurückholen u. der eigenen Seele zuwenden. Die Kunst der Verinnerlichung führt zur Auseinandersetzung mit allem Verdrängten u. Gefürchteten. Erst wenn man alles aufgearbeitet hat, was an unvernarbten Wunden u. Schlacken vorhanden ist, wird es so licht in der Seele, daß man das wahre Wesen der Dinge u. Menschen, des eigenen Schicksals u. Lebensweges zu ahnen beginnt. Diese innere Erleuchtung kann den Menschen oft v. grundauf verändern: er wird gelassen u. friedvoll u. entwickelt eine Strahlkraft, die ihn f. andere Menschen anziehend macht. — 2. *Die Kunst, das wahre Wesen der Dinge u. Menschen zu schauen,* ist darin begründet, daß man das Unauswechselbare, das nicht mehr Benennbare u. Aufzählbare eines Menschen zu begreifen beginnt. Auf das so erahnte wahre Wesen der Menschen hin bekommen dann die Dinge u. Ereignisse um sie ein neues Gewicht, sie gewinnen eine Qualität, die man vorerst übersah u. die den eigentlichen Reichtum eines Lebens ausmachen. Erst hier wird die Liebe so richtig möglich, weil sie auf den wirkl. Kern des Menschen trifft. — 3. *Den Frieden im eigenen Herzen* u. das erahnte, unverdeckte Antlitz unserer Mitmenschen zu schauen, sind bereits Wege der *rel.* Erfahrung. Sie ist die Kunst, die eigenen Grenzen zu entdecken u. sie zugleich auf das → Geheimnis → Gottes hin zu übersteigen. Sie geht immer v. menschl. Ereignissen, Erlebnissen u. Bildern aus, sprengt sie aber zugleich, öffnet sie in ungeahnte Weiten o. entdeckt gleichsam auf ihrem Grunde das Grundwasser, v. dem sie leben. Die M. ignoriert die Bilder der → Welt nicht, sondern sie werden ihr zum Spiegel f. die → Wahrheit Gottes. Sie geht den Tiefendimensionen des Seienden nach. — Die M. als Heilungsweg kann meth. eingeübt werden u. a. durch das → autogene Training, durch die → Selbstfindung nach C. G. Jung o. durch den uralten rel. Weg der Reinigung, Erleuchtung u. Einigung. Im schlichten Alltag könnte sie fortleben durch neu zu entdeckende Übungen wie: Besinnung am Morgen, etwa vor dem Aufstehen über das Tagwerk, Gewissenserforschung am Abend, Betrachten v. Kunst, lange Spaziergänge o. offene Gespräche zu zweit. Die rel. Erfahrung verlangt, daß die transzendierenden Seelenkräfte eingeübt werden: sich guter Stunden zu erinnern u. still dabei zu verweilen, dichte rel. Sätze (Rosenkranz) vor sich herzusagen o. zu singen, v. einer schöneren Zukunft träumen, über seine Träume nachsinnen, rel. Kunstkarten durch längere Zeit hindurch vor sich auf dem Arbeitstisch liegen zu lassen, Gedanken im Tagebuchstil niederschreiben usw. — F. den RU ist die Pflege der M. unumgänglich nötig, denn man kann über Religion nicht reden, wenn nicht die rel. Erfahrung vorausgeht. Da diese aber bei vielen Kindern nicht mehr vorausgesetzt werden kann, hat die → Katechese sie method. einzubauen. Dabei ist zweierlei zu beachten: Erstens hat die M. nicht nur gottesdienstliche Form, sondern weitgehend allg. → musische. Zweitens meditieren die Kinder nicht, wie oft die Erwachsenen, durch Verinnerlichung u. Ablichtung der Sinne, sondern gerade umgekehrt durch deren intensive Betätigung: begeistertes Singen, explosives Malen u. Spielen, betroffene Identifizierung durch das Hören v. Erzählungen usw. Erst die evokative, herauslockende M. ermöglicht in ihrem Gefolge bei Kindern auch eine kontemplative Stille. Durch die bewußte u. method. gekonnte Pflege der M. leistet der RU dem Schulprozeß als solchem einen großen Dienst: Denn durch die → Leistungsschule besteht oft die Gefahr, daß die Kinder überfordert u. in ihrem Menschsein geschädigt werden. Durch die M.spflege wahrt die Katechese gleichzeitig ein humanes u. rel. Anliegen. Hö

Lit.: 1. Zen-Praxis: K. Dürckheim, Hara. Die Erdmitte des Menschen (1964); ders., Der Ruf nach dem Meister (1972); ders., Überweltliches Leben in der Welt (1968); ders., Alltag als Übung ([3]1970); Enomiya-Lassalle, Zen — Weg zur Erleuchtung ([4]1973); ders., Zen-Meditation für Christen (1966); ders., Meditation als Weg zur Gotteserfahrung (1972); E. Herrigel, Zen in der Kunst des Bogenschießens (1954); E. Stürmer, Zen — Zauber oder Zucht? Ein Bildbericht (1973). *2. Yoga-Praxis:* N. Dechanet, Mein Yoga in 10 Lektionen (1963); N. Luchs, Yoga für Kinder (1970). *3. Andere Formen:* J. B. Lotz, Meditation im Alltag (1959); ders., Einüben ins Meditieren am N. T. (1965); Ph. Dessauer, Die naturale Meditation (1961); Kl. Tilmann, Führung der Kinder zur Meditation (1959); ders., Staunen und Erfahren als Wege zu Gott (1968); ders., Die Führung zur Meditation (1971); U. v. Mangoldt, Meditation und Kontemplation (1966); ders., Meditation, Heilkraft im Alltag (1960); ders., Wege der Meditation — heute (1970); Fr. Melzer, Innerung. Wege und Stufen der Meditation (1968); G. Stachel, Aufruf zur Meditation (1972). *4. Verhältnis Ost—West:* J. A. Cuttat, Begegnung der Religionen (1956); ders., Asiatische Gottheit und christlicher Gott (1972). *5. Grundlagenreflexion:* W. Bodmershof, Geistige Versenkung. Eine Studie (1965). *6. Hilfen:* O. Betz, „Die Welt meditieren" (1966); ders., „Das Leben meditieren" (1970); ders., „Den Menschen meditieren" (1972); R. Guardini, Wille und Wahrheit (1937); G. Kiefel, Hoffnung für heute und morgen (5. Aufl.); ders., Leben. Bildhefte; A. Morrow-Lindbergh, Muscheln in meiner Hand; Kl. Tilmann, Weckung und Führung (1966); ders., Das Geistliche Gespräch (1956); J. Bours, Kleine Meditationskarten (Bezugsquelle: Th. Nettels, D-44 Münster/W. Spiegelturm 3); F. Fichtl, „Materialien zur Bildmeditation" Teil I: Begegnung mit Jesus, Teil II: Grunderfahrungen des Glaubens (1972/73).

Meditationsmedien. Photographien, Kunstbilder, → Diapositive, → Filme, → Schallplatten u. literar. Texte, welche nicht der Dokumentation, → Information, Illustration o. ä. dienen, sondern Hilfen f. die → Meditation sind. Besonders geeignet sind Kunstwerke, in denen meditative → Erfahrung des Künstlers ihren Niederschlag gefunden hat. Zu M. können aber auch Naturdinge (Blume, See, Berg) werden. Ko

Mehrfachbehinderung. Nach deutschen u. österr. Untersuchungen wachsen die Zahlen der Mehrfachbehinderungen stetig an. Es können faktisch alle Behinderungen in Kombination miteinander auftreten. Sehr häufig ist die Kombination v. Körperbehinderung mit Geistesbehinderung o.

Sprachstörung. Geistesbehinderung ist oft mit motorischen Störungen, Charakteranomalien, Hörschädigungen u. Sprachstörungen gekoppelt. Eine Repräsentativuntersuchung bei deutschen körperbehinderten Kindern ergab, daß neunzig Prozent mehrfachbehindert (2—6fach) waren. Erziehung, Unterricht u. pastorale Betreuung der M.ten erfolgt in größeren Städten heute meist schon im Verband eigener → Sonderklassen. Die rel. päd.-kat. Problematik ist noch nicht untersucht u. muß praktisch v. Rel.lehrer allein aufgrund seiner Erfahrung bewältigt werden. Ko

Lit.: Svetluse Solarová (Hg.), Mehrfach behinderte Kinder (1972).

Meinungsfreiheit. M. zählt zu den Menschenrechten, die dem Menschen als vernünftigem Lebewesen zustehen u. deren tatsächl. Vollzug den Menschen erst zum Menschen macht. — → Erziehung zur M. ist ein Teilziel der Gesamterziehung, die bereits auch den Heranwachsenden als Menschen ernst nimmt; v. a. dann, wenn M. sich nicht auf das freie Aussprechen zufälliger Wünsche o. Einfälle beschränkt, sondern die Meinungsbildung sich auf Argumente stützt, die koaktiv einsichtig gemacht werden können, u. die Meinungsäußerung durch geschulte sprachl. Ausdrucksfähigkeit so klar u. deutlich formuliert geschieht, daß die Meinung zu einer Komponente der sozialen Interaktion ausgeformt wird. → Schülergespräch → Toleranz Ro

Memorieren. V. lat. memoria = Gedächtnis. Gedächtnisaneignung durch Wiederholung. → Merksätze

Meningitis. Entzündung der Hirnhaut, häufig Ursache f. geistige u. psychische Behinderung, welche eine Sondererziehung notwendig macht. → Sonderschule Ko

Menschenrechte. Der Ausdruck M. stammt aus dem 18. Jh. Die ersten Ansätze in der europ. Geschichte: → A. T. (Mensch = Ebenbild Gottes) u. Stoa. Im MA. galten sie nur f. die führende Schicht, in der Neuzeit leiten die Religionskämpfe die Erringung der M. ein, das Individuum wird zum Ursprung des Rechtes (17. Jh., Englands „Bill of Rights"). Die Erklärungen der M.: 1776 Virginia, USA, 1789 Frankreich, 21. Dez. 1867 Österreich (Verfassung), 10. Dez. 1948 (Allg. Erklärung der M.), 4. Nov. 1950 (Konvention zum Schutze der M. u. Grundfreiheiten) UNO. Zu den M.n zählen das Recht auf Gewissens- u. Religionsfreiheit, auf Eigentum, Erziehung, Meinungs- u. Pressefreiheit. Ihr Wesen: Die Wirklichkeit des Menschen rangiert vor dem Staat. M. sind Fundamente der Verfassung. Viele Völker haben sie unterschrieben, aber nicht durchgeführt. Lokallösungen: Europ. Menschenrechtskonvention, Konvention f. Verhütung u. Bestrafung eines Völkermordes, f. polit. Rechte der Frau, f. Beseitigung der Staatenlosigkeit usw., werden v. der Menschenrechtskommission der Vereinten Nationen gefördert.

Das II. Vatikanum sieht die M. in der Personwürde begründet u. betont v. a. das Recht auf Religions- u. Meinungsfreiheit, auf Ehe u. Kinderzeugung, auf Nahrung, mitmenschl. Kultur, sowie die Versammlungs- u. Vereinigungsfreiheit. Bla/Ko

Menschwerdung → Inkarnation

Merksätze. Kat. → Formeln, die durch Memorieren zum Dauerbesitz werden sollen. Bis in unser Jahrhundert wurden M. u. ihre Funktion in einer rel.psych. u. -päd. bedenklichen Weise überschätzt. Heute erkennt man ihren begrenzten Wert o. stellt diesen überhaupt in Frage. Neuere Religionsbücher reduzieren die M. stark u. gehen v. abstrakten, dem Leben des Kindes fremden Formulierungen, welche Antwort geben, wo keine Frage vorhanden ist, ab zugunsten v. Merk*texten* aus Bibel, Liedgut u. Literatur. „Merk-würdig ist grundsätzlich zwar vieles, was Gegenstand v. → Katechese ist. Notwendig eingeprägt werden muß aber nur sehr wenig" (W. Nastainczyk). → Formeln, katechetische Ko

Merk-Signale → Aktivierungsniveau

Metanoia — Umkehr. Das griech. Wort M. findet sowohl im profanen Bereich im Sinne v. Meinungsänderung u. im rel. Bereich im Sinne v. Änderung des (geistigen) Verhaltens u. Rückkehr zu → Gott Anwendung. In der Bibel wird M. meist mit Reue u. Buße in Verbindung gebracht. Da es sich aber hier um stark rituell gefärbte Begriffe handelt, ist es besser, v. Bekehrung u. U. zu sprechen.
Das → A. T. betont, daß Gott (→ Jahwe) die Bekehrung des Menschen bewirkt. Es wird aber wiederholt darauf verwiesen, daß auch jeder einzelne v. seinem bösen Wege umzukehren hat (vgl. Jer 18,11). Daß es sich bei der Bekehrung nicht nur um eine ausschließlich individuelle Angelegenheit handelt, kommt z. B. im Buche Jona besonders deutlich zum Ausdruck.
In den → Qumran-Texten spielt der Begriff M. eine bedeutende Rolle. Es handelt sich hier um eine innerl. u. persönl. U., die aber sektiererisch gefärbt ist (d. h. es wird die Anwendung u. Distanzierung vom verräter. Volk verlangt) u. gerade darin der Bedeutung des Begriffes in den → Evangelien widerspricht. — Wenn der Inhalt des Begriffes M. auch nahezu das ganze N. T. durchzieht, so kommt der Ausdruck nur in den → synopt. Evangelien u. in der Apg. vor. Wir begegnen dem Wort im Munde Johannes' des Täufers u. Jesu selbst. M. bedeutet hier radikale Änderung des Lebens. Johannes verlangt als → Zeichen f. die innere U. die Bereitschaft zum Bekenntnis der Sünden u. zum Empfang der Bußtaufe. Jesus betont, daß zur U. der → Glaube an die v. ihm verkündete Frohe Botschaft vom → Reiche Gottes (das in ihm schon da ist) gehört. Er ist ja das göttliche Heils- (Vergebung-)angebot f. alle, die zur M. bereit sind.
Rel.päd. betrachtet, handelt es sich bei dem Begriff M. um eine rel. Wahrheit, die eher nicht isoliert, sondern im Zusammenhang mit einzelnen Themen der Unterweisung bes. behandelt werden wird: z. B. → Glaube, → Gnade (u. → Freiheit), → Erlösung, → Sünde u. Schuld, Buße u. → Bußerziehung. Han

Metapher. Die M. ist ein verkürzter Vergleich, bei dem eine Ähnlichkeit zw. dem → Bild u. der Sache, über die man sprechen will, dazu benützt wird, Eigenschaften o. Haltungen der Sache (Person) durch Verwendung eines starken (plastischen, eingängigen) Bildes zu verdeutlichen. Offb 5,5 z. B. heißt es: „Gesiegt hat der Löwe aus dem Stamme Juda". Gemeint ist damit Christus, dessen → Erlösungstat als Sieg u. dessen Starkmut („Löwenmut") in Verbindung mit seiner Abstammung aus dem Königsstamm Davids durch die M. „Löwe aus Juda" wiedergegeben werden. Weitere Beispiele: Ps 139,15 („ . . . als ich gebildet wurde im Dunkeln, gewoben in den Tiefen der Erde" — gemeint ist der Mutterschoß, der mit dem Schoß der Erde verglichen wird). Besonders reich an M.n ist auch das Johannesevangelium, besonders an M., die Jesus meinen: Wort, Leben, Licht, Fleisch, Eingeborener v. Vater, Sohn, Weg, Wahrheit, Auferstehung ... — Immer geht es bei der M. um eine → Analogie, die zw. dem Bild u. dem damit Bezeichneten herrscht. Im RU kann dies (bes. in der VS) benützt werden, um in das bildhafte Denken einzuführen (durch Rätsel in Form v. Identifizieraufgaben o. umgekehrt durch Suchen v. M.n in der Bibel o. f. Jesus, Gott, die Kirche usw.). Hi

Metaphysik der Gegenwart. Griech. M. = phil. Reflexion über das, was jenseits körperl. Erfahrungswirklichkeit (Physisches) liegt. Zwei Merkmale kennzeichnen die M. d. G.: a) *Das Ende der trad. M.*, eingeleitet v. Denkern (Wolff, Kant, Descartes) des 18. Jh., indem sie die Grundfragen der griech. (Urgrund der Welt: metà tà physikà, Andronikos v. Rhodos, 1. Jh. v. Chr.) u. der scholast. (Gott u. Welt) M. auf die Kosmologie, Psychologie u. → Theologie aufteilten u. ihr selbst einen anderen Namen u. Inhalt gaben: Prinzipienlehre (F. Bacon), Ontosophie, „reine Vernunfterkenntnis aus bloßen Begriffen", Wissenschaft v. den Grundsätzen der menschl. Vernunft (Kant). b) *Die neue Problemstellung:* das Christentum wurde allmählich eine → Ideologie, u. sein Gottesbegriff ist f. den Menschen u. die → Gesellschaft unbrauchbar geworden, die alten Fragen aber blieben, erhielten bloß eine neue Formulierung. Kant war diesen Weg bereits gegangen (aus dem praktischen Leben zu Gott), Fichte u. Schelling begehen ihn (v. Ich des Menschen zum absolut. Ich), aber ihre Nachfolger schließen daraus, daß alle Antworten subj. Lösungen sind. Als Endpunkt dieser Entwicklung kann wohl der atheist → Existentialismus Sartres u. als Wende das Sein-Denken Heideggers und Jaspers angesprochen werden (wohl auch die dokumentarischen Aussagen über Zeit u. Mensch in der Literatur). Der Mensch ist v. zwei Seiten her in den Mittelpunkt des Denkens geraten: in der Philosophie durch sein Ichbewußtsein (als Ansatz f. die Brücke zum absol. Sein), im Leben durch seine Existenzfragen. Dieser Mensch braucht einen Gott, wie ihn → Christus geoffenbart hat, keinen Gott der Philosophen. Trotzdem bleibt die Frage nach der Identität des Gottes der Philosophen u. des Gottes der → Propheten aktuell. D. h. der Ansatz zur M. d. G. ist nicht die Weltwirklichkeit, sondern der Mensch selbst („existenziale Analytik des Daseins"), sie fragt daher nicht nach dem, was hinter der Welt steht, sondern was über dem Menschen steht — als Ziel u. Sinn seines Denkens u. Lebens. Im Grunde genommen ist es die Frage nach einem neuen Gottesbegriff. Es wäre ein Verkennen der Entwicklung der Geistesgeschichte sowie der Problemstellung, wenn jedes rationale Denken über Gott abgelehnt u. der Glaube sich auf eine rein subj. Begründung beschränken würde (→ Gott-ist-tot-Theologie). Bla

Methode. V. griech. hodos = Weg. M. = Vorgangsweise in Wissenschaft u. Erziehung zur Erlangung eines Zieles. Kriterien f. die Wahl der M. in → Katechese und RU sind: 1. Die M. wird durch das *Ziel bestimmt.* (Kognitiven Lernzielen sind andere M.n adäquat als emotionalen u. pragmatischen usw.) 2. Die M. muß dem *Inhalt* adäquat (= sachbezogen) sein. (Versch. literar. Gattungen der Bibel bedingen je versch. Weisen der → Interpretation u. → Aktualisierung usw.). 3. Die M. muß der psychischen *Eigenart des Kindes* adäquat sein (Berücksichtigung der Entwicklungsreife, der Glaubensreife, der sozialen Situation usw.). 4. Die M. muß dem *Lehrer* adäquat sein. Diese oft übersehene Forderung bedingt das Recht jedes Lehrers, die seinen Anlagen, Fähigkeiten u. Möglichkeiten jeweils entsprechendste M. zu wählen. Freiheit der M.nwahl zählt zu den Grundrechten des Lehrers. Er ist dabei jedoch an die Berücksichtigung der Ziel-, Sach- u. Kindgemäßheit gebunden. Ko

Lit., E. J. Korherr, Grundsätzliches und Praktisches zur Methode des Religionsunterrichts, in: Fink/Korherr, Schwerpunkte der Katechese (1970); W. Flitner, Theorie des pädagogischen Weges u. der Methode (4. Aufl. 1958).

Methodenfreiheit → Methode

Methodenmonismus. Der im Lauf der Geschichte v. → Erziehung u. → Katechese immer wieder erfolgte, aber nicht verantwortbare Versuch, eine einzige → Methode als allein richtige zu erklären. Das → Directorium Catechisticum Generale räumt dem Katecheten volle Freiheit in der Wahl der Methode ein. Ko

Methodenwahl (-kriterien) → Methode

Methodik. Systemat.-wiss. Darstellung, Beschreibung u. Begründung der → Methoden. Ko

Microteaching. Als Ersatz f. Hospitationen u. in Ergänzung zu → Lehrübungen werden im M. Einzelphasen einer Unterrichtseinheit (oft wenige Minuten), welche mit Videorecorder o. Film aufgezeichnet wurden, nach Lehrinhalt, Methode, Schülerreaktion usw. analysiert. Ko

Midrasch. M. (pl. Midraschim) ist die Erklärung der Bibel, teils als → Halacha, teils als → Haggada. „Wende die → Tora um u. um, denn in ihr steckt alles“ — dieser rabbin. Grundsatz ist kennzeichnend f. die Methode u. das Anliegen des M.: der Zusammenhang v. schriftl. u. mündl. Lehre ist das oberste Gebot. → Judentum Schr

Mikrostruktur. Planung u. Gestaltung des Unterrichtsgeschehens in kleinsten Abschnitten. → Lernelement → Programmierter Unterricht → Makrostruktur Ko

Milieu. Als M. bezeichnet man allgemein die soziale Umwelt. Das M. besteht daher in erster Linie aus den sozialen Verhältnissen, die v. den → Interaktionen in primären sozialen → Gruppen über die Zugehörigkeit zu einer sozialen → Schicht u. das Berufsleben bis zu den Siedlungsformen reichen. Die soziale Umwelt ist f. jeden Menschen immer ein Ausschnitt aus seinem gesamten Seinsbereich. Die Persönlichkeit des Menschen wird durch seine Anlagen u. ebenso durch seine soziale Umwelt geprägt. Durch eine ungünstige soziale Umwelt kann es daher zu M.schäden kommen, die somit die gesamte Persönlichkeitsbildung beeinträchtigen. Ku

Minderwertigkeitskomplex → Individualpsychologie

Mission u. Katechese. → Kirche ist wesentlich missionarisch, d. i. gesandt in andere geograph., kulturelle u. geistige Räume. → Missionar. Erziehung ist Ausdruck u. Teil einer ekklesiozentr. (= auf das Leben der Kirche bezogenen u. aus diesem herauswachsenden) → Katechese. Sie vollzieht sich nicht nur in der Behandlung einzelner Themen (Weltm.ssonntag) o. Aktionen (M.sspenden, Dreikönigsaktion), in Heranziehung v. Beispielen aus den M.n, auch nicht allein in der → Motivation zur Teilnahme am M.swerk der Kirche. Als theol. begründetes Unterrichtsprinzip sollte sie alle kat. Themen durchziehen, wobei durch glaubenskundl. Fundierung der missionar. Gesinnung ein Abgleiten in bloß Gefühlsmäßiges (die „armen Negerlein") o. in rein äußere Betriebsamkeit vermieden werden soll. Eine → Fachdidaktik f. die K. müßte nicht nur die in nahezu jedem Thema enthaltenen missionar. Aspekte aufzeigen. Sie könnte auch deutlich machen, wie sich in missionar. Erziehung viele andere kat. Aufgaben (Führung zum → Kirchenbewußtsein, Pflege des Verantwortungsgefühles, Hinhorchen auf den Auftrag Christi, Sorge um das Reich Christi, Erziehung zur Weltverantwortung, → Gebetserziehung, Idealbildung, Aktivierung zu kirchlicher Tat, Opferbereitschaft u. a. m.) realisieren. → Entwicklungshilfe Ko

Lit.: Päpstliches Missionswerk der Kinder in Deutschland, Die missionarische Erziehung in der Volksschule (1963 ff.); Zentrale der päpstlichen Missionswerke Österreichs, Werkmappe Mission (1971 f.); Zeitschrift „Schule und Mission", hg. von den päpstlichen Missionswerken Aachen.

Missionarische Erziehung → Mission u. Katechese

Mitteilung, rel. Ein v. H. Halbfas im Anschluß an Kierkegaard u. Tillich in die → Katechetik eingeführter Terminus, der sich deutlich v. → Information über religiöse Themen abhebt. Gegenstand der r. M. könne die ganze → Wirklichkeit sein, soferne sie unter dem Aspekt eines die menschl. Existenz unbedingt herausfordernden Anspruchs steht. Über die rel. Qualität einer M. entscheide nicht das „Was", sondern das „Wie". Das Religiöse sei kein gegenständl. Eigenbereich, sondern die „Tiefendimension" aller Wirklichkeit. R. M. habe es nicht mit dem → Logos (= Resultat eines methodisierbaren Erkenntnisweges, begründete Aussage), sondern mit dem → Mythos zu tun. Abweichend v. anderen Autoren u. v. umgangssprachlichen Gebrauch versteht Halbfas unter Mythos jede das Dasein (bildhaft) auslegende Rede, deren Inhalt nicht auf exakt Verifizierbares sieht u. v. Hörenden eigenes Betroffensein u. Glauben verlangt, um ihrer Intention gemäß sein Leben zu bestimmen. Er ist heute u. immer mögliche u. unüberholbare → Sprache, die der Sprache des Logos nicht widerspricht, diese vielmehr ergänzt u. Wirklichkeit eröffnet. R. M. u. der damit verbundene Mythosbegriff sind Schlüsselbegriffe zum Verständnis der vieldiskutierten Thesen Halbfas'. → Fundamentalkatechetik Ko

Lit.: H. Halbfas, Fundamentalkatechetik (1969).

Mittelschüler-Kartellverband ist der Verband der kath. farbentragenden Mittelschülerverbindungen Österreichs (MKV). Grundsätze sind: Betätigung u. Vertiefung der kath. → Weltanschauung, Bekenntnis zu Österreich, Pflege des Studiums u. der Lebensfreundschaft. Er umfaßt nur männliche Studierende der Obermittelschulen u. der gleichgestellten mittleren Lehranstalten. Had

Mittelschule.

BRD: → Höhere Schule

Österreich: Im täglichen Sprachgebrauch wird M. gelegentlich noch f. die → Allgemeinbildende höhere Schule gebraucht, obwohl der Terminus offiziell aufgegeben ist. Unter „mittleren" Schulen versteht man → berufsbildende Schulen, die nicht zur Hochschulreife führen. Ko

Schweiz: → Höhere Schule

Mnemotechnik. Griech.: Gedächtniskunst. Übung u. Steigerung v. Gedächtnisleistungen durch sachfremde Einprägungshilfen (Reime, graphische Darstellungen usw.). In der rel. Unterweisung oft durch Zahlen, Kontrast u. Schematisierung (z. B. sieben Werke der leibl. u. sieben Werke der geistl. Barmherzigkeit) als Methode u. zur Entlastung des Lernenden verwendet. Ko

Mobilität. M. bedeutet jede Beweglichkeit im sozialen u. geograph. Raum. Sie erfaßt einzelne → Personen, Berufsgruppen, Minderheiten o. bestimmte Kreise einer → Gesellschaft. Man unterscheidet horizontale u. vertikale Mobilität. Die horizontale M. führt zu keiner Veränderung der sozialökonom. Position (z. B.: Arbeitsplatz- bzw. Berufswechsel, versch. Wanderbewegungen). Durch die vertikale M. wird die sozialökonom. Stellung verändert: Jede Verbesserung bedeutet einen sozialen Aufstieg, jede Verschlechterung stellt einen sozialen Abstieg dar. Schulbildung ist eine wichtige Voraussetzung f. den sozialen Aufstieg. Ku

Modell-Lernen. Lernen durch Nachahmung (Imitation) motorischer, verbaler, emotionaler Reaktionen o. symbolisch dargebotener Modelle (Aneignung v. → „Rollen"). Ko

Lit.: V. Kuhlen, Verhaltenstherapie im Kindesalter (1972).

Modelle, kat. u. rel.päd. Im Dienste der Erneuerung des RU stehende, auf wiss. Basis (theol., did., psychol., soziol.) erarbeitete Unterrichtsentwürfe, -projekte, -lehrgänge u. a. → Unterrichtsmodelle → Projektforschung → Reihenpublikationen → ARPE → RPN → PTJ u. a. m. Ko

Lit.: H. Rothbucher, Modellbegriff u. Modellkritik in der Religionspädagogik, in: E. Feifel u. a., Handbuch der Religionspädagogik, 3 Bde. (1973 f.).

Moderne Musik. Modern = im Sinne v. heutig, neuartig, gegenwärtig, unserer Zeit, unserer Lebensform gemäß verwendet. Bezeichnend f. unsere gw. Musizierpraxis ist die Trennung zw. Ernster M. u. Unterhaltungsm. im Konzert, bei Rundfunk, Schallplatte usw. (eine gewaltige Industrie: die drittstärkste nach Auto u. Stahl) sowie das gw. Nebeneinander vieler unterchiedl. Stile: z. B. Renaissance (Spezialist.-ensembles auf nachgebauten Originalinstrumenten), Barock (G. Fr. Händel, J. S. Bach u. v. a.), Wiener Klassik (Mozart, Haydn, Beethoven, Schubert), Romantik (Schumann, Chopin, Liszt, Wagner, Bruckner, Brahms usw.) mit allen Zwischenstufen u. Überschneidungen. Die M. M. droht in den Hintergrund gedrängt zu werden: der *Impressionismus* (z. B. Claude Debussy), *Freitonale* M. (an keine best. Tonart gebunden), *Zwölfton*musik (die 12 Töne einer Oktave werden in best. Reihenfolge geordnet, nach dieser „Reihe" wird musiziert; z. B. A. Schönberg, A. Berg), *Serielle* M. (Anwendung der „Reihe" nicht nur auf Tonhöhen u. Harmonik, sondern auch auf Rhythmik, Dynamik, Instrumentation; z. B. Pierre Boulez), *Aleatorische* M. („Zufallsmusik", Permutation der „Reihe" u. formale Struktur dem Interpreten überlassen, manchmal Spiel nach einer Graphik; z. B. Logotetis), *Elektron.* M. (mittels Generatoren, Filter u. anderer elektr. Geräte wird sofort auf Tonband aufgenommen, daher keine Notation, keine Interpreten notwendig; z. B. Karlheinz Stockhausen). — Daneben musizieren wir heute Folklore (europ. z. B. österr., griech.; überseeische, z. B. südamerikan.; neuerdings auch ind., japan., malays. usw.), dann Oper u. Operette, Musical, → Jazz (mit all seinen Stilrichtungen), → Pop (→ Beat u. → Schlager). — Die Kirchenmusik verwendet nur einen verhältnismäßig kleinen Ausschnitt aus diesem reichen Angebot u. scheint immer abzuwarten, bis sich ein Stil bewährt hat bzw. bis er schon vorüber ist, so hinkt sie wenigstens um einige Jahrzehnte nach (siehe Diskussion über sog. → „Jazzmessen"); es fehlen heute die großen Förderer, Mäzene im kirchl. Bereich (waren früher die Kulturträger!); so droht die Gefahr, daß wir heute durch unsere große Tradition (→ Tradition, musikal.) erdrückt u. immer mehr Museumsdiener werden (→ Kirchenmusik). **Mu**

Moltonwand. Bezeichnung f. → Flanelltafel (Tuchtafel).

Mongolismus. Eine bei der Geburt vollendete Form allgemeiner u. meist schwerer geistiger Behinderung (→ Imbezillität), deren Ursache wahrscheinlich in einer Chromosomenanomalie liegt. Charakteristika: Durch Lidfalte hervorgerufene Schrägstellung der Augen, große u. gefurchte Zunge (lingua geographica), kleine sattelförmige Nase, gedrungener Körperbau, Überbiegbarkeit der Gelenke, breite u. weiche Tatzenhand mit Querfalte auf der Innenfläche (Affenfalte). Im Kindesalter, das heute aufgrund medizin. Fortschritte überlebt werden kann, machen Mongoloide einen possierl. Eindruck. Sie haben Freude am Nachahmen, an Musik u. Rhythmus. Dies wird in → Heilpädagogik u. → Katechese genützt. Aus der dauernden Unselbständigkeit Mongoloider ergeben sich soziale (geschützte Werkstätten) u. pastorale (adäquate Betreuung) Probleme. **Ko**

Lit.: Andreas Rett, Das hirngeschädigte Kind (1969).

Monitor. Kontrollfernsehgerät ohne Ton in Studios. Wiedergabegeräte beim schulinternen → Fernsehen. Idealfall: je nach Bildschirmgröße 2 bis 6 Monitoren pro Klasse. **Ko**

Monovalente Medien sind nach W. Zifreund, *auf eine denkbare* Lehrplanstelle gezielt; besonders wirksam, allerdings nur an der vorgesehenen Lehrplanstelle. Größere Wirksamkeitstiefe als bei → polyvalenten Medien (s. Tab. 5, Sp. 631 ff.) Anz

Montage. Ausdruckstechnik unter gleichzeitiger Zuhilfenahme verschiedenartiger → Medien: z. B. Plakat, Lichtbilder, Gesang, färbige Beleuchtung, Tonband, Sketch. Anz

Montessori-Methode. Maria Montessori (1870—1952) war italienische Ärztin u. Pädagogin. Sie entwickelte spezielle Methoden (v. a. der → Kleinkinderziehung u. → Heilpädagogik) u. did. Material, richtete päd. Kurse ein u. erlebte eine weltweite Verbreitung ihrer Theorie, in der auch die rel. Erz. breiten Raum einnimmt. In der Mitte der M.M. steht die „Polarisation der Aufmerksamkeit": durch viele u. vielfältige Übungen der Sinne u. des prakt. Lebens an did. Modellen u. Materialien (mit Selbstkontrollmöglichkeit) wird die → Konzentration gepflegt. Im gestalteten Raum, einer „Welt verpflichtender Situationen", der den „sensiblen Perioden" des Heranwachsenden entspr. gestaltet ist, gilt das Prinzip der Wahlfreiheit der Tätigkeiten. Trotz positivist. Einflüsse ist die M.M. personal ausgerichtet, da bei Berücksichtigung v. psychischen, biologischen u. sozialen Gegebenheiten doch an der „Oberherrschaft des Geistes" festgehalten wird. Ro

Moralische Autonomie → Entwicklung, moralische

Moralischer Realismus. Nach J. Piaget jene Stufe der moral. Entwicklung, in der Kinder eine Tat ausschließlich nach deren äußeren Folgen moralisch bewerten. Ein aus Versehen verursachter großer Tintenfleck wird moralisch negativer beurteilt als ein aus Bosheit gemachter kleiner. Auf der Stufe des m. R. stehen die Kinder in der Regel zw. dem 8. u. 10. Lj. Sie können hier noch nicht zw. Tat, Absichten u. Umständen differenzieren, was bei der → Gewissensbildung zu beachten ist. Ko

Moral-science → Ethik-Unterricht

Moralisches Urteil beim Kind → Entwicklung, moralische

Moralunterricht. Hat der RU an sich nicht die Aufgabe, techn. Wissen zu vermitteln, so kann der MU. schon gar nicht in der → Vermittlung bloßen Paragraphenwissens aufgehen, sondern muß sich die → Erziehung des jungen Menschen zur → Persönlichkeit zum Ziel setzen, und zwar je nach der Altersstufe u. deren Problematik durchgehend im ganzen Unterricht. Persönlichkeit heißt hier: ein in → Freiheit u. → Liebe handelnder Christ, der → mündig u. aktiv am → Reiche Gottes wirkt. *Die ersten vier Schulstufen* umfassen das Alter, in dem der junge Mensch in die → Gesellschaft mit ihren Ordnungen u. Pflichten eingeführt wird. Zum Glück ist es v. → Natur aus (nach dem ersten → Trotzalter) ein Alter der Empfangsbereitschaft u. Gebefreudigkeit, die Liebe des Kleinkindes wandelt sich in bewußte Gegenliebe. Hier muß der RU die Gemeinschaft u. das kirchl. Leben zur prakt. Schulung der liebenden Teilnahme, der Verantwortung u.

Opferbereitschaft machen (Anliegen der → Familie, Pfarre, Gemeinde, Klasse usw.). *Die 5. bis 8. Schulstufe* umfassen das Alter des reifenden Menschen, der sich seiner Eigenständigkeit u. seines Charakters bewußt wird. Da sich der RU an der Bibel orientiert (→ Bibelkatechismus), muß die Charaktererziehung mit der Bibel eine Synthese eingehen, ohne zu moralisieren (Geschichten erzählen!) o. an trockenen Fakten haften zu bleiben: → Gott weist den Weg, bewähren muß sich aber der Mensch selbst (Mose, → Propheten, → Jesus Christus u. a.); das Heil ist kein isolierter Himmel, sondern Menschsein in Alltag, Schule, Jugendzeit usw. Der Aufbau nach Jahreszielen könnte sein: Stellung des jungen Menschen zur → Schöpfung, zum Leben, zur Religion; Bewältigung dieser Stellung u. die Mittel dazu (→ Gnade, → Charakter, → Ethik); Zusammenspiel mit Gott in Leben u. Geschichte (→ A. T.); Christus als konkretes Leben in dieser Einheit v. Gott u. Mensch (→ N. T.).
V. der 9. bis zur 12. (13.) Schulstufe fordert die rel. Situation unserer Zeit die Synthese v. wiss. u. menschl. fundierter → Theologie mit der Gestaltung des Lebens u. der Gesellschaft. Der MU. erfährt in der 11. Schulstufe eine systemat. Behandlung, was jedoch die eth. Erziehung keineswegs auf diese Klasse einschränken darf. Das Ziel des gesamten MU. — die Bildung der Persönlichkeit — muß in der Oberstufe der AHS (mutatis mutandis in den entspr. Schulen!) als Freiheit u. Verantwortung bewußt gemacht werden: krit. Beobachtung u. Verständnis f. Probleme u. Situationen der Jugend u. Gesellschaft (9. Schst.), Christus u. Kirche im Ringen um den Menschen (→ Erlösung als Freiheit u. Bewältigung des Lebens; 10. Schst.), eth.-phil.-psych. Analyse der bewußt-freien Persönlichkeit (11. Schst.) u. schließlich das Bild des → mündigen, christlich geprägten Menschen, der in der Gesellschaft seinen Platz u. die richtige Beziehung zu Gott, zur Welt u. zum Mitmenschen findet u. sein bewußt-frei-verantwortungsvolles Leben lebt. Bla

Lit.: J. Gründel u. a., Gewissen u. Gewissensbildung (1967); V. Hertle, Normen noch aktuell? (1970); G. Stachel, Unterricht in Lebensfragen (8.—10. Schj.) (1969); L. Volz, Lebensfragen im RU der Grundschule (1971).

Mose → Zyklen im AT

Motivation. *1. Lernpsych.: a) Primär-M.:* Alles, was bewußt o. unbewußt ein Tun o. eine innere → Entscheidung (→ Willensbildung) nicht durch äußere Anstöße, sondern v. innen her bestimmt. Beim → Lernprozeß die ursprüngl. Interessen u. Beweggründe, welche der Schüler f. ein Thema o. Fach mitbringt. b) *Sekundär-M.:* Impulse, die v. außen, etwa durch → Erziehung u. → Unterricht angeboten werden. Beim → Lernprozeß die Lernanreize, welche v. der Persönlichkeit des Lehrers, v. den → Methoden, → Medien usw. ausgehen. In der → Lernpsychologie unterscheidet man die v. Lehrinhalt her kommenden → *intrinsischen M.n* (v. lat. inter = innerhalb) v. den *extrinsischen* (v. lat. extra = außerhalb), nicht v. der Sache selbst kommenden (z. B. durch Zensuren, → Lohn-Strafe). 2. *Moraltheol.:* F. die sittl. Qualität einer Handlung sind Motive (Intentionen) zwar nicht das einzige (gegen Abälard), wohl aber ein bedeutsames Kriterium. Als subj. Bewegkraft üben sie nach

J. Gründel antreibende, richtungweisende u. steuernde Funktion aus u. sind tragender Beweggrund der sittl. Handlung. Moral. Erziehung ohne M. werde zur → Dressur, Triebverzicht ohne M. zur → Verdrängung. M. ist Aufgabe u. Führungsform sittl. Erziehung (Führung durch Zielsetzung — management by objectives). Als solche beschränkt sie sich nicht auf den Bereich des obj. u. rationalen Wissens. Sie bezieht Wertnehmen, Werterleben u. die emotionalen Schichten der → Person legitim mit ein. M.sforschung als Teil der Moralpsychologie ist Voraussetzung u. Grundlage f. Moral- u. Religionspädagogik.

3. Kat.: → Willensbildung ist nach J. Lindworsky immer Motivgebung. Die → Katechese muß daher trachten, M.n anzubieten, die dauerhaft sind, in der Seele dann aufstehen, wenn die entspr. Situation kommt, die mit der Wertwelt des Kindes in Berührung stehen u. auf eine gefestigte Willenshaltung (Motivbündelung!) hingeordnet sind. Ko

Lit.: J. Lindworsky, Willensschule (3. Aufl. 1927); Ph. Lersch, Aufbau der Person (11. Aufl. 1970); J. Spieler, Willensstarke werden willensschwach (1955); W. Correl / H. Schwarze, Lernpsychologie programmiert (1968); J. Gründel, Triebsteuerung? (1973); ders., Gewissen u. Gewissensbildung (1967); H. Schiefele, Motivation im Unterricht (5. A. 1956).

Motivmessen. Motiv, lat. Beweggrund, Antrieb, Zweck, Leitgedanke, auf ein Ziel gerichtet. M. haben ihren Ursprung in den Votivmessen (missa votiva = Verlöbnis, aber auch einfach Anliegen). Sie wurden hauptsächlich an festfreien Tagen gefeiert o. auch zu best. Festen (Dreifaltigkeit, Hl. Geist, Jesus Christus, Mutter Gottes, Heilige usw.), Anliegen (Papst, Bischof, Krieg u. Frieden usw.) u. bes. Anlässen (Weihe v. Personen u. Gegenständen). Die Absicht der M. geht allerdings weit über das Anliegen der Vm. hinaus. Es ist einfach der Versuch u. das Bemühen, Messe u. Gottesdienst aus der ewigen Eintönigkeit u. Erstarrung herauszuführen, sie in die Lebendigkeit des Lebens u. des → Glaubens hineinzunehmen, auf die Fragen u. Nöte des Menschen auszurichten (Motiv), Neues zu wagen, aufzuhorchen u. zu hinterfragen; es geht um mehr Lebendigkeit, mehr Engagement, um mehr Konkretes u. weniger Abstraktes. M. verlangen aber unvergleichlich mehr Arbeit, viel Vorbereitung u. → Engagement, was ein Pfarrer allein nicht mehr leisten kann. Er braucht dazu eine → Gemeinde, die mit ihm diese Arbeit leistet, denn es geht hier nicht nur um ein Ziel, einen Beweggrund, sondern auch um die ganze Gestaltung bis zu den einzelnen Gebeten u. Liedern der M. Nicht improvisiert, sondern echt in u. mit der Gemeinde vorbereitet, vermögen M. sehr zur Verlebendigung unseres Gottesdienstes beizutragen. Bli

Lit.: N. Keller/H. J. Wagener, Motivmessen f. Kinder (1970); F. Voith, Motivmessen f. Jugendliche bis zum 13. Lj. (1972).

Münchener Methode. Die auf dem Boden der → Formalkerygmatischen Bewegung gewachsene kat. → Methode, welche über den deutschen Sprachraum hinaus mehr als ein halbes Jahrhundert Theorie u. Praxis der → Katechese bestimmte. Nach der M. M. baut die Katechese auf den → Formalstufen O. Willmanns auf u. schreitet v. einer Anschauungsgrundlage (*Darbietung*) zur *Erklärung* (kognitiver Bereich) u. v. da zur *Anwendung* fort. Als Anschauungsgrundlage werden in der M. M. im engeren Sinne auch Beispiele aus dem Leben des Kindes herangezogen, während in der Wiener Tradition (W. Pichler) ausschließlich bibl. Anschauungsbeispiele bevorzugt werden. Der v. L. Lentner versuchte Nachweis eines Unterschiedes v. Münchener u. Wiener Methode kann damit aber nicht verifiziert werden. Die M. M. bestimmte als formales Gestaltungsprinzip viele Religionsbücher (z. B. Wilhelm Pichlers „Katholisches Religionsbüchlein"; Deutscher Einheitskatechismus 1955). Sie wird heute nirgends mehr vertreten, da die ihr zugrunde liegende neuscholast. Anthropologie durch kinderpsych. u. lernpsych. Forschung überholt u. das fundierende kat. Konzept aufgegeben ist. Ko

Lit.: H. W. Offele, Geschichte und Grundlagen der sogenannten Münchener katechetischen Methode (1961).

Mündiger Glaube → Glaubensreife

Mündigkeit. Der Mensch wird das, was er aus seiner inneren Eigenständigkeit u. den äußeren Lebensmöglichkeiten macht. Dazu sind ein gründl. Selbstverständnis des Menschen u. eine Einsicht in die Zusammenhänge der → Gesellschaft u. Umwelt notwendig, um die Entfaltungsmöglichkeiten abzuschätzen u. zu ergreifen. Greift er bewußt u. frei in diese Wirklichkeit, übernimmt er auch schon die → Verantwortung f. seine eigene Entfaltung u. f. die seiner Umgebung. Erst diese Einheit v. Selbst- u. Weltverständnis sowie Verantwortung ergibt die M. des Menschen, die sowohl im Individuum während der Jugendzeit als auch in der Menschheit (Geschichtsverlauf) ein dauernder Reifungsprozeß ist: a) Die *körperl.* Reife ist weder Geschlechtsreife noch M., sondern Funktion der → Leiblichkeit als Existenzform f. die menschl. Geistigkeit in der → Welt. b) Die *seel.* Reife geht zwar mit der körperl. einher, findet jedoch mit dieser (um das 25. Lebensjahr) keinen Abschluß: Charakter u. Eigenständigkeit formen sich in der Jugendzeit, bewähren sich aber erst im Einsatz (Beruf, Ehe, Gemeinschaft). c) Die *geistige* Reife als Ausformung des Ichs zum Leitungszentrum vollendet die körperl. u. seelische Reife zur M., die dem Menschen jenes bewußt-freie Gestalten des Lebens u. der → Gesellschaft gewährt, um seiner Persönlichkeit u. seines Wirkens froh werden zu können. — Die M. des einzelnen führt zur M. der → Gemeinschaft, auch der → Kirche, in der gerade heute der Christ, Priester wie → Laie, aus der Tradition entlassen wird, um selbständig die Sicherung seines → Glaubens u. seiner sittl. Haltung zu besorgen, v. a. die Vollkommenheit in der → Liebe. Bla

Mündigkeit — Unmündigkeit (rechtlich).

BRD: Volljährigkeit (M.) tritt mit der Vollendung des 21. Lebensjahres ein (§ 2 BGB). Ein Minderjähriger, der das 18. Lebensjahr vollendet hat, kann durch Beschluß des Vormundschaftsgerichts f. volljährig erklärt werden (§ 3 BGB); eine solche Volljährigkeitserklärung ist nur zulässig, wenn der Minderjährige einwilligt (§ 4 BGB). Durch die Volljährigkeitserklärung erlangt der Minderjährige die rechtl. Stellung eines Volljährigen. Die Schulordnungen machen keinen Unterschied zw. Nicht-Volljährigen u. Volljährigen; alle Schüler sind den Bestimmungen der Schulordnung unterworfen. Lä

Österreich: → Altersstufen im Recht.

Schweiz: „Mündig ist, wer das 20. Lebensjahr vollendet hat. Heirat macht mündig" (Art. 14 des Schweiz. Zivilgesetzbuches). Wer das 18. Lebensjahr vollendet hat, kann f. mündig erklärt werden (Art. 15 ZGB). Ehemündigkeit wird mit 20 (Bräutigam) bzw. 18 Jahren (Braut) erreicht (Art. 96, Abs. 1 ZGB). Die Regierung des Wohnsitzkantons kann eine Braut, die das 17., o. einen Bräutigam, der das 18. Altersjahr zurückgelegt hat, unter Zustimmung der Eltern f. ehemündig erklären (ebd., Abs. 2). „Hat ein Kind das 16. Altersjahr zurückgelegt, so darf ihm die selbständige Entscheidung über sein rel. Bekenntnis nicht verwehrt werden" (Art. 277, Abs. 3 ZGB). Fr

Multi-concept-Medien. → Medien, die *mehrere* Ziele wahrnehmen, sie klären z. B. mehrere Begriffe, geben mehrere Meditations- o. Diskussionsimpulse, usw. (Gegensatz: → Single-concept-Medien) s. Tab. 5, Sp. 631 ff. Anz

Multikonfessioneller RU → interkonfessioneller RU → ökumenischer RU

Multiplikationseffekt. Vervielfältigung v. → Information durch → Medien.

Musik. Definition u. Umschreibung des Begriffes M. ist je nach Stil- u. Zeitepoche versch. ausgeprägt u. formuliert: im griech. Altertum: glückbringende u. glückvermittelnde Gnadengabe Apolls u. der Musen f. die Menschen; nach Pythagoras ist die Erfindung (Auffindung) der M. theoret. Erkundung des Klingenden; im 18. Jh. ist M. Zaubersprache der Empfindungen, bezaubernde Sprache der → Natur; Herder: Ausdruck u. Sprachrohr der Leidenschaften im Menschen; Kant: künstl. Spiel der Empfindungen des Gehörs; Eduard Hanslick: tönend bewegte Form; Egon Kraus: geordneter u. immer aufs neue zu ordnender Ausschnitt aus der hörbaren Wirklichkeit; John Cage: der uns umgebende Klang, gleichgültig, ob wir uns im Konzertsaal aufhalten o. in der Natur o. sonstwo. — Daraus ergibt sich f. den Rel.lehrer: Offen sein f. alles Neue u. noch Ungewohnte gemäß 1Thess 5,21 (Prüfet alles; was gut ist, behaltet). → Moderne Musik → Jazz → Popmusik → Beatmusik Mu

Musikalität. Unter M. versteht man heute nicht so sehr die vermeintl. angeborene Begabung, singen zu können o. ein Instrument zu erlernen, als vielmehr das Ergreifen der angebotenen Möglichkeit, mit Musik in irgendeiner Weise in Kontakt zu kommen; daraus läßt sich sehr leicht ableiten, daß dann jeder Mensch mehr o. weniger „musikalisch" sein müßte, was auch richtig ist (ausgenommen körperl. u. gewisse geistige Schädigungen, die aber ein deutliches Krankheitsbild ergeben würden!); die Menschen, die sich gerne als „unmusikal." bezeichnen, haben meistens entweder nicht genügend Gelegenheit, sich musikalisch in irgendeiner Form zu betätigen, in ihrer Kindheit angeboten bekommen o. man hat ihnen einmal viell. aus Unachtsamkeit des Eziehers das Interesse an →

Musik genommen; so passiert es leider allzu oft, daß Menschen musikal. verschüttet u. verklemmt sind, daß sie sich nicht getrauen, sich musikalisch zu äußern. Dagegen muß aber festgestellt werden, daß der Spieltrieb beim normalen Kind so groß ist, daß es immer Freude am Klingen, am Hörbaren, an der Musik verspüren wird u. sich deshalb gerne musikal. betätigen will, stellt doch Musik ganz allgemein zumind. eine große Bereicherung unseres Lebens dar (→ Musische Erziehung).

Trotz individueller, nach Gegenden u. Erziehungsanregungen versch. Abweichungen sind folgende musikal. *Entwicklungsphasen* bei Heranwachsenden festzustellen: 1. *Rufterz* (kl. Terz abwärts) — zuerst alles immer sehr helligkeitsbestimmt (fast keine bestimmten, gleichbleibenden Tonstufen, nur die Richtung der Melodieführung, ob auf- o. abwärts, ist einigermaßen richtig, sonst gr. o. kl. Abweichungen v. der Melodie); 2. *Urmelodie* (Leiermelodik): Rufterz u. der nächst höhere Ton dazu (V. VI. V. III. Tonstufe o. in Notennamen: g a g e; g — e ist die Rufterz, a ist der neu dazugekommene Ton); diese Urmelodie ist die Keimzelle aller Kindermelodien; hier wäre es bereits f. den Rel.lehrer möglich, kleine Kindergebete zu vertonen, indem er einfach diese Töne singen läßt (siehe Anregungen in K. Musalek: D. Lied i. d. Katechese, Wiener Domverlag, 1969 S. 22 ff.); 3. *Pentaton. Reihe* (I. II. III. V. VI. Tonstufe o. in Notennamen: c d e g a); hier bieten sich f. den Rel.lehrer weitere Möglichkeiten an, schon etwas reicher ausgestaltete Liedchen mit den Kindern zu erarbeiten, zumal die Pentaton. Reihe bei den Kindern praktisch bei ihrer Schulreife voll ausgeprägt ist (siehe weitere Anregungen ebda.); 4. während d. Volksschulzeit erobert sich das Kind allmählich die beiden *Leittöne* (IV. u. VII. Tonstufe; f u. h), so daß die *Durtonleiter vollständig* ist; die Kinder werden hier sicherlich gerne u. leicht solche Lieder (Dur-Lieder) singen lernen; 5. erst ab dem 10. Lj. (Abweichungen selbstverständl. je nach Intelligenz u. musikal. Erziehung immer möglich!) beginnt sich das Kind mit den Molltonleitern zu beschäftigen; dies zu wissen, ist deswegen f. den Rel.lehrer wichtig, weil es aus diesem Grunde größere Schwierigkeiten beim Einüben v. Liedern geben könnte. → Schlager → Beatmusik → Popmusik → Moderne Musik Mu

Musische Erziehung. Musisch = geistige Offenheit des Menschen zunächst f. die wesenseigentüml. Aussagen der Künste, aber auch Geöffnetsein f. Hypothesen, Assoziationen, Improvisationen, Einfälle, Abstraktionen, Dispositionen, kurz die Fähigkeit, Neues zu schaffen u. dies in den Künsten zu üben. Dennoch ist m. E. nicht ident mit künstlerischer Erziehung, soll sich doch der Mensch mit ihrer Hilfe in seiner Lebensbeherrschung üben. Schon bei den alten Griechen zielte die m. E. auf die Formung der charakterl. Haltung (= Gesinnung) als Gegensatz zur Welt des reinen Sachdenkens, der Zweckhaftigkeit, auch der Welt des Werktags; zwei Seiten der m. E. (nach Platon): die *dionysische* (enthusiastisch-kathartisch) u. die lichtvolle Klarheit der → *apollinischen* (Gesetz, Maß, Ordnung); System der Seelenpflege: soll unmittelbar in einen läuternden, reinigenden Hochzustand versetzen. — Wiederbelebung der m. E. am Beginn unseres Jh. während der päd. Reformbestrebungen in Deutschland als Reaktion auf die alte Buchschule, gegen die „Verkopfung" der Schule, f. Besinnung, Muße, Pflege der schöpf. Kräfte, gegen die Gefahren des techn. Zeitalters, f. die Kräfte der Stille in der Freizeit, gegen Rationalisierung (ausschließl. Zweckdenken, Orientierung in der Welt nur durch scharfe Begrifflichkeit u. analyt. Zerlegung, Entseelung u. Entzauberung der Welt, gegen die Flüchtigkeit des Erlebens durch das gesteigerte Lebenstempo, durch den raschen Wechsel der Eindrücke, dadurch ausgelöst die latent verdrängte → Angst usw.); auch gegen Intellektualisierung (gefährl. Einseitigkeit durch überwiegende Ausbildung rationaler Kräfte, Bevorzugung des bloßen Wissens, Stofflichkeit bleibt unverwandelt u. unverdaut, auch Vernachlässigung der sittl. u. rel. Erziehung, weil Gleichgültigkeit der Höflichkeit u. Sitte gegenüber). Leider auch große Anfälligkeit der m. E. gegenüber → Ideologien (z. B. Nationalsozialismus) u. oft als Schlagwort mißbraucht. M. E. umfaßte nicht nur Jugendmusikbewegung, auch Laienspielbewegung, Betonung des mimisch. Spiels, aus Stil des Shakespeare-Spiels entwickelt (ohne Podium, ohne Vorhang, ohne Kulisse), Spielgruppe schreibt selber die Stücke (auch Stegreiftheater); Gymnastische Bewegung (= die rhythm. Seite der m. E.: planvolle Bildung des Menschen durch Arbeit am Körper, Erlebnis seiner eigenen bewegten → Leiblichkeit). M. E. ist dennoch keine spielend-unverbindliche Pädagogik; im jungen Menschen sollen die gestaltenden Kräfte befreit werden, so daß sie Einfluß auf seine allgem. Bildung gewinnen; sie sind das eigentl. Bewegende seines geistigen Gesamtlebens. Wichtig auch der Ganzheitsbegriff in der m. E.: Ganzheit des Menschen: gegen die Aufspaltung des Ich (gegen jedwede übertriebene Spezialisierung), Ganzheit der Lebensordnung (Vollzug mus. Lebens), Ganzheit des mus. Bereichs (Einheit: Musik, Sprache, Bewegung). Beschreibung des mus. Menschen b. Otto Haase (Musisches Leben, Hannover, 1951): liebenswertes, unbekümmertes, heiteres Wesen, mit Phantasie begabt, ohne Macht- u. Geltungsstreben. Schöpfer. Handeln besteht in der Selbstfindung durch Selbstverleugnung, sich unter das Gesetz der Sache, der Aufgabe, des Zieles stellen. Gegen Unrast u. Hetze unserer Zeit: Pflege der erfüllten Muße, Pflege des Gemütslebens u. des schöpferischen Gestaltens, Möglichkeit, sich u. der Welt zu begegnen; gegen → Rationalismus: bloßes Funktionieren im gesellschaftl. u. wirtschaftl. Prozeß; Pflege des → Spiels (des „zwecklosen" Spiels): Ein- u. Unterordnen, Fairneß, Kameradschaft, Rücksichtnahme, Opferwilligkeit, dazu gesammelte Hingabe, Selbstvergessenheit, Gelöstheit, Heiterkeit, Reflexion, gesammelte, denkende Betrachtung), Stille, Besinnlichkeit, Warten. Aufgabe der m. E.: Das Leben (auch das Schulleben) musischer machen (= lebenswerter, reicher, erfüllter); Erziehung zu Gesittung, Achten auf die Formen des Umgangs, echte Humanisierung u. Harmonisierung des Zusammenlebens, Bildung des Gefühls- u. Willenslebens; Schule dient heute häufig als „Pumpwerk des Aufstiegs zu sozialem

Rang“, sollte aber Stätte der Wahrung u Förderung wertvoller menschl. Haltungen u. Fähigkeiten sein; hier könnte m. E. ein Gegengewicht sein: geistige Zucht u. seel. Hygiene als Ergänzung der Geistesbildung. M.E. hat auch Bedeutung in der Musiktherapie, Rhythm. Erziehung als Hilfe bei verhaltensgestörten Kindern, auch bei Angstzuständen (Literatur dazu: Aleks Pontvik: Heilung durch Musik, Zürich 1955); auch in der Heil-Erziehung f. schwachbegabte u. debile Kinder. — Spezialform der m. E.: → Waldorfschulen: anthroposophisches (→ Anthroposophie) Werk Rudolf Steiners, m. E. nicht nur Prinzip, sondern obligator. Unterrichtsfach, dazu eigens ausgebildete Lehrer (= „Eurythmisten“). → Kreativität Mu

Lit.: M. Luserke, Jugend- u. Laienbühne, (1927); ders.: Das Laienspiel, Heidelberg (1930), Burckhardthaus-Verlag (Hrg.), Arbeitsmethoden in der Gemeindearbeit (1973).

Muße. Aus Althochdeutsch: muoza = freie Zeit. Schon in der Antike verstand man darunter nicht Müßiggang, sondern eine Lebensaufgabe, die mit dem griech. Wort „schole“ bezeichnet wurde. Von diesem Wort leiten sich alle modernen Wörter f. „Schule“ab. Unter schole — Muße im trad. Sinn ist ein nicht unter Leistungsaspekt erfolgendes Nachdenken über sich selbst u. die → Welt u. die Möglichkeit zur Entfaltung der Persönlichkeit gemeint. → Musik, Gespräch, Tanz u. Philosophieren usw. hatten als Funktion der M. bildende Bedeutung. Unter dem Druck der Leistungsgesellschaft wurde die Wertschätzung der M. häufig verdrängt. Manche Formen in jugendl. → Subkulturen sind als Protest gegen diese Verdrängung zu verstehen. Heute stellt sich das Problem der M. v. a. in der → Freizeiterziehung. Ko

Mutter-Kind-Verhältnis. Das M-K-V. ist instinktgeschützt u. ruht auf einer breiten biolog. Basis auf. Zur vollen Entfaltung u. Vergeistigung ist aufgrund gesicherter psych. Erkenntnisse jedoch erforderlich, daß M. u. K. v. a. in den ersten Lebensjahren beisammen sind. Wo dies nicht der Fall ist (etwa: → Heimerziehung), können Störungen der M.-K.-Beziehung u. Schädigungen der psychischen u. sozialen Reife des Kindes auftreten (→ Hospitalismus). Um letztere zu vermeiden, sehen zeitgemäß geführte Heime vor, daß v. a. Kleinstkinder immer v. ein u. derselben Pflegeperson (Ersatzmutter) betreut werden. → Adoption Ko

Myelitis. Entzündung des Rückenmarks. Oft Ursache f. Behinderungen, welche eine Sondererziehung notwendig machen. → Sonderschule Ko

Myopie = Kurzsichtigkeit

Mystagogik. Im trad. Verständnis Einführung in die Mysterien des → Glaubens, bes. in das sakramentale Leben (vgl. „Mystagogische Katechese“). Heute bisweilen auch Ausdruck f. die Aufhellung humaner → Erfahrungen als „Propädeutik des Glaubens“ (→ Vorfeldkatechese). Ko

Mysterium. Wortsinn: griech. → Geheimnis. M. bezeichnet bei den Griechen (meist in der Mehrzahl) einen Geheimkult. Das N. T. (bes. Paulus) versteht unter M. insbesonders göttliche, durch → Offenbarung erkannte Geheimnisse (z. B. M. → Gottes, M. → Christi). In diesem Sinn ist das Geheimnis des dreifaltigen Gottes das M. schlechthin. Die urchristl. Literatur bezeichnet vorzüglich die Auswirkungen der → Erlösung (→ Kirche, → Taufe, → Eucharistie) als M., was lat. mit sacramentum wiedergegeben wird. Die neuere (umstrittene) Mysterientheologie (z. B. O. Casel) bezeichnet die gottesdienstl.-liturg. Feier als M. u. versteht darunter eine kult. Handlung, in der eine Heilstatsache (ein Heilsm.) im Ritus Gegenwart wird. Fi

Mythos → Magie — Mythos

Nachahmung. Eine zwar unreife Form des Erwerbs v. Fertigkeiten u. Verhaltensweisen, die jedoch in versch. Phasen des geistigen Wachstums (Kleinkindalter: Rollenspiel; Angleichung an vorgegebene Formen sozialen, moral. u. eth. Verhaltens; → Pubertät: → Leitbild) eine entwicklungsbedingte Funktion u. Bedeutung hat. Als *Methode* f. RU u. Katechese (Vormachen — Nachmachen) ist N. wenig sinnvoll. V. der → Nachfolge unterscheidet sich N. dadurch, daß sie nicht kritisch reflektiert u. verantwortet ist u. mehr das äußere Verhalten als die innere Haltung betrifft o. den Menschen meist nur in Teilbereichen, nicht aber ganzheitlich existentiell erfaßt. Ko

Nachfolge. 1. *Päd.* ist N. das Korrelat zum Terminus „Vorbild". — 2. *Bibl.:* ein Leerwerden v. der Finsternis der → Welt (Lk 9,60 ff.), ein Erfülltwerden v. Licht Christi (Joh 8,12), die Nachahmung des Vorbildes Christi (Gal 1,4.19 f), die Befolgung seines Beispiels (Phil 2,5), die Erbschaft der Würde des Gotteskindes (Röm 8,17 u.a) u. die Erbschaft v. Amt u. Auftrag Christi in der Welt (Lk 22,32). — 3. Im Anschluß an Kierkegaard'sche Theologie hat F. Kinecker die kat. Konsequenzen aus dem bibl. Nachfolgegedanken aufbereitet. Ko

Lit.: F. Kinecker, Erziehung zur Nachfolge (1964); E. Feifel, Der pädagogische Anspruch der Nachfolge Christi (1968); H. G. Drescher, Nachfolge u. Begegnung (1972).

Nachfolge Jesu. In → Predigt u. → Katechese wurde N. J. oft als Bezeichnung des wahren Christseins verwendet. In der Bibel (N. T.) bedeutet N. ursp. den Anschluß der Jünger an → Jesus. Charakteristisch f. diese N. J. war das Brechen mit der Vergangenheit, um sich in → Glaube u. Gehorsam an Jesus anzuschließen. In der nachösterlichen Gemeinde bezeichnet N. J. die Beziehung des Glaubenden zum erhöhten Herrn. Sie besteht in einer Schicksalsgemeinschaft mit Christus, die über Leiden u. Kreuz zur Teilnahme an Christi Herrlichkeit führt. N. J. bedeutet Zeugnis geben f. Christus u. ist primär nicht eine „Methode" der Selbstvervollkommnung. In der christl. Moral versteht man unter N. J. das Gleichförmigwerden mit Christus. Im Verlauf der Geschichte erhielt die N. J. mehr u. mehr → Leitbildcharakter u. bezeichnet nicht mehr ein persönl.-ganzheitl. Gefolgschaftsverhältnis. „Christus ‚nachfolgen' bedeutet also nicht ein getreues Kopieren seines Vorbildes, sondern meint ein täglich tieferes Einswerden mit dem Herrn, um mit seinem → Geist u. in seiner Gnadenkraft in allen konkreten Situationen, in denen man steht, eine Haltung zu gewinnen, die dem Gehorsam Christi gegenüber dem Vater entspricht." (J. Henschen, in: H. Haag, Bibel-Lexikon, Einsiedeln ²1968, Sp. 1209).
In der rel. Unterweisung wird man sich bemühen müssen, f. N. J. in diesem Sinn Verständnis zu wecken, zumal das II. Vat. Konzil wiederholt darauf hinweist, daß es sich dabei um ein Lebensgesetz der → Kirche handelt. Han

Nachgehende Seelsorge. 1. Allgemein jede Form der S., die den zu Betreuenden in seinem Lebenskreis aufsucht: → Hausbesuch, → Glaubensgespräch, → Altenkatechese u. a. — 2. Im engeren Sinn: Planmäßige pastorale Betreuung v.

gefährdeten (Glaubensgefährdung; sittl. Gefährdung; rel. Bewährungshilfe f. kriminell gewordene Jugendliche usw.), kranken u. behinderten Menschen (z. B. Kat. f. nicht schulfähige Kinder). Ko

Narzißmus. Der griech. Sage entnommener Begriff, der die *überstarke* Fixierung auf das eigene Ich bezeichnet. → Psychoanalyse Ko

Natur. 1. *Philos.:* Die Herkunft des Begriffes (griech. physis, lat. natura) v. Ausdrücken, die ein Wachsen, Erzeugen, Geborenwerden bezeichnen, läßt als Bedeutungskern der versch., aber untereinander zusammenhängenden Inhalte des Begriffes N. „das aus sich, ohne fremde Einwirkung Werdende" erkennen. Die *qualitative o. intensive* Bedeutungsrichtung besagt, daß etwas seine ihm je eigene N. *hat*, nach der es sich verhält. Hier beansprucht N. normative Geltung (Verwirklichung der N., Abirrung v. der N.). Die *quantitativ o. extensive Bedeutungsrichtung* spricht davon, daß etwas *v.* N. *ist* o. *zur* N. gehört. Hier zeigt sich das, was N. ist, erst in der Abhebung v. dem, was nicht N. ist (z. B. Kultur-N.). — 2. *Geschichtl.:* Im vorsokrat. Denken bezeichnete N. als physis das gesamte Seiende, bei Aristoteles eine best. Region v. Seiendem, die er v. dem abhebt, was der Mensch technisch-poietisch herstellt. Das Mittelalter verstand unter N. die v. → Gott verschiedene, hierarchisch-gestufte → Schöpfung. In den pantheist. Systemen der Neuzeit wird → Gott selbst in die N hineingenommen, der als natura naturans (erzeugende N.) die natura naturata (gezeugte N.) begründet. Schließlich tritt immer mehr der naturwiss. N.begriff in den Vordergrund, der N. als Objekt quantifizierender Forschung versteht; die N. ist keine reale Macht mehr, sondern grundsätzlich Machbares des Menschen. — 3. *Die N. des Menschen:* Die N. aller untermenschl. Seienden ist geschlossen, da ihr Wesen u. das damit verbundene Handeln auf eine best., begrenzte Umwelt bezogen ist, dabei entweder überhaupt nicht „bei sich" o. erkennend u. strebend nur auf jenen engen Wirklichkeitsbereich ausgerichtet ist, der unmittelbar der Lebensentfaltung dient. Dagegen ist die menschl. N. offen, da sie in der absolut. → Transzendenz des Erkennens u. Wollens (→transzendent) auf die → Wirklichkeit schlechthin u. damit auf Gott ausgerichtet ist. Damit ist auf Seiten des Menschen die Voraussetzung f. eine mögl. Selbstmitteilung Gottes gegeben (sog. Potentia oboedientialis). Weitere Wesensmerkmale der menschl. N. sind ihre leib-geistige Verfaßtheit (→ Leiblichkeit), ihre Geschlechtlichkeit u. ihre Sozialität. Aus dieser N. können gewisse eth. Forderungen abgeleitet werden (N.-recht). Der N.begriff begegnet heute einer gewissen Skepsis, da manches, was früher als „naturgegeben" angenommen wurde, sich neuerer Forschung als gesellschaftl. o. päd. mitbedingt erwies. — 4. *N. u. Gnade:* Da die Transzendenz der menschlichen N. auch ohne die Selbstmitteilung Gottes sinnvoll wäre, „fordert" sie diese v. sich aus in keiner Weise, so daß sie völlig ungeschuldet ist (über-natürlich). Der Begriff der N. ermöglicht es so, die absolute Ungeschuldetheit u. Übernatürlichkeit v. → Gnade u. Gottesschau zu sichern. Wird die N. des Menschen in einer hypothet. Ordnung gedacht, in der die Selbstmitteilung Gottes nicht der eigentl. Sinn der Schöpfung wäre, dann kommt man zum Begriff der „reinen N." (natura pura). In der konkreten Schöpfung aber steht der Mensch immer schon unter dem allg. Heilswillen Gottes, ist Subjekt seines Gnadenangebotes u. damit absolut auf das übernatürl. Ziel verpflichtet. Diese „Situation" ist eine realontol. Bestimmung des Menschen, die gnadenhaft zu seiner N. hinzutritt. Sie wird heute „übernat. Existential" des Menschen genannt. Die „reine N." ist demnach konkret nie gegeben, sondern als abstrakter Rest zu denken, der übrigbleibt, wenn man aus der konkreten N. des Menschen das, was Gnade ist, abstrahiert. — 5. *Rel. päd.:* Wenn N. u. Gnade als zwei voneinander säuberlich getrennte Bereiche gedacht werden, wird → Offenbarung als Selbstmitteilung Gottes etwas rein Zufälliges, das „auch noch dazukommt", ohne das man aber im Grunde genau so leben könnte (Extrinsezismus, Supranaturalismus). Mit Hilfe des „übernat. Existentials" kann dagegen aufgezeigt werden, wie tief letztlich das Religiöse in der N. des Menschen selbst verankert ist. Fi

Naturgesetz. In den neuzeitl. Naturwiss.n ist das N. ein Ergebnis der → induktiven Methode (nach Galilei: Beobachtung — Isolierung — Experimentieren — Synthese): der Forscher stellt fest, daß nach dem Gesetz der → Kausalität auf dieselbe Ursache dieselbe Wirkung folgt. Die Naturphilosophie knüpft an das N. die Frage nach dem Sosein der → Welt, d. h., ob es notgedrungen dem Wesen der Materie entspringt o. ob nicht die Materie ganz andere Gesetze haben könnte, was wiederum bedeuten würde, daß ihr die jetzigen Gesetze v. einem anderen Wesen auferlegt worden sind. Bla

Naturphilosophie. V. den älteren Naturphilosophen Griechenlands (7. u. 6. Jh. v. Chr.: Thales v. Milet, Anaximander, Anaximenes) begründet als Forschen nach dem Urgrund (Archè = Urstoff-Apeiron = Unbegrenztes) der → Welt, befaßt sich seither die N. mit den Grundfragen der materiellen Welt, wie Wesen, → Kausalität, → Kontingenz, Finalität, aber auch Struktur, Raum, Zeit. Seit die moderne Physik neue Fragen um das Weltall aufwarf u. die Naturwissenschaften nicht auf wesentl. Fragen antworten können, neigen namhafte Physiker (z. B. Einstein, Eddington, Heisenberg u. a.) dazu, die Welt nicht bloß physikalisch (= kausal) zu erklären, sondern ebenso phil. zu deuten. Bla

Negative Erziehung. N. E. ist die Zurückhaltung des Erziehers bei planmäßigen erziehl. Eingriffen in die v. der Innenwelt gesteuerte u. durch die Außenwelt hervorgerufene Selbstentfaltung des Heranwachsenden. Jedoch bedeutet n. E. keine Passivität des Erziehers, denn seine Aktivität gestaltet das → Erziehungsfeld so aus, daß der Heranwachsende sich immer schon in diesem bewegt u. mit päd. relevanten Situationen konfrontiert ist. Kritisch ist anzumerken: der n.n E. kann nicht die Überzeugung einer urspr. Güte der menschl. → Natur zu Grunde gelegt werden; läßt das bewußt u. mit Absicht gestaltete Erziehungsfeld nicht eine dem Heranwachsenden entsprechende → Emanzipation zu, dann geschieht raffiniert getarnte → Manipulation u. Außensteuerung. Ro

Negative Religionsfreiheit (Bekenntnisfreiheit). Man versteht darunter die Forderung, daß niemand gezwungen werden dürfe, seine rel. Überzeugung zu offenbaren o. an rel. Bekenntnisakten teilzunehmen. So verstanden, ist n. R. Respekt vor der Intimsphäre rel. Überzeugung. Ihre Grenze findet die n. R. an der in den Grundgesetzen u. Grundrechten als unverletzlich fixierten → Freiheit, seine Religion u. → Weltanschauung auch zu bekennen (= positive Bekenntnisfreiheit). Dient n. R. im gesellschaftl. Bereich dem Schutz der Minderheiten, darf sie anderseits aber nicht zur Unterdrückung der freien Lebensentfaltung einer Minderheit o. Mehrheit führen. Eine klare Unterscheidung ist etwa im Hinblick auf das → Schulgebet notwendig. Recht verstandene n. R. fordert, daß kein Schüler zum Gebet verpflichtet werden kann. Anderseits liegt es im Wesen der pos. R., daß auch nicht ein einzelner Schüler durch sein Veto das Gebet einer ganzen Schulklasse verhindert. N. u. positive R. sind als Pole *einer* Freiheit zu sehen. Wo einer der beiden Aspekte nicht beachtet wird, geht die gesamte Freiheit verloren. Ko

Neue Lieder. (→ Rhythm. Lieder) Lieder des gemäß Mt 9, 17 in Christus erneuerten Menschen; bei aller → Ehrfurcht vor Traditionen (→ Tradition, musikal.) müssen wir immer wieder ehrlich den Versuch wagen, wirklich n. L. zu schaffen u. dürfen es uns nicht leicht machen, indem wir das Alte immer wieder aufwärmen; das zukünftige → Kirchenlied (das wirklich neue, nicht modische) wird kaum in einer einzigen Stilrichtung gefunden werden, sondern wahrscheinlich eher in einer gewaltigen Synthese vieler gegenw. Musizierweisen (→ Moderne Musik → Jazz), wobei wir immer zu berücksichtigen haben werden, ein Lied f. das Volk, f. die ganze Gemeinde zu finden; hierin liegt nämlich die Hauptschwierigkeit! Haben wir einmal dieses Lied geschaffen, so beginnt der Schaffensprozeß v. neuem, denn „neu“ heißt: immer wieder aufs neue gegenwärtig. → Kirchenmusik Mu

Neue Linke. Sammelname f. verschied. Gruppen: Jungsozialisten (= Jusos); Spartakus (= Unterorganisation der Kommunist. Partei Deutschlands an Universitäten); Jungdemokraten (= Judo(s) u. a. mit radikaler Kritik an der westl. Industriegesellschaft auf der Basis des utop. Sozialismus. Ziel ist die Änderung des Menschen u. der → Gesellschaft im Sinne des → Marxismus. → Kinderläden → Kinderkollektiv Ko

Lit.: Kleines rotes Schülerbuch (1970); Zur Kritik vgl. W. Brezinka, Die Pädagogik der Neuen Linken (1972).

Neues (Novum). Durch die Wiederentdeckung der → Eschatologie im Bereich der kath. Theologie u. durch die immer mehr zustimmende Auseinandersetzung mit dem evolutiven Weltbild gewinnt der schon in der Bibel häufig verwendete Ausdruck N. neue u. erhöhte Bedeutung. In einer sich rasch wandelnden Zeit ist das N. Merkmal lebendiger Dynamik, aber auch behaftet mit der Eigenschaft der Kurzlebigkeit u. Vergänglichkeit. In der Schrift begegnet uns das N. mehr im Sinne der

„Erneuerung" u. hat als solche entspr. Bedeutung f. die Religionspädagogik. Die Bibel spricht v. einer neuen → Schöpfung, vom neuen Menschen, vom neuen Himmel u. der neuen Erde. Die Schöpfung ist auch f. die kirchl. Lehrverkündigung in vergangener Zeit nicht als abgeschlossene u. fertige Größe betrachtet worden. Man sprach v. einer „dauernden Schöpfung" (creatio continua). Unser heutiges → Weltbild vermittelt uns ein vertieftes Verständnis der in der Bibel angedeuteten Wirklichkeiten. Schon das → A. T. betrachtet die Schöpfung nicht nur als etwas Vergangenes, sondern spricht v. der heilschenkenden Anwesenheit d. Schöpfer-Gottes in der Gegenwart (vgl. Jes 45, 6 f.). Gottes Schöpferkraft schafft in der endgültigen → Vollendung den „neuen Himmel u. die neue Erde" (Jes 66, 22). Die Erneuerung des Menschen, v. der auch schon das A. T. spricht (Ps 51, 12), ist im → N. T. Wirklichkeit geworden (Gal 6, 14 f.). Durch die Heilstat → Jesu Christi hat der Mensch die Möglichkeit, „in Christus" eine neue Schöpfung zu werden (2 Kor 5, 17). Die Neuschöpfung ist nicht das Werk des Menschen, aber sie verlangt v. ihm eine stets neue Sicht des → Ethischen (→ Ethos, → Ethik) u. neuen Einsatz. Der Katechet wird das oft unbest. Verlangen nach dem N. klären u. ins Bewußtsein heben. Es gilt, das Beglückende am N.n an entspr. kindl. Erfahrungen (wie neugeboren nach Krankheit; neue Freundschaft nach überwundenem Streit; neues Vertrauen nach Mutlosigkeit u. Verzweiflung) bewußt u. den Schüler hellhörig zu machen f. die bibl. Botschaft. Das N. gilt es als beglückende Gabe, als neue Chance u. Aufgabe zu erhellen. Han

Neues Testament. Worterklärung vgl. bei → Altes Testament. Die 27 Einzelschriften des N. T., die die kath. Kirche zur Sammlung des N. T. rechnet, entstanden in der 2. Hälfte des 1. Jh. n. Chr. Älteste Schrift ist wahrscheinlich der 1. Thessalonicherbrief des → Paulus (ca. 52), jüngste Schrift viell. das Johannesevangelium (um 100 n. Chr.). Etwa 300 Jahre dauerte es, bis alle heute zum N. T. gezählten Schriften als kanonisch anerkannt wurden (entscheidend wurde Athanasius v. Alexandrien, an dessen Kanon sich auch Hieronymus bei seiner „Vulgata" (= lat. Übersetzung) hielt. Die Gliederung freilich machte noch manche Wandlungen durch u. ist in mancher Hinsicht auch heute noch nicht abgeschlossen: 1. 4 Evangelien; 2. Apostelgeschichte; 3. 14 Paulusbriefe (hier unterscheidet die krit. Bibelwiss. paulin. Hauptbriefe, Deuteropaulinen u. den Hebr., der dem Paulus nur zugeschrieben wird); 4. 7 Briefe (kath. B., Gemeindeb., apost. B.); 5. Die Geheime Offenbarung (→ Apokalypse). Bes. über die Verfasserschaft, aber auch über die Datierung u. die gegenseit. Beziehungen der einzelnen Schriften gibt es noch versch. Theorien, die viele Fragen offenlassen. Hinsichtlich der Einzelfragen, der Handschriften usw. siehe die Einleitungswerke zu den Schriften des N. T. Hi

Lit.: K. H. Schelkle, Das Neue Testament. Eine Einführung ([2]1964); A. Robert/ A. Feuillet, Einleitung in die hl. Schrift, 2. Teil: Neues Testament ([2]1964); A. Wikenhauser / J. Schmid, Einleitung in das Neue Testament ([6]1973).

Neues Testament in der Katechese. Tod u. → Auferstehung → Jesu im Hinblick auf → Gott u.

in ihrer Bedeutung f. die Menschen sind die Grundlage u. die Zusammenfassung der ntl. Glaubensverkündigung. Dieses Urkerygma wird jedoch im N. T. u. in der Kirche in verschiedenartiger Weise entfaltet: 1. *als → Glaubensbekenntnis:* Bekenntnisformeln, die Jesu Erhöhung zum Vater verkünden: „Herr ist Jesus" (z. B. Röm 10, 9); „Gott hat ihn auferweckt" (z. B. 1 Kor 6, 14); 2. *als → Verkündigung des Handelns Gottes in Jesus Christus* während seines ird. Lebens u. in den Evangelien; 3. *in Kirchenjahr u. Kult* als den existentiellen Aneignungsweisen des Heilswirkens Gottes in Jesus. — V. daher muß zunächst die prinzip. Einheit v. → Katechismus- u. Bibelunterricht betont werden (→ Bibelkatechismus). Die Differenzierung ergibt sich aus dem Blick auf den konkreten Anlaß: ob gottesdienstliche Feier o. → Reflexion u. → Meditation im Vordergrund stehen. Im einzelnen: → Bergpredigt, → Versuchung, → Passion, → Abendmahl, Himmelfahrt, Geistsendung usw. Schr

Neuinterpretation. Die Aussagen der Bibel sind, v. der → Sprache her gesehen, in ein best. → Milieu eingebunden u. daher als zeitbedingt zu betrachten. Ändern sich Voraussetzungen, so hat dies konsequenterweise N. zur Folge. Einige Beispiele: Als man das → A. T. unkritisch als „Heilige Schrift" verstand (Verbalinspiriation), war es klar, daß man die ersten Menschen beim Namen kannte, daß man über ihr Leben im Paradies informiert war u. in Gen 3 ihren Sündenfall mitverfolgen konnte, der uns alle ins Unglück gerissen hat (→ Erbsünde). Als aber die krit. Bibelwissenschaft mit Hilfe der → Literarkritik feststellte, daß es sich um ein Dokument der Salomonischen Aufklärung (→ Jahwist) handelt, daß man damals prinzipielle Aussagen zeitlich formulierte u. f. gw. Phänomene die Wurzel in der (außergesch. verstandenen) Vorzeit suchte („Ätiologie"), erhielt Gen 2 u. 3 einen neuen Sinn: Der Mensch weiß sich als schuldig u. erkennt dies als mit seiner gesch. Existenz in Zusammenhang stehend, er weiß sich versuchbar v. seiner → Natur her, erkennt aber, daß es sich dabei nicht um ein blindes Fatum handelt, sondern um seine eigene Entscheidung — die er je neu zw. → Gott u. → Satan (u. d. h. zw. schöpfungsgemäßer u. usurpatorischer Existenzweise) zu treffen hat. Ein anderes Beispiel: zu Zeiten einer kosmogon. Welterklärung bedeutete der bibl. Schöpfungshymnus Gen 1 eine radikale N. Einer kirchl. Tradition gegenüber, die die → Hymnik mißverstand (→ Verobjektivierung) u. mit naturwiss. Aussagen verwechselte, bedeutet die Erkenntnis des literar. Charakters v. Gen 1 Anlaß einer mindestens ebenso radikalen N. — Der Rel.lehrer muß bei allem, was er als → Glauben der → Kirche verkündet, fragen, ob er die bisherige, trad. Interpretation übernehmen kann o. ob er eine N. liefern muß, weil sich die Erkenntnis entscheidend geändert hat. → Aktualisierung Hi

Neurose(n). Psychische Erkrankung ohne bekannten organischen Befund. Äußert sich im Auftreten v. Angstzuständen, zwangsartigen Verhaltensweisen u. vegetativen Reaktionen, die dem gegebenen Anlaß in keiner Weise entsprechen. N. sind willentlich unbeeinflußbar u. stören einen scharf abgezirkelten Bereich des bewußten Erlebens. Bei der N. ist keine allgem. Störung des psychischen Geschehens gegeben, sie darf auch nicht als Vorstadium f. eine Geisteskrankheit angesehen werden. Das Zustandekommen einer N. wird u. a. auf → Frustrationen u. verdrängte → Affekte (v. a. in der Kindheit) zurückgeführt; eine wesentl. Rolle spielt jede Art v. Angsterlebnissen. Die Anfälligkeit f. N. ist individuell stark verschieden, es dürfte eine körperl. Veranlagung f. neurot. Verhalten geben. N. sollen nicht überbewertet werden; dadurch pflegt u. stärkt man sie. Psychotherapeutische Behandlung ist angezeigt. Häufigste Art v. N.: *Phobien* (Angstzustände), wie z. B.: Platzangst; Angst vor Ansteckung, vor spitzen Gegenständen, vor geschlossenen Räumen, vor Krebs, vor Prüfungen, vor dem Erröten, usw. Immer stehen die Angstvorstellungen in keinem Verhältnis zum Anlaß u. führen zu → Zwangshandlungen. Si

Lit.: Erwin Ringel, Selbstschädigung durch Neurose (1973); K. H. Wrage / P. Petersen, Seelsorger u. Therapie (1972); H. Richter, Eltern, Kind u. Neurose (2. A. 1967).

Nichtchristliche Religionen im RU. Religionen sind an sich Zeugnisse f. die Tatsache, daß der Mensch die größte Naturoffenbarung → Gottes ist: → Gott ist das Ziel seines Strebens, der Mittelpunkt seiner Lebensordnung. Ohne Vollendung durch die übernatürl. → Offenbarung bleiben sie jedoch argen Verirrungen ausgesetzt. Um dies im RU darzulegen, genügt es, statt Details die n.n R. nach gemeinsamen Anliegen o. Merkmalen zusammenzufassen: *Die Religionen der Naturvölker* stehen vor jenen der Hochkulturen, bei Völkern, die mit der → Natur u. ihrer Einheit v. Leben u. Tod, Diesseits u. Jenseits eng verbunden sind: Gott als Vater, Licht, höchster Gesetzesbegriff (z. B. f. Jagd, Ehe, usw.), Religion als Fragen u. Denken über → Welt (Mythen, Kult, Opfer, ohne Exzesse der Hochkulturen usw.) u. Mensch (Gräber, Beigaben u. ä.). Diese Elemente sollen im RU als Zeugnisse u. Beispiele f. das urspr. u. wesentl. Anliegen des Menschen dienen, seine Stellung in der Welt zu finden u. das Leben zu meistern. — *Die Religionen der Hochkulturen* gehören seit dem 4. Jt. v. Chr. zu den großen Stadtstaaten u. den ersten Großreichen der Geschichte: Priester u. Fürsten übernehmen die Organisierung der Lebensversorgung (Bewässerung, Zucht, Verwaltung, Ernährung) u. der Macht; Religion u. Macht gehen zumeist eine Einheit ein u. verabsolutieren sich (Brahmanismus mit dem Kastenwesen als Machtmittel; Apotheose des Königs; Siegergottheiten werden aufgezwungen usw.). — *Die Religionen des phil. Denkens* waren → Weltanschauungen u. Lebenshaltungen einer Elite (Dichter, Fürsten, Asketen), die im 6. Jh. v. Chr. einen Ausweg aus der Erstarrung u. dem Mißbrauch der Religion suchten: Buddhismus (Überwindung des Leides, Mitleid mit aller Kreatur), Taoismus (Einswerden mit dem Urgrund), Zarathustrismus (das Gute im Menschen), die griech. Philosophie des Sokrates, Plato, Aristoteles. — Das Ergebnis: Religionsgeschichte kann der RU nicht sein. Nachdem aber das Wesen u. Anliegen der großen Religionen dargelegt sind, bleiben noch genügend Berührungspunkte, um v. den Fragen u. Wahrheiten des christl. Glaubens auf die n.n R. einzugehen, z. B. bei der Gotteserkenntnis (ostasiat. Seinsdenken als Weg zu Gott), beim Leidensproblem (Duldung, Erlösung, passiv u. aktiv), bei der → Liebe (Mitleid, Solidarität im Buddhismus, Nächstenliebe als Sozialprogramm), Kirche u. Staat usw. Das II. Vatikanum hat in einer eig. Erklärung die auch in den n. R. enthaltenen Wahrheitsgehalte u. sittl. Werte anerkannt. Die → Katechese versucht, die Bereitschaft zur → Mission u. die Anerkennung der rel. Werte zu verbinden, indem sie über n. R. informiert, deren Lehre u. Leben im Lichte des → Glaubens interpretiert u. die missionarischen Aufgaben der → Kirche v. Heilswillen Gottes (→ Erlösung, → Liebe) her begründet. Bla/Ko

Lit.: H. Schultze / W. Trutwin (Hrg.), Weltreligionen — Weltpobleme (1973).

Nihilismus. Unter N. wird gewöhnlich die Verneinung der Sinnhaftigkeit der Existenz des → Menschen u. der → Welt verstanden. Phil. nicht zu begründen (zu sagen: alles ist sinnlos, ist selbst wieder sinnlos ...), dient er literar. dazu, dem Bewußtsein der → Absurdität (Camus, Sartre, Beckett) Nachdruck zu verleihen, in dem die Ungesichertheit u. Unverfügbarkeit des Vorhandenen signalisiert werden (→ Existentialismus, → Metaphysik, → Atheismus). — Aufgabe des RU ist es, diese Intention aufzugreifen, als bibl. gedeckt aufzuzeigen (→ Ijob, → Psalmen, Kohelet, J. Sirach, → Paulus usw.) u. auf diesem Hintergrund die Bedeutsamkeit der Frohbotschaft als der → Verkündigung der → Erlösung, → Hoffnung u. eschatologischen Sinnhaftigkeit erfahren zu lassen. Dabei darf man aber nicht in den Fehler verfallen, diesen Glauben an den Sinn derart zu verobjektivieren, daß daraus eine Sicherheit des Darüber-verfügen-könnens abgeleitet werden könnte. Gerade dieser Fehler führte ja u. a. zur → Verbalisierung des philosoph.-literar. N. der letzten Jahrzehnte.

Hi

Niveaugruppenunterricht. Organisationsform in → Gesamtschulen, bei der die Schüler nicht nach dem Lebensalter, sondern nach dem Leistungsniveau einer Gruppe zugeteilt werden. Ko

Norm, soziale. S. N.n sind die in der → Gesellschaft allgem. anerkannten u. v. der Mehrzahl ihrer Mitglieder auch befolgten Regeln f. das Zusammenleben der Menschen in versch. großen → Gruppen u. Organisationen. Ebenso versteht man unter N.n auch die Gesamtheit der Erwartungen, die v. der Gruppe an ihre Mitglieder zur Verhaltenssteuerung herangetragen werden u. auf deren Einhaltung mit Sanktionen geachtet wird. S. N.n decken sich weitgehend mit dem geltenden Recht. Jeder N. liegt eine best. Werthaltung zugrunde. Das Streben nach Wertverwirklichung führt zunächst zu bestimmten Verhaltensmustern u. mündet in s. N.n. Ku

Normative Pädagogik. → Norm ist eine f. das prakt. o. theoret. Handeln u. Verhalten verpflichtende Regel. — N. P. ist eine ungenaue Bezeichnung f. jene P., die als Wissenschaft v. vorgegebenen → Normen ausgeht, selbst Normen aufstellt u. wiss. begründet. Die wissenschaftstheoret. Diskussion u. der Methodenstreit in den Sozialwissenschaften deckten auf, daß eine „normfreie" o. „vorurteilslose" P. prinzipiell unmöglich ist. Zu fordern ist jedoch die dauernde Reflexion des wiss. Standortes u. die Beachtung der Einsicht, daß Erziehung ohne Normen nicht auskommt. Ro

Normenethik. Obwohl der Mensch in seinem → Gewissen autonom ist, kann er sein Leben nicht v. der Wirklichkeit isolieren, sondern nur in den vorgegebenen Voraussetzungen u. Bedingungen der → Welt u. → Gesellschaft gestalten. → Ethik kann also keine Willkür sein, sondern Synthese, Zusammenspiel des bewußt-freien Gewissens mit der Wirklichkeit. Zusammenspiel bedeutet Anerkennung u. Einhaltung v. Spielregeln. Diese hat sich der Einzelmensch (u. die → Gesellschaft) im Laufe ihrer Geschichte geformt, nicht als starre, unwandelbare Zwangsmaßnahmen, sondern als anpaßbare Wege u. Mittel zum Wohl des Menschen. Bla

Normenunruhe. Relatives Erkennen u. Wollen bedingen Wandlung, Entfaltung, aber auch Unsicherheit in der → Sittlichkeit. Daraus entstehen Unruhe u. Suche nach Prinzipien u. Normen, die f. jede Zeit u. Situation entscheiden könnten. Da nur → Ethik einzig u. allein aus dem → Gewissen entsteht, kann die Unruhe auch nur v. Gewissen her gestillt werden: Die höchste, alles lösende, sittliche → Norm, stets nach dem Gewissen zu handeln, verleiht die Sicherheit, den Möglichkeiten entspr. richtig gehandelt zu haben, hält aber zugleich an, sich der → Verantwortung stets bewußt zu sein. Bla

Notengebung. In der trad. Form wird N. heute starker Kritik unterworfen. Sie sei kein obj. Maß, mit vielen emotionellen Fehlerquellen behaftet, an der Leistung der Mittelschicht orientiert, entmutige die schwächeren Schüler u. stabilisiere die soziale Schichtung, verstärke eine bloß → extrinsische Lernmotivation. Die Ziffernbenotung stelle eine fragwürdige Übertragung v. quantitativer Messung auf quantitativ nicht Meßbares dar u. a. m. Neue Wege (→ verbale Beurteilung, → Leistungstests, Selbstkontrolle der Schüler o. die generelle Abschaffung der N. (S. Jäger/D. Duhm) werden gefordert. Bei einem kerygmatisch orientierten RU kommt zu den obigen Einwänden noch die Spannung, welche sich aus dem „Dienst am Glauben" u. der Freiwilligkeit im Glaubensbereich einerseits u. der f. die N. notwendigen Leistungsforderung anderseits ergibt. Sie führte bisweilen zu einer so milden Handhabung der N., daß dadurch das System v. innen her ausgehöhlt wurde. N. u. Prüfung als Leistungsmessung sind notwendig. Sie dürfen sich aber im RU nur auf schulische, nicht aber auf rel. Leistungen beziehen. N. soll nicht moral. Abrechnung, sondern Diagnose u. Prognose der Lern- u. Lehrleistung sowie Hilfe zur Selbstprüfung sein. Eine Neuordnung ist nur im Rahmen einer Gesamtlösung der Schülerbeurteilung in allen Fächern sinnvoll, wobei beim RU neben päd. Fragen auch schulrechtl. (Pflichtgegenstand — Freigegenstand) zu beachten sind: In Österreich etwa würde eine *einseitige* Aufgabe der N. die rechtl. Stellung des RU als → Pflichtgegenstand berühren. Ko

Lit.: K. Ingenkamp, Die Fragwürdigkeit der Zensurengebung (1971), S. Jäger/

D. Duhm, Notengebung — Kritik u. Alternativen, in: Linquistik u. Didaktik 1971/S. 165 ff.; W. Nastainczyk, Formal-Katechetik (1969); R. Weiß, Leistungsbeurteilung durch Ziffernnoten (1968).

Nützlichkeitsethik. Drückt die N. (= was nützt, ist gut) den praktischen Wert der sittl. Handlung f. das Wohl des Menschen aus, ist gegen sie nichts einzuwenden. Steht sie aber im Dienste eines falschen Zieles (z. B. Machtstreben nach der Lehre Macchiavellis im „Fürstenspiegel"), ist sie abzulehnen. Der höchste Nutzen kann nur im Gemeinwohl liegen. Jeder Nutzen, der v. Gemeinwohl gelöst ist, führt früher o. später zu Ausbeutung, Isolierung, Zerstörung der → Gesellschaft u. ä. Bla

Numinosum. V. lat. numen = Wille, Gottheit, göttl. Walten. Nach R. Otto (1869 bis 1937) überschreitet das Heilige als N., Tremendum u. Fascinosum das rationale Nur-Sittliche. Der Terminus N. bringt das geheimnisvoll Wirkende, Tremendum das Erschreckende u. Fascinosum das zugleich Anziehende zum Ausdruck. Ko

Lit.: J. Splett, Die Rede vom Heiligen (1971).

Objektiver RU. In Schweden seit 1950 gebrauchter Terminus f. den dort in Schulen eingeführten sachkundlich → informativen, nicht „verkündigenden" (evang.) RU. Ko

Objektivierung des Unterrichts = das Abtreten v. Funktionen des Lehrers an „objektive" Vermittler (z. B. → audio-visuelle Medien, → Unterrichtstechnologie) o. die Übernahme der Beurteilung des Schülers durch → Leistungstests o. Prüfgeräte. O. d. U. wird sowohl auf dem Gebiet der Wissensvermittlung (→ Lehrprogramme, → Mediensystematik, → Lehrmaschinen, → Religionsbücher) wie auch des Übens (→ Lük-Gerät; → Wiederholung) u. der Lerneffektkontrolle (Kontrollbögen, Tests, Prüfgeräte) angestrebt. Positiv wird dafür angeführt: mehr Selbsttätigkeit u. Selbstverantwortung der Schüler; Zeitersparnis; Abgabe unbeliebter Tätigkeiten des Lehrers u. ä. Die Gefahr des Unpersönlich-Werdens durch O. d. U. wird vermieden, wenn die Objektivierungsgebiete sachlich adäquat bestimmt werden. Kriterien der → Methodenwahl. Ko

Obligatorischer RU → Pflichtgegenstand Religion

O. C. I. C. = Office Catholique Internationale du Cinèma = Internationales Katholisches Filmbüro. Sitz: B-1040 Bruxelles, 8 rue de l'Orme.

Ödipuskomplex. Nach der → Psychoanalyse schwanke das Kind in der frühgenitalen Phase zw. Liebeswünschen zum gegengeschlechtl. Elternteil u. der Angst vor dem Verlust der → Liebe des gleichgeschlechtl. Elternteils bzw. Haß-, Rache-, u. Abwendungsgefühlen. V. Bedeutung sei diese Phase f. die Entwicklung des Über-Ichs, der Religion usw. → Elektrakomplex Ko

Öffentliches Leben Jesu. Das ö. L. J. umfaßt den Zeitraum zw. dem ersten Auftreten Jesu als Lehrer u. seinem Kreuzestod (bzw. der Grablegung). Da die → Auferstehung Jesu kein Ereignis im Rahmen der ird. Wirklichkeit ist, sondern einem anderen Äon angehört, kann sie nicht mehr unmittelbar zum ö. L. J. gezählt werden. Im → Bibelunterricht wurden die Begebenheiten aus dem ö. L. J. so gelehrt, als besäßen wir wenigstens über diesen Lebensabschnitt ziemlich genaue, detailliert hist. Kenntnisse. Die Darstellung im Unterricht erfolgte in Art einer → Evangelienharmonie — ein Evangelium wurde durch das andere ergänzt u. so zu dem entscheid. Abschnitt des Lebens Jesu gestaltet. Die neuere theol. Forschung hat schon seit geraumer Zeit warnend ihre Stimme dagegen erhoben, einen Versuch zu unternehmen, eine Biographie Jesu (o. auch nur einen Teil davon) zu entwerfen. Dies hat auch in der theol. Forschung entspr. Widerhall gefunden. In → Predigt u. → Katechese bemüht man sich heute auch schon, diesen Erkenntnissen zum Durchbruch zu verhelfen. Auch das kirchl. Lehramt hat in jüngerer Zeit (Instruktion der Päpstl. Bibelkommission v. 21. IV. 1964) auf die bes. Art der Geschichtlichkeit der Evangelien hingewiesen.

Es muß bes. beachtet werden, daß jedes der 4 kanonischen Evangelien als Glaubenszeugnis mit ganz besonderer theol. Eigenart gilt. Auch bezüglich der Chronologie des Lebens Jesu muß man mit den Angaben überaus vorsichtig sein. Aufgrund unserer Quellen kann festgehalten werden, daß Jesus bei seinem ö. Auftreten etwa 30 Jahre alt war (vgl. Lk 3,23). Nach wie vor ist die Dauer des ö.n L.s J. umstritten. Es gibt eine Anzahl v. → Exegeten, die noch immer an einer Dauer v. einem Jahr (Synoptiker) festhalten. Mehr neigt man heute zur Annahme einer Dauer v. etwa 2½ bis 3½ Jahren (Johannes). „Diese auf den chronol. Angaben v. Joh fußende Hypothese widerspricht den Synoptikern insofern nicht, als diese einen anerkannt künstlichen Rahmen der ö. Wirksamkeit J. bieten u. in Einzelheiten viell. auch eine längere als einjährige Dauer derselben voraussetzen" (BL² 836). Sowohl die vielen Leben-Jesu-Bücher bis in die jüngere Zeit als auch Predigt u. Katechese haben versucht, eine „Psychologie Jesu" zu erarbeiten, um die Darstellung anschaulicher u. spannender zu gestalten. Alle derartigen Versuche scheiterten daran, daß die vorhandenen Quellen f. ein solches Unterfangen zu wenig Material zur Verfügung stellen. Man läuft in einer solchen Situation Gefahr, nicht Jesus, sondern sich u. seine Lieblingsideen zu verkünden. Zusammenfassend schreibt dazu das BL²: „Obwohl die Evangelien naturgemäß wirkliche Vorgänge darstellen wollen, sind sie doch nicht v. einem primär hist. Standpunkt aus abgefaßt worden. Sie sind daher keine Biographien, auch nicht im antiken Sinn. Sie bieten keine Charakterskizze o. Beschreibung der Person Jesu. Sie sind sehr unvollständig (vgl. Joh 20,30 f) u. erzählen die Vorgänge nicht in der genauen chronol. Reihenfolge. Auch topograph. u. geograph. Angaben sind ziemlich selten u. vielfach schematisch" (Sp 445). Bevor auf die Darstellung des ö.n L.s J. bei den einzelnen Evangelisten eingegangen wird, soll noch ein Hinweis auf die literar. Form der Evangelien erfolgen: Der literar. Charakter der Evangelien wird „bestimmt durch das did.-rel. Interesse, das bei ihrer Abfassung vorwaltete. Sie sind entstanden im Dienst der christlichen Missionspredigt, als Niederschlag u. Hilfsmittel der mündlichen Predigt, die den → Glauben an → Jesus Christus wiedererwecken o. stärken sollte (vgl. Lk 1,1—4; Joh 20,31)" (BL² Sp. 446). Es sollen hier die Evangelien in der Reihenfolge angeführt werden, wie sie aus den Bibeltexten geläufig ist. Die inneren Zusammenhänge zu erforschen, ist v. a. eine Aufgabe der → synoptischen Frage. Eine Harmonisierung der Evangelien soll hier auch nicht versucht werden, da jedes seine ganz bestimmten Aspekte hat (→ Theol. Konzept).

Das ö. L. J. nach den 4 Evangelisten gliedert sich in folgender Weise:

I. *Nach dem Mt.-Evangelium:* 1. Johannes der Vorläufer Jesu, Taufe u. Versuchung Jesu (3,1—4,11) / 2. Das Wirken Jesu in Galiläa (4,12—11,1) / 3. Unglaube u. Feindschaft gegen Jesus (11,2—13,58) / 4. Weitere Begebenheiten aus dem Wanderleben Jesu innerhalb u. außerhalb Galiläas (14,1—16,12) / 5. Vorbereitung der Jünger auf Jesu Leiden; Aufbruch nach Jerusalem (16,13—20,28) / 6. Jesu Einzug in Jerusalem und sein letztes Wirken (20,29—25,46) / 7. Leidensgeschichte u. Tod Jesu (26—27).

Die heutige Bibelwiss. weist darauf hin, daß Mt vom Mk-Aufbau abhängig ist. Sieht man davon ab, kommt man zu unrichtigen Annahmen. Schwerpunkte bei der Darstellung des ö.n L.s J. nach Mt sind: die sechs großen Redekompositionen, die eher schematisch zusammengestellten Wunderberichte (vgl. 8 u. 9), u. die allenthalben mit großer Treue zur Überlieferung zitierten Worte des Herrn. Das ö. L. J. in der Sicht des Mt ist gekennzeichnet durch die Auseinandersetzung zw. → Kirche u. Synagoge. V. vielen wird Mt als das Evangelium der „Kirche" bezeichnet. —

II. *Nach dem Mk-Evangelium:* 1. Das Auftreten und die Tätigkeit Johannes des Täufers; Jesu Taufe u. Versuchung (1,1—13) / 2. Anfänge der Wirksamkeit Jesu in Galiläa (1,14—45) / 3. Zusammenstöße Jesu mit den Schriftgelehrten u. Pharisäern (2,1—3,6) / 4. Zeichen u. Worte Jesu inner- u. außerhalb Galiläas (3,7—8,26) / 5. Vorbereitung der Jünger auf Jesu Leiden u. Sterben (8,27—10,45) / 6. Jesu Einzug in Jerusalem u. sein letztes Wirken (10,46—13,37) / 7. Jesu Leiden u. Sterben (14 u. 15). — Auch das Mk-Evangelium zeigt ein theol. Ordnungsprinzip. Das Bild v. „Weg" spielt im Mk-Evangelium eine bedeutende Rolle. „In Jesu Welt ereignet sich der Einbruch v. Gottes Welt in die Welt des Menschen" (BL² 1101). Auch der Ablauf der im Mk-Evangelium berichteten Ereignisse gibt uns keinen genauen chronol. u. topograph. Bericht. Wenn vom „Weg Jesu" v. Galiläa nach Jerusalem die Rede ist, so darf darin weniger eine örtl. Angabe gesehen werden, sondern eindeutig ein theol. Aspekt (vgl. BL² 1103). —

III. *Nach dem Lk-Evangelium:* 1. Einleitung zur öffentlichen Wirksamkeit Jesu: Wirksamkeit des Täufers, Taufe u. Versuchung Jesu (3,1—4,13) / 2. Jesu Wirken in Galiläa (4,14—9,50) / 3. Wirksamkeit Jesu auf seiner langen Wanderung nach Jerusalem (9,51—19,27) / 4. Jesu Einzug in Jerusalem u. letztes Wirken (19,28—21,38) / 5. Jesu Leiden, Sterben u. Grablegung (22 u. 23). — Obwohl auch im Lk-Evangelium scheinbar mehr chronolog. u. topograph. Angaben gemacht werden, darf man sich nicht dazu verleiten lassen, den vorwiegend theol. Aspekt zu übersehen. Da man bei der Abfassung dieses Ev. schon ahnte, daß das Ende (Wiederkunft Christi) nicht unmittelbar bevorstünde, bemüht sich Lukas, die bleibende Bedeutung des Auftretens Jesu f. die Gegenwart aufzuweisen. Es gilt auch, die Zuverlässigkeit des Überlieferten sicherzustellen, u. man muß die Gefahren berücksichtigen, die dem Glauben im Alltag drohen. Nicht Historismus leitet Lukas, sondern Sorge um die Verkündigung der Heilsbotschaft Jesu. Dies gilt auch f. den sog. „Lukanischen Reisebericht" (9,51—19,27): „Das Leben Jesu als Urbild des Weges zum Heil zu charakterisieren, nicht aber historisch getreu die Wanderung Jesu darzustellen, ist das Ziel des Reiseberichtes: seine Orts- u. Zeitangaben bleiben völlig im Unklaren. Umso nachdrücklicher wird aber das dauernde Unterwegssein Jesu u. seine zielstrebige Ausrichtung auf Jerusalem, den Ort der Gottbegegnung, betont" (BWB 241). —

IV. *Nach dem Joh-Evangelium:* 1. Einführung Jesu in die Welt — das Zeugnis Johannes des Täufers u. die Selbstoffenbarung Jesu vor seinen ersten Jüngern (1,19—51) / 2. Jesus offenbart seine göttliche Herrlichkeit vor der Welt (2—12) / 3. Jesus offenbart seinen Jüngern beim Abschied seinen Weg zur Vollendung (13—17) / 4. Jesu Leiden u. Tod (18 u. 19).

Jeder aufmerksame Leser der Evangelien merkt den Unterschied zw. Joh u. den Synoptikern. Dabei darf man aber die Gemeinsamkeiten nicht übersehen. Joh u. die Synoptiker wollen v. geschichtl. → Jesus berichten, wenn sie dies auch in ihrer je spezif. theol. Eigenart aus der Sicht ihres Osterglaubens tun. Der Gesamtaufbau der 4 Evangelien zeigt deutliche Gemeinsamkeit. V. vielen Eigenarten des Joh-Evangeliums soll hier darauf verwiesen werden, daß f. Joh Christus nicht nur die Erfüllung der Heilserwartung → Israels, sondern die Erfüllung der menschl. Sehnsüchte überhaupt ist (vgl. BTW 199). —

Der Prediger u. Katechet wird nun fragen: Welche Begebenheiten u. Tatsachen aus dem Leben u. Wirken Jesu kann man nach heutigem theol. Befund auch als hist. gesichert bezeichnen? W. Trilling weist auf folgende sicher erweisbare Fakten hin: 1. Jesus ist am Kreuz gestorben; 2. seinem Lebenswerk war äußerer Mißerfolg beschieden; 3. Jesus kommt aus Nazareth; 4. die Taufe Jesu im Jordan (vgl. W. Trilling, Fragen zur Geschichtlichkeit Jesu, Düsseldorf 1966, S. 42 ff). Dies wird manchem als sehr wenig erscheinen. Es wäre ein arges Mißverständnis, alle anderen Begebenheiten, die uns v. Leben u. Wirken Jesu berichtet werden, in das Reich der → Legende verweisen zu wollen. Trilling legt hier nur deswegen so strenge Maßstäbe an, um vor der hist.-wiss. Kritik bestehen zu können. Er meint dazu: „Diese Beispiele sind ausgewählt, um den höchstmöglichen Grad an historischer Sicherheit, den wir erlangen können, darzulegen. Damit ist über alle anderen Ereignisse kein Urteil abgegeben, sondern nur ein solides Fundament aufgezeigt, das wir in der Geschichte Jesu vorfinden" (S. 50).

Diese kurzen Hinweise mögen dem Katecheten u. Prediger zeigen, daß es f. die → Verkündigung bes. darauf ankommen wird, die spezifisch theol. Aspekte der Evangelien darzulegen. Dies vermag den Schüler vor falschen historisierenden u. harmonisierenden Vorstellungen zu bewahren u. eröffnet ihm Wege zu einem vertieften Christusverständnis. Han

Ökumenischer RU. Der Terminus ö. RU wird heute in sehr unterschiedl. Sinne verwendet: 1. Soferne man darunter nicht einen → interkonfessionellen RU versteht, ist damit ein RU gemeint, der das Anliegen des → Ökumenismus wahrnimmt. Als neg. Forderung bedeutet das, daß der RU keine Vorurteile o. Ressentiments gegenüber anderen Glaubensgemeinschaften u. ihren Gliedern wecken darf. Als prakt. Regel könnte gelten, nur so über das, was den Mitchristen eines anderen Bekenntnisses betrifft, zu sprechen, daß Zuhörer der anderen Konfession zugegen sein könnten, ohne sich verletzt zu fühlen. Positiv fordert ö. RU die Weckung u. Pflege ökumenischen Geistes. Im Hinblick auf einen ö. RU wird gelegentlich auch gefordert, daß in einem (konfessionellen) RU Vertreter anderer Konfessionen zu Worte kommen (Gastvorträge usw.). Sinnvoll erscheint dies dort, wo die Schüler über entspr. Urteils- u. Unterscheidungsreife verfügen. — 2. Ö. RU wird unkritisch auch gleichgesetzt mit einem → interkonfessionellen RU, in dem *Schüler versch. Bekenntnisses* gemeinsam in Grundzüge rel. — meist bibl. — Denkens durch *einen* Lehrer ihrer o. auch einer anderen Konfession eingeführt werden. — 3. Ö. RU kann auch verstanden werden als → kooperativ-konfess. RU, der *grundsätzlich* im systematisch-geplanten *Zusammenwirken v. Rel.-Lehrern versch. Bekenntnisse* besteht. 2. u. 3. erfordern ein Abgehen v. trad. Zielsetzungen (z. B. RU als Glaubensunterweisung u. Einübung in die → Kirche), Inhalten (z. B. Sakramentenvorbereitung) u. Aufgaben (z. B. liturg. Einführung) des RU. Sie sind beschränkt auf konkret pastorale o. schulische Situationen u. werden v. a. dort gefordert u. begründet, wo zw. schul. RU u. kirchl. Katechese streng unterschieden wird. Ein so verstandener ö. RU erfordert immer eine zusätzliche konfessionell gebundene Katechese. Theoretisch u. praktisch sind die damit verbundenen Fragen u. Probleme (ist die konfessionelle Kat. bei 2. u. 3. Grundlage, Voraussetzung o. Ergänzung des ö. RU; zeitl. Koordination im Verlauf des Bildungsvorganges; Abstimmung v. Zielen u. Inhalten u. a. m.) gegenwärtig in Diskussion. Im Sinne einer begriffl. Klarheit wäre ö. RU v. interkonfessionellem RU zu unterscheiden. Im ersteren kommen sachgerecht die Intentionen u. Inhalte aller beteiligten Konfessionen voll zum Tragen. Letzterer sieht v. konfessionellen Besonderheiten u. Unterschieden ab u. beschränkt sich auf gemeinsame Grundlagen. → URP Fi/Ko

Ökumenismus. Das Wort ökumenisch leitet sich v. griech. Wort oikumene ab u. bedeutet die ganze bewohnte Erde. Im trad. kath. Sprachgebrauch bezeichnet es ein allgem. u. universales Konzil. Heute jedoch wird es vorwiegend zur Kennzeichnung aller Bemühungen um die Einheit der Christen gebraucht. Ö. als Sorge f. die gefährdete o. verloren gegangene Einheit der Kirche gab es immer. V. einer ökumen. Bewegung, hinter die sich ganze Kirchen stellen, kann aber erst im 20. Jh. gesprochen werden. Vorbereitet wurde sie durch die neuen Kontaktmöglichkeiten, die das 19. Jh. brachte, u. durch die Schaffung weltweiter kirchl. u. konfess. Organisationen u. Vereinigungen. Marksteine der ökum. Bewegung sind die Gründung des „Ökumen. Rates der Kirchen“ (Weltrat der Kirchen) 1948 in Amsterdam, u. katholischerseits die Gründung des „Sekretariats f. die Einheit der Christen“ 1960 durch Johannes XXIII. u. das 2. Vatik. Konzil, bes. sein Ö.dekret. Die Weltgebetswoche f. die Einheit der Christen, die alljährlich vom 18.—25. Jänner gehalten wird, ist ebenfalls ein lebendiger Ausdruck des Ö. Als Haltung verlangt Ö. das Bemühen um eine Erneuerung v. den Quellen her (Schrift, Liturgie, Patristik) u. die Bereitschaft, auf geschichtl. gewachsene u. viell. persönlich liebgewordene konfess. Ausfaltungen des Christlichen zu verzichten, wenn sie nicht wesentlich sind o. das Wesen eher verdecken. Fi

Lit.: Kard. Jaeger, Einheit u. Gemeinschaft (1972); J. Feiner/L. Vischer, Neues Glaubensbuch. Der gemeinsame Glaube (1973).

Offenbarung. 1. *Worterklärung:* Die griech. (apokalypsis) u. lat.

(revelatio) Bezeichnung bedeuten: „die Hülle, den Schleier wegziehen", Enthüllung. Das deutsche Wort meint: „etwas obenauf bahren", so daß es gesehen werden kann. Schon hier wird deutlich, daß die Aussagen — das Wort — nicht das bestimmende Moment der O. sein können. Gott, der „in unzugänglichem Lichte wohnt" (1 Tim 6,16), hat den undurchdringl. Schleier weggezogen. Er tut dies auf dreifache Weise: auf dem Wege über seine → Schöpfung (Schöpfungs-O. o. natürl. O.), weiters indem er auf übernatürl. Weise die verborgenen → Geheimnisse seiner Ratschlüsse kundtut (übernatürl. O.) u. schließlich dadurch, daß er sich dem Menschen unmittelbar enthüllt (Schau Gottes in der → Vollendung). 2. *Die natürl. O.:* Der Schöpfergott hat seine → Welt geschaffen, damit sie seine Herrlichkeit erweise (vgl. Ps 8 u. 19); Weish 13, 1—7) u. die Menschen ihn ertasten u. finden können. Dabei ist zuerst nicht so sehr die → reflektierende Vernunft, sondern das → Gemüt angesprochen. Die Vernunft sucht dann das Angesprochensein im Gemüt zu erfassen, ins Licht der → Erkenntnis zu heben u. in Wort u. Begriff festzuhalten. Ob es eine natürl. Ur-O. im → Wort gibt, ist theolog. umstritten. Da sich in der natürl. O. das unendl. Geheimnis Gottes nur durch → Analogie, in der negierenden Übersteigung des Endlichen u. durch indir. Verweis eröffnet, weiß der Mensch noch nichts Eindeutiges über das Verhältnis Gottes zu ihm. 3. *Die übernatürl. O.:* Diese ist mit der Schöpfung u. dem geistigen Sein des Menschen noch nicht gegeben, sondern hat Ereignischarakter. In ihr redet Gott den Menschen an (Hebr 1,1—2) u. eröffnet ihm seine innere Wirklichkeit u. sein personal freies Verhalten zu ihm. Nach den Schriften des A. T. offenbart sich Gott in Erscheinungen, im Wort u. v. a. durch sein Handeln in der Geschichte, vorab in der Geschichte → Israels. Die O. des N. T. ist O. in u. durch → Jesus Christus. Sie ist der Höhepunkt der Selbsterschließung Gottes u. einzigartig in dem Sinn, daß Jesus der einzige O.svermittler ist, als auch darin, daß seine → Person, seine Lehre u. sein Erlösungswerk den einzigen Gegenstand der O. bilden. Auch hier steht das Tun Gottes im Vordergrund. Die unüberbietbare u. uneinholbare personale O. Gottes in seinem Sohn ist mit den Aposteln, den Zeugen der O., abgeschlossen u. der → Kirche als „Paratheke", als anvertrautes Gut, übergeben, das sie zu verkünden u. zu vermitteln hat (öffentliche u. amtliche O.). Das 1. Vat. Konzil hat die Möglichkeit u. Tatsächlichkeit der O. ausdrücklich ausgesprochen. → Analogie → Tradition Fi

O. I. E. C. = Office *I*nternational de l'*E*insegnement *C*atholique = Internationales Kath. Büro f. Unterricht u. Erziehung. Sitz: I-00179 Roma, Via Latina 22.

Okkultismus. O. faßt alle Erscheinungen zusammen, deren Ursachen uns verdeckt (okkult) sind. Mit der fortschreitenden Erforschung der → Welt vermindert sich ihre Zahl. In der Gegenwart rücken ganze Schulen (in Leningrad, Yale-Universität in USA u. a.) jenen Phänomenen auf den Leib, die mit Übertragung v. Vorstellungen (Telepathie, Hellsehen u. ä.) o. Fernbewegung zu tun haben. Die Phänomene des → Spiritismus wurden teils als Schwindel entlarvt, teils in Zusammenhang mit Suggestion u. Hypnose gebracht. Neugier, Aberglaube, Dummheit bieten trotzdem Geschäftemachern reiche Ausbeutungsmöglichkeiten. → Parapsychologie Bla

Oleate → Landkarte

Oligophrenie. Angeborener o. im frühen Kindesalter erworbener Schwachsinn. Ko

Onanie → Masturbation

Ontogenese. Entwicklung des Individuums v. seiner Zeugung bis zum Tod. Gegensatz: → Phylogenese Ko

Operationalisieren v. Lernzielen = Gestaltung des Lernprozesses in einer Art, daß das durch das Lernziel Angestrebte u. in ihm genau Umschriebene im → Lernprozeß erreicht wird. O.bare Lernziele sind so umschrieben u. formuliert, daß ihre Erreichung jederzeit obj. gemessen u. festgestellt (= o.t) werden kann. Ko

Operatives Verhalten ist die Gesamtheit aller spontanen, nicht v. außen gesteuerten, nicht-reizbedingten Reaktionen. Gegensatz: → respondentes Verhalten Ko

Opticart. Demonstrationsmedium mit bewegl. Schaubildern, welche mittels Licht u. rotierender Scheibe auf einer Bildtafel erzeugt werden. Das Gerät besteht aus einem Kasten in der Größe eines kleineren Reisekoffers, an dessen Vorderseite die auswechselbaren Bildtafeln (Transparente) eingesetzt werden. Größere Aufmerksamkeitseffekte als bei bloßer Stehbildprojektion. Die gw. f. den RU angebotenen Platten haben noch kat.-did. Mängel. O. in Verbindung mit einer Schallplatte wird O.-Phono-Set genannt. Ko

Optimismus — Pessimismus. Als Lebensauffassungen: das Leben v. der Sonnen- o. v. der Schattenseite aus betrachten. Als Weltdeutungen: Die jetzige Welt ist die beste v. allen möglichen (Leibniz), die Welt ist die schlechteste (vgl. Schopenhauer) o. die Welt ist absurd (Sartre, Camus). O. u. P. sind relativistisch, d. h. sie entstehen aus Veranlagung, Umgebung, persönlicher Einstellung zu den Dingen, → Erfahrung (Erfüllung o. Enttäuschung). Die Kritik an beiden Extremen führt zur Erkenntnis, daß nicht die Welt, sondern der Mensch ihr Urheber ist, je nachdem er Vertrauen zu sich, zur → Welt u. zu → Gott (→ Bergpredigt) hat o. nicht. Bla

Optische Projektionsarten → s. Abb. 17, Sp. 779 f.

Orale Phase. Nach der → Psychoanalyse das Säuglingsalter, welches gekennzeichnet sei durch Lustgewinn mittels Saugen u. Lutschen (lat. os, oris = Mund). Ko

Orff-Instrumentarium. Der Komponist Carl Orff (geb. 1895 in München) wollte mit seinem fünfbändigen „Schulwerk“ (1930—35) eine neuartige Musik f. Laien u. Kinder (eine elementare Musikübung durch Erfindung u. Improvisation) in Zusammenarbeit mit Lehrkräften der 1924 gegründeten Münchener Günther-Schule f. Gymnastik, Musik u. Tanz (→ Musische Erziehung) (Dorothee Günther, Gunild Keetmann, Hans Bergese u. a.) schaffen; mit dem

Instrumentenbauer Karl Maendler entwickelte er dazu ein neues I., z. T. als Neukonstruktionen, z. T. in Anlehnung an mittelaltl. u. auch exot. Vorbilder: Glockenspiele, Stabspiele (Metallophone, Xylophone), Handtrommeln, Schellentrommeln, Pauken, Triangeln, Cymbeln, Schlagstäbe, Schlagstöcke, Holzblocktrommeln, Röhrenholztrommeln, Stielkastagnetten, Schellenbänder, Schellenrassel, Schellenkranz, Kugelrasseln, Schüttelrohr, hängende Becken, gr. Trommel, kl. Trommel, Bongos usw., dazu kommen die versch. Arten v. Klatschen, Stampfen u. Paschen, die selbst gebauten Instr. u. die Melodieinstrumente: Blockflöten, Gamben, Fideln u. a., nicht zuletzt die menschl. Stimme: sowohl gesprochen, geflüstert als auch singend. Immer wieder wurde u. wird das O.-Schulwerk in den versch. musikal. Stilrichtungen weitergeführt bis in die jüngste Avantgarde (→ Moderne Musik) [Georg Self: „Neue Klangwelten f. die Jugend", Universal Edition, 1967; Gertrud Meyer-Denkmann: „Klangexperimente u. Gestaltungsversuche im Kindesalter", Universal Edition, 1970; Lilli Friedemann: „Kollektivimprov. als Studium u. Gestaltung neuer Musik", Universal Edition, 1969]. Die leichte Spielbarkeit, die bes. die Phantasie anregenden Klangfarben u. die vielseitige Verwendbarkeit der Instrumente machen sie f. das Musizieren in der Schule (v. a. bei elementarem Musizieren in der Vorschulzeit u. in der Volksschule) überaus geeignet. Es wird noch Aufgabe sein, die konkrete Verwendbarkeit in der → Katechese z. B. zur Untermalung u. Illustration bibl. Spiele, zur Begleitung rel. Lieder, auch Musik f. den Gottesdienst mit den Kindern zu erarbeiten (siehe auch die Anregungen dazu in: K. Musalek: Lied in der Katechese). Mu

Organisation des RU.

BRD: Die O. des RU in der BRD liegt in Händen der Kirche wie des Staates (Art. 7 Abs. 1 u. 3 GG). Mit dem bischöfl. Schulreferenten der Deutschen Bischofskonferenz arbeiten die Schulreferenten der Diözesen zusammen, denen wegen der Kulturhoheit der Länder eine bes. Bedeutung zukommt. Zentralstelle ist die Bischöfl. Hauptstelle f. Schule u. Erziehung (Sitz Köln), der die Bischöfl. Zentrale f. Ordensschulen (Arbeitsgemeinschaften der Ordensschulen in den Ländern bzw. Diözesen) wie auch die beiden Kommissionen eingegliedert sind, die (seit 1972) f. die Genehmigung v. Lehrbüchern u. Lehrmitteln f. den RU in allen Schulformen zuständig sind. Die Anliegen des RU (Lehrplanentwicklung, Fort- u. Weiterbildung usw.) in den versch. Schulformen (Volksschule, berufsbildende Schulen, Realschulen u. Gymnasien) werden durch diözesane o. überregionale Religionslehrerverbände in Zusammenarbeit mit den diözesanen Schulreferenten wahrgenommen; diese Verbände sind meist in bundesdeutschen Dachorganisationen (z. B. → Deutscher Katechetenverein o. → Bund kath. Religionslehrervereinigungen) zusammengeschlossen, die durch Herausgabe v. Zeitschriften (u. a. „Katechetische Blätter", „RU an höheren Schulen") Zusammenhalt u. Weiterbildung der Rel.lehrer fördern.

Die staatl. Organisation des RU liegt in den Händen der Kultusministerien, die in den versch. Schulabteilungen mit den Angelegenheiten des RU befaßt sind. Die staatl. Schulaufsicht über den RU erstreckt sich jedoch nicht auf die Übereinstimmung des Lehrinhalts u. der Didaktik des RU. Beides ist Sache der Kirchen u. Religionsgemeinschaften. Wie in anderen Disziplinen fördert der Staat durch Kurse f. Rel.lehrer die aktuelle Fortbildung. Lä

Österreich: Die Diözesanen Schulämter bzw. -referenten sind f. die kirchlichen Belange des RU zuständig. Die gesamtösterreichischen Belange werden v. Erzbischöfl. Amt f. Unterricht u. Erziehung in seiner Funktion als kirchl. Zentralstelle f. Unterricht u. Erziehung wahrgenommen. Dieser kirchlichen Zentralstelle sind zugeordnet: die Schulamtsleiterkonferenz, Interdiözesane Lehrbuchkonferenzen (ILK) f. versch. Schulgattungen, die kirchl. Studienkommission f. Fragen der Schulreform u. a. → Aufsicht des RU Ke

Schweiz: Während der obligator. Volksschulzeit wird der RU hauptsächlich im Rahmen der Schule erteilt. Die sog. Sonntagschristenlehre wurde im Lauf der letzten Jahrzehnte fast vollst. aufgegeben; hingegen wird nach der obligator. Schulzeit während 2 bis 3 (4) Jahren in der Mehrzahl der Pfarreien, v. a. der deutschsprachigen Schweiz (jetzt überwiegend werktags u. nur in den Herbst- u. Wintermonaten), die → Jugendkatechese gehalten. F. diese Altersstufe wird nahezu ausschließlich, überall, wo dies möglich ist, an Gymnasien u. Lehrerseminarien RU erteilt (d. h. f. 20% der Pflichtschulabsolventen); hingegen gibt es an Berufsschulen (65%) nur in ganz wenigen Fällen RU. Die großen Unterschiede in der O. des RU sind durch sprachregionale Eigenarten u. v. a. durch die abweichende kantonale Schulorganisation bedingt, während die Diözesen kaum ins Gewicht fallen (nur Lugano u. Sitten haben keine Diasporagebiete). F. die Mehrzahl der kath. Pflichtschüler ist der RU mit 1—2 Wochenstunden in der ordentlichen Stundentafel aufgeführt; f. andere kann er erst nach Schulschluß, tw. auch nicht in den Schulräumen erteilt werden. Hinführung zur → Eucharistie im 2./3. (vereinzelt im 1.) Schuljahr, nach der Erstbeichte. Nebst dem noch überwiegend v. Priestern gehaltenen RU gibt es in 20 Kantonen, gewöhnlich bis zum 6. Schuljahr, den v. der Lehrerschaft zu gebenden, vielfach aber nicht mehr o. unbefriedigend erteilten → Bibelunterricht (→ Aufsicht des RU). **Fr**

Orientierungsstufe → Primarstufe

Orthodoxie—Orthopraxie. Wörtlich übersetzt, bedeutet dieses Wortpaar „richtige Lehre — richtiges Handeln". Od. wird (f. sich genommen) als Bezeichnung f. die v. der röm.-kath. Kirche getrennten Ostkirchen bzw. f. deren Theologie u. Kirchenordnung verwendet. Adjektivisch gebraucht, dient Od. der → Ideologiekritik als Synonym f. „linientreu", „rechtgläubig", „konservativ" usw. — in einem leicht abwertenden Sinn. In Verbindung mit Op. wird Od. heute gerne verwendet, um die Einheit v. Theorie u. Praxis, wie sie dem Kern der christl. → Verkündigung entspricht, zum Ausdruck zu bringen. Hi

Orthopädagogik. Gleichsinnig mit → Heilpädagogik.

O.S.C.O. Overseas Students Coordination. Internationale Gemeinschaft (1960 gegr.) christlicher Studenten aus Afrika, Asien u. Südamerika, die in Westeuropa studieren. Auskünfte: Afro-asiatisches Institut A-8010 Graz, Leechgasse 22. Ko

Osterlamm. Im N. T., in der christl. Kunstgeschichte u. in manchen Volksbräuchen wird → Jesus unter dem Bild eines Lammes dargestellt. Dahinter stehen der Gedanke u. die Erinnerung an das → Pascha des A. T., welches nach atl. → Glauben den Beginn der Befreiung aus der Knechtschaft in Ägypten darstellte. Wie schon im A. T. urspr. Naturfeste eine heilsgeschichtl. Umdeutung erfuhren, so wurden im N. T. noch einmal diese heilsgeschichtl. Züge auf Jesus übertragen: er selbst ist das „fehlerlose" Lamm (Ex 12, 5), das f. die Menschen → Freiheit bedeutet. In der Geheimen Offenbarung des Johannes erscheint das Lamm ausdrücklich als jenes Wesen, das die letzten → Geheimnisse der Geschichte zu entschlüsseln vermag. Im RU ist nicht so sehr die Herausarbeitung der Symbolik des Lammes gefordert (Fehlerlosigkeit des Lammes — Sündelosigkeit Jesu) als vielmehr die der eigentl. Typologie: Was bedeutete das Lamm f. die Israeliten damals — welche Bedeutung hat also Jesus f. uns? usw. Schr

Ostern → Kirchenjahr

Output. Reaktionen auf Reize o. → Informationen (Schülerantworten). Signale, die v. einer Quelle (→ Lernprogramm, → Lehrmaschine) ausgehen. Gegensatz: → Input. Ko

Overheadfolien. Bildträger zur → Projektion durch einen → Overheadprojektor.

I. *Allgem. Regeln f. den Lehrer:* 1. Objektfeld = maximale Größe des zu projizierenden Bildteiles = je nach Type v. 22 × 22 bis 25,2 × 25,2 cm. 2. Mindestgröße v. Buchstaben im Durchschnittsfall = 5 mm (absolutes Minimum = 3 mm). — Normale Papier-Handschriftgröße entspricht in der Projektion der normalen Tafelschriftgröße. 3. Auf einer Folie soll wenig (höchstens 1 Bild, höchstens 6 bis 9 Zeilen) u. klar Überschaubares dargestellt sein. Diese Regel kann jedoch durch Abdecktechnik (s. u.) u. in beschränktem Ausmaß auch durch → Overlay- (s. u.) u. Rollfolientechnik (s. u.) umgangen werden.

II. *Versch. Folienarten, Zusatzgeräte u. Verwendungstechniken:* A) *Rollfolie* (Folienrolle): es gibt 1. senkrecht rollbare (günstig bei Zeilenschrift), 2. waagrecht rollbare (günstig bei manchen bildl. Darstellungen) u. 3. durch Umsteckmöglichkeit senkrecht u. waagrecht rollbare Folien. B) *Overheadtransparente* (= OT) (Transparentfolien): OT können praktischerweise mit Papprahmen versehen werden. Es sind folgende Techniken üblich: 1. *einfaches* Auflegen, 2. *Abdeck*technik: ein o. mehrere Pappstreifen decken einen Teil (o. das ganze OT) ab u. ermöglichen ein schrittweises Aufdecken (Entwickeln) des Bildes. 3. *Overlay-* o. Überlapptechnik: mehrere Transparente werden nacheinander übereinandergelegt u. zugleich projiziert: auch hier wird ein Entwickeln des Bildes ermöglicht (es entsteht ein veränderl. Bild ähnlich wie bei der → Flanelltafel). Die Überlappelemente können günstigerweise mit „Klappscharnieren" (Klebestreifen) am Papprahmen des Grundtransparents befestigt werden. 4. *Bewegl.* Transparente: zweidimensionale Modelle o. Figuren nach dem → Schattenspiel- o. Hampelmannprinzip aus undurchsichtigem o. bunt durchscheinendem Material werden projiziert. (Anwendung z. B. beim Nachspielen einer Erzählung durch die Schüler, projiziertes Rollenspiel mit Figuren, Durchspielen einer Situation mit mehreren Lösungen usw.) 5. *Scheinbewegl.* Transparente: Teile eines gewöhnl., starren Transparentes können durch einfaches Aufkleben einer Technamationsfolie (wahlweise mit fließendem, kreisendem o. quirlendem Effekt) u. durch gleichzeitiges Vorschalten eines Zusatzgerätes (Polarisationsfilter) optisch beweglich gemacht werden. III. *Beschaffung v. Overheadtransparenten:* A) Verwendung *fertiger* Transparente: dies ist zur Zeit bereits möglich, eine schwunghafte Steigerung des Angebots ist zu erwarten. (Fertige Transparente können jedoch die selbsthergestellten ergänzen, aber nicht ersetzen, da letztere auf die speziellen, dem Lehrer bekannten Unterrichtssituationen abgestimmt werden können.) Die Bildqualität entspricht bei fotographischen Darstellungen (einschließlich Farbe) durchaus der v. (Klein)diapositiven. B) *Selbstherstellung* durch Lehrer o. Schüler (vgl. → Visualisierung): der Herstellung durch die Schüler kann ein eigener päd. Zweck zugrunde liegen. 1. *Direkte* Selbstherstellung: a) durch Zeichnen (Pausen) mit Hilfe v. *Overhead-Filzstiften:* es gibt wasserlösliche (schnell löschbare, z. B. f. Rollfolie) u. chemikalienlösliche (dauerhafte) Stifte; gewöhnliche Filzstifte können zwar häufig verwendet werden, geben aber keine bunten Farben wieder; b) durch einfaches Überkleben der zu färbenden Teile mit einer bunten *Overhead-Selbstklebefolie;* c) durch Anbringen v. Abreibebuchstaben. 2. *Indirekte* Selbstherstellung: mittels Kopiergeräten (z. B. Bild o. Text aus Büchern); zur Zeit ist dies jedoch nur einfärbig auf billige Weise möglich. Bei Überlappfolien (s. o.) kann jedoch durch verschiedene einfärbige Elemente dennoch Mehrfärbigkeit erzeugt werden. Es gibt Trockenkopiergeräte (Wiedergabe des Originals in Grauwerten) u. Thermokopiergeräte (Wiedergabe nur v. schwarzer Originalfarbe in beliebiger Folienfarbe). Bikopiergeräte vereinigen beides in einem. Anz

Lit.: s. → Overheadprojektor.

Overheadprojektor. → Visuelles Gerät zur → Projektion durchsichtiger (transparenter o. → diapositiver) Bilder (→ Overheadfolien o. Großdiapositive) „über den Kopf" (= over head) des Lehrers auf eine hinter ihm befindliche Projektionsfläche (im Gegensatz zum → Episkop). — Auf der Arbeitsfläche des Geräts (Objektfeld) kann — bei dauernder Blickrichtung des Lehrers auf die Schüler — auf einer Rollfolie an Stelle der Kreidetafel geschrieben, können verschiedenartige Overheadtransparente (→ Overheadfolien) aufgelegt werden, d. h. sie dienen daher versch. unterrichtl. Zwecken; hauptsächl. der Anschauung u. der Schüleraktivierung. Bei der Anschauung kommt noch zugute, daß durch Aufdrehen des Geräts die Schüleraufmerksamkeit auf das Bild, durch Abdrehen wieder auf den Lehrer gelenkt wird. Auch das Hinzeigen auf Darstellungsdetails erfolgt auf der Arbeitsfläche u. erfordert kein Wegdrehen des Lehrers v. den Schülern. Das Gerät erfordert nur leichte Verdämmerung („Tageslicht“) u. keine Verdunklung. Dies ermöglicht ein gleichzeitiges Mitschreiben der Schüler sowie einen Vergleich mit Darstellungen in Büchern u. ä. — Aus gerätesparenden Gründen kann auch ein *Zusatzgerät* f. die → Projektion v. → (Klein)diapositiven montiert werden. — Besser sind jene Typen v. O.n, welche den (Klein)diaprojektor *unter* der Arbeitsfläche eingebaut haben. Diese ermöglichen ein Überlappen der (Klein)dias mit → Overheadfolien, sowie eine händische (scheinbare) Beschriftung der (Klein)dias, ohne diese zu beschädigen. (Weitere Zusatzgeräte s. → Overheadfolien.) — Der O. ermöglicht „vorbereitete Tafelbilder“, welche leicht in Mappen geordnet, gelagert u. transportiert, rasch u. ohne weitere Mühe „an die Tafel gebracht“ werden können u. nicht immer wieder weggelöscht u. neu gezeichnet werden müssen. V. a. aber sind es „Tafelbilder“, bei denen Zeichnung u. Foto, Handschrift u. Druck kombiniert werden können. — Die Aufstellung des O. erfolgt auf dem Lehrertisch 2 bis 8 m vor der Projektionswand (meist ca. 2,5 m bei ca. 10 m Klassenlänge). Wenn der Lehrer bei der → Projektion sitzt, ist es günstig, wenn die Overhead-Arbeitsfläche in einer Ebene mit dem Lehrertisch liegt (Versenkung im Lehrertisch o. niederes Beistelltischchen). — Andere Bezeichnungen f. den O. (manchmal begrifflich zu weit (a), manchmal zu eng (b)) sind: Tageslichtprojektor (a), Arbeitsprojektor (a), Universalbildwerfer (a), Schreibprojektor (b), Schreibbildwerfer (b), Prokischreiber, Großdiaprojektor. Vgl. Abb. 13, Sp. 619 ff. Anz

Lit.: W. Milan, „Arbeiten mit dem Tageslichtprojektor“, Eigenverlag, 1120 Wien, Belghoferg. 27; W. Milan, „Tageslicht-Overhead-Projektion/Selbstanfertigung v. Transparenten“, Eigenverlag, s. o.; F. Hubalek, „Tageslichtprojektion“ in: „Sehen und Hören“ Nr. 52, Februar 1971, Bundesstaatliche Hauptstelle für Lichtbild und Bildungsfilm, Wien; „Audiovisuelle Geräte und Zubehör für den Unterrichtsgebrauch, 1970“, Bundesstaatliche Hauptstelle s. o.

Overlay. Transparente, bei denen übereinanderzulegende → Overheadfolien Teilschritte u. einen sukzessiven Aufbau des projizierten Bildes ermöglichen. Ko

Paedagogica. Schweizer Lehrmittelmesse, verbunden mit Begleitveranstaltungen. Der Schwerpunkt liegt auf der permanenten Weiterbildung. Büro: Schweizer Fachmessen-Sekretariat CH-4021 Basel. Ko

Pädagogik = Theorie u. Praxis der → Bildung, → Erziehung u. Menschenführung. P. im engeren Sinne wird beschränkt auf Kinder- u. Jugendbildung (vgl. pais = griech. Kind) u. abgegrenzt v. der → Andragogik. Der Begriff P. wird gw. noch in sehr vielen Bedeutungsnuancen gebraucht. Als Humanwissenschaft wird P. heute v. versch. Standorten (christl. P., marxistische P. u. a.), mit unterschiedl. Intentionen (→ deskriptive P., normative P., → kybernetische P. u. a. m.) sowie unter zahlreichen speziellen Fragestellungen (→ Sozialpädagogik, → Religionspädagogik, → Familienpädagogik, → Heilpädagogik u. a. m.) betrieben. P. als wiss. Reflexion über Erziehung ist der Sache nach seit der Antike (Sophisten, Sokrates) zu finden, als *eigenständige* Wissenschaft konstituierte sie sich v. a. ab 1800 (J. F. Herbart u. a.). Gegenstand der P. als Erziehungswissenschaft ist der Mensch (als ens educandum = erziehungsbedürftiges Wesen) u. seine Erziehung. So verstanden, steht P. im Schnittpunkt vieler anderer Disziplinen (→ Anthropologie, → Grundwissenschaften, → Hilfswissenschaften) u. ist nie ganz „voraussetzungslos" denkbar, da schon durch Fragestellung, Auffassung v. Wesen des Menschen, v. a. aber durch die nicht ausklammerbare Ziel- u. Wertproblematik außerpäd. u. vorwiss. Vorentscheidungen, die krit. zu hinterfragen, aber nie zur Gänze ausklammerbar sind, einfließen. Als Erziehungswissenschaft wird P. heute auch v. der vorwiss. Erziehungskunde u. v. überwiss. Erziehungsweisheit unterschieden u. der → Didaktik tw. über-, tw. nebengeordnet. Ko

Lit.: H. Henz, Lehrbuch d. system. Päd. (1964); R. Schwarz, Wissenschaft u. Bildung (1957); A. Reble, Geschichte der Päd. (1955); Schöninghs Sammlung päd. Quellschriften (ab 1960); K. Erlinghagen, Erz. u. Konfessionalität (1970); Päd. Zentrum Berlin (Hg.), Bibliographie Pädagogik (zweimonatlich ab 1966).

Päd. Psychologie nach S. Bayr-Klimpfinger jene Teildisziplin der Psychologie, die sich mit der Erforschung der aktuellen psychischen Vorgänge des päd. Geschehens, mit dessen Voraussetzungen, Bedingungen, Motiven u. Folgen befaßt. Ko

Lit.: F. Weinert (Hg.), Pädagogische Psychologie (⁶1970); R. u. A. Tausch, Erziehungspsychologie (1968); L. Schenk-Danzinger, Päd. Psychologie (1972).

Pädagogische Soziologie. P. S. kann zunächst als Berührungsfeld v. → Pädagogik u. → Soziologie aufgefaßt werden. Als verhältnismäßig junge Wissenschaft beschäftigt sich die P. S. mit der Erforschung v. Bildung u. → Erziehung als gesellschaftl.n Tatbeständen u. als gesellschaftl.n Vorgängen, ebenso mit den Wechselwirkungen zw. Erziehung u. → Gesellschaft. Einschlägige Grundbegriffe, Methoden u. Forschungsergebnisse der Soziologie werden in die Erziehungswissenschaft u. in die päd. Praxis übertragen. Ku

Lit.: Josef Kurzreiter, Pädagogische Soziologie (1971); Klaus Kippert (Hrsg.): Einführung in die Soziologie der Erziehung (1970).

Päd. Technologie → Unterrichtstechnologie → Kybernetische Pädagogik → Lernmaschinen → Mediensystematik

Päderastie. P. bezeichnet die gleichgeschlechtl. Beziehungen v. älteren zu jüngeren Männern o. Knaben. Ihre Formen reichen v. der erotisch-kultivierten ästhet. als einer erzieherischen Fürsorge bis zu groben sexuellen Kontaktnahmen, die die Personalität des Menschen mißachten. → Homosexualität

Ro

Pädiatrie. P. ist die wiss. Kinderheilkunde, ein Teilgebiet der allg. Medizin u. wird v. Kinderärzten u. U. an Kinderkliniken durchgeführt. Sie steht in enger Verbindung zur → Heilpädagogik.

Ro

Paidologie. V. griech. pais = Kind. P. (auch: Pädologie) versucht in einer „Gesamtwesenslehre des Menschenkindes“ alle Ergebnisse der biolog., psych., soz., politol., phil. u. theol. Anthropologien, die das → Kindsein betreffen, unter Einschluß des päd. Aspektes systematisch darzustellen u. wissenschaftskrit. zu ordnen. Ro

Palästina. 1. *Name:* Land der Philister, arab. Filistan, hebr. Erez Jisrael, Land → Jahwes, Heiliges Land (bis heute gebräuchlich), das gelobte Land, vielfach auch Land Kanaan, bei Herodot Syrien der Philister. Unter „Palästinensern“ versteht man heute aber nicht Juden, sondern jene Flüchtlinge, die bei der Schaffung des heutigen Staates Israel über die Grenzen geflohen sind u. sich zum Großteil zu einer Untergrundorganisation unter dem Schutz arab. Staaten gegen Israel zusammengetan haben (schätzungsweise eine Million Menschen). — 2. *Grenzen u. kurze Geschichte:* Seit 1948 ist P. nur mehr eine geogr.-hist., aber keine polit. Größe. Heute haben an P. Syrien, Libanon, Jordanien u. Israel Anteil. Das Land läßt sich v. Nord nach Süd in 3 (bibl.) Landschaften einteilen: Galiläa, Samaria u. Judäa, u. v. West nach Ost in drei Klimazonen: die Küstenebene mit Mittelmeerklima, der gebirgige Teil im Innern kühl, windig u. regenarm, die Jordansenke u. das Tote Meer mit tropischem Klima. P. ist ein uraltes Siedlungsgebiet (erste Städte um 8000 v. Chr.: Jericho), seit dem 3. Jt. v. Chr. überwiegend v. Semiten bewohnt, seit der 2. Hälfte des 13. Jh. v. Chr. Landnahme durch das Volk → Israel. 926 Teilung des Reiches: Nordreich Israel u. Südreich Juda. Das Nordr. wurde 721 assyrisch, das Südr. konnte sich bis 586 halten. 586 ganz P. ein Teil des neubabylon. Reiches, später des Perser- u. Alexanderreiches, kam um 320 zum Ptolemäer-, 198 zum Seleukidenreich, wurde 63 v. Chr. römisch, später byzantinisch, 637 n. Chr. arabisch. In der Kreuzzugszeit 1099—1187 war es als Königreich Jerusalem in der Hand christl. Fürsten, wurde 1518 türkisch, im 1. Weltkrieg v. den Engländern erobert, seit 1920 britisches Mandatsgebiet, 1922 Schaffung v. Transjordanien, 1947 Teilung in einen jüd. u. einen arab. Staat mit → Jerusalem als internat. Enklave. 1948 rief der jüd. Nationalrat den unabhängigen Staat Israel aus als nationale Heimstätte der Juden. Dies führte zu häufigen bewaffneten Angriffen durch die arab. Staaten (Sechs-Tage-Krieg im Juni 1967) u. zu starker Untergrundtätigkeit der sog. P.enser. Der Vatikan u. a. streben eine Internationalisierung der hl. Stätten, bes. der Altstadt Jerusalem an. — 3. *Religion:* Nach Apg 2,41 bildete sich in Jerusalem die erste Christengemeinde. Seit Konstantin nahmen die christl. Heiligtümer u. die Pilgerreisen zu den hl. Stätten stark zu. 638 zogen die Araber in Jerusalem ein, Omar sicherte Juden u. Christen freie Religionsausübung zu. 1099 eroberten die christl. Kreuzfahrer Jerusalem, aber schon 1291 stand wieder ganz P. unter der Herrschaft des Islam. Heute zählt der Staat Israel mit den 1967 besetzten Gebieten 2,901.000 Einwohner, davon leben 2,477.000 in den Städten u. 424.000 auf dem Land, 2,461.400 sind Juden, von den 440.000 Nichtjuden sind 328.600 Mohammedaner, 75.500 Christen u. 35.900 Drusen. Bli

Lit.: D. Baly, Geographisches Handbuch zur Bibel (1973); K. M. Kenyon, Archäologie im Hl. Land (1973).

Parabel → Gleichnis

Paränese. Die bibl. Texte, die nur Mahnungen v. allg. sittl. Relevanz enthalten, nennt man P., sie richten sich zwar an best. → Gruppen innerhalb der Gemeinde(n), an die die betreff. bibl. Schrift adressiert ist, es fehlen aber individ. Züge. P. ist insofern mit der christl. → Verkündigung verknüpft, als sie die Konsequenz f. die Praxis darstellt, den *Imperativ* f. das Handeln, der sich aus dem heilsgeschichtl. *Indikativ* (→ Erlösung) ergibt. So findet man die paränet. Teile auch meist am Ende der Briefe, u. sie stehen tw. nur sehr lose mit dem Briefinhalt in Zusammenhang. Die ntl. Tugend- o. Lasterkataloge (z. B. Röm 1, 29—31; Gal 5, 19—23; Eph 4, 2 f.; 1 Tim 6, 11; 2 Petr 1, 5—7) u. die sog. Haustafeln (z. B. Kol 3, 18 — 4, 1; Eph 5, 21 — 6, 9; 1 Tim 2, 1—15 u. ö.) sind aus der Stoa bzw. aus der spätjüd. Tradition vom N. T. (bes. v. → Paulus bzw. in den Deuteropaulinen u. in den beiden Petrusbriefen) übernommen o. doch nach dem dortigen Schema gestaltet worden u. stellen eine gewisse Kasuistik (Pflichtenlehre) gegenüber → Gott, → Familie, Staat usw. dar. Es handelt sich also nur ganz selten um eine originale → christl. Ethik, sondern um eine Neuorientierung (→ Aktualisierung) des sittl. Verhaltens der griech. bzw. jüd. Tradition durch Adaptation an das → Kerygma. Dies bedeutet f. die heutige Interpretation, daß auch sie eine Aktualisierung der P. vornehmen muß, da viele bibl. Forderungen durch die Weiterentwicklung der → Gesellschaft einen anderen Stellenwert erhalten haben (z. B. das bekannte „die Frauen sollen in den Versammlungen schweigen“ 1 Kor 14, 34), neue Situationen hinzukommen, die außerhalb des Horizonts der damaligen Lebensbedingungen liegen u. da der Mensch sich auch personal weiterentwickelt hat (→ Emanzipation, Individuation usw.). → Gewissen → Dekalog → Normen Hi

Paranoia → Psychose

Paraphrase. Unter P. (auch Metaphrase) versteht man die Bearbeitung eines Textes (innerhalb der gleichen o. aus einer anderen Sprache) zwecks Erklärung (→ Aktualisierung, → Neuinterpretation, → Hermeneutik). Es handelt sich um eine eig. literar. Gattung. Im bibl.-kirchl. Bereich gab es v. Anfang an P.n in der Bibel (Tatian, Philon, Gregor der Wundertäter, Gregor v. Nazianz). Bedeutsam im dt. Sprachraum ist der „Heliand“, den man als Musterbeispiel dafür ansehen kann, daß P.n echte

Kunstwerke sein können. Zu den P.n sind auch die volkssprachl. Historien-, Reim- u. Armenbibeln zu rechnen sowie die vielfach die → Psalmen paraphrasierenden Choräle (Kirchenlieder). — Immer dann, wenn der Originaltext, bzw. ein trad. übersetzter Text Abnützungserscheinungen zeigt u. nicht mehr die Kraft zu haben scheint, durch sich selbst zu interessieren, vermögen P.n zu helfen (→ Verfremdung). Beispiele f. neue P.n des A. T. u. N. T. sind z. B. die Psalmen-P.n v. H. Oosterhuis u. die paraphrasierte Übersetzung des N. T. (A. T.) v. Jörg Zink (s. unten Lit.). — Im RU kommt der P. sowohl in der Pflichtschule wie in den höheren Schulen große Bedeutung zu, da die bibl. → Sprache wegen ihrer Bildhaftigkeit u. des ihr zugrundeliegenden → Weltbildes vielfach unverständlich geworden ist u. eine wiss. Exegese die Schüler überfordert. Hier kann der Rel.lehrer durch paraphrasierende Erzählungen den Text verlebendigen u. den Schülern nahebringen. Hi

Lit.: J. Teuschl, Da Jesus und seine Hawara (1971); J. Zink, Das Neue Testament (⁶1971); ders., Das Alte Testament (⁵1972); H. Oosterhuis, Ganz nah ist dein Wort (¹¹1973); ders., Im Vorübergehn (²1971); ders., Weiter sehen als wir sind (1973); G. Fussenegger, Biblische Erzählungen (1972) u. v. a.

Parapsychologie. Die wiss. Erforschung v. *geistigen* (außersinnl. Wahrnehmung: Hellsehen, Spiritismus u. a.) u. *psycho-physischen* (Telekinese = Bewegung eines Gegenstandes durch Willenskraft u. a.) *Phänomenen,* welche sich allgemein anerkannten wiss. Grundsätzen entziehen. Das nachweisl. Vorhandensein solcher Phänomene hat bisher keine befriedigende, allgem. übernommene Erklärung gefunden, wie auch P. selbst trotz ihrer bewußten Distanzierung v. Scharlatanerie u. → Aberglauben u. trotz eigenständigen Schrifttums um Anerkennung als Wissenschaft ringt. Letzteres wurzelt einerseits in der stark positivist. gefärbten Wissenschaftsauffassung der Gegenwart, andrerseits in der geringen Chance einer Verallgemeinerung bzw. Verifizierung parapsych. Theorien. → Okkultismus Ko

Lit.: H. Bender, Parapsychologie. Entwicklung, Ergebnisse, Probleme (1966); G. Frei, Probleme der Parapsychologie (²1971); J. B. Rhine, Parapsychologie (1972).

Passah. Die Feier des P. gehörte zu den wichtigsten Ereignissen im kult. Leben der Israeliten. Man gedachte des „Vorübergangs" (= Pascha) des Todesengels, der die ägypt. Erstgeburt geschlagen hatte, die Israeliten aber — wegen des Blutes am Türpfosten u. an der Oberschwelle — verschont hatte. Das → Paschamahl selbst war nach einer genau festgelegten Ordnung aufgebaut. Es gibt zwei hauptsächl. Komponenten, die erst in späterer Zeit — wahrscheinlich zu Beginn des Exils — geeint wurden: 1. Das ursprüngliche P.fest dürfte seine Wurzel in einem Frühlingsfest aufbrechender Nomaden haben, bei dem die Erstlinge der Herden geopfert wurden. Die Sippe brach in ein neues Land auf, in welchem sie Weideplätze u. damit Leben fand. Dieses „Naturfest" ließ sich ohne Schwierigkeiten „historisieren": der Aufbruch → Israels aus Ägypten hin zum „Gelobten Land" (→ Palästina) wurde damit zum neuen u. eigentl. Inhalt dieses Festes. — 2. Bei der zweiten Wurzel — dem Fest der Ungesäuerten Brote — handelt es sich um ein bäuerl.

Frühlingsfest. Wie das eigentl. P. wurde auch dieses Fest mit dem Exodusgeschehen in Verbindung gebracht. — Im N. T. ist die Verbindung des Todes → Jesu mit dem P.fest von bes. Wichtigkeit: nach den → Synoptikern war das Letzte → Abendmahl Jesu mit seinen Jüngern ein Paschamahl; im Zusammenhang mit dem Tod Jesu wird nun die letztgültige Idee des P. sichtbar: endgültige → Freiheit durch den Tod des einen. — Johannes datiert den Tod Jesu hingegen um einen Tag früher u. stellt zahlreiche Parallelen zwischen Jesus u. dem → Osterlamm her. Bei ihm ist das Abendmahl kein P.mahl, sondern ein Abschiedsmahl (vgl. Joh. 13,2 ff. mit Joh 18,28). Er zieht die Salbung (Mk 14,1 ff.; Joh 12,1 ff.) vor u. sondert so Jesus analog den Osterlämmern (Ex 12,3—6) drei Tage vor dem Tod aus (kein öffentl. Auftreten!). Nach ihm wird Jesus im Gegensatz zu Mk um die 6. Stunde verurteilt u. gekreuzigt, d. i. zur Zeit, da die Osterlämmer geschlachtet wurden. Wie den Osterlämmern werden Jesus die Gebeine nicht zerbrochen (Joh 19, 33): Jesus selbst ist nach ihm das Lamm des Neuen Bundes. Schr

Passion Jesu. Wortsinn: Leiden, Leidensgeschichte. V. lat. patior = ich leide. Die Art des Todes Jesu mußte f. seine Anhänger ein schweres Problem sein: Resignation, weil sich die Erwartungen, die man an Jesus herangetragen hatte, scheinbar zerschlagen hatten: „Wir hatten gehofft, daß er → Israel erlösen werde" (Lk 24,21). In den Ostererfahrungen der Jünger mit dem Auferstandenen war diese Dunkelheit zwar gelichtet worden, doch konnten diese Erfahrungen nicht ohne weiteres weitergegeben werden; wie konnte man die vielen anderen zum → Glauben an → Jesus als den v. → Gott auserwählten Messias u. Erlöser bringen, wo doch die schmachvolle Todesart ihn scheinbar als einen v. Gott Verfluchten ausgewiesen hatte? Wollte man nun diesen Tod Jesu nicht verschweigen, womit natürlich auch die → Auferstehungsbotschaft gefallen wäre, so mußte dieser Weg Jesu als v. Gott gewollter, ja im Grunde v. → Alten Testament schon vorausgesagter Weg dargestellt werden; nicht blindes Schicksal o. → Zeichen der Gottverlassenheit Jesu war sein Tod; Jesus war nicht bloßes Opfer der P., er war auch ihr Herr, er hatte sie freiwillig auf sich genommen (Mk 14,62), in seinem Leiden erfüllten sich die Weissagungen, es war das → Zeichen seiner Messianität: „Mußte nicht der Messias dies alles leiden u. so in seine Herrlichkeit eingehen?" (Lk 24,26). V. Ende her, das war v. seiner → Auferstehung u. dem Eingesetztwerden zum Herrn, wird nun alles Vorangegangene mit neuen Augen geschaut. Mit immer neuen — u. zugleich aus dem A. T. entlehnten — Begriffen versucht man nun, das Leiden u. den Tod Jesu zu deuten: sie sind → „Erlösung", „Lösegeld", „Sühne", „Opfer", „Versöhnung", „Rechtfertigung". In all dem soll Jesus als der Erfüller atl. Weissagungen hingestellt werden. V. daher kommt es, daß die P. J. zwar ausführlicher als alle anderen Abschnitte des Lebensweges Jesu dargestellt wird, u. zw. v. allen Evangelisten, diese Darstellung jedoch v. atl. Gedankengängen u. Texten derart durchwoben, ja v. ihnen getragen ist, daß diese Struktur auch in der heutigen → Verkündigung gewahrt werden muß: es sollen also nicht Psychologie o. Dramatik im Vordergrund stehen, sondern eher Typologie: Jesus ist der, der f. die „Vielen" gelitten hat, er ist der → Gottesknecht, der leidende Gerechte (Mk-Passion); er ist das neue u. bleibende → Osterlamm; in seinem Tod geschieht f. die Menschen der neue Aufbruch zum Leben u. zur → Freiheit (Johannes). Schr

Pastoralanthropologie = Neuer Name f. „Pastoralmedizin". P. umfaßt alle Bereiche des Grenzgebietes zw. Theologie u. den Humanwissenschaften (Psychologie, Medizin, Soziologie, Pädagogik usw.), soweit sie den *leidenden Menschen* im weitesten Sinn des Wortes betreffen, u. ergänzt folglich die → Pastoraltheologie. Insofern es der Religionslehrer immer auch mit „Leiden" der ihm anvertrauten Schüler zu tun hat, ist die P. eine wichtige Informationsquelle f. ihn. Hi

Lit.: Pastoralanthropologisches Wörterbuch (in Vorb. f. 1974).

Pastoralpsychologie u. -psychiatrie. Anwendung psych. bzw. psychiatr. Methoden u. Ergebnisse auf pastorale Fragen u. f. pastorale Dienste. Ko

Lit.: G. Griesl, Pastoralpsychologische Studien (1966); C. K. Aldrich / C. A. Nighswonger, Pastoralpsychiatrie in der Praxis. Ein Ratgeber f. Seelsorger (1973).

Pastoraltheologie. Begriff f. eine Reihe v. prakt.-theol. Disziplinen, die Grundfunktionen der → Kirche behandeln: Liturgik, Homiletik, → Katechetik, → Religionspädagogik, Hodegetik u. Missiologie. Darüber hinaus weist man heute der P. als „Praktischer Theologie" die Funktion einer → Hermeneutik gegenüber der gesamten → Theologie zu: aus ihrer Kenntnis der konkreten Situationen, Bedürfnisse, Fragen, Probleme usw. kann sie leichter das heute Verständliche u. Nötige aus der trad. Theologie auswählen u. vermitteln u. so als „krit. Gewissen der anderen theol. Fächer" (K. Rahner) fungieren. Hi

Lit.: Handbuch der Pastoraltheologie. Praktische Theologie der Kirche in ihrer Gegenwart, hsg. v. F. X. Arnold, F. Klostermann, K. Rahner, V. Schurr, L. M. Weber, Bd. I—V ([2]1970 ff.).

Patenschaft. P. übernehmen Personen beiderlei Geschlechts, die das Patenkind zur → Taufe o. zur → Firmung führen. Ihnen obliegt eine gewisse Sorgepflicht, u. sie stehen auch stellvertretend als Repräsentanten der → Gemeinde bei der Sakramentenspendung. Laut → Codex Iuris Canonici, (CIC = Kirchl. Gesetzbuch) can. 737—779 durfte die Taufe nur bei Vorhandensein eines Paten gespendet werden (bei der Firmung ist dies erwünscht). Die Paten legen f. das Patenkind das Taufgelübde ab u. sollen mit den → Eltern f. eine christl. → Erziehung u. → Entwicklung Sorge tragen. Mit dem Firmritus 1973 wurde auch das Patenamt neu geordnet. Jeder Firmling soll normalerweise einen Paten haben. Der Pate ist f. die rechte Vorbereitung auf den Empfang des Sakramentes mitverantwortlich; bei der Firmfeier stellt er den Firmling dem Firmspender vor u. hilft ihm auch später, in der Kraft des Hl. Geistes den Glauben im Leben zu bezeugen. Im Hinblick auf die heutige pastorale Situation empfiehlt es sich, daß der Taufpate auch Firmpate ist. Es ist auch möglich, daß die Eltern selbst ihr Kind dem Firmspender vorstellen. Der Pate soll seiner inneren Einstellung nach f. das Patenamt geeignet sein. F. ihn gelten daher folgende Bedingungen: a) er muß die seiner Aufgabe entsprechende Reife haben; b) er muß der kath. Kirche angehören u. Taufe, Firmung u. Eucharistie empfangen haben; c) er darf durch kein Rechtshindernis v. Patenamt ausgeschlossen sein. Beim Firmling soll bes. Wert gelegt werden v. a. auf die eigene → Entscheidung f. das Christentum u. die Bereitschaft zur Übernahme einer → Verantwortung. Die evang. Kirche kennt nur Taufpaten. In der kath. Kirche sind neuerdings Taufgespräche des Seelsorgers mit Eltern u. Paten vorgesehen. Auch in das Firmkatechumenat sind Paten u. Eltern einzubeziehen (Patenabend, Patenbrief). Had

Paulus. 1. *Leben:* P. ist eine der profiliertesten Persönlichkeiten der → Urkirche, weil wir durch seine Briefe (vgl. 2.) verhältnismäßig gut über sein Denken, Sprechen u. Handeln (Leben) informiert sind. Er stammt aus Tarsos in Cilicien (Kleinasien), wurde um 10 n. Ch. als Sohn eines röm. Bürgers jüd. Abstammung geboren, wuchs einerseits in hellenist. (Tarsos war ein Zentrum kleinasiat. Hellenismus), andrerseits in streng jüd. (→ Pharisäer) Geistigkeit auf, begegnete in Jerusalem, wo er sich als Schüler Gamaliels etwa in den Jahren 34—36 aufhielt, dem Christentum u. bekannte sich schließlich — nachdem er es zuerst bekämpfte (Stefanus) — selbst dazu (Damaskuserlebnis). Er wurde ein unermüdl. Missionar in Syrien, Ostjordanien u. in seiner Heimat u. wurde schließlich v. Barnabas (Antiochien in Syrien) f. die Mission auf Cypern u. in Kleinasien gewonnen. Auf drei längeren Reisen (48/49 — 50/53 — 55/58) gründete er viele Christengemeinden in Kleinasien u. Makedonien bzw. Griechenland, die er tw. auch brieflich (durch Boten) betreute. 58 überbrachte er eine Kollekte seiner Gemeinden nach → Jerusalem u. wurde — v. orthodoxen Juden verfolgt — in röm. Schutzhaft genommen. Durch seinen Appell an den Kaiser u. die damit gegebene Verlegung seines Prozesses nach Rom verbrachte er insgesamt vier Jahre in Haft. Nach günstigem Ausgang war er einige Jahre unterwegs (Spanien ?), ehe er um 65(8) in Rom im Zuge der einsetzenden Christenverfolgung hingerichtet wurde. — Über sein Leben wissen wir Bescheid durch seine Briefe u. die Apostelgeschichte, deren Aussagen freilich nur sehr behutsam als biograph. Quellen verwendet werden können, da sie ganz im Dienste der Lukanischen Theologie stehen u. deswegen nicht linear zu verstehen sind (→ Interpretation, → hist.-krit. Methode).

2. *Briefe:* Die Tradition behandelt 14 der insges. 27 Schriften des N. T. als Paulusbriefe. Die neuere Bibelwiss. dagegen unterscheidet mit guten Gründen „Hauptbriefe" (1Thess, Gal, Phil, 1Kor, 2Kor, Röm, Phlm), die sie f. authentisch erklärt, u. „Deuteropaulinen" (2Thess, Kol, Eph, 1Tim, 2Tim, Tit), die man zwar paulin. Briefe nennen kann, weil sie in seinem Geist geschrieben sind, die aber kaum v. ihm stammen, sondern aus seinem Mitarbeiterkreis; der Hebräerbrief steht wahrscheinlich überhaupt nicht in Zusammenhang mit Paulus. — Die Hauptbriefe entstanden zw. 51 (1Thess) u. 61 (Phlm), die Entstehungszeit der Deuteropaulinen dürfte erst nach

dem Tod des Paulus anzusetzen sein (viell. zw. 70 u. 90). — 3. *Theologie u. Verkündigung:* Die Briefe des P. sind bis auf den Röm Gelegenheitsschriften, die zu konkreten Gemeindeproblemen Stellung nehmen, d. h. → Theologie u. → Verkündigung stehen bei P. (zumind. den uns zur Verfügung stehenden Quellen nach) immer im Dienst der Glaubenspraxis, sind → Motivation u. Korrektiv des Lebens. Im Zentrum steht → Jesus Christus. Er ist der Inhalt des paulin. Evangeliums, die Kurzformel, auf die alles gebracht werden kann, um das es P. geht. Hervorstechend u. f. den RU bedeutsam ist die Auffassung des P. v. der Verkündigung als Dienst am → Glauben, wobei der Verkünder ein hohes Maß an Elastizität u. Pluriformität entwickeln muß („allen alles werden"). P. verkündet nicht → Dogmen, sondern eine Botschaft (→ Kerygma), d. h. er formuliert ständig neu, damit die betr. Menschen das, was er zu sagen hat, als freimachende Botschaft („gute Nachricht" = → Evangelium) erfahren können (→ Neuinterpretation, Aktualisierung). Hi

Lit.: Handbuch der Verkündigung Bd. I (Artikel „Das paulinische Schrifttum" v. G. Hierzenberger mit ausführl. Literaturangaben) (1971).

Pax Romana. Internat. Bewegung kath. Studierender u. Akademiker, gegr. 1921. Seit 1947 gegliedert in 1. *Mouvement des Etudiants catholiques* (MIEC), der mehr als 70 Studentenorganisationen (BRD: Kath. Deutsche Studenteneinigung; Ö.: Kath. Hochschülerschaft, Cartell-Verband kath. österr. Studentenvereinigungen; Schweiz: Schweizer Studentenverein) angehören u. 2. *Mouvement international des Intellectuels catholiques* (MICC), eine Dachorganisation nationaler Akademikerverbände. Ko

Peer-culture. → Jugendliche Subkultur (U.S.A.) mit eigenen Verhaltensnormen u. Statussymbolen (Sprache, Frisur, Kleidung usw.). Kennzeichnend ist ein starker Gruppenkonformismus u. eine Ritualisierung der sexuellen Verhaltensweisen. Zu letzteren zählen das *Dating* zw. dem 12. u. 16. Lebensjahr. Der Knabe holt das Mädchen in der Familie zu einem Kinobesuch o. ä. ab u. bringt es zu der mit den Eltern vereinbarten Zeit zurück, wobei ihm vorher an der Haustüre ein Kuß gestattet wird. Um 16 vollzieht sich der Wandel zum *Petting* (= Austausch v. Zärtlichkeiten, bei denen mit Ausnahme des Koitus alle Formen gestattet sind). Dating u. Petting sind nicht spezialisiert auf einen einzelnen Partner u. führen nur langsam zu einer festeren Paarbildung (going-steady). Probleme sind neben einem verfrühten Hineingezogenwerden in sexuelle Beziehungen v. a. Gefahren u. Entartungen des Konformismus (→ Rauschgiftkonsum). Ko

Lit.: L. Schenk-Danzinger, Entwicklungspsychologie (1969).

Pentateuch. Griech.: Die „5 Bücher" (Gen, Ex, Lev, Num, Dtn), welche ideell dem Mose zugeschrieben werden u. den Urbestand des → A. T. bilden. Die gw. vorliegende Fassung entstand jedoch erst um ± 450 v. Chr. durch Zusammenwachsen v. 4 Quellsträngen (→ jahwist., → elohist., → deuteronomist. Quellenschrift u. → Priesterschrift). Ausgewählte Texte des P. sind Inhalt jedes kat. →

Lehrplanes. Bei der Auslegung muß sowohl die Eigenart der Quellenschriften wie auch die Intion, welche die 4 Quellen zu einer Einheit zusammenwachsen ließ, beachtet werden. Eine *Trennung* nach Quellenschriften wird selbst bei gleicher Thematik (Gen 1—2,4 a u. Gen 2,4 b ff.) dort bevorzugt, wo durch einen versch. → Sitz im Leben o. durch das → theol. Konzept Unterschiede f. Interpretation u. Verstehensmöglichkeiten vorliegen. Eine *Gesamtschau* unter Zurücktreten der Eigenart der Quellenschriften findet man v. a. dort, wo es sich um große Gestalten (Mose) o. Epochen (Exilszeit) handelt. Die Auslegung hat hier jedoch auch die Eigenart der Quellen zu beachten, selbst wenn diese den Schülern noch nicht bewußt gemacht werden können. *Volle* Beachtung der 4 Einzelquellen ist erst in der → Jugend- u. → Erwachsenenkatechese möglich. Ein *exemplar.* Bewußtmachen sollte zunächst an Einzelbeispielen (Schöpfungsberichte) etwa ab dem 13. Lj. erfolgen. In den Jahren vorher ist zu vermeiden, was später zu korrigieren wäre (Harmonisierungsversuche). Vorbereitend auf ein späteres Verständnis wird u. a. das konsequente Bewußtmachen des Sitzes im Leben, die Vermeidung einer zu historiograph. Interpretation (etwa: Deutung der Moseperikopen im Sinn einer Biographie u. unter Vernachlässigung der theol. Aussageabsicht), ein allmähl. Bewußtmachen stilist. Eigenarten u. Unterschiede bei Einzeltexten, d. h. Beachtung der Textgestalt u. nicht nur des Textinhaltes etwa ab dem 12. Lj. sein. Ko

Lit.: L. Krinetzki, Das Alte Testament, 1. Bd. (1967). A. Höfer, Glaubensfragen — Lebensfragen, 1. Bd. (1971).

Perseveration. V. lat. perseverare = verharren. Erscheinung, daß Gedächtnisinhalte (z. B. Probleme, ungelöste Aufgaben, Melodien), aber auch → Gefühle u. Stimmungslagen ohne assoziative Anlässe v. selbst ins Bewußtsein treten u. hier verharren. Erfahrungstatsache, v. Passarge, Kühle u. Prandtl experimentell bestätigt. Die Ursache soll nach G. E. Müller eine Fortdauer v. Nervenerregungen im Gehirn sein. Ausnehmend starke P. ist Symptom f. geistige o. seel. Erkrankung. P.stendenz ist v. großer Bedeutung f. die Persönlichkeitsforschung; Pfahler u. a. zählen sie zu den Grundmerkmalen der Persönlichkeit. Si

Persönlichkeitstest. Psych. Verfahren (Fragebogen, → Projektionstest u. ä.), welche Interessen, Persönlichkeitsstrukturen (extravertiert, introvertiert), soziale u. affektive Einstellungen, Neigung zu → Neurosen usw. untersuchen. Ko

Lit.: R. Heiss u. a. (Hg.), Handbuch der Psychologie (2. Auflage 1966).

Person. Im griech. Theater nannte man prosopon (wahrscheinlich aus dem Etruskischen) die Maske f. eine best. Rolle. P. wäre also die Rolle, die Bedeutung, die hinter dem Äußeren steht. In der Philosophie: Selbstand, d. h.: Bewußtheit u. → Freiheit des Menschen. *Persönlichkeit:* Entfaltung u. Reife des Selbstandes nach der individuellen Selbstgestaltung (Auswertung der Fähigkeiten, Möglichkeiten, Einsatz u. Mühe um Bildung, Selbstvertrauen usw.). Bla

Personaler Überbau → Endothymer Grund

Personalistische Pädagogik. Der p.n P. gilt das Personsein des Menschen als das entscheidende Fundament, wenn es um die Begründung des Zusammenhanges aller päd. Komponenten, Elemente u. Aspekte geht. Das Ziel der p.n P. wird mit „Selbstverwirklichung", „Selbstvollzug", „Individuation", „Personalisation" angegeben; Personalität wird bei allen diesen Zielangaben als das „Stehen des Ich vor dem Gesollten" verstanden. — Kritik an der p.n P. geht einerseits davon aus, daß Personalität nur als vorgegebene u. vorausgesetzte Sinnformel verstanden werden kann u. daß andererseits die Personalität als die bleibende Struktur des Menschen, die das Humanum als personale Gottbeziehung ausmacht, weder angestrebt noch gebildet werden kann.

Ro

Personelle Heteronomie → Entwicklung, moralische

Petting → Peer-culture

Pfadfinder. Neben der → Jugendbewegung entstand eine andere, ihr nahe verwandte Richtung, die P.bewegung. Die „International Boy Scouts Association" wurde 1908 in England v. Lord Baden-Powell gegründet; 1910 gründete Lady Baden-Powell den weibl. Zweig. In Österreich entstanden die ersten Gruppen 1912 in Wien. Aus dieser weltanschaulich allgemein orientierten, aber doch rel. fundierten Bewegung ging 1926 das kath. „St. Georgskorps" hervor. Baden-Powell knüpfte an die Abenteuerlust, den Entdecker- u. Forscherdrang der Buben an. Er baute auf die Neigungen u. Interessen der Buben ein päd. System auf, in dem das Spiel eine große Bedeutung hat. Dieses System wurde bald auch v. kath. Seite aufgegriffen, kath. P.gruppen wurden gegründet o. das P.system wurde in anderen kath. Jugendgruppen (z. B. in der → Kath. Jungschar) angewandt. — In *Österreich* existieren heute die „P. Österreichs" u. der „Österreichische P.innenverband St. Georg" sowie der „Österr. P.bund. Die P.Ö. arbeiten mit an der sittl., geist. u. körperl. Entwicklung der Jugend. Sie wollen helfen, junge Menschen zu bewußten österr. Staatsbürgern u. eigenverantwortl. Persönlichkeiten zu erziehen, die in → Familie, Beruf, → Gesellschaft u. → Kirche selbständig u. vorbildlich wirken. In altersgemäßen Gemeinschaftsformen werden die jungen Menschen auf der Grundlage eines freiwillig übernommenen Versprechens u. Gesetzes, mittels einer fortschreitenden Ausbildung u. im Rahmen eines ansprechenden Programmes zu diesem Ziel geführt. Die P. Österr. gliedern sich in *Wölflinge* (8—11jährige); *Späher* (11—14jährige); *Explorer* (14—17jährige); *Rover* (17—21-jährige). — Die Stufen werden getrennt geführt, leiten aber ineinander über. Die Terminologie ist z. T. dem „Dschungelbuch" v. Rudyard Kipling entnommen (z. B. Akela = Führerin der Wölflinge). Der Wahlspruch der Wölflinge lautet: „So gut ich kann", der der Späher u. Explorer „Allzeit bereit", der der Rover „Verstehen u. Dienen". — Der P.bund ist konfessionell u. parteipolitisch ungebunden. Die „Deutsche Pfadfinderschaft St. Georg" bzw. die „Pfadfinderinnenschaft St. Georg" gehören zum Bund der deutschen katholischen Jugend. Im „Ring deutscher Pfadfinderbünde" sind neben den eben genannten noch der „Bund deutscher Pfadfinder(innen)", die „Christliche Pfadfinderschaft Deutschlands" u. der „Evangelische Mädchenpfadfinderbund" zusammengeschlossen. Had

Lit.: Baden-Powell, Pfadfinder — Ein Handbuch der Erziehung (1953); Pfadfinder Österreichs, Grundsätze — Organisation — Ausbildung, Wien, o. J.

Pfarre(i). P. als territorial begrenzter, unter der Verantwortung eines Seelsorgers (Pfarrer) stehender Bereich der Seelsorge ist Träger vieler Sparten der kirchl. → Katechese (→ Erstkommunionunterricht, → Bußerziehung, → Firmunterricht, → Familienkatechese). In der Verantwortung der P. liegt nicht bloß die Obsorge f. die inhaltl. u. formellen, sondern auch f. die organisator. u. räuml. Voraussetzungen dieser Katechese. Dazu zählen entsprechend ausgestattete Seelsorgeräume u. -behelfe. Neben die *territorialen P.n* werden in Zukunft vermutl. in immer stärkerem Ausmaß *kategoriale* P.n treten. Sie sind nicht territorial begrenzt, sondern umfassen, über territoriale Pfarrbereiche hinausreichend, als Pfarrgemeindemitglieder jeweils eine best. „Kategorie v. Gläubigen" (z. B. Studenten). Ko

Lit.: O. Betz (Hg.), Gemeinde von morgen (Pfeiffer-Werkbuch Nr. 75); W. Schneider, Aktion Gemeinde heute (ev., 1971); N. Hepp (Hsg.), Neue Gemeindemodelle (1971).

Pfingsten → Kirchenjahr

Pflichtgegenstand Religion.
Österreich: F. alle Schüler, die einer → gesetzl. anerkannten Kirche o. Religionsgesellschaft angehören, ist der RU ihres Bekenntnisses an den öffentl. u. den mit dem Öffentlichkeitsrecht ausgestatteten Schulen grundsätzlich P. In den Päd. → Akademien tritt an die Stelle des RU der Unterricht in → Religionspädagogik; die gesetzlichen Bestimmungen über den RU sind aber auch auf Religionspädagogik voll anzuwenden. Die gesetzl. Regelung des → land- u. forstwirtschaftl. Schulwesens ist noch nicht abgeschlossen. Aufgrund des Schulkonkordates 1962 ist aber in diesen Schulen R. als P. vorgesehen. Die einzige Ausnahme v. dieser generellen Regelung ist bei den kaufmännischen u. gewerblichen Berufsschulen (→ berufsbegleitende Schule) in den Bundesländern Burgenland, Kärnten, Niederösterreich, Oberösterreich, Salzburg, Steiermark, Wien gegeben. Dort ist der RU grundsätzlich → Freigegenstand. Ke

Pflichtschulwesen.
BRD: Die Schulpflicht ist in der BRD durch Schulgesetze der Länder geregelt. So wird im (bay.) „Schulpflichtgesetz" (SchPG) v. 15. 4. 1969 mit Änderungen v. 31. 7. 1970 u. 27. 7. 1971 die Schulpflicht auf zwölf Schuljahre festgesetzt (Art. 1 Abs. 2). Inhalt der Schulpflicht: „Die Schulpflichtigen (Kinder, die am 30. Juni eines Jahres mindestens sechs Jahre alt sind — Art. 7 Abs. 1) haben am Unterricht regelmäßig teilzunehmen u. die übrigen als verbindlich erklärten schulischen Veranstaltungen zu besuchen ... Die Schulpflichtigen dürfen nur aus zwingenden Gründen dem Unterricht u. den als verbindlich erklärten schulischen Veranstaltungen u. betreuenden Einrichtungen fernbleiben" (Art. 3). Nähere Regelungen finden sich in den Schulordnungen der Bundesländer. Die Schulpflicht wird durch den Be-

such der Pflichtschulen (Volks-, Berufs- u. Sonderschulen) o. der weiterführenden Schulen erfüllt (Art. 1 Abs. 3). Es wird Volksschulpflicht (Art. 7—10), Berufsschulpflicht (Art. 11—14) u. Sonderschulpflicht (Art. 15—17) unterschieden. V. der Schulpflicht ist befreit (Art. 6), wer f. volljährig erklärt ist (→ Mündigkeit) o. wer im Rahmen schulischer Einrichtungen auch nicht mehr praktisch bildungsfähig ist; diese Feststellung trifft die Schulaufsichtsbehörde im Benehmen mit dem Gesundheitsamt auf der Grundlage eines medizin.-psych. Gutachtens. In den Stundentafeln der Pflichtschulen erscheint RU mit 2—3 Wochenstunden. Lä

Österreich: In Österreich besteht eine allgemeine neunjährige Schulpflicht. Das P. ist bundeseinheitlich geregelt. Das 5. bis 8. Pflichtschuljahr kann in einer Hauptschule, einer → Sonderschule o. durch den Besuch der Unterstufe der → Allgemeinbildenden Höheren Schule absolviert werden. Das 9. Pflichtschuljahr wird entweder in → Polytechnischen Lehrgängen, durch die fünfte Klasse einer Allgemeinbildenden höheren Schule o. durch die erste Klasse einer → Berufsbildenden mittleren o. höheren Schule absolviert. F. Lehrlinge besteht über die allgem. Schulpflicht hinaus die Verpflichtung zum Besuch einer berufsbildenden Pflichtschule (→ berufsbegleitende Schule). Ke

Schweiz: Das schweiz. P. ist aufgrund der nahezu völligen Autonomie der Kantone in Fragen des Schulwesens äußerst vielgestaltig; die Bezeichnungen f. die versch. Schultypen, bes. der Oberstufe, gänzlich uneinheitlich, tw. geradezu gegensätzlich. Die obligatorische Volksschule dauert je nach Kanton 7 (immer seltener), 8 o. 9 J.; durch eine interkantonale Vereinbarung wird eine Vereinheitlichung auf 9 J. angestrebt. Die Oberstufe umfaßt nebst dem (Unter-) Gymnasium (→ Höhere Sch.) je nach Kanton 2 bis 5 versch. Typen; der Übertritt erfolgt nach dem 3., 4., 5. o. 6. Sch.j. Die meisten Kantone verpflichten nach der obligatorischen Volkssch. zu weiterem Sch.besuch (→ Höhere Sch.). Zum RU an den Volkssch. vgl. → Organisation des RU. Fr

Phänomenologie. Unter Ph. versteht man eine best. wiss. u. phil. (E. Husserl) Methode, der zufolge „das Vorgefundene zunächst einfach hinzunehmen ist, wie es ist", d. h. ohne Vorurteil, unter Ausschaltung aller Vorverständnisse, Stellungnahmen, Assoziationen, Erklärungen, Interpretationen, Einordnungen u. dgl. Nur das, was dem rein betrachtend eingestellten Bewußtsein *erscheint* (= Phänomen), muß beachtet werden, also das „schlicht Gegebene". Dieses wird beschrieben (*Deskription* als 1. Stufe). — Husserl hat darüber hinaus eine 2. Stufe der „Reduktion" durchgeführt, die er „*Wesensschau*" nennt: sie wird erreicht durch Einklammerung der Existenzfrage (d. h. es wird zunächst einmal davon abgesehen, ob das Bewußtseinsphänomen auch tatsächl. einer Wirklichkeit entspricht). — Bes. auf dem Gebiet der Psychologie, Ästhetik, → Ethik, → Soziologie, Grundlagenforschung usw. ermöglichte die Ph. reiche Ergebnisse. Die Ph. spielte auch eine gewisse Rolle in der → Existenzphilosophie (Heidegger, Sartre). Eine Anwendung auf die

→ Theologie brachte dagegen bislang noch keine bedeut. Ergebnisse. Hi

Phänotypus. Die Summe der entwickelten Anlagen u. Fähigkeiten. → Genotypus

Phantasie. Gedächtniserscheinung; Fähigkeit, in psychischen Prozessen Inhalte zu schaffen, die es in Wirklichkeit nicht gibt, sich frei in Raum u. Zeit mit seiner Innerlichkeit zu bewegen. Das Material stammt aus der → Erfahrung u. wird zu neuen Kombinationen verarbeitet. Ph. hebt sich nach Kainz v. Gedächtnis im engeren Sinn durch ihre Gerichtetheit ab. Ph. ist auf Veränderung gerichtet, Gedächtnis auf Bewahren. Trotzdem ist die Grenze zw. Erinnerungs- u. Ph.-vorstellungen schwer zu ziehen. Große Bedeutung hat die Ph. f. die Entwicklung des Menschen u. der Kultur. Die Entwicklung der Ph. setzt nach dem 2. Lj. ein, erreicht einen Höhepunkt um das 7. Lj. (→ Kinderlüge), einen zweiten in der → Pubertät u. eine Nachblüte zw. dem 20. u. 25. Lj. Si

Pharisäer. Die Entstehung einzelner jüd. Parteien in vorchristl. Zeit ist heute nicht mehr voll zu durchschauen; die Partei der Ph. war jedenfalls zur Zeit → Jesu die stärkste u. einflußreichste Partei. Die Ph., die die volle Unterwerfung unter jedes geschriebene u. ungeschriebene Gesetz forderten, lebten in den Städten in streng abgeschlossenen Gemeinschaften. Trotzdem waren sie eifrigst bestrebt, immer mehr Menschen zu ihrer Lebensweise zu führen (vgl. Mt 22,15). Bedeutsam war die päd. Tätigkeit der Ph.: sie arbeiteten darauf hin, allen Knaben in ihrem Land eine Schulerziehung zu vermitteln; außerdem wurden in vielen Ortschaften Bildungshäuser f. Erwachsene eingerichtet. Das Urteil Jesu über die Ph. scheint im großen u. ganzen eindeutig: sie verstellen anderen den Weg zu → Gott. Bei der Interpretation einschlägiger Stellen des N. T. ist jedoch zu beachten, daß die ntl. Autoren (v. a. Mt.) sich in der Auseinandersetzung der jungen Kirche mit den Ph.n, die auch nach dem Untergang → Jerusalems eine einflußreiche Gruppe blieben, oft der Redegattung der Polemik, des Streitgespräches u. ä. bedienten. Bei Nichtbeachtung dieser Tatsache entsteht die Gefahr einer falschen Vermittlung der Sicht des → Judentums. Schr/Ko

Phasen, tiefenpsych. 1. → orale, 2. → anale, 3. → frühgenitale (ödipale), 4. → Latenz- u. 5. → puberalgenitale Phase (→ Pubertät). Ko

Phil. Propädeutik und RU. Im österr. Lehrplan f. die → Allgemeinbildende höhere Schule ist f. die vorletzte u. letzte Klasse d. Unterrichtsgegenstand Ph. P. vorgesehen (2 Wochenstunden), dessen → Globalziel darin zu sehen ist, die Schüler mit den Grundkategorien phil. Denkens vertraut zu machen u. eine fundamentale → Information über die Geschichte der Philosophie zu bieten. Analoges gilt f. jeden gymnasialen Philosophieunterricht, der auch in anderen Schulsystemen zu finden ist. F. den RU ist dies insofern v. Bedeutung, als er sich ja zu einem Teil als → Reflexion über den → Glauben versteht u. somit auf phil. Kategorien als Denkvoraussetzungen angewiesen ist. Eine systemat. → Vermittlung u. zugleich Einübung in den Gebrauch der Begriffe sowie ein Überblick über die Entwicklung des phil. Denkens ist aus mehreren Gründen eine *wichtige Hilfe:* 1. größeres Verständnis der Schüler durch Behandlung ähnl. Themen v. versch. Seite her u. in versch. Zusammenhängen. 2. Vermeiden v. Ideologisierung u. Kontrolle des RU durch krit. Auseinandersetzung. 3. Verständnis f. die Verbindlichkeit theol. Denkens, das sich der Denkvoraussetzung der Phil. bedient. 4. Möglichkeit der Einbettung des RU in größere Zusammenhänge. — *Probleme:* Eine unzulängliche Ph. P. vermag Widerstände gegenüber dem RU zu verstärken, soweit sie aus der Erfahrung der Abstraktheit, Formalisierung des Denkens u. Praxisferne einer gewissen Art phil. Denkens resultieren. Der phil. nicht sehr versierte Rel.lehrer wird bei gutem Unterricht in Ph. P. unweigerlich in harte Diskussionen verwickelt werden, bei denen er nur schwer seine Glaubwürdigkeit verteidigen kann. Hi

Phobie. Griech.: → Angst (Platzangst, Schulangst, Prüfungsangst, Hundeangst etc.) auf → neurot. Grundlage. Ko

Photographie → Fotosprache

Phylogenese. Stammesgeschichtl. Entwicklung v. Einzeller bis zum Homo sapiens. Die Ph. ist bevorzugtes Forschungsgebiet der vergleichenden Verhaltensforschung (→ Ethologie) u. beeinflußte stark die traditionelle → Entwicklungspsychologie. Ko

Pictogramm. Symbolische Darstellung auf Diapositiven u. ä.

Planning of Change. Das systemat. Planen v. Veränderungen u. Reformen unter Einbeziehung des Widerstandes, mit dem man bei jeder Veränderung rechnen muß. Ziel ist das Schaffen neuer Verhältnisse u. die Lösung v. Führungsproblemen. Die aus Industrie u. Wirtschaft stammende Methode, in deren Mitte der „Change-Agent“ steht, hat H. Faber im Hinblick auf kirchl. Anwendungsbereiche theoretisch aufbereitet. Ko

Lit.: H. Faber, Neue Wege kirchl. Handelns (1972).

Plowden Report. 1967 in England veröffentlichte Analyse v. Organisation u. Inhalt der Primarschulstufe. Der P. ist der letzte in einer Reihe großer engl. Untersuchungen über das gesamte → Bildungswesen. Er gründet auf empir. Forschungsergebnissen über die physische, psychische u. soziale → Entwicklung des Kindes. Ein Auszug aus dem zweibändigen Werk (Originaltitel: Children and their Primary Schools) ist in deutscher Übersetzung unter dem Titel „Plowden-Report“ (1970) erschienen. Ko

Politik u. Erziehung. Unter P. versteht man den Kampf um eine gerechte Ordnung; o. eine besondere Form des sozialen Handelns, das Macht braucht u. sucht, legitimierbare Herrschaft anstrebt u. öffentl. Angelegenheiten des Gemeinwesens, oft nach einem Gesellschaftsmodell, zu steuern u. zu gestalten sucht; o. das Bemühen, Antworten auf die sozialen Fragen der Gegenwart zu finden, ohne dabei während der Auseinandersetzung zw. alten u. jungen Interessen zu illegitimen Gewaltmitteln zu greifen — stets hat

P. bzw. haben die polit. Parteien schon deshalb ein hohes Interesse am Bildungswesen bzw. an der E., weil diese an der Ordnung u. Entwicklung der demokratischen → Gesellschaft aktiv u. passiv teilnehmen. Das Interesse der P. an E. kulminiert im E.s-ziel, der → Emanzipation, weil eine demokrat. Gestaltung der → Gesellschaft u. des Staates nur durch emanzipierte, d. h. selbständig u. kritisch urteilende u. mit freier Verantwortung handelnde Menschen aufgebaut u. durchgehalten werden kann. → Politik u. Katechese → Politische Bildung → Polit. Katechese → Polit. Predigt → Polit. Theologie → Kritisches Bewußtsein Ro

Lit.: Th. Filthaut (Hsg.), Politische Erziehung aus dem Glauben (1967).

Politik u. Katechese. Sowohl in der wiss. Theorie wie in der Praxis ist die Begriffsbestimmung des Wortes P. uneinheitlich. Im folgenden soll das Verhältnis v. P. u. K. unter zwei Rücksichten bedacht werden, wobei jeweils näher zu bestimmen ist, was mit P. gemeint ist.

1. → *Polit. Theologie u. K.:* Die polit. (nicht: politisierende) Th. versteht sich einerseits (negativ) als kritisches Korrektiv gegenüber einer gewissen Privatisierungstendenz in der gw. Theologie in ihrer transzendentalen, existentialen u. personalist. Ausprägung; andererseits sucht sie (positiv) die eschatolog. Botschaft des N. T. v. Heil, Versöhnung u. Vergebung unter den Bedingungen unserer gegenwärtigen, → aufgeklärten u. → säkularisierten → Gesellschaft zu formulieren. Ohne die Legitimität einer Individualisierung des Gottesverhältnisses zu leugnen, betont die polit. Th., daß sich die zentralen Verheißungen der ntl. → Reich-Gottes-Botschaft (→ Freiheit, → Friede, Gerechtigkeit, Versöhnung) nicht radikal privatisieren lassen. Die Auseinandersetzung mit der polit. Th. u. ihre Bejahung als kritisches Korrektiv werden die K. darum vor einer Privatisierung der theol. Begriffswelt, der Verkündigungssprache u. der → Spiritualität, die zur Reduktion der Praxis des Glaubens auf weltlose Entscheidungen einzelner führt (Spiritualisierung), bewahren. Andererseits wird das klarere Wissen um den prinzipiellen Öffentlichkeits- u. Weltbezug der ntl. Botschaft es unmöglich machen, diese einfach als Entsprechung der Freiheits- u. Friedenssehnsucht des einzelnen völlig zu verinnerlichen u. zu spiritualisieren, sondern vielmehr dessen krit. Freiheit gegenüber seiner gesellschaftl. Mitwelt ermöglichen.

2. *P. u. schulische K.:* Als schulische K. ist diese (mit der Schule) auf die jeweilige Gesellschaft u. ihre polit. Prägung bezogen. Diese Beziehung kann sich auf das Selbstverständnis, den Inhalt u. die Gestalt der K. auswirken. Nur drei Aspekte der vielschichtigen Fragestellung sollen (schematisierend, aber verdeutlichend) angeführt werden: *die ideologisierte K.* stützt die herrschende polit. Ideologie u. Staatsverfassung, die *polemische K.* stellt sich hingegen gegen diese. *Latente Prägungen* der K. durch die polit. Situation sind weit verbreitet; das landläufige Verständnis v. Verfassungsbestimmungen u. kulturpolit. Gegebenheiten werden unreflektiert übernommen u. bestimmen unbewußt das Selbstverständnis u. den Inhalt der K. → Politische Bildung → Politische Katechese Fi

Politische Bildung. Wenn Sozialkunde o. Gemeinschaftskunde als Schulfach sich auf das Soziale des Gesellschaftlichen beschränkt, wenn Staatsbürgerl. Erziehung sich mit der Wissensvermittlung v. staatl. Führungsinstitutionen u. deren Funktionen begnügt, so kann dieser Unterricht im politisch neutralen Raum geschehen. Wenn auch p. B. sich f. den Schulbereich noch nicht klar definieren läßt, so hat sie doch eine allgem. anerkannte u. geforderte Aufgabe: die Einübung in den dem Menschen ständig aufgegebenen Bewältigungsprozeß v. Macht, → Freiheit, → Dienst u. (Mit-)Verantwortung innerhalb der konkret vorhandenen → Gesellschaft u. das Erlernen jener Fähigkeiten, die den Menschen als einzelnen u. in → Gemeinschaft ermächtigen, polit. u. wirtschaftl. Verhältnisse zu seinem Nutzen im Horizont des Nutzens f. alle zu verändern. Die bisherigen negativen Erfahrungen geben die Lösungsmöglichkeiten des komplexen Problems an: Die unzureichende o. völlig fehlende Ausbildung der Lehrer, so daß diese sich auf bloße Staatsbürgerkunde zurückziehen o. in p. B. dilettieren; das Vorherrschen eines Leitbildes des Politischen bei den Lehrern, das durch den Wunsch der Konfliktfreiheit bestimmt ist; der Verständnismangel f. die gw. gesellschaftl. Wirklichkeiten, Spannungen u. Gegensätze, der gesch. fundiert ist; die Scheu vor dem Parteipolitischen; das Fehlen einer ausreichenden Erforschung affektiv-emotionaler Lernprozesse u. sozialer-polit. Lernprobleme; die Angst vor der Verbindlichkeit eines Bekenntnisses zur Realität u. Wertigkeit des Politischen u. seiner Konkretionen in der Wirklichkeit des Alltags. Ro

Politische Katechese → Politische Theologie hat Konsequenzen f. Theorie u. Praxis der → Verkündigung. → Gesellschaftsorientierung f. RU u. Kat. sei nicht allein v. gesellschaftl. Überlegungen u. Fakten her zu gewinnen, sondern aus der Struktur des → Glaubens u. der „konkreten Utopia vom Reiche Gottes", welche im gw. Zukunftsdenken u. in krit. Gesellschaftstheorien weiterwirken. Ein aus der Sache → Jesu genährtes utopisches Bewußtsein vermöge gerade den heutigen jungen Menschen zur Erprobung der elementaren → Freiheit im Sinne v. Gal 5,1 zu ermutigen. F. eine K. in diesem Verständnis gebrauchen H. Assig, H. v. Mallinckrodt u. a. den Terminus p. K. Sie zielt auf eine neue polit. Sensibilität u. Solidarität angesichts immer neuer Bedrohungen u. Verzerrungen des Menschlichen in unserer Gesellschaft hin. Ko

Lit.: H. Assig — H. v. Mallinckrodt (Hg.), Politische Katechese (1972).

Politische Predigt. Im evangelischen Raum Nürnbergs gewachsene Form der Predigt, welche interessierten Gemeindemitgliedern zeigen will, wie das Evangelium in gesellschaftl. Verhältnissen zu verstehen sei. Im Zusammenhang damit wurde eine neue Form der Großstadtseelsorge aufgrund kirchensoziol. Erhebungen (Gottesdienstbesucheranalysen) in Form v. → „Kommentargottesdiensten" entwickelt. → Polit. Theologie → Polit. Nachtgebet → Polit. Katechese → Polit. Bildung Ko

Lit.: G. Kugler u. a., Kommentargottesdienst (1972).

Politische Theologie. Da jede → Theologie polit. Konsequenzen hat, ist es gerechtfertigt, von p. Th. zu sprechen u. damit auszudrücken, daß die Relevanz des christl. Glaubens f. das p. Handeln Gegenstand theol. Reflexion sein muß. Insofern → Theol. in der befreienden Erinnerung (Memoria) an → Jesus Christus die krit. Kraft des → Glaubens gegenüber allen psychischen „gesellschaftl. Determinanten" immer neu freisetzt, befreit p. Th. den → Glauben aus einem unkrit. Gegensatz zur → Welt u. erweist sich als Partner der Humanwiss. bei der andrängenden Aufgabe der Vermenschlichung der Weltgesellschaft (→ Friedensforschung, → christlicher Humanismus). Darin wird die → Wahrheit des christl. Glaubens konkret, die Einheit v. Theorie u. Praxis hergestellt (→ Orthodoxie — Orthopraxis), der Primat der → Liebe realisiert. Der RU hat im Rahmen des gesamten → Bildungs- u. Erziehungsprozesses die Intentionen der p. Th. entspr. zu vertreten. → Politik u. Katechese → Polit. Bildung → Polit. Katechese Hi

Lit.: J. B. Metz, Zur Theologie der Welt (1968), Diskussion zur politischen Theologie (1970), Befreiendes Gedächtnis Jesu Christi (1970); D. Sölle (ev.), Politische Theologie, Eine Auseinandersetzung mit Bultmann (1971); Kath. Sozialakademie Österreichs (Hg.), Politische Theologie (1971).

Politisches Nachtgebet. Eine 1968 in Köln begonnene, in vielen Städten nachgeahmte, v. amtskirchl. u. auch theol. (kath. u. ev.) Warte vielfach kritisierte Form öffentl. (meist ökumenischer) Wortgottesdienste. Sie sind charakterisiert durch starke → Gemeinschaftsbetonung, Streben nach Identifikation des Beters mit Problemen (Gastarbeiter, Städteplanung, Strafvollzug) u. Tendenzen polit. Entscheidung, die aus dem → Evangelium heraus gesucht wird, Erweckung krit. Verantwortung u. Engagement in der Welt, Veränderung der sozialen u. gesellschaftl. Zustände, Einbeziehung v. Diskussion u. → Meditation. P. N. zielt auf Entprivatisierung des Gebetes, Überwindung v. Formalismus, Traditionalismus u. magischer Haltung. Die Vorbereitung erfolgt durch ein Team u. bezieht zahlreiche politisch-öffentl. Sachinformationen mit ein. → Polit. Theologie → Kommentargottesdienst → Polit. Predigt Ko

Lit.: D. Sölle, Politisches Nachtgebet in Köln, 2. Bde. (o. J.;) U. Seidel u. Diethart Zils (Hg.), Aktion — politisches Nachtgebet (1971); H. B. Meyer, Politik im Gottesdienst? (1971).

Polygenismus — Monogenismus. P. nennt man die Annahme, es habe bei der → Entwicklung hin zum Menschen (Hominisation) mehrere „Urelternpaare" gegeben. M. dagegen heißt der Inhalt der kirchl. Lehre, wonach alle Menschen, die auf der Erde je gelebt haben, v. einem einzigen Elternpaar abstammen. Da die biolog. Wahrscheinlichkeit mehrerer voneinander unabhängiger Hominisationen eher gering ist, läßt sich P. wiss. praktisch nicht beweisen. Die bibl. Aussagen müssen aber in ihrer literar. Art gesehen werden (→ Literarkritik), um Fehlinterpretationen zu vermeiden (Bibel als Beweis f. M.). → Erbsündenlehre → Heilsgeschichte → Urgeschichte. Hi

Polytechnische Erziehung und RU. P. E. im weiteren Sinne ist ein Teil der weltweiten Reform der allgemeinbildenden Schule in der Industriegesellschaft. Es ist eine auf die Vielfalt der technischen Welt hingeordnete u. auf sie bezogene E. Im engeren Sinne versteht man unter p. E. eine Berufsvorbildung o. Berufsausbildung, die nicht auf einen einzelnen Beruf abzielt, sondern offen ist auf mehrere mögliche Funktionen (z. B. Metall-, Textil-, Holzbearbeitung). Der RU steht nicht im Widerspruch zur p. E. im weiteren Sinne, sondern bildet ein notwendiges Korrektiv u. einen fruchtbaren Gegensatz zu ihr, weil in keiner → Erziehung die Daseins- u. Sinnfrage des Menschen ausgelassen werden darf. Der RU kann u. soll die Sinnfrage des Menschen, seiner Technik u. seiner Industrie zu ihrer letzten Dringlichkeit bringen. Ro/Ko

Polytechnischer Lehrgang. Der P. L. erfaßt seit der Schulgesetzgebung 1962 in Österreich im 9. Schuljahr der allgem. Schulpflicht jene Schüler, die keine weiterführende Schule besuchen. Seine Funktion ist die Vertiefung der allgem. Grundbildung mit der Tendenz auf das prakt. Leben u. die künftige Berufswelt. Die Lehr- u. Lernziele des RU werden diese Tendenz berücksichtigen müssen. Viele einschlägige Probleme harren noch einer Lösung. Ro

Polyvalente Medien (nach W. Zifreund) sind *auf mehrere denkbare* Lehrplanstellen gezielt. Größere Anwendungsbreite als bei → monovalenten Medien, jedoch nicht so wirksam wie diese. S. Tab. 5, Sp. 631 ff. Anz

Popmusik. Ab Mitte der 60er Jahre vorwiegend vokale Tanzmusik: Tagesschlager (→ Schlager), → Beat, Soul (gefühlvoll moderner Blues; → Jazz), Elektronik (→ Verfremdungen, → Moderne Musik), → Psychedelische M., Underground, auch Collagen aus Musik der Gegenw. u. Vght. — 3 Grundtypen der P.: 1. *Happy:* volksliedhaft, naiv, einfache harmon. Fortschreitungen, unkomplizierte Rhythmik, oft rasches Tempo; 2 *Soft:* melodisch-espressiv, überschwenglich gefühlsbetont, leittonreiche Melodik, auch chromat. Fortschreitungen, Liedmelodik des 19. Jh., Operettenlied, Dominantspannung bevorzugt; 3. *Beat* (→ B.-musik). Auch Soft-Beat: melodiös u. empfindsam, Einzelsolist steht im Mittelpunkt wie bei Soul. Weltweite Verbreitung nur durch Schallplatte, Tonbänder, Rundfunk u. Fernsehen. Produktion der P. wie Herstellungsvorgang anderer industrieller Konsumgüter (→ Schlager), daher Marktanalysen u. Marketing, Angebot u. Nachfrage, Beurteilung nicht nur nach ästhetisch. Maßstäben, sondern nach der kommerziell. Komponente; Textinhalt will eine Art Lebenshilfe bieten. Die Ursachen dieser Art v. Musik sind sicherlich in der modernen Industriegesellschaft zu suchen, wo der Zwang durch → Positivismus u. → Materialismus unerträglich geworden ist u. man sich gerne in den leicht erfaßbaren u. allzeit gw. (Autoradio) Dekor flüchtet. Mu

Lit.: Schallplattenreihe: Aktuelle Popmusik im Unterricht, herausgegeben v. W. Hahn, Th. Klein u. H. Rauhe, Verl. Breitk. u. H. Wiesbaden, 1970 u. a.

Pornographie nennt man unzüchtige bzw. kunstfremde Darstellungen in Wort, Bild o. Ton, die nur o. überwiegend auf sexuelle Erregung des Lesers, Betrachters o. Hörers abzielen. → Sexualität ist eine der Grundbedingungen des Menschseins u. kann als solche Gegenstand künstlerischer Darstellung sein. P. jedoch verselbständigt rein körperliche Abläufe zum Reizmittel unter Ausklammerung jegl. personaler Beziehung u. verzerrt die sexuelle Wirklichkeit. Im Obszönen drängt sich das Geschlechtliche derart in den Vordergrund, daß u. a. auf Sexualneurosen bei Produzenten v. P. geschlossen werden muß. Die Beurteilung v. Texten o. Abbildungen hängt immer v. der Absicht u. dem Zusammenhang, in dem sie stehen, ab. Die Grenzen zw. P. u. Kunst lassen sich oft nur mit Schwierigkeiten ziehen, da die subj. Einstellung mitentscheidend ist. — Die Sexualpädagogik sieht ihre Aufgabe in der Erziehung zur gesunden u. integrierten Sexualität u. fordert f. den verhaltensunsicheren Jugendlichen einen Schutz vor einer zusätzl. Auseinandersetzung mit einer Vielzahl v. Anomalitäten, die nur Verwirrung bringen u. eine Einsicht in die umfassende Sozialbeziehung in der Begegnung der Geschlechter erschweren. Lei

Pornographie (rechtlich).
BRD: Die gesetzl. Grundlagen f. die Bekämpfung der Pornographie (→ Gesetzl. Bestimmungen über Schmutz u. Schund) bieten das „Gesetz über die Verbreitung jugendgefährdender Schriften" 9. 6. 1953, in der Fassung v. 29. 4. 1961), das „Gesetz zum Schutz der Jugend in der Öffentlichkeit" (Fassung v. 27. 7. 1957) u. §§ 184 u. 184 a (Strafgesetzbuch in der Fassung v. 1. 9. 1969). Umstritten ist, ob dem Gesetzgeber obj. Kriterien f. die Beurteilung zur Verfügung stehen, wann Abbildungen o. Beschreibungen als unzüchtig o. das Schamgefühl gröblich verletzend zu bezeichnen sind. In der pluralen Gesellschaft gehen die Meinungen über das, was als obszön u. pornographisch gilt o. gelten soll, weit auseinander; ein Umschwung des Unrechtsempfindens ist unverkennbar (→ Pornographie). Lä

Österreich: Ein Bundesgesetz v. 31. 3. 1950 in der Fassung v. 3. Juli 1952 BGBl. Nr. 158 hat zum ersten das Ziel, unzüchtige Veröffentlichungen zu bekämpfen. Danach ist die Herstellung, Verlegung o. Lagerhaltung zum Zwecke der Verbreitung, die Einfuhr, Beförderung o. Ausfuhr v. unzücht. Schriften, Abbildungen, Filmen o. anderen unzücht. Gegenständen in gewinnsücht. Absicht ein Verbrechen, das mit Kerker bis zu einem Jahr bestraft werden kann. Daneben kann auch eine Geldstrafe verhängt werden. Ebenso macht sich eines Verbrechens schuldig, wer in gewinnsücht. Absicht solche Gegenstände anbietet o. überläßt, sie öffentl. ausstellt, aushängt, anschlägt, verbreitet o. Filme anderen vorführt, ebenso wer sich öffentl. o. vor mehreren Leuten o. in Druckwerken o. verbreiteten Schriften zu einer der obengenannten Handlungen anbietet o. öffentl. bzw. vor mehreren Leuten bekanntgibt, wie, v. wem o. durch wen unzücht. Gegenstände erworben o. ausgeliehen o. wo solche Gegenstände besichtigt werden können. Die Problematik dieser Bestimmung liegt in der Definition dessen, was unzüchtig ist. Nach der Rechtssprechung des Obersten Gerichtshofes liegt dem Gesetz eine Auffassung zugrunde, nach der eine Schrift, Abbildung usw. dann unzüchtig ist, wenn sie objektiv geeignet ist, das Scham- u. Sittlichkeitsgefühl in geschlechtl. Beziehung zu verletzen. Dabei ist f. die objektive Eignung „die An-

schauung des normalen, gesunden Durchschnittsmenschen" maßgeblich. Es ist schon schwierig genug, jeweils die Anschauungen des „normalen, gesunden Durchschnittsmenschen" zu erfassen, noch schwieriger wird eine zufriedenstellende Anwendung des Gesetzes durch den ständigen Wandel in den sexualeth. Überzeugungen der Bevölkerung. —
Das obzit. Gesetz setzt sich den Schutz der Jugend gegen sittliche Gefährdung als zweites Ziel. Danach werden an Schriften, Abbildungen o. sonstige Darstellungen, an Filme o. Schallträger, Theateraufführungen, sonstige Darbietungen o. Veranstaltungen, die geeignet sind, die sittl. o. gesundheitl. Entwicklung jugendl. Personen durch Reizung der Lüsternheit o. Irreleitung des Geschlechtstriebes zu gefährden, dann Rechtsfolgen geknüpft, wenn sie wissentlich a) einer Person unter 16 Jahren gegen Entgelt angeboten o. überlassen werden, b) so ausgestellt, ausgehängt, angeschlagen o. sonst verbreitet werden, daß dadurch der anstößige Inhalt auch einem größeren Kreis v. Personen unter 16 Jahren zugänglich wird o. c) die Vorführung, sonstige Darbietung o. Veranstaltung einer Person unter 16 Jahren zugänglich gemacht wird. Wer einen dieser Tatbestände verwirklicht, macht sich eines Vergehens schuldig, das mit strengem Arrest bis zu 6 Monaten bestraft werden kann. Neben der Freiheitsstrafe kann auch eine Geldstrafe verhängt werden. Einer zufriedenstellenden Anwendung dieser Bestimmungen stehen allerdings ähnl. Schwierigkeiten im Weg, wie sie oben beim Tatbestand des Verbrechens dargestellt wurden. Ke

Schweiz: Nach Art. 204, Ziff. 1 des Schweiz. Strafgesetzbuches wird mit Gefängnis o. Buße bestraft, wer unzüchtige Schriften, Bilder, Filme o. andere unzüchtige Gegenstände herstellt o. vorrätig hält, um damit Handel zu treiben, sie zu verbreiten o. öffentlich auszustellen u. ferner, wer verschiedene damit zusammenhängende Tatbestände erfüllt. Nach einem neuesten Bundesgerichtsentscheid ist der allgemeine Wandel in der Einstellung zur Sexualität (der normal empfindenden Bürger, die weder besonders empfindsam noch sittlich verdorben sind) u. die damit verbundene Herabsetzung der Empfindlichkeit in der Rechtsprechung zu berücksichtigen. Fr

Positive Religionsfreiheit → Negative Religionsfreiheit

Positivismus. V. der → Naturwissenschaft her bestimmte, im 19. Jh. auf alle wiss. Disziplinen übergreifende Theorie (Hume, Comte, Spencer, Mach, Schlick), die besagt, daß nur das als gesichertes Wissen anzusehen ist, was v. der (äußeren u. inneren) → Erfahrung (Empirie) als „gegeben" (= positiv) erfaßt wird. Kant liefert gegenüber einer damit provozierten Einseitigkeit das noch immer gültige Argument: Erfahrung des Gegebenen steht immer innerhalb eines → transzendentalen, d. h. überempirischen Horizontes. Die neuzeitl. Kritik an der → Metaphysik, wie sie im P. deutlich wird, scheint dann berechtigt, wenn Metaphysik ideologisch mißbraucht wird. Eine gewisse positivist. Vorgangsweise in der → Verkündigung u. im RU ist im Sinne einer → Ideologiekritik gerechtfertigt. → Transzendenz → Geheimnis Bla/Hi

Postenzephalitiker. Mensch mit geistigen u. psychischen Behinderungen nach einer → Enzephalitis

Praedestination. P. (lat. Vorherbestimmung) meint allgem. den ewigen u. freien Willensentschluß Gottes über das endgültige Heil o. Unheil (Verwerfung) des Menschen. Die P.slehre gehört thematisch zur → Gnaden- u. → Rechtfertigungslehre, die darin ihren Ausgangs- u. Zielpunkt in → Gott festhält u. bekennt. Die Lehre v. der P. wird im A. T. durch die Idee der „Erwählung" vorbereitet. Im N. T. wird der Gedanke der Vorherbestimmung v. a. auf den einzelnen angewendet (Mt 20, 23; Joh 6, 37; 10, 29 u. a.) u. dann v. a. v. → Paulus ausdrücklich entwickelt (Röm 8, 28—34; 9—11). Wenn auch in der Erklärung der P. die versch. theol. Richtungen auseinandergehen, ist als Lehre der → Kirche festzuhalten: Gott will, daß alle Menschen selig werden; die → Erlösung Christi gilt f. alle Menschen; durch die P. wird die → Freiheit des Geschöpfes, seine Verantwortung u. dialogische Partnerschaft zu Gott nicht aufgehoben. Wo P. als Aufhebung der menschl. Freiheit im Heilswirken verstanden wird, ist der häretische Praedestinatianismus gegeben. Dem pilgernden Menschen ist die P. — auf das Einzelschicksal bezogen — unbekannt, aber Gegenstand der festen → Hoffnung u. des → Gebetes. Letztlich sollte der Gedanke der P. den Menschen darauf hinweisen, daß der Sinn seines Lebens Anbetung, Lob u. Dank vor Gott ist. Fi

Prae-, peri-, postnatal. → Heilpäd.-med. Bezeichnung f. den Zeitpunkt, an dem eine Schädigung o. Behinderung erfolgte: *prae*natal = vor der Geburt; *peri*natal = während der Geburt; *post*natal = nach der Geburt. In allen diesen Fällen handelt es sich um erworbene Schädigungen im Gegensatz zu ererbten. Ko

Präventiv-Methode. P. ist nach H. Henz „die seel. Schaden- u. Strafnotwendigkeit vorbeugende Erziehungsweise, die das dauernde Mit-dem-Zögling-Sein, die ganze Hingabe an die Erziehungsaufgabe u. ein reiches, bewegtes, erfülltes Jugendleben betont." Sie wurde bes. v. Don Bosco (1815—1888) vertreten. → Bewahrungspädagogik Ko

Priesterschrift (P.). Quellenschrift des → Pentateuch, so genannt, weil sie starke kult. u. priesterl. Interessen bekundet. Charakteristisch ist die sachlich-abstrakte Darstellung (Gen 1—2, 4 a) u. die Betonung der → Transzendenz → Gottes. Die Endgestalt dürfte im 5. Jh. v. Chr. fixiert worden sein. Ko

Priesterweihe. Aus versch. Ursachen heraus (kontroverstheol. Auseinandersetzung ab der Reformation, Verbindung mit der zölibatären Lebensform, langes Studium u. a.) hat die P. (ordo = Weihesakrament) im Bewußtsein vieler eine „Sonderstellung" erfahren. Die Empfänger dieses Sakraments (Diakon, Presbyter, Bischof) erschienen in einer Weise aus dem Volk Gottes herausgehoben, die sie zugleich v. diesem isolierte u. idealisierte. Daraus folgte, daß viele das Weihesakrament als sie selbst nicht o. wenig betreffend ansahen u. ihm fremd o. aber in magischer Einstellung gegenüberstanden. Die rechte Sicht f. die Katechese über die P. ist v. dessen Beziehung zum gemeinsamen Priestertum aller Gläubigen, v. seinem Dienstcharakter f. das Volk Gottes u. der Einheit mit Christus dem einzigen Mittler zu gewinnen. Entscheidend sind auch die Erfahrungen, welche die Katechumenen durch positive → Begegnung mit Priesterpersönlichkeiten u. durch das Erleben priesterl. Dienstes machen. Weckung u. Förderung v. Priesterberufen ist nur auf der Basis solcher Erfahrungen möglich. — Die Vorbereitung auf das Priestertum in wissensmäßiger u. spiritueller Hinsicht wird allgemein nicht als Katechese empfunden, obwohl sie genauso kat. Aspekte beinhaltet wie die Vorbereitung auf jedes andere Sakrament. Heute werden vielfach neue Wege u. Möglichkeiten dieser Vorbereitung überlegt u. erprobt. Neue u. z. T. noch nicht vollst. gelöste Fragen u. Aufgaben ergeben sich auch im Hinblick auf die Vorbereitung zum selbständ. hauptberufl. Diakonat. Der liturgisch-institutionalisierte Weg zum Weihesakrament wurde durch zwei Motuproprien Pauls VI. vom 15. 8. 72 neu geregelt. Eine erste Stufe bildet die „Aufnahme unter die Weihekandidaten". An die Stelle der trad. „vier niederen Weihen" treten als weitere Stufen die beiden „Dienstämter" des Lektors (Dienst am Wort, v. a. im Wortgottesdienst) u. Akolythen (eucharist. Dienste, Kommunionausteilung etc.). Die Subdiakonatsweihe fällt künftig weg. Dadurch tritt der sakramentale Charakter des Diakonates wieder stärker hervor. Die Zölibats- u. Brevierverpflichtung wird bei der Diakonatsweihe übernommen. Den Abschluß bildet die P. Die Vollform des Weihesakraments ist verbunden mit der „Bischofsweihe". — Eine nicht mit dem Zölibat verbundene Form des selbständigen Diakonats wurde in der r. k. Kirche durch das II. Vatikanum reaktiviert. Ko

Primarstufe (Primarbereich). Nach dem → Strukturplan die veränderte Pflichtschule f. Fünf- bis Achtjährige (bzw. Zehnjährige). Sie umfaßt als je zweijährige → curriculare Einheiten die Eingangs- u. Grundstufe, sowie gegebenenfalls noch die → Orientierungsstufe. → Sekundarstufe Ko

Primitivpubertät. Das zum Teil v. Milieu abhängige Verharren auf einer primitiven Stufe der → Pubertät. Symptome: Der Aufbau der subj. → Weltanschauung erfolgt über unreflektierte Theorien, Schlagworte, Massenmedien, nicht aber durch eigene Auseinandersetzung mit der Wertwelt. Gegensatz: → Kulturpubertät. Ko

Lit.: H. Roth, Jugend und Schule zwischen Reform und Restauration (1965).

Prix Jeunesse. Bayrische Stiftung, welche jedes zweite Jahr in einem internat. Wettbewerb die beste Fernsehsendung f. Kinder u. Jugendliche prämiert, die wiss. Auswertung der prämierten Sendungen fördert (eigene Schriftenreihe) u. Erfahrungsaustausch zw. Wissenschaftlern, Erziehern u. Medienexperten (Seminare) pflegt. Ko

Proaktive Hemmung → Gedächtnishemmungen

Probabilismus. Aufwertung der Wahrscheinlichkeit (= Probabilität) zur bestimmenden Norm: in der Philosophie eine Art Relativismus, daß jede Erkenntnis nur wahrscheinlich wäre, nie sicher; in der → Ethik eine Lösung f. Zweifelsfälle, in denen es gestattet wäre, einer → Gewissensentscheidung selbst dann zu folgen, wenn f. sie keine sicheren, aber immerhin annehmbare Gründe vorlägen. Bla

Problemgeschichte. Eine im Unterricht verwendete o. eigens f. ihn verfaßte Erzählung, die im Gegensatz zur → Beispielsgeschichte nicht einen Lehrinhalt veranschaulicht, sondern eine (kognitive, emotionale, existentielle) Fragehaltung des Schülers weckt. Bisweilen geschieht dies durch einen „offenen Schluß", welcher mehrere, v. den Schülern zu diskutierende Lösungen möglich macht. Ko

Lit.: G. Fabian, Und deine Meinung? 76 Problemgeschichten f. Schule u. Gruppe (Pfeiffer Werkbuch Nr. 49).

Problemlösungspotential. Alle auf seiten des Lernenden gegebenen Voraussetzungen (Vorkenntnisse, Fähigkeiten, → Motivation etc.) f. einen → Lernprozeß. Ko

Problemorientierter RU. Eine vorwiegend v. der norddeutschen → Projektforschung im Gegensatz zum → textorientierten, bibl. RU entwickelte Form des → RU. Neben diesem Verständnis des p. RU im engeren Sinne sind problemorientiert auch die → Katechese der Erfahrung u. jede anthropozentrisch eingestellte Katechese, einschließlich der → induktiven Katechese. → Unterrichtsmodell → Katechese → RPN Ko

Lit.: H. Angermeyer, Der thematisch-problemorientierte RU (1973).

Programmierte Instruktion gleichsinnig mit: → Programmierter Unterricht.

Programmierter Unterricht. PU. besteht darin, daß man einen Lerninhalt in kleinste → Lernschritte (→ Lernelement) zerlegt, diese in ein durch sorgfältige wiss. Teamarbeit erstelltes → Lernprogramm bringt u. damit den Schüler v. einer Lernstufe zur anderen führt. Der Lernende bedient sich dabei des Programms, ohne f. den eigentl. Lernprozeß des Lehrers zu bedürfen. Es handelt sich um einen „Selbstunterricht", bei dem die Mitwirkung des Lehrers auf weitere o. kürzere Strecken hin eine nur mittelbare ist. Viele Funktionen, die im trad. Unterricht v. Lehrer ausgeübt werden, werden im PU. v. Programm übernommen. Lernprogramme bieten eine best. Reihenfolge v. Reizen (stimulus items). Das Programm wird bei der Erstellung durch mannigfache Vorversuche so lange geändert, bis die Gewähr gegeben ist, daß der Lernende in der v. Programm verlangten Weise reagiert (response, → Antwort). Nach jedem Lernschritt erfolgt sofort eine Erfolgsmitteilung, die das Lernverhalten bestärkt (→ reinforcement, → Rückkoppelung). Dargeboten werden Lernprogramme auf Arbeitsblättern o. -karten, in eigenen Büchern (→ Algorithmus) o. auch mittels → Lehrmaschinen. → Lernprogramme f. den RU → Kybernetik → kybernetische Pädagogik → Unterrichtstechnologie → Skinnersystem → Crowdersystem → Barlowkette u. a. m. Ko

Lit.: Wörterbuch Programmierter Unterricht (1962); H. Schiefele, Programmierte Unterweisung (1964). E. J. Korherr, Programmierter Unterricht und Katechese, in: Chr. päd. Bl. 1965/168 ff.; Bibliographie „Programmierter Unterricht", erscheint 3mal jährlich, Verlag Dokumentation München (1965 ff.); J. Zielinski (Hg.), Aspekte des programmierten Unterrichts (1971).

Project T. I. M. E. Abkürzung f. *T*eacher Training *i*n *M*oral and

Religious *E*ducation = Nationales Institut f. moral. u. rel. → Erziehung unter der Patronanz der Katholischen Bischofskonferenz u. des Sekretariats f. christl. Erziehung der Panafrikanischen Konferenz der christl. Kirchen. Sitz: Yaba, Lagos. Ko

Projektforschung → Projektgruppe

Projektgruppe ist eine → Gruppe v. Individuen, die zum Zweck des indiv. u. sozialen Lernens (der „Bildung“) ihrer Mitglieder über einen best. Zeitraum hinweg an einem gemeinsamen Vorhaben (Projekt) arbeitet, um das sich f. diesen Zeitraum im wesentl. — aber nicht ausschließlich — die Tätigkeit als Gruppe zentriert. Projekt ist der v. der Gruppe gewählte Inhalt ihrer Tätigkeit o. Aktion, bei deren Durchführung neben einer möglichst hohen Sachgerechtigkeit dieses Tuns die Erhöhung der Kreativität u. Leistungsfähigkeit der Gruppe angestrebt wird. Drei Regeln sind festzuhalten: 1. Unterschied zw. Arbeitsbeziehungen u. persönl. Beziehungen; 2. Belohnungen nicht beeinflußt v. persönl. Bez.; 3. persönl. Beziehungen dürfen eingegangen werden, solange sie nicht mit der Zielsetzung kollidieren. — Drei Faktoren zur Erreichung einer effektiven Erfolgskontrolle: 1. Erstellung eines Arbeitsplanes, eines techn. Programms, mit dessen Hilfe die Einzelaktionen kontrolliert u. koordiniert werden; 2. Angebot v. Belohnungsreizen: Geld, Prestige, sichtbare Veränderung eines unerwünschten Zustandes; 3. Vorkehrungen, durch die der techn. Plan u. das Belohnungssystem im Verlauf des Projektes gegebenenfalls modifiziert werden können. → Projektgruppen, rel.-päd. Had

Lit.: Steinkamp H., Die Projektgruppe, in: Kat. Blätter 10/71.

Projektgruppen, rel.-päd. haben die Aufgabe, ein Unterrichtsmodell f. eine best. Alters- u. Schulstufe zu erarbeiten: a) Beschreibung des Modells, b) Reflexion (Effektivitätskontrolle), c) Konklusionen im Hinblick auf Beachtung u. Förderung kat. Anliegen (z. B. → Kreativität). *Bestandteile* eines Projektes: Einleitung u. Projektbeschreibung, Empirische Situationsanalyse (psych. Reflexion), theolog. Reflexion, Feststellen des → Fundamentalen u. → Exemplarischen, Folge v. Lerneinheiten, Materialien, Modelle u. Konzepte außerschulischer, kirchl. Jugend- u. Elternarbeit, Aktivitätenauswahlkatalog, Erprobungsbogen (Beurteilungsblatt zur Revision des Projektes). → Projektgruppen → rel.-päd. Projektforschung Had

Lit.: H. Weber, Projektgruppen im RU (1973).

Projektion. 1. *Im physikal. Sinn:* Wiedergabe eines (Ausgangs)bildes auf einem Bildschirm (Projektionsfläche) auf opt. (z. B. → Film) o. elektron. Weise (z. B. Fernsehen). Im Rahmen der opt. P. unterscheidet man zw. *Auf*projektion (Epiprojektion) u. *Durch*projektion (Diaprojektion). Beide Begriffe gelten f. das jeweilige Gerät wie f. den Bildschirm (Abb. 17, Sp. 779 f.). Bei der Epip. ist wegen größeren Lichtverlustes immer eine stärkere Verdunklung nötig. Eine schlechte Verdunklung kann durch Verringerung der P.sentfernung ausgeglichen werden. (Die Lichtstärke wächst mit dem Quadrat der Annäherung.) Allerdings werden dadurch das projizierte Bild u. die nötige Zuschauerentfernung kleiner. — Der Lehrer muß den Zusammenhang zw. P.sentfernung u. Bildschirmbreite (sowie daraus sich ergebende Konsequenzen f. Schriftgröße u. Zuschauerentfernung) bei den im schulischen Bereich üblichen Geräten beachten (s. Abb. 18, Sp. 829 f.). Dafür gelten folgende Formeln:

f	:	b	=	E	:	B
Brennweite	:	Bildbreite	=	P.sentfernung	:	Bildschirmbreite

f	:	s	=	E	:	S
Brennweite	:	(Schriftgröße auf Bild)	=	P.sentfernung	:	(Schriftgröße auf Bildschirm)

Die hiezu notwendigen Daten sind bei schulüblichen Geräten:
a) bei 16 mm Filmprojektoren: f = 5 cm, b = 1 cm
b) bei 5 × 5 cm-Diaprojektoren: f = 13,5 cm bis 20 cm, b = 3,6 cm
c) bei Episkop (Feld 14 × 16 cm): f = 27 bis 40 cm, b = 16 cm
d) bei Overheadprojektor (Feld 25 × 25 cm): f = 28 bis 35 cm, b = 25 cm

Über Projektion zugleich mit Tonwiedergabe s. → Abspielung und Tab. 5, Sp. 631 ff.; *im psych. Sinn* im Zusammenhang mit Medien: v. „P." spricht man hier im Sinne eines „Hineinprojizierens" v. Gedanken, Vorstellungen u. Gefühlen in ein Medium durch den Zuschauer. So kann man z. B. v. einem „P.sfilm" sprechen, wenn dieser dem Zuschauer die Möglichkeit der „P." gibt. Der Film ist dann das, was der Zuschauer in ihm sieht. → Psychoanalyse Anz

Lit.: D. Dankward, G. Burkert, „Die Tonfilmprojektion", (Sehen und Hören-Schriftenreihe, Heft 1) Bundesstaatliche Hauptstelle für Lichtbild und Bildungsfilm, Wien; „Audio-visuelle Geräte und Zubehör für den Unterrichtsgebrauch" Bundesstaatliche Hauptstelle (s. o.);

Projektionsentfernung s. Abb. 18, Sp. 829 f.

Projektionstest. Verfahren zur psych. Erhebung der → Affekte, Einstellung u. Persönlichkeitsstrukturen. Der Versuchsperson werden *mehrdeutige* Darstellungen (Rorschachtest: Tintenkleckse, Wartegg-test: Zeichnungen) o. Material zum Aufbau v. Szenen (Szenotest: Figuren; Welttest: Baukastenelemente) geboten. In diese „projizieren" sie die zum Teil unbewußten Einstellungen, Affekte usw. Deutung u. Auswahl der P.s erfolgt aufgrund statistisch-wiss. gesicherter Regeln u. Kriterien. Ko

Prokischreiber → Overheadprojektor

Propheten. Es gibt in der allg. Religionsgeschichte manche Formen, wie das Gotteswort den Menschen übermittelt wird: durch einen Ekstatiker, durch Orakeldeuter, durch Priester u. a. Alle diese Formen treten in der Frühzeit → Israels auf; das eigentliche Berufungsp.tum läßt sich jedoch religionsgesch. nicht einordnen; zum Wesen dieser P. gehört es, daß sie außerhalb aller sanktionierten → Institutionen auftreten, sehr oft gegen diese, daß sie Boten des Gottesgerichts sind, gleichzeitig Exponenten der Klage, die → Gott über sein Volk führt, u. Träger seiner → Liebe zu den

Verlorenen. — Die Zeit der großen Prophetie Israels ist die Zeit des Königtums; bes. dann, wenn Wende- u. Krisenpunkte am Horizont der Geschichte auftauchen: Bedrohung durch Assyrien (Amos, Hosea, Jesaja, Micha), Niedergang Assyriens u. Aufkommen Babylons (Nahum, Habakuk, Jeremia), schließlich Exil u. Hoffnung auf Rückkehr (Ezechiel u. Deuterojesaja). Dieses Ernstnehmen der jeweiligen Geschichte gehört zum Wesen der Prophetie; die P. sind keine Hellseher der Zukunft, wohl aber erkennen sie die Möglichkeiten der Gegenwart schärfer u. stellen nun einzelne Personen o. das ganze Volk vor die Entscheidung. Bei aller Vielfalt treten zwei Komponenten ihrer → Verkündigung sehr oft in den Vordergrund: ihr Anprangern der sozialen Mißstände, weil das „Recht u. die Gerechtigkeit gebrochen werden"; Am 2,7: „Sie treten in den Staub das Haupt des Geringen u. drängen den Elenden beiseite" — u. ihre Kritik an „falscher Religion"; Am 5,23: „Hinweg von mir mit dem Lärm deiner Lieder! Das Spiel deiner Harfen mag ich nicht hören". — Es gehört zum Wesen der P., daß sie sich nie „legitimieren" konnten; einzige Legitimierung war ihre Berufung, der sie folgen müssen; Am 3,8: „Der Löwe brüllt — wer fürchtet sich nicht? Der Herr Jahwe redet — wer verkündet nicht?" Schr

Lit.: J. Scharbert, Die Propheten Israels bis 700 (1965); ders., Die Propheten Israels um 600 (1967).

Proselytismus. Proselyt = urspr. ein Mitglied der mosaischen Religionsgemeinschaft, das nicht dem jüd. Volk angehört. Der Ausdruck stammt aus dem Hellenismus, wird aber als P. heute folgendermaßen verstanden: „Eine mit dem Geist des → Evangeliums unvereinbare Handlungsweise, soferne unehrenhafte Mittel benutzt werden, um die Menschen z. B. unter Mißbrauch ihrer Unkenntnis o. Armut in die eigene Gemeinschaft zu ziehen" (Richtlinien zur Durchführung der Konzilsbeschlüsse über die ökumen. Arbeit, hg. v. Sekretariat f. die Einheit der Christen, 14. 5. 1967). Ko

Provos → Gegenkultur

Prozeßziel. 1. als Ziel des → Lernprozesses gleichsinnig mit → Lernziel. 2. nach G. Miller u. a. auch formales Funktionsziel, das sich auf die Beherrschung v. Verfahren, die zur Lösung v. Aufgaben dienen (benennen, messen, unterscheiden u. ä.), bezieht. Ko

Prüfen → Notengebung

Psalmen. Es ist eine bedeutsame Tatsache, daß in den Kanon der atl. Bücher nicht nur Schriften aufgenommen wurden, die v. Handeln → Gottes an den Menschen sprechen, sondern auch gleichsam dessen „Widerhall" in den Menschen: die P. sind die vielgestaltige → Antwort des Gottesvolkes auf das Tun u. Sprechen → Gottes. Deshalb kann in den P. ein Reden zu Gott unvermittelt in ein Reden v. Gott überwechseln. Die Antwort → Israels auf das Handeln Gottes zeigt sich in den P. in einer Unmittelbarkeit, die sämtl. Bereiche des Lebens umgreift; die ganze → Schöpfung wird zum Lob Gottes aufgerufen (Ps 148), die Geschichte Israels stimmt in dieses Lob Gottes mit ein; anderseits ist es gerade dieser unerschütterl. → Glaube u. das → Vertrauen auf die „Gerechtigkeit“ → Jahwes, welches manches im Leben so sinnlos erscheinen läßt: Wie ist das Wohlergehen der Gottlosen zu deuten? Aus dieser Anfechtung heraus sind die Klagepsalmen entstanden (Klagelieder des Volkes u. individuelle Klagelieder); die ganze → Heilsgeschichte in ihren Fundamenten scheint problematisch geworden zu sein, die Grundfesten der Erde sind ins Wanken geraten (Ps 60,4 ff). Haben die Söhne die → Schuld der Väter zu tragen? (Ps 79,8) Wie im Buch → Ijob wird aber diese Schuld-Strafe-Verknüpfung zurückgewiesen; es wird nicht erklärt, wohl aber wird ein geheimes Wissen um die Auserwählung in dieser Anfechtung sichtbar (Ps 44). In den individuellen Klageliedern wird ebenfalls die ganze Breite menschl. Not vor → Jahwe aufgerollt: die Unterwelt ist in sein Leben eingedrungen, die Wasser der Todeswelt bedrängen den Beter (Ps 22,2: „Mein Gott, mein Gott, warum hast du mich verlassen?“). Aus der Tiefe all dieser Existenzängste steigt nun das „Aber Du, Herr“ des Glaubenden auf: „Aber du siehst es wohl, du schaust auf das Elend u. den Jammer ... ein Helfer bist du der Waise“ (Ps 10,14). Dieses Urvertrauen läßt schließlich das Klagelied oft in ein Danklied überwechseln. → Gattungsgeschichtlich stehen die meisten P. in engem Zusammenhang mit den versch. Liturgien, wobei die genauere Art dieses Zusammenhangs allerdings in vielen Fällen nicht eindeutig gesichert ist. Schr

Lit.: A. Arens, Die Psalmen im Gottesdienst des Alten Bundes (2. A. 1968); C. Westermann, Der Psalter (1967); E. Gerstenberger u. a., Psalmen in der Sprache unserer Zeit (1973).

Pseudepigraphen → Apokryphen

Psychagogik. Eine Form v. → Psychotherapie, welche verhaltensgestörte, neurot. o. psychot. Patienten durch päd. orientierte Methoden (→ Logotherapie, → Autogenes Training, Atmungsgymnastik, Musiktherapie u. ä.) zur → Ich-Findung u. zum Abbau v. Fehlhaltungen verhelfen will. Ko

Psychedelisch (griech. „psyché = Seele, „deleázo“ = verlocken, reizen) = die Sinne reizend in Richtung auf gesteigerte euphorische o. auch depressive Stimmung, Bewußtseinserweiterung, farbige, verführerische Vorstellungen, → Illusionen u. → Halluzinationen. P.e Effekte sind eine Wirkung der → Rauschdrogen. Ko

Psychische Defekte. Sammelbegriff f. psychische Erkrankungen. Zu den P. D.n gehören u. a. → Komplexe, → Neurosen, → Psychosen, → Hospitalismen u. Persönlichkeitsstörungen (z. B.: asoziales Verhalten, sexuelle Abwegigkeit, Sucht, usw.). Si

Psychische Kräfte u. Funktionen. Nach H. Rohracher unterscheidet man zwei Hauptgruppen psychischer Erscheinungen: p. K. (→ Triebe, Interessen, → Gefühle, → Willenserlebnisse) u. p. F. (Empfindungen, Wahrnehmung, Gedächtnis, begriffl. Denken). P. K. haben dynam. Charakter, sind ziel-setzend, schaffen Drangerlebnisse, die zur Lebenserhaltung notwendig sind u. können enormen Stärkegrad erreichen, so daß das gesamte p. Geschehen v. ihnen beherrscht wird. Die p.n F. sind zur Durchführung notwendig, stehen im Dienst der p.n K., stellen nur Organe, Betriebsmechanismen dar, treten nur dann auf, wenn sie v.

den p.n K.n o. v. Sinnesreizen aktiviert werden, wenn ihnen ein Ziel, eine Aufgabe gesetzt wird. Si

Psychoanalyse. Die Lehre Freuds (gest. 1939) über Ursachen u. Heilung seel. Störungen. Grundantrieb des menschl. Lebens sei die *Libido* (lat.: Verlangen; = vorwiegend sexuelle Energie, die auf Lustgewinn ausgerichtet ist). In Spätwerken kennt Freud als Gegenspieler der Libido auch einen „Todestrieb". Das Leben des Menschen werde determiniert durch Erlebnisse u. Erfahrungen im → Kleinkindalter (→ Phasen, tiefenpsychologische), welche später immer wiederholt werden. Unter dem Druck v. Umwelt u. → Erziehung verzichte das Kind auf Lustgewinn u. *verdränge* seine Wünsche ins *Unbewußte* (= *Es*). Das *Ich* werde in seinen Handlungen u. Entschlüssen bestimmt durch die treibende Kraft dieses *Es*, aber auch durch das → *Über-Ich*, welches ihm fordernd, ja feindlich gegenüberstehe. Für das Zustandekommen des *Über-Ich*, das oft mit dem → Gewissen gleichgesetzt wird, spiele v. a. die Vater-Kind-Beziehung eine Rolle (Übernahme der Forderungen in das eigene Innere): → Ödipus-, → Elektrakomplex. Typische Reaktionen bei Verdrängungen sind die → *Projektion* (= unbewußte Wünsche u. nicht verarbeitete Erfahrungen werden in Menschen u. Dinge (Spielzeug) hineinprojiziert) u. die *Sublimierung* (= Ersatzlust; Kultur, Religion u. a. werden v. Freud als Sublimierung gedeutet). Die in das Unbewußte verdrängten Wünsche u. Erlebnisse äußern sich nach Freud v. a. in bildhaft verschlüsselter Form in den Träumen. *Traumanalyse* ist die „Königsstraße" zum Unbewußten. F. die → Erziehung erschlossen wurde Freuds Lehre u. a. durch seine Tochter Anna Freud (Einführung in die Technik der Kinderanalyse 1927), durch August Aichhorn (Verwahrloste Jugend 1925) u. Hans Zulliger (Schwierige Kinder 1958; u. a.). Freuds Lehre ist gekennzeichnet durch Naturalismus, Determinismus, Überbewertung v. Einzelerlebnissen u. Luststreben, durch Verallgemeinerung v. Teilerkenntnissen u. Teilwahrheiten. Die bleibende Bedeutung Freuds liegt in der Entdeckung des Unbewußten, das heute allerdings nicht nur psychoanalytisch gedeutet wird: → Individualpsychologie → Analytische Psychologie → Existenzanalyse Ko

Lit.: W. Schraml, Einführung in die Tiefenpsychologie (1968); W. K. Höchstetter, Die psychoanalytischen Grundlagen der Erziehung (2. Aufl. 1972); G. Brunnert, Glaubenserfahrung u. Psychotherapie (1973); H. Zulliger, Bausteine zur Kinderpsychotherapie u. Kindertiefenpsychologie (2. A. 1966).

Psychogenetisches Grundgesetz. V. St. Hall (1904) in Analogie zum → „biogenet. Grundgesetz" aufgestellte Behauptung, die psychische Entwicklung des Individuums sei eine Wiederholung der Stammesentwicklung. Das p. G. wurde nie verifiziert u. blieb trotz gelegentl. Verwendung in der Kinderpsychologie eine einfache Arbeitshypothese. Ko

Psychogramm. Ein P. besteht in der Untersuchung u. schriftl. bzw. graph. Darstellung der individuellen Eigenart eines Menschen. Die → Psychostruktur wird nach möglichst vielen Merkmalen untersucht. Diese werden in Beziehung gesetzt zu den Minimalwerten, Maximalwerten o. Durchschnittswerten, welche man durch Untersuchung einer großen Zahl möglichst gleichartiger Versuchspersonen (Altersgleichheit, soziale Gleichheit usw.) gewonnen hat. Das P. dient der Erfassung der Individualität. Das → Entwicklungsprofil ist eine Form des P.s. Si

Psychopathologie. Wissenschaft v. den krankhaften psychischen Prozessen u. Gegebenheiten. → Psychose → Neurose Ko

Psychopharmaka. Natürl. o. synthet. chem. Stoffe, die v. a. durch Wirkung auf das Zentralnervensystem eine meist vorübergehende Veränderung des Verhaltens u. Erlebens hervorrufen. Ihre Verwendung als Heilmittel ist legitim. Die Verwendung in der psych. Forschung hat auf Personwürde u. Zustimmung der Versuchsperson zu achten. Als Genußmittel (→ Rauschdrogen) sind P. moral. u. päd. bedenklich. Ko

Psychose(n). Geistige Erkrankung, f. die keinerlei organ. Grundlage o. Strukturveränderung des Gehirns nachweisbar ist; führt zum Zerfall der Persönlichkeit, zur Verzerrung des gesamten Denkablaufes, zum Realitätsverlust, zu schweren motor. Störungen u. zur Unfähigkeit zu best. Verhaltensweisen. Die Ursache f. P. wird v. der modernen Psychiatrie — neben einem Erbfaktor — in den die Persönlichkeitsentwicklung beeinflussenden psych. u. gesellschaftl. Faktoren gesehen. Daher ist f. die Diagnose u. Therapie die Beachtung der Persönlichkeitsstruktur u. ihrer Entwicklung v. großer Bedeutung. Die Einteilung der P. wird unterschiedlich getroffen. Nach der geläufigen diagnost. Einteilung werden drei Hauptgruppen unterschieden: 1. Die *schizophrene Reaktion* (Spaltungsirresein o. → Dementia praecox); gekennzeichnet durch Abkehr v. der Außenwelt, qualitative Veränderung des Erlebnisablaufes, Zerfall der Persönlichkeit, Verlust der Unterscheidungsfähigkeit zwischen Wirklichem u. Unwirklichem, Außenprojektion eigener Gelüste u. → Aggressionen, Abkehr v. den Mitmenschen u. Zurückziehen auf das eigene Ich. — 2. Die *affektive Reaktion* (sog. Manisch-Depressives Kranksein); gekennzeichnet durch Beharrungstendenz auf einer best. Stimmungslage, Kipp-Phänomen: abrupter Wechsel zw. konträren Stimmungslagen, Selbstzerstörung (beim Depressiven in körperl. Hinsicht, beim Maniker in sozialer Hinsicht). — 3. Die *paranoide Reaktion* (Verfolgungswahn); gekennzeichnet durch andauernde Wahnvorstellungen. Wird nach H. Hoff dem schizophrenen Formenkreis zugerechnet. — Involutionspsychosen („Wechselpsychosen") werden heute gesondert klassifiziert, v. einigen aber als Sonderform der affektiven Reaktion angesehen. Si

Psychostruktur des Lernsystems. Ausdruck der → kybernetischen Pädagogik f. alle Anlagen, Fähigkeiten, Interessen usw., die der Schüler f. einen Lernprozeß mitbringt. Ko

Psychotherapie. Griech.: Heilbehandlung der Seele. Psych. Methoden u. Schulen (→ Tiefenpsychologie), die der Heilung v. → Neurosen, Psychopathien u. → Psychosen dienen. → Psychoanalyse Ko

Lit.: C. G. Jung, Die Beziehungen der Psychotherapie zur Seelsorge (7. Auflage, 1966); D. Stollberg, Therapeutische Seelsorge (1969); K. H. Wrage und P. Petersens, Seelsorger und Therapie (1972); V. E. Frankl, Psychotherapie für den Laien, (1. u. 2. Aufl. 1971); H. J. Clinebell, Modelle beratender Seelsorge (1972); G. Brunnert, Glaubenserfahrung u. Psychotherapie (1973).

Psychotomimetischer Effekt. Durch → Rauschdrogen hervorgerufener Zustand, der einer Geisteskrankheit (→ Psychose) ähnelt. Ko

PTI = *P*ädagogisch-*t*heologisches *I*nstitut Kassel der ev. Kirche v. Kurhessen-Waldeck. Ab 1969 in Zusammenarbeit mit der ev. rel.-päd. Arbeitsstelle Bremen ein Zentrum der streng an → Lernzielen orientierten rel. päd. → Projektforschung. Ko

Lit.: Ztschr. ‚Informationen zum RU' (ab 1969); Reihe: ‚Religion heute', Schroedel — Benziger (ab 1971).

Pubertät. Psychischer Strukturwandel, der im frühen → Jugendalter parallel zum → Zweiten Gestaltwandel stattfindet. Der Eintritt in die P. äußert sich durch einen Verfall des Spielverhaltens (→ Spiele; jetzt werden Orakel-, Pfänder- u. Kokettierspiele bevorzugt) u. durch das Auftreten trotziger Verhaltensweisen (→ Trotzalter). Entspr. den Phasen körperl. → Entwicklung unterscheidet man drei Phasen psychischer Entwicklung: die Frühp., die Hochp. u. eine Periode relativer Beruhigung. 1. Die *Frühp.* (Vorp.) ist bes. bei Mädchen prägnant. Übertriebene Ausgelassenheit, Bewegungs- u. Rededrang, Abenteuerlust, Aufschneidertum, Hang zu Äußerlichkeiten, primitive Koketterie, Cliquenbildung v. kurzer Dauer, Modehörigkeit, Selbstbehauptungstendenzen u. Versuche, sich v. der Mutter zu lösen, sind f. die Mädchen dieser Phase charakteristisch. Sie haben noch ein gutes → Gedächtnis u. lernen gerne auswendig. Die Buben hingegen haben geringen Fleiß, sind Werkertypen, besitzen Perfektionsstreben u. lieben Warum-, Urheber- u. Superlativfragen. Bes. ausgeprägt ist bei ihnen der Bewegungsdrang u. die Ablehnung des Elternschutzes. — 2. Die *Hochp.* (negative Phase); zugleich auch die Zeit großer körperl. Veränderungen u. disharmon. Gestalt. Gekennzeichnet durch gesteigertes Unabhängigkeitsstreben, Auflehnung gegenüber jeder → Autorität (→ Trotzalter), Wunsch der Familienferne, Ablehnung der bisherigen persönl. Bindungen, Hang zu negativer → Gesellschaft, gehässige Kritik, Verlust der Aktivität u. Außenzuwendung, Lernunlust, Interesselosigkeit u. ein starker Wechsel zw. → Gefühlen der Verlassenheit bzw. Minderwertigkeit u. maßloser Selbstüberschätzung. Der Bruch mit der mitmenschl. Welt u. die Ablehnung der dingl. Umwelt sind Ausdruck der starken Innenzuwendung. Die Innerlichkeit wird zum Betrachtungsgegenstand, sie wird als Realität erlebt, die man in den Griff bekommen muß. Der Jugendliche macht Fortschritte in der Selbstfindung u. Selbsteinschätzung. Er erkennt, daß er vor sich selbst Verantwortung tragen muß u. wird fähig zur Selbsterziehung. Hinweise f. den Erzieher: der Jugendliche dieser Phase ist innerlich sehr unsicher u. gefährdet; er braucht Schonung, viel Verständnis (man muß wegschauen können), großes Einfühlungsvermögen u. oft Ermutigung. Vorsicht bei Kritik; die große Empfindlichkeit führt leicht zu entscheidenden Enttäuschungen. — 3. In der *Periode der relativen Beruhigung* kommt es zu einem Abklingen der negativen Erscheinungen u. zu einer Stabilisierung des Neuen. Die Fähigkeit, die eigene Innerlichkeit u. die der Mitmenschen zu beobachten, ist nun gegeben. Die → Phantasie ist stark entwickelt. Es besteht ein großes Lesebedürfnis (Gefahr v. Schmutz u. Schund, da der Geschmack noch etwas vergröbert ist). Auf diese Beruhigung im Entwicklungsgeschehen folgt bei einem Teil der Jugendlichen eine neuerliche Krise, die die → Adoleszenz einleitet. → Jugendalter Si

Pyknisch → Typenlehre

ABBILDUNG 17: **Optische Projektionsarten**
(Skizze von P. Anzenberger)

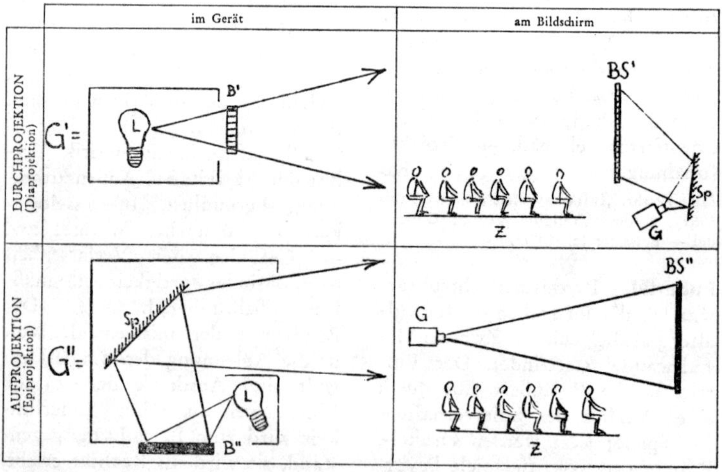

Zeichenerklärung:

G = Gerät (G' oder G'')
G' = Diaprojektor (z. B. Filmprojektor, Diapositivproj., Overheadproj.)
G'' = Epiprojektor (z. B. Episkop)
L = Lichtquelle
Sp = Spiegel
B' = durchsichtiges Bild (z. B. Film, (Klein)diapositiv, Overheadfolie)
B'' = undurchsichtiges Bild (z .B. Seite eines Buches, Foto, Landkarte)
BS' = durchscheinender Bildschirm (z. B. Mattscheibe, Leinwand)
BS'' = undurchsichtiger Bildschirm (z. B. aufgemalt u. v. a.)
Z = Zuschauer

Qualifikation. 1. Ausdruck f. → Notengebung u. deren Ergebnis sowie f. die Beurteilung der Lehrer durch die zuständige Behörde (Österreich: Q.skommissionen). — 2. Lehrbefähigung f. ein best. Fach. — 3. In der Curriculumtheorie Bezeichnung f. *materiale* (Kenntnisse, Wissen, → Informationen) u. *funktionale* (Fähigkeiten, Fertigkeiten) *Verhaltensweisen*, die zur Bewältigung gw. u. künftiger Lebenssituationen u. dadurch f. die Gewinnung v. → Lernzielen v. Bedeutung sind. Gelegentl. gleichsinnig mit Lernziel gebraucht. Ko

Quam singulari. Dekret Pius' X. über die Frühkommunion (rechtzeitige Erstkommunion) v. 8. August 1910. Ko

Lit.: Quam singulari. Mit Kommentar von Dominikus Kardinal Jorio (4. A. 1953); Deutscher Katechetenverein, Eucharistie und Katechese (3. A. 1958); A. Exeler, Rechtzeitige Erstkommunion u. Pfarrseelsorge (1963).

Querverbindungen → Konzentration

Quiz im RU. Q. wurde v. M. Haller u. a. in der trad. kat. Methode zur Wiederholung, Vertiefung u. Sicherung des Unterrichtsertrags eingesetzt. Die Q.form ist heute auch ein Element in → Lernprogrammen f. den RU. → Crowder-System Ko

Lit.: M. Römer/M. Haller, Wer, was, wo u. wann? (Pfeiffer Werkbuch Nr. 1); M. Römer/M. Haller, Kennst du sie? (Pfeiffer Werkbuch Nr. 4).

Qumran. Die zufällige Entdeckung v. Handschriften in einer Höhle nahe der Nordwestspitze des Toten Meeres führte zu einer ungeheuren Serie v. Funden alter, unbekannter Fragmente, die manchen Aufschluß über die ntl. Zeit geben. Die Leute v. Q. lebten äußerst asketisch, sonderten sich v. offiziellen kult. Leben scharf ab, um → Gott in ihrer → Gemeinschaft zu suchen; sie betrachteten sich als das → Israel der Endzeit. Ihr eth. Ziel war es, jene Heiligkeit u. Gerechtigkeit zu erreichen, die → Jahwe forderte. — Die erste Besiedlung v. Q. geschah um 100 v. Chr.; wahrscheinlich war es eine Priestergruppe aus Jerusalem, die aus Protest gegen die dortige Religionspolitik wegzog. 68 n. Chr. wurden die Gebäude zerstört; in dieser Zeit dürften die meisten Handschriften versteckt worden sein. Die große Bedeutung der Funde liegt einmal darin, daß manche Handschriften atl. Texte nun in der mit Abstand ältesten Form vorliegen; überraschend f. die Forschung war dabei die große Übereinstimmung mit dem um ca. 1000 Jahre späteren Text der → Massoreten. Zum zweiten gewann man wichtige Aufschlüsse über rel. Zeitströmungen. Die wichtigsten theol. Lehren der Q.gemeinde sind: 1. Diese Welt wird bald vergehen; → Gott wird dann mit dem „Heiligen Rest" einen Neuen → Bund schließen. 2. Diese Welt ist beherrscht v. zwei Mächten: dem Fürsten des Lichts u. dem Engel der Finsternis. 3. Das Kommen des Gottesreiches wird durch den Eifer der „Kinder des Lichts" beschleunigt. 4. In der → Taufe wird den Mitgliedern der Gemeinde eine Kenntnis der göttl. Geheimnisse mitgeteilt. → Essener Schr

Rätsel, kat. Denk- u. Ratespiele, die als lustvolle, aktivierende (Wetteifer, Lösungsehrgeiz) Tätigkeit zur Festigung u. Vertiefung kognitiver Lernziele dienen wollen. → Aenigma-Unterricht Ko

Lit.: G. Predota, Biblische Rätsel zu Glaubensbuch 5 u. 6 (1971 f.); L. Wolfen, Bibl. Fragespiel (1971), ab 4. Schst.; K. Franken, Bibelrätsel (1971), ab 3. Schst.

Rahmenplan. Verbindliche Richtlinien f. die Glaubensunterweisung, welche über die knappen trad. → Lehrpläne hinausgehen u. eine Ausrichtung der → Katechese auf die Gesamtpastoral des Kindes anstreben. Lehrstoff, Gottesdienst u. christl. Leben (Einübung) stehen gleichrangig nebeneinander. Die Reihenfolge bibl. Stoffe u. die Systematik früherer → Katechismen wird ersetzt durch Themenblöcke, die unter kerygmat. → Gesichtspunkten bestimmt werden. Bibel u. Katechismus sind innig ineinander verwoben. Trotz Einbeziehung v. detaillierten Stoffvorschlägen wird die Möglichkeit zur Anpassung u. Modifikation (= „Rahmen") an je gegebene Situationen, Bedürfnisse u. Voraussetzungen als integrierender Bestandteil der R.e angesehen. — Typen: 1. *Deutscher R. f. die Glaubensunterweisung, hg. durch den → DKV (1967):* versucht, theol. u. anthropol. Erkenntnisse der Nachkonzilszeit kat. aufzubereiten, ist aber noch stark der → materialkerygmat. Phase verhaftet. Zur Zeit seines Erscheinens ein echter Fortschritt, heute z. T. überholt durch die → Curriculumforschung u. die geänderte Situation. Interpretation: Kat. Beihefte zum R., hg. v. DKV (1968 f.); Reihe: Praxis der Glaubensunterweisung in der Volksschule, Donauwörth 1968 ff.; Reihe: Praxis der Glaubensunterweisung in der Hauptschule, München 1970 ff. — 2. *Österr. Rahmenplan f. den RU., hg. v. Rel. päd. Inst. Graz u. Kat. Inst. Wien (1969):* Im Gegensatz zu 1. berücksichtigt er die österr. Verhältnisse u. ist stark beeinflußt durch entwicklungspsych. u. exeget. Erkenntnisse der ersten Nachkonzilsjahre. Z. Zt. offizieller Lehrplan in Ö. Interpretation: H. Fink/E. J. Korherr, Neue Schwerpunkte der Katechese (1970); A. Höfer, Der neue RU (1972). — 3. *P. Zitta, Schulversuchs-Rahmenplan 1.—4. Schulstufe (Zittaplan) hg. Kat. Inst. Wien (1969):* Baut auf dem auch 2. zugrundeliegenden Lehrstoff auf, versucht aber eine andere Art der Durchführung, indem er die konkrete Situation des Schülers als Glied einer → Gemeinde zum führenden Prinzip macht u. nicht so stark bibl. akzentuiert ist wie 2. Der Eigeninitiative des Lehrers wird breitester Raum gelassen. Interpretation: im Vorwort. — 4. *P. Jansen, Lehrplan „Erfahrung u. Glaube", hg. DKV (1970):* Durch eine breit angelegte Vorfeldarbeit wird das Leben des Kindes anders als bei 1. bis 3. zum Inhalt des RU. Die Berücksichtigung der Lernzielforschung schlägt eine erste Brücke v. den trad. R.n zum schul. Curriculum. Interpretation: P. Jansen, Erfahrung u. Glaube, Handreichung zu einem Lehrplan f. den RU in der Grundschule (1971). — 5. *R. f. den kath. RU an Gymnasien der BRD, hg. v. Schulkommissariat Bayern (1969).* — 6. *Div. R.e f. Sonderschulen, hg. v. DKV (1967 ff.).* → Lehrplan Ko

Ranschsburgsche Hemmung → Gedächtnishemmungen

TABELLE 6: **Rauschdrogen**

Gruppe	Wirkung	Name	Ausgangs-produkt	Synonyme — Slang
I. *Halluzinogene*	Übersteigerung der Wahrnehmungen; verändertes Zeit- u. oft auch Raumgefühl; absurde Gedankengänge → Halluzinationen; → Psychedelische Effekte; → Psychotomimetische Wirkungen Veränderung der Affektivität; → Perseverationen; psych. Abhängigkeit.	1. *Haschisch*	Harz des Indischen Hanfes	Pot, Stoff, Kif, Shit, Zeug, Hasch u. a.
		2. *Marihuana*	Kraut u. Blätter des Ind. Hanfes	Gras, Tea, Pot, Heu, Mary Jane u. a.
		3. *LSD* (Lysergsäurediäthylamid 25)	Mutterkorn	Acid, Big D, Fahrkarte (= LSD auf Löschpapier)
		4. *Mescalin*	mexikan Peyotlkaktus	Peyotl
		5. *Psilocybin*	mexikan. Pilze, v. a. aber Windenart	Ololiuqui Teonanacati
II. *Weckamine*	Stark stimulierende (= anregende) Wirkung auf das Zentralnervensystem. Heilmittel gegen vorzeitige Ermüdung u. Leistungsabfall. Kraft- u. Glücksgefühl, Anregung der Phantasie. Bei Mißbrauch: oft → psychotomimetische Effekte; Vergiftungserscheinungen, → Halluzinationen, Rauschzustände, psych. Abhängigkeit.	1. *Preludin*	Chemisch-synthetische Präparate	Prelus
		2. *Pervitin*		Speed
		3. *Amphetamine* (Benzedrin u. a.)		Sweets, Christmas u. a.
		4. *AN 1*		
		5. *DOM*		STP (= scientific treated petroleum)
		6. *Kokain*		1—5 allgemein: ups, bambinos, Go-pills, Co-pilots, Pepper-uppers u. a.

Gruppe	Wirkung	Name	Ausgangsprodukt	Synonyme — Slang
III. *Tranquilizer*	Medikamente gegen Angst- u. Spannungszustände, Schlaflosigkeit, etc. — Glücksgefühle. Bei Überdosis v. 1. euphor. Zustände; bei 1. u. 2. psychische u. physische Abhängigkeit.	1. *Beruhigungsmittel* (Librium, Valium etc.)	Chemisch-synthetische Präparate	Coctail explosiv (= 1. mit Alkohol vermengt)
		2. *Barbiturate* (Luminal etc.)		Candy
IV. *„Schnüffelstoffe"*	Übersteigertes Glücksgefühl (Euphorie), → Halluzinationen, verzerrte Wahrnehmungen, Bewußtlosigkeit. Oft auch → Aggressionen u. unkontrollierte Handlungen (Fenstersturz). Psychische Abhängigkeit.	Diverse Lösungsmittel	Nagellackentferner, Klebstoffe, Benzin, Haarfestiger, Aceton	Sniffings
V. *Opiate*	Schmerzlinderung, Glücksgefühl, Rausch- u. Traumerlebnisse. Schwerste physische u. psychische Folgen: körperl. u. geist. Verfall, Intelligenz- u. Charakterdefekte.	1. *Opium*	Schlafmohn 600 Arten	O, Junk, Berliner Tinktur, Brown stuff (= Rohopium)
		2. *Morphium* (Morphin)		Junk, M,
		3. *Heroin* (Ester des Morphin) Schwerstes Rauschgift!		Snow, H, Horse, Harry, Stuff, Scag, Tink, Schnee u. a.

Ko

Rauschgift. Drogen (D) mit beruhigender, anregender (stimulierender) o. betäubender Wirkung, die Zustände künstl. Wohlbefindens o. Rausch hervorrufen (→ Tab. 6, Sp. 785 ff.). Trotz einschlägiger gesetzl. Bestimmungen sind in allen westl. Staaten zunehmend R.delikte zu verzeichnen. F. Erzieher u. Jugendliche ist eine Information über alle R.probleme unabdingbar. Zu unterscheiden ist v. einmaligem o. gelegentlichem *D.-genuß* der *D.mißbrauch* (exzeßhafter Gebrauch in einem Ausmaß, das Gesundheit o. soziale Anpassung beeinträchtigt) u. die *D.sucht* (= zur Gewohnheit gewordener Mißbrauch, der Persönlichkeitsabbau nach sich zieht: körperl. bzw. psychische Abhängigkeit, Gewöhnung des Organismus, Entzugssymptome bei Einstellung). *Ursachen* aller Formen des D.genusses sind: Neugierde, Uniformierungsdrang, Protesthaltung, Verführung, soziale Vereinsamung, → Neurosen, Minderwertigkeitskomplexe, Autoritätskrisen, Erziehungsfehler, Schulversagen, mangelnde Sinnerfüllung des Lebens u. a. — *Vorbeugung u. Heilung:* neben verbaler Belehrung v. a. personale Führung (Kontaktperson), soziale Integration u. Zusammenwirken v. päd. u. ärztl. Maßnahmen. Vgl. die „realize" (= Befreiungs)-Zentren (Patienten u. Therapeuten bilden ein Kollektiv) u. die „Teestuben" der → Jesuswegung. Heilungschancen sind v. a. beim Mißbrauch v. Opiaten sehr gering. Hinsichtlich der diskutierten Forderung, „weiche Drogen" (keine Abhängigkeit, keine psychotische Wirkung) als legitime Mittel einer Bewußtseinserweiterung freizugeben, ist zu beachten, daß selbst bei Haschisch, das nicht als Suchtgift zählt u. nicht mit den Opiaten auf eine Stufe gestellt werden kann, der wiss. Nachweis der Unbedenklichkeit noch nicht erbracht ist, daß Drogen nicht der Selbstfindung u. Selbstverwirklichung, sondern der Selbsttäuschung dienen u. die Gefahr des „Umsteigens" (= Eskalation) auf „harte Drogen" gegeben ist. → Psychedelisch, → Psychopharmaka. *Beratungsstellen:* *Deutschland:* Deutsche Hauptstelle gegen Suchtgefahren, D-47 Hamm, Bahnhofstr. 2; Bundeszentrale f. gesundheitl. Aufklärung, D-5 Köln 91, Ostmerheimerstr. 200; Familienbildungswerk D-6 Frankfurt, Eschenheimer Anlage 21. *Österreich:* Psychiatr.-neurolog. Universitätsklinik, A-1090 Wien, Spitalgasse 23. *Schweiz:* Psychiatr. Universitätsklinik Ch-4056 Basel, Wilhelm Kleingasse 27. Ko

Lit.: Dietrich Busch, Handbuch der Drogenerziehung (1972); K. H. Walter, Der chemische Traum (1972); Oskar Peter Spandl, Rauschdrogenmißbrauch durch Jugendliche (1971); Deutsches Jugendinstitut München: Dokumentation d. Bibliographie „Jugend und Rauschdrogen" (1972); M. Josuttis/H. Leuner, Religion u. die Droge (1972); R. Ruthe, Flucht in die Sucht (1972).

Rechtfertigung. R. ist ein im alltägl. Sprachgebrauch, aber ebenso in der theol. Fachsprache verwendeter Begriff. Der theol. Fachausdruck ist durch die vielfachen Auseinandersetzungen im Laufe der Geschichte äußerst komplex. Eine entspr. Information über dieses umfassende u. schwierige Thema vermögen nur die einschlägigen großen Fachlexika zu vermitteln. „R. heißt nach kath. Lehre jenes Geschehen, in dem → Gott durch die freie Tat der → Liebe den Menschen in jenes Verhältnis zu sich bringt, das er als der heilige → Gott v. Menschen fordert u. als Gott der schenkenden → Gnade ihm zu geben bereit ist" (Rahner-Vorgrimler, Kleines Theol. Wörterbuch, Freiburg [8]1971, S. 309). Es wird nicht möglich u. nicht nötig sein, den Schüler durch die rel. Unterweisung in alle Einzelheiten dieser Lehre einzuführen, aber es muß ein Weg gesucht werden, ihn für das grundsätzl. Verständnis des Inhaltes dieser → Wahrheit vorzubereiten. Das Kind erlebt sein eigenes Versagen u. sucht R. bei den Eltern, Lehrern u. anderen Vorgesetzten. Es sucht sich zu befreien vom Vorwurf der Beschuldigung (durch andere u. durch sich selbst). Als Wege dazu bieten sich die Entschuldigung u. die Bereitschaft zur Gutmachung des angestifteten → Bösen an. Das Erlebnis der Grenzen dieser Möglichkeit zeigt dem Kind u. dem Heranwachsenden die dringende Notwendigkeit, Verzeihung zu erlangen u. lehrt erlebnishaft die Bereitschaft, Verzeihung zu schenken. Derartige Erlebnisse können, wenn sie dem Schüler bewußt gemacht werden, Vorbereitung dazu sein, dem Inhalt des schwierigen theol. Begriffes der R. näher zu kommen. Han

Redaktionsgeschichte. R. ist der aus der → Formgeschichte herausgewachsene jüngste Zweig der Bibelwiss. Ihr Interesse gilt der Endredaktion bzw. der Abfolge versch. Redaktionen an ein u. derselben Schrift. Die R. hat es also nicht mehr mit den mündl. Überlieferungen u. einzelnen Bauelementen zu tun, sondern mit dem schriftl. Text, den sie interpretiert. Deshalb sind ihre Ergebnisse auch gewöhnlich sicherer, da sie kaum auf Rekonstruktionen u. bloß erschlossene Vorstufen (z. B. die „Quelle Q", vgl. → synopt. Frage) angewiesen ist. Die R. ist in bes. Maße auf die Hilfe der → Literarkritik angewiesen, ihre Arbeit mündet meist direkt in die konkrete Auslegung der vorliegenden Endgestalt. → Exegese Hi

Redundanz. Begriff aus der Informationstheorie, der Weitschweifigkeit u. einen großen Aufwand an Überflüssigem meint. Die R. dient der Sicherheit gegenüber Mißverstehen u. Übertragungsfehlern u. steht im Gegensatz zum Informationsgehalt. Bei Komprimierung eines Textes steigt dessen Informationsgehalt, seine R. wird geringer. Si

Reflexe. V. lat. reflexo = ich wende zurück. Unwillkürlich ablaufende, durch Sinnesreize u. Zentralorgane hervorgerufene Reaktionen (z. B. Pupillenverengung bei Lichteinfall). *Unbedingte R.e* sind f. die Erhaltung des Lebens notwendige u. angeborene Schutzfunktionen. Unter *bedingten R.en* versteht man die v. Russen J. P. Pawlow u. a. untersuchten erworbenen R., die nicht durch „natürl." Reize (z. B.: Speichelabsonderung bei einem Hund, der Nahrung sieht u. riecht), sondern durch angelernte Reize (z. B. Speichelabsonderung bei einem Hund durch Glockenzeichen, das zunächst in Verbindung mit Futter, dann aber ohne Futter gegeben wird) ausgelöst werden. In der Pädagogik des dialektischen Materialismus (UdSSR), im amerik. → Behaviorismus (engl. behavior = das Benehmen, das Verhalten; Behaviorismus = wissenschaftl.-empir. Verhaltensbeobachtung u. Auswertung), u. in vielen → Lerntheorien nimmt die Lehre v. der Schaffung bedingter R. eine zentrale Stellung ein. Lernen wird hier primär o. ausschließlich als Erzeugung, Tilgung o. Variation v. R.n interpretiert. Grundsätzlich wird dabei nur ein gradueller, nicht aber ein Wesensunterschied zw. tierischem u. menschl. Lernen gemacht. → Lerntheorie → Kybernetische Pädagogik → Konditionieren Ko

Regelkreis. Grundlegender Begriff der → kybernetischen Pädagogik, R.e bestehen darin, daß ein steuerndes System (Regler) durch einen ständigen Fluß v. → „Information" mit einem ausführenden System zu einem „Kreislauf" verbunden ist. Beispiel: In einem Heizgerät wird die gewünschte Temperaturhöhe (= *Soll-Wert)* eingestellt. Die tatsächliche Zimmertemperatur (*Ist-Wert*) wird als → „Information" dem steuernden System (Thermostat, Regler) „gemeldet". Dieses „reguliert" durch Verstärkung o. Drosselung der Luftzufuhr o. Einschalten der elektr. Heizung (Rückmeldung!) das ausführende System (Heizung) solange, bis der Istwert dem Sollwert angeglichen ist. Es gibt verschiedene, z. T. recht komplizierte Modelle v. R.systemen aus dem Bereich der Technik u. der Physiologie (Blutzuckerspiegel, Pulsfreqenzregelung usw.). Das Modell des R.s wird aber auch zum Verständnis psychischer (→ Gewissen) u. geistiger (Lernen) Bereiche herangezogen: → Kybernetische Pädagogik, Lernelement, → Programmierter Unterricht, → Unterrichtstechnologie. Nicht immer wird beachtet, daß es sich dabei oft aber nur um → Analogien handelt. Ko

Regelsittlichkeit. Jene Stufe der → moralischen Entwicklung, in der die Kinder ihr moral. Verhalten an v. der Umwelt übernommenen Regeln orientieren. Oft gleichsinnig mit sachl. Heteronomie gebraucht. → Autonomie-Heteronomie. **Ko**

Regression. Ein Sich-Zurückziehen auf Motive u. Verhaltensweisen aus früheren Entwicklungsstufen. V. der → Psychonanalyse als → Abwehrmechanismus gedeutet. R. kann bei extremer Belastung, bei Krankheit, starker Ermüdung, unter Druck eintreten. **Ko**

Rehabilitation. 1. *Rechtl.:* Wiederherstellung der durch Unrecht geschädigten Ehre. — 2. *Heilpäd:* Behebung o. Minderung einer körperl., psychischen, geistigen o. sozialen Behinderung. Wiedereingliederung v. Behinderten in die → Gesellschaft. R. ist eine Aufgabe der nachgehenden → Fürsorge. F. schwere Fälle wurden in den letzten Jahren eigene R.szentren gegründet. **Ko**

Reich Gottes. In der heutigen → Theologie herrscht darin Übereinstimmung, daß die Botschaft v. R. G. zum wesentl. Inhalt des → Kerygmas → Jesu gehört. Das Mt.-Evangelium verwendet statt des Ausdruckes R. G. immer „Reich der Himmel" (Himmel als Umschreibung des Namens → Gottes gemäß frommen jüd. Brauches). Der Begriff R. G. ist im → A. T. u in der jüd. → Apokalyptik vorbereitet u. wird durch → Jesus übernommen u. weitergeführt. R. G. bedeutet die (Königs-)Herrschaft → Gottes über die gesamte → Schöpfung. „Insofern die Geschichte noch andauert, ist die Durchsetzung dieses Willens (Gottes) noch im Werden, das R. G. also noch ‚im Kommen' (Mt 6,10).

Insofern der freie Vollzug des Willens Gottes durch die Kreatur → Gnade Gottes u. Tat der Kreatur ist, ist das R. G. reine Gabe Gottes, die er schenkt u. durch seine Macht verwirklicht u. die somit v. ihm erbeten werden muß, u. Aufgabe, die dem Menschen aufgetragen u. abverlangt wird" (K. Rahner — H. Vorgrimler, Kleines Theol. Wörterbuch, Freiburg [8]1971, S. 310). Im A. T. wurde diese Herrschaft Gottes verheißen, in Jesus Christus ist dieses R. angebrochen u. in seiner Wiederkunft wird es vollendet. Damit ist schon ausgesprochen, daß es sich um ein R. in der Gegenwart u. um ein R. in der Zukunft handeln kann, u. dies bedingt eine gewisse Spannung, wie sie in den ntl. Schriften u. in der kirchl. Lehrverkündigung erkennbar ist. Diese Polarität v. Gegenwart u. Zukunft verlangt v. Gläubigen einerseits die existentielle Entscheidung f. das R. G. im Jetzt u. andererseits die Wachsamkeit u. stete Bereitschaft f. das R. G. in der Zukunft.

Jesus verleiht durch seine → Verkündigung dem R. G. charakterist. Merkmale: Es handelt sich dabei nicht um eine polit.-nationale, sondern um eine universale Größe (vgl. Lk 13, 23 f.). Wenn Jesus v. R. G. spricht, so schildert er nicht das Gericht, sondern das kommende Heil. Unter Gericht wird zwar schon im A. T. nicht die Vernichtung verstanden, sondern die Ausrichtung auf das Heil, Jesus aber betont darüber hinaus, daß Gott immer f. die Menschen da ist, die ihn brauchen. Jesus lehnt es ab, das R. G. näher zu beschreiben u. gegenständl. darzustellen (vgl. Lk 17, 20). Über die „Naherwartung" des R.s G. durch Jesus ist viel gesprochen u. geschrieben worden. Klare u. eindeutige Forschungsergebnisse darüber liegen bis heute nicht vor. Es kann jedoch bei der entspr. Berücksichtigung des ntl. Befundes darauf verwiesen werden, daß Jesus sich v. Zeitangaben bzgl. des R.s auch distanziert (vgl. Mk 13, 32). Viell. sollte Jesu Sprechen v. der „Naherwartung" ein Anruf an die Menschen sein, sich eher zur notwendigen Umkehr zu entschließen. Rel. päd. gesehen, müßte v. a. aufgrund der bibl. Aussagen darauf geachtet werden, daß das R. G. nicht mit Himmel o. → Kirche identifiziert werden darf. R. G. war in bibl. Zeiten ein allgem. verständl. Begriff. Da dies f. die Gegenwart kaum zutrifft, muß der Rel.lehrer sich bemühen, ein allmählich wachsendes Verständnis f. das R. G. zu schaffen. Dies wird ihm am ehesten gelingen, wenn er aus der Vielfalt der bibl. Darstellungen jene bes. Aspekte herausgreift, die dem gw. Verständnis eher zugänglich sind, um dann zu einem umfassenderen Verständnis hinzuführen. Das R. G. als universale Größe kann wohl Impuls sein f. eine Erziehung zu weltweitem Denken u. echter Toleranz. Ebenso dürfte es möglich sein, dem Menschen v. heute verständlich zu machen, daß jede Mitarbeit an der Vollendung der Schöpfung auch der Herbeiführung des R.s G. dient. Han

Reimgebete → Gebetserziehung

Reinforcement. Bestärkung u. Festigung eines Lernergebnisses bzw. Verhaltens durch Rückmeldung (→ Rückkoppelung, feedback) des Erfolges. → Erfolgsgesetz → Programmierter Unterricht Ko

TABELLE 7: **Reihenpublikationen.** Kat. u. Rel. päd. R. (ab 1945)

lfd. Nr.	Titel:	Herausgeber und Verlag	1. Erscheinungsjahr
1	Untersuchungen zur Theologie der Seelsorge	F. X. Arnold Herder, Freiburg	1948
2	(Paderborner) Schriften zur Katechetik u. Pädagogik	Th. Kampmann u. R. Padberg, Schöningh, Paderborn	1948
3	Veröffentlichungen des Erzbischöfl. Amtes f. Unterricht u. Erziehung u. des Kat. Institutes Wien	Tyrolia, Innsbruck	1953
4	Pfeiffer-Werkbücher f. die Jugendarbeit	M. Haller bzw. O. Betz Pfeiffer, München	1955
5	Schriften zur kat. Unterweisung	Patmos, Düsseldorf	1956
6	Klärung u. Wegweisung	K. Tilmann Echter, Würzburg	1958
7	Kat. Studien	Patmos, Düsseldorf	1959
8	Rel. päd. Grundrisse	Patmos, Düsseldorf	1960
9	Schriften zur Katechetik	J. Goldbrunner u. P. Neuenzeit Kösel, München	1961
10	Botschaft u. Lehre (Veröffentlichungen d. Kat. Institutes d. Univ. Graz)	G. Hansemann Styria, Graz	1963
11	Aktuelle Schriften zur Religionspädagogik	Herder, Freiburg	1963
12	Der Anstoß (Unterrichtsblätter für den RU u. für Gesprächsgruppen)	Burckhardthaus-Verlag GmbH, Gelnhausen—Berlin-Dahlen	1964
13	Schriften zur Religionspädagogik u. Kerygmatik	Th. Kampmann Echter, Würzburg	1965
14	Handbücherei f. den Religionsunterricht (evang.)	Becker/Stock/Wegenast/Wibbig/ Gütersloher Verlagshaus Gerd Mohn	1965
15	Schriftenreihe „Religionsunterricht in Berlin" (evang).	Die Spur, Berlin	1965
16	Loccumer Rel. päd. Studien u. Entwürfe (hektogr. Schriften — evang.)	E. Kaufmann, Limburg/Lahn	1967

lfd. Nr.	Titel:	Herausgeber und Verlag	1. Erscheinungsjahr
17	Unterweisen u. Verkünden	G. Stachel/K. Tilmann Benziger, Köln, Zürich	1968
18	Alternativen. Arbeitstexte f. den Religionsunterricht an Gymnasien	A. Schlereth Kösel, München	1969
19	Elemente. Eine Heftreihe des Rel. päd. Studienzentrums Schönberg (ev.)	W. Dietrich Burckhardthaus-Verlag, Gelnhausen—Berlin	1970
20	Befragter Glaube (ev.) Quellentexte	R. Kaluschke u. G. Wischmann Vandenhoeck & Ruprecht, Berlin	1969
21	Theologisches Forum Texte f. den Religionsunterricht (= kath. Lizenzauflage v. 20)	W. Trutwin Patmos, Düsseldorf	1970
22	Religionsunterricht — Information u. Verkündigung	H. Fink u. E. J. Korherr Herder, Wien	1970
23	Modelle	F. Oser u. K. Kirchhofer Walterverlag, Olten—Freiburg	1970
24	Religion heute. Texte — Materialien zum RU der Grundstufe/Sekundarstufe I u. II (evang.)	H. Heinemann u. S. Vierzig Schroedel, Hannover, Benziger, Einsiedeln	1970
25	Rel. päd. Arbeitshilfen	Hauptabtlg. Schule u. Erziehung im BGV, Münster	1971
26	r. p. modelle (ev.)	H. Gloy/ K. Gossmann Diesterweg, Kösel, München	1971
27	Rel. päd. Praxis (RPP)	Berg/Langer/ Neumann/Zenner Calwer/Kösel, München	1971
28	Religionspädagogik	Patmos, Düsseldorf	1972
29	MRU (ev.) (= Modelle f. den RU)	K. Deßecker/G. Martin, im Auftrag der → RPE Baden-Württemberg Calwer/Kösel, München	1972
30	Unterrichtsmodelle — Fach Religion	Hg. v. → ARPE im → DKV	1973

Reinheit. Ein wichtiger rel. Begriff, der v. a. kult. Bedeutung hat (die → Heiligkeit → Gottes erfordert ein totales Eingehen des Menschen auf die rel. Tabu-Vorschriften). Im A. T. spielen die R.s-Vorstellungen eine große Rolle (→ Jahwe duldete nichts Unreines). Die → Propheten allerdings warnen vor dem Formalismus bloßer kult. R., der die sittl. R. außer acht läßt. → Jesus Christus verkündete die sittl. R. als das einzig Entscheidende (Mk 7, 1—23; Mt 5, 8). — Eine einseitig auf das Sexuelle ausgerichtete Moral führte dazu, daß R. mit Keuschheit, Unberührtheit, Enthaltsamkeit gleichgesetzt wurde. V. → Evangelium her muß diese Einseitigkeit abgebaut werden — eine wichtige Aufgabe des RU auf allen Schulstufen. → Reinigung Hi

Reinigung. Es ist ein in den meisten Religionen des Altertums u. der primitiven Völker vorkommender Gedanke, daß es Dinge u. Bereiche des Lebens gibt, die mit gefährl. Kräften geladen u. deshalb zu meiden sind, bzw. bei deren Berührung die Menschen „unrein" werden. Animistisch magische Tabuvorstellungen stehen dahinter, wodurch die „Reinheit" bzw. die „Unreinheit" in eine enge Verbindung mit dem göttl. Bereich gebracht werden: Kontaktaufnahme mit → Gott setzt die R. durch best. Praktiken voraus. Auch im A. T. finden wir noch manche solcher magischer Riten; sie wurden aber in zunehmendem Maß in den Dienst des → Jahweglaubens gestellt: der Dienst an fremden Göttern (Jer 2, 7; Hos 6, 10 u. a.), die Tempelprostitution (Lev 19, 29), der Verkehr mit Wahrsagegeistern (Lev 19, 31) machen unrein. Im N. T. ist der Gedanke einer kult. → Rein- (bzw. Unrein)heit u. damit die Notwendigkeit einer derartigen R. grundsätzlich überholt (vgl. Mt 23, 25—28); entscheidend ist die sittl. Reinheit (Mk 7, 15 parr). Als einen Ausdruck bzw. als einen vorbereitenden Dienst an dieser Reinheit wird man heute den Gedanken der Psychohygiene ernstnehmen müssen (vgl. auch → Meditation). Schr

Reiz — Reaktion → Reflex → Lerntheorien

Reizüberflutung. Das Sinnes- u. Wahrnehmungsvermögen des Menschen steht immer unter dem Einfluß v. mehr Außenwelteinflüssen (Reizen), als es verarbeiten kann. Wahrnehmung ist immer selektiv (= auswählend): man sieht u. hört vorwiegend das, was man sehen bzw. hören will o. zu sehen bzw. zu hören erwartet. Was sich in der Vergangenheit als bedeutsam erwiesen hat, wird eher wahrgenommen als anderes. Was mit der eigenen Wertordnung in Beziehung steht, „fällt eher auf" als Gleichgültiges. Aus diesem Grund entnehmen Kinder aus Erzählungen u. dem Unterrichtsgeschehen oft ganz andere Aspekte als der Erwachsene. — Unter R. im engeren Sinn versteht man aber die im Gegensatz zu früheren Zeiten heute ungleich größere Menge v. akust. u. opt. Reizen, denen jeder ausgesetzt ist (Reizberieselung durch Rundfunk u. Fernsehen, Straßenverkehr usw.). Die auswählenden u. verarbeitenden psychischen Steuerungsimpulse können eine Störung erfahren, wenn sie durch zu große Reizfülle überfordert werden. R. in diesem Sinn wird f. gewisse Zivilisationserscheinungen (→ Akzeleration, Labilität der Gefühlslage, Konzentrationsschwierigkeiten) als mitverursachend angesehen. Dabei wird auch die Einwirkung der R. auf das vegetative Nervensystem angeführt. Zu beachten ist, daß auch die Reizabschirmungsfähigkeit eine gewisse Plastizität u. Anpassungsfähigkeit besitzt. Verallgemeinerungen v. negativen Auswirkungen des gw. Lebens im Sinne einer verstärkten R. sind empirisch nicht gedeckt. Ko

Reliabilität. Zuverlässigkeit einer Meßmethode. → Testverfahren

Religiöse Gesten. Der v. → Gott erschaffene u. v. Christus bejahte Leib (Joh 1, 14) gehört wesentlich zur irdisch-menschl. Existenz, u. dementspr. handelt der Mensch immer auch in leibhafter Weise durch G., auch Gott gegenüber: durch r. G. Diese Gestik tritt bes. deutlich in der → Liturgie der → Kirche zutage. Es gibt keine Handlung im Gottesdienst, bei der nicht auch der Leib mittätig wird. Besonderes Anliegen des Vat. II ist es, die „tätige Teilnahme der Gläubigen zu fördern" (LK 14) Dies gilt bes. auch f. den Kindergottesdienst (→ Kinderliturgie). Bei den versch. Formen der r.n G. (Gehen, Stehen, Sitzen, sich bekreuzigen (→ Kreuzzeichen), an die Brust klopfen, Hände falten, Hauptneigen, Knien usw.) handelt es sich nicht zuerst um zweckhafte Funktionen. Weitaus wichtiger sind die Sinngehalte, die sich in diesen G. ausdrücken. Ihre Kenntnis ist die Voraussetzung f das recht geformte Tun. Hier fällt der → Katechese eine dreifache Aufgabe zu: Mit den Kindern die äußere Gestalt der r.n G. richtig einüben (Elementarstufe); den natürl. Inhalt der r.n G., der sie v. innen her in ihrer äußeren Gestalt beseelt, erschließen (Unterstufe); den rel. Sinn der r.n G., die der Mensch im Gottesdienst mitvollziehen soll, ermitteln (Oberstufe), damit sich der → Glaube der erwachsenen Christen auch körperl.-expressiv wahr u. sinngerecht manifestieren kann. Nou

Lit.: R. Guardini, Von heiligen Zeichen (9. A. 1966); Th. Filthaut, Grundfragen liturgischer Bildung (1960); J. Rabas, Katechetische Aspekte der Liturgie-Konstitution (1967).

Religiöser Liederschatz der Kinder. In erster Linie die Lieder aus dem Diözesangesangbuch unter Berücksichtigung der musikal. Entwicklungsstufen des Kindes (→ Entwicklung der Musikalität); selbstverst. möglichst enge Zusammenarbeit mit der → Pfarre (das Kind soll in die Pfarrgemeinde hineinwachsen); daneben gibt es eigene rel. Lieder der Kinder: z. B. Katechismuslieder aus den Schulbüchern (um den Lehrstoff zu vertiefen), → Kontrafakturen, auch mit Hilfe der Pentatonik selber zusammengestellte Lieder (→ Musikalität), Gesänge, die aus dem Psalmodieren entstehen (siehe Anregungen in: K. Musalek: Das Lied in der Katechese, 1969, S. 28 ff.). Vgl. im Anhang eine Sammlung empfehlenswerter Liederbücher, Sp. 1071 ff. — Zu vermeiden ist jede Einseitigkeit; anzustreben wäre eine geisige Beweglichkeit (→ Tradition, musikal.), so daß das Kind zumindest einen gewissen kleinen Liederschatz als Kernwissen hat u. dann darüber hinaus auch imstande ist, diesen — egal aus welcher Stilrichtung — im Laufe des Lebens zu ergänzen! Mu

Religiöse Übungen. Meth. gesehen, vermitteln Ü. (→ Einüben) best. Fertigkeiten, doch päd. betrachtet, führen sie darüber hinaus zu best. Verhaltensweisen, die einen prägenden Charakter haben. Wenn r. Ü. nicht nur Glaubenswissen vermitteln, sondern auch zum Leben aus dem → Glauben u. zur → Liturgie anleiten u. befähigen sollen, dann spielen sie als tätige (nicht rein geistige) Auseinandersetzung mit dem Verkündigungsgut eine wichtige Rolle. Es geht um die Grundlegung u. den Aufbau einer christl. Lebenshaltung. Dies geschieht durch Einsicht, Einsicht beruht auf → Erfahrung, u. die intensivste Erfahrung gewinnt das → Kind im Tun. Es sollen daher (den jeweiligen Vorrang wird die did. Absicht bestimmen müssen) alle Fähigkeiten u. alle Formen des Ausdrucks einbezogen werden: → Gespräch u. Erzählung, freies Gebet, → Kat. Feier u. → Wortgottesdienst, Gesang u. Musik, → rel. Gesten, Besichtigungen u. Prozessionen, Spielen, Zeichnen u. Malen, Modellieren, Ausschneiden, Schnitzen u. Basteln. (Dies alles auch als Gruppenarbeit.) Das Nahziel der r.n Ü. ist eine Glaubensweckung, die sich in einer spontanen → Antwort aus dem momentanen Glaubensstand des Kindes zeigt. Das Fernziel ist die Glaubensfestigung, die sich in einer stabilen christl. Lebenshaltung manifestiert. → Schulgottesdienst Nou

Religionen, nichtchristliche → Nichtchristliche Religionen im RU

Religionsbuch. Literar. Publikationen, die 1. f. eine planmäßige rel. Unterweisung erstellt wurden u. 2. v. der zuständigen Behörde als Grundlage f. den RU zugelassen sind. Bei Fehlen des Merkmales 1 spricht man v. rel. Kinder- bzw. Jugendliteratur, bei Fehlen des Merkmales 2 handelt es sich um Lehrbuch-Entwürfe, auch wenn sie zur Erprobung o. ä. im Unterricht Verwendung finden. Ab ± 1965 treten neben die trad. Religionsbücher a) → Katechismus, b) → Schulbibel, c) → Glaubensbücher (versch. Titel) als Ergänzung o Ersatz zunehmend: d) Arbeitsbücher (primär Arbeitsgrundlage u. nicht Stoffsammlung), e) Textsammlungen (v. a. aus der Literatur (→ Literar. Texte im RU), f) → Lernprogramme, g) Materialsammlungen (Texte u. Bilder etwa f. die rel. päd. Projekte), h) Arbeitshefte mit Lückentexten, Bildern zum Einkleben, oft in Ringbuchform u. i) Religionsbücher, die allen Aspekten v. a) bis h) gerecht werden wollen. Nach der Intention ist heute zw. kerygmatisch-orientierten u. sachkundlich-orientierten R.n (z. B. G. Otto, „Sachkunde Religion", 1969) zu unterscheiden. Die Vielfalt spiegelt nicht nur die Pluralität kat. Konzepte wieder. Sie zeigt auch den Wandel in der Funktion des R.s, das nicht mehr allein kirchenamtl. deklarierte, verbindl. Stoffdeklarationen bietet. R.r nehmen heute keineswegs mehr jene dominierende Stellung ein wie noch vor einigen Jahrzehnten. Sie sind zu *einem* → Medium neben zahlreichen anderen geworden. Gegenüber der früheren Funktion als → Lehrnorm u. Stoffsammlung dienen sie heute zahlreichen did., päd., method. Zielsetzungen, wodurch sie auch rascher veralten. Eine ständige Adaptation an die sich wandelnden Verhältnisse ist unabdingbare Forderung. Gewichtige kat. Gründe sprechen auch dafür, dem einzelnen Rel.lehrer die Wahlfreiheit zw. mehreren, unter fachwiss. Aspekt als gleichwertig befundenen u. appropierten R.n einzuräumen. Gegengründe gegen eine solche relative → Lernmittelfreiheit sind prakt. (Schulwechsel des Kindes usw.) u. wirtschaftl. (Rentabilität) Natur. Jenes Mindestmaß an Einheitlichkeit der rel. Unterweisung, das aus prakt. u. theoret. Erwägungen notwendig erscheint, würde jedoch durch relative Wahlfreiheit nicht beeinträchtigt. Sie scheint durch verbindl. → Lehrpläne u. → Curricula hinreichend gesichert. Eine totale Wahlfreiheit (= Verwendung nichtapprobierter Bücher) durch den → Rel.lehrer erscheint nicht sinnvoll wegen der damit gegebenen Gefahr des Einströmens minderwertiger Publikationen in den RU. Ko

Lit.: U. Meinecke, Religionsunterricht im Spiegel seiner Lehrbücher (ev.; 1969).

Religionslehrer. Insofern der R. *Lehrer* u. *Erzieher* ist, trifft auf ihn zu, was an eth., päd. u. fachl. Forderungen allgemein f. jeden Lehrer gilt: Innere → Wahrhaftigkeit, Echtheit, Begegnungsfähigkeit, → Ehrfurcht vor der Eigenart des Schülers, Takt, Geduld, Fachwissen, geistige Produktivität u. a. m. Er sollte ein Mindestmaß an nichterlernbarem, ursprüngl. „päd. Genius" (W. Dilthey) haben. Es genügt aber nicht, „geborener Erzieher" o. „päd. Naturtalent" zu sein. Grundeinstellung u. Grundgesinnung des Lehrers sind immer nur als Resultat eines gesamtmenschl. Strebens nach Lebensbewältigung denkbar. — V. *Religions*-Lehrer ist darüber hinaus zu fordern, daß er — unbeschadet eines etwaigen staatl. Dienstverhältnisses — die Einheit mit dem → Glauben der Gesamtkirche wahrt. D. h. er muß sich — wenn auch nicht unreflektiert u. unkritisch — mit der Kirche identifizieren, in deren Namen ihm der Bischof die Sendung (→ Missio canonica, → Vokation) erteilt u. die sich dadurch wieder mit ihm identifiziert. Das persönl. Zeugnis wird v. den Schülern auch dort erwartet, wo der R. nur informativen RU erteilt. Die aus der Aufgabe des R.s abzuleitenden fachl., berufseth. u. menschl. Forderungen gelten gleicherweise f. Priester u. Laien-R. → Ausbildung → Laienkatechet Ko

Religionslose Erziehung. Seit D. Bonhoeffer dient der Ausdruck „Religionslosigkeit" dazu, die Differenz zw. → Glaube u. → Religion zu betonen. Religion wird dabei entweder als der v. Menschen ausgehende Versuch verstanden, sich mit dem → Absoluten zu arrangieren (was v. Standpunkt des Glaubens her als Selbsterlösertum disqualifiziert wird; s. → Dialektische Theologie) o. als eine (unter mehreren) Möglichkeit, die → Antwort auf die Sinnfrage existentiell zu leben — als solche ist Religion grundsätzlich überholbar, d. h. es gibt auch eine „religionslose" Form gläubiger (christl.) Existenz. R. E. ist somit entweder der Versuch einer Läuterung des Glaubens v. unchristl. Elementen — also Einübung in gläubige Existenz (→ Verfremdung) — o. bewußtes Ersetzen trad. (aber emotional u. rational nicht mehr vollziehbarer) Ausdruckformen des → Glaubens durch solche, die dem → säkularisierten, „nach-rel." Menschen besser entsprechen. Die Mehrdeutigkeit des Begriffs Religion verursacht Mißverständnisse hinsichtlich des Anliegens einer r. E., sodaß der Ausdruck nur mit Vorsicht verwendet werden sollte. Hi

Lit.: G. Hommel, Religionslose Erziehung in der christlichen Familie? (2. A. 1970).

Religionspädagogik. Im Zeitalter der → Aufklärung gewachsene Disziplin der prakt. Theologie (→ Pastoraltheologie). Die → kerygmat. Bewegung vermied den Terminus aufgrund v. Vorbehalten gegen die → anthropozentrisch orientierte Theologie der → Aufklärung. Ab ± 1965 wird R. immer häufiger verwendet, jedoch in sehr unterschiedl. Sinne: 1. *Identität v. R. u. → Katechetik (K).* Die Verwendung des Terminus R. statt K. erfolgt meist, wenn dadurch eine stärkere Orientierung an der päd. Aufgabe o. in der Grundeinstellung zum Ausdruck kommen soll. — 2. *Nebenordnung v. R. u. K. a)* R. umfaßt den in wiss. eigenständiger Weise bearbeiteten Beitrag der → Theologie zur Lösung der gesamtpäd. Aufgabe. In diesem Sinn wird ev. R. gw. an den Pädagogischen Akademien Österreichs verstanden. b) R. als päd. Teildisziplin, analog zu Sozialpädagogik usw. c) R. als religionsswiss.-anthropol. Disziplin, die, theol. ungebunden, die anthropol. Vorgegebenheiten f. Theologie u. K. erfaßt. R. ist in diesem Sinn Grundwissenschaft f. K., nicht aber ihr Überbegriff. — 3. *Unterordnung:* R. ist jenes Teilgebiet v. K., in dem der kerygmat. Auftrag der → Kirche im Raum der Erziehungswirklichkeit wahrgenommen wird (H. Schilling). — 4. *Überordnung:* R. wird analog zu 2. c) verstanden, jedoch innerhalb der Theologie wahrgenommen. In diesem Fall ist K. nur Teildisziplin v. R. — Eine phänomenol. Erhebung zeigt, daß zur Zeit kein wissenschaftstheoret. einhelliges Verständnis v. R. gegeben ist. Allen Auffassungen ist jedoch eine Konvergenz des (unterschiedlich verstandenen) Religiösen mit dem Pädagogischen gemeinsam. Als Gegenstand der R. wäre daher zweckmäßig wohl „der Mensch als rel. u. auch in diesem erziehungsbedürftiges Wesen" zu nennen. Den versch. Auffassungen entspräche eine kath., ev. o. allgemein religionswiss. R. einerseits, eine päd.-did. orientierte R. anderseits. Im Gegensatz zu K., die immer theol. gebunden u. damit eindeutig kath. o. ev. bestimmt erscheint, ist R. ihrem Wesen nach pluriform möglich. Analog zu anderen Wissenschaften, die heute de facto immer durch Zusätze näher bestimmt werden (Tiefenpsychologie, Sozialpsychologie, allgemeine Psychologie usw.) wäre es empfehlenswert, Lehrstühle u. Institute der R. durch entspr. Zusätze (kath., ev., usw.) zu charakterisieren. Die Abgrenzung v. K. erfolgt im Sinne der allgem. Wissenschaftslehre am besten durch Unterscheidung des Gegenstandes u. der spezif. Fragestellung. Allein v. der Wortbedeutung her ist der Gegenstand v. R. umfassender als der v. K. Die auch bei einer theol. orientierten R. (nur!) tw. gleichen Inhalte werden bei R. u. K. unter versch. Gesichtspunkt wahrgenommen. Auch bei theol. Orientierung geht R. der K. voraus. Ihr Gegenstand umfaßt auch in diesem Fall Inhalte, die zwar v. der trad. K. mitbehandelt wurden (z. B. rel. Erziehung, rel. Gehalte in sog. „profanen" Erziehungsbereichen u. a. m.), die aber nicht zu K. im engeren Sinne zählen. R. hat grundsätzlich zunächst das Religöse im weitesten Sinn vor Augen zu haben. Im Wesen der päd. Dimension v. R. liegt es begründet, daß auch sie nicht allein im Empirisch-Deskriptiven verbleiben darf. Normativität u. Methoden (Wahl,

Kombination usw.) v. R. u. K. differieren jedoch durch Gegenstand, Intention, Funktion u. Standort, wenngleich sie auf gewisse Strecken hin identisch sein können. Ko

Lit.: H. G. Bastian, Theologie der Frage, (1969); E. J. Birkenbeil, Zum Dialog von Theologie und Erziehungswissenschaft, in: Chr. päd. BL. 1971/50 ff.; A. Exeler, Kirchenreform, Religionsunterricht, Katechese, in: Kat. Bl. 1971/714 ff.; H. Halbfas, Aufklärung und Widerstand (1971); *Ders.*, Religionspädagogik und Katechetik, in: Kat. Bl. 1972/331 ff.; J. Heinrich u. a. (Hg.), Religionspädagogik (1968); H. Kittel, Evangelische Religionspädagogik (1970); L. Lentner, Katechetik und Religionsunterricht in Österreich, 2. Band (1959); *Ders.*, Religionspädagogik an der Pädagogischen Akademie, in: Chr. päd. Bl. 1965/257 ff; K. E. Nipkow, Schule und Religionsunterricht im Wandel (1971); H. Schilling, Grundlagen der Religionspädagogik (1970); G. Stachel/W. G. Esser, Was ist Religionspädagogik? (1971); K. Klein u. a., Religionspädagogik (1972); K. Wegenast (Hsg.), Theologie u. Unterricht (1969).

Religionspädagogische Projektforschung. RPF. befaßt sich allgemein mit der wiss. Erstellung v. Unterrichtsprojekten (-modellen) nach best. Einteilungsgesichtspunkten. An der RPF.-Modellentwicklung in Stuttgart arbeiten führend K. Dessecker, G. Martin u. K. Meyer zu Uptrup. An der „RPF." (Sammelband mit gleichem Titel) wirken versch. nicht ohne weiteres harmonierende Faktoren zusammen: eine spätpietist. Inbrunst, Bezug auf moderne Wissenschaft, bes. Sozialwissenschaft, der Versuch, die → Kybernetik in den Dienst der prakt. Theologie zu stellen, u. schließlich das Engagement f. Gruppenunterricht. — *Entstehungswege des Modells:* 1. bibl. Glaube; 2. wiss. Reflexion anhand v. Texten mod. Wissenschaftler; 3. Vorstellung großer Persönlichkeiten als Katalysatoren; 4. Rückgriff auf die Bibel u. Anlangen des Glaubens auf der Ebene des Glaubensverständnisses. Die Modellentwicklung erfolgt mit Hilfe kybernet. Methoden. Sie hat emanzipator. Impulse u. sieht in dem durch Wissenschaft befreiten, gläubigen Menschen die Chance der Zukunft. Die Methodik des → Gruppenunterrichts (nach E. Meyer, Gruppenunterricht, Worms 1964) wird zur → Didaktik schlechthin. Diese Einengung erweist sich allerdings als permanente Quelle v. Fehlern. — RPF. arbeitet mit der sog. „did. Kette" o. dem „did. Trichter": v. der Breite des Feldes der Probleme gelangt man zur Einengung des Problemknotens u. findet v. dort wiederum in die Breite, ins Feld der Problemlösung. — *Zusammenfassende Darlegung* (nach G. Stachel): 1. Einer selbständig an der Lösung arbeitenden Klasse steht der subsidiär informierende Lehrer gegenüber; 2. grundsätzlich stehen gegenständl. → Medien zur Verfügung; 3. Aufgabe des RU ist es nach der RPF., Probleme zu durchdenken u. sie denkerisch unter Einfluß affektiven Engagements zu lösen; 4. theol. Kriterien o. Texte stehen neben soziol. o. psych. Aspekten o. Texten. Philosophie u. Pädagogik werden vernachlässigt, die Bibel wird als Informationshilfe zur Problemlösung gesehen. — *Konsequenzen,* die sich aus der Trennung v. Lösungssituationen u. Vermittlungshilfen ergeben: Diese Trennung ist die did.-meth. Grundidee des Modells: 1. Die gemeinsame Erwägung aller Lehr- u. Lernformen tritt zurück; 2 die did. Inhaltsproblematik wird durch Problemlösungsmechanik überspielt (Normenreflexion u. Ideologiekritik treten zurück); 3. RPF. hat ihren Schwerpunkt in der gymnasialen Oberstufe; keine Einstiegsmöglichkeiten f. Volksschule u. Unterstufe (Primarstufe, Sekundarstufe I); 4. → Problemorientierter Unterricht (nach Kontextmodell) wird bevorzugt. Dadurch gewinnt RPF. an Aktualität; 5. System u. Stoffordnung treten zurück; 6. kognitive Lernprozesse stehen vor den affektiven; 7. RU wird nach RPF. Modell zur Überlagerung der Gemeinschaftskunde u. des Sozialunterrichts; 8. die Unterscheidung v. Inhalten u. Zielen wird übersehen (f. → Curriculum wesentlich). Bei RPF. gehen Themen (Inhalte) u. Ziele ineinander über; 9. Die Bestimmung eines → Globalzieles fehlt; ebenso die curriculare Einordnung des Modells. Das Verhältnis zu anderen Fächern ist unklar; 10. die kybernet. Eigenart zeigt sich u. a. in Buchstabenabkürzungen (B = Bibel, W = Welt, T = Theologie, I = Ideen, IG = Ideengeschichte), in einem Zahlenkode (0, 1, 2, 3 — versch. Sprachformen wie Gebet, Prophetie, Alltagssprache, Wissenschaftssprache, kybern. Spr.) u. frönt damit einer übertriebenen Wissenschaftsgläubigkeit, die aber im RU kaum am Platze ist. → ARPE Had

Lit.: Stachel, G., Curriculum und Religionsunterricht (1972); Dessecker/Martin/Meyer zu Uptrup, RPF (1970).

Religionspsychologie. Gegenstand der R. sind die psychischen Voraussetzungen u. Gesetzmäßigkeiten der Religiosität. R. untersucht die Ausprägungen derselben (Primitivreligionen, Hochreligionen, institutionalisierte Religionen, Mönchstum, Heiligenverehrung, Ahnenkult u. a. m.), ihre Stile (Fanatismus, → Toleranz, dualistische Religiosität u. a. m.), die Typen u. Formen des rel. Erlebens, die Stadien rel. → Entwicklung u. Einzelphänomene (Bekehrung, Vision usw.). Als Methoden werden geisteswiss. (phänomenologische u. verstehende Beschreibung bzw. Deutung), experimentell (Befragungen, Analyse v. Tagebüchern, Träumen, Zeichnungen usw., Beobachtungen), tiefenpsych. u. neuerdings sozialpsych. verwendet. Religiosität als Urphänomen (analog der → Sprache) wird v. allen Richtungen als Forschungsergebnis genannt, jedoch sehr unterschiedlich gedeutet. → Entwicklung, religiöse → Religiosität des Kindes → Religiosität des Jugendlichen Ko

Lit.: Ausführliche Literaturangaben bei Arnold/Eysenck/Meili, Lexikon der Psychologie, Bd. 3 (1972), ferner: A. Vergote, Religionspsychologie (1970); W. Neidhard, Psychologie des RU (2. A. 1967); U. Boos, Dimension der Religiosität (1972).

Religionssoziologie. Die R. ist ein Hauptgebiet der empir. Sozialforschung. Die → Soziologie neigt grundsätzlich dazu, auch jene Gebiete unter ihren Aspekten zu erforschen, die eine eig. Wissenschaft haben. Aus den Bemühungen, das soziale Leben in allen Bereichen zu analysieren, haben sich sog. Bindestrich-Soziologien entwickelt, wie z. B. Bildungs-, Kunst-, Sprach-Soziologie u. a. Als Spezialwissenschaft reicht die R. bis um die Jahrhundertwende zurück. Faßt man sie als Tatsachenwissenschaft auf, die wie die übrigen angewandten Soziologien spez. Bereiche des sozialen Lebens untersucht, so folgt daraus, daß es der R. nicht um Wahrheitsbeweise u. auch nicht um theol. Probleme geht, sondern daß sich die Forschung auf die Frage nach dem rel. Leben in der → Gesellschaft konzentriert. Die R. untersucht die rel. Einstellungen u. Handlungen der Menschen sowie die Rückwirkungen aus dem rel. Bereich in die soziale Wirklichkeit. Sie beschäftigt sich auch mit gesellschaftl. Grundlagen u. Ursachen der Religion u. einzelner Religionsgemeinschaften. In der Gegenwart behandelt sie besonders die Frage, in welcher Weise der soziale → Wandel die Stellung der Kirche in der Gesellschaft beeinflußt, wie stark sich auch die rel. Haltung des Menschen wandelt. Eine schwierige method. Frage ist das Problem der Meßbarkeit der „Religion". In vielen Untersuchungen bedient man sich dazu der Gottesdienstziffer. Diese Maßzahl ergibt sich aus der Zählung der Kirchenbesucher; man versteht darunter die Relativzahl der tatsächl. Gottesdienstbesucher im Verhältnis zur Zahl der laut Kirchengebot zum Meßbesuch verpflichteten Gläubigen. Solche Meßinstrumente unterliegen stark den sozialen Wandlungen u. müssen ständig den neuen Verhältnissen angepaßt werden. Zahlreiche Untersuchungen führt in Österreich das Institut für kirchliche Sozialforschung (IKS) durch. Ku

Lit.: J. Wössner, Religion im Umbruch (1972); J. Matthes, Religion u. Gesellschaft (1967 ff.); H. Halbfas, Jugend u. Kirche (2. A. 1966).

Religionsunterricht. *1. Wesen, Ziel u. Eigenart:* Der RU ist Unterricht unter den Bedingungen der Schule. Er ist integrierender Bestandteil u. innerhalb dieser Institution ein Unterrichtsfach im Gefüge des Fächerkanons u. daher ordentl. Lehrfach. RU ist nach Form, Methode, Arbeitsweise u. Zielsetzung wirklicher Unterricht. Der RU erschließt die gesamte Wirklichkeit in ihrem letzten Sinngrund u. leistet damit einen Teil des Auftrags der Schule, dazu beizutragen, daß die Schüler im → Dialog mit der → Welt ihr Menschsein verwirklichen. Auftrag u. Eigenart des RU ist die Erhellung der Tiefendimension aller Bereiche u. der Wirklichkeit als ganzer. Der christl. RU interpretiert den Sinngrund durch die christl. → Offenbarung. — 2. *Begründung:* a) *Rechtlich:* Unsere → Gesellschaft hat eine zweifache Funktion: *gesellschaftl.* Einführung in Sinnzusammenhänge des Daseins; *personale* Hilfeleistung zur Verwirklichung der personalen Existenz in der Welt. Schule hat eine Mittlerfunktion als Anwalt des Kindes u. der industriellen Gesellschaft. Sie bietet dem Schüler Gelegenheit der → Erfahrung v. Wirklichkeitsdeutung, Erörterung v. Lebensfragen u. Einübung v. verantwortl. Handeln. RU geht v. Selbstverständnis der Schule aus u. wird so zu einem Teil des pluralist. Bildungsangebotes der Schule. Der Staat hat ein positives Interesse an sittl. Erziehung seiner Bürger, er will die Staatsbürger, die Mitglieder einer anerkannten Religionsgemeinschaft sind, respektieren u. schafft daher den RU als ordentl. Lehrfach in der Schule (Österr.: 2. Novelle zum RU-gesetz (1949) 1962; → Konkordat). — b) *Gesellschaftl.:* Religion als ein wesentl. Wert f. menschl. Existenz u. rel. Bedürfnis nach Beantwortung der letzten Fragen des Menschen sowie Sehnsucht nach Humanisierung des Lebens bilden Grundlagen des RU. Religion = Grundbefindlichkeit des Menschen. Ziel u. Aufgabe rel. Erziehung ist die Befähigung des Menschen, das Leben u. seine Probleme verantwortlich zu meistern. — c) *Psych.-päd.:* Der RU ist sachbezogen, wenn er den Forderungen entspricht, die v. der gw. Gesellschaft an die Schule gestellt werden, wenn er die → Welt u. die Menschen im Lichte der Frohbotschaft erklärt, wenn er die Situation des jungen Menschen, dem er dient, bei der Bestimmung seines Inhaltes, seiner Methode u. seines Zieles im Auge hat. — d) *Theol.:* RU ist Unterricht unter den Bedingungen der Schule, aber auch → Katechese als Antwort auf Fragen des jungen Menschen aus dem Lichte der → Offenbarung. Der RU hat sowohl → Vermittlung v. Wissen u. Einschau in die Sinnzusammenhänge zu sein als auch Einübung in die humane Existenz der Christen. — 3. *Didaktik des RU:* Inhalt des kath. RU ist a) die *Wirklichkeit* (Einheit, Strukturiertheit, Geschichtlichkeit u. Perspektivität); b) die *Wirklichkeit in ihrer Tiefendimension* (Frage nach letztem Sinn des menschl. Daseins; Antwort aus der Interpretation der Offenbarung); c) die *Offenbarung* als Schwerpunkt der Tiefeninterpretation (christl. → Offenbarung hat ihrem aussagbaren Inhalt nach in versch. Formen u. Ausdrucksweisen ihren Niederschlag gefunden; die Dokumente sind zeitbedingte Deutungen der christl. Offenbarung f. Menschen in best. Zeitsituationen; die Glaubensinhalte sind neu auf die Fragen des Schülers hin zu interpretieren u. zu formulieren; der tiefste Grund der Wirklichkeit ist → Gott). Religiosität ist ein Dialog mit Gott, der sich in allen Bereichen des Lebens vollzieht (Dreher). — 4. *Methodik des RU:* Der RU geht den *induktiven Weg.* a) Ausgang v. aktuellen u. mögl. Fragen, Interessen u. → Motivationen des Schülers u. Hinführen v. Frage zu Frage zur letzten Sinnfrage. b) Ausgang v. Erscheinungen der → Welt (Anschauung) u. Hinführung des Schülers zum Erkennen u. Verstehen ihres eigenständigen Sinngehaltes (Verständnis). Durch Erhellung des sinngebenden Grundes geschieht Deutung der Welt u. ihrer Bereiche in ihrem letzten Sinn. c) Aufsuchen des Schülers an seinem Ort in der Welt u. Hinführung zur Erkenntnis Gottes u. Erschließung der → Begegnung mit ihm. — Antwort auf die Frage nach dem letzten Sinngrund der Welt gibt die christl. Offenbarung. Eine fruchtbare Begegnung zw. beiden ist nur durch Weckung der Frage nach dem Dasein möglich, um sich mit den Antworten (der Antwort) zu befassen u. sie zu verstehen. — 5. *Prinzipien des RU:* Inhaltlich: a) Anthropol. Strukturierung; b) Elementare u. exemplar. Auswahl des Stoffes; c) Bezug zur Wissenschaft; d) Auseinandersetzung der theolog. Diskussion mit Tradition u. Gegenwart; e) Zusammenarbeit der Konfessionen; f) Gesellschaftskrit. Orientiertheit; g) Kreativität; h) Gemeindebezogenheit. — Meth. a) Gespräch u. Dialog (Gruppenarbeit); b) Kontextorientiertheit; c) Programmierter Unterricht; d) Mediengerechte Unterrichtsweise. — 6. *Versch. Formen des RU* (Typen): a) an kirchl. Lehre orientiert (→ Verkündigung); b) am Text orientiert (→ Kontextorientiertheit u. → Bibelunterricht); c) an Problemfragen des Lebens orientiert (→ Problemorientierter RU); d) an → Gesellschaft u. Schule orientiert (Bikonfessioneller RU o. konfessionell-kooperativer RU); e) informativer RU, an theol. Sachinformation orientiert. Programmierte Instruktion kann allerdings nur reine Wissensvermittlung leisten, einen Beitrag zur Selbsterziehung durch geforderten Lernwillen. — 7. Neben der Auffassung RU = Katechese (d. h. Katechese in Form des RU ist Einübung in christl. Existenz: G. Stachel, B. Dreher) gibt es eine zweite, die besagt, daß RU u. Katechese nicht gleichzusetzen sind (G. Otto, H. Halbfas, G. Baudler). Die erste Meinung besagt, Katechese als RU ist sowohl Einführung in das Christentum als auch Vermittlung v. Wissen u. Erkenntnis, d. h. also Verkündigung *u.* Information; nach der anderen sei RU kritische Sach*information* über rel. Fragen u. Probleme. Eine inhaltl. u. organisator. Unterscheidung zw. RU u. Katechese würde dem schul. RU eine bessere Begründung geben. Sinnvoll sei eine Unterscheidung zw. RU in der Schule u. kirchl. Einweisung in den Glaubensvollzug. Die kirchl. Katechese solle sich als bewußte Ausgrenzung u. als spezielle Weiterführung des schul. RU verstehen. Ziel des schul. RU sei das im → hermeneut. Vorverständnis christl. Tradition in seiner Gefragtheit u. Fraglichkeit erschlossene Dasein (Baudler), Ziel der Katechese u. Schülerseelsorge wäre Verständnis der in der → Offenbarung verheißenen Antwort der Daseinsfrage u. liturg. Ausdrucksweise. Der RU wäre bei diesem Verständnis f. alle verpflichtend, die Katechese ein Angebot f. jene, die sich im → Glauben engagieren wollen. Nach Halbfas soll der „RU ohne Verkündigung" Information, Aufklärung u. Ideologiekritik leisten. Sein Auftrag heiße: Sachgemäß informieren u. anhand v. Quellen u. Dokumenten den Schüler auf den Weg des Verstehens bringen. Der RU sei zwar nicht wertneutral, soll u. darf aber nicht f. eine Religion o. Kirche werben. Ebenso habe er im Bereich der christl. Überlieferung die multikonfessionelle Realität zu akzeptieren. Daraus ergäbe sich die Konzeption eines multikonfessionell orientierten RU, dessen Begründung u. Berechtigung aber neue Probleme aufwirft u. gw. Inhalt zahlreicher fachwissenschaftlicher Diskussionen ist. Had

Lit.: Baudler, G., Die Spannung v. RU u. Katechese, in: Kat. Blätter, München 8/71; Esser W., Zum Religionsunterricht morgen I, II, III, IV (1971 ff); Halbfas, H., Aufklärung u. Widerstand (1971); G. Baudler, Schulischer RU u. kirchl. Katechese (1973); K. E. Nipkow, Schule u. RU im Wandel (1971); Th. Wilhelm, Theorie der Schule (2. Aufl. 1969); Schule u. RU vor den Aufgaben der Erziehung, Sonderheft der Theol. Practica f. M. Stallmann (1968); H. Gloy, Ev. RU in einer säkularisierten Gesellschaft (1969); Th. Klaßen/R. Merkert, Religionspäd. u. Didaktik (1968) u. a.

Religionsunterricht in der DDR. In der DDR gilt strikt das Prinzip der Trennung v. Staat u. → Kirche. Deshalb gibt es auch keinen RU in der Schule, sondern ausschließlich kirchl. → Katechese. Die rel. Unterweisung der Kinder durch kirchl. Katecheten beginnt gewöhnlich in den beiden Jahren vor dem Beginn der Schulzeit. Sie wird durchgeführt in den kath. → Kindergärten o. in den sog. „Frohen Herrgottstunden". Sie wird geleitet durch Kindergärtnerinnen o. Laienhelferinnen, die dazu ausgebildet u. fortgebildet werden. Für die rel. Unterweisung der Vorschulkinder gibt es einen Rahmenplan, der zwei Jahreskreise umfaßt. Der RU f. die Kinder der ersten bis letzten Klassen wird in kirchl. Räumen v. Priestern, Seelsorgehelferinnen u. Laienkatecheten mit → missio canonica erteilt. Er wird durchgeführt nach einem „Rahmenplan f. die rel. Unterweisung", der v. der Berliner Ordinarienkonferenz 1968 ad experimentum veröffentlicht worden ist. F. den Sakramentenunterricht ist das zweite Schuljahr vorgesehen. Alle Unterrichtsbücher erscheinen im Auftrage der Berliner Ordinarienkonferenz im St. Benno Verlag, Leipzig. F. den Unterricht in der ersten Klasse: „Kinder Gottes". F. den Sakramentenunterricht: „Kinder des Lichtes" u. auch Goldbrunner, J., Sakramentenunterricht mit dem Werkheft. F. die 3. bis 6. Klasse: „Glaubensbuch" (vgl. BRD) u. die „Biblische Geschichte" (vgl. BRD). F. die 7. u. 8. Klasse bisher der „Kath. Katechismus der Bistümer Deutschlands"; ab September 1972 die f. die DDR bearbeitete Fassung des Arbeitsbuches zur Glaubensunterweisung „glauben — leben — handeln". — In den Ordinariaten der einzelnen Jurisdiktionsbezirke in der DDR (Bistum Berlin, Bistum Meißen, Apostol. Administratur Görlitz, Kommissariat Magdeburg, Kommissariat Schwerin, Generalvikariat Erfurt, Kommissariat Meiningen) gibt es Referenten f. die kat. Arbeit. Zus. mit einigen Fachleuten aus der Praxis u. den kirchl. Ausbildungsstätten bilden sie die „Kat. Arbeitsgemeinschaft", die der Berliner Ordinarienkonferenz zugeordnet ist. — Zur Unterstützung der kat. Arbeit finden in allen → Pfarreien in den Zeiten der Schulferien „Rel. Kinderwochen" (RKW) statt (sechs Tage unter einem zentralen Thema). We

Religiosität, jugendliche. Ab der → Pubertät unterscheidet sich j. R. wesentlich v. der → R. des Kindes: Erwachen v. Kritik, Radikalismus, Sentimentalität, Idealismus, Unausgeglichenheit u. Schwanken, Scheu vor der öffentl. Demonstration der R., subj. Ausprägung, Bedeutung der → Gruppe u. des → Vorbildes. → Religionspsychologie Ko

Lit.: A. Burgardsmeier, Gott und Himmel in der psychischen Welt der Jugend (1951); H. Hunger, Evangelische Jugend und Kirche (1960); E. Nobiling, Der Gottesgedanke bei Kindern und Jugendlichen (1929); E. Spranger, Psychologie des Jugendalters (1925); H. O. Wölber, Religion ohne Entscheidung (1959); Th. Thun, Die rel. Entscheidung der Jugend (1963); A. Flitner, Glaubensfragen im Jugendalter (1961); L. Schmid, Rel. Erleben unserer Jugend (1960); H. Halbfas, Jugend u. Kirche (2. Aufl. 1966).

Religiosität, kindliche. Die Tatsache einer Offenheit des → Kindes f. das Religiöse ist (im Gegensatz zu E. Key, J. J. Rousseau u. a.) gesichertes → rel. psych. Ergebnis. Sie wird je nach Religonsverständnis u. Standort einmal mehr im Sinn einer „rel. → Anlage" (M. Pfliegler, E. Spranger), eines „Urphänomens wie die Sprache" (K. Girgenson), eines „psych. Apriori" (F. Niebergall), als Teil des → Unbewußten (C. G. Jung), als aus dem → Ödipuskomplex resultierende „Zwangsneurose" (S. Freud) o. als „Pfropfstelle f. den Glauben" (M. J. Langeveld) interpretiert. Ebenso gesichert ist die Notwendigkeit v. Umweltfaktoren f. das Zustandekommen kindl. R. M. J. Langeveld spricht v. „Formsystemen", auf deren Urgrund sich R. entwickelt. Die Religion der Umgebung des Kindes wäre ein solches Formsystem. J. Goldbrunner nennt den → Glauben des Kindes einen „Glauben in Teilhabe". Bes. Bedeutung kommt dem Vater (Gottesbeziehung in → Analogie o. Kontrast [F. Schneider] zur Vaterbeziehung) u. der Mutter (Th. Thun) zu. Merkmale kindl. R. sind: der → anthropomorphe Charakter rel. Vorstellungen, die Ichbestimmtheit rel. Erlebnisse u. →

Gefühle, eine „magische" Färbung der rel. Praxis, der Wunsch nach einer „handfesten" Moral u. nach einer heilen Welt, die Abhängigkeit v. rel. Formen der Umgebung, eine naive, unkritische Einstellung, eine starke Veränderlichkeit. Ko

Lit.: E. Nobiling, Der Gottesgedanke bei Kindern und Jugendlichen (1929). A. Burgardsmeier, Gott und Himmel in der psychischen Welt der Jugend (1951). M. J. Langefeld, Das Kind und der Glaube (1959). Th. Thun, Die Religion des Kindes (1959). R. Pohl, Die religiöse Gedankenwelt bei Volks- und Hilfsschulkindern (1968); W. Meiler, Grundformen u. Fehlformen der Religiosität u. Gläubigkeit des Kindes (1967).

Repetieren. Aus dem Lateinischen kommender u. heute selten gebrauchter Ausdruck f.: 1. Wiederholen einer Schulklasse durch einen Schüler. 2. Wiederholen eines Lehrstoffes durch den Lehrenden o. Lernenden. Ko

Repression. R. ist eine Beschränkung der menschl. Freiheit, die rational nicht zu rechtfertigen ist. — Im päd. Bereich ist bedenkenswert: Auch die → antiautoritäre Erziehung verhindert nicht R., da zwar frühere Formen v. R. abgebaut, aber neue, u. U. unbeabsichtigt, aufgebaut werden. Die Lösung des Problems stellt eine der → Freiheit des Menschen entspr. päd. Vermittlung dar: diese geschieht nicht allein im Rückzug des Erziehers, in der Abnahme der Fremd- u. der Zunahme der Selbstbestimmung, weil damit die Verfestigungstendenzen der (amtl.) Erziehungsinstanzen bleiben, welche neue u. mit technokrat. Totalitätsanspruch behaftete Fremdbestimmungen f. Erziehung u. Unterricht erlassen; zielführende Hilfe bietet die Besinnung auf die Kräfte der päd. Antizipation, d. h. das ständige Vorausbedenken der Folgen der einzelnen päd. Akte. Ro

Respondentes (reaktives) Verhalten. Verhaltensweisen, die durch Reize der Umwelt ausgelöst werden. Gegenteil: → operatives (operantes, instrumentelles) Verhalten. Die Unterscheidung geht auf B. F. Skinner zurück. Ko

Response → Antwort

Retardation. Verzögerung der Entwicklung im Verhältnis zur statist. eruierten Altersnorm. R. in best. Bereichen (→ Abstraktionsfähigkeit) kann gekoppelt sein mit → Akzeleration in anderen Bereichen (manuelle Geschicklichkeit, körperl. Reife). Ko

Retroaktive Hemmung → Gedächtnishemmungen

Revertitenunterricht. V. lat. revertor = ich kehre zurück. Sonderform der → Erwachsenenkatechese, welche sich an Menschen wendet, die die → Kirche verlassen haben u. sich um Wiederaufnahme bewerben. R. muß v. a. auf die Eingliederung in eine konkrete → Gemeinde abzielen u. darf sich nicht auf die notwendige → Vermittlung grundlegender → Wahrheiten beschränken. Taktvoll sind dabei Motive der Rückkehr zu klären u. zu festigen, sowie Vorurteile abzubauen. Überforderungen sind zu vermeiden. Es genügt die grundsätzl. u. implizite Bejahung der Kirche u. ihres → Glaubens. → Konvertitenunterricht → Erwachsenenkatechese Ko

Revolution. Umsturz der alten Ordnung u. Errichtung einer neuen. Faktoren: unhaltbarer Zustand, neue Ideen u. bewußte Träger. Echte R. als Fortschritt des

Menschen (Neuwerdung) tritt potentiell mit dem Christentum auf: Wandlung der → Gesellschaft v. Menschen her, der Mensch als Mitte der Gesellschaft, Humanisierung der Gesellschaft. Man unterscheidet soziale, polit., wissenschaftl., rel., gewaltlose u. gewaltsame R.n. Die Mittel der gewaltsamen R.: Unterminierung der Gesellschaft, Stoßtrupps im Untergrund, Verschleierung der Ziele durch demokrat. Parolen, „direkte" Demokratie als Anarchie, Basisgruppen, Infiltration usw. müssen im RU als solche herausgestellt werden (→ Subkultur). Bla

Rezipient. In der → kybernet. Pädagogik der Empfänger einer → Information (Schüler). Ko

Rhythmische Lieder. Wenig geglückte Bezeichnung f. Lieder, die ein wenig an → Jazz, → Beat, → → Schlager u. ä. erinnern; unpräziser Ausdruck, weil es doch Lieder ohne Rhythmus nicht gibt u. geben kann; auch stimmt die Begründung nicht, daß hier bes. der Rhythmus über das melodische Element dominiert! (→ Kontrafraktur). Besser: → Neue Lieder. Mu

Rhythmische Messe. Rhythmus = griech.: Wiederkehr des Ähnlichen in annähernd gleichen Zeitabständen, geregelter Wechsel, taktmäßige Gliederung. Rh. M. besagt eigentlich: rh. Lieder in der Messe, eine Vermischung v. → Jazz, Spiritual, Gospelsong, → Beat u. → Schlager, die dem europ. Musikempfinden angepaßt ist (uns fehlen fast immer die personellen u. instrumentellen Mittel, um reinen Jazz, Beat usw. zu spielen); in den Kirchen ist rh. M. vielfach auch eine Verschleierung, um die Dinge nicht beim Namen nennen zu müssen. Gegenüber unseren bisherigen Kirchenliedern liegt der Akzent eindeutig auf dem Rhythmus gegenüber der Melodie. Im Grunde geht es aber nicht nur um ein bißchen mehr Rhythmus in der Kirche, sondern um das Bemühen, den Gottesdienst im Ganzen, → Verkündigung wie Gotteslob, einheitlich v. der Botschaft her zeitbezogen zu gestalten. Daher ist der Versuch eines neuen Singens nur innerhalb der Erneuerung, Vertiefung u. Aktualisierung des gesamten Gottesdienstes zu sehen. Leider ist aber die rh. Musik sehr oft nicht eingebunden u. bleibt daher Fremdkörper. Im Zusammenhang mit dem II. Vat. Konzil können wir die rh. M. als das Bemühen des Christen ansehen sich nicht länger v. der heutigen Welt zu trennen, sondern mit ihr solidarisch zu leben u. die Jugend dort abzuholen, wo sie nun einmal ist (→ Jugendmesse) — u. das gerade auch musikalisch. Weder Orgel u. ehrwürd. Choral noch eine Band mit ihren modernen Instrumenten o. ein Song sind in sich würdig o. unwürdig. Ausschlaggebend ist allein der Mensch mit seiner Gesinnung, der mit seinem → Gott in Verbindung tritt. Bli

Rolle, soziale. Der Begriff der s.n R. ist der Bühnenr. → analog. Bei der Bühnenr. nimmt der Schauspieler vorübergehend das vorgegebene Verhalten einer erfundenen → Person an. Die s. R. verlangt aber, daß der Mensch die durch die → Sozialisation geübten Verhaltensweisens u. Regeln ständig befolgt. Jede R. ist daher mit best. Erwartungen verbunden: Muß-Erwartungen sind Pflichten, die unbedingt erfüllt werden müssen; Soll-Erwartungen führen über die reine Pflichterfüllung hinaus;

Kann-Erwartungen bedeuten zusätzliche Verhaltensweisen, die meist belohnt werden. Soziale Bedürfnisse u. Gruppenzugehörigkeit bestimmen jede s. R. Ku

Rollenidentifikation. Unter R. versteht man zunächst die Tatsache, daß der Mensch soziale → Rollen nicht nur spielt, sondern daß er sie faktisch *ausübt.* Die Identifikation ist am besten gelungen, wenn alle mit der Rolle verbundenen Erwartungen erfüllt werden. Je tiefer die einzelne Rolle in den Denk- u. Handlungsverlauf der Person eingebettet ist, umso besser gelingt die Identifizierung mit den mit den Rollen verbundenen Verhaltensweisen. V. *Rollenkonkordanz* spricht man, wenn mehrere Rollen sinnvoll so verbunden werden, daß keine → Rollenkonflikte entstehen. R. führt oft zur Ausbildung v. → Typen (z. B. der „ideale Lehrer"). Ku

Rollenkonflikt. In der Regel gehört der Mensch mehreren → Gruppen an. In jeder Gruppe spielt er eine best. soziale → Rolle. Je höher sein sozialer → Status in der Gruppe ist, umso mehr verlangt man v. ihm, alle mit der Rolle verbundenen Erwartungen zu erfüllen. Die mit den versch. sozialen Rollen verbundenen Erwartungen können aber gelegentlich in Widerspruch stehen. Einen solchen Widerspruch bezeichnet man als R. R.e werden in der Regel so gelöst, daß den Muß-Erwartungen der wichtigsten Rolle der Vorrang eingeräumt wird; die mit anderen Rollen verbundenen Erwartungen werden dagegen zurückgedrängt bzw. nicht erfüllt. Ku

RPE u. RPF = *R*el.päd. *P*rojekt-*E*ntwicklung bzw. *R*el.päd. → *P*rojekt-*F*orschung in Baden-Württemberg. Sammelbezeichnung f. zunächst (ab 1968) ev., später gemischtkonfessionelle Forschungsgruppen. → Projektgruppen, rel. päd.) Ko

Lit.: Reihe RPF u. RPE, Verlag Calwer-Kösel, München.

RPN = *R*el. päd. *P*rojektforschung im *n*orddeutschen Raum, getragen v. den rel. päd. bzw. kat. Instituten Loccum, Hamburg, u. Kiel. Zum Unterschied v. → RPF sind die Projekte nicht so sehr an → Lern*zielen,* sondern mehr an → Lern*prozessen* orientiert. Ko

Lit.: Reihe „Materialien u. Entwürfe zum problemorientierten RU" (ab 1968); Reihe „rp-Modelle" (ab 1971).

Rückkoppelung (Rückmeldung). → Information des Schülers über die Richtigkeit bzw. Unrichtigkeit seiner → Antwort. Integrierender Bestandteil eines → Lernschritts v. a. bei → Lernprogrammen. Durch die „Erfolgsmeldung" erfolgen eine Verstärkung (= reinforcement) des Gelernten u. eine → Motivation f. weiteres Lernen. R. ist bes. notwendig bei lernschwachen u. lernunwilligen Schülern. In der Erziehung wirkt negative R. (Tadel) so lange motivierend, als der Zögling Hoffnung auf „Erfolge" hat. Positive R. (Lob) sind nach vorangegangenem Tadel sofort nach kleinster „Besserung" des Verhaltens notwendig, sonst Eintreten v. → Frustrationen. Ko

Ruleg-Methode. Technik f. die Erstellung v. Lernprogrammen, nach welcher zuerst Begriffe o. Regeln (eng. rule) vermittelt u. dann durch Beispiele (engl. e. G. = z. B.) erläutert werden. → Deduktion → Egrul-System → Programmierter Unterricht Ko

ABBILDUNG 18: **Projektionsentfernung**

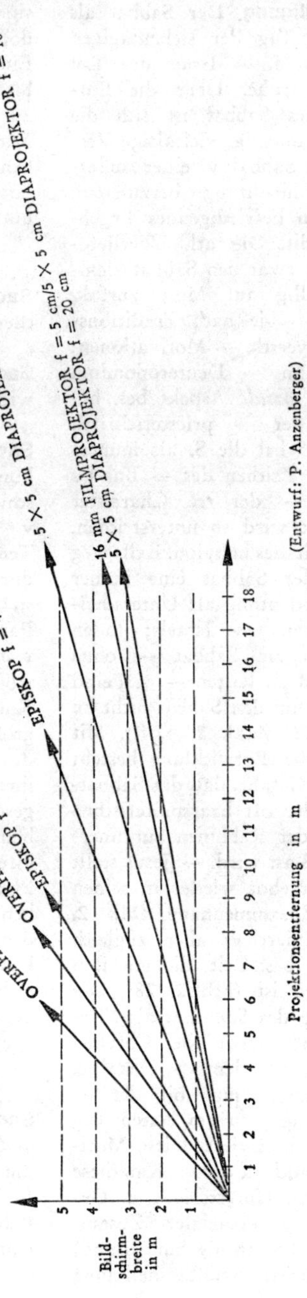

Sabbatheiligung. Der Sabbat als der letzte Tag der siebentägigen Woche war f. → Israel der Tag der Arbeitsruhe. Über die Entstehung des Sabbat ist sich die Forschung uneinig; vielfältige Versuche, den Sabbat v. einer außerisraelit. Einrichtung herzuleiten, haben kein befriedigendes Ergebnis gebracht. Die atl. Überlieferung führt zwar den Sabbat ziemlich einhellig auf Mose zurück, gibt aber — je nach Traditionsschicht — versch. → Motivationen: So wird im → Deuteronomium meist der *soziale* Aspekt bes. betont; in der → priesterschriftl. Tradition wird die S. als immerwährendes Zeichen des → Bundes aufgefaßt — der *rel.* Charakter des Sabbat wird so unterstrichen. V. der Zeit des babylon. Exils weg gewinnt der Sabbat eine immer größere Bedeutung als Unterscheidungsmerkmal → Israels; Juden lassen sich am Sabbat — ohne Widerstand zu leisten — v. Feind töten, nur um den Sabbat nicht zu schänden (1 Makk 2, 37 f.). Mit fortlaufender Entwicklung besteht jedoch die Gefahr, daß das Sabbatgebot in der oft haarspalterischen Kasuistik der Rabbinen zur unerträglichen Last wird. → Jesus stellt das Sabbatgebot wieder in seinen sozialen Zusammenhang (Mk 2, 27), relativiert es aber zugleich wegen der bes. Zeit, die mit ihm angebrochen ist (Mk 2, 28). Die Einführung des *Sonntags* als „Tag des Herrn" durch die Christen wurde nie mit dem → Dekalog, sondern immer nur mit der → Auferstehung Jesu am ersten Tag der Woche motiviert. Diese Motivation ist auch in der → Katechese zu beachten. Unterschiede u. Gemeinsamkeiten (sozialer Zusammenhang, Bekenntnis zum Bund) v. S. u. christl. Sonntagsheiligung sind spätestens ab der → Sekundarstufe I bewußt zu machen. Eine Einengung der Sonntagsheiligung bloß auf Ruhe u. Verpflichtung zur Eucharistiefeier leistet einem Minimalismus Vorschub. Anzustreben ist vielmehr ein den ganzen Sonntag u. den ganzen Menschen umfassendes Verständnis.

Schr/Ko

Sachkunde Religion → Katechese

Sachliche Heteronomie → Entwicklung, moralische

Sadduzäer. Die S. bildeten die konservative polit. u. rel. Oberschicht des jüd. Volkes v. 2. Jh. v. Chr. bis zur Zerstörung des Tempels 70 n. Chr. Ihr Name dürfte sich v. Zadok (Hoherpriester unter Salomon) herleiten. Als Partei der Priester u. der Tempelwache, mit dem Rückhalt bei den wohlhabenden Landbesitzern u. Kaufleuten, hatten die S. zwar großen Einfluß auf die Führung des Landes, waren aber wegen ihres starren Festhaltens nur am geschriebenen → Gesetz des Mose beim Volk nicht so beliebt wie ihre schärfste Gegenpartei, die → Pharisäer. Die S. lehnten den Glauben an eine → Auferstehung v. den Toten u. die → Unsterblichkeit der Seele ab, da Mose davon nichts gesagt habe. Im → N. T. begegnen die S. v. a. am Ende des Weges Jesu: Mt 22, 23—33 par. → Judentum → Israel Schr

Sadismus. Gemeint ist die *gegen andere* gerichtete → Aggression, die an der Qual der anderen, an → Repression u. Zwang zur Entladung kommt. Der Name S. lehnt sich an Marquis de Sade an, der diese Form der Aggression in seinen Schriften demonstriert. (Rel)päd. relevant wird S. als Element der Ausübung v. → Macht zw.Lehrern u. Schülern (Schülern u. Lehrern, Schülern u. Schülern, Lehrern u. Lehrern). Ein Gegengewicht gegen S. (u. → Masochismus) bildet das → Liebesgebot mit seinem Gleichgewicht zw. Selbst- u. Nächstenliebe u. den darin gegebenen Möglichkeiten der → Sublimierung. Hi

Säkularisierung. S. (oft synonym mit Säkularisation u. Säkularismus verwendet) ist zuerst einmal ein *soziol.* Begriff, der v. M. Weber u. E. Troeltsch verwendet wurde, um den Übergang v. einer rel. Weltsicht zu einer rationalen zu bezeichnen (S. ist bei Weber Folge der „Entzauberung der Welt" u. S. des Staates bei Troeltsch „die wichtigste Tatsache der modernen Welt"). Da es bei diesem Übergang naturgemäß auch um eine Umstrukturierung v. Machtverhältnissen ging, nahm die Bewegung der S. immer wieder kämpfer. Formen an, die Einseitigkeiten provozierten (Enteignung der → Kirche, → Emanzipation v. Religion u. Kirche usw.). — S. als *theol.* Begriff entspringt dem christl. → Glauben, insofern dieser die rel. Zwänge zerbricht u. den Menschen zur → Freiheit erlöst (vgl. u. a. Gal 4,1 ff.9 ff; Kol 2,8 ff). Freigeworden v. der Knechtschaft der → Welt, wird der Mensch befähigt, die zu ihrer (gottgewollten) Weltlichkeit befreite Welt zu verantworten (→ Weltdienst). Diese u. a. v. F. Gogarten formulierte theol. Begründung v. S. hat vielfache Konsequenzen, die die Struktur christl. Existenz entscheidend zu ändern vermögen (→ Spiritualität). J. B. Metz sieht in dem global erfahrbaren Verweltlichungsprozeß ein christliches Ereignis, „die Stunde Christi in unserer Weltsituation". — Eine solche Sicht der Dinge bedingt ein tiefgehendes Umdenken, eine Differenz zw. Religiosität u. gläubiger Existenz, Mut zur Emanzipation v. vermeintlich christl. Kirchlichkeit, die in Wirklichkeit nichts anderes ist als rel. Zwang, v. dem uns Christus befreite. — Im RU dürfen die jungen Menschen nicht in ein überholtes rel. fundiertes → Weltbild eingeübt werden, sondern müssen instand gesetzt werden, als säkularisierte Menschen die ihnen zugedachte Rolle mündiger → Verantwortung zu übernehmen. → Mündigkeit → Kritisches Bewußtsein. **Hi**

Sakral-profan. Die Urkirche hat sich v. allen heidn. S.formen distanziert u. selbst keine eigenen entwickelt. Sie verstand sich vielmehr als brüderl. Gemeinde, in der jeder durch → Jesus Christus Zugang zum Vatergott hat. Man faßte das ganze Leben als „geistigen Gottesdienst" auf (Röm 12,1) u. verstand etwa die kirchl. Amtsträger als Menschen, die in der → Gemeinde Funktionen ausfüllten, Dienste leisteten u. ihrer Begabung (→ Charisma) entsprechend „f. andere da" waren. So gesehen, bedeutet Christus das Ende des S.n u. damit auch des P.n — weil durch den Wegfall des einen die Unterscheidung hinfällig geworden ist. — Im Laufe der Geschichte der → Kirche kam es (durch Institutionalisierung u. Religionisierung) zu vielen Rückfällen (ihren Niederschlag finden sie bereits in ntl. Schriften, vgl. z. B. Mt 18,17) u. Rückgriffen auf die bewährten

S.formen, die man als Ausdrucksformen des Glaubens nicht entbehren zu können glaubte. Mit den Formen kehrte auch die alte Geistigkeit in die Kirche zurück u. wurde (u. wird) gegen das Neue des Christentums ausgespielt. Gw. befinden wir uns in einer Phase großer Auseinandersetzungen, weil der Prozeß der → Säkularisierung u. seine theol. Aufarbeitung konsequenterweise zu Entsakralisierung geführt hat, die oft als Abbau zentraler christl. Inhalte empfunden wird. Der Rel.lehrer müßte in kluger Weise bei der Gestaltung der rel. Feiern (→ rel. Gesten, Atmosphäre, → Brauchtum usw.) die Differenz s.-p. vermeiden, die sich ja bis in die Terminologie („Profanfächer") ausgewirkt hat.

Hi

Sakramentenlehre im RU. Echte Glaubensführung ist immer auch Erziehung zum sakramentalen Leben, u. richtige Sakramentenerziehung (durch Einübung u. Belehrung) setzt eine gediegene *theol. Begründung voraus:* Christus hat durch seine → Menschwerdung prinzipiell alle menschl. Grundsituationen, v. a.: Geburt, Reifung u. Eintritt in den Beruf, Hunger, Schuld, Eheschließung, Grunderfahrung menschl. Gemeinschaft, Krankheit u. Tod, bejaht, u. dadurch sind sie → Zeichen der treuen → Liebe → Gottes geworden. Durch sein Leben u. Sterben ist Christus selber das größte Heilszeichen Gottes f. die Menschen geworden, das → Ursakrament. Die Grundfunktion der → Kirche ist es, das in Christus geschenkte → Heil in den einzelnen Grundsituationen gläubiger menschl. Existenz durch die Spendung der → Sakramente (→ Taufe, → Firmung, → Eucharistie, → Buße, → Ehe, → Priesterweihe u. → Krankensalbung, die dadurch selber zu Heilszeichen werden) konkret zu verwirklichen, damit dem Menschen die fundamentalen Aufgaben, die ihm aus seinen Grundsituationen erwachsen, gelingen. — F. die S. im RU sind daher folgende Thesen zu beachten: Sakramente haben 1. einen *menschl. Charakter:* Sie sind spez. Realisationen des menschl. Lebens; 2. einen *personalen Charakter:* Sie setzen den Glauben als Disposition o. als Exposition (→ Kindertaufe) voraus; 3. einen *ekklesiolog. Charakter:* Sie vergegenwärtigen das Heil durch die Kirche, f. sie u. in ihr.

Meth. Hinweise: Die S. im RU wird nicht das Sakrament zum Ausgangspunkt machen (→ deduktives Verfahren), sondern den existentiellen Erfahrungsbereich des Kindes (→ induktives Verfahren). Sie wird dann über versch. Formen der Glaubenseinübung u. der vorliturg. Prägung die Sinnhaftigkeit des kirchl. Tuns erschließen (Sinneröffnung) u. so allmählich zum theol. richtigen Erfassen der Sakramente führen (Wesensverständnis).

Nou

Salbung. Die heilende (Medizin), schützende (Sonnenöl), verschönende (Kosmetik) Wirkung der S. wird heute utilitarist. erfahren im Ggs. zur → symbolhaften Auffassung der Bibel, nach der Salböl tief in den Menschen eindringt, Kraft, Freude u. Schönheit (Ps 109,18) gibt, Zeichen der Ehrerbietung, Weihe, Heilung u. messian. Sendung Christi ist. Dessen → Wort ist Salböl (Chrisma), das unter dem Einfluß des Hl. → Geistes durch den → Glauben in uns eindringt (Joh 14,26; 1 Joh 2,27). S. im liturg. Bereich ist auf dem Hintergrund der bibl. Symbolik zu erschließen. Anregungen dazu: Weihepräfation der Ölweihe. → Liturgiekatechese → Taufe → Firmung Ko

Lit.: X. Léon-Dufour, Wörterbuch der bibl. Botschaft (1964).

Satan. 1. *Die Hl. Schrift* verzichtet auf eine eigene Dämonologie, was bezeichnend ist u. respektiert werden muß. Im A. T. bedeutet das Wort S. im allgem. Widersacher; speziell meint es damit den, der im Gericht die Funktion des Anklägers übernimmt. So begegnet in Ijob 1 u. Sach 3,1 ff S. als himml. Ankläger der Menschen vor → Gott. Erst das Spätjudentum hat die bewußte Zurückhaltung der Bibel gegenüber volkstüml. u. heidn. Dämonenvorstellungen weithin aufgegeben. Im N. T. werden die atl. Vorstellungen weitgehend übernommen. Bezeichnend aber ist, in welchen Zusammenhängen das N. T. v. S. spricht: um die Erlösungbedürftigkeit des Menschen auszudrücken, um das Heilswirken Christi zu veranschaulichen u. um die Erfahrungen u. Gefahren des christl. Gemeindelebens zu deuten. — S. ist zwar der große Feind Gottes u. der Fürst dieser → Welt (Joh), aber nicht mehr wie bisher eine unbewältigte Größe: er muß vor → Jesus u. seinem Reiche weichen. Deshalb ist Jesus als Exorzist aufgetreten. Obwohl die Macht S.s durch den Tod Jesu grundsätzlich überwunden ist, dauert sein feindl. Wirken noch an. Negative Vorfälle, die das Ansehen der Gemeinde schmälern, werden gern auf seinen Einfluß zurückgeführt (Mk 4,15; Apg 5,3 u. a.). Paulus sieht S. am Werk in fleischl. Versuchungen (1 Kor 7,5), in unbarmherziger Härte (2 Kor 2,11) u. in seinen judaist. Gegnern (2 Kor 11, 13 ff). — 2. *Dogm.:* Es ist kirchl. → Dogma, daß der S. nicht ein ungeschaffenes böses Prinzip ist, sondern als guter Engel v. Gott geschaffen wurde (4. Laterankonzil). Über die Art der Engelsünde hat sich das Lehramt nie autoritativ geäußert. Bei der Beurteilung der bibl. u. der christl. Überlieferung sind zwei Extreme zu vermeiden: Manches an den Aussagen gehört sicher zum antiken → Weltbild, so daß nicht alles als Tatsache genommen werden muß. Andererseits kann man aus der richtigen Erkenntnis, daß man heute vieles, was früher den Dämonen zugeschrieben wurde, aus natürl. (Unwetter) o. psychischen (gew. Krankheitssymptome) Ursachen erklären kann, nicht schlechthin die Existenz u. Wirksamkeit dämon. Mächte leugnen. — 3. *Volkskundl.:* Im MA. verbindet sich der antike Dämonenglaube mit der nord. Mythologie, deren Göttergestalten jetzt zu Teufeln werden mit schrecklichem Aussehen u. schädlichem Wirken. Mit versch. Segnungen u. Exorzismen wendet sich die → Kirche gegen sie. Besond. verbreitet ist die Darstellung des S. als Mensch mit Bocks- o. Pferdefuß, mit Schwanz u. Hörnern. Diese Gestalt begegnet uns heute als „Krampus“, der vielfach noch als Kinderschreck verwendet wird. 4. *Rel. päd.:* Aufgrund des bibl. Befundes besteht kein Anlaß, die Lehre v. S. in der → Verkündigung in den Vordergrund der → „Hierarchie der Wahrheiten“ zu stellen, wie dies manchmal der Fall war. Denn das f. den christl. Daseinsvollzug Entscheidende kann auch ohne eine ausdrückl. Lehre v. S. ausgesagt werden, wie die großen → Glaubensbekenntnisse, in denen S. nicht genannt wird, zeigen. Wo S. ein selbständiges Thema der Verkündigung wird, entstehen Angst, Furcht u. Unsicherheit. Lasten werden auferlegt u. nicht abgenommen. Die Lehre v. S. u. den „Mächten u. Gewalten" soll darauf aufmerksam machen, daß der o. das → Böse in der Geschichte eine unheimliche, „übermenschl." Macht darstellt, die sich nicht wegdiskutieren läßt u. darum auch nicht verharmlost werden darf. → Engellehre Fi

Schallplatte. Auditives u. vielseitig einsetzbares → Medium, dessen Vorteile gerade in seiner „Einsinnigkeit" liegen. Es werden Hörspiele, Lieder, Vorträge usw. auf Schallplatten angeboten. Gegenüber dem Tonband ist die Aufnahmequalität meist hochwertiger. Diskothek u. Stereoanlage zählen heute zur Grundausstattung v. Schulen, Jugendheimen u. Gemeindezentren. Ko

Lit.: F. Laubscher — J. Fischer, Die Schallplatte in Kirche und Schule (1969); Zeitschrift Schallplatte und Kirche (6× jährlich als Beiheft zu „Musik und Kirche", Bärenreiter-Verlag, Kassel).

Schamhaftigkeit. S. kann allgemein als Ehrfurcht vor der → Person u. deren → Intimbereich bezeichnet werden u. ist grundsätzlich v. → Keuschheit zu unterscheiden. Diese Intimsphäre umfaßt nicht bloß körperl. o. geschlechtl. Zonen, sondern das jedem Menschen eigene Schamgefühl schützt auch den seel., geistigen u. rel. Bereich. Im Widerspruch zur S. steht folglich alles, was die eigene u. die Person des anderen in ihrer Würde verletzt o. gefährdet; Schamlosigkeit bedroht den Selbstwert des Menschen. Unnatürl. S. kann zur Prüderie werden, wenn alles Leibliche u. Geschlechtliche als schlecht u. unehrbar abgetan wird. Wenn auch das Schamgefühl zum menschlichen Wesen gehört, so unterliegen doch die Grenzen des Intimbereichs im einzelnen dem Wandel der Zeit u. können nach Kulturen u. Rassen verschieden sein. Durch die Nichtbeachtung der Scham im geschlechtl. Bereich würde die Sexualität nur zum körperl., konsumierbaren Ablauf gestempelt u. in ihrem ganzheitl.-personalen Charakter verkannt. Erziehung zur S. darf nicht mit einer Begriffserklärung beginnen, sondern wird sinnvollerweise beim Bedürfnis der → Pubertierenden ansetzen, ihren persönl. Bereich (vgl. Briefe, Tagebuch, Telefongespräche usw.) vor Übergriffen Fremder geschützt zu wissen. Lei

Schicht, soziale. Mit Beginn der modernen empir. Sozialforschung setzen Versuche zur Differenzierung der Bevölkerung nach s. Sch.n ein. Eine Klärung dieses Begriffes ist v. a. Renate Mayntz 1958 gelungen, die als s. Sch. eine „größere Bevölkerungsgruppe" bezeichnet, „die sich gemeinsam in einer durch obj. Faktoren bestimmten u. ihre Lebenschancen u. Lebensweisen entscheidenden Lage befindet u. die überdies gegen andere Bevölkerungsgruppen so abgegrenzt ist, daß sich ein Übereinander der einzelnen Schichten ergibt." Zu den Merkmalen, die f. eine Einstufung in eine s. Sch. maßgeblich sind, zählen: Beruf, Einkommen, Schulbildung u. Prestige. Die s. Sch. kann daher auch als eine Konstellation aus sozialen, ökonom. u. kult. Merkmalen aufgefaßt werden. Einzelnen Merkmalen wird in der prakt. Forschung unterschiedl. Bedeutung zugemessen; an entscheid. Stelle f. die

Zugehörigkeit zu einer best. s. Sch. steht in der industr. → Gesellschaft der Beruf. Begriffe wie Ober-, Mittel- o. Unter-S. stellen keine Werturteile dar. Trotz gesellschaftl. Nivellierung, die sich in der Angleichung v. s. Sch.n zeigt, ist der Zugang zur höheren Schulbildung vorwiegend vom sozialen → Milieu der → Familie abhängig. Ku

Schicksalsanalyse. Eine v. L. Szondi begründete Richtung der → Tiefenpsychologie, die einen umstritt., erbbedingten Wahlzwang postuliert: Partnerwahl, Berufswahl, Todesart u. a. seien durch Familiär-Unterbewußtes determiniert. Ko

Lit.: W. Lauer, Glaube u. menschl. Schicksal. Zum Glaubensverständnis der Schicksalsanalyse Szondis, in: J. Gründel/ V. Eid, Humanum (1972).

Schizophrenie → Psychose

Schizothym → Typenlehre

Schlaffe Lähmung. Körperbehinderung mit Erschlaffung der Muskeln, etwa nach Kinderlähmung. Dadurch tw. o. totale Bewegungsbehinderung. → Sonderschule → Körperbehinderte, Katechese bei Ko

Schlager. Das Wort wurde 1881 in der Journalistik f. zündende, einschlagende Melodien in der Zeit des Walzerfiebers verwendet, ist heute durch die ungeheure Verbreitung mit Hilfe der → Schallplatte u. des Rundfunks zum Produkt einer eigenen Industrie geworden (→ Popmusik → Beatmusik). Breites Hörerpublikum des Rundfunks will ja nur „Reize genießen" u. meint, Kunst zu erleben — genauso wie der Konsument v. Trivialliteratur. Geschickte Werbeslogans d. Sch.industrie: „f. lebensbejahende Liebhaber flotter Musik", „f. unbestechl. Rebellen, die sich über die finsteren Tabus vergangener Zeiten hinwegsetzen", „f. moderne, junge, aufgeschlossene Menschen" u. ä. Durch diese Zugriffe der Industrie wird die krit. Wechselintegration (Vorgang zur Unterscheidung zw. Gefühlstönung u. Realitätsgehalt der Erlebnisse) — eine der wichtigsten Aufgaben der Heranreifenden —, hintangehalten bzw. verdrängt; Jugendl. müßten trennen lernen zw. zugemuteter Lusttönung u. realen Umständen u. der Person des Lustvermittlers; ein wesentl. Bestandteil der → Bildung! Vorliebe der Sch.produzenten f. fremdsprachl. Texte, weil Realitätsferne angestrebt wird. Alltagsworte, Muttersprache, Alltagsrealitäten stören die Selbstvergessenheit (→ Beatmusik). Sch. ist also kein musikal. Kunstwerk (auch nicht musikal. Kleinkunst!), sondern dienen nur der „Unterhaltung", dafür „sorgt" die Industrie, die unsere freie u. persönl. Freizeitbetätigung unter oft unbewußten Konsumzwang stellt; an erster Stelle steht der Umsatz, nicht das Niveau, so muß der Sch. der Seelenlage des Normalverbrauchers entsprechen, Sch. liefern daher ein raffiniert sentimentales Erlebnisschema: Liebe, Treue, Heimweh, Mondschein, Prärie, Hawaii usw., alle Empfindungen werden schablonisiert, oft textl. Plattheit wegen plumper Reime, mit aufdringlicher Sentimentalität überzuckert, effektvoll aufgeputzt u. manchmal rhythmisch reißerisch verpackt. Bedenklich f. Erzieher (Rel.lehrer), daß der Jugendl. durchschnittl. die Hälfte des Taschengeldes f. Sch.-platten ausgibt. Die Gefährlichkeit des Sch.hörens ist nicht durch pauschale → Askese zu lösen, Reduzierung des Konsums nur durch Unterscheidung v. „schlechter“ u. „guter“ Sch.: nicht bei ästhetischer Qualität anfangen, sondern bei der Funktion, damit die kostbare Kraft der Hingabefähigkeit nicht am ungeeigneten Objekt verbraucht wird u. die Kraft des Engagements unkontrolliert verströmt; der Jugendl. verliert sonst mit der Zeit die Fähigkeit, irgend etwas genau anzuhören, alles wird gleichgültig, die Werte werden neutralisiert; dadurch kein Interesse u. auch keine Beteiligung beim Singen im Gottesdienst. — Immer wieder Versuche, Jugendliche auf dieser „Wellenlänge“ anzusprechen, Versuche, die Sch. zu „taufen“ (→ (rhythm. Lieder) z. B. in Frankr.: rel. Chanson: P. Duval, P. Cocagnac u. a.; Italien: kath. Erneuerungsbewegung „La Pro Civitate Christiana“; Belgien: Soeur Sourire; Schweiz: Kapl. Flury; Deutschl.: v. a. Evang. Akademie Tutzing; alle wollen mit diesen Liedern u. geistl. Texten zuerst junge Menschen ansprechen u. eigentlich nicht neue gottesdienstl. Lieder schaffen (→ Kirchenmusik).

Mu

Lit.: Lothar Zenetti, Heiße (W)Eisen (1966).

Schöpfung. Israel mußte sich schon sehr früh mit den versch. Sch.smythen (→ Kosmogonie, → Weltbild, altoriental. → Weltbild, antikes) seiner Umwelt auseinandersetzen u. kam so v. seiner Urerfahrung des machtvollen Wirkens → Jahwes in der Geschichte zur theol. Reflexion über die Beziehung Jahwes zur Natur. Einen Höhepunkt findet diese (immer bekennend u. verkündend betriebene) Spekulation im sog. Sch.shymnus der → Priesterschrift, Gen 1,1 — 2,4 a (→ Urgeschichte), wo die → Welt als Werk Gottes (hebr. bara = schaffen, singulär v. Gott ausgesagt) gepriesen wird (Sechstagewerk). Der älteste Sch.sbericht ist der des → Jahwisten (Gen 2,4 b — 24). Darüber hinaus gibt es viele Stellen, die eine Entwicklung des Sch.sgedankens erkennen lassen, die aber zugleich klarmachen, daß die Sch.stheologie nur einen sehr peripheren Ort im gesamten theol. Denken des A. T. beanspruchen kann (Gen 14,19; Ps 74,13; Ps 104; Spr 3,19 f; Jes 43,1 f; Jes 54,5; 2Makk 7,28). — Die scheinbar mythol. Stellen erweisen sich bei näherem Zusehen als → Bilder (im Sinne des Aufgreifens bekannter Vorstellungen, das aber v. der zugrundeliegenden Theologie her als → Verfremdung des urspr. damit Gemeinten zu verstehen u. also auch zu interpretieren ist).

Im N. T. wird die atl. Sch.svorstellung weitergeführt: → Jesus Christus ist der Sch.smittler u. zugleich derjenige, der die „neue Sch.“ heraufführt (→ Erlösung) u. selbst ist (Gal 6,15; Offb 21,5). Er offenbart den Schöpfergott als seinen Vater u. orientiert die Sch.stheologie in Richtung → Vollendung (→ Eschata), so daß auch hier die Sch.saussagen kaum naturwiss. Relevanz haben ... Sch. ist heute insofern ein umstrittener Begriff, als die Bibelwissenschaft deutlich gemacht hat, daß die bibl. Sch.saussagen nicht als naturwiss. Aussagen interpretiert werden dürfen. Sie vermitteln nicht naturwiss. Erkenntnisse, sondern setzen das alte Weltbild voraus u. verkünden in dieser → Sprache die Gottverbundenheit, Geschöpflichkeit u. Sinnhaftigkeit (Zukunft) der Welt. Theol. bringt die Verwendung des Begriffes Sch. zum Ausdruck, daß Gott permanent an der Welt u. in ihr handelt. In diesem Sinne bedeutet Sch. auch oft eine theol. Chiffre f. die Einheit bzw. Aufeinanderbezogenheit der Wirklichkeit Gottes u. der Welt (→ Immanenz — Transzendenz → Dualismus → Verobjektivierung → Weltanschauung → Theozentrik).

Hi

Lit.: A. Baum, Art. „Schöpfung" in: Praktisches Bibellexikon (1969); G. Hierzenberger, Die Botschaft Jesu von der einen Wirklichkeit, in: H. Bartsch (Hsg.), Probleme der Entsakralisierung (1970); G. Altner, Art. „Schöpfung", in: TL Rel. u. Theol. (1971).

Schöpfungsbericht → Urgeschichte

Schreibprojektor, Schreibbildwerfer → Overheadprojektor

Schülergespräch. Ein „demokrat". Unterrichtsverfahren, in dem das → Gespräch planmäßig u. gezielt gepflegt wird. Im *„freien Sch."* (E. Höller) sind Schüler u. Lehrer gleich beteiligte Partner. Der Kommunikationsfluß zirkuliert hier primär auch unter den Schülern. Voraussetzung dafür sind in der Klasse gepflegte u. v. ihr akzeptierte Gesprächsregeln (Es spricht immer nur einer! u. a.) sowie ein partnerschaftl. Klassenklima, in dem jeder ebenso gewissenhaft zu schweigen wie verantwortlich zu reden lernt. Liegt in einer Klasse die Gesprächsführung einseitig beim Lehrer u. dominiert der Kommunikationsfluß dadurch vorwiegend zw. ihm u. einzelnen Schülern, so spricht man v. (gebundenem) *Unterrichtsgespräch.*

Ko

Lit.: A. A. Bellack, Die Sprache im Klassenzimmer (1972); G. Priesemann, Zur Theorie der Unterrichtssprache (1971); D. Spanhel, Die Sprache des Lehrers (1971); E. Höller, Theorie u. Praxis des Schülergespräches (1. Aufl. 1949).

Schulalter = Entwicklungsabschnitt v. 6; 5—12; 0, in der klassischen Entwicklungspsychologie als „reife Kindheit" bezeichnet. Wird v. einer Krisensituation um das 6. Lj. eingeleitet, während der es zur Ausprägung der typischen Schulkindform kommt (→ Erster Gestaltwandel nach W. Zeller). Das körperl. Wandlungsgeschehen wird v. den f. eine Krisenzeit charakterist. Erscheinungen begleitet, wobei sich die psychische Labilität bes. im schwankenden Selbstwertgefühl äußert. Allmählich treten neue Verhaltensformen auf. Es kommt zu einem inneren Experimentieren, die Ich-Gebundenheit der Leistung wird erkannt, das Kind wird sich seiner Innenlenkung bewußt. Durch die damit verbundenen neuen Erlebnisse wird es zunächst verunsichert, verliert seine Unbekümmertheit, gelangt aber schließlich zu Selbstsicherheit u. Aufgabenbewußtheit. Das Kind gewinnt eine sachl. Einstellung der → Welt gegenüber, gekoppelt mit großem Vertrauen in sie u. ihre Gesetzmäßigkeiten. Dieser zunächst naive, später dann kritische Realismus soll f. die gesamte reife Kindheit kennzeichnend bleiben. Gesetzmäßigkeiten u. Ordnungsprinzipien werden erahnt, Sachzusammenhängen wird nachgespürt, der Drang nach Erweiterung des Wissens u. Verständnis f. Gesetz u. Regel sind vorhanden. Das Kind nimmt eine analysierende Haltung seiner Umwelt gegenüber ein u. macht große Fortschritte in der Intelligenzentwicklung. Im siebenten Lj. kommt es im körperl. u. seel. Bereich zu einer Beruhigung u. Stabilisierung des Neuen. Freilich ist der Siebenjährige in vielem ein Anfänger. Er muß sich erst im neuen Raum-Zeit-System der Schule zurechtfinden, ist noch nicht allzu weit im Verbots- u. Gebotsgehorsam u. in der Gruppenbildung, braucht viel Zeit f. die Aufgaben u. bedarf der geduldigen u. liebevollen Führung durch den Erwachsenen. Die Tendenz zur → Perseveration (Gefahr des Trödelns) u. zum Mechanisieren, sowie die große Übungswilligkeit können dem Lernen zugute kommen. Sie ermöglichen eine Stillbeschäftigung u. das Anlegen eines Wissensschatzes durch Auswendiglernen. — Das 8. u. 9. Lj. sind durch das Bestreben, die Familienbindung zugunsten einer Kumpanenschaft mit Gleichaltrigen zu lockern, besonders gekennzeichnet (soziale Verselbständigung). — Die Kinder sind nun robuster, kräftiger geworden, die klare Schulkindform ist erreicht. Trotz des einsetzenden Wunsches nach Distanz v. den Erwachsenen u. der Ablehnung jeglichen Patronisierens ist eine erstaunl. Bereitschaft, den Eltern — bes. der Mutter — zu helfen, vorhanden. Weitere Kennzeichen dieser Altersstufe sind: Perfektionsstreben im → Spiel u. im Lernen, Sammlerleidenschaft, Forscherdrang, Expansionsstreben (Robinsonalter), Außenweltzuwendung, Mut, Geschicklichkeit, Geschäftigkeit, moral. → Realismus u. erste Versuche krit. Haltung. Im Spiel sind die Kinder nun keine schlechten Verlierer mehr. Immer besteht der Wunsch, gemeinsam mit Gleichaltrigen unbeaufsichtigt v. Erwachsenen etwas zu unternehemen. In der → Gruppe wird eine erste Rangordnung erstellt. Dem Lehrer gegenüber bestehen nun weniger emotionelle Bindungen, Gerechtigkeit u. Können finden Anerkennung. — Auf der Höhe der reifen Kindheit (10.—12. Lj.) gewinnen alle bisher geschilderten Verhaltensweisen an Deutlichkeit. Die Kinder sind mit sich u. der Welt zufrieden. Ihr körperl. Wohlbefinden u. ihre seel. Ausgeglichenheit zeigen sich in „genießerischer“ Lebenshaltung, Welteroberungsstimmung u. außerordentl. Liebenswürdigkeit. Sie besitzen ein gutes Verhältnis zu ihrer Umwelt; klare Verbote u. Abmachungen werden respektiert, ja sogar gewünscht. (Sollformen, feste Gewohnheiten bedeuten eine Entlastung.) — Besonders Mädchen sind ihren jüngeren Geschwistern sehr zugetan u. stellen eine wertvolle Hilfe f. die Mutter dar. Kinder dieser Altersstufe lieben Gerechtigkeit u. schätzen fachmännische Beratung. Sie sind immer bereit, dem Ruf der Gruppe zu folgen („Pfadfinderalter“). Beim Spiel, aber auch bei Heimabenden entwickeln sie viel Initiative u. große Aktivität. In der Gruppe lernen die Kinder → Führen u. Sich-einordnen. Ihre Tapferkeit kann sich bis zu bedenkenlosem Draufgängertum steigern. Die Angst wird in solchen Situationen geradezu genossen; Goldbeck spricht v. der sog. Wonneangst. Tischmanieren u. Reinlichkeit werden nicht sehr hoch geachtet. Allmählich kann man eine Distanzierung vom anderen Geschlecht beobachten. Buben u. Mädchen verstehen sich nicht mehr gut, ihre Interessen gehen in versch. Richtungen. Buben sind an den Gesetzlichkeiten der Natur u. Technik interessiert, Mädchen bereits an mitmenschl. Beziehungen. Si

Schulbibeln. Die Schulreform unter Maria Theresia brachte u. a. auch eine folgenschwere Neuerung des → Bibelunterrichts: dieser sollte eine zusammenfassende Schau der → „Heilsgeschichte" bieten; eigens dafür zusammengestellte „bibl. Geschichten". Sch. sollten diese Aufgabe leisten. So wurde aus dem Bibelunterricht „Biblische Geschichte". Der größte Nachteil all dieser Sch. war die Tatsache, daß sie keine Rücksicht auf die versch. literar. Gattungen der Heiligen Schrift nahmen: was v. der urspr.-bibl. Intention u. Gattung her bildhaft gemeint war, wurde als reale hist. Wirklichkeit dargestellt; was sich nicht in Erzählform darbot, wurde weitgehend ausgelassen. Mit dem Aufkommen der modernen → hist.-krit. Forschung wurde diese Art der Darbietung des bibl. Stoffes in eine schwere Krise gestürzt, was vielfach zu einem gettohaften Rückzug der kath. Bibelforschung u. -bewegung vor der histor. Fragestellung führte. Dieses Mißverständnis des Historismus ist auch heute noch nicht ganz überwunden (z. B. Die bibl. Geschichte v. Stefan Andres!). — Eine deutliche u. bewußte Gegenposition wurde durch die Bibelbewegung u. Kerygmatik in Deutschland eingenommen. Durch die Ablehnung paraphrasierender Nacherzählung (→ Paraphrase) u. Forderung nach Texttreue wird die „Bibl. Geschichte" zur „Schulbibel". Allerdings haften auch diesen Sch. Mängel an: so wird z. B. ein Ideal dieser Bewegung, in der Sch. eine verkürzte Summe der bibl. Bücher — aus jedem Buch etwas — darzubieten (Reich-Gottes-Bibel), dem Verständnis der Schüler f. die literar. Gattungen wiederum nicht gerecht.

Möglichkeiten, dem entgegenzuwirken, sind Sch., deren Stoff konsequent mit Blick auf die Verstehensmöglichkeiten der Schüler ausgewählt wird o. der → Bibelkatechismus. Schr

Schuld — Sünde. Wie echte Sittlichkeit kein Paragraphenkodex sein kann, so sind Sch. u. S. kein simpler Verstoß gegen Vorschriften. Sittlichkeit ist bewußt-freies Gestalten der menschl. Existenz, um das → Gute als Wohl zu erreichen. Was gut ist, liegt in der → Wirklichkeit (im Menschen selbst, z. B. Erkenntnis u. → Willen, in der Ordnung der → Natur) vorbegründet, muß jedoch vom Menschen erkannt u. beobachtet werden. Das ganze Wohl hängt zuletzt v. Menschen ab. Sein Versagen richtet sich demnach grundsätzlich gegen ihn selbst. In diesem Sinn trägt jede Sch. u. S. ihre Strafe in sich, in ihren Folgen (Baum der Erkenntnis — Erkenntnis der S. in den Folgen = Früchten!). Das Versagen beginnt in der → Erkenntnis (Schwäche o. Trägheit des Denkens). Entscheiden wir selbst über Erkennen o. Nichterkennen, reden wir v. Sch. Jede Sch. geht also vom eigenen → Willen aus, der sich gegen die Erwerbung der nötigen Erkenntnisse o. gegen die erworbenen wendet. Sch. ist also in erster Linie ein Vergehen gegen uns selbst, gegen unser → Gewissen u. Wohl. Beide hat jedoch der Schöpfer in die Natur eingeschaffen, wodurch sich die Sch. auch gegen ihn richtet — dann sprechen wir v. der S. Diesen Zusammenhang verdeutlicht bes. die → Offenbarung der Einheit v. Gott u. Mensch in der → Erlösung. Das Wesen der S. liegt also in der Abkehr v. → Gott = → Liebe (zum Ich, zum Du) u. ist somit das Grundübel, das Übel schlechthin f. den einzelnen u. f. die → Gesellschaft. Es ist das Übel, das sich wie eine Lawine v. Anfang an über die → Welt ergießt (→Ursünde der Bibel), jeden einzelnen in seine Netze verstrickt u. zur Weltmacht des Bösen, zur „erbsündlichen" Situation des Menschen führt. F. den Menschen wird die S. zur echten Sch., wenn er sich bewußt-frei gegen die Liebe (=Gott) wendet. Ihre Schwere hängt also in erster Linie v. der inneren Einstellung des Menschen ab u. in zweiter Linie erst v. der Größe des Vergehens. Versuche, die S. als bloße Verirrung o. psychische Abnormität zu erklären, decken zwar die Hintergründe u. den inneren Prozeß vom ersten Gedanken als → Versuchung bis zur vollen Tat auf, verbieten uns jedoch, einerseits (a-rel.) die S. als abstrakte Konstruktion abzutun u. andrerseits (rel.) sie mit einem bloßen Akt der Reue gutmachen zu wollen, ohne auf ihre tieferen Ursachen einzugehen u. diese zu heilen. Bla

Schuldgefühl. V. dem durch → Erkenntnis der eigenen, echten → Schuld eintretenden Sch. ist das nur durch erzieherische Reaktionen (Strafe, Tadel bei Nasenbohren u. ä.) ausgelöste u. das als Begleiterscheinung mancher → Neurosen o. → Psychopathien auftretende krankhafte Sch. (→ Skrupel) zu unterscheiden. Der Mensch kann schuldig werden ohne begleitendes Sch. (laxes → Gewissen), er kann Sch.e haben ohne vorhandene Schuld. → Gewissen → Gewissensbildung → moralische Erziehung Ko

Lit.: L. Zarncke, Kindheit u. Gewissen (1952); N. Buber, Schuld und Schuldgefühle (1958).

Schuleintritt → Schulreifekriterien → Schulpflicht

Schulentlaßtage → Einkehrtage f. Kinder

Schulerhalter. In Österreich unterscheidet man Gesetzliche Sch. u. Privat-Sch. Erstere sind der Bund, die Länder bzw. Gemeinden u. Gemeindeverbände, insofern sie durch das Gesetz verpflichtet sind, Schulen zu erhalten. P.-Sch. sind alle anderen. Aufgrund eines Staatsgrundgesetzes v. 1867, das heute noch als BVG gilt, ist „die Wissenschaft u. ihre Lehre frei. Unterrichts- u. Erziehungsanstalten zu gründen ..., ist jeder Staatsbürger berechtigt ...". BRD u. Schweiz → Schulträger Ke

Schulfeier. Feier ist nach H. Henz jene Hochform des gemeins. Gestaltens u. Erlebens, die zugleich sammelt u. löst, vertieft u. bereichert, persönlichkeitsbildend u. gemeinschaftsstiftend wirkt. P. Petersen unterscheidet vier Arten v. S.n, f. die Mit- bzw. Selbstgestaltung durch die Kinder gefordert wird: 1. Die v. Lehrer *gebotene* Feier (Morgenfeier, gemeinsame Wochenschlußfeier). Sie ist gekennzeichnet durch Zusammenwirken v. Lehrern (Vortrag) u. Schülern (Musik, Gedichte usw.). — 2. Die v. Lehrer *geleitete* Feier (Weihnachtsspiele, Theateraufführungen). Die teilnehmenden Schüler zerfallen in Gruppen der Mitwirkenden u. Zuhörer, die dort mittätig werden, wo gemeinsam gesungen u. gesprochen wird. — 3. Die v. Lehrer *durchgeformte* Feier (Adventfeier, Erntedank). Sie soll vorwiegend durch die Schüler selbst gestaltet werden, wobei der Lehrer durch Sichtung u. Rat bei der endgült. Programmerstellung mitwirkt. — 4. Die *v. Schülern selbst gestaltete* Feier (Geburtstag, Verabschiedung eines Lehrers usw.). — S.n umfassen Feiern einzelner Klassen wie auch der gesamten Schule. Sie haben rel. päd. Relevanz im

Hinblick auf → Muße, → Freizeiterziehung, v. a. aber als notwendiges Gegengewicht gegen Intellektualisierung, Rationalisierung, Leistungsdruck u. a. → Schulfest → kat. Feier Ko

Schulfernsehen. Fernsehsendungen mit pimär päd.-did. Zielsetzung. Man unterscheidet: *A. Direktsendungen:* I. *Closed Circuit Television:* Aufnahme, Übertragung u. Empfang erfolgen über interne Anlagen: 1. *klassen*internes S.; 2. *schul*internes S.; 3. → *Unterrichtsmitschau.* — II. S., dessen Aufnahme u. Übertragung f. mehrere Schulen o. ein ganzes Gebiet durch eigene Einrichtungen erfolgt: 1. *Unterrichtsf.* (= Kabelf.: mehrere Schulen (USA) sind durch Kabel zu einer eigenen F.-Gemeinschaft zusammengeschlossen); 2. *schulöffentl.* u. 3. *halböffentl.* F. (Die Übertragung erfolgt durch Richtfunk, Flugzeug o. Satelliten — f. Gebiete, in denen kein eigenes F.netz existiert, z. B. Lateinamerika.) — III. Sendungen über das öffentliche F.netz: 1. *öffentl.F.* (Österreich, BRD); 2. → *Telekolleg* u. *Telescuola;* 3. *F.kurse* im → Medienverbund; 4. *Bildungssendungen* u. wiss. Einzelsendungen im Dienst der Weiterbildung. *B. Gespeicherte Sendungen:* → *Kassettenf.* = Speicherung durch o. unmittelbar f. den Konsumenten. Sie ist zu unterscheiden v. der Speicherung durch die F.gesellschaft f. eine spätere Ausstrahlung (Gegenteil: *Live-Sendung* = Direktübertragung). S. ersetzt weder den Lehrer noch den sozialen Prozeß des Unterrichts. Sendungen sind „Montageteile" (Ankerstein) im Unterricht, die im → *direct teaching* einzelne Aufgaben o. Lehrabschnitte selbständig leisten können o. aber als → *Enrichmentprogramm* der Veranschaulichung, Ergänzung o. Vertiefung des v. Lehrer vermittelten Unterrichtsgutes dienen. → Bildungsfernsehen Ko

Lit.: H. Ankerstein (Hg.), Die Funktion des Fernsehns in der Schule (1970); H. Heinrichs, Schulfernsehdidaktik, Kamp TB 47.

Schulfest. Die päd. Bedeutung v. Fest u. Feier liegt im Erfahren, daß im Ergriffenwerden v. personalen Werten der Mensch zur Menschlichkeit reift. Das Fest besitzt ein geschichtl. fundiertes → transzendentales Moment, das jedoch — wie auch die Feier — die Tiefe des Menschseins nur dann ausleuchtet, wenn der äußere Anlaß f. Fest u. Feier über den Kreis der Mitfeiernden hinaus offen bleibt auf die Gesamtwirklichkeit. Bloßes „Veranstalten" aus äußerl. Pflichtgefühl u. erzwungene Teilnahme fordern zu berechtigter Ablehnung auf. Ob Fest u. Feier gelingen, hängt ab v. einer allen gemeinsamen Ausgangsbasis u. v. Innewerden dessen, was im Fest o. durch die Feier verherrlicht wird. → Schulfeier Ro

Schulfunk. Früher gleichsinnig mit → schul. Hörfunk; heute Überbegriff über Hörfunk u. → Schulfernsehen. → Bildungsfernsehen. Anz

Schulgebet. 1. Die → Gebetserziehung ist in die Gesamterziehung eingebettet u. so auch Aufgabe der → Schule (nicht nur des → RU), zumal Gebet in der weitesten Bedeutung als bewußte Hinwendung zum Absoluten ein über die konfessionellen Grenzen reichender Grundvollzug des Mensch-seins ist. Das SG. ist durch die RU-Gesetze der versch. Länder geregelt. Es stößt auf versch. Schwierigkeiten: Haben die Eltern eine konträre Einstellung zum Gebet, so sind die Kinder vorbelastet u. eine Klasse ist niemals eine geschlossene Gesinnungsgemeinschaft. Auch v. Raum, Text u. v. der Gestaltung her gibt es Hindernisse: Der Schulraum regt kaum zur rel. Stimmung an, u. die Wiederholung v. Gebeten, die oft textlich das Kind gar nicht erreichen, wirkt abstumpfend. Das SG. bedarf bes. Beachtung u. Pflege; es ist f. viele Kinder das einzige Gebet u. soll daher anregen zum privaten Gebet. Wichtig ist die Motivierung u. Sinnerschließung des Gebetes. F. die Gestaltung sind folgende Elemente wichtig: Sammlung (innere u. äußere Ruhe), Haltung (Förderung der Konzentration) u. Variation, inhaltl. u. formal (lautes o. stilles Gebet, Gebet als → Meditation o. als Lied usw.). Das Gelingen hängt nicht zuletzt v. Vorbild des Lehrers ab. Beten wird nicht nur theoretisch erlernt, sondern auch durch das Erleben echten Betens übertragen. Nou

2. Das trad. SG. ist seit 1965 in der BRD Gegenstand gerichtl. Entscheidungen u. jurid. Diskussionen gewesen: Hessischer Staatsgerichtshof, 27. Oktober 1965; Entscheidung des Verwaltungsgerichtes Aachen v. 13. Mai 1969; Berufungsentscheidung des Oberverwaltungsgerichtes f. das Land Nordrhein-Westfalen, Münster, v. 28. April 1972. Das Verwaltungsgericht Aachen hat die Entscheidung über das SG. den Schülern u. Eltern eingeräumt. In Anlehnung an die zitierte Entscheidung des Hessischen Staatsgerichtshofes entschied das Oberverwaltungsgericht Münster, daß in einer Klasse der → Gemeinschaftsschule vor u. nach dem Unterricht (abgesehen v. der Religionsstunde) nicht gebetet werden dürfe, wenn auch nur ein Schüler o. seine Eltern sich dagegen aussprechen. Dieses Urteil gründet in der Überbetonung der → negativen Religionsfreiheit. In der jurid. Diskussion über dieses Urteil, die sicher in den nächsten Jahren noch weitergeführt wird, verweist man v. a. auf eine gegensätzl. — allerdings nicht im Hinblick auf das SG. gefaßte — Entscheidung des Bundesverwaltungsgerichtshofes v. 27. Februar 1970, in der es heißt: „Das Recht der negativen Bekenntnisfreiheit u. der negativen Meinungsfreiheit wird begrenzt durch die Rechte anderer Bürger, ihr Bekenntnis o. ihre Meinung zu äußern.“ Ko

Lit.: R. Bosse, Das Gebet in der Schule, (1966). M. Eckart, Das Schulgebet in der Hauptschule, Realschule u. Gymnasium (1967). Gemeinsam beten; Gebete, Andachten u. Lieder f. die Schule. Hrsg. Kath. Schulkommissariat u. der Landeskirchenrat der Evang-Luth. Kirche (1969).

Schulgemeinde. Sch. ist die Bezeichnung f. den Zusammenschluß v. Vertretern der Eltern, Lehrer u Schüler zur gemeinsamen Planung u. Regelung schul. Belange. Bereits im 19. Jh. ideologisch geprägt v. der Idee der Gemeinschaft in der Schule als Staat im Kleinen u. heute mancherorts mißverstanden in sog. Schülerkollektiven. Gw. ist die demokrat. Mitwirkung der Lernenden am Schulgeschehen u. die Kooperation aller Verantwortlichen bei der Lehrplangestaltung u. ä. angestrebt bzw. schon gesetzlich verankert. Ro

Schulgesetze. *BRD:* Die Artikel 4, 7 u. 140 GG bilden die Rahmenbestimmung der Schulgesetzgebung in der BRD. Wegen der Kulturhoheit der Länder liegt die Schulgesetzgebung bei den Bundesländern, die in den Schulartikeln ihrer Verfassungen die Grundlage der landesrechtlichen Schulgesetze geschaffen haben. Auch die Verträge mit den Kirchen enthalten wichtige Grundlagen f. die Schulgesetzgebung der Länder: Reichskonkordat (Art. 2, 21 u. 22 vom 20. 7. 1933; das Bundesverfassungsgericht in Karlsruhe hat im sog. Konkordatsurteil 16. 3. 1957 erklärt: Die Schulbestimmungen des Reichskonkordats gelten als Bundesrecht weiter, ihre Ausführung durch die Länder kann jedoch vom Bund nicht erzwungen werden) wie die verschiedenen Länderkonkordate (Art. 2 RK nennt das Bay. Konkordat (29. 3. 1924) u. das Badische Konkordat (12. 10. 1932); hinzugekommen ist das Niedersächsische Konkordat (26. 2. 1965). Es sind außerdem die Kirchenverträge zu nennen, die die Evangelischen Landeskirchen mit den Bundesländern abgeschlossen haben.

Das Schulrecht der Länder (z. B. Schulpflicht, Kostenfreiheit des Schulweges, Begabtenförderung, Schulfinanzierung, Schulgeld- u. Lernmittelfreiheit) — v. a. Schulordnungen — wird meist als Rechtsverordnung erlassen. Fehlende bundesrechtliche Regelungen werden durch Ländervereinbarungen ersetzt, die auf den Kultusministerkonferenzen der Länder zustandekommen. Das Schulunterhaltungsgesetz ist geregelt durch das Finanz- u. Lastenausgleichsgesetz zwischen Ländern u. Gemeinden (10. 12. 1937). Bundesrechtlich bedeutsam ist das Bundesausbildungsförderungsgesetz (26. 8. 1971). Das (erstmals 1969) Bundesministerium f. Bildung u. Wissenschaft widmet sich im Rahmen der Zuständigkeit des Bundes Aufgaben der Bildungsplanung u. -forschung u. der Koordinierung der Aktivitäten der Bundesländer (Art. 91 a u. b GG Fassung vom 12. 5. 1969). Ein „Bundeskultusministerium", das die Kulturhoheit der Länder ausschaltet, steht im Widerspruch zum GG (Art. 20—37; 74 u. 75 GG). Die Länder sind bestrebt, ihre Rechte auf dem Gebiet der Schulgesetzgebung zu wahren u. gesamtdeutsche Schulfragen durch eine v. ihnen selbst getragene Gemeinschaftsarbeit zu regeln. Lä

Österreich: → Aufsicht des RU

Schweiz: Infolge der fast vollständigen Autonomie der Kantone (Kt.) auf dem Gebiet des Bildungswesens gibt es nahezu ausschließlich kantonale Sch. Die wichtigsten eidgenöss. Sch. sind das Berufsausbildungsgesetz, die Maturitätsanerkennungsverordnung u. die Gesetze betr. die beiden schweiz. technischen Hochschulen. Aufgrund der sehr unterschiedl. Größe der 25 Kt. u. Halbkt. u. dem entspr. verschieden entwickelten Schulwesen ist die Sch.gebung in manchen Bereichen nicht vergleichbar. Da aufs ganze gesehen nur in den (meisten) Volksschulen u. in (vielen) Mittelschulen RU erteilt wird, werden hier nur die diesbezügl. Sch. berücksichtigt. Diese (tw. Erziehungsgesetze genannt) stammen tw. noch aus dem letzten Jahrhundert. Das Gemeindegesetz jedes Kt. bestimmt, daß die Gemeinden als Organe des Staates die Sch. mittragen (→ (Schulträger); die Sch.gebung ordnet Art u. Umfang der Aufgaben, die (betr. Primar- u. Sekundarschulen) f. die Gemeinden abgezweigt werden, sowie die Verbindung der Arbeit zw. Staat (Kt.) u. Gemeinden, z. B. durch die Inspektorate. Bezüglich des inneren Aufbaus der

Primarschulgesetze sind die fünf Forderungen der Bundesverfassung (Art. 27) grundlegend (*genügender* Unterricht, *obligatorisch, unentgeltlich, staatliche* Leitung, Sicherung der *Glaubens- u. Gewissensfreiheit* in allen öffentlichen Schulen). Die Umschreibungen der Ziele v. Ausbildung u. Erziehung sind recht verschieden. Den Umfang des Unterrichtsstoffes bestimmen die ebenfalls kantonalen Lehrpläne. Fr

Schulgottesdienst. 1. *Inhaltl.:* Wenn zw. Religion u. Leben keine Lücke sein soll, muß auch der Sch. zum Schulleben gehören. Der Begriff Sch. umfaßt: 1. Schülermessen (Wortgottesdienste), die in den Schulgottesdienstgesetzen verankert sind (Schulbeginn u. -schluß, Advent u. Fastenzeit). 2. Gottesdienste bei Schulreisen (Schullandwoche u. -schikurs) u. an Festtagen aus bes. Anlaß. 3. Klassenmessen (auch während der Religionsstunde im Klassenraum). 4. Sch.e, die v. a. an Werktagen (am besten abwechselnd f. versch. Altersstufen) v. der Pfarre angeboten werden. Allgemein gilt: 1. Lieber seltener mit kleinen Gruppen als öfters unter Massenbeteiligung. 2. Intensive Vorbereitung gemeinsam mit den Schülern. → Kinderliturgie → Schulgebet Nou

2. *Rechtliche Regelung:*

BRD: Sch.e liegen in landesrechtl. Kompetenz. Die Frage, ob Sch.e als Schulveranstaltungen mit rel. Charakter den Verfassungsschutz des RU genießen, wird unterschiedlich beantwortet. Sch.e werden in fast allen Bundesländern zu Beginn u. Ende des Schuljahres, häufig auch in der Advent- u. Fastenzeit in Form v. Eucharistiefeiern, Wortgottesdiensten o. ökumen. Gottesdiensten (meist in der benachbarten Pfarrkirche) abgehalten. Auch wöchentl. Schulmessen werden f. einzelne Klassen o. Schülergruppen (meist in einem Schulraum) angeboten. „Die Schüler sollen an den Sch.n ihres Bekenntnisses teilnehmen; darüber hinaus sollen sie die Vorschriften ihres Bekenntnisses über die Teilnahme an kirchl. Veranstaltungen befolgen“ (Schulordnung f. die Gymnasien in Bayern v. 1. 8. 1970). In den Ausfsührungsbestimmungen dazu heißt es: „Die Schule unterstützt den Willen der Eltern bei dieser Erziehungsaufgabe, soweit sich Möglichkeiten dazu bieten. Durch die Einrichtung v. Sch.n, Schulandacht u. → Schulgebet, aber auch durch die Sicherung der Sonntagsheiligung kann sie eine bedeutsame Hilfe leisten“. Lä

Österreich: Sch.e sind charakterist. Bestandteil der „rel. Übungen u. Veranstaltungen“. Zur rechtlichen Beurteilung sind das Schulkonkordat 1962 sowie das Religionsunterrichtsgesetz in der Fassung v. 1962 heranzuziehen. Sch.e (rel. Übungen u. Veranstaltungen) sind keine Schulveranstaltungen im engeren Sinn des Wortes, sondern Veranstaltungen der Kirche. Ihr Konnex zur Schule besteht darin, daß sie einerseits f. Schüler u. Lehrer veranstaltet werden, andererseits „im bisherigen Ausmaß“ (Stichtag 1. Sept. 1962) während der Unterrichtszeit angesetzt werden können u. Lehrern u. Schülern durch die Schulbehörden die Teilnahme zu ermöglichen ist.

Eine pastoral fruchtbare Gestaltung der Sch.e (rel. Übungen u. Veranstaltungen) bedarf nicht nur jeweils inhaltl. Änderungen, sondern auch der Möglichkeit, den zeitl. Rahmen zu modifizieren. Darum bestimmt das Schlußprotokoll zum Schulkonkordat 1962, daß — im Rahmen des am 1. Sept. 1962 gegebenen Gesamtausmaßes — „die hiefür notwendigen (Unterrichts-) Zeiten ... im Einvernehmen zw. dem Diözesanordinarius u. der zuständigen staatl. Schulbehörde zur Verfügung gestellt werden". Ke

Schweiz: Nur noch äußerst selten wird in kath. Kantonen in der ersten Schulstunde einiger Wochentage die Schulmesse angesetzt, sehr häufig jedoch zum Besuch vor o. nach dem Unterricht eingeladen. Außer spärl. diesbezügl. Regelungen in den kantonalen → Schulgesetzen bestehen mancherorts Gewohnheitsrechte, daß die Kinder z. B. an Schulmessen zur Eröffnung des Schuljahres, an Bittprozessionen o. am Allerseelengang usw. teilnehmen. Schulwortgottesdienste u. Schulandachten sind (außerhalb des RU) praktisch unbekannt, ev.-kath. Sch.e sind bisher nur selten gehalten worden; es bestehen deshalb keine diesbezügl. Regelungen. Fr

Schulischer Hörfunk. Rundfunksendungen mit primär päd.-did. Intention: 1. Sendungen *f. den schul. Unterricht* (schultypen-, fächer-, alters- u. lehrplanorientiert); 2. *Rundfunkkurse (Funkkolleg)* z. T. im → Medienverbund mit Arbeitsheften u. Werktagungen. Rel. päd. relevant sind ferner Sendungen des Kinder- u. Jugendfunks, des Kirchenfunks (→ theol. Erwachsenenbildung!) u. allg. Sendungen bildenden Inhalts (Vorträge, Reportagen, Diskussionen usw.). Der kat. bzw. rel. päd. Sch. HF. hat eine langjährige Tradition. Seine Sendungen sind meist → Enrichment-Programme (bibl., kerygmatisch, glaubens- o. lebenskundl., zeitgeschichtl., biograph., literaturkundl.). Noch in Entwicklung begriffen ist beim kat. rel.-päd. Sch. HF. das → direct-teaching. *Typen v. Sendungen sind:* → Hörspiel, Funkerzählung, Rundfunkdrama, Hörbericht; seltener Rundfunkoper u. → Feature. *Dramaturg. Elemente:* Geräusche, Statement, → Dialog, Inverview, Szenenfolgen, Lied, Musik, Rundgespräch, Massenszene, akust. Trick usw. — Speicherung (Tonband) ermöglicht einen lehrplanmäßigen Einsatz u. die Integration des Sch. HF. am did. richtigen Ort. Lehrerbeihefte u. Sendeprogramme werden v. den Rundfunkgesellschaften zur Verfügung gestellt. *Deutschsprachige Schulfunksendungen: BRD:* alle Anstalten der ARD; *Österr.:* Wien; *Schweiz:* Zürich; *Südtirol:* Bozen. Ko

Lit.: P. G. Eberlein, Schulfunksendungen im RU (1961); Th. Dahlhoff (Hg.), Schulfunk (1971).

Schulklasse. 1. *Soziol.:* Die Sch. stellt eine soziale → Gruppe dar, denn alle Merkmale dieses sozialen Gebildes können auf sie übertragen werden. In ihrer Gesamtheit ist die Sch. eine *sekundäre* Gruppe, da nicht alle Gruppenmerkmale in gleicher Intensität ausgeprägt sind. Sie ist außerdem eine *formelle* Gruppe, in der die Schüler nach versch. Gesichtspunkten (Alter, Schulsprengel, Bildungsansprüche u. a.) eingegliedert werden. Innerhalb der Klasse können sich kleinere Gruppen spontan bilden, die den Neigungen u. Bedürfnissen der Schüler entsprechen. Die Interessen der Mitglieder solcher informeller Gruppen liegen oft außerhalb schul. Bereiche. Die sozialen → Normen, die auch in informellen Gruppen entwickelt werden, weichen oft v. den Normen der Gesamtgruppe ab. Die „Doppelmoral", die sich in manchen Sch.n beobachten läßt, wird aus den versch. Gruppennormen erklärbar. Es entspricht der → Struktur der sozialen Gruppe, daß sie auch in Sch.n eine gewise Rangordnung entwickelt. Der Lehrer als offiz. u. verantwortl. Führer der Sch. muß auch die Gruppenbildungen innerhalb der Klasse berücksichtigen, die er mit Hilfe v. → soziometr. Tests oft gut erfassen kann (→ Führen). Ku

2. *Päd.:* Die Sch. ist eine *Zufallsgemeinschaft* (sie kommt zustande durch äußere Bedingungen wie die → Schulpflicht u. a.), eine *Zweckgemeinschaft* (Erreichung v. Lehr- u. Lernzielen), aber auch eine *Wertgemeinschaft* (das Zusammensein ist auf Wertverwirklichung hin ausgerichtet). Dadurch unterscheidet sie sich v. anderen Sozialgebilden, v. a. v. der → Familie. Eine Imitation familiärer Sozialbeziehungen ist abzulehnen. Fundament päd. → Führens in der Schule ist die soziale Kontaktfähigkeit u. Kontaktbereitschaft v. Schülern u. Lehrern sowie die gemeinsame Aufgabe. → Führungsstile, → Erziehungswege u. → Erziehungsmethoden bestimmen nachhaltig das Klima einer Klassengemeinschaft. Bemühungen, über zweckgebundenes Zusammensein hinaus echte Formen v. „Gemeinschaft" (Schülerselbstverwaltung, Schulgemeinde, Schülerparlament, Schülergericht) zu stiften u. sich nicht auf verbale Führung allein zu beschränken, müssen auf altersspezif. Voraussetzungen achten. Ko

Schulkorrespondenz. Seit 1954 regelmäßig erscheinende Presseinformationen zu Fragen der christl. Erziehung in → Familie, Schule u. Öffentlichkeit. *Herausgeber:* Bund kath. Erzieher, Katholische Elternschaft Deutschlands, Bischöfl. Zentrale f. die kath. freien (privaten) Schulen, Bischöfl. Hauptstelle f. Schule u. Erziehung in Köln. *Sitz:* D-5 Köln, Gereonstraße 48. Ko

Schulpflicht. BRD: Die landesrechtl. → Schulgesetze die auf den Kultusministerkonferenzen der Länder zu Ländervereinigungen wurden, haben die Sch. auf „zwölf Schuljahre" festgelegt. Im Falle der Heirat, der Schwangerschaft o. der Mutterschaft können Schülerinnen v. der Schulaufsichtsbehörde auf Antrag ihrer Erziehungsberechtigten vorübergehend v. der Sch. befreit werden. Die Volksschulpflicht beginnt mit der Vollendung des 6. Lebensjahres u. endet nach 9 Schuljahren. Die Berufsschulpflicht endet nach 3 Schuljahren. F. die Sonderschulpflicht gelten die Vorschriften über die Volksschulpflicht u. die Berufsschulpflicht entspr. der besonderen Situation. Lä

Österreich: Man muß drei Arten v. Sch. unterscheiden: a) *Allgemeine Sch.:* Erfaßt alle Kinder, die sich dauernd in Österreich aufhalten. Beginn mit jenem 1. Sept., der unmittelbar auf die Vollendung des 6. Lj. folgt. Dauer: 9 Jahre. — b) *Berufsschulpflicht:* Erfaßt alle in einem gewerbl. bzw. kaufmänn. Lehrverhältnis o. in einem diesen gleichzuhaltenden Ausbildungsverhältnis stehenden Personen. Dauer: in der Regel 3 Jahre. — c) *Hauswirtschaftl. Berufsschulpflicht:* Ist nur in Vorarlberg gegeben u. zw. f. Mädchen, die die Allg. Sch. erfüllt haben, wenn sie keine mittlere u. höhere Schule besuchen u. nicht zum Besuch einer anderen → Berufsschule verpflichtet sind. Beginn mit Ende der Allg. Sch., Dauer: 2 Jahre, längstens bis zum 18. Lj. o. einer Verehelichung vor diesem Zeitpunkt. Ke

Schweiz: Die Sch. beginnt je nach Kanton mit 6/7 Jahren u. dauert 7 (noch vereinzelt), 8 o. 9 Jahre; durch eine zwischenkantonale Vereinbarung (Schulkonkordat genannt) wird eine Vereinheitlichung auf 9 Jahre obligatorische Volksschule angestrebt. → Höhere Schule Fr

Schulrecht. *BRD:* Da die Kulturhoheit den Ländern der BRD zusteht, hat das GG (Art. 7, v. a. Art. 140, in dem die Art. 136, 137, 138, 139 u. 141 der Weimarer Verfassung v. 11. Aug. 1919 als Bestandteil des GG erklärt sind) das Sch. nur durch Rahmenordnung u. Rechtsgrundsätze erfaßt (u. a. staatl. Schulaufsicht über das gesamte Schulwesen, Religionsunterricht, Privatschulwesen, → Elternrecht). Die Länder haben ihr Sch. niedergelegt in Verfassungen, Schulgesetzen u. Schulordnungen, die meist als Rechtsverordnungen erlassen sind (Aufbau u. Aufgaben der Schulen, Aufnahme u. Entlassung der Schüler, Verteilung des Unterrichtsstoffs, Lernmittel, Teilnahme am Unterricht, Schulfinanzierung, Ferien, Zeugnisse, Prüfungen, Schüler- u. Schulgemeinschaft, Schülermitverwaltung, Schulstrafen, Beziehung zw. Schule u. Elternhaus, Elternbeirat, Begabtenförderung u. a.). Durch Ländervereinbarungen, die auf den Kultusministerkonferenzen der Länder zustande kamen, wurden bundeseinheitlich u. a. Schuljahresbeginn, Ferienordnung, Fremdsprachenunterricht, Notenstufen, gegenseitige Anerkennung der Reifezeugnisse u. Vereinheitlichung des Schulwesens geregelt. Lä

Österreich: S. = jener Teil der Rechtsordnung, der die äußeren Rechtsverhältnisse der Schule (z. B. Schulorganisation) regelt u. die innere Ordnung des Unterrichtes in der Schule gewährleistet. Das österreichische Sch. umfaßt verfassungsgesetzl. u. einfachgesetzl. bundes- u. landesgesetzl., formal- u. materialgesetzl. (Verordnungen) Bestimmungen. Es geht im wesentl. auf die Gesetzgebung in der zweiten Hälfte des 19. Jahrhunderts u. die Schulgesetzgebung des Jahres 1962 u. der folgenden Jahre zurück. Die im Jahre 1962 begonnene Neuordnung des Sch.s ist noch nicht abgeschlossen, noch fehlt z. B. die innere Neuordnung des Unterrichtes (Schulunterrichtsgesetz). Andererseits unterliegen neue Teile des Sch.s aufgrund v. Schulreformbemühungen, die durch ein Volksbegehren ausgelöst wurden, fast laufend Veränderungen. Ke

Schweiz: Die 25 Kantone (Kt.) u. Halbkantone sind in Fragen des Schulwesens fast vollständig autonom. Art. 27 der Bundesverfassung fordert lediglich genügenden, ausschließlich unter staatl. Leitung stehenden, obligator. u. in den öffentl. Schulen unentgeltl. → Primarunterricht, der v. den Angehörigen aller Bekenntnisse besucht werden kann. Bundesrechtl. geregelt sind nur die → Berufsbildung u. die Maturitätsanerkennung; dem Bund unterstellt sind zwei techn. Hochschulen. Gewisse Angleichungen im Sch. werden jetzt v. den Kt. auf vertragl. Weg (sog. Schulkonkordat) angestrebt. Privatschulen sind in allen Kantonen auf allen Stufen zugelassen, werden aber nur tw. unterstützt. Es gibt keine einheitliche Terminologie des Sch.s. Fr

Schulreform. Sch. wird zur bewußten Aufgabe, wenn die Schule durch Tradition u. staatl. Gesetze „versteinert“ ist u. nicht mehr den erziehungswiss. u. gesellschaftl. Anforderungen entspricht. Motive zur Sch. sind u. a.: Der Erziehungswille (um dem erkannten realen Anspruch des Schülers auf → Bildung nachzukommen), gesellschaftl. Interesse (Einführung des Heranwachsenden in gw. u. zukunftsgerichtete Lebens- u. Arbeitsformen), staatlich-polit. Interesse (Erziehung zum demokratisch denkenden u. handelnden Bürger). Zu reformieren sind u. a.: → Schulrecht, -organisation, -formen, -gebäude u. -einrichtung, -ausstattung, Klassen- u. Gruppeneinteilung, Schülermitbestimmung beim Schulleben, → Lehrplan u. → Curriculum, Unterrichts- u. → Erziehungsstil, → Methoden. Alle Teilreformen sind in der Reform des Zieles der Schule fundiert, die wiederum auf einen Wandel des Selbstverständnisses des Menschen zurückgeht. Ro

Schulreifekriterien. Nach H. Hetzer ist ein Kind schulreif, wenn es fähig ist, sich in der → Gemeinschaft Gleichaltriger unter planmäßiger Führung (→ Führen) die trad. Kulturgüter anzueignen. Dies setzt Fähigkeit zur willkürl. Aufmerksamkeit, Unterscheidung v. Spiel- u. Arbeitshaltung, ein Sicheinordnenkönnen in den Klassenverband u. a. m. voraus. Diese trad. Sch. u. die auf ihnen basierenden Schulreife*tests* beruhen auf der trad., als relativ stabil vorausgesetzten → Struktur der Schule. Mit dem Wandel dieser Struktur (→ Gesamtschule, → Vorschulerziehung) werden sich in nächster Zukunft vermutlich auch die Sch. wandeln. Da auch die f. den Eintritt in die gw. Schulform voraussetzende entwicklungsbedingte Reife einer größeren Schwankungsbreite unterliegt, wird zur Vermeidung v. Härten heute vielfach die Forderung nach einem *flexiblen Beginn der → Schulpflicht* u. nach einem *gestaffelten* → Schuleintritt — etwa zu jedem Halbjahr o. Trimester — gefordert. Dies wäre ohne zusätzlichen Aufwand v. Räumen o. Lehrern überall dort möglich, wo die Schülerzahlen wenigstens zwei bis drei Parallelklassen notwendig machen. Ko

Lit.: A. Kern, Schulreife — eine Realität oder eine Ideologie (1972); ders., Die Schulreife in päd. u. psych. Sicht (1972).

Schulträger. *BRD:* Sch. ist der Dienstherr o. Arbeitgeber der Lehrer. Öffentl. Schulen sind staatl. Schulen, wenn der Dienstherr eine kommunale (Gemeinde, Landkreis) Körperschaft ist. Sch. v. Privatschulen (Art. 7 Abs. 4 u. 5) sind Kirchen, Orden, gesellschaftl. Gruppen (juristische Personen) o. Einzelpersonen, die zusätzlich zu den vom Staat vorgeschriebenen Verpflichtungen ihre eigenen Erziehungsziele u. -methoden verfolgen. Schulen in freier Trägerschaft bedürfen der untererichtsbehördl. Genehmigung, die versagt werden kann, wenn sie nicht den entsprechenden öffentl. Schulen gleichwertig sind, eine Sonderung der Schüler nach Besitzverhältnissen der Eltern fördern, wenn die wiss. u.

päd. Ausbildung der Lehrer wie auch Einrichtung u. Gestaltung der Lehrpläne nicht gleichwertig u. die Mindestbedingungen f. die Sicherung der wirtschaftl. u. rechtl. Stellung der Lehrkräfte nicht erfüllt sind. Einstellung v. Lehrern sowie Einweisung in Funktionsstellen u. Beförderungen obliegen dem Sch. Stundenzahl des RU an Privatschulen entspricht weithin der der öffentl. Schulen. Schulen in freier Trägerschaft werden je nach Schulart u. Schülerzahl staatl. Zuschüsse v. a. f. Lehrpersonalkosten gewährt. Im demokrat. Staat u. in einer pluralen, freien Bildungsgesellschaft ist Schule in freier Trägerschaft legitimes Recht auf Selbstbestimmung u. Freiheitsraum (gegenüber einem staatl. Schulmonopol). Der freien Schule kommt (v. a. in der Entwicklung neuer did. u. meth. Konzepte) Modellcharakter u. Beispielfunktion zu. Lä

Österreich: → Schulerhalter

Schweiz: Die meisten Volksschulen werden v. Kanton (= Staat) u. (evtl. bes. Schul-) Gemeinden gemeinsam getragen; nur in den Stadtkt. Genf u. Basel v. diesen allein. F. die Aufgabenteilung gilt in der Regel: Ausbildung der Lehrkräfte durch den Staat; Wahl der Lehrer durch die Gemeinden; Personalaufwand gemeinsam; Sachaufwand v. den Gemeinden getragen, mit Beiträgen des Staates. Die → Höheren Schulen werden v. den Kt. allein, tw. mit Stadtgemeinden zusammen getragen; die Hochschulen ebenfalls v. den Kt., neuerdings v. Bund unterstützt, nur zwei technische Hochschulen ausschließlich v. Bund; die in allen Kt. zugelassenen Privatschulen v. sehr verschiedenen Sch.n Fr

Schulversuch. Sch. ist ein neues päd. Konzept, das in Schulen planmäßig erprobt u. dessen Wirksamkeit praxisbegleitend beobachtet u. einer möglichst genauen Kontrolle unterworfen wird. S.e richten sich auf die ganze → Struktur der Schule o. auf Teilbereiche. Sie sind unerläßlich, soll die → Schulreform, die durch gesellschaftspolit. u. päd. Erfordernisse notwendig ist, nicht dilettantisch durchgeführt werden. Die gw. durchgeführten Sch.e betreffend die Schulstruktur (z. B. → Ganztags-, → Gesamtschule) u. Teilfragen der Unterrichtsstrategie (z. B. Auflösung der Jahrgangsklassen, → Kern- u. → Kurssystem, → Förder-, Leistungs-, Neigungsgruppen, → Epochenunterricht, → Schulgemeinde u. Schülermitbestimmung). Auf sie wirken soziale u. päd. Prinzipien (z. B. → Chancengleichheit, Sozialerziehung, Begabtenförderung) bestimmend ein. Sch.e sollen auf breiter Basis durchgeführt werden, um über bessere Vergleichs- u. Auswertungsmöglichkeiten zu verfügen, damit Zufallsfaktoren an Gewicht verlieren. Sch.e verlangen eine präzise u. umfassende Vorbereitung, zu der auch bis in Einzelheiten gehende Fragen des Raumes, der Ausstattung mit → Lehrmitteln, des → Lehrplans, des Lehrpersonals, der Weiterführung der Schüler nach Versuchsabschluß, der Finanzierung usw. gehören. Zur begleitenden u. abschließenden Überprüfung ist ein wiss. u. methjod. klares Instrumentarium auszuarbeiten, um mit einiger Sicherheit zuverlässige Ergebnisse zu bekommen. → Versuchsschulen Ro

Schulwochen, religiöse. Innerschulische Veranstaltung (Vorträge, Diskussionen, Gottesdienste, auch

Vorträge v. Lehrern u. Eltern) durch eigens dafür geschulte Ordensleute. Zur Ergänzung des RU in Österr. ab 1960, in der BRD ab 1946 v. a. an Höheren Schulen. Ko

Schwarz-weiß-Medien → Farbmedien

Schwererziehbarkeit, Katechese bei. S. ist eine Sammelbezeichnung f. Verhaltensstörungen, welche eine Spezialerziehung (→ Sonderschule) erfordern. Ursachen können → exogen (Verwahrlosung) u. → endogen (→ Encephalitis, Psychopathien u. a.) sein. J. Barilits wies nach, daß jede Verwahrlosung auch eine Verwahrlosung auf rel.-sittl. Gebiet nach sich zieht. Sie schließt eine Störung der → Gotteserfahrung u. ein Fehlen der Beziehung zur → Kirche ein. Der Eingliederung in eine kirchl. Gemeinschaft kommt beim Schwererziehbaren aus heils- u. heilpäd. Gründen große Bedeutung zu. Moral. → Verantwortung ist beim Schwererziehbaren immer herabgemindert, v. a. oft durch gestörte Triebhaftigkeit. Alle im Zusammenhang mit Sch. auftretenden Fehler (Diebstahl, sexuelle Abartigkeiten, Lügen, Streunen, Frechheiten usw.) dürfen dem → Kind gegenüber nicht vorschnell mit moral. Kategorien bewertet werden. Anforderungen im rel. Bereich sind auf ein dem geschädigten Kind mögl. u. vollziehbares Maß zu reduzieren. Voraussetzung f. jede Besserung ist das Zusammenwirken v. Heilpädagogen, Seelsorgern u. Erziehern, die Schaffung eines gesunden Milieus u. die Ermöglichung emotioneller Bindungen an konkrete Leitbilder. → Sonderschule Ko

Lit.: J. G. Klink, Schwererziehbarkeit und Erziehungsschwierigkeiten in der Schule (1962); Richard G. E. Müller, Das erziehungsschwierige Schulkind (1962).

Schwerhörigenkatechese. V. taubstummen Kind (→ Taubstummenkatechese) unterscheidet sich das schwerhörige (sh.) Kind durch mehr o. minder große Gehörsreste. Angeborene o. erworbene Hörschäden können die Schalleitungsorgane o. die Schallempfindungszentren betreffen. Leitung-Sh. haben bessere heilpäd. Aussichten als Innenohr-Sh. Der sh. Schulanfänger hat meist einen sprachl. Rückstand v. 1 bis 2 Jahren, mitunter noch mehr. Vielfach muß die sprachl. Mutterschule nachgeholt werden. Dies gilt auch f. viele rel. Grundbegriffe u. Vorstellungen. Die → Katechese beginnt mit einfachsten Satzschemata unter Heranziehung aller verfügbaren Anschauungs- u. Erfahrungsmittel. Durch Wortklangbilder muß vielfach erst die Hörbereitschaft geweckt u. gepflegt werden. Vermittelte Vorstellungen u. Begriffe sind auch sprach- u. sprechmotorisch zu üben. In der Regel sind die Kinder erst ab der 4. Schulstufe fähig, nach dem allgem. Lehrplan f. Volksschulen unterrichtet zu werden. Die → Erwachsenenkatechese f. Sh. hat es demgegenüber leichter, wenn die Hörschädigung erst im späteren Alter eingetreten ist. Sie kann auf grundlegende → Erfahrungen aufbauen. In größeren Städten stehen auch Kirchen o. Häuser mit geeigneten Einrichtungen (Lautsprecheranlagen usw.) zur Verfügung. Ko

Screen Education. Erz. f. u. durch den Umgang mit Film u. Fernsehen (screen = engl.: Projektionsfläche u. Bildschirm). → Medienpädagogik Ko

Seelsorgestunde o. Glaubensstunde ist eine Form der → außerschul. kirchl. Katechese, die die Kinder nicht nur v. ihrer Schulsituation (Gleichaltrige), sondern v. ihrer Umwelt-, Freizeit- u. Wohnsituation her ansprechen will. Das christl. Persönlichkeitsideal ist in intensiver persönl. Begegnung mit dem Religiösen als Lebensziel u. -ideal darzustellen. Förderung der rel. Entscheidung (→ Erstkommunion, → Firmung), → Gewissensbildung nach christl. Grundsätzen (Doppelgebot der → Liebe), → Führen zu rel. → Mündigkeit, rechtes Sakramentenverständnis u. Grundlegung einer apostol. Haltung u. eines christl. Engagements sind Aufgaben der S. Eigenart: erlebnismäßige Gestaltung, abwechslungsreich, interessant f. das Leben, in das Leben weisend, der Selbständigkeit Raum gebend. Gestaltungselemente sind u. a. Lieder, Hl. Schrift, Lesung o. Erzählung, Darlegung des Stoffes, Gespräch, Aufgabenstellung u. Gebet. → Katechetische Nachmittage Had

Seelsorge-Training → Clinical Pastoral Training

Sehbehindertenkatechese. Sehschwache, Sehgefährdete u. Sehschonungsbedürftige sind fünfsinnige Menschen. Sie werden nach den allgem. → Lehrplänen f. → Volksschulen bzw. → Hauptschulen unterrichtet. Ihre Zusammenfassung in → Sonderklassen mit geringer Schüleranzahl ermöglicht es jedoch, daß das sehgefährdete u. sehschonungsbedürftige Kind optisch nicht überlastet u. das sehschwache Kind in der Funktionssteigerung des Auges gefördert wird. Dies bedingt eigenständige Arbeitsweisen und spezifische Behelfe auch f. den RU. Rel. päd. relevante psychische Probleme ergeben sich dort, wo das → Kind durch starke Behinderung o. auffällige Brillen in seiner Mitmenschlichkeit (Verhöhnung, Verspottung durch Kameraden) verletzt wird, in Schwierigkeiten der Eingliederung in Gottesdienst u. pfarrliche Jugendgruppen u. ä. m. Ko

Sekten. V. lat. sequi = folgen, Partei ergreifen. Meist kleinere Glaubensgemeinschaften, die sich v. Konfessionen ihrer Umgebung durch die charakterist. S.-Merkmale distanzieren: 1. *Sonderlehren;* 2. → *Proselytismus;* 3. extremes *Erwählungsbewußtsein.* (Sie allein besitzen das Heil. Alle anderen werden vernichtet.) 4. *Keine ökumen. Einstellung* (trotz häufiger Verwendung des Wortes „ökumenisch" bei der Werbung). Dazu kommen meist noch: Fanatismus, Schwärmertum, rigorose Moral, unkritisch-unwiss. bzw. primitiv-subjektivist. Gebrauch der Bibel bei S., die aus dem christl. Raum kommen, Gruppenegoismus, aber auch Bekenntnismut, Eifer, Gemeinschaftspflege.
In Staaten, die zw. → gesetzl. anerkannten u. nicht anerkannten Religionsgemeinschaften unterscheiden, zählen S. meist zu den letzteren (kein schul. RU!). — Gruppen: *Täuferbewegungen* (Gemeinde Christi, Nazarener); *Erweckungsbewegungen* (Heilsarmee u. a.); *Heilergemeinden* (Christian Science u. a.); *Endzeitbewegungen* (Zeugen Jehovas, Siebentageadventisten, Neuapostoliker, Mormonen = Kirche Jesu Christi der

Heiligen der letzten Tage u. a.); *Messian. Gemeinden* (Gesellschaft zur Vereinigung des Weltchristentums — Korea, Baha'i = islamitische S., Erneuerte Kirche: Michael Collin = Klemens V.). *Neugnost. S.* (Anthroposoph. Gesellschaft mit Christengemeinschaft; Theosoph. Gesellschaft mit „Liberalkatholischer Kirche", Rosenkreuzer, Gralsbewegung-Vomperberg, Lorbeergemeinden u. a. m.). Kein christl. Gottesbild haben v. a. die Zeugen Jehovas, die Mormonen u. alle messianischen u. neugnost. Gruppen. Die Anwendung des Begriffs S. auf die genannten Gruppen empfiehlt sich nur dort u. nur solange, als die vier S.-Merkmale zutreffen.

Ursache der Abwanderung zu den S. ist neben mangelndem Glaubenswissen meist das Fehlen v. Gemeindeerfahrungen, das Vermissen echter Brüderlichkeit in der eigenen Kirche. Rel. päd. Probleme ergeben sich in Mischehen mit Sektenangehörigen v. a. hinsichtlich der Kindererziehung.

Kat. Aufgaben: a) Information über Lehre, Geschichte, Arbeitsweise der S.; b) → Vermittlung v. Regeln f. die Begegnung mit Sektierern; c) Bewußtmachen des Unterschiedes zw. einem echten → Dialog zw. getrennten Brüdern u. dem nur auf ein Überreden abzielenden → Gespräch bei Sektenwerbung.

Auskünfte in Österreich: Sektenreferat A-1010 Wien, Stephanspl. 6/6/46. Ko

Lit.: K. Algermissen, Konfessionskunde (8. Aufl. 1968); A. Spuller, Sekten nach dem Konzil (1968); K. Hutten, Seher, Grübler, Enthusiasten (ev.) (11. Aufl. 1968); W. Bartz, Sekten heute, Herder TB 291.

Sekundarstufe (Sekundarbereich). Nach dem → Strukturplan die Schuljahre ab dem 5. (bei Besuch einer → Orientierungsstufe ab dem 7.) Schuljahr. Sie ist gegliedert in die S. I f. die 9 (bzw. 11) — 14jährigen o. 15jährigen (Abschluß: Abitur I) u. die *S. II,* welche die Bildungsgänge unterschiedl. Dauer ab dem 15. Lj. umfaßt u. mit dem Abitur II o. mit Berufsabschlüssen endet. Ko

Selbst. Zentralbegriff der → analytischen Psychologie. S. ist die personale Mitte (Personkern), in der der Mensch ganz „er selbst" ist u. in der Bewußtes u. Unbewußtes durch den Prozeß der *Selbstwerdung* eine Integration erfahren. Erziehung ist in dieser Sicht Hilfeleistung bei der Selbstwerdung. Ko

Selbstbefriedigung → Masturbation

Selbstbeherrschung. Die → Wirklichkeit ist nichts Fertiges, sie ist im Fluß u. Reifen, mit ihr auch der Mensch, seine → Gesellschaft u. → Geschichte. Um diese Wirklichkeit mitzugestalten, muß der Mensch sie zu beherrschen verstehen: durch Bewußtwerden des Ichs u. seiner Situation in der → Welt, durch Zielstrebigkeit u. sinnvolle → Führung sowie Pflege aller seiner Kräfte u. → Triebe, d. h. durch die Herrschaft des Ichs als des zentralen Leitungsprinzips. Bla

Selbstbewußtsein. Zunächst als Ichbewußtsein die Urgewißheit u. Ausgang sowie Begründung jeder → Erkenntnis, auch des Dingbewußtseins. Es ist die Erkenntnis als Evidenz, die unmittelbare Einsicht in die Wirklichkeit, die keiner Beweise bedarf, v. der jede Beweisführung erst ihre Gültigkeit erhält. Psychisch partizipieren an der Sicherheit des S.s das Wissen nicht allein um die eigene Existenz (ich bin), sondern ebenso das Wissen um die Fähigkeiten u. Möglichkeiten, aus dem eine sinnvolle Lebenserfüllung u. Gestaltung gebildet werden kann. Bla

Selbsterziehung. S. ist die → Erziehung durch sich selbst zu sich selbst. In sie soll alle Fremderziehung einmünden. Grundlage f. S. liegt in der menschl. → Entwicklung, die nicht nur im biolog.-psychischen Bereich vor sich geht, sondern auch im Prozeß der Selbstverwirklichung geschieht. Dieser Prozeß tangiert die Fragen nach dem Sinn des Daseins, der persönl. → Entscheidung in → Freiheit u. → Verantwortung, der Orientierung nach Norm- u. Richtbildern des Menschseins. V. der → Psychologie her ist die Entwicklung des Menschen nicht nur v. Anlagen, Um- u. Mitwelteinflüssen u. Lernen bestimmt, sondern stellt ebenso eine kreative Aufgabe in der Selbstgestaltung dar. S. ist dem Menschen lebenslang aufgegeben. Ro

Selbsttätigkeit → Arbeitsprinzip → Arbeitsschule

Selectavision-System. Im Entwicklungsstadium begriffenes Mediensystem zur Projektion „echt-dreidimensionaler" Bilder (im Gegensatz zum → Stereoprinzip). Anz

Sensitivity Training. Gruppentherapeutische Sitzungen, bei denen jeder Teilnehmer durch freie Aussprache seine emotionalen Reaktionen auf die anderen Teilnehmer bewußt macht u. sich der ihn betreffenden Reaktionen bewußt wird. Ziel ist die Annahme des Nächsten in seiner jeweiligen Eigenart durch Erkennen eigener u. fremder Reaktionsweisen, aber auch die Annahme des eigenen → Selbst. Ko

Septuaginta = die griech. Übersetzung des A. T. aus dem Hebräischen; nach der Überlieferung durch 72 (lat. septuaginta = 70) jüd. Gelehrte im 3./2. Jh. v. Chr. in Alexandrien. Die S. ist die Hauptquelle f. die lat. Bibelübersetzungen (Itala, Vulgata). Hi

Service-audio-visuell. Kirchl. Arbeitsstelle Film f. Entwicklungsländer. Unterabteilung des → O. C. I. C. Sitz: D-7407 Rothenburg/Neckar, Sprollstraße 20. Ko

Sesame Street. Amerik. Fernsehserie zur Vorschulerziehung, die weltweite Beachtung fand. Ihre Übernahme in den deutschsprachigen Raum wird vom ARD vorbereitet. Ko

Lit.: K. Schleicher, Sesame Street f. Deutschland? (1972).

Setting-System. Organisation einer Schule nicht nach Jahrgangsklassen, sondern nach Niveau-, Neigungs- u. Schwerpunktkursen f. best. Fächer bei gemeinsamem → Kernunterricht. Außerhalb desselben wird der Schüler je nach Leistung, Begabung u. Interesse jenem Kurs zugeteilt, der ihm entspricht. Er schreitet dort unabhängig v. den Leistungen in anderen Fächern fort. Gegensatz: → Streaming-System. Ko

Sexualität. S. ist meist (u. im folgenden) gleichbedeutend mit Geschlechtlichkeit. Viele bezeichnen jedoch mit S. die körperl. Seite der Geschlechtlichkeit, der dann auf der seel. Seite der → Eros entspricht. Aber auch in diesem Fall ist sie mehr als Genitalität, bei der es ausschließlich um die Sexualorgane u. ihre Funktion geht. S. ist dann „die bis in jede Körperzelle u. jeden Krankheitsverlauf wirkende körperl. Andersartigkeit bei Mann u. Frau. Sie ist damit eine Grundlage des Menschseins. Andere Grundlagen sind die körperl. Gesamtkonstitution u. die Lebensalter. So kann auch die S. ... nicht allein grundlegend den Menschen u. sein Verhalten bestimmen, sondern nur das Zusammenwirken aller körperl. u. aller seel. Faktoren" (J. Fischer). — S. ist eine der Grundbedingungen des Menschseins, die die personale Struktur des Menschen konstituieren u. über ihre innerweltl. Sinnhaftigkeit hinaus auf den Ur-Grund des Seins, auf den Schöpfer, verweisen. Umgekehrt besagt dies: → Gott ermöglicht durch sein Ich-Du-Verhältnis zum Menschen als der Seinsgrund die Ich-Du-Beziehung zw. Menschen, u. letzteres vermag wiederum Erkenntnisgrund f. das Verhältnis Mensch-Gott zu werden. Diese Schlüsselstellung im Gesamt des Menschen zeigt S. zugleich als Gabe u. personale Aufgabe. Die gottgewollte geschlechtl. Bestimmtheit des Menschen muß zur Liebesfähigkeit werden, sonst bleiben zwischenmenschl. Kräfte, aber auch rel. Zugänge verschüttet. Daher ist auch eine → geschlechtl. Erziehung im RU notwendig. S. soll bejaht u. angenommen u. darf nicht verdrängt o. unterdrückt werden, da sie f. die Persönlichkeitswerdung u. -reifung v. entscheidender Bedeutung ist. Neben der Bedeutung der S. f. das Individuum steht eine solche auch f. jedes partnerschaftl. Verhältnis, denn erst Frau u. Mann zusammen machen das volle Wesen Mensch aus. Seine Leib-Seele-Einheit befähigt den Menschen, dem Du des anderen in leibhaften Gesten zu begegnen, die immer auch zugleich wieder die ganze → Person miteinbeziehen. Schließlich ist S. bezogen auf Fruchtbarkeit u. auf die → Gesellschaft, deren Wohl u. → Kultur. An dieser ganzheitl. Bestimmung haben sich sowohl das persönl. geschlechtl. Verhalten als auch die → geschlechtl. Erziehung zu orientieren. S. ist mehr als ein → → „Trieb"; sie kann u. soll personal (individuell u. partnerschaftlich) u. sozial (Offenheit f. neues Leben u. → Verantwortung gegenüber der → Gemeinschaft) gestaltet werden.

Lei

Sexualkunde. S. kann man die Gesamtheit des Stoffes des Sexualunterrichts nennen im Unterschied zum umfassenderen Begriff der Sexualerziehung (→ geschlechtliche Erziehung), deren Schwerpunkt mehr auf der → Erziehung zu Liebes- u. Ehefähigkeit sowie zu selbstverantwortl. Handeln liegt. S. als bloße → Information über sexuelle Vorgänge würde nur ungenügend die ganzheitl. Aufgabe der schul. Geschlechtserziehung umschreiben, in der personale Verhaltensweisen (z. B. Respekt vor dem anderen in Diskussionen, bei gemeinsamen Klassenaufgaben) eingeübt u. die Schüler zur eigenen Urteilsbildung befähigt werden müssen. Das vermittelte Wissen braucht notwendig eine wertende Ergänzung: Diese wird jedoch weniger durch Zweckinformationen o. moralische → Appelle des (Religions-)Lehrers („Verhütungspädagogik“) erreicht, sondern eher durch dessen → Gesprächsbereitschaft u. Hörenkönnen u. durch das Geschick, den Ansatz f. → Verantwortlichkeit im Leben des Jugendlichen selbst (Streben nach Selbstverwirklichung, Verhalten der Erwachsenen usw.) zu finden. Denn ein Wissen um sexuelle Funktionen o. auch eth. Normen besagt noch lange nicht, daß die Schüler sich auch schon die notwendigen Haltungen angeeignet haben. — In manchen Ländern ist S. ein eigenes Schulfach. Diese Form der Sexualerziehung aber überfordert jeden Lehrer u. beinhaltet wieder die Gefahr, daß wesentl. Aspekte der Sexualität nur mangelhaft zur Sprache kommen. Durch die Aufteilung der → geschlechtl. Erziehung auf mehrere Fächer u. die → Kooperation der Lehrer wird die Schule ihrem Erziehungsauftrag eher gerecht. — Zu bedenken bleibt, daß kein Lehrer zu dieser Aufgabe gezwungen bzw. mit ihr beauftragt werden darf, wenn ihm genaue Kenntnisse (über biolog. Fakten, die psychische Situation der Heranwachsenden usw.) o. ein positives Verhältnis zur eigenen Geschlechtlichkeit fehlen. Vielen wird eine persönl. geschlechtl. Nachreifung (im Gespräch v. Lehrern untereinander o. des Lehrers mit seinem Ehepartner) nottun, um nicht schon mit Hemmungen vor die Schüler zu treten. Ein Dienst des Lehrers v. a. an den Pubertierenden wird es sein, die Eltern auf die neue Situation u. ein notwendig andersgeartetes Verhältnis zu ihrem Kind aufmerksam zu machen. Lei

Sexualkunde-Atlas. S.-A. (Biolog. Information zur Sexualität des Menschen, hrsg. v. der Bundeszentrale f. gesundheitliche Aufklärung, Köln-Opladen 1969). Dem Vorwort zufolge will dieser A. „wesentl. Voraussetzungen“ dafür schaffen, „die Sexualerziehung harmonisch in das eth. u. soziale Bezugssystem ihrer Bildungsziele einzubeziehen“ u. zwar „entspr. der Forderung der Ständigen Konferenz der Kultusminister“ (→ geschlechtliche Erziehung). Bewußt beschränkt er sich „auf eine wiss. fundierte Faktenvermittlung“ im Sinne des Untertitels. Bei letzterem setzen krit. Anmerkungen ein: Es entsteht der Eindruck, daß hier — losgelöst v. heutigen anthropol. fundierten Verständnis der → Sexualität — rein biolog. Information geboten werden soll, die bei den Schülern zu einem technolog. Mißverständnis v. Geschlechtlichkeit führen könnte. Gerade im angesprochenen → Pubertätsalter muß Sexualität v. mehreren Aspekten her (psych., soziol., eth.-moral.) gesehen werden; auch eine biolog. Information sollte v. der Partnerschaft als entscheidender Perspektive ausgehen. „Fern v. jeder Vorwertung“ will man durch großteils schülergemäße Texte, Fotos u. schemat. Zeichnungen über Themen informieren wie: biolog. Grundlagen der Entwicklung, Geschlechter, Eireifung u. Menstruation, Befruchtung, Schwangerschaft, Geburt, Rhesusfaktor, Zwillinge, Geschlechtskrankheiten u. Körperhygiene. Bei den Themen „Schwangerschaftsunterbrechung“ u. „Selbstbefriedigung“ kommen jedoch indirekte Wertungen vor. Die Literaturauswahl ist kaum „f. Jugendliche“ geeignet u. deckt die weltanschaul. Positionen der Autoren zuwenig auf. In der gw. Auflage ist der A. f. den krit.

Lehrer durchaus (auch f. den Unterricht) brauchbar; der Jugendliche aber — damit alleingelassen — ist überfordert. Lei

Sezession → Beat-Musik

SHB = Abkürzung f. Bundesstaatl. Hauptstelle f. Lichtbild u. Bildungsfilm. Institution des österr. Bundesministeriums f. Unterricht u. Kunst, die f. alle audiovisuell. Medien in sämtl. Schulen des Bundesgebietes zuständig ist. Sitz: A-1150 Wien, Plunkergasse 5. Ko

Sicherung des Unterrichtsertrags. Die S. d. U. durch → Wiederholung u. → Transfer zählt zum Lernprozeß u. ist Aufgabe jedes Unterrichts. → Rückkoppelung Ko

Sichtvorführung. Medienvorführung f. Lehrer zur Information, Beurteilung u. did. Schulung. Mit zunehmender Technisierung des Unterrichtes eine notwendige Aufgabe der Lehreraus- u. -weiterbildung. Ko

S. I. E. S. C. = *S*ecrétariat *I*nternational des *E*insegnants *S*econdaires *C*atholiques. Zweigstelle der → Pax Romana (M. I. I. C.) f. Lehrer an Höheren Schulen. Sitz: Biesseltsebaan 40, Nijmegen, Holland. Ko

Sigmatismus. Fehlerhafte Bildung der S-Laute. Teilbereich des → Stammelns. → Sprachstörungen Ko

Signifikanz. Statist. Maß f. die Bedeutsamkeit eines Untersuchungsergebnisses. Wobei es festzustellen gilt, ob ein aus einer Stichprobe gewonnenes Untersuchungsergebnis tatsächlich eine verläßl. Aussage über die Gesamtheit zuläßt. So geht es z. B. bei der → Korrelation um die Frage, ob sie durch Zufall (d. h. nur aufgrund der willkürl. getroffenen Auswahl der Versuchspersonen) zustande gekommen ist, oder ob tatsächlich ein Zusammenhang zw. den untersuchten Merkmalen besteht. Ein Ergebnis gilt dann als „signifikant" o. „statistisch gesichert", wenn die Irrtumswahrscheinlichkeit — (= Wahrscheinlichkeit, daß das Ergebnis der Stichprobe keine gültige Aussage über die Gesamtheit darstellt; o. die Wahrscheinlichkeit, daß in Wirklichkeit, d. h. in bezug auf die Gesamtheit, keine Korrelation der untersuchten Merkmale besteht) — unter einem festgesetzten Niveau bleibt. In der Statistik ist es allgem. gebräuchlich, ein Ergebnis mit 1% Irrtumswahrscheinlichkeit als „sehr signifikant", eines mit 5% Irrtumswahrscheinlichkeit als „signifikant" zu bezeichnen. Zur Bestimmung der S. bedient man sich der sog. S.-Tests. Si

Lit.: Haseloff/Hoffmann, Kleines Lehrbuch der Statistik (4. A. 1970); Johann Pflanzagl, Allgemeine Methodenlehre der Statistik II (Sammlung Göschen 747/747 a).

Simulation. Herstellung möglichst lebensechter Situationen ohne Wirklichkeitscharakter im Dienste des Lernens: 1. mittels *techn.* → *Medien* (Verkehrserziehung, Astronautenausbildung); 2. mittels → *Spiel* (Einüben liturg. Feiern, gespielte → Streitgespräche, u. a.). Ko

Lit.: B. Grom, Methodisch-didaktische Impulse für die religionspädagogische Praxis (1972).

Simultanschule. Bezeichnung f. eine Schule, in der Kinder versch. rel. Bekenntnisses gemeinsam unterrichtet werden u. deren Unterricht nicht im Geist einer best. Konfession erfolgt. Konfess. Aspekte sind entweder ausgeklammert o. auf den RU beschränkt. Gegensatz: → Konfessionelle Schule. Ko

Sinaitradition. Erzählstränge im → Pentateuch, die Niederschlag der Gesetzgebung bzw. des Gesetzes (→ Tora) sind: 1. Die aus → jahwist. u. → elohist. Teilen bestehende Darstellung in Ex 19—24,11 u. Ex 32—34. — 2. Deren → priesterschriftl. Neuinterpretation in Ex 24,12 bis Ex 31 u. Ex. 35 bis Num 10. — 3. Die → deuteronomist. Schrift als Ganzes. Ko

Lit.: G. v. Rad, Theologie des A. T. (4. Aufl. 1962); H. Gross, Tora u. Gnade im A. T., in: Kairos, Neue Folge 1972, Heft 3 S. 220 ff.

Single-concept-Medien. *1. Eigentliche S.:* → Medien, die nur einen *einzigen* Zweck bzw. Inhalt, Gedanken verfolgen, z. B. nur einen Begriff klären o. nur einen Diskussionsimpuls geben usw. 2. *Erweiterte S.:* Medien, die wohl nur einen einzigen Zweck verfolgen (s. o.), dabei aber etwas weiter ausholen; z. B. eine Begriffsklärung aufgrund mehrerer Aspekte, eine Aussage unter Schaffung der entspr. stimmungsmäßigen Atmosphäre usw., s. Tab. 5, Sp. 631 ff. Anz

Sinnlichkeit. In der Philosophie: die konkrete Seinsform des denkenden Wesens Mensch in der → Welt (materia prima, Materialität). In der Psychologie: die → Vermittlung der Weltwirklichkeit an das bewußte Ich u. umgekehrt des Ichs (Begriff, Erkenntnis, → Wille) u. der Seele (→ Gefühl, → Gemüt u. ä.) an die Umwelt. Im Gegensatz zu der aus dem Platonismus stammenden Trennung v. → Leib u. Seele u. der daraus folgenden Abwertung des Leiblichen (= Sinnlichen) wissen die Bibel u. die moderne Psychologie in erster Linie um die Einheit u. Ganzheit des Menschen, um die Integrierung der S. in das bewußt-freie Ich. Bla

Sittlichkeit. S. ist bewußt-freie Gestaltung des eigenen Ichs (→ Charakter, Gefühlswelt, Persönlichkeit) u. der Umwelt (→ Gemeinschaft, Beherrschung der → Welt). Das → Kind lernt schon das Angenehme v. Unangenehmen, das Nützliche v. Schädlichen zu unterscheiden, der reife Mensch das → Gute (als Wohl) v. → Bösen (als Schaden). Der junge Mensch nimmt die Unterscheidungen zunächst als selbstverständlich hin, später übt er Kritik daran; er lernt, nach eigenem Urteil (→ Gewissen) zu handeln — mit Rücksicht auf Ordnungen in der → Gemeinschaft u. in der → Welt. Sein Handeln wird zur Gestaltung: er gestaltet u. wird gestaltet. In der natürl. S. vollzieht sich das bloße Menschsein, das Humanum, ohne Bindung an eine absolute Norm (→ Gott). Die christl. S. versteht den Menschsen in seiner Gottebenbildlichkeit (Mitschöpfer der Welt: Auftrag u. Leben in der vollen Einheit mit dem durch → Jesus Christus geoffenbarten Gott u. dem Mitmenschen. Ziel dieser → Ethik ist die → Vollendung des Menschen im → Reiche Gottes, das durch die → Liebe schon in der menschl. → Geschichte wirklich ist. Bla

Situationsethik. Gestaltung der → Ethik aus der jeweiligen Situation, ohne Rücksicht auf → Normen u. Allgemeinwohl. Obwohl jede Situation einmalig ist, steht sie doch im Zusammenhang mit Vergangenheit u. Zukunft nicht allein des Individuums, sondern der → Gesellschaft. Da gibt es Fortschritt u. Reifeprozeß der eth. Anschauungen, doch besitzt der Mensch darüber hinaus dauernde Werte (Leben, → Freiheit, → Gewissen u. ä.), die nicht v. der Situation her bestimmt werden. Bla

Sitz im Leben. Jeder literar. Text — also auch die Bibel — ist v. ganz best. menschl. Situationen, Milieus, Umständen usw. geprägt, die man bei der Interpretation berücksichtigen muß, wenn man das urspr. Gemeinte möglichst sinngetreu wiedergeben will. H. Gunkel prägte f. dieses Anliegen den Ausdruck „S. i. L.". Bes. häufig bildet die → Liturgie den S. i. L. f. atl. aber auch f. viele ntl. Texte; im N. T. ist es bes. die Situation der Urkirche, die sich in den versch. Texten niederschlägt u. bei der Auslegung unbedingt berücksichtigt werden muß. S. i. L. hat sich als terminus technicus auch in anderen Bereichen durchgesetzt, in denen die geschichtl. Einbindung eine Rolle spielt. → Kontext → Hermeneutik → Aktualisierung Hi

Sitzordnung. Die trad. Schule war gekennzeichnet durch eine starre Sitzordnung in Reihen hintereinander. Eine solche ist Ausdruck eines autoritären Lehrer-Schüler-Verhältnisses u. fördert vorwiegend dozierende Arbeitsweisen. Zeitgemäße Methoden wie → Gruppenarbeit, → Schülergespräch u. a. fordern eine „offene S." (U-Form; Kreis;), die nicht nur die → Kommunikation zw. Lehrer u. Klasse, sondern auch die der Schüler untereinander ermöglicht. Das Ideal ist eine „flexible S.", durch welche die Anordnung der Arbeitsplätze v. Lehrern u. Schülern jeweils der Aufgabe entspr. variiert werden kann. Eine solche ist Voraussetzung f. ein partnerschaftl. Verhältnis v. Lehrern u. Schülern, sowie f. viele Anliegen der „inneren Schulreform". Als Grundelement der Raumgestaltung ist die S. auch in der außerschul. → Katechese (Jugendheime, Seelsorgeräume usw.) v. nicht immer erkannter Bedeutung. Ko

Skinner-System. Die erste Form der Lernprogramme, bei denen die Abfolge der Lernschritte starr festgelegt war (lineare Programme). Ko

Skrupel. Der Mensch ist ein Wesen, das sich selbst gestaltet, aber auch dauernd gefährdet — aus seinem Versagen in Wissen u. Können. Darin liegt die Quelle f. Ängstlichkeit, Mißtrauen u. Unsicherheit. Bildet er sich zur Persönlichkeit u. → Vollendung im Menschsein Christi, kann er die Unsicherheit überwinden u. Selbstvertrauen gewinnen. Unterläßt er dies, läuft er Gefahr, über alle Bedenken hinwegzugehen (S.-losigkeit), o. in einen Zustand dauernder Ängstlichkeit im Handeln zu verfallen (Skrupulosität). Kommt zur ersten eine Machtentfaltung hinzu, entfaltet sich die echte Tyrannei. Kommen zur zweiten eine natürl. Schwäche (Störungen der Steuerungszentren im Gehirn, in der Hormonwirtschaft, Zwangimpulse u. ä. m.), → tiefenpsych. Gründe (Schreckbilder, falsches Eltern- o. Menschenbild) o. Verfehlungen in der → Erziehung (Überstrenge, falsche Behandlung bei Verfehlungen, unrichtiges Gottesbild, falsche Gewissensbildung, Ausrichtung auf Verbote u. Gesetze usw.) hinzu, können schwere Schäden eintreten (Zerrüttung des Gleichgewichtes, Minderwertigkeitskomplexe, Selbstquälerei, Unbelehrbarkeit, → Schuldgefühl u. ä.). Bla

Social Case Work. S. C. W. bedeutet eigentlich Arbeit an einzelnen, sozial bedürftigen o. erziehungsschwierigen Fällen. Im Sinne unserer institutionellen Einrichtungen kann darunter die konkrete → Fürsorgearbeit verstanden werden. Der S. C. W.er entspricht am besten unserer Fürsorgerin bzw. dem Bewährungshelfer. S. C. W. wird vielfach in Verbindung mit heilpäd. Maßnahmen o. mit Hilfen zur → Rehabilitation geleistet. S. C. W. muß grundsätzlich v. der Einzelfallstudie (Case study) unterschieden werden, die eigentlich eine diagnost. Maßnahme darstellt, während in der Fürsorgearbeit bereits die Therapie gesehen werden kann. Ku

Sodalität → Marianische Kongregationen

Soft-ware. Bezeichnung f. Trägermedien (Bild-, Ton- u. Tonbildträger), im Gegensatz zu → „Hard-ware" (Bezeichnung f. Vorführgeräte). Das Fehlen o. nicht klaglose Funktionieren v. Geräten behindert den Einsatz v. Trägermedien, wie sich auch umgekehrt noch so moderne Gerätesysteme in der Praxis nicht durchsetzen, solange es dafür nicht die entspr. S. in genügender Quantität u. Qualität gibt. Anz

TABELLE 8: **Sonderschulbedürftigkeit** (prozentueller Anteil). Nach den vorliegenden Untersuchungsergebnissen ist mit folgenden prozentuellen Anteilen (Mittelwerten) Sonderschulbedürftiger, bezogen auf die Gesamtzahl der Vollzeitschulpflichtigen, zu rechnen:

Blinde	0,015%
Gehörlose	0,05 %
Geistigbehinderte	0,6 %
Körperbehinderte	0,2 %
Lernbehinderte	4,0 %
Schwerhörige	0,18 %
Sehbehinderte	0,10 %
Sprachbehinderte	0,5 %
dazu ambulant Therapiebedürftige	1,0 %
Verhaltensgestörte (einschließl. der Kinder u. Jugendlichen in den Erziehungsheimen)	1,0 %

Die angegebenen Werte können sich im Laufe der Zeit nach dem Stand der wiss. Forschung u. dem Wandel der Umweltbedingungen verändern. Es muß angestrebt werden, den Anteil der Sonderschulbedürftigen durch entsprechende Maßnahmen, wie z. B. durch → Vorschulerziehung, Früheinschulung oder durch Differenzierung in der → Grundschule zu senken. V. a. ist zu vermeiden, daß sich die Zahl der Sonderschulbedürftigen durch die angestrebte Leistungssteigerung in den allgmeinen Schulen erhöht. Ko

(Aus: „Empfehlungen zur Ordnung des Sonderschulwesens" der bundesdeutschen Kultusministerkonferenz, 1972).

Sonderschule. Spez. Bildungseinrichtungen zur Förderung physisch o. psychisch behinderter Kinder. Die ehemalige Hilfsschule ist heute differenziert in eine *Allgemeine S.* f. lernschwache u. leistungsbehinderte Kinder (→ Geistesbehinderung, → Erethismus, → Enzephalitis, → Debilität usw.) u. in eine *S. f. Schwerstbehinderte* bzw. nur

Praktisch-bildbare (→ Mongolismus, → Kretinismus, → Imbezillität, → Enzephalitis usw.). Eigene S.n existieren in allen Kulturstaaten f. Körperbehinderte, Schwerhörige, Taubstumme, Sehgestörte, Blinde, Schwererziehbare (Sondererziehungsschule) u. Kinder mit → Sprachstörungen. Gelegentlich werden auch eigene Klassen f. Mehrfach-Behinderte u. Epileptiker, sowie Legastheniker eingerichtet. → → Sonderschulkatechetik → Heilpädagogik Ko

Sonderschulkatechetik. Teilgebiet der → Katechetik, welche kat. Fragen im Hinblick auf behinderte Schüler unter Heranziehung einschlägiger → Grund- u. Hilfswissenschaften (→ Heilpädagogik, → Psychotherapie, Fürsorgerecht u. a.) bearbeitet. → Blindenkatechese → Körperbehindertenkatechese → Debilität → Imbezillität → Schwererziehbarkeit, Katechese bei → Schwerhörigkeit, → Sehbehindertenkatechese → Sprachstörungen → Taubstummenkatechese u. a. m. Ko

Lit.: Unesco (Hg.), Europäische Konferenz über das Sonderschulwesen (1972; Überblick über die europäische S.); Richtlinien für die pastorale Betreuung behinderter Kinder, Hg. Katechetisches Institut Wien, A-1010, Stephansplatz 3/3, in: Chr. p. Bl. 1972/6; Lehrpläne u. didaktische Grundsätze für Sonderschulen in Österreich, ebda.; Lehrpläne für Sonderschulen, hg. vom → Deutschen Katechetenverein; G. Weber, Das lernbehinderte Kind und der Glaube (1967); H. Bissonier, Die katechetische Unterweisung zurückgebliebener Kinder (1966).

Sonntagsheiligung → Sabbatheiligung

Sonolux. Internat. Arbeitsgemeinschaft f. audio-visuelle kat. Hilfsmittel v. a. f. Missionen (Information, Beratung, Herstellung, Austausch). Sitz: CH-1700 Fribourg 2, Case Postale 45, 34, Grand'Rue, Schweiz. Ko

Sozialformen des Unterrichts. Die Besinnung auf S. d. U. soll dazu führen, daß der Lehrer sein eigenes Verhalten stärker einplant u. gesondert bedenkt. Die früher übl. Trennung nach Organisationsformen u. Arbeitsweisen erlaubt keine eindeutige Zuordnung v. meth. Verhaltensmustern, die v. a. die Aktivität des Lehrers betonen. 4 Grundformen der f. den Unterricht bedeutsamen Gruppen- u. Raumorganisation können unterschieden werden: 1. Frontalunterricht, 2. Kreissituation (alle Beteiligten sind einer gemeinsamen Sache zugewandt, Halbkreis als häufigste Sitzform), 3. Teilgruppenunterricht (Unterricht in kleineren Gruppen), 4. Einzelarbeit. Ku

Sozialisation. Als S. wird der gesamte Geschehensverlauf bezeichnet, durch den ein Individuum, das mit einer enormen Variationsbreite v. Verhaltensmöglichkeiten geboren wird, zur Ausbildung eines faktischen, weit enger begrenzten Verhaltens geführt wird, wobei die Grenzen des üblichen u. akzeptablen Verhaltens durch die Normen der → Gruppe, der es angehört, bestimmt werden. S. bedeutet daher auch eine Übernahme v. kulturspezifischen → Werten u. → Normen. Diese Übernahme wird durch → Lernprozesse eingeübt; Werte u. Normen werden durch → Interaktionen übermittelt. S. kann unter zwei Aspekten gesehen werden: 1. F. den Einzelmenschen bedeutet S. in erster Linie eine Anpassung an die traditionsgemäßen Verhaltensweisen u. Standardbegriffe, welche die →

Gesellschaft, innerhalb der er lebt, übernommen hat. Der einzelne ist bemüht, sich in die Gesellschaft einzugliedern. 2. Jede Gesellschaft ist daran interessiert, ihre → Kultur v. Generation zu Generation weiterzugeben; sie bemüht sich daher, den Einzelmenschen an die in der Gesellschaft als richtig geltenden u. anerkannten Ordnungsformen anzupassen. S. ist ein lebenslanger Prozeß der → Anpassung, der ein immer neues Einordnen in eine sich wandelnde soziale Umwelt verlangt. Ku

Soziallehre der Kirche. Unter S. d. K. versteht man die aus dem Naturrecht u. der → Offenbarung gewonnenen → Normen, die sich auf die Ordnung der → Gesellschaft richten. Der Akzent liegt dabei eindeutig auf dem Naturrecht. Dies bedeutet einerseits, daß die S. d. K. praktisch einem sozialphil. System nahekommt (wodurch eine weitgehende Zusammenarbeit mit allen anderen Ordnungskräften der Gesellschaft möglich wird), andrerseits, daß sie an der Problematik des Naturrechts teilhat (dessen Evidenz vielfach bestritten wird). — Inhaltl. läßt sich die S. d. K. in drei Sozialprinzipien zusammenfassen: 1. Das *Personprinzip* (im Mittelpunkt aller sozialen Bemühungen steht der Mensch als → Person, d. h. in der Spannung zw. seiner Individual- u. Sozialnatur, zw. → Freiheit u. → Gemeinschaft). 2. Das *Solidaritätsprinzip* (da der Mensch v. seiner Natur her auf Gemeinschaft hingeordnet ist, trägt er die Verantwortung f. die Ordnung des gesellschaftl. Ganzen u. muß v. → christl. Ethik her ein entspr. → Ethos entwickeln). 3. Das *Subsidiaritätsprinzip* (es behauptet die Freiheit u. Selbstverantwortlichkeit der Person, die im Handeln sich selbst verwirklicht; die Gemeinschaft leistet Hilfe zur Selbsthilfe u. bietet die Grundlagen der Daseinsvorsorge an). Im Dienste der S. d. K. stehen päpstl. Enzykliken der letzten Jahrzehnte, die über den innerkirchl. Bereich hinaus Beachtung fanden: Rerum novarum (Leo XIII.); Quadragesimo anno (Pius XI.), Mater et magistra (Joh. XXIII.); Populorum progressio (Paul VI.). —

Im RU muß — entspr. der → induktiven Methode — v. der konkreten sozialen Situation der Gesellschaft ausgegangen werden. Die hellhörig gemachten Kinder können dann selbst leicht die oben genannten Prinzipien entdecken u. als Basis mitmenschl. Existenz akzeptieren u. zu realisieren trachten. Die → Schulklasse bietet sich als Ort der Einübung der drei Prinzipien an. So kann der RU einen wichtigen Beitrag zur → staatsbürgerl. Erziehung leisten, wenn er die S. d. K. nicht als „Stoff" präsentiert, sondern als Ergebnis eigener Erfahrungen u. Erkenntnisse herausarbeitet. Damit ist auch den meisten Einwänden, die gegen die naturrechtliche Fundierung der S. d. K. vorgebracht werden, der Boden entzogen. Hi

Sozialpädagogik. S. umfaßt alle jene Erziehungsprobleme u. Lösungsversuche, die nicht in der → Familie u. der → Schule liegen, u. ist die päd. Antwort mit neuen Maßnahmen u. Einrichtungen auf typ. Probleme der modernen → Gesellschaft. Die gesellschaftl. bedingten Erziehungsprobleme (z. B. → Kindergarten, → Vorschul-, → Heimerziehung, Jugendschutz, Kriminalpäd.) zeigen, daß es neben Familie u. Schule ein drittes → Erziehungsfeld gibt, das einer eigenständigen → Pädagogik bedarf, die nicht bloß subsidiäre, sondern originale Aufgaben besitzt. Ro

Soziogramm. Das Ergebnis eines → Soziotests wird im S. festgehalten. Das S. ist daher eine

ABBILDUNG 19: **Soziogramm** (J. Kurzreiter)

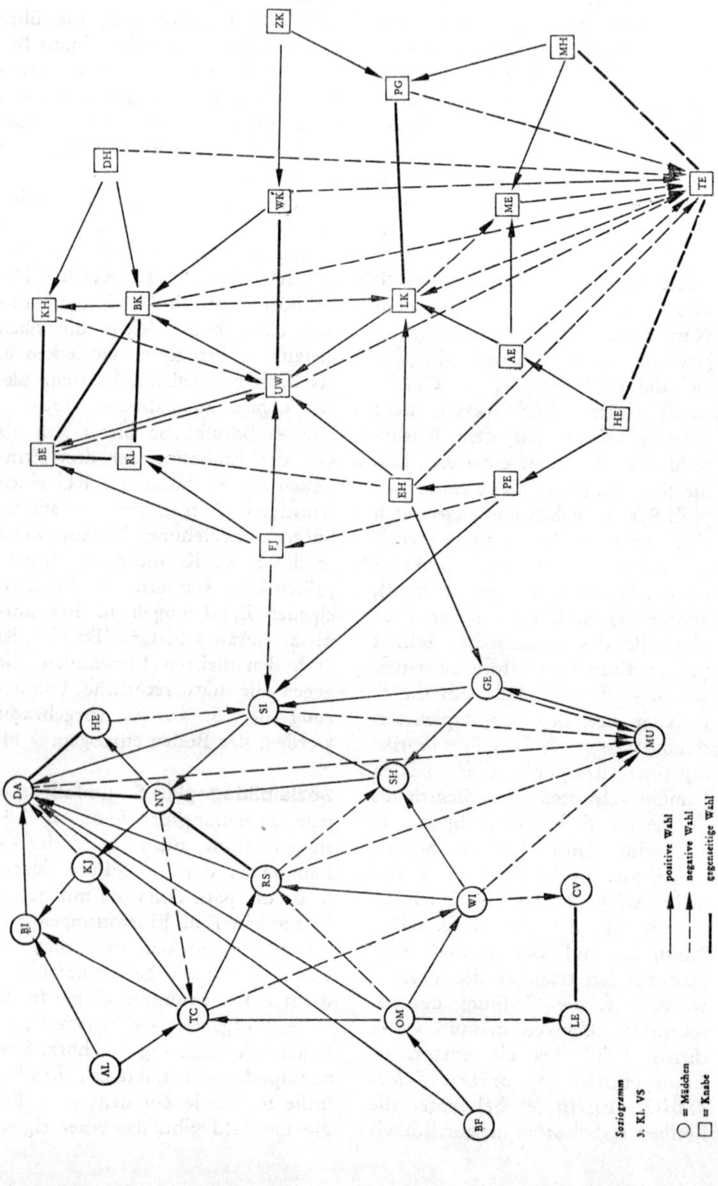

graph. Darstellung der sozialen Beziehungen der → Gruppenmitglieder, wie sie im Augenblick des Soziotests möglichst spontan geäußert wurden. Die Stellung des einzelnen in der Gruppe wird durch das S. bestens veranschaulicht. Außenseiter — sowohl in positiver als auch in negativer Hinsicht — werden klar ersichtlich. Jedes S. zeigt f. die Gruppe typ. Merkmale. Das S. liefert dem Erzieher wertvolle Informationen, so daß daraus Schwerpunkte der Erziehungsarbeit abgeleitet werden können. Vgl. Abb. 19, Sp. 895 f. Ku

Soziologie. Der Name S. als Wissenschaft v. der → Gesellschaft u. dem menschl. Verhalten in der Gesellschaft geht bereits auf A. Comte zurück, der deswegen auch v. vielen als Begründer der modernen S. angesehen wird. Heute hat sich die Bezeichnung S. internat. durchgesetzt, obgleich an ihre Stelle auch die Ausdrücke Gesellschaftswiss., Sozialwiss. oder empir. Sozialforschung treten können. Als wiss. Disziplin ist die S. weniger durch ihren Gegenstand abgegrenzt als durch ihre spez. Fragestellung. Die Gesellschaft ist auch Gegenstand anderer Wissenschaften (z. B. der Wirtschaftswiss., der Ethnol., der Politikwiss. u. a.). Die S. analysiert die Gesellschaft unter spezif. Gesichtspunkten, sie verwendet dabei ihre fachgemäßen Begriffe, sie verknüpft Daten in einer bes. Betrachtensweise u. bildet eigene Theorien. Grundsätzlich lassen sich zwei Theorien unterscheiden: 1. Die *Theorie der Gesellschaft* versucht, die Totalität des gesellschaftl. Lebens des Menschen zu erfassen. 2. Die *soziol. Theorien* dagegen konzentrieren sich auf mehr oder weniger klar abgrenzbare Probleme des gesellschaftl. Lebens. — Viele Methoden hat die S. gemeinsam mit anderen Wiss.; die Anwendung erfolgt aber unter charakterist. Regeln, die sich bes. auf den Aufbau der Forschung beziehen. Unter den zahlreichen Versuchen, S. als Wiss. zu definieren, bestehen die klaren Formulierungen v. Wössner. Er bezeichnet die S. als die „Wissenschaft v. sozialen Handeln des Menschen, insofern dieses in → Gruppen u. → Institutionen einer best. Gesellschaft u. → Kultur durch soziale Prozesse geprägt wird.“ S. als Wissenschaft beschäftigt sich damit, wie die Gesellschaft *ist.* Die Frage, wie die Gesellschaft *sein soll,* gehört in die Bereiche der Sozialphilosophie bzw. der Soziallehre. Ku

Soziometrie. S. kann allgemein als eine Analyse v. zwischenmenschl. Beziehungen in einer sozialen → Gruppe aufgefaßt werden. S. ist eine spez. Methode, → Interaktionen zw. den Gruppenmitgliedern zu erfassen u. ihre Häufigkeit u. Intensität zu messen. Die S. hat sich zu einem spez. Gebiet der angewandten Sozialforschung entwickelt. Sie stellt aber keine spezif. Wiss. dar, sondern in ihr berühren sich andere Disziplinen, wie etwa → Soziologie, → Psychologie, → Anthropologie u. Ökonomie. Aus diesem Zusammentreffen läßt sich auch erklären, daß bes. v. der Psychologie entscheidende Impulse zur Entwicklung der S. ausgegangen sind. Moreno kommt das große Verdienst zu, die S. in ihren Anfängen u. Grundzügen entwickelt zu haben. Nach Ausbruch des Ersten Weltkrieges führte er in einem Flüchtlingslager in Mitterndorf bei Wien die ersten soz.metr.

Arbeiten durch. Später setzte er seine Forschungen in den USA fort. In der S. geht es nach Moreno um die Entfaltung der → kreativen (= schöpferischen) Energien, um die Kontrolle dieser schöpferischen Kräfte, u. zw. bes. durch das Mittel der → Spontaneität, sowie um einen sinnvollen Einsatz dieser kreativen Kräfte beim Aufbau einer neuen → Gesellschaft. Unmittelbares Anliegen der S. ist die Erforschung der → Struktur u. der Dynamik v. menschl. Gruppen. Dazu werden soz.metr. Tests — auch kurz→ Soziotests genannt — eingesetzt. Die Darstellung des Geflechtes sozialer Beziehungen erfolgt in einem → Soziogramm. In rein prakt. Belangen verwendet man die soz.metr. Verfahren zur Messung der sozialen Distanz zw. den Gruppenmitgliedern u. zur Erfassung der Stellung innerhalb der Gruppe. Bei diesen Messungen spielen emotionale Hintergründe eine entscheidende Rolle, daher läßt sich mit Hilfe der soz.metr. Methoden ermitteln, wie beliebt ein Mitglied in einer Gruppe ist. Ku

Soziostruktur im Lernprozeß. Nach der → kybernetischen Pädagogik alle den Lernprozeß beeinflussenden o. bedingenden sozialen Faktoren (Schule u. Schulklasse, Milieuvoraussetzungen, Lehrer-Schüler-Verhältnis u. a. m.). Ko

Soziotest. Als S. werden allgemein die empir. Verfahren bezeichnet, die eine Erfassung u. Messung sozialer Beziehungen zw. den Mitgliedern einer sozialen → Gruppe ermöglichen. In der prakt. Arbeit hat sich v. a. die Wahlmethode durchgesetzt. Die Wahlkriterien, die dabei vorgegeben werden, können sehr verschiedenartig sein. F. den Einsatz soziometr. Tests in der Schule hat sich v. a. die Wahl des bevorzugten Sitznachbarn bestens bewährt. In Schulklassen muß die unterschiedl. soziale Reife der → Kinder berücksichtigt werden, daher ist der Aussagewert v. S.s bes. bei jüngeren Schülern oft recht unbeständig. Ku

Spätentwickler. Kind, das die seiner Altersnorm entspr. Entwicklungsstufe im seel./geist. o. körperl. Bereich erst verspätet erreicht — zu prüfen im → Entwicklungstest —, wobei diese Verzögerung nicht durch eine psychische o. geist. Erkrankung verursacht ist. → Retardation Si

Spastische Lähmung. Synonym: Little'sche Lähmung = Krampflähmung, bedingt durch Schädigungen im Gehirn o. Rückenmark. Die willkürl. Bewegungen der Skelettmuskeln sind gestört, was zu unkontrollierten krampfartigen Bewegungen (oft auch Sprechstörungen) führt. Der Intellekt ist v. dieser → Körperbehinderung nicht beeinträchtigt. Spastiker sind in Unterricht u. Seelsorge (Beichtstuhl!) trotz der sehr auffällig wirkenden Behinderung als „normale“ Menschen zu behandeln. → Sonderschule, → Körperbehindertenkatechese Ko

Speziallehrgänge. Nach der 5. Schulorganisationsgesetznovelle in Österreich vorgesehene Kurse f. Lehrlinge nach Abschluß ihrer Lehrzeit sowie f. Absolventen → berufsbildender mittlerer u. höherer Schulen. Zweck: Vertiefung des Berufswissens u. -könnens o. Erweiterung desselben auf ein zweites Fachgebiet. Dauer: bis zu 6 Semester. Ko

Spiel(e). Das S. ist f. das Kind ein vitales Bedürfnis wie Nahrung u. Schlaf. Es ist der bedeutsamste Motor selbständ. Lernens, dient dem Erwerb v. Fertigkeiten u. der Ausbildung v. Funktionen. Bedeutung hat das S. auch f. die Erkenntnis der Innerlichkeit des Kindes, f. die Diagnosestellung bei seel. u. geist. Erkrankungen u. deren Therapie. Das *Bewegungs- o. Funktionss.* läßt die eigene Lebendigkeit genießen, führt zum Beherrschen der Bewegungen u. schließlich zur Haltung. Das *Experimentier- o. Konstruktionss.* weckt Interesse an der Sache, führt zum → Gebotsgehorsam u. zur Entwicklung der Arbeitstugenden. Das → *Rollen-, Fiktions- o. Illusionss.* experimentiert mit der eigenen → Person in der → Gesellschaft u. dient der sozialen → Anpassung. Das durch Regeln bestimmte *Gemeinschaftss.* befreit v. der kindl. Egozentrik, führt in ein gleichrangiges Partnerschaftsverhältnis ein u. zum Gehorsam gegenüber der Regel. Das *Denks.* fördert die Freude am geistigen Experimentieren. Das S.-Verhalten gelangt während der reifen Kindheit zu hoher Entfaltung, degeneriert aber mehr u. mehr, je näher der junge Mensch der → Pubertät kommt. Die Bedeutung einer system. S.-Erziehung wird heute immer mehr betont. Si

Lit.: H. Hetzer, Spiel u. Spielzeug für jedes Alter (12. Aufl. 1972); dies., Spielen lernen — Spielen lehren (3. A. 1962); Deutsches Jugendinstitut: Bibliographie „Spiel im Kindesalter" (1972); Burckhardthaus-Verlag (Hsg.), Arbeitsmethoden in der Gemeindearbeit (1973); F. Rohrer, Planspiele (1973).

Spiel, Kat. Neben der rel. päd. Bedeutsamkeit allgem. Kinderspiele etwa f. den Sozialisierungsprozeß wird zunehmend die Funktion des S.s innerhalb der → Katechese (meditative Vertiefung, Vergegenwärtigung v. Heilsereignissen, Einübung o. Vorbereitung f. rel. Tun usw.) erkannt. Zu beachten ist die unterschiedl. Relevanz u. Adäquatheit kat. Inhalte mit versch. S.formen. Bibl. Themen sind einem Rollens. adäquat, nicht aber einem Regels. à la Quartett o. Mensch-ärgere-dich-nicht. Durch kat. Zwecksetzung u. didakt. Intention darf auch nicht verloren gehen, was zum Wesen echten S.s (Ungebundenheit, relative Zweckfreiheit, → Spontaneität usw.) zählt. → Simulation Ko

Lit.: B. Lutz, Das Katechetische Spiel (1960); H. Frör, Spielend bei der Sache. 81 Spiele für Schulklassen, Konfirmandengruppen u. Gemeindekreise (1972).

Spielmedien. Medien zur Durchführung v. → Spielen (vgl. → Medienspiele).

Spiritual → Jazz

Spiritualität. Der Begriff S. (v. lat.: spiritus = Geist) geht sowohl dem Inhalt wie dem Wortursprung noch auf das N. T. zurück. „Pneumatikós" = griech.: geistlich, wird zum Fachausdruck f. die christl. Existenz. S. besagt einerseits Verwurzelung in der → Offenbarung → Gottes, wie sie v. a. in → Christus geschehen ist u. uns durch → Wort u. → Sakrament weitergegeben wird, andererseits die persönl. Aneignung der Heilsbotschaft Christi durch den einzelnen Christen. S. ist darum letztlich gelebter → Glaube o. gelebtes Evangelium. Da die konkrete S. bei aller menschl. Leistung zuerst immer ein Imperativ Gottes an den Menschen ist, läßt sich eine Vorhersage der mod. S. nur aus den gegenw. Gegebenheiten ungefähr ablesen. Charakterist. f. diese dürften sein: die Betonung des *Humanen* (→ Leib, → Geschlecht, → Liebe), der *Welthaftigkeit* (nicht ein „geistliches Leben" als Sonderbezirk, sondern Leben aus dem Geiste Christi im Beruf, in der → Ehe, in der Freizeit; das bedeutet weder Verfallenheit noch Absage an die → Welt, sondern Hingabe an Gott in der Welt u. gerade so an die Menschen), des *Personalen* (Glaube als persönl. Hingabe; existentiell-persönliche Selbstverantwortung) u. des *Dynamischen* (unterwegs als Glied des wandernden Gottesvolkes wie in der Realisierung der eigenen Existenz). Fi

Spontaneität. Der Begriff S. wird in → Erziehungswissenschaft u. → Didaktik noch uneinheitlich verwendet. — S. ist die Unmittelbarkeit, mit der etwas unabhängig v. → Erfahrungen gedacht wird: S. ist dann gegeben, wenn der Mensch sich dem Denken, das v. allem subj. Gewollten frei ist, überläßt; S. heißt, im Handeln den Anspruch der konkreten Situation aus einer tiefen Bereitschaft f. → Verantwortung erfüllen; S. ist die → emanzipatorische Selbsttätigkeit in sachgerechten → Kommunikationsprozessen (z. B. Lehren — Lernen), die v. autoritärem Verhalten einzelner frei sind. Ro

Sprache. S. bedeutet die Fähigkeit, die → Welt erkennend zu durchdringen u. zu ordnen, zu sich selbst zu kommen sowie mit den anderen Menschen → Gemeinschaft zu halten (→ Kommunikation), u. wird so zum zentralen Vermögen des Menschen. Verständlichkeit ist eine wichtige Voraussetzung, sie muß jeder S. (Fach-S., Unterrichts-S., Verkündigungs-S. usw.) gegenüber als Kriterium u. Korrektiv wirksam werden. → Worthülsen u. konventionelle Lehrformeln, hinter denen kein lebendiger Sinn mehr steht, müssen aus der im RU verwendeten S. ausgemerzt werden, wenn es gelingen soll, → Gottes Wirklichkeit tatsächlich zur S. zu bringen. Das Anliegen der S. zählt deshalb auch zu den Hauptthemen der → Fundamentalkatechetik. Hi

Lit.: H. Zirker, Sprachprobleme im RU (1972); M. H. Dallas (Hsg.), Sprachanalyse u. rel. Denken (1972).

Sprachstörungen. Ursachen: 1. Unvollkommener Spracherwerb bei Hörschädigungen; 2. durch Schädigungen des Zentralnervensystems bedingte S.: → Aphasie; 3 S. aufgrund angeborener o. erworbener Schädigungen des Sprachapparates (Wolfsrachen usw.); 4. psychisch bedingte S.: → Lispeln, → Stammeln, → Stottern, → Sigmatismus. Sprachgestörte Kinder werden oft in eigenen Sonderklassen unterrichtet. Die rel. päd. Problematik liegt 1. in der Gefahr einer Fehlentwicklung der Brüderlichkeit (ausgelöst durch Hänseln u. Verspotten), 2. bei S., welche ein gewisses Ausmaß übersteigen, in Schwierigkeiten bei der Eingliederung in Jugendgemeinschaften u. 3. v. a. auf dem Gebiet der liturg. Gebets- u. Beichtpraxis. In allen Fällen der S. ist eine Ermutigungspädagogik am Platze. Auch das schwer sprachgestörte Kind muß im Unterricht Gelegenheit finden, ausreichend zu sprechen, ohne durch Ungeduld des Lehrers o. Spott der Mitschüler frustriert zu werden. Ko

Lit.: M. Führing — O. Lettmaier, Die Sprachfehler des Kindes (6. Auflage, 1969).

Sprachtheorie, verhaltenstheoretische. Im päd. u. rel. päd. Schrifttum bedient man sich zunehmend auch empir., naturwiss. Denkmodelle u. Terminologien. Dazu zählt auch die v. S. Nach Ch. Morris unterscheidet man dabei drei Dimensionen der → Sprache: 1. die syntakt. (Beziehungen zw. den einzelnen Zeichen eines Zeichensystems), 2. die semant. (Beziehungen zw. den Gegenständen u. den Zeichen dieser Gegenstände), 3. die pragmat. (Beziehungen zw. Sprecher bzw. Hörer u. Zeichensystem). Die Rolle des menschlichen Organismus bei der Verknüpfung v. Zeichen mit Gegenständen spielt in der Sprachpsychologie der Gegenwart eine große Rolle u. hat zu verschiedenen Theorien u. Modellvorstellungen geführt (Substitutionstheorie, Dispositionstheorie u. a.). Diese zählen zu → Hilfswissenschaften der → Curriculumsforschung, werden aber auch als Grundlage f. Techniken der Normenanalyse u. ä. angewendet. Ko

Sprechzeichnen → Zeichenkatechese

Spruchkatechismus. Ein → Religionsbuch, das an Stelle v. Fragen u. Antworten gereimte → Merksätze bringt. Ko

Lit.: W. Keith, Spruchkatechismus (1950).

Stadtkind — Dorfkind. Trotz zunehmender Nivellierung erleben Stadtkind (S) u. Dorfkind (D) ihre mitmenschl. u. dingl. Umwelt noch relativ verschieden. Vereinfachend u. in kontrastierender Abstraktion kann gesagt werden: Das S. begegnet im Großstadtverkehr vielen Menschen, es erlebt die meisten v. ihnen aber als → Masse o. primär als Funktionsträger (Straßenbahnschaffner, Polizist). Dem gegenüber begegnet das D. weniger Menschen, diesen aber häufiger ganzheitlich (Herr Maier, Frau Müller). Das S. lebt in der Regel in einer Kleinstfamilie, zu deren Mitgliedern es intensive Sozialbezüge aufbaut. Das D. ist noch häufiger in den Verband einer größeren → Familie hineingestellt. Das S. erlebt seine Angehörigen durch die Trennung v. Arbeits- u. Wohnraum stark im Freizeitverhalten, während das D. die ihm bekannten Menschen auch als „Produzierende" erfährt. Der Lebensraum des D.s umfaßt neben dem Wohnraum auch noch Scheune, Stall, Hof u. Flur, der des S.s ist außerhalb der Kleinstwohnung mit vielen Tabus (Park) versehen. Durch Ausflüge u. Motorisierung ist der Radius des bekannten Raumes bei S.n ein größerer, dieser Raum ist aber weniger psychisch strukturiert als bei D.n. Das Verhältnis zum Tier ist beim S. (Goldfisch, Sittich) u. beim D. (Nutztiere) anders. Der Jahresablauf ist durch den Rhythmus des bäuerl. Lebens auch f. D.r aus nichtbäuerl. Familien ein anderer als bei S.n. Erfährt jenes den Sommer als Zeit des Schaffens, so dieses als Zeit des Urlaubs u. a. m. Das Großstadtleben fördert u. fordert Extraversion, während das Landleben trotz des Fremdenverkehrs noch stärker die Entwicklung einer Introversion ermöglicht. Der Eintritt der Geschlechtsreife u. a. zeigt nach detaillierten Untersuchungen auch heute noch ein deutl. Gefälle v. Einzelhof über Dorf u. Kleinstadt zur Großstadt. Die sich aus dem Skizzierten ergebenden Konsequenzen für → Religionspädagogik u. → Katechetik sind theoret. noch nicht aufgearbeitet u. haben prakt. nur einen Niederschlag in der kirchlichen

→ Jugendarbeit (Landjugend) u. im → Religionsunterricht an → land- u. forstwirtschaftl. Schulen gefunden. Ko

Lit.: E. Pfeil, Das Großstadtkind (1955); F. Wurst, Das Landkind heute und morgen (1963); ders., Entwicklung und Umwelt des Landkindes (1961).

Stammeln (Dislalie). Fehlerhafte Bildung (R), Ersatz (R durch L) o. Auslassung eines oder mehrerer Laute. → Sprachstörung → Sonderschule Ko

Stammkatechismus. Nach J. A. Jungmann die Summe jener Kenntnisse u. Gesinnungen, welche unabdingbare Grundlage f. das Leben als Christ u. die Erreichung des Heiles sind. Ko

Statement. (Monologische) Stellungnahme z. B. in → Schulfunk u. → Schulfernsehen zu *einem* Thema („einseitiges" Interview). Ko

Statistik. Die S. ist f. jede empirische Wissenschaft ein unerläßl. Hilfsmittel geworden. Große Bedeutung kommt den statist. Methoden bei der Planung, Durchführung u. Auswertung psych. Experimente zu. Im folgenden ein kurzer Überblick über die Problemkreise in der S.; zur näheren Information sei auf die zahlreiche Fachliteratur verwiesen. — Die Deskriptionss. beschäftigt sich mit Fragen der Aufbereitung (= Abbildung v. Untersuchungsergebnissen in Skalen, Zusammenfassung in Klassen, graph. Darstellungsmöglichkeiten u. ä.) u. mit der Beschreibung v. Untersuchungsergebnissen durch Maße (d. s.: → Maße des Mittelwertes, → Maße der Streuung o., wenn es sich um den Zusammenhang v. zwei o. mehreren Ergebnissen handelt, Maße der → Korrelation. — Der statist. Inferenz geht es um zulässige Schlüsse v. Stichproben auf die Gesamtheit (Population), also um das Problem der → Signifikanz. Zu diesem Zweck entwickelt sie eine Reihe v. statist. Schätz- u. Prüfverfahren. — F. die Versuchsplanung, bzw. Testerstellung sind die Verfahren der statist. Analyse unbedingt erforderlich. Ein bekanntes Beispiel f. ein solches Verfahren ist die → Faktorenanalyse. Si

Lit.: E. Mittenecker: Planung u. statist. Auswertung v. Experimenten (8. A. 1971); Hofstätter-Wendt: „Einführung in die quantitativen Methoden der Psychologie" (4. A. 1972).

Status, sozialer. S. S. ist die Position, die ein Mensch in einer sozialen → Gruppe einnimmt. Aus dem s. S. sind daher Beziehungen zu den anderen Personen bzw. Einschätzungen durch andere Menschen ersichtlich. Zu jedem s. S. gehört eine soziale → Rolle. Man unterscheidet den *zugeschriebenen* S., der sich bereits aus der Zugehörigkeit zu einer best. Gruppe ergibt, u. den *erworbenen* S., den jedes Individuum etwa durch Schulbildung o. durch den Beruf erlangen kann. Zum Unterschied v. Prestige ist S. ein völlig wertfreier Begriff. In einer → Schulklasse nimmt beispielsweise jeder Schüler einen bestimmten S. ein. Ku

Stereoprinzip. Techn. Prinzip a) auf dem visuellen Sektor: zur Erzeugung eines *scheinbar* dreidimensionalen Bildes (z. B. Stereofilme, Stereodias) im Gegensatz zum → Selectavisions-System), b) auf dem auditiven Sektor zur Erzeugung einer räumlichen Klangwirkung durch zwei o. mehrere Lautsprecher („Kanäle“). Anwendung insbesondere bei wertvoller Musik u. bei Hörspielen sinnvoll. Anz

Stereotyp. Griech.: feststehend, in immer gleichbleibender Form. S. ist die öffentl. Meinung in größeren Bevölkerungskreisen über → Personen, → Gruppen, Parteien o. auch über → Institutionen u. Sachen. Das S. ergibt sich zumeist aus einer Übernahme v. klischeeartigem Denken u. Urteilen; es enthält daher sehr häufig ungünstige → Vorurteile. In der Regel wird die Gruppe, der man selbst angehört, überbewertet. Als Auto-S. bezeichnet man das Bild, das eine Gruppe v. sich selbst hat. Das Hetero-S. ist dagegen das Bild v. einer Fremdgruppe. Der Ausdruck wurde aus der Fachsprache des Druckers übernommen u. hat sich mit dem Aufstieg der Meinungsforschung sehr rasch durchgesetzt. Ku

Sternsingen. S. stammt aus dem mittelalterl. Bestreben, nicht nur die Geburt Christi, sondern auch die Geschichte der Magier szenisch darzustellen. Zw. Neujahr u. Erscheinung des Herrn ziehen Kinder, als Magier o. Könige verkleidet, mit leuchtendem Stern v. Haus zu Haus u. bitten um Gaben. In Österreich u. Deutschland hat man seit einigen Jahren mit Erfolg versucht, das S. zeitgemäß u. zielgerecht neu zu motivieren. Am Fest der Erscheinung des Herrn werden die Getauften durch das Sammeln f. best. Anliegen der päpstl. Werke f. die Weltmission an ihre Mitverantwortung f. die Ausbreitung des Glaubens erinnert. Mit dem Geld werden Projekte verwirklicht, die die Verkündigung u. Entfaltung des → Evangeliums unterstützen. Nou

Stillarbeit → Einzelarbeit

Stimmbildung. Die Stimme ist *das* Werkzeug des Lehrers; daher bedarf sie schon beim Lehrer u. selbstverständlich auch beim Kind bes. sorgfältiger Pflege. V. a. ist immer „weiches“ Sprechen u. Singen anzustreben, auch dann, wenn es mancher irriger Vorstellung vom lauten, „kräftigen“, „schallenden“ Singen nicht ganz entsprechen sollte; auf gar keinen Fall darf „Pressen“, Schreien, Brüllen im „Übereifer“ zugelassen werden; die Gefahr, daß irreparable Schädigungen der Stimme (auch der des Lehrers) auftreten, ist viel zu groß! Anzustreben ist die leicht verhüllte Schönheit der noch jungen u. zarten Kinderstimme. S. ist genauso erlernbar wie die Fertigkeit des Lesens u. Schreibens; man erwirbt sie durch ständiges Üben u. Trainieren; u. dies sollte besonders f. Rel.lehrer (Prediger!) eine selbstverständl. Verpflichtung sein; diese Schulung beginnt schon beim richtigen Atmen: Durch Nase u. Mund einatmen, die Schulter dabei nicht heben, sondern die sog. kombinierte Zwerchfellatmung anwenden: Zwerchfell-, Flanken-, Rückenatmung ist anzustreben; ausatmen: langsam verströmende Luft wie z. B. einem Autoschlauch mit kl. Defekt ähnlich. (Siehe: Anregungen u. methodische Hinweise f. die Musikerziehung in der Grundschule, zusammengestellt v. Rudolf Schwarz). Einer speziellen Behandlung bedürfen die sogenannten → „Brummer“ u. → „Lispler“. Mu

Lit.: P. Nitsche, „Die Pflege d. Kinderstimme“ (1954); Walter Treiner: „Stimmbildung“ (o. J.).

Stimulus → Denkanstoß

Stottern. Psychisch bedingte Hemmung, zusammenhängend u. fließend zu reden. Nicht das Symptom, sondern die Ursache ist durch heilpäd. Führung zu beheben. Beachtung u. Hinwendung auf den Sprachfehler verschlimmern die Schädigung. → Sprachstörung → Sonderschule Ko

Strabismus → Schielen

Strafe. S. muß stets päd. verantwortet werden u. eine erzieh. Hilfe leisten; sie darf nicht schaden, sondern muß fördern u. zwar die Einsicht des Bestraften in seine Verfehlung, so daß das Unangenehme o. Ungute der S. nicht bloß abschreckt, sondern den Besserungswillen aufruft. S. setzt → Schuld voraus, ist jedoch erst sinnvoll, wenn → Schuldgefühl verspürt wird, das nur selten durch S. geweckt wird; S. setzt Erziehung zur → Sittlichkeit voraus u. fordert sie (v. a. den Aufbau des Sinns f. Gerechtigkeit). S., die physischen Schmerz bewirkt, ist abzulehnen. S., die einen Verzicht darstellt (z. B. Entzug der → Freiheit o. gewohnter Rechte, Verzicht auf erwarteten Genuß), ist legitim, wenn Anwendung u. Folgen klug abgewogen werden. S., die ein sittl.-gutes Verhalten aufträgt, ist die sinnvollste, weil der Bestrafte die Möglichkeit zur Wiedergutmachung erhält u. zu einer sittlich wertvollen Aktivität geführt wird, während eine Verzicht-S. zum passiven Ertragen verhält. Spontanes S.n hat zwar im Augenblick Erfolg, ist aber fragwürdig wegen der späteren negativen Nebenwirkungen, denn es erfolgt häufig vorschnell aus Vergeltung u. Affektentladung, Abreaktion u. Herrschaftsanspruch. Unter *„natürlicher"* S. versteht man das Ertragen(müssen) v. Folgen, die sich aus einer Fehlhandlung ergeben u. v. der verfehlten Sache bestimmt werden; sie sind jedoch nicht ausreichend, da Erziehung nicht nur auf das richtige Verhältnis Mensch — Sache ausgerichtet ist. S. in der Erziehung ist nicht v. der Rechts-S. der → Gesellschaft zu ihrem Schutz abzuleiten; sie muß ausschließlich unter dem Aspekt des Pädagogischen gesehen u. legitimiert werden (= *„päd. S."*). Sie unterscheidet sich v. der *„rechtl. S."*, aber auch v. der *„sittl. S."* (= Reue, Unlust an einer selbstverübten unsittl. Handlung o. Gesinnung; diese wird als Form der „Selbstbestrafung" angesehen). **Ro**

Lit.: E. Gabert, Die Strafe in der Erziehung u. Selbsterziehung des Kindes (1968); H. J. Ipfling/F. Lehmann, Strafen in der Schule (1970); Willmann Institut (Hg.), Pädagogik der Strafe (1967); W. Scheibe, Die Strafe als Erziehungsproblem (1967); B. Stoeckle, Strafe als Erziehungshilfe (1969).

Streaming-System. Organisationsform des trad. Schulwesens ab dem 10. Lj. Die Schüler werden nach einem allgem. Leistungsdurchschnitt (Gymnasium, → Hauptschule, Volksschuloberstufe, → Sonderschule) in verschiedenwertige Züge eingeteilt. Im Gegensatz zum → Setting-System liegt der Nachteil hier bei der negativen Orientierung am Leistungstiefpunkt. Ko

Strebung. Nach Ph. Lersch die auf das Erreichen eines best. Zieles gerichteten u. dem → endothymen Grund entstammenden psychischen Antriebe. **Ko**

Lit.: Ph. Lersch, Aufbau der Person (7. Auflage 1962).

Streitgespräch. Vom echten S. etwa in Wissenschaft o. Politik (Kontroverse) unterscheidet man das S. *als Methode* der wiss. Ausbildung (Disput) o. des Unterrichtes (Ausloten einer Problematik, Einüben v. Begründungen, Einüben des Sich-in-den-anderen-hineindenken-könnens u. ä. m.). Als Methode müssen S.e materialen o. formalen → Qualifikationen dienen, sonst sind sie „Windmühlengefecht" u. sinnlos. Ko

Struktur. S. besagt Zusammengesetzheit eines Ganzen aus Teilen, die so eng zusammengehören, daß die Veränderung eines einzigen die anderen Teile ändert. Der Wert eines Teiles entspricht seiner Stellung im Ganzen. Die S. benötigt zu ihrem (dynam.) Bestand die (Selbst-)Regulation der Teile u. ihrer wechselseitigen Abhängigkeiten bei u. durch Veränderung. S.n sind u. a. Organismen, Erlebnisse, → Erfahrungen, Sozialgebilde. — Der S.-Begriff gestattet eine Interpretation des Menschseins, die über bloße → Entwicklung hinausgeht: denn die menschl. → Person wird geschichtl. jene, die sie v. Anfang an schon ist. — Mit Hilfe des S.-Begriffes lassen sich die päd. Antinomien nach ihrem Stellenwert innerhalb des päd. Prozesses ordnend definieren: → Autorität — → Freiheit, Individual- u. Sozialerziehung, Ordnen (→ Führen) — Wachsenlassen, → Bewahrung — Zukunftseröffnung, formale — materiale Bildung, Sach- u. Wertbildung stehen nicht nur dialektisch innerhalb der Paare gegenüber, sondern sind als Paare u. Paarteile auch den anderen Antinomien zugeordnet; der Ausschluß o. die ausschließl. Betonung eines Paarteiles o. Paares erbringt eine falsche Stellung der anderen im Gesamt des päd. Prozesses. Der Stellenwert der päd. Antinomien ist je nach quantitativer u. qualitativer Hinsicht zu bestimmen. Ro

Struktur, soziale. Als s. S. bezeichnet man allgemein die Verbindungen der einzelnen Menschen untereinander. Aus dem sozialen → Status u. der übernommenen sozialen → Rolle ergeben sich verschiedenartige Verbindungen, die Über- bzw. Unterordnungen erkennen lassen. Man spricht auch v. einer Struktur der → Gesellschaft u. meint damit das Gefüge einzelner → Gruppen o. Organisationen innerhalb der Gesamtgesellschaft. Der Begriff s. S. führt daher gelegentlich zu Anwendungsschwierigkeiten, weil er zwei versch. Formen v. gesellschaftl. Verbindungen erfaßt. Die S. ist immer abhängig vom gemeinsamen Ziel u. Zweck der Handlung. Ku

Strukturplan. V. der Bildungskommission des bundesdeutschen Bildungsrates 1970 empfohlener Katalog v. Maßnahmen zur qualitativen u. quantitativen Bildungsreform. Der S. intendiert eine Änderung des gesamten Bildungswesens (= B.) v. der → Vorschulerziehung bis zur Lehrerbildung, einschl. der Weiterbildung. Ausgeklammert blieben noch Sonderschule, Hochschule, Bibliothekswesen, Medien u. a. Gliederung: *I. Grundsätze* (Einheit des B., → Chancengleichheit, Durchlässigkeit u. Wandlungsfähigkeit des B.usw.); *II. Elemente* (= alles, was sich durch die empfohlenen Reformen an päd. Leitlinien hindurchzieht: Differenzierung, → Curriculum, → Lernziele, Lernmotivation u. a.);

III. u. IV. Aufriß einer Neukonzeption des B. u. der Lehrerbildung (= Hauptteil); *V. u. VI. Konsequenzen f. Verwaltung u. Finanzierung.* Der S. zielt auf individuelle Förderung des Schülers ab u. baut auf Ergebnissen der experimentellen Lernforschung auf. Ko

Lit.: Deutscher Bildungsrat, Empfehlungen der Bildungskommission: Strukturplan f. d. B. (1970, 2. Aufl.); Arnold Wilhelm, Kritische Bemerkungen zum Strukturplan f. d. Bildungswesen (2. Aufl. 1971).

Studentenseelsorge. 1. *Geschichte:* 1564 tauchte zum erstenmal in der Kirchengeschichte eine rel. Jugendvereinigung in unserem Sinne auf: die → Marianische Kongregation. Die erste Kongregation in Österreich wurde 1578 in Innsbruck gegründet u. zw. als Männer- u. Studentenkongregation, 1579 folgte Wien. Studentenverbindungen entstanden seit dem 18. Jh. als Zusammenschlüsse kl. Studentengruppen an einer Hochschule als Studienzeitgemeinschaft od. Lebensbund. Nach 1800 entstanden die Burschenschaften u. Corps, in Deutschland der ev. Wingolf (1841), als kath. Verbände CV, KV, UV u. nach 1919 Hochschulringe v. Quickborn u. Neudeutschland. Zur selben Zeit entstand in Österr. „Jung Österreich-Christlich deutscher Studentenbund (CDSB). Aus dem CDSB ging der „Bund Neuland“ hervor. Ab 1933 verdrängte der NS-Studentenbund in Deutschland alle anderen Studentenverbindungen, die größtenteils nach 1945, z. T. mit neuer Zielsetzung, wiederauflebten.

2. Die Studentengemeinde ist die Gesamtheit der einer christl. Konfession angehörenden Studenten am Hochschulort, deren aktive Mitglieder der Kath. Studentengemeinschaft (KSG) u. die Ev. Studentengemeinde mit einem eigenen Studentenseelsorger bilden. Die sozialen Bildungseinrichtungen dieser kirchl. Gemeinden (Personalpfarren) stehen grundsätzlich allen Studierenden ohne Rücksicht auf Religion o. Nationalität zur Verfügung. Die St. versteht sich *heute* als kategoriale Heilssorge im studentischen Milieu.

3. Aus dem nach 1945 entstandenen „Studentenring“ bildete sich in Ö. als Milieuapostolat der → Kirche u. offizielle Form der *Mittelschülerseelsorge* die KMJ (Kath. Mittelschülerjugend), heute als KSJ (Kath. Studierende Jugend). Die KSJ will junge Kirche, kategoriale Heilssorge u. Gemeinde sein. Sie versteht sich als Gemeinschaft junger Christen an Höheren Schulen, als „Kirche in der Schule“. Zur Realisierung sind die Studentenzentren als Begegnungs- u. Kontaktforen gedacht. In diesen Zentren arbeitet die KSJ sehr eng mit der Kath. Hochschuljugend (KHJ) als ihrer Fortsetzung an Hochschulen zusammen. Die Studentenzentren unter der Leitung eines Studentengremiums u. der geistl. Assistenz eines Priesters o. Laientheologen sollen eine „offene Tür“ f. Interessierte u. Kontaktsuchende sein u. ein konstantes Bildungsangebot ermöglichen. — Die Kontinuität des Ortes u. der Leitungspersonen, Verbindung v. Gruppenarbeit u. offenen Seminarreihen, sowie die Verwirklichung der eucharistischen Mitte kennzeichnen die Arbeit in solchen Zentren o. Mittelschülerklubs. Analoge Entwicklungen sind auch in anderen europ. Ländern festzustellen. Had

Stummfilm → Film

Subkultur. Jede → Kultur ist unmittelbar mit der → Gesellschaft verbunden. Die arbeitsteilige u. differenzierte Gesellschaft bewirkt daher auch eine Differenzierung in kulturellen Bereichen. Eine solche regional begrenzte, sozial bedingte u. häufig auch ethnisch begründete kulturelle Einheit bezeichnet man als S. In S.n bilden sich → Normen eigener Art aus, die denen der Hauptkultur nicht immer entsprechen müssen. Daher entstehen häufig zw. der Hauptkultur u. den verschiedenen S.n (Minderheiten, Berufsgruppen, Altersgruppen usw.) Konfliktstoffe. → Jugendliche Subkultur → Gegenkultur → Peer-culture Ku

Lit.: O. Seeber/Y. Spiegel (Hg.), Behindert — Süchtig — Obdachlos. Projektarbeit in Randgruppen (1973); G. Geppert, Jugendl. Subkultur, in: Kat. Bl. 1967/S. 227.

Sublimierung → Psychoanalyse

Subsidiaritätsprinzip. Unter S. versteht man den Grundsatz, daß eine Institution ergänzend o. ersetzend dort wirksam wird, wo eine andere die ihr zukommenden Aufgaben nicht erfüllt. Nach → Divini illius magistri ist nach diesem Prinzip die Frage der Erziehungsberechtigung v. → Familie u. Staat zu lösen. Der Staat habe mit wenigen Ausnahmen (körperl. Ertüchtigung, militär. Erziehung) gemäß dem S. dann u. dort Erziehungsaufgaben zu übernehmen, wo die Familie solche nicht wahrnehmen könne. Ko

Suchtgift → Rauschdrogen

Suchtgiftbestimmungen.
BRD: Die S. sind zusammengefaßt im Gesetz über den Verkehr mit Betäubungsmitteln (früher Opiumgesetz) in der Fassung v. 10. 1. 1972 (BGBl. I 1). Nach § 10 Abs. 1 Nr. 1 des Opiumgesetzes begeht eine strafbare Handlung, wer mit Betäubungsmitteln Handel treibt, sie erwirbt, abgibt o. sonst in den Verkehr bringt. V. 1968—1971 stieg die Ziffer der in der BRD bekanntgewordenen (!) Straftaten der Rauschgift-Kriminalität v. 2.197 um mehr als 1.000 Prozent auf 25.257. Aus einer Entschließung des Bay. KM (20. 4. 1971): „Ein Verfahren der Entlassung v. der Schule ist stets einzuleiten, wenn ein Schüler mit → Rauschgift handelt. In diesen Fällen ist auch die Kriminalpolizei zu verständigen ... Ein Entlassungsverfahren wird in der Regel auch einzuleiten sein, wenn ein Schüler Rauschgift an Mitschüler weitergibt". Lä

Österreich: Suchtgifte im Sinne des Suchtgiftgesetzes 1951 sind Stoffe u. Zubereitungen, die wegen ihrer Eignung, eine Sucht hervorzurufen, durch zwischenstaatl. Abkommen Beschränkungen hinsichtlich der Erzeugung, des Verkehrs, der Ein-, Durch- u. Ausfuhr, der Gebarung u. Anwendung unterworfen sind. Die Stoffe u. Zubereitungen, die darunter fallen, finden sich in der Suchtgiftverordnung v. 20. 12. 46 in der jeweils geltenden Fassung. Wer vorsätzlich den bestehenden Vorschriften zuwider ein Suchtgift in solchen Mengen erzeugt, einführt, ausführt o. in Verkehr setzt, daß daraus in größerer Ausdehnung eine Gefahr f. das Leben o. die Gesundheit v. Menschen entstehen kann, macht sich eines Verbrechens schuldig u. ist mit schwerem Kerker bis zu fünf Jahren bei erschwerenden Umständen, insbes. wenn er das Verbrechen als

Mitglied einer Bande begangen hat, mit schwerem Kerker bis zu 10 Jahren zu bestrafen. Neben der Freiheitsstrafe ist eine Geldstrafe zu verhängen. Daneben müssen, in anderen Fällen können Sachen, die den Gegenstand der strafbaren Handlung bilden, f. verfallen erklärt werden. Leichtere Übertretungen des Gesetzes werden mit Arrest bis zu 6 Monaten, u. U. mit Geldstrafen bestraft. Ke

Schweiz: Maßgebend sind das Bundesgesetz über die Betäubungsmittel v. 3. 10. 1951 u. die Vollzugsverordnung v. 4. 3. 1952. Herstellung, Einfuhr u. Abgabe irgendwelcher Art der namentlich aufgeführten Mittel sind verboten. V. Bedeutung ist die Rechtsprechung der letzten Jahre. Fr

Sühne. In vielen Religionen ist das Gefühl anzutreffen, daß der Mensch durch seine o. durch die → Schuld seiner Väter aus der richtigen Lebensordnung gegenüber der Gottheit geraten ist. Er weiß sich mit Schuld beladen u. ist nun bestrebt, diesen Makel wieder v. sich abzuwaschen u. das richtige Gottesverhältnis wiederherzustellen. Dabei kann man oft ein Abfallen in ein primitives Verständnis des Schuld—S.—Verhältnisses feststellen. Im Verlauf der Entwicklung der Religionen läutern sich jedoch derartige S.riten v. wägender Schuld—S.—Berechnung über Ersatzleistungen zu sittl. Haltung u. Bußfertigkeit des Herzens. — Im A. T. nimmt das Blut eine zentrale Bedeutung bei den S.vorstellungen ein (vgl. Lev 17, 11): Blut ist die „Opfermaterie", die der sündige Mensch dem gerechten Gott anbietet, aber nicht weil dem Blut eine magische „S.qualität" anhaften würde; im Blut des Tieres bietet vielmehr der Mensch seine Hingabebereitschaft zeichenhaft an. Endgültig geläutert wird die S.-vorstellung aber dort, wo ein Mensch in Gehorsam u. Ergebenheit das ihm auferlegte Leiden annimmt, sich in die Solidarität mit den Schuldigen u. Sündern begibt, wodurch die anderen, f. die er eintritt, Versöhnung erfahren (→ Gottesknecht). Damit bedeutet S. im bibl. u. v. a. ntl. Sprachgebrauch nichts anderes als die → Liebe → Gottes, insofern er das gestörte Verhältnis wieder in Ordnung bringt, indem er dem Menschen seine „Gerechtigkeit", d. h. sein Erbarmen schenkt. Dabei ist es aber der Mensch → Jesus Christus, der diese Liebe Gottes verkörpert. Die „Sühnetat" Gottes in Jesus kommt aber erst dann zu ihrer letzten Erfüllung, wenn sich die Menschen mit Gott versöhnen lassen (2Kor 5,18—21). „S. tun" kann deshalb f. einen Christen nicht bedeuten, auf die „verletzte" Heiligkeit Gottes durch versch. Riten einwirken zu wollen. „Der S.wille des Menschen drückt sich darin aus, daß er wieder, ohne Bedingungen zu stellen, bereit ist, mit Gott → Gemeinschaft zu haben" (Höfer). Rel. päd. wird sich diese Haltung in einer → Bußerziehung auswirken, die auf die Inanspruchnahme v. Furcht u. → Angst verzichtet, dafür aber umsomehr die Abwendung v. Egoismus u. die Hinwendung zu tätiger Nächstenliebe fordert. Schr

Suggestion. V. lat. suggero = ich bringe nahe. Eine v. Betroffenen meist nicht bemerkte psychische Beeinflussung v. a. auf dem Gebiet des Wertens u. Stellungnehmens nicht durch Gründe u. Beweise, sondern durch Willensübertragung. S.en findet man v. a. bei Propaganda, Reklame u. Werbung. V. Überzeugen unterscheidet sich die S. dadurch, daß sie Stellungnahmen nicht durch Vermittlung v. Einsichten, sondern primär durch affektive Stimmungsübertragung anstrebt (suggerieren). Die Scheidung v. in der Erziehung nicht ausklammerbaren u. z. T. legitimen Formen suggestiver Beeinflussung (→ Leitbild) v. bedenkl. (→ Suggestivfrage, → Indoktrination) sind päd. erst in Ansätzen untersucht. Ko/Bla

Lit.: W. Pöll, Die Suggestion (1951); V. Packard, Die geheimen Verführer (1958).

Suggestivfrage. Eine Frage, die keine echte Entscheidung fordert, sondern die Antwort schon in sich birgt. Als rhetor. Mittel statthaft, f. den Lernprozeß jedoch wertlos. Ko

Symbolerziehung. Untersuchungen v. J. Piaget u. a. zeigen, daß das → Kind bereits beim Erlernen der → Sprache über eine gewisse Symbolfähigkeit (Unterscheidung v. Realität u. → Zeichen) verfügt. Desgleichen ist das Erlernen v. Schreiben u. Lesen nur möglich, weil das Symbol A in seiner Zuordnung zum Laut A erfaßt wird. Auf grund der psych. Voraussetzungen hat O. Knechtle versucht, eine systemat. → Glaubenserziehung durch das Symbol ab dem Kindergartenalter zu entwickeln. Dem heutigen Erkenntnisstand nach wurden dabei aber noch zu sehr → Analogien aus der Sicht des Erwachsenen an das → Kleinkind herangetragen. Die Weiterentwicklung der Ansätze Knechtles durch den Schweizer Grenchener Arbeitskreis u. deren Niederschlag in den Schweizer Religionsbüchern (→Katechismuswerk, Schweizer — Lichtsymbolik, Wassersymbolik usw.) beinhalten wertvolle rel. päd. Akzente, welche als Korrektiv einer zu intellektualist. → Katechese Beachtung verdienen. Der österr. RU versucht in anderer Weise u. zwar durch meditative Behandlung symbolträchtigerer Bibelstoffe die im Kind ruhenden Bildkräfte zu aktivieren. → Meditation Ko

Lit.: O. Knechtle, Glaubenserziehung durch das Symbol (1963); K. Stieger, Religionsmethodik im Dienste der modernen religiösen Bildung (1967); D. Forstner, Die Welt der Symbole (2. A. 1967).

Symbolfähigkeit → Symbolerziehung

Synkretismus. Eine Lehre, die Anschauungen aus versch. Religionen miteinander vermengt. Ko

Synopse. Griech. = „Zusammenschau". Ein Buch, das in 3 bzw. 4 Spalten parallele Texte v. a. der drei ersten Evangelien nebeneinanderstellt, um Abweichungen u. Übereinstimmungen deutlich zu machen. Heute unentbehrlich nicht nur f. die wiss., sondern auch f. die prakt. Bibelarbeit. Ko

Lit.: J. Schmid, Synopse ([5]1968); F. J. Schierse, Schulsynopse (1968).

Synoptische Frage. Wegen zahlreicher Übereinstimmungen in Aufbau u. Inhalt werden Mt., Mk. u. Lk. als „Synoptiker" bezeichnet. Die S. F. ist die Frage nach den literar. Zusammenhängen, der gegenseitigen Beeinflussung bzw. den Abhängigkeiten dieser drei Evangelien voneinander. Sie wird heute allgemein mit der → Zweiquellentheorie beantwortet. Das f. ein reifes Bibelverständnis notwendige

Bewußtmachen der S. F. wird in der → Grundschule vorbereitet durch Vermeiden v. Harmonisierungen paralleler Evangelienstellen u. Betonung, daß die jeweilige Perikope Bericht u. Zeugnis des betreffenden Evangelisten ist („Ich lese euch vor, was Markus uns v. Jesus erzählt!"). Einfache synopt. Vergleiche (ab 5. Schst.) führen zur S. F. selbst, die spätestens ab der 8. Schst. behandelt werden sollte. → Theol. Konzept → Sitz im Leben → Synopse Ko

Synthese. 1. *Wortsinn:* griech.: Zusammensetzung. — 2. *Phil.:* Mehrere Erkenntnisinhalte werden zu einer ganzheitl. höheren Einheit zusammengefaßt. — 3. *Kat.:* Älterer Ausdruck f. eine → Katechese, die v. Einzelbeispielen bzw. v einer Anschauungsgrundlage ausgeht (→ Münchener Methode) u. zu der im Katechismussatz gipfelnden Erkenntnis führt; Gegensatz: → analytische Methode Ko

System, soziales. V. einem s. S. spricht man, wenn eine Mehrzahl v. Personen aufgrund gegenseitiger gesellschaftl. Erwartungen, die sich aus sozialen → Rollen u. sozialen → Normen ergeben, regelmäßig gegenseitig aufeinander einwirken, um ein gemeinsames Ziel zu erreichen. Jedes gleichförmige Gebilde v. mehreren Menschen, das sich v. der Umwelt deutlich abhebt, kann als s. S. bezeichnet werden. Das s. S. kann differenziert werden. Das *äußere* (primäre) S. bestimmt weitgehend das Verhalten einer → Gruppe, das *innere* (sekundäre) ermöglicht die Entfaltung des Gruppenverhaltens u. das soziale Handeln des einzelnen. Ku

Tafelbild → Sprechzeichnen → Zeichenkatechese

Tafelklebeverfahren. Behelfsmäßiger Ersatz f. → Flanelltafel (die Schablonen werden auf der Rückseite mit einem Selbstklebestreifen versehen u. an die Kreidetafel geklebt) s. Abb. 13, Sp. 619 ff. Anz

Tageslichtprojektor → Overheadprojektor

Takt, päd. Durch p. T. soll der Lehrende auch unvorhersehbare Situationen in Unterricht u. Erziehung schnell beurteilen u. sicher entscheiden können. Vorauszusetzen sind solide Erkenntnisse, Vorbereitung u. Leichtigkeit im Handeln, die auf reflektierte Erfahrung gründen. P. T. ist um so wichtiger, je mehr der Lernende eigenständ. Denken u. Tun einsetzen soll. Zu ihm gehören Sensibilität f. situationsgerechtes Handeln u. Distanz zum Lernenden; letzteres zeigt sich durch Zurückhaltung bei verbindl. Sprechen (Bitte — Befehl), im Bewahren der → Intimsphäre u. in ungekünsteltem Erziehungsverhalten. Ro

Taubstummenkatechese. Angeborene o. im frühen Kindesalter erworbene Taubheit führt immer zum Ausfall der Sprachentwicklung u. bringt schwere Ausfälle in der mitmenschl. u. sachl. → Kommunikation. Diese Ausfallserscheinungen begründen nicht nur Lücken u. Mängel, sie werden wie bei der Blindheit „Anlaß zu eigenartiger Entwicklung u. Auswertung dessen, was an Sinnesdaten verbleibt u. darauf sich aufbauen läßt“ (H. Hanselmann). — Planmäßige Sondererziehung f. Taubstumme hat eine 200jährige Tradition u. ist unbedingt notwendig. Die unterrichtl. Maßnahmen hängen ab v. der Intelligenz, v. Grad des Hörverlustes, v. a. aber v. Alter, in dem die Hörschädigung eintrat. Die durch Ausfall v. Gehör u. Sprache gegebene Behinderung wird kompensiert entweder durch die *Manualmethode* (Gebärdenzeichen u. Fingeralphabet) o. heute meist durch die *Lautsprachemethode* (Oralmethode), die sich auf Sprechen u. Absehen stützt. F. die T. existieren eigene → Lehrpläne, Methoden u. Lehrbücher. Die → Erwachsenenkatechese erfolgt meist im Rahmen einer eigenständig etablierten kirchl. Gehörlosenseelsorge. Ko

Lit.: Rahmenplan f. den RU an Gehörlosenschulen (1970); DKV (Hsg.), Arbeitshilfen f. die Lehrer zum Rahmenplan f. den RU an Gehörlosenschulen (3 Teile: 1970 f.).

Taufe. Sowohl *bibl.* (Johannestaufe als Zeichen der Buße u. Umkehr, Schicksalsgemeinschaft mit → Jesus Christus, Eingliederung in die → Gemeinde der Glaubenden, „göttl. Rechtsbekräftigung der gläubigen Christusbeziehung“) wie *theol.* (christl. Mysterienzeremonie, Kindertaufe, Sakramentalität, „ex opere operato“, rechtliches Merkmal der Kirchengliedschaft) läßt sich eine längere Entwicklung des T.verständnisses aufweisen. Diese Entwicklung ist auch heute durchaus noch nicht abgeschlossen. — Der Rel.lehrer hat es fast durchwegs mit Getauften zu tun, die zu mündigem Nachvollzug dessen geführt (→ Führen) werden sollen, was zu Beginn ihres Lebens an ihnen (bei der T.) geschehen ist. Nicht v. ungefähr verstand man deshalb → Katechese u. RU als nachgeholtes Katechumenat. Dem steht freilich entgegen, daß vielen Schülern (in säkularisiertem

Milieu aufwachsend) die wesentl. Voraussetzungen eines Katechumenen (= Taufbewerber) fehlen: der Wille zur T., der lebendige → Glaube, die pers. → Gotteserfahrung. So muß der Katechet eine bedeutsame Aufgabe darin erblicken, die christl. T.-Gesinnung grundzulegen, weiterzuführen u. zur Reife zu bringen. → Kirche → Kirchenbewußtsein → Mündigkeit → Anonymes Christentum → Säkularisierung → Taufkatechese → Firmunterricht Hi

Lit.: W. Molinski (Hg.), Diskussion um die Taufe (1972); A. Adam, Erneuerte Liturgie (1972); H. Auf der Mauer — B. Kleinheyer (Hg.), Zeichen des Glaubens (1972); I. Jorissen — H. B. Meyer, Die Taufe der Kinder (1972).

Taufkatechese. V. den Anfängen des Christentums an galt als Bedingung f. den Taufbewerber: „Das Wort Gottes annehmen" (vgl. Apg 2,41; 11,1). Im Rahmen eines Katechumenates (die v. der Gemeinde getragene Vorbereitung der Katechumenen, d. h. der Taufbewerber) entwickelte sich die T., um die Taufwerber mit der christl. Botschaft u. dem christl. Leben vertraut zu machen. Im 4./5. Jh. setzte sich die → Kindertaufe durch, wodurch Katechumenat u. T. verdrängt wurden. In der v. Vat. II erwünschten Wiederherstellung des Katechumenates f. Erwachsene gewinnt auch die T. neben der → Patenschaft u. der prakt. Einführung in die Taufliturgie neue Bedeutung. Analog zur T. f. Erwachsene sollen auch die Eltern u. Paten der Kinder rechtzeitig auf die Aufgabe der rel. Erziehung vorbereitet werden durch → Glaubensgespräche u. briefliche Behelfe mit der Zielsetzung: Gründzüge des christl. Glaubens — Elterl. Verantwortung f. die rel. Erziehung — Liturg. Gestaltung der Kindertaufe (Taufgespräch).

Bei erwachsenen Taufbewerbern sind am Beginn der T. zunächst die Motive f. den Wunsch zur Aufnahme in die → Kirche zu klären. Wo die Aufnahme nur aus äußeren gesellschaftl. Gründen angestrebt wird, hat eine Erstverkündigung zu erfolgen. Wo bereits eine → Entscheidung f. den Glauben gefällt wurde, beginnt die T. im eigentl. Sinne als → Einübung in die kirchl. Gemeinde, in Gebetsleben u. Liturgie sowie als Einführung in die Lehre der Kirche. Der Taufbewerber soll dabei seine eigenen Fragen u. Erfahrungen einbringen können u. nicht nur passiv Vorhandenes u. Vorgegebenes übernehmen. Dauer u. Gestaltung einer T. variieren nach den Voraussetzungen des Taufbewerbers u. sollten bei Wahrung der notwendigen Anliegen u. Grundstrukturen möglichst variabel bleiben. Nou/Ko

Taxonomie v. Lernzielen. V. griech. tattein = ordnen u. nomos = Gesetz: gesetzmäßige Einordnung. T. ist die Einordnung v. Lernzielen in größere Bereiche (etwa nach B. S. Bloom: Kognitiver, affektiver, psychomotor. Bereich), um sie zu klassifizieren u. eine Lehrplanerstellung zu ermöglichen. T. ist Grundbegriff der → Curriculumforschung. Zum *kognitiven* Bereich zählt Bloom Kenntnisse, Verständnis, Anwendung, Analyse, Synthese, Beurteilung; zum *affektiven:* Aufmerksamwerden, Reagieren, Werten, Organisation, Charakterisierung durch einen Wert o. eine Wertstruktur; der *psychomotorische* Bereich ist nicht in dem Sinn hierarchisch gegliedert wie der f. ein → Curriculum genau untersuchte kognitive

u. affektive. Kriterium f. die Klassifizierung ist beim kognitiven Bereich das Merkmal der „Komplexität", beim affektiven das der Verinnerlichung. Abkürzung f. T. v. L.: TEO (= engl.: taxonomy of educational objectives). Ko

Teaching package → Medienpaket

Team Teaching. Planung, Durchführung u. Auswertung des Unterrichts *einer* Schülergruppe durch mehrere Lehrer, welche das gleiche Thema *gemeinsam* jeweils aus der Sicht ihres Spezialgebietes behandeln. Bes. geeignet f. → Höhere Schulen bei jenen Themen, welche mehrere Wissensgebiete (Religion — Biologie — Anthropologie; Kirchengeschichte — Literatur — Kunst — Profangeschichte; Religion — Kunst u. ä.) berühren. → Kooperation → Konzentration Ko

Lit.: E. Meyer, Hg., Team Teaching, Versuch und Kontrolle (1971); D. Warwick, Team Teaching, Grundlegung und Modelle (1972).

Technik u. Erziehung. Unser tägl. Leben wird heute weitgehend v. Naturwiss. u. T. bestimmt. Sachlichkeit u. → Automation ist das Gebot der Stunde. Vielfach wird das → Heil des Menschen in der Vervollkommnung jeglicher T. gesehen, aber auch das Gegenteil ist der Fall. V. bestimmten Kreisen der Jugend setzt nämlich seit geraumer Zeit eine starke Gegenströmung ein, die zumindest zeitweise jeder Vertechnisierung der → Welt u. des Menschen den Kampf ansagt. An u. f. sich ist die T. keine eigenständige Größe, da sie nur aus dem menschl. Tun u. Schaffen hervorgehen kann. Die Entwicklung u. der Gebrauch der T. sind somit dem → Gewissen u. der personalen Entscheidung des Menschen überantwortet. V. daher bekommt nun auch die Relation zw. T. u. E. ihre tiefe Bedeutung. Zur T. selbst kann es an u. f. sich nur ein volles Ja geben, allerdings muß der Mensch wie zu allen Dingen des Lebens die richtige Einstellung u. Beziehung bekommen. Die T. kann nur in den Dienst des Menschen gestellt werden u. niemals umgekehrt, weil sonst der Mensch zum modernen Sklaven der T. herabsinken würde. Da der Mensch heute schon in seiner frühesten Kindheit mit der T. konfrontiert u. in seinen Handlungsweisen v. ihr bestimmt wird, muß auch möglichst früh eine entspr. E. einsetzen. Bli

Teenager. Aus dem Englischen kommende Bezeichnung f. Jugendliche v. 13. bis 19. Lebensjahr. Ko

Teledidaktik. Theorie u. Praxis des Unterrichts mittels → Fernsehen. → Telekolleg → Elektronisches Klassenzimmer → Unterrichtstechnologie Ko

Lit.: H. Ruprecht, Teledidaktik (1971).

Telekinese → Parapsychologie

Telekolleg. Fernsehschule mit Inskription u. → Qualifikationsmöglichkeit. Der Unterricht erfolgt über Fernsehsendungen in Verbindung mit Seminaren (Kollegtagungen) u. Arbeitsheften. Erstmals erprobt in Bayern, England (BBC) u. Italien (Telescuola). Ko

Teleologie. T. (telos, telum = Ziel, Geschoß) meint die Zweckmäßigkeit in der Welt. Der Naturwissenschaftler fragt bloß nach der → Kausalität u. → Statistik,

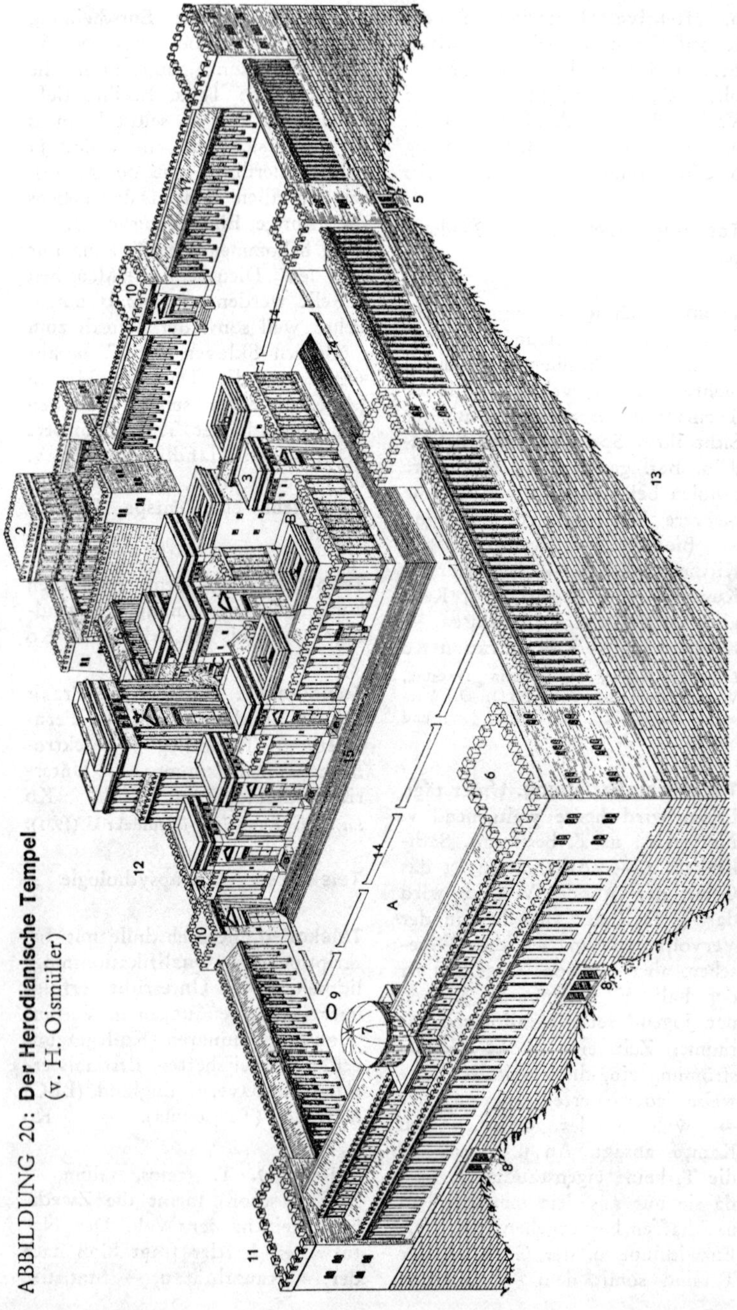

ABBILDUNG 20: **Der Herodianische Tempel**
(v. H. Oismüller)

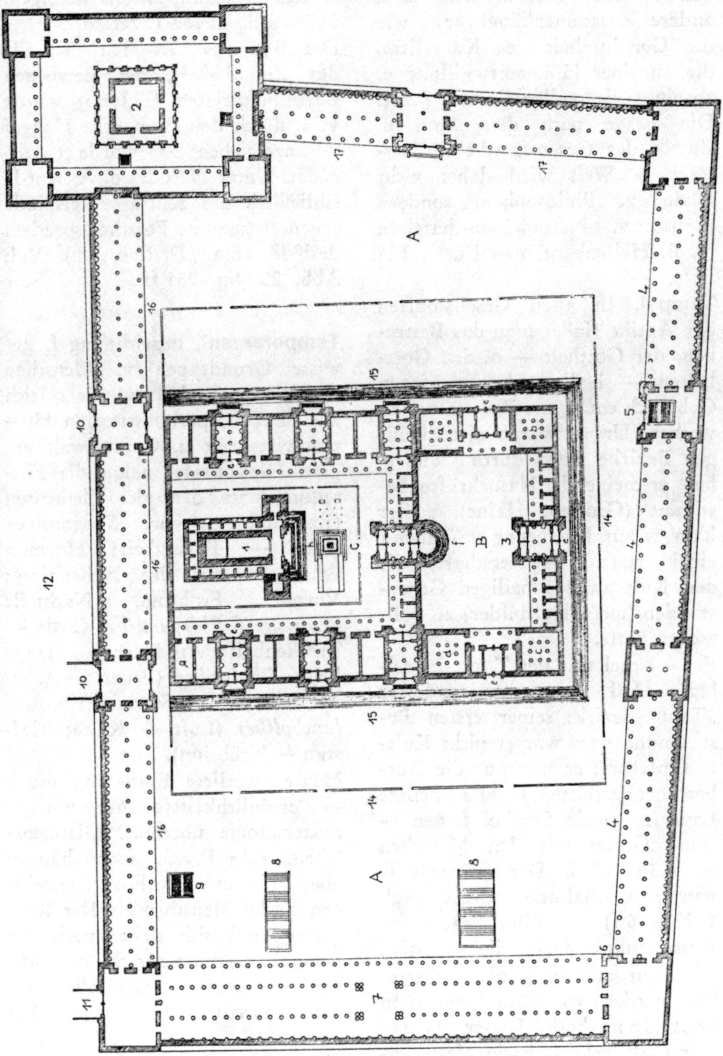

1 Tempel, 2 Antonia, 3 Korinthisches Tor, 4 Halle Salomons, 5 Goldenes Tor, 6 Zinne des Tempels, 7 Königliche Halle, 8 Huldapforten, 9 Unterirdischer Gang zur Unterstadt, 10 Tore zur Vorstadt, 11 Brücke zur Oberstadt, 12 Tal Tyropoion (El-Wad), 13 Cedrontal, 14 Steingitter mit Inschriften, 15 Stufen zum Zwinger, 16 Westliche Halle, 17 Nördliche Halle, A Vorhof der Heiden, B Vorhof der Frauen, C Vorhof der Priester, a Zelle der Aussätzigen, b Holzzelle, c Zelle für die Nazaräer, d Zelle für Opferwein und Öl, e die 9 äußeren Tempeltore, f die 15 Stufen zu dem (inneren) „Großen Tor", g Zelle Gasith, h Die 12 Stufen zum Tempelportal

der deutende Mensch stellt auch andere Zusammenhänge fest, wie die Gerichtetheit der Kausalität, die zu einer Höherentwicklung u. zu einem sinnvollen Ganzen führt. Die Frage nach dem Sinn u. Zweck des Gesamtgeschehens unserer → Welt wird daher nicht allein v. Philosophen, sondern ebenso v. Naturwissenschaftlern (z. B. Heisenberg) gestellt. Bla

Tempel. In allen Gesellschaften der Antike findet man das Bestreben, der Gottheit — o. den Gottheiten — heilige, dem profanen Gebrauch entzogene Kultstätten zu weihen. Urspr. waren diese heiligen Bezirke meist durch wunderbar erscheinende Naturkräfte bestimmt (Grotten, Haine), später kam es zur Errichtung v. T.n mit einer festen Priesterschaft, die den Kult an den heiligen Gegenständen (meist Kultbilder) zu vollziehen hatte.

F. → Israel war der T. nie im selben Maß ein abgesonderter „Tabu"-Bezirk: seiner ersten Bestimmung nach war er nicht Kult- u. Opferort; er war nur die Aufbewahrungsstätte f. die heilige Lade, u. so ein Symbol f. den → Bund Gottes mit den Menschen (1 Kön 8,21). Der „Erste" T. wurde v. Salomo erbaut (vgl. 1 Kön 6 f). Bei aller Pracht der Ausstattung darf die relative Kleinheit allerdings nicht übersehen werden: ca. 30 m lang, 10 m breit, 15 m hoch. Dieser T. gewann als rel. u. nationales Zentrum der zwölf Stämme immer mehr Bedeutung, umso mehr, als der Baalskult auf den Höhen eine schwere → Versuchung f. Israel bedeutete. V. diesem Konflikt her sind die vielen → Prophetenworte zu verstehen, die den T. als den Ort der Gegenwart → Gottes u. seines Throns besingen. 587 wurde dieser T. zerstört.

Der Bau des „Zweiten" T.s (T. des Zerubbabel), des persischen Bevollmächtigten f. Juda) wurde v. a. durch den Propheten Haggai vorangetrieben; 515 wurde er vollendet. Unter Herodes d. Ä. wurde schließlich das zentrale T.gebäude erneuert (manche Forscher sprechen deshalb vom *„Dritten T."*). Vgl. Abb. 20, Sp. 931 ff. Schr

Temperament. Bezeichnung f. gewisse Grundtypen v. Menschen nach ihrem Verhalten, wie es sich aus ihrer Körperkonstitution, Hormonwirtschaft u. Gefühlswelt ergibt. Hippokrates nahm die Einteilung nach den vier Elementen (Empedokles) vor: *Sanguiniker* (Blut — Flüssigkeit; Hormon Adrenalin aus der Nebenniere; Vorteil: Frohsinn, Nachteil: Leichtsinn), *Phlegmatiker* (Erde — Trockenheit; Ausdauer — Trägheit), *Choleriker* (Feuer — Wärme; Edelsinn — Starrsinn) u. *Melancholiker* (Luft — Kälte; Tiefsinn — Trübsinn).

Heute ist diese Einteilung durch → Persönlichkeitsforschung u. Charakteriologie überholt. Glaubensleben, rel. Praxis usw. hängen aber nicht unwesentlich v. jeweiligen T. des Menschen ab. Der Rel.-lehrer muß sich daher nach der persönl. Eigenart der Schüler richten, wenn er sie tatsächlich ansprechen will. Bla

Test-Eichung. Eine große Zahl verschiedenartigster T.s findet heute in der Psychologie Verwendung. Bes. große Bedeutung kommt den T.verfahren in der Persönlichkeitsforschung zu, wo sie der Feststellung bestimmter Eigenschaften der Person dienen. So prüfen z. B. die → Intelligenzt.s Maß u. Art der individuellen Intelligenzleistung, die → Entwicklungst.s den jeweiligen Entwicklungsstand der Person. — Soll ein T. als geeignetes Meßinstrument der Psychologie gelten, muß er eine Reihe statist. u. psych. Voraussetzungen erfüllen. Vor seiner Anwendung sollte jeder T. „geeicht" werden. Die E. o. Standardisierung eines T.s ist die Ausrichtung seiner Meßeinheit auf ein Grundmaß (Normalmaß). Die Meßeinheiten des T.s müssen sich daher auf eine Standardisierungsgruppe stützen können, wobei diese f. die Adressaten, an die sich der T. einmal wenden soll, repräsentativ sein muß. (Will man z. B. einen Entwicklungst. f. Elfjährige erstellen, wird zunächst zu prüfen sein, ob die einzelnen Testaufgaben v. einem repräsentativen Querschnitt Elfjähriger gelöst werden können. Können 75% der untersuchten Elfjährigen o. mehr die Aufgabe lösen, so kann man diese als Normalleistung u. Meßeinheit f. diese Altersstufe ansehen.) Die E. ist nur bei T.s möglich, bei denen sich ein Grundmaß o. Durchschnittswert aufstellen läßt. In der zu jedem T. notwendigen T.kontrolle wird geprüft, ob dem T. diejenigen Qualitätsmerkmale (Kriterien) zukommen, die ihn als geeignetes Meßverfahren der Psychologie ausweisen. So gilt z. B. aus statist. Überlegungen heraus eine regelmäßige u. gute Streuung (→ Maße der Streuung) der T.-resultate als Kriterium f. die Zuverlässigkeit u. Genauigkeit eines T.s. Die bedeutendsten T.kriterien sind:

1. Die *Objektivität* (Intersubjektivität) eines T.s; darunter versteht man die Unabhängigkeit bzw. Unbeeinflußbarkeit des T.ergebnisses v. der Person des T.ers u. des T.auswerters. — Jede mit der T.arbeit vertraute Person müßte bei derselben Versuchsgruppe mit demselben T. dasselbe Ergebnis erzielen. —

2. Die *Stabilität* (Reliabilität, Zuverlässigkeit) eines T.s; auch T.-konstanz. T.konstanz ist dann gegeben, wenn die wiederholte Anwendung eines T.s an den gleichen Versuchspersonen gleiche Ergebnisse bringt. Ebenso sollten versch. Formen desselben T.s zu gleichem Ergebnis führen, d. h. die Meßeinheiten des T.s müssen konstant bleiben. — Möglichkeiten zur Prüfung der Stabilität sind: a) Die Wiederholungsmethode; nach einiger Zeit wird denselben Versuchspersonen derselbe T. nochmals vorgelegt. Die → Korrelation der Ergebnisse wird berechnet. — b) Die Halbierungsmethode; sie ist nur bei einem T. möglich, der sich in zwei gleich aufgebaute Serien teilen läßt. Beide T.hälften werden einer Gruppe v. Versuchspersonen vorgelegt. Wieder wird die Korrelation der Ergebnisse berechnet u. die Wahrscheinlichkeit der Korrelation bei zweimaliger Vorlage des Gesamtt.s. — c) die Parallelt.-methode; zwei analog aufgebaute T.s werden denselben Versuchspersonen vorgelegt u. die Korrelation der Ergebnisse berechnet. — Der Stabilitätsgrad ergibt sich jeweils aus der Korrelation. Der f. die Zuverlässigkeit eines T.s geforderte Stabilitätsgrad variiert sehr stark (Korrelation v 0,50—0,94); er wird, je nachdem, wofür der T. Verwendung finden soll, höher o. tiefer angesetzt. —

3. Die *Validität* (Gültigkeit) eines T.s: → Validität. Si

Lit.: (weiterführend) Gustav Lienert: „Testaufbau und Testanalyse" (3. A. 1969).

Testament. Das hebr. Wort berit = → Bund wurde in der griech. Übersetzung des A. T. mit diatheke = Verfügung, wiedergegeben. Die gleiche Bedeutung hat auch das lat. Wort testamentum. Gemeint war damit zunächst das im atl. u. ntl. Bund zum Ausdruck kommende Verhältnis zw. → Gott u. → Israel bzw. dem ntl. Gottesvolk. Erst ab dem 2. nachchristl. Jh. wird der Ausdruck T. auch f. die Schriften des Alten u. Neuen Bundes verwendet. → Altes Testament → Neues Testament. Ko

Tetragramm → Jahwe

Textbuch. Eine sowohl im → problemorientierten wie auch im → textorientierten RU verwendete Form des → Religionsbuches. T.er bringen z. T. in Form v. Broschüren bibl u. literar. Texte als Arbeits- u Gesprächsgrundlage, nicht aber Zusammenfassungen des Lehrstoffes. Zeitgemäße → Religionsbücher haben, auch wenn sie nicht ausschließlich T.er sind, immer einen breitangelegten Textteil. Ko

Textinterpretierende Katechese → Textorientierter Religionsunterricht

Textorientierter Religionsunterricht. Ein auf der histor.-krit. u. philolog. arbeitenden → Exegese aufbauender RU, der 1959 v. H. Stock zunächst f. Gymnasien gefordert wurde. Er habe die Aufgabe, bibl. Texte in ihrer fremdartigen Sprache u. Vorstellungswelt aus der histor. Situation ihrer Entstehung, aus dem Erfahrungs- u. Glaubenshorizont der frühchristl. Gemeinden heraus verstehen zu lassen u. die Spannung zw. Geschichte u. → Kerygma in den Evangelien begreiflich zu machen. Die Ansätze v. H. Stock wurden im evangel. Raum durch I. Baldermann, D. Steinwede u. a., im kath. Bereich durch B. Dreher, H. Halbfas, A. Höfer, E. Beck u. G. Miller in versch. Weise weitergeführt u. fortentwickelt. Ko

Lit.: H. Stock, Studien zur Auslegung der synoptischen Evangelien im Unterricht (1951); I. Baldermann, Biblische Sprache und kindliches Verstehen (1961); D. Steinwede — I. Baldermann, Arbeitsplan für den evangelischen Religionsunterricht an Volksschulen (1967); B. Dreher, Induktive Katechese (1966); H. Halbfas, Der Religionsunterricht (1965); A. Höfer, Biblische Katechese Bd. 1—3 (1966 ff.); E. Beck — G. Miller, Biblische Unterweisung (1968 ff.).

Theodizee. V. griech. theos = Gott, dikaia = Recht: Rechtfertigung Gottes. Seit G. W. Leibniz (gest. 1716) Ausdruck f. das phil. u. theol. Bemühen, Antwort auf die Frage zu finden, wie sich die Güte u. Allmacht → Gottes mit der Tatsache des → Bösen u. des Übels in der → Welt vereinen läßt. Der Sache nach findet sich das Anliegen einer Th. schon in den → jahwistischen Teilen v. Gen 2, 4 b ff. Es ist zentrales Problem rel. päd. Fragestellung. Ko

Theologie. V. griech. „theos" (= Gott) u. „logos" (= Rede): *Sprechen über* → *Gott.* Der Ausdruck kommt schon in der Antike (Plato, Aristoteles, Stoiker) vor u. wird seit dem 3. Jh. im Christentum verwendet. Heute ist Th. eine in viele Einzeldisziplinen differenzierte Wissenschaft, deren Gegenstand der → Glaube (als fides quae u. fides qua), deren Methode die krit.-wiss. → Reflexion ist. Die Geschichte der Th. bezeugt ihre geschichtl. Bedingtheit u. ihre Pluralität. Th. ist eine Lebensäußerung der → Kirche u. hat dadurch eine — heute oft kritisch reflektierte — Rückbeziehung zum → Lehramt. Immer deutlicher wird aber auch erkannt, daß die Aufgabe der Th. nicht auf die Kirche begrenzt ist, sondern ebenso einen Dienst an der → Gesellschaft miteinschließt.

→ Katechese u. → RU müssen immer auf gesicherten Ergebnissen der Th. aufbauen. Sie sind jedoch nicht verkleinerte Th. Katechese entnimmt der Th. nicht primär ihren Gegenstand (Offenbarungsgut, → Kerygma, Glaubensinhalt), sondern dessen Deutung. Wieweit nicht mit der → Offenbarung identische Erkenntnisse theolog. Disziplinen zum Gegenstand der Katechese werden, ist mit kat. Kriterien zu klären. Im RU an → höheren Schulen sind theol. Theorien u. Hypothesen deutlich v. Offenbarungsinhalt zu unterscheiden. In der Katechese des Pflichtschulalters sollten nur jene theol. Meinungen herangezogen werden, über die Übereinstimmung herrscht. → Theologie u. Katechese → Grundwissenschaft Ko

Lit.: A. Kolping, Katholische Theologie gestern und heute (1964); H. Vorgrimler/ R. van der Gucht (Hg.), Bilanz der Theologie im 20. Jahrhundert, 4 Bände (1969 f.); P. Neuenzeit (Hg.), Die Funktion der Theologie in Kirche u. Gesellschaft (1969).

Theologie u. Katechese. Zw. der → Th. als Glaubenswissenschaft, die in method. geleiteter → Reflexion die im → Glauben angenommene → Offenbarung → Gottes zu erhellen u. entfalten versucht, u. der → Katechese, die ihrer inneren Struktur nach eine Einführung u. Einweisung in die der → Kirche anvertraute Offenbarung Gottes in → Jesus Christus ist, besteht wesensgemäß ein enger u. unauflösbarer Zusammenhang. Die Th. liefert der K. nicht nur das notw. „Material“, ohne das sie nicht auskommen kann, sondern auch Maßstäbe zur Beurteilung ihrer Methoden, die sie auch vor Übertreibung u. Reduktion ihrer echten Möglichkeiten bewahren. Die Pluralität der Th.n, die sich bereits in den Evangelien findet, verbietet überdies dort, wo sie als gleichwertig nebeneinanderstehende Versuche ernstgenommen wird, das in sich Unsagbare v. versch. Seiten her auszusagen, auch aus theol. Gründen jene Indoktrination, die v. der kat. Arbeit befürchtet u. v. den Pädagogen mit Recht abgelehnt wird. Die Pluralität der Th.n will anregen, sich entweder dem einen o. anderen Modell anzuschließen, o. eines zu entwickeln, das sich gegenüber dem in der Schrift vertretenen behaupten kann. Wo das Evangelium so echt zur Sprache kommt, kann es sich nicht um Indoktrination handeln, sondern vielmehr um Anregungen zur Entfaltung eigener Glaubensvorstellungen u. krit. Stellungnahme. Eine bes. Nähe hat die K. zur → Prakt. Th., die in theol. wiss. Weise heilsbedeutsame Gegebenheiten u. Möglichkeiten der jeweiligen Gegenwart u. absehbaren Zukunft kritisch analysiert, um Möglichkeiten zeit- u. zukunftsgemäßen christl. Handelns aufzuzeigen. Ohne eine anthropol. orientierte u. kritische Th. wird die Aufgabe der K. nicht verantwortet geleistet werden können. Das erfordert darum auch eine solide theol. Ausbildung u. Fortbildung des Katecheten. → Pastoraltheologie. Fi

Theologische Didaktik. Begriff v. H. D. Bastian im Rahmen seines Versuchs, → Religionspädagogik v den Bedingungen des → Lernprozesses u. v. der Theologie der Frage (u. Fragehaltung) her zu konstituieren. Ko

Lit.: H. D. Bastian, Theologie der Frage. Ideen zur Grundlegung einer theologischen Didaktik u. zur Kommunikation der Kirche in der Gegenwart (1969).

Theologische Erwachsenenbildung. Die rasante → Entwicklung auf allen Gebieten, die immer komplexer u. differenzierter werdende → Gesellschaft, die Schwerfälligkeit der Schulsysteme, durch den 2. Weltkrieg u. die unmittelbare Nachkriegszeit bedingte Bildungslücken bei vielen Erwachsenen ... sind einige der Gründe, die man anführen muß, wenn gefragt wird, wieso gerade heute der Ruf nach einer umfassenden u. intensiven EB. unüberhörbar geworden ist. Kein Wissens- u. Bildungsbereich ist davon auszunehmen, weil → Bildung als gesamtmenschlicher Prozeß verstanden werden muß. Zu dieser Allgemeinbegründung kommt die bes. Situation der → Kirchen, die eine th. EB. als ein wichtiges Postulat erscheinen läßt. Allein im letzten Jahrzehnt hat sich im theol.-kirchl. Raume eine derart schnelle Entwicklung vollzogen, daß nur mehr die Fachleute bzw. der „innere (tragende) Kern" auf dem laufenden sind. Dazu kommt, daß die heute 35—40jährigen in der NS-Zeit nur einen sehr dürftigen RU (wenn überhaupt) hatten, so daß auch v. hier aus ein relativ großer Nachholbedarf besteht. Aus der eben skizzierten Situation ergeben sich Inhalt, Intention u. Aufbau einer th. EB: 1. Der Wandel in der → Theologie ruft nach dem krit. Glaubensbewußtsein, d. h. th. EB. muß nicht so sehr umfassend als vielmehr kritisch-begründend die Schwerpunkte christl. → Theologie → vermitteln. — 2. Dabei ist jeweils vom konkreten Wissensstand auszugehen, der hinterfragt werden muß, um zu erkennen, wo Lücken zu schließen u. neue Akzente zu setzen sind. — 3. Eine gezielte Ausbildung der Referenten (neben theol. Fachwissen auch in curriculum-orientierter → Methodik u. der Alters- bzw. Bildungsstufe entspr. → Didaktik) ist f. eine möglichst hohe Effektivität erforderlich. — 4. Intensiver Kontakt mit dem faktischen RU u. den aktuellen Reformbestrebungen auf diesem Gebiet ermöglichen das Eingehen auf (bzw. ein Ergänzen v.) alters- o. methodenbedingte Lücken, Einseitigkeiten u. Versäumnisse. Der Rel.lehrer an → Höheren Schulen wird durch entspr. Zusammenarbeit dazu beitragen müssen, daß seine Schüler auch weiterhin (nach Schulabschluß) im Prozeß th. EB. bleiben. → Erwachsenenkatechese Hi

Theol. Konzept. Lange Zeit glaubte man, die biograph. Angaben in den → Evangelien u. in der Apostelgeschichte als Quellen f. eine „vita Jesu" (= Biographie, Lebensgeschichte Jesu) bzw. „vita Pauli" usw. heranziehen zu können. Erst die Entdeckung der modernen Bibelwiss., daß jeder ntl. Schrift ein ganz best. th. K. zugrundeliegt, hat dazu geführt, daß man ungleich kritischer den einzelnen Texten gegenübertreten muß u. daß nur ganz selten eine lineare Interpretation möglich ist. Die scheinbar detaillierten Person-, Zeit-, Orts-, Zahl- usw. -angaben stehen im Dienst einer best. Intention theol. Art, v. der aus sie oft einen ganz anderen Stellenwert erhalten. Beispiele: Zahl 40, →

Dekalog am Sinai, → Kindheitsgeschichte, → Wunder im Joh.-Evangelium usw. Hi

Theozentrik. Th. = griech.: Gott steht im Mittelpunkt (Zentrum). Insofern → Gott als der Schöpfer u. die Mitte alles Seienden (→ Welt) verstanden wird, hat Th. ihren guten Sinn. Wenn Th. aber die christl. gerechtfertigte → Anthropozentrik verdrängen will u. Gott als Mittelpunkt u. Zentralbegriff eines umfassenden Denksystems begreift, so ist das Gefälle christl. → Theologie verloren (→ Theismus, → Menschwerdung, → Anthropologie, → Jesus Christus, → Christozentrik). Die → Katechese muß diese Gefahr sehen u. vermeiden, die aus bloßer → Deduktion aus der als vorgegeben verstandenen wiss. Theologie entstehen kann (→ induktive Katechese, → Katechese der Erfahrung). Hi

Tiefenentspannung → Autogenes Training

Tiefenpsychologie. Sammelbegriff f. alle psych. u. psychotherapeut. Richtungen, welche seelische Phänomene vorwiegend o. ausschließlich v. „Unbewußten“ her zu verstehen suchen: → Psychoanalyse, → Individualpsychologie, → Analytische (komplexe) Psychologie, → Existenzanalyse, → Logotherapie, → Schicksalsanalyse, → Daseinsanalyse. Ko

Lit.: D. Wyss, Die tiefenpsychol. Schulen von den Anfängen bis zur Gegenwart (2. Aufl. 1966).

T.I.M.E. → Project T.I.M.E.

Tobit. Das Buch T. ist eine spannende, mit psychol. Einfühlungsvermögen geschriebene Novelle, deren Grundidee die Vorsehung Gottes f. die Frommen ist; Gebete, → Hymnen, Weisheitssprüche u. → Paränesen, verbunden mit → Märchen- u. → Legendenmotiven werden verarbeitet. Die Erzählung spielt in der Zeit der Assyrerherrschaft; T. hat Glaubensgenossen begraben, mußte fliehen, ist erblindet u. wünscht sich nun den Tod. Sein Sohn Tobias reist unter Führung des Erzengels Raffael zu Sara, einer Verwandten, die sich ebenfalls den Tod wünscht. Er vertreibt ihren Dämon, heiratet sie und kann schließlich auch seinen Vater heilen. Die Novelle wurde um 200 v. Chr. geschrieben. Schr

Tod → Eschata

Toleranz. V. lat. tolerare = erdulden. Die Forderung nach T. wurzelt im Wissen um → Mitmenschlichkeit, Aufeinanderangewiesensein u. → Freiheit, gehört demnach zu den Grundhaltungen u. Grundrechten (-pflichten) des Menschen. In-T. ist nur dort am Platz, wo das Humanum ernstlich gefährdet ist. Im RU muß beachtet werden, daß die sog. „dogmat. In-T.“ vielfach in einer Ideologisierung der → Theologie wurzelt u. als ungerechtfertigte „Uniformierung“ abzubauen ist. Erziehung zu T. gehört zu den Grundaufgaben des RU, insofern T. eine Konsequenz der christl. → Liebe ist. → Interkonfessioneller RU → Ökumenismus → Wahrheit Hi

Tonband. Tonträger in Bandform, der selbst bespielt u. gelöscht werden kann, im Gegensatz zur → Schallplatte (→ Abspielung, → → Videoband). — Die Wiedergabequalität ist umso besser, je *breiter* die Tonspur ist u. je *schneller* das Band läuft. F. den schulischen Einsatz sollen daher nur Zweispurgeräte mit den Geschwindigkeiten 19 u. 9,5 cm/sec verwendet werden. (Vierspurgeräte u. die Geschwindigkeit 4,75 cm/sec sind f. die Schule weniger geeignet.) Anwendungsmöglichkeiten im Unterricht: I. Abspielen v. *„fertigen"* Tonbändern (Hörspiele, Musik, Vorträge, Diktate, Übungs- u. Musikbegleittonbänder). — II. Abspielen v. *selbst bespielten* Tonbändern (bei der Aufnahme u. Zusammenstellung des Bandinhaltes können die Techniken des Schneidens, Mitschneidens u. Mischens angewendet werden). A) Aufnehmen v. → *Hörfunksendungen* (→ Schulfunk): erst dadurch ist es möglich, den bislang nur „ergänzenden" Hörfunk nunmehr in gespeicherter Form u. beliebig oft zu beliebiger Zeit, v. a. aber — da dem Lehrer nun bereits bekannt — in gut vorbereiteter u. gezielter Form in den Unterricht zu „integrieren" (vgl. Integrationsmedien u. ergänzende Medien in Tab. 5, Sp. 631 ff.). B) Aufnehmen v. → *Schallplatten.* C) Eigene Aufnahme über *Mikrophon:* z. B. Gestalten eines → Hörspieles (erleichtert durch etappenweises Aufnehmen), Aufnahme eines Rollenspiels, einer → Diskussion, einer „Reportage" außerhalb der Schule, einer Sprech- o. Redeübung zur Selbstkontrolle v. Lehrer o. Schüler, eines Mitschreibdiktates usw.). D) Kombination v. A), B) u. C). — III. Abspielen zugleich mit Bildern (→ Tonbilder, → Diapositive, → Projektion, → Abspielung): in diesem Fall kann das T. auch als automat. Bildschaltmittel verwendet werden. Nach der jeweiligen Tonaufnahme zu einem Dia erhält das Band ein Signal, welches einen elektrischen Impuls auslöst, der die Bildschaltung bei einem vollautomat. Diaprojektor verursacht. — IV. Spez. Anwendungsmöglichkeiten: Sprachlabor u. T.-methode. — Die Anwendungsmöglichkeiten werden durch techn. Neuerungen gefördert: 1. Tonbänder in Kassettenform (s. → Kassettenmedien): die dazu gehörenden Geräte werden umgangssprachlich (mit der gesetzlich geschützten Bezeichnung) „Kassettenrekorder" (begrifflich zu weiter Ausdruck) benannt. 2. Kombination v. Radioapparat u. T.-gerät in einem Gerät. Dieses wird umgangssprachlich (mit der ges. gesch. Bezeichnung) „Radiorekorder" benannt (s. Abb. 13, Sp. 619 ff. Anz

Lit.: s. unter → Abspielung.

Tonbandgerät → Tonband

Tonbild → Diapositiv → Projektion → Abspielung

Tonfilm → Film → Projektion → Abspielung

Tora. „Ich danke dir aufrichtigen Herzens, wenn ich die Ordnungen deines Heils erlerne" (Ps 118, 7) — in diesem Psalmvers spiegelt sich das Gesetzesverständnis → Israels in bester Weise: Erfüllung der Gebote hat es mit dem Dank an → Gott u. mit seiner Hilfe zu tun. Der fromme Israelit konnte f. das → Gesetz (hebr: T.) danken, denn mit der Ausrufung der Gesetze über Israel verwirklichte sich seine Erwählung. Zwar wurde die Erfüllung der Gebote nie als Vorbedingung f. die Auserwählung durch → Gott verstanden (→ Bund), doch wurden die Gebote als der „Weg" verstanden, der den Israeliten die Gewißheit gab, nicht aus der Erwählung „herauszufallen". M. Buber übersetzt daher T. mit „Weisung(en)". H. Gross hält auch die Wiedergabe mit „Lebensordnung" f. sachgemäß. Der österreichische → Rahmenplan wählt den Ausdruck „Bundesregel". Nicht die Pflicht des Erfüllens stand im Vordergrund, sondern die Dankbarkeit darüber, daß Gott selbst den Heilsweg gegeben hatte, nicht nur die Heilszusage, denn das Höchste, was man von den Geboten sagen konnte, war, daß sie „gerecht" waren: in ihnen erwies → Jahwe seine Bundestreue gegenüber seinem Volk. Am eindrucksvollsten findet sich diese Haltung im → Deuteronomium: Israel soll „dieses Gesetz" halten, denn „heute bist du zum Volk Jahwes, deines Gottes, geworden"; schließlich sind nach dem Dtn. alle Einzelgebote nichts anderes als eine Explikation des einen Gebotes, Jahwe zu lieben u. ihm allein anzuhangen. — In dem Augenblick, da man aus den Geboten eine absolute Größe machte, sie aus dem Zusammenhang des Bundes herauslöste, wurden sie zum „Gesetz", dessen buchstabengetreue Befolgung genügte. Dies wurde dann zur „Gesetzesfrömmigkeit" jener → Pharisäer, die wohl erlaubten, am → Sabbat ein Schaf aus einer Grube zu ziehen, einen Menschen zu heilen aber verboten (Mt 12, 11—14). Die Haltung → Jesu gegenüber dem Gesetz ist eine echt → prophetische: einerseits verlangt er die Anerkennung der vollen Gültigkeit der alten Ordnung (vgl. Mk 10, 1—9), zum anderen bringt er eine radikale → Neuinterpretation im Licht des herangekommenen → Gottesreiches (vgl. Mt 5, 21 ff.). → Sinai-Überlieferung → Dekalog → Judentum Schr

Totenerweckungen. „Der Herr führt hinab zur Unterwelt u. wieder zurück" (1 Sam 2, 6) — dieser Satz spricht den tiefen → Glauben → Israels aus, daß → Gott souveräner Herr des Himmels u. der Erde — u. damit auch des Totenreiches ist. Alles, was Menschen angesichts des Todes tun können, ist, Gott zu bitten, daß er sie nicht im Totenreich lassen möge; die Erweckung selbst ist alleinige Tat Gottes, er ist der eigentl. „Wundertäter". Damit ist jedes Moment einer → Magie gebannt, wie sie v. a. in antik-hellenist. Totenerweckungsgeschichten zahlreich u. elementar durchbricht. Im N. T. werden drei Totenerweckungen durch Jesus berichtet: Jüngling v. Naim (Lk 7, 11—17), Tochter des Jairus (Mt 9, 18—26 par) u. Lazarus (Jo 11). Die Erklärung der Totenerweckungen als Übertragungen alt. Vorbilder ist nicht leicht möglich: Es wird v. keinem Gebetskampf Jesu mit Gott gesprochen (vgl. dagegen 1 Kön 17, 17 ff.: Elija); außerdem stehen sie in engem Zusammenhang mit Jesu messian. Sendung (→ Zeichen u. Wunder). So zeigt sich hier die letzte ‚menschl." Seite des → Gottesreiches: Herrschaft Gottes über die → Welt heißt f. die Menschen „Leben". Schr

Tradition (Überlieferung). *Allgem.:* Sowohl der Inhalt dessen, was aus der Geschichte in Sitte u. Brauchtum, → Sprache, Sozialordnung u. Wahrheitsüberzeugung übernommen wird, wie auch der Vorgang der Ü. selbst, wird als T. bezeichnet. *Theol.:* Die → Offenbarung → Gottes, die im Leben u. der Lehre → Jesu ihren absoluten u. unüberbietbaren Höhepunkt erreicht hat, ermöglicht dem Menschen sein übernatürl. Heil.

Diese Fülle der → Offenbarung erreicht nun den einzelnen Menschen durch die T. der → Kirche: Das Christusmysterium bleibt in der Geschichte Gegenwart, weil es die → Gemeinschaft der Glaubenden gibt, die im lebendigen Vollzug v. Lehre, Leben u. Kult das → Wort Gottes unter dem Beistand des Hl. Geistes weitergibt u. bewahrt. T. in diesem umfassenden Sinne als gelebter → Glaube der Kirche geht jeder Schriftwerdung des Glaubens voraus. Schrift u. T. stehen so nicht als zwei Glaubensquellen unverbunden nebeneinander, denn die Schrift kann nur zusammen mit der T. als ihrer Basis u. ihrem lebendigen Hintergrund recht verstanden werden. Die schriftgewordene T., wie sie in der Bibel als Wort Gottes vorliegt, bleibt f. die Kirche immer verbindlich u. Maß, an dem sie sich auszurichten hat. Die Frage, ob die Hl. Schrift inhaltlich die gesamte Offenbarungswahrheit enthalte o. ob es → Wahrheiten gibt, die nur in der mündl. T. überliefert sind, ist in der kath. Theologie bis heute nicht geklärt. Doch v. einem umfassenden T.sbegriff her (wie ihn auch das Vatikanum II kennt) ist sie f. das prakt. Leben der Kirche wohl v. sekundärer Bedeutung. → Inspiration Fi

Tradition, musikal. „Daß wir das Lied unserer Väter in der Kirche haben, ist unser Reichtum, daß wir aber nur dieses Lied haben, unsere Armut". (J. C. Hamp) — „Alles Alte, soweit es Anspruch darauf hat, sollen wir lieben, aber f. das Neue sollen wir recht eigentlich leben". (Theodor Fontane) — „T.n sind eine schöne Sache, aber nur das T.-Schaffen, nicht v. T. leben". (Franz Marc) — So wird eine Zeitepoche nach dem beurteilt, was sie selber an Eigenem beigetragen u. schöpferisch geleistet u. nicht nach dem, was sie an Überlieferungen weitergegeben hat! Mu

Traditionsgeschichte. Unter T. (auch Überlieferungsgeschichte) versteht man gewöhnlich die Geschichte der vorliterar., also der mündl. bibl. → Traditionen, die in ihrem Entstehen u. in ihren Veränderungen bis zur Endgestalt der uns vorliegenden Texte verfolgt werden. Dabei arbeitet die T. natürlich eng mit der → Redaktionsgeschichte, → Formgeschichte u. → Gattungsgeschichte zusammen u. läßt „das Gefälle des Glaubens, Denkens u. Verkündens jener Menschen sichtbar werden, die uns die Bibel überliefert haben" (K. Koch). Hi

Träger der Katechese. Während man früher T. d. K. primär unter dem Gesichtspunkt jurisdiktioneller Überlegungen sah u. demnach stark den Unterschied zw. dem Bischof u. den v. ihm durch einen eigenen Rechtsakt (→ missio canonica) Beauftragten (offizielle → Verkündigung) einerseits u. anderen kat. Tätigen (→ Elternkatechese, Apostolat) anderseits betonte, wird man sich heute immer stärker dessen bewußt, daß die ganze → Kirche, die sich in den je einzelnen → Gemeinden konkretisiert, legitimer Träger kat. Aufgaben ist. Unbeschadet der Vollmacht u. speziellen → Verantwortung einzelner Glieder (Bischof, haupt- u. nebenamtl. Katecheten usw.) muß jede Gemeinde sich bewußt werden, daß sie stets ein unaufgebbares Maß an kat. Verantwortung u. Aufgabe zu tragen hat. In ihr muß als geglaubte u. gelebte Wirklichkeit erfahrbar werden, worin die Katechese unterweist u. einübt. Ihr obliegt die Sorge f. die Möglichkeiten (Seelsorgeräume, Übernahme ehrenamtl. kat. Dienste, Kooperation mit anderen Gemeinden, mit der Diözese u. Gesamtkirche, mit Institutionen u. ä.), die sie nie zur Gänze nur auf die Obsorge einzelner abwälzen kann. Die Ergänzung der bloß kirchenrechtl. Sicht der T. d. K. durch gemeindetheol. Erkenntnisse hat noch keine starke Verankerung im Bewußtsein der Gläubigen. Umso dringender stellt sich dieses Bewußtmachen als Aufgabe der → Erwachsenenkatechese. Ko

Trägheit. Der Mensch als Werdender, Lernender, Geschichtlicher ist v. seiner → Natur her auf Dynamik verwiesen, um zur Selbstverwirklichung gelangen zu können (→ Triebe, → Bildung, → Lernprozeß). So gesehen, erscheint T. als Blockierung dieser Dynamik u. erhält ein negatives Vorzeichen. Sie muß aber auch als Signal f. Überforderung, Krankheit, → Protest, Selbstschutz usw. ernst genommen u. auf zugrundeliegende Ursachen hinterfragt werden, will man z. B. im RU Fehleinschätzung u. falsche Behandlung v. Schülern, in deren Verhalten man T. konstatiert, vermeiden. Hi

Transfer. Übertragung des Gelernten auf andere Fälle. Im RU relativ leicht herzustellen in allen kognitiven Bereichen (moral. Urteil, Berücksichtigung literar. Gattungen u. ä.). Weit schwieriger ist der T. der verkündigten Botschaft in den Lebensvollzug außerhalb v. → RU u. → Katechese. Impulse u. Motivationen f. einen solchen T. sind daher immer wieder anzubieten. Je jünger die Schüler sind, umso notwendiger sind Formen des T.s *innerhalb* der Kat. (Gebet, meditative Vertiefung, Aktionen der Nächstenliebe). Ein T. durch bloße „Nutzanwendungen" außerhalb der Kat. bleibt meist fruchtlos. → Anwendung → Hermeneutik → Neuinterpretation Ko

Transfinalisation → Eucharistie

Transformationsmethode. T. im päd. Sinn meint die Umformung negativer Erlebnisse zu positiven. Nach F. Birnbaum unterscheidet man 5 Transformationsstufen: 1. Kontakt zw. Zögling u. Erzieher; 2. Entlastung (= Erleichterung des Zugangs zu jener Stelle, v. der aus der Zögling sich dirigieren lernen soll); 3. Enthüllung des Lebensplanes, d. i. Erkenntnis des Selbstdirigierungsprozesses; 4. Belastung (= Übung des Selbstdirigierens); 5. Ablösung v. der Führung durch den Erzieher. — T. wird auch therapeut. Methode genannt. Sie ermöglicht dem Kind die innere Lösung seiner Schwierigkeiten. Ko

Transparent → Overheadfolien

Transsignifikation → Eucharistie

Transsubstantiation → Eucharistie

Transzendent — transzendental. T. wird in der scholast. Philosophie der Begriff genannt, der uneingeschränkt, aber in → analoger Weise v. allem Seienden gilt. Solche t.e Begriffe heißen auch „T.talien" (Einheit, Gutheit, → Wahrheit, manchmal auch Schönheit). Im Anschluß an Kant meint t.tal in der neueren Philosophie im allgem. dasjenige, was dem Bewußtsein in all seinen einzelnen Vollzügen als Bedingung ihrer

Möglichkeit vorausliegt. Insofern das Erkenntnis- u. Liebesvermögen (→ Wille) des Menschen erst im Vorgriff auf das Sein überhaupt das einzelne begreift, gründet jede Erkenntnis im Wissen um das Sein schlechthin, in welchem ein Wissen um → Gott (zumind. unausdrücklich) eingeschlossen ist. Diese T.-talität des → Geistes ist auch Bedingung der Möglichkeit f. die → Offenbarung u. Selbstmitteilung Gottes. → Immanenz — Transzendenz → Natur Fi

Transzendenz → Immanenz

Trauma, psychisches. Griech.: seel. Verletzung. Grundbegriff der → Tiefenpsychologie, die damit schmerzhafte, oft in das Unbewußte verdrängte Verluste v. Motiv- o. Triebbefriedigungen bezeichnet P. T.n werden als Auslöser f. → Neurosen, → Angst, → Aggressionen usw. angesehen. Ko

Treatment. Kurze Beschreibung (Basaltext) der Idee u. Thematik bei Erstellung eines → Mediums (Film, Schulfernsehen, Schulfunk), die dann zum vollst. Manuskript o. Drehbuch ausgearbeitet wird. Ko

Tremendum → Numinosum

Treue. V.: trauen, vertrauen. Als Fundament der → Mitmenschlichkeit u. „Gesetz der Gemeinschaft" (E. Spranger) ein rel. päd. Grundbegriff. Gegensatz: a) Untreue (= aktive Tat o. Entscheidung); b) Treulosigkeit (= Haltung). Der Begriff darf nicht nur auf T. im geschlechtl. Bereich eingeschränkt werden. → Urvertrauen Ko

Trieb(e). T. sind Funktionen der Organe o. Vorgänge in der Hormonwirtschaft, mit dem Sitz in den Steuerungszentren der Gehirnbasis. Ihre Elemente: der Drang, der sich auf Lebensäußerungen richtet u. die Art der T. bestimmt (Hunger, Mutterliebe, Erhaltung, Sozialverhalten, Kulturinteresse usw.); die → Spontaneität, die das Unbewußte (im Entstehen, Auslösung durch Reize) u. die Intensität (der Stärke nach: Mutter-, Trink-, Nahrungs-, Geschlechtstrieb) der T. bekundet; die begleitende → Gefühls-Welt. Jeder T. ist naturhaft u. dehnt seine Forderung nach Erfüllung auf den ganzen Menschen aus. Die sinnvolle Erfüllung sichert beim Tier der → Instinkt, beim Menschen muß die Vernunft den Sinn u. das Funktionieren der T. in sich aufnehmen (→ Aufklärung, → Selbsterziehung), um sie in die Gesamtheit der → Person einzubauen. Versäumt der Mensch dies, so können Anomalien, Mißbräuche u. → Pervertierungen entstehen. Die Verkümmerung der T. verträgt der Mensch schadloser, denn ihre Aufgabe kann die Vernunft z. T. übernehmen (z. B. die Aufgabe der Mutterliebe o. der Ernährung, falls deren Steuerungszentren gestört sind). Er kann die T. derart in seine Persönlichkeit u. Lebensaufgabe → sublimieren, daß sie ihn zu gesteigerten Leistungen befähigen (z. B. bei Forschern, Heiligen, Sportlern). Die größte Gefahr, selbst die Zerstörung, droht durch die Unbeherrschtheit u. Unkultiviertheit der T., die den Menschen zur wahren Bestie werden lassen können (Agressivität, Sexualverbrechen, → Sadismus, → Masochismus, Gefräßigkeit usw.). Die Kultivierung der T. als sinnvolle Umwertung der sinnl. Kräfte in Lebensfreude (Hunger — gesunde Ernährung, Sex — Liebe, Aggressivität — Selbstbehauptung usw.) ist die intensivste Verwirklichung jener → Leiblichkeit, in der unsere Geistigkeit ihre Existenzform in der → Welt bekundet. Bla

Triebübersprung = *Ersatzbefriedigung*, die eintritt, wenn ein → Trieb keine genügende o. legitime Befriedigung erhält. Oft Ursache f. tatsächl. o. vermeintl. → Kindersünden o. -fehler. Ko

Tritojesaja → Deuterojesaja

Trotzalter. 1. Die klass. → Entwicklungspsychologie unterscheidet: a) Das kindliche Opponieren um 2; 5 (*erstes T.*); bedingt durch zunehmende Entwicklung der → Phantasie u. damit verbundene Anreicherung der seel. Wirklichkeit. Das Kind greift auf Vergangenes bewußt zurück, vermag Zukünftiges zu planen, hat etwas im Sinn als Ich, Eigensinn u. damit Eigenwillen. Soll es zugunsten der Alltagsroutine o. des Gehorsams auf sein Verhalten verzichten, kommt es zu Trotzhaltungen. Gutes Mittel zur Bewältigung v. T.situationen: Monologtrick. (Das Kind wird durch Vor-sich-hin-Monologisieren des Erziehers aus seiner Aktivität zur Erfüllung der Forderung geleitet). b) Das *zweite T.* während der → Pubertät; bedingt durch die Innenwendung des Jugendlichen, die zu einer Neufindung des Ichs auf höherem Niveau führt. Äußert sich im negativen Verhalten gegenüber Mitmenschen, bes. gegenüber jeder → Autorität. — 2. Manche Psychologen bezeichnen das Ausbrechen aus der → Gesellschaft während der → Erwachsenenpubertät als *„drittes T"*. — 3. Hinweis f. den Erzieher: Unkluges Verhalten kann zu einer Steigerung der Trotzreaktion, zu einere längeren Dauer der T.phase o. gar zum Erlernen des Trotzes als Verhaltensform führen. Gefahr des Negativisten! Si

Tuchmappe = Kleine Tuchtafel f. die Schülerhand (s. → Handbilder). Die dazugehörenden Bilder korrespondieren mit jenen der großen Tuchtafel. → Flanelltafel. S. Abb. 13, Sp. 619 ff. Anz

Tuchtafel → Flanelltafel

Tugend. Bewußte u. geübte Gestaltung der Handlungen sowie des Gesamtlebens nach Grundprinzipien, z. B. bei den Griechen zur Zeit der Entstehung der Demokratie die Lebensweise des Adels („arete"), bei den Römern Starkmut, Mäßigung, Klugheit u. Gerechtigkeit („Kardinalt.n), im Christentum die drei göttl. T.n → Glaube, → Hoffnung u. → Liebe. Komponenten der T.: Bewußtmachen einer Idee, eines Wertes o. des sittl. → Guten — konsequente Einspannung aller Kräfte f. dieses Ziel — Übung u. Selbstbeherrschung — Selbstkontrolle. Bla

Twen. Aus dem Englischen (twenty = 20) stammende Bezeichnung f. einen Menschen zw. dem 20. u. 30. Lebensjahr. Ko

Typenlehre(n). Tl. o. Typologien sind Versuche, die Vielfalt der Persönlichkeiten nach Ordnungsgesichtspunkten zusammenzufassen. Die auf statist. o. experiment. Weg gefundenen → Gruppen, denen ein best. Merkmalkomplex eigen ist, werden Typen (T.n) genannt. Der gleiche Begriff findet auch f. einen Menschen Verwendung, der die Merkmale seiner Gruppe in ausgeprägter Weise in sich vereinigt. Eine der bekanntesten Tl. ist die v. E. Kretschmer. Seine Körperbau-T.n sind: 1. Der *leptosome* T.; gekennzeichnet durch geringes Breiten- u. starkes Längenwachstum, sehnig-drahtige Gestalt, feingliedr. Skelettbau, dünne Gelenke, langen, flachen, schmalen Brustkorb, stark hervortretende Rippen, blasse, dünne Haut, starke Behaarung, Langschädel o. kleinen Kopf u. Winkelprofil (fliehende Stirn, scharfe Nase, fliehendes Kinn). Die extreme Form des Leptosomen, die ins Dysplastische schlägt, wird als asthenischer Typus bezeichnet. 2. Der *pyknische* T.; gekennzeichnet durch starke Umfangsentwicklung, geringes Längenwachstum, zarten, feingliedrigen Skelettbau, Neigung zu Fettansatz, weiches, breites Gesicht, blühende Gesichtsfarbe, kaum hervortretendes Kinn, kurzen Hals, stark gewölbten Brustkorb, geringe Schulterbreite, kurze, runde Extremitäten, geringes Muskelrelief, prall gespannte Haut, weiße Hautfarbe bes. am Oberkörper u. weiches, seidiges, dünnes Haar. 3. Der *athletische* T.; gekennzeichnet durch starke Muskulaturentwicklung, derbe, große Knochen, mittelgroße bis kräftige Gestalt, breit ausladende Schultern, kräftigen Brustkorb, schmalen Beckenbau, überdurchschnittliche Größe der Hände u. Füße, große, dicke, gewaltige Finger, starke Handgelenke, dicke Sehnen am Handgelenk sichtbar, starke Behaarung auf den Extremitäten, kraftvolle Halsmuskulatur, hochgebauten Gesichtsschädel, kräftig gebaute Nase, langes, eher derbes Kinn u. faserartiges Haar. 4. Der *dysplastische* T.: steht an der Grenze des Abnormalen, gestörte Wuchsformen, gekennzeichnet durch Über- o. Unterentwicklung einzelner Organe o. Körperregionen. — Ausgehend v. Untersuchungen an → Geisteskranken konnte Kretschmer einen Zusammenhang zw. Körperbau u. Charaktereigenschaften nachweisen. Er fand drei → Temperaments-T.n, die sich jeweils einem Körperbau-T. zuordnen lassen: 1. Das *zyklothyme* Temperament dem *Pykniker;* es ist gekennzeichnet durch leichte Ansprechbarkeit des → Gemütslebens, impulsives aber inkonsequentes Wollen, reiches, stark persönlich gefärbtes Geistesleben, flüssiges u. rasches Assoziieren, Mangel an Objektivität u. Konzentration, große Kontaktfreudigkeit, Offenherzigkeit, starke Außenweltzuwendung u. den Wunsch, immer im Mittelpunkt zu stehen. 2. Das *schizothyme* Temperament dem *Leptosomen;* es ist gekennzeichnet durch Gefühlsmangel, nur in wenigen Bereichen Gefühlsüberschwang, Willensschwäche, in wenig streng abgegrenzten Bereichen aber starkes u. konsequentes Wollen, stark spezialisiertes, unpersönl. Geistesleben, stoßweises Assozieren, Objektivität, Hang zur → Perseveration, → Kontaktarmut u. den Wunsch, allein zu sein. 3. Das *visköse* Temperament dem *Athletiker;* es ist gekennzeichnet durch Unerschütterlichkeit, geringe Nervosität, Unempfindlichkeit gegenüber Reizen, kurze Affektexplosionen bei langdauernder Reizung, Stabilität, Verläßlichkeit, Trockenheit, Nüchternheit, starke → Perseveranz, Zähigkeit, aber auch Gründlichkeit u. Ausdauer im Denken, Hilfsbereitschaft u. Treue. — In der psych. Literatur gibt es noch weitere Tl.n, die jeweils v. anderen Gesichtspunkten aus-

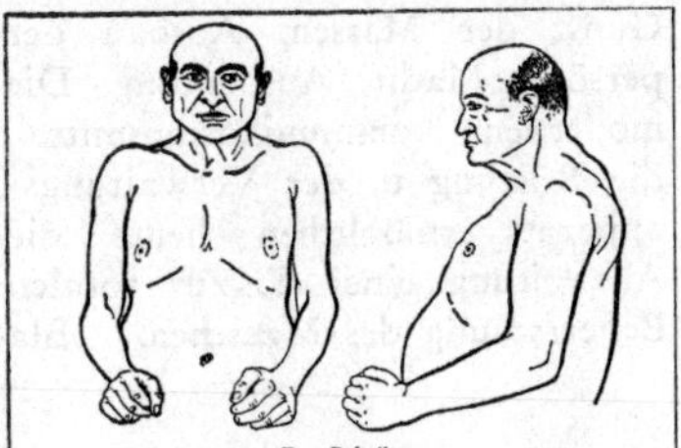

Der Pykniker

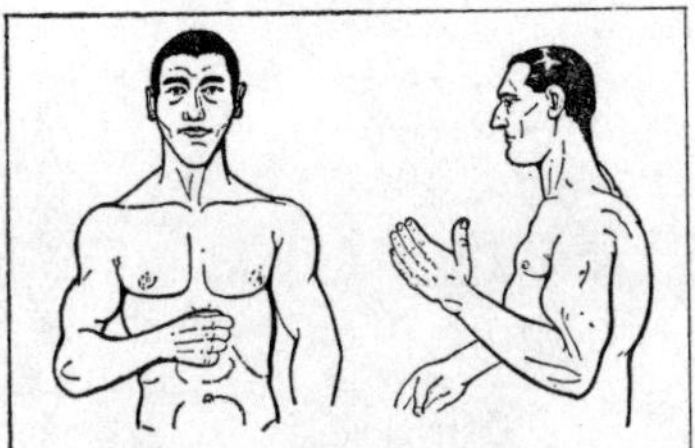

Der Athletiker

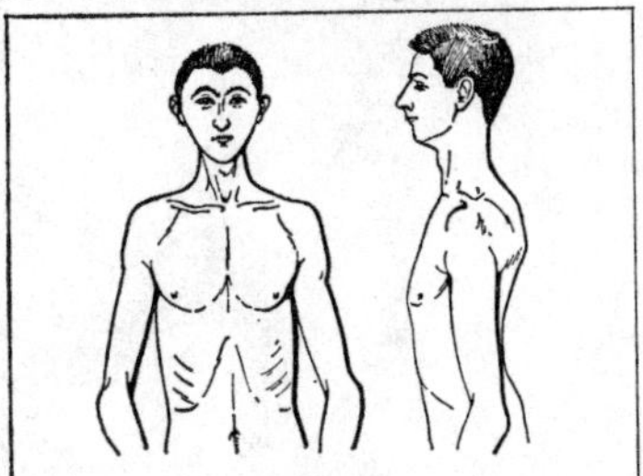

Der Leptosome

gehen, sich aber sehr leicht mit der Kretschmer'schen Tl. in Beziehung setzen lassen. So entspricht z. B. in der Tl C. G. Jungs der → Extravertierte dem Zyklothymen, der → Introvertierte dem Schizothymen; in der Tl. E. R. Jaenschs der → Integrierte dem Zyklothymen, der → Desintegrierte dem Schizothymen. Si

Typen, rel. Nach F. Spranger kann sich die rel. Lebensform in drei Ausprägungen verwirklichen, die als Idealtypen beschrieben werden: 1. der „immanente Mystiker", der in allen Dingen → Gott sieht, sich den Aufträgen des Lebens zuwendet u. allen geschaffenen Gütern Sinn u. Seele anweist; 2. der „transzendente Mystiker", der die → Welt flieht u. sich ganz der Übernatur zuwendet; 3. der „Dualist", der aufs schärfste Himmel u. Erde scheidet u. beide als in sich geschlossene Kreise ansieht, die auf versch. Ebenen liegen. Allen aber ist eigen, daß sie die rel. Werte zu *zentralen* ihres Lebens gemacht haben. Nicht gesagt aber ist damit, daß das Religiöse bei anderen Lebensformen (sozialer, theoret., ökonom., ästhet. u. Machttyp) fehlt. A. Burgardsmeier lehnt die Terminologie Sprangers ab u. spricht v. „heiligen Diesseitsmenschen" (= immanenter Mystiker) u. v. „heiligen Jenseitsmenschen" (= transzendenter Mystiker). — Christl. → Glaube ist nicht nur dem rel. Persönlichkeitstyp adäquat. Er ist jeder „Lebensform" u. jedem Typus realisierbar, er fordert v. jedem — auch v. den beschriebenen rel. — eine → Umkehr u. ein Transzendieren hin auf ein v. Gott schenkbares Mehr. Substrukturen *innerhalb* des christl. Glaubens (z. B. Orden) können dem einen o. anderen Typ mehr entsprechen; wo Christentum als solches aber nur best. Persönlichkeitstypen zugeordnet erscheint, ist entweder seine Ausprägung o. dessen Beurteilung einseitig. Dies bewußt zu machen u. die ganze Weite christl. Realisierungsmöglichkeiten aufzuzeigen, ist Aufgabe der Katechese. Ko

Lit.: E. Spranger, Lebensformen (1929).

Tyrannei. Tyrann war urspr. ein kleinasiat. Königstitel. In der europäisch. Geschichte trat T. zum erstenmal in der Übergangsperiode Athens v. der Homerischen Zeit zur Klassik (7. u. 6. Jh v. Chr.) auf u. beinhaltete sofort alle Merkmale der späteren T.n der Geschichte: Notlage, Ruf nach der „starken Hand“, Ausnützung der Notlage durch Gewalt o. Versprechungen, Werbung um die Gunst der Massen, Ausbau der persönl. Macht, Ausbeutung. Die modernen Kommunikationsmittel, die Rüstung u. der Verwaltungsapparat ermöglichen heute die Ausweitung einer T. zur totalen Beherrschung des Menschen. Bla

Übergangslehrgänge. Nach dem Entwurf der 5. Schulorganisationsgesetz-Novelle in Österreich vorgesehene schulische Einrichtung, die es Lehrlingen nach Abschluß ihrer Lehrzeit ermöglicht, in den 3. Jahrgang einer → berufsbildenden höheren Schule gleicher Berufsrichtung o. in einen Aufbaulehrgang einzutreten. Dauer: 1 o. 2 Semester. → Durchlässigkeit Ko

Über-Ich → Psychoanalyse

Überlernen. Wird ein Lernstoff öfter wiederholt, als es zum vollständigen Erlernen notwendig wäre, spricht man v. Ü. In der psych. Literatur findet sich eine unterschiedl. Wertung dieser Praxis. Einerseits ist durch zahlreiche Untersuchungen so gut wie gesichert, daß der Einprägungswert einer Wiederholung umso geringer ist, je mehr Wiederholungen ihr vorangegangen sind, andererseits wissen wir aber aus der Lernpraxis, daß zum Behalten eines Lernstoffes auf längere Sicht ein Ü. (Üben) v. größter Bedeutung ist. Das Ü. soll — will es erfolgversprechend sein u. nicht zu Abwendungsmotivationen führen — in immer wieder neuen Übungssituationen stattfinden. Experimentelle Untersuchungen v. Underwood, Atwater u. Mandler haben gezeigt, daß dem Ü. große Bedeutung in der Bildung eines positiven → Transfers zukommt. Harlow fand in einer Untersuchung an Kindern, daß Einsicht nicht Übung ersetze, sondern sich erst aufgrund einer langen Übung entwickle. Si

U. M. E. C. *U*nion *M*ondiale des *E*insegnants *C*atholiques. Weltunion katholischer Lehrer. Sitz: Via della conciliazione 3, I-00193 Roma. Ko

Umrißstempel. Stempel, mit denen der Lehrer die Umrisse v. Landkarten, Tabellen o. Skizzen in das Schülerheft abdruckt. Die Schüler haben den Abdruck zu ergänzen u. auszufüllen. Produktion: Westermann-Verlag, Braunschweig. Ko

Unentgeltliche Schulbücher. In Österreich sind aufgrund einer Novelle (1972) des Familienlastenausgleichsgesetzes Schülern die f. den Unterricht notwendigen Schulbücher, darunter auch die lehrplanmäßig erforderl. Religionslehrbücher, unentgeltlich zur Verfügung zu stellen. Anspruchberechtigt sind alle ordentl. Schüler v. im Inland gelegenen öffentlichen o. mit dem Öffentlichkeitsrecht ausgestatteten Pflichtschulen, mittleren o. höheren Schulen. Anstelle der Bücher können auch Gutscheine zur Anschaffung der Schulbücher ausgegeben werden. Die Schulbücher gehen in das Eigentum der Schüler über. Welche Bücher f. den Unterricht notwendig sind (Grundausstattung), wird im Zusammenwirken mit den Schulaufsichtsbehörden v. Bundesministerium f. Finanzen festgestellt. → Lernmittelfreiheit. Ke

UNESCO. *U*nited *N*ations *E*ducational, *S*cientific and *C*ultural *O*rganisation; Organisation der Vereinten Nationen f. Erziehung, Wissenschaft u. Kultur. Sitz: Paris. Kirchl. Kontaktstelle ist das *Internat. Kath. Koordinationszentrum bei der Unesco* (Centre Catholique International de Coordination auprès de l'Unesco, 98, rue de l'Université, Paris 7 e), das in deutscher Sprache die *„Katholischen Unesco Informationen"* herausgibt. Ko

Universalbildwerfer → Overheadprojektor

Unsterblichkeit der Seele. Zeugnisse f. die U. d. S. sind fast so alt wie die Menschheit selbst (Bestattung v. 150.000 J., Ahnenkult, Grabbeigaben u. v. a.). Das Wesentliche am Glauben an die U. d. S. sind nicht die Vorstellungen v. Jenseits, sondern die Überzeugung, daß das Diesseits mit dem Jenseits, daß Leben u. Sterben eine Einheit bilden. Einen Keil in diese Einheit trieb die Philosophie (Trennung v. Leib u. Seele in der Antike, v. res extensa u. res cogitans bei Descartes). Die Frage nach der U. d. S. kann man daher nicht v. einer Jenseitserfahrung, sondern nur v. seinem eigenen Wesen her beantworten: die Geistigkeit des Menschen strebt über das Materielle hinaus, sie bildet sein Wesen u. die Grundlage seiner Existenz; sie ist zwar an die → Leiblichkeit als menschl. Existenzform gebunden, ihre Vollendung in → Wahrheit u. → Liebe ist jedoch übersinnlich u. kann nur in der → absoluten → Liebe u. → Wahrheit erreicht werden, in der auch die sittl. → Freiheit ihren letzten Sinn u. Wert erhält. Eine gewisse Bestätigung dieser Begründung der U. d. S. erhält der Mensch v. der → Offenbarung, wenngleich die Bibel eine derartige Vorstellung kaum kennt, da Leib u. Seele als eine Einheit gesehen werden. Erst in der nachexilischen Zeit (5. Jh. v. Chr.) entwickelte das Bewußtsein einer unzerstörbaren Gottesgemeinschaft u. Gottesherrschaft die Erwartung einer → Auferstehung des Fleisches (wobei „Fleisch" wiederum den ganzen Menschen meint, nicht nur den Leib). Erst unter hellenistischem Einfluß ist in der → Weisheitsliteratur auch die Übernahme einer dualist. Leib-Seele-Lehre festzustellen (z. B. Weish 3, 1). Das Spätjudentum entwickelte dann eine Lehre v. der Präexistenz der Seele u. v. ihrem Weiterleben u. kombinierte sie mit der eschatol. Auferstehungshoffnung. Im N. T. findet sich da u. dort die Überzeugung v. der U. der Geistseele (Mt 10, 28; Hebr 12, 23; Offb 6, 9), doch fehlt der dualist. Einschlag. Im Vordergrund steht weiterhin das ganzheitliche Menschenverständnis u. v. der Auferstehungshoffnung her das Bewußtsein einer „Freiheit v. Tod" — allerdings des ganzen Menschen. — Aus demselben Wesen des Menschen folgern die Leugner der U. d. S. einen Ersatz f. sie (U. in den Werken, im Kollektiv, im Ruhm u. ä.). → Eschata Bla/Hi

Unterricht. U. ist im weiteren Sinn jede → Vermittlung v. Wissen, Können, Fertigkeiten durch Belehrung, Anschauung, Üben; im engeren Sinn ist U. ein wesentl. Teil der schulisch organisierten Erziehung. Dieser U. ist intentional, thematisch u. methodisch, wird in der Regel berufsmäßig erteilt u. ist institutionalisiert. Mit Hilfe des U.s soll der Mensch im Prozeß der Selbstfindung u. → Sozialisation geführt werden, indem ihm ermöglicht wird, sein kognitives, emotionales u. psychomotor. Verhalten langfristig zu verändern. → Lehre — Unterweisung — U. → Programmierter Unterricht Ro

Unterrichtsgespräch → Schülergespräch

Unterrichtslehre → Didaktik

Unterrichtsmodell ist die Veranschaulichung einer best. fachdid.

ABBILDUNG 21: **Unterricht** (Übersicht über Aktionsformen, Aktionsarten u. Sozialformen)

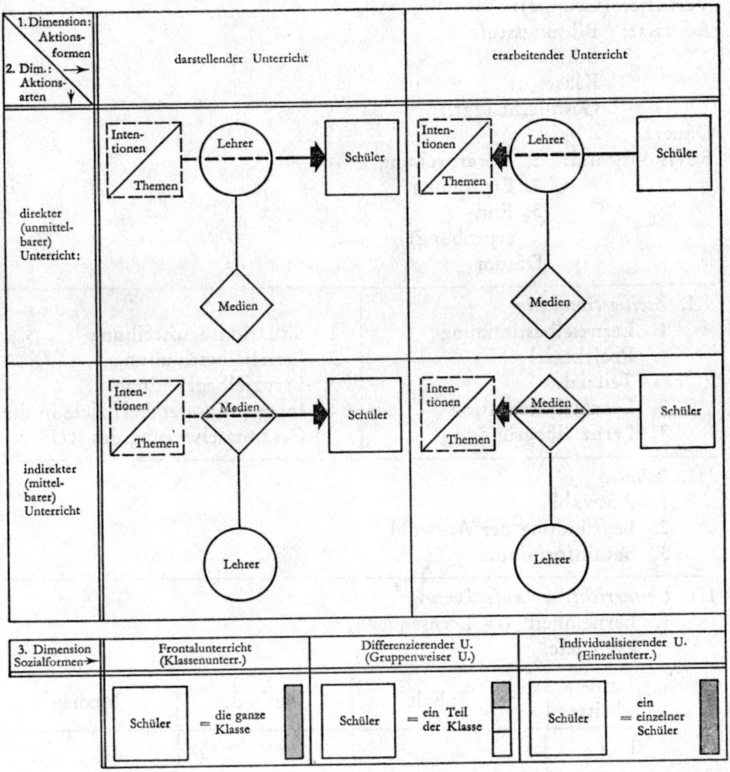

Anz

ABBILDUNG 22: **Unterrichtseinheit** (ideale Spannungskurve einer Stunde)

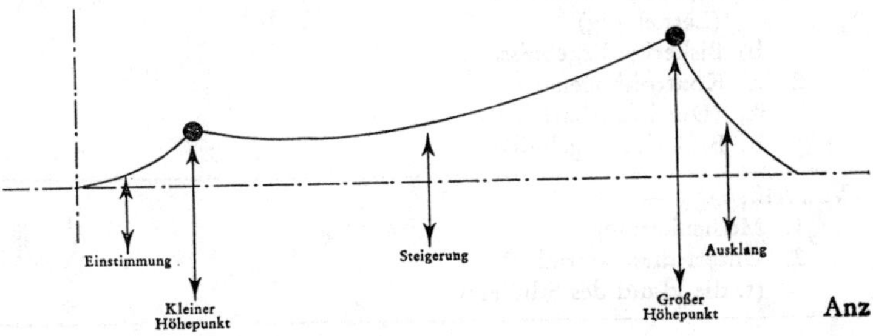

Anz

TABELLE 9: **Unterrichtsmodell** (Aufbauschema; nach S. Vierzig erstellt v. A. Hadwiger)

Thema (Name):
Verfasser (Gruppe):
Adressat: Bildungsstufe
Schulart
Klasse(n)
Geschlecht (ggf.)
Dauer:
Revisionsstand: 1. Vorerprobung
2. Erprobung
(3. Enderprobung)
Datum

I. *Zielbestimmung*

1. Lernzielbestimmung
   Projektziel
   Teilziele
2. Lernzielintegration
3. Lernzielbegründung

1. Situationsbeschreibung
2. Lernzielbestimmung
3. Lernzielbegründung
4. Integration der Lernziele in die Gesamtzielsetzung des RU

II. *Inhalte*

1. Auswahl
2. Begründung der Auswahl
3. Sachinformation

III. *Unterrichtsverlaufsplanung*

1. Lerneinheit (→ Lernsequenz)
   Lernziele

Lernschritte	Inhalt	Methode	Medien
1			
2			

2. Lerneinheit (→ Lernsequenz)
   usw.

IV. *Erprobung*

1. a) Erprobungsmaterial (Lernerfolg)
   b) Bisherige Ergebnisse
2. a) Kontrollbogen (Durchführbarkeit)
   b) Bisherige Ergebnisse

V. *Medien*

1. Medienkatalog
2. Unterrichtsmaterial
   (f. die Hand des Schülers)

Theorie (allg.); die Entwicklung v. Unterrichtsentwürfen als Bestandteil der Reform der Fachdidaktik u. Fachpraxis der RU: a) Wiss. Fundierung (soziol., psych., erziehungswiss.) u. theol. Erschließung v. Unterrichtsgegenständen; (→ problemorientiert). b) Skizzierung vorgeschlagener Unterrichtsabläufe zum Gegenstand am Leitfaden v. Lernzielen (Lernsequenzen) nach best. Skizzierungsschemata. c) Sammlung u. Publikation v. Material (Dokumente, Texte, Bilder) f. diese → Lernsequenzen. d) Entfaltung u. Publikation v. Tests zur Kontrolle des Lernerfolgs der vorgeschlagenen Sequenzen.
Der Terminus U. ist gleichsinnig mit Unterrichtsprojekt, wenn die unter a)—d) genannte wiss. Fundierung gewährleistet wird. Gelegentlich wird U. aber auch v. Unterrichtsprojekt unterschieden. U. meint dann die Vorlage f. eine Unterrichtseinheit, wie sie in trad. Handbüchern vorgelegt wurde (Kat. Skizze). → Projektforschung → RPE u. RPF → PTI → ARPE

Had

Lit.: Stachel, G., Curriculum und RU, (1971); H. Rothbucher, Modellbegriff u. Modellkritik in der Religionspädagogik, in: E. Feifel u. a., Handbuch der Religionspädagogik (1973 f.).

Unterrichtspaket → Medienpaket

Unterrichtsprinzipien. U. sind Grund- u. Leitsätze f. die Planung u. Gestaltung des → Unterrichts. Neben *psych. begründeten* U. (Entwicklungs- u. Kindgemäßheit, Anschaulichkeit usw.) gibt es *did. begründete* (Sachgerechtheit, Aktualität der Lerninhalte, Selbsttätigkeit der Schüler, Sicherung des Unterrichtsertrages usw.), *päd. begründete* (Gemeinschaftsprinzip, Prinzip der Innerlichkeit: E. Spranger usw.) u. f. die Katechese auch *theol. begründete U.* (→ Theozentrik, → Christozentrik, Ecclesiozentrik, Liturgienähe u. ä.). Im Schrifttum der Gegenwart wird der Terminus U. wenig gebraucht. Das Anliegen selbst wird jedoch bei jeder → Reflexion über die Begründung des Unterrichts wahrgenommen.

Ko

Unterrichtsstruktur ist der formale Aufbau einer Stundeneinheit. Ein Vergleich versch. Konzeptionen f. → Katechesen zeigt deutlich den Akzentunterschied:

● → Makrostruktur der Katechese nach → deduktiver Methode:
→ *Münchener (Wiener) Methode:*
1. Darbietung (Sinne)
2. Erklärung (Intellekt)
3. Anwendung (Wille)

Günther Weber:
1. Verkündigung
2. Betrachtung
3. Verwirklichung

● Makrostruktur der Katechese nach → induktiver Methode:
Wolfgang Esser:
1. Anruf
2. Botschaft
3. Antwort

Bruno Dreher:
1. Induktion (Frage des Schülers)
2. Information (Text)
3. Interpretation (des Textes)
4. Kerygma (Kernaussage herausarbeiten)
5. Aktualisierung (Vergegenwärtigung)
6. Realisierung (im Leben)

Alle diese Aufbauschemata sind heute durch differenzierte u. wiss. fundierte Stundengliederungsmodelle überholt: → Unterrichtsmodelle (Aufbauschema) → Vorbereitung → Formalstufen → Lernschritt → Lernsequenz → Mikrostruktur

Had/Ko

TABELLE 10: **Unterrichtstechnologie (Päd. Technologie)**

Theorie v. Entwicklung, Konstruktion u. Einsatz techn. Medien u. technisch orientierter Methoden f. den Unterrichtsprozeß. W. Schöler unterscheidet:

Bereich:	1. *Demonstrationstechnologie* (Veranschaulichungstechnologie)	2 *Instruktionstechnologie*
Medien:	1. 1. *vortechn. Medien* (Tafel, Bilder, Objekte etc.) 1. 2. *apparative Medien* (→ Dia- u. → Epiprojektion, → Filme, → Schallplatten etc.)	2. 1. *Instruktionstechnologie* (programmierte Lehrbücher, Lernspiele, Experimentier- u. Übungsgeräte etc.) 2. 2. *apparative Medien* (Mittels → Lernmaschinen o. Fernsehen gebotene Lehrprogramme Sprachlabor etc.)
Intention:	lehrerzentriert—Lehrmittel	schülerzentriert—Lernmittel
Lernfluß:	eindirektional vom Lernsystem zum Schüler, dadurch keine kybernetische Steuerung	bidirektional im Sinne eines → Regelkreises mit → Rückkoppelung (feedback), damit systemimmanente Steuerung im Sinne der → Kybernetik
Lernverhalten:	vorwiegend passiv	vorwiegend aktiv
Individualisierung:	geringe Anpassungsmöglichkeit an den einzelnen Schüler (nichtadaptiv)	starke Anpassung (→ Adaption) an Lerntempo u. Lernverlauf (teiladaptiv — volladaptiv)

Lit.: W. Schöler, Pädagogische Technologie I (1971) u. II (1972). Ko

Unterscheidungsalter. Nach dem kirchl. Gesetzbuch (CIC) das Alter, ab dem ein Kind „zum Gebrauch der Vernunft" kommt u. → Gut v. → Böse unterscheiden kann. Nach Can. 88 kann dies mit dem 7. Lebensjahr angenommen werden. Psych. Forschungen erweisen jedoch, daß die sittl. Unterscheidungsfähigkeit sehr nach individuellen, sozialen, völkischen, erziehungsbedingten, anlagebedingten usw. Umständen schwankt. → Kindersünden → Entwicklung, moralische Ko

Urgeschichte. Die ersten elf Kapitel des Buches Genesis nennt man

„U.“: sie sprechen v. Ursprung der → Welt u. der Menschheit. Die eigentl. Mitte des atl. Glaubensbekenntnisses war zwar immer der Lobpreis f. die. Heilstaten, die → Jahwe an → Israel getan hatte: Auserwählung der Väter, Befreiung aus Ägypten, Sinaibund, Führung durch die Wüste usw. In ihnen hatte sich Jahwe als der Herr erwiesen, dem gegenüber z. B. die Götter Ägyptens ohnmächtig waren. So war es nun aber nur konsequent, daß die allmählich aufkommende Frage nach dem Woher der → Welt nur mit dem glaubenden Hinweis auf Jahwe beantwortet wurde. Die Welt aber, die die Menschen vorfanden, war eine Welt voll v. → Schuld, Entfremdung, Haß, Mord u. Zwietracht: Wie ließ sich diese Tatsache mit dem → Glauben an die → Schöpfung durch → Gott vereinbaren? Auf diese Fragen geben die Kapitel der U. die Antwort. —

1. Der *„Schöpfungsbericht“ der → Priesterschrift* (Gen 1, 1—2, 4 a) ist ein Bekenntnis zur Größe Gottes u. eine Aussage über die Würde u. Hoheit des Menschen: Gott hat ihn nach seinem Abbild geschaffen. Nicht die Sterne u. Tiere, auch nicht die geschlechtl. Fruchtbarkeit sind Machtträger über die Welt, sondern allein die Menschen — als Mann u. Frau. Hier werden alle myth. Vorstellungen, v. denen die damalige Umwelt Israels beherrscht wurde, radikal beiseitegeschoben; die Schöpfung ist rational durchschaubar — gerade weil sie Schöpfung u. nicht Gottheit ist. Durch das Sechstage-Schema bekommt der Schöpfungsbericht einen kunstvoll-rhythm. Aufbau; der Hinweis auf das „Ruhen“ Gottes am siebten Tag entstammt der priesterl. Vorstellungswelt: das Zeitmaß des kultisch-sakralen Lebens war der → Sabbat, in dem das Werk einer Woche gipfelte u. seine Vollendung fand (es müßte also richtiger „Siebentagewerk“ heißen). Die zeitbedingten → Weltbild-Aussagen des Schöpfungsberichts schaffen keinen Gegensatz zw. Naturwissenschaft u. → Glauben: f. die damalige Zeit bildete dieser Schöpfungsbericht auch eine naturwiss. Leistung, indem nämlich die Vorstellungen einer mythischen — und damit irrationalen — Welt zugunsten einer vernünftig-durchschaubaren Schöpfung entfernt wurden. „Es gibt kein rationaleres Blatt in der Bibel als diesen Schöpfungsbericht“ (Köhler). —

2. Die *Paradies- u. Sündenfallerzählung* (2, 4 b—3, 24) entstammt dem Geschichtswerk des → Jahwisten. Der erste Schöpfungsbericht war in der Erschaffung des Menschen zu seinem Ziel gekommen, der „zweite Schöpfungsbericht“ setzt damit ein — allerdings auf eine viel lebendigere Art: Gott haucht dem aus der Ackererde gebildeten Menschen den Lebensatem ein: der Mensch hat seine Existenz v. Gott her; diese Existenz ist bestimmt durch Arbeit (2, 15), durch Gottes Gebot (2, 16 f.) u. durch → Gemeinschaft (2, 18—24). Dieser Glaubensgewißheit stand nun die menschl. Erfahrung der Zerrissenheit, Mühsal u. Plage gegenüber — u. auf diese Diskrepanz will die Sündenfallerzählung eine Antwort geben: das gestörte Verhältnis der Menschen zueinander hat seinen tiefsten Grund in einem gestörten Gottesverhältnis; der Mensch hat sich v. Gott losgesagt, er wollte seinen eigenen Weg gehen u. damit hat sich sein Verhältnis zu seiner Umwelt u. Mitwelt verändert: „Im Schweiße deines Angesichts wirst du dein Brot

verzehren" u. „Da gingen beiden die Augen auf, u. sie erkannten, daß sie nackt waren"; nun sind sie aus dem Paradies vertrieben. Doch der Jahwist blieb bei dieser Aussage nicht stehen: selbst in der tiefsten → Schuld steht der Mensch noch unter der → Gnade Gottes; Gott steht auf der Seite des Menschen (vgl. 3, 15) — der Mensch kann aber dieses Erbarmen Gottes nicht erzwingen (3, 23 f.). Die Paradies- u. Sündenfallerzählung will keine historische oder prähistorische Begebenheit schildern. Es geht ihr um eine Aussage über den jeweiligen Menschen: „Er lebt nun dort, wo er sich den Realitäten des Todes u. der Schuld zu stellen hat. Das also ist der Mensch". (Westermann) — u. gleichzeitig wird das Bekenntnis entfaltet: „Gott hat mich geschaffen".

3. Unmittelbar auf die Sündenfallgeschichte folgt in der Bibel die *Erzählung v. Brudermord:* Kain erschlägt Abel. Die Erzählung dürfte urspr. einen ganz anderen Hintergrund gehabt haben: Rivalität zw. den in Kanaan schon seßhaften Israeliten u. dem nomadischen (tätowierten?) Nachbarvolk der Keniter. Der Jahwist baute sie aber bewußt in sein Geschichtswerk ein; sie soll zeigen, wie die Störung des Gottesverhältnisses zur grausamen Konsequenz der Vernichtung des Menschenlebens durch einen Menschen — ja durch den eigenen Bruder — führen kann. Nirgendwo steht geschrieben, daß das Opfer Kains minderwertig war; die Zuwendung Gottes an Abel wird nicht begründet u. erklärt. Nun will Kain diese Zuwendung Gottes erzwingen — indem er seinen Bruder tötet. Damit ist die Menschheit wieder um ein Stück weiter v. Gott abgeglitten — u. dieses Abgleiten kann v. den Menschen selbst nicht mehr aufgehalten werden — das ist die andere Tendenz des Jahwisten. Ihren Höhepunkt erreicht diese Verderbnis aber in der versuchten Verwischung der Grenzen v. Göttlichem u. Menschlichem: der uralte → *Mythos v. den „Göttersöhnen"*, die sich mit den Frauen der Menschen verbinden, wird hier eingebaut; nun ist die Ordnung des Anfangs zerbrochen — das Chaos zieht wieder ein — *die Sintflut.* Gott aber erweist sich noch einmal als der Größere: er schuf einen neuen Anfang in einem immerwährenden → Bund, der sich auf die ganze Welt erstreckt. Die Sünde hat aber damit nicht an Stärke eingebüßt: die *Turmbausage* wird zum Bild f. die Menschheit überhaupt erweitert: die Menschen sind einander entfremdet, weil sie nur ihre eigene Macht voreinander demonstrieren wollen. All dies wird jedoch noch einmal v. der größeren Huld Gottes umfangen, der sich nun einem einzelnen — als dem Stellvertreter und Repräsentanten aller — zuwendet u. ihn erwählt: *Abraham.*

Schr

URP. Abkürzung f. den v. schleswig-holstein'schen Studenten als Ersatz f. den trad. → RU geforderten unkonfessionellen *U*nterricht in *R*eligionskunde u. *P*hilosophie. → Interkonfessioneller RU

Ko

Urteilsfähigkeit, kindliche. Die k. U. steht in engem Zusammenhang mit der → geistigen Entwicklung des → Kindes. Rel. päd. relevant ist jedoch die Erkenntnis, daß beim Kind die Fähigkeit zur Fremdbeurteilung früher reift als die zur Selbstbeurteilung. Die f. eine sinnvolle Ohrenbeichte notwendige Fähigkeit zur Selbstbeurteilung u. Selbstreflexion sollte nicht zu vorschnell vorausgesetzt werden. Theol. u. kinderpsych. gleicherweise fundierte Spezialuntersuchungen stehen jedoch heute noch nicht zur Verfügung. Ko

Urvertrauen. Das sich durch die Mutter-Kind-Bindung im 1. Lebensjahr entwickelnde Gefühl des totalen Sich-verlassen-könnens auf andere. Hauptfaktor der seel. Gesundheit u. psychische Grundlage f. Sozialerziehung, → Gotteserfahrung, echte Religiosität u. → Sittlichkeit u. a. m. Gegensatz: Urmißtrauen. → Psychischer Hospitalismus. Ko

Lit.: E. Erikson, Identität u. Lebenszyklus (1966).

Validität. Maß f. die Zuverlässigkeit (Meßgenauigkeit) eines → Tests. Ein Test besitzt dann hohe V., wenn er jene Bereiche erfaßt, die durch ihn geprüft werden sollen. Eine Prüfung dieses Tatbestandes ist schwierig u. nicht mit absoluter Sicherheit möglich; eine relative Sicherheit wird mit Hilfe statist. Methoden erreicht. Si

Vater-Kind-Verhältnis → Adoption

VCR-System → Videoband → Kassettenfernsehen → Kassettenmedien → Tab. 5, Sp. 631 ff.

Verantwortung. V. ist die bewußtfreie Übernahme der Autorschaft einer Handlung u. deren Folgen. Kaum gelangt der Mensch zum bewußten Denken, merkt er den Spielraum, den ihm die Wirklichkeit, bes. die → Gesellschaft gewährt. In dem Augenblick, in dem er eingreift, nimmt er bewußt u. frei das Geschehen in seine Hand u. bestimmt, welche Folgen es haben wird. Diese V. kann Verdienst o. → Schuld sein, je nachdem der Mensch bewußt u. frei handelt, sie wird demnach zur Quelle des Selbstvertrauens (wichtig in der Kinder- u. Jugenderziehung!) o. Schuldbewußtseins. Hinführen zum Bewußtsein des Verantwortlichseins ist päd. Grundaufgabe. Durch die existentiell (u. nicht nur verbal o. rational) gestellte Frage nach dem WOVOR (Gott? Gewissen? Gemeinschaft?) u. WOFÜR (Welche Aufgaben, Werte usw.?) konfrontiert sie mit der Sinnfrage u. wird zu einem Fundament der Religionspädagogik. Die rel. päd. Aufgabe des → Führens zur V. wird zur kat., wo sie aus dem → Glauben heraus nicht nur Antwort, sondern auch Erfüllung angeboten erhält u. findet. Mittel der Erziehung zur V. sind neben dem Wort v. a. das Tun, die Übergabe u. Übernahme v. Aufgaben u. V. in der je konkreten Lebenssituation. → Erziehung zum Gehorsam → Freiheit → Logotherapie u. a. Bla/Ko

Lit.: K. Halm, Erziehung zur Verantwortung (4. A. 1965).

Verbale Beurteilung. Ersatz der trad. → Notengebung durch individ. Beschreibung der Schülerleistung. V. B. steht in Erprobung (→ Schulversuch). → Erfahrungen u. Modelle hinsichtlich des RU stehen noch nicht in gewünschter Absicherung zur Verfügung. Ko

Verbalisierung. V. ist das Zur-Sprache-Bringen v. Sachverhalten, Beziehungen, Erfahrungen usw., wobei das Problem darin liegt, eine an sich wort-lose Wirklichkeit möglichst genau u. entsprechend mit Hilfe v. → Sprache zum Ausdruck zu bringen. Dies gilt gleicherweise f. Musik wie f. Malerei, Plastik, Mimik, Mystik usw. Erst durch V. ist aber hinsichtlich solcher Wirklichkeiten bzw. Erfahrungen zwischenmenschl. → Kommunikation möglich. → Gebetserziehung → Aktualisierung → Neuinterpretation → Vermittlung → Hermeneutik → Dialog → Gespräch Hi

Verbundsysteme. Neben dem → *Medienverbundsystem* u. *Systemen v.* → *Regelkreisen* unterscheidet J. Zielinski das → *Multimethodensystem* (= Rationalisierung, Intensivierung u. Ökonomisierung des Unterrichts durch variierten Einsatz mehrerer Methoden), die *Verbindung* v. *Multimedien- u. Multimethodensystemen* u. die *phasengeordneten Systeme* [z. B. Abwechslung v. individ. (Einzelstudium) u. sozialer (Begegnungsunterricht) Lernphase]. Die zahlreichen Möglichkeiten der V. sind in → Religionspädagogik u. → Katechetik theoretisch noch nicht genügend aufbereitet u. praktisch kaum ausgeschöpft. Synonyma: komplexes Lehr- u. Lernsystem, Kontextmodell. → Medienpaket Ko

Verdienst. Als sittl. handelndes Wesen ist der Mensch bedingt durch seine → Leiblichkeit, relative → Erkenntnis u. die Schranken seiner Umwelt. Er kann nur in Abhängigkeit v. der → Wirklichkeit handeln. Gerade der Umstand, einerseits nicht absolut handeln zu können u. andrerseits sich durchsetzen zu wollen, macht den Menschen zum Herrn der eigenen Taten, verleiht ihm das Recht, sie als sein ureigenstes Eigentum u. seinen Besitz zu betrachten u. deren Folgen f. sich in Anspruch zu nehmen. Dieses Recht nennen wir V. Sein Wert ist zweifach: Genugtuung u.Selbsterfüllung sowie das Anrecht auf gewisse Güter, sofern sein frei-bewußtes Handeln der → Gemeinschaft u. ihrem Wohl dient. In diesem Sinn spricht das A. T. v. gerechtem Anspruch auf Lohn u. → Jesus Christus v. Schätzen, die wir sammeln, wobei er nicht so sehr die einzelnen guten Werke meint, sondern das grundlegende Ja zur → Liebe zu Gott u. zum Mitmenschen. V. wird hier nicht zur Lohnarithmetik, zum Rechtsakt, sondern zur Sinngebung u. Erfüllung des Lebens durch die Liebe, zur Selbstverwirklichung des Menschen in den gebotenen Lebensmöglichkeiten u. in dem → Gnaden-Liebes-Angebot Gottes. Bla

Verdrängung → Psychoanalyse

Vererbung. Es ist gesicherte Erkenntnis, daß jeder Mensch physisches u. psychisches (→ Instinkt, → Archetypen) Erbgut „mitbringt“, durch welches Voraussetzungen, Möglichkeiten u. Grenzen der → Erziehung (→ Bildsamkeit) bestimmt sind. Ebenso gesichert ist u. a. durch die biolog. Zwillingsforschung, daß keine unüberwindliche Determination durch Erbfaktoren besteht. Auch eineiige Zwillinge können sich in ihrer → Intelligenz u. in ihrem → Charakter sehr verschieden entwickeln. Dafür kann auch ein einziges Erlebnis ausschlaggebend sein. Ko

Verfremdung. Dieser 1917 v. Schklowskij verwendete Begriff bezeichnet ein Stilmittel, das in der modernen Literatur (bes. seit Brecht) häufig verwendet wird, um allzu abgegriffene lineare Aussagen „aufzuladen“ u. die solcherart erzielte Spannung in verstärktes Interesse umzumünzen sowie verschüttete Perspektiven des bereits Bekannten, Gewohnten u. Gewußten in den Vordergrund zu rücken. Was sich in Literatur, Musik, bildender Kunst usw. bewährte, wurde seit einiger Zeit auch in den Dienst der → Verkündigung gestellt, um die positiven Effekte der V. einem besseren Glaubensverständnis zunutze zu machen. Es liegt nahe, daß diese Methode der V. auch dem → RU u. der → Katechese neue Impulse zu geben vermag — u. nicht erst in der Oberstufe, wenn z. B. literar. Beispiele v. V. gebracht u. theol. Parallelen gesucht werden können (→ Literar. Texte im RU), sondern v. Anfang an, wenn der Rel.lehrer die rel. → Worthülsen, die die Kinder v. zu Hause, aus dem → Kindergarten

o. aus den pfarrl. Gottesdiensten mitbringen, mit neuem Leben füllen soll. Hier bietet sich die → induktive Methode an, mit deren Hilfe dogmat. Fixierung ausgewichen, kindl. → Erfahrung aufgegriffen u. ein persönl., unmittelbares, gegenüber trad. Formulierung freilich vielfach v. V. geprägtes Verständnis erreicht werden kann. Im Bereich der bildenden Kunst wird V. (z. B. auf anthropomorphe Darstellungen Gottes u. ä.) gelegentlich verwendet, um auf die Eigenartigkeit u. Andersartigkeit rel. Sinngehalte zu verweisen. Sie dient auch hier dazu, gewohnte Vorstellungen u. Denkschemata zu durchbrechen u. ein Betroffenwerden zu erzielen. → Sprache → Fundamentalkatechetik Hi/Ko

Lit.: A. Grabner-Haider, Jesus N. Biblische Verfremdung — Experimente junger Schriftsteller (1972).

Verfrühung. Die organologische Auffassung der menschl. → Entwicklung schuf das päd. Prinzip der Altersgemäßheit der Stoffe der Sach- u. Wertbildung. So bedeutet V. das Überspringen der Gegenwärtigkeit des Kindes in eine voreilige Zukunft, die u. a. Interesselosigkeit bewirkt. Weil das Kind selbst auf seine Zukunft vorgreift, ist starres Festhalten an den nur hypothetisch festzulegenden Stoffen f. eine bestimmte Entwicklungsstufe nicht kindgemäß. Der Vorgriff ist päd. legitim, wenn er die konkrete Lebendigkeit des Kindes auf Zukunft bedenkt, Ordnung in die verworrene Fülle v. Erlebniseindrücken des Kindes schafft u. wenn zunächst gedächtnismäßig geordnet wird, was erst später zu voller Sinneinsicht gebracht werden kann. Ro

Verführung. V. als versuchter o. erfolgter verfrühter sexueller Kontakt mit Mädchen o. Knaben unter sechzehn Jahren ist strafbar, da die Entwicklung zu einer harmonischen Persönlichkeit nicht gestört u. niemand zur Duldung sexueller Handlungen gezwungen werden darf. Solche Delikte sind u. a.: V. o. Mißbrauch v. Schulkindern u. Heranwachsenden vielfach durch bekannte o. verwandte, aber auch fremde Täter, → Inzest-Handlungen u. sexuelle Betätigungen mit älteren Angehörigen des gleichen Geschlechts, die zu „sekundärer" → Homosexualität führen können. Der wirksamste Schutz der Kinder liegt in einer rechtzeitigen u. sachgerechten → geschlechtl. Erziehung. Eltern ist zu raten, ihr Kind nicht nur vor Fremden zu warnen, Besuche v. Parks u. Bädern nie ohne Kameraden zu erlauben u. auf Pünktlichkeit u. vereinbarte Strekken beim Heimweg zu achten. Kinder sollen weder in ein fremdes Auto steigen noch einen Fremden in ein Haus begleiten; wenn sie sich in Gefahr fühlen, sollen sie sich an Erwachsene wenden. Verdächtige Beobachtungen möge man trotz mancher Scheu zur Anzeige bringen, um mögliche Schädigungen weiterer Kinder zu verhindern. Polizeilichen Erhebungen in der Schule sollte nur nach Beiziehung einer Vertrauensperson des Schülers zugestimmt werden. Lei

Vergessenskurve. Bereits Ebbinghaus stellte 1885 den Verlauf des Vergessens graphisch dar. Zahlreiche experimentelle Untersuchungen seither bestätigen die Ebbinghaus'sche V. als allgemeingültige Gesetzmäßigkeit. Die Behaltens- o. V. zeigt das Maß an Lernstoff, das nach abgeschlossenem Lernvorgang in best. Zeitintervallen erhalten bleibt. Abgesehen v. einigen Unregelmäßigkeiten im Anfangsteil der Kurve zeigt sich zunächst eine stark fallende Tendenz des Behaltens, die mit fortschreitender Zeit immer geringer wird u. schließlich fast ganz aufhört. Der Umfang des Behaltens ist somit eine negativ beschleunigte, fallende Funktion der verstreichenden Zeit. Die Stärke des Leistungsabfalles ist abhängig v. der Art des Lernstoffes, den Lernbedingungen, dem Verhalten nach dem Lernen u. der Art der Behaltensmessung (z. B.: Wiedererkennen eines Lernstoffes ist eher möglich als Wiedergeben). Si

Verhaltensforschung, vergleichende → Ethologie

Verhaltensmuster bedeutet die Gleichförmigkeit im Denken u. Handeln, die bei einer best. Anzahl v. Personen regelmäßig zu beobachten ist. Dem allgemein anerkannten, geregelten u. genormten Verhalten der Menschen einer → Gesellschaft liegen immer V. zugrunde. Sie zeigen, was in der Gesellschaft erlaubt u. verboten ist, sie stellen Vor- u. → Leitbilder dar, sie zeigen, wie in idealer u. typischer Weise ein → Wert verwirklicht wird. Äußere (direkt beobachtbare) u. innere (indirekt beobachtbare) V. gehen immer auf best. Werthaltungen zurück. Aus V.n entwickeln sich soziale → Normen. Ku

Verklärung Jesu. In den synoptischen Texten wird die V. J. nicht so sehr als eigenes Erlebnis Jesu, sondern als eine → Offenbarung an die drei Jünger verstanden, denen die verborgene Würde Jesu enthüllt wird. Diese Offenbarung geschieht mit Hilfe v. → Symbolen u. → Bildern, deren Bedeutung jedem Juden verständlich sein mußte: die „*Wolke*" steht in vielen atl. Texten als das Symbol der hilfreichen Anwesenheit → Gottes bei den Menschen; der „*Berg*" erinnert an den Berg der Gottesoffenbarung am Sinai. Das Strahlen der *Kleider*, bzw. überhaupt das Anziehen neuer u. weißer Kleider ist ein bes. in der jüd. → Apokalyptik beheimatetes Symbol f. die Endzeit bzw. f. das → Auferstehungs-Leben. Eine ebenfalls auf die Endzeit gerichtete Hoffnung des → Judentums war das Wiederkommen des Elija, nach anderen auch die Wiederkunft des Mose. Alle diese Bilder sind an sich schon eindeutig: → Jesus wird hier im → Glauben als der gesehen, mit dessen Kommen die Endzeit, d. h. Gott selbst unter den Menschen ist. Dies wird noch durch die Stimme bestätigt: er ist der geliebte Sohn Gottes der v. → A. T. verheißene Heilbringer u. Messias. Diese christolog. Aussage wird nun aber bes. v. Mk fortgesetzt: der Glaube an Jesus erlaubt keine Schwärmerei; die Form, in der Jesus u. seine Wirklichkeit erfahren werden, ist das → Wort der → Verkündigung: „Hört auf ihn!" (9,7). Darum ist auch das Ende so abrupt dargestellt: den Glaubenden ist nur Jesus geschenkt, er allein ist das wahre Kriterium des Glaubens. Durch den → Kontext bei Mk wird das noch einmal präzisiert: dieser Jesus, der Sohn Gottes, in dem Gott unter den Menschen ist, ist zugleich der Leidende (9,12); an Jesus als den Gottessohn zu glauben, heißt deshalb: sich verleugnen u. das Kreuz auf sich nehmen (8,34). Schr

Verkündigung. V. (auch → Kerygma) hat sich als Fachausdruck der Weitergabe der Frohen Botschaft v. → Reich Gottes durchgesetzt u. wird sowohl im liturg. wie im kat. u. erwachsenenbildnerischen Bereich verwendet. — Theol. gesehen, geht es um die Selbstaussage → Gottes (→ Wort) durch seine Boten (→ Propheten) u. durch → Jesus Christus. In Jesus ist Gottes Wort endgültig geworden, so daß Jesus die Botschaft Gottes verkündet u. zugleich *selbst* diese Botschaft *ist,* also „Gegenstand" der V. der Urkirche wurde. Mk 1,15 faßt dies zusammen: „Die Zeit ist erfüllt. Die Herrschaft Gottes ist nahegekommen! Kehrt um! Glaubt dieser Freudenbotschaft!" Was wird verkündet, wenn Jesus verkündet wird? Sein Leben, sein Sterben, seine → Auferstehung, seine Worte ... Die → Kirche sieht darin f. die → Welt u. alle Menschen die Unheilssituation überwunden; neues, bleibendes Leben ermöglicht; die Chance gegeben, tatsächl. zu sich selbst u. damit zur Vollgestalt des Menschseins zu kommen; Gottes → Liebe ist greifbar geworden. Diese universale Ausrichtung der Botschaft bedingt eine universale V.: alle Menschen sollen eingeladen werden, die gebotenen Möglichkeiten zu ergreifen. Dies bedeutet, daß der Inhalt der V. letztlich nicht als „Lehre" → verobjektiviert werden kann, sondern immer der lebendigen Konkretheit des Zeugen bedarf. Das ganze Leben des Verkünders wird so (wie bei Jesus!) zur V. — V. in Katechese u. RU muß sich an diesen theol. Inhalten orientieren. Dies verlangt v. Religionslehrer ein gläubiges Engagement, er muß sich um einen „einladenden Charakter" seines Unterrichts bemühen, muß zum → Dialog bereit sein, muß auf die Fragen u. Bedürfnisse seiner Schüler eingehen, muß Jesu Botschaft u. die V. der Urkirche (also die Grundthemen der christl. V.) durch Verwendung der Erkenntnisse der → hist.-krit. Forschung herausarbeiten u. darbieten u. diese Themen entspr. aktualisieren (→ Hermeneutik, → Neuinterpretation), damit Gottes Wort tatsächlich zur → Sprache kommt u. die jungen Menschen instandgesetzt werden, selbst zu Verkündern des → Evangeliums zu werden. Hi

Vermittlung. Ein Sachverhalt, der sich nicht dem „Hausverstand", sondern nur sachl.-krit. u. systemat. → Reflexion erschließt, bedarf der V., soll er in allen seinen Dimensionen verstanden werden. Da den Schülern vielfach noch die Voraussetzungen zu vollem → Verstehen fehlen, kann auch der RU meist nur eine Teil-V. leisten. Dies führt naturgemäß zu vielen Problemen (Mißverständnissen, Einseitigkeiten, fixiertem Verständnis, Ideologisierung, → Verobjektivierung usw.), die erst *nach* der Schulzeit gelöst werden können. → Phil. Propädeutik u. RU → Erwachsenenkatechese Hi

Verobjektivierung. Es gehört zur → Struktur des Menschen, daß er — auf → Reflexion angewiesen — die → Wirklichkeit verobjektivieren muß, will er sie in den Griff bekommen („begreifen"). Er muß sich dabei aber immer im klaren darüber sein, daß V. Abstraktion bedeutet, also absieht v. der gegebenen, vorfindlichen Wirklichkeit. Die Reflexionsebene u. die Erfahrungsebene sind zwei versch. Weisen, ein u. derselben Wirklichkeit zu begegnen u. ihrer inne zu werden. Je ungegenständlicher die reflektierte Wirklichkeit ist, umso größer wird die Abstraktion bzw. umso unanschaulicher der Begriff. Dies erreicht seinen Höhepunkt dort, wo es nicht mehr um Seiendes, sondern um „Sein“, um den → geistigen Grund der Wirklichkeit geht (→ Gott). — Der RU steht in großer Gefahr, sich allzusehr auf die Reflexionsebene zu beschränken u. damit die Wirklichkeit Gottes zu verzeichnen. → Theologie → Irrationalität → Glaube → Erfahrung Hi

Versöhnung. Es war einer der grundlegenden Glaubenssätze der ersten Christen, daß ihnen durch den Tod Jesu — u. durch seine → Auferstehung — nun ein neues Leben im → Geiste Gottes ermöglicht war: „Für die → Freiheit hat uns Christus befreit“ (Gal 5,1). Feindschaft, Verlorenheit, Rebellion, Entfremdung u. Resignation der Menschen waren nun keine Notwendigkeiten mehr, weil → Gott selbst sich in → Jesus liebevoll den Menschen zugewandt hatte u. damit ein neues Friedensverhältnis zwischen sich u. den Menschen u. der Menschen untereinander aufgerichtet hatte. Nicht Gott mußte versöhnt werden: V. ist im N. T. nie ein Ausdruck des Opfers o. des Kults. Die Menschen *empfangen* vielmehr die V. Gottes, indem sie in die neue Existenzweise des Christseins eintreten, wodurch ein „versöhntes“ Leben ermöglicht ist. Juden u. Heiden sind im Blut Christi einander nahegekommen (Eph 2,14).
Man wird in der → Katechese diesen anthropol. Ansatz voll herausarbeiten u. betonen müssen: Christsein heißt „Dienst der V.“; v. einer solchen Sicht her ist die Botschaft v. der V. dringlicher Aufruf an die Menschen, sich mit ihren Mitmenschen zu versöhnen (Mt 5,24). Schr

Verstehen. V. ist als Erkenntnisakt die Weise des Erfassens eines Objektes, die dem subjektunabhängigen Sinn desselben entspricht: etwas wird v. seinem inneren Grund her verstanden u. nicht bloß v. seiner äußeren Erscheinung aus erkannt. V. ist kein rationales Erfassen, sondern wird letztlich v. → Intuition getragen (die aber subjektive Willkür nicht einschließt). V. ist zu unterscheiden v. *Begreifen,* dem Erfassen logischer, ontologischer u. sprachlicher Ordnungen; v. *Beschreiben,* dem Feststellen u. Klarlegen eines Tatbestandes; v. *Erklären,* das eine kausale Ableitung aufzeigt; v. den *psych. Verstehensweisen* des Ausdrucks, der Motive, des Charakters; v. *Deuten u. Interpretieren;* v. *Sich-zu-eigen-machen* des Kulturellen u. Existenzbestimmenden. — Päd. bedeutsam ist: Ein Charaktertest selbst macht nicht die individuelle psychische Struktur einer Person verstehbar, sondern erst dessen Interpretation. Wegen seines Intuitionsgrundes kann ein V. durch den „ersten“ gewonnenen Eindruck erreicht werden; doch darf nicht versäumt werden, dieses V. stets neu kritisch in Frage zu stellen, um es gegen Irrtum o. Täuschung u. gegen Voreingenommenheit, die Vorurteilen entspringt, zu sichern. → Phänomenologie → Reflexion Ro

Versuch—Irrtum—Lernen → Lernkategorie(n)

Versuchsschulen. V. sind öffentliche o. private Schulen, an denen in einer, mehreren o. allen Klassen → Schulversuche durchgeführt werden. Ro

Versuchung. V. ist der Schein des → Guten, unter dem sich das → Böse dem Menschen vorstellt. Er kommt aus der falschen Erkenntnis der → Wirklichkeit o. aus der falschen Einstellung des Menschen zu den Dingen. Der Mensch trägt die V. dauernd in sich: Er könnte die Wirklichkeit nach seinem Gutdünken ohne Rücksicht auf ihre Ordnung gestalten („Sein-wie-Gott" der Bibel = absolute Verwaltungsmacht!). Das Durchschauen des Truges kommt zumeist erst in den Folgen zustande (= Früchte des „Baumes der Erkenntnis"). Bla

Versuchung Jesu. Alle drei Synoptiker berichten v. einer V. J. in der Wüste durch den → Satan. Diesen V.sbericht als Protokoll einer tatsächl. Begebenheit zu nehmen, ist nach den Ergebnissen der → Exegese verwehrt. Allerdings ist nicht geklärt, ob Jesus selbst in bildhafter Sprache einmal v. einer V. gesprochen hat o. ob diese Geschichte erst in der Urkirche entstanden ist.

Der Sinn ist jedoch — mit einigen Ausnahmen — unbestritten: es geht um das rechte Verständnis Jesu als des Messias; Jesus, der mit dem → Geist ausgestattete Gottessohn (vgl. die benachbarten Taufgeschichten), erweist sich als der Sohn u. → Gottesknecht darin, daß er polit.-diesseitige Messiaserwartungen zurückweist. Jesus erweist sich darin als der Gegentyp des in der Wüste widerspenstigen u. den V.n erliegenden → Israel; in ihm geschieht nun der neue Auszug v. der Knechtschaft in die → Freiheit. Damit ist nun eigentlich erst die Verheißung Gottes v. der Freiheit an ihr Ende gekommen.

Lk., der eine Umstellung der 2. u. 3. V. vorgenommen hat, sieht die V. in engerer Beziehung zur → Leidensgeschichte: in Jerusalem erringt Jesus seinen ersten Sieg, dort erleidet er aber auch seine scheinbar größte Niederlage, die jedoch in Wirklichkeit der Anfang des Heiles ist. Schr

Vertrauen. Trotz Enttäuschungen merkt der Mensch, daß sein Leben Sinnerfüllung, sein Ich Persönlichkeit, sein Dasein → Heilsgeschichte werden kann: er kann sein ird. Wohl sichern, er kann zur Vollreife gelangen, er kann die → Erlösung = → Freiheit erringen. Die Voraussetzungen sind: der Schöpfer stattet den Menschen mit dem nötigen Rüstzeug (Sinne, Verstand, Bewußtsein u. ä.) u. die → Welt mit den entspr. Gütern aus, darüber hinaus bot er dem Menschen in der Erlösung die Erfüllung des echten Menschseins an. Diese Voraussetzungen schaffen das Gott-, Welt- u. Selbstvertrauen zur Grundlage f. unsere → Gesellschaft, Entfaltung des Menschen u. der Menschheit, → Erziehung u. → Bildung, das V. selbst bleibt jedoch immer eine Bewußtseinsbildung des Menschen, daher bedingt durch unsere Bemühung um → Wahrhaftigkeit, um Vorsicht (gegen V.sseligkeit o. auch Mißtrauen, gegen Dummheit u. falsche Gutmütigkeit) sowie um Standhaftigkeit (gegen Enttäuschung u. Verbitterung). V. ist das Wagnis der bewußt-menschlichen Koexistenz mit Gott, Welt u. Mitmenschen. Bla

Verwahrlosung. Von wâre-los sein = nicht bewahrt, nicht geborgen sein. Symptome sind fehlende → gemütsmäßige o. soziale Bindungen; Unberechenbarkeit, Haltlosigkeit, Distanzlosigkeit, Stehlen, Lügen, Streunen, Brutalität, → Aggressionen (Banden!), sexuelle Entgleisungen. Die Therapie ist verschieden, je nachdem, ob die Ursache der Durchbruch eines → psychopathischen Charakters, einer → postenzephalitischen Persönlichkeitsstörung o. ä. ist o. „Ersatzbefriedigung“ f. mangelnde mitmenschl. → Begegnung. → Sonderschule Ko

Lit.: W. J. Revers, Frustrierte Jugend (1971).

Videoband. Bildträger (eigentl. auch Tonträger) in Bandform, der selbst bespielt u. gelöscht werden kann (im Gegensatz zum → Film) u. der wie der Film ein bewegl. Bild liefert. F. Aufnahme u. Wiedergabe (s. → Projektion) wird ein *Videorekorder* benötigt. Die Projektion erfolgt über *Fernsehapparat* o. aber → *Monitor*, die Aufnahme kann über Fernsehapparat (Programm s. → Schulfernsehen) u./o. *Fernsehkamera* mit Mikrophon (eigene Gestaltung) erfolgen. Letzteres hat gegenüber Aufnahmen mit der Filmkamera (v. a. durch Schüler) den Vorzug, wesentlich billiger u. daher durchführbarer zu sein, da die Bänder ja immer wieder gelöscht werden können. Dies ermöglicht auch eine unbegrenzte Zahl v. Aufnahmeversuchen. Ein weiterer Vorteil ist, daß das bewegl. Bild (samt Ton) sofort (!) nach Aufnahme wiedergegeben u. auch jederzeit angehalten („Stehkader“) u. im Detail betrachtet werden kann. — Das V. ist das visuelle (eigentlich audiovisuelle) Pendant zum → Tonband, mit allen Konsequenzen; es verhält sich zum → Fernsehen wie das Tonband zum → Hörfunk; es kann durch den → Film ebensowenig verdrängt werden, wie das Tonband durch die → Schallplatte. — Die Anwendungsmöglichkeiten im Unterricht: I. Projektion v. *„fertigen“* V.n („Spielfilme“, Informationen usw.), II. Projektion v. *selbst bespielten* V.n: A) bespielt durch Aufnahmen v. → *Fernsehsendungen:* dadurch ist eine Integration des ansonst nur „ergänzend“ verwendbaren Fernsehens (vgl. Tonband u. → Hörfunk) sowie ein rasches Einbeziehen des aktuellen Zeitgeschehens in den Unterricht an gezielter Stelle möglich (s. → Integrationsmedien in Tab. 5, Sp. 631 ff.), B) bespielt durch *eigene* Aufnahmen über Fernsehkamera u. Mikrophon. Die Fernsehkamera kann bei wesentlich dünkleren Motiven ohne Scheinwerfer eingesetzt werden als die Filmkamera. Anwendung z. B.: Gestalten eines „projizierten Rollenspiels“ (erleichtert durch etappenweises Aufnehmen), Aufnahmen außerhalb der Schule (z. B. Reportagen), Aufnahmen v. Lehrer- o. Schülerleistungen (z. B. bei Übungen) zur Selbstkontrolle, usw. III. Kombination v. I., II. A), II. B). — Das *Selbst-agieren* vor u. *Hantieren* mit der Fernsehkamera fördert in bes. Maße das Verständnis u. das rechte Maß der Bewertung außerschulischer → Massenmedien. (Ein Anliegen auch des → RU). — Es gibt auch Geräte f. V.r in Kassettenform (= VCR-System s. → Kassettenmedien). Dieses System ist jedoch *nicht* mit dem als → „Kassettenfernsehen“ bezeichneten → EVR-System zu verwechseln. S. Abb. 13, Sp. 619 ff. Anz

Videorekorder → Videoband

Viskös → Typenlehre

Vokation. Im evang. Bereich üblicher Ausdruck f. Beauftragung u.

Befähigung zum RU unbeschadet der staatl. Anstellung. → Missio canonica Ko

Volkshochschule. Gw. kann man V. als eine Bildungs- u. Schulungsinstitution f. Jugendliche u. Erwachsene bezeichnen, die Bildungsarbeit leistet, insofern sie Hilfen f. Lernen, Orientierung, Urteilsbildung u. Eigentätigkeit anbietet, aber auch durch Grundstudienkurse mit Prüfungen u. Zertifikaten die Fortbildung fördert. Ro

Vollendung. Wenn hier v. V. gesprochen wird, so ist damit die V. des Menschen u. die V. der ganzen → Schöpfung gemeint. V. der → Welt kann gesehen werden als Ende, das jäh u. völlig unerwartet hereinbricht, wobei das Nachfolgende völlig überraschend, weil radikal neu ist (vgl. Offb 21,1 ff). Ein anderer Aspekt der V. der Welt ist die → Entwicklung auf die V. hin (vgl. das Wachsen des Reiches Gottes: Mt 13). V. a. der → Mensch muß reif werden „zum Altersmaß der Fülle Christi" (Eph 4,13). Damit soll zum Ausdruck gebracht werden, daß sich die → Erlösung im kosm. Bereich allmählich durchsetzt, obwohl im ird. Bereich das Leiden Christi andauert (Kampf, Wachstum ...). — Im Bereich der → Theologie handelt es sich hier um ein äußerst aktuelles Thema. Es wurde aufgeworfen durch die Beschäftigung mit den Werken P. Teilhard de Chardins, durch die stets wiederholte Frage im Bereich der → Anthropologie, wie weit der Mensch vollendbar ist, u. durch die Auseinandersetzung mit einer verbreiteten naiv-optimist. → Fortschrittsgläubigkeit. — Die rel. Unterweisung soll nun den Schüler dazu befähigen, sich im späteren Leben mit diesen Fragen sachkundig auseinandersetzen zu können. Der rel. Erzieher wird an die Sehnsucht des Kindes u. des Jugendlichen nach dem Erwachsensein anknüpfen können. Wo aber die Not des Wachsenmüssens erfahren wird, dort ist es gerade Aufgabe des christl. Erziehers, die zu bewältigende, bisweilen mühevolle Realität der Gegenwart zu interpretieren u. den Blick auf das Glück der V. zu öffnen. → Eschatologie Han

Vollkommenheit. V. ist f. den Menschen das Höchstmaß des Erreichbaren, nie die absolute Fülle, nur die höchste Entfaltung seiner Fähigkeiten u. Lebensmöglichkeiten. Der Maßstab differiert je nach der → Sittlichkeit u. nach dem Menschenbild: im → A. T. war es die → Gesetzeserfüllung, in der Antike die → Tugend, im Buddhismus die Unterdrückung der Lebensgier u. das Mitleid mit aller Kreatur, im Brahmanismus die höchste Kaste, im → Existentialismus die absolute Freiheit, im Kommunismus das Paradies auf Erden. Im Christentum hat Christus, der „endgültige" Mensch, die Fülle des Menschseins geoffenbart u. die Mittel (Gnadenleben u. Liebesgebot) dazu vermittelt. Die → Nachfolge seines Menschseins u. seiner Liebe zu Gott u. zum Nächsten ist der Weg zur V. f. den Christen. Sie setzt aber voraus: den Fortschritt in der → Erkenntnis der Weltwirklichkeit, die rationelle Verwaltung der Dinge, die Selbstgestaltung zur mündigen Persönlichkeit, das freie u. verantwortliche Mitschöpfertum an der → Gesellschaft. Dadurch ist christl. V. nie v. der eschatologischen → Vollendung der → Gemeinschaft, des Corpus Christi mysticum, zu trennen. Bla

Vorbereitung auf den Unterricht. 1. Die Planung des schul. RU im Gesamten des Bildungswesens, einer Schule o. einer Klasse wird dem Rel.lehrer heute zu einem Großteil abgenommen durch die v. Experten erstellten → Lehrpläne bzw. → Curricula. In einem → simultanen Schulwesen liegen Schwierigkeiten oft darin begründet, daß der Unterricht in profanen Fächern v. den Schulbehörden, der des RU v. den Kirchen geplant wird, was zu mangelhafter Koordination führen kann. Bildungstheoretisch optimal ist eine Gesamtplanung unter Einbeziehung aller Lehrgegenstände in Kooperation durch alle Beteiligten. — 2. Die trad. Lehrpläne sind meist sehr allgemein gehalten u. müssen vom einzelnen Rel.lehrer auf die konkrete Situation seiner Klasse (Wissensstand, Voraussetzungen, soziol., psychol. u. pastorale Gegebenheiten usw.) hin konkretisiert werden (→ Lektionsplan). Aber auch → Curricula, deren → Globalziel bis in Einzelziele detailliert ist u. die weithin objektiviert u. vorgeplant werden, entheben den einzelnen Rel.lehrer nicht einer krit. Überprüfung u. einer Konfrontation mit der konkreten Situation seiner → Klasse. Unter Berücksichtigung der zur Verfügung stehenden Vorarbeiten umfaßt die *Jahresplanung* konkret v. a. das Setzen v. unterrichtl. u. erziehl. Schwerpunkten, die Detaillierung der → Lernziele, die Festlegung (Raffung, Ausweitung usw.) des Lehrstoffes, die Lehrstoffverteilung immer jeweils unter Berücksichtigung der psychischen Struktur der Schüler, der sozio-kulturellen Bedingungen (Familienverhältnisse, Gesamtziel der Schule usw.) u. der zur Verfügung stehenden → Medien (→ Religionsbücher usw.). — 3. Zielstrebige V. u. Planung des Unterrichts können verstanden werden als Prozeß einer fortschreitenden Konkretisierung (→ Tab. 11, Sp. 1005 f.). Der trad. RU, v. a. die materialkerygmat. Katechese, aber auch neuere Formen eines → themenorientierten Unterrichts orientieren sich dabei primär an den in Spalte 3 genannten Anliegen. In einem → problemorientierten Unterricht dominieren die Anliegen in Spalte 1, in einem curricular-geplanten Unterricht die in Spalte 2, während die Vorbereitung im Geiste der trad. → formalkat. Richtung die Inhalte relativ kritiklos als gegeben voraussetzte u. sich auf die in Spalte 4 genannten Anliegen konzentrierte. In jedem Fall kann es sich aber jeweils nur um den vorherrschenden u. dominierenden Gesichtspunkt handeln. Zumindest implizit wurden die in den 5 Spalten genannten Anliegen bei jeder gewissenhaften V. beachtet. Gw. Erkenntnisse ermöglichen es jetzt jedoch, sie wiss. fundiert u. kritisch-bewußt zu beachten. — 4. Die V. der *Einzelstunde* als letzte Konkretisierung der Planung (→ Tabelle Nr. 11 Spalte III) wird dem Rel.lehrer durch Benützung v. → Handbüchern, Unterrichtsprojekten (→ Projektforschung) u. ä. wesentlich erleichtert. → Unterrichtstechnologie, → Programmierter Unterricht, → Projektforschung trachten heute danach, immer mehr Unterrichtseinheiten in → Lernsequenzen u. → Lernschritten vorzuplanen, vorzuformen u. zu objektivieren. Als „Montageteile“ des Unterrichts stellen solche Vorplanungen u. Objektivationen eine Entlastung des Lehrers dar. Sie können ihn aber niemals ganz ersetzen. Es läßt sich auch nie der gesamte Unterricht objektivieren u. vorplanen, so daß dem Rel.lehrer immer ein gerütteltes Maß an schöpferischer V.sarbeit verbleibt. — 5. Das bisher Gesagte beruht auf der heute noch weithin gegebenen Tatsache, daß die V. u. Planung v. RU u. Kat. primär v. intentionalem Tun des Lehrers her gesehen werden. Immer mehr dürfte sich aber in Zukunft die Erkenntnis durchsetzen, daß die Struktur des Unterrichts ein *komplexer Prozeß* des Zusammenwirkens vieler Faktoren (einschl. der je bes. Situation des einzelnen Lehrers) ist, dessen Erhellung u. prakt. Steuerung eine sehr differenzierte Reflexion der in Tabelle Nr. 11 genannten „did. Variablen" erfordert. — 6. F. den Rel.lehrer, der wöchentlich — oft zusätzlich zu anderen seelsorgl. Verpflichtungen — eine größere Anzahl v. Unterrichtseinheiten vorzubereiten hat, können folgende 5 Fragen als Vorbereitungshilfe (Faustregel) dienen: a) Was will, soll u. kann ich erreichen (*Ziel*)? b) Wodurch strebe ich das Ziel an (*Inhalte*)? Was sind die Strukturen, Forderungen, Anliegen des Themas, Problems, Textes, der Sache (*Sachanalyse*)? Worin liegt deren Bedeutung f. das gw. u. künftige Leben der Schüler? c) Welche Voraussetzungen, Schwierigkeiten, Erfahrungen bringen die Schüler mit (*Reflexion der psychosozialen Struktur*)? d) Welche Methoden sind dem Kind dem Inhalt u. dem Ziel nach adäquat (*Stundenaufbau, Arbeitsweise*)? e) Welche *Medien* stehen zur Verfügung? Wie setze ich sie sachgerecht ein? Ko

Lit.: G. Fabian u. a. Vorbereitungen f. den RU. Überlegungen u. Beispiele f. die Klassen 5—10 (1969).

Vorbereitung auf die außerschulische Katechese. A. K. sollte unter Berücksichtigung der eigenständ. pastoralen Zielsetzungen mit gleicher Intensität u. unter Berücksichtigung der gleichen Anliegen geplant u. vorbereitet werden wie der schulische Unterricht. Im Vergleich zu letzterem stehen hier aber noch sehr wenige Vorarbeiten zur Verfügung. Mit Ausnahme oft recht unkrit. Modelle f. den Erstkommunionunterricht, den Erstbeichtunterricht u. den Firmunterricht liegen nahezu keine Modelle f. Einzelbereiche u. noch viel weniger Modelle einer Gesamtplanung vor. Einschlägige Forschungen sind vordringl. Gegenstand der → Katechetik in der nächsten Zukunft, v. a. dort, wo die Trennung v. schul. RU u. kirchl. Katechese konsequent durchgeführt wird. Ko

Vorbild → Leitbild

Vorehelicher Geschlechtsverkehr. Der Geschlechtsakt ist kein rein körperl. Geschehen. Er ist ein personales → Zeichen ganzheitl. u. unbegrenzter Hingabe, das Reife u. Bereitschaft zur Übernahme der → Verantwortung f. den anderen u. ein mögliches → Kind voraussetzt. Solche Ausschließlichkeit u. eine öffentlich-rechtl. Sicherung sind nur in einer → Ehe gegeben. Trotzdem ist wohl zu unterscheiden zw. unverbindl. Sexualkonsum, in dem der Partner nicht als → Person gesucht wird, u. geschlechtl. Begegnungen junger Leute, bei denen ein Ehewille vorhanden ist. Auch der Wert v. Zärtlichkeiten darf nicht geleugnet werden, denn auch die körperl. Liebesfähigkeit muß reifen können (E. Ell: „Soviel leibl. Ausdruck wie seel. Verbundenheit"). V. G.

TABELLE 11: **Vorbereitung und Planung des Unterrichtes**

Konkretisierung	1. Psycho-soziale Situation	2. Ziel	3. Inhalt	4. Methode	5. Medien
I. Allgemeine Planung	Reflexion über *allgemeine* → entwicklungspsych., soziol. u. pastorale Erkenntnisse über die Altersstufe (→ Schulkindalter, → Pubertät, → Jugendalter) u. die Lehrerpersönlichkeit: → Typenlehre u. a.	Globalziel der Jahresarbeit	Festlegung der Lehrstoffe → Lehrplan → Rahmenplan → Curriculum	Feststellung der *möglichen* adäquaten → Methoden nach → Kriterien der Methodenauswahl	*Information* über die zur Verfügung stehenden Medien u. ihre Beschaffung
II. Erste Konkretisierungsstufe	Erhellung der *konkreten* Situation v. Klasse u. Lehrer	Zwischen- u. Teilziele	Gliederung des Lehrstoffes *in Themenkreise*, -blöcke u. Bildungsreihen, → Lektionsplan, → Rahmenplan	a) Strukturierung der Inhalte in → *Lernsequenzen* b) *Auswahl* adäquater Arbeitsweisen	*Auswahl* der Medien u. deren Bereitstellung bzw. Beschaffung
III. Zweite Konkretisierungsstufe	a) Konsequenzen f. die Klasse aus I. u. II. b) Schaffung möglichst positiver Bedingungen	Einzelziele	*Einzelthema:* Stoffabgrenzung Stoffstrukturierung	a) Festlegung der → *Lernschritte* u. meth. Strukturierung des Stundenaufbaues b) Zuordnung v. Ziel, Inhalt, Arbeitsweise u. Medien	*Zuordnung* der Medien zu Einzelzielen u. Lernschritten

Anmerkung: Die Unterteilung der V. in 5 Punkte ist theoretisch reflektierbar. Im praktischen Vollzug durchdringen u. bedingen die Anliegen einander weitgehend.

kann in der → Katechese nicht einfach mit dem Hinweis auf ein kirchl. Verbot o. mögliche Folgen abgelehnt werden (→ Enthaltsamkeit), sondern: Zuerst muß das Bezeichnete (die → Erfahrung des einmaligen Wertes u. der Unaustauschbarkeit des anderen, die Achtung vor ihm u. die Bereitschaft zur totalen Annahme) da sein, dann erst ist das Zeichen (geschlechtl. → Begegnung) sinnvoll. — Oft bestimmen nicht-sexuelle Momente (z. B. das Fehlen v. Geborgenheit daheim) das jugendliche Sexualverhalten; dies erfordert dann eine andere moral. Bewertung. Lei

Vorfeldkatechese. Vermittlung u. Deutung jener Erfahrungen u. Schaffen jener kognitiven u. emotionalen Voraussetzungen, welche → Glaube erst möglich machen. Bei ungenügender „Vorfeldarbeit" Gefahr der → Verfrühung, der Indoktrination, der bloß äußerlichen Übernahme statt innerl. Annahme des Glaubensgutes. Ko

Vorschulerziehung. V. stellt die geplante Förderung des → Kindes im vorschulpflichtigen Alter durch Elternhaus o. eigene Institution dar. Angestrebt wird eine Intensivierung u. Differenzierung der kognitiven, emotionalen, sozialen u. sensomotor. Fähigkeiten durch Anreicherung der Um- u. Mitwelt; v. a. soll dem Kind der Erwerb v. erfolgreichen Problemlösungsstrategien ermöglicht werden. Das bedeutet kein Vorwegnehmen schul. Lerninhalte, sondern die Schaffung jener Bedingungen, durch welche das Kind sich basale Voraussetzungen f. Lerneinstellungen erwirbt: → Freude am Lernen v. Neuem, am Wiedererkennen u. Können, Bereitschaft zum Hören, Schauen, Berühren, Machen; Ausdauer bei sinnvoller Betätigung; Verzicht auf unmittelbare Bedürfnisbefriedigung u. Wartenkönnen auf Belohnung bei Erreichung v. Fernzielen. Es ist nicht notwendig, das Kind auf best. Lernstoffe zu fixieren; vielmehr soll das Kind jeden Gegenstand als Lernobjekt entdecken können. Entscheidend ist, ob u. wieweit das Kind — gelenkt o. spontan — diesen Gegenstand sachgerecht u. sinnvoll in sein Weltverständnis u. seine Weltdeutung einordnet, ohne dabei der unmittelbaren Gefahr einer → Verfrühung ausgesetzt zu sein. Die bildungstheoretische Diskussion fragt heute auch danach, ob V. besser im Rahmen der Kindergärten o. im Raum der Schule wahrzunehmen sei. → Vorschulklassen Ro

Vorschulklassen. V. sind Klassen im organisatorischen Verband einer Schule 1. f. Kinder, die dem Gesetz nach noch nicht schulpflichtig sind u. eine spezielle Förderung im Hinblick auf die Schulreife erfahren sollen o. 2. f. Kinder, die zwar schulpflichtig, aber nicht schulreif u. auch nicht sonderschulbedürftig sind. Beide Formen stehen gw. im Zentrum theoret. Diskussion (→ Strukturplan; → Elementarstufe) u. prakt. Erprobung (→ Schulversuche). Zur kat. Unterweisung v. a. der unter 1) genannten Kinder: → Kleinkindkatechese. Ein RU in den unter 2) genannten Klassen begegnet manchen Schwierigkeiten. Er beginnt meist erst in der 3. o. 4. Schulwoche mit nur wenigen Kindern, da die Einweisung schulpflicht. Kinder oft erst aufgrund v. Erfahrungen in der ersten Volksschulklasse erfolgt. Die Schülerzahl wächst bis Weihnachten an, so daß immer wieder mit neu hinzukommenden Kindern gerechnet werden muß. Schulpflichtige, aber nicht schulreife Kinder weisen oft auch Mängel im sprachlichen Bereich u. in der Materialbestimmung auf. F. sie ist noch eine spezif. Methode, die sich sowohl v. der rel. Betreuung im → Kindergarten, wie auch v. der in der Grundschule u. in der Sonderschule unterscheidet, zu erarbeiten. Als Zielsetzung f. einen kirchl. RU in V. hat man sich in Österreich auf folgende Formel geeinigt: „Im persönl. Kontakt mit dem Rel.lehrer, im gemeinsamen Erleben durch spielende u. lernende Begegnung mit der Umwelt sollen im Kind alle jene Kräfte geweckt u. entfaltet werden, die es zu einer entwicklungsgemäßen u. altersentsprechenden rel. Erfahrung befähigen." Ko

Lit.: J. Quadflieg, Religionspädagogischer Kurs für Kinder (1972); M. Leist, Erste Erfahrungen mit Gott, Herder Tb. 409; I. Köck, Damit sie glauben können (1971); H. Laible, Die ersten Jahre entscheiden (1966); P. Ranwez, Religionspädagogik des Kleinkindes (1970); J. Quadflieg, 50 Vorlesegeschichten mit Gesprächsimpulsen für Familie u. Kindergarten, für Vorschule u. Grundschule (1972); J. Hederer (Hg.), Handbuch für den vorschulischen Erziehungsbereich (1972); G. Clauser, Erziehung im Vorschulalter, Herder Tb 419; E. Schmalohr, Den Kindern eine Chance. Aufgaben der Vorschulerziehung (1971); R. G. E. Müller, Vorschulerziehung (1971); Hödl/Lanzelsdorfere/Schnell/Sredenovic, Vorschulklasse (1970).

Vorurteil. Das V. ist ein Urteil, das man meist ohne genügende Kenntnis u. Überprüfung eines Sachverhaltes fällt o. gedankenlos weiterverbreitet. Wenn es durch das Attribut „sozial" noch näher bestimmt wird, bedeutet jedes soziale V. eine gewisse Voreingenommenheit im soziokulturellen Bereich, die in → Irrationalität, in → Gefühls- u. → Triebschichten wurzelt u. die sich entweder negativ gegen best. Gruppen o. Personenkategorien wie auch gegen deren einzelne Mitglieder richtet o. sozialen Gebilden u. deren Angehörigen gegenüber stets eine über Gebühr bejahende, also positive Einstellung u. betont zustimmende Haltung bekundet. Ku

Vorverständnis. V. umschreibt die aufgrund vorhandener Erkenntnisse o. Erfahrungen gegebenen Voraussetzungen, mit denen jemand an ein Thema, einen Text o. eine Aufgabe herantritt. Das V. wird auch mitbestimmt durch die Weltanschauung, Wertordnung u. durch Einstellungen, die in unbewußten (→ Archetypen) u. emotionalen Schichten der Persönlichkeit wurzeln. Es ist als Teil der Anfangs- bzw. Eröffnungssituation eines Lernprozesses mitzuberücksichtigen. Krit. Reflexion über das V. ist ein Zeichen geistiger Reife u. als Erziehungsziel anzustreben. — In der Wissenschaftstheorie korrespondiert das Problem des V.s mit der Frage der „Voraussetzungslosigkeit der Wissenschaften" E. Spranger, K. Löwith, R. Schwarz u. a. konnten überzeugend aufzeigen, daß jede Wissenschaft, v. a. aber päd. Disziplinen, v. vorausliegenden Vorentscheidungen u. V.n her bestimmt werden. Diese sind zwar krit. reflektierbar, nicht aber total auszuschließen. Bildungsfragen sind in diesem Sinn immer auch Weltanschauungsfragen. Ko

Wahlgegenstand Religion.
BRD: Es laufen gw. (z. B. Bay. KM Bek. v. 21. 10. 1970) Versuche, um eine Neugestaltung der Oberstufe (12. u. 13. Jahrgangsstufe) der → Höheren Schulen (Gymnasien) in Form des Modells der → Kollegstufe durchzuführen. Es sind zwei Arten v. Kursen vorgesehen: Leistungskurse u. Grundkurse. In beiden Kursen ist RU (im Grundkurs der Gesellschaftswissenschaft zugeordnet) frei wählbar. Wenn Schüler (Kollegiaten), die über 18 Jahre alt sind, v. der gesetzl. Möglichkeit Gebrauch machen, sich v. RU befreien zu lassen, müssen sie andere Grundkurse wählen, um den Nachweis v. 70 Wochenstunden als Voraussetzung f. die Zulassung zur Reifeprüfung zu erbringen. Sowohl f. die Kollegstufe, wie auch f. die Sekundarstufe II an → berufsbildenden Schulen in allen Bundesländern haben kath. Religionslehrerverbände die Bischöfe um folgende Regelungen gebeten: „Den Schülern der Sekundarstufe II (11. bis 13. Kl.) wird im RU freie Themen- u. Lehrerwahl hinsichtlich des Angebotes der Konfessionen gestattet, wobei ihnen die vorrangige Teilnahme an Kursen der eigenen Konfessionen empfohlen wird". Lä

Österreich: In Österreich findet diese Kategorie (W. R.) keine Verwendung. → Freigegenstand Religion.

Schweiz: Religion als W. (Wahlkurs, d. h. zu Kursen zählend, v. denen man eine best. Stundenzahl belegen muß) gibt es in der Schweiz bisher nur an wenigen Schulen (z. B. in den obersten Klassen der Kantonsschule Luzern). Fr

Wahrhaftigkeit → Kinderlüge

Wahrheit. W. als Übereinstimmung unserer → Erkenntnis mit der → Wirklichkeit bildet die Grundlage unserer Existenz: naturwiss., psych., logische (Denkprinzipien), eth. (→ Gewissen — Aussage u. Lebenshaltung!), histor. W. Während die phil. Anschauungen seit Kant auseinandergehen (Apriorismus — Empirismus in der Philosophie u. Naturwiss.; Empirismus — Sensualismus u. Solipsismus, Idealismus, Realismus, Relativismus usw.), gehen die Wissenschaft u. das Leben den Weg des krit. Realismus: Wahrnehmung, Erfahrung, Beobachtung, Zusammenhänge, Gesetzmäßigkeit, Wesen der Dinge. Aus der Frage nach der Überbrückung (Transzendenz) v. unserem Ich zu den Dingen schuf Kant ein Scheinproblem, weil er außer acht ließ, daß sich Bewußtsein u. Ding (Subjekt — Objekt) ohnehin schon im Sein, also auf derselbene Ebene, befinden u. einer Überbrückung gar nicht bedürfen. Gäbe es diese gemeinsame Seinsebene nicht, könnte der Mensch überhaupt keinen Einklang zw. dem Ich u. der Welt schaffen, weder in der Beherrschung der Umwelt noch in seinen Beziehungen zum Du. Das Problem der W. ist daher nicht ihre Möglichkeit, sondern ihre Zuverlässigkeit, v. a. unseres Einsatzes (Kritik u. Ehrlichkeit!). Bla

Waldorfschulen. W. sind private → Gesamtschulen, die normale schulreife Kinder ohne Rücksicht auf Begabung, soziale Herkunft, Konfession u. Geschlecht aufnehmen. Ihre → anthroposophisch orientierte Pädagogik hat folgende did.-meth. Konzeption: Das Kind lernt zunächst durch Nachahmen v. Vorbildern, dann wird durch Vorstellungen („Bilder") Denken, Gedächtnis u. Charakter ausgebildet, schließlich kommt die Förderung autonomer Denk- u. Urteilsfähigkeit hinzu. Neben sachbezogenen Fächern gibt es handwerkl. u. künstl. Unterricht. Die → Eurythmie, eine Ausdruckskunst, in der Sprache, Musik u. Bewegung vereint sind, wird besonders gepflegt. Ro

Wandbild. Neben das trad., eigens zu kat. Zwecken geschaffene bibl. W. (*Unterstufe:* Erna Emhardt — Ehrenwirth-Verlag, München; J. Grüger — Patmos-Verlag, Düsseldorf; P. Jordan — Stauda-Verlag, Kassel; *Mittelstufe:* Th. Zacharias — Kösel-Verlag, München; *Oberstufe:* R. Seewald — Christophorus-Verlag, Freiburg; M. Splett — Junfermannsche Verlagsbuchhandlung Paderborn) treten heute das *Wandfries* (= Bildszenenfolge: F. Betz — Christophorus-Verlag / Kaufmann-Verlag Lahr), diverse *Kunstbildreproduktionen* (Verlag E. Ingold, Herzogenbuchsee / Schweiz; Verlag Junge Gemeinde, Stuttgart; Verlag Wittig, Hamburg) u. *Photoreproduktionen* (Verlag Mâme, Paris; → Fotosprache, → Sonolux). Ein totaler Ersatz des W.s durch das → Diapositiv ist nicht zu befürworten, v. a. weil die längere Dauer der Exposition u. die Unabhängigkeit v. Geräten gewisse Nachteile gegenüber dem Diapositiv (Unhandlichkeit, Lagerung usw.) teilweise kompensieren. → Bildkatechese → Bibl. Bilder → Wandmedien → Flanelltafel Ko

Wandel, sozialer. Unter s. W. versteht man sehr allgemein den W. v. der Agrar- zur Industriegesellschaft. Eine genauere Betrachtung zeigt aber, daß der s. W. ein vielschichtiger u. tiefgreifender Prozeß ist. In der europ. → Soziologie besteht die Tendenz, den s. W. als einen Gesamtprozeß zu verstehen u. vorwiegend auf den W. v. „ganzen Gesellschaften" anzuwenden. Daneben gibt es aber auch Ansichten, Wandlungen an einzelnen sozialen → Strukturen unter best. Aspekten zu untersuchen. So zeigt etwa die Entwicklung der Technik erkennbare Auswirkungen auf weite gesellschaftl. Bereiche; trotzdem kann man aber nicht v. einem Universalfaktor sprechen, der den s. W. verursacht. Dieser W. ist vielmehr eine Folge v. Wirkungskräften, die in der Erneuerung des sozialen → Systems liegen; er kann empirisch festgestellt werden. Jeder s. W. kann in einem gewissen Grad gehemmt, gefördert o. in eine best. Richtung gelenkt werden. In den vielen Bereichen einer komplexen Gesellschaft verläuft er in einem unterschiedl. Rhythmus, wodurch gelegentl. Spannungen auftreten, die nach einem Ausgleich verlangen. Der Ausdruck s. W. ist ein wertfreier Begriff, er darf nicht unkritisch mit → Fortschritt gleichgesetzt werden. Ku

Wandmedien. A) eigentliche W. (Distanzmedien): z. B. Großfotos, Nonfotographische → Wandbilder, Wandkarten (→ Landkarten), auf großen Bildschirm projizierte Medien (→ Projektion), (große) Kreidetafel, → Flanelltafel, Medien mit Lautsprecher. B) Kombination v. → Hand- u. W. (Anlockmedien): z. B. Plakat, welches v. ferne anlockt, um v. der Nähe gelesen zu werden; (z. B. → Wandzeitung). Gegensatz: → Handmedien, s. Tab. 5, Sp. 631 ff. Anz

Wandzeitung, kat. Die einzige bisher existierende k. W. wird als Ergänzung zum Arbeitsbuch

„glauben — leben — handeln“ (Hauptschulalter) vom Münchener Katechetenverein herausgegeben. Die Entwicklung einer regelmäßig erscheinenden k. W. f. → Erwachsenenkatechese (Schaukasten) ist eine Forderung der Zeit. Regelmäßig erscheinende Plakate sind meist allgemein-pastoral orientiert u. bringen nur gelegentlich kat. Relevantes. Ko

Weihnachten → Kirchenjahr

Weisheitsliteratur. Einige Bücher des A. T. werden unter dem Begriff „W.“ zusammengefaßt. Weisheitl. Denken u. Reden ist jedoch über viele andere Schriften des A. T. verbreitet. Der Anfang dieser Literatur geht auf die Sippenweisheit der Nomadenzeit zurück; später — in der frühen Königszeit — kommt es zu „Weisheitsschulen“ am Königshof, an denen Kontakte mit internat. Schulweisheit gepflegt wurden. In diesen frühen Schichten bedeutet Weisheit nicht in erster Linie Wissen, sondern vielmehr Können, Erfahrensein, Sachkundigsein, prakt. Lebensbewältigung. In mancherlei Formen — besonders in Sprichwörtern, Rätseln, → Allegorien usw. — wird versucht, hinter der scheinbaren Paradoxie des Alltagslebens verborgene Ordnungen zu erkunden: Spr 29,13 „Der Arme u. der Leuteschinder begegnen einander; der beiden das Augenlicht gab, ist → Jahwe“. Die scheinbar vollkommene Profanität vieler Weisheitssprüche (z. B. Tischsitten) wird so verständlich: das ganze Leben in seiner breitesten Fülle ist ein Leben vor den weltzugewandten Augen Jahwes (vgl. Spr 15,3). Später erhält die W. eine zunehmend „did.“ Funktion: sie hat es mit Aufgaben der formellen Menschenbildung zu tun; sie tut es durch den „Rat“, der sich an das Urteil des Hörenden wendet. Als exemplarisch f. das weisheitl. Menschenbild kann die Josefsgestalt des A. T. gelten: ein junger Mann, der durch Bescheidenheit, Selbstbeherrschung, Kenntnisse u. Gottesfurcht seinem Wesen eine edle Form gegeben hat u. der sowohl in der äußeren Notlage als auch im äußeren Glanz dieses Wesen bewahrt.

Neben u. aus dieser „Erfahrungsweisheit“ entwickelt sich in Israel die „theol. Weisheit“: Gott selbst u. bei ihm allein ist die vollkommene Weisheit, die den Menschen anruft, indem sie lockt u. wirbt (vgl. Spr 3,13—19). Die Bücher → Ijob u. Kohelet (= Prediger) führen den Weg der trad. Weisheit in eine Krise: ihre alte Rechnung — wer gut handelt, der erntet Heil — scheint nicht mehr aufzugehen. Das Zeugnis dieser beiden Bücher besteht in ihrem Festhalten an Gottes Dasein, obwohl seine Wege nicht „erklärt“ werden können. Schr

Weisung → Tora → Sinaitradition → Dekalog

Welt. Das bibl.-christl. W.verständnis steht in einem deutl. Gegensatz zur griech. Auffassung, die auf dem Wege über die (patrist.) Philosophie u. Theologie Eingang in das christl. Denken fand u. in vielfacher Weise bis heute das gängige W.verständnis prägt.
1) Nach *griech.* Vorstellung bilden die Götter u. die W. ein allumfassendes (göttl.) Ganzes, einen wohlgeordneten „Kosmos“ (= griech. Ordnung; Gegensatz: Chaos), der als vorgegebener Raum gedacht wird, in den der Mensch nachträg-

lich hineingestellt wurde u. in dem sich in „gleich-gültiger Wiederkehr des Immerselben" Geschichte ereignet (J. B. Metz). 2) Das *bibl.* W.verständnis bedeutet dem gegenüber eine „Entsakralisierung" (→ sakral-profan): Gott ist als Schöpfer der W. ihr Gegenüber, sie ist sein Geschöpf u. trägt nichts „Göttliches" an sich, ist *weltliche* W., säkularisierter Lebensbereich des Menschen, W. im Werden, Schauplatz der → Heilsgeschichte, dem Menschen aufgegeben u. zugeordnet. W. kann nicht „an sich" verstanden werden (als „Natur"), sondern nur in ihrer Bezogenheit auf den Menschen (→ Anthropozentrik) u. in ihrer → Vermittlung durch ihn. Der bibl. Schöpfungsbericht u. der Johannesprolog sind die Spitzenaussagen dieser Sicht, die sich durch die gesamte Bibel zieht. 3) In der *christl. Geistesgeschichte* dominierte über weite Strecken hin das griech. W.verständnis, so daß viele bibl. W.-aussagen einseitig o. sogar falsch interpretiert wurden: z. B. gehören scheinbare Naturaussagen nicht zur bibl. → Verkündigung, sie spiegeln vielmehr das altorientalische, heute überholte → W.bild u. sind in ihrer Aussagerichtung heilsgeschichtl. gemeint u. daher auch so zu interpretieren — vgl. z. B. den Schöpfungsbericht (→ Urgeschichte); die meisten ntl. W.-aussagen („kosmos", „aion") sind anthropol. gemeint u. müßten eigentlich besser mit Menschheit als mit W. übersetzt werden — vgl. z. B. Joh 3,16; die W.aussagen v. a. bei Paulus u. Johannes zeugen v. der Auseinandersetzung mit dem gnost.-dualist. W.bild ihrer Zeit, demzufolge die W. eine antigöttliche Eigengröße geworden ist u. die gottlose Menschheit repräsentiert — der w.hafte Mensch steht in ständiger Gefahr, sich in dieser eigengesetzl. Gottlosigkeit zu verfestigen, deswegen die scharfen, scheinbar w.feindlichen Aussagen — vgl. z. B. 1 Joh 5,5; wer sich aus der Gottlosigkeit löst u. sich im → Glauben an → Jesus Christus anschließt, gibt der W. wieder den urspr. Charakter der → Schöpfung zurück u. findet den Weg des → W.dienstes, der zw. W.seligkeit u. W.flucht liegt — vgl. z. B. Röm 8,19 ff. 4) Die *anthropologische Wende* der Neuzeit hinsichtl. der Interpretation der Wirklichkeit bedeutete auch f. die → Theologie eine große Wende: W. wurde nun als „Material" des freien Selbstvollzugs des Menschen vor Gott verstanden. Es dauerte wiederum einige Zeit, bis die damit verbundenen Einseitigkeiten überwunden waren u. jede W.erfahrung u. die ihnen zugeordneten W.auslegungen jeweils intersubjektiv fundiert wurden u. jeder Kritik standhielten. 5) *Gegenwärtig* sieht man die W. als Ausdruck verschiedenartiger freier gesch. Handlungen u. Auslegungen, so daß sie als vieldeutige Wirklichkeit verstanden werden muß, die u. a. auch entscheidend v. Heil (→ Erlösung) u. Unheil (→ Erbsünde) geprägt ist. Die verheißene eschatolog. Endgestalt (→ Reich Gottes) ist jetzt im Entstehen, ist keine „jenseitige" Wirklichkeit, sondern die Vollgestalt der v. Gott geschaffenen u. gelenkten *einen* W.wirklichkeit (Himmel, → Auferstehung). Der gläubige Mensch handelt darum nicht in der W., sondern er verändert durch seine Existenz je die W., als → Person u. in → Gemeinschaft (→ Kirche). Dabei bleibt die Spannung zw. Kreuz u. Auferstehung unaufhebbar, d. h. der Christ muß ständig bereit sein, das Erreichte in Frage zu stellen u. hinter sich zu lassen (Exodus!) u. muß gerade in diesem innerweltl. Scheitern die → Hoffnung auf → Vollendung aufrechterhalten u. bewähren. 6) Die *naturwiss. W.sicht* ist theol. gesehen eine Abstraktion v. dieser umfassenden W.sicht — durchaus legitim (als Durchforschung der Naturgesetze u. techn. In-Dienst-nahme der erkannten Möglichkeiten), aber eben nur *eine* Perspektive der Gesamtwirklichkeit. — Aufgabe des RU ist es, den jungen Menschen v. Anfang an ein ausgewogenes W.verhältnis zu vermitteln, sie sowohl vor einer W.verteufelung wie W.vergötzung zu bewahren u. ihnen *die Spannung bewußt zu machen, in der der freie Mensch in der weltl. W. vor Gott lebt:* Die W. (als er selbst, als W. in den anderen, als naturhaftes Gegenüber, als Gegenstand der Erforschung u. Technik usw.) muß als die große Aufgabe u. Bewährung des Menschen erfaßt werden, dann besteht Aussicht, den drohenden Einseitigkeiten zu entgehen. Dazu bieten sich als Hilfen sowohl die → Meditation an (die die W. zum Gegenstand hat u. in ein ausgewogenes W.verhältnis einübt) wie die → Information (in allen Gegenständen des Unterrichts, die ja alle insgesamt als zentrales Thema die W. mit ihren Möglichkeiten u. Grenzen haben) u. die gläubige Existenz (→ Einübung in W.verantwortung durch → Gespräch, Konfrontation, Aufgabenstellung, Gottesdienst usw.). Hi

Weltanschauung. W. — ein Ausdruck der → Aufklärung — ist die phil. Deutung der → Welt (Sinn, Ursprung, Wesen). Descartes u. Leibniz hofften, daß ein wiss. → Weltbild v. selbst die richtige W. ergeben würde. Dieses erwies sich jedoch als neutral, jede Philosophie u. → Ideologie las sich das Passende heraus: die mechanist., idealist., materialist., positivist., christl. u. a. m. Damit hat sich der Begriff W. gewandelt: Gesamtschau auf → Welt, Leben, Geschichte, → Gesellschaft. In diesem Sinne ist auch v. einer christl. W. zu sprechen. → Gott → Erlösung, → Sittlichkeit u. a. Bla

Weltbild. W. faßt alle wiss. → Erkenntnis über unsere → Welt zusammen, daher ist es je nach dem Stand des Wissens wandelbar (Antike: ptolemäisch-aristotel. W.; Zeit der Mechanik: Welt der Maschine). Atomphysik, Quantenlehre (Quant = 6000 Quadrillionstel Erg. sec), Relativitätstheorien, Evolutionismus u. v. a. bestimmen das heutige W. Dieses ist an sich neutral f. jede phil. Deutung, es sagt nichts über den Ursprung u. Sinn der Welt aus. Dies bleibt den log. Folgerungen der Philosophie überlassen. Bla

Weltbild, altorientalisches. Das a. W. ist durch den Mythos (→ Magie — Mythos) gekennzeichnet: in ihm geht es nicht um eine naturwiss. Erklärung des → Weltbildes; auch nicht um eine Darstellung des gegenwärtigen Weltzustandes. Im Mythos wird die Anschauung, die das jeweilige Volk v. → Leben als solchem hatte, auf eine best. Weise ausgedrückt. Auch wenn im Mythos vornehmlich v. Kosmo-, Anthropo- u. Theogonien erzählt wird, so geschieht das nicht, um eine Neugierde zu befriedigen, sondern die Mythen stehen als bleibende → Wahrheiten in der jeweiligen → Gesellschaft. Dieses „Weltschicksal“ wird nicht nur erzählt, sondern es wird im Kult u. im Ritus gegenwärtig gesetzt. Insofern der Mythos in jene letzten seel. Tiefen vorstößt, die v. rationalem Denken nicht mehr erreicht werden, hat er eine bleibende Bedeutung; insofern er solche individual- u. kollektivseel. Prozesse nach außen projiziert, d. h. als reale u. außermenschl. Gegebenheiten ansieht, muß er → „entmythologisiert" werden.

Im A. T. werden zwar vielfach solche Bilder des Mythos aufgenommen (→ Kosmogonie), doch werden dadurch die → Verantwortung des Menschen u. die Souveränität → Gottes nie in Frage gestellt. Im RU muß man die weltbildbedingten Aussagen der Bibel klar als solche herausstellen; wichtig ist jedoch, daß man solche Texte nicht vor dem Eintreten des → Abstraktionsvermögens der Schüler darbietet, da sonst die Gefahr besteht, daß mit der Ablehnung solcher weltbildhafter Vorstellungen auch die eigentl. Glaubensaussage abgelehnt wird. → Urgeschichte → Weltbild, antikes

Schr

Weltbild, antikes. Das A. T (tw. auch das N. T.) teilt das → Weltbild seiner Zeit, das freilich nicht phil. durchreflektiert wurde (dies unternahm erst die klass. griech. Philosophie), sondern ein Konglomerat verschiedenartiger Vorstellungen darstellt. Folgende Elemente dominieren: a) die → Welt ist dreigeteilt (Himmel — Erde — Unterwelt); b) der Himmel ist eine Halbkugel (Firmament) u. ruht auf den Bergen wie auf Säulen, besteht aus mehreren Sphären (die Himmel), gilt als Wohnung → Gottes, hält die „oberen Wasser" ab (Schleusen des Himmels) usw.; c) die Erde ist eine Scheibe, getragen v. Säulen, begrenzt v. Ozean, bzw. (an den „Enden der Erde") v. Firmament, sie ist der Lebensbereich der Menschen; d) die Unterwelt besteht aus dem Chaosmeer u. dem darunterliegenden Totenreich (Scheol, Hades).

Soweit das N. T. hellenist. beeinflußt ist, gibt es gegenüber dem A. T. beträchtliche Unterschiede: a) das hell. Judentum führte den griech. Begriff „kosmos" (wohlgeordnetes Ganzes) ein, dachte sich diese „Welt" aber als negative Gegengröße Gottes, die den Menschen in → Sünde u. → Tod verstrickt — davon befreit u. erlöst der → Glaube; b) der Bereich zw. Erde u. Himmel ist der Ort der „Mächte u. Gewalten", die alles beherrschen u. die Menschen in Angst versetzen (Dämonen, Besessenheit); c) → Gott existiert im „Jenseits" dieses Kosmos, fern u. unzugänglich. Die Menschen warten auf den Erlöser, der diese Welt besiegt u. den Weg zur Wirklichkeit Gottes weist; d) dieser in der „Gnosis" entwickelte Heilsweg (→ Apokalyptik) wird freilich im N. T. insofern relativiert, als in der Botschaft v. der → Inkarnation Gottes im Kommen Jesu u. im Wachsen des → Reiches Gottes diese Welt nicht mehr verteufelt, sondern verwandelt wird, bzw. schon zur „neuen" Welt geworden ist. —

Dieses a. W. spielt in → Theologie u. → Verkündigung immer noch eine große Rolle, obwohl es in den einzelnen Elementen durch die Einsicht der heutigen Naturwiss. u. Philosophie überholt ist. Aufgabe des RU ist es, das, was die Bibel in den Vorstellungsinhalten des a. W.s zum Ausdruck brachte, auf der Basis eines zeitgemäßen Weltbildes zu formulieren u. zu vermitteln. → Schöpfung Hi

TABELLE 12: **Weltbild, kindliches** *(tiefenpsych. Darstellung nach Ch. Meves)*

<table>
<tr><th>Lebensalter</th><th>Stufen des Weltbildes</th><th>Entwicklungsaufgabe</th><th>Tiefenpsych. Benennung der Entwicklungsphasen</th></tr>
<tr><td>0—1
Säuglingsalter</td><td>Mundwelt</td><td>ersaugen u. zupacken, sich an die Mutter binden</td><td>Orale Phase</td></tr>
<tr><td>1—4
Kleinkindalter</td><td>Magisches Weltbild</td><td>Trotzphase = selbständig werden
Beherrschung der Motorik, der Darm- u. Blasenfunktion, behalten u. hergeben, sprechen lernen</td><td>Anale Phase</td></tr>
<tr><td>4—6
Übergang zur schulfähigen Kindheit</td><td>Phantastischer Realismus</td><td>Annehmen der Geschlechtsrolle, Vor-Bild zur Partnerbindung</td><td>Ödipale Phase</td></tr>
<tr><td>6—9
Erste Phase der schulfähigen Kindheit</td><td>Naiver Realismus</td><td>arbeiten lernen, Realitätserfassung</td><td rowspan="2">Latenzzeit</td></tr>
<tr><td>9—11
Zweite Phase der schulfähigen Kindheit</td><td>Kritischer Realismus</td><td>Erfassen größerer Zusammenhänge, Ordnung u. Orientierung in der Welt</td></tr>
<tr><td>11—13
Vorpubertät</td><td>Negative Phase</td><td>Vorbereitung zur Ablösung v. den kindl. Bindungen durch das Entstehen zwiespältiger Einstellungen</td><td rowspan="2">Pubertät</td></tr>
<tr><td>13—16
Pubertät</td><td>Verinnerlichte Weltsicht</td><td>Ablösung v. den kindl. Bindungen</td></tr>
<tr><td>17—21
Adoleszenz</td><td>Objektivierte Weltsicht</td><td>Anerkennung objektiv gültiger Wertgehalte, altersentsprechende Partnerbindungen</td><td></td></tr>
</table>

(aus: Christa Meves, Erziehen lernen aus tiefenpsychologischer Sicht [2]1972).

Weltbild, kindliches. 1. *Entwicklungspsych. Betrachtung:* F. das Neugeborene ist dic Mutter die → „Welt“, welche es sich in Form v. Muttermilch u. Hautwärme im wahrsten Sinne des Wortes „einverleibt“. Ab dem zweiten Lebensmonat erschließt sich dem → Kinde zunächst die Welt des Ohres (Interesse an Schall u. Geräusch), etwas später die des Auges (aktives Blicken), darauf die der Hand (durch Begreifen zu ersten Begriffen!). Parallel dazu weitet sich die mitmenschl. Welt durch Aufbau v. Sozialkontakten zu Menschen seiner Umgebung (Unterscheidungsfähigkeit zw. freundlich u. unfreundlich: 6. Lebensmonat; zw. fremd u. bekannt: 8. Lebensmonat). Die räuml. Umwelt wird im zweiten Lebensjahr durch Laufen, Werfen, Ausräumen v. Laden usw. strukturiert u. erweitert. Im Funktions-, Konstruktions- u. Rollenspiel erprobt das Kind wichtige Formen des Weltverhaltens u. strukturiert seine Welt, deren Mittelpunkt immer das Kind selbst ist. Streben nach Geborgenheit u. einer „heilen Welt“ sind charakteristisch bis in das erste Schulalter hinein. Ab dem ± 7. Lebensjahr wendet sich das Kind immer mehr der Außenwelt zu. Seine mitmenschl. Welt umfaßt die Altersgruppe, die → Schulklasse u. viele Personen seiner Umgebung. Der emotionell bevorzugte Lebensraum ist nicht mehr Wohnung u. → Kindergarten allein (Hof, Gasse, Spielplätze). Die Weltkenntnis wird durch eine Fülle v. Inhalten bereichert. Das Interesse an Abenteuerlektüre zeigt, wie zunehmend zeitl. u. räuml. Fernes in die Welt des Kindes miteinbezogen wird. Der Schwerpunkt der → Pubertät liegt auf der Entdeckung der eigenen Innenwelt, der der → Adoleszenz auf der subj. Auseinandersetzung mit der Wertwelt. Am Ende des Jugendalters verfügt der junge Mensch über eine subj. → Weltanschauung u. ein subj. → Weltbild, dessen Grundstrukturen trotz vieler Erweiterungen u. Differenzierungen meist f. lange Jahre konstant bleiben.

2. *Tiefenpsych. Darstellung:* → TAB. 12, Sp. 1023 f. Ko

Weltdienst. Gestützt auf atl. (Gen 1,28) u. ntl. Stellen (Röm 8,19 ff.; Joh 17,18 u. ö.) weiß sich der Glaubende f. die → Welt verantwortlich, sie ist ihm als dem „Sohn“ (→ Erlösung, → Gnade) als Auftrag u. Aufgabe überantwortet. Diese Konsequenz der → Inkarnation wurde lange Zeit überdeckt durch → dualist. Tendenzen einer Weltabwertung, die durch ein Mißverstehen bzw. einseitiges Interpretieren vieler bibl. „Welt“-Aussagen u. durch das Einströmen außerchristl. Ansichten u. Haltungen in das Selbstverständnis der → Kirche (→ Askese, Leibfeindlichkeit) geschichtsmächtig wurde, heute aber durchschaut u. distanziert wird. — Im RU spielt W. insofern eine wichtige Rolle, als das → Curriculum des RU ja sehr stark → gesellschaftsorientiert ist, die starke Einbeziehung der Naturwissenschaft in die Ausbildung berücksichtigt u. den mündigen u. d. h. weltoffenen, welttüchtigen Menschen anstrebt. → Polit. Theologie → Säkularisierung Hi

Werken. W. (Falt-, Riß-, Klebe-, Bastelarbeiten u. a. m.) ist eine Arbeitsweise, die zunehmend in RU u. → Katechese der → Grund- u. → Sonderschulen Verwendung findet. Es steht im Dienst des „Lernens durch Tun“ (handelnde

Begriffsbildung), ist aber auch eine Form der Vertiefung u. kindgemäßer → Meditation. Ko

Werkmedien, Werkmittel z. B. Werkbücher-, blätter-, mappen-, material usw.) s. Tab. 1, Sp. 49 f. u. Tab. 5, Sp. 631 ff.

Wert(e). W. sind Eigenschaften v. Menschen u. Dingen, die der Mensch in die Beziehung der Verwendbarkeit f. sein Menschsein bringt. Obwohl das Menschenbild wandelbar ist, mit ihm sich die W. ebenso wandeln, gibt es Grundbefindlichkeiten f. seine Existenz, die zwar nicht absolut sind, aber immerhin stets notwendig, wie Leben, → Freiheit, Bewußtsein, → Personalität u. a. Obwohl diese Eigenschaften erst dann zu W.n werden, wenn sie der Mensch in Beziehung mit seinem bewußten Ich bringt, wenn er mit ihnen etwas anzufangen weiß, begründen sie das Menschsein u. dienen als solche zugleich als Maßstab f. jede weitere Bewertung u. Wertschätzung der Dinge außerhalb des Menschen. In diesem Zusammenhang ist der Mensch der Maßstab aller W., das *Maß aller Dinge:* In seiner bewußt gelebten Selbstverwirklichung erkennt er das Wesen u. die Zusammenhänge der meisten Dinge u. erringt durch seine → Erkenntnis (Philosophie, Wissenschaft, Technik) die Verwaltungsmacht über sie, um sie dann bewußt zu W.n f. sein Menschsein zu machen: die materiellen Güter u. Produkte f. die Existenz, f. deren Erhaltung u. Verschönerung, die Umgebung zur Gestaltung seiner spezif. menschl. → Welt. — Der Mensch ist aber auch das *Maß f. sich selbst,* d. h. konkret kann nur er allein abschätzen, was in ihm selbst f. sein Menschsein w.voll ist: das Ichbewußtsein als Grundbedingung f. sein Menschsein, die Erkenntnis als Fähigkeit u. Möglichkeit, seine Beziehungen zur → Wirklichkeit sinnvoll auszurichten (→ Religion, → Wahrheit, → Gesellschaft, → Kultur, → Liebe u. ä.), seine → Sinnlichkeit als → Vermittlung zur Welt, als lebendige → Freude an ihr u. als Ausdrucksmöglichkeit seines Inneren an die Welt. — Eine *Rangordnung* der W. kann sich daher nicht aus den Dingen ergeben, sondern nur v. Menschsein selbst, insofern das eine mehr als das andere der → Vollendung des Menschen dient. In diesem Sinn kann nicht einmal der Gottesbegriff als höchster W. f. den Menschen fungieren. In sich ist → Gott gewiß als absolutes Wesen die Fülle allen Seins u. aller W., aber der Mensch erfaßt ihn auch nur begrifflich wie alles andere, u. im Begriff ist Gott nur das, was der Mensch aus ihm macht, d. h. er bekommt f. den Menschen den Lebensw. je nach der Beziehung, die der Mensch zu ihm einnimmt (anders im Heidentum, anders im Christentum usw.). → Hierarchie der Wahrheiten Bla

Wertpädagogische Methode. Erziehungsmaßnahmen, die nach E. Spranger u. a. v. der gebenden → Liebe zur Seele des anderen getragen werden, um deren totale Wertempfänglichkeit u. Wertgestaltungsfähigkeit v. innen heraus zu entfalten. W. M.n gründen in der Anerkennung einer festen Wertordnung u. zielen auf Wertanreicherung, Werteinsicht, Wertverarbeitung, Wertverwirklichung, Harmonisierung usw. hin. Probleme ergeben sich überall dort, wo Erzieher u. Zögling, bzw. ein Erzieherteam, nicht auf dem Boden einer gemeinsamen, einheitl. Wertordnung u. Wertbegründung stehen. Angesichts des Pluralismus v. Wertvorstellungen stellt das Anliegen der Wertbegründung heute nicht bloß eine Aufgabe der prakt. → Erziehung, sondern mehr noch der Theorie u. der päd. Grundlagenforschung dar. Wertpäd. Fragestellungen zählen legitim u. notwendig zur Aufgabe der → Fundamentalkatechetik u. → Religionspädagogik. Ro/Ko

Wiederholung. Einst hochgeschätzt, findet sie in der Theorie zu Unrecht heute wenig Beachtung. In der Praxis wird sie noch nach veralteten Modellvorstellungen des → Lernprozesses durchgeführt. Im kognitiven u. psychomotor. Bereich sind W.n (→ Vermittlung v. Erfolgserlebnissen, → Rückkoppelung, Sicherung, Vertiefung, Zusammenfassung, Koordinierung, Kombination, → Transfer des Gelernten usw.) nach wie vor sinnvoll unter folgenden Bedingungen: 1. Sie dürfen nicht als Hauptfaktor, sondern nur als Teil des Lernprozesses gewertet werden. 2. Sie dürfen sich nicht bloß auf die Reproduktion verbaler Texte, Formeln, Riten beschränken. 3. Sie müssen auf produktives Verfügen des Gelernten abzielen. 4. Sie müssen auch die → Motivation f. Lernen u. Behalten festigen. 5. Sie müssen zeitlich richtig zum Einsatz kommen. Die erste W. muß spätestens jeweils nach jeder → Lernsequenz, nicht erst am Ende der Stunde erfolgen. Dies geschieht am besten, wenn in der folgenden Lernsequenz das in der vorausgehenden Gelernte zur Anwendung gebracht werden muß. Zusammenfassungen am Ende jeder Unterrichtseinheit u. klug dosierte „W.sstunden" sind nicht abzulehnen. Zu vermeiden ist jedoch ein zu häufiges Hintereinander v. W. (→ Überlernen; Langeweile). Die Form der W. muß altersgemäß u. abwechslungsreich sein (nicht nur Abfragen, sondern: Gespräche, Bildbetrachtung, Wettbewerbssituationen, Verwendung v. → AVM usw.) Sie soll den versch. Vorstellungstypen (visuell, akustisch, motorisch) gerecht werden u. hat auch die unterschiedl. Arten des → Gedächtnisses (Materialgedächtnis, Gestaltgedächtnis, Sinngedächtnis) zu berücksichtigen. Ko

Lit.: A. Bönsch, Einprägen, Üben, Anwenden (1966); W. Nastainczyk, Formalkatechetik (1969).

Wiener Methode → Münchener Methode

Wille. Jedes Lebewesen strebt nach Erhaltung u. Behauptung. Im Tier ist dieses Streben sinnlich bewußt (→ Trieb, → Instinkt, → Freude, Trauer, Genuß, → Angst usw.), es entfaltet daher in seiner Höherentwicklung nur eine geringe Unabhängigkeit v. der Umwelt u. vermag diese nie zu wandeln u. zu kultivieren. Erst die geistig bewußte Erkenntnisfähigkeit des Menschen erschließt das Wesen u. die Zusammenhänge der Dinge (Begriff, Urteil, Folgerung, Selbst- u. Dingbewußtsein) u. ermöglicht die Verwaltungsmacht. Auf diese Weise entwickelt der Mensch seine Wissenschaften, → Kultur u. Gesellschaft. Was der Mensch aus der angebotenen Wirklichkeit wählt u. was er daraus macht, ist die Selbstbestimmung des Geistes: Seine Erkenntnis wird zum bestimmenden u. entscheidenden W.n, sie ist zugleich W. des menschl. Geistes, des Geistes in → Sinnlichkeit, in Einheit v. Leib-Seele-Geist. Es spielen daher viele Komponenten mit:

Wahrnehmung, sinnliches u. geistiges Erleben, Empfindung u. Affekt, Trieb u. Vorstellung sowie die Umwelt, → Erziehung u. Vergangenheit; seine u. die der Vorfahren. Der entscheidende Faktor bleibt jedoch das bewußt-freie Ich, je bewußter, desto freier. — Die Schwierigkeiten im Verständnis der *W.nsfreiheit* beginnen dort, wo der Mensch seinen W.n zu verwirklichen hat. Innere (→ Trieb, Leidenschaft, Zwangsideen u. Impulse, Gewohnheiten, → Vorurteile, Erkenntnisschwäche, → Versuchung u. v. a.) u. äußere (Zwang, Drohung, Überredung, Gefahr, → Suggestion u. a.) Einflüsse können den W.n schwächen o. gänzlich an der Verwirklichung hindern. Die meisten Mißverständnisse drehen sich: a) um Gründe u. Motive, da der Mensch als bewußtes Wesen nie ohne sie handelt, obwohl uns kein Motiv zum Handeln zwingt, weil ein Motiv nichts anderes ist als der Grund, den wir aus vielen Gründen herausgewählt u. zu unserem persönl. Motiv des Handelns gemacht haben (das Ich = Autor des Motivs u. erst dadurch Autor des Handelns!); b) um → Determinismus — Indeterminismus, die beide den → Geist in → Sinnlichkeit verkennen, indem der erste nur physikal.-kausale Zusammenhänge anerkennt u. der zweite die absolute Freiheit (ohne Motiv u. Grund!) fordert; c) um die Beziehung der menschl. Freiheit zum gütigen Gott, der irgendwie mitschuldig sein sollte am → Bösen, das der Mensch in seiner Freiheit begeht (dagegen spricht: der Mensch müßte selber Gott = Identität v. Erkennen u. Wollen sein, wenn er nichts Böses tun könnte, Gott hat dem Menschen in der → Erlösung jede Möglichkeit geboten, das Böse zu überwinden). — Da der Mensch Geistigkeit u. Sinnlichkeit ist u. sein W. zwar entscheidender, aber doch nicht einziger Faktor ist, muß er sich in der Wirklichkeit aus eigener Kraft durchsetzen, zunächst in der eigenen Leiblichkeit (Kultivierung der Triebe, des Gefühlslebens, Selbstbeherrschung), dann in der Umwelt, um zu jenem Leitungszentrum zu werden, das unser Leben beherrscht u. lenkt. Diese W.sbildung ist daher das Um u. Auf der Erziehung: in der Kindheit, als liebevolle → Einübung in die menschl. Verhaltensweise, in der Jugendzeit als Bewußtmachen des sinnvollen W.nstrebens des Menschen in der Welt u. Gesellschaft, im reifen Alter als Verwirklichung der Eigenständigkeit des Individuums. Bla

Wohlstandsverwahrlosung. Verwahrlosung ist ein antisoziales Verhalten v. Kindern u. Jugendlichen. WV. resultiert aus der weitestgehenden Erfüllung v. Wünschen der Kinder, aus falsch verstandener Liebe, aus Prestigedenken o. aus bequemer Abgeltung schuldhafter Versäumnisse. Kinder können sich selbst kaum einschränken u. sind maßloser Wunschbefriedigung fast wehrlos ausgesetzt. Die in der W.gesellschaft intensivierte Konsumtendenz u. unverbindl. Verbraucherhaltung stellt ein erstrangiges päd. Problem dar, weil der Mensch sonst der Gefangene seiner inneren Leere, selbstentfremdet u. außengeleitet wird. Ro

Wort (Logos). Daß es sich beim W. nicht bloß um ein Verständigungsmittel handelt, ist dem Menschen seit langem bewußt. Es besitzt bei den sog. primitiven Völkern magische Kraft (vgl. etwa

„Merseburger Zaubersprüche" u. ä.). In der Mythologie kommt dem W. als Kraft der Gottheit große Bedeutung zu. Im → A. T. offenbart sich bei der Erschaffung der → Welt im W. → Gottes die Macht u. Weisheit des Schöpfers. Im atl. → Prophetentum wird das W. → Jahwes in seiner ganzen Kraft verkündet u. v. Volke erfahren. W. Gottes in bes. Weise ist das → Gesetz (Tora), das dem Volk als „dauernd fließende Quelle des Lebens sprudelt". Wenn man v. W. Gottes spricht, so ist darin auch sein dialog. Charakter zum Ausdruck gebracht. Wenn Gottes W. an den Menschen ergeht, so wird v. ihm das rechte Hören u. die entspr. Antwort erwartet. Im Munde → Jesu wird im N. T. das W. Gottes zur „Frohbotschaft". Bei Christus kommt die Macht des W.s Gottes in einzigartiger Weise zum Ausdruck (Wunderzeichen!). Paulus bezeichnet Jesus als das erfüllende u. abschließende W. Gottes (vgl. 2 Kor 1, 20). Bei Johannes wird → Jesus Christus an drei Stellen ausdrücklich als *das W.* (Logos) bezeichnet: Joh 1, 1. 14; 1 Joh 1, 1. Da zum richtigen Verständnis des Logosbegriffes entsprechende theol. u. phil. Fachkenntnis erforderlich ist, dürfte er f. die rel. Unterweisung weniger geeignet sein. In der Urkirche verstanden sich die Apostel als „Diener des W.s" Gottes. Man war sich dessen bewußt, daß das „menschgewordene W." in Schrift, Predigt u. → Katechese stets gegenwärtig ist. Han

Wortgottesdienst. Dem Wunsch des Vat. II., dem → Wort Gottes größere Bedeutung beizumessen u. seinen Verkündigungscharakter besser herauszustellen, wird durch den W. — auch ohne → Eucharistiefeier — neu Rechnung getragen: „Zu fördern sind eigene W.e ..." (LK 4). Auch in der Glaubensunterweisung verdient die Feier des W.s als Konfrontation der Kinder mit dem Wort Gottes (Hören u. Antworten) u. als Hinführung zur Eucharistiefeier einen eig. Platz. Der Aufbau schließt sich heute noch eng der Struktur des W.s der Erwachsenengemeinde an: Lesung — Auslegung — gemeinsame Antwort durch Gebet u. Lied. Der Form nach ist der W. strenger als die → Kat. Feier u. setzt Hören-können unbedingt voraus. Er kann aber wie diese v. → Laienkatecheten auch im Klassenraum durchgeführt werden. Im deutschen Sprachraum sind seit 1970 Experimente u. Studien über eigene kindgemäße Formen des W.s im Gange. Sie wurden v. einer eig. „Kommission f. Fragen der Kinder- u. Jugendliturgie" vorbereitet u. mit Genehmigung der Bischofskonferenzen der deutschsprachigen Länder publiziert. Nou/Ko

Lit.: Gottesdienst mit **Kindern. Hg.** vom → DKV u. v. Lit. Inst. Trier (1972).

Worthülsen. Dieser moderne Ausdruck greift das alte Anliegen der Kritik am Nominalismus (W. Ockham) auf, die das Auseinanderreißen v. Bezeichnung u. Bezeichnetem bekämpft. Die durch nominalist. Analyse v. ihrem Inhalt getrennten Begriffe werden über kurz o. lang zu W., die zwar (noch) zum aktiven Wortschatz gehören, mit denen aber kein verständlicher, denk- u. lebensmäßig integrierbarer Inhalt mehr verbunden ist. Es gehört zu den wichtigen Aufgaben des RU, W. entweder mit neuem Inhalt zu füllen (→ Verfremdung, → Interpretation, → Hermeneutik) o. durch verständl. Begriffe (bei denen der Abnutzungs- u. Abstraktionsprozeß noch nicht so weit fortgeschritten ist) zu ersetzen. Hi

Lit.: G. Hierzenberger/J. Kammerstätter, Theologische Worthülsen — übersetzt (1973 in Vorb.).

Würdetitel. → Jesus hat f. sich in Anspruch genommen, den im A. T. nur unvollkommen geoffenbarten Gotteswillen aus eigener Autorität nun absolut u. verbindlich auszulegen (vgl. Mt 5, 21 ff.; Mk 7, 1 ff.); die Stellungnahme ihm gegenüber wird v. ihm als heilsentscheidend gewertet (Mk 8, 38 par). „Damit erhebt Jesus f. seine Gegenwart einen Sendungsanspruch, der eindeutig als Heilbringeranspruch bezeichnet werden muß, der ob seiner Originalität freilich in keine eschatolog. Konzeption seiner Zeit paßte" (Schnackenburg). Jesus brachte diesen Heilbringeranspruch aber noch in den bedeutsamen Zusammenhang des stellvertretenden → Gottesknechts: sein gewaltsamer Tod wird ein Tod „f. die Vielen" (= alle) sein, in dem Gott einen Neuen → Bund mit den Menschen schließt. — Alle W. u. Hoheitsaussagen des Neuen Testaments u. der späteren Kirchen- u. Dogmengeschichte sind auf dieses Tun Jesu bezogen: Gott hat ihn „erhöht", u. „zum Herrn u. Messias gemacht" (Apg 2, 33—36), er hat ihn zum „Sohn Gottes" eingesetzt (Apg 13, 33). Alle Evangelisten entfalten auf ihre eigene Weise — entspr. ihren Voraussetzungen u. v. a. mit dem Blick auf die jeweiligen Hörer — dieses Christusbekenntnis: Jesus ist der „Menschensohn", in untrennbarer Einheit v. dunklem Leiden u. gleichzeitigem Ausblick auf seine Erhöhung (Markus); er ist der Künder der „neuen Gerechtigkeit" u. der Gründer der neuen Gottesgemeinde (Matthäus); er ist der Heiland der Sünder u. der mitleidsvolle Helfer (Lukas), er ist der „Weg, die Wahrheit u. das Leben" (Johannes) usw. Die große Vielfalt v. W.n Jesu hat eine große theol. u. kat. Bedeutung: in jedem Titel Jesu kann sich seine Einzigartigkeit ausdrücken; es ist also nicht so, daß erst die Summe aller die Würde Jesu richtig ausdrücken würde. Die Rückbezogenheit dieser Titel auf das Leben hat außerdem die notwendige kat. Konsequenz, daß man in der → Katechese v. diesem Leben auszugehen hat. V. daher wird man — entspr. der psych. u. rel. Voraussetzungen der Schüler die Bedeutung Jesu (= seine Würde) f. die Menschen seiner u. der jetzigen Zeit erarbeiten lassen: „Jesus der Freund der Menschen", der „Herr Jesus", „Unser Bruder", „Unser Erlöser", „Der Sohn Gottes", „Der Messias" — jeder einzelne dieser Titel kann auf das → Geheimnis der Person Jesu hinweisen, was ja Ziel jeglicher → Verkündigung u. → Dogmatik sein muß. Schr

Zeichen. 1. Nach der → kybernet. Pädagogik besteht jede → Information aus Signal (= Z.träger) u. Z. selbst (= Wirkung des wahrgenommenen Signals auf den Empfänger). Man unterscheidet *Anzeichen* (Z. *von* ..., verweisen auf die Ursache) u. *Repräsentationszeichen* (Z. *für* ..., verweisen auf die Bedeutung). — 2. In ganz anderem Sinn sprechen etwa das französische → Katechismuswerk u. a. rel. päd. Autoren (→ Symbolerziehung) v. einer Pädagogik der Z. Gott offenbare sich z.haft in der → Heilsgeschichte. → Katechese müsse dies bewußtmachen u. die Kinder befähigen, diese Z. Gottes richtig zu lesen. Ko

Zeichen u. Wunder. → Gott hat an → Israel Großes getan: er hat sein Volk aus der Knechtschaft in die → Freiheit geführt, er hat darin seine Macht u. Überlegenheit über die Götter Ägyptens gezeigt; die Haltung Israels gegenüber diesen Großtaten Gottes sind Staunen, Furcht, v. a. Lobpreis u. Dank. Die Frage, ob solche Ereignisse, in denen sich Gott als der „Herr" erweist, die Gesetze der → Natur übersteigen o. nicht, liegt außerhalb des bibl. → Glaubenshorizonts: „W." ist ein Ereignis, das auf die Größe Gottes hinweist — f. die Glaubenden. Ps 77: „Du bist ein Gott, der W. tut, du hast deine Macht an den Völkern erwiesen ... *doch deine Spuren waren nicht zu erkennen*". V. einer derartigen bibl. Sicht aus ist es müßig zu fragen, ob man ein W. „beweisen" könne: bewiesen kann die Tatsächlichkeit eines — viell. außergewöhnl. — Ereignisses — werden; die „Spur Gottes", die Z.haftigkeit ist nur dem Glaubenden zugänglich. → Jesus hat nach dem einhelligen Zeugnis der Evangelien Kranke geheilt u. Dämonen ausgetrieben. „Die große Zahl der evangelischen W.berichte wäre unerklärlich, wenn nicht entsprechende Vorgänge im Leben Jesu dahinterstünden. Ein v. allem W.baren befreiter Jesus ist unhistorisch" (Schierse). Anderseits muß aber durchaus damit gerechnet werden, daß viele Einzelheiten der evangelischen W.berichte durch die → aktualisierende → Verkündigung der Urgemeinde erst entstanden o. abgeändert wurden. Die Tatsache, daß Jesus Kranke geheilt u. Dämonen ausgetrieben hat, konnte seine Einzigartigkeit nicht „beweisen": Jesus sagt in Mt 12, 27 offensichtlich, daß auch die anderen, „eure Söhne", solche Effekte hervorbringen können; einzigartig war aber wohl die → Motivation u. der Zusammenhang, in den Jesus seine Taten hineinstellte: „Wenn ich Menschen v. der Macht des → Satans mit Gottes Hilfe befreie, dann ist das himml. Reich, die Herrschaft Gottes, unter euch angebrochen" (Lk 11, 20; Zink). „Glaube" an W. heißt deshalb Glaube an Jesus, in dem u. an dem sich die Herrlichkeit u. Macht Gottes in einzigartiger Weise gezeigt hat; deshalb ist auch die Auferweckung des Gekreuzigten das eigentliche W.: Z. der Treue u. Liebe Gottes. V. den Heilungsw.n zu unterscheiden sind die „Naturw." (Seewandel, Seesturm, → Verklärung usw.): in ihnen wird die Bedeutung Jesu mit Hilfe großartiger atl. Symbole — die ursprünglich f. → Jahwe galten! — ausgesprochen. Schr

Zeichenkatechese. Zeichnen gehört zum Grundbestand zeitgemäßer kat. Unterrichtsgestaltung.

Jederzeit hat die *freie Kinderzeichnung* (→ Bildgestaltung) den Vorrang vor der Lehrerzeichnung. Was das Kind aus seiner Phantasie her selbst darstellen kann, ist nicht Gegenstand der *Lehrerzeichnung.* Dieser ist adäquat, was sachliche Richtigkeit u. Kontrolle erfordert (Sachkundliches). Darüber hinaus ist sie berechtigt als Denkstütze, hinter der allerdings tragende → Erfahrungen des Kindes (→ Bildkatechese) stehen müssen, sowie als Ersatz beim Fehlen besserer Anschauungshilfen. Man unterscheidet das den Unterricht unterstützende u. begleitende → *Sprechzeichnen* v. jener lehrergeführten Z., in der der Gehalt der → Katechese in einem *„geschlossenen Tafelbild"* zum Ausdruck kommt. Ein solches Tafelbild als Niederschlag der Z. hat nach J. Patacky „Plakatwirkung", beschränkt sich auf Wesentliches, das durch Ort u. Darstellungsweise (Kontur, Farbe) zentral zum Ausdruck kommt. Gestaltungselemente sind Schrift (verschiedene Schriftarten u. -größen), Farbe, zweidimensionale gegenständliche Darstellungen, graphische Elemente (Stufe, Kreis, Einrahmung usw.), geographische Skizzen, Schemata u. Symbole. Letztere sollen nur sparsam dort verwendet werden, wo kein anderes Darstellungsmittel zur Verfügung steht. Eine besondere Form des Zeichnens in der Kat. ist die *„Verhaltensskizze"* (Lernbild), welche v. Schweizer Katecheten entwickelt wurde. In ihr geht es um ein Festhalten v. Verhaltensweisen, -tendenzen (Einstellungen) u. -dispositionen (Haltungen) mittels einfacher graphischer Elemente im Dienste des Verstehens, Bewußtmachens u. ä. Die *Ablaufskizze* hingegen stellt die Elemente eines Geschehnisses optisch dar u. mache eine Erzählung u. a. funktional bewußt. → Farbskizze Ko

Lit.: (heute oft nur mit Einschränkungen u. in krit. Auswahl verwendbar): J. Brems — K. Tilmann, Zeichnungen zum katholischen Katechismus (1957); J. Goldbrunner, Katechismusunterricht mit dem Werkheft, 3. Bändchen (1957); ders., Sakramentenunterricht mit dem Werkheft (1960); B. Dreher/D. Strittmatter, Neues Zeichnen im Religionsunterricht (1954); J. M. Pemsel, Der Katechet zeichnet mit der Jugend (1956); H. Uhrig, Sprechzeichnen (1970); W. Straub, Zeichenkatechesen (1963); F. Oser, Die Verhaltensskizze; Die Ablaufskizze, in: „Ich hatte einen Traum" (1973).

Zeitgeist. Gemeint ist die f. eine best. Zeitepoche u. einen best. Kulturkreis typ. Gesinnung, Grundhaltung u. Lebensweise (vgl. Hegel: „der objektive Geist einer Epoche"), die die Mehrzahl der Menschen objektiv beherrschen u. sich in den kultur., polit. u. sozialen Erscheinungen wie in der Denk- u. Sprechweise, in typ. Reaktionen u. Verhaltensschemata ausdrücken. Der Begriff wurde erstmals v. Herder in diesem Sinne verwendet. Heute verwechselt man oft Z. mit öff. Meinung. Der Rel.lehrer braucht einen wachen u. kritischen Sinn f. den Z., um einerseits die Eigenart der Schüler verstehen u. entsprechend berücksichtigen, andrerseits bloß Modisches durchschauen u. distanzieren zu können. → Induktive Katechese → Katechese der Erfahrung Hi/Ku

Zeitgeschichte, biblische. Unter b. Z. versteht man das Zeitgeschehen bzw. jenen Teil der Weltgeschichte, mit dem die Geschichte → Israels u. der Urkirche verflochten war. Da viele scheinbar gesch. Aussagen u. Angaben des A. T. u. N. T. im Dienste der → Verkündigung stehen u. die bibl. Theologen oft recht freizügig damit umgehen (v. unserer heutigen, hist.-krit. Perspektive her gesehen), muß man sehr vorsichtig damit sein, sie als historisch gesichert u. zuverlässig anzusehen u. zu behandeln. Eine Konfrontation mit der allg. Z. ist nötig, um die Eigenart bibl. Geschichtsauffassung besser begreifen zu können. Andrerseits versteht sich das Christentum wesentl. als gesch. Religion, so daß es nötig ist, gerade die Bibel (als die Quelle des gläubig. christl. Selbstverständnisses) mit der Z. zu vergleichen (sowohl was die Geschehnisse wie was die Abfassung der 72 Schriften betrifft). Die Übersicht unter dem Stichwort → Zeittafel (Sp. 1047 ff.) bietet dafür ein Gerüst an. **Hi**

TABELLE 13: **Zeitschriften, kat. u. rel. päd.**

A. EUROPÄISCHE Z.

Titel	Erscheinungsort	Konfession
Deutschland		
Der Evangelische Erzieher	Frankf/M-Berlin	ev.
Der evangelische Religionslehrer an der Berufsschule	Gladbeck	ev.
Der Prediger und Katechet	Kreutlingen	kath.
Die Christenlehre	Ost-Berlin	ev.
Die Spur	Berlin	ev.
fach religion (früher: Saat und Sämann)	Salzkotten	ev.
Informationen z. Rel. Unterricht	Kassel	ev.
Katech. Blätter — Kirchliche Jugendarbeit	München	kath.
Religionspäd. Werkbriefe; seit 1972: Information und Verkündigung	Düsseldorf	kath.
Religionsunterricht an berufsbildenden Schulen	München	kath.
Religionsunterricht an Höheren Schulen	Düsseldorf	kath.
ru, Zeitschrift für die Praxis des Religionsunterrichtes	Stuttgart—München	kath.
Schule und Mission	Aachen	kath.
Theologia practica	Mainz	ev.
Welt des Kindes	München	kath.
zB, Zum Beispiel	Berlin	ev./kath.
ZRP Zeitschrift für Religionspädagogik	Dortmund	ev.
Österreich		
Christl. päd. Blätter	Wien	kath.
Das Wort	Wien	ev.
Jugend u. Kirche	Wien	kath.

Titel	Erscheinungsort	Konfession
Schweiz		
Zeitschrift für Religionsunterricht und Lebenskunde: RL	Zürich	kath./ev.
Belgien		
Lumen Vitae (frz. u. engl. Ausg.)	Bruxelles	kath.
Tijdschrift voor catechese	Kapellen	kath.
Documentation administrative de L'enseignement catholique	Bruxelles	kath.
England		
The Sower	London	kath.
Good Tidings	London	kath.
Frankreich		
Catéchèse	Paris	kath.
Catéchiste d'aujourd'hui	Paris	kath.
Lettre aux communautés chrétiennes	Paris	kath.
Revue „Croissance de l'Eglise"	Paris	kath.
Catéchistes	Paris	kath.
Vérité et Vie	Strasbourg	kath.
Pomme d'Api	Paris	kath.
Dans la lumière	Paris	kath.
La page des parents	La Roche-sur-Lyon	kath.
Parents chrétiens	Lyon	kath.
Documents-Service-Adolescence	Paris	kath.
La lettre aux animateurs de groupe	Paris	kath.
Jeune chrétien	Paris	kath.
ICERF (Information du Centre enseignement Rel. Francais)	Ste.-Foy-les-Lyon	kath.
Recherche catéchétique et Pastorales	Paris	kath.
Holland		
School en Godsdienst	Nijmegen	kath.
Verbum	Nijmegen	kath.
Italien		
Aggiornamenti Catechistici	Brescia	kath.
Catechesi	Torino	kath.
La Rivista de Catechismo	Brescia	kath.
Sussidi per la Catechesi	Milano	kath.
Via, Verità e Vita	Roma	kath.
Catechisti parocchiali	Roma	kath.
Orientamenti Pedagogici	Roma	kath.
Seminarium	Vatikan	kath.

Titel	Erscheinungsort	Konfession
Malta		
Il-Katekist	Kull 4 Xhur Mill-Freres	kath.
Polen		
Katecheta	Posnan	kath.
Portugal		
Voz da Catequese	Lisboa	kath.
Revista Catequetica	Largo da Sé	kath.
Spanien		
Actualidad Catequetica	Madrid	kath.
Sinite	Salamanca	kath.
Apuntes de catequistas para catequistas	Salamanca	kath.
Catequetica	Santander	kath.

B. AUSSEREUROPÄISCHE Z.

Asien: Formosa (1), Indien (4), Japan (1), Libanon (1), Philippinen (2); *Afrika:* Kongo (2), Madagaskar (2), Uganda (1); *Amerika:* Argentinien (1), Kanada (1), Kolumbien (1), Mexiko (1), USA (7), Paraguay (1 + 1 f. gesamt Lateinamerika); *Australien:* (1) Ko

Zeloten. Die Partei der Z. („Eiferer") war eine radikale jüd. Bewegung; ihr fanat. Eifer erwuchs aus ihrem Verständnis des Satzes: „Ich, euer Gott, bin ein eifersüchtiger Gott". Obwohl also zunächst eindeutig rel. motiviert, werden sie immer mehr zu polit. Radikalen, die die messian. Heilszeit mit Gewalt herbeizwingen wollen. Schr

Zentralstellen, römische. Die „Sacra Congregatio pro Clericis" in Rom ist zuständig f. den → RU, v a. f. die → Katechismen, f. kat. Kongresse u. auch f. organisator. Belange. F. kat.-inhaltl. Fragen kompetent ist auch die Glaubenskongregation („Sacra Congregatio pro Doctrina Fidei"). Fragen der christl. → Erziehung im allgem. behandelt die Kongregation f. das Kath. Bildungswesen („Sacra Congregatio pro Institutione Catholica"). Ko

Zeremonialgesetz. Das Z. ist ein Teil des mosaischen → Gesetzes; es enthält Vorschriften über Personen (Hoherpriester, Priester u. a.), über Sachen (Altar, Zelt), Handlungen (Opfergaben, Reinigungsriten, Segnungen) u. Institutionen (Feste). Der Verbindlichkeitsgrad dieser Vorschriften war keineswegs geringer als der der „moral." Gesetze; da viele dieser Vorschriften aus sehr früher Zeit stammten u. deshalb Späteren nicht mehr immer verständlich waren, wurde ihr Charakter als Gottesgebot oft stärker als in anderen Geboten betont. → Jesus hat sich über das Z. am eindeutigsten hinweggesetzt (vgl. Mk 7, 1—23 par), ohne jedoch eine prinzip. Scheidung zw. Z. u. „moral." Gesetz vorzunehmen. Schr

TABELLE 14: **Zeittafel.** (Erarbeitet v. Annemarie Ohler, aus: Praktisches Bibellexikon 1969)

Zur Erläuterung: Die *zweite* Spalte (nach der Jahreszahl) nennt Ereignisse der allg., die *dritte* Ereignisse der bibl. Geschichte. In der *vierten* Spalte sind Bibelstellen angegeben, die auf diese Ereignisse Bezug nehmen; in der *fünften* wird die Entstehungsgeschichte der bibl. Bücher skizziert. Für diese Spalte sind die Zeitangaben nie punktförmig zu verstehen. Die bibl. Bücher sind fast alle Textsammlungen, die über längere Zeitabschnitte hinweg nach u. nach zusammengestellt wurden. Meist ist die Zeit der Endredaktion angegeben — bei den Propheten allerdings der Anfang der Entstehung der Bücher, die Zeit der Predigt der Propheten.

um 1850	Mesopotamische Epen v. der Schöpfung u. der Sintflut (enuma elisch u. Gilgamesch)	Wanderung Abrahams v. Haran nach Kanaan	Gen 12	Mündl. Überlieferung in Familie, Kult, Stamm o. ä.
um 1700	Hyksos in Ägypten	Ansiedlung Israels in Ägypten	Gen 37 ff.	
um 1250		Auszug aus Ägypten	Ex	Älteste Gesetze (z. B. Ex 20, 22 f.)
um 1200		Einwanderung in Kanaan	Jos	Mündliche Weitergabe der Patriarchen-, Mose- u. Erzählzyklen
um 1200 —1010		Die Zeit der Richter, Saul	Ri; 1Sam 2Sam	Älteste Dichtungen (z. B. Ri 5) Königl. Schreiberschulen: Königsannalen (Anfänge der Geschichtsschreibg.) u. Übernahme der Weisheit; kult. Lieder (→ Psalmen)
um 1010 — 970		David, Vereinigung des Königtums über Israel, Juda u. Jerusalem	1Kön 2	

um 970 —931		Salomo, Tempelbau	1Kön 3—11	Geschichte der Thronfolge Davids (2Sam 10 — 1Kön 2); → Jahwist
um 931		Spaltung des Reiches Im Nordreich Heiligtümer neben Jerusalem	1Kön 12 ff.	Weitere Entstehung v. Psalmen, Gesetzessammlungen, Weisheitsliteratur, Geschichtsschreibung in Jerusalem
853—847		Baalskult im Nordreich unter Achab; Elija; Elischa	1Kön 17 ff.	
841	Assyrien macht das Nordreich Israel tributpflichtig.	Jehu gegen den Baalskult	2Kön 10	Sammlung der Elija-Elischa-Zyklen u. a. gesch. Stoffe; → Elohist
783—745	Schwäche Assyriens	Blüte des Nordreichs	2Kön 14; Am; Hos	Amos; Hosea; Prophet. Einfluß auf das Gesetz — Vorbereitung v. Dtn im Nordreich
um 740	Assur erhält Tribut vom Nordreich Israel		2Kön 15,19	Jesaja; Micha im Südreich
734	Assur hilft Juda gegen Israel u. Aram	Israel u. Aram gegen Juda	2Kön 15,29 Jes 7	
721	Assur erobert das Nordreich, deportiert die Bevölkerung		2Kön 17	
701	Assur vor Jerusalem — Plötzlicher Rückzug		2Kön 18 f.; Jes 8,5 ff.	Weiterführung der Weisheitsliteratur (vgl. Spr 25,1)

um 625	Babel tritt an die Stelle Assurs	Rel. Reform im Geiste d. → Deuteronomium	2Kön 22 f.	Zef; Jer; Nah; Hab. Vereinigung v. Jahwist u. Elohist; Dtn; Jos; Ri; Sam; Kön.
586	Nebukadnezar erobert Jerusalem; Babylon. Gefangenschaft		2Kön 24; Jer 39 f.	Ez; Anfänge der → Priesterschrift; → Deuterojesaja
539	Der Perser Kyros erobert Babylon			
538	Ein Edikt des Kyros erlaubt die Rückkehr		Esr 5,14	
520—515		Wiederaufbau des → Tempels, Erneuerung des Kults	Esr 6,15 Hag 5,16	Hag; Jes 56 ff.; Sach; Psalmensammlungen
um 450		Mission des Esra, Erneuerung des Gesetzes (evtl. 398)	Esr 7 ff.	Spr; Ijob; Hld; Rut Weiterbildung der Priesterschrift
445—443		Mission des Nehemia, Wiederaufbau Jerusalems	Neh	Mal; Obd; Joel; das → chronist. Gesch.werk; → Pentateuch
333	Alexander erobert Syrien, Beginn des Hellenismus	Theokrat. Verfassung im jüd. Staat, Herrschaft der Hohenpriester		Jon; Tob
um 280				Entstehung der → Septuaginta in Ägypten; Est

um 180				Sir
168—142		Kämpfe der Makkabäer gegen Hellenisierung; Verfolgung der Juden	1Makk 1 2Makk 5 f. Dan 11,30 ff.	Dan
um 100		Jüd. Sekten, Pharisäer, Sadduzäer, Qumran		1,2 Makk
63	Der Römer Pompejus erobert Jerusalem			Judt; Weish
30 v.—14 n.	Augustus Kaiser in Rom		Lk 2,1	
um 8—6 v.		Geburt Christi		
4 v.—39 n.		Herodes Antipas herrscht in Galiläa	Mt 14,1 ff Lk 23,7 ff.	
26—36		Pontius Pilatus Landpfleger in Judäa	Lk 23	
27	15. Jahr der Regierung des Tiberius in Rom	Johannes d. Täufer; Beginn des öffentl. Wirkens Jesu	Lk 3,1 f.	
30		Tod Jesu; erstes Pfingsten der Kirche; Urgemeinde in Jerusalem	Joh 19,31 Mt 26,17 Apg 2	Anfang der mündl. → Verkündigung der → Auferstehung u. des Wirkens Jesu

um 36	Tod des Stephanus; Zerstreuung der Urgemeinde; Bekehrung des Saulus	Apg 9	
ab 43	Heidenchristl. Gemeinden; Missionsreisen des Paulus	Apg 13 ff.	
um 50	Apostelkonzil	Apg 15 Gal 2	Erste Niederschriften des Evangeliums (z. B. des aram. Mt); 1Thess; Phil; 1Kor; Gal; 2Kor; Röm
54—68	Nero ist Kaiser in Rom		
61—63	Paulus gefangen in Rom		Kol; Eph (?)
um 64	Christenverfolgung des Nero in Rom, Tod des Petrus		Mk
70	Nach der Eroberung des aufständischen Juda zerstört Titus Jerusalem		
nach 70			Mt; Lk; Apg
90—95	Christenverfolgungen unter Domitian		1—3 Joh; Offb
100—120			Joh

Ziel(e) → Lernziele → Globalziel → Zielgebot → Zielformeln → Zielbilder → Zielparagraph → Lernzielstufen → Taxonomie Ko

Zielbild(er). Z. sind meist mehr o. minder unbewußte, fast atmosphärisch das individuelle u. kollektive Erleben u. Wertgefühl ansprechende Vorstellungen u. deren sprachl. Umschreibung. Sie sind wirksam, ohne daß „die Pädagogik zunächst einmal etwas dafür o. dagegen tun könnte" (W. Flitner) u. finden oft nachträglich erst ihre Formulierung in Bildungsideen. Zu unterscheiden ist zw. Bildungsidealen (→ Erziehungsideal) u. → Leitbildern. Nach W. Flitner sind in der abendländ. Bildungsgeschichte v. a. 4 bzw. 5 Grundformen päd. Z. wirksam geworden. Diese seien bestimmt durch 2 Prozesse: den Verweltlichungs- u. den Verchristlichungsprozeß. — 1. Aus dem Ideal der antiken Weisen entstand das des asket. Beters, der sich unter eine Regel stellt (Benedikt). — 2. Ab dem 10. Jh. erwächst aus der Übertragung der mönch. Rede v. der militia Christi das Z. des christl. Ritters u. der „edlen Frau". — 3. Aus der mönch. Lebensform sei als „weltl. Pfad" die humanist. Lebensform (Petrarca, Vives, Erasmus, Melanchthon, Leibniz, Morus, Goethe) entstanden. — 4. Die spätgot. Epoche habe noch das Z. des „schlichten Werkmannes" geprägt. — Diese vier Z. der Nachfolge Christi im Abendland beeinflussen u. durchdringen einander. Zwei Formen sind „tätig", zwei kontemplativ. Die Frage, ob auch der Verweltlichungsprozeß ein eigenes Vorbild hervorgebracht habe, wird v. W. Flitner verneint. Dieser habe nur zur Subtraktion aus den vier Urbildern christl. Humanität geführt. So sei etwa aus dem spätgot. „schlichten Werkmann" durch → Säkularisierung der „homo faber" geworden. Die Gültigkeit der genannten Z., zu denen Flitner noch 5. das des „german. Bauern" zählt, ist unterschiedlich: 1. es sei noch dort lebendig, wo eine personale Entscheidung f. das Christentum getroffen werde; 2. lebe weiter in Kreisen der Akademiker; f. 3. scheinen die Bedingungen ungünstig, da die Überlieferung zerstört sei; 4. finde sich dort, wo das Bild v. „Hausvater" noch wirksam sei. Nach Flitner seien diese Leitbilder grundsätzlich auch in der Gegenwart gültig, müssen aber unter den Bedingungen unserer Geistesstufe u. unserer Gesellschaft erst wieder neu mit Geist u. Leben erfüllt werden. Ko

Lit.: W. Flitner, Die abendländischen Vorbilder u. das Ziel der Erziehung (1947); ders., Theorie des pädagogischen Wegs (4. Aufl. 1958).

Ziel der Katechese. Globales Lehrziel ist die → Verkündigung des → Glaubens an Gott u. des in Christus durch die Kirche angebotenen Heiles. Globales Lernziel ist die subjektive Annahme des Glaubens, die Erkenntnis v. dessen Bedeutung f. ein sinnerfülltes Leben u. f. die Gestaltung der Welt sowie die Befähigung zu einem Leben aus dem Glauben im individuellen u. mitmenschl. Bereich. Diese Globalziele stehen der Intention nach an erster Stelle. In der Durchführung jedoch sind sie in der → Katechese immer jeweils nur in „Annäherungswerten" u. über kleinste Zwischen- u. Teilziele (etwa: Abbau v. Vorurteilen, Information über einzelne Glaubenswahrheiten, Deutung menschlicher Erfahrung im Lichte des Glaubens u. ä.) im Sinne eines Angebotes, unter Wahrung der →

Entscheidungsfreiheit, unter Beachtung der Voraussetzungen u. Möglichkeiten auf seiten des Adressaten sowie im Bewußtsein anzustreben, daß Glaube nicht das Werk des Verkünders, noch das des Adressaten der Verkündigung ist, sondern immer Geschenkcharakter (→ Gnade) hat. → Aufgabe des RU
Ko

Ziel des schulischen RU. Kirchl. RU im Raum der Schule strebt das gleiche Ziel an wie die Katechese (→ Ziel der Kat.), muß sich innerhalb der schulischen Aufgaben u. Möglichkeiten aber auf Teilziele derselben beschränken, die dann zu seinem Gesamtziel werden. Ein nicht-kirchlicher RU im Raum der Schule müßte sein Gesamtziel nicht allein aus der Aufgabe u. Zielsetzung der Schule, sondern ebenso aus jenen rel. Wert- u. Lebensbereichen gewinnen, die im Leben der Schüler u. der Gesellschaft lebendig sind. Da die Schule nicht nur Nützlichkeitswerten verpflichtet ist, wäre bei Erstellung v. Schulkonzepten u. → Curricula die Zielsetzung auch eines nicht-kirchlichen RU nicht allein v. den Bedürfnissen der Gesellschaft o. des einzelnen her, sondern aus einer diesen vorgegebenen u. vorausliegenden Wertreflexion zu gewinnen (→ Aufgaben des RU). — Die Bischofskonferenz der BRD hat die Zielformulierung f. den RU 1972 so zusammengefaßt: „Der kath. RU zeigt Mensch u. Welt in ihrem Bezug zu Jesus Christus im Licht des kirchlichen Glaubens u. Lebens. Er macht den Schülern deutlich, daß man die Welt im Glauben sehen u. v. daher seine Verantwortung in ihr begründen kann. Dem gläubigen Schüler hilft der RU, sich bewußt f. diesen Glauben zu entscheiden u. damit auch der Gefahr rel. Unreife o. Gleichgültigkeit zu entgehen. Dem suchenden o. im Glauben angefochtenen Schüler bietet er die Möglichkeit, die Antworten der Kirche auf seine Fragen kennenzulernen u. sich mit ihnen auseinanderzusetzen.“ Sie will damit v. a. eine Ziel*richtung* abstecken.
Ko

Zielformeln. Z. sind nach J. Dolch Versuche, das durch die Erziehung Versuchte in sprachl. Prägung zusammenzufassen. Sie finden sich 1. in päd. Systemen u. 2. in Gesetzestexten u. ä. (→ Zielparagraph). Ihre päd. Wirksamkeit wird heute mit großer Skepsis betrachtet. Namhafte Pädagogen (T. Litt, W. Flitner, W. Picht, O. Hammelsbeck, M. Buber, aber auch H. Schelsky u. a.) lehnen formulierte Erziehungsziele als wirkungslos ab. Dies v. a. dann, wenn v. ihnen überzeitl. Geltung beansprucht wird. Die geschichtl. Relativität aller Z. wird v. E. Spranger, H. Nohl, M. Frischeisen-Köhler, K. Erlinghagen u. a. betont. Päd. gesehen, ist eine Formel nur insoweit wirksam, als sie Ausdruck einer Lebenswirklichkeit ist u. eine Wertordnung verkörpert, welche v. einer Sozietät getragen wird. Z. in Gesetzestexten haben jedoch immer wieder päd. Auswirkungen, zumindest dadurch, daß durch sie best. Bereiche erzieherischen Wirkens (Religionsunterricht) ermöglicht o. ausgeschlossen werden. Auch sie bleiben jedoch begrenzt 1. da unter die meist formalen Ausdrücke jeweils recht unterschiedliche Inhalte subsumiert werden können u. 2. da vorausgesetzt werden muß, daß die in ihnen ausgedrückten Intentionen im Volk u. Staatswesen lebendig sind.
Ko

Zielgebote. Im Gegensatz zu → Grenzgeboten weisen sie auf Idealziele sittl. Strebens (z. B.: Gott *aus ganzem Herzen* lieben; *allzeit* beten), die jeweils immer nur in „Annäherungswerten" erreicht werden. Durch ihre Bindung an Person u. Botschaft → Jesu sind Z. auch Unterscheidungsmerkmale zw. christl. u. griech. bzw. pharisäisch-jüd. → Ethik. Ko

Lit.: E. Neuhäusler, Anspruch u. Antwort Gottes. Zur Lehre von den Weisungen innerhalb der synopt. Jesusverkündigung (1962).

Zielparagraph. In Österreich Kurzbezeichnung f. § 2 des Schulorganisationsgesetzes v. 18. 7. 1962, der Ziele u. Aufgaben umschreibt, die allen österr. Schulen mit Ausnahme der → land- u. forstwirtschaftlichen u. der → Hochschulen festlegt. Er lautet: „Die österr. Schule hat die Aufgabe, an der Entwicklung der Anlagen der Jugend nach den sittl., relig. u. sozialen Werten sowie nach den Werten des Wahren, Guten u. Schönen durch einen ihrer Entwicklungsstufe u. ihrem Bildungsweg entspr. Unterricht mitzuwirken. Sie hat die Jugend mit dem f. das Leben u. den künftigen Beruf erforderl. Wissen u. Können auszustatten u. zum selbständigen Bildungserwerb zu erziehen. Die jungen Menschen sollen zu gesunden, arbeitstüchtigen, pflichttreuen u. verantwortungsbewußten Dienern der Gesellschaft u. Bürgern der demokrat. u. bundesstaatl. Republik Österreich herangebildet werden. Sie sollen zu selbständigem Urteil u. sozialem Verständnis geführt, dem polit. u. weltanschaul. Denken Anderer aufgeschlossen sowie befähigt werden, am Wirtschafts- u. Kulturleben Österreichs, Europas u. der Welt Anteil zu nehmen u. in Freiheit- u. Friedensliebe an den gemeinsamen Aufgaben der Menschheit mitzuwirken." Ko

Lit.: E. J. Korherr, Der Zielparagraph der österreichischen Schulgesetze im Lichte pädagogischer Reflexion, in: Religion, Wissenschaft, Kultur Jg. 1971 S. 103 ff.; L. Lang (Hsg.), Päd. Problematik des österr. Schulgesetzwerkes (1966).

Zittaplan → Rahmenplan

Zukunft → Hoffnung

Zweifel. Z.n kann nur ein im Wissen u. Wollen beschränktes Wesen. In der Wiss. kann der (method.) Z. zum Ausgang der Forschung werden, ebenso in der Jugendzeit. Am meisten wird der Mensch dem Z. ausgesetzt, wenn es um → Gewissensentscheidungen geht, bes. um jene über ein ganzes Leben o. die Lebenshaltung (Beruf, → Ehe, → Glaube, → Normen), denn diese fordern Verständnis f. verschiedene Aspekte, Beziehungen u. Faktoren. Wer diese Voraussetzungen nicht mitbringt, wird entweder jeder Begründung mit Z. (negativer Z.) begegnen o. rundweg alles ablehnen. Der positive Z. wird zum echten Suchen u. Streben, zur vorantreibenden Unruhe, die in Freude am Überwinden v. Schwierigkeiten mündet. Der negative Z. kann zunächst eine billige Ausrede u. Ausflucht f. Desinteresse u. → Trägheit, später eine allgem. Zweifelssucht, ein → Nihilismus o. → Agnostizismus werden, der gerade noch die unmittelbaren Erfahrungen gelten läßt, sonst aber f. jede höhere Anforderung unzugänglich bleibt. Da nun der Mensch verantwortlicher Autor seiner Handlungen ist, liegt es in seinem Interesse, durch Studium, Beratung u. Besinnung den Z. zu beseitigen. → Glaubenskrisen Bla

Zweiquellentheorie. Heute allgem. angenommene Theorie zur Lösung der → Synoptischen Frage. Sie besagt, daß 1. das Mk-Evangelium u. 2. die → Logienquelle (Q) neben Sondergut v. Verfasser des Mt- bzw. Lk-Evangeliums als Quellen benützt worden seien. Dadurch werden trotz einiger offenbleibender Fragen die Übereinstimmungen (v. Mk finden sich 600 Verse bei Mt, 350 bei Lk; 235 Verse haben nur Mt u. Lk gemeinsam) u. Unterschiede (Sondergut) bei den Synoptikern erklärt. Ko

Lit.: Poko, So entstanden die Evangelien, Lernprogramm ab 9. Schulstufe (1968).

Der Z. B. benötigt eine spez. Didaktik u. Methodik u. hat in diese die größere Lernbereitschaft, Einsicht, Lebenskenntnis u. die Berufserfahrung als bestimmend f. den Bildungsprozeß einzubeziehen. Der Z. B. ist notwendig, um Menschen aus best. sozialen Schichten u. mit best. Begabungsrichtungen, v. a. auch sog. „Spätentwicklern" Bildungschancen zu geben. Formen: → Aufbaulehrgänge, Abendgymnasien, → Funkkolleg → Abendschule → Telekolleg u. a. Ro

Zweiter Gestaltwandel. Nach W. Zeller Veränderung der Körpergestalt im frühen → Jugend-

ABBILDUNG 23: **Zweiquellentheorie** (Skizze v. E. J. Korherr)

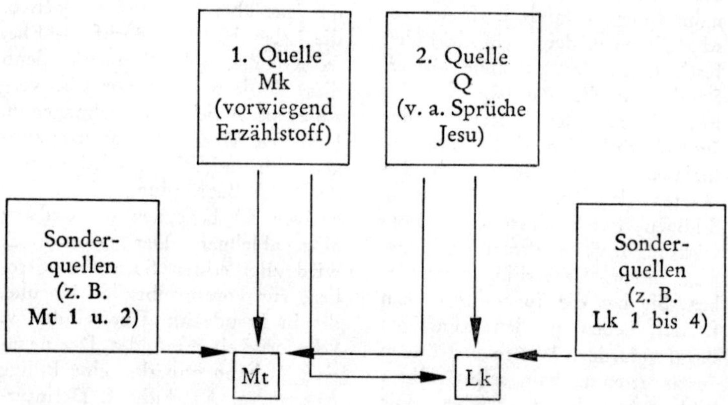

Zweiter Bildungsweg. Der Begriff Z. B. kann so umschrieben werden, daß bei Jugendlichen u. Erwachsenen Berufserfahrung u. -bewährung vorausgesetzt u. Möglichkeiten des beruflichen u. gesellschaftlichen Aufstieges angeboten werden. Die Motive, den Z. B. anzubieten bzw. zu beschreiten, sind kulturpolit.-ökonomischer, sozialer, psych. u. bildungstheoretischer Art.

alter v. der Schulkindform (SKF → Erster Gestaltwandel) zur Maturitätsform (MF); durch ein kompliziertes hormonales Geschehen gesteuert, erstreckt sich über Jahre u. findet in einigen Schüben statt. Eingeleitet durch die präpuberale Hemmphase, die durch das Auftreten v. Heißhunger, starkes Breitenwachstum u. die Ausbildung einer vierschrötigen, derben Gestalt gekennzeichnet ist. Daran schließt sich die 1. puberale Phase, in der sich das Wandlungsgeschehen am augenscheinlichsten vollzieht. Das puberale Längenwachstum setzt ein (= ein disharmonisches Wachsen; enorme Entwicklung der Extremitäten bei verbleibender kindlicher Rumpfform), es kommt zu erhöhter Krankheitsanfälligkeit, zu vegetativen Störungen (Kreislauf, Blutdruck usw.), zur Ausbildung → akromegaloider Züge, zu Veränderungen in der Bewegungsweise (ungeschickte, zerfahrene, überflüssige Bewegungen erwecken den Eindruck v. Steifheit u. schlacksiger Starrheit) u. gegen Ende dieser Phase zur Ausbildung der primären u. sekundären Geschlechtsmerkmale. In der 2. puberalen Phase gelangt der Z. G. zu seiner Vollendung. Es kommt zu einer Reharmonisierung der Gestalt (disharmonische Formen u. akromegaloide Züge verschwinden), zur regelhaften Funktionstüchtigkeit der Keimdrüsen u. zur Ausprägung der geschlechtsspezifischen Körperbaumerkmale.

Si

Zwölfstämmevolk. Das Volk → Israel als Z. ist ein festgeprägtes Überlieferungsmoment im A. T.; dabei werden die 12 Stämme auf die Söhne Jakobs zurückgeführt. Heute nimmt man allgemein an, daß sich dieses Volkssystem erst in der Landnahmezeit gebildet hat. Bezeichnend f. das Selbstbewußtsein Israels als Z. ist die Tatsache, daß die eigentliche Grundlage des Zusammenschlusses nie in der nationalen oder blutsmäßigen Bindung gesehen wurde, sondern im → Bund, den → Jahwe mit den Stämmen geschlossen hatte. Die frühe Form des Zusammenschlusses der 12 Stämme wird v. den meisten Forschern (im Anschluß an M. Noth) als „Amphiktyonie" bezeichnet — als sakraler Stämmeverband zu einem gemeinsamen Kult (aus der Frühzeit Italiens u. Griechenlands sind ähnl. Stammesverbände bekannt). Gemeinsames Kultobjekt war die Lade Jahwes. Im Kult dieses Verbandes wurden Einzelüberlieferungen über die Vorzeit Israels gepflegt u. gesammelt. Außerdem geschah hier die Verpflichtung des Volkes auf die „Worte Jahwes" — auf den → Dekalog.

Die eigentliche Staatwerdung Israels unter Saul u. David läßt die Bedeutung der 12 Stämme zwar etwas zurücktreten, jedoch nie verschwinden.

Nach den Evangelien hat → Jesus aus der Jüngerschar eine Zwölfergruppe ausgewählt: sie sollte Anfang u. Grundlage des neuen Gottesvolkes sein.

Schr

Zyklen im A. T. F. das Geschichtsverständnis der Bibel ist es charakteristisch, daß f. sie keine Geschichtsepoche einer anderen gleich ist; während f. das myth. → Weltbild die geschichtl. Erscheinungen nur Auswirkungen eines im Grunde immer wiederkehrenden Gesetzes sind, gibt es f. die Bibel nur eine Geschichte, die nicht umkehrbar ist: sie hat einen Anfang u. ein Ende. Damit bekommt jede geschichtliche Epoche ein unauswechselbares Gewicht. Grundlage u. Ziel dieser Geschichte ist nach dem → Glauben der Bibel aber → Gott selbst — als einer, der den Menschen das → Heil verheißt u. so letzter Grund einer dynam. Geschichte wird. Daneben wird in der Bibel aber noch die Überzeugung sichtbar, daß es eine Teilhabe des einzelnen am Ganzen, des Kleinsten am Größten gibt:

daß ein Mensch stellvertretend f. andere da ist u. handelt. Literar. Niederschlag dieses Glaubens sind die großen Erzählz. des A. T.: es wird immer ein konkreter Abschnitt des Weges Gottes mit der → Welt u. mit → Israel gesehen, u. dieses Wegstück hat seinen „Brennpunkt" in einer Person.

1. Der *Patriarchenzyklus* umfaßt die Geschichte Abrahams, Isaaks u. Jakobs (zu Josef vgl. → Weisheitsliteratur). Überlieferungsgeschichtl. handelt es sich hier um viele einzelne, tw. vorisraelitische, viell. sogar vorkanaanäische Einzelerzählungen, die v. Israel aufgenommen, überarbeitet u. verbunden wurden; in der bibl. Darstellung sind die Patriarchen jeweils mit einem best. alten Heiligtum in Verbindung gebracht: Abraham mit Mamre, Bethel u. Sichem, Isaak v. a. mit Beerseba u. Jakob mit Bethel u. Sichem. Man kann daraus schließen, daß zunächst v. a. an diesen Heiligtümern diese Überlieferungen gepflegt wurden. Bald jedoch kam es zu Querverbindungen, bzw. zur Tendenz, alle umlaufenden Überlieferungen der Frühzeit mit einer der Patriarchengestalten in Verbindung zu bringen. V. daher ist die Angabe „Patriarchenzeit" problematisch (19.—15. Jh.). Theologisch bedeutsam ist der → Glaube an „El", den damals verehrten Hochgott. Im Zusammenhang mit der späteren Geschichte Israels wird v. a. der Glaube an die Verheißung zum Zentrum, gleichzeitig werden die Akzente hervorgehoben, die Abraham zum „Stammvater des Glaubens" machen: er ist der, der alles hergeben muß, weil er dem Ruf Gottes folgt. Abraham wird nicht als „Held" gezeichnet, sondern als der, der im Loslassen seiner vertrauten Umwelt Gottes u. damit seine Zukunft erhält. Der theol. Hauptakzent der Jakobsgeschichte liegt im Gedanken, daß Gott der Herr seines Segens bleibt; Gesegnet-sein kann aber f. den Menschen — u. f. das Volk — mit Dunkelheit u. schweren Wegen verbunden sein.

2. Die *Mosegeschichten* führen in das heilsgeschichtl. Zentrum des atl. Glaubens: Errettung, bzw. → Führen u. Bewahren. Die Frage der Überlieferungsgeschichte bzw. der Historizität ist nicht geklärt; allerdings kann die radikale Leugnung der Historizität des Mose heute nicht mehr aufrechterhalten werden. Allein der ägyptische Name spricht f. seine Geschichtlichkeit als auch dafür, daß er am Hof erzogen wurde.

Die hervorragende Funktion des Mose ist die des Mittlers: Ziel seiner Berufung ist die Sendung an andere. Mose wehrt sich gegen diesen Auftrag, bis ihm Gott seinen „Namen" offenbart: „Ich bin der, auf den man sich verlassen kann" (Cl. Westermann). Mose erleidet das Schicksal eines Mittlers: der Zorn der Geschlagenen u. Geplagten richtet sich gegen ihn, der helfen will. Diese Mittlerfunktion des Mose u. die damit verbundene Bürde ist ein durchlaufender Zug der Moseüberlieferung. In der Wüste wendet sich Mose — nachdem das Volk wieder gegen ihn gemurrt hat — verzweifelt an Gott: „Warum tust du so übel an deinem Knecht? . . . Wenn es so bleibt, so töte mich lieber!" (Num 11,11—15). Mit dieser Darstellung, die in Mose weit mehr als nur einen Führer u. Organisator des Volkes sieht, ihn aber trotzdem nicht zu einem myth. Halbwesen zw. Gott u. Menschen macht, kündigt sich schon die Überzeugung der Stellvertretung durch einen Menschen an, wie sie im →Gottesknecht voll entfaltet wird.

3. Es ist heute gesichertes Forschungsergebnis, daß die Darstellung der *Landnahme* im Buch Josua histor. kaum zutrifft. Da sich manche Stämme wahrscheinlich auf unbesiedeltem Gebiet niederließen, andere etappenweise vordrangen, waren die ersten Kämpfe wohl mehr Verteidigungs- als Angriffskämpfe. In dieser Zeit der allmähl. Landnahme u. Volkswerdung treten in einzelnen Stämmen charismat. Führer auf, die in Notzeiten ihren Stamm — o. auch mehrere Stämme — gegen den Feind führten. Sie werden als v. Gott Berufene geschildert, über die sein → Geist kommt (vgl. 1 Sam 11,6—7: Berufung des Saul!), die also „institutionell" nicht abgesichert sind u. die nach Erfüllung ihrer Aufgabe wiederum zu ihrer Arbeit zurückgehen. Neben diesen charismat. Führern, „große Richter" genannt, gibt es noch die „kleinen Richter", die mit dem Amt der Rechtspflege betraut waren. Sie gehörten jeweils versch. Stämmen an, dürften aber gerade deshalb einen bedeutenden Einfluß auf die Erstarkung des israel. Volksbewußtseins gehabt haben.

4. Ungefähr zur selben Zeit wie die Israeliten waren die Philister nach Palästina gekommen; sie entwickelten sich zu einer bedrohlichen Macht f. Israel, da die bisherige Form der Abwehr nicht mehr genügte: man brauchte eine feste Institution mit der Stabilisierung der Macht — das Königtum. *Samuel* war in dieser Übergangszeit die überragende Gestalt Israels: er wird als Richter, Seher, Prophet u. Priester bezeichnet. Sicher ist, daß er am Entstehen des *Königtums* wesentlich beteiligt war, ebenso, daß er mit dem ersten König, *Saul,* in einen schweren Konflikt geriet. Saul, ursprünglich charismat. Führer, wird nach einem Sieg über die Philister v. Samuel zum König gesalbt. Nach Anfangserfolgen beginnt der tragische Niedergang Sauls: er wird „verworfen", selbst sein letzter verzweifelter Versuch, noch eine günstige Weisung zu erhalten, scheitert: die Wahrsagerin v. Endor bestätigt seine Verwerfung.

Das Königtum *Davids* bildet die Blütezeit Israels; so sehr jedoch die Einzigartigkeit Davids betont wird, so sehr wird auch v. seiner Erniedrigung u. seiner Sünde gesprochen. Die Verheißung aber, die der Prophet Nathan dem David verkündete, bleibt eine der Lebensgrundlagen der israelit. Geschichte: Dein Thron soll in Ewigkeit bestehen. **Schr**

Zyklothym → Typenlehre

1. Ergänzende Stichwörter

Curriculum, offenes. Im Gegensatz zu einem geschlossenen → Curriculum (= nach W. S. Nicklis ein „bis in alle Einzelheiten auch der methodischen Durchdringung u. der zu verwendenden Arbeitsmittel normierter Lehrgang eines Fachgebietes, der individueller Gestaltungsphase keinen o. nur geringen Raum läßt") bevorzugt man in der Rp. heute fast ausschließlich nur mehr o. C., d. s. Lehrgänge, die Auswahl u. Anordnungen lediglich allg. festlegen u. die „inhaltlich nach einer vom Lehrer selbst zu wählenden didakt. Gangart beliebig, aber gleichwohl sachgebunden aufgefüllt werden können" (W. S. Nicklis). Ko

Lit.: W. S. Nicklis, Handwörterbuch der Schulpädagogik (1973).

Entschulung. Darunter kann jene päd. Bewegung verstanden werden, die sich die Abschaffung eines institutionalisierten Schulwesens zum Ziele setzt. Ivan Illich, einer der Hauptvertreter dieser Strömung, will an Stelle eines staatl. Schulwesens ein möglichst breites Spektrum v. Institutionen, die Bildungsarbeit leisten können. Das europ. Schulwesen kann nach Ansicht dieser Bewegung nie in den Entwicklungsländern installiert werden, daher würden gerade die Schulen in der Dritten Welt die Ungleichheit weiter vergrößern u. die Ungerechtigkeit verstärken. Im europ. — v. a. im deutschsprachigen — Bereich führt diese Bewegung dazu, daß das schulische Monopol f. Erziehungs- u. Bildungsfragen überprüft u. zur Diskussion gestellt wird. Ku

Lit.: I. Illich, Entschulung der Gesellschaft (1972); A. v. Hentig, Cuernavaca oder Alternativen zur Schule? (1971); H. Lünig (Hg.), Schadet die Schule unseren Kindern? (1972).

Glaubenssprache. „Glaube äußert sich in Sprache ... wir müssen heute eine gewisse Unsicherheit in der Glaubenssprache feststellen. Sie wird v. vielen Sprachteilnehmern nicht mehr verstanden u. internalisiert. Deswegen unternehmen Theologie u. kirchl. Verkündigung verschied. Übersetzungsversuche" (A. Grabner-Haider). Das hier angesprochene Problem führt dazu, Hilfe bei der Sprachanalyse (Semiotik) zu suchen, welche die formale Struktur der Sprache untersucht u. ein fein differenziertes Instrumentarium an die Hand gibt, den Sprachgebrauch zu kontrollieren, zu verfeinern u. damit effektiver zu machen. Dies spielt gerade im Rahmen der Katechetik u. Religionspädagogik eine große Rolle. → Hermeneutik. Hi

Lit.: A. Grabner-Haider, Glaubenssprache. Ihre Struktur u. Anwendbarkeit in Verkündigung u. Theologie (1975) (mit zahlreichen Literaturhinweisen).

Gotteslob. Kath. Gebet- u. Gesangbuch, hg. v. d. Bischöfen Deutschlands, Österreichs u. der Bistümer Bozen-Brixen und Lüttich 1975. Eigentl. Anstoß f. dieses neue kath. Gebet- u. Gesangbuch waren v. a. die Liturgiekonstitution des II. Vat. Konzils u. in der Folge die Einführung des landessprachl. Gottesdienstes. Es soll der Kirche im deutschsprachigen Raum f. die Feier des einheitl. u. erneuerten Gottesdienstes Hilfe bieten (Einheitsgesangbuch = EGB) unter Berücksichtigung der bibl., theol., liturg., musikal. u. sprachl. Erkenntnisse der letzten Jahrzehnte.

Das angestrebte Ziel der einzelnen Teil- u. Hauptkommissionen nach jahrelanger Vorbereitung (mehr als 10jährige Entstehungszeit!) u. sorgfältiger, verantwortungsbewußter Ausarbeitung war: Die aktive Teilnahme der Gemeinde am Gottesdienst — gemäß dem Grundgedanken des Kirchenbegriffes des II. Vat. Konzils („Kirche ist Volk Gottes" im Bereich des Singens u. des Betens) u. eingedenk der pastoralen Tatsache, daß viele Christen außerhalb ihrer Pfarre am Gottesdienst teilnehmen.

Neben dem Gebetsteil, der sowohl f. den einzelnen Christen als auch für die Familie gedacht ist, beinhaltet das EGB zunächst einen gemeinsamen Stammteil f. alle deutschsprachigen Diözesen (890 Seiten), dann die entsprechenden Diözesananhänge, z. B. einen zusätzlichen österreichischen Einheitsliederkanon. Es finden sich dort nicht nur Lieder (geschlossene Liedformen), sondern auch offene Gesangsformen mit meditativem Charakter (Psalmen).

So soll das EGB nicht nur der gemeinsamen Feier des Gottesdienstes dienen (Rollenbuch der Gemeinde), sondern ebenso dem einzelnen u. den Gemeinden in den versch. Situationen des Lebens Hilfe geben zum Gebet und zur christlichen Bewältigung des Lebens. Dazu dienen auch die einführenden Texte über ein Minimum an religiösem Wissen (Minimal-Katechesen).

Viele Texte u. Melodien sind neu, manches scheint in Bearbeitung wieder auf (sowohl im Lied- als auch im Gebetsteil); angestrebt wurde ein möglichst richtiger Sachgehalt sowohl in bibl. als auch in theol. Hinsicht. Gebrauchsdichtungen unterschiedl. poetischer Qualität erfordern nicht die gleiche Behutsamkeit wie Kunstwerke.

Schallplatten, Kassetten, Tonbänder, Liedpläne für die Einführungsjahre, Werkbücher (8 Bände) usw. erleichtern die Arbeit mit dem EGB. → Liedkatechese. Mu

Intention. Fachausdruck f. Lehrziel im Gegensatz zum Lernziel. Die I. steht am *Anfang* einer Entscheidungskette f. d. didakt. Planung, während das Lernziel (= Endverhalten, das der Schüler durch den Lernprozeß erreichen soll) den *Abschluß* jener Entscheidungen bildet, die der Lehrer bei der Planung eines → Lernprozesses trifft.

Beispiel:

Intention des Lehrers (= *Lehrziel*)

Vermittlung eines sachgerechten Verständnisses des Weihnachtsevangeliums.

Endverhalten des Schülers (= *Lernziel*)

Das Weihnachtsevangelium unter Wahrung seiner Aussageabsicht nacherzählen können. Ko

Lit.: E. J. Korherr, Methodik des RU (1977), S. 22 ff.

Katechetischer Rat, Internationaler. Ein aus 25 Mitgliedern aus allen Kontinenten bestehendes Beratungsgremium der obersten f. Katechese verantwortl. röm. Zentralstelle (Kleruskongregation), das erstmals 1975 einberufen wurde. Aufgabe des I. K. R. ist es, Vorschläge bzw. Anregungen zu geben, einen weltweiten Erfahrungsaustausch zu forcieren u. allgem. kat. Probleme zu studieren, um so die beständige kat. Erneuerung zu fördern. Die Mitglieder üben ihre Tätigkeit jeweils auf die Dauer v. fünf Jahren aus. Sie werden über Vorschlag einer oder mehrerer Bischofskonferenzen bestellt. Der deutsche Sprachraum wird im I. K. R. v. A. Exeler/Münster u. E. J. Korherr/Graz vertreten. Ko

Kognitive Lernziele → Taxonomie v. Lernzielen

Kommunikationstraining. Man versteht unter K. verschiedenste Formen v. Übungen, die darauf abzielen, daß Mitglieder einer → Gruppe zunächst sich selbst in ihrer Beziehung zu anderen Gruppenmitgliedern richtig sehen. Dadurch soll aber auch im gesamten mitmenschl. Bereich gegenseitiges Verstehen ermöglicht werden. Dem dienen v. a. Übungen, die dazu helfen, → Gefühle u. Emotionen zu zeigen, in Worte zu fassen (= sie zu verbalisieren) u. durch Gespräch Emotionen zu verarbeiten. Ko

Lit.: Höper/Kutzleb/Stobbes/Weber, Die spielende Gruppe. Vorschläge für soziales Lernen in Gruppen (1974).

Konfliktlösungsspiel. Rollenspiel in Gruppen, das der Aufarbeitung v. Konflikten, → Ängsten, Nöten usw. dient. Es muß sich dabei nicht immer um schwerwiegende Konflikte handeln. Auch kleinere Alltagssituationen, Geschwisterrivalitäten u. ä. werden im Rollenspiel aufgearbeitet. Prophylaktisch wirkt das K., wenn dadurch dem Kind geholfen wird, sich in die Gesprächspartner hineinzudenken, Gesprächsstrategien zu durchschauen, Streitgründe rechtzeitig zu erkennen u. a. m. →Psychodrama. Ko

Lit.: M. Feigenwinter, Das Rollenspiel als Mittel zur Konfliktlösung, in: RL, Zeitschr.f. RU u. Lebenskunde 1975/2/ S. 5 ff.; Burkhart/Zapotocky, Konfliktlösung im Spiel (1974); O. Betz/F. Kaspar, Die Gruppe als Weg (1973).

Planspiel. Im Gegensatz zu den Kinderspielen u. zu Spielen im Rahmen von Turnen u. Sport sind Planspiele zweckbestimmt u. unter didakt. bzw. gruppenbezogenen Zielsetzungen konzipiert worden. Die Spieler (Kinder, aber auch Erwachsene etwa in Managementkursen) erhalten als Rollenanweisung die Aufgabe, bestimmte Personen in ihrem Verhalten, in Worten u. Taten darzustellen. Dabei wird die gedachte Situation o. eine angenommene Lage auf eine Lösung o. ein Ziel hin durchgespielt. Es entsteht dadurch ein Handlungs- oder Funktionsmodell durch spielende Personen, die ihrerseits am Modell Kenntnisse u. Fertigkeiten, aber auch Fähigkeiten anwenden u. erproben. Im RU sind Planspiele bes. bei ethischen Themen u. Problemen geeignet. → Psychodrama, → Konfliktlösungsspiel → Ethik-Unterricht. Ko

Lit.: E. Kösel, Sozialformen des Unterrichtes (1972) S. 29 ff.; J. Luft, Einführung in die Gruppendynamik (1971).

Pragmatische Lernziele sind identische mit psychomotorischen L. → Taxonomie v. Lernzielen.

Psychodrama. Nach H. Petzold ist P. „eine Form der Gruppenarbeit, in deren Rahmen man mit Hilfe der Teilnehmer vergangene, gegenwärtige o. künftige, wirkliche o. imaginäre Erlebnisse in Worten, Gebärden u. Handlungen darstellt, um sich der eigenen Erfahrung bewußt zu werden, das eigene Verhalten zu analysieren, sich selbst besser zu begreifen u. seine Möglichkeiten, zu anderen Menschen Beziehungen aufzunehmen, zu verbessern." P. will so „die Wahrheit der Seele durch Handeln ergründen" (J. L. Moreno), wobei sie sich „hauptsächlich fünf versch. Mittel bedient: der Bühne (Schauplatz), des Protagonisten (das griech. Wort f. ersten Schauspieler, den Hauptdarsteller in der griech. Tragödie), des therapeut. Leiters, des Stabes der therapeut. Hilfskräfte (das gebräuchliche Wort in der amerikanischen Literatur ist auxiliary ego) u. des Publikums" (Moreno). In der Gruppe u. durch Rückäußerungen der Gruppe sollen durch das P. den spielenden Gruppenmitgliedern die Spielregeln menschl. Zusammenlebens bewußt werden. Ko

Lit.: H. Petzold, Angewandtes Psychodrama (1972); J. Rattner, Gruppentherapie (1973); Burkhart/Zapotocky, Konfliktlösung im Spiel (1974).

Rollenspiel → Konfliktlösungsspiel → Psychodrama

Sprachanalyse → Glaubenssprache

Strukturgitter, didaktisches. Das d. S. ist eine Hilfe zur Planung einzelner Themenfelder v. a. des → Zielfelderplanes. Es ist ein Raster, in dessen horizontalen Spalten die Themen des RU den vier Erlebnisbereichen ‚eigenes Leben', ‚Leben mit anderen', ‚Religion und Religionen', ‚Kirche' zugeordnet werden. In den vertikalen Spalten kommt die Zuordnung der Themenfelder zu Lernstufen (1. wahrnehmen-kennenlernen-darstellen; 2. erfahren-verstehen-unterscheiden; 3. überprüfen-bewerten-ändern) zum Ausdruck. Ko

Lit.: Zielfelderplan — Grundlegung (1973), S. 15 ff.

Thesaurus Religionspädagogik. Th. (= griech. Schatzkammer) ist der Fachausdruck f. umfangreiche wissenschaftl. Nachschlagwerke, bes. f. Schlagwortkataloge, welche nach speziellen wissenschaftl. Kriterien erstellt werden. Der Th. RP ist die z. Zeit größte rp. Informations- u. Dokumentationsquelle. Er erscheint seit 1976 auf ökumen. Basis u. wird v. ev. Comenius-Institut Münster gemeinsam mit dem kath. Institut f. Katechetik u. Homiletik in München herausgegeben. Er enthält 1284 Schlagwörter zur Bezeichnung rp. Dokumente u. Publikationen (Deskriptoren) u. weitere 800 „Nichtdeskriptoren" (= Begriffe, die zwar im Verzeichnis enthalten sind, die aber nicht benützt werden, u. deshalb auf einen Deskriptor verwiesen sind), ferner rund 13.500 „Assoziationsdeskriptoren" (weitere, u. engere Begriffe, Synonymbegriffe, Gegenbegriffe zum gleichen „Arbeitsfeld"). Ko

Lit.: A. Zenner, Th. Rp. in: Kat. Bl. 1976/S. 421 ff.

Trierer Plan. Ein v. Katechetischen Institut Trier erarbeiteter Lehr- u. Arbeitsplan mit entspr. Arbeitshilfen f. d. rel. Unterweisung im Vorschulalter. Zu beziehen durch das Katechetische Institut Trier. Ko

Lit.: Josef Quadflieg, Der Trierer Plan, in: Chr. päd. Bl. (91) 1978 Seite 223 ff.

Wiener Arbeitsplan f. d. Sekundarstufe I. Ein ab 1974 unter Berücksichtigung der Arbeiten am → Zielfelderplan erstellter Lehrplan f. d. RU v. a. in der Unterstufe der AHS. Formal dem Aufbau des Zielfelderplanes folgend, ist er jedoch stärker an Glaubensunterweisung orientiert u. eigenständig in Zielsetzung u. Inhalten. Er verbindet die einzelnen Themenfelder mit Aktionen v. a. caritativer Art u. umfaßt den österr. Schulverhältnissen entsprechend nur die Schulstufen 5—8. Als Schulversuch wurde dieser Plan ab dem Schuljahr 1975/76 zunächst in Wien, dann in anderen österreichischen Diözesen erprobt. Veröffentlicht in den Chr. päd. Bl. ab Jg. 1974/Heft 6. Ko

Zielfelderplan. Ein unter Berücksichtigung v. curricularen Verfahrensweisen v. einer Kommission des → Deutschen Katechetenvereines erarbeiteter, schulformübergreifender → Lehrplan f. d. RU der 5.—10. Schulstufe (Sekundarstufe I), hg. 1973. Charakteristisch ist die angestrebte Verbindung v. menschl. Erfahrung u. theol. Inhalten, v. Lernzielen u. Themenfeldern. Zum Zielfelderplan f. d. Sekundarstufe I erschienen bereits eine Reihe v. Arbeitsbehelfen u. auch eigenständige Religionsbücher. Nach der gleichen Methode wurde 1975 ein Zielfelderplan für die Primarstufe (Primarstufenplan) veröffentlicht. Zu beziehen sind Pläne u. Behelfe direkt durch den DKV München. Ko

Lit.: G. Miller, Der deutsche Zielfelderplan, in: Chr. päd. Bl. (88) 1977 S. 14 ff.

2. Ergänzungen zu Stichwörtern

Ergänzung zu Sp. 65 (nach 12. Z. v. o.)

Aufsicht des RU (BRD).

... Die staatliche Schulaufsicht schließt nicht aus, daß durch Landesrecht (Kulturhoheit der Länder) auch die Gemeinden in aufsichtliche Funktionen eingeschaltet werden. Schulaufsicht ist nicht nur Rechts- u. Pflichtaufsicht, sondern enthält auch ein Bestimmungsrecht über den Charakter der Schule, auch deren Bekenntnischarakter, über dic Schulgattungen, den Lehrplan u. d. Schulleitung ...

Lit.: R. v. Drygalski, Die Einwirkungen der Kirchen auf den RU an öffentl. Schulen (1967); Quaritsch/Weber, Staat u. Kirche in der BRD (1967); Th. Maunz, Deutsches Staatsrecht ([20]1975).

Ergänzung zu Sp. 292 (Z. 20—30 v. o. muß lauten:)

Freigegenstand Religion (BRD).

... In einzelnen Ländern (z. B. Bayern) sind durch den „Curricularen Lehrplan Katholische Religionslehre (Leistungskurs)" die Teilnahme am 6stünd. Leistungskurs der → Kollegstufe wie auch die Stundenzahl u. d. Wahlmöglichkeiten genau festgelegt. Die angestrebte Vorrangigkeit der Leistungskurse vor der Versorgung aller übrigen Klassen mit RU ist auf Grund der Verfassung der → Konkordate u. Kirchenverträge nur schwer vertretbar ...

Ergänzung zu Sp. 394 (nach Z. 13. v. o.)

Höhere Schule (BRD). ... F. die → Kollegstufe der Gymnasien (12. u. 13. Kl.) ist je nach dem Besuch von 2—3stünd. Grund- oder 6stünd. Leistungskursen eine andere Stundenregelung f. d. RU getroffen. Um einheitl. Prüfungsanforderungen in der Abiturprüfung u. chancengleichen Übergang zur Univ. (Numerus clausus) zu erreichen, wurden durch Vereinbarungen d. Kultusministerkonferenz v. 13. 12. 72 u. 6. 2. 75 sog. „Normenbücher" erstellt, die jedoch unterschiedlich bewertet werden.

Lit.: A. Flitner/D. Lenzen (Hg.), Abitur — Normen gefährden die Schule (1977).

Ergänzung zu Sp. 585 (Z. 1—6 v. u. muß lauten:)

Lernmittelfreiheit (BRD)

... Folgende drei Gruppen v. Lernmitteln werden unterschieden: a) sowohl lernmittelfreie als auch zulassungspflichtige, b) zulassungspflichtige, aber nicht lernmittelfreie, c) weder lernmittelfreie noch zulassungspflichtige.

Prüfungspflichtige Lernmittel dürfen nur dann in den Schulen verwendet werden, wenn sie f. d. betr. Schulart u. Jahrgangsstufe zugelassen sind. F. d. Aufnahme v. Religionsbüchern in die L. ist grundsätzlich entscheidend das Placet der Religionsgemeinschaft. Der Staat (so in Bayern) hat sich in einem eigenen Prüfungsverfahren vorbehalten zu erklären, „ob Inhalt, Methode u. Didaktik mit den gesetzl. Bestimmungen, insbes. mit der Verfassung, den Bildungszielen u. den in der Verfassung enthaltenen Wertentscheidungen übereinstimmen; dabei legt der Staat die Verfassungsbestimmungen durch seine Organe selbst aus. Je weiter sich die Inhalte eines Religionsbuches v. innerkirchl. u. dogmit anderen Fächern auch inhaltfernen, umso stärker muß sich der Staat im Sinne einer Abstimmung mat. gebundenen Unterricht entlich engagieren" (Zulassungsverordnung v. 14. 5. 76). Auf Grund der angespannten Finanzlage der öffentl. Haushalte wurde im Bay. Finanzplanungsgesetz v. 23. 12. 75 verfügt: „Jene Bücher, die 3 Jahre oder länger sich in der Hand eines Schülers befinden, können v. KM aus der LMFr herausgenommen werden. Die Anschaffung kann den Eltern übertragen werden".

Ergänzungen zu Sp. 799/800

Reihenpublikationen. Kat. u. Rel. päd. R. (seit 1945)

lfd. Nr.	Titel:	Herausgeber und Verlag	1. Erscheinungsjahr
31	Göttinger Quellenhefte für Unterricht u. Arbeitsgemeinschaft	G. Isermann Vandenhoeck & Ruprecht Göttingen	1970
32	Christliche Strukturen in der modernen Welt	W. Plöger Ludgerus, Essen	1970
33	RPE. Religionspädagogische Projektentwicklung (vgl. dazu Nr. 27: RPP)	K. Deßecker/G. Martin Calwer/Kösel Stuttgart/München	1970
34	Grünewald Materialbücher	Matthias Grünewald-V. Mainz	1970
35	Pastorale. Handreichungen für den pastoralen Dienst	Matthias Grünewald-V. Mainz	1970
36	KU praxis. Schriftenreihe f. d. kirchl. Unterricht	Gütersloher Verlagshaus G. Mohn, Gütersloh	1973
37	Anstoß und Information Materialien zum RU	D. A. Wolf Schöningh/Paderborn	1973
38	SPT. Studien zur praktischen Theologie	Feifel/Paul/Stachel Benziger, Zürich	1973
39	Materialien zur Elternbildung	Comenius-Institut Münster	1974
40	Arbeitsmappen f. Religionslehrer in der Sekundarstufe II	Quelle & Meyer Heidelberg	1974
41	Materialien, Medien, Modelle f. Katechese und RU	Butzon & Bercker Kevelaer	1975
42	Entwürfe zur Gemeindekatechese	Deutscher Katecheten-verein, München	1976
43	Konzepte. Materialien f. d. RU in der Sekundarstufe II	M. Diesterweg Frankfurt	1977
44	Texthilfen f. d. RU an Höheren Schulen	Eb. Institut f. Religionspädagogik, Köln	o. J.
45	Werte und Normen	Vandenhoeck & Ruprecht, Göttingen	1977

Ergänzung zu Sp. 859 (1—5. Z. v. u.) u. Sp. 860 (1.—7. Z. v. o.)

Schulgottesdienst

2. Rechtliche Regelung (BRD)

... Neuerdings setzt sich die Auffassung durch, der Schulgottesdienst „ist kein Teil des Unterrichts an d. Volksschule, auch kein Teil des RU. Infolgedessen ist es grundsätzlich rechtlich nicht zulässig, den Schulgottesdienst während der Unterrichtszeit anzusetzen" (KM/Bayern v. 17. 5. 76). In einer Verlautbarung des KM/Hessen v. 29. 12. 76 heißt es: „Schülergottesdienste finden in der Regel außerhalb der Unterrichtszeit statt; dies gilt nicht nur für Schülergottesdienste, die traditionsgemäß während der Unterrichtszeit stattfinden sowie für Gottesdienste bei der Einschulung u. Entlassung, am Beginn u. Ende eines Schuljahres".

Ergänzung zu Sp. 1011 (Z. 1—13 v. o. und 1—15 v. u. muß lauten:)

Wahlgegenstand Religion (BRD). Die neugestaltete gymnasiale Oberstufe (in Bayern Kollegstufe genannt) umfaßt die drei obersten Jahrgangsstufen des Gymnasiums, wobei die 11. Jgst. der Orientierung, Information u. Vorbereitung dient. Die 12. u. 13. Jgst. bilden zusammen die sog. Kursphase, in der das Unterrichtsangebot in versch. Niveaus differenziert: in 2—3stünd. Grundkurse u. in 6stünd. Leistungskurse. In beiden Kursen ist der RU frei wählbar (vgl. Amtsblatt d. KM/Bayern 1974/S. 3 u. 1976/S. 419) ... Da (z. B. in Bayern) f. Religions-Grundkurse eine mindestteilnehmerzahl v. 5 Kollegiaten festgesetzt ist, können Kollegiaten einer konfess. Minderheit (oder bei zu geringer Anmeldung) in den Ethik-Unterricht verwiesen werden. Es ist fraglich, ob diese Bestimmungen über die Organisation der Kollegstufe (Religions-Grund- bzw. Leistungskurse) praktikabel sind u. v. a. den durch Verfassung, Konkordate u. Kirchenverträge garantierten RU anbieten.

Ergänzung zu Sp. 1041/2 (Tab. 13)

Zeitschriften, kat. u. rel. päd.

Titel	Erscheinungsort	Konfession
Deutschland		
Religion heute. Information Zeitschr. f. d. RU	Hamburg	ev.
Schul-Informationen	Köln	kath.
Religionspäd. Beiträge	Kaarst	ökum.
forum religion	Stuttgart	ev.

3. Korrekturen

Wir bitten unsere Leser, im ersten Teil dieses Bandes folgende Korrekturen vorzunehmen bzw. zu berücksichtigen:

Sp. 108, Stichwort B. I. C. E.:	statt H-1202 muß es heißen: CH 1202
Sp. 135, Stichwort Bußerziehung,	10. Zeile v. u.: Erke*nn*en
Sp. 292, Stichwort freie Schule:	Ergänze: Im deutschen Sprachraum sind freie Schulen nicht nur konfessionelle Schulen. Konfessionelle Schulen nennen sich hier „Schulen in freier Trägerschaft".
Sp. 349, Stichwort Gleichnis,	8. Zeile v. u.: Bildhä*l*fte
Sp. 388, Stichwort Hierarchie der Wahrheiten:	einfügen: Glauben, Kurzformeln des Glaubens
Sp. 397, Stichwort Hoffnung,	18. Zeile v. o.: Glau*b*en
Sp. 445, Stichwort Judentum,	7. Zeile v. u. Theodor Herzl (statt: Hertz) 2. Zeile v. u.: Anderseits ist der Zionismus auch Reaktion auf den Antisemitismus, der auch im 19. Jhd. mehrere Wurzeln hat.
Sp. 459, Stichwort Jugendrecht-BRD:	Zeile 11 Mitte bis Zeile 13 dieses Artikels sind zu streichen.
Sp. 799, Nr. 21 Theol. Forum:	Der Klammertext (= kath. Lizenzauflage v. 20) ist zu streichen.

LITERATURVERZEICHNIS

Die hier gesammelte Literatur ist eine Ergänzung jener Quellennachweise, die im Anschluß an einzelne Stichworte genannt sind. Es handelt sich dabei um eine Auswahl vorwiegend solcher Werke, die mehrere Stichwörter betreffen. Um den Umfang des Buches möglichst handlich zu halten, wurden viele Werke auch dann nur einmal — entweder im Text oder im Literaturverzeichnis — genannt, wenn sie mehrere Stichwörter betreffen.

Weitere Literaturhinweise finden sich vor allem in den angeführten Nachschlagwerken. Diese sind im folgenden durch ein + gekennzeichnet.

Achtenhagen F. / Meyer H. C. (Hsg.), Curriculumrevision — Möglichkeiten und Grenzen (1971).

Adam, A.: Erneuerte Liturgie (1972).

Adler, G.: Die Jesusbewegung (1972).

Adorno Th. W. u. a., Beiträge zum Bildungsbegriff der Gegenwart (1967).

Aebli H., Grundformen des Lehrens (1967).

Aebli H., Über die geistige Entwicklung des Kindes (1963).

Affemann R., Geschlechtlichkeit und Geschlechtserziehung in der modernen Welt (1970).

Affolderbach U., Kirchliche Jugendarbeit im Wandel (1977).

Aibauer, R. B.: Die Lehrerpersönlichkeit in der Vorstellung des Schülers (1954).

Aland K., Die Säuglingstaufe im Neuen Testament u. in der alten Kirche (2. A. 1963).

Albert H. / Topitsch E., Werturteilsstreit (1971).

Albert-Joppich E. / Schilling F., Probleme leichter Mehrfachbehinderungen im Kindesalter (1972).

Albrecht G., Soziologie der geographischen Mobilität. Zugleich ein Beitrag zur Soziologie des sozialen Wandels (1972).

Albrecht H., Über das Gemüt, (1961).

Algini, M. L., u. a.: suchen — warten — wagen. Auf dem Weg zum Konzil der Jugend (1973).

Amrein J. (Hsg.), Das Mahl der Gottesfamilie (Schüler- und Lehrerheft) (1968).

Amrein J., Dem Vater kann ich alles sagen. Lehrer- und Schülerheft zur Bußerziehung (1970).

Andriessen H., Psychologie des Erwachsenenalters (1972).

Angermaier, M.: Das Studium der Psychologie (1971).

Angermeyer, H.: Der thematisch-problemorientierte Religionsunterricht (1973).

Angermeyer, H.: Didaktik und Methodik der evangelischen Unterweisung (1965).

Angermeyer H., Taschentutor Religionspädagogik (1976).

Ankerstein, H. S.: Die Funktion des Fernsehens in der Schule (1970).

Anselm H. / Fikenscher K., Leistungsbewertung im Religionsunterricht der Kollegstufe (Studienstufe) (1976).

Anweiler O., Polytechn. Bildung und techn. Elementarerziehung, (1969).

Anzenberger P., Medienplan für den r. k. RU (1.—8. Schst.) hsg. v. Kat. Inst. Wien (o. J.).

Apel K. W., Dialog mit der jungen Generation über Glauben und Leben, 4 Bde. (1968 ff.).

Appesbacher M., Begegnung der Generationen, in: CPB (90) (1977).

Arbeitsblätter f. d. Firmunterricht (1970).

Arbeitsgemeinschaft Freie Schule (Hsg.), Gesellschaftliche Funktion des freien Schulwesens in der BRD (1971).

Arbeitsgemeinschaft für Katholische Familienbildung: Empfehlungen zur Sexualerziehung (1970).

Arbeitsmappe Firmung (hsg. v. rel. päd. Arbeitskreis Rottenburg 1971).

Arndt, M. u. a.: Didaktische Spiele (1972).

Arnold F. X., Grundsätzliches und Geschichtliches zur Theologie der Seelsorge (1949).

Arnold, F. X.: Untersuchungen zur Theologie der Seelsorge. Band I: Dienst am Glauben (1948); Band II: Grundsätzliches und Geschichtliches zur Theologie der Seelsorge (1949).

Arnold, F. X.: Pastoraltheologische Durchblicke (1965).

Arnold, Pierre u. a.: Jugend und Gesellschaft (1971).

Arnold/Rahner/Scherr/Weber: Handbuch der Pastoraltheologie 1—5 (1964—72).

Arnold, Wilhelm: Kritische Bemerkungen zum Strukturplan für das Bildungswesen (1971).
+ Arnold W./Meili R./Eysenck J., Lexikon der Psychologie 3 Bde (1972).
Aschenbrenner D., RU in der Berufsschule (1977).
Ascher, Paul: Jugendarbeit in der Krise (1971).
Aschermann, H. u. a.: Herausforderungen. Religionsbuch für Berufsschulen mit Lehrerheft (1970).
Aschersleben K., Motivationsprobleme in der Schule (1977).
Asperger H., Heilpädagogik ([2]1956).
Asperger H. / Haider F. (Hsg.), Geben und Nehmen. Interaktion im lebenslangen Erziehungsprozeß (1977).
Asperger H. / Haider F. (Hsg.), Das Werden sozialer Einstellungen in Familie, Schule und anderen Sozialformen (1974).
Assig, H./Mallinckrodt: Politische Katechese (1972).
Assig, H./Trutwin, W.: Politische Ethik (1972).
Audio-visuelle Geräte und Zubehör für den Unterrichtsgebrauch (hsg. v. d. Bundesstaatl. Hauptstelle f. Lichtbild u. Bildungsfilm, Wien o. J.).
Auer A., Autonome Moral und christlicher Glaube (1971).
Auer, A. u. a.: Der Mensch und seine Geschlechtlichkeit (1967).
Auer A. / Biesinger A. / Gutschera H., Moralerziehung im RU (1975).
Auer J./Ratzinger, J.: Kleine katholische Dogmatik (1970 ff.).
Auernheimer, G.: Das Studium der Pädagogik (1970).
Auf der Maur H. / Kleinheyer B. (Hsg.), Zeichen des Glaubens. Balthasar Fischer zum 60. Geburtstag (1972).
Auwärter M. u. a. (Hsg.), Seminar: Kommunikation, Interaktion, Identität (1976).
Avanzini G., Reifejahre (1970).

Babin, P.: Audiovisuelle Glaubenserziehung (1972).
Bach H., Schulische Erziehungsberatung (1960).
Bach, H.: Sexuelle Erziehung bei geistig Behinderten (1971).
Bach H. u. a., Handbuch der Sonderpädagogik (1976).
Badura B. / Gloy K., Soziologie der Kommunikation. Eine Textauswahl zur Einführung (1972).
Bätz K. / Iber G. / Middle K., Der Mensch im Alter (1976).
Bäuerle, W.: Theorie der Elternbildung (1971).
Bäuerle W. / Markmann J., Reform der Heimerziehung (1976).
Baldermann, I.: Biblische Didaktik (1963).
Bally G., „Vom Ursprung und den Grenzen der menschlichen Freiheit" (1945).
Bandura A., Lernen am Modell (1976).
Banks O., Soziologie der Erziehung. Schule in der Gesellschaft (1975).
Bareis, A./Kögel, H.: Erstunterweisung im Glauben (1971).
Bargheer F. W., Das Interesse des Jugendlichen und der Religionsunterricht (1972).
Bargheer F. W., Gebet und Beten lernen (1973).
Bargmann W. / Hanselmann J., Herausforderung durch die Kybernetik (1970).
Bargon N. E., Die Meßfeier in der Gedankenwelt des Hauptschulkindes (1965).
Barreau J. C., Die Evangelien sind noch unbekannt (1972).
Barth K., Die Revolutionierung der Schüler (1969).
Bastian H.-D. (Hsg.), Kirchliches Amt im Umbruch (1972).
+ Bastian H. D., Lexikon für junge Erwachsene (Religion, Gesellschaft, Politik) (1970).
Bastian, H. D.: Theologie der Frage (1969).
Bastian, H. D./Teiner, U.: Hoffnungslos gestört? Probleme religiöser Kommunikation (1971).
+ Bastin G., Wörterbuch der Sexualpsychologie (1972).
Battegay R., Der Mensch in der Gruppe. 2 Bände (1967).
Battegay R., Psychoanalytische Neurosenlehre (1971).
Baudler G., Der Religionsunterricht an der deutschen Schule (1971).
Baudler, G. u. a.: Fach Religion in der Collegstufe (1972).
Baudler G. (Hrsg.), Schulischer Religionsunterricht und kirchliche Katechese (1973).
Bauer, G. (Hsg.): Vorschulerziehung und Kirche (1972).
Bauer, J. B.: Die heißen Eisen von A—Z (1972).
Baumgärtner A. C., Die Welt der Comics. Allgemeine Pädagogik Bd. 26.
Baur, A.: Gemeinsam christlich in der Schule (1969).
Baur A. / Kögel H., Erstunterweisung im Glauben (1970).

Bausch-Hug H., Neue Gemeinde — wachsende Gemeinde, Erfahrungen, Anregungen. Gruppendynamik und Liturgie (1974).
Beck, E./Miller, G.: Biblische Unterweisung (3 Bände) (1964 ff.).
Beck, E. u. a.: Praxis der Glaubensunterweisung in der Hauptschule (1968 ff.).
Beck K., Bedingungsfaktoren der Berufsentscheidung (1976).
Beckmann, H. K. u. a.: Begabung und Lernerfolg in der Schule (1973).
Beer F. / Kutalek N. / Schnell H., Der Einfluß von Intelligenz und Milieu auf die Schulleistung (1968).
Beer U., Umgang mit Massenmedien ([3]1972).
Beer U. / Erl W., Entfaltung der Kreativität (1972).
+ Theologisches Begriffslexikon zum Neuen Testament (2 Bde.) (1977).
Beiner, F.: Zur Individualisierung des Lernprozesses (1972).
Bem D. J., Meinungen, Einstellungen, Vorurteile. Eine einführende sozialpsychologische Darstellung (1974).
Benden M., Zur Zielproblematik in der Pädagogik (1977).
Bender H., Verborgene Wirklichkeit (1973).
Benning A., Ökumen. Glaubensunterricht (1973).
Benning, A.: Quellentexte katholischer Erwachsenenbildung (1971).
Benz, E.: Neue Religionen (1971).
Berg, H. K.: Die Methodik der evangelischen Unterweisung (1966).
Berg H. K., Lernziel: Schülerinteresse (1977).
Berg H. K. / Doedens F., Unterrichtsplanung als didakt. Analyse, (1976).
Berg M., Handbuch der Lehr- und Arbeitsmittel im christlichen Unterricht (1968).
Berg S., Kurze literarische Texte für den Religionsunterricht (1971).
Berger H. u. a., Leben nach dem Tode? (1972).
Berger P. L., Einladung zur Soziologie. Eine humanistische Perspektive (1969).
Bergmann, E.: Audiovisuelle Mittel in der modernen Schule (1970).
Bergmann, E.: Schulfernsehen (1969).
Berner P. / Hoff H. / Ringel E., Die Zeit und ihre Neurose (1957).
Bernett, S. A., Instinkt und Intelligenz (1968).
+ Bernsdorf W. (Hsg.), Wörterbuch der Soziologie ([2]1969).
Berresheim, H./Hoersch, H.: Der Kurzfilm — eine pädagogische Chance (1970).
Berthold F., Dialogos — Das Kind und seine Erlebniswelt (1970).
Bertram H. u. a., Moderne Unterrichtstechnologie (1972).
Bertsch L., Die Predigt in der Meßfeier der Kinder, in: G. Stachel — A. Zenner, Einübung des Glaubens (1964).
Bertsch L. (Hrsg.), Buße und Beichte (1967).
Bertsch L./König J./Kalteyer A., Eucharistie und Buße der Kinder in der Gemeinde (1969).
Bertsch, L.: Buße und Bußsakrament in der Kirche heute (1970).
Bettelheim, B.: Liebe allein genügt nicht. Die Erziehung emotional gestörter Kinder (1970).
Betz F., Märchen als Schlüssel zur Welt (1977).
Betz F. (Hsg.), Neue Kreise. Anregungen und Arbeitsmaterial für Familiengruppen (Pfeiffer-Werkbuch Nr. 53).
Betz O., Beichte im Zwielicht (1966).
Betz O., Bilder im RU, in: Ch. p. Bl. 1971/15 ff.
Betz O., Das Leben meditieren (1970).
Betz O., Das Wagnis mit der Welt (1965).
Betz O., Den Menschen meditieren (1972).
Betz O., Die Welt meditieren (1966).
Betz O., Die Zumutung des Glaubens (1968).
Betz O., Eschatologie in der Glaubensunterweisung (1965).
Betz O., Fragwürdigkeiten (1967).
Betz O., Ich glaube mit meinem Leben (1972).
Betz O., Religiöse Erfahrung (1977).
Betz O. (Hg.), Gemeinde morgen (1969).
Betz O. (Hg.), Sakrament der Mündigkeit (1967).
Betz, O. u. a.: Der „politische" Jesus (1969).
Betz, O. u. F.: Tastende Gebete (1971).
+ Bibeltheol. Wörterbuch hsg. v. J. B. Bauer 2 Bde. ([3]1967).
Biel P. / Kaufmann B. H., Zum Verhältnis von Emanzipation und Tradition (1975).
Biemer, G. u. a.: Religionsunterricht im 1. Schuljahr (1971).

Biemer, G.: Firmung (1973).
Biemer G. / Biesinger A., Theologie im RU (1976).
Biemer G. / Biesinger A. / Kraus B., Möglichkeiten und Grenzen der Leistungsmessung im RU (1976).
Biemer, G./Kern, I.: Unterwegs zu dir (1970).
Biesel, H.: Von altem und neuem Beten (1972).
Bijlsma R., Die Taufe in Familie u. Gemeinde, Theol. Existenz heute (1962).
Bild — Film — Ton. Verleihprogramm 1972 (hsg. v. d. Bundesanstalt Hauptstelle f. Lichtbild und Bildungsfilm Wien o. J.).
Bindl, M. F.: Das religiöse Erleben im Spiegel der Bildgestaltung (1965).
Binswanger L., Ausgewählte Werke und Aufsätze (1955).
Birk G., Grundlagen für den RU an der Berufsschule (1974).
Birkenbeil, E. J.: Curriculum—Revision im Fragebereich der Religionspädagogik (1972).
Birkenbeil E. J., Pädagogik in ihrem christlichen Ursprung (1977).
Bitter, W.: Meditation in Religion und Psychotherapie (1958).
Bitter, W. (Hsg.): Psychotherapie und religiöse Erfahrung (1965).
Bittner / Schmid / Cords: Erziehung in früher Kindheit (1971).
Bizer, Ch.: Unterricht und Predigt (1972).
Bläsig W. / Jansen G. W. / Schmidt M. H. (Hsg.), Die Körperbehindertenschule (1972).
Blank, J.: Der Mensch am Ende der Moral (1971).
Blank, J.: Jesus von Nazareth (1972).
Blankenagel A., Hilfe für sehgeschädigte Kinder (1977).
Blankertz H. (Hrsg.), Interaktion und Organisation in pädagogischen Feldern (1977).
Blankertz H., Theorien und Modelle der Didaktik ([6]1972).
Blasig W. (Hrsg.), Sonntag für Kinder (ab 1973). 7 Bde. (1973—77).
Bleidick U., Pädagogik der Behinderten ([3]1978).
Bleistein R., Die Jugend von heute und der Glaube von morgen, Theorie und Praxis ([2]1970).
Bleistein, R.: Die Kirche von gestern und die Jugend von heute (1972).
Bleistein R., Jugend will Antwort. Probleme junger Menschen (3. A. 1968).
Bleistein R., Kurzformel des Glaubens. Bd. I — Prinzip einer modernen Religionspädagogik, Bd. II — Texte (1971).
Bleistein R., Sexualerziehung zwischen Tabu und Ideologie (1971).
Bleistein R., Sexualpädagogik unter Ideologieverdacht. Überlegungen zur Geschlechtserziehung in der Schule, in: KBl 93 (1968) 664—678.
Bleistein R., Zum Problem sexualethischer Normen für den vorehelichen Bereich, in: KBl 94 (1969) 393—408.
Bless, W.: Bildungsarbeit mit dem Holländischen Katechismus (1969).
Bless W./Emeis D., Befreiender Glaube (1971).
Blinkert B., Die Situation von Abendgymnasien und Kollegs in der BRD (1974).
Bloom B. S., Taxonomie von Lernzielen im kognitiven Bereich (1974).
Bochenski J. M., Wege zum philosophischen Denken (1967).
Bochinger E., Distanz und Nähe, Beiträge zur Didaktik des Religionsunterrichts (1968).
Bodzenta E., Die Katholiken in Österreich. Ein religionssoziologischer Überblick (1962).
Bodzenta E. (Hrsg.), Die österreichische Gesellschaft Entwicklung — Struktur — Probleme (1972).
Böckle, F.: Die Probe aufs Humane (1970).
Bönsch M., Unterricht mit audiovisuellen Medien (1973).
Boff L., Kleine Sakramentenlehre (1976).
Bollnow O. F., Die anthropologische Betrachtungsweise in der Pädagogik (1965).
Bollnow O. F., Existenzphilosophie und Pädagogik ([2]1962).
Bollnow O. F. / Guardini R., Begegnung und Bildung (1956).
Bolte K. M. / Kappe D. / Neidhardt F., Soziale Ungleichheit ([3]1974).
Bopp L., Heilerziehung aus dem Glauben (1958).
Borgmann W. / Hanselmann J. u. a., Herausforderung durch die Kybernetik (1970).
Bornemann / Mann-Tiechler: Handbuch der Sozialerziehung (1963—64).
Bosch P., Fürsorgeerziehung, Heimterror und Gegenwehr (1971).
Boss M., Der Traum u. seine Auslegung (1953).
Bosse R., Das Gebet in der Schule (1966).
Brandl G., Das Gruppengespräch als Lernweg (1975).

Braun, W.: Geschlechtliche Erziehung und Religionsunterricht (1970).
Brim G. O., Soziologie des Erziehungswesens (1963).
Brocher T. / Friedeburg L. V. (Hrsg.), Lexikon der Sexualerziehung für Eltern, Lehrer, Schüler (1972).
Brocher T. / Linz M., Schuld und Trauer, „Das theologische Interview" (1971).
Bronfenbrenner W., Wie wirksam ist kompensatorische Erziehung? (1974).
Brouwer H. J., Neue Wege in der Altenpastoral (1972).
Brugger W., Einleitung in d. Philosophie und Erkenntnistheorie (1959).
+ Brugger W. (Hsg.), Philos. Wörterbuch ([18]1967).
Bucka M., Religiöse Unterweisung in der Schule für Geistesbehinderte (1973).
Budde H., Christentum und soziale Bewegung (1961).
Büchele H., Christsein im gesellschaftlichen System. Sozialethische Reflexionen über den Zusammenhang von Glaube und sozio- ökonomischen Strukturen (1976).
Bühler Ch., Das Seelenleben des Jugendlichen ([6]1967).
Bühler Ch., Kindheit und Jugend ([4]1967).
Bünter W. / Kaufmann W., Bildung — Freizeit — Massenmedien (1977).
Bulst W., Auferstehung Jesu, in: Sacramentum Mundi Bd. I (416) (1967).
Bundscherer N., Moderne Naturwissenschaft und christlicher Glaube (1968).
Burger R. (Hrsg.), Sexualerziehung im Unterricht an weiterführenden Schulen. Biologie, Deutsch, Kunst, Leibesübungen, Musik, Religion, Sozialkunde (1970).
Bussmann H., Zur Kybernetik des Lernprozesses (1972).
Bußmann K., Glaubenserfahrung in der Gruppe (1976).

Calon P. J. A. / Prick J. J. G., Psychologische Grundbegriffe (1971).
Campenhausen A. v., Erziehungsauftrag und staatliche Schulträgerschaft (1967).
Cappel W., Das Kind in der Schulklasse, Grundlagen und Methoden soziometrischer Untersuchungen (1964).
Cardijn, J., Laien im Apostolat (1964).
Carl H. / Gräßle E. / Jung K. / Keller P. (Hg.), Impulse — zur Verantwortung (1972).
Charlton M. u. a., Innovation im Schulalltag (1975).
Chromik B. u. a., Situationsbezogener RU (1971).
Claessens D., Familie und Wertsystem. Eine Studie zur „zweiten, soziokulturellen Geburt" des Menschen ([3]1972).
+ Coenen L., Katholisches Soziallexikon (1964).
+ Coenen L., Theologisches Begriffslexikon zum N. T. 3 Bde. (1967—71).
Comenius Institut, Thesaurus Religionspädagogik (1976).
Congar Y., Situation und Aufgaben der Theologie der Gegenwart (1971).
Corbach L., Vom Sehen und Hören. Kunstwerke im RU (1965).
Cornfeld / Botterweck, Die Bibel und ihre Welt 1—2 (1969).
Correll W., Einführung in die pädagogische Psychologie ([2]1968).
Correll W., Lernstörungen beim Schulkind ([5]1969).
Correll W., Pädagogische Verhaltenspsychologie ([5]1974).
Correll S., Programmiertes Lernen und Lehrmaschinen (1968).
Correll W. / Schwarze H., Lernpsychologie programmiert — programmiertes Lehrbuch der Lernpsychol. (1968).
Correll W. / Schwarze H., Lernstörungen programmiert (1969).
Coser L. A., Theorie sozialer Konflikte (1972).
Cram D., Lehrmaschinen — Lehrprogramme (1966).
Creutzenberg H., Bibel-Comics im RU, in: Religion heute, Informationen zum RU (1977).
Cube F., Kybernet. Grundlagen des Lernens und Lehrens ([2]1968).

Daecke S., Der Mythos vom Tode Gottes, Furche Tabu 87.
Dahlmüller G. / Hund W. D. / Kommer H., Kritik des Fernsehens. Handbuch gegen Manipulation (1973).
Dankward D. / Burkert G., Die Tonfilmprojektion (Sehen und Hören — Schriftenreihe Heft 1 der Bundesstaatlichen Hauptstelle f. Lichtbild und Bildungsfilm Wien o. J.).
Dantscher R., Arbeitsmaterial für Gruppenarbeit (1975).
Debbrecht, G.: Audiovisuelle Medien im Religionsunterricht (1973).

Dechene H. Ch., Verwahrlosung und Delinquenz (1976).
De Corte E., Analyse der Lernzielproblematik: Zeitschrift für Pädagogik 17 (1971) 75—89.
Denker R., Aufklärung über Aggression (1968).
Dessauer Ph., Vom Sinn und der Notwendigkeit der rel. Erwachsenenbildung, in: Erwachsenenbildung 5 (1959).
Dessecker/Martin/Meyer, Religionspädagogische Projektforschung (1970).
Deutscher Katechetenverein (Hsg.), Bücherliste für den RU (2. A. 1972).
Deutscher Katechetenverein (Hsg.), Rel. päd. Beiträge zum Vorschulalter (1973).
Deutscher Katechetenverein (Hsg.), Vorschlag für eine Grundausstattung der Lehrerbücherei (1971).
Deutsches Jugendinstitut, Evangelische Jugendarbeit in Deutschland Bd. I: Materialien und Analysen (1969).
Deutsches Jugendinstitut, Jugend im Spektrum der Wissenschaften Bd. III. Beiträge zur Theorie des Jugendalters (1970).
Dichanz H. / Korb K., Quellentexte zur Unterrichtstechnologie (1976).
Dienelt K., Erziehung zur Verantwortlichkeit (1958).
Dienelt K., Pädagogische Anthropologie (1970).
Dienst D., Die lehrbare Religion (1976).
Dietrich W., Der Anstoß, Blätter für den Religionsunterricht (1968).
Dietrich W. (Hsg.), Elemente (Heftreihe d. religionspädagoischen Studienzentrums Schönberg) (1971).
Doderer K., Klassische Kinder- und Jugendbücher (1969).
Doedens F., Bildende Kunst und Religionsunterricht (1972).
Dolch H., Grundbegriffe der pädagogischen Fachsprache ([5]1965).
Dollard I. u. a., Frustration und Aggression (1976).
Domschule e. V. Würzburg (Hsg.), Theologie im Fernkurs. 24 Lehrbriefe Grundkurs, 24 Lehrbriefe Aufbaukurs (o. J.).
Domschule e. V. Würzburg (Hsg.), Lehrbriefe „Rel. päd.-kat. Kurs" (1973 ff.).
Donat H., Das Heilige Mahl (1969).
Drechsler J., Anthropologie und Pädagogik (1965).
Dreher, B.: Katechese — Gemeinde (1970).
Dreher B., Das Zweite Vatikan. Konzil und die kath. Erwachsenenbildung, in: Erwachsenenbildung 12 (1966).
Dreher B., Die biblische Unterweisung im katholischen und evangelischen Religionsunterricht (1963)
Dreher B., Glaubensstunden für Erwachsene. Kurs 1 (1971), Kurs 2 (1972), Kurs 3 (1973).
Dreher B. u. a., Katechese und Gesamtseelsorge (1966).
Dreher / Greinacher / Klostermann, Handbuch d. Verkündigung 1 u. 2 (1970).
Dreher B./Lang K., Theologische Erwachsenenbildung (1969).
Dreikurs R., Grundbegriffe der Individualpsychologie (1969).
Dreißen J., Grundlinien heutiger Katechese (1967).
Drescher H. G., Nachfolge und Begegnung (1970).
Dreßler, G. v. (Hsg.), Lernziel Ich-Erfahrung (1976).
Dross R., Zur Neukonzeption des RU (1970).
Drygalski v. R., Die Einwirkungen der Kirchen auf den Religionsunterricht an öffentlichen Schulen (1967).
Dührssen A., Heim- und Pflegekinder in ihrer Entwicklung (1958).
Dührssen A., Psychogene Erkrankungen bei Kindern u. Jugendlichen ([11]1976).
Dürr O., Autorität — Vorbild — Strafe. Hindernisse neuzeitlichen Erziehens? (1970).
Duquoc Ch., Kirche und Fortschritt (1967).

Eberts G., Wir feiern das Jahr (1973).
Eckart M., Das Schulgebet in der Hauptschule, Realschule und Gymnasium (1967).
Egg M., Andere Kinder — andere Erziehung (1965)
Egg M., Andere Menschen — anderer Lebensweg (1966)
Egg M., Ein Kind ist anders (1963)
Egger E. u. a., Das Schulwesen in der Schweiz 1965).
Ehlers D., Entkonfessionalisierung des Religionsunterrichts. Eine Untersuchung über
Eibl-Eibesfeldt I., Grundriß der vergleichenden Verhaltensforschung (1967).
die inhaltlichen Gestaltungsanforderungen der Verfassung (1975).

Eigler G., Bildsamkeit und Lernen (1967).
Eisermann G. (Hsg.), Die Lehre von der Gesellschaft. Ein Lehrbuch der Soziologie (1974).
Ell, E.: Fördern statt Fordern (1970).
Ell E., Für die Welt erziehen (1962).
Ell E., Jugendliche in der seelischen Entwicklung (1966).
Emeis D., Wegzeichen des Glaubens (1972).
Emeis D., Zielgruppe Eltern (1977).
Emeis D., Zum Frieden erziehen (1968).
+ Emrich A., Lexikon der Festlichkeiten (1969).
Engelmayer O., Das Kindes- und Jugendalter (1972).
Engelmayer O., Päd. Psychologie für Schule und Unterricht (1977).
Engelmayer O. / Gründel J. / Neuhäusler A., Gewissen und Gewissensbildung (1968).
+ Englert L., (Hsg.), Lexikon der kybernetischen Pädagogik und der programmierten Instruktion (1966).
Erharter H. / Schramm H.-J. (Hrsg.), Humanisierte Sexualität, partnerschaftliche Ehe, erfüllte Ehelosigkeit (1971).
Erharter H. / Zauner W. (Hsg.), Alter — Altern — Altenpastoral (1973).
Erikson E., Kindheit und Gesellschaft (1965).
Ernst A., Das Rollenspiel im Unterricht (1976).
Esser W. G., Die religiöse Grundfrage nach Gott (1969).
Esser W. G., Erschließung der Frage nach Gott (1970).
Esser W. G., Personale Verkündigung im Religionsunterricht (1960).
Esser W. G., Religionsdidaktik (1977).
Esser W. G. (Hsg.), RU und Konfessionalität (1975).
Esser W. G., Die rel. päd. Grundfrage nach Gott (1969).
Esser W. G. (Hsg.), Zum Religionsunterricht morgen (3 Bde, 1970 ff.).
Esterhues J., Allgemeine Pädagogik im Umriß (1962).
Evangl. Jugendwerk Stuttgart, Freizeithandbuch (1974).
Ewald G., Der Mensch als Geschöpf und kybernetische Maschine (1972).
Exeler A., Die angemessene Vermittlung neuer theol. Erkenntnisse in der Erwachsenenbildung, in: Kat. Bl. 8/1968, S. 449 ff.
Exeler A., Rechtzeitige Erstkommunion und Pfarrseelsorge (1964).
Exeler A., Umstrittenes Lehrfach Religion (1976).
Exeler A., Wesen und Aufgabe der Katechese (1966).
Exeler, A./Emeis, D.: Reflektierter Glaube (1970).
Exeler/Scherer, Glaubensinformation (Sachbuch z. theol. Erwachsenenbildg) ([1]1971).
Eysenck H. J., Crime and Personality (1964).

Faber H., Religionspsychologie (1974).
Feifel E., Erwachsenenbildung, Glaubenssinn und theol. Lernprozeß (1972).
Feifel E., Die Glaubensunterweisung und der abwesende Gott (1965).
Feifel E. (Hg.), Katechese im Zeichen christl. Weltoffenheit (1968).
Feifel E., Der pädagogische Anspruch der Nachfolge Christi (1968).
Feifel, E.: Personale und kollektive Erziehung (1965).
Feimark P. u. a., Große fremde Religionen, Grundlagen für einen Dialog (1977).
Feiner, J./Vischer, L. (Hrsg.): Neues Glaubensbuch (1973).
Feld H. u. a., Grenzen des Dogmas (1972).
Feldmann G., Theorie der Massenmedien (1972).
Fend H., Gesellschaftliche Bedingungen schulischer Sozialisation (1974).
Fichter J. H. / Bodzenta E., Grundbegriffe der Soziologie ([3]1970).
Filthaut Th., Aspekte der Glaubensunterweisung von morgen (Aktuelle Schriften zur Religionspädagogik 15) (1968).
Filthaut Th., Das Reich Gottes in der Glaubensunterweisung (1964).
Filthaut Th., Grundfragen liturgischer Bildung (1960).
Finger K., Handbuch zum Glaubensbuch 3 (1972).
Finger K., Handbuch zum Glaubensbuch 4 (1971).
Fischer H., Katechese nach dem Rahmenplan (1969).
Fischer J. u. a., Wörterbuch zur Sexualpädagogik und ihren Grenzgebieten Jugendkunde, Ehekunde und Familienkunde (1969).
Fischer K. G., Emanzipation als Lernziel der Schule v. morgen: informationen 3+4/ 1970, 7—11 (pti Kassel).

Fittkau B. /Müller-Wolf H. M. / Schulz v. Thun / Friedemann (Hrsg.), Kommunikations- und Verhaltenstraining. Für Erziehung, Unterricht und Ausbildung (1974).
Flammer A., Transfer und Korrelation (1970).
Flechtner H., Grundbegriffe der Kybernetik (1966).
Flitner A. / Lenzen D. (Hrsg.), Abitur-Normen gefährden die Schule (1977).
Flügge J., (Hsg.), Pädagogischer Fortschritt? (1972).
Förster E. / Wewetzer K. H. (Hrsg.), Systematik der psychogenen Störungen (1968).
Foppa K., Lernen, Gedächtnis, Verhalten (1968).
Forsberg B. / Meyer E. (Hrsg.), Einführung in die Praxis der schulischen Gruppenarbeit (1974).
Forstner D., Die Welt der christlichen Symbole (³1976).
Fortmann H., Vom bleibenden Sinn christlicher Feste (1969).
Fraas H. J., Religiöse Erziehung und Sozialisation im Kindesalter (²1975).
Frankl V. E., Der unbewußte Gott (1959).
Frankl V. E., Der unbedingte Mensch (1949).
Frankl V. E., Logos und Existenz (1951).
Frankl V. E., Psychotherapie für den Laien. Herder Tb 387 (o. J.).
Frankl V. E., Trotzdem ja zum Leben sagen (1977).
Frey K. u. a., Eine Handlungsstrategie zur Curriculumkonstruktion: Z. f. Päd. 17 (1971) 11—29.
Friedrichs G., Automation — Risiko u. Chance (1965).
Frieling R. / Ortmann E. A., Katholisch und evangelisch (1976).
Fries H., Abschied von Gott? (³1973).
Fries H., Gott — die Frage unserer Zeit (1976).
+ Fries H., Handbuch theol. Grundbegriffe 1 u. 2 (1962—63).
Fries H., Ökumene statt Konfessionen (1977).
Fries H./Stählin R., Gott ist tot? (²1970).
Frik H., Evangelium und Gruppenpädagogik (1976).
Fröhlich W. D., Angst u. Furcht, in: Handbuch der Psychologie Bd. 2. II.
Frör K., Zeichnung und Bild im kirchl. Unterricht (1965).
Führing M. / Lettermayer O., Die Sprachfehler des Kindes (1966).
Für eine Revision der Sexualpädagogik (1967).
Fürstenberg F., Das Aufstiegsproblem in der modernen Gesellschaft (²1969).
Fürstenberg F. (Hrsg.), Religionssoziologie (²1970).
Furrer K., Voreucharistische Gottesdienstgestaltung (1973).

Gabriel L., Existenzphilosophie von Kierkegaard bis Sartre (1951).
Gärtner R., Religiös sittliche Anschauungen der Studenten an der Höheren Technischen Bundeslehranstalt St. Pölten (1973).
Gagern, F. E. F. v., Liebe soll gelingen — aber wie? Vom Wunschbild zur Wirklichkeit (1970).
Gagné R. M., Die Bedingungen des menschlichen Lernens (1969).
Gahagan D. u. G., Kompensatorische Spracherziehung in der Vor- u. Grundschule (1972).
Gahlen H. / Schladoth P., Arbeitsbuch Katechismus (1972).
Galbraith J. K., Die moderne Industriegesellschaft (1968).
Gardner G. E., Entwicklung der kindlichen Persönlichkeit (1971).
Garonne G., Der Glaube als Mittel der Erziehung (1963).
Gaus H./Miller G./Quadflieg J., Lesestücke f. d. kath. RU 8.—10. Kl. (1971).
v. Gebsattel V., Christentum und Humanismus (1947).
Gehlen A., Der Mensch (1950).
Geissler E. u. a., Hausaufgaben — Hausarbeiten (²1974).
Geißler H., Modelle der Unterrichtsmethode (1977).
Gemeinsam beten, Gebete, Andachten und Lieder für die Schule (1969).
Gerbe / Marcus / Potel / Rémond / Salaun, Zulassung zur Taufe (1968).
Gesell A., Das Alter von 10—16 (²1964).
Gesell A., Das Kind von 5—10 Jahren (⁵1964).
Gesell A., Säugling und Kleinkind in der Kultur der Gegenwart (²1959).
Giel K./Hiller G. G., Verfahren zur Konstruktion von Unterrichtsmodellen als Teilaspekt einer konkreten Curriculum-Reform: Z. f. Päd. (1970) 739—754.
Glass D. V. / König R. (Hrsg.), Soziale Schichtung und soziale Mobilität (⁴1970).
Glaubensverkündigung f. Erwachsene. Dt. Ausgabe des Holl. Katechismus (³1971).
Glogauer W., Neue Konzeptionen für individualisierendes Lehren und Lernen (1976).

Glogauer W., Zur Lernwirksamkeit des Schulfernsehens (1974).
Gloy H., Die religiöse Ansprechbarkeit Jugendlicher (1969).
Gloy H (Hrsg.), Evangelischer Religionsunterricht einer säkularisierten Gesellschaft (1969).
Göpfert H., RU und weltanschauliche Pluralität (1974).
Görres A., An den Grenzen der Psychoanalyse (1969).
Gogarten F., Verhängnis und Hoffnung der Neuzeit (1966).
Goldbeck F., Die Welt des Knaben (3. A. 1970).
Goldbrunner J., Personale Seelsorge (1954).
Goldbrunner J., Seelsorge — eine vergessene Aufgabe (1971).
Goldbrunner J., Zur Methodik des modernen RU (1962).
Goldstein M., Anders als bei Schmetterlingen. Er und sie und ihre Liebe (Grafik H. Edelmann) (1967).
Gordon T., Lehrer — Schüler — Konferenz. Wie man Konflikte in der Schule löst. (1977).
Grabner-Haider, A., Semiotik und Theologie (1972).
Grabner-Haider, A., Verkündigung als Einladung (1969).
Grabner-Haider A., Praktisches Bibellexikon (1969).
Grace G. R., Der Lehrer im Rollenkonflikt (1973).
Graeb G.: Vorschulkinder fotografieren. Didaktische Anleitung für Erzieher (1971).
Gräßle E., Lernzielorientierter Religionsunterricht — Chancen und Gefahren, in: Religionspädagogik an berufsbildenden Schulen (1973/1).
Greif S., Diskussionstraining (1976).
Grimm S., Die Bildungsabstinenz der Arbeiter (1966).
Groenbaeck V., Seelsorge an alten Menschen (1969).
Grom B., Der Mensch und der dreifaltige Gott (1970).
Grom B., Methoden für RU, Jugendarbeit und Erwachsenenbildung (1976).
Groothof H. H., Lexikon für Eltern und Erzieher (1977).
+ Groothoff/Stallmann: Pädagogisches Lexikon (1961).
Grosch H., Religion in der Grundschule (1972).
Gross E., Einführung in die Bildungssoziologie (1975).
Gross E., Religion als akutes Problem der Schule (1974).
Gross H., Kleine Bibelkunde zum A. T. (1967).
Große-Jäger H., Eucharistiefeier für Kinder (1969).
Gruber E., Arbeitshilfen für die Vorbereitung der Erstkommunion (1969).
Gruber E., Arbeitshilfen für die Vorbereitung der Erstbeichte (1969).
Gründel, J.: Aktuelle Themen der Moraltheologie (1971).
Gründler J., Lexikon d. christl. Kirchen u. Sekten 1—2 (1961).
Grünewald E., Die personale Projektion (1967).
Grütters F., Realschule heute und katholischer Religionsunterricht (1960).
Guardini R., Die Lebensalter (3. A. o. J.).
Guardini R., Von heiligen Zeichen ([9]1966).
Guerre-Zinty, Beseelen statt befehlen (1960).
Guerre-Zinty, Lebendiges Evangelium (1961).
Guggenberger A., Teilhard de Chardin (1963)
Gülden J., Allgemeines Gebet, in: Lexikon für Theologie und Kirche (1966).
Gutschera H. / Thierfelder I., Brennpunkte der Kirchengeschichte (1976).

Haag H., Abschied vom Teufel (1969).
+ Haag H., Bibel-Lexikon ([2]1968).
Haag H., Teufelsglaube (1974).
Haas A., Das stammesgeschichtliche Werden der Organismen und des Menschen (1959).
Haeberlin U., Die Phantasie in Erziehung und Heilerziehung (1968).
Haecker Th., Was ist der Mensch? (1965).
Hahn F., Zwischen Verkündigung und Kitsch (1967).
Haidl M. / Hertle V. / Saller M., RU planen — protokollieren — auswerten (1977).
Halbfas H., Aufklärung und Widerstand (1971).
Halbfas H., Der Religionsunterricht (1955).
Halbfas H., Fundamentalkatechetik (1973).
Halbfas H., Handbuch der Jugendseelsorge und Jugendführung (1960).
Hamacher P., Bildung und Beruf bei Studierenden des 2. Bildungsweges (1968).
Hamann B., Religiöse Erziehung als Unterrichtsprinzip (1970).

Hammer F., Autorität und Gehorsam (1977).
Handbuch der Religionspädagogik, hsg. v. E. Feifel u. a. Bd. I (1973), II (1974), III (1975).
Handen W. (Hsg.), Psychologie der Unterrichtsfächer in der Volksschule (1955 ff.).
Hanselmann H., Sorgenkinder. Heilpädagogik im Überblick für Eltern, Lehrer, Geistliche, Fürsorger (1958).
Hanselmann H., Einführung in die Heilpädagogik (⁵1958).
Hansemann G. (Hg.), Christusverkündigung in der Schule (1963).
Hansemann G. (Hg.), Glaubensbegründung heute (1970).
Hansemann G. (Hg.), Katechese und Liturgie (1965).
Hansemann G., Religionsunterricht zwischen Information und Verkündigung (1970).
Hansen Th., Entwicklung des kindlichen Weltbildes (5. A. 1960).
Hardon A. J., Gott in den Religionen der Welt (1967).
Harrer F., Jugendhilfe (1971).
Hartenstein M., Religion: sehr gut (1975).
Hartfiel G. / Holm K., Bildung und Erziehung in der Industriegesellschaft (1973).
Haseloff / Hoffmann, Kleines Lehrbuch der Statistik (³1967).
Haseloff O. W. / Jorswieck E., Psychologie des Lernens (²1971).
Die Hauptschule. Lose-Blatt-Sammlung, Lfg. 8: Freizeit — freie Zeit (1971).
Heckel H., Schulrecht und Schulpolitik (1967).
Hederer J., Handbuch für den vorschulischen Erziehungsbereich (1972).
Heermann G. / Bechert G., Chancengleichheit durch Förderung (1972).
+ Heese/Wegener: Enzyklop. Handbuch d. Sonderpädagogik (1969).
Heggen F., Altersgemäße Kinderbeichte (²1967).
Heggen F., Gemeinsame Bußfeier und Privatbeichte (²1967).
Heidland H. W. / Hollenweger W. J. / Mühlen H. / Schönborn Chr. v., Die charismat. Erneuerung und die Kirchen (1977).
Heimann / Otto / Schulz: Unterricht — Analyse und Planung (⁴1969).
Heimann, P. u. a.: Unterricht — Analyse und Planung (1969).
Heimler A., Reifung und Geschlecht. Fragen der geschlechtlichen Erziehung im Lichte personaler Psychotherapie (1966).
Heine S., Biblische Fachdidaktik. Neues Testament (1976).
Heinemann H., Überlegungen zur Begründung des Lernziels: Fähigkeiten zu sachgemäßem Umgang mit der christlichen Tradition: informationen 1+2/1970, 17—24.
Heinemann H., Zur Aufzeichnung von Unterrichtsentwürfen — Rahmenmodell zur Curriculum-Entwicklung: informationen 1/1971, 11.
Heinemann/Stachel/Vierzig, Lernziele und Religionsunterricht (Unterweisen und Verkünden 11) (1970).
Heinen W., Das Gewissen, sein Werden und Wirken zur Freiheit (1971).
+ Heinrichs H., Audio-visuelle Praxis in Wort und Bild (1972).
Heinrichs, H. (Hrsg.): Sexualerziehung und Aufklärung im Elternhaus, Kindergarten und Schule (1971).
Heinrichs H., Lehr- und Lernmittel, Grundausstattungen für Schulen (1972).
+ Heinrichs H., Lexikon audio-visueller Bildungsmittel (1971).
Heinrichs H., Schulfernsehdidaktik (o. J.).
Heintel E., Sehen und Tun in der bibl. Unterweisung (1970).
Heintz P. (Hrsg.), Soziologie der Schule (⁴1966).
Heinze Th., Unterricht als soziale Situation. Zur Interaktion von Schülern und Lehrern (1976).
Heitger M. (Hrsg.), Erziehung oder Manipulation. Die Problematik der Erziehungsmittel (1969).
Heitger M., Staat und Kirche im Problem der Bildung (1965).
Heller E., Altwerden als Problem der modernen Welt (1972).
Heller K., Leistungsbeurteilung in der Schule (1975).
Hendricks J./Plögen W., Materialsammlung f. d. kath. Religionsunterricht im 9. und 10. Schuljahr (1970).
Henrich F., Naturgesetz und christliche Ethik (1970).
Henrichs N., Kult und Brauchtum im Kirchenjahr (1967).
Hentig H. v., Die Schule im Regelkreis (1965).
Henz H., Lehrbuch der systematischen Pädagogik (³1971).
+ Herders Theologisches Taschenlexikon, hsg. v. K. Rahner, 8 Bde. (1972/73).
Hermann E., Das einzige Kind (1952).
Hermann V., Freizeiten mit Kindern (1977).

Hermanns J. R., Kennst Du Jesus? (1972).
Herrmann, B.: Sexualerziehung im Religionsunterricht (1971).
Hertle V., Normen noch aktuell? Zur Problematik der Gültigkeit einer christlichen Moral (1971).
Hertle, V./Saller, M.: Feier der Erstkommunion (1972).
Hertle V. u. a., Material- u. Lesebuch zu glauben — leben — handeln (1971).
Hertz A. (Hrsg.), Moral (1972).
Herzka H. St., Das Gesicht des Säuglings (1965).
Herz O./Petry Ch., Curriculumreform im Gespräch zwischen Wirtschaft und Wissenschaft: Z. f. Päd. 17 (1971) 103—106.
Hetzer H., Die seelische Veränderung des Kindes beim 1. Gestaltwandel (1936).
Hetzer H., Kind und Jugendlicher in der Entwicklung (^{12}1971).
Hetzer H., Mütterlichkeit (1937).
Hetzer H., Spiel und Spielzeug für jede Altersstufe (^{12}1972).
Hetzer H., Spielen lernen — Spielen lehren (^{3}1962).
Hildebrand, D. v., Wahre Sittlichkeit u. Situationsethik (1957).
Hilder G., Organisation kooperativen Unterrichts, in: Zilleßen, RP-Praktikum (1976).
Hilgard E. R. / Bower G. H., Theorie des Lernens (^{3}1973).
Hilger, G., Religionsunterricht als offener Lernprozeß (1975).
Hiller-Ketterer I., Kind — Gesellschaft — Evangelium (1971).
Hinst K. (Hrsg.), Lernsysteme (1973).
Hoch D., Kindertaufe in der Volkskirche, Theol. Studien (1968).
Höfer A./Zisler K. (Hsg.), Katechetisches Vorlesebuch f. d. 7.—9. Schj. (1973)
Höhn E., Der schlechte Schüler — Sozialpsychologische Untersuchung über das Bild des Schulversagens (1967).
Höhn E. / Schick Ch. P., Das Soziogramm, Die Erfassung von Gruppenstrukturen. Eine Einführung für die psychologische und pädagogische Praxis (1954).
Höller G., Theorie und Praxis des Schülergesprächs (1976).
+ Hörmann K., Lexikon d. christl. Moral (1976).
Hoff H., Lehrbuch der Psychiatrie, Reihe: Psychohygiene; Wissenschaft und Praxis, 2 Bände (1956).
Hofstätter P. R., Einführung i. d. Sozialpsychologie (1966).
Hofstätter P. R., Gruppendynamik. Die Kritik der Massenpsychologie (1957).
Hofstätter P. R., Sozialpsychologie (1956).
Hofstätter/Wendt, Einführung in die quantitativen Methoden der Psychologie (^{4}1972).
Holstein H., Arbeitsmittel im Unterricht (^{2}1967).
Holstein H., Die Schule als Institution (1974).
Holzherr G., Das Gebet der Gläubigen (1967).
Homans G. C., Elementarformen sozialen Verhaltens (1968).
Horkheimer / Rahner / v. Weizsäcker, Über die Freiheit (1965).
Horn, R., Lernziele und Schülerleistung (1976).
Hornauer S., Alles was froh macht (1970).
Hornauer S., Lüge — Kitsch oder Fest? (1966).
Hornauer S., Weihnachten — Märchen oder Botschaft? (1968).
Horney W./Ruppert J. P./Schultze W., Pädagogisches Lexikon, 2 Bde. (1970).
Hostie R., C. G. Jung und die Religion (1957).
Hubert H., Kirchenbild, Sakramentenverständnis u. Kindertaufe, in: Münchener Theol. Zeitschrift (1969) S. 315—329.
Hübner, J.: Biologie und christlicher Glaube (1973).
Hüfner K. / Naumann J., Bildungsplanung: Ansätze, Modelle, Probleme (1971).
Hundertmarck G. / Ulshoefer H., Kleinkinderziehung (1971).
Hungs F. J., Gemeinde und Katechese; Zur Aus- und Weiterbildung von Gemeindekatecheten (1977).
Hurrelmann K. (Hrsg.), Soziologie der Erziehung (1974).
Huth A., Die Entwicklung des Kindes im Volksschulalter (1962).
Huth A., Entwicklungspsychologie des Kindes im Vorschulalter (1968).
Huth A., Psychologie in der Seelsorge (1971).

Illich I., Die Schule als neue Weltreligion in: O. Schatz, Hat die Religion Zukunft (1971).
Int. Inst. f. Sozialwissenschaft u. Politik (Hsg.), Bibliographie der Sozialethik 7 Bde (1969 ff.).

Ipfling J. H., Die emotionale Dimension in Unterricht und Erziehung (1974).
Ipfling H. J., Jugend und Illustrierte (1965).
Isenegger V. / Santini B., Begriff und Funktionen des Curriculums (1975).
Israel G., Was ist ein Curriculum: informationen 3+4/1970, 13.
v. Ivanka / Tyciak, Handbuch d. Ostkirchenkunde (1971).

Jablonka H., Gott ist nicht tot (1971).
Jaeger W., Paideia (1936—1947).
Janig H. / Krisch K. / Stary J., Kinder in Gruppen. Eine sozialpsychologische Untersuchung an Buben der Katholischen Jungschar Österreichs (1976).
Jansen D. A., Die Persönlichkeitsstruktur von Körperbehinderten (1975).
Janssen H., denken — danken — feiern, Gottesdienstentwürfe (1974).
Jantzen W., Zur Sozialpsychologie des Sonderschülers (1972).
Jennings H. H. / Taba H., Schule und Schülergemeinschaft. Soziometrie im Gruppenleben (1951).
Jenni-Westermann, Theol. Handwörterbuch zum A. T. 2 Bde. (1971; 1975).
Jentsch, Handbuch der Jugendseelsorge 3 Bde. (1971 ff.).
Jeremias J., Die Gleichnisse Jesu (1974).
Joas H., Die gegenwärtige Lage der soziologischen Rollentheorie (1973).
Johnson Ch., Revolutionstheorien (1971).
Jorissen I. / Meyer H. B., Zeichen und Symbole im Gottesdienst, Innsbruck (1977).
Josuttis M. / Leuner H. K., Religion und die Droge (1972).
Jung C. G., Psychologische Typen (1930).
Jung C. G., Über psychische Energetik u. d. Wesen der Träume (1965).
Jungblut M., Rebellion der Überflüssigen (1967).
Jungmann J. A., Katechetik (1952).
+ Jussen H., Handbuch d. Heilpädagogik in Schule und Jugendhilfe (1967).

Kampmann Th., Das Kirchenjahr, Mysterium, Gestalt, Katechese (1964).
Karsten A., Vorstellungen der jungen Deutschen über andere Völker (1966).
Kasch W. (Hsg.), Ökumenische Bibliographie (1977).
Kaspar F., Gruppenpädagogische Unterrichtsverfahren für den Religionsunterricht ([2]1971).
Kasper W. (Hrsg.), Christsein ohne Entscheidung oder soll die Kirche Kinder taufen? ([2]1972).
Kasper W., Unser Wissen vom Menschen (1977).
Kasper W., Zur Theologie der Christlichen Ehe (1977).
+ Kath. Bibelwerk (Hsg.), Kleines Stuttgarter Bibellexikon (1969).
+ Katholisches Handlexikon (1960).
Kath. Zentralinstitut f. Ehe u. Familienfragen: Elternbriefe — du und wir.
Kattmann U., Biologie und Religion (1972).
Katzenberger L. F., Gedächtnis o. Gedächtnisse (1970).
Kaufmann F. X. (Hrsg.), Bevölkerungsbewegung zwischen Quantität und Qualität (1975).
Kaufmann H.-B., Muß die Bibel im Mittelpunkt des Religionsunterrichtes stehen? (Thesen): Loccumer Protokolle 12/1966, S. 37 ff.
Kaufmann, H.-B., Religionsunterricht und Schulreform, in: Esser W. (Hrsg.), Zum Religionsunterricht morgen I (1970), 237—253.
Kaufmann H. B., Streit um den problemorientierten RU (1973).
Kaufmann L., Familie, Kommunikation und Psychose (1972).
Keilhacker M., Entwicklung und Aufbau der menschlichen Gefühle ([2]1975).
Kell, A.: Schulverfassunsg (1973).
Keller/Wagener, Motivmessen für Kinder (1972).
Kerschensteiner G., Begriff der Arbeitsschule (13. A. 1959).
Kerstiens L., Modelle emanzipatorischer Erziehung (1974).
Kirchgässner A., Heilige Zeichen der Kirche ([2]1961).
Kirchhofer, K.: Kirchliche Jugendarbeit zwischen Management und Kreativität (1973).
Kirchhoff R., Allgemeine Ausdruckslehre (1957).
Kirchliche Zentralstelle für Unterricht und Erziehung in Wien, Lehrpläne für den kath. Religionsunterricht (1977).
Klafki W., Das Problem des Elementaren und die Theorie der kategorialen Bildung ([2]1963).

Klafki, W.: Funk-Colleg — Erziehungswissenschaft, 3 Bde. (1970 f.).
Klafki W., Studien zur Bildungstheorie und Didaktik. ([10]1967).
Klages L., Grundlegung der Wissenschaft vom Ausdruck (1950).
Klein I., Gruppen leiten lernen. Didaktik und Praxis der Ausbildung (1976).
+ Kleines Philosophisches Wörterbuch (Herder TB Nr. 398) (1971).
+ Kleines Theol. Wörterbuch, hsg. v. K. Rahner u. H. Vorgrimler ([8]1971).
Kleruskongregation, Rom: Atti del IIo Congresso Catechistico Internationale (1971).
Klink J., Kind und Glaube. Eine kleine Theologie für Eltern (1971).
Klink M., Hinführung zur Eucharistie (1974).
Klostermann B., Erziehen heute. Neuer Mut durch praktische Anregungen (1968).
Knab D., Ansätze zur Curriculumreform in der BRD: betrifft Erziehung 4 (1971) 15—34.
Knab D., Curriculumforschung und Lehrplanreform: Neue Sammlung 9 (1969) 169—185.
Knab D., Möglichkeiten und Grenzen eines Beitrags der Curriculum-Forschung zur Entwicklung von Bildungsplänen: Wiss. Lehrerfortbildungswerk (Hrsg.), Reform von Bildungsplänen (Sonderheft 5, zu „Rundgespräch") 1969, 26—40.
Knackstedt, H. O.: Meßfeiern mit Kindern. (1971).
Knackstedt / Koitz / Lorentz, Meßfeiern mit Kindern. Ein Werkbuch (1971).
Kob J., Erziehung in Elternhaus und Schule (1963).
Kochan X. / Döderlein H., Bibliographie zur Frühpädagogik (1972).
Kochan X. / Döderlein H., Bibliographie zur Vorschulpädagogik (1972).
Köck I., Damit sie glauben können (1972).
Köck I., Grundfragen geschlechtlicher Erziehung: Mutterschaft (1969).
Köhler H., Theologische Anthropologie (1972).
König R., Grundformen der Gesellschaft: Die Gemeinde (1958).
König R. (Hsg.), Soziologie (1970).
Körner J., Vorurteilbereitschaft und autoritäres Verhalten (1976).
Kolbe F., Inhalt und Form des Fürbittgebetes, im Liturgischen Jahrbuch (1966).
Konopka G., Soziale Gruppenarbeit, ein helfender Prozeß ([5]1971).
Koren H., Volksbrauch im Kirchenjahr (1974).
Korff W., Norm und Sittlichkeit (1973).
Korherr E. J., Ja zum Religionsunterricht (1978).
Korherr E. J., Katechese und Firmung, in: Ch. p. B. 3/1972.
Korherr E. J., Methodik des Religionsunterrichts (1977).
Korherr E. J., Religionspädagogik (1974).
Koroliow F. F. / Gmurman W. I., Allgemeine Grundlagen der marxist. Pädagogik (1973).
Kowarik O. / Kraft I., Die Legasthenie und ihre methodische Behandlung (1973).
Kramer J., Der Sigmatismus, Bedingungen und Behandlung ([2]1967).
Kramer J., Intelligenztest (1954).
Krankenhagen G. (Hrsg), Videoarbeit im Unterricht (1977).
Krauss, H.: Der Unterrichtsfilm (1972).
Kratwohl / Bloom / Masio, Taxonomie von Lernzielen im affektiven Bereich (1975).
Kreutzwald H., Zur Geschichte des biblischen Unterrichts (1957).
Krings H., Neues Lernen (1972).
Krings, H. u. a.: Handbuch philosophischer Grundbegriffe (1973).
Krömler H., Horizonte des Lebens (1976).
Kroh O., Entwicklungspsychologie des Grundschulkindes (1961).
Krone H. W., Angst bei Schülern und Studenten (1977).
Krüger H. P., Soziometrie in der Schule, Verfahren und Ergebnisse zur sozialen Determinanten der Schülerpersönlichkeit (1976).
Kruijf T. C. de u. a., Zerbrochene Gottesbilder (1969).
Kudera S., Arbeit und Beruf (1977).
Kuhn V., Verhaltenstherapie im Kindesalter (1972).
Kuiper P. C., Die seelischen Krankheiten des Menschen (1968).
Kunert S. / Schmidt M., Die psychische Situation körperbehinderter Kinder (1971).
Kurzreiter J., Pädagogische Soziologie ([3]1977).
Kustermann H. u. a., Der Fernschüler (1970).

Läpple A., Christusverkündigung im Kirchenjahr (1967).
Läpple A., Der Religionsunterricht 1945—1975. Dokumentation eines Weges (1975).
Läpple A., Die Apokalypse nach Johannes (1966).

Läpple A., Die Bibel aktuell (1970).
Läpple A., Die Botschaft der Evangelien ([4]1968).
Läpple A., Die Kernwahrheiten des Glaubens, ein Kurzkatechismus für den heutigen Christen ([2]1974).
Läpple A., Freie Schule. Die gesellschaftliche Funktion des freien Schulwesens in der Bundesrepublik (1971).
Läpple A., Glaube ohne Zukunft? (1970).
Läpple A., Jesus von Nazaret (1972).
Läpple A., Kirchengeschichte. Der Weg Christi durch die Jahrhunderte ([2]1967).
Läpple A., Kirchengeschichte in Längsschnitten (1968).
Läpple A., Religionsunterricht und Pluralismus in Gesellschaft und Theologie (1975).
Läpple A., Situation und Entscheidung (1975).
Läpple A., Urkundenbuch des kath. Glaubens ([2]1969).
Läpple A., Volksrituale I, II, III (1974/77).
Läpple A., Von der Exegese zur Katechese 4. Bde. (1973/77).
Laible H.: Die ersten Jahre entscheiden. Werkbuch für die Glaubenserziehung des Kleinkindes (1966).
Lang L., Neue Wege zur Schülererkenntnis (1952).
Lange G., Bild und Wort. Die kat. Funktionen des Bildes in der griech. Theologie des 6.—9. Jh. (1969).
Lange G., Kontrapunkt zu den Thesen von O. Betz, in Ch. p. B. 1971/159 f.
Lange G. / Langer W., Via indirecta. Beiträge zur Vielstimmigkeit der christl. Mitteilung (1969).
Lange J. / Liss B., Zielgruppe Familie (1977).
Langer W., Kerygma und Katechese, Theol. und didaktische Neubegründungen des Bibelunterrichts (1966).
Langeveld M. J., Das Kind und der Glaube ([2]1964).
Lawton D., Soziale Klasse, Sprache und Erziehung (1973).
Le Du J., Katechese und Gruppendynamik. Ein praktisches Werkbuch für die Gruppenkatechese (1971).
Lehmann J., Simulations- und Planspiele im Unterricht (1977).
Lehmann I. / Portele G., Simulationsspiele in der Erziehung (1976).
Lehr U., Psychologie des Alterns (1972).
Leist F., Der sexuelle Notstand und die Kirchen. Eine aktuelle Dokumentation; Christen berichten dem Psychologen über ihre Erfahrungen ([2]1972).
Leist, M.: Erste Erfahrungen mit Gott (1972).
Leist M., Liebe — von der Jugend diskutiert. Ein Gespräch mit 16—18jährigen (1970).
Leist M., Neue Wege der religiösen Erziehung. Wir müssen umdenken (1967).
Leitner R., Sexualerziehung im Religionsunterricht, in: A. Höfer, Handeln aus dem Glauben (1971), S. 133—191.
Lelubre F. / Laurentin A., Einführung der Kinder in die Liturgie ([3]1968).
Lempp R., Eine Pathologie der psychischen Entwicklung ([2]1972).
Lempp R., Lernerfolg und Schulversagen (1971).
Lengrad P., Permanente Erziehung (1972).
Lentner L., Das Wort Gottes in der Schule (1957).
Lentner L., Katechetik und RU in Österreich (Bd. 1: 1955; Bd. 2: 1959).
+ Lentner L. u. a., Katechetisches Wörterbuch (1961).
Lengeling O. J., Fürbitten, in: Lexikon für Theologie und Kirche (1960).
+ Léon-Dufour X., Wörterbuch zur Bibl. Botschaft (1967).
Lepsius M. R. (Hrsg.), Zwischenbilanz der Soziologie (1976).
Lernziele der Gesamtschule. Deutscher Bildungsrat, Gutachten und Studien der Bildungskommission, Bd. 12.
Lewis M. M., Sprache, Denken u. Persönlichkeit im Kindesalter (1970).
Lewy L., Der ältere Mensch in der Gruppe (1972).
+ Lexikon für Theologie und Kirche 1—10 (1957—1965).
+ Lexikon für Theologie und Kirche Register (1967).
+ Lexikon für Theologie und Kirche 3 Bde. Konzil (1967—1968).
Lichtenstein E., Bildungsgeschichtliche Perspektiven (1962).
Liège A., Mündig in Christus (1961).
Lienert G. A., Testaufbau u. Testanalyse ([3]1969).
Lingelbach K. Chr., Probleme und Perspektiven der Curriculum-Entwicklung in Hessen: Z. f. Päd. 17 (1971) 91—101.

Lischke G., Aggressionen und Aggressionsbewältigung (²1973).
Liss B., Thema Ehe-Familie (1974).
Litt Th., Führen oder Wachsenlassen (1961).
Lobin G., Kybernetik und Bildung (1975).
Lochmann J. M., Versöhnung und Befreiung (1977).
Löwe A., Kinder-Audiometrie. Eine Einführung aus pädagogischer Sicht (1974).
Löwith K., Das Individuum in der Rolle des Mitmenschen (1969).
Longardt W., Katechetische Spielmappen (1974—75).
Longardt W., Spielbuch Religion (1974).
Lorenz K., Das sogenannte Böse (1967).
Lorenz K. / Leyhausen P., Antriebe des tierischen und menschlichen Verhaltens. Band 1 und Band 2 (1965).
Loretz O., Die Gottebenbildlichkeit des Menschen (1967).
Lott I., Religion in der Berufsschule (1972).
Lotz J. B., Ich — Du — Wir. Fragen um den Menschen. Neue Erkenntnisprobleme in Philosophie und Theologie (1968).
Lubienska de Lenval H., Die Liturgie der Gebärde (1959).
+ Lückert H.-R., Handbuch der Erziehungsberatung, 2 Bde (1964).
Lückert H. R., Konfliktpsychologie (1957).
Lüpke R. / Pfäfflin G. F., Herausforderung durch die Dritte Welt (1971).
Luhmann N., Soziologische Aufklärung, Aufsätze zur Theorie sozialer Systeme (1970).
Luhmann N., Vertrauen. Ein Mechanismus zur Reduktion sozialer Komplexität (²1973).
Lurijä A. R. / Judowitsch F. I., Die Funktion der Sprache in der geistigen Entwicklung des Kindes (²1972).
Lurka, M.: Wörterbuch biblischer Bilder und Symbole (1973).

Macht K., Unterrichtsmotivierung intrinsisch kontra extrinsisch (1973).
Mager R. F., Lernziele und programmierter Unterricht (1969).
Maier H., Kirche und Gesellschaft (1972).
Maier K. E., Jugendliteratur in einer veränderten Welt (1974).
Maier M., Feierbuch für die Familie (1966).
+ Maletzke G., Grundbegriffe der Massenkommunikation. Vgl. Institut f. Film und Bild in Wissenschaft und Unterricht (1964).
Mannheim K. / Stewart W. A. C., Einführung in die Soziologie der Erziehung (1973).
+ Manual der medizinischen Diagnostik und Therapie (¹1969).
Martin Ch., Entdeckungen im Gespräch (1977).
Maunz Th., Der Religionsunterricht in verfassungsrechtlicher und vertragskirchenrechtlicher Sicht (1974).
May H. / Krankenhagen G., Audiovisuelle Medien im RU (1974).
Mayer F., Einladung zur Tat. Ein Kreativkonzept religiöser Erziehung (1976).
Mayer F., Vorurteil — Geißel der Menschheit (1975).
Mayer-Scheu H., Grundgesetz und Parität von Kirchen und Religionsgemeinschaften (1970).
Mayntz R., Soziale Schichtung und sozialer Wandel in einer Industriegemeinde. Eine soziologische Untersuchung der Stadt Euskirchen (1958).
McCall G. / Simmons J. L., Identität und Interaktion, Untersuchungen über zwischenmenschliche Beziehungen im Alltagsleben (1974).
Meierhofer M. / Keller W., Frustration im frühen Kindesalter (²1970).
Meili R., Lehrbuch der psychologischen Diagnostik (1965).
Meili R. / Rohracher H., Lehrbuch der experimentellen Psychologie (²1968).
Meinecke U., Religionsunterricht im Spiegel seiner Lehrbücher (1969).
Meinertz F. / Kausen R., Heilpädagogik (⁴1975).
Meister R., Beiträge zur Theorie der Erziehung (1949).
Melezinek, A. (Hrsg.): Der Videorecorder im Bildungswesen (1973).
Melody R., Ich half den Haschern (1972).
Memmert W., Didaktik in Grafiken und Tabellen (1977).
Menne F. W., Kirchliche Sexualethik gegen gesellschaftliche Realität. Zu einer soziologischen Anthropologie menschlicher Fruchtbarkeit (1971).
Merkert R. / Klassen Th., Didaktik f. prakt. Theologen (1970).
+ Merten B., Anschauungsmittelverzeichnis für die Katechese (⁴1970).

+ Mertens H., Handbuch der Bibelkunde (1966).
Mertens W., Erziehung zur Konfliktfähigkeit. Vernachlässigte Dimensionen der Sozialisationsforschung (1974).
Messner J., Ethik (1955).
Messner J., Kulturethik mit Grundlegung durch Prinzipienethik und Persönlichkeitsethik (1960)
Mette N., Erzählen in RU und Katechese, in: KBl 101 (1976).
Meueler E., Katechismus und Curriculum (1972).
Meves Ch.: Die Bibel antwortet uns in Bildern (1973).
Meves Ch., Freiheit will gelernt sein (1976).
Meyer E., Unterrichtsvorbereitung in Beispielen ([14]1961).
Meyer H., 150 Bildnerische Techniken ([12]1974).
Meyer H., Sittlichkeit, Recht u. Staat (1960).
Meyer J. E., Theologische Deutung und Besinnung: Das Kind als Gleichnis, in: Referate der Seelsorgertagung (1952).
Meyr E. (Hg.), Fernsehen in der Lehrerbildung (1966).
Mieth D., Narrative Ethik, in: Freiburger Zeitschrift für Phil. und Theol. (1975).
Milanesi G., Religionssoziologie. Wandlungsprozesse im religiösen Verhalten (1976).
Millar S., Psychologie des Spiels (1973).
Miller G. / Wertz R., Bildermachen (1976).
+ Miller G. u. a., Kleines Lexikon der Curriculum-Terminologie (1971).
Mirke K., Konzentrationsfähigkeit und Konzentrationsschwäche ([2]1957).
Mitterhöfer J., Die Anthropozentrik und Christozentrik in den deutschsprachigen Katechismen (1969).
Möller Ch., Technik der Lehrplanung ([2]1970).
Möller H. R. / Lang S. K., Werkstatt Kunstpädagogik-Übungen zur Bildbetrachtung (1976).
Mohr G., Kinder zeichnen so (1968).
Mokrosch R., Gegenwärtige Tendenzen im RU der berufsbildenden Schulen in: EvErz 29 (1977).
Molinski W. (Hrsg.), Diskussion um die Taufe (1971).
Moltmann J., Theologie der Hoffnung ([6]1966).
Moog W. / Moog S., Die entwicklungspsychologische Bedeutung von Umweltbedingungen im Säuglings- und Kleinkindalter (1972).
Moor P., Die Bedeutung des Spiels in der Erziehung ([2]1968).
Moreno J. L.: Die Grundlagen der Soziometrie. Wege zur Neuordnung der Gesellschaft ([2]1967).
Moser H., Technik der Lernplanung: Curriculumforschung und Ideologie: Z. f. Päd. 17 (1971) 55—74.
Mossand-Quinet, Priester in unserer Zeit (1963).
Mucchielli R., Das nicht-direktive Beratungsgespräch (1971).
Mucchielli R., Gruppendynamik (1971).
Muchow H. H., Flegeljahre, Beiträge zur Psychologie und Pädagogik der „Vorpubertät" ([3]1963).
Muchow H. H., Jugend im Wandel ([3]1961).
Muchow H. H., Jugend und Zeitgeist (1962).
Muchow H. H., Sexualreife und Sozialstruktur der Jugend (1963).
Muck H. / Bernhart K., Religiöse Bilder für Kinder, in: Ch. p. Bl. 1970/256 ff.
Mücher G., Glaube und Erziehung im kath. Erziehungsdenken der Gegenwart (1971).
Mühlen H., Der Hl. Geist als Person (1963).
Müller-Pozzi H., Psychologie des Glaubens (1976).
Müller J., Bußerziehung, in: E. Feifel u. a. (Hrsg.), Handbuch der Religionspädagogik Bd. III (1975).
Müller J., Freude am Gutestun (1974).
Müller J., Katechesen zur Liturgie. Das Kirchenjahr (1967).
Müller J., Religionsunterricht ein Schulfach (1977).
Müller, J. / Rück W., Taufgespräche (1972).
Müller P., Die soziale Gruppe im Prozeß der Massenkommunikation (1970).
Müller Ph., Die Entwicklung des Kindes (1969).
Müller R. G. E., Vorschulerziehung (1971).
Müller-Felsenburg, Mündige Kinder — Mündige Kirche (1971).
Musalek K., Das Lied in der Katechese (1969).

Muschick W. / Gülden J. / Kolbe F., Fürbitten und Gebetseinladungen (1966).
+ Mysterium Salutis 4 Bde. hsg. v. Feiner / Löhrer (1965—1972).

Nager R. F., Motivation und Lernerfolg (1971).
Nase E. / Scharfenberg J., Psychoanalyse und Religion (1977).
Nastainczyk W., Biblische Unterweisung zwischen gestern und morgen (1971).
Nastainczyk W., Bußerziehung (Überlegungen zu ihrer curricularen Strukturierung) in: Kat. Blätter (1973).
Nastainczyk W., Das alte Credo und die Glaubensunterweisung heute (1970).
Nastainczyk W., Eucharistische Erziehung, in: E. Feifel u. a. (Hrsg.), Handbuch der Religionspädagogik Bd. III (1973).
Nastainczyk W., Formalkatechetik (1969).
Nastainczyk W., In Freude vor Gott ([3]1967).
Nastainczyk W., Kinderalltag und Sonntagsbotschaft ([2]1968).
Nastainczyk W., Thesen zur kirchl. Katechese, in: Kat. Blätter 12/1972.
Nastainczyk W., Zeichenpredigten für Kinder und andere (1969).
Neidhardt F., Die Familie in Deutschland. Gesellschaftliche Stellung, Struktur und Funktionen (1966).
Neidhart W. / Eggenberger H., Erzählbuch zur Bibel (1975).
Netzer J., Das Taufgespräch in der Gemeinde ([2]1977).
+ Neuhäusler A., Grundbegriffe der phil. Sprache (2. A. 1972).
Neumann G.-H. / Bökmann J., Unterrichtseinheiten für das Fach Religion (1977).
Neumann H. J. / Neumann P., Die Jesus People (1974).
Neumann P. H. A. (Hsg.), Religion — Studienstufe (1971).
Newbigin L., Missionarische Kirche in der Welt, Bd. 5 Theologische Brennpunkte (1966).
Nickel H., Entwicklungspsychologie des Kindes und Jugendalters (1975).
Nickel H., Entwicklungsstand und Schulfähigkeit (1976).
Nielsen L. u. a., Ein Kind entsteht (1967) (Fotoband).
Nieuwenhuis, Gläubige Erziehung (1974).
Nipkow K. E., Curriculumdiskussion: Z. f. Päd. 17 (1971) 1—10.
Nipkow K. E., Curriculumforschung und Religionsunterricht, in: Esser W., Zum Religionsunterricht morgen I, 254—280.
Nipkow K. E., Grundfragen der Religionspädagogik (1975).
Nissim G. M., Auf dem Weg zur Eucharistie (1971).
Nold R., Größenzunahme, Wachstumsbeschleunigung und Zivilisation (1964).
Nordhues P., Kleines Fürbittbuch (1974).
Normann D. A., Aufmerksamkeit und Gedächtnis (1973).
Nygren A., Eros und Agape (1954).

Ockel B. / Gobbin H. C. / Bauer I., Sexualerziehung im Grundschulalter ([2]1970).
O'Connor E. D., Spontaner Glaube (1974).
Oerter R., Die Entwicklung der Werthaltungen während der Reifezeit (1966).
Oerter R., Moderne Entwicklungspsychologie ([9]1971).
Oestreich, G.: Erziehung zum kritischen Lesen (1973).
Ogburn W. F., Kultur und sozialer Wandel (1973).
Opaschowski H., Pädagogik der Freiheit (1976).
+ Oppermann A., Wörterbuch Kybernetik Deutsch — Englisch / Englisch — Deutsch (1969).
Orchampt J. / Polaert A., Liturgie mit Kindern (1968).
Ortlieb H. D. (Hsg.), Der zweite Bildungsweg im sozialen u. kulturellen Leben der Gegenwart (1959).
Oser, F.: Kreatives Sprach- und Gebetsverhalten in Schule und Religionsunterricht (1972).
Oswald A. / Beitl E. / Beitl R., Wörterbuch der Deutschen Volkskunde ([3]1974).
Otto G., Über das Betrachten von Bildern (1958).
Otto G., Sachkunde Religion (1969).

Packard V., Die geheimen Verführer (1963).
Padberg R., Glaube und Erziehung (1959).
Pagès M., Das affektive Leben der Gruppen. Eine Theorie der menschlichen Beziehung (1974).

Paloczi-Horvat G., Alle Macht der Jugend? Thesen zum Generationskonflikt unserer Zeit (o. J.).
Parreren C. F. V., Lernprozeß und Lernerfolg (1972).
Parsons T., Sozialstruktur und Persönlichkeit (1968).
Pascher J., Das liturgische Jahr (1963).
Pawlik K., Dimensionen des Verhaltens (²1971).
Pesch, Ch., Das Bild in der kat. Unterweisung (1957).
Pesch R., Wie Jesus das Abendmahl hielt (1977).
Petrat G. u. a., Prozeßorientierter Unterricht (1977).
Petrik E., Mit meinem Kind einen neuen Weg (1970).
+ Pfistner H. J., Pädagogische Psychologie. Grundbegriffe und Literaturhinveise (1970).
Pfürtner St. H., Politik und Gewissen — Gewissen und Politik (1977).
Philipps A., Fach: Kirchengeschichte (1972).
Piaget J., Das Erwachen der Intelligenz beim Kind (1969).
Piaget J., Das moralische Urteil beim Kind (1954).
Piaget J., Psychologie der Intelligenz (²1946).
Piaget J., Urteil und Denkprozeß des Kindes (1972).
Pieper B. und M., Familie — Stabilität und Veränderung (1977).
Pieper J., Grundformen sozialer Spielregeln (⁵1966).
Pieper J., Muße und Kult (1952).
Platz P., Das Hörorgan und seine Funktion (1969).
Podhradsky, Lexikon der Liturgie (1962).
Pöggeler F., Die Zukunft der Glaubensunterweisung (1970).
Pöggeler F., Einführung in die Andragogik (1957).
Pöggeler F., Inhalte der Erwachsenenbildung (1965).
Pöggeler F., Konkrete Verkündigung (1970).
Pöll W., Das religiöse Erlebnis (1974).
Pöll W., Religionspsychologie (1965).
Pohl A., Fürbitten für Familien-, Schul- und Kindergottesdienst (1972).
Pohl R., Religiöse Gedankenwelt bei Volks- und Hilfsschülern (1968).
Polemann O. / Rössner L., Wege zum Eros. Ein Lese- und Diskussionsbuch (²1970).
Pongratz L. J., Problemgeschichte der Psychologie (1967).
Popper K. R., Die offene Gesellschaft und ihre Feinde, 2 Bände (³1975).
Portmann A., Zoologie und das neue Bild vom Menschen (⁵1962).
Potthoff W., Erfolgskontrolle (²1975).
Pougatsch-Zalcman L., Vorschulerziehung konkret (1972).
Prahl H. W., Freizeitsoziologie (1977).
Preuss E., Zum Problem der inneren Differenzierung (1976).
Preuss G., Illusion und Wirklichkeit (1971).
Priesterteam Wien — Machstraße, Wie die Erstkommunion in der Pfarre vorbereiten? (1970).
Priesterteam Wien — Machstraße, Wie die Kinder in das Leben der Gemeinde einbeziehen? (1971).
Probst M. / Richter K. (Hrsg.), Heilssorge für die Kranken (1977).
Prohaska L. (Hsg.), Existentialismus und Pädagogik (1955).
Prohaska L., Pädagogik der Reife (1966).
Prohaska L. / Leonhardt H. (Hsg.), Sexualerziehung und Familienplanung (1969).
Protzner W., Zur Medientheorie des Unterrichtes (1977).
Prümm K., Gnosis an der Wurzel des Christentums? Grundlagenkritik an der Entmythologisierung (1972).
Puptill R. L., Grundfragen der Ethik (1977).

Rabas J., Katechetische Aspekte der Liturgie-Konstitution (1967).
Rahner K., Grundkurs des Glaubens (1976).
Rahner K., Im Heute glauben (1965).
Rahner K., Theologische Meditationen — Alltägliche Dinge (1964).
+ Rahner/Darlapp, Sakramentum mundi 1—4 (1967—69).
+ Rahner K./Vorgrimler H., Kleines Konzilskompendium (²1966).
Randak O., Sonderpädagogik (1976).
Ranwez, P.: Religionspädagogik des Kleinkindes (1970).
Rapp G., Messung und Evaluierung von Lernergebnissen in der Schule (1974).

Ratschow K. H., Der angefochtene Glaube ([2]1960).
Ratzinger J., Einführung in das Christentum ([11]1970).
Rausch J., Macht und Ohnmacht des Kindes. Anthr. u. psych. Aspekte zum Problem der rel. Entwicklung (1970).
Raymond H., Training zur Sensibilisierung für menschl. Beziehungen (1975).
Reble A., Geschichte der Pädagogik (1955).
Recker H., Mobilität in der „offenen" Gesellschaft (1974).
Reents Ch., Denkerziehung im RU (1971).
Reicke / Rost, Bibl. hist. Wörterbuch 1—3 (1962—66).
Reimann H., Kommunikations-Systeme. Umrisse einer Soziologie der Vermittlungs- und Mitteilungsprozesse (1974).
Reimann H. / Müller E. (Hrsg.), Entwicklung und Fortschritt (1969).
Remplein H., Die seelische Entwicklung des Menschen im Kindes- und Jugendalter ([14]1967).
Remplein H., Die seelische Entwicklung in der Kindheit und Reifezeit (1950).
Renker J. (Hrsg.), Unsere Jugend und ihre Glaubensschwierigkeiten (1977).
+ Rennhofer F., Bücherkunde des kath. Lebens, 1. Bd. (1961), 2. Bd. (1969).
Rest W., Das Menschenkind ([3]1965).
Richter H. E., Eltern — Kind und Neurose (TB rororo 6082).
Rickers F., Religionsunterricht und politische Bildung (1973).
Riedel I., Bildinterpretation (1969).
Riedl A. / Stachel G., Erzählen und Sprechzeichnen im Bibelunterricht (1975).
Riemann F., Grundformen der Angst u. d. Autonomie des Lebens (1967).
Riethmüller H., Fotobibel ([2]1974).
Ringel E., Einführung in die Grundprobleme der Neurose (1959).
Ringel E., Selbstschädigung durch Neurose ([4]1978).
Ringshausen G., Religionsunterricht muß nicht Bibelunterricht sein!: Ev. Erz. 19 (1967) 130—132.
Ritter R., Grundfragen der Soziologie. Eine Einführung für Religionslehrer und praktische Theologen (1973).
Ritz-Fröhlich G., Das Gespräch im Unterricht (1977).
Robert A. / Feuillet A., Einleitung in die Hl. Schrift 1. Teil — A. T. (1963).
Robertson, R.: Einführung in die Religionssoziologie (1973).
Robinsohn S. B., Bildungsreform als Revision des Curriculum ([2]1969).
Rocholl-Gärtner I., Im Dienste des Glaubens. 2 Bde (1962).
Röbbelen G., Zum Problem des Elternrechtes (1966).
Roeder P. M. / Pasdzierny A. / Wolf W., Sozialstatus und Schulerfolg. Bericht über empirische Untersuchungen (1965).
Röhrs, H.: Das schwererziehbare Kind (1969).
Röhrs H. (Hrsg.), Der Aufgabenkreis der Pädagogischen Soziologie (1971).
Römer M. / Haller M., So, so oder so? Zur Gewissensbildung für junge Menschen (1961).
Rörentrop K., Entwicklung der modernen Regelungstechnik (1971).
Rössner L., Handbuch für Elternabende (1967).
Rohr A. R., Kreative Prozesse und Methoden der Problemlösung (1975).
Rohracher H., Einführung in die Psychologie ([9]1965).
Rohracher H., Kleine Charakterkunde ([10]1965).
Rohringer J., Die österreichische Berufschule (1970)
+ Rombach H. (Hsg.), Lexikon der Pädagogik Bd. 1—4 ([2]1970—71).
Ronneberger (Hrsg.), Sozialisation durch Massenkommunikation, (1971).
Rosenbaum H., Familie als Gegenstruktur zur Gesellschaft (1973).
Rosenkranz G., Die christliche Mission, Geschichte und Theologie (1977).
Rosenmayr L.: Familienbeziehungen und Freizeitgewohnheiten jugendlicher Arbeiter (1963).
Rosenmayr L. / Köckeis E. / Kreutz H., Kulturelle Interessen von Jugendlichen (1966).
Rosenmayr L. / Kreutz H., Rollenerwartungen der weiblichen Jugend. Eine empirische Untersuchung über Erwartungen und Dispositionen weiblicher Jugendlicher in Österreich (1973).
Rost D. /Machalke J., Gottesdienste mit Kindern, Modelle für Wortgottesdienst und Kindermesse (1972).
Roth A., Idee und Gestalt der Hauptschule (1966).
Roth H., (Hsg.), Begabung und Lernen (1969).
Roth H., Pädagogische Anthropologie (1966).

Roth H., Pädagogische Psychologie des Lehrens und Lernens ([3]1957).
Royl W., Vorschulerziehung und Primarstufe (1971).
Rucker E., Moderne Literatur. Ein Text- u. Arbeitsbuch f. d. Deutsch- u. Religionsunterricht (1971).
Rudolf K. (Hsg.), Jugend und Kirche in neuer Begegnung (1962).
Ruthe R., Intim gefragt — offen geantwortet, Handfeste Ratschläge für junge Leute ([2]1969).
Ruthe R. (Hrsg.), Sexualerziehung in der Schule: Grundlegung — Richtlinien — Didaktik — Audiovisuelle Hilfsmittel (1970).

Sachsse H., Einführung in die Kybernetik (1971).
Sang F., Elternreaktionen auf Schulleistung (1977).
Satura V., Jugend im Konflikt (1972).
Sauer R., Kinder loben Gott (1971).
Sauer R. (Hrsg.), Mit Kindern Eucharistie feiern (1976).
Sauer R. (Hrsg.), Verkündigung an Kinder (1972).
Sauer R., Wer ist Gott — Wo ist Gott? Die Gottesfrage in der rel. päd. Praxis (1973).
Schachtner H. / Schmitz-Bunse W., Kollegs für junge Leute (1969).
Schäfer K. H./Schaller K., Kritische Erziehungswissensschaft und kommunikative Didaktik (1971).
Schaeffer E., Lebensraum Familie (1976).
Schaller H., Umstrittene Jugendliteratur (1974).
Schaller K. / Gräbenitz H. (Hsg.), Auctoritas und Potestas (1968).
Schaller K. / Schäfer K. (Hsg.), Bildung und Kultur (1968).
+ Scharbert J., Sachbuch zur Bibel (1965).
Scharmann Th. (Hrsg.), Schule und Beruf als Sozialisationsfaktoren ([2]1974).
Schatz O. (Hrsg.), Parapsychologie — Hundert Jahre Forschung (1976).
Scheffczyk L. (Hrsg.), Erlösung und Emanzipation, (1973).
Scheibner O., Arbeitsschule in Idee und Gestaltung ([5]1962).
Scheler M., Wesen und Formen der Sympathie (1974).
Schelsky H., Die skeptische Generation (1958).
Schelsky H.: Systemüberwindung, Demokratisierung und Gewaltenteilung ([3]1973).
Schelsky H. (Hsg.): Zur Theorie der Institutionen (1970).
Schenda R., Das Elend der alten Leute (1972).
Schenk-Danzinger L., Entwicklungspsychologie (1969).
Schenk-Danzinger L., Entwicklungstests 1. T. (1952).
Schenk-Danzinger L.: Entwicklungstests für das Schulalter ([2]1971).
Schenk-Danzinger L.: Pädagogische Psychologie ([2]1972).
Scheuerl H., Die exemplarische Lehre (1958).
Scheuerl H., Theorien des Spiels, Basel (1976)
Schiefele H., Motivation im Unterricht ([5]1962).
Schiffler H., Schule und Spielen (1976).
Schilling A., Fürbitten und Kanongebete der holl. Kirche (1968).
Schilling H., Bildung als Gottesbildlichkeit (1957).
Schilling K., Religionsunterricht bei Geistigbehinderten (1974).
Schleicher K., Elternhaus u. Schule (1972).
Schlenker W., Familienkatechismus (1976).
Schlösser F.: Den Glauben wagen (1967).
Schmeing K., Der Sinn der Reifungsstufen (1939).
Schmidt, G. R., Die Werk- und Zielproblematik in der amerikanischen Curriculum-Theorie seit 1950: Z. f. Päd. 17 (1971) 31—54.
Schmidt H., Unterricht über Glauben und Leben (1975).
Schmidt H., Wie Jugendliche glauben können Religionspädagogische Rekonstruktionen (1977).
Schmidt H. G. (Hsg.): „Mit jungen Leuten“ (1971).
Schmidt P., Innovation (1974)
Schmidt-Traub S., Rollenkonflikte der Heimerzieher (1976).
Schmidtchen G., Zwischen Kirche und Gesellschaft (1972).
Schmiedle P. / Junge H., Gesellschaftliche Aspekte der Heimerziehung (1971).
Schmitz C. A., Religionsethnologie (Akademische Reihe) (1964).
Schmitz P., Der christliche Beitrag zu einer Sexualmoral (1972).
Schneider F., Jugendkriminalität (1952).

Schneider J. H., Schule — Kirche — Seelsorge (1976).
Schneider N. (Hsg.), Religionsunterricht — Konflikte und Konzepte (o. J.).
Schnitzler Th., Kirchenjahr und Brauchtum neu entdeckt (1977).
Schoeck H., Kleines soziologisches Wörterbuch (1969).
Schöler W., Zur schulpädagogischen Integration des programmierten Unterrichts (1971).
Schöndorfer U. (Hsg.), Der Fortschrittsglaube — Sinn und Gefahren. Festschrift für Kardinal Dr. F. König (1969).
Schoonenberg P.: Theologie der Sünde (1966).
+ Schorb A. O., Pädagogisches Taschenlexikon A—Z (3. A. o. J.).
Schorb A. O. u. a., Die Unterrichtsmitschau in der Praxis der Lehrerbildung (1966).
Schrenk-Notzing A. v.: Grundfragen der Parapsychologie (1962).
Schrettle A., Thema Befreiung — Erlösung (1976).
Schroeder H., Die Religion der Religionspädagogik (1975).
Schroeder H., Kommunikation und Information im Unterricht (1975).
Schütz R., Psychoanalyse und christlicher Glaube (²1971).
Schuller A. (Hrsg.), Lehrerrolle im Wandel (1969).
Schulte W., Einführung in die Religionskunde (²1975).
Schultz, H. M.: Katechese und Gottesdienst mit Kindern (1973).
Schultz-Hencke H., Der gehemmte Mensch (³1970).
Schultze, H./Trutwin, W.: Weltreligionen — Weltprobleme (1973).
Schwägler G.: Soziologie der Familie. Ursprung und Entwicklung (²1975).
Schwanenberg E., Soziales Handeln (1970).
Schwartz E., Die Grundschule, Funktion und Reform (1969).
Schwarz R., Wissenschaft und Bildung (1957).
Schwarzer Ch. / Schwarzer R., Praxis der Schülerbeurteilung (1977).
Seeberg A., Der Katechismus der Urchristenheit (1966).
Seel H., Allgemeine Unterrichtslehre (1976).
Seidel U. / Zils D. (Hrsg.), Werkbuch — Kindergottesdienst, Berichte, Modelle und Kinderlieder (1972).
Seidelmann K. u. a., Bildung in Stufen? (1966).
Seidelmann K. (Hsg.), Schüler, Lehrer, Eltern. Der Mensch in der Schule (1970).
Seidl N., Ausleseschule oder Gesamtschule (1972).
Selg H., Diagnostik der Aggressivität (1968).
Seyfried W., Politisches und soziales Engagement der Kirche und des Christen von heute (Unterrichtsmodell Sekundarstufe II) (1971).
Shaftel F. R. / Shaftel G. / Weinmann Chr. u. W., Rollenspiel als soziales Entscheidungstraining (²1974).
Shipman M. D., Soziologie der Schule (1974).
Sievernich M. u. a., Sexualmoral ohne Normen (1972).
Siewerth G., Metaphysik der Kindheit (1957).
Simonsohn B., Fürsorgeerziehung und Jugendstrafvollzug (o. J.)
Singer G., Person, Kommunikation, soziales System (1976).
Singer K., Lernhemmung, Psychoanalyse und Schulpädagogik (1972).
Sorge H., Einheitl. Prüfungsanforderungen für die Abiturprüfung, in: RU (1977).
Speck J., Die anthropologische Fundierung erzieherischen Handelns (1968).
+ Speck J./Wehle G. (Hsg.), Handbuch pädagogischer Grundbegriffe (1970).
Sperrer E., Schultypen und Milieu (1967).
Spiegel J. F., Das Kind und die Bibel, Theologische Brennpunkte (1970).
Spieler J., Wenn Kinder lügen (1953).
Spieler J., Willensschwache werden willensstark (1952).
Spitz R., Die Entstehung der ersten Objektbeziehungen (³1960).
Spoerri Th. / Spoerri P., Die Kunst mit dem anderen zu leben (1975).
Spranger E., Der geborene Erzieher (1958).
Spranger E., Psychologie des Jugendalters (²²1955).
Stachel G., Curriculum und RU (1971).
Stachel G., Das Bild im RU (1971).
Stachel G., Inhalte religiösen Lernens (1977).
Stachel G., Sozialethischer Unterricht — dokumentiert und analysiert (1977).
Stachel G. / Esser W., Was ist Religionspädagogik? (1971).
Stachel G. / Vierzig S., Lernziele und Religionsunterricht (1970).
Stäcker K. H., Frustration (1977).
Stamm R. A., Perspektiven zu einer vergleichenden Ausdrucksforschung, in: Handbuch der Psychologie, Bd. 5 (1965).

Staudigl G. / Weidmann F., Modelle für den RU in der Sekundarstufe I, (1977).
Steimle H. P., Die pädagogische Problematik des Schulfernsehens (1969).
Steinbacher F.: Die Gesellschaft. Einführung in den Grundbegriff der Soziologie (1971).
Steinkamp H., Jugendarbeit als soziales Lernen (1977).
Steinmüller H., Rätsel für das Vorschulkind (1971).
Steinwede D., Ostern, Ein Sachbilderbuch mit vielen Farbtafeln (1977).
Steinwede D., Was ich gesehen habe (1976).
Steinwede D. / Ruprecht S. (Hsg.), Vorlesebuch Religion für Kinder von 5 bis 12 (1972).
Stengel I., Sprachschwierigkeiten bei Kindern (1977).
Stenger H.: Der Glaube im Werden (1966).
Stenger H., Glaube in der Entscheidung ([2]1964).
Stenger/Parstorfer/Doppler/Gründel, Gesellschaft — Geschlecht — Erziehung. Studien zur pädagogischen Praxis (1971).
Stieger K., Religionsmethodik im Dienste der modernen religiösen Bildung (1967).
Stieger K. u. a., Folge mir nach, 3. Teil (1970).
Stock A., Religionspädagogik als Wissenschaft (1975).
Stock/Wegenast/Wibbing: Streitgespräche (1968).
Stöcker K., Die Hauptschule (1968).
Stöcker K., Neuzeitl. Unterrichtsgestaltung ([11]1966).
Stöckle B.: Grenzen der autonomen Moral (1974).
Strätling B., Geschlechtserziehung als Auftrag der Schule. Grundlagen für Methodik und Didaktik der Geschlechtserziehung in der Schule ([2]1969).
Strätling B., Sexualethik und Sexualerziehung (1970).
Strätling B. / Strätling-Pölle H., Kinder zwischen gut und böse (1970).
Strobl A., Die Arbeitsweise der Landschule ([4]1960).
Sudbrack J., Probleme — Prognosen einer kommenden Spiritualität (1969).
Suenens L. J., Theologie des Apostolates der Legion Mariens (1952).
Swoboda O.: Lebendiges Brauchtum (1970).
Szondi L., Schicksalsanalyse (1948).

Täubl A., Gleichnisse Jesu (1977).
Tanner J. M., Wachstum und Reifung des jjungen Menschen (1962).
Tews H. P., Soziologie des Alterns (1971).
Thiel S., Lehr- und Lernziele ([4]1975).
Thoma C., Kirche aus Juden und Heiden (1970).
Thomae H., Das Individuum u. seine Welt (1968).
Thomae H. (Hrsg.): Die Motivation menschlichen Handelns (1965).
Thomae H., Entwicklung und Prägung, in: Handbuch der Psychologie Bd. 3 (1959).
Thomae H. / Lehr U. (Hsg.), Altern — Probleme und Tatsachen (1968).
Thomas K., Sexualerziehung. Grundlagen, Erfahrungen und Anleitungen für Ärzte, Pädagogen und Eltern ([2]1970).
Tilmann K. (Hg.), Das neue Kirchenverständnis in Katechese und Seelsorge (1966).
Tilmann K., Die Führung zu Buße, Beichte und christlichem Leben ([4]1967).
Tilmann K., Leben aus der Tiefe (1975).
Tilmann K., Staunen und Erfahren als Wege zu Gott (1968).
Tinbergen N., Instinktlehre (1952).
Tjaden K. H., Soziale Systeme und sozialer Wandel (1969).
Topitsch E., Vom Ursprung und Ende der Metaphysik. Eine Studie zur Weltanschauungskritik (1958).
Trautwein D., Mut zum Fest (1975).
Trouillet B., Die Vorschulerziehung in neun europäischen Ländern ([3]1971).
Trutwin W., Die gute Nachricht (1971).
Tschirch R., Mit Kindern leben (1972).
Türk H. J. (Hsg.), Glaube — Unglaube (1972).
Tworuschka O., Religionen heute (1977).

Uhlich D., Gruppendynamik in der Schulklasse (1971).
Uhlich D., Pädagogische Interaktion, Theorien erzieherischen Handelns und sozialen Lernens (1976).
Uhrig H., Sprechzeichnen (1970).
Ulmer K. (Hsg.), Die Wissenschaften und die Wahrheit (1966).
Untereste H., Theologische Aspekte der Tiefenpsychologie (1977).

„unterwegs nicht allein". Werkmappe für den Firmenunterricht, hsg. v. Pastoralamt Graz (1970).

Valtin R., Legasthenie — Theorien und Untersuchungen (1970).
Vaskovics L. A., Familie und religiöse Sozialisation (1970).
Vergote A., Religionspsychologie (1970).
Vetter A., Wirklichkeit des Menschlichen (1960).
Vicedom G., Mission in einer Welt der Revolution (1971).
Vierzig S., Curriculum-Theorie, Anspruch und Wirklichkeit, in: Informationen (1977).
Vierzig S., Freiheit, Unterrichtselemente für Primar- und Orientierungsstufe (4./5. Schuljahr) in: Religionserziehung heute, Informationen zum RU (1976).
Vierzig S., Freiheit, Unterrichtselemente für Sekundarstufe I u. II (9.—11. Schuljahr) (1976).
Vierzig S., Ideologiekritik und RU (1975).
Vierzig S., Lernziele des Religionsunterrichts: informationen 1+2/1970, 5—16.
Vinter R. D., Beiträge zur Praxis der sozialen Gruppenarbeit (1976).
Vogg G. / Böhm W., Massenmedien (hsg. v. d. Landeszentrale f. polit. Bildung Düsseldorf).
Vorgrimler / Van der Gucht, Bilanz der Theologie 1—3 (1969—70).
Vorgrimler / Van der Gucht, Bahnbrechende Theologen (1970).
Vranckx L., Soziologie der Seelsorge (1965).
Vroligk A., Gesprächsmodelle (1974).

Wagner I., Aufmerksamkeitstraining mit impulsiven Kindern (1971).
Wasna M., Motivation, Intelligenz und Lernerfolg (1972).
Weber E. (Hsg.), Der Erziehungs- u. Bildungsbegriff im 20. Jh. (1969).
Weber G., Gottes Geist in dieser Welt (1969).
Weber G., Miteinander eins werden (1971).
Weber G: Rechtzeitige Erstkommunion (1967).
Weber G., Religionsunterricht als Verkündigung (1961).
Weber G., Zeichen für eine bessere Welt (1970).
Weber G., Zwanzig Bußfeiern für Kinder (1968).
Weber G., Zwanzig Eucharistiefeiern mit Kindern (³1969).
Wegenast, K./Grosch, H.: Religionsunterricht unterwegs (1970).
Wegenast K., Curiculumtheorie und Religionsunterricht (1972).
Weiler R. / Zsifkovits V., Familie im Wandel (1975).
Weiner B., Theorien der Motivation (1976).
Weiner/Graumann/Hofer, Päd. Psychologie (1976).
Weiner B. / Meyer W. U., Die Wirkung von Erfolg und Mißerfolg auf die Leistung (1975).
Weismeyer J. u. a., Ist Adam an allem schuld? (1971).
Weiß K., Pädagogische Soziologie. Soziologie und Sozialpsychologie der Schulklasse (Band IV) (⁶1970).
Well A., Kritische Gesellschaftstheorie und Positivismus (1969).
Welte B.: Determination und Freiheit (1969).
Wendeler I., Elementare Lernprinzipien (1967).
Wengst K., Christologische Formeln und Lieder des Urchristentums (1972).
Werner C. A., Handbuch der Erwachsenenpädagogik I (1959).
Werres W., Innovationsmodelle für Schule und Unterricht (1976).
Wess P., Gemeindekirche — Zukunft der Volkskirche. Der Lernweg einer Pfarrgemeinde (1976).
Wetter G. A., Der dialektische Materialismus (1952).
Wetter G. A.: Sowjetideologie heute, Fischer-Bücherei 460.
Wickler W. / Seibt U., Vergleichende Verhaltensforschung (1973).
Wiedmann F., Philosophie f. prakt. Theologen (1972).
Wiener J. / Erharter H., Jugendpastoral — Aufgabe der gesamten Kirche (1975).
Wiener J. / Erharter H., Pfarrseelsorge von der Gemeinde mitverantwortet (1977).
Wiesböck E., (Hsg.), Geschlechtliche Erziehung in der Schule. Grundlagen und Beispiele für Erzieher und Lehrer aller Schulgattungen (1969).
+ Wiese W., Biblisches Wörterbuch (1966).
Wiesenhütter E., Religion und Tiefenpsychologie (1977).
Wiesnet E. / Gareis B., Schuld und Gewissen bei jugendlichen Rechtsbrechern (1976).
Willeke C. /Willeke R. / Henning G.: Kritische Beiträge zur Gruppendynamik (1975).

Willms B.: Funktion-Rolle-Institution. Zur politiktheoretischen Kritik soziologischer Kategorien (1971).
Wilpert P., Was ist Bildung heute? in: Bremer Vorträge zur Bildungstheorie (1957).
Wing I. K., Frühkindlicher Autismus (1973).
Winkelen R., Hausaufgabe in der Schulpraxis (1977).
Winklhofer A.: Die Welt der Engel (1958).
Winklhofer A., Traktat über den Teufel (1962).
Wisdorf J., Gewissensfragen für Jungen (1961).
Wisdorf J., Gewissensfragen für Mädchen (1961).
Wißmann E., Der evangelische Religionsunterricht in der Sonderschule für Lernbehinderte (1968).
Wlasowa T. A. / Pewsner M. S., Kinder mit Entwicklungsabweichungen (1972).
+ Wörterbuch Programmierter Unterricht. Kleine Terminologie der kybernetischen Pädagogik, Verlag Manz (1964).
Wössner, J.: Religion im Umbruch (1972).
Wössner J., Sozialnatur und Sozialstruktur (1965).
Wössner J., Soziologie. Einführung und Grundlegung (1970).
Wolf St., Kinderfilm in Europa (1969).
Woodtli O., Bildung und Zeitgeist (1959).
Wrage K. H. / Petersen P., Seelsorger und Therapie (1972).
Wurzbacher G. (Hrsg.), Der Mensch als soziales und personales Wesen (1963).
Wurzbacher G. (Hrsg.), Die Familie als Sozialisationsfaktor (1968).
Wuthe G., Harmonie und Konflikt zur Struktur und Funktion sozialer Leitbilder (1972).

Xochellis, P.: Pädagogische Grundbegriffe (1973).

Zahrnt H., Warum ich glaube (1977).
Zapotoczky B., Konfliktlösung im Spiel (1974).
Zarncke L., Gewissensbildung in der frühen Kindheit (1962).
Zdarzil H.: Pädagogische Anthropologie (1972).
Zeitschrift Concilium, 6. Jg., Heft 3, März 1970: Imperative für die zukünftige Katechese.
Zeller W., Der erste Gestaltwandel des Kindes (1936).
Zeller W., Konstitution und Entwicklung (1952).
Zenetti L., Kinderwelt und Gotteswort (1962).
Zilleßen D., Religionspädagog. Praktikum (1976).
Zilleßen, D.: Religionsunterricht und Gesellschaft (1970).
Zink I., Erfahrung mit Gott (1974).
Zinke L., Religionen am Rande der Gesellschaft (1977).
Zöchbauer F., Verkündigung im Zeitalter der Massenmedien (1969).
Zöchbauer F. / Hoekstra H.: Kommunikationstraining. Ein Erfahrungsbericht (1974).
+ Zöpfel H. u. a., Kleines Lexikon der Pädagogik und Didaktik (1970).
Zoll R. / Binder H. J.: Die soziale Gruppe. Grundformen menschlichen Zusammenlebens (1966).
Zulehner P. M., Wie kommen wir aus der Krise? Kirchliche Statistik 1945—1975 und ihre pastoralen Konsequenzen (1978).
Zulliger H., Die Angst unserer Kinder (1967).
Zulliger H., Die Pubertät der Knaben (1969).
Zulliger H., Die Pubertät der Mädchen (1972).
Zwergel H. A., Religiöse Erziehung und Entwicklung der Persönlichkeit (1976).

Verzeichnis der Abbildungen und Tabellen

Quellennachweis

Abb. 5: M. Neugebauer, Die Neuen Schulgesetze, Jungbrunnen-Verlag Wien 1963.
Abb. 7: H. Rück, in „Informationen", Zeitschrift für den Religions-Unterricht, Schroedel/Benziger, Hannover, Zürich, Köln, Jahrgang 4, Heft 3/72, Seite 13.
Abb. 9: H. Henz, Lehrbuch der systematischen Pädagogik, Herder Freiburg [3]1971.
Tab. 9: Autor nach S. Vierzig.
Tab. 12: Ch. Meves, Erziehen lernen aus tiefenpsychologischer Sicht. Bayerischer Schulbuchverlag München [2]1972.
Tab. 14: A. Grabner-Haider (Hsg.), Praktisches Bibellexikon. Herder Freiburg 1969.

Alle anderen Abbildungen und Tabellen stammen von den an Ort und Stelle angeführten Autoren.

BÜCHER UND MATERIALIEN FÜR DEN RELIGIONSLEHRER

Handbuch zum Glaubensbuch 2
Eine methodische Handreichung
Erarbeitet von Erentraud Wagner und Hans Fink
2. erweit. Auflage 1977, 336 Seiten, Paperback

Handbuch zum Glaubensbuch 3
Eine methodische Handreichung
Erarbeitet von Kurt Finger, 632 Seiten, Paperback

Handbuch zum Glaubensbuch 4
Eine methodische Handreichung
Erarbeitet von Kurt Finger, 430 Seiten, Paperback

Handbuch zum Glaubensbuch 4 — Ergänzungen
Erarbeitet von Kurt Finger zur Neubearbeitung des Glaubensbuches 4 für das Schuljahr 1978/79
ca. 90 Seiten, Paperback

Arbeitshilfen zu „Glaube gefragt" (AHS 5)
Erarbeitet von Johannes Parizek, DIN A 4

Arbeitshilfen zu „Christus gefragt" (AHS 6)
Erarbeitet von Norbert Hofer, DIN A 4

Arbeitshilfen zu „Unterwegs zur Freiheit" (AHS 7)
Erarbeitet von Stefan Blaskovic, DIN A 4

Arbeitshilfen zu „Unterwegs zur Vollendung" (AHS 8)
Erarbeitet von Stefan Blaskovic, DIN A 4

45 Arbeitsblätter zum Neuen Testament mit Lösungsheft
Zusammengestellt von Johannes Vrbecky, DIN A 4

55 Arbeitsblätter zum Alten Testament mit Lösungsheft
Zusammengestellt von Johannes Vrbecky, DIN A 4

IM VERLAG HERDER WIEN · FREIBURG · BASEL